Quellen zur Geschichte emigrierter Musiker
Sources Relating to the History of Emigré Musicians
1933–1950

Quellen zur Geschichte emigrierter Musiker

Sources Relating to the History of Emigré Musicians

1933–1950

Herausgegeben von / edited by
Horst Weber

Quellen zur Geschichte emigrierter Musiker

Sources Relating to the History of Emigré Musicians

1933 – 1950

II   New York

Herausgegeben von / edited by
Horst Weber
Stefan Drees

K · G · Saur München 2005

Gedruckt mit Unterstützung der Nationalbank Essen
und der Fördervereinigung für die Stadt Essen

Bibliografische Information Der Deutschen Bibliothek

Die Deutsche Bibliothek verzeichnet diese Publikation in der Deutschen Nationalbibliografie;
detaillierte bibliografische Daten sind im Internet unter http://dnb.ddb.de abrufbar.

⊗
Gedruckt auf säurefreiem Papier

© 2005 by K. G. Saur Verlag GmbH, München

Printed in Germany
Alle Rechte vorbehalten. All Rights Strictly Reserved.
Jede Art der Vervielfältigung ohne Erlaubnis des Verlags ist unzulässig
Druck/Bindung: Strauss GmbH, Mörlenbach

ISBN 3-598-23745-6 (SET)
ISBN 3-598-23747-2 (Vol. II)

Inhalt / Table of Contents

Vorwort. VII
Preface. IX

Einleitung. XI
Introduction. XXVII
Literaturverzeichnis / Bibliography XLIII

Katalog / Catalogue
   Hinweise zur Benutzung. 3
   Instructions for use 9
   Abkürzungsverzeichnis / Abbreviations. 14
   Sammlungen / Collections 17

Ausgewählte Dokumente / Selected Documents
   Nachweis der Dokumente / List of Documents . . . 355
   Dank / Acknowledgements. 358
   Editorische Notiz / Editorial Note 360
   Dokumente / Documents 361

Register / Index 431

Verzeichnis der Sammlungen / Index of Collections. . 465

Vorwort

Dieser Band versammelt eine Auswahl von Quellen in New York City zur Geschichte der Musikerinnen und Musiker, die von den Nationalsozialisten verfolgt wurden und aus Deutschland, später auch aus den von ihm besetzten Ländern geflohen sind. Es ist der zweite Band der Reihe, die wichtige Quellen zur Geschichte emigrierter Musiker aus den Jahren 1933–1950 erfasst, er setzt den ersten Band fort, der Kalifornien gewidmet war. Die Erfassung der Quellen an der gesamten Ostküste der USA erwies sich für dieses Projekt als zu umfangreich; es wird angestrebt, sie durch ein neues Projekt zu komplettieren.

Für New York erwies sich, noch deutlicher als für Kalifornien, die Notwendigkeit, nicht nur Emigranten aus dem deutschsprachigen Raum zu berücksichtigen, sondern Emigration und Exil als gesamteuropäisches Phänomen zu begreifen. Auch der Zeitraum 1933–1950, der nicht nur die einsetzende Verfolgung in Deutschland und die Fluchtbewegung bis 1942, sondern auch die Phase der – gelingenden oder misslingenden – Integration in den USA bis zur MacCarthy-Ära einschließt, wurde beibehalten.

Es wurden Dokumente erfasst, die sich bis zum Zeitpunkt der Endredaktion (Frühjahr 2004) in öffentlichen Sammlungen in New York City befanden. Die Quellen dokumentieren zum großen Teil, aber keineswegs ausschließlich das Schicksal von Emigranten in New York; vielmehr spiegeln sie in ihrer Gesamtheit Emigration und Exil der Musiker in allen Facetten und in der ganzen geographischen Breite wider, gerade weil New York in den dreißiger und vierziger Jahren das kulturelle und organisatorische Zentrum der USA war.

Die Erstellung des Bandes wäre ohne die Hilfe zahlreicher Institutionen und Personen nicht möglich gewesen. An erster Stelle sei der Deutschen Forschungsgemeinschaft gedankt, die durch ihre Finanzierung den wesentlichsten Anteil zum Gelingen des Projekts beigetragen hat. Der Folkwang Hochschule sei für die Bereitstellung der Grundausstattung zur Durchführung des Projekts gedankt, der Fördervereinigung für die Stadt Essen e.V. und der Nationalbank Essen für die Unterstützung der Drucklegung durch großzügige Spenden.

Der Dank der Herausgeber gebührt sodann in erster Linie allen Mitarbeiterinnen und Mitarbeitern, die bei der Erfassung der Bestände in New Yorker Archiven und Bibliotheken behilflich waren. Aus der großen Zahl seien ausdrücklich genannt: John Shepard und Linda Fairtile (New York Public Library. The Library for the Performing Arts, Music Division), Dave Stein und Elmar Juchem (Kurt Weill Foundation for

Music, Weill-Lenya Research Center), Frank Mecklenburg und Renate Ewers (Leo Baeck Institute), Fruma Mohrer und Gunnar Berg (YIVO Institute), Diane Spielmann (Center for Jewish History), Bernard A. Crystal (Columbia University Library, Rare Book and Manuscript Library), Rigbie Turner (Pierpont Morgan Library), Jerry Schwarzbard und Eliott Kahn (Jewish Theological Seminary of America, Cantors Library), Carmen Hendershott (New School University, Raymond Fogelman Library), Patricia F. Owen (Sarah Lawrence College, Esther Raushenbush Library), Joseph Ponte (Queens College), Jasna Radonjic (American Composers' Alliance), Philip E. Miller (Hebrew Union College – Jewish Institute for Religion, Klau Library), Jane Gottlieb (Juilliard School Archives, Lila Acheson Wallace Library) und Gina Genova (Milken Archives).

Herzlichen Dank sagen wir auch allen Persönlichkeiten, die uns Informationen zur Verfügung gestellt und mit ihrem Rat geholfen haben: Albrecht Dümling (Berlin), der auch schon bei der Vorarbeit für den Kalifornien-Band behilflich war, Primavera Gruber (Wien), die Informationen aus der Datenbank des Orpheus Trust zur Verifizierung von Personen zugänglich gemacht hat, Manuela Schwartz (Magdeburg/Berlin), Edna Brocke (Alte Synagoge, Essen), die Übersetzungen und Transkriptionen aus dem Hebräischen angefertigt oder überprüft hat, und Jana Zwetzschke, die Quellen aus dem Russischen übersetzt hat, ferner danken wir für Informationen und Recherchen Johannes Carl Gall (Berlin), Therese Muxeneder (Arnold Schoenberg Center, Wien), Walter Levin (Basel), Lawrence Weschler (New York) und Glenn Stanley (Storrs/Mansfield).

Zu danken haben wir Mirjam Schadendorf, die für zwei Jahre Wissenschaftliche Mitarbeiterin in diesem Projekt war, sodann Christoph Bartusek, Christian Börsing, Tina Frühauf, Anke Füller, Barbara Leven, Jörn Nettingsmeier, Esther Neustadt und Jana Zwetzschke, die als wissenschaftliche bzw. studentische Hilfskräfte bei der Erfassung der Quellen und bei den Recherchen einen großen Teil der Arbeit übernommenhaben. Christian Börsing hat auch die Verantwortung für das Layout dieses Bandes übernommen, wofür ihm herzlich gedankt sei.

Für ihre Gastfreundschaft in New York danken wir sehr herzlich Beth und George Wolf, die für uns immer ein offenes Haus hatten.

Für die Übersetzung des Vorworts, der Einleitung und der Benutzungshinweise haben wir Birgit Abels, Brian Michaels, Evi Levin und Elmar Juchem zu danken.

Essen, im Februar 2005

Stefan Drees und Horst Weber

Preface

The present publication contains a selection of sources existing in New York City which relate to the history of musicians who were prosecuted and therefore left Germany and later on the territories occupied by the Nazis.

This is the second volume of a series documenting the most important sources of the history of emigrant musicians from 1933 to 1950; it continues vol. 1, which focused on California. A recording of sources existing across the entire East coast region proved too extensive to be realized comprehensively for this project. It is desired to complete the collection of sources in form of a new project.

Much clearer than in the case of California, evidence emerged that it was necessary to not only consider emigrants from German-speaking countries but to approach the phenomenon of emigration and exile as a pan-European occurrence. Also covered was the time from 1933–1950, which includes not only the beginning prosecution in Germany and the flights until 1942, but also the—successful or unsuccessful—integration into the USA up until the McCarthy era.

We registered documents which at press date (Spring 2004), were part of public collections in New York City. These sources document to a great extent, but by no means solely, the lives of emigrants in New York City; at large, they mirror emigration and exile of the musicians including all their facets and the whole geographical broadness because in the 30s and 40s, New York was the cultural and organizational center of the USA.

The realization of this project would not have been possible without the aid of many institutions and people. Our principal thanks go to the Deutsche Forschungsgemeinschaft (DFG), which provided the main funding and thereby contributed a major share to the project's success. We thank the Folkwang Hochschule Essen for providing us with the basic equipment required for project realization, and we are grateful for generous donations made by the Fördervereinigung für die Stadt Essen e.V., and the Nationalbank Essen. These donations helped us meet the printing costs of the present volume.

The editors' thanks are due to all the colleagues and contributors who helped catalogue the collections of New York's archives and libraries. They are numerous, but we want to name in particular John Shepard and Linda Fairtile (New York Public Library. The Library for the Performing Arts, Music Division), Dave Stein and Elmar Juchem (Kurt Weill Foundation for Music, Weill-Lenya Research Center), Frank Mecklenburg and Renate Ewers (Leo Baeck Institute), Fruma Mohrer and Gunnar Berg (YIVO Institute), Diane Spielmann (Center for Jewish History), Bernard A. Crystal (Columbia University Library, Rare Book and Manuscript Library), Rigbie Turner (Pierpont Morgan Library), Jerry Schwarzbard and Eliott Kahn (Jewish Theological Seminary of America, Cantors Library), Carmen Hendershott (New School University, Raymond Fogelman Library), Patricia F. Owen (Sarah Lawrence College, Esther Raushenbush Library), Joseph Ponte (Queens College), Jasna Radonjic (American Composers' Alliance), Philip E. Miller (Hebrew Union College – Jewish Institute for Religion, Klau Library), Jane Gottlieb (Juilliard School Archives, Lila Acheson Wallace Library) and Gina Genova (Milken Archives).

Heartfelt thanks also go to those individuals who provided information and advice: Albrecht Dümling (Berlin), who had also helped preparing vol. 1 on California; Primavera Gruber (Vienna), who gave us access to information from the database of the Orpheus Trust, thereby allowing verification of persons; Manuela Schwartz (Magdeburg/Berlin); Edna Brocke (Alte Synagoge, Essen), who prepared and examined translations and transcriptions of Hebrew texts; and Jana Zwetzschke, for her translation of Russian sources. For information and research done we thank Johannes Carl Gall (Berlin), Therese Muxeneder (Arnold Schoenberg Center, Wien), Walter Levin (Basel), Lawrence Weschler (New York) and Glenn Stanley (Storrs/Mansfield).

We also like to thank Mirjam Schadendorf who was a research assistant to the project for two years; Christoph Bartusek, Christian Börsing, Tina Frühauf, Anke Füller, Barbara Leven, Jörn Nettingsmeier, Esther Neustadt and Jana Zwetzschke, all of whom greatly assisted both in the compilation of sources and in research. Christian Börsing deserves further thanks for agreeing to shoulder the responsibility for this volume's page layout.

For their hospitality in New York, we thank Beth and George Wolf, whose doors were always open for us.

For their translation of the preface, the introduction and the instructions for use, we thank Birgit Abels, Brian Michaels, Evi Levin and Elmar Juchem.

Essen, February 2005

Stefan Drees and Horst Weber

Einleitung

I Gate to America

Der Emigrant, der New York mit dem Schiff erreicht, passiert in der Upper Bay zwei Inseln, die ihm vor Augen führen, was ihn erwartet: Liberty Island mit der Freiheitsstatue und Ellis Island mit dem Gebäude der Einwanderungsbehörde. Freiheit und Bürokratie sind die Pole, zwischen die seine Existenz gespannt ist.

Für die Flüchtlinge der dreißiger Jahre ist New York, wie für Generationen von Auswanderern zuvor, das Einfallstor in die USA. Über einhundert Jahre hinweg hat der Menschenstrom aus Europa die Stadt stetig wachsen lassen. Sie ist nicht nur die größte Stadt der USA, sie ist auch ihr kulturelles Zentrum. In keiner anderen Stadt sind so viele Organisationen, Verlage, Theater konzentriert – all das, was den Eliten, die vor Hitler aus Europa fliehen, Überlebenschancen eröffnet. New York wird zur großen Drehscheibe.

Der ständige Zustrom von Immigranten aus Europa hat New York unter den Großstädten der USA eine Ausnahmestellung verschafft; es ist nicht nur geographisch, sondern auch geistig Europa nahe. Hier ist man über das, was in Europa geschieht, am besten informiert, über Kunst und Politik denkt man in New York – mit Ausnahme von Boston – europäischer als irgendwo sonst im Land, besonders die Avantgarde Europas wird hier schnell rezipiert, und das politische Klima ist sozialistischen Ideen freundlich: Lange kann sich in New York die 1936 gegründete *American Labor party* neben den Demokraten und Republikanern als dritte Partei halten, erst im Kalten Krieg gerät sie unter die Räder der weltpolitischen Polarisierung. New York hat ein selbstbewusstes Proletariat, New York hat die größte jüdische Gemeinde der Welt,[1] und New York hat die meisten Arbeitsplätze in der Kulturindustrie. Es wundert also nicht, dass möglichst viele Flüchtlinge aus Europa versuchen, in New York Fuß zu fassen. Nur wenigen gelingt es, alle anderen müssen im übrigen Lande untergebracht werden. Denn es kommen ja nicht nur die Eliten, sondern Hilfesuchende jedweder Ausbildung und Profession. Ihrer nehmen sich Hilfsorganisationen an, die fast alle ihren Sitz in New York haben.

Zunächst allerdings muss der Flüchtling die USA überhaupt erreichen. Vom Status, der ihm zugestanden wird, hängt dann alles Weitere ab: Als 'Besucher' ohne Arbeitserlaubnis kommt er mit einem befristeten *visitors visa*, ein *permanent visa* erhält er entweder als regulärer Ein-

---

[1] WPA Guide NYC 1939, S. 52.

wanderer im Rahmen der festgesetzten Quote seines Herkunftlandes (*immigration visa*) oder als Person mit speziellen Kenntnissen und Fähigkeiten, die dem Land von Nutzen sind (*non quota visa*). Formal bleiben die Einwanderungsbedingungen gleich, objektiv aber verschärfen sie sich, besonders ab 1938 durch Hitlers Einmarsch in Österreich und dann noch einmal 1940 nach der Besetzung Frankreichs und dem Kriegseintritt der USA im Dezember 1941; denn die regulären Einwanderungsquoten, die der Kongress im *Immigration Act* festgesetzt und seit 1924 nicht mehr verändert hat, sind – besonders für Deutschland und Österreich – auf Jahre hinaus erschöpft.[2] Unter solchen Bedingungen ist die Vermittlung einer Anstellung geradezu Voraussetzung dafür, dass ein amerikanisches Konsulat ein *permanent visa* ausstellt, gleich ob der Flüchtling direkt aus Deutschland bzw. Österreich oder vom europäischen Ausland in die USA immigrieren will. Mit Kriegsbeginn schrumpft die Anzahl amerikanischer Konsulate in Europa erheblich; die von Roosevelt 1938 genehmigten *refugee visas* – *visitors visas*, die ohne Re-Emigration verlängert werden können – werden nur kurze Zeit ausgestellt; die Fluchtwege über den Atlantik sind durch Kriegshandlungen immer stärker gefährdet; schließlich ist der Arbeitsmarkt in den USA sogar für gute Fachkräfte gesättigt. Auch in den europäischen Staaten, die mit dem "Dritten Reich" verbündet sind und zunächst von Besetzung verschont bleiben, wächst während des Krieges der Druck.[3] 1941 wird für viele Flüchtlinge zum Schicksalsjahr: Wem die Flucht bis dahin nicht gelungen ist, schwebt in höchster Gefahr; denn er sitzt in der 'Falle Europa'.[4] Wer ohne Visum in New York eintrifft oder wessen Visum zweifelhaft ist, wird auf Ellis Island interniert; ihm droht Abschiebung. Flüchtlinge, die lediglich im Besitz eines *visitors visa* sind, müssen die USA nach drei Monaten wieder verlassen und im Ausland – in der Regel in Mexiko, Kuba oder Kanada – ein neues Visum beantragen. Aber auch die Aussicht auf eine Anstellung in den USA ist keine Garantie dafür, wieder einreisen zu dürfen oder gar ein *permanent visa* zu erhalten; denn seit Ende der dreißiger Jahre wacht der *Naturalization and Immigration Service*, von J. Edgar Hoovers FBI tatkräftig unterstützt,[5] mit neuem Eifer darüber, dass nur Personen mit 'unbedenklicher' politischer Vergangenheit amerikanischen Boden betreten.

Zur Rettung der Verfolgten formieren sich bald nach Hitlers Machterlangung zahlreiche Initiativen in den USA. Sie sind die Frucht einer amerikanischen Tugend, die sich immer wieder bewährt: Hilfsbereitschaft. Anders als in Europa üblich, ist die Hilfe nicht staatlich organisiert, sondern wird von Privatpersonen getragen, die sich zu 'Vereinen' zusammenschließen. Diese Hilfsorganisationen haben unterschiedliche Zielgruppen im Auge; einige sind konfessionell oder national gebunden, andere bestimmten Berufsgruppen vorbehalten. Jüdische Organisationen, die häufig schon seit vielen Jahren existieren, stellen sich der

---

[2] Wyman 1968, S. 132ff.; zum Folgenden vgl. Literaturverzeichnis in QuECA, S. XLIX-LII.

[3] So unter den faschistischen Regimen in Italien, Ungarn, Rumänien und Spanien.

[4] Vgl. etwa die Schicksale von Walter Benjamin und Kurt Singer (siehe S. 52f. und 68).

[5] O'Reilly 1983, S. 37-74.

neuen Aufgabe, andere sind Neugründungen, die auf die aktuelle Situation seit 1933 reagieren. Da die Gründung von Hilfskomitees durch den Staat nicht reglementiert ist, entsteht eine zunächst chaotisch wirkende, in Wahrheit aber äußerst effiziente Organisationsstruktur, in der die Aufgaben der Hilfsorganisationen im freien Spiel der Kräfte und gegenseitigen Einvernehmen verteilt sind. Die einen organisieren die Flucht der Verfolgten, andere bemühen sich um die Integration der Flüchtlinge im Lande, wieder andere sammeln Geld und verteilen es an die Organisationen zur Bewältigung ihrer jeweiligen Aufgaben. Behindert wird dieses lose geknüpfte Netzwerk allerdings durch die restriktiven Regelungen des *Immigration Act*. Je länger die Nazis an der Macht sind und je weiter sie ihren Herrschaftsbereich ausdehnen, umso mehr wird auch die Arbeit der Hilfskomitees zu einem Wettlauf mit dem Tod.

Für die Juden Europas hat ab 1933 neben dem *American Jewish Joint Distribution Committee*,[6] das seit 1914 die Auswanderung osteuropäischer Juden in die USA förderte, die Organisation *HICEM* die größte Breitenwirkung.[7] 1927 zur Förderung der freiwilligen Einwanderung von Juden nach Palästina gegründet, nimmt sie sich ab 1933 der Evakuierung bedrohter Juden aus allen Ländern Europas an. Die Zentrale von *HICEM* sitzt in New York, das Zentralbüro für Europa arbeitet bis 1940 in Paris, später kurzfristig in Marseille und dann in Lissabon. *HICEM* leistet bedrohten Juden finanzielle Hilfe und organisiert – in Fortsetzung seiner ursprünglichen Bestimmung – ihre Flucht in alle Teile der Welt. Ähnlich wie *HICEM* arbeitet in Südfrankreich das *Emergency Rescue Committee*[8] unter dem selbstlosen Einsatz von Varian Fry, dem vor allem zahlreiche Künstler ihre Befreiung aus französischen Internierungslagern zu verdanken haben.

Eine Institution, die sich durch die Rettung bedeutender Gelehrter weltweit einen Namen macht, ist die *University in Exile*, die Alvin Johnson 1933 an der *New School for Social Research* gründet.[9] 1934 folgt die Bildung der *Graduate Faculty*, vor allem für hochrangige Wissenschaftler aus Deutschland und Österreich in ausgewählten Disziplinen der Humanwissenschaften, sowie 1941 die *École libre des Hautes Études*, die Wissenschaftlern aus dem besetzten Frankreich Zuflucht gewährt.[10] Einen Schwerpunkt bilden Wirtschaftswissenschaft und Soziologie samt angrenzenden Disziplinen.[11] Außerhalb der graduierten Studiengänge gibt es zahlreiche künstlerische Lehrangebote, die auch viele emigrierte Musiker in Lohn und Brot bringen.[12]

Auf Initiative des Hochkommissars für Flüchtlinge beim Völkerbund in Genf wird 1934 das *National Coordinating Committee for Aid to Refugees and Emigrants Coming from Germany* (*NCC*)[13] gegründet. Es hat seinen Sitz ebenfalls in New York und den amerikanischen Diplomaten Joseph P. Chamberlain zum Präsidenten. Da Juden die allermeisten Emigranten stellen, wandelt sich das *National Coordinating*

---

6 Vgl. S. 49-54; siehe auch Bauer 1974.

7 Akronym aus den Namen dreier Hilfsorganisationen: *Hebrew Sheltering and Aid Society* (*HIAS*), New York; *Jewish Colonisation Association* (*ICA* oder *JCA*), Paris; *Emigdirect*, Berlin.

8 Später umbenannt in *International Rescue Committee*.

9 Rutkoff & Scott 1986, S. 84ff. und 129ff.; vgl. S. 200-203.

10 Ihre bekanntesten Mitglieder: Claude Lévi-Strauss und Roman Jacobson; vgl. Rutkoff & Scott 1986, S. 153ff.

11 Siehe Krohn 1987.

12 Vgl. unten S. XIV.

13 Vgl. S. 114.

Committee im Laufe seiner Tätigkeit zu einer jüdisch geprägten Organisation, was Kritik hervorruft, obwohl ihm andere, nationale oder auch konfessionell geprägte Hilfsorganisationen wie das *Committee for Christian Refugees* zur Seite stehen. Eine Überprüfung durch einen von der US-Regierung eingesetzten Sachverständigen, Harry Greenstein, führt 1939 zur Neuorganisation unter dem Namen *National Refugee Service (NRS)*,[14] dem auch mehrere, früher selbstständige Komitees unterstellt werden, darunter auch das *Musicians' Placement Committee*.

Die Komitees sammeln entweder selbst Geld bei Firmen und staatlichen Stellen oder arbeiten mit Stiftungen zusammen, die Mittel bereit stellen. Der *Oberlaender Trust* mit der *Carl Schurz Memorial Foundation*[15] und die *Rockefeller Foundation*[16] fördern die Eingliederung der akademischen Elite, vor allem durch die *University in Exile* und das *Emergency Committee in Aid of Displaced Foreign Scholars*. Dem *Placement Committee for German and Austrian Musicians*, das Musiker an Orchester oder als Lehrer an Universitäten vermittelt, steht der *Musicians Emergency Fund* zur Seite. Die *University in Exile* wird weitgehend von der *Rockefeller Foundation* finanziert. Auch ältere Organisationen werden in die neuen Aufgaben eingebunden: Das *American Jewish Joint Distribution Committee* ist – neben seinen eigenen erfolgreichen Hilfsaktionen – der wichtigste Geldgeber für das *National Coordinating Committee*. Fast alle Hilfsorganisationen einschließlich der *New School for Social Research* werden von der *Rosenwald Family Association* unterstützt;[17] einige Mitglieder dieser Familie bekleiden obendrein Funktionen in den Komitees. Im Grunde sind es nur wenige Geldgeber, die mit Zuwendungen das weit gespannte Netz der Hilfsorganisationen am Leben erhalten.

Von größter Bedeutung für den kulturellen *brain gain* der USA ist das *Emergency Committee in Aid of Displaced Foreign Scholars*.[18] Dieses Komitee sammelt seit seiner Gründung 1933 Informationen über bedrohte oder ausreisewillige Wissenschaftler,[19] es wird darin unterstützt vom *Rockefeller Bureau* für Europa in Paris, vom *German Jewish Aid Comittee* und von der *Notgemeinschaft Deutscher Wissenschaftler im Ausland*, beide in London ansässig. Zugleich weckt das *Emergency Committee* durch Informationsmaterial und -veranstaltungen das Interesse der Hochschulen an ausländischen Wissenschaftlern und bearbeitet deren Anfragen. So gelingt es ihm, eine stattliche Anzahl von Wissenschaftlern, darunter auch eine Reihe von Musikwissenschaftlern,[20] aus dem Ausland an Universitäten und Colleges zu vermitteln und ihnen dadurch zu einem *permanent visa* zu verhelfen. Das *Emergency Committee* ist zwar nur eine Organisation unter vielen, doch ist es besonders erfolgreich, weil es seine Aktivitäten, in realistischer Einschätzung der innenpolitischen Lage in den USA, durch Satzung von vorne-

---

14 Strauss 1978, S. 62f.; vgl. S. 115-130.

15 Vgl. S. 83-104.

16 Vgl. S. 344-352.

17 Strauss 1978, S. 74ff.

18 Ursprünglich *Emergency Committee in Aid of Displaced German Scholars*; vgl. S. 204-283.

19 In den Dossiers des Komitees erscheinen auch Namen von Personen, die als gefährdet oder zumindest ausreisewillig gelten, aber letztlich nicht emigriert sind, etwa Franz Schreker, Georg Schünemann, Hans Mersmann, Knud Jeppesen.

20 U. a. Manfred Bukofzer (S. 212f.), Karl Geiringer (S. 228f.), Edward Lowinsky (S. 340) und Paul Nettl (S. 256-259 und 341).

herein auf *non quota visa* durch Stellenvermittlung konzentriert. Das Komitee leistet für ein Halbjahr die Anschubfinanzierung eines halben Gehaltes, die andere Hälfte hat die Universität oder das College zu übernehmen; für jedes weitere Jahr oder Halbjahr muss eine Verlängerung beantragt werden. Denn Ziel des Komitees ist selbstverständlich, sich möglichst bald aus der Förderung zurückzuziehen, um andere – neue oder hilfsbedürftigere – Emigranten unterstützen zu können. Im Prinzip ist die berufliche Integration der Emigranten erst abgeschlossen, wenn die Förderung eingestellt werden kann. Dass sich aber dieser Prozess in der amerikanischer Gesellschaft über die Jahre der unmittelbaren Bedrohung hinaus hinzieht, beweist die *Resettlement Campaign for Exiled Professionals*, die noch 1950 vom *International Rescue Committee* durchgeführt wird.

II 'Metropolis'

New York wächst in der ersten Hälfte des 20. Jahrhunderts in die Rolle der Weltmetropole. Zwar nur vorübergehend die bevölkerungsreichste Stadt der Erde, bleibt es doch auf Jahrzehnte hinaus die größte urbane Struktur. Dies prägt sein Selbstverständnis und seine Ausstrahlung. "The City That Never Sleeps" ist zum Inbegriff von Metropolis geworden, mit all der Faszination und Angst, die der Mythos seit Babel, Alexandria und Rom weckt. Paris, von Walter Benjamin als "Hauptstadt des 19. Jahrhunderts" apostrophiert,[21] wird im 20. Jahrhundert von New York verdrängt, und in diesen Prozess sind seit 1933 die Emigranten involviert.[22] Denn nicht nur durch seine höhere demographische Dynamik und schnellere technische Innovation macht New York den Platz Paris als Zentrum der Welt streitig, sondern auch durch sein wachsendes Gewicht als Kulturmetropole. Der Wandel ist in langfristigen ökonomischen Entwicklungen begründet, wird aber durch die Flüchtlingswelle im Gefolge des Zweiten Weltkrieges entscheidend beschleunigt. Die Kriegsanstrengungen der USA forcieren die Industrialisierung des Westens, die Emigranten machen New York zu dem Ort, an dem sich die Eliten Europas und Amerikas begegnen. Das zeigt sich am offensichtlichsten in der Bildenden Kunst, da New York in der zweiten Jahrhunderthälfte Paris den Rang als Mekka der Künstler und Kunsthändler abläuft; die kreativen Impulse kommen aus New York, und die kommerziellen Strukturen folgen ihnen. New Yorks Entwicklung als Stadt der Musik vollzieht sich mit ähnlicher Dynamik, führt jedoch nicht zu einer vergleichbaren Monopolstellung, weil internationale Zentren mithalten und *nationwide* auch viele andere Städte vom Zustrom emigrierter Musiker profitieren.[23]

21 Benjamin 1982.

22 Vgl. *Exiles and Emigrés* 1997, besonders die Beiträge von Matthew Afron (S. 183-194), Peter Hahn (S. 211-225) und Vivian Endicott Barnett (S. 273-284).

23 Vgl. etwa für Los Angeles und San Francisco QuECA.

Verschiedene historische Ausprägungen des Mythos 'Metropolis' – Babels Glossolalie, Alexandrias Weltbibliothek und Roms imperiale Architektur – gehen in New York eine einzigartige Verbindung ein. Menschen unterschiedlicher Sprache und Kultur, unter ihnen die Emigranten aus Europa, leben auf engem Raum zusammen. Und dieser 'enge Raum' ist ein kultureller Raum, er bemisst sich nicht nach Meilen – New York ist im Vergleich zu Paris oder gar Berlin riesengroß –, er entsteht künstlich, durch neue Techniken der Kommunikation. Telefon, Radio[24] und Fernsehen[25] formen die neue Art von Großstadt zur medialen Bibliothek; in ihr wird Wissen nicht nur aufbewahrt, sondern es zirkuliert. Und die 'Triumphbögen' des Kapitals wie das *Empire State Building* oder *Rockefeller Center* erfordern, indem sie viele Menschen an einem (Arbeits-)Platz versammeln, eine neue Art der Zirkulation von Menschen: Das Konzept der autogerechten Stadt entsteht.[26] All diese Zukunftsvisionen werden 1939 auf der New Yorker Weltausstellung präsentiert; Urbanität heißt die neue Devise.[27] Hier wächst die Grundlage für das multikulturelle New York der Jahrtausendwende, das sich, wie nur wenige Regionen der USA, als *melting pot* und nicht als *salad bowl* erweisen wird.

Die Zirkulation von Menschen und Information generiert eine neue Erfahrung von 'Stadt' und bringt eine neue Stadtkunst hervor. Was im 19. Jahrhundert mit den Romanen Honoré de Balzacs und der Lyrik Charles Baudelaires in Paris begann, setzt sich in New York fort mit der Lyrik Walt Whitmans,[28] mit Romanen von John Dos Passos[29] bis Paul Auster[30] und im neuen Medium des Films, beginnend mit Charlie Chaplin.[31] Auch in der Heimat der Emigranten war die Großstadt bereits als Thema entdeckt, etwa in Alfred Döblins Roman «Berlin Alexanderplatz» (1929), in Walter Ruttmanns Film «Berlin. Die Symphonie einer Großstadt» (1927), dessen Bilder der Faszination der Automatik der Stadt verfallen, oder in «Metropolis» (1927) von Fritz Lang, der beängstigende Visionen des Molochs entwirft. Im Großstadterlebnis und in der Großstadtkunst begegnet sich der Erfahrungshorizont von New Yorkern und Emigranten; exemplarisch dafür mag der Maler George Grosz stehen, in dessen Werk "Berlin und New York eine alchemistische Ehe im Zeichen von Metropolis" eingehen.[32] Als Charakteristikum dieses Erfahrungshorizonts enthüllt sich seine zirkuläre Struktur: Der Stadt steht nicht mehr Natur als Erfahrungsgrund gegenüber, sondern durch die Zirkulation von Information und Menschen verweist 'Metropolis' nur mehr auf sich selbst: Nach außen hält sich die Metropole für die Welt, nach innen verschwimmen Realität und Virtualität. Orson Welles hat 1938 mit seinem CBS-Hörspiel «The War of the Worlds», dessen fiktive Reportagen für real gehalten wurden, darauf die Probe gemacht.[33] Die Stadt prägt ihre Kunst und die Kunst ihre Stadt.

---

24 Bereits in den dreißiger Jahren gibt es in New York fünf verschiedene Rundfunkstationen; vgl. WAP Guide NY 1939, S. 36.

25 Ab 1939 tägliche Fernsehsendungen in New York durch RCA (*NBC*).

26 Stern 1987, besonders S. 617ff. und 673ff.; vgl. S. 161ff.; über den Stadtplaner Robert Moses siehe Caro 1974.

27 Vgl. WAP Guide NY 1939, S. 341: "Urban planning for the future".

28 Etwa in «Mannahatta» (Whitman 1982, S. 585f.).

29 «Manhattan Transfer» (1925).

30 «New York Trilogy» (1985-87).

31 «City Lights» (1931), «Modern Times» (1936).

32 Schuster 1994, S. 19.

33 Vgl. die ‹New York Times› vom 31. Oktober 1938 sowie Faulstich 1981.

Das Musical ist eine genuin amerikanische Großstadtkunst, in deren Entwicklung der Emigrant Kurt Weill eingreift. Am Broadway findet er verschiedene Genres vor, die mit seinem Berliner Konzept des "Stücks mit Musik" zu harmonieren scheinen. Am Broadway jedoch ist Weills Songstil kein Stachel mehr, sondern Idiom, wenn auch mit 'Akzent'. Durch die Emigration von der einen Metropole in die andere verliert Weill die rezeptive Grundlage für den 'aggressiven' Ton seiner Musik; zugleich aber setzt er die Verdichtung der musikalischen Dramaturgie, die er schon gegen Ende seiner Berliner Zeit verfolgte, in seinen amerikanischen Werken fort und erprobt neue musikdramatische Erzählweisen, die allerdings so am Broadway keine Nachfolge gefunden haben.[34] Weill, der – als Großstadtmensch schlechthin – in sich Berlin und New York zu versöhnen schien, ist trotz seiner *evergreens* ein Solitär, seine Anverwandlung an die amerikanische Musik bleibt von der Exilsituation gezeichnet.

[34] So vor allem in «Lady in the Dark» (1940) und «Love Life» (1946).

Auf der anderen Seite des musikalischen Spektrums nimmt die Ausbildung einer spezifisch jüdischen Musik von einer kosmopolitischen Nische New Yorks ihren Ausgang: Für die Synagoge entstehen Werke jüdischer Komponisten wie Hugo Chayim Adler,[35] Paul Dessau, Herbert Fromm[36] und Kurt Weill, teils gefördert durch die reiche Gemeinde der *Park Avenue Synagogue* und ihren Kantor David Putterman.[37] Das zeitgenössische Repertoire gibt zugleich den Anstoß zur Rückbesinnung auf die synagogalen Wurzeln jüdischer Musik. In Theorie und Praxis bildet New York, das seiner Zeit die größte jüdische Gemeinde hat, ein Zentrum dieser Orientierung, an der neben Auswanderern vor 1933[38] auch zahlreiche Emigranten teilnehmen.[39] Die Entfaltung eines neuen musikalischen Selbstbewußtseins unter den Juden bildet eine spezifische Facette der Emigrantenkultur in New York.

[35] Vgl. S. 170ff.
[36] Vgl. S. 177-184.
[37] Vgl. S. 184ff. und 332f.
[38] Z. B. Lazare Saminsky und Solomon Rosowsky (vgl. S. 186f.).
[39] Z. B. Eric Werner (vgl. S. 72-83).

Im Zentrum des Musiklebens steht aber die Pflege der europäischen Tradition. Zwei Institutionen benennen hier New Yorks herausragende Stellung als Musikstadt in den USA und in der Welt: das *New York Philharmonic Orchestra* und das *Metropolitan Opera House*.[40] Beide ziehen seit Jahrzehnten die besten Musiker der Welt an. Dirigenten aus Europa zu verpflichten hat in New York eine lange Tradition; denn bereits zu Beginn des Jahrhunderts dirigierten hier sowohl Gustav Mahler als auch Arturo Toscanini, und Otto Klemperer, Erich Kleiber und Bruno Walter waren gern gesehene Gäste. Jetzt aber sind sie nicht mehr Gäste, sondern Emigranten – zwar Fremde, jedoch im eigenen Haus, auf das sie nun viel direkter Einfluss nehmen. Zu den älteren Dirigenten kommen jüngere ohne Gastspielerfahrung hinzu: George Szell, Erich Leinsdorf, Fritz Cohen, Fritz Stiedry, Peter Adler, Fritz Jahoda. Sie treffen alte Bekannte aus Europa wie die Sopranistinnen Lotte Lehmann, Elisabeth Schumann und Jarmila Novotna, den Tenor Lauritz Melchior, den Bass Alexander Kipnis – um nur die wichtigsten zu nennen. Und sie

[40] Vgl. S. 198f.

arbeiten mit Regisseuren aus Europa wie Alfred Wallenstein und Herbert Graf. Die Emigranten setzen in der Pflege der europäischen Tradition neue Interpretationsstandards, die sich durch Radio und Schallplatte schnell im Land verbreiten.[41]

Die Musikstadt New York ist die eine Seite von 'Metropolis', die andere ist das Verwaltungszentrum New York. Die Stadt ist Sitz der meisten Agenturen und Berufsorganisationen, auf welche die Emigranten angewiesen sind. Die Konzertagentin Constance Hope etwa hat Bruno Walter, Lotte Lehmann und Erich Leinsdorf unter Vertrag.[42] Am Broadway ist eine riesige Anzahl von Theateragenten und Produzenten tätig, so Leah Salisbury und Cheryl Crawford, die mit Kurt Weill zusammenarbeiten.[43] In New York sitzt die mächtige Verwertungsgesellschaft *ASCAP*, welche die Tantiemen für ihre Mitglieder eintreibt, während die konkurrierenden Komponistenverbände *League of Composers*[44] und *American Composers' Alliance*[45] ihre Mitglieder fördern, indem sie Aufführungen bzw. Einspielungen von Werken finanziell unterstützen und Kompositionen publizieren (in *Composers Facsimile Edition* bzw. *New Music Edition*[46]). Es ist für jeden Komponisten, der in die USA emigriert, geradezu eine Lebensnotwendigkeit, in einer dieser Organisationen Mitglied zu werden, da die Vereinigten Staaten das europäische Urheberrecht nicht anerkennen.

Als die Flüchtlingswelle einsetzt, erholen sich die USA gerade von der schwersten Wirtschaftskrise ihrer Geschichte nach dem Börsenkrach von 1929. Viele Intellektuelle erblicken nach diesem Zusammenbruch des kapitalistischen Systems im Sozialismus das bessere, weil menschlichere Konzept, und auch der neue Präsident Franklin D. Roosevelt beschneidet im *New Deal* den Handlungsspielraum der Konzerne, um der maroden Wirtschaft mit staatlichen Programmen auf die Beine zu helfen. Dies setzt er mit einer neuen Behörde ins Werk, der *Works Progress Administration* (*WPA*), die sich um alle Sparten der Wirtschaft und eben auch der Kunst bemüht. Das *Writers' Project* etwa fördert vor allem die Entstehung funktionaler Literatur, z.B. heute noch lesenswerte Reiseführer von Los Angeles und New York,[47] das *Music Project* vergibt Kompositionsaufträge und finanziert Konzerte, das *Federal Theater Project* unterstützt Aufführungen und gibt Theaterstücke in Auftrag. Die Produktionen, die hier von Staats wegen gefördert werden, spiegeln den Linksruck wider, den die amerikanischen Intellektuellen im Gefolge der *Great Depression* vollzogen haben.[48] Im New York der dreißiger Jahre entsteht, von einem klassenbewussten Proletariat getragen, eine ausgeprägte Szene 'linker' amerikanischer Kultur,[49] mit der viele Emigranten sympathisieren und zusammenarbeiten.[50] Auch die *Spanish Refugee Relief Association* erwächst auf diesem Boden.[51] Allerdings ist dieser linke Geist in New York konzentriert, im übrigen Land weht ein anderer Wind. So wird das *Federal Theater Project*

---

41 Auch durch das *NBC Orchestra* Arturo Toscaninis und – in Los Angeles – durch das *Columbia Orchestra* Bruno Walters; vgl. QuECA, S. 69.

42 Vgl. S. 145-156.

43 Vgl. S. 158f.

44 Vgl. S. 299-302.
45 Vgl. S. 38-43.

46 Vgl. S. 304ff.

47 WPA Guide NYC 1939, WPA Guide LA 1941.

48 So z.B. «The Cradle Will Rock» (1937) von Marc Blitzstein.

49 Etwa der Dramatiker Clifford Odets (vgl. S. 331), der Komponist Marc Blitzstein, der Filmregisseur Joseph Losey, der Dokumentarfilmer Pare Lorentz.

50 Etwa Hanns Eisler, Erwin Piscator, Bertolt Brecht.

51 Vgl. S. 159ff.

1939 auf Druck konservativer Politiker wegen des Vorwurfs kommunistischer Propaganda geschlossen.[52] Es ist der Anfang vom Ende der *Works Progress Administration* beim Eintritt der USA in den Weltkrieg.

Neben der staatlichen Works Progresss Administration fördern auch zahlreiche Repräsentanten aus der großen liberalen Tradition der USA Kunst und Wissenschaft. Es sind vor allem Persönlichkeiten aus dem Bildungssektor mit intensiven Europa-Erfahrungen, denen es gelingt, die philanthropische Gesinnung amerikanischer Millionäre für die Verfolgten aus Europa nutzbar zu machen. Alvin Johnson, der Direktor der *New School for Social Research*, war in den zwanziger Jahren in Deutschland, ebenso John Marshall, sein Kontaktmann bei der *Rockefeller Foundation*; der Philosoph an der *New School*, Horace M. Kallen, in Schlesien geboren und als kleines Kind mit seiner Familie in die USA gekommen, organisiert den *Ernst Toch Fund*;[53] Joseph P. Chamberlain, der Vorsitzende des *National Coordinating Committee*, hat als Diplomat Europa-Erfahrungen; der Politikwissenschaftler Stephen Duggan, Vorsitzender des *Emergency Committee*, ist zugleich der erste Präsident des *Institute for International Education*, das vor allem den Studentenaustausch mit Euopa gefördert hat;[54] und Mark Brunswick, Chairman des *National Committee for Refugee Musicians*, hat bei Arnold Schoenberg in Wien Komposition studiert.

Über die Hilfsorganisationen gewinnt die Intelligenz des amerikanischen Liberalismus in den dreißiger und vierziger Jahren den größten Einfluss auf das musikalische Erziehungswesen. Die amerikanische Musikwissenschaft erhält einen bedeutenden Zuwachs hervorragender Köpfe, die dem Fach für die nächsten Jahre den Stempel aufdrücken werden: allen voran durch Curt Sachs, dessen Bedeutung für das Fach nicht hoch genug veranschlagt werden kann, verbindet er doch Musikethnologie mit anderen Teildisziplinen letztlich bereits zu einem 'kulturwissenschaftlichen' Ansatz; zeitweise bekleidet er gleichzeitig Funktionen an der *New York University*, am *Metropolitan Museum* und an der *Columbia University*.[55] Während Musikhistoriker seiner Generation, etwa Hugo Leichtentritt oder Paul Bekker, in ihrem Wirken weniger folgenreich sind, wird die Generation der jüngeren Musikhistoriker aus Europa für die Erforschung vieler Epochen oder Sparten prägend: Hans Tischler für das Mittelalter, Edward Lowinsky für die Renaissance, Willi Apel und Manfred Bukofzer für die gesamte ältere Musikgeschichte, Alexander Ringer für das 19. und 20. Jahrhundert, Emanuel Winternitz[56] für die Musikinstrumentenkunde und Bruno Nettl für die Musikethnologie. Auch Béla Bartók, der Zeit seines Lebens nicht Komposition unterrichtet hat, arbeitet an der *Columbia University* als Musikethnologe.[57] Die besten von ihnen publizieren in renommierten Verlagen wie z.B. *W.W. Norton & Company*.[58] Viele Emigranten erhalten als Musik-

52 Vgl. Flanagan 1940. Im selben Jahr wird WPA in *Work Projects Administration* umbenannt und der *Federal Works Agency* unterstellt.

53 Vgl. S. 109-113.

54 In dieser Eigenschaft hatte er bereits in den zwanziger Jahren die Regierung davon überzeugt, *nonimmigrant student visas* auszustellen und damit die strikte Reglementierung des *Immigration Act* zu umgehen.

55 Vgl. S. 261f.

56 Vgl. S. 113-137.

57 Vgl. S. 141ff.

58 Vgl. S. 162-169.

theoretiker oder Komponisten Stellen an *Music Departments* von Universitäten oder Colleges, so auch in New York. Karl Adler,[59] ehemals Leiter des Stuttgarter Konservatoriums, unterrichtet an der *Yeshiva University*, Karol Rathaus,[60] in der Weimarer Republik vor allem durch seine Bühnenwerke und seine Filmmusik bekannt, unterrichtet am *Queens College*, André Singer[61] vor den Toren der Stadt am *Sarah Lawrence College* in Bronxville; Erich Itor Kahn[62] und Stefan Wolpe[63] lehren an verschiedenen Instituten in New York und anderen Städten der Ostküste. An der renommierten *Mannes School of Music* unterrichtet Felix Salzer, ein Schüler Heinrich Schenkers, der zusammen mit Ernst Oster und Moritz Violin den Grundstein für die Schenker-Rezeption in den USA legt. Die Musikkurse an der *New School for Social Research*, die keine professionelle Berufsausbildung zum Ziel haben, sondern im Rahmen des *Adult Education Program* angeboten werden, versammeln zeitweise ein Kollegium, das mit Hanns Eisler, Rudolf Kolisch, Eduard Steuermann, Jascha Horenstein und anderen den Geist von Schoenbergs *Verein für musikalische Privataufführungen* wieder aufleben lässt.

In engem Kontakt mit der *New School* kommt Eislers *Film Music Project* zustande, das dem Funktionszusammenhang von Bild und Ton im Massenmedium Film gewidmet ist. Alvin Johnson kann die *Rockefeller Foundation* von dem Projekt überzeugen, und für die praktische Arbeit zieht Eisler die Musiker aus dem Umkreis der *New School* heran: Rudolf Kolisch leitet die Einspielung der «Vierzehn Arten den Regen zu beschreiben», Jascha Horenstein dirigiert die Musik zu «White Flood», und auch Fritz Stiedry, Leiter der Wiener Uraufführung von Schoenbergs «Glücklicher Hand» op. 18, wird engagiert. Für die *Oxford University Press* in New York sollen die Ergebnisse des Projekts in einem Buch zusammengefasst werden, als Mitautor wird Theodor W. Adorno gewonnen; «Composing for the Films» erscheint 1947.[64] Dem Massenmedium Radio ist das *Princeton Radio Research Project* gewidmet, das ebenfalls von der *Rockefeller Foundation* finanziert wird und in Newark (NJ) angesiedelt ist. Geleitet wird es von dem Soziologen Paul Lazarsfeld, der Adorno ebenfalls als Mitarbeiter heranzieht, um die Funktion und Rezeption von Musik im Radio zu untersuchen. Adorno arbeitet am *Institut für Sozialforschung* in der 120th Street nahe der *Columbia University*, aber ihn trennt nicht nur eine geographische Distanz von den empirischen Untersuchungen des Projekts. Der Wiener Lazarsfeld steht dem Neopositivismus des Wiener Kreises nahe, und so kann es nicht ausbleiben, dass es zwischen ihm und dem Marxisten Adorno zu Spannungen kommt. Adornos Ansichten, die er in New York mit dem Vortrag «On a Social Critique of Radio Music» zur Diskussion stellt, werden in der Öffentlichkeit kontrovers diskutiert.[65] Schließlich führen unüberbrückbare Gegensätze zu Adornos vorzeitigem Ausscheiden aus dem Projekt. Die Vorbehalte, ja Ressentiments,

---

[59] Vgl. S. 44-48.

[60] Vgl. S. 24-38.
[61] Vgl. S. 17-24 und 308f.
[62] Vgl. S. 50f. und 292-299.
[63] Vgl. S. 281f. und 343.

[64] Eisler 1947. Adorno ist in der Erstausgabe als Autor nicht genannt.

[65] Vgl. Dok.. 7062 und 7063 sowie 7070 und 7120.

die Adorno in den fünfziger und sechziger Jahren gegen die empirische Sozialforschung hegt, dürften jenen Erfahrungen geschuldet sein.

Indem Emigranten wie Eisler und Adorno die Wirkung der Medien Film und Radio untersuchen, reflektieren sie die Erschaffung von Realität durch Selbstreferenz in der zirkulären Struktur der Metropole, von der ihre Reflexion selbst ein Teil ist. Daher kommt ihnen 'Heimat' – Gegenfigur zur Großen Stadt, da hier Abgrenzung Identität ausbildet – auf eine äußere und eine innere Weise abhanden: durch Vertreibung in die Fremde, die sie ausgrenzt, und durch Selbstreferenz, die sie in die Universalität von 'Metropolis' einschließt. Diese Erfahrung von Entfremdung hat sich im Begriff der "Kulturindustrie" kondensiert.

III Archiv des Exils

Durch Selbstreferenz wird die Metropole sich selbst zum Dokument. Ereignis, Meldung und Kommentar verbinden sich zu einem unendlichen Kreislauf von Information. So wird die Stadt ihr eigenes Archiv; was Quelle ist oder sein könnte – für den Prozess der Emigration und Integration geflüchteter Musiker oder jede andere historische Fragestellung –, ist im Vorhinein nicht absehbar und wird erst vom jeweiligen Erkenntnisinteresse bestimmt. Es wäre also vermessen anzunehmen, mit diesem Katalog seien für New York die relevanten Quellen umfassend erschlossen; zu vielseitig und zu umfangreich ist das Material, und zu begrenzt waren die Ressourcen, die dem Projekt zur Verfügung standen. Es bedurfte daher gewisser Regularien, mit dieser Situation umzugehen; denn Begrenzung tat not, und Begrenzung bedeutet ja nicht nur einen Verzicht auf Quellenmaterial, sondern auch einen Gewinn an Orientierung, die durch Kombination systematischer und pragmatischer Entscheidungen erreicht wird.

Eine erste systematische Entscheidung war die Begrenzung des Projekts auf das Territorium von New York City. Ihr haftet – wie aller politischer Grenzziehung – etwas Zufälliges an, denn das Umland, der Staat New York, aber auch New Jersey und Connecticut, sind mit der Geschichte der City intensiv verwoben. So wird beispielsweise der Nachlass von Kurt Weill an der *Yale University* (New Haven, CT) aufbewahrt, das *Weill-Lenya Research Center* hingegen ist in New York City angesiedelt; Curt Sachs wirkte während seiner ganzen Exilzeit in New York City, sein Nachlass hingegen ging an die *Rutgers University* in New Brunswick (NJ).[66] Die territoriale Begrenzung wurde denn auch aus inhaltlichen Gründen in zwei Fällen durchbrochen und Bestände außerhalb von New York City berücksichtigt: Im *Sarah Lawrence College* in Bronxville, einer wichtigen Ausbildungsstätte vor den Toren New Yorks, liegt der größere Teil des Nachlasses von André Singer, der mit

---

66 Der Verbleib seines Nachlasses ist trotz Kontrollbesuchs nicht geklärt; in den *Special Collections* befinden sich nur Unterlagen zu Publikationen, vor allem Fotografien aus Beständen deutscher Museen.

dem kleineren Teil in New Yorker Privatbesitz und den Musikmanuskripten an der *New York Public Library* eine Einheit bildet; und die Archives der *Rockefeller Foundation* in Sleepy Hollow (Tarrytown, NY) beherbergen Bestände, die sich mit den Archiven des *Emergency Committee* und der *Carl Schurz Memorial Foundation* komplementär ergänzen.

Die Fülle von Sammlungen, die in privater Hand sind, sowie Schwierigkeiten des Zugangs ließen es – anders als für QuECA – geraten erscheinen, auf die Erfassung von Nachlässen in Privatbesitz zu verzichten. Der Nachlass von Felix Salzer, der während der Laufzeit des Projekts bei einer Anwaltskanzlei in Verwahrung lag, wurde erst vor wenigen Monaten der *Music Division* der *New York Public Library* übergeben und konnte für diesen Katalog nicht mehr berücksichtigt werden, Erich Itor Kahns Korrespondenz, lange im Besitz der Witwe, gelangte etwas früher an die *Music Division* und wurde nach Redaktionsschluss noch gesichtet, allerdings aus Zeitknappheit nicht dem üblichen Standard gemäß aufgenommen. Von der Korrespondenz des Kantors der *Park Avenue Synagoge*, David Putterman, die sich in Larchmont in Privatbesitz befindet, erhielten wir zu spät Kenntnis, um sie noch berücksichtigen zu können; sie wird wahrscheinlich den Beständen des *Jewish Theological Seminary of America* in New York zugeführt werden. Einzig die Sammlung von Beth and George Wolf mit Quellen aus dem Nachlass von André Singer[67] wurde als Ergänzung zu der *Andre Singer Collection* des *Sarah Lawrence College* berücksichtigt, mit der sie in naher Zukunft vereint werden soll.

Neben Standort und Besitzverhältnis war der Personenkreis zu bedenken, der erfasst werden sollte. Der größte Teil der Quellen dokumentiert das Leben und Wirken von Künstlern, die vor nationalsozialistischer Verfolgung aus Deutschland und Europa geflohen sind und in die USA – selten in andere Regionen wie Shanghai[68] – emigrierten. In einigen Fällen galt es jedoch, die Kennzeichnung "Emigrant" pragmatisch zu handhaben und Personen zu berücksichtigen, denen die Flucht nicht gelang: Hanns John Jacobsohn wurde während des Krieges von der Gestapo ermordet, sein Nachlass aber von seiner Familie in die USA gerettet;[69] Kurt Singer misslang die Flucht vor der deutschen Militärmaschinerie, er wurde nach Theresienstadt verschleppt;[70] der Star-Tenor der Weimarer Republik Joseph Schmidt starb während seiner Internierung in der Schweiz, ehe sein Visum genehmigt war;[71] Ludwig Misch, dem es gelang, während des Krieges in Deutschland zu überleben, emigrierte erst 1947 in die USA,[72] andere Emigranten kamen aus Drittländern in die USA, so Stefan Wolpe aus Palästina oder Israel Alter[73] nach Kriegsende aus Südafrika; auch einige amerikanische Staatsbürger, die in Europa lebten und arbeiteten wie James Simon,[74] flohen vor den Nationalsozialisten in ihre Heimat, ohne dass man davon reden

---

67 Vgl. S. 22ff.

68 Vgl. S. 130-133.

69 Vgl. S. 175ff.
70 Vgl. S. 52f. und 68.

71 Vgl. S. 67.

72 Vgl. S. 64ff.

73 Vgl. S. 172ff.

74 Vgl. S. 67f.

könnte, sie seien dorthin ins "Exil" gegangen. Auch eine so zentrale Figur wie Arturo Toscanini ist mit dem Begriff "Exil" kaum zu fassen.[75] Zwar wurde auch er aus seiner Heimat vertrieben, jedoch blieb ihm die Erfahrung der Fremde erspart, da er bereits seit 1911 in den USA gearbeitet hatte. Und obwohl er im direkten Kontakt mit Hitler die offene Konfrontation mied,[76] wurde seine Weigerung, in Bayreuth zu dirigieren, von 'Freund und Feind' als Fanal verstanden; sein Rücktritt von den Salzburger Festspielen schließlich löste unter allen Regime-Gegnern eine Woge der Begeisterung aus. Obwohl dem Exil im emphatischen Sinne kaum zugehörig, wuchs er durch sein Verhalten in die Rolle einer zentralen Figur des Widerstandes gegen den Faschismus.

Emigranten nahmen häufig Kontakt zu Repräsentanten des amerikanischen Musiklebens auf, daher enthält deren Korrespondenz häufig wichtige Quellen zu ihrer Geschichte: Henry Cowell als Mitglied der *League of Composers* und Herausgeber der *New Music Edition*,[77] Gustave Reese als Herausgeber von *Musical Quarterly*,[78] Wallingford Riegger als Mitarbeiter der *Pan American Association of Composers* und Redakteur des *New Music Quarterly*,[79] William Schuman als Präsident des Verlages *G. Schirmer* und der *Juilliard School*,[80] Daniel Gregory Mason als *Head of the Music Department* der Columbia *University*.[81] Sie alle hatten schon zu Zeiten der Weimarer Republik Kontakte zu Musikern in Deutschland und Österreich und bekleideten in den USA wichtige Funktionen, in denen sie für Emigranten hilfreich sein konnten.

Zu den systematischen Entscheidungen über Region, Standort und Personenkreis kamen pragmatische Entscheidungen zur Arbeitsökonomie. Vor allem wurde versucht, bei der Erfassung von Quellen Verdoppelungen zu vermeiden und möglichst auf Informationen, die andernorts verfügbar sind, zurückzugreifen oder zu verweisen. Dies bedeutet weitgehend Konzentration auf Unikate[82] und Aussparung publizierter Quellen. Hinsichtlich der Unikatsfrage stellt das *Weill-Lenya Research-Center* der *Kurt Weill Foundation for Music*[83] einen besonderen Fall dar. Die weitaus größte Mehrheit des dort gesammelten Materials besteht in Kopien aus anderen Archiven und Bibliotheken. Die Entscheidung, nur diejenigen Quellen aufzunehmen, deren Original sich im Besitz des *Weill-Lenya Research Center* befindet, fiel umso leichter, als dessen Bestände zu den bestdokumentierten in den USA gehören, und zwar nicht nur über Internet, sondern auch durch gedruckte Findmittel.[84] Der Nachlass des 2002 verstorbenen Herman Berlinski ging an die *Library of Congress*, daher wurden die Kopien von diesem Nachlass im *Jewish Theological Seminary of America* in New York ebenfalls nicht erfasst.

Auch die Entscheidung, was – besonders in politisch unruhigen Zeiten – als publiziert gelten kann und deshalb von der Erfassung auszu-

75 Zur Problematik der Begriffe "Exil" und "Emigration" vgl. QuECA, S. XVIf.

76 Siehe Telegrammentwurf an Adolf Hitler im Anhang S. 361.

77 Vgl. S. 287ff.

78 Vgl. S. 306.

79 Vgl. S. 306f.

80 Vgl. S. 307.

81 Vgl. S. 156ff.

82 Zu Ausnahmen siehe unten S. XXV.

83 Vgl. S. 197f.

84 «A Guide to the Weill-Lenya Research-Center», New York 1995.

schließen ist, wurde pragmatisch gehandhabt: Denn gerade das, was in der Literaturwissenschaft 'graue Literatur' heißt, ist für die Exilsituation charakteristisch, auch in der Musik. Noten und Texte werden nicht nur durch Verlage in gedruckter Form vertrieben, so dass sie in öffentlichen Bibliotheken verfügbar wären, sondern häufig in anderen Vervielfältigungs- und Verbreitungsarten, die nur einem geschlossenen Personenkreis zugänglich sind. Hierher gehören vor allem Kopien von Kompositionen, für die sich kein Verleger fand, weil sie keinen hinreichenden kommerziellen Erfolg versprachen. Die Dokumentation dieses Bereichs 'grauer Noten', dem insbesondere Kompositionen zur synagogalen Liturgie angehören, war ein besonderes Anliegen. Die Sammlungen Bruno Walter[85] und Arturo Toscanini[86] erforderten eine Entscheidung, wie publizierte Quellen zu behandeln seien, da Briefe beider Dirigenten publiziert sind, allerdings ohne die Antworten der Korrespondenzpartner.[87] Daher wurden deren publizierte Briefe im Kontext der unpublizierten Korrespondenz sowohl formal als auch, so weit nötig, inhaltlich erfasst und auf den Publikationsort verwiesen. Die publizierten Briefe aus der Korrespondenz von Erich Itor Kahn wurden nur formal erfasst, sofern sie nicht mit Kürzungen publiziert sind.[88]

Der Katalog umfasst in seinem Kern – wie QuECA – die Zeitspanne zwischen 1933 und 1950. Um die Mitte des Jahrhunderts stehen viele Emigranten, nach dem Ausbruch des Korea-Krieges und des McCarthyism,[89] am Scheideweg, ob sie in den USA bleiben oder nach Europa zurückkehren sollen. In der Regel war ihre Integration in das amerikanische Musikleben so weit fortgeschritten, dass sie nicht aus wirtschaftlicher Not handeln mussten. Eher misslang es ihnen, in Europa erneut Fuß zu fassen, so Ernst Toch und zahlreichen Schoenberg-Schülern: Angesichts eines konservativen Blocks, dem die Nazizeit zumindest nicht geschadet hatte, und einer ungestüm rebellierenden Avantgarde saßen sie buchstäblich zwischen allen Stühlen. Die Situation wurde für sie in Europa erst günstiger, als die Moderne vom Anfang des Jahrhunderts mit Komponisten wie Gustav Mahler, Franz Schreker und Alexander Zemlinsky wiederentdeckt wurde – für die meisten zu spät. In diesem historischen Kontext wurde das Schicksal der Emigranten gelegentlich über das Jahr 1950 hinaus dokumentiert, besonders wenn es sich um Kontakte zur alten Heimat handelte, seien sie beruflicher Art wie Auftritte Bruno Walters in Deutschland und Österreich oder Eric Werners Korrespondenz mit der Schriftleitung der «MGG»,[90] seien sie administrativer Art wie Schriftwechsel mit Behörden im Rahmen der "Wiedergutmachung" oder rechtliche Auseinandersetzungen über verlorene Vermögen.

Die Archive einiger Institutionen und Hilfsorganisationen legten es nahe, von der Ordnung der Quellen in Nachlässen abzuweichen. Die Trennung der Quellen nach Dokumentenart bewährt sich zwar dort, wo

---

85 Vgl. S. 315-330.
86 Vgl. S. 310-315.
87 Vgl. Furtwängler 1980, Walter 1969 und Toscanini 2002.
88 Vgl. Allende-Blin 1994.
89 Vgl. QuECA, Einleitung, S. XXIf.
90 «Die Musik in Geschichte und Gegenwart. Allgemeine Enzyklopädie der Musik», vgl. Dok. 3894.

der Bestand um eine Person zentriert oder nur für eine Auswahl aus einem größeren Personenkreis relevant ist. Bei Hilfsorganisationen jedoch, die über ihre 'Klienten' Dossiers führen, macht eine Trennung des Materials nach Dokumentenart keinen Sinn, weil inhaltlich zusammengehörige Dokumente auseinandergerissen würden. Hier folgt die Katalogisierung – wie in Archiven üblich – dem Pertinenzprinzip, erfasst also unterschiedliche Dokumente unter einem 'Vorgang', statt sie nach Autor und/oder Dokumentenart zu trennen.[91] Der Inhalt personengebundener Dossiers wird unter dem *subject file* des Emigranten wiedergegeben.

[91] Vgl. Hinweise zur Benutzung, S. 5.

Es liegt in der Natur von Verwaltungsvorgängen, dass sie sich reproduzieren – auch dies ist ein Phänomen der zirkulären Struktur von 'Metropolis'. Rückfragen der Verwaltenden bei den Verwalteten und die Duplizierung ihrer Unterlagen für andere, die gleichfalls verwalten, gehören ebenso zu den administrativen Wiederholungsstrategien wie die Reaktion der Verwalteten, ihre Unterlagen im voraus zu vervielfältigen und sich mit ihnen bei mehreren Organisationen gleichzeitig zu bewerben. Die philologische Kategorie des 'Unikats' wird angesichts solchen Materials fragwürdig. Lebensläufe kursieren in Kopien oder Abschriften, und ihre Verlässlichkeit ist, angesichts der Schwierigkeiten mancher amerikanischer Mitarbeiter mit Handschriften aus Europa (z.B. mit Deutscher Schrift), eher gering. Emigranten fügen dasselbe Empfehlungsschreiben eines berühmten Zeitgenossen allen Bewerbungen in Kopie bei. Auf diese Vervielfältigungsmaschinerie galt es zu reagieren. Ist ein Betreuungsvorgang einmal erfasst, so wird der Inhalt in den folgenden Dokumenten nicht wiederholt, sondern sein Ausgang durch spezifizierte Verweise wie "Bescheid" oder "Ablehnung" angezeigt.[92] Umgekehrt wurden allgemein gehaltene Empfehlungsschreiben im Kontext der *subject files* nicht als Briefe gewertet, sondern als Material zur Biografie. Es ist nicht auszuschließen, dass Namensformen mitunter verstümmelt sind oder Emigranten unrichtige Angaben über ihren beruflichen Werdegang machen, um ihre Berufschancen zu verbessern. Und nicht immer ist sicher, was gemeint ist, wenn etwa vom Wiener "Konservatorium" die Rede ist: Es kann sich um das alte *Konservatorium der Gesellschaft der Musikfreunde in Wien* – später die *Staatliche Akademie für Musik und Darstellende Kunst* – handeln oder um das neue *Konservatorium der Stadt Wien* – zwei Institutionen, deren internationales Renommee durchaus unterschiedlich war. Insgesamt ist die Verlässlichkeit dieser Quellen vorsichtig einzuschätzen; doch sind es oft die einzigen Quellen, die zu bestimmten Personen erhalten sind, und hier wurden auch verstärkt Anstrengungen unternommen, durch eigene Recherchen die *vita* einzelner Personen so weit wie möglich zu komplettieren.

[92] Vgl. Hinweise zur Benutzung, S. 4.

Eine einzigartige Quellensammlung stellt schließlich das Archiv von *HIAS/HICEM*[93] dar, der Hilfsorganisation für jüdische Flüchtlinge. Die Hilfsaktionen des *HICEM* sind minutiös dokumentiert: Die Unterlagen bestehen aus Listen mit Häftlingen in französischen Internierungslagern, Aufstellungen über Häftlinge, die *HICEM* zur Ausschiffung übergeben wurden, Passagierlisten und Schriftverkehr mit ausländischen Büros von *HICEM* sowie anderen Hilfsorganisationen. Nur wenige Listen enthalten Berufsbezeichnungen, und auch hier kann eine Bezeichnung wie "professeur de musique" sehr Unterschiedliches meinen – die mögliche Bedeutung reicht vom Volksschullehrer bis zum Professor an der *Musikakademie*. Ferner ist Namensgleichheit in der Regel ein zu unsicheres Indiz, um eine Person mit einem bereits bekannten Musiker zu identifizieren. Musiker in dem riesigen Archiv von *HICEM* aufzuspüren ist äußerst mühsam, zumal die Personendatei, die Orientierung bieten könnte, aus Gründen des Datenschutzes gesperrt ist. Den hier vorgestellten Funden haftet notwendigerweise etwas Zufälliges an; dennoch wurden sie aufgenommen, um zumindest diese Art von Quellen zu dokumentieren. Für bekannte Persönlichkeiten des Musiklebens scheinen die Unterlagen von *HICEM* kaum von Interesse; sie sind aber eine unerschöpfliche Fundgrube für die unfassbare Fülle all der Namenlosen, die nationalsozialistischer Verfolgung ausgesetzt waren.

Der Quellenbestand, der in diesem Band erfasst ist, zeigt die Geschichte des Exils vor allem aus amerikanischer Sicht, da – anders als in QuECA – nicht die Nachlässe von Emigranten im Vordergrund stehen, sondern Archive von Institutionen und Hilfsorganisationen oder Nachlässe von Repräsentanten des Musiklebens. Dies spiegelt auch die Auswahl der Dokumente wider, die im Anhang publiziert sind: Er enthält weniger Briefe privaten Inhalts, die etwa durch ihren Bekenntnischarakter oder durch Berichte über die Exilsituation von Interesse sind, als vielmehr öffentliche Schreiben, die New Yorks Funktion als "Drehscheibe" dokumentieren.

---

93 Vgl. S. 106-109.

Introduction

I Gate to America

Upon arrival in the Upper Bay, the immigrant who reaches New York City by ship passes two islands clearly indicating him what to expect: Liberty Island, home of the Statue of Liberty, and Ellis Island, accommodating the administrative building of the *Immigration and Naturalization Service*. Freedom and bureaucracy are the extremes that define his humble existence.

For refugees of the 1930s, as for generations of immigrants before them, New York was the gateway to the United States. The influx of immigrants had caused New York to expand continually over a period of 100 years. New York was not only the largest city of the United States, it was also the country's cultural center. More than any other city, New York boasted a great many organizations, publishing houses and theaters—all things that might increase chances of survival for the elites fleeing Hitler's Europe. For them New York became a large hub.

The constant stream of immigrants from Europe had given New York an exceptional standing: the city was both geographically and intellectually close to Europe. Involvement with and factual information about what happened in Europe was very deep; the discussion of arts and politics was more European in character than anywhere else in the country (with the exception of Boston), and the European avantgarde in particular was reflected with only a short delay. The political climate was well disposed towards socialist ideas: The *American Labor Party*, founded in New York in 1936, was able to operate as the third political power along with Democrats and Republicans. It was only during the Cold War that it lost ground in the face of geopolitical polarization. New York had it all: a self-confident proletariat, the largest Jewish community in the world,[1] and the largest number of jobs in the culture industry—no wonder many immigrants from Europe tried to gain a foothold there. Only very few were successful. The others had to settle elsewhere in the country, for it was not only the elites who were attracted to New York but also immigrants of lesser education and weaker professional background who sought refuge.

But first of all, a refugee had to reach the US. The status granted to him was the decisive factor for all that was to follow: As a 'visitor' without a work permit, he would be issued a *visitor's visa*; a *permanent visa* could only be obtained by a regular immigrant who entered the US

1 WPA Guide NYC 1939, p. 52.

within the immigrant quota allotted to his home country (*immigration visa*) or by an individual with special knowledge and skills who would be of benefit to the country (*non quota visa*). Formally speaking, immigration regulations remained the same; practically they were tightened, particularly after Hitler's invasion of Austria in 1938 and the occupation of France in 1940, and once again after the US entered the war in 1941. This is due to the fact that the regular immigration quota which was set by Congress in its *Immigration Act* and had not changed since 1924, had already been exhausted for years to come, particularly for Germany and Austria.[2] Under such circumstances, an offer of employment was almost a precondition for an American consulate to issue a *permanent visa*, whether the refugee wanted to immigrate to the US from Germany or Austria directly or via another European state. At the onset of the war, the number of American consulates in Europe dwindled considerably; *refugee visas*, approved by Roosevelt in 1938—*visitor's visas* which could be extended without re-immigration—were issued for a limited period only; the escape routes across the Atlantic were increasingly threatened by warfare; and finally, the US labor market was saturated, also with well-qualified specialists. During the war, pressure on the allies of the 'Third Reich' who were not occupied also increased.[3] 1941 became a fateful year for many refugees: Whoever had not managed to escape by that time was in great peril, for he was caught in the trap called 'Europe'.[4] Those who arrived in New York with a questionable visa or without a visa would be detained on Ellis Island, facing deportation. Refugees holding only a visitor's visa were obliged to leave the country after three months and had to reapply for admission into the United States from abroad—usually Mexico, Cuba or Canada. However, the prospect of employment did not guarantee permission for re-entry, let alone a *permanent visa*: since the late 1930s, the *Naturalization and Immigration Service*, emphatically supported by J. Edgar Hoover's *FBI*,[5] kept a vigilant eye on prospective immigrants, making sure that only individuals with an 'immaculate' political past enter American territory.

Numerous organizations dedicated to the rescue of the persecuted were established in the US shortly after Hitler's ascent to power. They were the fruit of an American virtue which manifested itself time and again: "offering a helping hand". Unlike in Europe, support was not organized by the government but by ordinary citizens who set up organizations. These aid organizations addressed different target groups; some were denominationally or nationally bound, others were reserved for certain occupational groups. Jewish organizations, which often had been in existence for years, faced up to their new assignment; other newly-founded organizations were a reaction to the situation after 1933. Since the state did not regulate the official formation of an aid society,

---

2 Wyman 1968, pp. 132ff.; concerning the following passage see bibliography in QuECA, pp. XLIX-LII.

3 E. g. under the fascist regimes in Italy, Hungary, Romania and Spain.

4 Compare the fates of Walter Benjamin and Kurt Singer (pp. 52f. and 68 resp.).

5 O'Reilly 1983, pp. 37-74.

a seemingly chaotic organizational structure emerged which in reality proved highly efficient. Within this network, the duties of the aid organizations were distributed according to the rules of the free market and mutual agreement: some organized the escape of the persecuted, others dedicated themselves to the integration of the immigrants within the country while others raised funds and distributed their financial means to the organizations in order to cover the expenses of their respective actions. The efficiency of this loosely-knit network, however, was encumbered by the *Immigration Act* with its restrictive regulations. The longer the Nazis were in power and the more they expanded their territory, the more the work of the aid organizations turned into a slow-motion footrace with death.

From 1933 onwards, the *HICEM* organization[6] had the broadest effect for the Jews of Europe, along with the *American Jewish Joint Distribution Committee*,[7] which had been promoting immigration of Eastern European Jews into the USA since 1914. Founded in 1927 to promote voluntary immigration of Jews into Palestine, they attended to the evacuation of threatened Jews from all over Europe from 1933 onwards. *HICEM*s headquarters were based in New York, and their central European bureau operated from Paris until 1940, after that briefly from Marseille and then from Lisbon. *HICEM* rendered financial assistance to threatened Jews and organized their migration into all parts of the world, thereby pursuing their original scheme. Akin to *HICEM*, the *Emergency Rescue Committee*[8] operated in Southern France with the selfless commitment of Varian Fry, to whom numerous artists owed their liberation from detention in French camps.

An institution which gained worldwide recognition for the rescue of notable scholars was the *University in Exile*, founded by Alvin Johnson in 1933 at the *New School for Social Research*.[9] In 1934, it is followed by the establishment of a *Graduate Faculty*, largely intended for high-ranking scientists from Germany and Austria in selected disciplines of the humanities. In 1941, the *École libre des Hautes Études* was set up, giving shelter to scientists from occupied France.[10] Academically, emphasis was placed on economics and sociology including all allied disciplines.[11] Beyond graduate studies, there were numerous artistic degree courses enabling many émigré musicians to make a decent living.[12]

On the initiative of the *League of Nations* High Commissioner for Refugees in Geneva, the *National Coordinating Committee for Aid to Refugees and Emigrants Coming from Germany (NCC)*[13] was founded in 1934. It also was based in New York, and its president was the American diplomat Joseph P. Chamberlain. However, since Jews constituted the vast majority of immigrants, the *National Coordinating Committee* acquired an overall Jewish character in the course of its activity. This drew criticism, although the *Committee* was supported and comple-

---

6 Acronym formed from the initial letters of other organizations' names: *Hebrew Sheltering and Aid Society (HIAS)*, New York; *Jewish Colonisation Association (ICA or JCA)*, Paris; *Emigdirect*, Berlin.

7 See pp. 49–54; also Bauer 1974.

8 Later renamed to the *International Rescue Committee*.

9 Rutkoff & Scott 1986, pp. 84ff. and 129ff.; compare pp. 200-203.

10 Its most famous members were Claude Lévi-Strauss and Roman Jacobson; compare Rutkoff & Scott 1986, pp. 153ff.

11 See Krohn 1987.
12 See below, p. XXX.

13 See p. 114.

mented by nationally and denominationally bound aid organizations like the *Committee for Christian Refugees*. An evaluation conducted by a surveyor appointed by the US-administration, Harry Greenstein, lead to a reorganization under the name of the *National Refugee Service (NRS)* in 1939;[14] now, several formerly independent committees were being subordinated to the *National Refugee Service*, among them the *Musicians' Placement Committee*.

The committees either raised money directly from companies and state institutions or worked closely with foundations granting funds. The *Oberlaender Trust* with the *Carl Schurz Memorial Foundation*[15] and the *Rockefeller Foundation*[16] promoted the integration of the academic elite, particularly through the *University in Exile* and the *Emergency Committee in Aid of Displaced Foreign Scholars*. The *Musicians Emergency Fund* assisted the *Placement Committee for German and Austrian Musicians*, which acted as an intermediary between musicians and orchestras or teachers and universities. The *University in Exile* was largely funded by the *Rockefeller Foundation*. Older organizations were also tied into the new scheme: The *American Jewish Joint Distribution Committee* was, apart from its own successful relief actions, the most important financial supporter of the *National Coordinating Committee*. Nearly all aid organizations, including the *New School for Social Research*, were funded by the *Rosenwald Family Association*;[17] some family members also held an office in the committees. In the end there were only a few financiers keeping the intricate network of aid organizations alive through donations.

Of great significance for the cultural brain gain of the USA was the *Emergency Committee in Aid of Displaced Foreign Scholars*.[18] Since its founding in 1933, the committee had been collecting information on scientists threatened and willing to emigrate.[19] Its research was supported by the *Rockefeller Bureau* for Europe in Paris, by the *German Jewish Aid Committee* and by the *Notgemeinschaft Deutscher Wissenschaftler im Ausland*, the latter two based in London. At the same time, the *Emergency Committee* drew the universities' interest to foreign scientists by distributing information leaflets and by organizing events providing information. The committee also processed the institutions' inquiries. Thus they managed to place a considerable number of scientists from abroad, including several musicologists,[20] at universities and colleges; they leveraged their contacts procuring *permanent visas* for them. Although the *Emergency Committee* was just one organization among many others, it was particularly successful because its policy focused on the organization of *non quota visas* through job mediation—in realistic assessment of the domestic policy of the USA. For a period of six months, the committee provided short-term financing; the remaining six months of a year were to be covered by the university or college. For

---

14 Strauss 1978, pp. 62f.; compare pp. 115-130.

15 Compare pp. 83-104.
16 Compare pp. 344-352.

17 Strauss 1978, pp. 74ff.

18 Originally named the *Emergency Committee in Aid of Displaced German Scholars*; compare pp. 204-283.

19 In the dossiers of the committee, names of indviduals who were considered threatened or at least willing to emigrate, but who would eventually not emigrate, appear too: e. g. Franz Schreker, Georg Schünemann, Hans Mersmann, Knud Jeppesen.

20 Among others Manfred Bukofzer (p. 212f.), Karl Geiringer (p. 228f.), Edward Lowinsky (p. 340) and Paul Nettl (pp. 256-259 and 341).

each 6- or 12-month extension, the agreement between the committee and the institution had to be renewed, since the committee's goal was to cut funding as early as possible in order to allow support of new or more needy immigrants. Generally speaking, the professional integration of the immigrants was accomplished only after support through the committee ceased. However, this process of integration lasted much longer than the years of immediate threat, as shown by the *Resettlement Campaign for Exiled Professionals*, a campaign conducted as late as 1950 by the *International Rescue Committee*.

II 'Metropolis'

As the first half of the 20th century progressed, New York gradually assumed the character of a metropolis. While attaining the status of the world's most densely populated city only temporarily, its urban infrastructure was to remain the largest in the world for decades to come. This was a decisive factor of the city's identity and its aura. "The City that Never Sleeps" epitomized the notion of a metropolis, including all the fascination and the anxiety which the myth has aroused since the times of Babel, Alexandria and Rome. Paris—called the capital of the 19th century by Walter Benjamin[21]—was ousted by New York in the course of the 20th century, and since 1933 immigrants from Europe were closely involved in this process.[22] Through its higher levels of demographic dynamics and technological innovation, but also by way of its growing significance as a cultural metropolis, New York challenged Paris's position as the world's capital. This transition was based on long-term economic developments, but it was decisively accelerated by the stream of refugees during World War II. The US war effort fueled industrialization in the western part of the country and increased immigration of Europe's scientific and cultural leaders into the United States, making New York a place where the elite of Europe and America met. This was most evident in the fine arts. In the second half of the century New York surpassed Paris as the mecca of artists and art dealers; creative impulses came from New York, closely followed by the corresponding commercial structures. New York's development as a city of music is similarly dynamic, but it did not lead to a comparable monopoly position because international centers stood the pace, and on a nationwide level, many other cities also benefitted from the influx of immigrant musicians.[23]

In a unique way, various historical forms of the myth "metropolis"—the glossolalia of Babel, the world's library of Alexandria and Rome's imperial architecture—coalesced in New York. People of varying languages and cultures, among them the immigrants from Europe, coexist-

21 Benjamin 1982.

22 Compare *Exiles and Emigrés* 1997, in particular the articles by Matthew Afron (pp. 183-194), Peter Hahn (pp. 211-225) und Vivian Endicott Barnett (pp. 273-284).

23 Compare QuECA for e. g. Los Angeles und San Francisco.

ed in a small space. This "small space" was a cultural space, not measurable in miles—in comparison with Paris or even Berlin, New York was huge—and it came into being artificially, i.e. through new techniques of communication. Telephone, radio[24] and television[25] turn this new kind of a metropolis into a medial library where knowledge is not only stored but also circulated. And the architectural figureheads of a prosperous economy—like the *Empire State Building* and the *Rockefeller Center*—created new ways of circulating people by concentrating hosts of them at one (work)place. The concept of a car-friendly city emerged.[26] The 1939 World's Fair in New York presented these visions of the future: Urbanity was the new motto.[27] Here, the groundwork for the multicultural New York of the turn of the millennium was being laid—a city which, unlike most regions of the US, will prove itself to be a *melting pot* rather than a *salad bowl*.

The circulation of people and information generated a new notion of the 'city' and yielded a novel, urban art. What had begun with novels by Honoré de Balzac and lyric poetry by Charles Baudelaire in Paris of the 19th century was now carried forth by the verses of Walt Whitman,[28] by novels from John Dos Passos[29] to Paul Auster[30] and also by the new medium of film, starting with Charlie Chaplin.[31] In the home countries of the immigrants, the metropolis had also been discovered as a subject matter, for example in Alfred Döblin's novel «Berlin Alexanderplatz» (1927), in Walter Ruttmann's film «Berlin: Symphony of a Big City» (1927), whose images succumb to the fascination of urban automatisms, or in «Metropolis» (1927) by Fritz Lang, who conceived frightening visions of an all-devouring city. New Yorkers and immigrants discovered a common background in the urban experience and in urban art. The work of painter George Grosz can serve as an exemplary embodiment of this congruency; here, "Berlin and New York enter into an alchemist wedding under the star of Metropolis".[32] As a characteristic feature of this frame of reference, a circular structure emerged. The city as frame of reference was no longer contrasted with nature as the basis of experience, because the perpetual circulation of information and people made the urban world refer to itself only: The metropolis presented itself as the world to the outside world whereas the inside started to blur real and virtual worlds. Orson Welles put it to the test with his 1938 CBS radio play «The War of the Worlds», the fictitious reporting of which was taken for real.[33] The city coined its art; the art coined its city.

The musical was a genuine American urban genre whose development was affected decisively by the immigrant Kurt Weill. On Broadway, he found several subgenres which seemed to comply with his Berlin concept of the "Stück mit Musik". Here, however, his song style was no sting to conventions anymore, much rather an idiom, albeit an

---

24 In the 1930s already there were five radio stations in New York; compare WAP Guide NY 1939, p. 36.

25 From 1939 onwards, there were daily telecasts in New York by *RCA* (*NBC*).

26 Stern 1987, particularly pp. 617ff. and 673ff.; compare pp. 161ff.; on the city planner Robert Moses, see Caro 1974.

27 Compare WAP Guide NY 1939, p. 341: "Urban planning for the future".

28 E.g. in «Mannahatta» (Whitman 1982, p. 585f).

29 «Manhattan Transfer» (1925).

30 «New York Trilogy» (1985-87).

31 «City Lights» (1931), «Modern Times» (1936).

32 Schuster 1994, p. 19.

33 Compare the ‹New York Times›, October 31, 1938, and Faulstich 1981.

idiom carrying a certain 'accent'. By migrating from one metropolis to another, Weill lost his audience for the 'aggressive' tone in his music; at the same time, he continued to work on condensing musical dramaturgy in his American compositions, a goal he had already pursued in his Berlin days. He put new musical modes of narration to the test, which did not find any immediate successors on Broadway.[34] Weill, the prototype of an urban personality who seemed to succeed in reconciling Berlin and New York in his persona, remained a solitaire in spite of all his evergreens, and his adaptation of American music will always bear the mark of exile.

At the other end of the musical spectrum, the formation of a specifically Jewish music took its course, starting from a cosmopolitan quarter of New York: Works for the synagogue were written by Jewish composers such as Hugo Chayim Adler,[35] Paul Dessau, Herbert Fromm[36] and Kurt Weill. These works were partly sponsored by the *Park Avenue Synagogue* and its cantor David Putterman.[37] At the same time, the contemporary repertoire initiated a return to the synagogal roots of Jewish music. In both theory and practice New York—at that time housing the largest Jewish community—evolved as a center of this orientation. Apart from expatriates,[38] many immigrants participated in this tendency before 1933.[39] The development of a new musical self-awareness among Jews was a specific facette of immigrant culture in New York.

Central to musical culture, however, was the extent to which the European tradition was being cultivated. Two institutions exemplified New York's prominent position as the city of music in both the USA and the world: the *New York Philharmonic Orchestra* and the *Metropolitan Opera House*.[40] For decades, both had been attracting the best musicians of the world, and it had been a long tradition in New York to engage European conductors; at the beginning of the century, Gustav Mahler and Arturo Toscanini had conducted here, and Otto Klemperer, Erich Kleiber and Bruno Walter had been welcome guests. Now, they were no longer seen as guests but immigrants—foreigners, though foreigners in their "own" house, over which they now had a much more direct influence. Younger conductors who had not yet had the experience of guest performances started to contribute: George Szell, Erich Leinsdorf, Fritz Cohen, Fritz Stiedry, Peter Adler, Fritz Jahoda. They met old friends from Europe like the sopranos Lotte Lehmann, Elisabeth Schumann and Jarmila Novotna, tenor Lauritz Melchior, bass Alexander Kipnis—to name but the most important ones. They collaborated with European directors like Alfred Wallenstein and Herbert Graf. In cultivating the European tradition the immigrants set new standards of interpretation which quickly spread through the channels of radio and recordings.[41]

The city of music, New York was one side of 'metropolis', the administrative city, New York was the other. The city hosted the head-

---

34 Primarily in «Lady in the Dark» (1940) und «Love Life» (1946).

35 Compare pp. 170ff.

36 Compare pp. 177-184.

37 Compare pp. 184ff. and 332f.

38 E.g. Eric Werner (compare pp. 72-83).

39 E. g. Lazare Saminsky and Solomon Rosowsky (compare pp. 186f.).

40 Compare pp. 198f.

41 Also through the *NBC Orchestra* of Arturo Toscanini and, in Los Angeles, the *Columbia Orchestra* of Bruno Walter; compare QuECA, p. 69.

quarters for most agencies and professional associations upon which the immigrants depended. Concert agent Constance Hope, for example, had signed Bruno Walter, Lotte Lehmann and Erich Leinsdorf.[42] A great number of theater agents and producers operated on Broadway, among others Leah Salisbury and Cheryl Crawford, who collaborated with Kurt Weill.[43] ASCAP was based in New York, the powerful artist organization which collected the royalties for its members, while the competing composers' unions, *League of Composers*[44] and *American Composers' Alliance*,[45] supported their members by funding performances, recordings, and publications of works (in *Composers Facsimile Edition* and *New Music Edition*).[46] It was a downright necessity for any composer who immigrated to the USA to join one of these organizations, for the United States did not acknowledge European copyright.

As the wave of refugees set in, the USA was recovering from the worst economic crisis in their history since the market crash in 1929. After this collapse of the capitalist system, many intellectuals considered the socialist system as superior because it seemed more humane. In his *New Deal* politics, the newly-inaugurated president Franklin D. Roosevelt curtailed the maneuvering space of the multicorporate enterprises, trying to jumpstart the ailing economy through federal programs. He institutionalized this by establishing the *Works Progress Administration (WPA)* which tended to all branches of the economy and even the arts. The *Writers' Project*, for example, especially promoted the development of functional literature, e.g. of Los Angeles and New York guidebooks which are still worth reading today;[47] the *Music Project* awarded musical composition contracts and financed concerts; the *Federal Theater Project* supported performances and commissioned stage plays. The state-funded productions mirror the American intellectuals' swing to the left in the wake of the *Great Depression*.[48] In the New York of the 1930s, a pronounced scene of 'leftist' American culture emerges,[49] supported by a class-conscious proletariat. Many immigrants sympathized and collaborated with this circle.[50] The *Spanish Refugee Relief Association* arose from this constellation, too.[51] However, this 'left spirit' was in its essence confined to New York. In the rest of the country, the political atmosphere was rather different; the *Federal Theater Project*, for example, was closed in 1939 at the instigation of conservative politicians who alleged Communist propaganda.[52] It was the beginning of the end of the *Works Progress Administration*, when the US entered World War II.

Apart from the state-run *Works Progress Administration*, numerous representatives of the great liberal tradition of the US supported the sciences and the arts. Especially those personalities engaged in the educational sector who could draw on intensive European experience succeeded in utilizing the philanthropic disposition of American millionai-

---

42 Compare pp. 145-156.

43 Compare pp. 158f.

44 Compare pp. 299-302.
45 Compare pp. 38-43.

46 Compare pp. 304ff.

47 WPA Guide NYC 1939, WPA Guide LA 1941.

48 E. g. «The Cradle Will Rock» (1937) by Marc Blitzstein.

49 Among others, playwright Clifford Odets (compare p. 331), composer Marc Blitzstein, film director Joseph Losey and documentarian Pare Lorentz were part of this scene.

50 E. g. Hanns Eisler, Erwin Piscator, Bertolt Brecht.

51 Compare pp. 159ff.

52 Compare Flanagan 1940. In the same year, the *WPA* was renamed the *Work Projects Administration* and subordinated to the *Federal Works Agency*.

res in favor of the persecuted from Europe. Alvin Johnson, director of the *New School for Social Research*, had visited Germany in the 1920s, so had John Marshall, his contact man at the *Rockefeller Foundation*; Horace M. Kallen, philosopher at the *New School*, who was born in Silesia and had immigrated to the USA as a child along with his family, organized the *Ernst Toch Fund*;[53] Joseph P. Chamberlain, chairman of the *National Coordinating Committee*, gained European experience as a diplomat; politologist Stephen Duggan was at the same time both chairman of the *Emergency Committee* and the first president of the *Institute for International Education*, which specifically promoted student exchange with Europe;[54] and Mark Brunswick, chairman of the *National Committee for Refugee Musicians*, had studied composition with Arnold Schoenberg in Vienna.

Via aid organizations, the intelligentsia of American liberalism gained a great deal of influence on the music education system in the 1930s and 1940s. American musicology was expanded by a number of outstanding figures who would leave their marks on the discipline for the next years; particularly Curt Sachs whose significance for the field cannot be overestimated since he already merged ethnomusicology and other musicological disciplines into "cultural studies." At times, he concurrently held offices at *New York University*, the *Metropolitan Museum* and *Columbia University*.[55] While other music historians of his generation, Hugo Leichtentritt or Paul Bekker for example, were less significant in their lasting effect, the generation of young music historians stemming from Europe became essential for research into many epochs and areas: Hans Tischler for Middle ages, Edward Lowinsky for the Renaissance, Willi Apel and Manfred Bukofzer for most of more ancient music history, Alexander Ringer for the 19th and 20th centuries, Emanuel Winternitz[56] for organology and Bruno Nettl for ethnomusicology. Béla Bartók, who never in his life taught composition, worked at *Columbia University* as an ethnomusicologist.[57] The best among them published with distinguished publishing houses such as *W.W. Norton & Company*.[58] Many immigrants attained positions as music theorists or composers at music departments of universities or colleges, also in New York. Karl Adler,[59] formerly head of the Stuttgart conservatory, taught at *Yeshiva University*; Karol Rathaus,[60] in the Weimar republic known above all for his stage works and his film music, taught at *Queens College*; André Singer[61] taught just outside the city at the *Sarah Lawrence College* in Bronxville; Erich Itor Kahn[62] and Stefan Wolpe[63] worked at several institutes in New York and other cities along the East coast. A former student of Heinrich Schenker taught at the renowned *Mannes School of Music*: Felix Salzer, who, together with Ernst Oster and Moritz Violin, laid the groundwork for Schenker's reception in the USA. The music classes at the *New School for Social Research*, which were

---

53 Compare pp. 109-113.

54 In this capacity, he had persuaded the government in the 1920s already to issue *nonimmigrant student visas*, by way of which the severe regulations of the *Immigration Act* could be evaded.

55 Compare p. 261f.

56 Compare pp. 113-137.

57 Compare pp. 141ff.

58 Compare pp. 162-169.

59 Compare pp. 44-48.

60 Compare pp. 24-38.

61 Compare pp. 17-24 and 308f.

62 Compare pp. 50f. and 292-299.

63 Compare pp. 281f. und 343.

not geared towards professional training but formed a part of the *Adult Education Program*, at times convened a faculty that included Hanns Eisler, Rudolf Kolisch, Eduard Steuermann, Jascha Horenstein and others, reviving the spirit of Schoenberg's *Verein für musikalische Privataufführungen*.

In close contact with the *New School*, Eisler's *Film Music Project* materialized, a study dedicated to the functional relationship of image and sound within the mass medium of film. Alvin Johnson succeeded in convincing the *Rockefeller Foundation* of support the project, and as for the practical work, Eisler called on musicians affiliated with the *New School*. Rudolf Kolisch conducted the recording of «Vierzehn Arten den Regen zu beschreiben», Jascha Horenstein conducted the music of «White Flood», and Fritz Stiedry, conductor of the Viennese premiere of Schoenberg's «Glückliche Hand» op. 18, was taken on too. The results of the project were destined to result in a book to be published by *Oxford University Press* in New York. Theodor W. Adorno would serve as co-writer. «Composing for the Films» was released in 1947.[64] The *Princeton Radio Research Project*, also funded by the *Rockefeller Foundation* and located at Newark (NJ), was devoted to the mass medium radio. The sociologist Paul Lazarsfeld supervised the project; he enlisted Adorno's services studying the function and the reception of music in radio programs. Adorno, working at the *Institut für Sozialforschung* on 120th Street near *Columbia University*, was not only geographically removed from the empirical research in Newark. The Viennese Lazarsfeld was committed to the neopositivism of the Viennese circle, causing tention between him and the marxist Adorno. The latter's views, which he put forward for discussion in his lecture «On a Social Critique of Radio Music», were discussed controversely in public.[65] Ultimately, insurmountable differences lead to Adorno's early retirement from the project. The odium, even resentment which Adorno poured onto empirical social research in the 1950s and 1960s were perhaps triggered by these experiences.

As immigrants such as Eisler and Adorno studied the effects of film and radio, they reflected on the creation of reality through self-reference within the circular structure of the metropolis, of which their own reflection was a part. Thus they lost the notion of 'home'— a complementary concept to the Great City because here, delimitation delineates identity—in an inner and an outer sense: by expulsion into an alien environment that had an isolating effect, and through self-reference, which made them part of the universality of 'metropolis.' This experience of alienation was reflected in the term 'culture industry'.

---

[64] Eisler 1947. In this first edition, Adorno was not mentioned as a co-author.

[65] Compare documents nos. 7062, 7063, 7070 and 7120.

III Archive of Exile

By way of self-reference, the metropolis turns into a document itself. Incident, message and commentary combine into an endless circuit of information. Thus the city becomes its own archive; what is or could be a source—for the process of immigration and integration of refugee musicians or for any other historical problem—was not foreseeable in advance, and was determined by actual research interest. Hence it would be presumptuous to assume that this catalogue documents all the sources relevant to New York; too versatile, too voluminous is the material, and too limited were the resources at the project's disposal. Certain regulations were required to handle the situation because limiting scope was a necessity. But then again, limitation is not only a renunciation of sources but also a step forward in orientation, an orientation achieved through the combination of systematic and pragmatic decisions.

A first systematic decision was to limit the project's focus to the territory of New York City. A certain randomness adheres to this decision, as to any political demarcation, for the city's immediate environment, the state of New York, but also New Jersey and Connecticut, are closely interweaved with the history of the city. The bequest of Kurt Weill, for example, is reposited at *Yale University* (New Haven, CT), but the *Weill-Lenya Research Center* is based in New York; Curt Sachs worked in New York City all the time of his exile; however, his bequest was given to the *Rutgers University* in New Brunswick (NJ).[66] Accordingly, the territorial delimitation was suspended in two instances where holdings outside of New York were considered: First, in the case of the *Sarah Lawrence College* in Bronxville, an important educational center outside the city where the larger part of André Singer's bequest is reposited which forms an entity together with the smaller part that is partly privately owned in New York and partly (music manuscripts) housed at the *New York Public Library*. Second, the archives of the *Rockefeller Foundation* in Sleepy Hollow (Tarrytown, NY) keep holdings which are complementary with the ones stored in the archives of the *Emergeny Committee* and the *Carl Schurz Memorial Foundation*.

Unlike the sources recorded for the QuECA, the abundance of collections owned privately and the difficulties accessing them made it seem reasonable not to register bequests which are now in private hands. The bequest of Felix Salzer, which had been kept in an attorney's office at the time of research, was handed over to the *Music Division* of the *New York Public Library* only a few months ago; therefore, the collection could not be considered for this catalogue. The correspondence of Erich Itor Kahn, kept by his widow for a long time, was given to the *Music Division* a little earlier and could be looked at after the editorial deadline, but due to a lack of time it could not be included in the docu-

---

66 The present location of his bequest has not been clarified yet. In the *Special Collections*, only documents related to publications are included, especially photographs of holdings of German museums.

mentation in accord with the general standards of this publication. We were informed of the correspondence of the cantor of the *Park Avenue Synagogue*, David Putterman, too late as to be able to include it; most likely, these documents will be incorporated into the holdings of the *Jewish Theological Seminary of America* in New York. Only the collection owned by Beth and George Wolf, which contains sources from the bequest of André Singer,[67] was considered as an addition to the *Andre Singer Collection* housed at the *Sarah Lawrence College*; these two collections are expected to be united in the future.

Apart from location and ownership, the circle of persons to be registered needed to be defined. The major part of the source documents the life and work of artists who had fled national socialist persecution in Germany and Europe and emigrated to the USA, or, in rare cases to other regions like Shanghai.[68] In some cases, it was necessary to treat the designation "immigrant" rather pragmatically and to consider individuals who did not manage to flee: Hanns John Jacobson was killed by the Gestapo during the war, but his bequest was recovered and brought to the USA by his family;[69] Kurt Singer's escape from the German military machinery failed and he was deported to Theresienstadt;[70] the star tenor of the Weimar republic, Joseph Schmidt, died during his detention in Switzerland before his visa was issued;[71] Ludwig Misch, who managed to survive in Germany all through the war, emigrated to the USA in 1947.[72] Other immigrants came to the USA from third countries, for example Stefan Wolpe from Palestine or, after the war had ended, Israel Alter[73] from South Africa; some American citizens who had lived and worked in Europe like James Simon[74] fled the Nazis for their home country, but this cannot appropriately be called an "exile". Such a central figure as Arturo Toscanini eludes the term "exile" too.[75] Even though he had been expelled from his native Italy, Toscanini was in a way spared the experience of the "exile" because at that point he had worked in the USA for two decades already. And even if he always complied with general standards of etiquette when dealing with the new rulers,[76] he did not make a secret of his political convictions. His refusal to conduct in Bayreuth set a clear sign, and his withdrawal from the Salzburg Festival unleashed a wave of enthusiasm for this decision that made him a central figure of the resistance movement.

Often, immigrants approached representatives of American music life, therefore their correspondence in many cases includes important sources for their history: Henry Cowell as a member of the *League of Composers* and editor of the *New Music Edition*,[77] Gustave Reese as editor of *The Musical Quarterly*,[78] Wallingford Riegger as a member of staff of the *Pan American Association of Composers* and editor of *New Music Quarterly*,[79] William Schuman as the president of both the publishing house *G. Schirmer* and the *Juillard School*,[80] Daniel Gregory

---

[67] Compare pp. 22ff.

[68] Compare pp. 130-133.

[69] Compare pp. 175ff.
[70] Compare pp. 52f. and 68.

[71] Compare p. 67.

[72] Compare pp. 64ff.

[73] Compare pp. 172ff.
[74] Compare p. 67f.

[75] Regarding the problems posed by the terms of "exile" and "emigration", compare QuECA, p. XXXIVf.

[76] Compare his draft telegram to Adolf Hitler, p. 361.

[77] Compare pp. 287ff.
[78] Compare p. 306.

[79] Compare p. 306f.
[80] Compare p. 307.

Mason as the head of the *Music Department* of *Columbia University*.[81] All of them had been in touch with musicians in Germany and Austria in the days of the Weimar Republic and held offices in the USA in which they could be much of a help to immigrants.

Apart from systematic decisions made concerning region, location and persons involved, there were pragmatic decisions made relating of what work was possible. Above everything else, we tried to avoid doubling of source entries and to insert or revert to cross-references to information available elsewhere. This led us to concentrate on unique copies[82] and to exclude published sources. As regards the question of uniqueness, the *Weill-Lenya Research Center* of the *Kurt Weill Foundation of Music*[83] constitutes a particular case. For the larger part, the material kept there is made up of copies of sources stored in other archives and libraries. The decision to record only those sources the original of which is owned by the *Weill-Lenya Research Center* was facilitated by the fact that the center's holdings count among the best documented in the USA, as they are researchable not only through the Internet but also by means of printed bibliographical aids.[84] The bequest of Herman Berlinski, who died in 2002, went to the *Library of Congress*, hence the copies of this collection stored by the *Jewish Theological Seminary of America* in New York were not catalogued either.

The decision as to what—particularly in politically charged times—may count as published and is therefore to be excluded from being indexed was decided by pragmatism, for that which in the context of the study of literature is called "grey literature" is characteristic for the exile situation in music as well. Sheet music and texts were not only distributed in their printed form by publishers, so that they were available in public libraries, but also in other forms of reproduction and circulation which were accessible to a closed circle of individuals only. Foremost among these are copies of compositions for which no publisher could be found because the works were not sufficiently promising in a commercial sense. The documentation of this area of "grey sheet music", to which, compositions especially related to synagogal liturgy, belong, was of great concern to us. The collections Bruno Walter[85] and Arturo Toscanini[86] necessitated a decision how to treat published sources because letters of both conductors had been published, even if without the replies of the respective addressees included.[87] Hence, the published letters were registered in context with the unpublished correspondence and catalogued formally as well as, where necessary, textually with reference to the details of their publication. The published letters from the correspondence of Erich Itor Kahn were recorded formally only where they have not yet been published in abridged form.[88]

In its essence, the catalogue—like the QuECA—covers the time span between 1933 and 1950. Around the middle of the century, after

81 Compare pp. 156ff.

82 For exceptions, see below p. XLf.

83 Compare pp. 197ff.

84 «A Guide to the Weill-Lenya Research-Center», New York 1995.

85 Compare pp. 315-330.
86 Compare pp. 310-315.
87 Compare Furtwängler 1980, Walter 1969 and Toscanini 2002.

88 Compare Allende-Blin 1994.

the outbreak of the Korean War and McCarthyism,[89] many immigrants stood at a crossroads as to whether to stay in the USA or to return to Europe. Normally, their integration into American music life was so advanced already that they did not have to act out of economic necessity. Rather they failed at gaining a new foothold in Europe, like Ernst Toch and some students of Schoenberg: In the face of a conservative block, to which the Nazi era had not done any real damage, on the one hand, and a wild and rebelling avantgarde on the other, they literally sat on the fence. The situation in Europe did not take a turn for the better for them until with composers like Gustav Mahler, Franz Schreker and Alexander Zemlinsky, the modernity of the beginning of the century was being rediscovered—too late for most of them. In this historical context, the life of immigrants was in places documented beyond the year 1950, especially where contacts to the former home country were involved, whether they were professional in nature like the appearances of Bruno Walter in Germany and Austria or Eric Werner's correspondence with the editorial staff of the «MGG»,[90] whether it was administrative correspondence about restitution claims or legal correspondence concerning lost assets and wealths.

The archives of several institutions and aid organizations suggested a deviation from the order and form of sources in the bequests. Separation of sources according to document type proved useful where the collection is centered around one person or relevant for a small number of individuals only. Where aid organizations compiled records on their 'clients', a categorization of material according to document type does not make sense, because documents related on the basis of content would appear as entries in separate sections. Here, cataloguing followed the principle of pertinence, as customary in archives; hence, different documents are summarized under one 'process' and not listed as separated entries according to author and/or document type.[91] The content of personal files is given in the *subject file* of the respective immigrant.

It is in the nature of administrative processes that they reproduce themselves—this is another phenomenon of the circular structure of 'metropolis'. Enquiries made by administrators of the administrated and the copying of records for others—administrators as well—belong to the strategies of duplication, just the same as the reaction of the administrated in reproducing their documents, and sending them to a number of organizations at the same time. The philological category of the 'unique' thus becomes questionable if one considers such material. Curricula vitae circulate in hand-written and in printed copies, and their reliability is rather small in the face of the difficulties some American staff members had with handwriting from Europe (with the German Script in particular). Immigrants attached a copy of the same credential written by a famous contemporary to every application. It was impera-

---

[89] Compare QuECA, introduction, p. XXXIX.

[90] «Die Musik in Geschichte und Gegenwart. Allgemeine Enzyklopädie der Musik», compare document no. 3894.

[91] Compare instructions for use, p. 10f.

tive to react to this duplication machinery. Where an individual's case is catalogued already, the content of the following documents will not be repeated; instead, the result will be indicated by specific references like "approval" or "rejection".[92] Vice versa, credentials of general character were not treated as letters in the context of subject files but as biographical material. It cannot be safely ruled out that names appear misspelled or mutilated sometimes, or that immigrants gave incorrect information about their occupational progression in order to improve their chances of employment. Also, the information is not always unambiguous: The Viennese conservatoire, for example, might stand for the old *Konservatorium der Gesellschaft der Musikfreunde in Wien*—later renamed into the *Staatliche Akademie für Musik und Darstellende Kunst*—as well as for the new *Konservatorium der Stadt Wien*: two institutions the international reputations of which were distinctly different. In general, the reliability of these sources has to be considered with caution; then again, they are often the only sources existing for a certain person, and therefore some efforts have been made to complete a person's vita as far as possible through our own reseach.

Finally, the archive of *HIAS/HICEM*, the aid organization for Jewish refugees, constitutes a unique collection of sources.[93] *HICEM*'s relief actions were documented meticulously: The records consist of lists of prisoners in French detention camps which were handed over to *HICEM* for the processing of shipping them out, of passenger lists and correspondence with the foreign bureaus of *HICEM* and other aid organizations. Only very few of these lists contain occupational titles, and even if they do, a title like "professeur de musique" may mean varying professions: the potential meaning ranges from an elementary teacher to a professor at a music conservatory. Furthermore, identical names is not a sufficient criterion for identifying a person with a musician already known. It is a very tedious task to trace a musician within the huge archive of *HICEM*, even more so since the index of persons, which might facilitate orientation, is inaccessible to the researcher because of data protection. The findings presented here necessarily have a certain randomness about them, but nevertheless they have been included in order to at least document this type of source. For information about well-known personalities of music life, the material at *HICEM* is of limited interest only; however, it is an inexhaustibly rich source for the abundance of all the anonymous individuals who were subject to national socialist persecution.

The inventory of sources given in this volume narrates the history of exile from an overall American perspective since—unlike in the QuECA—it is not the bequests of immigrants that stand in the foreground but the archives of institutions and aid organizations as well as the bequests of representatives of music life. This fact is mirrored in

[92] Compare instructions for use, p. 10.

[93] Compare pp. 106-109.

the selection of documents reproduced in the appendix: The appendix contains not so much letters of private content which are of interest because of their confessional character or their accounts of the exile situation, but public letters which document New York as a "hub" of emigrants.

Literaturverzeichnis

Bibliography

Juan Allende-Blin, *Erich Itor Kahn*, München 1994 (Musik-Konzepte Bd. 85) — Allende-Blin 1994

Yehuda Bauer, *My Brother's Keeper. A History of the American Jewish Joint Distribution Committee*, 1929-1939, Philadelphia 1974 — Bauer 1974

Walter Benjamin, *Paris, die Hauptstadt des 19. Jahrhunderts* (Passagen-Werk, Erster Teil), Frankfurt am Main 1982 (Gesammelte Schriften, Bd. 5.1) — Benjamin 1982

Biographisches Handbuch der deutschsprachigen Emigration 1933–1945 / International Biographical Dictionary of Central European Emigrés, hrsg. von Werner Röder und Herbert A. Strauss, 3 Bde., München und New York 1980–1983 — BHE

Robert A. Caro, *The Power Broker: Robert Moses and the Fall of New York*, New York 1974 — Caro 1974

Driven into Paradise. The Muical Migration from Nazi Germany to the United States, hrsg. von Reinhold Brinkmann und Christoph Wolff, Berkeley u.a. 1999 — Driven into Paradise 1999

Hanns Eisler, *Composing for the Films*, New York 1947, dt. zuerst als *Komposition für den Film*, Berlin 1949, Theodor W. Adorno, Gesammelte Schriften, Bd. 15, Frankfurt am Main ^{1}1976 und Hanns Eisler, Gesammelte Werke, Serie 3, Bd. 4, Leipzig 1977; Neuausgabe engl. New York und London 1994 — Eisler 1947

Exiles and Emigrés. The Flight of European Artists from Hitler, hrsg. von Karen Jacobson, Los Angeles 1997 — Exiles and Emigrés 1997

Werner Faulstich, *Radiotheorie. Eine Studie zum Hörspiel «The War of the Worlds» (1938) von Orson Welles*, Tübingen 1981 — Faulstich 1981

Hallie Flanagan, *Arena*, New York 1940 — Flanagan 1940

Wilhelm Furtwängler, *Briefe*, hrsg. von Frank Thiess, Wiesbaden ^{4}1980 — Furtwängler 1980

Handbuch des deutschsprachigen Exiltheaters 1933-1945, hrsg. von Frithjof Trapp, Werner Mittenzwei, Henning Rischbieter und Hansjörg Schneider, Bd. 2 *Biographisches Lexikon der Theaterkünstler* (2 Teilbde.), München 1999 — Handbuch Exiltheater 1999

Claus-Dieter Krohn, *Wissenschaft im Exil. Deutsche Sozial- und Wirtschaftswissenschaftler in den USA und die New School for Social Research*, Frankfurt am Main 1987 — Krohn 1987

Musik im Exil. Folgen des Nazismus für die internationale Musikkultur, hrsg. von Hanns-Werner Heister, Claudia Maurer Zenck und Peter Petersen, Frankfurt am Main 1993 — Musik im Exil 1993

Musik in der Emigration 1994	*Musik in der Emigration 1933–1945. Verfolgung – Vertreibung – Rückwirkung*, hrsg. von Horst Weber, Stuttgart und Weimar 1994
O'Reilly 1983	Kenneth O'Reilly, *Hoover and the Un-Americans. The FBI, HUAC and the Red Menace*, Philadelphia 1983
Orpheus 1995	*Orpheus im Exil. Die Vertreibung der österreichischen Musik von 1938 bis 1945*, hrsg. von Walter Pass, Gerhart Scheit und Wilhelm Svoboda, Wien 1995
QuECA	*Quellen zur Geschichte emigrierter Musiker 1933–1950. Band I: Kalifornien*, hrsg. von Horst Weber und Manuela Schwartz, München 2003
Rutkoff & Scott 1986	Peter M. Rutkoff und William B. Scott, *New School: A History of the New School for Social Research*, New York 1986
Schuster 1994	*George Grosz. Berlin – New York*, hrsg. von Peter-Klaus Schuster, Berlin 1994
Spalek I-III	John M. Spalek und Sandra H. Hawrylchak, *Guide to the Archival Materials of German-speaking Emigration to the United States after 1933 / Verzeichnis der Quellen und Materialien der deutschsprachigen Emigration in die USA seit 1933*, Bd. 1 Charlottesville (VA) 1978, Bd. 2 Bern 1992, Bd. 3 München u.a. 1997
Stern 1987	Robert A. M. Stern et al., *New York 1930. Architecture and Urbanism Between the two World Wars*, New York 1987, [2]1994
Strauss 1978	*Jewish Immigrants of the Nazi Period in the USA*, edited by Herbert A. Strauss, Vol. 1: *Archival Sources*, compiled by W. Siegel, New York u.a. 1978
Toscanini 2002	*The Letters of Arturo Toscanini*, compiled, edited and translated by Harvey Sachs, London 2002
Walter 1969	Bruno Walter, *Briefe 1894-1962*, hrsg. von Lotte Walter-Lindt, Frankfurt am Main 1969
Whitman 1982	Walt Whitman, *Complete Poetry and Collected Prose*, New York 1982 (Library of America)
WPA Guide LA 1941	*Los Angeles. A Guide to the City and its Environ*, compiled by Workers of the Writers' Program of the Work Project Administration in Southern California, New York 1941, Saint Clair Shores [2]1992
WPA Guide NYC 1939	*The WPA Guide to New York City*, New York (1939) 1992
Wyman 1968	David Wyman, *Paper Walls: American Refugee Policy 1938-1941*, Amhurst (MA) 1968

KATALOG

CATALOGUE

Hinweise zur Benutzung

Der Katalog ist so gestaltet, dass er mit sehr unterschiedlichen Fragestellungen und Zielen durchsucht werden kann. Die Ordnung nach Standorten erlaubt einen gezielten Zugriff auf die Bestände einzelner Institutionen. Die Aufschlüsselung der Dokumente nach vier thematischen Schlagwortgruppen ermöglicht eine Suche nach inhaltlichen Komplexen. Darüber hinaus erschließt das Personenregister alle vorkommenden Namen.

Die Sammlungen sind alphabetisch geordnet, zunächst nach Standort, dann nach Namen der Institution, innerhalb derselben Institution nach den Namen der einzelnen Abteilungen oder Bibliotheken; mehrere Sammlungen innerhalb einer Bibliothek oder Abteilung sind ebenfalls alphabetisch geordnet. Ordnungswort ist bei natürlichen Personen der Familienname (z. B. Walter, Bruno), bei juristischen Personen das erste Namenswort (z. B. Carl Schurz Memorial Foundation, National Refugee Service).

Im Unterschied zu den «Quellen zur Geschichte emigrierter Musiker 1933-1950, Bd. 1: Kalifornien» (im Folgenden bezeichnet als: QuECA) enthält der Katalog keine Privatsammlungen.[1]

Kopfeinträge

Informationen über Institutionen und über deren Sammlungen sind in unterschiedlich gestalteten Kopfeinträgen mitgeteilt. Im Gegensatz zum zweispaltigen Satz der Einzeleinträge (s. u.) laufen sie über die ganze Seite und erleichtern so die Orientierung.

Der Kopfeintrag zu einer Institution steht nur vor der jeweils ersten Sammlung; er wird bei anderen Sammlungen derselben Institution nicht wiederholt. Er enthält:

- postalische Anschrift sowie E-Mail-Adresse und URL (soweit vorhanden)

Der Kopfeintrag zu einer Sammlung enthält deren offiziellen Namen sowie:

- eine Kurzbiographie (Lebensdaten, Beruf, Jahr der Immigration in die USA, wichtigste berufliche Tätigkeit) bei Sammlungen zu Einzelpersonen und Nachlässen; Informationen zum geschichtlichen Hintergrund bei Sammlungen von Institutionen (Archiven)

---

1. Zur Erläuterung vgl. Einleitung, S. XXII.

- Dokumentenarten; Provenienz
- Zugänglichkeit; Erschließung bzw. Findmittel
- Verweis auf thematisch verwandte Sammlungen
- gegebenenfalls weiterführende Publikationen[2]
- gegebenenfalls Hinweise zu Besonderheiten der Katalogisierung

Einzeleinträge

Dem Kopfeintrag folgt im Allgemeinen die Auflistung der einzelnen Dokumente, die für Emigration und Integration in ihren verschiedenen Aspekten relevant sind. Quellen werden in der Regel dann einzeln nachgewiesen, wenn bislang kein gedrucktes Verzeichnis vorliegt. Auswahl und Anzahl der Einzeleinträge richten sich ausschließlich nach der Relevanz der Dokumente für die Exilforschung, spiegeln also keinesfalls die generelle musikhistorische Bedeutung einer Sammlung wider. Fehlen Einzeleinträge, so waren die entsprechenden Sammlungen zur Zeit der Forschungsaufenthalte nicht zugänglich.

Alle Einzeleinträge sind durchlaufend mit einer Kennziffer versehen; die Nummerierung beginnt bei 3046, setzt also die Auflistung von QuECA fort und vereinfacht so die Verweise zwischen den Bänden.

Innerhalb der Dokumentenarten sind die Einzeleinträge chronologisch geordnet; nicht datierbare Dokumente stehen in der Regel vor datierten, unvollständig datierte vor vollständig datierten. In einigen Fällen (so bei den Briefen von Lotte Lehmann in der Constance Hope Berliner Collection, Columbia University) wurde jedoch versucht, anhand des jeweiligen Inhalts die Chronologie zu rekonstruieren, so dass sich zwischen den datierten auch undatierte Dokumente finden.

Die Datumsangabe erfolgt hierarchisch nach Jahr, Monat und Tag (1945-02-25 = 25. Februar 1945). Angaben in eckigen Klammern sind geschätzt, da nicht eindeutig belegbar; Angaben in runden Klammern wurden von den Herausgebern oder Bibliothekaren recherchiert bzw. erschlossen.

---

2. Bei häufiger genannten Publikationen werden an Stelle einer vollständigen Titelangabe die im Literaturverzeichnis aufgeführten Siglen mit Band- und Seitenangabe des Verweises verwendet, vgl. S. XLIIIff.

Namen von Personen und Werken wurden in der Regel vereinheitlicht. Konjekturen der Herausgeber stehen hier in eckigen Klammern. Bei emigrierten Personen wurde in der Regel die Namensform gewählt, die in den USA gebräuchlich wurde; in einzelnen Fällen (meist im Zusammenhang mit Namenslisten und Aktennotizen der Hilfsorganisationen) sind bei offiziellen Dokumenten oder bei Material zur Biografie jedoch zusätzlich abweichende Schreibweisen von Namen aufgeführt. Werktitel werden grundsätzlich in der Originalsprache, Gattungsbezeichnungen meist in Deutsch wiedergegeben; nach Möglichkeit wurden Werk- oder Opus-Nummern ergänzt.

Werktitel stehen in doppelten (« »), Namen von Zeitungen und Periodika in einfachen französischen Anführungszeichen (‹ ›), Zitate in doppelten deutschen (" ") und metasprachliche Ausdrücke in einfachen deutschen Anführungszeichen (' '). Werktitel in Titeln von Schriften werden ebenfalls in doppelte deutsche Anführungszeichen gesetzt.

Autoren und Adressaten eines Dokuments werden innerhalb jedes durchlaufend nummerierten Einzeleintrags mit ihren Initialen abgekürzt. Diese Abkürzung gilt nur für den jeweiligen Einzeleintrag.

Verweise

Dokumente ähnlichen Charakters und Inhalts aus derselben Sammlung sind in der Regel nur durch ein Beispiel dokumentiert, während vergleichbare Dokumente in Form von Verweisen nachgewiesen werden; hierzu gehören auch Antwortbriefe sowie Zusagen, Bewilligungen, Absagen oder Ablehnungen, die sich auf einen vorher bereits genau spezifizierten Sachverhalt beziehen:

→ *Dokument ähnlichen Inhalts: 1943-05-04*

→ *Antwortbrief: 1943-05-04*

→ *Zusage / Absage: 1943-05-04*

→ *Bewilligung / Ablehnung: 1943-05-04*

Unter Bezugnahme auf die laufende Kennziffer der Einträge wird zudem häufig auf ähnliche Dokumente, die an anderen Stellen nochmals erfasst sind, verwiesen:

→ *Dokument ähnlichen Inhalts: 1943-05-04 (Dok. 4734)*

→ *Beilage: Lebenslauf 1943-05-04*

Verweise auf identische oder ähnliche Dokumente aus anderen Sammlungen werden folgendermaßen ausgewiesen:[1]

→ *Kopie in Alfred E. Cohn Papers (Dok. 5899)*

Unter Angabe der entsprechenden Seitenzahl finden sich hier schließlich auch Verweise auf Dokumente, die im Anhang abgedruckt sind:

→ *vgl. Abdruck S. 430*

Dokumentenart

Die Dokumente werden – in einer gegenüber QuECA veränderten Einteilung – nach ihrer Art aufgelistet:

- Musikmanuskripte
- Schriften
- Tonträger
- Korrespondenz
- Offizielle Dokumente
- Material zur Biografie
- Bilddokumente

MUSIKMANUSKRIPTE

Es wurden meist nur Musikalien berücksichtigt, die bislang unveröffentlicht sind, vor allem solche, die im Exil entstanden. Dazu gehören neben Musikmanuskripten auch annotierte Notendrucke; berücksichtigt wurde in einzelnen Fällen (Karol Rathaus, André Singer) auch wichtiges Skizzenmaterial. Einzelne Notenkonvolute sind als Sammeleintrag erwähnt. In einigen Fällen (vgl. Herbert Fromm Collection) sind undatierte Werke zwecks besserer Übersichtlichkeit nach Gattungen (etwa Lieder, liturgische Werke) zusammengefasst.

SCHRIFTEN

Arbeitspapiere von Musikschriftstellern oder -wissenschaftlern werden nicht detailliert dokumentiert, sofern sie in publizierte Schriften eingegangen sind. Größere Sammlungen von Schriften sind nur als Sammeleintrag aufgenommen.

TONTRÄGER

Tonbänder-, Schallplatten- oder Kassettensammlungen wie z. B. im Falle von Karol Rathaus wurden in der Regel als Sammeleinträge aufgenommen.

KORRESPONDENZ

Briefsammlungen sind in der Regel nach Korrespondenzpartnern geordnet. Sowohl bei Einzelpersonen als auch bei Firmen ist der Nachname das Ordnungswort; Briefe von nicht identifizierbaren Personen stehen am Anfang. Schreiben verschiedene Personen im Auftrag

---

1. Zur Erläuterung der Aufnahme identischer Dokumente aus verschiedenen Sammlungen vgl. Einleitung, S. XXV.

derselben Institution, sind die Briefe unter dem Namen der Institution zusammengefasst. Bei Korrespondenzen in Archiven von Institutionen oder Organisationen werden die Briefe gelegentlich nach personenbezogenen Vorgängen (Subject Files) geordnet; die Anordnung folgt also in solchen Fällen nicht dem Autoren-, sondern dem Pertinenzprinzip.

Konvolute allgemein gehaltener Empfehlungsschreiben in Archiven von Hilfsorganisationen sind in einzelnen Fällen als Sammeleintrag unter der Dokumentenart "Material zur Biografie" erfasst.

OFFIZIELLE DOKUMENTE

Diese Quellen umfassen Urkunden und andere Schriftsätze von Behörden und Institutionen sowie Dokumente des Bürgerlichen Rechts wie Verträge.

MATERIAL ZUR BIOGRAFIE

Diese Dokumente unterrichten über biografische Stationen (z. B. Lebensläufe, Werk- und Schriftenverzeichnisse, aber auch Oral Histories) sowie über die Aktivitäten von Personen oder Institutionen im öffentlichen Leben (Clippings, Konzertprogramme).

BILDDOKUMENTE

In dieser Rubrik finden sich Fotos, Filmmaterial, Videobänder u. a.

Morphologie der Dokumente

Die Dokumente unterscheiden sich hinsichtlich des Materials als Datenträger und hinsichtlich ihrer Beschriftung. Zu ihrer Kennzeichnung wurde meist auf Abkürzungen zurückgegriffen, die in amerikanischen Bibliotheken und Archiven gebräuchlich sind.

Bei Musikmanuskripten wurden Klavierauszug, Noten, Particell, Partitur und Stimmen unterschieden; diese Rubrizierung ist jeweils durch den Herstellungstyp ("Autograph", "Abschrift", "Kopie"; in einzelnen Fällen auch "Druck") und weitere Spezifikationen ("annotiert", "unvollständig"; "Entwurf", "Skizze") ergänzt.

Schriften sind gegliedert in Aufsatz, Buch, Drehbuch, Memorandum, Programmtext, Rezension, Textvorlage zur Komposition, Theaterstück und Vortrag. Hier wird unterschieden zwischen "Manuskript", "Typoskript" und "Druck"; Drucke wurden nur dann dokumentiert, wenn sie schwer zugänglich, mit wichtigen Annotationen versehen oder von besonderer Bedeutung sind:

- AD (autograph document): Manuskript
- TD (typed document): Typoskript
- PD (printed document): Druck

Die größte Differenzierung der Dokumente findet sich innerhalb der Korrespondenzen:

- ALS (autograph letter signed): handschriftlicher Brief mit Unterschrift
- AL (autograph letter): handschriftlicher Brief ohne Unterschrift
- TLS (typed letter signed): maschinengeschriebener Brief mit Unterschrift
- TL (typed letter): maschinengeschriebener Brief ohne Unterschrift

Die Funktion dieser Brieftypen wurde durch deutsche Bezeichnungen in Klammern wie "Entwurf", "Abschrift", "Kopie" (sowohl Xerokopie als auch Durchschlag) spezifiziert und gegebenenfalls mit den Attributen "unvollständig" oder "annotiert" versehen.

Bei offiziellen Dokumenten wurde unterschieden, ob sie mit Ausnahme der Unterschrift aus getipptem oder vorgedrucktem Text bestehen oder über die Unterschrift hinaus handschriftliche Passagen enthalten:

- TDS (typed document signed): maschinengeschriebenes Dokument mit Unterschrift
- PDS (printed document signed): gedrucktes Dokument mit Unterschrift

Außerdem wurde hier sowie bei der Dokumentenart Material zur Biografie die Kombination verschiedener Herstellungstypen (AD/TD, AD/PD, TD/PD) berücksichtigt.

Schlagwortverzeichnis

Der Erschließung von Textdokumenten, insbesondere von Briefen, dient ein Thesaurus von Schlagwörtern, der in vier Gruppen gegliedert ist:

- E Emigration, Exil
- A Aktivitäten
- R Reflexion
- Z Zeitgeschehen

Gegenüber QuECA ist der Thesaurus so modifiziert, dass Verdoppelungen von Schlagwörtern weitgehend vermieden wurden. Verdoppelungen (z. B. "Finanzen" und "Öffentlichkeit") erklären sich durch den jeweiligen Kontext in der Schlagwortgruppe. Die Anordnung der Schlagwörter erfolgt jeweils – unabhängig vom Inhalt der Dokumente – in alphabetischer Reihenfolge.

Emigration, Exil (E)

Die Schlagwortgruppe E umfasst Erlebnisse in der drohenden oder bereits eingetretenen Exilsituation.

Affidavit
(Bürgschaften von US-Staatsbürgern für Emigranten als Voraussetzung für die Erteilung eines Visums)

Ausreise
(durch Verfolgung erzwungene Ausreise oder Flucht aus dem Heimatland bzw. aus Europa, gegebenenfalls in ein Drittland als Zwischenstation, Ausreisepläne und -bedingungen, Visumserteilung)

Behörden

Bekannte

Besitzverhältnisse
(Besitz in der Heimat, Wiedergutmachungsleistungen, private Entschädigungen, Rentenforderungen, Hausverkäufe, Verlust von Versicherungsleistungen)

Einbürgerung
(behördlicher Vorgänge der Einbürgerung wie Antragstellung, Anhörung, Empfehlungen von Dritten)

Einreise
(Bedingungen und Zeitpunkt der Einreise in die USA, Einreiseformalitäten, Visumserteilung)

Emigrationsweg

Finanzen
(Darlehen, Bittschreiben, Vorschüsse u. a.)

Hilfe
(Interventionen, Unterschriftaktionen, Zuwendungen sowie andere private und offizielle Hilfeleistungen für Emigranten)

Hilfsorganisationen

Integration

Internierung
(Aufenthalt in Lagern)

Krieg
(Gefährdung der Emigranten durch Kriegsereignisse)

Öffentlichkeit
(öffentliche Meinung über Emigranten, auch Ressentiments)

Re-Emigration
(Ausreise aus dem Exilland mit Rückkehr, meist zwecks Erlangung eines permanent visa)

Rückkehr
(Überlegungen und Vorbereitungen zur Rückkehr in die alte Heimat)

Sprache

Verfolgung
(Arbeitsverbot, Bedrohung und vorübergehende Inhaftierung im Heimatland)

Verwandte

Aktivitäten (A)

Die Schlagwortgruppe A erfasst die berufliche bzw. künstlerische Entwicklung der Emigranten. Diese Quellen geben Auskunft über die Tätigkeit im Exilland, aber auch über die in der Heimat erworbenen Qualifikationen:

Anstellung
(Arbeitsverhältnisse und Engagements im Exilland, Aktivitäten zu deren Erlangung, Bedingungen und Konsequenzen ihrer Annahme)

Aufführung

Aufnahme
(Rundfunk- und Schallplattenproduktionen)

Biografie
(Informationen über Leben und berufliche Tätigkeit in der alten Heimat)

Editionen

Empfehlung

Finanzen
(Verdienste und Honorare aus beruflicher Tätigkeit im Exilland)

Kollegen

Kompositionen

Öffentlichkeit
(öffentliche Resonanz auf berufliche Aktivitäten, z. B. Pressekritiken und Ehrungen)

Organisationen

Projekte
(Forschungsvorhaben, Kompositionen, Publikationen, Aufführungen, Vorträge u. a.)

Reise

Sammlung
(Sammelaktivitäten, z. B. Autographe, Gemälde)

Schriften

Studium
(Ausbildung an Hochschulen und Universitäten des Exillandes; vgl. aber Biografie)

Treffen

Unterricht
(Schule und Privatunterricht; vgl. aber Studium)

Veröffentlichung

(Vorbereitung und Durchführung von Publikationen)
Vertrag
Vortrag

Reflexion (R)
Unter der Schlagwortgruppe R werden Äußerungen zu kulturellen und gesellschaftlichen Problemen dokumentiert:
Bildende Kunst
Film
Gesellschaft
(insbesondere Zusammenleben nationaler, religiöser oder politischer Gruppen)
Judaica
Kulturpolitik
Literatur
Musik
Pädagogik
Philosophie
Religion

Zeitgeschehen (Z)
Die Schlagwortgruppe Z bezieht sich auf politische, militärische und gesellschaftliche Ereignisse und Entwicklungen während der nationalsozialistischen Herrschaft und in der Nachkriegszeit:
Kriegsereignisse
Kulturleben
Politik
Verfolgung
(Nachrichten über die Verfolgung Dritter)

In den Gruppen E, A und R steht der Schrägstrich (/) in der Regel für "von" und weist den Genannten als Bezugsperson des vorstehenden Sachverhalts bzw. als Subjekt der Tätigkeit aus. In der Schlagwortgruppe Z fehlt meist die Nennung der Person, da hier historische Prozesse erfasst werden. Beispiele:

E Ausreise/HN = Ausreise von Hans Nathan
A Finanzen/LL = finanzielle Situation von Lotte Lehmann
R Judaica/EW = Äußerung Eric Werners über jüdische Identität

Dieser Kombination aus Schlagwort und Personenkürzel folgt Freitext in Klammern, der die Information konkretisiert, also die Bedingungen der Ausreise Hans Nathans, die Konzerteinnahmen von Lotte Lehmann, Eric Werners Äußerungen über jüdische Identität. Innerhalb des Freitextes werden Informationen zum selben Sachverhalt durch Komma getrennt, zu unterschiedlichen Sachverhalten durch Semikolon.

Dokumentenauswahl im Anhang
Der Anhang bietet außer dem Personenregister und dem Verzeichnis der Sammlungen eine Auswahl bislang nicht publizierter Dokumente. Sie beziehen sich auf Einzelschicksale, den Prozess der Integration, den Ausnahmestatus der Stadt New York als kulturelles und organisatorisches Zentrum der USA, die Entfaltung jüdischer Identität, insbesondere die Anteilnahme an der Gründung des Staates Israel, und die Beziehung der Emigranten zum Nachkriegseuropa.

Ein Vergleich der publizierten Dokumente mit ihren Kurzbeschreibungen im Katalogteil vermag dem Benutzer das Funktionieren des Thesaurus von Schlagwörtern zu verdeutlichen.

Endredaktion
Die Arbeiten wurden in zwei Phasen abgeschlossen. Die Suche nach Dokumenten vor Ort wurde im Januar 2003 beendet. Erfassung und Auswertung des Materials wurden im November 2003 abgeschlossen, Redaktionsschluss für das fertiggestellte Druckmanuskript war August 2004. Soweit möglich, wurden kurz vor Redaktionsschluss Anschriften, Webseiten und E-Mail-Adressen noch einmal aktualisiert.

Instructions for use

The catalogue is designed as to allow searching with different questions and aims. The sorting of documents by location provides accurate access to holdings of individual institutions. Classification of documents into four groups of thematically correlated subject headings facilitates the search according to contents. In addition, the index of persons lists all names mentioned.

Collections are listed alphabetically by their location, then by the institution's name, within specific institutions under the names of individual sections or libraries; several collections within one library or section are also listed alphabetically. In case of natural persons, the entry word is their last name (e. g. Walter, Bruno); in case of legal entities, the entry for a work is made under the first part of the name of the corporate body (e. g. Carl Schurz Memorial Foundation, National Refugee Service).

Unlike the «Sources Relating to the History of Emigré Musicians 1933–1950, vol. 1: California» («Quellen zur Geschichte emigrierter Musiker 1933–1950, Bd. 1: Kalifornien», hence abbreviated: QuECA), this catalogue does not include private collections.[1]

Main Entries

Information about institutions and their collections are listed under various headings. While individual entries run in double columns, main entries have been spread into a full page in order to facilitate the reader's orientation.

An institution's main entry precedes its respective first listed collection only; in case of other collections of the same institution, the name does not appear again. It contains:

- address, email address and URL (if available)

A collection's main entry contains the collection's official name and in addition,

- in the case of collections of individuals and legacies: a short biographical note (birth and death dates, profession, the year of immigration to the US, the most important professional activities); in the case of collections owned by institutions (archives): information about the historical background.

- type of documents; provenance
- accessibility; facility of search tools and catalogues
- reference to thematically complementary collections
- reference to related publications (if applicable)[2]
- indications to peculiarities of cataloguing (where necessary)

Individual entries

Following the main entry are individual entries for those items in a collection that relate to exile in its various aspects. Usually these sources are listed individually if they have not appeared in a printed catalogue yet. The choice and number of the entries are solely based on their relevance for research on immigration and integration. In no way does our selection reflect the importance of a given collection for music history in general. Main entries without individual entries signal that the collection was not accessible at the time of research.

Individual entries are organized with the aid of running ID numbers; numbering starts with 3046, i. e. it resumes the list begun in QuECA. Again, this facilitates crossreferencing between the two volumes.

Sources of the same type are organized chronologically. Undated sources appear before dated ones, incompletely dated sources before those that are completely dated. In some cases (e. g. the letter from Lotte Lehmann in the Constance Hope Berliner Collection Columbia University) attempts have been made at reconstructing chronology on the basis of content; therefore, sometimes undated documents appear among dated ones.

The dates are listed according to year, month, and day (1945-02-25 = February 25, 1945). Square brackets indicate that dates are estimated only, i. e. non-verifiable. Round brackets indicate that the information on dating was added by the editors or librarians. The names of people and work titles have been generally standardized. Conjectures by the present editors appear here in square brackets. The spellings of names of

---

1. See introduction, pp. XXVIIf.

2. In case of publications frequently referred to, abbreviations according to the bibliography, specifying only the volume and page number, are used instead of full titles; compare pp. XLIIIff.

emigrant persons were based on the spellings adopted in the USA. In individual cases—often in context with lists of names and file notes made by aid organizations—, variant spellings of names as appearing in official documents or material relating to a person's biography are listed too. Work titles appear in the original language although generic titles are mostly in German; where possible, composition or opus numbers were added.

Work titles are enclosed in double angle brackets (« »); names of newspapers, journals, and magazines are enclosed by single angle brackets (‹ ›); quotes appear in quotation marks (" "), and words carrying metaphorical meaning in inverted commas (' '). Work titles appearing in titles of written texts appear in quotation marks too.

Author and addressee of a document are abbreviated according to their respective initials within each individual entry consecutively numbered.

References

Sources of similar nature and contents within the same collection are usually documented through one example, whereas comparable sources are linked by references. Comparable sources include response letters, commitments and approvals, cancellations and rejections relating to a matter specified earlier:

➤ *Dokument ähnlichen Inhalts: 1943-05-04*
   source of similar content
➤ *Antwortbrief: 1943-05-04*
   response letter
➤ *Zusage / Absage: 1943-05-04*
   confirmation / cancellation
➤ *Bewilligung / Ablehnung: 1943-05-04*
   approval / rejection

Comparable sources also listed elsewhere may be referred to by the running identification number:

➤ *Dokument ähnlichen Inhalts: 1943-05-04 (Dok. 4734)*
   source of similar content
➤ *Beilage: Lebenslauf 1943-05-04*
   supplement

Documents of identical or comparable nature contained in other collections are referred to as follows:[1]

---

1. For further comments regarding the records of identical sources within different collections see introduction, pp. XLf.

➤ *Kopie in Alfred E. Cohn Papers (Dok. 5899)*
   copy in Alfred E. Cohn Papers

References to sources reproduced in the appendix can be found here too listed according to page number:

➤ *vgl. Abdruck S. 430*
   see reprint p. 430

Type of source

Sources are listed according to their type deviating from the classification arrangement used in QuECA:

• *Musikmanuskripte* / Music manuscripts
• *Schriften* / Writings
• *Tonträger* / Recordings
• *Korrespondenz* / Correspondence
• *Offizielle Dokumente* / Official documents
• *Material zur Biografie* / Biographical material
• *Bilddokumente* / Pictorial material

MUSIC MANUSCRIPTS (*Musikmanuskripte*)
Almost exclusively, only hitherto unpublished musical materials are included, particularly those written in exile. They also include music manuscripts and published music with (personal) annotations; in individual cases (Karol Rathaus, André Singer), important music drafts were also listed. Individual folders of music are mentioned collectively under one entry. In certain cases (see Herbert Fromm Collection), undated works have been summarized according to genre (e. g. songs or liturgical works) for greater clarity.

WRITINGS (*Schriften*)
Notebooks and sketches of music publicists and musicologists are not documented in detail inasmuch as they have been included in previous publications. Larger collections of writings are only listed as main entries only.

RECORDINGS (*Tonträger*)
Magnetic tape, vinyl and cassette recordings (e. g. in the case of Karol Rathaus) are listed generally as collective entries.

CORRESPONDENCE (*Korrespondenz*)
Correspondence is usually organized according to recipient. The defining key is the surname, both in the case of business correspondence and that of individuals. Letters from unidentifiable persons are listed in the beginning. If several people were charged with the task of writing letters in the name of one institution, these letters are listed under the name of the institu-

tion. Correspondence in institutional archives is occasionally organized according to subject matter (subject files); in such cases, arrangement follows the principle of pertinence rather than the principle of authorship.

In single cases, credentials such as recommendations within the archives of aid organizations are summarized under the source type "biographical material".

OFFICIAL DOCUMENTS (*Offizielle Dokumente*)
These sources cover certificates and writings by authorities and institutions as well as documents of common law and contracts.

BIBLIOGRAPHICAL MATERIAL (*Material zur Biografie*)
These documents inform about the biographical stations (curricula vitae, catalogues of works and writings, also oral histories) and activities of persons or institutions in public life (clippings, concert programs).

PICTORIAL MATERIAL (*Bilddokumente*)
In this category, photos, film footage, video tapes etc are listed.

Morphology of sources

Documents differ according to source material as a data carrier and regarding their identification. Abbreviations customary in US libraries and archives were used for efficiency.

In case of music manuscripts, differentiations were made between piano scores, sheet music, scores and parts; this categorization further lists details of production (*Autograph* for an autograph, *Abschrift* for a hand-written or typed copy, *Kopie* for a photocopy; in individual cases *Druck* for a print) and other specifications (*annotiert* for annotated, *unvollständig* for incomplete; *Entwurf* for a draft, *Skizze* for a sketch).

Writings are categorized as *Aufsatz* for an essay, *Buch* for a book, *Drehbuch* for a script, *Memorandum* for a memorandum, *Programmtext* for a program text, *Rezension* for a review, *Textvorlage zur Komposition* for a master text for composition, *Theaterstück* for a stage play and *Vortrag* for a lecture. Here, distinctions between *Manuskript* for a manuscript, *Typoskript* for a typoscript and *Druck* for a printed text were made; printed texts are documented only if not easily accessible or containing important annotations or are of eminent importance:

- AD (autograph document)
- TD (typed document)
- PD (printed document)

The most detailed differentiation had to be made between the various types of correspondence:

- ALS (autograph letter signed)
- AL (autograph letter)
- TLS (typed letter signed)
- TL (typed letter)

The German words in brackets describe the functions of these various types of letters in closer detail: *Entwurf* for a draft, *Abschrift* for a hand-written or typed copy, *Kopie* for both a xerox copy and a carbon copy. In places, additional descriptions (*unvollständig* for incomplete, *annotiert* for annotated) were included.

Official documents have been sectioned into those that consist exclusively of typed or printed text with a signature and those that contain hand-written notes in addition to the signature:

- TDS (typed document signed)
- PDS (printed document signed)

In compliance with the organization of the source type bibliographical material, variant modes of production (AD/TD, AD/PD, and TD/PD) have been taken into account.

Catalogue of keywords

A thesauraus of subject headings was devised in order to organize the content of text documents, particularly letters. These subject headings have been grouped into four major themes:

- E *Emigration, Exil* / Emigration, Exile
- A *Aktivitäten* / Activities
- R *Reflexion* / Reflections
- Z *Zeitgeschehen* / Historical events

Compared with QueCA, the thesaurus has been modified as to largely avoid doubling of keywords. Subject headings appearing under more than one theme can be explained in the respective contexts. Keywords have been sorted alphabetically, regardless of content.

Emigration, Exile (E)

The heading "Emigration, Exile" relates to events and experiences associated with the threatening prospect of exile or an already existing exile situation.

Affidavit / **Affidavit**
(Legal responsibility guaranteed for an emigrant by a sponsoring US-citizen; as pre-condition for a visa to be granted)

Ausreise / **Departure**
   (Involuntary departure from the home country resp. Europe in consequence of persecution, sometimes to a third country functioning as an intermediary station; departure plans and conditions; visa permit)

Behörden / **Authorities**

Bekannte / **Acquaintances**

Besitzverhältnisse / **Property conditions**
   (Property in the home country, restitution claims, private compensations, pension claims, sale of real estate, loss of insurance benefits)

Einbürgerung / **Naturalization**
   (Official procedure of naturalization including application for first papers, court appearances for a hearing of the application, references)

Einreise / **Entry**
   (Conditions and time of arrival in the US, entry formalities, visa permit)

Emigrationsweg / **Route of emigration**

Finanzen / **Finances**
   (Mortgages, requests, cash advances etc)

Hilfe / **Help**
   (Interventions, collections of signatures, donations and other private and official assistance for emigrants)

Hilfsorganisationen / **Aid organizations**

Integration / **Integration**

Internierung / **Internment**
   (Detentions in internment camps)

Krieg / **War**
   (Dangers encountered by emigrants caused by war incidents)

Öffentlichkeit / **Public**
   (Public opinions on emigrants, also resentments)

Re-Emigration / **Re-emigration**
   (Temporary exit from the USA into in order to obtain a permanent visa)

Rückkehr / **Return**
   (Considerations regarding and preparations for a return to the home country)

Sprache / **Language**

Verfolgung / **Persecution**
   (Denied employment, intimidation threats and temporary jail confinement in the home country)

Verwandte / **Relatives**

Activities (A)
The heading "Activities" includes the wide range of professional and artistic activities. These sources deal with activities in the country of exile as well as with qualifications acquired in the home country.

Anstellung / **Employment**
   (Job situations and commitments in the country of exile, activities leading to these, terms and consequences of employment)

Aufführung / **Performance**

Aufnahme / **Recording**
   (Radio and record production)

Biografie / **Biography**
   (Information on life and professional activities in the home country)

Editionen / **Editions**

Empfehlung / **Recommendation**

Finanzen / **Finances**
   (Income and fees from professional activities in the country of exile)

Kollegen / **Colleagues**

Kompositionen / **Compositions**

Öffentlichkeit / **Publicity**
   (Official reactions to professional activities, e. g. press reviews and awards)

Organisationen / **Organizations**

Projekte / **Projects**
   (Research projects, compositions, publications, performances, lectures etc)

Reise / **Travel**

Sammlung / **Collections**
   (Collecting activities, e. g. collections of autographs, paintings)

Schriften / **Writings**

Studium / **Studies**
   (Education at colleges and universities in the country of exile; see also Biography)

Treffen / **Meetings**

Unterricht / **Education**
   (Schools and private lessons; see also Studies)

Veröffentlichung / **Publication**
   (Preparation and processing of publications)

Vertrag / **Contract**

Vortrag / **Lecture**

Reflections (R)
Under the heading "Reflections", statements on cultural and social problems have been documented:

Bildende Kunst / **Visual arts**
Film / **Movies**
Gesellschaft / **Society**
   (In particular: co-existence of national, religious or political groups)
Judaica / **Judaica**
Kulturpolitik / **Cultural policy**
Literatur / **Literature**
Musik / **Music**
Pädagogik / **Pedagogy**
Philosophie / **Philosophy**
Religion / **Religion**

Historical events (Z)

The heading "Historical events" focuses on political, military and social events and developments during the Nazi regime and the postwar period:

Kriegsereignisse / **War events**
Kulturleben / **Cultural life**
Politik / **Politics**
Verfolgung / **Persecution**
   (News on persecution of third parties)

In the groups under E, A an R: A slash after the subject heading is often followed by the name of the associated individual. The slash always means "by" or "of" and refers to the person as the agent in the described circumstance. In group Z, hardly any persons are accounted for because this category deals with historical processes. Examples:

E Departure/HN = Departure of Hans Nathan
A Finances/LL = Financial situation of Lotte Lehmann
R Judaica/EW = Statement by Eric Werner on Jewish identity

The combination of subject heading and acronym for the relevant person is followed by a text describing the source in more concrete terms, e. g. the conditions of Hans Nathan's departure, concert fees of Lotte Lehmann, statements by Eric Werner on Jewish identity). Within the text, information regarding the same facts and circumstances is separated by a comma whereas information regarding different facts and circumstances is separated by a semicolon.

Selection of sources in the appendix

In addition to the index of persons and the index of collections, a list of selected unpublished documents is given in the appendix. They relate to individual narratives of life, the process of integration, and the exceptional status of New York as a cultural and organizational center, the development of Jewish identity—notably the commitment to the foundation of the state of Israel—as well as the emigrants' relationship to postwar Europe.

A comparison of reprinted documents with the brief descriptions in the catalogue helps the reader to get the most out of individual headings.

Final edit

This publication for this publication was produced in two stages. The search for sources on location was completed by January 2003; documentation and evaluation of material was done by November 2003. The press date was slated for August 2004. As far as possible, addresses, URLs and e-mail addresses were updated shortly before press date.

Abkürzungsverzeichnis / Abbreviations

Allgemeine Abkürzungen / Common abbreviations

A	Aktivität, activity	F	Frankreich, France	Publ.	Publikation, publication
Abb.	Abbildung, illustration	f., ff.	folgende, sequent(es)	R	Reflexion, reflection
Abt.	Abteilung, department	Fg.	Fagott, bassoon	Rd.	Road
AD	autograph document	Fl.	Flöte, flute	rmp	rounds per minute
ADS	autograph document signed	frz.	französisch, French	RO	Radio-Orchester, Radio Orchestra
AL	autograph letter	GB	Großbritannien, Great Britain	RSO	Radio-Symphonie-Orchester, Radio Symphony Orchestra
ALS	autograph letter signed	Ges.	Gesellschaft, society		
amer.	amerikanisch, American	hebr.	hebräisch, Hebrew		
AP	autograph postcard	Hr.	Horn, horn	russ.	russisch, Russian
APS	autograph postcard signed	Hrsg.	Herausgeber, editor	S.	Seite, Seiten, page(s)
Arr.	Arrangement	hrsg.	herausgegeben, edited	SF	San Francisco
Ass.	Association	I	Italien, Italy	SO	Symphonie-Orchester, Symphony Orchestra
Ave.	Avenue	Inc.	Incorporated		
Bd., Bde.	Band, Bände, volume(s)	ital.	italienisch, Italian	Soc.	Society
Blvd.	Boulevard	Kb.	Kontrabaß, double bass	Sp.	Spalte, Spalten, column(s)
BRD	Bundesrepublik Deutschland	Kl.	Klavier, piano	span.	spanisch, Spanish
		Klar.	Klarinette, clarinet	Str. / St.	Straße, Street
Bros.	Brothers	KZ	Konzentrationslager, concentration camp	TD	typed document
bzw.	beziehungsweise, respectively			TDS	typed document signed
		LA	Los Angeles	TL	typed letter
ca.	circa	Ms.	Manuskript, manuscript	TLS	typed letter signed
CH	Schweiz, Suisse	Mt.	Mount	Trp.	Trompete, trumpet
chin.	chinesisch, Chinese	Nr.	Nummer, number	TS	Typoskript, typescript
Co.	Company	NS	Nationalsozialismus, Nationalsozialisten, national socialism, national socialists	tsch.	tschechisch, Czech
Coll.	Collection			UA	Uraufführung, world premiere
Corp.	Corporation				
CSR	Tschechoslowakische Republik [1919-1939]			u. a.	unter anderem, und andere, among others, et alii
		NY	New York		
D	Deutschland, Germany	NYC	New York City		
DDR	Deutsche Demokratische Republik	Ob.	Oboe, oboe	UdSSR, USSR	Union der sozialistischen Sowjet-Republiken
		o. D.	ohne Datum, without date		
Dept.	Department	österr.	österreichisch, Austrian	UC	University of California
Ders.	Derselbe, the same	o. J.	ohne Jahr, without year	ung.	ungarisch, Hungarian
Diss.	Dissertation, dissertation	o. O.	ohne Ort, without place	Univ.	Universität, university
Dok.	Dokument, document	op., opp.	opus, opera	US	United States
Dr.	Drive	PD	printed document	V.	Violine, violin
dt.	deutsch, German	PDS	printed document signed	Va.	Viola, viola
E	Exil / Emigration, exile / migration	PO	Philharmonisches Orchester, Philharmonic Orchestra	Vc.	Violoncello, cello
				vgl.	vergleiche, confer
EA	Erstaufführung, first performance			Z	Zeitgeschehen, contemporary events
		poln.	polnisch, Polish		
engl.	englisch, English	port.	portugiesisch, Portugese	z. B.	zum Beispiel, for example
etc.	etcetera	Pos.	Posaune, trombone		

Abkürzungen von Firmen, Gesellschaften und Korporationen / Abbreviations of firms, societies and corporations

ABC	American Broadcasting Company	IGNM	Internationale Gesellschaft für Neue Musik (= ISCM)	UCB	University of California Berkeley
AES	American Expeditionary Station, Radio Noumea, New Caledonia	ISCM	International Society for Contemporary Music (= IGNM)	UCLA	University of California Los Angeles
AGMA	American Guild of Musical Arts	KFWB	[Radiostation]	UCSB	University of California Santa Barbara
AKM	Österreichische Gesellschaft der Autoren, Komponisten und Musikverleger	KPRO	[Radiostation]	UJA	United Jewish Appeal
		MBS	Mutual Broadcasting System, Radiostation	USC	University of Southern California
		MET	Metropolitan Opera House, New York	VOKS	Vsesojuznoe Obščestvo Sovetskich Kompozitorov
ALACA	American League of Authors and Composers	MGM	Metro Goldwyn Mayer	WABF	Radiostation in New York City
AMC	American Music Center	NBC	National Broadcasting Company	WEAF	Radiostation in New York City
AMG	American Military Government	NCC	National Coordinating Committee	WGN	Superstation WGN, Chicago, Illinois
AMS	American Musicological Society	NCAC	National Concert and Arts Corporation	WHK	Radiostation [in New York City?]
AMP	Associated Music Publishers	NRS	National Refugee Service	WHN	Radiostation in New York City
ASCAP	American Society of Composers, Authors and Publishers	NSDAP	Nationalsozialistische Deutsche Arbeiterpartei	WICC	Radiostation [in New York City?]
		NYA	National Youth Administration	WIS	Radiostation in Due West, South Carolina
BBC	British Broadcasting Corporation	NYPL	New York Public Library	WJZ	Radiostation in New York City
BMI	Broadcast Music Inc.	ORF	Österreichischer Rundfunk	WNEW	Radiostation in New York City
CBS	Columbia Broadcasting System	RAF	Royal Air Force	WNYC	New York Public Radio
CIA	Central Intelligence Agency	RCA	Radio Corporation of America	WOR	[Radiostation (in New York City?)]
FBI	Federal Bureau of Investigation	RIAS	Radio in the American Sector	WPA	Works Progress Administration, ab 1939: Work Projects Administration
HIAS	Hebrew Sheltering and Immigrant Aid Society	RKO	Radio-Keith-Orpheum	WQXR	The Classical Music Station of the New York Times
HICEM	Hilfsorganisation für jüdische Aus- und Durchwanderer; Akronym von HIAS (Hebrew Sheltering and Immigrant Aid Society, New York), ICA (Jewish Colonisation Association, Paris) und Emigdirect (Berlin)	SDR	Süddeutscher Rundfunk Stuttgart		
		SJYA	Shanghai Jewish Youth Association	XCDN	Britische Radiostation Shanghai
		SMA	Shanghai Musician Association of Stateless Refugees	YMCA	Young Men's Christian Association
		SPÖ	Sozialistische Partei Österreichs	YMHA	Young Men's Hebrew Association
HUAC	House Committee on Un-American Activities	Stagma	Staatlich genehmigte Gesellschaft zur Verwertung musikalischer Urheberrechte	YWCA	Young Women's Christian Association
ICA / JCA	Jewish Colonisation Association				
ICC	International Criminal Court	SWF	Südwestfunk Baden-Baden	ZOA	Zionist Organization of America

Abkürzungen / Abbreviations

Die 51 amerikanischen Bundesstaaten / The 51 American States

AL	Alabama	KY	Kentucky	OH	Ohio
AK	Alaska	LA	Louisiana	OK	Oklahoma
AR	Arkansas	MA	Massachusetts	OR	Oregon
AZ	Arizona	MD	Maryland	PA	Pennsylvania
CA	California	ME	Maine	PR	Puerto Rico
CO	Colorado	MI	Michigan	RI	Rhode Island
CT	Connecticut	MN	Minnesota	SC	South Corolina
DC	District of Columbia	MS	Mississippi	SD	South Dakota
DE	Delaware	MO	Missouri	TN	Tennessee
FL	Florida	MT	Montana	TX	Texas
GA	Georgia	NC	North Carolina	UT	Utah
GU	Guam	ND	North Dakota	VA	Virginia
HI	Hawaii	NE	Nebraska	VI	Virgin Islands
IA	Iowa	NH	New Hampshire	VT	Vermont
ID	Idaho	NJ	New Jersey	WI	Wisconsin
IL	Illinois	NM	New Mexiko	WA	Washington
IN	Indiana	NV	Nevada	WV	West Virginia
KS	Kansas	NY	New York	WY	Wyoming

BRONXVILLE

Sarah Lawrence College, Esther Raushenbush Library
1 Mead Way, Bronxville, NY 10708, http://www.slc.edu/library/
Kontakt: Patricia F. Owen, powen@mail.slc.edu

Andre Singer Collection

- André Singer (auch: Andrija oder Andreas Singer, Künstlername: Otto Andreas), 1907-1996, Komponist, 1938 Immigration in die USA, 1940 als Komponist für die Viennese Theatre Group Erhalt einer ständigen Aufenthaltserlaubnis, 1944 amer. Staatsbürgerschaft, 1946-1976 Fakultätsmitglied am Sarah Lawrence College, Lehrtätigkeit an Diller-Quaile School of Music (Kontrapunkt, Harmonielehre und Solfège), am NY City College (Musikgeschichte und Analyse) und an New School for Social Research (Operngeschichte)
- Nachlass mit Dokumenten, Clippings, Fotos sowie persönlichen Briefen von und an André Singer zur Karriere vor und nach der Emigration
- Vorläufiges Verzeichnis, größeres Archiv geplant mit weiteren privaten Dokumenten aus dem Besitz von Beth & George Wolf (vgl. S. 22ff.)
- Sammlung bis 2000 im Besitz von Beth Wolf, einer Schülerin und engen Freundin André Singers
- Vgl. André Singer Coll. (NYPL, Library of the Performing Arts, Music Division, S. 308f.)
- Ingeborg Reisner, «Kabarett als Werkstatt des Theaters. Literarische Kleinkunst in Wien vor dem 2. Weltkrieg», Diss. Wien 1961 • Christian Klösch / Regina Thumser, «"From Vienna". Exilkabarett in New York 1938 bis 1950», Wien 2002 • Datenbank Orpheus Trust Wien
- Aufgenommen auch Material vor 1939 und nach 1950, da Leben und Schaffen André Singers bislang nicht dokumentiert sind

SCHRIFTEN
SINGER, ANDRÉ

3046 —
Textvorlage zur Komposition «Tom and Anna», drei verschiedene Stadien: 1. «Knots» ("R.D. Laing", TD, 5 S.); 2. «Knots» ("R.D. Laing, adapted by A.S.", TD annotiert, 5 S.); 3. «Tom and Anna. An Entertainment for 2 Singers and 9 Musicians Playing 12 Instruments» ("The text is adapted from R.D. Laing's book «Knots»", TD, 8 S.)

3047 1940 bis 1942
Carl Sandburg und André Singer, «The Gambler. A Melodrama with Music»; Textvorlage zur Komposition, TD (annotiert), 29 S., engl.; zwei Arbeitsstadien (TD, Ridgefeld, CT, 1940; Annotationen, ebd., 1942)

3048 1948-03-15
«Written Harmony and Counterpoint I»; Vortrag, TD, 1 S., engl.; wahrscheinlich Entwurf zu einer Lehrveranstaltung

3049 1952-04-01
André Singer, [«Alcottiana»]; Textvorlage zur Komposition, TD (annotiert), 1 S., engl.

3050 [1952]
[Zu «Alcottiana»]; Programmtext, TD, 6 S., engl.

3051 (1959-02-20)
[Über Edgard Varèse]; Vortrag, TD (annotiert), 1 S., engl.

3052 [1967]
André Singer, «Musical Thought and Organization. An Introduction to Musical Analysis»; Buch, TD, 480 S., engl.

3053 (1970)
[Zu «Supplicatio in tempore belli»]; Programmtext, TD, 2 S., engl.

KORRESPONDENZ
BALDWIN, TODD & LEFFERTS

3054 1943-04-24
Roger S. Baldwin, Hiram C. Todd und Gillet Lefferts (Baldwin, Todd & Lefferts, Counsellors at Law, NYC) an André Singer (NYC); TLS, 1 S., engl. A Kompositionen/AS («Here Comes Tomorrow...» für Singstimme und Kl. op. 17,1 auf Text/ARNOLD SUNDGAARD, Copyright Registration, Library of Congress, Copyright Office; Finanzen)

↳ *Brief ähnlichen Inhalts: 1943-05-04 mit Beilage Copyright-Urkunde (Dok. 3086)*

CAMPBELL, LORAINE
3055   1942-08-21
André Singer an Loraine Campbell (c/o Albert [I.] Elkus, UCB, Dept. of Music, Berkeley, CA); TL, 1 S., engl. A Aufführung/LC («Trois Mélodies»/AS, ISCM Festival); Schriften/DARIUS MILHAUD (Artikel über ISCM Festival, ‹NY Herald Tribune›)

CHEKHOV THEATRE STUDIO
3056   1940-05-01
Eugene Somoff (Chekhov Theatre Studio, Ridgefield, CT) an André Singer (NYC); TLS, 1 S., engl. A Anstellung/AS (am Chekhov Theatre Studio, Finanzen); Projekt/AS (Musik zu Show/ALAN HARKNESS; Bedingungen, Copyright); Reise/AS (nach NYC)

3057   1942-06-11
Michael Chekhov (Chekhov Theatre Studio, Ridgefield, CT) an André Singer; TLS, 1 S., engl. A Anstellung/ GEORGE SHDANOFF (am Chekhov Theatre Studio, muss Militärdienst ableisten); Treffen/MC (mit PAUL KERBY)

3058   1942-12-07
George Shdanoff (Chekhov Theatre Studio, Inc., NYC) an André Singer (NYC); TLS, 1 S., engl. A Kompositionen/ AS (für Chekhov Theatre Studio, Musik zu «Afton Water»/ WILLIAM SAROYAN und «Ethan Frome»/EDITH WHARTON); Vortrag/AS (über Musikverstehen, für Schüler des Chekhov Theatre Studio) R Musik/GS (Lob der Musik zu «Afton Water»/AS)

DILLER-QUAILE SCHOOL OF MUSIC
3059   1947-07-09
Dorothy Weed (Diller-Quaile School of Music, NYC) an André Singer; TLS, 1 S., engl. A Anstellung/AS (an Diller-Quaile School of Music, Lehrer für Analyse, Harmonielehre und Kontrapunkt, Solfège und Gehörbildung; [FREDERIC] HART); Öffentlichkeit/Diller-Quaile School of Music (Präsentation in Öffentlichkeit durch "School Catalogues" mit Lehrangebot)

→ *Brief ähnlichen Inhalts: 1947-06-12*

ENSEMBLE PLAYERS, INC.
3060   1938-06-23
Maurice Schwartz (c/o Hôtel Scribe, Paris) an André Singer (Paris); TLS, 1 S., engl. A Anstellung/AS (als Komponist für Yiddish Art Theatre; Ensemble Players); Projekt/ AS (Schauspielmusik zu «The American Messiah»/OSIP DYMOW; Finanzen); Reise/AS (zu Arbeit und Proben nach NYC; Reisekosten)

→ *Vertrag (Dok. 3087)*

HAUSER, RICHARD
3061   1948-03-30
Richard Hauser (Wien) an André Singer; TLS (annotiert), 2 S., dt. A Anstellung/RH (bei Kriegsausbruch Zwang zur Arbeit in der Rüstungsindustrie; nach Kriegsende Tätigkeit als Klavierlehrer an Konservatorium und Musikakademie Wien); Anstellung/AS (an Sarah Lawrence College); Aufführung/RH (Konzert mit Klavierquartetten); Kollegen/RH ([VIKTOR] EBENSTEIN, [GRETE] HINTERHOFER, STELLA WANG, [BRUNO] SEIDLHOFER, [JULIUS] WEINGARTEN, ALICE MARKL, HERTA CARETTA, ZDENKA PACHER, ? MOLNÁR, ? LEWINTER, ? MIESES, PETER STADLEN, KURT ENGEL, ? MYKYSCHA; Unterrichtsverbot für [FRIEDRICH] WÜHRER und [RICAHRD] KERSCHBAUMER) Z Kulturleben (Musikleben in Wien, reaktionäre Einstellung von Presse und Publikum; BÉLA BARTÓK, ARNOLD SCHOENBERG, PAUL HINDEMITH, ANTON WEBERN, ALBAN BERG; Burgtheater, Oper)

INTERRACIAL MUSIC COUNCIL
3062   1957-06-19
Harold Aks (Interracial Music Council) an André Singer (NYC); TLS, 1 S., engl. A Projekt/HA (Kompositionsauftrag für Chorwerk/AS, Interracial Music Council; Finanzen, Copyright, Druckkosten)

3063   1959-01-15
André Singer (NYC) an Harold Aks (Interracial Music Council, Scarsdale, NY); TL, 1 S., engl. A Aufführung («Canticle of Peace» für Soli, Chor und Orchester op. 41/AS, NY City College); Organisationen (Interracial Music Council, Finanzen, Druckkostenzuschuss und Honorar für AS)

LOCUST STREET THEATRE
3064   1949-03-31
André Singer an Harold Kusell («The Ivy Green» Company, Locust Street Theatre, Philadelphia, PA); TL (Kopie), 1 S., engl. A Aufführung/HK (Musik/AS zu «The Ivy Green»/MERVYN NELSON am Locust Street Theatre; rechtliche Schritte/AS); Öffentlichkeit/AS (Schädigung des guten Rufs als Komponist)

3065   1949-04-02
Harold Kusell (Locust Street Theatre, Philadelphia, PA) an André Singer; TLS, 1 S., engl. A Aufführung/HK (Musik/ AS zu «The Ivy Green»/MERVYN NELSON am Locust Street Theatre; Aufführung ohne Musik; BILL JOHNSON)

NEW YORK UNIVERSITY
3066   1947-06-05
Harold ? (NY Univ., NYC) an André Singer (NYC); TLS, 1 S., engl. A Anstellung/AS (als Lecturer für "Workshop in General Education for College Teachers", School of Education, Sarah Lawrence College; Finanzen)

→ *Briefe ähnlichen Inhalts: 1948-03-30, 1949-03-18*

ÖSTERREICHISCHER RUNDFUNK
3067   1958-09-23
Karl Halusa (ORF, Studio Wien) an André Singer; TLS, 1 S., dt. A Aufführung/FRITZ JAHODA (Orchesterkonzert mit Komposition/AS, Rundfunkübertragung)

ROSE, MILTON C.
3068   1946-01-29
Milton C. Rose (William C. Whitney Foundation, NYC) an Harold Taylor (Sarah Lawrence College, Bronxville, NY); TLS, 1 S., engl. A Biografie/ANDRÉ SINGER (Mitarbeit bei den Chekhov Theatre Players, MICHAEL CHEKHOV; Free World Association, "underground radio programs"; Militärdienst); Empfehlung/MR (für ANDRÉ SINGER an HT zur Unterrichtstätigkeit am Sarah Lawrence College, BEATRICE S[TRAIGHT] DOLIVET)

→ *Antwortbrief: 1946-02-01*

Sarah Lawrence College

3069 1946-02-02
André Singer (NYC) an Harold Taylor (Sarah Lawrence College, Yonkers, NY); TLS (annotiert), 2 S., engl. A Anstellung/AS (Bewerbung als Musiklehrer am Sarah Lawrence College, Treffen mit HT); Biografie/AS (Studium an Musikakademie Wien; RICHARD STOEHR, JOSEPH MARX, MAX GRAF, PAUL DE CONNE, PAUL WEINGARTEN, RUDOLF NILIUS; Tätigkeit als Konzertpianist, Komponist und Professor in Wien, Belgrad und Paris; Mitarbeiter am Chekhov Theatre Studio; Militärdienst); Empfehlung/MILTON C. ROSE (für AS)

3070 1946-07-17
Harold Taylor an André Singer (NYC); TL (Kopie), 1 S., engl. A Anstellung/AS (Bewerbung als Lehrer für Musiktheorie und Klavier am Sarah Lawrence College, Finanzen, Arbeitsbedingungen, Vertrag)

3071 1946-07-17
Harold Taylor (Sarah Lawrence College) "To the Music Faculty"; TL (Abschrift annotiert), 1 S., engl. A Anstellung/ANDRÉ SINGER (Empfehlung/BEATRICE STRAIGHT DOLIVET für ANDRÉ SINGER; William C. Whitney Foundation; Chekhov Theatre Studio; Bewerbungsgespräch am Sarah Lawrence College mit HAROLD TAYLOR, HELEN McMASTER, BEATRICE DOERSCHUK; [ALEXEI] HAIEFF; HUGO FIORATO); Öffentlichkeit/ANDRÉ SINGER (Bewertung seiner Fähigkeiten und Persönlichkeit; RUTH ELMHIRST)

3072 1947-03-08
Harold Taylor an André Singer (NYC); TL, 1 S., engl. A Anstellung/AS (Unterrichtstätigkeit am Sarah Lawrence College; Finanzen, Gehaltserhöhung; Advisory Committee on Appointments, Director of Education)
→ Briefe ähnlichen Inhalts: 1948-03-08, 1950-03-28, 1952-03-28, 1953-05-16

3073 1947-03-10
André Singer an Harold Taylor (Bronxville, NY); TLS (annotiert), 1 S., engl. A Anstellung/AS (Arbeitsatmosphäre am Sarah Lawrence College, Kollegialität); Öffentlichkeit/AS (Lob und Anerkennung seiner Arbeit)

3074 1952-04-15
André Singer (Sarah Lawrence College) an Harold Taylor; ALS, 1 S., engl. A Projekte/AS ("outlines of [...] introductory course" am Sarah Lawrence College; spätere Ausarbeitung in Buchform möglich)

3075 1952-12-29
Harold Taylor (Sarah Lawrence College, Bronxville, NY) an André Singer (NYC); TLS, 1 S., engl. A Anstellung/AS (am Sarah Lawrence College); Aufführung («Alcottiana» op. 33a/AS; Finanzen, Dank für Mitarbeit)

3076 1953-11-09
Harold Taylor (Sarah Lawrence College, Bronxville) an André Singer; TLS, 1 S., engl. A Komposition/AS («The Wakeful Hour» op. 37, Aufführung am Sarah Lawrence College; Finanzen)

3077 [1957]-?-?
André Singer (Sarah Lawrence College, Bronxville, NY) an Charles DeCarlo; ALS, 1 S., engl. A Aufführung (Kompositionen/ED HAINES); Kompositionen/AS («Canticle of Peace» für Soli, Chor und Orchester op. 41 nach WALT WHITMAN) R Musik/AS ("six mostly major works, all dealing with or related to America")

3078 1959-05-26
Harold Taylor (Sarah Lawrence College, Bronxville, NY) an André Singer (NYC); TLS, 1 S., engl. A Anstellung/AS (Unterrichtstätigkeit am Sarah Lawrence College, Finanzen; Bewilligung der Festanstellung); Öffentlichkeit/AS (Aktivitäten und öffentliche Wirkung)

Sears, Jerry

3079 1946-05-13
Jerry Sears (Douglaston, NY) an André Singer (NYC); ALS (Kopie), 2 S., engl. A Aufnahme (Musik/AS zu «Happy the Humbug», Crown Records; Honorar); Kompositionen/AS (Musik zu «Happy the Humbug»; vertragliche Vereinbarungen, Finanzen)
→ Antwortbrief: 1946-05-15

Singer, Simon

3080 1931-05-05
Simon Singer (Subotica, Jugoslawien) an ? ([Jugoslawische Militärbehörde]); TL (annotiert), 1 S., serbokroatisch; mit Quittung für Aufgabe des Briefes A Studium/ANDRÉ SINGER (in Wien; Bitte um Aufschub des Militärdienstes)

3081 1934-01-05
André Singer (Café Dobner, Wien) an Simon Singer (Subotica, Jugoslawien); ALS, 2 S., dt. A Anstellung/AS (Kabarett; Proben, Vorbereitung der Programme; Finanzen, Vertrag); Unterricht/AS (Erteilung von Privatstunden)

Taylor, Harold

3082 1956-06-26
André Singer (c/o M.F. Courtois, Aisne, Frankreich) an Harold Taylor; TLS, 2 S., engl. A Anstellung/AS (Aktivitäten während des Sabbatjahres); Aufnahme («Nine Parables to Kafka's "Amerika"» für Sprecher und Kl. op. 28/AS, ORF); Kollegen/AS (ED HAINES, Guggenheim Fellowship); Kompositionen/AS («Canticle of Peace» für Soli, Chor und Orchester op. 41 nach WALT WHITMAN, "a sort of requiem for those caught up in the waste and misery of war") Z Kulturleben (Atmosphäre in Wien)

White House

3083 1940-02-27
Malvina C. Thompson (White House, Washington, DC) an André Singer (Little Theatre, NYC); TLS, 1 S., engl. E Behörden (Dept. of Labour, Visa-Verlängerung für ANDRÉ SINGER) A Anstellung/AS (Arbeit am Little Theatre); Komposition/AS (Lied, Manuskript ELEANOR ROOSEVELT als Dank für persönliche Fürsprache gewidmet)
→ Clippings 1940-02-20 (Dok. 3126)

Offizielle Dokumente
American Viennese Group, Inc.

3084 1940-01-18
Benjamin Garfunkel (Amer. Viennese Group, Inc., c/o Litt-

le Theatre, NYC) und André Singer (NYC); Vertrag; TD (Kopie), 1 S., engl. A Anstellung/AS (als Leiter und Komponist für Musical Show «From Vienna»; Finanzen)

CAMBRIGE DRAMA FESTIVAL

3085   1959-05-07
William Morris Hunt und André Singer (NYC); Vertrag; TDS, 1 S., engl. A Komposition/AS (Bühnenmusik zu «Twelfth Night»/WILLIAM SHAKESPEARE, Cambridge Drama Festival; Finanzen; Proben)

COPYRIGHT OFFICE

3086   1943-04-24
«Certificate of Copyright Registration» für André Singer (NYC) und Arnold Sundgaard (NYC); Bescheinigung; PDS, 1 S., engl. A Kompositionen/AS («Here Comes Tomorrow...» auf Text/ARNOLD SUNDGAARD für Singstimme und Kl. op. 17,1)

→ Beilage zu Brief Baldwin, Todd & Lefferts an André Singer 1943-05-04

ENSEMBLE PLAYERS, INC.

3087   1938-07-08
Maurice Schwartz (Ensemble Players, Inc., NYC) und André Singer (Paris); Vertrag; TDS, 1 S., frz. A Anstellung/AS (als Komponist für Ensemble Players; Finanzen); Projekt/AS (Bühnenmusik zu «The Amer. Messiah»/OSIP DYMOW)

→ Brief 1938-06-23 (Dok. 3060)

IVY GREEN, INC.

3088   [1948]-?-?
Hall Shelton und André Singer; Vertrag; TDS, 1 S., engl. A Kompositionen/AS (Musik zu «The Ivy Green»/MERVYN NELSON, Finanzen, Copyright)

NEW STAGES, INC.

3089   [1947]-?-?
Norman Ray [?] (New Stages, Inc., NYC) an André Singer; Vertrag; TDS, 1 S., engl. A Komposition/AS (Bühnenmusik zu «Lamp at Midnight»/BARRIE STAVIS, New Stages; Copyright; Pressemitteilung)

NEW YORK CITY THEATRE COMPANY

3090   1947-07-02
Harald Bromley (NY City Theatre Co., NYC) und André Singer (NYC); Vertrag; TDS (annotiert), 2 S., engl. A Komposition/AS (Bühnenmusik «Rip van Winkle»; Finanzen; Copyright)

NEW YORK OPERA COMPANY

3091   1942-05-14
Paul Kerby (New Opera Co., NYC) und André Singer (NYC); Vertrag; TDS, 1 S., engl. A Anstellung/AS (Assistenz zur Produktion «The Fair of Sorochinsk»/MICHAEL CHEKHOV, Finanzen, Bedingungen)

PRODUCTION MANAGMENT, INC.

3092   1947-06-30
André Singer (NYC) und Edward Choate (Production Managment, Inc., NYC); Vertrag; TDS, 1 S., engl. A Kompositionen/AS (Bühnenmusik «Eastward in Eden», Orginalmusik und Arrangements; Finanzen, Tantiemen; Fragen zu Copyright)

SARAH LAWRENCE COLLEGE

3093   1946-12-20
Harold Taylor; Bescheinigung; TD, 1 S., engl. A Anstellung/ANDRÉ SINGER (Mitglied der Musikfakultät am Sarah Lawrence College; Finanzen)

3094   1959-05-26
Harold Taylor (Sarah Lawrence College, Bronxville) an André Singer; Vertrag; PDS, 1 S., engl. A Anstellung/AS (Festanstellung am Sarah Lawrence College, Aufgaben und Finanzen)

SINGER, ANDRÉ

3095   1913 bis 1924
Dokumente aus der Schulzeit:
– Zeugnisse der Grundschule in Szabatka (Ungarn), ausgestellt auf Endre Singer, 1914-06-05 (Schuljahr 1913/14) und 1917-08-28 (Schuljahr 1916/17)
– Zeugnisse des Gymnasiums in Szabatka (Ungarn), ausgestellt auf Endre Singer, 1918-06-13 (Schuljahr 1917/18) und 1920-06-30 (Schuljahr 1919/20)
– Studienbücher der Oberschule in Subotica für die Schuljahre 1921/22, 1922/23 und 1923/24
– Zeugnisse der Oberschule in Subotica, ausgestellt 1921-03-31 (Schuljahr 1920/21), 1921-06-17 (Schuljahr 1920/21), 1922-06-28 (Schuljahr 1921/22), 1923-06-28 (Schuljahr 1922/23), 1924-06-28 (Schuljahr 1923/24) und 1925-05-27 (Schuljahr 1924/25)

3096   1925 bis 1929
Dokumente aus der Studienzeit:
– 1925-10-07: «Meldungsbuch»; PDS, dt.; mit Immatrikulationsbescheinigung der juristischen Fakultät der Univ. Wien und Fotografie
– 1925-10-13: «Legitimation für den ordentl. Hörer der iuristischen [sic] Fakultät Herrn Andreas Singer»; PDS, dt.; mit Fotografie (gültig bis 1926-09-30)
– 1927-01-27: «Meldungsbuch»; PDS, dt.; mit Immatrikulationsbescheinigung der Akademie für Musik und Darstellende Kunst inklusive Fotografie
– 1929-06-30: «Zeugnis erlangter künstlerischer Reife» für das Fach Komposition, Akademie für Musik und darstellende Kunst Wien; PDS, 2 S., dt.

3097   1934 bis 1935
Königliche Jugoslawische Armee; Pass; PDS, russ./serbokroatisch; jugoslawischer Militärpass mit Fotografie

3098   1936-03-21
Identity Card; PDS, dt.; «Erkennungskarte Nr. 00030700 für Andreas Singer, Bundesstaat Österreich»

3099   1937-11-18
Préfecture de Police, Sous-Direction des Étrangers et Passeports, Paris; Bescheinigung; PDS, 2 S., frz.; «Récépissé de demande de carte d'identité» (Empfangsbescheinigung für den Antrag eines Personalausweises) für Andrija Singer, mit Fotografie

3100   1938-04-14
Pass; PDS; Reisepass mit Fotografie

3101   1938-04-27
Carlheinz Roth (Schauspielschule in der neuen Galerie, Wien) an André Singer (Paris); Bescheinigung; TLS, 1 S., dt. A Anstellung/AS (Musikausbildung für Schüler, Schauspielschule in der neuen Galerie)

3102   1938-05-06
Jugoslovenske Državne železnice; Bescheinigung; PDS, serbokroatisch; Ausweis für die Jugoslawische Bundesbahn (50% Fahrpreis-Reduktion) mit Fotografie (gültig bis 1945-12-31)

3103   1938-08-02
Ville de Paris, V° Arrondissement; Heiratsurkunde; PD, 1 S., frz.; Heiratsurkunde für Andrija Singer und Lucie Maria Jeanne Ros

3104   1941-01-08
Geburtsurkunde; PDS, 1 S., serbokroatisch; beglaubigte Abschrift des Eintrags im Geburtsregister von Subotica

3105   1942-11-01
Bescheinigung; PDS, engl.; Mitgliedskarte der AGMA, Mitgliedsnr. 2937

3106   [1944]-01-08
Bescheinigung über die abgeschlossene militärische Grundausbildung für Private André Singer im Infantry Training Center, Camp Tannin, Texas; PDS, 1 S., engl.

3107   [1944]
Bescheinigung; PDS, engl.; «Alien Registration Receipt Card» für André Singer, ausgestellt vom US Dept. of Justice, Registration Nr. 5311766

3108   1944-02-23
State of California, County of Monterey; Certificate of Naturalization; PDS, 1 S., engl.

3109   1945-11-26
Bescheid; PDS, 2 S., engl.; «Honorable Discharge», Bescheinigung zur Entlassung aus dem Militärdienst

3110   1947-10-18
Univ. of the State of New York, State Education Dept.; Bescheinigung; PDS, 1 S., engl.; «Certifcat of Literacy»

3111   1949 bis 1973
14 von André Singer ausgefüllte Formulare des Sarah Lawrence College mit Überblick über seine Aktivitäten (Kompositionen, Vorträge, Schriften und Aufführungen seiner Werke) im Zeitraum 1949 bis 1973
→ «Faculty Data Sheets» 1946 bis 1971 (Dok. 3134)

SINGER, LUCY
3112   1944-09-28
«Alien Registration Receipt Card» für Lucie Marie Jeanne Singer; Bescheinigung; PDS, engl.; Nr. 5311767

MATERIAL ZUR BIOGRAFIE
SARAH LAWRENCE COLLEGE
3113   1946-07-24
«Sarah Lawrence College»; Namensliste; TD, 2 S., engl. A Kollegen/ANDRÉ SINGER (Lehrkräfte am Sarah Lawrence College, JOHN E. BLANKENCHIP, ALAN W. BROWN, WARRINE E. EASTBURN, HUGO FIORATO, ROBERT FITZGERALD, ALLAN FROMME, CHARLOTTE HOUTERMANS, RANDALL JARRELL, THOMAS H. LEDUC, NATHAN LEITES, JOHN K. MCCREARY, PATRICIA MONTGOMERY, BERNARD PARES, LEO SMIT, RUTH M. STAUFFER, EDITH E. YALDEN-THOMSON, CECILIA IGENIOROS)

SINGER, ANDRÉ
3114   —
Werkverzeichnis; AD/TD, 19 S., engl.; maschinengeschriebener Teil mit Liste der "Missing Compositions"

3115   —
2 undatierte Werkverzeichnisse: TD, 7 S., engl.; AD, 23 S., engl.

3116   —
André Singers "war decorations" aus dem Zweiten Weltkrieg

3117   1931 bis 1938
Diverse Programme aus den Jahren 1931-1938, die meist André Singers Tätigkeit als Begleiter dokumentieren

3118   [1934]
Programme «Literatur am Naschmarkt»

3119   1934 bis 1936
Clippings aus den Jahren 1934-1936 zu «Literatur am Naschmarkt»

3120   1936 bis 1944
Diverse Clippings, zum Teil mit Berichten zu Aufführungen des "Kabarett am Naschmarkt" aus den Jahren 1936-1944

3121   [1939]
«Program»; Programmheft; PD, 2 S., engl.; enthält kurze Liste «Who's Who of the Refugee Artists» mit Kurzbiografien A Aufführung (nicht näher bezeichnetes Konzert, Mitwirkende RUTH HILDE SOMER, HANS [JOACHIM] HEINZ, FRITZI YOKEL, ZINA ALVERS, MAX BAUM, SARAH GORBY, YASCHA BERNSTEIN, FELIX GALIMIR, WALTER BRICHT, ANDRÉ SINGER)

3122   1939-01-10
«Hartsville Concert Series Presents Orlando Barera, Violinist in Recital»; Programmheft; TD, 1 S., engl.; A Aufführung (Konzert, Community Center Hartsville, Mitwirkende ORLANDO BARERA, ANDRÉ SINGER unter dem Namen OTTO ANDREAS)

3123   1939-02-28
«Benefit Concert and Dance for the Jewish Refugees»; Programmheft; PD, 1 S., engl. A Aufführung (Konzert im Brooklyn Jewish Center, "sponsored by the Mailamm"; Mitwirkende KURT ENGEL, SARAH GORBY, BELLE DIDJAH und ANDRÉ SINGER unter dem Namen OTTO ANDREAS)

3124 1939-03-12
«James Troup presents Belle Didjah in her First New York Dance Recital since her Euopean Tour»; Programmheft; PD, 1 S., engl. A Aufführung (Konzert im Little Theater, NYC, Mitwirkende BELLE DIDJAH und ANDRÉ SINGER unter dem Namen OTTO ANDREAS)

3125 1940-01-21
«From Vienna»; Programmheft; PD, 4 S., engl. A Aufführung (Revue «From Vienna», Theresa L. Kaufmann Auditorium, NYC; Mitwirkende FRED LORENZ, LOTHAR REWALT, HENRY PEEVER, ELIZABETH NEUMANN, PAUL LINDENBERG, WALTER MARTIN, KLAUS BRILL, KATHERINE MATTERN, NELL HYRT, MARIA PICHLER, NELLY FRANCK, VILMA KUERER, LOTTE GOSLAR, EDGAR GLARIS, ANDRÉ SINGER unter dem Namen OTTO ANDREAS)

3126 1940-02-20
Clippings aus verschiedenen Zeitungen zur Verlängerung von André Singers Besuchervisum aufgrund seiner Arbeit an der Revue «Reunion in New York» am Little Theatre E Einreise/AS (Verlängerung der Aufenthaltserlaubnis aufgrund der Fürsprache/ELEANOR ROOSEVELT auf Empfehlung/ CHARLOTTE KRAUSS)

→ *Brief White House 1943-02-27 (Dok. 3083)*

3127 1940-02-21
«Reunion in New York»; Programmheft; TD, engl. A Aufführung (Produktion der Amer. Viennese Group im Little Theatre, Revue «Reunion in New York» mit Musik/ANDRÉ SINGER und WERNER MICHEL, Inszenierung/HERBERT BERGHOF; Mitwirkende LEO WEITH, LIESL PAUL, ANTHONY SCOTT, HERMAN WALTER, ANNIE DESSER, CHARLOTTE KRAUSS, BERT SILVING, EMERY GONDOR, MARIA TEMPLE, PETER KOCH)

3128 [1942]-06-29
«Ethan Frome»; Programmheft; TD, 2 S., engl. A Aufführung («Ethan Frome»/EDITH WHARTON mit Musik/ANDRÉ SINGER im Elmhirst Theatre, Ridgefield, Connecticut, Chekhov Theatre Studio)

3129 1942-08-15
«Afton Water»; Programmheft; PD, engl. A Aufführung («Afton Water»/WILLIAM SAROYAN mit Musik/ANDRÉ SINGER in Elmhirst, Ridgefield, Connecticut, Checkhov Theatre Players; Kostüme/LUCY SINGER)

3130 1944
5 Sendemanuskripte zu Aufführungen André Singers mit Klaviermusik bei AES, Radio Noumea, New Caledonia: [1944]-?-? (TD, 2 S.), 1944-04-25 (TD, 2 S.), 1944-05-06 (TD, 2 S.), 1944-05-28 (TD, 1 S.), 1944-06-03 (TD, 2 S.)

3131 1945-03-04 bis 1945-03-05
«The Ivy Green»; Programmheft; PD, engl. A Aufführung («The Ivy Green»/MERVYN NELSON mit Musik/ANDRÉ SINGER im Grand Theatre, London, Ontario)

3132 (1946)-(04)-?
«Herbert Berghof Evening Acting Classes»; Programmheft; TD, 1 S., engl. A Unterricht (Kurs zu «New Plays»/ ANDRÉ SINGER)

3133 1946-04-28
Aben Kandel, «The Stones Begin to Dance»; Programmheft; TD, 1 S., engl.; Programm zu einer Aufführung in André Singers Kurs «New Play» (Herbert Berghof Evening Acting Classes», Charles Weidman Studio Theatre)

3134 1946 bis 1971
«Faculty Data Sheets» und ergänzende Blätter mit Angaben zu Lehrveranstaltungen, Aufführungen und Aktivitäten am Sarah Lawrence College, zum Teil nicht genau datierbar

→ *Formulare 1949 bis 1973 (Dok. 3111)*

3135 1947-07-14
«Rip van Winkle»; Programmheft; PD, 8 S., engl. A Aufführung («Rip van Winkle» mit Musik/ANDRÉ SINGER, NYC Theatre Company, Inszenierung/HERBERT BERGHOF)

3136 1947-12-21
«Lamp at Midnight»; Programmheft; PD, 4 S., engl. A Aufführung («Lamp at Midnight»/BARRIE STAVIS mit Musik/ ANDRÉ SINGER, New Stages Theatre)

3137 1955-12-08
IGNM Sektion Österreich, «Moderne Klaviermusik»; Programmheft; TD, 1 S., dt.

3138 1959-07-09
«Twelfth Night»; Programmheft; PD, engl. A Aufführung («Twelfth Night»/WILLIAM SHAKESPEARE mit Musik/ANDRÉ SINGER im Metropolitan Boston Arts Center, Cambridge Drama Festival; Inszenierung/HERBERT BERGHOF)

BILDDOKUMENTE
SINGER, ANDRÉ

3139 1932-03-?
Fotografie, ca. 6,5 x 5 cm; Passbild von André Singer, datiert "Wien im März 1932"

3140 1944 bis 1945
5 Fotografien aus der Militärdienstzeit: André Singer als Soldat in Noumea (New Caledonia), Pacific Theatre of War

Beth and George Wolf Collection

- Beth Wolf ist eine Schülerin von André Singer
- Privatsammlung (Beth & George Wolf, 295 Central Park West, New York, NY 10024) mit Musikmss. und Skizzen zu André Singers Bühnenmusiken sowie zahlreichen Tonträgern, Abgabe an das Sarah Lawrence College vorgesehen
- Sammlung bislang nicht erschlossen, kein Verzeichnis

MUSIKMANUSKRIPTE
SINGER, ANDRÉ

3141 —
«Das Gespenst auf der Bastei»; Klavierauszug, Autograph, 20 S.; Aufschrift: "Alle Rechte vorbehalten bei: André Singer. Subotica, Jugoslawien, Šence ulica 22"

3142 —
«Franz und Marie» [für Gesang und Kl.]; Klavierauszug, Autograph (Skizze), 12 S.

3143 —
«Lieder für das Theater»; Partitur, Autograph, 6 S.; I. «5 Lieder zur Gitarre»: 1. «Die verschwiegene Nachtigall» (Walter von der Vogelweide) op. 15/b; 2. «Die Schenkin» (Borries von Hundhausen); 3. «Der Page» (Borries von Hundhausen); 4. «Du liegst gebeugten Knies im Grase» (Karli Csell); 5. «Chanson» [fehlt].- II. «Chansons» (Jura [Soyfer])

3144 —
«Malvolio und Toby» [nach William Shakespeare], II. Akt; Partitur, Autograph, 28 S., und III. Akt, Partitur, Autograph (unvollständig) (45 S.)

3145 —
«Vorspiel und Lied» op. 10; Partitur, Autograph, 7 S.

3146 —
«Merlin's Prophecy» op. 18a für Singstimme und Akkordeon; Partitur, Autograph, 2 S., engl.

3147 —
«3 Impromptus» für Kl. op. 41; Kopie (unvollständig), 12 S.; Ozalid Copy (Opuszahl identisch mit «Canticle of Peace» op. 41)

3148 —
«Variations» für Kl. op. 43; Kopie, 11 S.; Ozalid Copy (Opuszahl identisch mit «Serial Pieces» op. 43)

3149 —
Fragmente: «2 Songs»: 1. «O Darkened House, oh Widowed Window, Say», 2. «A Pilgrim Poor to Zita Came One Day»; «2 Latin Verses»: 1. «Miserere mei, Domine, quoniam infirmus sum», 2. «Averte faciem tuam a peccatis meis»

3150 1933-07-04
«Quasi ein Mahnbrief» (Hascha Koléko) für Gesang und Kl.; Partitur, Autograph, 4 S.

3151 1935
«Pratertale» [für Gesang und Kl.]; Partitur, Autograph (Skizze), 11 S.; «Pratertale», gezeichnet mit "Otto Andreas Wien 1935". Inhalt: I. Act: «Conference»; «When Two Young People»; «Be Optimistic»; «"Winsch"»? – II. Act: «Highway» – III. Act: «A Life Without a Wife»

3152 1936
«Aus der Musik zu Alexander Holenia's "Die Frau des Potiphar"» op. 6/2; Partitur, Autograph, 7 S.; datiert "Wien 1936"; einzelnes Titelblatt (2 S.) ebenfalls erhalten

3153 1937
«"Die geraubte Tulipane" von Harald Peter Gutherz. Musik von André Singer» op. 13; Partitur, Autograph, 14 S.; datiert "Wien – Paris, Juli 1937"

3154 1937
«Colinette» (George Wolf) für Gesang und Kl. op. 15a; Partitur, Autograph, 1 S.; datiert "Paris 1937"

3155 1937
«Unterm Haustor» (Peter Hammerschlag) für Gesang und Kl.; Partitur, Autograph, 2 S.; datiert "Wien 1937"

3156 1937-03-?
«Vom Nasi, das niesen hat gewollt. Ein medizinisches Oratorium von Lothar Metzl, Musik von Otto Andreas»; Partitur, Autograph, 19 S.; datiert "Wien, März 1937"

3157 1941
«Incidental Music to "Ethan Frome" [a Play by Edith Wharton]» op. 23; Partitur, Autograph, 8 S.; datiert "Ridgefield 1941"

3158 1942
«Incidental Music to "Afton Water", a Play by William Saroyan» op. 29; Partitur, Autograph, 9 S., engl.

3159 1943-03-?
«Here Comes Tomorrow...» (Arnold Sundgaard) für Singstimme und Kl. op. 32; Partitur, Kopie, 4 S., engl.; auch als op. 17/1

3160 1946
«Seven Préludes for Piano» op. 46; Kopie, 10 S.; Ozalid Copies; Widmung "To Frederic Hart"

3161 1947
«4 Songs to Barrie Stavis' Play "Lamp at Midnight"» op. 49; Partitur, Autograph, 2 S., engl.

3162 1947
«Incidental Music to Joseph Jefferson's Play: "Rip van Winkle" (for Violin, Clarinet, Accordeon and Percussion)» op. 44; Partitur, Autograph, 7 S.

3163 1948
«A quoi bon entendre» (Victor Hugo) für Singstimme [und Kl.]; Noten, Autograph (Skizze); Einzelstimme mit Harmoniechiffren, Widmung "Für Lucy 1948"

3164 1948-09-?
«Trois petites pièces» für Kl. op. 36; Noten, Kopie, 4 S.; Ozalid Copy

3165 [1951]
«Incidental Music to Louis Ducreux's "A Souvenir from Italy"» op. 28/4a; Partitur, Autograph, 37 S.; enthält: «Elfe», «Festmusik», «Flucht» und «Lied des Nachtwächters»

TONTRÄGER
SINGER, ANDRÉ

3166 1948-08-16
«3 Melodies» für Stimme und Kl. op. 7 [op. 5?]: No. 1 «Evangèle selon Luc I-46»; No. 3 «Première lettre de Pierre III-8»; 2 Schallplatten, 78 rpm; Mathilde Neuscheller (Gesang), André Singer (Kl.)

3167   1949 bis 1989
Zahlreiche Aufnahmen (MCs) von Kammer- und Vokalmusik André Singers, Mitschnitte von Aufführungen (und Proben) oder Rundfunksendungen, selten auch in Kombination mit Werken anderer Komponisten (wie Ed Haines)

3168   1949-02-16
«Variations on an Exercise by Bartók» für Fl. und Kl. op. 44; Schallplatte, 78 rpm; Aufnahme einer Rundfunkübertragung (WNYC, 1949-02-16, 8:00 PM); John Wummer (Fl.), André Singer (Kl.)

3169   1949-02-18
«7 Preludes» für Kl. op. 46: No. 2 «Andantino», No. 3 «Allegro», No. 1 »Allegro«, No. 4 «Andante», «3 petites pièces» für Kl. op. 36 [op. 19?]: No. 1 «Allegro»; Schallplatte, 78 rpm; Studioaufnahme; André Singer (Kl.)

3170   1949-02-18
«Trois petites pièces» für Kl. op. 36 [op. 19?]: No. 2 «Andante mosso», «3 petites pièces» für Kl. op. 36 [op. 19?]: No. 3 «Air varié»; Schallplatte, 78 rpm; Studioaufnahme; André Singer (Kl.)

3171   1951
«Incidental Music to Louis Ducreux's "A Souvenir from Italy"» op. 28/4 (1951); 4 Schallplatten, 78 rpm (unvollständig?)

3172   1962
«The Wakeful Hour» für Frauenchor und Orchester op. 37; Schallplatte, 33 1/3 rpm; Datierung: "Europe 1962"; Sarah Lawrence College Chorus, Leitung: André Singer

3173   1970
«Supplicatio in tempore belli» für Frauenchor und Kl.; Schallplatte, 33 1/3 rpm; Datierung: "European Chorus 1970", Sarah Lawrence College Chorus, Leitung: André Singer; enthält auch Werke anderer Komponisten

FLUSHING

Queens College, City University of New York, Music Library, Karol Rathaus Archives
65-30 Kissena Blvd., Flushing 11367, http://www.qc.edu/Library/info/krarchive.html
Kontakt: Joseph Ponte, jppqc@cunyvm.cuny.edu

- Karol Rathaus, 1895-1954, in Polen gebürtiger Komponist, Studium in Wien, 1932-1934 in Paris, 1934 Emigration nach England, 1938 Immigration in die USA, seit 1939 Lehrtätigkeit am Queens College
- Sammlung der Karol Rathaus Archives (in Ermangelung eigener Räumlichkeiten in Louis Armstrong Archives untergebracht) wird als einheitlicher Komplex verwaltet, besteht aus zwei Teilen unterschiedlicher Provenienz: Karol Rathaus Coll. und Gerta Rathaus Coll.
- Finding aid
- BHE II, 942 • Spalek II, 548-550 • Martin Schüssler, «Karol Rathaus», Frankfurt am Main 2000

Karol Rathaus Collection

- Nachlass des Komponisten, soweit nicht im Besitz seiner Witwe Gerta Rathaus verblieben: Musikmss. und Skizzen, Materialien zur Filmmusik, publizierte Werke, Materialien zur Bearbeitung von «Boris Godunov», Briefe, Aufsätze und Vorträge, Tonträger, Academic Material, Material zur Biografie und Clippings
- Publizierte Schriften siehe Schüssler 2000, S. 423-425

MUSIKMANUSKRIPTE
RATHAUS, KAROL

3174   —
«A Birthday» für Frauenchor und Kl.; Partitur, Kopie, 4 S.

3175   —
«Confused Intermezzo (Pole in Spain), Habanera and Mazurka» für Piccolo, Fg. und Kl.; Partitur, Kopie, 7 S.

3176   —
«Mazurka» für Ob. und Kl.; Partitur, Kopie, 4 S.

3177   —
«Melody» für Trp. und Kl.; Partitur, Kopie, 4 S.

3178   —
«Polish Polka» für Trp. und Kl.; Partitur, Kopie, 9 S.

3179 —
«Sarabande» für Bassklar.; Stimme, Kopie, 4 S.

3180 —
«Song of the Autumn» für Klar. und Kl.; Partitur, Kopie, 4 S.

3181 1924 bis 1928
«2. Sonate» für Kl. op. 8; Kopie, 52 S.

3182 1927
«Eine kleine Serenade» für Bläser und Kl. op. 23; Partitur, Kopie, 33 S.

3183 (1927-05-27)
«Sonate» für Klar. und Kl. op. 21; Partitur, Transparencies, 23 S.; auch Transparencies der Klar.-Stimme (10 S.) und Holograph Copy der Partitur (20 S.) mit Datierung

3184 1928
«Lieder ohne Worte» für Chor und Orchester op. 26; Partitur, Kopie, 21 S.; zwei getrennte Partituren für op. 26a und op. 26b

3185 1931
«Drei Calderonlieder» mit Orchester op. 34; Partitur, Kopie, 36 S.

3186 1932
«Serenade» für Orchester op. 35; Partitur, Autograph, 69 S.

3187 1933
«Symphonic Movement» für Orchester op. 36; Partitur, Kopie, 50 S.

3188 1934
«Contrapuntal Triptych» für Orchester op. 37; Klavierauszug, Kopie, 59 S.

3189 1934
«Four Etudes» für Kl. op. 38; Kopie, 20 S.

3190 1936
«Ballade (Variationen über ein Leierkasten-Thema)» für Kl. op. 40; Kopie, 3 S.

3191 1936
«Incidental Music to "Merchant of Venice" [William Shakespeare]» für Ensemble; Partitur, Kopie, 36 S.

3192 1937
«2. Sonate» für V. und Kl. op. 43; Partitur, Transparencies, 29 S.; auch Transparencies der V.-Stimme (11 S.)

3193 1937
«Pastorale & Dance» für V. und Kl. op. 39; Partitur, Transparencies, 25 S.

3194 (1939)
«Incidental Music to "Another Sun" [Fritz Kortner und Dorothy Thompson]» für Ensemble; Partitur, Kopie, 16 S.

3195 1939-11-11
«Concerto for Piano and Orchestra, op. 45»; Partitur, Kopie, 80 S.; auch als Version für 2 Kl. (Partitur, Kopie, 45 S.)

3196 1941
«Three Studies» für Kl. op. 46; Kopie, 14 S.

3197 1942
«Landscape in Six Colours» für Kl. op. 51; Kopie; verschiedene Versionen (z.T. unvollständig) inklusive Blättern mit Korrekturen

3198 1942 bis 1943
«3. Sinfonie» op. 50; Partitur, Kopie, 111 S.

3199 (1943)
«Polish Folk-Songs»; Partitur, Autograph, 14 S.

3200 1943-11-03 bis 1943-11-21
«Polonaise Symphonique» op. 52; Partitur, Kopie (annotiert)

3201 1944
«Trio» für V., Klar. und Kl. op. 53; Partitur, Transparencies, 34 S.; hierzu auch Transparencies von V. und Klar. in einer Stimme (15 S.)

3202 1945
«Psalm XXIII for Women Chorus, Tenor solo and Orchestra» [op. 54c]; Partitur, Kopie, 21 S.

3203 1945-09-06
«Vision Dramatique» für Orchester op. 55; Partitur, Kopie, 45 S., 2 Exemplare

3204 1946
«4. Sonate» für Kl. op. 58; Kopie, 45 S.

3205 1946
«Five Moods after Amer. Poets»; Partitur, Transparencies, 19 S.

3206 1946
«String Quartet No. 4, op. 59»; Partitur, Autograph, 50 S.; publiziert: Presser 1956

3207 1946-08-?
Material zu «Histadruth Film» [«Gateway to Freedom»]:
– Particell, Autograph, Stapel mit zahlreichen handschriftlichen Notizen zu Szenenaufbau und Planung der Musik
– Partitur, Autograph (annotiert), 46 S., Titel: «II. Histadruth Film, Music by Karol Rathaus, Cummington, Mass., August 1946»
– Stimmen (Autograph annotiert) für Kl. und Chor, V. I, V. II, Va., Vc., Kb, Fl., Ob., Klar., Hr., Fg., Trp., Pos., Schlagzeug

↪ Briefe Paul Falkenberg (Dok. 3260-3262 und 3320)
↪ Brief Ada F. Friedman 1947-01-22 (Dok. 3321)

3208 1947-06-27
«O Iuvenes» (Konrad Gies) für Tenor, Chor und Orchester op. 60; Partitur, Kopie (annotiert), 21 S.

3209 1947-12-06 bis 1947-12-21
Material zu «First United Nations Film "Headquarters"» [«Clearing the Way (Headquarters United Nations)»]:
– Partitur, Autograph (annotiert), 59 S., Titelseite: "First United Nations Film «Headquarters», Score, Karol Rathaus, Dec 6-21.1947"; No. 1 «Maintitel» und No. 2 «Opening» (5 S.); No. 3 «First Avenue» (8 S.); Notizen zu: No. 3a «Moving Sequence» [aus No. 3] (1 S.); No. 4 «Children Sequence» (6 S.); No. 5 «II[n]d Children

Scene» (6 S.); No. 6 «Dance Sequence» (4 S.); No. 7 «Architect-Sequence» (3 S.); No. 8 «Animation» (14 S.); Notizen zu: No. 9 «Passage I. U.N.» [aus No. 4], No. 10 «Passage II. U.N.» [aus No. 5], No. 10a «From U.N. to Candy-Stove» [aus No. 4] (1 S.); No. 11 «Finale» (10 S.); weitere Skizzen und Notizen
- «U.N. Film Material», Stimmen (Autograph annotiert) für V. I, V. II, Va., Vc., Kb., Fl. I, Fl. II, Ob., Klar. I, Klar. II, Fg., Trp. I, Trp. II, Englischhorn, Pos. I, Pos. II, Schlagzeug, Kl.
↪ *Drehbuch (Dok. 3222)*
↪ *Briefe Parthescope Productions (Dok. 3268 und 3368-3369)*

3210 1948
«Variations on a Theme by Böhm» für Kl. op. 62; Transparencies, 16 S.

3211 1948-10-18 bis 1948-12-?
Material zu «Before Your Telephone Rings»:
- Partitur, Transparencies, 35 S., Titelseite: "«Before Your Telephone Rings», Original Score by Karol Rathaus. All rights reserved. New York, Oct 18. 1948", auch zweimal als Holograph Copy
- Stimmen (Autograph annotiert) für V. I, V. II, Va., Vc., Kb., Fl., Kl., Fg., Hr., Trp., Kl., Schlagzeug; Particell (Autograph annotiert, datiert 1948-12-?)
- Weitere Notizen und Skizzen sowie Korrespondenz zu Film und Musik
↪ *Drehbuch (Dok. 3223)*
↪ *Brief Erwin Scharf 1948-08-27 (Dok. 3273)*

3212 1948-12-? bis 1949-01-08
Material zu «The Truth about Angela Jones»:
- Stimmen (Autograph annotiert) für V. I, V. II, Va., Vc., Kb., Fl., Klar., Fg., Hr., Trp. I, Trp. II, Kl., Schlagzeug (datiert 1948-12-?)
- Partitur, Transparencies, 39 S., Titelseite: «The Truth about Angela Jones/ for Parthescope/ Original Score/ Karol Rathaus/ Jan. 8th 1949»; Titelfolge: 1. «Pretitle, Title and Opening», 2 (a und b). «Angela's Thoughts», 3. «Conclusion of Part I», 4. «Angela's Worries», 5./6. «Tennis and Angela», 7. «Angela's Reminiscences», 8. «("Pathetique")», 9. «Finale»; auch als Holograph Copy
- Particell (Autograph annotiert) mit angehefteten und eingeschobenen Skizzenblättern (datiert 1948-12-?)
↪ *Drehbuch und Notizen (Dok. 3224)*

3213 1949
«Dedication and Allegro» für V. und Kl. op. 64; Partitur, Transparencies, 12 S.; auch Transparencies der V.-Stimme (11 S.)

3214 1949-08-21
«Salisbury Cove» für Orchester op. 65; Partitur, Kopie, 30 S.

3215 1949-10-?
Material zu «Preface to a Life»:
- Partitur, Transparencies, 62 S., Titelseite: "«Preface to a Life», Film for the U.S. Office of Education, Music by Karol Rathaus, October 1949»; auch als Holograph Copy mit Notiz "Recorded Jan. 6, 1950" auf Titelseite
- Stimmen (Autograph) für V. Ia und Ib, V. II, Va., Vc., Kb., Fl., Klar., Altsaxophon, Fg., Hr., Trp. I, Trp. II, Pos., Harfe, Kl., Schlagzeug; Mappe mit der Aufschrift "«Preface to a Life», Sun-Dial Films" mit zahlreichen handschriftlichen Notizen zu Szenenaufbau und Konzeption der Filmmusik
↪ *Brief Sun Dial Films 1949-10-04 (Dok. 3385)*

3216 1950-05-09 bis 1950-06-?
Material zum Keren Hayesod-Film «Out of Evil»:
- «K.H. Film», Particell (Autograph annotiert) in mehreren Arbeitsstadien mit eingelegten Notenbögen
- «Puppet Play for the K.H. Picture»; Partitur, Kopie, 33 S. (datiert 1950-05-09); «K.H. Scripts etc.», annotierte Drehbuchseiten mit Notizen und Skizzen; Datierung anhand einer Notiz (Aufnahmesession: 1950-05-23)
- «Out of Evil (K.H. Picture)», Partitur, Transparencies (datiert 1950-06-?); Stimmen (Autograph) für V., Va., Kb., Fl., Ob., Klar., Fg., Hr., Trp. 1, Trp. 2, Harfe, Kl., Schlagzeug
↪ *Drehbücher (Dok. 3225 und 3279)*
↪ *Briefe Keren Hayesod (Dok. 3263 und 3341)*
↪ *Verträge (Dok. 3397-3398)*
↪ *Clippings (Dok. 3403)*

3217 1951
«Diapason» (John Dryden und John Milton) für Bariton, Chor und Orchester op. 67; Partitur, Autograph, 49 S.; auch Klavierauszug (Kopie, 21 S.) sowie Skizzen und Stimmen

3218 1953
«Trio Serenade» für Kl., V. und Vc. op. 69; Partitur, Transparencies, 42 S.; auch Transparencies der V.- und Vc.-Stimme (jeweils 11 S.)

3219 1953-08-? bis 1953-10-?
«Prelude» für Orchester op. 71; Partitur, Kopie (annotiert), 34 S.

3220 1953-08-?
«Three Songs for Mixed Chorus» op. 70; Partitur, Kopie, 9 S.

3221 1954
«Divertimento for Woodwinds» op. 73; Partitur, Kopie, 25 S.; unvollendet

SCHRIFTEN
[UNBEKANNTE AUTOREN]

3222 1947-12-29
«Headquarters Film» [«Clearing the Way (Headquarters United Nations)»]; Drehbuch, TD, 45 S., engl.; mit zahlreiche Notizen zur Filmmusik in einer Mappe mit der Aufschrift "Recorded Dec. 29/1947"
↪ *Musikmanuskripte (Dok. 3209)*
↪ *Briefe Parthescope Productions (Dok. 3268 und 3368-3369)*

3223 1948-10-18
«...for this to happen...» [«Before Your Telephone Rings»];

Drehbuch, TD, 23 S., engl.; Aufschrift: "«... for this to happen...», Shooting Script for The Amer. Telephone and Telegraph Co., Production No. 211, July 15, 1948 (Parthescope Productions)"
→ *Musikmanuskripte (Dok. 3210)*

3224 1949-08-12
«The Truth about Angela Jones»; Drehbuch, TD (annotiert), 39 S., engl.; Aufschrift: "Shooting Script for «The Truth about Angela Jones«, A Motion Picture for the Amer. Telephone and Telegraph Co., August 12, 1948"; dazu weitere Blätter mit Notizen zu Einstellungen und Musik
→ *Musikmanuskripte (Dok. 3212)*

3225 1950-06-?
Material zu «K.H. Picture»: Libretto «Ballam & Balaak», TD (annotiert), 8 S.; «Out of Evil. Dialogue Script» ("Produced by Leo Herrmann, Urim Israel Film Co. Written and directed by Joseph Krumgold") (TD, 18 S.); «List of Characters» (AD, 1 S.).
→ *Musikmanuskripte (Dok. 3216)*
→ *Drehbücher (Dok. 3225 und 3279)*
→ *Briefe Keren Hayesod 1947-05-23 (Dok. 3263 und 3341)*
→ *Verträge (Dok. 3397-3398)*
→ *Clippings (Dok. 3403)*

RATHAUS, KAROL

3226 [nach 1925]
«Jazzdämmerung?»; Aufsatz, TD, 6 S., dt.

3227 [nach 1926]
«Die "neue Sachlichkeit" und die neue Musik»; Aufsatz, TD (annotiert), 4 S., dt.

3228 [nach 1927-01-19]
«Tonalität und Dissonanz»; Aufsatz, TD, 4 S., dt.

3229 1928-08-?
«Hand- und Notenschrift grosser Komponisten»; Aufsatz, TD, 3 S., dt.; auch als AD (3 S.)

3230 1928-09-01
«Gedanken zum Wesen der Romantik»; Aufsatz, TD, 7 S., dt.

3231 (um 1932/1933)
«Tonfilmerfahrungen»; Aufsatz, AD, 4 S., dt. **R** Musik/KR (Bedingungen, Möglichkeiten und Aufgaben der Filmmusik)

3232 (um 1932/1933)
«Technik des Tonschnittes»; Aufsatz, TD, 8 S., dt.

3233 1932 bis 1940
«Die Musik im Tonfilm. Ein Versuch»; Buch, AD/TD, 72 S., dt.; dazu zahlreiche Seiten mit Notizen und Korrekturen; Kapitel «Der Tonfilmkomponist und das Mikrophon» publiziert in: ‹Die Bühne›, Wien 1932, Nr. 340 **R** Musik/KR (Bedingungen, Möglichkeiten und Aufgaben der Filmmusik)
→ *Nach Schüssler 2000, S. 423, Entstehungsdatum 1932/33; Brief Karol Rathaus an Jay Leyda 1940-03-18 (Dok. 3266) lässt jedoch spätere Fertigstellung vermuten*

3234 (nach 1938)
[Bartók Lecture]; Vortrag, AD, 6 S., engl.

3235 (nach 1938)
[Mozart Lecture]; Vortrag, AD, 16 S., engl.; mit Notizen (AD, 13 S.)

3236 (nach 1938)
«Advanced Harmony and Free Counterpoint – 1st Semester»; Vortrag, TD, 10 S., engl.; «Advanced Harmony and Free Counterpoint – 2nd Semester»; Vortrag, TD, 8 S., engl.; beide auch als AD **R** Musik/KR (Harmonielehre und Kontrapunkt, Leitfaden für Vorlesungsreihe)

3237 (nach 1938)
«Function and Interpretation. Static Value and Driving-Force-Value. Consonant-Dissonant Sounds»; Vortrag, AD (Entwurf), 7 S., engl.

3238 (nach 1938)
«Fundamental Principles of Polyphonic Composition»; Vortrag, AD (Entwurf), 2 S., engl.

3239 (nach 1938)
«Harmony Survey» [1]; Vortrag, AD, 3 S., engl. **R** Musik/KR («Harmonielehre»/ARNOLD SCHOENBERG, Überblick und Kritik)

3240 (nach 1938)
«Harmony Survey» [2]; Vortrag, AD, 9 S., engl. **R** Musik/KR («An Approach to Harmony»/OSBOURNE MCCONATHY und «Language of Harmony»/STANLEY CHAPPLE, Überblick und Kritik)

3241 (nach 1938)
«Seminar»; Vortrag, AD, 3 S., engl. **R** Musik/KR (Unterrichtsentwurf zu Seminar über Musiktheorie, Auseinandersetzung mit theoretischen Schriften/PAUL HINDEMITH, WALTER PISTON, ARNOLD SCHOENBERG, STANLEY CHAPPLE, GEORGE MCKAY)

3242 (nach 1938)
[Über Harmonielehre]; Vortrag, AD (Entwurf), 4 S., engl.; Notizen zu Vortrag oder Vorlesung **R** Musik/KR (Harmonielehre als wichtiges Ausbildungsfach)

3243 (nach 1938)
[Notes on Form]; Vortrag, AD, 9 S., engl. **R** Musik/KR (Notizen zur Formenlehre)

3244 (nach 1938)
«Homophonic Form Analysis»; Vortrag, AD, 71 S., engl. **R** Musik/KR (Formenlehre, ausführliche Entwürfe und Notizen für Vorlesungsreihe)

3245 (nach 1938)
«Music – Vienna's Own Music, 1815-1913. History and Recollection»; Aufsatz, AD, 8 S., engl.; mit Notenbeispielen (2 S., AD) **R** Musik/KR (Musikgeschichte und Musikleben in Wien)

3246 (nach 1938)
[«The History of Western Music»]; Vortrag, AD, 2 S., engl.; Notizen zu Vortrag oder Vorlesung **R** Musik/KR (Gedanken zur Musikgeschichte und zum Begriff "New Music")

3247 (um 1940)
«To Study with the Master»; Aufsatz, TD, 4 S., engl.; mit zusätzlichen Notizen (11 S., AD und TD) **R** Pädagogik/KR (Komponisten als Pädagogen); dazu Notizen: «To the Article "To Study with the Master"» (AD, 1 S., engl.) **R** Musik/KR (Komponisten als Pädagogen; musikalische Ausbildung und Rolle des Pädagogen in den USA; PAUL HINDEMITH, ARNOLD SCHOENBERG, DARIUS MILHAUD, ERNST KRENEK, AARON COPLAND, WALTER PISTON, DOUGLAS MOORE, RANDALL THOMPSON)

→ *Brief Karol Rathaus an Minna Lederman 1940-12-26 (Dok. 3265)*

3248 1944-03-16
«Style and "Genre" in Music»; Vortrag, AD, 8 S., engl.

3249 (1944)-(10)-?
«Tribute to a Great Man»; Aufsatz, TD, 2 S., engl.; auch als AD (Entwurf, 2 S.) **R** Musik/KR (ARNOLD SCHOENBERG)

3250 1944-10-13
«Arnold Schönberg is 70 Years»; Vortrag, AD (annotiert), 15 S., engl.; Vortrag bei der Music Guild, Queens College; dazu Notizen (AD, 4 S.) **R** Musik/KR (Würdigung/ARNOLD SCHOENBERG)

3251 [1949 bis 1951]
Material zum Projekt eines «Academic Manual of Harmony»: «An Academic Manual of Harmony. A Project» [um 1949], Synopsis, AD (Entwurf), 4 S., engl., auch als TD und TD (Kopie); [On the «Academic Handbook of Harmony», 1951-02-?], Synopsis, AD (Entwurf), 3 S., engl.; «Ideas for the Academic Handbook of Harmony» [um 1951]; Aufsatz, AD, 11 S.

3252 1951-03-09
[Music in Europe]; Vortrag, AD, 6 S., engl.; Vortrag am Queens College **R** Musik/KR (Musik und Komposition in Europa, zeitgenössisches Musikleben, Festivals)

3253 1952-04-22
«The Value and Importance of Teaching Modern Music to Children»; Vortrag, AD (annotiert), 7 S., engl.; "Mannes School Lecture"

TONTRÄGER

RATHAUS, KAROL

3254 —
Zahlreiche historische Einspielungen mit Werken von Karol Rathaus (33 1/3 rpm, 78 rpm und Tonband), teilweise unter Mitwirkung des Komponisten

KORRESPONDENZ

BRAUN, CHARLOTTE

3255 1947-10-14
Charlotte Braun (Berlin) an Karol Rathaus; TLS, 1 S., dt. **Z** Kriegsereignisse (entbehrungsvolles Leben der Nachkriegszeit, Bitte/CB um materielle Hilfe)

3256 1948-02-12
Charlotte Braun (Berlin) an Karol Rathaus; ALS, 1 S., dt. **E** Hilfe/KR (für CB, Danksagung für Lebensmittelsendung) **Z** Kulturleben (erste Konzerte in Berlin nach dem Krieg)

3257 1949-04-09
Charlotte Braun (Berlin) an Karol Rathaus; TLS (unvollständig), 1 S., dt. **E** Bekannte/CB (Verbleib/EDGAR BYK, Kontaktaufnahme mit JASCHA HORENSTEIN); Hilfe/KR (für CB, Danksagung für "Ostergabe") **Z** Verfolgung (Verhöre/CB durch Gestapo)

BROEN, ?

3258 1940-06-24
Karol Rathaus an ? Broen; ALS (Entwurf), 3 S., engl. **A** Anstellung/KR (am Queens College, Umfang der Tätigkeit; Vorlesungen an Univ. of Princeton); Projekte/KR (Verschiebung Konzertprojekt bei Radiostation WQXR wegen neuer Lehrtätigkeit)

EINSTEIN, ALFRED

3259 1949-11-26
Karol Rathaus (Queens College, Flushing, NY) an Alfred Einstein; TL (Kopie), 1 S., engl. **A** Anstellung/KR (am Queens College, geplantes sabbatical year); Projekte/KR (Italienreise "to establish a contact with the leaders in the field of Composition and Music Theory", Buchprojekt zur Musiktheorie; Antrag auf Fulbright Grant)

FALKENBERG, PAUL

3260 1946-08-05
Paul Falkenberg (NYC) an Karol Rathaus (c/o Mrs. E. Ott, Cummingston, MA); ALS, 4 S., dt. **A** Projekte/PF (Film für Histadruth mit Musik/KR [«Gateway to Freedom»], Terminfragen, Aufnahme, Finanzen)

→ *Musikmanuskripte (Dok. 3207)*
→ *Brief Ada F. Friedman 1947-01-22 (Dok. 3321)*

3261 1946-08-16
Paul Falkenberg (NYC) an Karol Rathaus (c/o Mrs. E. Ott, Cummington, MA); ALS, 2 S., dt. **A** Projekte/KR (Aufnahme der Musik zu Histadruth-Film [«Gateway to Freedom»], Termine); Reise/PF (nach Paris) **R** Film/PF (Details zum Film, umgeschnittene Tanzszene, Rhythmisierung)

3262 1946-08-27
Paul Falkenberg (NYC) an Karol Rathaus (c/o Mrs E. Ott, Cummington, MA); ALS, 2 S., engl. **A** Projekte (Aufnahme der Filmmusik/KR zu Histadruth-Film [«Gateway to Freedom»], Musikerliste an BORIS SCHWARZ; Finanzen und Termine)

KEREN HAYESOD

3263 1951-07-08
Leo Herrmann (Keren Hayesod, Ltd., Jersulalem) an Karol Rathaus (Flushing, NY); TLS, 1 S., engl. **A** Aufführung (Erstaufführung «Out of Evil» mit Filmmusik/KR in Israel, Galaveranstaltung des Ministeriums für Erziehung und Kultur); Öffentlichkeit (Presseberichte über «Out of Evil» in ‹Jerusalem Post›, ‹Klala Libracha›, ‹Davar› und ‹Haboker›)

→ *Musikmanuskripte (Dok. 3216)*
→ *Drehbücher (Dok. 3225 und 3279)*
→ *Brief Keren Hayesod 1947-05-23 (Dok. 3341)*
→ *Verträge (Dok. 3397-3398)*
→ *Clippings (Dok. 3403)*

KLAPPER, PAUL
3264　　　　　　　　　　　　　　1950-01-09
Paul Klapper (Univ. of Chicago, Chicago, IL) an Karol Rathaus (Queens College, Flushing, NY); TLS, 1 S., engl. **A** Anstellung/KR (Queens College, geplantes sabbatical year); Empfehlung/PK (für KR zur Erlangung von Fulbright Grant oder Stipendium der Carnegie Foundation)

LEDERMAN, MINNA
3265　　　　　　　　　　　　　　1940-12-26
Karol Rathaus an Minna Lederman; ALS (Kopie annotiert), 4 S., engl. **A** Projekte/KR (Arbeit an Artikel "about the significance of the composer being employed in educational field in America") **R** Pädagogik/KR (Komponisten als Pädagogen)

LEYDA, JAY
3266　　　　　　　　　　　　　　1940-03-18
Karol Rathaus (Hotel Colonial, NYC) an Jay Leyda; AL (Entwurf), 2 S., dt. **A** Schriften/KR (Vollendung von «Die Musik im Tonfilm») **R** Musik/KR (Filmmusik, eigene Erfahrungen)
 → *Brief Jay Leyda 1940-03-31 (Dok. 3353)*

3267　　　　　　　　　　　　　　1941-01-29
Jay Leyda (NYC) an Karol Rathaus; ALS, 1 S., engl.; inklusive Fragebogen (TD, jeweils in dt. und engl.) und Antworten von Karol Rathaus (TD, 4 S.) **A** Schriften/KR (unpubliziertes Buch) **R** Musik/KR (Fragen/JL zum Komponieren, zu Werken und zum Enstehungsprozess)

PARTHESCOPE PRODUCTIONS
3268　　　　　　　　　　　　　　1948-10-01
Karol Rathaus (Queens College, Flushing, NY) an Boris Kaplan (Parthescope Productions, NYC); ALS, 2 S., engl. **A** Vertrag (für Musik zu «Before Your Telephone Rings», Parthescope Productions; Änderungen, Verwertungsrechte für den Konzertsaal)
 → *Musikmanuskripte (Dok. 3211)*
 → *Drehbücher (Dok. 3223)*
 → *Briefe Parthescope Productions (Dok. 3368-3369)*

POLIZEIDIREKTION WIEN
3269　　　　　　　　　　　　　　1948-01-05
? (Polizeidirektion Wien, Korrepondenzbüro, Wien) an Karol Rathaus (Flushing, NY); TLS, 1 S., dt. **Z** Verfolgung (Deportation/LAZAR und HELENE RATHAUS nach Theresienstadt, "konnte über das weitere Schicksal nichts in Erfahrung gebracht werden"; Rückwandererkartei, Israelitische Kultusgemeinde; Verbleib des Eigentums unbekannt)

QUEENS COLLEGE
3270　　　　　　　　　　　　　　1951-02-?
Karol Rathaus an ? Theobald und Margareth Kiely; ALS (Entwurf), 5 S., engl. **A** Anstellung/KR (Queens College, «Sabbatical Report» mit Auflistung aller Aktivitäten als Komponist sowie Aufführungen seiner Werke in Europa)

RATHAUS, KAROL
3271　　　　　　　　　　　　　　[1940]-?-?
Rudolf Rathaus (Hotel Colonial, NYC) an ? Worath; AL (Entwurf), 3 S., engl.; Briefentwurf von Karol Rathaus für seinen Bruder E Einreise/KAROL RATHAUS (kein dt. Staatsbürger, Einreise mit österr. Pass, Erhalt eines visitors visa; Wiederherstellung der poln. Staatsbürgerschaft vor Ablauf des Passes) **A** Anstellung/KAROL RATHAUS (am Queens College)

ROCKEFELLER FOUNDATION
3272　　　　　　　　　　　　　　1949-11-11
Karol Rathaus (Queens College, Flushing, NY) an John Marshall (Rockefeller Foundation, NYC); AL (Entwurf), 1 S., engl. **A** Anstellung/KR (am Queens College, geplantes sabbatical year); Projekte/KR ("a research project of rather larger dimensions"; Antrag auf Stipendium bei der Rockefeller Foundation)

SCHARF, ERWIN
3273　　　　　　　　　　　　　　1948-08-27
Erwin Scharf (NYC) an Karol Rathaus (c/o John Brahm, Malibu, CA); ALS, 2 S., engl. **A** Kompositionen/KR (Musik zu «Clearing the Way (Headquarters United Nations)»); Projekte/ES (Film «Before Your Telephone Rings» mit Musik/KR; Terminfragen, Finanzen)
 → *Musikmanuskripte (Dok. 3209 und 3211)*
 → *Drehbücher (Dok. 3222-3223)*
 → *Briefe Paul Falkenberg (Dok. 3260-3262 und 3320)*

SCHWARZ, BORIS
3274　　　　　　　　　　　　　　1946-?-?
Boris Schwarz (Flushing, NY) an Karol Rathaus; TLS, 2 S., engl. **A** Kompositionen/KR (Arbeit an Musik zu Histadruth-Film [«Gateway to Freedom»]); Projekte (Aufnahme der Filmmusik; Gewerkschaft, WILLIAM FEINBERG, STEFAN FRENKEL, ? NEUMARK; Probenzeit, Termine)
 → *Musikmanuskripte (Dok. 3207)*
 → *Briefe Parthescope Productions (Dok. 3268 und 3368-3369)*

3275　　　　　　　　　　　　　　1946-08-26
Boris Schwarz; TLS, 2 S., engl. **A** Projekte (Aufnahme der Filmmusik/KR zu Histadruth-Film [«Gateway to Freedom»]; Probleme mit Gewerkschaft und Engagement der Musiker, Verkleinerung der Besetzung; Termine und Finanzen; PAUL FALKENBERG)
 → *Brief ähnlichen Inhalts: (1946-08-30)*

OFFIZIELLE DOKUMENTE
FEJOS, PAUL
3276　　　　　　　　　　　　　　1942-04-01
Paul Fejos (NYC) und Karol Rathaus (Flushing, NY); Vertrag; TDS (annotiert), 1 S., engl. **A** Vertrag (Vereinbarungen zur Komposition einer Filmmusik/KR "for a motion picture – hitherto untitled – depicting the life and migration of the Yagua Indian tribe"; Aufsicht über Aufnahme, Finanzen, Copyright)

MATERIAL ZUR BIOGRAFIE
RATHAUS, KAROL
3277　　　　　　　　　　　　　　1942 bis 1948
«Staff Personal Records» für Academic Years 1940/41 (AD/TD, 1 S., engl.), 1941/42 (AD, 3 S., engl.), 1942/43

(TD, 2 S., engl.), 1943/44 (TD, 4 S., engl.) und 1947/48 (AD/TD, 1. S., engl.) mit Informationen zu Kompositionen, Aufführungen, Publikationen, Unterrichtstätigkeit, Auszeichnungen u.a.

3278   1954-02-06
Howard Merrill, «Du Mont Television Network – Panorama»; Sendemanuskript; TD, 7 S., engl.; weiteres Material hierzu **A** Aufnahme/KAROL RATHAUS (Sendung Du Mont Television Network, Mitwirkende KAROL RATHAUS, MEL POWELL, SOL BERKOWITZ) **R** Musik/KAROL RATHAUS (zu Harmonie- und Formenlehre)

Gerta Rathaus Collection

- Meist nach Vorgängen geordneter Nachlass der Witwe des Komponisten, über 100 Folder, darunter Fortsetzung der Korrespondenz mit diversen Verlegern, Institutionen, Interpreten und Persönlichkeiten des Musiklebens; daneben auch Material zum Wirken der Karol Rathaus Memorial Soc.

SCHRIFTEN
[UNBEKANNTER AUTOR]

3279   (1950)
«Script for Palestine Film» [«Out of Evil»]; Drehbuch, TD, 8 S., engl.; Filmprojekt der Keren Hayesod; mit Adresse: United Palestine Appeal, 41 East 42nd St., NYC

→ *Musikmanuskripte (Dok. 3216)*
→ *Drehbücher (Dok. 3225)*
→ *Briefe Keren Hayesod 1947-05-23 (Dok. 3263 und 3341)*
→ *Verträge (Dok. 3397-3398)*
→ *Clippings (Dok. 3403)*

RATHAUS, KAROL

3280   [1951]
«The "Project" and the Music»; Aufsatz, AD (Entwurf), 2 S., engl.; Anmerkungen zur dramatischen Funktion der Musik im Film «Out of Evil»

KORRESPONDENZ
AKM

3281   1938-07-26
? (AKM, Wien) an Karol Rathaus (London); TLS, 1 S., dt. **A** Finanzen/KR (Abrechung Tantiemen, AKM)

3282   1938-11-25
? Mason (AKM, Wien) an Karol Rathaus (The Mansfield Hotel, NYC); TLS, 1 S., dt. **A** Organisationen (Liquidation der AKM, sofortige Überweisung der Tantiemen/KR in die USA)

ALACA

3283   1950-11-22
Gustave Beer (ALACA, NYC) an Karol Rathaus (c/o S. Franceschi, Florenz); TLS, 2 S., dt. **E** Besitzverhältnisse/KR (Erstattung beschlagnahmten Geldes in England, Freigabe an bestimmte gesetzliche Bestimmungen geknüpft) **A** Finanzen/KR (Tantiemen für Filmmusik «Hallo Hallo! Hier spricht Berlin», Verlag Salabert, keine Einnahmen; WERNER HEYMANN)

3284   1951-04-15
Gustave Beer (ALACA, NYC) an Karol Rathaus (Flushing, NY); TLS, 1 S., dt. **A** Finanzen/KR (Abrechnung zu Tantiemen, Probleme mit Überweisung in die USA, Verlage B. Schott's Söhne, Universal Edition)

ASSOCIATED MUSIC PUBLISHERS

3285   1941-09-02
Hugo Winter (AMP, NYC) an Karol Rathaus (Flushing, NY); TLS, 1 S., engl. **A** Finanzen/KR (Bitte um Informationen über europäische Tantiemenzahlungen)

3286   1946-02-05
Hugo Winter (AMP, NYC) an Karol Rathaus (Flushing, NY); TLS, 1 S., engl. **E** Einbürgerung/KR (Erlangung der amer. Staatsbürgerschaft) **A** Finanzen/KR (Ansprüche und Tantiemen, Universal Edition, Alien Property Custodian)

3287   1946-03-20
John R. Andrus (AMP, NYC) an Karol Rathaus (Flushing, NY); TLS, 1 S., engl. **A** Finanzen/KR (Möglichkeit, finanzielle Ansprüche an ausländische Verleger geltend zu machen, Alien Property Custodian)

3288   1946-03-26
Karol Rathaus (Flushing, NY) an John R. Andrus (AMP, NYC); TL (Kopie unvollständig), 1 S., engl. **E** Besitzverhältnisse/KR (Verlust der Verträge mit Universal Edition und der persönlichen Besitztümer in London, "owing to enemy action"); Einbürgerung/KR (ursprünglich poln., danach amer. Staatsbürgerschaft) **A** Finanzen/KR (Ansprüche an Universal Edition, Vertragsbindung nachweisbar durch Verlagskataloge)

3289   1947-07-31
John R. Andrus (AMP, NYC) an Karol Rathaus (Flushing, NY); TLS, 1 S., engl. **A** Finanzen/KR (Ablehnung der Ansprüche auf Tantiemen ausländischer Verleger, Universal Edition, Office of Alien Property)

3290   1948-04-22
Hugo Winter (AMP, NYC) an Karol Rathaus (Flushing, NY); TLS, 1 S., engl. **A** Finanzen/KR (Tantiemen, Probleme mit Zahlungen ausländischer Verleger aufgrund der Nachkriegssituation, Alien Property Custodian)

3291   1950-11-30
Karl F. Bauer (AMP, NYC) an Karol Rathaus (c/o S. Franceschi, Florenz); TLS, 1 S., engl. **A** Öffentlichkeit/KR (große Erfolge bei Aufführungen in Europa); Projekte (Aufführung der «3. Sinfonie» op. 50, Verlag B. Schott's Söhne, [WILLY] STRECKER; Ablehnung durch WILLEM MENGELBERG)

3292   1950-12-27
Karol Rathaus (c/o S. Franceschi, Florenz) an Karl F. Bauer; TL (Kopie), 1 S., engl. A Aufführung (Interesse von BBC London und SWF, HANS ROSBAUD); Aufführung/WILLEM MENGELBERG («Salisbury Cove Ouverture» op. 65, St. Louis); Kompositionen/KR («Diapason» für Bariton, Chor und Orchester op. 67, «Sinfonia concertante» op. 68; Interesse des Maggio Venezia an Aufführung); Öffentlichkeit/KR (große Erfolge bei Aufführungen in Europa)

3293   1951-05-25
M.E. Tompkins (AMP, NYC) an Karol Rathaus (Flushing, NY); TLS, 1 S., engl. A Kompositionen/KR («Rapsodia Notturna» für Vc. und Kl. op. 66, Ablehnung der Veröffentlichung/AMP; Bitte um größer besetzte Werke, Kostenkalkulation)

⟨AUSTRO AMERICAN TRIBUNE⟩

3294   1944-06-22
Robert Breuer (⟨Austro Amer. Tribune⟩, Anti-Nazi Monthly, NYC) an Karol Rathaus (Flushing, NY); TLS, 1 S., engl. A Projekte (Beitrag in ⟨Austro Amer. Tribune⟩ zum Geburtstag/ARNOLD SCHOENBERG, Bitte um Mitwirkung/KR)

3295   1944-07-13
Robert Breuer (⟨Austro Amer. Tribune⟩, Anti-Nazi Monthly, NYC) an Karol Rathaus; ALS, 1 S., engl. A Projekte/KR (Beitrag über ARNOLD SCHOENBERG für ⟨Austro Amer. Tribune⟩, weitere Autoren DARIUS MILHAUD, SERGE KOUSSEVITZKY, MARCO FRANK; Termin)

BALAN, BENNO

3296   1938-07-16
Benno Balan (Jerusalem) an Karol Rathaus; TLS, 2 S., dt. E Finanzen/KR (Unterstützung/BB bei Erlangung von "Geld aus London"); Integration/KR (Versuch einer Karriere in den USA, "ganz ohne Illusionen und unter Hinweglassung aller Vergleiche mit unserem verlorenen Paradies"; Amerika als Land der "begrenzte[n] Unmöglichkeiten") A Anstellung/KR (Suche nach Lehrtätigkeit; mögliche Hilfe/HANNS HERRMANN ROSENWALD oder WILLIAM STEINBERG; keine Chance für Unterrichtstätigkeit in Hollywood wegen ERNST TOCH, ARNOLD SCHOENBERG und KURT WEILL); Empfehlung/BB (an HANNS HERRMANN ROSENWALD und [ARTHUR?] FIEDLER für KR); Kompositionen/KR («Jakobs Traum» für Orchester op. 44, Musik zu «Merchant of Venice»/WILLIAM SHAKESPEARE)

BENNETT-FEY ENTERPRISES

3297   1939-07-19
Albert R. Reade (Bennett-Fey Enterprises, Inc., NYC) an Karol Rathaus (Chalet Indian Hotel, Boiceville, NY); TLS, 1 S., engl. E Behörden (Aufenthaltserlaubnis/KR, Verlängerung des Visums, Formalitäten)

3298   1939-08-15
Albert R. Reade (Bennett-Fey Enterprises, Inc., NYC) an Karol Rathaus (Chalet Indian Hotel, Boiceville, NY); TLS, 1 S., engl. E Einbürgerung/KR (Verlängerung der Aufenthaltsdauer um sechs Monate; Beantragung der Einbürgerung während dieser Zeit)

→ *Brief ähnlichen Inhalts: 1939-07-28*

BERLINSKI, HERMAN

3299   1951-09-12
Herman Berlinski (NYC) an Karol Rathaus; TLS, 1 S., engl. A Empfehlung/KR (Bitte/HB um Empfehlung an League of Composers); Organisationen (League of Composers, Aufnahme/HB auf Vorschlag/MARION BAUER)

BOOSEY & HAWKES

3300   1938-10-18
Hans Wilhelm Heinsheimer an Karol Rathaus; TLS, 1 S., engl. A Veröffentlichung (bei Boosey & Hawkes kein Interesse an Kompositionen/KR, "we are crowded with so many novelties and must have room for Amer. compositions"; ARTUR RODZINSKI, VLADIMIR GOLSCHMANN)

3301   1939-02-08
Erwin Stein (Boosey & Hawkes, London) an Karol Rathaus (Santa Monica, CA); TLS, 1 S., engl. A Aufführung («Serenade» für Orchester op. 35, NBC); Empfehlung/ES (an CLARENCE RAYBOULD zur Veröffentlichung der Werke/KR); Kompositionen/KR («Serenade» für Orchester op. 35, Partitur verschwunden); Öffentlichkeit/KR (Beitrag über seine Aktivitäten in ⟨Tempo⟩; ALFRED KALMUS, HANS WILHELM HEINSHEIMER)

3302   1939-06-19
Erwin Stein (Boosey & Hawkes, London) an Karol Rahaus (Hotel Colonial, NYC); TLS, 2 S., dt. A Veröffentlichung/KR («Le Lion Amoureux» op. 41, keine Drucklegung, da nicht kommerziell genug; Suche nach Aufführungsmöglichkeit, BBC; kein Transfer der Werke von Universal Edition zu Boosey & Hawkes)

3303   1939-08-21
Max Winkler (Boosey, Hawkes, Belwin, NYC) an Karol Rathaus (Chalet Indian Hotel, Boiceville, NY); TLS, 1 S., engl. A Kompositionen/KR (Sendung eines Manuskripts zur Begutachtung durch "Contest Committees"/Boosey & Hawkes; Werke für Trp. oder Klar. und Kl. in mittlerer Schwierigkeit und mit vier Minuten Länge liegen im Verlagsinteresse)

3304   1940-02-05
Max Winkler (Boosey & Hawkes, NYC) an Karol Rathaus (Hotel Colonial, NYC); TLS, 1 S., engl. A Kompositionen/KR («Invocation et Fanfare Militaire» für 2 Trp., Pos. und Hr. und «A Shepherd's Mountain Air» für Ob. und Kl., Vertragsabschluss)

CARNEGIE INSTITUTE OF TECHNOLOGY PITTSBURGH

3305   1945-06-10
Charles A.H. Pearson (Carnegie Institute of Technology, Dept. of Music, Pittsburgh, PA) an Karol Rathaus (Flushing, NY); TLS, 1 S. A Anstellung/KR (als Theorielehrer am Carnegie Institute of Technology, Unterrichtsumfang); Empfehlung/FREDERICK DORIAN und ROGER SESSIONS (für KR)

3306   1945-06-14
Fritz Deutsch (Pittsburgh, PA) an Karol Rathaus; TLS (annotiert), 2 S., dt. A Anstellung/KR (als Theorielehrer am Carnegie Institute of Technology, Aufgabe der Stelle am Queens College; Vertrag, Gehalt)

3307   1945-06-26
Fritz Deutsch (Pittsburgh, PA) an Karol Rathaus; TLS (annotiert), 2 S., engl. **A** Anstellung/KR (als Theorielehrer am Carnegie Institute of Technology, Aufgabe der Stelle am Queens College; Einladung zu informativem Treffen, Gehalt; CHARLES A.H. PEARSON)

CHICAGO MUSICAL COLLEGE

3308   1938-09-24
Hanns Herrmann Rosenwald (Chicago Musical College, Chicago, IL) an Karol Rathaus; TLS, 1 S., engl. **A** Anstellung/KR (am Chicago Musical College nicht möglich; Unterstützung/HR bei Stellensuche)

COLUMBIA MUSIC FESTIVAL ASSOCIATION

3309   1948-02-07
Carl Bamberger (Columbia Music Festival Ass., Columbia, SC) an Karol Rathaus (Queens College, Dept. of Music, Whitestone [sic], NY); TLS, 1 S., engl. **A** Aufführung/CB («Polonaise Symphonique» op. 52/KR, Rundfunkübertragung NBC; Bitte um einführende Worte zur Komposition)

COLUMBIA PICTURES CORPORATION

3310   1939-03-08
? Ross (Columbia Pictures Corp., Hollywood, CA) an Karol Rathaus (Mansfield Hotel, NYC); TLS, 1 S., engl. **A** Kompositionen (Musik zu «Let us Live», Columbia Pictures Corp.); Organisationen (Mitgliedschaft/KR in ASCAP oder entsprechender frz. Organisation; "When music is composed for us by non-members, we add a foreign collaborator's name to the credits on these compositions"; IRVING BERLIN)

3311   1940-04-05
Morris Stoloff (Columbia Pictures Corp., Hollywood, CA) an Karol Rathaus (Hotel Colonial, NYC); TLS, 1 S., engl. **E** Einbürgerung/KR ("I hope by this time your legal situation has been cleared up") **A** Anstellung/KR (Lehrtätigkeit am Queens College); Projekte/KR (Filmmusik für Columbia Pictures Corp.)

3312   1941-06-27
Morris Stoloff (Columbia Pictures Corp., Hollywood, CA) an Karol Rathaus (Hotel Colonial, NYC); TLS, 1 S., engl. **A** Anstellung/JOHN BRAHM (bei Twentieth-Century Fox; Fertigstellung eines neuen Films); Projekte/KR (Filmmusik für Columbia Pictures Corp.; "Columbia's producers have suddenly become very music conscious, and practically engage a composer or song writer along with the Stars of each picture"; ERNST TOCH)

COLUMBIA RECORDING COMPANY

3313   1940-04-28
Karol Rathaus an Moses Smith (Columbia Recording Co., NYC); ALS (Entwurf), 3 S., engl. **A** Projekte/KR («Orchestersuite aus "Uriel Acosta"»/KR, Schallplattenaufnahme, Columbia Recording Co.); Treffen/KR (mit MS) **R** Musik/KR («Orchestersuite aus "Uriel Acosta"», Entstehung)

COLUMBIA UNIVERSITY

3314   1943-12-01
Howard A. Murphy (Teachers College, Columbia Univ., NYC) an Karol Rathaus (Queens College, Flushing, NY); TLS (annotiert), 2 S., engl. **A** Organisationen (Music Educators National Conference, Einladung/KR als Mitglied im Committee on Contemporary Music, LILLA BELLE PITTS)

COPLAND, AARON

3315   1953-08-15
Karol Rathaus an Aaron Copland (Salisbury Cove, ME); TL (Kopie), 1 S., engl. **A** Biografie/KR (Mitglied der AKM in Österreich und in den USA der ALACA; GUSTAVE BEER); Organisationen (Wunsch nach Aufnahme/KR in ASCAP, zwei Empfehlungen nötig, DOUGLAS MOORE)

EINSTEIN, ALFRED

3316   1937-06-29
Karol Rathaus (London) an Alfred Einstein; TL (Kopie), 10 S., dt. **R** Musik/KR (Kritik an «Über neue Musik»/ERNST KRENEK)

3317   [1938]-?-?
Karol Rathaus an Alfred Einstein; ALS (Entwurf), 5 S., dt. **E** Ausreise/KR (Plan zur Emigration in die USA, bessere Arbeitsmöglichkeiten auf allen Gebieten, Interesse an Lehrtätigkeit an einem College); Finanzen/KR (Schwierigkeiten trotz erfolgreicher Aufführungen, "vollständiges Arbeitsverbot" in England, Krise der engl. Filmindustrie) **A** Öffentlichkeit/KR (wichtige Aufführungen und Erfolge als Komponist) **R** Kulturpolitik/KR (Möglichkeit der Einflussnahme auf amer. Kulturleben durch Kompositions- und Unterrichtstätigkeit)

3318   1938-03-14
Alfred Einstein, ohne Adressat; PD, 1 S., engl. **A** Empfehlung/AE (für KAROL RATHAUS; Bescheinigung einer "kritischen Tätigkeit" und Charakterisierung als "einen der selbständigsten [sic], formensichersten und geistigsten [sic] Vertreter der Neuen Musik", der sich der Gesetze seiner Kunst bewusst ist und "eine grosse theoretische und pädagogische Einsicht und Erfahrung" besitzt)

3319   1938-08-21
Alfred Einstein an Karol Rathaus; TLS, 2 S., dt. **E** Ausreise/KR (in die USA); Ausreise/AE (Pläne zur Emigration in die USA) **A** Empfehlung/AE (kein Empfehlungsschreiben für KR; Liste möglicher Helfer, ROGER SESSIONS, FREDERICK JACOBI, MINNA LEDERMAN, FRITZ STIEDRY, PITTS SANBORN)

FALKENBERG, PAUL

3320   1947-12-12
Paul Falkenberg (United Nations, Lake Success, NY) an Karol Rathaus (Flushing, NY); TLS, 1 S., engl. **A** Vertrag (Vereinbarungen, Musik zu «Clearing the Way (Headquarters United Nations)»/KR; Finanzen, Termine; HANS BURGER)

→ *Musikmanuskripte (Dok. 3209)*
→ *Drehbücher (Dok. 3222)*
→ *Brief Erwin Scharf (Dok. 3273)*

FRIEDMAN, ADA F.

3321   1947-01-22
Ada F. Friedman (Forest Hills, NY) an Karol Rathaus (Queens College, Flushing, NY); TLS, 1 S., engl. **A** Kom-

positionen/KR (Musik zu Histadrut-Film «Gateway to Freedom»)

→ *Musikmanuskripte (Dok. 3207)*
→ *Briefe Paul Falkenberg (Dok. 3260-3262)*
→ *Brief Erwin Scharf (Dok. 3273)*

GEIRINGER, KARL

3322   1938-12-01
Karl Geiringer (London) an Karol Rathaus; TLS, 1 S., engl. A Projekte/KG (Artikel über KR für «Grove», 5th Edition, Bitte um Informationen zu Leben und Werk)

→ *Brief ähnlichen Inhalts: 1939-03-20*

GENERAL FEDERATION OF JEWISH LABOUR IN ERETZ-ISRAEL

3323   1945-08-09
J. Shapira (General Federation of Jewish Labour in Eretz-Israel, Tel Aviv) an Karol Rathaus; TLS, 1 S., hebr. A Organisationen (General Federation of Jewish Labour in Eretz-Israel, Unterstützung musikalischer Aktivitäten; Kontakt zu jüdischen Komponisten, Bitte um Werke/KR)

GOLSCHMANN, VLADIMIR

3324   1939-02-03
Vladimir Golschmann (St. Louis Symphony Soc., St. Louis, MO) an Karol Rathaus (c/o [John] Brahm, Santa Monica, CA); TLS, 1 S., engl. E Integration/KR ("I am so happy to know that you are enjoying your stay in America.") A Aufführung/VG (Probenarbeit zu «Le Lion Amoureux. Suite from the Ballet» op. 42a/KR)

→ *Brief ähnlichen Inhalts: 1939-02-08*

3325   1941-08-03
Vladimir Golschmann (The Surrey, NYC) an Karol Rathaus; TLS, 2 S., engl. E Ausreise/ALEXANDER TANSMAN (in die USA, mit Familie); Hilfe/VG (für Bekannte und Freunde, "Since my season ended I have felt more like a lawyer than a musician."); Verwandte/VG ("one of my brothers has sailed from Lisbonne") A Projekte/VG (Aufführung «Music for Strings» op. 49/KR) Z Kriegsereignisse (Besetzung Frankreichs)

3326   1944-12-04
Vladimir Golschmann (St. Louis SO, St. Louis, MO) an Karol Rathaus; TLS, 1 S., engl. A Aufführung/VG («Polonaise Symphonique» op. 52/KR); Öffentlichkeit/KR (große öffentliche Resonanz, gute Pressekritiken)

3327   (1950)-?-?
Karol Rathaus an Vladimir Golschmann (St. Louis, MO); ALS, 2 S., engl. A Aufführung/VG («Salisbury Cove Ouverture» op. 65/KR, St. Louis SO) R Musik/KR («Salisbury Cove Ouverture» op. 65, Umstände der Enstehung, Namensgebung; HANS WILHELM HEINSHEIMER)

3328   1950-01-23
Vladimir Golschmann (St. Louis SO, St. Louis, MO) an Karol Rathaus; TLS, 1 S., engl. A Aufführung/VG («Salisbury Cove Ouverture» op. 65/KR, St. Louis SO); Öffentlichkeit/KR (enthusiastische Publikumsreaktionen, verhaltenes Presseecho)

GOOSSENS, EUGENE

3329   1938-08-15
Eugene Goossens (Hollywood Plaza Hotel, Hollywood, CA) an Ernest Hutcheson ([Juilliard School of Music], NYC); TL (Kopie), 1 S., engl. E Einreise/KAROL RATHAUS (in die USA, "is anxious to settle down as soon as possible as a teacher of composition") A Empfehlung/EG (für KR an EH zur Anstellung an Juilliard School of Music); Öffentlichkeit/KR (guter Ruf in Europa, Repräsentant eines "cosmopolitan aspect of music"); Reise/EG (nach Europa)

3330   1938-11-?
Eugene Goossens, ohne Adressat; ALS, 1 S., engl. A Empfehlung/EG (für KR; Befähigung zur Tätigkeit als Pädagoge)

HEINSHEIMER, HANS WILHELM

3331   1938-09-14
Hans Wilhelm Heinsheimer an Karol Rathaus; TLS, 2 S., dt. A Finanzen/KR (Honorar für Theaterprojekt, Tantiemen); Öffentlichkeit/KR (positive Beurteilung der Musik durch GUNTHRIE MCCLINTIC und GERTRUDE MACY; KATHERINE CORNELL); Organisationen (Interesse/AMP an Musik zu «Herodes und Mariamne»); Projekte/KR (Verwendung der Musik zu «Uriel Acosta» oder Neukomposition für Bühnenprojekt; Bereitschaft zur künstlerischen und technischen Mitarbeit, Theaterroutine)

3332   (1939)-01-08
Hans Wilhelm Heinsheimer (NYC) an Karol Rathaus; TLS, 1 S., dt. A Projekte/KR (Zusammenarbeit mit Theater Guild, ARNOLD ZWEIG; WARREN P. MUNSELL; MAX WINKLER; Mr. ? KOUNTZ); Treffen/KR (mit ERWIN PISCATOR)

3333   1939-01-04
Hans Wilhelm Heinsheimer (Theatre Guild, NYC) an Warren P. Munsell; TL (Kopie), 1 S., engl. A Empfehlung/HH (für KR an WM als Komponist für Schauspielmusik zu «Jeremias»/ARNOLD ZWEIG; FRANZ HORCH); Kompositionen/KR (Erfahrung mit Schauspielmusik; Musik zu «Uriel Acosta»; Musik zu «Herodes und Mariamne», produziert von GUNTHRIE MCCLINTIC, KATHERINE CORNELL; STEFAN ZWEIG, MAX REINHARDT)

HOLZMANN, RUDOLPH

3334   1939-04-29
Rudolph Holzmann (Lima, Peru) an Karol Rathaus; TLS, 1 S., dt. E Einreise/KR (Übersiedelung nach NYC; FREDERICK JACOBI); Integration/RH (in Südamerika, Anstellung als Oboenlehrer und Geiger in Lima) A Kompositionen/KR (Filmmusik)

→ *Brief ähnlichen Inhalts: 1939-07-12*

3335   1945-07-30
Rudolph Holzmann (Lima, Peru) an Karol Rathaus (Flushing, NY); TLS, 1 S., dt. A Aufführung/JASCHA HORENSTEIN («Orchestersuite aus "Uriel Acosta"»/KR und Werk/RH in Lima); Öffentlichkeit/KR (großer Publikumserfolg und positive Kritiken in Lima)

3336 1945-09-17
Rudolph Holzmann (Lima, Peru) an ? (Hanover, NH); TLS, 1 S., dt. **A** Anstellung/RH (Lehrer für Oboe, Flöte und Komposition am Konservatorium Lima, Leiter der Bibliothek, Mitglied des Orchesters); Kompositionen/RH («Konzert» für Kl. und Orchester, «Konzert» für Harfe und Orchester, «1. Sinfonie», Theatermusik; Uraufführungen "mit gutem Erfolg" in Lima)

HORENSTEIN, JASCHA

3337 1944-12-29
Jascha Horenstein (Hotel Emporio, Mexico City) an Karol Rathaus; TLS (annotiert), 1 S., dt. **A** Aufführung/JH («Der letzte Pierrot» op. 19 in Mexiko, Probenarbeit, EDUARDO MONCADA; ERICH KLEIBER, CARLOS CHAVEZ); Aufführung/ DIMITRI MITROPOULOS (Sinfonie/EDUARDO MONCADA, Minneapolis) **Z** Kulturleben (Musikleben in NYC)

3338 1948-04-22
Jascha Horenstein (Park Hotel Ltd., Tel Aviv) an Karol Rathaus; TLS, 2 S., engl. **A** Anstellung/JH (in Tel Aviv für kommende Saison; WILLIAM STEINBERG, CHARLES MUNCH); Aufführung/JH («Vision Dramatique» für Orchester op. 55/ KR, Tel Aviv); Projekte/JH (Auftritte bei Radio SO Paris und beim Maggio Fiorentino; WILHELM FURTWÄNGLER) **Z** Politik (Bombenanschläge in Tel Aviv und Jerusalem; RIVA KIMMEL)

ISCM

3339 1941-05-09
Roger Sessions (ISCM, US Section, NYC) an Karol Rathaus (Flushing, NY); TLS, 1 S., engl. **A** Öffentlichkeit/ ISCM (Bitte um Auftritt/KR als Vertreter Polens beim Council of Delegates, ISCM-Festival, NYC; EDWIN EVANS)

3340 1943-03-30
Dorothy Lawton (ISCM, US Section, NYC) an Karol Rathaus (Flushing, NY); TLS, 2 S., engl. **A** Projekte/ISCM (Publikation einer "History of the Music between Two Wars", Oxford Univ. Press; MARK BRUNSWICK, Vorwort/EDWARD J. DENT, Schlusskapitel/EDWIN EVANS; Mitarbeit/KR für Kapitel über Deutschland)

KEREN HAYESOD

3341 1947-05-23
Leo Herrmann (Erez Israel (Palestine) Foundation Fund Keren Hayesod, Jerusalem) an Karol Rathaus (Flushing, NY); TLS, 3 S., dt. **A** Projekte/LH (Dokumentarfilm über "die Wirklichkeit von Eretz Israel" [«Out of Evil»], Propaganda für zionistische Organisation Keren Hayesod; Bereitschaft/KR zur Komposition von Filmmusik, auch Angebot/KURT WEILL zur Komposition der Filmmusik nach Israelbesuch; HERMANN SWET) **R** Film/LH (Darstellung der Leistungen des jüdischen Volkes mit einfachsten filmischen Mitteln, Einleitung durch einen Puppenfilm, Mitarbeit/ PAUL LOEWY)

- *Musikmanuskripte (Dok. 3216)*
- *Drehbücher (Dok. 3225 und 3279)*
- *Brief Keren Hayesod 1951-07-08 (Dok. 3263)*
- *Verträge (Dok. 3397-3398)*
- *Clippings (Dok. 3403)*

KESTEN, HERMANN

3342 1940-08-11
Hermann Kesten (Hotel Park Plaza, NYC) an Karol Rathaus; TLS, 2 S., dt. **E** Affidavit/HK (für SOMA MORGENSTERN, Bitte um Hilfe/KR; [ARNOLD?] GABOR); Einreise/ SOMA MORGENSTERN (Beschaffung eines visitors visa durch HK); Hilfe/HK (für SOMA MORGENSTERN, Bitte um Geldsendung, Visum und Kontakt zu amer. Konsulat Paris)

KOLISCH, RUDOLF

3343 1938-05-24
Rudolf Kolisch, ohne Adressat; TLS, 1 S., engl. **E** Einreise/ KAROL RATHAUS (Entschluss zur Einreise in die USA) **A** Empfehlung/RK (für KAROL RATHAUS; Charakterisierung, "well-founded and thorough knowledge of all musical subjects")

KONSULAT RZECZYPOSPOLITEJ POLSKIEJ LOS ANGELES

3344 1940-10-07
Lech T. Niemo-Niemojowski an Alfred Dick (Dept. of Immigration, Calexico, CA); TLS (Kopie), 1 S., engl. **E** Re-Emigration/KAROL RATHAUS (vorübergehende Ausreise; poln. Staatsbürger, keine Rückkehr nach Polen möglich)

3345 1940-10-07
Lech T. Niemo-Niemojowski an J.F.T. O'Connor (LA); TLS (Kopie), 1 S., engl. **E** Re-Emigration/KAROL RATHAUS (Wiedereinreise als "non-quota immigrant and as a visitor"; ALFRED DICK, Dept. of Immigration, Calexico) **A** Anstellung/KAROL RATHAUS (am Queens College, "as a visitor"); Empfehlung/LNN (für KAROL RATHAUS an JO); Treffen/ LNN (mit KAROL RATHAUS in LA)

3346 1940-10-08
Alfred Dick (US Dept. of Justice, Immigration and Naturalization Service, Calexico, CA) an Lech T. Niemo-Niemojowski (Consulate of the Republic of Poland, LA); TLS, 1 S., engl. **E** Re-Emigration/KAROL RATHAUS ("this office cannot pass on the admissibility of anyone until he makes application for admission to the US in person"; Verzögerung möglich)

3347 1940-12-09
Lech T. Niemo-Niemojowski (Konsulat Rzeczypospolitej Polskiej, LA) an Karol Rathaus (Flushing, NY); TLS (annotiert), 1 S., engl. **E** Re-Emigration/KR (zur Erlangung eines non-quota visa, Bitte/LNN um Erfahrungsbericht/KR zur Information für ungenannte Emigrantin; Helferin HELEN BONAPARTE)

KRAMER, A. WALTER

3348 1944-11-20
A.Walter Kramer (NYC) an Karol Rathaus; TLS, 2 S., engl. **A** Kompositionen/KR (Musik zu «Pique Dame», "you have that sensitivity which is required to provide a real musical background for a film"; Musik zu «Der Mörder Dimitri Karamasoff»); Öffentlichkeit/KR (seine Filmmusiken von Kennern und Musikern geschätzt)

KRUMGOLD, JOSEPH

3349 1951-02-01
Joseph Krumgold an Karol Rathaus (Flushing, NY); TLS, 1

S., engl. A Aufführung (Film «Out of Evil» mit Musik/KR, World Theatre, [BORIS] SCHWARZ); Reise/KR (nach Europa)

LANDAU, ANNELIESE

3350   1942-11-19
Anneliese Landau (NYC) an Karol Rathaus; TLS, 1 S., engl. A Projekte/AL (Studie zum Thema «The Jewish Contribution to the Music of the Modern World», Auftrag/National Federation of Temple Sisterhoods; Kapitel zur Musik in Amerika); Treffen/AL (mit KR, Gespräch über sein Komponieren)
→ Brief ähnlichen Inhalts 1946-04-26

LEICHTENTRITT, HUGO

3351   1939-12-10
Hugo Leichtentritt (LA) an Karol Rathaus; ALS, 1 S., dt. A Empfehlung/HL (für KAROL RATHAUS "zu beliebigem Gebrauche")

3352   1940-03-08
Hugo Leichtentritt (Cambridge, MA) an Karol Rathaus; ALS, 3 S., dt. A Anstellung/KR (am Queens College); Projekte/KR (Vorbereitung des Unterrichts, Frage nach Literatur zu Kontrapunkt, Harmonie- und Formenlehre)

LEYDA, JAY

3353   1940-03-31
Jay Leyda («Films. A Quarterly of Discussion and Music», NYC) an Karol Rathaus; TLS, 1 S., dt. A Projekte/JL (Interesse an Veröffentlichung des Manuskripts zur Filmmusik/KR)
→ Briefe Jay Leyda (Dok. 3266-3267)

MILHAUD, DARIUS

3354   —
Darius Milhaud (Mills College, Dept. of Music, Oakland, CA) an Karol Rathaus; ALS, 2 S., engl. E Integration/DM ("beautiful California!") A Aufführung/ROBERT SCHMITZ («Konzert» für Kl. und Orchester op. 45/KR, WPA Orchestra)

MORGENSTERN, SOMA

3355   1935-03-18
Karol Rathaus (Mount Royal, London) an Soma Morgenstern; ALS, 4 S., dt. E Integration/KR ("In London ist mir fremd zu Mute", schlechte Arbeitsbedingungen für Ausländer, nur vorläufige Aufenthaltsgenehmigung) Z Verfolgung (Politik gegenüber den Juden, "haben sich eine dicke Haut zugelegt")

3356   1935-04-30
Karol Rathaus (Hampstead) an Soma Morgenstern; ALS, 4 S., dt. E Integration/KR ("5 Monate, in denen ich sehr langsam dem Lande, der Sprache und den Menschen näher komme", kaum nennenswerte persönliche Erfolge, Sprachprobleme) A Anstellung/KR (Warten auf Arbeit als Filmmusik-Komponist)

3357   1938-08-08
Soma Morgenstern (Hotel Poste, Paris) an Karol Rathaus; ALS, 2 S., dt. E Ausreise/SM (Antrag auf Visum bei amer. Konsulat); Hilfe (Verschlimmerung der Lage, SM bittet um Hilfe/KR und OTTO KLEMPERER; ERNST BLOCH)

MUSIC PRESS, INC.

3358   1938-10-17
Richard H. Dana (Music Press, Inc., NYC) an Karol Rathaus (Flushing, NY); TLS, 1 S., engl. A Kompositionen/KR («Rondeau» für Chor und «Requiem» für Chor und Kl., Publikation/Music Press abgelehnt)

3359   1947-12-02
Richard H. Dana (Music Press, Inc., NYC) an Karol Rathaus (Flushing, NY); TLS, 1 S., engl. A Kompositionen/KR («Landscape in Six Colours» für Kl. op. 51, Publikation/Music Press abgelehnt)

NATIONAL LABOUR COMMITTEE FOR PALESTINE

3360   1945-03-15
Isaac Hamlin (National Labour Committee for Palestine, NYC) an Karol Rathaus (Flushing, NY); TLS, 1 S., engl. A Kompositionen/KR (Musik zu «Builders of a Nation», Propagandafilm, Histradrut Haovdim in Eretz Israel); Öffentlichkeit/KR (positive Kritik, Musik zu «Builders of a Nation»; geplante Vorführung für führende Zionisten)

3361   1948-07-16
Nahum Guttman (National Labour Committee for Palestine, NYC) an Karol Rathaus (Flushing, NY); TLS, 1 S., engl. A Projekte/NG (neuer Propagandafilm, Bitte um Erlaubnis zur Benutzung der Musik zu «Builders of a Nation»/KR)

3362   1948-07-31
Karol Rathaus an Nahum Guttman; AL (Entwurf), 1 S., engl. A Projekte/NG (neuer Propagandafilm, Benutzung der Musik zu «Builders of a Nation»/KR nur bei Tilgung des Komponistennamens; Honorarforderung/KR)

NATIONAL SYMPHONY ORCHESTRA ASSOCIATION

3363   1939-10-31
Hans Kindler (National SO Ass., Washington, DC) an Karol Rathaus (Hotel Colonial, NYC); TLS, 1 S., engl. A Aufführung/HK («Orchestersuite aus "Uriel Acosta"»/KR; Änderungen in der Partitur); Öffentlichkeit/KR (großer Publikumserfolg, positives Presseecho)

3364   1940-02-05
Hans Kindler (National SO Ass., Washington, DC) an Karol Rathaus (Hotel Colonial, NYC); TLS, 1 S., engl. A Projekte/HK (Schallplattenaufnahme der «Orchestersuite aus "Uriel Acosta"»/KR)

OFFICE OF WAR INFORMATION

3365   1945-05-05
Roy Harris (US of America Office of War Information, NYC) an Karol Rathaus (Flushing, NY); TLS (annotiert), 1 S., engl. A Projekte/Office of War Information (Umfrage unter führenden Musikern zur amer. Musik; Bitte um Zusendung einer "list of the ten composers of symphonic and chamber music whom you think are most worthy to represent Amer. culture to European nations")

OXFORD UNIVERSITY PRESS

3366 1938-12-20
Karol Rathaus an Alan ?; ALS (Entwurf), 3 S., engl. **E** Einreise/KR (Dauer der Einreiseformalitäten, Sehnsucht nach der Familie); Integration/KR (Anpassung an die Gegebenheiten in den USA, erste Schritte im amer. Musikleben) **A** Aufführung (Musik zu «Uriel Acosta», BERNARD HERMANN; «Serenade» für Orchester op. 35, NBC; «Le Lion Amoureux» op. 41, VLADIMIR GOLSCHMANN; «3. Streichquartett» op. 41, Kolisch-Quartett; League of Composers; EUGENE ORMANDY, WILLIAM STEINBERG, ARTUR RODZINSKI; [ELIZABETH SPRAGUE] COOLIDGE; Kompositionen/KR (Musik zu «Herodes und Mariamne»); Projekte/KR (Zusammenarbeit mit FRITZ KORTNER und DOROTHY THOMPSON)

3367 1945-10-19
Norman Peterkin (Oxford Univ. Press, London) an Karol Rathaus (Flushing, NY); TLS, 1 S., engl. **A** Finanzen/KR (Tantiemen für «3. Streichquartett» op. 41, enttäuschende Wirkung der Komposition, kein Erfolg beim britischen Publikum; WILLIAM WALTON, HUBERT FOSS)

PATHESCOPE PRODUCTIONS

3368 1948-10-06
Edward J. Lamm (Pathescope Productions, NYC) an Karol Rathaus (Flushing, NY); TLS (annotiert), 2 S., engl. **A** Kompositionen/KR (Musik zu «Before Your Telephone Rings», vertragliche Vereinbarungen über Honorar; Bedingungen, Finanzen, Copyright)
→ *Musikmanuskripte (Dok. 3211)*
→ *Drehbuch (Dok. 3223)*

3369 1949-01-04
Edward J. Lamm (Pathescope Productions, NYC) an Karol Rathaus (Flushing, NY); TLS, 2 S., engl. **A** Kompositionen/KR (Musik zu «The Truth about Angela Jones», vertragliche Vereinbarungen über Honorar; Bedingungen, Finanzen, Copyright)
→ *Musikmanuskripte (Dok. 3212)*
→ *Drehbuch (Dok. 3224)*
→ *Brief Parthescope Production 1948-10-01 (Dok. 3268)*

QUEENS COLLEGE

3370 1939-11-30
Edwin J. Stringham (Queens College, Flushing, NY) an Karol Rathaus (Hotel Colonial, NYC); TLS, 1 S., engl. **A** Anstellung/KR (als Lehrkraft am Queens College); Treffen/ES (mit KR)

3371 1940-04-16
Karol Rathaus (Hotel Colonial, NYC) an Edwin J. Stringham; ALS (Abschrift), 2 S., engl. **A** Empfehlung/KR (für BRUNO EISNER an ES als Lehrkraft am Queens College); Öffentlichkeit/BRUNO EISNER (Qualitäten als Lehrer und Musiker, Fortsetzung der "happy musical traditions of Vienna")

3372 1940-04-23
Edwin J. Stringham (Queens College, Flushing, NY) an Karol Rathaus (Flushing, NY); TLS, 1 S., engl. **A** Empfehlung/KR (für BRUNO EISNER an ES, keine Anstellungsmöglichkeit als Klavierlehrer am Queens College)

3373 (1940)-07-01
Karol Rathaus (Hotel Colonial, NYC) an Paul Klapper; AL (Entwurf), 4 S., engl. **E** Behörden (Kontakt/KR mit Immigration Office und Labour Dept.); Einbürgerung/KR ("I wish and desire to become a citizen of United States of America as soon as possible", kompliziertes Verfahren, Verzögerung wegen fehlender Dokumente aus Europa); Einreise/KR (mit visitors visa) **A** Anstellung/KR (am Queens College, als Grundlage für Erhalt einer legalen Aufenthaltserlaubnis)
→ *Brief ähnlichen Inhalts: 1940-07-03*

3374 1949-06-24
Margareth Kiely (Queens College, Flushing, NY) an Karol Rathaus (Flushing, NY); TLS, 1 S., engl. **A** Anstellung/KR (als Lehrkraft am Queens College, Board of Higher Education, "promotion to the rank of Professor")

ROSENSTOCK, JOSEPH

3375 1938-07-27
Joseph Rosenstock (Karuizawa, Japan) an Karol Rathaus; TLS, 1 S., dt. **A** Kompositionen/KR («Serenade» für Orchester op. 35, keine Lieferung/Universal Edition) **R** Kulturpolitik/JR ("dass irgendjemand hier den Vorschlag gemacht hat, die gesamte westliche Musik zur Stärkung des eigenen Nationalgefühls aus Japan zu verbannen")

3376 1938-08-29
Joseph Rosenstock (Karuizawa, Japan) an Karol Rathaus; TLS, 1 S., dt. **E** Ausreise/KR (in die USA, "Aussichten in England nicht sehr optimistisch"); Integration/JR ("Dieses ewige Wandern bleibt offenbar unser aller Schicksal und wenn man schon wo 2-3 Jahre bleiben kann, kommt man sich schon sehr sesshaft vor!") **A** Empfehlung/JR (für KR an J.H. MEYER, Musikkritiker der ‹NY Staatszeitung›, ? BRODNITZ und ? BORCHARD) **Z** Verfolgung (dt. Propaganda in Japan zwecks "Ausschaltung der Juden")

SACHS, CURT

3377 1946-03-14
Curt Sachs (NYPL, NYC) an Karol Rathaus (Queens College, Dept. Music, Flushing, NY); TLS, 1 S., engl. **A** Anstellung/CS (am Queens College als Vertretung für EDWIN J. STRINGHAM während sabbatical year auf Empfehlung/KR)

SCHMITZ, ROBERT

3378 1942-08-13
Robert Schmitz (Oakland, CA) an Karol Rathaus (Saratoga Springs, NY); TLS, 1 S., engl. **A** Aufführung/RS («Konzert» für Kl. und Orchester op. 45/KR, WPA Orchestra; Vorschläge zu weiteren Aufführungen an SERGE KOUSSEVITZKY, VLADIMIR GOLSCHMANN, EUGENE GOOSSENS, ARTUR RODZINSKI; Öffentlichkeit/KR (positives Echo auf Aufführung des «Konzert» für Kl. und Orchester op. 45/KR, Pressekritiken); Treffen/RS (mit KR in NYC)

SCHOENBERG, ARNOLD

3379 (1940)-[09]-?
Karol Rathaus (Salisbury Cove, ME) an Arnold Schoenberg; AL (Entwurf), 1 S., engl. **R** Musik/KR ("By ignoring history you made history", Bedeutung des Wirkens/AS, Geburtstagsglückwünsche)

SOCIETY FOR THE PUBLICATION OF AMERICAN MUSIC
3380   1948-10-05
Philip James (Soc. for the Publication of Amer. Music, Inc.) an Karol Rathaus (Flushing, NY); TLS, 1 S., engl. A Organisationen (Soc. for the Publication of Amer. Music, Mitgliedschaft/KR im Advisory Music Committee; Aufgabenbereich)

SPELL YOUR NAME, INC.
3381   1940-02-13
Cheryl Crawford (St. James Theatre, NYC) an Karol Rathaus (Hotel Colonial, NYC); TLS, 1 S., engl. A Vertrag (vertragliche Vereinbarungen mit KR zur Komposition der Musik zu «Another Sun» für FRITZ KORTNER; Finanzen)

STAGMA
3382   1938-11-04
K.D. (Stagma, Berlin) an Hanns Eisler (New School for Social Research, NYC); TLS, 1 S., dt. A Organisationen (Stagma, Freigabe der Rechte an Kompositionen/HE; musikalische Urheberrechte aus AKM können anderer Gesellschaft zur Verwertung übertragen werden)

3383   1938-11-25
? (Stagma, Berlin) an Karol Rathaus (Hotel Colonial, NYC); TLS, 1 S., dt. A Finanzen/KR (Zusammensetzung der Einnahmen durch Aufführungen im In- und Ausland; keine Überweisung in die USA)

3384   1939-03-17
? (Stagma, Wien) an Karol Rathaus (Hotel Mansfield, NYC); TLS, 1 S., dt. A Finanzen/KR (keine Auszahlung der Tantiemen in den USA, aber Verfügbarkeit innerhalb Deutschlands)

SUN DIAL FILMS, INC.
3385   1949-10-04
Samuel A. Datlowe (Sun Dial Films, Inc., NYC) an Karol Rathaus (Flushing, NY); TLS, 1 S., engl. A Projekte/KR (Musik zu «Preface to a Life», Filmprojekt des US Office of Education; Vertragsvereinbarungen, Finanzen, Copyright)

→ *Musikmanuskripte (Dok. 3215)*

SWET, HERMANN
3386   1938-08-15
Karol Rathaus (London) an Hermann Swet; TL (Kopie), 4 S., dt. R Judaica/KR (Zusammenstoß jüdischer und westlicher Kulturen; Entstehung jüdischer Volksmusik durch Zwang und Isolation; Palästina als möglicher Entstehungsort einer Musik, die "die Elemente des nahen Ostens und die des Westens vereint"; Sonderstellung der Juden im Weltgeschehen; Musik/KR (Stellungnahme zum "Problem nationaler Musik überhaupt und der jüdischen im besonderen"; "Folklore-Arbeiten"/BÉLA BARTÓK, IGOR STRAVINSKY, KAROL SZYMANOWSKI; Zusammenhang zwischen geistiger Kultur und musikalischer Tradition; Aufgabe der Musikwissenschaft, die Quellen der eigenen Musik zu erforschen)

SZIGETI, JOSEPH
3387   1950-03-24
Joseph Szigeti (The Roosevelt, New Orleans, LA) an Karol Rathaus; ALS, 2 S., engl. A Projekte/JS (Ablehnung einer Aufführung von Werken/KR aufgrund ungünstiger Bedingungen); Reise/JS (nach Europa); Treffen/JS (mit KR)

TAVENNER, EUGENE
3388   1946-04-02
Eugene Tavenner an Karol Rathaus (Flushing, NY); Telegramm, 1 S., engl. A Anstellung/KR (an Washington Univ. als Leiter des New Music Dept.; Finanzen); Reise/KR (nach Washington, Reisekosten)

UNITED STATES DEPARTMENT OF JUSTICE
3389   1939-01-25
Byron H. Uhl (US Dept. of Labour, Immigration and Naturalization Service, NYC) an Karol Rathaus (NYC); TLS, 1 S., engl. E Behörden (Extension Office, Antrag auf Verlängerung des befristeten Aufenthalts/KR)

3390   1940-08-30
Byron H. Uhl (US Dept. of Justice, Immigration and Naturalization Service, NYC) an Karol Rathaus (NYC); TLS, 1 S., engl. E Behörden (Dept. of Justice, Hinweis auf ordnungsgemäße Ausreise/KR)

«WHO'S WHO IN WORLD JEWRY»
3391   1953-11-02
Harry Schneiderman («Who's Who in World Jewry») an Karol Rathaus (Queens College, Flushing, NY); TLS, 1 S., engl. A Öffentlichkeit/KR (biografischer Artikel in «Who's Who in World Jewry» auf Empfehlung/MAURICE H. SCHATZ; Fragebogen zur Person)

WNEW
3392   1944-10-18
Felix Guenther (WNEW, NYC) an Karol Rathaus (Queens College, Flushing, NY); TLS, 1 S., engl. A Aufnahme/KR (Teilnahme als Gast an Rundfunkdiskussion «Face the Music» zum Thema "What Did Hitler Do to Music?", Radiostation WNEW)

WORLD CENTRE FOR JEWISH MUSIC IN PALESTINE
3393   1938-08-21
Joachim Stutschewsky (World Centre for Jewish Music in Palestine, Jerusalem) an Karol Rathaus (London); TLS, 2 S., dt. E Bekannte/JS (Ausreise/ISCO TALER nach Palästina, Visum für Schweiz, keine Ausreiseerlaubnis aus Österreich; Ausreise/SOMA MORGENSTERN nach London); Einbürgerung/JS (Übersiedelung nach Palästina; REGINA SCHEIN) A Organisationen (World Centre for Jewish Music in Palestine, Bitte um Mitarbeit/KR bei Gründung einer Londoner Sektion, als Mitarbeiter [MOSCO] CARNER, SHULA DONJACH, BERTHOLD GOLDSCHMIDT)

ZUCKMAYER, CARL
3394   1945-05-29
Carl Zuckmayer (Barnard, VT) an Karol Rathaus; TLS, 3 S., dt. E Hilfe (finanzielle Unterstützung/CZ durch Amer. Committee for Refugee Scholars, Writers and Artists; Bitte um Gutachten zu seiner Arbeit als Schriftsteller/Prof. ? ALEVYN, Queens College) A Projekte/CZ (Drehbuch, "grosser Filmplan [...], der im wesentlichen mit Musik zu tun hat", Zusammenarbeit mit KR; Finanzierungsproblem); Schriften/CZ (Roman im Druck, Vollendung eines Theaterstücks)

OFFIZIELLE DOKUMENTE
ALACA
3395 1946 bis 1947
Identity Card; PDS, 1 S., engl.; «Membership Card for Dr. Karol Rathaus»

BOMART MUSIC PUBLICATIONS
3396 1948-10-30
Walter R. Boelke, Margot J. Tietz und Karol Rathaus; Vertrag; TDS, 1 S., engl.

KEREN HAYESOD
3397 1950-03-13
Keren Hayesod (NYC); Vertrag; TD (annotiert), 2 S., engl.; Vertrag über die Rechte an der Musik zum Film «Curse and Blessing» [«Out of Evil»] mit Überarbeitungen und Anmerkungen von Karol Rathaus

3398 1950-03-20
Keren Hayesod (NYC); Vertrag; TDS, 2 S., engl.; überarbeiteter Vertrag über die Rechte an der Musik zum Film «Curse and Blessing» [«Out of Evil»]

↦ *Musikmanuskripte (Dok. 3216)*
↦ *Drehbücher (Dok. 3225 und 3279)*
↦ *Brief Keren Hayesod 1947-05-23 (Dok. 3342)*
↦ *Clippings (Dok. 3403)*

RATHAUS, KAROL
3399 1943-05-13
Bescheinigung; TDS, 1 S., engl.; «Certificate of Membership on the Permanent Instructional Staff» A Anstellung/ KAROL RATHAUS (am Queens College)

MATERIAL ZUR BIOGRAFIE
RATHAUS, KAROL
3400 (1948)
«Works of Karol Rathaus»; Werkverzeichnis; AD, 6 S., engl.

3401 (1949)
«Karol Rathaus – Dates of Performances»; Werkverzeichnis; AD, 13 S., engl.; Liste mit Aufführungen von 1937 bis 1949

3402 1949-03-22
«Works by Karol Rathaus»; Werkverzeichnis; AD, 3 S., engl.

3403 1951
Urim Israel Film Co., «An Israel Film: "Out of Evil"»; Pressemitteilung; TD, 9 S., engl.; Dossier zur Produktion des Films «Out of Evil», darin Inhaltsangabe, Produktionsnotizen, Pressestimmen und Biografie von Karol Rathaus

↦ *Musikmanuskripte (Dok. 3216)*
↦ *Drehbücher (Dok. 3225 und 3279)*
↦ *Brief Keren Hayesod 1947-05-23 (Dok. 3342)*
↦ *Verträge (Dok. 3397-3398)*

3404 1953-02-22
Karol Rathaus und Olin Downes, «Boris Godunov, Orchestral Score Revised and Newly Edited by Karol Rathaus»; Interview; TD, 3 S., engl.

3405 [1955]
[Werkliste mit Aufführungsdaten]; Werkverzeichnis; AD/ TD, 5 S., engl.

SCHMEIDEL, HERMANN VON
3406 [1951]
Hermann von Schmeidel; Lebenslauf; TD, 2 S., engl. A Anstellung/HS (Boston Univ. College of Music; Grant der Fulbright Foundation); Biografie/HS (Ausbildung und Karriere, Ges. der Musikfreunde Wien; Anstellung an Konservatorium Frankfurt, Dt. Musikakademie Prag, Musikverein Steiermark, Verlust der Anstellung nach Machterlangung/ ADOLF HITLER; Nachfolger/PAUL HINDEMITH in Ankara; Mozarteum Salzburg)

NEW YORK

American Composers' Alliance

73 Spring St., Room 505, New York, NY 10012, http://www.composers.com/
Kontakt: Jasna Radonjic, info@composers.com

Subject Files of the American Composers' Alliance

- American Composers' Alliance, Urheberrechtsgesellschaft für amer. Komponisten
- Akten (Subject Files) zu allen jemals registrierten Komponisten mit diversen Materialien (Aufnahmeanträge, Wahrnehmungsverträge, Werklisten, Dokumentation von Aufführungen zur Abrechung von Tantiemen)
- Verbleib von Partituren unklar, nicht recherchiert

Hermann Berlinski Subject File

- Hermann bzw. Herman Berlinski, 1910-2002, Komponist, Pianist und Organist, Studium in Leipzig, 1933 Emigration nach Frankreich, 1934-1939 Kompositionsstudium an École Normale de Musique in Paris, 1941 Immigration in die USA, Konzerttätigkeit
- Korrespondenz und Material zur Biografie aus dem Zeitraum 1952-1990
- Vgl. Hermann Berlinksi Papers in Library of Congress (Washington, DC), Kopien in Jewish Theological Seminary
- Achim Seip, «Die Orgel im Leben und Werk von Herman Berlinski», in: ‹Orgel› 3 (1991), Nr. 1, 26-30 • «Zum Tod von Herman Berlinski», in: ‹Ars Organi› 50 (2002), Nr. 2, 115

KORRESPONDENZ
BERLINSKI, HERMAN

3407   1952 bis 1990
Korrespondenz von Herman Berlinski mit der Amer. Composers' Alliance zwecks Publikation und Aufführung von Werken

OFFIZIELLE DOKUMENTE
BERLINSKI, HERMAN

3408   (1952)-?-?
«Application of Hermann Berlinski for Active Membership», Formular; PDS (annotiert), 2 S., engl. A Biografie/HERMAN BERLINSKI (Ausbildung; Anstellungen, Präsidentschaft des Jewish Music Forum); Organisationen (Amer. Composers' Alliance, Mitgliedschaft/HERMAN BERLINSKI, Bürgen HENRY COWELL, HERBERT HAUFRECHT)
↪ *Mit «Assignment» (Dok. 3409) und Werkverzeichnis (Dok. 3411) zusammengeheftet*

3409   1952-11-07
«Assignment of Performing Rights»; Vertrag; PDS (annotiert), 6 S., engl. A Kompositionen/HERMAN BERLINSKI (Werkliste mit Aufführungs- und Publikationsdaten); Vertrag/HERMAN BERLINSKI (mit Amer. Composers' Alliance, Copyright, Aufführungsrechte)
↪ *Mit «Application» (Dok. 3408) und Werkverzeichnis (Dok. 3411) zusammengeheftet*

MATERIAL ZUR BIOGRAFIE
BERLINSKI, HERMAN

3410   1952 bis 1990
Programmhefte und gedruckte Werkverzeichnisse

3411   [1952]
Herman Berlinski, «Herman Berlinski»; Werkverzeichnis; TD (Kopie annotiert), 4 S., engl.; enthält Annotationen bis 1959 A Kompositionen/HB (Werkliste mit Aufführungs- und Publikationsdaten)
↪ *Mit «Application» (Dok. 3408) und «Assignment» (Dok. 3409) zusammengeheftet*

3412   [1962]
Herman Berlinski, «Herman Berlinski»; Werkverzeichnis; TD (Kopie annotiert), 5 S., engl. A Kompositionen/HB (Werkliste mit Aufführungs- und Publikationsdaten)

Kurt List Subject File

- Kurt List, 1913-1970, österr. Komponist, Studium in Wien, Privatschüler von Alban Berg und Anton Webern, 1938 über die Schweiz und Großbritannien Emigration in die USA, Tätigkeit als Musikkritiker, nach dem Krieg Rückkehr nach Europa (Italien)
- Vgl. Kurt List Subject File in Emergency Committee in Aid of Displaced Foreign Scholars Records (NYPL, Manuscripts and Archives Division, S. 249)
- Korrespondenz und Material zur Biografie aus den Jahren 1944-1970
- John Holmes, «Conductors and Records», London 1982 • Datenbank Orpheus Trust Wien

KORRESPONDENZ
LIST, KURT

3413   [1945]-01-12
Kurt List (NYC) an Harrison Kerr; TLS, 1 S., engl. A Aufführung (Werke/KL in Europa; Rundfunksendung seiner Klavierstücke); Kompositionen/KL ("I destroyed all compositions previous to 1936", darunter Bühnenmusik für Volksbildungheime); Organisationen (Amer. Composers' Alliance, Mitgliedschaft/KL, Bürge EDGARD VARÈSE)

3414   1945-04-11
Harrison Kerr (Amer. Composers' Alliance, NYC) an Kurt List (NYC); TL (Kopie), 1 S., engl. A Organisationen (Amer. Composers' Alliance, Mitgliedschaft/KL, Wahl des Board of Governors)
↪ *Antwortbrief: 1945-07-11*

3415   1950-01-23
David W. Rubin (Amer. Composers' Alliance, NYC) an

Kurt List (NYC); TL (Kopie), 1 S., engl. **A** Organisationen (Amer. Composers' Alliance, Komitee zur Prüfung von Möglichkeiten zu Schallplattenaufnahmen, Mitglieder KL, SAM BARLOW, ROGER GOEB, BEATRICE LAUFER, TOM SCOTT, Treffen)

OFFIZIELLE DOKUMENTE
LIST, KURT

3416   1944-07-22
Kurt List (NYC), «Application for Membership»; Formular; PD (annotiert), 1 S., engl. **A** Aufführung (Musik zu «War and Peace»/KL, Studio Theatre, New School for Social Research; «Five Contrapuntal Pieces»/KL, ISCM); Organisationen (Amer. Composers' Alliance, Mitgliedschaft/ KL, Bürge EDGARD VARÈSE)

3417   1945-07-02
Kurt List (NYC), «Consent»; Formular; TDS, 1 S., engl. **A** Organisationen (Mitgliedschaft/KL in Amer. Composers' Alliance, Einverständnis mit Bedingungen)
↪ *Beilage: Werkverzeichnis (Dok. 3419)*

MATERIAL ZUR BIOGRAFIE
LIST, KURT

3418   —
Kurt List, «List, Kurt»; Werkverzeichnis; TD (annotiert), 1 S., engl. **A** Kompositionen/KL (Werkliste)

3419   (1945-07-02)
Kurt List, «List, Kurt»; Werkverzeichnis; TD, 4 S., engl. **A** Kompositionen/KL (Werkliste mit Publikationsdaten)
↪ *Beilage zu: «Consent» (Dok. 3417)*

Paul A. Pisk Subject File

- Paul Amadeus Pisk, 1893-1990, Komponist und Musikwissenschaftler, Studium in Wien, Privatschüler von Arnold Schoenberg, 1920-1928 Mithrsg. der «Musikblätter des Anbruch», 1936 Emigration in die USA, Lehrtätigkeit an verschiedenen Univ.
- Korrespondenz und Material zur Biografie aus den Jahren 1938-1990
- Nachlass im Paul Amadeus Pisk Archive, Gaylord Music Library, Washington Univ., St. Louis (MO), http://library.wustl.edu/units/music/spec/pisk.html
- Elliott Antokoletz, «A Survivor of the Vienna Schoenberg Circle: an Interview with Paul A. Pisk», in: ‹Tempo› 154 (1985), 15-21 • Any Raquel Fagundes, «The Organ Works of Paul Amadeus Pisk», in: ‹The Diapason› 81 (1990), Nr. 9, 14-16

KORRESPONDENZ
PISK, PAUL A.

3420   1938-09-08
Paul A. Pisk (Univ. of Redlands, Redlands, CA) an Harrison Kerr; ALS, 1 S., engl. **A** Kompositionen/PP (zum Teil publiziert bei Universal Edition); Organisationen (Mitgliedschaft/PP in AKM; Übertragung der Aufführungsrechte zu Amer. Composers' Alliance)

3421   1938-10-25
Harrison Kerr an Paul A. Pisk (Redlands, CA); TL (Kopie), 1 S., engl. **A** Organisationen (Mitgliedschaft/PP in AKM; Problem mit Übertragung der Aufführungsrechte zu Amer. Composers' Alliance wegen schwieriger politischer Situation in Österreich)

3422   1938-11-02
Paul A. Pisk (Redlands, CA) an Harrison Kerr (Amer. Composers' Alliance, NYC); ALS, 2 S., engl. **A** Aufführung (Werke/PP in Österreich, Holland, Frankreich, CSR, Südamerika, California und NYC); Finanzen/PP (Tantiemen AKM)

3423   1944-06-04
Paul A. Pisk (Univ. of Redlands, Redlands, CA) an ?; ALS, 1 S., engl. **A** Organisationen (Mitgliedschaft/PP in Amer. Composers' Alliance); Veröffentlichung/PP («Prayer» und «Three a cappella Choruses» für Frauenstimmen bei Delkas Publishing Co.)

3424   1944-07-16
Paul A. Pisk (Redlands, CA) an ? (Amer. Composers' Alliance, NYC); ALS, 2 S., engl. **A** Veröffentlichung/PP («Three a cappella Choruses» für Frauenstimmen, «My Pretty Little Pink. A Merry Fugue on a Southern Folktune» für 2 Kl. bei Delkas Music Corp.)
↪ *Antwortbrief: 1944-08-03*

3425   1945-05-31
Harrison Kerr an Paul A. Pisk (School of Music, Univ. of Redlands, Redlands, CA); TL (Kopie), 1 S., engl. **A** Organisationen (Reorganisation der Amer. Composers' Alliance, Auflösung der Mitgliedschaft/PP, Tantiemen; HENRY COWELL; ASCAP)
↪ *Brief ähnlichen Inhalts: 1945-05-24*

3426   1946-11-14
Paul A. Pisk (Univ. of Redlands, Redlands, CA) an Godfrey Turner (Amer. Composers' Alliance, NYC); ALS, 2 S., engl. **A** Veröffentlichung/PP (Werke bei Delkas Music Corp., Instituto Interamericano de Musicologia und Verlag Carl Fischer; Tantiemen, Senderechte; Amer. Composers' Alliance, BMI)

3427   1946-11-20
Paul A. Pisk (Univ. of Redlands, Redlands, CA) an ? (Amer. Composers' Alliance, NYC); ALS (annotiert), 1 S., engl. **A** Veröffentlichung/PP («Bucolic Suite» für Streich-

orchester op. 55, Verlag Elkan-Vogel; Bitte um Freigabe der Publikationsrechte)

↳ *Antwortbrief: 1946-11-21*

3428   1946-11-21
Godfrey Turner (Amer. Composers' Alliance, NYC) an Paul A. Pisk (School of Music, Univ. of Redlands, Redlands, CA); TL (Kopie), 1 S., engl. **A** Veröffentlichung/PP («Sonatina» für Kl. op. 49, Instituto Interamericano de Musicologia; «String Music» op. 40, Verlag Carl Fischer; Freigabe der Rechte, Ausnahme Senderechte)

3429   1947-01-08
Paul A. Pisk (Univ. of Redlands, Redlands, CA) an Godfrey Turner (Amer. Composers' Alliance, NYC); ALS, 2 S., engl. **A** Finanzen/PP (Tantiemen); Organisationen (Amer. Composers' Alliance, Rechte an Bearbeitungen; Mitgliedschaft/PP in AKM); Veröffentlichung/PP (Ablehnung durch Verlag Carl Fischer wegen Mitgliedschaft in Amer. Composers' Alliance; Verlag Elkan-Vogel; HENRY COWELL, Mr. ? LEAD)

↳ *Antwortbrief: 1947-01-14*
↳ *Brief ähnlichen Inhalts: 1947-03-25*

3430   1947-03-28
Godfrey Turner (Amer. Composers' Alliance, NYC) an Paul A. Pisk (School of Music, Univ. of Redlands, Redlands, CA); TL (Kopie), 1 S., engl. **A** Organisationen (gegenseitige Konkurrenz der Urheberrechtsorganisationen; ASCAP schafft künstliche Hindernisse für Mitglieder der Amer. Composers' Alliance; BMI); Veröffentlichung/PP (Ablehnung durch Verlag Carl Fischer wegen Mitgliedschaft in Amer. Composers' Alliance)

3431   1947-09-06
Paul A. Pisk (NYC) an Godfrey Turner (Amer. Composers' Alliance, NYC); ALS, 1 S., engl. **A** Veröffentlichung/PP («Bucolic Suite» für Streichorchester op. 55, E.B. Marks Music Corp.; Bitte um Freigabe der Publikationsrechte, Verlag Elkan-Vogel)

↳ *Antwortbrief: 1947-09-08*

3432   1947-12-25
Paul A. Pisk (Univ. of Redlands, Redlands, CA) an Godfrey Turner (Amer. Composers' Alliance, NYC); ALS, 2 S., engl. **A** Veröffentlichung/PP («Suite» für Ob. und Kl. op. 60, Interamerican Composers' Cooperation [sic]; Bitte um Freigabe der Publikationsrechte)

↳ *Antwortbrief: 1947-12-30*

3433   1948-03-19
Paul A. Pisk (Univ. of Redlands, Redlands, CA) an Godfrey Turner (Amer. Composers' Alliance, NYC); ALS (annotiert), 2 S., engl. **A** Aufführung («Prayer» für Frauenchor/PP, Radioübertragung KPRO und ABC Network); Veröffentlichung/PP («Little Woodwind Music» für Ob., 2 Klar. und Fg. op. 53a; AMP, Bitte um Freigabe der Publikatonsrechte; M.E. TOMPKINS)

↳ *Antwortbrief: Harrison Kerr 1948-03-24*

3434   1949-02-18
Paul A. Pisk (Univ. of Redlands, School of Music, Redlands, CA) an ? (Amer. Composers' Alliance, NYC); TLS, 1 S., engl. **A** Kompositionen/PP («Four Songs» op. 62, «Prelude and Fugue» für Orchester op. 63, «Three-Part Invention» für Kl.); Veröffentlichung/PP («Little Woodwind Music» für Ob., 2 Klar. und Fg. op. 53a, AMP)

3435   1949-09-21
Paul A. Pisk (Univ. of Redlands, School of Music, Redlands, CA) an ? (Amer. Composers' Alliance, NYC); TLS (annotiert), 1 S., engl. **A** Aufführung («Suite» für Ob. und Kl. op. 60 und «Little Woodwind Music» für Ob., 2 Klar. und Fg. op. 53a/PP, Radiosender KFWB); Veröffentlichung/PP («Five Variations on an Old Trumpet Hymn Tune» für Blechbläser-Sextett, Southern Music Publishing Co.; Bitte um Freigabe der Publikationsrechte)

↳ *Antwortbriefe: David W. Rubin 1949-12-07, Otto Luening 1949-12-07*

3436   1950-06-07
Paul A. Pisk (Univ. of Redlands, School of Music, Redlands, CA) an David W. Rubin (Amer. Composers' Alliance, NYC); TLS, 1 S., engl. **A** Veröffentlichung/PP («Engine Room» für Kl. und «My Pretty Little Pink. A Merry Fugue on a Southern Folktune» für 2 Kl., Delkas Publishing Co.; Bitte um Freigabe der Publikationsrechte)

↳ *Antwortbrief: Otto Luening 1950-06-12*

3437   1950-09-07
Paul A. Pisk (Univ. of Redlands, Redlands, CA) an ? (Amer. Composers' Alliance, NYC); TLS, 1 S., engl. **A** Veröffentlichung/PP («Engine Room» für Kl., Leeds Corp.; «Suite» für Ob. und Kl. op. 60, Instituto Interamericano de Musicologia; Bitte um Freigabe der Publikationsrechte)

↳ *Antwortbrief: Otto Luening 1950-09-11*

3438   1950-12-10
Paul A. Pisk (Univ. of Redlands, Redlands, CA) an ? (Amer. Composers' Alliance, NYC); TLS, 1 S., engl. **A** Veröffentlichung/PP («Evening» für Chor und Kl. oder Orgel op. 67 Nr. 1, Southern Music Publishing Co.; Bitte um Freigabe der Publikationsrechte)

↳ *Antwortbrief: Otto Luening 1950-12-19*

3439   1951-01-23
Paul A. Pisk (Univ. of Redlands, School of Music, Redlands, CA) an ? (Amer. Composers' Alliance, NYC); TLS, 1 S., engl. **A** Veröffentlichung/PP («Forest Song» und «Slow Spring» für Chor und Kl., «Daisies» für Frauenchor und 3 Klar., Verlag E.B. Marks; Bitte um Freigabe der Publikationsrechte)

↳ *Antwortbrief: Otto Luening 1950-01-26*

3440   1951-02-20
Paul A. Pisk (Univ. of Redlands, School of Music, Redlands, CA) an ? (Amer. Composers' Alliance, NYC); ALS, 1 S., engl. **A** Projekte (Aufführung «Trio» für Ob., Klar. und Fg./PP bei Festival an Texas Christian Univ., MICHAEL WINESANKER; «String Music» op. 40, Interesse/SANDOR SALGO, Stanford Univ.)

3441   1951-03-01
Paul A. Pisk (Univ. of Redlands, School of Music, Red-

New York

lands, CA) an ? (Amer. Composers' Alliance, NYC); TLS, 1 S., engl. **A** Veröffentlichung/PP («XXX. Psalm» für Männerchor, Southern Music Publishing Co.; Bitte um Freigabe der Publikationsrechte)

↬ *Antwortbrief: Otto Luening 1951-03-06*

3442 1951-12-06
Paul A. Pisk (Univ. of Texas, Dept. of Music, Austin, TX) an Oliver Daniel (Amer. Composers' Alliance, NYC); ALS, 2 S., engl. **A** Anstellung/PP (an Univ. of Redlands, vorübergehend Univ. of Texas); Kompositionen/PP (Fertigstellung von «Quartet» für Blechbläser op. 72 und «Elegy und Scherzino» für Ob., 2 Klar. und Fg.); Organisationen (Mitgliedschaft/PP in Amer. Composers' Alliance; HENRY COWELL)

OFFIZIELLE DOKUMENTE
PISK, PAUL A.

3443 1944-06-12
«Agreement between Paul A. Pisk and Amer. Composers' Alliance»; Vertrag; PDS, 4 S., engl. **A** Vertrag (Copyright, Aufführungsrechte; Zeugin MARTHA FRANK PISK)

↬ *Beilage: Werkverzeichnis (Dok. 3446)*

3444 1945-07-01
Paul A. Pisk; Formular; PDS, 1 S., engl. **A** Organisationen (Einverständnis zur Mitgliedschaft/PP in neuorganisierter Amer. Composers' Alliance)

MATERIAL ZUR BIOGRAFIE
PISK, PAUL A.

3445 1938 bis 1970
Programmhefte und Tantiemenabrechnungen

3446 (1944-06-12)
Paul A. Pisk; Werkverzeichnis; TD (Kopie), 3 S., engl.

↬ *Beilage zu: «Agreement» (Dok. 3443)*

Karl Weigl Subject File

- Karl Weigl, 1881-1949, österr. Komponist und Musikwissenschaftler, Studium in Wien, 1930-1938 Professor für Theorie und Komposition an der Univ. Wien, 1938 Emigration in die USA, 1941-1942 Dozent an der Hartt School of Music in Hartford (CO), 1943-1945 am Brooklyn College (NY), 1946-1948 am Boston Conservatory, 1948-1949 an der Philadelphia Musical Academy

- Korrespondenz aus dem Zeitraum 1942-1949, fortgesetzt von Vally Weigl als Rechtsnachfolgerin; biografisches Material zu Karl und Vally Weigl nach 1950

- Vgl. Toni and Gustav Stolper Coll. (Center for Jewish History, Leo Baeck Institute, S. 69ff.), Karl Weigl und Vally Weigl Subject Files in Emergency Committee in Aid of Displaced Foreign Scholars Records (NYPL, Humanities and Social Sciences Library, Manuscripts and Archives Division, S. 276-279) und Karl Weigl Scores (NYPL, Library of the Performing Arts, Music Division, S. 330f.); siehe auch Vally Weigl Coll. (Library of Congress, Washington, DC)

- BHE II, 1216f. • Spalek I, 960-962 • Eveline Möller, «Die Musiklehranstalten der Stadt Wien und ihre Vorläufer in der ersten Hälfte des 20. Jahrhunderts», Diss. Univ. Wien 1994 • Charlotte Erwin / Michael Meckna, «Weigl, Karl», in: «NGroveDN online» (http://www.grovemusic.com/, Stand: August 2004) • Datenbank Orpheus Trust Wien

KORRESPONDENZ
AKM

3447 1956-02-13
? Kraxner (Staatlich genehmigte Ges. der Autoren, Komponisten und Musikverleger, Wien) an Gustave Beer (ALACA, NYC); TLS, 1 S., dt. **A** Organisationen (VALLY WEIGL als Rechtsnachfolgerin/KARL WEIGL, keine Zuerkennung der Witwenquote ohne Mitgliedschaft in AKM)

3448 1956-11-19
Gustave Beer (ALACA, NYC) an Vally Weigl (NYC); TLS, 1 S., engl. **A** Organisationen (AKM, Mitgliedschaft und Pensionsansprüche/VW als Rechtsnachfolgerin/KARL WEIGL)

3449 1956-12-11
? Kralner [= Kraxner?] (Austrian Soc. of Authors, Composers and Conductors, Wien) an Vally Weigl (NYC); TL (Abschrift), 1 S., engl. **A** Organisationen (AKM, Ablehnung des Antrags/VW auf Rechtsansprüche und Tantiemen/KARL WEIGL)

WALTER, BRUNO

3450 1939-03-26
Bruno Walter, ohne Adressat; ALS (Kopie), 1 S., engl. **A** Empfehlung/BW (für KARL WEIGL); Öffentlichkeit/KARL WEIGL (guter Ruf als Komponist und Lehrer)

↬ *Original in: Emergency Committee in Aid of Displaced Foreign Scholars Records (Dok. 6161)*

WEIGL, KARL

3451 1942-01-30
Karl Weigl (NYC) an Harrison Kerr (Amer. Composers' Alliance, NYC); TLS, 1 S., engl. **A** Kompositionen/KW (Werke für Minneapolis School Music Conference; «4 Pieces» für 4 V. oder Klar. und Kl., «3 Intermezzi» für Streich-

quartett, «Lullaby» für V. oder Fl. und Kl., «Spring Overture» für Orchester, «4 Religious Choruses», «The Four Seasons» für Kinderchor und Kl.)

3452 1942-04-07
Karl Weigl (NYC) an Harrison Kerr (Amer. Composers' Alliance, NYC); TLS, 1 S., engl. **A** Organisationen (Educators National Conference, Milwaukee, Wisconsin, Teilnahme/KW); Projekte/KW (Unterstützung der Kriegspropaganda des National Music Council "in writing for radio, film, choral groups"; Teilnahme an "Victory Concerts" als Komponist oder Interpret, NYPL und Metropolitan Museum; CARLTON SPRAGUE SMITH, [ERNEST] HUTCHESON)

3453 1945-08-22
Karl Weigl (c/o Dr. Gerhart Piers, Chicago, IL) an Shirley Brandt; ALS, 2 S., engl. **A** Projekte/WILLIAM STEINBERG (Aufführung von «Vienna, the City that Was» für Orchester/KW)

3454 1945-11-25
Karl Weigl (NYC) an Harrison Kerr; ALS, 2 S., engl. **A** Anstellung/KW (Lehrauftrag in Boston); Kompositionen/KW (Urheberrechte an Kompositionen aus Europa, verlegt bei B. Schott's Söhne, Breitkopf & Härtel und Universal Edition; Amer. Composers' Alliance, ASCAP); Organisationen (Amer. Composers' Alliance, Ende der Mitgliedschaft/KW; Interesse/VALLY WEIGL an Mitgliedschaft, Kompositionen bei Verlagen Witmark und Schirmer; LUKAS FOSS, [OTTO] LUENING); Treffen/KW (mit HK); Veröffentlichung («5. Sinfonie» und «Vienna, the City that Was» für Orchester/KW bei AMP)
↦ *Brief ähnlichen Inhalts: 1945-11-29*

3455 1945-12-21
Otto Luening (Amer. Composers' Alliance, Inc., NYC) an Karl Weigl (NYC); TLS (Kopie), 2 S., engl. **A** Organisationen (Mitgliedschaft in neuer "unincorporated" Amer. Composers' Alliance, fehlende Einverständniserklärung/KW, Vertrag zur Wahrnehmung der Aufführungs- und Senderechte; AMC, BMI, Philharmonic-Symphony Soc. of NY)

3456 1946-01-14
Karl Weigl (NYC) an Harrison Kerr; ALS, 1 S., engl. **A** Aufführung (Werke/KW, Brooklyn Museum; AMP, Tantiemen)

3457 1946-01-14
Karl Weigl (NYC) an Harrison Kerr; ALS, 2 S., engl. **E** Einbürgerung/KW (amer. Staatsbürgerschaft) **A** Organisationen (zukünftige Mitgliedschaft in Amer. Composers' Alliance von neuer AKM abhängig; Übernahme der alten AKM durch Stagma nach Machterlangung/ADOLF HITLER)

3458 1946-05-03
Harrison Kerr an Karl Weigl (NYC); TL (Kopie), 1 S., engl. **A** Organisationen (Erhaltung der Mitgliedschaft/KW in Amer. Composers' Alliance bis zur Klärung der Rechtsvertretung durch AKM, keine Tantiemen für diesen Zeitraum)
↦ *Antwortbrief: 1945-05-05*

WEIGL, VALLY

3459 1956-06-10
Vally Weigl (NYC) an Board of Governors (Amer. Composers' Alliance, NYC); TLS, 2 S., engl. **A** Organisationen (Erhaltung der Mitgliedschaft/KARL WEIGL in Amer. Composers' Alliance bis zur Klärung der Rechtsvertretung durch AKM auf Ratschlag/HARRISON KERR; VW als Rechtsnachfolgerin/KARL WEIGL, Ansprüche an AKM; "additional associate membership" in Amer. Composers' Alliance für VW; HENRY COWELL, Mr. ? BURDICK); Veröffentlichung (Werke/KARL WEIGL bei Independent Music Publishers, B. Schott's Söhne, Universal Edition, Breitkopf & Härtel, Repräsentation durch AMP)
↦ *Brief ähnlichen Inhalts: 1956-11-07*

3460 1956-11-20
Vally Weigl (NYC) an Carol Truax (Amer. Composer's Alliance, NYC); ALS, 2 S., engl. **A** Organisationen (VW als "associate member" in Amer. Composers' Alliance, Mitgliedschaft und Pensionsansprüche/VW als Rechtsnachfolgerin/KARL WEIGL bei AKM; ? BURDICK, GUSTAVE BEER, ALACA)
↦ *Briefe ähnlichen Inhalts: 1956-11-11, 1956-11-29*

OFFIZIELLE DOKUMENTE
WEIGL, KARL

3461 1944-05-22
«Assignment of Performing Rights»; Vertrag; PDS, 4 S., engl. **A** Vertrag/KARL WEIGL (mit Amer. Composers' Alliance, Copyright, Aufführungsrechte; Zeuge LUKAS FOSS)
↦ *Beilage: Werkverzeichnis (Dok. 3463)*

WEIGL, VALLY

3462 1957-02-13
Philip A. Donahue (Surrogate's Court of the County of NY), ohne Adressat; Gerichtliche Dokumente; PDS, 1 S., engl. **E** Verwandte/VALLY WEIGL (Tod/KARL WEIGL, Nachlassvertreterin VALLY WEIGL)

MATERIAL ZUR BIOGRAFIE
WEIGL, KARL

3463 (1944)-(05)-?
Karl Weigl, «Weigl, Karl»; Werkverzeichnis; TD (Kopie annotiert), 6 S., engl. **A** Kompositionen/KW (Werkliste mit Aufführungs- und Publikationsdaten)
↦ *Beilage zu: «Assignement» (Dok. 3461)*

3464 1944 bis 1949
Programmhefte und gedruckte Werkverzeichnisse

WEIGL, VALLY

3465 1956 bis 1970
Programmhefte, gedruckte Werkverzeichnisse und Kopien publizierter Aufsätze

Center for Jewish History, Leo Baeck Institute
15 West 16th St., New York, NY 10011, http://www.lbi.org
Kontakt: Diane Spielmann, dspielmann@cjh.org

Karl Adler Collection

- 1890-1973, ab 1922 Leiter des Stuttgarter Konservatoriums, 1926 Leiter des Jüdischen Lehrhauses Stuttgart, nach Entlassung 1933 Leiter der Stuttgarter Jüdischen Kunstgemeinschaft und der Musikabteilung der Mittelstelle für jüdische Erwachsenenbildung (einer Abteilung der Reichsvertretung der dt. Juden), 1938-1940 zuständig für das Emigrationsprogramm, 1940 Emigration in die USA, Lehrtätigkeit u.a. an der Yeshiva Univ. in NYC

- Sammlung (Call Nos. AR 7276, AR 3734) mit Material bis 1933 (nicht berücksichtigt) sowie mit Dokumenten aus Adlers Zeit als Leiter der Jüdischen Auswandererstelle Stuttgart (1933-1938) und aus der Zeit nach seiner Emigration, darunter Korrespondenz, offizielle Dokumente und Material zur Biografie

- Inventory; Kurzbeschreibung im Online-Katalog (http://lbi.cjh.org/mclbiinternetmenu.htm) des Leo Baeck Institute

- BHE II, 10f. • Macy Nilman (Hrsg.), «Dedicated to the Memory of Dr. Karl Adler», Festschrift, ‹Journal of Jewish Music and Liturgy› 18 (1995/96)

SCHRIFTEN
ADLER, KARL

3466 1939-06-03
«Jüdische Auswandererstelle für Württemberg und Hohenzollern»; Aufsatz, TD (Kopie), 7 S., dt. **E** Hilfsorganisationen (Aufgaben der Jüdischen Auswandererstelle, Beratung, Unterstützung bei Visa-Anträgen und Ausreise)

3467 1948-05-25
«Education through Music. Some Principles and Suggestions for Yeshiva Univ., School of Education»; Memorandum, TD (Kopie), 2 S., engl. **R** Pädagogik/KA (Institutionalisierung von Musikpädagogik)

3468 1950-10-04
«Memorandum on the Establishment of a Music Dept. at Yeshiva Univ.»; Memorandum, TDS, 2 S., engl. **R** Pädagogik/KA (Musikpädagogik, Notwendigkeit eines Music Dept. an Yeshiva Univ.)

KORRESPONDENZ
BÄUERLE, THEODOR

3469 1946-01-30
Theodor Bäuerle (Kultusministerium, Stuttgart) an Karl Adler; TL (Kopie), 1 S., dt. **A** Anstellung/TB (Ministerialdirektor im Kultusministerium, Wiederaufbau des Unterrichts- und Volksbildungswesens, fehlende Mittel) **Z** Politik (Entnazifizierung und Wiederaufbau, Schuldfrage)

3470 1946-03-30
Karl Adler (NYC) an Theodor Bäuerle; TL (Kopie), 2 S., engl. **E** Bekannte/KA (Verbleib von Freunden und Bekannten; HANS WALZ, GOTTFRIED WEIMER, [FERDINAND] PFOHL; Captain ? WALDRON) **A** Anstellung/TB (Ministerialdirektor im Kultusministerium); Anstellung/KA (an NY Music College und Hunter College; Gründung des Amer. Community Chorus) **Z** Kriegsereignisse ("the greatest heap of ruins in world history, both physically and mentally" als Folge)
→ Abdruck im Anhang, S. 412

3471 1946-07-09
Theodor Bäuerle (Stuttgart) an Karl Adler; ALS, 4 S., dt. **E** Bekannte/KA (Schicksal/HANS WALZ) **A** Anstellung/TB (Ministerialdirektor im Kultusministerium, große Arbeitslast); Projekte/TB (Gründung eines Vereins zur Förderung der Volksbildung)

3472 1946-09-21
Theodor und Klara Bäuerle (Stuttgart) an Karl und Grete Adler; ALS, 4 S., dt. **E** Hilfe/KA und GA (Paketsendung für TB und KB; Unterstützung für HANS WALZ) **A** Anstellung/TB (Ministerialdirektor im Kultusministerium, große Arbeitslast, Lehrermangel)

3473 1946-10-23
Karl Adler (NYC) an Theodor Bäuerle (Stuttgart); TL (Kopie annotiert), 4 S., dt. **E** Hilfe/KA (viele Briefe mit Bitte um Ausstellung von Leumunds-Zeugnissen) **A** Anstellung/KA (Lehrtätigkeit); Vortrag/KA («Germany – Our Problem» an NY City College) **Z** Politik (Verurteilung der Nazigräuel und Kriegsverbrechen)

3474 1952-03-07
Karl Adler an Theodor Bäuerle (Stuttgart); TL (Kopie), 2 S., dt. **A** Projekte/KA (Reise nach Deutschland, "dass wir Verjagten nun auch das andere Deutschland kennen lernen sollen"; Finanzierung der Reise, EUGEN GERSTENMAIER, Dr. ? VOGEL; State Dept. muss Reise genehmigen); Vortrag/KA ("dass ich in kritischer Zeit, unmittelbar nach Kriegsende schon Vorträge über 'The other Germany' gehalten habe") **R** Pädagogik/KA (pädagogisches Wirken als Beitrag zur Völkerverständigung)

3475 1953-01-30
Karl Adler an Theodor Bäuerle; TL (Kopie), 2 S., dt. E Besitzverhältnisse/KA ("möchte ich meine sogenannte Wiedergutmachung zu einem Abschluss bringen") A Projekte/KA (neue Reise nach Deutschland, Verlängerung des Reisepasses; Planung von Treffen, Konferenzen und Kursen; [HANS] WALZ; HERMANN ERPF, FRITZ JÖDE, [KARL] AICHELE, ? WIRSCHING); Reise/KA (nach Deutschland, Wiedersehen mit Freunden; Reisekosten); Vortrag/KA (Vorträge und offizielle Besuche während Deutschland-Reise) Z Politik (Nachkriegssituation in Stuttgart, Seuchen)

BRIARCLIFF JUNIOR COLLEGE BRIARCLIFF MANOR
3476 1946-11-30
Karl Adler (Briarcliff Junior College, Briarcliff Manor, NY) an Clara M. Tead; TL (Kopie), 1 S., engl. A Anstellung/KA (Unterrichtstätigkeit am Briarcliff Junior College, Ablehnung des Direktorpostens im Music Dept.)

BRITISH PASSPORT CONTROL OFFICE
3477 1939-07-24
Israel Otto Hirsch an ? Insull (British Passport Control Office); TL (Kopie), 1 S., dt. E Ausreise/KARL ADLER (nach England zur Besprechung mit German Jewish Aid Committee; Bitte um Ausstellung eines Einreisevisums)

BRITISCHES GENERALKONSULAT FRANKFURT
3478 1939-06-27
? Gumbel (Oberrat der Israelischen Religionsgemeinschaft Württembergs, Stuttgart) an ? (Königlich Britisches Generalkonsulat, Frankfurt); TLS, 1 S., dt. E Ausreise/KARL ADLER (Antrag auf Visum für England zur Einreise aufgrund seiner Tätigkeit, Unterstützung durch den Oberrat der Israelischen Religionsgemeinschaft) A Anstellung/KARL ADLER (Leiter der Jüdischen Auswandererstelle Stuttgart, Kontaktaufnahme mit ausländischen Organisationen erforderlich); Organisationen (Mitgliedschaft/KARL ADLER im Oberrat der Israelischen Religionsgemeinschaft)

CONGREGATION MIKVEH ISRAEL
3479 1949-03-16
D.A. Jessurun Cardozo (Congregation Mikveh Israel, Philadelphia, PA) an Karl Adler (NYC); TLS, 2 S., engl. A Organisationen (Tagung der Soc. for the Advancement of Jewish Liturgical Music, Einladung zur Teilnahme/KA)

EINSTEIN, JOHANNA
3480 1961-03-03
Kurt Reissmüller (Rechtsanwälte Dr. Ulmer, Dr. Dr. Bundschuh, Dr. Ganssmüller, Otto Schmidt und Kurt Reissmüller, Stuttgart) an Karl Adler (NYC); TLS, 1 S., dt. E Besitzverhältnisse/JOHANNA EINSTEIN (Entschädigungsansprüche, Verfahren beim Bayerischen Landesentschädigungsamt; Zeugenerklärungen über Art der Tätigkeit und Höhe des Einkommens; Bitte um Unterstützung/KA) A Biografie/JOHANNA EINSTEIN (freiberufliche Tätigkeit als Pianistin, Finanzen; Ausschluss aus Reichsmusikkammer)

3481 1961-05-18
? Probst (Bayerisches Landesentschädigungsamt, München) an Karl Adler (NYC); TLS, 2 S., dt. E Besitzverhältnisse/JOHANNA EINSTEIN (Entschädigungsansprüche; Zeugenerklärung/KA zu Art ihrer Tätigkeit, Berufsverbot, Höhe des Einkommens)
→ *Eidesstattliche Erklärung 1961-05-15 (Dok. 3510)*

ESSINGER, PAULA
3482 1955-04-05
E.G. Löwenthal (Beratungsausschuss für Ruhegehaltsansprüche jüdischer Gemeindebediensteter, Bonn) an Karl Adler (NYC); TLS, 2 S., dt. E Besitzverhältnisse/PAULA ESSINGER und ANNA ESSINGER (Entschädigungsforderung für entgangene Versorgungsbezüge bei der Bundesstelle für Entschädigung der Bediensteten jüdischer Gemeinden; Bitte/EL um Informationen und Mithilfe bei Feststellung der Pensionsansprüche; ADOLF F. LESCHNITZER, LEOPOLD LEVI, THEODOR HIRSCH)

FEDERAL BUREAU OF INVESTIGATION
3483 1942-07-29
Grete Adler (NYC) an ? (US Attorney, FBI, NYC); TLS, 1 S., engl. E Behörden (Antrag auf "travelling permit" wegen Assistenz bei Lehrtätigkeit/KARL ADLER in Briarcliff Manor, New York)

3484 1942-07-29
Karl Adler (NYC) an ? (US Attorney, FBI, NYC); TLS, 1 S., engl. E Behörden (Antrag auf "travelling permit" für Lehrtätigkeit in Briarcliff Manor) A Anstellung/KA (Lehrtätigkeit am Briarcliff College, New York)

JÖDE, FRITZ
3485 1952-10-07
Fritz Jöde (Pro Musica, Internationaler Arbeitskreis für Jugend- und Volksmusik, Hamburg) an Karl Adler; TLS, 1 S., dt. A Organisationen (Arbeitsgemeinschaft für Musikerziehung und Musikpflege, Einladung für KA zur Jahrestagung, Teilnahme als "Förderung der freudschaftlichen Beziehungen zwischen Amerika und Europa")

3486 1953-03-17
Fritz Jöde (Internationales Institut für Jugend- und Volksmusik, Trossingen) an Karl Adler (NYC); TLS, 1 S., dt. A Öffentlichkeit/KA (Dank für Teilnahme an Jahrestagung, Beitrag zu "Umwandlung der Meinungen über die amer. Kulturarbeit"); Vortrag/KA (Einladung zu Vortrag über volksmusikalische Arbeit in den USA, Internationales Singtreffen Österreich und Internationale Bach-Woche Schweiz)
→ *Briefe Pädagogisches Institut Stuttgart 1953-03-13 (Dok. 3497) und Staatliche Oberschule Künzelsau 1952-03-12 (Dok. 3501)*

JÜDISCHE AUSWANDERERSTELLE STUTTGART
3487 1940-11-24
Karl Adler an ? ([Auswandererstelle Stuttgart]); TL (Abschrift), 4 S., dt. E Emigrationsweg/KA (Reise von Stuttgart nach Lissabon, Umstände und Schwierigkeiten)

3488 1940-11-26
Grete, Karl und Irene Adler (Long Island, NY) an ? ([Auswandererstelle Stuttgart und Verwandte]); TL (Kopie), 4 S., dt. E Einreise/KA, IA und GA (Seereise, Ankunft, Empfang

durch Bekannte, MARTA LEVI, ARTHUR FIELDS; Einwanderungskommission, ärztliche Untersuchung); Integration/KA (Eindrücke von NYC, Beschreibung von Umgebung, Verkehrsmitteln, Wohnung); Sprache/KA ("fliessendes Sprechen" und "gute Aussprache")

→ *Abdruck im Anhang, S. 395*

3489 (1940-11-26)
Karl Adler (NYC) an ? (Auswandererstelle Stuttgart); AL (Kopie), 3 S., dt. E Besitzverhältnisse/KA (Pakete mit Büchern und Noten in gutem Zustand); Hilfsorganisationen (Arbeit/KA für Auswandererstelle Stuttgart neben regulärer Tätigkeit, Schilderung von Problemfällen); Integration/KA ("Stimmungsbilder aus dem hiesigen Leben"; Bericht über Verkehrsmittel, Flugzeug, Subway, Taxi, Fahrstuhl; Stadtgeographie, Entfernungsverhältnisse); Sprache/KA ("sorgfältige engl. Vorbereitung" seines Unterrichts)

3490 1941-01-16
Karl Adler an ? ([Auswandererstelle Stuttgart]); TL (Abschrift), 6 S., dt. E Emigrationsweg/KA (Beschreibung der Abreise aus Lissabon und der Schiffspassage); Sprache/KA ("Mit dem Engl. sind wir [auf dem Schiff] ganz gut durchgekommen.")

3491 1941-02-16
Karl Adler an ? ([Auswandererstelle Stuttgart]); TL (Abschrift), 1 S., dt. E Hilfsorganisationen (Tätigkeit/KA für Auswandererstelle Stuttgart, viele Anfragen per Telegramm); Sprache/KA ("es ist doch etwas anderes, ob man eine Conversation pflegt oder vor anspruchsvollen u. verwöhnten Studenten sich wissenschaftlich ausdrücken soll") A Anstellung/KA (Vorlesung am Brooklyn College; Stellenangebot aus Philadelphia); Projekte/KA (Gründung eines Orchesters aus dt. Musikern)

3492 1948-09-?
Karl Adler an ? ([Auswandererstelle Stuttgart]); TL (Kopie), 7 S., dt. E Ausreise/KA (nach England zur Besprechung mit German Jewish Aid Committee, Rückkehr nach Deutschland); Einreise/KA (Reise und Ankunft in NYC, Wohnung und finanzielle Situation); Hilfe (heimliche Vorbereitung der Emigration/KA durch Freunde in den USA); Hilfsorganisationen (Jüdische Auswandererstelle als "Sammelpunkt des jüdischen Jammers", Leitung/KA); Verfolgung/KA (Verlust der Anstellung am Konservatorium Stuttgart, Inhaftierung, "Sicherstellung" persönlichen Besitzes, Ende der musikalischen Laufbahn; Situation der Juden) A Anstellung/KA (schwierige Stellensuche; Vortrags- und Unterrichtstätigkeit; BRUNO WALTER, ARTURO TOSCANINI) Z Kriegsereignisse (Einstellung des Postverkehrs mit Deutschland); Kulturleben (Zerstörung des "blühenden jüdischen Kulturlebens" durch Gestapo)

KÜNSTLERFOND SÜDDEUTSCHER RUNDFUNK
3493 1973-07-20
F. Müller (SDR Stuttgart) an Grete Adler (Leonia, NJ); TLS, 1 S., dt. E Finanzen (Unterstützung, "Ehrengaben" für JOSEPHINE ROSENEK und LEOPOLDINE LURJE); Hilfe/GA (Fortführung der Arbeit/KARL ADLER im Künstlerfond des SDR nach dessen Tod, Hilfe für Opfer des Nazi-Terrors)

→ *«Richtlinien» 1953-12-04 (Dok. 3522)*

MARX, ALFRED
3494 1945-06-28
Alfred Marx (Stuttgart) an Karl Adler und Grete Adler; TL, 3 S., dt. E Hilfsorganisationen (Auflösung der Jüdischen Auswandererstelle; Fortführung "jüdischer Arbeit" nach dem Krieg, Leitung HERBERT F. ESKIN) Z Verfolgung (Einführung des Judensterns, Verhaftungen und Deportationen von Bekannten/AM; Zustände in Theresienstadt)

NEW YORK COLLEGE OF MUSIC
3495 1944-05-26
Karl Adler (NYC) an ? (NY College of Music, NYC); TL (Kopie), 1 S., engl. A Anstellung/KA (Beendigung der Unterrichtstätigkeit am NY College of Music aufgrund der Arbeit als Director of Music am Briarcliff Junior College, Briarcliff Manor, New York, und Kursen am Hunter College, NYC; Finanzen, Unterstützung der Eltern)

3496 1944-07-06
Carl Hein (NY College of Music, NYC) an Karl Adler (NYC); TLS, 1 S., engl. A Empfehlung/CLARA M. TEAD und GEORGE N. SCHUSTER (für KA); Öffentlichkeit/KA (Verleihung der Ehrendoktorwürde, NY College of Music)

PÄDAGOGISCHES INSTITUT STUTTGART
3497 1953-03-13
Otto ? (Pädagogisches Institut Stuttgart) an Karl Adler (NYC); TLS, 1 S., dt. A Vortrag/KA (Einladung zum Vortrag über "Schulmusik in Amerika", Pädagogisches Institut Stuttgart)

→ *Briefe Fritz Jöde 1952-10-07 (Dok. 3486) und Staatliche Oberschule Künzelsau 1952-03-12 (Dok. 3501)*

PALÄSTINA-AMT BERLIN
3498 1940-10-28
Alfred Israel Fackenheim (Palästina-Amt Berlin der Jewish Agency for Palestine) an Karl Adler (Zweigstelle Stuttgart des Palästina-Amtes Berlin); TLS, 2 S., dt. E Ausreise/KA und GRETE ADLER (in die USA) A Öffentlichkeit/KA (Dank für seine Tätigkeit als Leiter der Jüdischen Auswandererstelle Stuttgart)

REICHSVEREINIGUNG DER JUDEN IN DEUTSCHLAND
3499 1939-07-24
Israel Otto Hirsch (Reichsvereinigung der Juden in Deutschland, Berlin) an Otto M. Schiff (London); TLS, 1 S., dt. A Empfehlung/IH (für KARL ADLER an OS, Tätigkeit für Jüdische Auswandererstelle Stuttgart)

STAATLICHE HOCHSCHULE FÜR MUSIK STUTTGART
3500 1953-04-28
Hermann Erpf (Staatliche Hochschule für Musik, Stuttgart) an Karl Adler (NYC); TLS, 1 S., dt. A Vortrag/KA (Einladung zu Vortrag über amer. Musikleben, Musikhochschule Stuttgart)

STAATLICHE OBERSCHULE KÜNZELSAU
3501 1952-03-12
? Litteim (Staatliche Oberschule Künzelsau) an Karl Adler (NYC); TLS, 1 S., dt. A Vortrag/KA ("über das amer. Volkslied", Staatliche Oberschule Künzelsau; Einladung zu

Vortrag über "Entwicklung des Musiklebens" in den USA)

↪ Briefe Fritz Jöde 1952-10-07 (Dok. 3486) und Pädagogisches Institut Stuttgart 1952-03-13 (Dok. 3497)

United States Government

3502   1943-07-01
Emmy C. Rado (US Government, Biographical Records, NYC) an Karl Adler (NYC); TLS, 1 S., engl. **E** Behörden (Regierungsabteilung für "Biographical Records", Bitte um Mithilfe/KA bei der Sammlung biografischer Details zu Persönlichkeiten des Nazi-Regimes; Mrs. ? STEWART)

Yeshiva University

3503   1946-12-01
Moses L. Isaacs (Yeshiva Univ., Yeshiva College, NYC) an Karl Adler (NYC); TLS, 1 S., engl. **A** Anstellung/KA (am Yeshiva College, Unterrichtsinhalte; Finanzen; [BATHIA] CHURGIN)

3504   1947-04-22
Moses L. Isaacs (Yeshiva Univ., Yeshiva College, NYC) an Karl Adler (NYC); TLS, 1 S., engl. **A** Anstellung/KA am Yeshiva College, Vereinbarungen; SAMUEL BELKIN)

3505   1948-06-27
Karl Adler an Moses L. Isaacs (Yeshiva College, NYC); TL (Kopie), 2 S., engl. **A** Anstellung/KA (Unterrichtstätigkeit am Yeshiva College, Voice Clinic; Kurs an Harry Fishel School, Reihe über "Technique of informal Singing with Jewish Youth", SAMUEL BELKIN; Kurse an School of Education, [SAM] HARTSTEIN]; Projekte/MI (Organisation Music Dept. of Yeshiva Univ., Hilfe/KA, Öffentlichkeitsarbeit; AARON MARGALITH)

3506   1949-02-28
Karl Adler an Moses L. Isaacs (Yeshiva College, NYC); TL (Kopie), 2 S., engl. **A** Anstellung/KA (am Yeshiva College, Bericht über Aktivitäten; Music Dept. Yeshiva Univ., SAMUEL BELKIN)

3507   1950-09-17
Karl Adler an Moses L. Isaacs (Yeshiva College, NYC); TL (Kopie), 1 S., engl. **A** Anstellung/KA (Ernennung zum Professor of Music, Yeshiva Univ; Kooperation mit Yeshiva College)

OFFIZIELLE DOKUMENTE
Bäuerle, Theodor

3508   1955-05-14
Theodor Bäuerle (Stuttgart); Bescheinigung; TDS, 3 S., dt. **A** Anstellung/KARL ADLER (Erklärung/TB zur Tätigkeit/KARL ADLER am Konservatorium Stuttgart und den Folgen seiner Entlassung; Plan/THEODOR HEUSS zum Rückruf/KARL ADLER nach Deutschland; Organisation eines Studentenaustausches)

Briarcliff Junior College Briarcliff Manor

3509   1945-02-21
Clara M. Tead (Briarcliff Junior College, Briarcliff Manor, NY); Bescheinigung; TDS, 1 S., engl. **A** Anstellung/KARL ADLER (als Director of Music am Briarcliff Junior College)

Einstein, Johanna

3510   1961-05-15
Karl Adler; Gerichtliche Dokumente; TD (Kopie), 1 S., dt.; eidesstattliche Erklärung zu Johanna Einstein **A** Anstellung/JOHANNA EINSTEIN (freiberufliche Tätigkeit als Pianistin, Ausschluss aus Reichsmusikkammer; Einschränkung der Verdienstmöglichkeiten, nur jüdische Schüler); Anstellung/KA (Direktor am Konservatorium für Musik Stuttgart; Leiter der Stuttgarter Jüdischen Kunstgemeinschaft; Professur für Musik an amer. Univ.)

↪ Brief ? Probst 1961-05-18 (Dok. 3481)

Geheime Staatspolizei Stuttgart

3511   1938-10-22
? (Geheime Staatspolizei Stuttgart); Bescheinigung; TDS, 1 S., dt.; mit Passbild von Karl Adler **A** Anstellung/KARL ADLER (Leiter der Zentralstelle für das jüdische Vereins- und Veranstaltungswesen in Württemberg)

3512   1938-11-15
? (Geheime Staatspolizei, Staatspolizeileitstelle Stuttgart); Bescheinigung; TDS (Kopie), 1 S., dt. **E** Verfolgung/KARL ADLER (Bescheinigung zur Entlassung aus "Schutzhaft", Meldepflicht)

Jüdische Auswandererstelle Stuttgart

3513   1940-04-30
? (Jüdische Mittelstelle, Stuttgart); Bescheinigung; TDS, 1 S., dt. **A** Anstellung/KARL ADLER (Leiter der Jüdischen Mittelstelle und der Jüdischen Auswandererstelle Stuttgart, Ausgangsberechtigung)

Konservatorium für Musik Stuttgart

3514   1940-07-25
Karl von Bälz (Konservatorium für Musik Stuttgart); Bescheinigung; TDS, 1 S., dt. **A** Anstellung/KARL ADLER (pädagogische, künstlerische und organisatorische Leitung des Konservatoriums Stuttgart, Lehrtätigkeit in Gehörbildung, Improvisation, Musiklehre, Ensemblespiel, Tätigkeit als Dirigent, Betreuung von Musikbücherei und Volkshochschule Stuttgart)

New York College of Music

3515   1941-09-04
Carl Hein (NY College of Music, NYC); Bescheinigung; TDS, 1 S., engl. **A** Anstellung/KARL ADLER (Unterrichtstätigkeit am NY College of Music, Finanzen, Vertragsverlängerung)

3516   1941-12-30
Carl Hein (NY College of Music, NYC); Bescheinigung; TDS, 1 S., engl. **A** Anstellung/KARL ADLER (Unterrichtstätigkeit am NY College of Music, Klavierimprovisation, rhythmische Erziehung, Gehörbildung, Ensembleunterricht)

3517   1952-06-22
Carl Hein (NY College of Music, NYC); Bescheinigung; TDS, 1 S., dt. **A** Anstellung/KARL ADLER (Lehrtätigkeit am NY College of Music; Finanzen, geringes Gehalt bis Kriegsende, Unterstützung durch Freunde notwendig)

POLIZEIPRÄSIDIUM STUTTGART
3518   1933-03-14
? (Polizeipräsidium Stuttgart); Bescheinigung; TD (Kopie), 1 S., dt. E Verfolgung/KARL ADLER (Erklärung zur Entlassung aus "Schutzhaft", ausdrücklicher Verzicht "auf alle polizeilichen Sicherungsmassnahmen für seine Person")

SICHERHEITSDIENST DES REICHSFÜHRERS-SS
3519   1939-12-29
? Richter (Sicherheitsdienst des Reichsführers-SS, Leitabschnitt Stuttgart); Bescheinigung; TDS, 1 S., dt. A Anstellung/KARL ADLER (Leiter der jüdischen Auswandererstelle Stuttgart, Bescheinigung über vorübergehende Beurlaubung)

STAATSANWALTSCHAFT STUTTGART
3520   1933-08-19
? Kerschbaum (Staatsanwaltschaft Stuttgart); Gerichtliche Dokumente; TDS, 1 S., dt. E Verfolgung/KARL ADLER (Strafsache wegen gefährlicher Körperverletzung gegen Unbekannt, Einstellung des Verfahrens) A Anstellung/KARL ADLER (Direktor der Hochschule für Musik Stuttgart)

MATERIAL ZUR BIOGRAFIE
ADLER, KARL
3521   1936-07-?
«Karl Adler lehrt singen»; Clipping; PD, 1 S., dt.; Artikel aus ‹Israelitisches Familienblatt›, Juli 1936 A Öffentlichkeit/KARL ADLER (Resonanz auf pädagogische Tätigkeit)

KÜNSTLERFOND SÜDDEUTSCHER RUNDFUNK
3522   1953-12-04
«Richtlinien für die Verteilung von Mitteln aus dem Künstlerfonds des SDR»; Aktennotiz; TD, 1 S., dt. E Hilfe (finanzielle Unterstützung von Nazi-Opfern, Bedingungen)

➤ *Brief Künstlerfond SDR 1973-07-20 (Dok. 3493)*

3523   1958-?-?
«Konrad [Name geschwärzt]»; Aktennotiz; TD, 1 S., dt. E Hilfe (für KONRAD B[…], Gewährung einer "Ehrengabe" zur finanziellen Unterstützung); Verfolgung/KONRAD B[…] (Repressionen wegen jüdischer Frau, Eltern und Geschwister im KZ ermordet; Schicksal der Familie als "Schulbeispiel für die Sinnwidrigkeit, mit der Nazimassnahmen getroffen wurden") A Anstellung/KONRAD B[…] (vor der Emigration Tätigkeit als Musiker; Buchdrucker in den USA, Arbeitsunfähigkeit)

Siegfried Altmann Collection

- Siegfried Altmann, 1887-1963, Psychologe, Direktor des Israelitischen Blindeninstituts Wien, 1939 Emigration in die USA, 1943-1958 Business Director des Austrian Institute in NYC, danach dessen Leiter
- Sammlung (Call Nos. AR 1788; AR 2899; AR 2900; AR 2901; MF 71[4]; Call No. Berlin: LBIJMB MF 71) enthält Korrespondenz u.a. mit Peter Altenberg, Richard Beer-Hofmann, Hermann Broch, Anna Freud, Erich Kästner, Karl Kraus, Lotte Lehmann, Artur Schnabel, Rudolf Serkin, Friedrich Torberg, Siegfried Trebitsch und Bruno Walter
- Finding aid; Kurzbeschreibung im Online-Katalog (http://lbi.cjh.org/mclbiinternetmenu.htm) des Leo Baeck Institute
- Memoiren in der Memoir Coll. des Leo Baeck Institute

KORRESPONDENZ
SCHNABEL, ARTUR
3524   1948-03-04
Artur Schnabel (Hotel Mark Hopkins, SF) an Siegfried Altmann; TLS, 1 S., dt. A Projekte/SA (Absage/AS für Konzert zugunsten des Austrian Institute trotz Empfehlung/BRUNO WALTER)

SERKIN, RUDOLF
3525   1948-03-24
Rudolf Serkin (NYC) an Siegfried Altmann (c/o Austrian Institute, NYC); TLS, 1 S., dt. A Projekte/SA (Absage/RS für Konzert zugunsten des Austrian Institute wegen anderweitiger Verpflichtungen)

WALTER, BRUNO
3526   1948-02-10
Bruno Walter (Philharmonic Soc. of NY, NYC) an Siegfried Altmann (NYC); TLS, 1 S., dt. A Empfehlung/BW (für FRITZ STIEDRY und EZIO PINZA an SA); Projekte/SA (Bitte/BW um Verschiebung des Konzerts zugunsten des Austrian Institute aufgrund anderweitiger Verpflichtungen; Mitwirkende LOTTE LEHMANN und ELISABETH SCHUMANN)

➤ *Brief ähnlichen Inhalts: 1948-09-02*

3527   1949-07-27
Bruno Walter (Philharmonic Soc. of NY, NYC) an Siegfried Altmann (c/o Austrian Institute, Inc., NYC); TLS, 1 S., dt. A Vortrag/BW (Zusage für Vorlesung am Austrian Institute, Thema «Die Zauberflöte»/WOLFGANG AMADEUS MOZART anlässlich der Neueinstudierung sowie Kapitel aus neuem ungedrucktem Buch [«Von der Musik und vom Musizieren»] zu Grundproblemen musikalischer Interpretation)

3528   1949-08-06
Bruno Walter (Philharmonic Soc. of NY, NYC) an Sieg-

fried Altmann (c/o Austrian Institute, Inc., NYC); TLS, 1 S., dt. **A** Vortrag/BW (Bestätigung des Vortragstermins für das Austrian Institute)

↪ *Weitere Briefe zu Aktivitäten im Zusammenhang mit dem Austrian Institute: 1950-03-21, 1953-10-03, 1953-10-17, 1955-12-27*

Archives of the American Jewish Joint Distribution Committee

- Hilfsorganisation zur Rettung jüdischer Bürger
- German Case Files der Sammlung (Call Nos. AR 7196; AR 3417; MF 129; MF 488 reels 1-40; Berlin: Call No. LBIJMB MF 488 reels 1-40; LBIJMB MF 129) enthält Dokumente zur Tätigkeit des Amer. Jewish Joint Distribution Committee zwischen 1933 bis 1945; Korrespondenz mit und über Emigranten, biografisches Material
- Inventory im Online-Katalog (http://lbi.cjh.org/mclbiinternetmenu.htm) des Leo Baeck Institute
- Yehuda Bauer, «My Brother's Keeper: a History of the Amer. Jewish Joint Distribution Committee 1929-1939», Philadelphia 1974 • Ders., «Amer. Jewry and the Holocaust: the Amer. Jewish Joint Distribution Committee, 1939-1945», Detroit 1981
- Katalogdarstellung listet jedes Subject File wie eine Sammlung innerhalb dieser Sammlung auf; kurze biografische Informationen zu den Hilfeempfängern jeweils am Anfang

Allgemeine Dokumente

- Dokumente zur öffentlichen Resonanz der Arbeit des Amer. Jewish Joint Distribution Committee

SCHRIFTEN
‹AUFBAU›

3529 1941-03-14
Seite aus dem ‹Aufbau› (PD) zum Thema «Vom Leben in Palästina» mit Beiträgen von ELIAS AUERBACH («Deutsche Juden in Palästina»), FRITZ GOETZ («Kunstbrief aus Tel-Aviv») und BERTHOLD VIERTEL («Unsere Sprache»)

MATERIAL ZUR BIOGRAFIE
AMERICAN JEWISH JOINT DISTRIBUTION COMMITTEE

3530 1940-09-05
«US Jewish Relief Organization Rescues Thousands of German Refugees Without Spending Cent in Reich»; Clipping; PD, 1 S., dt.; Artikel aus ‹The Tribune› **E** Hilfsorganisationen (Bericht über die Aktivitäten des Amer. Jewish Joint Distribution Committee)

3531 1941-03-14
«Das Joint Distribution Committee»; Clipping; PD, 1 S., dt.; Artikel aus dem ‹Aufbau› **E** Hilfsorganisationen (Bericht über die Aktivitäten des Amer. Jewish Joint Distribution Committee)

Hanns David Subject File

- Hanns David, geboren 1893, Dirigent und Komponist, Tätigkeit in Russland

KORRESPONDENZ
ROSENTHAL, ERNST A.

3532 1943-05-22
Ernest Gang (Whitchurch, GB) an Ernst A. Rosenthal; TLS (annotiert), 1 S., dt. **E** Hilfe (HANNS DAVID wünscht Unterstützung/ER und EG, um ihn "aus den Klauen seiner Peiniger zu befreien"); Internierung/HANNS DAVID ("Austausch der in einem Polnischen [sic] Lager befindlichen Juden nach Amerika", hat "Austausch nach USA" beantragt; Rettungsmöglichkeit für die Eltern) **Z** Verfolgung (Schicksal der Juden)

3533 1943-06-08
Ernst A. Rosenthal (Allentown, PA) an ? (Joint Distribution Committee, NYC); ALS (annotiert), 1 S., engl. **E** Hilfe (Bitte/ER um Unterstützung für HANNS DAVID, ERNEST GANG); Internierung/HANNS DAVID ("imprisoned by the Russian authorities" und "sent to a camp at Lublin") **A** Biografie/HANNS DAVID (Komponist und Dirigent in Russland)

3534 1943-06-11
Jeannette Robbins an Ernst A. Rosenthal (Allentown, PA); TL (Kopie), 1 S., engl. **E** Hilfe (Bitte/ER um Unterstützung für HANNS DAVID; ERNEST GANG); Internierung/HANNS DAVID (in Polen; keine Möglichkeit zur Ausreise, "since the Germans occupied Poland [...] they have not permitted people in that country to emigrate")

Albert Einzig Subject File

- Albert Einzig, geboren 1882, Dirigent, Emigration nach Shanghai, Leiter des aus jüdischen Emigranten bestehenden Albert Einzig Orchestra

KORRESPONDENZ
EINZIG, ALBERT

3535 1941-09-24
Albert Einzig (Albert Einzig Orchestra, Shanghai) an Paul Blissinger; TLS, 2 S., dt. E Ausreise/AE (Emigration nach Shanghai) A Aufführung/AE (Zusammenstellung eines Orchesters aus "erwerbslosen jüdischen Musikern", Pflege der "klassische[n] – und Unterhaltungsmusik"; Konzerte mit Chor der Expertus Soc. in Shanghai; Rundfunkübertragung, engl. Radiostation XCDN; Verpflichtung durch Country-Club "anlässlich der Theateraufführungen zugunsten eines War-founds" [sic]); Finanzen/AE (Finanzierung des Albert Einzig Orchestra aus einem Teil seines Auswanderungsgeldes; Bitte um Erstattung von Spesen und Unkosten); Öffentlichkeit/AE (große Erfolge in Shanghai, Pressekritiken)
↳ Beilage: Clippings (Dok. 3536) und Fotografien (Dok. 3537)

MATERIAL ZUR BIOGRAFIE
EINZIG, ALBERT

3536 [1941]
3 Clippings (PD, engl.) zum Albert Einzig Orchestra mit Pressekritiken und Ankündigung einer Sendung bei Radiostation XCDN.
↳ Beilage zu: Brief 1941-09-24 (Dok. 3535)

BILDDOKUMENTE
EINZIG, ALBERT

3537 [1941]
2 Fotografien des Albert Einzig Orchestra
↳ Beilage zu: Brief 1941-09-24 (Dok. 3535)

Erich Itor Kahn Subject File

- Zur Biografie vgl. S. 292
- Vgl. Erich Itor and Frida Kahn Papers (NYPL, Library of the Performing Arts, Music Division, S. 292-299)

KORRESPONDENZ
AMERICAN JEWISH JOINT DISTRIBUTION COMMITTEE

3538 1941-01-21
Moses A. Leavitt an ? (Joint Fund, Marseille); Telegramm (Abschrift annotiert), 1 S., engl. E Hilfe (für ERICH ITOR und FRIDA KAHN, Erhalt amer. Visa, Schiffspassagen)

3539 1941-01-31
? Schwartz (Marseille) an Moses A. Leavitt (Joint Distribution Committee, NYC); Telegramm (Abschrift annotiert), 1 S., engl. E Ausreise (Visa für ERICH ITOR und FRIDA KAHN angekommen, notwendige Schritte zum Transfer von Camp Gurs nach Marseille)

3540 1941-02-03
? Schwartz (Marseille) an Moses A. Leavitt (Joint Distribution Committee, NYC); Telegramm (Abschrift annotiert), 1 S., engl. E Ausreise/ERICH ITOR und FRIDA KAHN (Hilfe bei Ausreise, Ankunft in Camp Les Milles) A Treffen/FRIDA KAHN (mit ? SCHWARTZ)

3541 1941-02-24
Moses A. Leavitt an ? (Joint Fund, Lissabon); Telegramm (Abschrift annotiert), 1 S., engl. E Ausreise/ERICH ITOR und FRIDA KAHN (Unterstützung bei Buchung der Schiffspassage von Lissabon in die USA, amer. Konsulat Marseille, Finanzen)

3542 1941-03-27
? (Joint Distribution Committee, NYC) an ? (Joint Fund, Marseille); Telegramm, 1 S., engl. E Finanzen/ERICH ITOR KAHN (finanzielle Unterstützung für Gepäcküberführung nach Lissabon)

3543 1941-04-01
? (Jointfund, Marseille) an ? (Joint Distribution Committee, NYC); Telegramm (Abschrift annotiert), 1 S., engl. E Ausreise/ERICH ITOR und FRIDA KAHN (Schiffspassage nach Lissabon, "still working on reservation")

3544 1941-04-10
? (Jointfund, Marseille) an ? (Joint Distribution Committee, NYC); Telegramm (Abschrift annotiert), 1 S., engl. E Ausreise/ERICH ITOR KAHN (Reservierung der Schiffspassage, span. Transitvisa in Aussicht)

3545 1941-07-15
? (Joint Fund, Lissabon) an ? (Joint Distribution Committee, NYC); Telegramm (Abschrift), 1 S., engl. E Emigrationsweg/ERICH ITOR und FRIDA KAHN (Schiffspassage zur Weiterreise ab Casablancea auf "S.S. Guinee" gebucht)

DUSHKIN, LOUISE UND SAMUEL

3546 1941-04-04
? (NYC) an Louise Dushkin; TL (Kopie annotiert), 1 S., engl. E Finanzen/LD (Geld für Schiffspassage/ERICH ITOR und FRIDA KAHN, Schecksendung an Amer. Jewish Joint Distribution Committee)

3547 1941-06-14
? Morette (Casablanca) an Aron Gurwitsch (Baltimore,

MD); Telegramm (annotiert), 1 S., frz. E Emigrationsweg/ ERICH ITOR und FRIDA KAHN (Schiffsreise in Casablanca unterbrochen, Weiterfahrt unsicher; Hilfe bei Suche nach Alternative, SAMUEL DUSHKIN)

3548   1941-06-23
Samuel Dushkin (Chagrin Falls, OH) an ?; ALS (annotiert), 2 S., engl. E Emigrationsweg/ERICH ITOR und FRIDA KAHN (Schiffsreise in Casablanca unterbrochen) A Anstellung/ VLADIMIR GOLSCHMANN (Dirigent des St. Louis SO)

3549   1941-06-25
[Moses A. Leavitt] an Samuel Dushkin (Chagrin Falls, OH); TL (Kopie annotiert), 1 S., engl. E Emigrationsweg/ ERICH ITOR und FRIDA KAHN (Schiffsreise in Casablanca unterbrochen; Reise über Lissabon nach NYC als mögliche Alternative); Finanzen (sehr hohe Reisekosten, Unterstützung durch SD); Hilfe (für ERICH ITOR und FRIDA KAHN, "We are trying to arrange for a boat to stop off at Casablanca and pick up some of the people who are interned there") Z Kriegsereignisse ("Spain on the verge of entering the war", weniger Transportmöglichkeiten für Emigranten)

3550   1941-06-27
Moses A. Leavitt an Louise Dushkin (Chagrin Falls, OH); Telegramm (Kopie annotiert), 1 S., engl. E Hilfe/LD (Visa für ERICH ITOR und FRIDA KAHN abgelaufen, Verlängerung muss dringend in Washington beantragt werden)

3551   1941-07-04
Samuel Dushkin (Chagrin Falls, OH) an Herma Plummer (Joint Distribution Committee, NYC); Telegramm (annotiert), 1 S., engl. E Finanzen/SD (Bereitschaft zur Zahlung der Reisekosten für ERICH ITOR und FRIDA KAHN); Hilfe/SD (erfolgreiche Beantragung neuer Visa für ERICH ITOR und FRIDA KAHN in Washington; Bitte um Arrangements zur Weiterreise)

3552   1941-07-07
Herma Plummer (Joint Distribution Committee, NYC) an Louise Dushkin (Chagrin Falls, OH); TL (Kopie), 1 S., engl. E Emigrationsweg/ERICH ITOR und FRIDA KAHN (von Casablanca aus Fortsetzung der Reise mit "S.S. Guinee", Visa-Status muss geklärt werden; MOSES A. LEAVITT); Finanzen/LD (Bürgschaft für Reisekosten von Casablanca nach NYC)

3553   1941-07-11
Samuel Dushkin (Chagrin Falls, OH) an Herma Plummer (Joint Distribution Committee, NYC); Telegramm (annotiert), 1 S., engl. E Behörden (Washington hat neue Visa für ERICH ITOR und FRIDA KAHN nach Casablanca telegrafiert); Hilfe (Bitte/SD um Reservierung zweier Passagen auf der "S.S. Guinee" für ERICH ITOR und FRIDA KAHN; Finanzen)

→ *Briefe ähnlichen Inhalts: 1941-07-14, 1941-07-15*

KAHN, ERICH ITOR

3554   1941-08-07
Erich Itor Kahn (NYC) an Moses A. Leavitt; ALS (annotiert), 1 S., frz. E Bekannte/EIK (Einladung, einige Zeit bei SAMUEL und LOUISE DUSHKIN zu verbringen); Einreise/EIK und FRIDA KAHN (Ankunft "après tant l'émotions et tant de souffrances"); Hilfe (Dank/EIK für Unterstützung/Amer. Jewish Joint Distribution Committee)

Hans Nathan Subject File

- Hans Nathan 1910-1989, Musikwissenschaftler, Schüler von Curt Sachs, ab 1932 Musikkritiker in Berlin, 1936 Emigration in die USA; Postgraduiertenstudium an Harvard Univ., ab 1944 amer. Staatsbürger, 1945 Gastprofessor an der Tufts Univ. in Medford (MA), ab 1946 Fakultätsmitglied der Michigan State Univ. in East Lansing (MI)
- Vgl. Hans Nathan Subject File in Emergency Committee in Aid of Displaced Foreign Scholars Records (NYPL, Humanities an Social Sciences Library, Manuscripts and Archives Division, S. 255f.)
- BHE II, 845 • Paula Morgan, «Nathan, Hans», in: «NGroveDN online» (http://www.grovemusic.com/, Stand: August 2004)

KORRESPONDENZ

AMERICAN JEWISH JOINT DISTRIBUTION COMMITTEE

3555   1936-11-19
J.B. Lightman an David J. Schweitzer (Amer. Joint Distribution Committee, Paris); TL (Kopie), 1 S., engl. E Finanzen/HANS NATHAN (DS soll Angabe zu finanziellen Rücklagen überprüfen) A Empfehlung/OTTO HIRSCH und FRIEDRICH BORCHARDT (für HANS NATHAN an CECILIA RAZOVSKY, National Coordinating Committee)

3556   1937-01-26
David J. Schweitzer (Amer. Joint Distribution Committee, Accounting Dept., Paris) an ? (Amer. Joint Distribution Committee, Accounting Dept., NYC); TL (Kopie annotiert), 1 S., engl. E Hilfe (finanzielle Unterstützung für HANS NATHAN und OTTO NEUBERGER)

NATHAN, HANS

3557   1936-11-21
Hans Nathan (Cambridge, MA) an Cecilia Razovsky (National Coordinating Committee, NYC); TL (Abschrift), 1 S., engl. E Finanzen/HN (Bitte um Unterstützung); Integration/HN ("I am settled here in Cambridge")

NATIONAL COORDINATING COMMITTEE

3558   1936-10-30
Otto Hirsch und Friedrich Borchardt (Zentralausschuss für

Hilfe und Aufbau bei der Reichsvertretung der Juden in Deutschland, Berlin) an Cecilia Razovsky (National Coordinating Committee for Aid to Refugees and Emigrants Coming from Germany, NYC); TLS (annotiert), 1 S., dt./ engl. E Ausreise/HANS NATHAN (in die USA, Aufbau einer neuen Existenz) A Empfehlung/OH und FB (für HANS NATHAN an CR)

3559 1936-11-30
Cecilia Razovsky (National Coordinating Committee for Aid to Refugees and Emigrants Coming from Germany, NYC) an J.B. Lightman (Joint Distribution Committee, NYC); TLS (annotiert), 1 S., engl. E Hilfe (Bitte/CR um finanzielle Unterstützung für HANS NATHAN)

3560 1936-12-01
J.B. Lightman an Cecilia Razovsky (National Coordinating Committee, NYC); TL (Kopie annotiert), 1 S., engl. E Hilfe (Bitte/CR um finanzielle Unterstützung für HANS NATHAN; DAVID J. SCHWEITZER)

Heinrich Schalit Subject File

- Heinrich Schalit, 1896-1976, Kantor, Organist und Komponist, 1933 Emigration nach Italien, 1939 nach Großbritannien, 1940 Immigration in die USA, Tätigkeit an Synagogen
- Vgl. Heinrich Schalit Coll. (Jewish Theological Seminary of America, S. 187-192)
- BHE II, 1022 • Michael Schalit, «Heinrich Schalit: the Man and his Music», Livermore (CA) 1979 • Jehoash Hirshberg, «Heinrich Schalit and Paul Ben-Haim in Munich», in: ‹Yuval› 4 (1982), 131-149 • Eva Ohlen, «Beth ha-Knesseth – Ort der Zusammenkunft: Zur Geschichte der Münchner Synagogen, ihrer Rabbiner und Kantoren», hrsg. vom Stadtarchiv München, München 1999, 199-240

KORRESPONDENZ
TEMPLE B'RITH-KODESH ROCHESTER

3561 1939-04-08
Philip S. Bernstein (Temple B'rith-Kodesh, Rochester, NY) an Joseph C. Hyman (Joint Distribution Committee, NYC); TLS (annotiert), 2 S., engl. E Emigrationsweg/HEINRICH SCHALIT (nach Machterlangung/ADOLF HITLER Emigration nach Rom; nach "Mussolini's anti-Semitic decrees" Emigration nach London mit "temporary visa", keine Arbeitserlaubnis; geplante Ausreise in die USA); Hilfe/PB (finanzielle Unterstützung für HEINRICH SCHALIT, Amer. Jewish Joint Distribution Committee) A Biografie/HEINRICH SCHALIT (Organist an der Synagoge München und an der Großen Synagoge in Rom); Treffen/PB (mit JH in Rochester)

3562 1939-04-13
Joseph C. Hyman an Philip S. Bernstein (Temple B'rith Kodesh, Rochester, NY); TL (Kopie annotiert), 1 S., engl. E Hilfe (für HEINRICH SCHALIT, Empfehlung/JH zur Kontaktaufnahme mit German Jewish Aid Committee in London); Hilfsorganisationen (German Jewish Aid Committee, "has been organized by the Jews of England and financed by them", Hilfe für jüdische Emigranten in England) A Treffen/JH (mit PB in Rochester, Absage)

Kurt Singer Subject File

- Kurt Singer, 1885-1944, Musikwissenschaftler, Studium in Berlin, 1923-1932 Professur an Staatsakademie für Musik in Berlin, 1935-1938 Leiter des jüdischen Kulturbunds, 1939 Emigration in die Niederlande, 1940 Ruf an das Albertus Magnus College der Yale Univ in New Haven (CT), 1942 nach Einmarsch dt. Truppen verhaftet, nach Theresienstadt deportiert und dort ermordet
- Vgl. Kurt Singer Coll. (Center for Yewish History, Leo Baeck Institute, S. 68), und Kurt Singer Subject File in Emergency Committee in Aid of Displaced Foreign Scholars Records (NYPL, Humanities and Social Sciences Library, Manuscripts and Archives Division, S. 267)
- BHE II, 1088

KORRESPONDENZ
SINGER, KURT

3563 1941-04-15
Kurt Singer (Amsterdam) an Morris C. Troper (Amer. Jewish Joint Distribution Committee, NYC); TLS (annotiert), 1 S., dt. E Ausreise/KS (Pläne zur Emigration); Finanzen/KS (Verdienst an New School for Social Research, Bitte um finanzielle Unterstützung für fehlende Summe zur Überfahrt); Hilfe/MT (für KS zur Stellensuche in den USA); Verwandte/KS (Schwager SIGMUND NITKE in NYC) A Anstellung/KS (als Musikwissenschaftler an New School for Social Research, ALVIN JOHNSON)

TEMPLE BETH AHABA MUSKOGEE

3564 1941-05-25
Max Nussbaum (Temple Beth Ahaba, Muskogee, OK) an Morris C. Troper (Joint Distribution Committee, NYC); TLS (Abschrift annotiert), 1 S., engl. E Ausreise/KURT SINGER ("does not get his visa unless the passage be provided for him"); Hilfe (Finanzierung der Schiffspassage/KURT SINGER,

Amer. Jewish Joint Distribution Committee); Hilfsorganisationen (Reichsvereinigung Berlin, OTTO HIRSCH) **A** Anstellung/KURT SINGER (an New School for Social Research, "lectureship" in New Haven, Connecticut; ALVIN JOHNSON)

Ernst Toch Subject File

- Ernst Toch, 1887-1964, Komponist, Studium in Wien, 1933 Emigration nach Frankreich, anschließend nach Großbritannien, 1935 Immigration in die USA, Lehrtätigkeit an der New School for Social Research, ab 1936 in Kalifornien, Komponist für Filmmusik, ab 1940 Professor an der UCLA
- Vgl. Horace M. Kallen Coll. (Center for Jewish History, YIVO Institute, S. 109-113), Office of the President – General Administrative Records (Juilliard School Archives, S. 194ff., Dok. 5391-5393) und Ernst Toch Subject File in Emergency Committee in Aid of Displaced Foreign Scholars Records (NYPL, Humanities and Social Sciences Library, Manuscripts and Archives Division, S. 275)
- Nachlass in den Ernst Toch Archives, Music Library, UCLA, http://www.library.ucla.edu/libraries/music/mlsc/toch/, vgl. QuECA, S. 78-109
- BHE II, 1167 • Barbara Barclay / Malcolm Cole, «The Toch and Zeisl Archives at UCLA: Samples of Southern California Activity to Preserve the Heritage of its Emigré Composers», in: ‹Notes› 35 (1979), Nr. 3, 556-577 • Diane Peacock Jezic, «The Musical Migration and Ernst Toch», Ames (IA) 1989 • Anja Oechsler, «Zwischen Schein und Sein: Ernst Toch in Hollywood», in: «Emigrierte Komponisten in der Medienlandschaft des Exils 1933-1945», hrsg. von Nils Grosch, Joachim Lucchesi und Jürgen Schebera, Stuttgart 1998, 91-99

KORRESPONDENZ
AMERICAN JEWISH JOINT DISTRIBUTION COMMITTEE

3565   1933-11-21
Bernhard Kahn (Amer. Joint Distribution Committee, European Executive Offices, Paris) an Joseph C. Hyman (Amer. Jewish Joint Distribution Committee, NYC); TLS (annotiert), 1 S., engl. **E** Hilfe (für ERNST TOCH in London, Central British Fund; für IGNACE STRASFOGEL, Adresse unbekannt, Hilfe durch "local committee")

3566   1936-11-25
Joseph C. Hyman an A.R. Emanuel; TL (annotiert), 1 S., engl. **E** Hilfe (für ERNST TOCH) **A** Anstellung/ERNST TOCH (an New School for Social Research, Suche nach "more permanent and distinguished position", Juilliard School of Music)

MUSICIANS EMERGENCY AID OF NEW YORK

3567   1933-12-20
Yolanda Mero-Irion (Musicians Emergency Aid of New York, NYC) an Felix M. Warburg (NYC); TLS (annotiert), 2 S., engl. **E** Hilfe (für FREDERICK ADLER auf Empfehlung/ Miss ? TAUSSIG, Jewish Social Service; Anstellung bei Verlag Schirmer); Hilfe (Anfragen zu ERNST TOCH und IGNACE STRASFOGEL, Bitte/YMI um finanzielle Unterstützung durch Amer. Jewish Joint Distribution Committee); Hilfsorganisationen (Musicians Emergency Aid of New York, Anfragen "to help refugee Jewish musicians in this country")

MATERIAL ZUR BIOGRAFIE
TOCH, ERNST

3568   [1936]
Werkverzeichnis; TD, 1 S., engl. **A** Kompositionen/ERNST TOCH (Werkverzeichnis)

Josef Wagner Subject File

- Josef Wagner, 1909-1947, österr. Pianist und Komponist, 1933 Heirat mit der Schriftstellerin Lessie Sachs, 1938 Emigration in die USA, Konzerttätigkeit
- Vgl. Josef Wagner Coll. (Center for Jewish History, Leo Baeck Institute, S. 70ff.)
- Artur Holde, «Die Tonkünstler im gelobten Land», in: ‹Aufbau›, 22. Dezember 1944, 49-50

KORRESPONDENZ
SACHS, LESSIE

3569   (1938)-02-18
Lessie Sachs (NYC) an Joseph C. Hyman; ALS (annotiert), 1 S., engl. **E** Hilfe (für JOSEF WAGNER auf Vermittlung/Mrs. ? BRY und BERNHARD KAHN, Bitte um persönliches Gespräch mit JH) **A** Aufführung/JOSEF WAGNER (Konzert in Miami)

3570   1938-02-25
Joseph C. Hyman an Lessie Sachs (NYC); TL (Kopie annotiert), 1 S., engl. **E** Hilfe (JH empfiehlt Kontaktaufnahme/JOSEF WAGNER mit Musicians Emergency Fund, Treffen mit JH ebenfalls möglich)

Material zur Biografie

Wagner, Josef

3571 —
«Josef Wagner – Pianist»; Lebenslauf; PD, 3 S., engl.

A Biografie/Josef Wagner (Details zur Karriere); Öffentlichkeit/Josef Wagner (Pressestimmen)

Paul Aron Collection

- Paul Aron, 1896-1955, Komponist, Pianist und Konzertveranstalter, 1933 Emigration nach Prag, 1939 nach Kuba, 1941 Immigration in die USA
- Sammlung (Call Nos.: AR 10304; MF 495; Call No. Berlin: LBIJMB MF 495) mit Musikmss., Korrespondenz, offiziellen Dokumenten, Material zur Biografie und Fotografien
- Inventory im Online-Katalog (http://lbi.cjh.org/mclbiinternetmenu.htm) des Leo Baeck Institute
- «Aktenzeichen "Unerwünscht". Dresdner Musikerschicksale und nationalsozialistische Judenverfolgung 1933-1945», hrsg. von Agata Schindler, Dresden 1999 • Agata Schindler, «Paul Aron: Vergessener Streiter für die Neue Musik», in: ‹Das Orchester› 49 (2001), Nr. 10, 27-30

Musikmanuskripte

Aron, Paul

3572 —
«How Much» (Carl Sandburg) für Stimme und Kl.; Partitur, Autograph

3573 —
«Fog» (Carl Sandburg) für Stimme und Kl.; Partitur, Autograph

3574 —
«Four Autumn Songs» (Hermann Hesse) für Stimme und Kl.; Partitur, Autograph; auch als undatierte Einzelmss.: 1. «Liebesmüde», 2. «How Often», 3. «I Have Nothing Else to Say», 4. «Der stille Hain»

3575 —
«Nur Vibu», Foxtrott; Autograph

3576 —
«Summer Grass» (Carl Sandburg) für Stimme und Kl.; Partitur, Autograph

3577 —
«The Woman Named To-Morrow» für Stimme und Kl.; Partitur, Autograph

3578 —
«Though You Are in Your Shining Days (Poems by William Butler Yeats)» für hohe Stimme und Kl.; Partitur, Autograph

3579 —
«Two Pieces (Poems by Christian Morgenstern)» für Stimme und Kl.; Partitur, Autograph

3580 —
«Two Poems (Lieder) by Christian Morgenstern» für Bass und Kl.; Partitur, Autograph

3581 —
«Valley Song» (Carl Sandburg) für Stimme und Kl.; Partitur, Autograph

3582 1947
«Three Songs» (William Butler Yeats) für Tenor und Kl.; Partitur, Autograph

3583 1948
«Two Songs» (William Butler Yeats) für Tenor und Kl.; Partitur, Autograph

3584 (1948)
«Four Spanish Songs» (Federico García Lorca) für Stimme und Kl.; Partitur, Autograph

3585 1948
«Cancion de Jinete» (Federico García Lorca) für Stimme und Kl.; Partitur, Autograph; zu «Four Spanish Songs», datiert auf "New York 1948"

3586 1948
«Two Compositions (after Poems of Federico García Lorca)»; Partitur, Autograph

3587 1949
«Four Ostinatos» für Kl.; Autograph; 1. «Chimes», 2. «Lullaby», 3. «Little Boogie-Woogie» (1949), 4. «Blue Arabesque» (1949)

3588 1950
«Maybe» [Carl Sandburg] für Alt und Kl.; Partitur, Autograph

Korrespondenz

Bloch, Ernest

3589 1938-12-07
Ernest Bloch an Paul Aron; ALS (Kopie), 4 S., frz. E Hilfe/EB (Hilfegesuch für PA, Vertröstung)

Busch, Fritz

3590 1934-04-25
Fritz Busch (Glyndeburne, GB) an Paul Aron; ALS (Kopie), 1 S., dt. E Hilfe/FB (Hilfegesuch für PA, Vertröstung)

COWELL, HENRY

3591   1941-06-30
Henry Cowell (New Music Recordings, NYC) an Paul Aron (Havanna); ALS, 1 S., engl. **E** Einreise/PA (Willkommen in den USA; kein Job, aber Freunde gefunden, [NIKOLAI] LOPATNIKOFF, JERZY FITELBERG)

CULP, JULIA BERTHA

3592   1933-07-17
Julia Bertha Culp (Karlsbad) an Paul Aron; ALS, 1 S., dt. **A** Empfehlung/JC (verspricht Empfehlung für PA)

DOWNES, OLIN

3593   1947-08-26
Olin Downes an Paul Aron; TLS, 2 S., engl. **A** Empfehlung/OD (für PA, mit Begleitschreiben)

GIELEN, JOSEPH

3594   1933-07-15
Joseph Gielen, ohne Adressat; ALS, 1 S., dt. **A** Empfehlung/JG (für PAUL ARON)

GRUENBERG, LOUIS

3595   1939-01-06
Louis Gruenberg (Santa Monica, CA) an Paul Aron; TLS, 1 S., dt. **E** Hilfe/LG (kann kein Affidavit für PA geben, weil er bereits zwei gegeben hat; empfiehlt Emigrationsland Kuba, "sehr schön und nicht zu teuer")

HINDEMITH, PAUL

3596   1941-03-04
Paul Hindemith (Yale Music School, New Haven, CT) an Paul Aron; TLS (Kopie), 2 S., dt. **E** Hilfe/PH (Rat an PA, als Pianist im mittleren Westen eine Stelle zu suchen) **A** Empfehlung/PH (für PA)

3597   1947-01-23
Paul Hindemith (New Haven, CT) an Paul Aron; TLS (Kopie), 2 S., dt. **A** Anstellung/PA (PH empfiehlt Kontakt zu [ROBERT] WINTER, AMP, aber dort werden keine Musiker gebraucht)

KRENEK, ERNST

3598   1933-05-14
Ernst Krenek (Wien) an Paul Aron (Prag); ALS (Kopie), 1 S., dt. **E** Ausreise/PA (Ausreisepläne; geringe Betätigungsmöglichkeiten für Ausländer in der Schweiz, bessere Möglichkeiten in Frankreich, KURT WEILL) **A** Empfehlung/EK (PA kann sich immer auf ihn berufen)

3599   1941-03-01
Ernst Krenek (Vassar College, Poughkeepsie, NY) an Paul Aron; ALS (Kopie), 2 S., dt. **E** Hilfe/EK (für PAUL ARON, kann in den USA nicht helfen, da nur lose mit dem "Betrieb" verknüpft; empfiehlt Kontaktaufnahme mit MARK BRUNSWICK bei Musicians' Placement Committee und HANS WILHELM HEINSHEIMER bei Boosey & Hawkes)

PAPANEK, JÁN

3600   1939-06-05
Ján Papanek (Hotel Windermere, Chicago, IL) an Paul Aron (Edificio Miramar, La Habana); ALS, 1 S., dt. **E** Einreise/PA (keine Möglichkeit der Invention zugunsten einer Einreise in die USA, da nur Quotenregelung)

TANSMAN, ALEXANDER

3601   1939-01-05
Alexander Tansman (Paris) an Paul Aron; ALS (Kopie), 2 S., frz. **E** Ausreise/PA (nach Lateinamerika); Hilfe/AT (kennt keine Kontaktpersonen bei Konsulaten, empfiehlt "grand écrivain espagnol et l'ancien ambassadeur d'Espagne à Paris" SALVADOR DE MADARIAGA mit Beziehungen nach Lateinamerika; in Kuba Dirigent und Komponist ? SAUJUAU als Hilfe für den Anfang)

3602   1939-03-25
Alexander Tansman (Paris) an Paul Aron; ALS (Kopie), 2 S., frz. **E** Hilfe/SALVADOR DE MADARIAGA (für PA zur Ausreise) **A** Projekte/AT (Tournee in Kuba, Pro Arte Soc. Havanna) **Z** Kulturleben (provisorisches Leben in Europa, Musikleben leidet unter politischer Situation)

OFFIZIELLE DOKUMENTE

ARON, PAUL

3603   1946-09-05
Certificate of Naturalization; PDS, 1 S., engl.

3604   1949-10-05
Pass; PDS, 48 S., engl.; US-Reisepass Nr. 146169

3605   (1955)-?-?
Totenschein; PDS (Kopie), 1 S., engl.

Julius Buchwald Collection

- Julius Buchwald, 1909-1970, Komponist, Autor von Schachaufgaben für Fachzeitungen, Knopfdesigner, Bruder von Mimi Grossberg, Musikstudium am Wiener Volkskonservatorium bei Walter Bricht, 1934 eigenes Geschäft für Schmuck- und Knopfdesign in Wien, 1938 Emigration nach Großbritannien, 1945 Immigration in die USA, Leiter eines Briefmarkengeschäfts in New York, auch als Komponist, Bildhauer, Maler und Schriftsteller tätig
- Sammlung (Call No.: AR 4312) enthält lediglich Ms. zur Short Story «The Last Frontier» (1938) und zwei Musikmss.
- Oral History in der Memoir Coll. des Leo Baeck Institute (Dok. 3711)
- Inventory im Online-Katalog (http://lbi.cjh.org/mclbiinternetmenu.htm) des Leo Baeck Institute

Musikmanuskripte

BUCHWALD, JULIUS

3606 (1938)
«[5] Gedichte von Hugo Zuckerman»; Partitur, Autograph

3607 (1938)
«Mittag» (Mimi Grossberg) für Stimme und Kl.; Partitur, Autograph

Max Gruenewald Collection

- Max Gruenewald, 1899-1992, Rabbi in Mannheim, Mitglied der Reichsvertretung der dt. Juden, 1939 Emigration nach Palästina und anschließend in die USA, Tätigkeit u.a. beim Jewish Theological Seminary in New York, und als Rabbi der Congregation B'nai Israel in Milburn (NJ), 1955-1985 Direktor des Leo Baeck Institute NYC

- Sammlung (Call Nos.: AR 7204; AR 155; AR 6129; MF 376 (2); MM 108; MM 121; Call No. Berlin: LBIJMB MM 108LBIJMB MM 121) mit Material zur Situation jüdischer Gemeinden in den dreißiger Jahren und Korrespondenz, darunter mit und über einen Alfred Einstein, nicht identisch mit gleichnamigem Musikwissenschaftler; kaum exilrelevante Dokumente

- Finding aid, Inventory im Online-Katalog (http://lbi.cjh.org/mclbiinternetmenu.htm) des Leo Baeck Institute

Korrespondenz

NATIONAL REFUGEE SERICE

3608 1940-04-25
Max Gruenewald (Jewish Theological Seminary, NYC) an Mark Brunswick (National Refugee Service, NYC); TL (Kopie), 1 S., engl. **E** Einreise/KARL ADLER (mit non-quota visa); Hilfe/MG (für KARL ADLER zur Einreise in die USA; INGRID WARBURG) **A** Biografie/KARL ADLER (Leitung des Konservatorium Stuttgart, Volkshochschule Stuttgart)

Otto Klemperer Collection

- Otto Klemperer, 1885-1973, Dirigent, auch Komponist; 1933 Emigration in die USA, 1933-1939 Leiter des LA PO und des Philadelphia Orchestra

- Sammlung (Call Nos.: AR 260; AR 2140; AR 7097) mit Musikmanuskripten, Briefen und Fotografien

- Siehe Otto Klemperer Coll. of Musical Scores (California State Univ., Los Angeles), vgl. QuECA, S. 61

- Inventory; Kurzbeschreibung im Online-Katalog (http://lbi.cjh.org/mclbiinternetmenu.htm) des Leo Baeck Institute

- BHE II, 631 • Spalek I, 476 • Peter Heyworth, «Otto Klemperer: His Life and Times», Bd. I: «1885-1933», Bd. II: «1933-1973» New York 1996

Musikmanuskripte

KLEMPERER, OTTO

3609 —
«J'accuse (Ich klage an) (1933)» für Chor und Orchester; Partitur, Autograph, 21 S.; Ms. (Kopistenreinschrift?) mit Korrekturen, 8 Blätter, inliegend TD, 2 S. Text, dt. 3 S. Text engl. Übersetzung ("zum 14-11-1967"), gezeichnet Otto Freudenthal

3610 —
Musik zu «Faust» (Johann Wolfgang Goethe): «Osterchöre»; Partitur, Kopie, 22 S.; Kopie (Kopistenreinschrift?), gezeichnet "Heinrich Wollheim, Konstanz, im Oktober 1974"

3611 1969
«Die Weber» (Heinrich Heine) für Unisono-Chor und Orchester; Partitur, Kopie, 20 S.; Nasskopie (Kopistenreinschrift?), gezeichnet "Heinrich Wollheim, Konstanz, im Januar 1970"

Max Kowalski Collection

- Max Kowalski, 1882-1956, Komponist und Jurist, Anwalt Arnold Schoenberg im Prozess gegen die Frankfurter Oper, 1938 Inhaftierung in Buchenwald, 1939 Emigration nach Großbritannien
- Sammlung (Call Nos.: AR 7049; AR 3124) mit Korrespondenz (u.a. mit Richard Dehmel, Hermann Hesse, Arno Nadel, Artur Schnabel und Arnold Schoenberg), Unterlagen zur Rechtssache Schoenberg gegen Frankfurter Oper (1930), Clippings, Programme und Fotografien
- Inventory; Kurzbeschreibung im Online-Katalog (http://lbi.cjh.org/mclbiinternetmenu.htm) des Leo Baeck Institute
- BHE II, 654 • Peter Gradenwitz, «Max Kowalski (1882-1956): Rechtsanwalt und feinsinniger Musiker», in: ‹Bulletin des Leo Baeck Institut› 58 (1981), 41-51

KORRESPONDENZ

FLESCH, CARL

3612 1936-07-05
Carl Flesch (Les Aubepines, Spa, Belgien) an Max Kowalski; TLS (annotiert), 1 S., dt. E Emigrationsweg/CF (Aufenthalt in London und Spa) A Aufführung/CF (Konzerte in Berlin und Leipzig mit Genehmigung der Gestapo); Projekte/MK (Organisation von Konzerten des Jüdischen Kulturbundes, Vorbehalt/CF, "bin ich gesetzlich nicht berechtigt in Kulturbünden zu spielen, da ich ein im Auslande wohnhafter Ausländer bin"; Finanzen)

3613 1936-07-24
Carl Flesch (Spa, Belgien) an Max Kowalski (Frankfurt am Main); TPS, 2 S., dt. A Projekte/MK (Konzerte des Jüdischen Kulturbundes, Absage einer Teilnahme/CF; ARTUR SCHNABEL)

GUTTMANN, WILHELM

3614 1939-05-03
Wilhelm Guttmann an Max Kowalski (c/o Walsman, London); APS, 5 S., dt. E Ausreise/WG (mögliches Exilland Peru); Verwandte/MK (Aufnahme bei Verwandten)

HOLDE, ARTUR

3615 1946-08-19
Artur Holde (‹Aufbau›, NYC) an Max Kowalski; TLS, 2 S., dt. E Integration/MK (neue Lebensumstände in Großbritannien nach der Emigration); Integration/AH (glücklicher Aufenthalt in den USA) A Anstellung/AH (Musikkritiker für ‹Aufbau›; gute Kontakte zu vielen Musikern); Kompositionen/MK (Suche nach Verleger; Interesse/ERNST WOLFF an Lied-Aufführung)

3616 1952-09-08
Artur Holde an Max Kowalski (London); TLS, 1 S., dt. A Schriften/AH (Artikel über MK; ERNST WOLFF)

3617 1954-12-30
Artur Holde (Westport, CT) an Max Kowalski; TLS (annotiert), 2 S., dt. E Integration/AH (Verlegung des Wohnsitzes von NYC nach Westport, "benutzen diesen Platz [NYC], der keine Stadt, sondern ein Ungeheuer ist, nur als Arbeitsstätte") A Anstellung/HEIDA HERMANNS-HOLDE (Tätigkeit als "Ausbildungslehrerin"); Aufführung/HEIDA HERMANNS-HOLDE («2. Konzert» für Kl. und Orchester/WILLIAM MACDOWELL); Projekte/AH (Auftrag zu Buchprojekt «The Jews in Music since 1800», Fragen zu jüdischen Musikern, ARTHUR BENJAMIN, SOLOMON CUTNER, FRANZ OSBORN, PAUL HAMBURGER, ERNEST NEWMAN, ERIC BLOM, MOSCO CARNER, ERWIN STEIN, BERTHOLD GOLDSCHMIDT, FRANZ REIZENSTEIN, EMIL VON SAUER, PERCY SCHOLES)

LANDAU, ANNELIESE

3618 1936 bis 1939
8 Postkarten (APS) aus dem Zeitraum von 1936 bis 1939 mit privatem Inhalt und Grüßen

LICHTENSTEIN, ALFRED

3619 1940-06-15
Alfred Lichtenstein (Buenos Aires) an Max Kowalski (London); TPS, 1 S., dt. A Aufführung/AL (Konzerte, Rundfunk; ARTURO TOSCANINI, JASCHA HEIFETZ); Öffentlichkeit/AL (erstes Konzert großer Erfolg)

SCHOENBERG, ARNOLD

3620 1933-10-09
Arnold Schoenberg (Hotel Régina, Paris) an Alfred Kalmus; TLS, 1 S., dt. A Empfehlung/AS (für MAX KOWALSKI an AK, Universal Edition); Öffentlichkeit/MAX KOWALSKI (bekannt als "Komponist feinsinniger und wirkungsreicher Lieder")

3621 1933-10-09
Arnold Schoenberg (Hotel Régina, Paris) an Max Kowalski; ALS, 1 S., dt. E Ausreise/AS ("dass ich tatsächlich in den nächsten Tagen nach Boston gehe") A Empfehlung/AS (für MK an Universal Edition)

3622 1934-12-20
Arnold Schoenberg (Hollywood, CA) an Max Kowalski; TL (Kopie), 3 S., dt.; vervielfältiger Brief, den alle Gratulanten zu Schoenbergs 60. Geburtstag bekommen haben E Besitzverhältnisse/AS (Möbel in Paris); Integration/AS (Übersiedelung nach Hollywood, Enttäuschungen und Erfolge des ersten amer. Jahres) A Anstellung/AS (Lehrtätigkeit in Boston, NYC und LA); Aufführung (Orchesterleitung/AS bei Boston SO; SERGE KOUSSEVITZKY, EUGENE GOOSSENS, ARTUR RODZINSKI, NICOLAS SLONIMSKY, ALFRED HERTZ)

WOLFF, ERNST

3623 1939-05-23
Ernst Wolff (Hotel Wellington, NYC) an Max Kowalski;

TLS, 2 S., dt. E Ausreise/MK (nach England) A Anstellung/EW (Angebot einer "Musikdoktorstelle", Univ. Ohio); Aufführung/EW (Tournee durch die USA, Verpflichtungen für kommende Saison sowie durch Managment des Palestine Orchestra Fund); Aufnahme/EW («Pierrot lunaire»/ MK, Columbia); Empfehlung/EW (für MK, Veröffentlichungen bei engl. Musikverlagen Chappel und Music Publisher); Vortrag/EW (Meisterkurse am Mills College)

OFFIZIELLE DOKUMENTE
SCHOENBERG, ARNOLD

3624   1930-01-30
Arnold Schoenberg; Gerichtliche Dokumente; TDS, 5 S., dt. A Aufführung («Von heute auf morgen»/ARNOLD SCHOENBERG, eidesstattliche Erklärung über unzureichende Vorbereitungen und Proben/WILLIAM STEINBERG, Oper Frankfurt)

MATERIAL ZUR BIOGRAFIE
KOWALSKI, MAX

3625   —
Max Kowalski; Lebenslauf; AD, 4 S., dt. A Biografie/MK (Ausbildung und Laufbahn); Kompositionen/MK (Werkverzeichnis)

3626   1934-12-10
«Lieder-Abend Wilhelm Guttmann»; Programmheft; PD, 6 S., dt. A Aufführung (Lieder/EDVARD MORITZ, GERHARD GOLDSCHLAG, HEINRICH SCHALIT und MAX KOWALSKI, Interpreten WILHELM GUTTMANN und KURT SANDERLING)

3627   1935-02-07
«Lieder-Abend»; Programmheft; PD, 2 S., dt. A Aufführung (Lieder/MAX KOWALSKI, Interpreten ALEXANDER KIPNIS und ERNST WOLFF)

Manfred Lewandowski Collection

- Manfred Lewandowski, 1895-1970, Komponist und Kantor in Berlin, 1938 Emigration nach Frankreich, 1939 Immigration in die USA, Tätigkeit als Kantor
- Sammlung (Call Nos.: AR 7027; AR 1923) mit Korrespondenz, Fotografien, persönlichen Dokumenten, Clippings und einem gedruckten «Kol Nidre» von Lewandowski
- Inventory; Kurzbeschreibung im Online-Katalog (http://lbi.cjh.org/mclbiinternetmenu.htm) des Leo Baeck Institute

KORRESPONDENZ
‹AUFBAU›

3628   1950-12-01
Manfred George (‹Aufbau›, NYC) an ?; TLS, 1 S., engl. A Empfehlung/MG (für MANFRED LEWANDOWSKI als Berichterstatter über "events of Jewish interest in Philadelphia")

COMMISSION CONSULTATIVE POUR LES RÉFUGIÉS D'ALLEMAGNE

3629   1938-07-04
A. Klamberg (Commission Consultative pour les Réfugiés d'Allemagne, Paris) an ? (Préfecture de Police, Paris); ALS, 2 S., frz. E Einreise/MANFRED LEWANDOWSKI (nach Frankreich) A Empfehlung/AK (für MANFRED LEWANDOWSKI auf Anlass/ROBERT DE ROTHSCHILD)

CONGREGATION EMANU-EL PHILADELPHIA

3630   1940-06-21
Maxwell M. Farber (Congregation Emanu-El, Philadelphia, PA) an Manfred Lewandowski; TLS, 1 S., engl. A Anstellung/ML (als Kantor, Congregation Emanu-El; ? CHARNY); Treffen/MF (mit ML)

3631   1945-08-23
Maxwell M. Farber (Congregation Emanu-El) an Manfred Lewandowski (Philadelphia, PA); TLS, 1 S., engl. A Anstellung/ML (Beendigung der Tätigkeit als Kantor, Congregation Emanu-El)

ENTSCHÄDIGUNGSAMT BERLIN

3632   1957-08-21
? Knierim (Entschädigungsamt Berlin) an Manfred Lewandowski (Philadelphia, PA); TLS, 2 S., dt. E Besitzverhältnisse/ML (Entschädigungsantrag, Ansprüche wegen "Schaden im beruflichen Fortkommen" und "Ausfall von Versicherungs- und Versorgungsleistungen")

GREENBERG, SIMON

3633   1939-09-26
Simon Greenberg (Philadelphia, PA) an Manfred Lewandowski (NYC); TLS, 1 S., engl. A Aufführung/ML (Leitung des "High Holy Day Services", [Temple Emanu-El,] Philadelphia); Öffentlichkeit/ML (Eindruck seiner Fähigkeiten als Kantor)

KIPNIS, ALEXANDER

3634   1943-02-22
Alexander Kipnis an Manfred Lewandowski (Philadelphia, PA); TLS, 1 S., engl. A Kompositionen/ML («Prayer for Victory»; Interesse/AK an Aufführung)

SAMTER, GOTTFRIED

3635   1938-12-19
Gottfried Samter (Berlin) an Manfred Lewandowski (Paris); TLS, 2 S., dt. E Ausreise/ML (Emigration nach Frankreich); Behörden (Finanzamt Schöneberg; Unbedenklichkeitsbescheinigung zur treuhänderischen Verfügung über Vermögen/ML wird aufgrund illegaler Ausreise nicht ausgestellt)

OFFIZIELLE DOKUMENTE
ÉCOLE RABBINIQUE DE FRANCE PARIS

3636   1939-06-16
M. Liber (École Rabbinique de France, Paris); Bescheini-

gung; TDS, 1 S., frz. E Ausreise/MANFRED LEWANDOWSKI (in die USA, notwendige Dokumente zur Emigration vorhanden); Einreise/MANFRED LEWANDOWSKI (nach Frankreich als politischer Flüchtling) A Anstellung/MANFRED LEWANDOWSKI (bei Congregation B'nai Israel, Pittsburgh, Pennsylvania)

JÜDISCHE GEMEINDE BERLIN

3637 1931-05-05
Manfred Lewandowski und Jüdische Gemeinde Berlin; Vertrag; TDS, 2 S., dt. A Biografie/ML (Oberkantor, Jüdische Gemeinde Berlin; Amtspflichten, Finanzen)

3638 1938-08-22
? (Vorstand der Jüdischen Obergemeinde, Berlin); Bescheinigung; TDS, 1 S., dt. A Biografie/MANFRED LEWANDOWSKI (als Oberkantor, Jüdische Gemeinde Berlin, davor Kantorat an Privatsynagoge Friedenstempel); Empfehlung (für MANFRED LEWANDOWSKI)

3639 1939-01-24
? (Vorstand der Jüdischen Obergemeinde, Berlin); Zeugnis; TDS, 1 S., dt. A Biografie/MANFRED LEWANDOWSKI (Oberkantor, Jüdische Gemeinde Berlin)

LEWANDOWSKI, MANFRED

3640 1938-06-24
? (Ministère de l'Interieure, Commissariat Spécial de Mulhouse); Bescheinigung; TDS, 1 S., frz.; Sauf-conduit provisoire E Einreise/MANFRED LEWANDOWSKI (vorläufige Aufenthaltserlaubnis für Frankreich)

3641 1954-09-07
Bescheinigung; PDS, 2 S., engl.; "Certificate of Registration", Wahlberechtigungsschein

UNITED STATES RUBBER COMPANY

3642 1942-11-05
Oscar W. Greiner (US Rubber Co.) und Manfred Lewandowski; Vertrag; TDS, 1 S., engl. A Vertrag/ML (mit United States Rubber Co., Copyright)

MATERIAL ZUR BIOGRAFIE
LEWANDOWSKI, MANFRED

3643 —
Manfred Lewandowski, «Compositions by Manfred Lewandowski»; Werkverzeichnis; TD, 2 S., engl.

BILDDOKUMENTE
LEWANDOWSKI, MANFRED

3644 bis ca. 1938
Rund 30 Fotografien von Manfred Lewandowski und anderen Personen aus der Zeit vor der Emigration

3645 ab ca. 1939
Rund 40 Fotografien von Manfred Lewandowski gemeinsam mit Persönlichkeiten wie Konrad Adenauer, Pablo Casals, Teddy Kolleg, Harry Truman und Heinz Galinski aus der Zeit nach der Emigration

George and Hildegard Lewin Collection

- George Brandes (Lebensdaten unbekannt); Hildegard Lewin (geborene Brandes, Lebensdaten unbekannt)
- Sammlung (Call No.: AR 6264) mit Musikmss. von Hildegard Lewin, Korrespondenz, offiziellen Dokumenten und Fotografien
- Inventory im Online-Katalog (http://lbi.cjh.org/mclbiinternetmenu.htm) des Leo Baeck Institute

MUSIKMANUSKRIPTE
LEWIN, HILDEGARD

3646 1937-11-[16]
Hildegard Brandes, [4 Chansons, aufgeführt im "Literarischen Kabarett" Berlin im November 1937, Texte von Erich Lowinsky]; Partitur, Autograph (Ozalid Copies); 1. «Brief an eine Freundin», 2. «An dich, mein Schatz...» (Tango), 3. «I Am Longing for You with All My Heart», 6. «I Dream a Night in Venice with You»

→ Programmheft (Dok. 3675)

KORRESPONDENZ
BAMBERGER, CARL

3647 1942-04-12
Carl Bamberger (NYC) an Hildegard Lewin; APS, 1 S., engl. A Aufführung (Anfrage an HL bezüglich Paukenspiels in "students concert" an Mannes School of Music)

3648 1942-05-15
Carl Bamberger an Hildegard Lewin; ALS, 2 S., dt. A Aufführung (Anfrage an HL bezüglich Schlagzeugspiel in «Die Entführung aus dem Serail»/WOLFGANG AMADEUS MOZART)

BERNHEIM, ROGER

3649 1938-10-31
Roger Bernheim (Paris) an Hildegard Lewin; TLS, 1 S., frz. A Anstellung/HL (Anfrage/RB zu Tätigkeit als Liedbegleiterin auf Südamerika-Tournee)

BINDER, ABRAHAM W.

3650 1939-01-12
A[braham] W. Binder (YMHA, Dept. of Music) an Hildegard Lewin (c/o Altmann, Berlin); TLS, 1 S., engl. E Ausreise/HL (zwecks Anstellung in den USA) A Anstellung/HL ("as instructor in Dalcroze Eurhythmics" ab April 1939, Finanzen)

GARD, HILDA

3651 1942-06-10
Hilda Gard (SF) an Hildegard Lewin; TLS, 1 S., engl. Z Kriegsereignisse (Bericht/HG über Ausgangssperre für "enemy-aliens" in den USA)

GERMAN JEWISH AID COMMITTEE LONDON

3652 1939-02-07
? (German Jewish Aid Committee, London) an Hildegard Lewin (Berlin); TLS, 1 S., engl. E Einreise/HL (in die USA; Anforderung der Unterlagen, Geburtsurkunde, Gesundheitszeugnis, Passfoto, Daten zur Berufsausübung, "photostatic copy of waiting number" bei Emigration in die USA, "copy of landing permit" bei "emigration in british dominions or palestine") A Projekte/HL (Anfrage zu Tätigkeit als Liedbegleiterin auf Südamerika-Tournee)

3653 1939-04-11
? (German Jewish Aid Committee, London) an Hildegard Lewin (Berlin); TLS, 1 S., engl. E Einreise/HL (Einreiseantrag, "guarantee for your maintenance while in this country") A Projekte/HL (Anfrage zu Tätigkeit als Liedbegleiterin auf Südamerika-Tournee)

HOUSTON SYMPHONY SOCIETY

3654 1938-10-21
Ernst Hoffmann (Houston Symphony Soc., Houston, TX) an Hildegard Lewin (Berlin); TLS, 1 S., engl. A Anstellung/HL (Anfrage/EH bezüglich Vorspiel als Paukerin in NYC oder Houston)

MUSICIANS EMERGENCY FUND

3655 1940-11-25
? (Musicians Emergency Fund, NYC) an Hildegard Lewin (NYC); TLS, 1 S., engl. A Anstellung/HL (Einladung des Audition Committee, Anfrage zu Tätigkeit als Liedbegleiterin auf Südamerika-Tournee)

PLACEMENT COMMITTEE FOR GERMAN AND AUSTRIAN MUSICIANS

3656 1940-09-26
Eni R. Jaspersen (Placement Committee for German and Austrian Musicians, NYC) an Hildegard Lewin (NYC); TLS, 1 S., engl. A Anstellung/HL (Anfrage nach Interesse an Korrepetitorstelle in einer Tanzschule in Boston)

3657 1940-09-26
Eni R. Jaspersen (Placement Committee for German and Austrian Musicians, NYC) an Hildegard Lewin (NYC); TLS, 1 S., engl. A Empfehlung/EJ (an Durieux Chamber Music Ensemble und Orchestrette Classique auf Anfrage/HL, "both ensembles give concerts at the Carnegie Chamber Music Hall and use women")

PRÜWER, JULIUS

3658 1942-05-28
Julius Prüwer an Hildegard Lewin; ALS, 4 S., dt. A Anstellung/HL (an College zurzeit keine Verwendung; erkennt sie als Schlagzeugerin des Berliner Symphonie Vereins wieder)

3659 1942-09-11
Julius Prüwer an Hildegard Lewin; ALS, 2 S., dt. A Anstellung/HL (Vorstellungsgespräch, Ratschläge/JP)

WARBURG, GERALD F.

3660 1939-12-14
Gerald F. Warburg (NYC) an Consul General ([Amer. Konsulat], Havanna); TLS, 1 S., engl. E Bekannte/GW (persönliche Freundschaft mit HILDEGARD LEWIN, Eltern Brauchbar und Warburg waren miteinander befreundet); Einreise/GEORG LEWIN (in die USA); Einreise/HILDEGARD LEWIN (zu ihrem Mann in die USA, Bitte/GW um Visa); Hilfe/GW (für HILDEGARD LEWIN, Beschäftigung in seinem "orchestra of refugees" möglich)

WIENER, HANS

3661 1940-10-07
Hildegard Lewin (NYC) an Hans Wiener (Gainsboro Building, Boston, MA); TLS, 1 S., dt. A Anstellung/HL (Bewerbung um Korrepetitorstelle in einer Tanzschule auf Anregung/ENI R. JASPERSEN, Musicians' Placement Committee); Biografie/HL (beruflicher Werdegang, Rhythmiker-Staatsexamen an Hochschule für Musik Berlin, eigene "Schule für rhythmische Erziehung und Gymnastik", Paukenunterricht, Mitglied in großem Orchester)

OFFIZIELLE DOKUMENTE
BRANDES, WILHELM EUGEN ERHARD

3662 1931-07-10
Standesamt Hamburg; Bescheinigung; TDS (Kopie), 1 S., dt. E Verwandte/HILDEGARD LEWIN (Namensänderung/WILHELM EUGEN ERHARD BRANDES, Eltern OSKAR BRAUCHBAR und MARGARETHE BRAUCHBAR, "nach dem Bescheide des preußischen Justizministeriums Berlin [...] führt das oben bezeichnete Kind an Stelle des Familennamens Brauchbar den Familiennamen Brandes")

ENTSCHÄDIGUNGSAMT BERLIN

3663 1962-06-04
? (Entschädigungsamt, Berlin) an Hildegard Lewin; Gerichtliche Dokumente; PDS, 4 S., dt. E Besitzverhältnisse/HL (Vergleich für HL, geborene Brauchbar, genannt Brandes; Rentennachzahlung über 52.304 DM)

3664 1962-10-23
? (Entschädigungsamt, Berlin) an Hildegard Lewin; Gerichtliche Dokumente; TDS, 4 S., dt. E Besitzverhältnisse/HL (Vergleich für HL, geborene Brauchbar, genannt Brandes, wegen "Schaden an Eigentum und Vermögen"; Finanzen)

LEWIN, GRETA

3665 1904-06-01
Geburtsurkunde; PDS, 1 S., dt.; Geburtsurkunde für Grethe Lewin [= Mutter von George Lewin?]

3666 1967-01-06
Totenschein; PDS, 1 S., engl.; Totenschein für Greta Lewin [= Mutter von George Lewin?], ausgestellt vom Borough of Manhattan

LEWIN, HILDEGARD

3667 —
Hildegard Lewin; Affidavit; PDS, 1 S., engl. E Affidavit/ HL (für ihre Mutter MARGARETHE BRAUCHBAR, geborene Fabian)

3668 1927-11-24
Heiratsurkunde; TD, 1 S., dt.; Bescheinigung über Eheschließung zwischen Georg Lewin und Margarethe Hildegard Edith Brauchbar

3669 1934-04-03
Gerald F. Warburg an Hildegard Lewin; Affidavit; PDS, 1 S., engl. E Affidavit/GW (für HL)

3670 1937 bis 1938
Ausweiskarten des Reichsverbands der jüdischen Kulturbünde in Deutschland für 1937 und 1938 (TD)

3671 1939-03-25
Bescheinigung; TD, 1 S., dt.; Polizeiliches Führungszeugnis für Hildegard Lewin

3672 1942 bis 1943
Hildegard Lewin; Identity Card; TD, 1 S., engl.; Mitgliedsausweis für die National Orchestra Ass. (NYC) für die Saison 1942/43

3673 1955-04-01
Hildegard Lewin; Pass; PDS, 32 S., engl.; US-Pass Nr. 590171

MATERIAL ZUR BIOGRAFIE
JÜDISCHER SYMPHONIEVEREIN BERLIN

3674 1935 bis 1938
Programme des Jüdischen Symphonievereins Berlin mit Solistennamen 1935 bis 1938 A Aufführung (Dirigenten JULIUS PRÜWER und JULIUS LEDERER)

LEWIN, HILDEGARD

3675 1937-11-16
«Die Touristen. Ein Kabarett jüdischer Autoren»; Programmheft; TD, 1 S., dt. A Aufführung (jüdisches Kabaret, Brüdervereinshaus Berlin, Musik/HILDEGARD LEWIN, Mitwirkende ERICH LOWINSKY, LUCIAN SCHNELL, LIESELOTTE JAFFÉ)

↪ *Musikmss. (Dok. 3646)*

BILDDOKUMENTE
LEWIN, GEORGE UND HILDEGARD

3676 —
Zahlreiche Fotografien, undatiert

Alfred Lichtenstein Collection

- Alfred Aaron Lichtenstein, 1905-1986, Flötist aus Königsberg, 1939 Emigration nach Buenos Aires, 1954 Immigration in die USA
- Sammlung (Call No.: AR 5899) mit Korrespondenz, Fotografien, offiziellen Dokumenten und Clippings
- Kurzbeschreibung im Online-Katalog (http://lbi.cjh.org/mclbiinternetmenu.htm) des Leo Baeck Institute

KORRESPONDENZ
BORMANN, WILHELM

3677 1952-01-05
Alfred Lichtenstein (La Lucila, Argentinien) an Wilhelm Bormann; TL (Kopie), 1 S., dt. E Behörden (Wiedergutmachungsamt, WERNER MÖBES); Besitzverhältnisse/AL (Rückerstattungsverfahren, Bezifferung des Schadens)

3678 1952-01-05
Wilhelm Bormann (Berlin) an Alfred Lichtenstein; TLS, 4 S., dt. E Besitzverhältnisse/AL (Rückerstattungsverfahren, eingezogenes Vermögen/FRIEDERIKE LICHTENSTEIN, Bezifferung des Schadens, Vollmacht für WB)

3679 1954-09-29
Wilhelm Bormann an ? (Finanzamt Steglitz, Berlin); TL (Kopie annotiert), 2 S., dt. E Besitzverhältnisse/ALFRED LICHTENSTEIN ("Antrag auf Festsetzung eines Sonderwertes" für Berliner Grundstück, Beschlagnahmung und Zerstörung der Villa)

↪ *Briefe Georg Süsskind (Dok. 3684-3688)*
↪ *Dokument Landgericht Berlin 1955-11-28 (Dok. 3695)*

DEPUTY CHIEF CENSOR LIVERPOOL

3680 1940-01-25
Alfred Lichtenstein (London) an ? (Deputy Chief Censor, Permit Branche, Liverpool); TD (Kopie), 1 S., engl. E Ausreise/AL (nach Buenos Aires, im Besitz eines exit permit, Zollpapiere für Flöte)

DEVISENSTELLE BERLIN

3681 1938-11-02
? (Devisenstelle, Berlin) an Alfred Lichtenstein (Berlin); TLS (Kopie), 1 S., dt. E Finanzen/AL (Mitnahme der Wertgegenstände, "ersatzlose Abgabe für Ausfuhrförderungszwecke", Finanzen)

ENTSCHÄDIGUNGSAMT BERLIN

3682 1974-01-15
Heinz Gregor (Berlin) an ? (Entschädigungsamt Berlin); TL (Kopie), 2 S., dt. E Besitzverhältnisse/ALFRED LICHTENSTEIN ("Entschädigungssache", Antrag auf "Neuentscheidung aufgrund der Zweitverfahrensrichtlinien"; Vergleich zum Berufsschaden, Finanzen)

ROYAL EGYPTIAN CONSULATE LONDON

3683 1939-05-25
Alfred Lichtenstein (London) an ? (Royal Egyptian Consulate, London); TL (Kopie), 1 S., engl. **A** Anstellung/AL (als Flötenlehrer am Konservatorium in Kairo); Finanzen/AL (Bitte um Rückerstattung des deponierten Geldbetrags beim Passport Office Kairo)

SÜSSKIND, GEORG

3684 1958-03-29
Georg Süsskind (Berlin) an Alfred Lichtenstein (NYC); TLS, 1 S., dt. **E** Besitzverhältnisse/AL (Wiedergutmachungssache, Freiheitsschaden, Schadensersatz für Tafelsilber und Schmuck/FRIEDERIKE LICHTENSTEIN; KURT FEDER); Finanzen/AL (Bedürftigkeitsbescheinigung vom Konsulat zur Vorlage beim Entschädigungsamt)

3685 1958-06-02
Georg Süsskind (Berlin) an Alfred Lichtenstein (NYC); TLS, 1 S., dt. **E** Besitzverhältnisse/AL (Wiedergutmachungssache, "Verschleuderung" des Warenlagers der väterlichen Fabrik; Vollmacht für GS)

3686 1959-10-08
Georg Süsskind (Berlin) an Alfred Lichtenstein (NYC); TLS, 2 S., dt. **E** Besitzverhältnisse/AL (Rückerstattungsverfahren) **A** Biografie/AL (Bitte/GS um Ergänzungen zu Lebenslauf)

3687 1959-10-26
Alfred Lichtenstein (NYC) an Georg Süsskind (Berlin); TL (Kopie), 2 S., dt. **E** Besitzverhältnisse/AL (Rückerstattungsverfahren, Silbersachen und Schmuck/FRIEDERIKE LICHTENSTEIN); Finanzen/AL (Verdienst während der Jahre in Argentinien) **A** Biografie/AL (Ergänzungen zu Lebenslauf; Engagement an Windmill Theatres, London)

3688 1960-02-19
Georg Süsskind an Alfred Lichtenstein; TLS, 1 S., dt. **E** Besitzverhältnisse/AL (Entschädigung, Schaden im beruflichen Fortkommen, Finanzen; Rückerstattungsverfahren, Schmuck/FRIEDERIKE LICHTENSTEIN, Gutachten über Wert)

↳ *Briefe Wilhelm Bormann (Dok. 3677-3679)*
↳ *Dokument Landgericht Berlin 1955-11-28 (Dok. 3695)*

OFFIZIELLE DOKUMENTE
BARNEY JACOBS LTD.

3689 1939-03-28
? (Barney Jacobs Ltd., London) an Alfred Lichtenstein; Vertrag; PD, 1 S., engl. **A** Anstellung/AL (an Windmill Theatres London, Finanzen)

↳ *Bescheinigung 1939-03-21 (Dok. 3700)*

CONSERVATOIRE DE MUSIQUE CAIRO

3690 1934-05-08
Ignace Tiegerman (Conservatoire de Musique, Kairo) an Alfred Lichtenstein; Vertrag; TDS, frz. **A** Vertrag (über Unterrichtstätigkeit/AL am Konservatorium Kairo, Finanzen)

ENTSCHÄDIGUNGSAMT BERLIN

3691 1961-01-18
? (Entschädigungsamt Berlin); Bescheid; PDS, 2 S., dt. **E** Besitzverhältnisse/ALFRED LICHTENSTEIN (positiver Bescheid zu Rückerstattungsverfahren, Schmuck/FRIEDERIKE LICHTENSTEIN, Finanzen)

↳ *Briefe Georg Süsskind (Dok. 3684-3688)*

FINANZAMT STEGLITZ

3692 1939-03-06
? (Finanzamt Steglitz, Berlin); Bescheinigung; PDS, 1 S., dt. **E** Behörden (Unbedenklichkeitsbescheinung für ALFRED LICHTENSTEIN, Finanzamt Steglitz)

GEBRÜDER HERTLING

3693 1939-03-20
? (Gebrüder Hertling Bahnspediteure, Berlin) an Alfred Lichtenstein (Berlin); Rechnung; PDS, 2 S., dt. **E** Finanzen/AL (Transportkosten für Gepäck nach London, Zollabfertigung)

GEHEIME STAATSPOLIZEI BERLIN

3694 1942-08-01
? Exner (Geheime Staatspolizei, Berlin); Gerichtliche Verfügung; TD (Abschrift) **E** Besitzverhältnisse/FRIEDERIKE LICHTENSTEIN (Verfügung zur Beschlagnahmung des Vermögens "zugunsten des Reiches")

LANDGERICHT BERLIN

3695 1955-11-28
? Krüger (Landgericht Berlin); Gerichtliche Dokumente; TD (Abschrift), 5 S., dt. **E** Besitzverhältnisse/ALFRED LICHTENSTEIN (Rückerstattungssache, Bescheid zugunsten des Antragstellers)

↳ *Briefe Wilhelm Bormann (Dok. 3677-3679)*

LICHTENSTEIN, ALFRED

3696 1939-02-15
? (194. Polizeirevier, Berlin); Identity Card; PDS, 4 S., dt.; «Deutsches Reich – Kennkarte» mit Passbild

3697 1947-07-10
Julio Cesar Navarro (Prefectura General Maritima, Buenos Aires); Bescheinigung; PDS, 4 S., span.; «Permiso de Embarco» für Alfred Lichtenstein mit Passbild

3698 1951-07-04
Arturo Bertollo (Policia Federal, Buenos Aires); Pass; PDS, 32 S., span.; «Pasaporte», Republica Argentina

3699 1957-02-25
Alfred Lichtenstein (NYC); Gerichtliche Dokumente; TD (Kopie), 2 S., dt. **E** Besitzverhältnisse/AL (Mitinhaber der väterlichen Firma, Enteignung/FRIEDERIKE LICHTENSTEIN); Emigrationsweg/AL (London, Argentinien, NYC); Finanzen/AL (eidesstattliche Erklärung zu Verdienstminderungen durch Verfolgung und Emigration; angewiesen auf Unterstützung durch Hilfsorganisationen) **A** Anstellung/AL (Konzerttätigkeit in London und Argentinien, Steward auf argentinischen Schiffen)

MINISTRY OF LABOUR LONDON

3700 1939-03-21
? (Ministry of Labour, London) an Alfred Lichtenstein; Bescheinigung; PDS, 3 S., engl. **E** Ausreise/AL (travel permit) **A** Anstellung/AL (an Windmill Theatres London, Ver-

trag mit Barney Jacobs Ltd.)
→ *Vertrag (Dok. 3689)*

POLICIA DE LA CAPITAL FEDERAL BUENOS AIRES
3701 1941-12-17
? (Policia de la Capital Federal, Buenos Aires); Bescheinigung; PDS, 1 S., span.; «Certificado de buena conducta» E Behörden (polizeiliches Führungszeugnis, Polizeibehörde Buenos Aires)

POLIZEIDIREKTION BERLIN
3702 1938-11-22
? Ziske (Polizeidirektion) an Alfred Lichtenstein; Bescheinigung; PDS, 1 S., dt. E Behörden (Führungszeugnis für AL, Polizeidirektion Berlin)

3703 1938-12-22
? Ziske (Polizeidirektion, Berlin) an Gerda Lichtenstein; Bescheinigung; PDS, 1 S., dt. E Behörden (Führungszeugnis für GL, Polizeidirektion Berlin)

SCHULRAT BERLIN-STEGLITZ
3704 1939-01-19
? (Schulrat Berlin-Steglitz, Berlin); Bescheinigung; TDS, 1 S., dt. A Unterricht/ALFRED LICHTENSTEIN (befristeter Unterrichtserlaubnisschein, Erlaubnis zur Tätigkeit an jüdischen Musiklehranstalten und bei Privatpersonen)

BILDDOKUMENTE
LICHTENSTEIN, ALFRED
3705 [1928 bis 1955]
3 Fotografien von Alfred Lichtenstein mit Instrument, datiert auf "ca. 1928/29", "ca. 1950" und "ca. 1955"

Fritz Lissauer Collection

- Fritz Lissauer, 1874-1937, Komponist
- Sammlung (Call No.: AR 2517) mit zwei Musikmss.
- Kurzbeschreibung im Online-Katalog (http://lbi.cjh.org/mclbiinternetmenu.htm) des Leo Baeck Institute

MUSIKMANUSKRIPTE
LISSAUER, FRITZ
3706 1935 bis 1936
«Adrian Brouwer», Oper in 6 Bildern, Libretto von Eduard Stucken; Klavierauszug, Autograph

3707 1935 bis 1936
«Adrian Brouwer», Oper in 6 Bildern, Libretto von Eduard Stucken; Particell, Autograph

Memoir Collection

- Sammlung von Interviews oder autobiografischen Texten, unter dem Namen des jeweiligen Autors mit eigener Signatur abgelegt
- Unter den einzelnen Autoren im Online-Katalog (http://lbi.cjh.org/mclbiinternetmenu.htm) des Leo Baeck Institute aufgeführt
- Regina Thumser, «Vertriebene Musiker: Schicksale und Netzwerke im Exil 1933-1945», Diss. Univ. Salzburg 1998

MATERIAL ZUR BIOGRAFIE
ALBERS-FRANK, HILDA
3708 1978
«Life in a Changing World»; Oral History; TD, 136 S., engl. A Biografie/HAF (Kindheit in Köln, Besuche/WILHELM FURTWÄNGLER im Elternhaus; Ausbildung als Schauspielerin und Pianistin, MAX REINHARDT; Schauspielerin in Konstanz)

BAUER, FELIX
3709 —
«Leading to and Living in the USA»; Oral History; TD, 43 S., engl. E Emigrationsweg/FB (über Schweiz und Dominikanische Republik in die USA) A Anstellung/FB (Kunst- und Musiklehrer, Due West, South Carolina)

BAUMANN, KURT
3710 1977
«Memoiren»; Oral History; TD, 126 S., dt. E Integration/KB (Emigration und Leben in den USA) A Biografie/KB (Jugend und Erziehung; Oper Berlin; Kulturbund Dt. Juden); Organisationen (Jüdischer Kulturbund, KURT SINGER, WERNER LEVIE, HANS HINKEL, JOSEPH ROSENSTOCK, FRITZI JOKL, LOTTE SCHOENE, WALTER OLITZKI, SUSANNE LOEWENSTEIN, FRITZ WISTEN, HANS SONDHEIMER, HERBERT FRIEDENTHAL, [HANS] WILHELM STEINBERG, RUDOLF SCHWARTZ, VICTOR FUCHS, JOSEF FREUDENTHAL, OTTO KINKELDEY, ERWIN PISCATOR)

BUCHWALD, JULIUS

3711 —

«Nature Is the Beginning»; Oral History; TD, 14 S., engl. E Verfolgung/JB (Antisemitismus in Wien; Internierung in England)

↪ *Julius Buchwald Coll. (Dok. 3606-3607)*

EISNER, BRUNO

3712   1960

«Gedenken und Gedanken aus dem Leben eines Musikers»; Oral History; TD, 180 S., dt. E Integration/BE (Leben in den USA) A Biografie/BE (Ausbildung und Karriere)

↪ *Bruno Eisner Subject File in Emergency Committee in Aid of Displaced Foreign Scholars Records (Dok. 5585-5613)*

FREUDENTHAL, HEINZ

3713 —

«Dichtheit und Wahrung»; Oral History; TD, 243 S., dt. E Ausreise/HF (Emigration nach Schweden, Gründung einer Hilfsorganisation für jüdische Flüchtlinge aus Nazi-Deutschland); Verfolgung/HF (Antisemitismus in Wien) A Biografie/HF (Kindheit in Rabbinerfamilie, Karriere als Geiger und Dirigent) Z Kulturleben (in Israel)

FREYHAN, KATE

3714   1974

Margot Pottlitzer und Kate Freyhan, «Interview»; Interview; TD, 36 S., engl. E Integration/KF (Emigration nach England und dortiges Leben) A Biografie/KF (Jugend in Hamburg, Studium in Berlin und Freiburg, Karriere als Musikerin)

FUCHS, RICHARD

3715 —

Dora Fuchs, «Biographische Skizze von Dr. Richard Fuchs»; Lebenslauf; TD, 2 S., dt. E Ausreise/RICHARD FUCHS (nach Neuseeland) A Biografie/RICHARD FUCHS (Tätigkeit als Architekt und Komponist)

GEIGER-KULLMANN, ROSI

3716   1961

Rosi Geiger-Kullmann, «Lebenserinnerungen»; Oral History; TD, 81 S., dt. E Emigrationsweg/RGK (über Kuba in die USA) A Biografie/RGK (Kindheit, Ausbildung als Pianistin) Z Verfolgung (Situation der Juden, Pogrom)

HERMANNS-HOLDE, HEIDA

3717 —

Joanna Forster, «Memoirs Heida Hermanns-Holde»; Oral History; TD, 139 S., engl. E Integration/HEIDA HERMANNS-HOLDE (Emigration in die USA und dortiges Leben) A Biografie/HEIDA HERMANNS-HOLDE (Kindheit, Ausbildung, Karriere; Aktivitäten als Pianistin und Pädagogin in den USA)

↪ *Heida Hermanns-Holde Subject File in Emergency Committee in Aid of Displaced Foreign Scholars Records (Dok. 5749-5750)*

MISCH, LUDWIG

3718 —

«Erinnerungen an die Zeit des nationalsozialistischen Terrors»; Oral History; TD, 14 S., dt. E Verfolgung/LM (Arbeitsverbot als Musikpublizist und -wissenschaftler) A Organisationen (Jüdischer Kulturbund) Z Verfolgung (jüdisches Leben, Verfolgung und Inhaftierungen in Deutschland)

↪ *Ludwig Misch Coll. (Dok. 3721-3749)*

ROSENTHAL, NORA

3719   1973 bis 1976

«Opus One»; Oral History; TD, 83 S., engl. E Verfolgung/NR (in Nazi-Deutschland und Emigration nach England) A Biografie/NR (Kindheit und musikalische Ausbildung)

TREIDEL, LYDIA

3720 —

«Lebenserinnerungen»; Oral History; TD, 3 S., dt. E Ausreise/LT (Emigration nach Palästina) A Biografie/LT (Musikstudium; Lehrtätigkeit in Tel Aviv)

Ludwig Misch Collection

- Ludwig Misch, 1887-1967, Jurist, Komponist, Musikkritiker und Musiklehrer, mit einer "Arierin" verheiratet, während der gesamten Nazi-Herrschaft in Berlin, 1947 Emigration in die USA

- Sammlung (Call Nos.: AR 2073; MF 195) mit Briefen von Wilhelm Furtwängler, Jakob Schönberg und Bruno Walter, einem umfassenden Briefwechsel mit Max Unger (davon aufgenommen Dokumente aus dem Zeitraum 1939-1950); daneben zahlreiche Clippings, Rezensionen, Aufsatzmss. und Vortragsnotizen, ferner Mischs Nazi-Identifikationspapiere, sein Judenstern, Dokumente zur Familiengeschichte sowie Berichte über die Ereignisse in Berlin während der Nazizeit

- Memoiren in der Memoir Coll. des Leo Baeck Institute (Dok. 3718)

- Finding aid; Kurzbeschreibung im Online-Katalog (http://lbi.cjh.org/mclbiinternetmenu.htm) des Leo Baeck Institute

SCHRIFTEN
MISCH, LUDWIG

3721 —
«Anerkannte Formen im "Wohltemperierten Klavier"»; Aufsatz, TD, dt.

3722 —
«Der persoenliche Stil in Beethovens Erster Symphonie»; Aufsatz, TD, dt.

KORRESPONDENZ
FABIAN, HANS ERICH

3723 1954-12-10
Hans Erich Fabian (NYC) an Ludwig Misch (c/o ‹Staats-Herold› Corp., Woodside, NY); TLS, 2 S., dt. A Aufführung/WILHELM FURTWÄNGLER (Konzert mit YEHUDI MENUHIN zugunsten der jüdischen Gemeinde Berlin, Vorsitzender HF) Z Kulturleben (HF über Veröffentlichung in der ‹Staatszeitung› zu Konzert/WILHELM FURTWÄNGLER mit YEHUDI MENUHIN, "Gefahr von feindlichen Kundgebungen, die auf diese Weise ausgeschlossen werden sollten. Es ist jedenfalls historische Tatsache, dass die jüdische Gemeinde durch Anschläge an den Litfassaeulen erfuhr, dass sie die Begünstigte des Konzerts war.")

3724 1954-12-18
Ludwig Misch (NYC) an Hans Erich Fabian; TLS, 1 S., dt. Z Kulturleben (Besprechung in Wohnung/HF unter Zeugen, Absprache des Konzertes mit der jüdischen Gemeinde durch Vermittlung/LM)

FURTWÄNGLER, WILHELM

3725 1936-11-10
Wilhelm Furtwängler (Potsdam) an Ludwig Misch; TLS, 1 S., dt. A Empfehlung/WF (für LM an ? RUST)

3726 1938-12-01
Wilhelm Furtwängler (Potsdam) an ?; TLS, 1 S., dt. A Empfehlung/WF (für LUDWIG MISCH [eventuell im Hinblick auf mögliche Emigration])

SCHÖNBERG, JAKOB

3727 1948-01-22
Jakob Schönberg (NYC) an Ludwig Misch; TLS, 1 S., engl. A Aufführung (Konzerteinladung mit Bitte um Besprechung im ‹Aufbau›)

UNGER, MAX

3728 1939-06-29
Max Unger (Zürich) an Ludwig Misch; ALS, 2 S., dt. E Hilfe/MU (für OTTO ERICH DEUTSCH, "hat er mir geschrieben, dass es jetzt sehr schwer sei") R Musik/MU (philologische Probleme bei LUDWIG VAN BEETHOVEN)

3729 (1947)-10-07
Max Unger (Oberfrohna) an Ludwig Misch (Berlin); APS, 2 S., dt. E Ausreise/LM (Emigrationsantrag) A Treffen (Antwort auf Bitte/LM um Unterredung mit MU) R Musik/MU (philologische Probleme bei LUDWIG VAN BEETHOVEN)

3730 1947-01-06
Max Unger (Oberfrohna) an Ludwig Misch (Berlin); ALS, 1 S., dt. E Ausreise/LM (Frage/MU nach Mitnahme der Bücher und Kleider); Ausreise/MU (ist "in Richtung meines Auswanderungslandes sehr schwankend geworden", Möglichkeit USA; Nierenleiden, bessere Ernährung nötig)

3731 1947-10-29
Max Unger (Oberfrohna) an Ludwig Misch (Berlin); ALS, 1 S., dt. E Ausreise/LM (Emigration in die USA, herzliche Wünsche/MU zur "so plötzlich kommenden Überfahrt") A Schriften/MU (Aufsatz zum Andenken an KURT HUBER)

3732 1948-03-28
Max Unger (Oberfrohna) an Ludwig Misch (NYC); APS, 1 S., dt. A Kollegen/MU (HANS JOACHIM MOSER. "Machen Sie sich ein Bild: Hans-Dampf-Joachim-Moser-in-allen-Gassen schwimmt schon wieder oben: Lehrstuhl in Jena und Professor an der Weimarer Musikhochschule. Es wäre ja an sich um den gescheiten Kerl schade gewesen, doch hätte auf ihn verzichtet werden müssen: Wirklich weiter gebracht hat er die Musik-Wissenschaft doch nirgends, besitzt einen schlechten Stil.") R Musik/MU (philologische Probleme bei LUDWIG VAN BEETHOVEN; GEORG SCHÜNEMANN, CURT SACHS)

3733 1948-04-18
Max Unger (Oberfrohna) an Ludwig Misch (NYC); APS, 2 S., dt. A Anstellung/LM (Verdienstmöglichkeiten durch Tätigkeit als Korrespondent für den ‹Aufbau›)

3734 1948-10-04
Max Unger an Ludwig Misch; APS, 2 S., dt. A Projekte/LM (Aufsatz gegen «Judentum und Musik»/KARL BLESSINGER im ‹Aufbau› geplant); Projekte/MU (Edition der Briefe/LUDWIG VAN BEETHOVEN) Z Kulturleben (wichtige Musikautographen im Besitz von Emigranten)

3735 1949-04-21
Max Unger (Oberfrohna) an Ludwig Misch (NYC); APS, 2 S., dt. E Ausreise/MU (zu Ehefrau MARIE UNGER nach Italien); Hilfe (MARIE UNGER will mit WALTER HINRICHSEN von der amer. Militärregierung sprechen wegen Übersiedelung nach Volterra) A Projekte/MU (Edition der Briefe/LUDWIG VAN BEETHOVEN als einziger Grund des Verbleibs in Deutschland)

3736 1949-05-06
Max Unger (Oberfrohna) an Ludwig Misch (NYC); APS, 2 S., dt. E Ausreise/MARIE UNGER (nach Italien); Verfolgung/MARIE UNGER (durch Gestapo, Inhaftierung während der letzten Kriegsmonate)

3737 1949-11-29
Max Unger (Oberfrohna) an Ludwig Misch (NYC); APS, 2 S., dt. E Ausreise/MU (bevorstehende Auswanderung nach Volterra Mitte Dezember)

↳ *Brief ähnlichen Inhalts: 1949-08-08*

3738 1950-02-17
Max Unger (Volterra) an Ludwig Misch (NYC); APS, 2 S., dt. E Einreise/MU (seit Weihnachten in Italien, schwere Krankheit) A Projekte/MU ("durch Schreiben Geld zu machen") Z Politik ("aber in d[er] Ostzone eine Hochschulstellung anzunehmen, was ich gekonnt hätte? – nein, danke! Dort herrscht die Diktatur des Proletariats")

3739   1950-04-21
Max Unger (Volterra) an Ludwig Misch (NYC); APS, 2 S., dt. **E** Einbürgerung/LM (sucht Empfehlung zur Erlangung der amer. Staatsbürgerschaft/Fritz Busch, Alfred Einstein oder Walter Hinrichsen); Integration/MU (Aufenthaltserlaubnis in Italien, Abschiebung nicht möglich; "Ich bin gegenwärtig – wie meine Frau selbst auch – gewissermaßen 'Emigrant'; denn ich bin ohne Erlaubnis der Russen hierher gekommen")

Walter, Bruno
3740   1948-12-21
Bruno Walter (Philharmonic Soc. of NY, Steinway Building, NYC) an Ludwig Misch (NYC); TLS, 1 S., engl. **A** Treffen/BW (Bitte/LM um Unterredung)

Offizielle Dokumente
Amerikanisches Generalkonsulat Berlin
3741   1947-08-10
Bescheinigung; TD, 2 S., dt. **A** Anstellung/Ludwig Misch (Bescheinigung zur Vorlage bei der Visum-Abteilung des Amer. Generalkonsulats Berlin über Einstellung jüdischer Arbeitskräfte beim Reichssicherheitshauptamt für die Bibliothek in Berlin West)

Misch, Ludwig
3742   1939-03-16
Bescheinigung; TD, 4 S., dt.; (Juden-)Kennkarte, gültig bis 1944-03-16, mit Vermerk: "Dieser Ausweis behält vorläufig seine Gültigkeit", Berlin-Wilmersdorf, Polizeirevier 158, 1945-11-28

Reichsvereinigung der Juden in Deutschland
3743   1944-03-18
Siegbert Kleemann (Reichsvereinigung der Juden in Deutschland, Berlin) an Ernst Grumacher (Berlin); Bescheinigung; TLS, 1 S., dt. **E** Verwandte/Ludwig Misch ("arische" Ehefrau Anna Misch)

Material zur Biografie
Misch, Ludwig
3744   —
Dokumente zu Familiengeschichte und eigener Biografie, darunter Fotografien der Vorfahren, Heiratsurkunden der Großeltern, Ausschließungsschein der Wehrmacht und Judensterne

3745   —
Clippings zu Ludwig Misch aus den zwanziger und dreißiger Jahren

3746   [1947]
Ludwig Misch, [Verzeichnis der Schriften vor und nach 1933-1945]; Publikationsliste; TD, dt.

3747   (1947)-(11)-?
Ludwig Misch, «Lebenslauf Dr. Ludwig Misch»; Lebenslauf; TD, 2 S., dt.; mit Bemerkung "seit 29. November 1947 in New York"

3748   1947-09-23
Ludwig Misch, «Meine Beschäftigung während des Krieges»; Oral History; TDS, 5 S., dt., unterzeichnet von Manfred Bukofzer und Ernst Grumacher **E** Ausreise/LM (wegen Verfolgung während der Nazizeit)

3749   1947-09-25
Ludwig Misch, «Meine Festnahme durch die russische Militärpolizei»; Oral History; TD, 4 S., dt.; 3 S. + 1 S. Ergänzungen von Anni-Ruth Misch

Frank Rothschild Collection

- Frank Rothschild (Lebensdaten unbekannt), Komponist und Organist
- Sammlung (Call No.: AR 2545) mit undatierten liturgischen Kompositionen

Musikmanuskripte
Rothschild, Frank
3750   —
«Halleluja, Amen» für vierstimmigen Chor; Partitur, Autograph, 1 S.

3751   —
«"Ma Towu" nach einem alten Sabbatmotiv» für vierstimmigen Chor; Partitur, Autograph, 3 S.

3752   —
«May the Words» für vierstimmigen Chor; Partitur, Autograph, 1 S.

3753   —
«"L'cho dodi", "Likras Shabas", "Boi Bestolom" (trad[itional] Melodies)» für vierstimmigen Chor; Partitur, Autograph, 2 S., 2 Exemplare

3754   —
«Shall I Sag unto God» für Solo und Orgel; Partitur, Autograph, 1 S.

3755   —
«Shall I Sag unto God» für vierstimmigen Chor; Partitur, Autograph, 1 S.

3756   —
«Three Sabbatical Songs for Home and Synagoge» für vierstimmigen Chor; Stimmen, Autograph, 2 Exemplare; 1. «Sabbatlied Scholaeum alechem», 2. «Sabbatlied», 3. «Sabbatlied»; Aufschrift "Director of Music at Temple Sinai, Boston" (durchgestrichen)

3757   —
«Yom Shabos Kodesh Hu» für vierstimmigen Chor; Partitur, Autograph, 2 S.

3758 —
«Shalom Alaychem» für Stimme und Kl. oder Orgel; Partitur, Autograph, 1 S.

3759 —
«Yoh Ribou Olam V'olmayo» für Stimme und Kl. oder Orgel; Partitur, Autograph, 1 S.

Joseph Schmidt Collection

- Joseph Schmidt, 1904-1942, Tenor rumänischer Herkunft, Studium in Wien, 1938 Emigration nach Belgien, 1940 nach Frankreich, 1942 in die Schweiz, Tod in einem schweizerischen Internierungslager während der Vorbereitung der Immigration in die USA
- Nachlass (Call No.: AR 2604) mit Korrespondenz und persönlichen Dokumenten
- Kurzbeschreibung im Online-Katalog (http://lbi.cjh.org/mclbiinternetmenu.htm) des Leo Baeck Institute
- BHE II, 1039 • Alfred A. Fassbind, «Joseph Schmidt – Ein Lied geht um die Welt: Spuren einer Legende. Eine Biographie», Zürich 1992

KORRESPONDENZ
CONSULAT GÉNÉRAL DE CUBA
3760   1941-12-07
Joseph Schmidt (Hôtel Maccarani, Nizza) an ? (Consulat Général de Cuba, Marseille); ALS, 1 S., frz. E Ausreise/JS (kubanisches Visum für JS beim kubanischen Konsul in Marseille; Schwierigkeit bei Erlangung eines sauf-conduit)

HUROK ATTRACTIONS, INC.
3761   1939-10-30
Sol Hurok (Hurok Attractions, Inc., NYC) an Joseph Schmidt (Brüssel); TLS, 1 S., engl. A Anstellung/JS (Konzerttätigkeit unter exklusivem Management der Hurok Attractions, vertragliche Vereinbarungen)

NEUMANN, MAX
3762   1942-02-10
Max Neumann an Joseph Schmidt (Hôtel Maccarani, Nizza); TL (Kopie), 2 S., dt. A Anstellung/MN (beim Flüchtlingskommitee, Verbindungen zu Sécours National); Projekte/MN (Organisation von Konzertabenden für JS in Avignon, Honorar und Fahrtkosten)

SOMMERTHEATER STRAUSS WINTERTHUR
3763   1942-11-18
Markus Breitner (Sommertheater Strauss Winterthur, Schweiz) an Joseph Schmidt; TLS, 1 S., dt. A Projekte (Aufführung von «Das Dreimäderlhaus» mit JS)

TAUB & GELLER
3764   1941-12-03
Leo Taub (Taub & Geller, Counsellors at Law, NYC) an Joseph Schmidt (Hotel Maccarani, Nizza); TLS, 1 S., dt. E Hilfe/LT (kubanisches Visum für JS beim kubanischen Konsul in Marseille; Weiterreise in die USA)

OFFIZIELLE DOKUMENTE
CONSULATUL ROMÂNIEI BRUXELLES
3765   1940-07-27
? (Consulatul României, Brüssel) an Joseph Schmidt; Bescheinigung; PDS (annotiert), 1 S., rumänisch; «Certificat de inmatriculare», mit Passfoto

SCHMIDT, JOSEPH
3766   1941-10-01
Joseph Schmidt; Paß; PDS, 16 S., frz.; «Carte d'identité d'étranger temporaire» E Behörden (vorläufiger Pass für JS ohne Reiseerlaubnis, ausgestellt von der Préfecture des Alpes-Maritimes)

3767   1942-08-31
? (Gendarmerie Nationale, La Bourboule, Frankreich) an Joseph Schmidt; Bescheinigung; PDS (annotiert), 1 S., frz.; «Sauf-conduit» für Joseph Schmidt, mit Passbild

James Simon Collection

- James Simon, 1880-1944, jüdischer Komponist, Emigration in die Niederlande, 1944 nach Theresienstadt deportiert und dort ermordet
- Nachlass (Call No.: AR 5930) mit Musikmanuskripten, Fotografien, 3 Postkarten an Toni Apfelbaum (1936-1939) und ‹Aufbau›-Artikel «Hollands Judentragödie» über jüdische Emigranten in den Niederlanden, die im Konzentrationslager ermordet wurden
- Finding aid mit "detailled list of songs"; Kurzbeschreibung im Online-Katalog (http://lbi.cjh.org/mclbiinternetmenu.htm) des Leo Baeck Institute

MUSIKMANUSKRIPTE
SIMON, JAMES

3768 —
«Als winz'gen Dank für diese Gaben» für Kl.; Noten, Autograph, 2 S.

3769 —
«Aus Händels "Sieg der Zeit und Wahrheit"» für Singstimme und Kl.; Partitur, Autograph

3770 —
«Nachträgliche Chanukah-Variationen für Toni (33 Jahre später)» für Kl.; Noten, Autograph, 4 S.

3771 —
«Notturno (5. Miniatur)» für Klar. und Kl.; Partitur, Autograph, 2 S.

3772 —
«Ohne Titel (So würden wir uns musikalisch mit Brasilien abfinden)» [für Kl.]; Partitur, Autograph, 4 S.

3773 —
«Schubertiade» für Kl.; Autograph, 2 S.

3774 —
«Schumanns letzte Weise» für Kl.; Noten, Autograph, 1 S.

3775   1937-01-12 bis 1937-01-24
Orchesterskizzen «Jeremie»; Partitur, Autograph (Skizze), 10 S.

3776   1939-07-08 bis 1939-07-09
«Gedenken» für Kl.; Noten, Autograph, 3 S.

3777   1939-12-17 bis 1939-12-20
«Festordnung am 3.II.40 (Tonis Geburtstag)», für Kl., V., Va. und Vc.; Partitur, Autograph, 4 S.

Kurt Singer Collection

- Zur Biografie vgl. S. 52
- Sammlung (Call Nos.: AR 3100; AR 3101; AR 3102; AR 3103; AR 3104; AR 3105; AR 2947; MF 341; Call No. Berlin: LBIJMB MF 341) mit Mss., Korrespondenz und Fotografien; Briefe von Max Friedlaender, Wilhelm Furtwängler und Siegfried Ochs, auch Schreiben zu Singers Buch über die Chormusik Anton Bruckners; Aufsätze und Vorträge von und über Singer, auch über seine Aktivitäten im Jüdischen Kulturbund (Berlin); Rezensionen seiner Schriften; Dokumente von Moritz Singer (Vater von Kurt Singer), u.a. zur jüdischen Gemeinde in Koblenz
- Vgl. Kurt Singer Subject File in Archives of the Amer. Jewish Joint Distribution Committee (Center for Yewish History, Leo Baeck Institute, S. 52f.) und Kurt Singer Subject File in Emergency Committee in Aid of Displaced Foreign Scholars Records (NYPL, Humanities and Social Sciences Library, Manuscripts and Archives Division, S. 267)
- Inventory; Kurzbeschreibung im Online-Katalog (http://lbi.cjh.org/mcbiinternetmenu.htm) des Leo Baeck Institute

SCHRIFTEN
SINGER, KURT

3778 —
«Vom Unfug musikalischer Kritik»; Aufsatz, TD (Kopie), 53 S., dt. R Musik/KS (Rolle der Musikkritik im Musikleben)

3779   1938-?-?
«Jüdisches Kulturbundtheater»; Vortrag, TD, 5 S., dt. A Organisationen (zum Kulturbund dt. Juden, Würdigung der Aktivitäten)

3780   1938-02-[13]
Kurt Singer, «Gruß an meinen Chor zu seinem 25jährigen Bestehen»; Vortrag, TDS (Kopie), 5 S., dt.

KORRESPONDENZ
GEHEIME STAATSPOLIZEI BERLIN

3781   1934-09-07
? ([Kulturbund dt. Juden]) an ? (Geheime Staatspolizei, Berlin); TL (Kopie), 1 S., dt. A Vortrag/KURT SINGER (über «Judas Maccabäus»/GEORG FRIEDRICH HÄNDEL sowie über Zweck und Aufgaben des Kulturbunds dt. Juden)

3782   1934-09-11
? Haselbacher (Geheime Staatspolizei, Berlin) an ? (Kulturbund dt. Juden, Berlin); TLS, 1 S., dt. A Vortrag/KURT SINGER (Unbedenklichkeitserklärung zu seiner Vortragstätigkeit)

Karl Steiner Collection

- Carl (Karl) Steiner, 1912-2001, österr. Pianist, Musikwissenschafts- und Klavierstudium in Wien, Tätigkeit als Klavierlehrer, 1938-1939 Internierung im KZ Dachau, 1939 Emigration nach Shanghai, 1949 Immigration nach Kanada, Lehrtätigkeit

- Sammlung (Call No.: AR 10080) mit Korrespondenz und Material zur Biografie
- Inventory (7 S.); Kurzbeschreibung im Online-Katalog (http://lbi.cjh.org/mclbiinternetmenu.htm) des Leo Baeck Institute
- Karl Steiner / Christian Baier, «50 Jahre danach: Johann Schloss, Karl Steiner, Jenö Takács», in: ‹Österrr. Musikzeitschrift› 43 (1988), Nr. 12, 677-681

KORRESPONDENZ
XU BUZENG

3783   1994-06-10
Carl Steiner an Xu Buzeng (Shanghai) **A** Anstellung/CS (Klasse mit Klavierschülern an der Sir Allie Kadoorie School for Emigrants in Shanghai, HENRY MARGOLINSKI, JULIUS SCHLOSS)

MATERIAL ZUR BIOGRAFIE
STEINER, CARL

3784   1994-01-05
Carl Steiner, «Curriculum vitae»; Lebenslauf; TD, 2 S., engl. **A** Aufführung/CS (in Shanghai Konzerte mit Unterstützung des US Information Service); Biografie/CS (Ausbildung und Werdegang, Klavierlehrerin OLGA NOVAKOVIC); Kollegen/CS (Musiker in Shanghai, WOLFGANG FRAENKEL, JULIUS SCHLOSS)

3785   [1994]
Carl Steiner, «Report about my Years in Shanghai, 1939-1949»; Oral History; TD, 2 S., engl. **E** Integration/CS (Leben als Flüchtling in Shanghai)

Toni and Gustav Stolper Collection

- Toni Stolper (Geburtsname: Antonie Kassowitz), 1890-1988, österr. Journalistin und Ökonomin, 1921 Heirat mit Gustav Stolper, Ehepaar ab 1925 in Deutschland, 1933 Emigration in die USA, dort Gründung der Selfhelp for German Refugees und Tätigkeit im Amer. Council for Emigrants from the Professions; Gustav Stolper, 1888-1947, österr. Ökonom, Politiker und Journalist, Hrsg. von ‹Der Dt. Volkswirt›, Leiter der Dt. Demokratischen Partei (DDP), nach der Emigration als Berater für Firmen und Regierung tätig
- Nachlass (Call Nos.: AR 7212, AR 2896, MF 481 reels 1-21, MF 481 reels 1-18 [addenda], MM 133; Call Nos. Berlin: LBIJMB MF 481 reels 1-21, LBIJMB MM 133, LBIJMB MF 481 reels 1-18 [addenda]) mit Korrespondenz, Mss., Clippings und Dokumenten zur Familiengeschichte; außer Briefwechsel mit Karl und Vally Weigl für musikalische Exilforschung kaum relevantes Material
- Inventory und Namensregister zur Korrespondenz; Inventory im Online-Katalog (http://lbi.cjh.org/mclbiinternetmenu.htm) des Leo Baeck Institute
- Vgl. Karl Weigl Subject File (American Composers' Alliance, S. 42f.), Karl Weigl und Vally Weigl Subject Files in Emergency Committee in Aid of Displaced Foreign Scholars Records (NYPL, Humanities and Social Sciences Library, Manuscripts and Archives Division, S. 276-279) und Karl Weigl Scores (NYPL, Library of the Performing Arts, Music Division, S. 330f.); vgl. Ernst Toch Archives (UCLA), QuECA, Dok. 1070-1212

KORRESPONDENZ
TOCH, LILLY UND ERNST

3786   1943-06-04
Lilly Toch und Ernst Toch an Gustav Stolper; ALS/TLS, 2 S., dt. **E** Finanzen/ET (Schuldenrückzahlung zur Hälfte möglich, da ET Auftrag für Filmmusik bekommen hat)

WEIGL, VALLY UND KARL

3787   (1938-03-11)
Karl Weigl und Vally Weigl ([Wien]) an Toni Stolper; ALS, 2 S., dt. **E** Ausreise/KW (Überlegungen zur Emigration in die USA; Bitte um Unterstützung bei Stellensuche) **R** Kulturpolitik (private Finanzierung amer. Colleges, Univ. und Musikschulen, Geldgeber beeinflussen Lehrstellenbesetzung; Beispiel ERNST TOCH) **Z** Kriegsereignisse (Machterlangung/ADOLF HITLER in Österreich)

3788   1938-04-03
Karl Weigl und Vally Weigl an Toni Stolper; ALS, 2 S., dt. **E** Ausreise/KW und VW (USA-Pläne, Suche nach Anstellungen, "kein Affidavit ohne Stellung, keine Stellung ohne Affidavit"); Hilfe (Bitte um Unterstützung bei Stellensuche und Affidavit für sich und VW durch TS oder deren Freunde; Brief/FRITZ STIEDRY); Hilfe/? WILEY (für KW und VW zur Erlangung eines Visums; R[UDOLF] GANZ) **A** Empfehlung (Referenzen für KW/YELLA PESSL, ARNOLD SCHOENBERG; Rat/RUDOLF SERKIN und ADOLF BUSCH, sich zur Stellenvermittlung an amer. Agenten GEORGE ENGLES zu wenden)

3789 1938-04-04
Toni Stolper an Karl Weigl; TL (Kopie), 3 S., dt. E Affidavit (Einreise in die USA nur auf Affidavits von Verwandten möglich, Regelung soll jedoch gemildert werden; Affidavits wenig wohlhabender Verwandter sind nützlicher als solche wohlhabender Nichtverwandter); Einreise (bei Problem mit Immigrationsvisum Einreise mit Besuchervisum möglich, ohne Arbeitserlaubnis; Immigrationsvisum durch erneute Ausreise nach Kuba oder Bermuda); Finanzen (Lebenskosten in den USA); Hilfe/TS (für KW und VALLY WEIGL, Hoffnung auf Unterstützung/FRITZ STIEDRY und RUDOLF GANZ); Sprache (Gelderwerb abhängig von engl. Sprachkenntnissen) A Anstellung (feste Stelle für KW erfordert Suchzeit und Kontakte zu "Institutionen und Individuen")

→ Abdruck im Anhang, S. 377

3790 1938-[05]-?
Karl Weigl an Toni Stolper; ALS, 2 S., dt. E Einreise/KW und VALLY WEIGL (ohne Affidavit als mögliche Ausnahme für Künstler in Aussicht gestellt); Finanzen/KW und VALLY WEIGL (geringe finanzielle Rücklagen; Verdienst/VALLY WEIGL als Klavierlehrerin, Liedbegleiterin, Übersetzerin oder anderes möglich; Unterstützung durch Schüler und Freunde); Hilfe (für KW und VALLY WEIGL; von FRITZ STIEDRY ist "nichts zu erwarten"); Sprache/KW (zu Verständigung und Unterricht ausreichend; Sohn lernt ebenfalls Engl.) A Aufführung («1. Sinfonie E-Dur» bei Tonkünstlerfest in Zürich); Organisationen (Kontakte mit "Soc. of Friends", ? WILEY; ARTUR RODZINSKI)

3791 1938-06-13
Toni Stolper an Karl Weigl; TL (Kopie), 2 S., dt. E Affidavit/TS (kann wegen finanzieller Verhältnisse kein Affidavit für KW und VALLY WEIGL ausstellen, eventuell jedoch ihr Bruder KARL KASSOWITZ; Gruppe von Freunden soll Affidavits geben; gute Beziehungen/KW zu amer. Konsul in Wien vorteilhaft); Hilfe (keine Unterstützung/RUDOLF GANZ, da "sein Institut [...] voll besetzt"; ALICE EHLERS) "Gesellschaft ("Oft sind Amerikaner eher geneigt, Einwanderern eine Chance zu geben, als Deutsche die sich nicht dem Verdacht aussetzen wollen, ehemalige Landsleute den Amerikanern vo[r]zuziehen.")

3792 1938-06-24
Toni Stolper an Karl Weigl; TL (Kopie), 2 S., dt. E Affidavit (Affidavit-Versprechen eines Freundes/ADOLFO PICK zustande gekommen; TS rät, zunächst ohne Familie in die USA zu kommen; kein Affidavit/KARL KASSOWITZ); Bekannte/KW (FRITZ STIEDRY "laesst seine Frau erst jetzt nachkommen, nachdem das Glueck ihm in den Schoss gefallen ist"); Hilfe/ADOLFO PICK (für KW in den USA und VALLY WEIGL in Wien)

3793 1938-08-18
Karl Weigl (Wien) an Toni Stolper (NYC); APS, 2 S., dt. E Ausreise/KW (Schiffspassage in die USA; Bitte um Vermittlung einer Unterkunft für die erste Zeit)

3794 1938-09-09
Toni Stolper an Karl Weigl; TL (Kopie), 1 S., dt. E Ausreise/KW (Abreisedatum steht fest) A Reise/TS (nach Europa)

3795 1938-09-16
Toni Stolper an Karl Weigl; TL (Kopie annotiert), 1 S., dt. E Hilfe/TS (finanzielle Unterstützung/Mrs. ? LA FARGE und ? MARTIN bei Unterbringung des Sohnes/KW in Privatschule in Roxbury, Connecticut)

3796 1938-09-20
Karl Weigl und Vally Weigl (NYC) an Toni Stolper; ALS, 2 S., dt. E Integration/KW und VW (Miete eines Apartments, GUSTAV STOLPER und TS als Referenz angegeben) A Finanzen (Scholarship für Sohn/KW an Schule in Germantown, New York)

3797 1941-11-09
Toni Stolper an Karl Weigl; TL (Kopie), 2 S., dt. E Hilfe/TS und GUSTAV STOLPER (für PAUL HOFFMANN und Familie; keine Möglichkeit zur Ausreise); Internierung/PAUL HOFFMANN (Lager in Frankreich, Flucht in unbesetztes Gebiet gelungen und Rückkehr nach Paris zu Frau PAULA HOFFMANN und Sohn PAULI HOFFMANN; erfolglose Bemühung um Ausreise in die USA)

Josef Wagner Collection

- Zur Biografie vgl. S. 53

- Sammlung (Call No.: AR 5135) mit Musikmss., Korrespondenz und Clippings; Briefwechsel mit Jugendfreundin Alwine Pröls zu Emigrationsvorbereitungen und Erfahrungen in den USA

- Inventory; Kurzbeschreibung im Online-Katalog (http://lbi.cjh.org/mclbiinternetmenu.htm) des Leo Baeck Institute

- Vgl. Josef Wagner Subject File in Archives of the Amer. Jewish Joint Distribution Committee (Center for Yewish History, Leo Baeck Institute, S. 53f.)

MUSIKMANUSKRIPTE
WAGNER, JOSEF

3798 1925-08-22
«Sonatine» für Kl.; Autograph, 4 S.

3799 1929-01-14
«Heitere Variationen und Fuge über das Volkslied "Wem Gott will rechte Gunst erweisen"» für Kl. zu 4 Händen op. 8a; Autograph, 30 S.

3800   1931-12-06
«Die kleine Mutter», Weihnachtslied für Gesang und Streichquintett; Partitur, Autograph, 4 S.

3801   1932
«2 Kanons»; Partitur, Autograph, 3 S.

3802   1937-03-26
«Streichtrio» op. 16 Nr. 2, 2. Satz; Partitur, Autograph, 12 S.

3803   1945
«I Salute You. A Letter, Written by Fra Giovanni (A.D. 1513) Set to Music for Recitation and Piano»; Partitur, Autograph, 12 S.

KORRESPONDENZ
PRÖLS, ALWINE

3804   1933-10-21
Josef Wagner und Lessie Sachs (Breslau) an Alwine Pröls; TLS, 4 S., dt. E Ausreise/JW (Überlegungen zu Emigration und Ziel, strenge Aufenthaltsbestimmung im europäischen Ausland; Arbeitsmöglichkeiten, politische Lage); Bekannte/JW (Anfrage zu Adressen von Bekannten für weitere Informationen zur Ausreise; ? PÖLLMANN, ? STEININGER, ? TRÖGER); Integration/JW (Verbundenheit mit Heimat, obwohl "Mensch einer minderwertigen Rasse"); Verfolgung/JW (schwierige Arbeitsbedingungen wegen "nichtarischer Abstammung") A Finanzen (wegen geringer Anzahl von Konzertverpflichtungen kaum Einnahmen; Schwierigkeiten mit Bezahlung der Miete); Unterricht/JW (Schülerkonzert großer Erfolg) R Kulturpolitik/JW (Ausgrenzung und Beurteilung von Musikern "nichtarischer" Herkunft)

3805   1935-11-27
Josef Wagner (Breslau) an Alwine Pröls; ALS, 3 S., dt. E Ausreise/JW (Ausreise unumgänglich, wahrscheinlich nach Nordamerika); Verfolgung/JW (Berufstätigkeit in Deutschland durch Gesetzgebung erschwert; keine öffentlichen Konzerte erlaubt, Hauskonzerte nur "in ganz privatem Rahmen") A Aufführung/JW (Konzerte in ganz Europa) R Kulturpolitik/JW (weitere Einschränkungen für "nichtarische" Künstler; Verbot von öffentlichen Auftritten; Besuch von Hauskonzerten "nichtarischer" Künstler für "Arier" verboten) Z Kulturleben (Einschränkung der "nichtarischen" Musiker, Auftritte nur außerhalb Deutschlands möglich)

3806   1936-05-31
Josef Wagner (Breslau) an Alwine Pröls; TLS, 1 S., dt. E Ausreise/JW (Planungen für Ausreise nach Amerika); Finanzen/JW (Vermietung des Musikzimmers als zusätzliches und notwendiges Einkommen); Sprache/JW ("I learn already English.") A Aufführung (häufige Hauskonzerte zur Deckung der Miete) R Kulturpolitik (Besuch von Hauskonzerten "nichtarischer" Künstler für "Arier" verboten)

3807   1937-02-23
Josef Wagner (Breslau) an Alwine Pröls; TLS, 2 S., dt. E Affidavit/? KANTORWITZ (für JOSEF WAGNER und Familie durch eine Tante in St. Louis; zu geringes Einkommen der Tante; Ergänzung der Bürgschaft); Ausreise/JW (Emigration in die USA, "Lichtblick für eine bessere Zukunft"); Finanzen/JW (Hilfe von Freunden zur Aufbringung der Bürgschaft; HERBERT WEISS, ? POZNIAK, TRUDE SEILER, ? TRÖGER, ? LINDNER; Einnahmen durch Hauskonzerte); Verfolgung/JW ("ist noch von anderer Seite (von staatlicher Seite) ein Druck auf mich ausgeübt worden und mir ist nahegelegt worden, Deutschland sobald als möglich zu verlassen") A Kompositionen/JW (Veröffentlichung der «Kinderliedvariationen» op. 13 und der «Choralpartita» op. 15; Fertigstellung «Konzertante Sonate» nach WOLFGANG AMADEUS MOZART für zwei Kl. und «Capriccio ritmico»; Arbeit an «Divertimento» [«Streichtrio»] für Vl., Va. und Vc. op. 16 und «Duo» für Klar. und Fl.) R Kulturpolitik/JW (erweiterte Auflagen für Hauskonzerte, jetzt nur noch der Besuch von "christlichen Nichtariern" bei Konzerten "christlicher Nichtarier" erlaubt; Paulusbund) Z Politik (Erlass neuer Gesetze, Devisengesetz)

3808   1937-08-22
Josef Wagner (Breslau) an Alwine Pröls; TLS (annotiert), 2 S., dt.; mit Adresse von Josef Wagner in den USA E Ausreise/JW (endgültige Ausreise in die USA; Verkauf aller Möbel und Erledigung der Formalitäten); Emigrationsweg/JW (Nutzung einer Konzertverpflichtung bei Radio Hilversum zur Ausreise, danach Weiterfahrt nach London; Abfahrt mit Schiff "Columbus" nach NYC ab Southampton); Finanzen/JW (Geld für Flügeltransport) A Aufführung («Kinderlieder» für Sopran, Fl. und Kl. op. 14/JW, Radio Hilversum)

3809   1937-11-18
Josef Wagner (St. Louis, MO) an Alwine Pröls; TLS (annotiert), 2 S., dt. E Einreise/JW (Überfahrt gut überstanden); Hilfe (Hilfsangebote von Kollegen, Veranstaltung eines Konzertes); Integration/JW ("neue Heimat" USA; kleine Schwierigkeiten mit Klima, Zeiteinteilung, gesellschaftlichen Sitten und Sprache); Verwandte/? KANTORWITZ (Tod der Tante und Bürgin für Affidavit am Vormittag der Ankunft) A Anstellung/JW (Versuch der Vermittlung an eine Musikschule) R Gesellschaft/JW (USA "kindliches", aber "zukunftfrohes" Land)

→ *Abdruck im Anhang, S. 371*

3810   1938-06-27
Josef Wagner (NYC) an Alwine Pröls; TLS, 2 S., dt. E Finanzen/JW (Finanzierung des Unterhalts durch Komponieren und Unterrichten; LESSIE SACHS malt Seidentücher, Tochter verdient Geld als Fotomodell); Integration/JW (Einleben; landschaftliche Schönheiten); Sprache/JW (es wird viel dt. in NYC gesprochen, aber schwieriger Spracherwerb); Verwandte/JW (Zurücklassen verwandter Personen bei Emigration, insbesondere der Eltern) A Aufführung/JW (Radiosendungen mit «5. Konzert Es-Dur» für Kl. und Orchester op. 73/LUDWIG VAN BEETHOVEN mit großem Erfolg); Unterricht/JW (noch geringe Schülerzahl und wenig Einnahmen durch Unterricht); Veröffentlichung/JW («Kinderliedvariationen» op. 13 in St. Louis und «Konzertante Sonate» nach WOLFGANG AMADEUS MOZART für zwei Kl. bei Verlag Schirmer)

3811   1938-07-11
? [Mutter von Josef Wagner] (Breslau) an Alwine Pröls; ALS, 4 S., dt. E Verwandte/JOSEF WAGNER (Leben der Mut-

ter in Deutschland; FRITZ ?; GERTRUD WEIDNER) **A** Aufführung/JOSEF WAGNER (Rundfunkauftritte, Konzerte in St. Louis und NYC); Öffentlichkeit/JOSEF WAGNER (große Erfolge, zählt in den USA "zu den ersten Pianisten"); Unterricht/JOSEF WAGNER (Klavierschüler)

3812   1939-03-20
Josef Wagner (Roosevelt Hotel, Pittburgh, PA) an Alwine Pröls; ALS, 1 S., dt. **E** Integration/JW (weit fortgeschritten, zunehmende Anerkennung in der Gesellschaft) **A** Aufführung/JW (große Anzahl von Konzertverpflichtungen in diversen Städten) **R** Gesellschaft/JW (Veränderung der Menschen bei Trennung von alter Heimat durch Emigration)

3813   1945-11-29
Josef Wagner (NYC) an Alwine Pröls; TLS (annotiert), 2 S., dt. **E** Finanzen/JW (Überwindung von Schwierigkeiten und Geldnot des Anfangs); Integration/JW (nach der Entwurzelung Prozess des Hereinwachsens in die neue Heimat, nach "schweren Existenzkämpfen" Aufbau eines "zukunftreichen Wirkungskreises"); Sprache/LESSIE SACHS (Zugrundegehen am Sprachproblem, "sie, die so sehr eine Meisterin der dt. Sprache war, hat besonders darunter gelitten, dass ihr als Schriftstellerin hier ein rechtes Wirken versagt war"); Verwandte/JW (Bitte der Mutter um Hilfe, Zusendung von Lebensmitteln) **A** Kompositionen/JW (Entstehung vieler Werke, Auszeichnung mit Kompositionspreis); Unterricht/JW (Beschränkung auf wenige Schüler aufgrund umfangreicher Konzert- und Kompositionsverpflichtungen); Veröffentlichung/JW (posthume Publikation der «Tag- und Nachtgedichte»/LESSIE SACHS mit Vorwort/HEINRICH MANN) **Z** Kriegsereignisse (Ende des Krieges und Überleben der Mutter)

3814   1946-05-09
Josef Wagner (NYC) an Alwine Pröls; TLS, 1 S., dt. **E** Einbürgerung/JW (amer. Staatsbürgerschaft, kaum Gefühle für Deutschland nach dem Krieg); Hilfe/JW (Paketsendungen mit Lebensmitteln in Flüchtlingslager; FRITZ ?, ? DEWERNE) **A** Kompositionen/JW ([«I Salute You»] für Sprechstimme und Kl., Verarbeitung des Todes seiner Mutter) **R** Gesellschaft/JW (Veränderungen von Menschen durch Emigration, Gefühle für die alte Heimat verändern sich)

STUDIENSTIFTUNG DES DEUTSCHEN VOLKES DRESDEN

3815   1933-08-25
Josef Wagner (Breslau) an ? (Studienstiftung des Dt. Volkes, Dresden); TLS (Kopie), 3 S., dt. **E** Verfolgung/JW (Antwort auf Rundschreiben/Studienstiftung des Dt. Volkes, nach Beamtengesetz "Nichtarier", seelisch deprimierende Lage, Gefühl der Heimatlosigkeit und Versuch, als "Fremdrassiger" in Deutschland zu bleiben; "Niemals ist mir früher der Gedanke gekommen, dass ich einmal als 'undeutsch', als nicht zugehörig zu meiner dt. Heimat, betrachtet werden könnte.") **A** Organisationen (Studienstiftung des Dt. Volkes, Zeugnisse über pianistische und kompositorische Fähigkeiten/JW, Dank für Förderung); Unterricht/JW (Ausübung des Lehrerberufs für private Musikstunden, Lizenzschein) **R** Kulturpolitik (Verweis auf Briefwechsel zwischen WILHELM FURTWÄNGLER und JOSEPH GOEBBELS; auch Künster huldigen "Führerpersönlichkeiten", etwa beim Leitbild JOHANN SEBASTIAN BACH)

MATERIAL ZUR BIOGRAFIE
WAGNER, JOSEF
3816   —
Diverse Clippings und Fotografien

Eric Werner Collection

- Eric Werner (Erich Werner), 1901-1988, Musikwissenschaftler, Studium in Wien, Graz, Prag, Berlin und Göttingen, 1926-1933 Lehrtätigkeit am Konservatorium Saarbrücken, 1936-1938 am Jüdisch-theologischen Seminar in Breslau; 1938 Emigration in die USA, 1939-1967 Lehrtätigkeit am Hebrew Union College in Cincinnatti und NYC, 1967-1972 Chairmann des Musikdept. an der Tel Aviv Univ.; Publikation: «The Sacred Bridge: the Interdependence of Liturgy and Music in Synagogue and Church during the First Millenium», London und New York, 2 Bde., 1959 und 1984

- Sammlung (Call Nos.: AR 2179, MF 523 reels 1-59; MS 422; MSF 32; Call No. Berlin: LBIJMB MF 523 reels 1-59) mit Musikmss., Korrespondenz und Material zur Biografie

- Inventory im Online-Katalog (http://lbi.cjh.org/mclbiinternetmenu.htm) des Leo Baeck Institute

- BHE II, 1237 • Israel Katz, «Eric Werner (1901-1988): a Bibliography of his Collected Writings», in: ‹Musica Judaica› 10 (1988), Nr. 1, 1-36 • Ders., «In Memoriam: Eric Werner (1901-1988)», in: ‹Ethnomusicology› 33 (1989), 113-119

MUSIKMANUSKRIPTE
WERNER, ERIC
3817   1949-02-26
«Meditation (Kaddish)» für Orgel; Autograph, 2 S.

3818   1987
Notendruck, hrsg. von der Amer. Conference of Cantors "in Honor of Dr. Eric Werner's Lifetime Contribution to the Field of Sacred Music": «Fantasy and Fugue on Motifs of Hebrew Cantillation» für Orgel; «[T]ah Shimkha. Poem by Jehuda Halevy, Ancient Sephardic Tune» für Stimmen und Orgel; «Kol Nidre. Prelude and Prayer» für Vc. und Orgel

SCHRIFTEN
JOINT DISTRIBUTION COMMITTEE
3819   1938-11-18
«Eye Witness Report of Rescue Activities of J[oint] D[istribution] C[ommittee] at Polish-German Border»; Bericht, TD, 2 S., engl.; Augenzeugenbericht

KORRESPONDENZ
[UNBEKANNTER ABSENDER]
3820   1948-01-?
? (Frohnleiten, Österreich) an Eric Werner; TL (annotiert), 4 S., dt. **E** Emigrationsweg/? (Vertreibung aus Bielitz nach Österreich); Finanzen/? (Notwendigkeit des Arbeitens für den Lebensunterhalt auch im Alter); Hilfe/EW (Dank für Hilfspaket); Verfolgung (Hilfe für Polen und Juden während des Krieges aus antifaschistischer und katholischer Einstellung heraus) **A** Kompositionen/? (Aufführung und Sendung einiger "Kirchenkompositionen meines Mannes") **R** Gesellschaft (Ansehen der Flüchtlinge im Exil, hier Österreich) **Z** Kriegsereignisse (Leben in Polen nach dem Ende des Krieges, Ernährungslage; Umgang der poln. und der russ. Behörden mit den Deutschen, Deportation; Bericht über Schicksale von KARL LEUTHMETZER, STEFFI LEUTHMETZER, KAROL POLACZEK, Herr und Frau WIEDERMANN, Herr und Frau SIKORA, WOLFGANG BOBER, HANNERL ?)

[UNBEKANNT], MARGA
3821   1938-12-05
Marga ? (Lido di Venezia) an Eric Werner; ALS, 2 S., dt. **E** Emigrationsweg/MARGA ? (Aufenthalt in Venedig oder Weiterreise "in der Schwebe"); Integration/EW (Glückwünsche zu ersten beruflichen Erfolgen in den USA); Sprache/MARGA ? (zwei Unterrichtsstunden in Engl. pro Woche, Schwierigkeiten mit der Sprache) **Z** Politik (verstorbene Eltern müssen nicht das Unheil der Zeit miterleben)

AARONSOHN, MICHAEL
3822   —
Michael Aaronsohn an Eric Werner; TL (Kopie), 1 S., engl. **R** Judaica/MA (Auseinandersetzung mit der Frage nach Gründung einer nicht-zionistischen Gruppe zwecks Unterstützung des Aufbaus eines jüdischen Staates in Palästina; Bevorzugung einer zionistischen Gruppe)

→ *Gehört zu einer Gruppe von Abschriften verschiedener Antworten von Rabbinern, die vermutlich auf einen Rundbrief geantwortet haben, darunter Bernard J. Bamberger (Dok. 3834), Harry Ettelson (Dok. 3845) und Abraham D. Shaw (Dok. 3911)*

3823   1944-01-26
Michael Aaronsohn (Cincinnati, OH) an Eric Werner (Cincinnati, OH); TLS, 1 S., engl. **A** Aufführung/EW (Glückwünsche zu "Music Hall Performance"; keine Rundfunkübertragung aufgrund von "contractual restrictions", [OSCAR?] LEVANT)

ABT, HARRY
3824   1938-12-06
Harry Abt (Private Jüdische Oberschule, Breslau) an Eric Werner (c/o Mrs. G. Hunter, NYC); TLS (annotiert), 2 S. **E** Ausreise/HA (Überlegungen zur Emigration) **A** Anstellung/EW (Glückwünsche zur Professur am Hebrew Union College in Cincinnati) **R** Judaica/HA (Verwurzelung in jüdischem Kulturgut) **Z** Politik (Schließung der jüdischen Schulvereine in Deutschland, Entlassung der Lehrer, ungewisse Zukunft)

3825   1941-04-15
Harry Abt (Greenhill, Cape Town, Südafrika) an Eric Werner; TLS, 2 S., dt. **E** Behörden (Probleme mit den gesetzlichen Bestimmungen machen Unterrichtstätigkeit/HA unmöglich); Bekannte/HA (Hilfe/? FRAENKEL beim Verkauf eines Faksimiles aus dem Besitz/? JAKOB); Emigrationsweg (Sohn/HA zunächst nach England; Tochter über Palästina nach Afrika; Eltern über England nach Afrika); Verwandte/EW (Frage nach dem Befinden der restlichen Familie in Europa) **A** Schriften/HA (Artikel für ‹Jewish Chronicle›) **R** Judaica/HA ("Hitlerei" als Belastungsprobe der Glaubensfähigkeit) **Z** Kriegsereignisse (aktuelle Situation, Glaube an einen Sieg der Moral über die Gewalt)

3826   1942-02-10
Harry Abt (Cape Town, Südafrika) an Eric Werner; TLS, 2 S., engl. **A** Anstellung/HA (Unterrichtstätigkeit an Univ., Prüfungen, neue Studenten) **R** Judaica/HA (Auslegung jüdischer Gesetze im Land der Emigration, Frage der Einhaltung des Sabbats; Rabbi ? WEILER); Philosophie/LA (Auseinandersetzung mit der Frage nach den Gesetzen der Ethik, jüdisches Verständnis von Ethik)

ADLER, HUGO CHAYIM
3827   1943-10-18
Hugo Chayim Adler (Temple Emanuel, Worcester, MA) an Eric Werner; ALS, 1 S., dt./engl. **A** Kollegen (Bericht über Briefwechsel zwischen HERBERT FROMM und PAUL HINDEMITH); Projekte (Glückwunsch/HCA zur geplanten Aufführung der «Symphony»/EW); Schriften (Auseinandersetzung mit Text/EW in ‹Liberal Judaism›)

3828   1944-01-14
Hugo Chayim Adler (Temple Emanuel, Worcester, MA) an Eric Werner; ALS, 2 S., dt./engl. **A** Schriften/EW (Aufsatz «The Current Trend in Jewish Liturgical Music» in ‹Contemporary Jewish Record›) **R** Musik/HCA (musikalische Gestaltung synagogaler Gottesdienste; HERBERT FROMM, Rabbi ? REICHLER, Rabbi ? SCHWARTZ)

ARENDT, HANNAH
3829   1943-04-27
Hannah Arendt (NYC) an Eric Werner; TLS, 1 S., dt. **A** Treffen/HA (mit EW in NYC) **R** Judaica/HA (Austausch von Gedanken zur Theorie/BERNARD LAZARE über die Juden als dem "unbewussten Paria des Ostens und dem bewussten des Westens")

3830   1944-07-15
Hannah Arendt (NYC) an Eric Werner; TLS, 2 S., dt. **R** Judaica/HA (Politik des Jüdischen Weltkongresses, "Propaganda" mit Statistiken über ermordete Juden; Fragen nach politischer Zukunft der Juden und jüdischer Armee)

3831   1945-01-14
Hannah Arendt (NYC) an Eric Werner; TLS (annotiert), 3

S., dt. **A** Schriften/EW (Artikel zu «Jakobowski und der Oberst»/FRANZ WERFEL; kritische Beiträge dieser Art als "innerzionistische Opposition") **R** Gesellschaft/HA (Schaffung eines eigenen jüdischen Staates, Verständigung mit Arabern und Mittelmeervölkern als politische Bedingung für Staatsgründung); Judaica/HA (Auseinandersetzung und Bruch mit der zionistischen Bewegung, Struktur, innerer Aufbau, Ziele, Propanda, Aktivitäten; Kritik an Organisationen wie Emergency Committee to Save the Jews from Europe, League for a Free Palestine, Hebrew Liberation, Irgun, ZOA; [PETER H.] BERGSON, HADANI [= ALEX RAFAELI]); Literatur/HA (Kritik an der Figur des Jakoboswki in «Jakobowski und der Oberst»/FRANZ WERFEL, hat "das juedische Volk beleidigt")

→ *Abdruck im Anhang, S. 406*

3832   1946-12-09
Hannah Arendt (Schocken Books Inc., NYC) an Eric Werner (Hebrew Union College, Cincinnati, OH); TLS, 1 S., engl. **A** Veröffentlichung (Abweisung des Buchmanuskriptes «The Musical Tradition of Judaism»/EW, Wiederholung von Aussagen anderer Musikwissenschaftler, LAZARE SAMINSKY, ABRAHAM ZWI IDELSOHN)

BAECK, LEO

3833   1955-10-30
Eric Werner (Jewish Institute of Religion, NYC) an Leo Baeck; TL (Kopie), 1 S., dt. **E** Hilfe/LB (für EW bei Auseinandersetzung mit der dt. Regierung um Wiedergutmachung; E.G. LÖWENTHAL); Integration/EW und ELISABETH WERNER (Übersiedlung von Cincinnati nach NYC als "zweites Exil") **A** Anstellung/EW (an Graduate School of Music des Hebrew Union College); Organisationen (Gründung der Leo Baeck Stiftung, Bereitschaft/EW zur Mitarbeit)

BAMBERGER, BERNARD J.

3834   —
Bernard J. Bamberger an Eric Werner; TL (Abschrift), 1 S., engl. **R** Judaica/BB (Auseinandersetzung mit der Forderung nach Staatsgründung in Palästina; Aktivitäten und Effektivität verschiedener zionistischer und nicht-zionistischer Gruppen; ZOA, UJA; JULIUS GORDON, JOSEPH BARON, SOL FREEHOF, ELMER BERGER)

→ *Gehört zu einer Gruppe von Abschriften verschiedener Antworten von Rabbinern, die vermutlich auf einen Rundbrief geantwortet haben, darunter Michael Aaronsohn (Dok. 3822), Harry Ettelson (Dok. 3845) und Abraham D. Shaw (Dok. 3911).*

BERNSTEIN, HANS

3835   —
Hans Bernstein (Montevideo) an Eric Werner; TLS, 1 S., engl. **E** Integration/HB (harte Lebensbedingungen); Verwandte/HB (Unstimmigkeit mit EW bezüglich angeblicher Äußerungen seiner Eltern) **R** Judaica/HB ("chronische Neurose der dt. Juden") **Z** Politik (Schwierigkeiten der Korrespondenz nach Deutschland)

BINDER, ERICH

3836   [1941]-?-?
Erich Binder ("en route Pennsylvania Railroad") an Eric Werner; ALS, 5 S., dt. **E** Bekannte/EB (Schwierigkeiten mit dem Visum, HERMANN ?, Emigration von Warschau nach Wien)

BUBER, MARTIN

3837   1934-03-08
Martin Buber (Heppenheim) an Eric Werner; ALS, 1 S., dt. **A** Anstellung (keine Stelle für EW in Berlin in Aussicht); Treffen/MB (mit EW)

3838   1935-01-18
Martin Buber (Berlin) an Eric Werner; ALS, 2 S., dt. **A** Anstellung (Anfrage/EW; [HERMANN] KANTOROWICZ, [ALFRED] EINSTEIN)

CHANDOME, LUIS J.

3839   1947-11-18
Luis J. Chandome (Maquinaria e Implementos del Pacifico, Hermosillo, Mexiko) an Eric Werner (Hebrew Union College, Cincinnati, OH); TLS, 2 S., engl. **E** Hilfe/EW (Angebot zur Vermittlung einer Anstellung für LC in Cincinnati) **A** Biografie/LC (Ausbildung, Fähigkeiten zu Lehrtätigkeit und als Chorleiter) **R** Musik/LC (keine Trennung von "wahrer Kunst" und Religion möglich; Probleme bei der Vermittlung religiöser Musik anderen Glaubens)

COUNTY OF NEW YORK

3840   — [nach 1945]
Eric Werner an ? (County of New York, NYC); TL (Kopie), 1 S., engl. **E** Affidavit/EW (für seine Schwester ROSE SCHWARZ-WERNER zum Besuch in den USA); Finanzen/EW (eidesstattliche Erklärung zu finanziellen Sicherheiten und Einkommensverhältnissen) **A** Anstellung/EW (am Hebrew Union College, Cincinnati)

EINSTEIN, ALFRED

3841   1939-07-11
Alfred Einstein (NYC) an Eric Werner (Hebrew Union College, Cincinnati, OH); TLS, 1 S., dt. **A** Editionen/AE (Publikation des Jahrbuches ‹Musica Hebraica›, Schwierigkeiten, Rückzug aus dem Projekt wegen "Mangel an Teilnahme"; CURT SACHS, [ABRAHAM W.] BINDER)

3842   1940-02-07
Alfred Einstein (Smith College, Dept. of Music, Northampton, MA) an Eric Werner; TLS, 2 S., dt. **A** Schriften/EW (Dank/AE für Zusendung des Aufsatzes «Die hebräischen Intonationen in Benedetto Marcellos "Estro poetico-armonico"») **R** Musik/AE (jüdische Musiker im 16. Jahrhundert, Fundorte von Quellen; EDUARD BIRNBAUM)

3843   1940-10-18
Alfred Einstein (Northampton, MA) an Eric Werner; TLS, 1 S., dt. **A** Organisationen (Antrag/EW zur Aufnahme in die AMS); Schriften/AE (Erscheinen seines Mozart-Buches verzögert sich aus verlagsökonomischen Gründen; GEORG SCHÜNEMANN); Vortrag/EW (über jüdische Musiktheorie des Mittelalters)

3844   1945-05-14
Alfred Einstein (Smith College, Northampton, MA) an Eric Werner; TLS, 2 S., dt. **E** Integration/EW (Abneigung gegen NYC) **A** Öffentlichkeit/AE (Ablehnung der Position eines

"chairman of the editorial board" einer neuen musikwissenschaftlichen Zeitschrift [in Deutschland]) R Kulturpolitik/AE (Rückblick auf Tätigkeit als Hrsg. der ‹Zeitschrift für Musikwissenschaft›, Erfahrungen zu fragwürdigem "Fachgelehrtentum" und "Collegialität")

ETTELSON, HARRY

3845 —
Harry Ettelson an Eric Werner; TL (Abschrift), 1 S., engl. R Judaica/HE (Sinn und Effektivität einer nicht-zionistischen Gruppe, Möglichkeit der Stellung als Vermittler zwischen zionistischen Rabbinern und den Mitgliedern des Amer. Council for Judaism)

↳ *Gehört zu einer Gruppe von Abschriften verschiedener Antworten von Rabbinern, die vermutlich auf einen Rundbrief geantwortet haben, darunter Michael Aaronsohn (Dok. 3822), Bernard J. Bamberger (Dok. 3834) und Abraham D. Shaw (Dok. 3911)*

FRENCH NOVELTY IMPORTERS

3846 1939-10-07
? (French Novelty Importers, Inc., NYC) an Eric Werner; ALS, 4 S., dt. E Behörden (bis zu dreijährige Wartezeit bei Visavergabe; Festhalten eines Bekanntem mit Familie nach Einreise mit Schiff, Hinterlegung einer Kaution; ? DODA); Einreise/ELISABETH WERNER (Ankündigung ihrer bevorstehenden Einreise, Verhaltensmaßregeln für Einreiseformalitäten); Hilfe (Schwierigkeiten bei Bürgschaften, Übernahme von Garantien, Warnung vor finanziellen Verpflichtungen unbekannten Personen gegenüber)

GOLDSCHMIDT, BERTHOLD

3847 1946-11-01
Berthold Goldschmidt (Männedorf bei Zürich) an Eric Werner (Cincinnati, OH); ALS/TLS (annotiert), 2 S., dt.; mit Briefumschlag E Bekannte/BG (Bericht über Ausreise nach Palästina und dortiges Leben); Finanzen/BG (bescheidenes Einkommen, Familie lebt bei Schwiegereltern in Basel, Besuch nur am Wochenende); Verwandte/EW (Deportation seiner Familie) A Anstellung/BG (Ausbildung als Orgelbauer, Vorbedingung Schreinerlehre) Z Politik (Verordnungen der Behörden zum Arbeitsdienst, Verpflichtung zu einer Handwerksausbildung; ablehnende Haltung gegenüber Ausländern im Orgelbaubetrieb)

GOLDSCHMIDT, ERICH LUDWIG PHILIPP

3848 [1941]-?-?
Erich Ludwig Philipp Goldschmidt an Eric Werner; AL, 2 S., dt. E Affidavit (für EG und DOROTHEA PFISTERER, eines auf Empfehlung/ERNST BEIER "von einem Professor an Harvard"); Verwandte/EW (Befinden seines Vaters gut) A Biografie/EG und DOROTHEA PFISTERER (Angaben zu Geburtsdatum und -ort)

GOLDSCHMIDT, LILLI

3849 1939-08-15
Lilli Goldschmidt (Breslau) an Eric Werner; TLS, 4 S., dt. E Behörden (Hoffnung/? BRÜDI auf Studentenvisum zur Einreise in die USA); Integration/ELISABETH WERNER (Eingewöhnung ins neue Leben "im Bewusstsein seiner Dauer", klimatischer Wechsel); Integration (Schwierigkeiten der Töchter/LG in Palästina, Leben im Kibbuz; Land ist "unfreundlich und unermutigend"); Sprache/EW (Vorlesungen in Engl. nur nach Notizen; Bitte, die dt. Sprache nicht zu verlernen)

GOOSSENS, EUGENE

3850 1941-06-03
Eugene Goossens (Cincinnati SO, Cincinnati, OH) an Eric Werner (Hebrew Union College, Cincinnati, OH); TLS, 2 S., engl. A Treffen/EW und EG (Termin-Probleme für gemeinsames Treffen mit [HANS EWALD] HELLER, [FREDERICK] YEISER und ? WALTERS)

HEBREW UNION COLLEGE CINCINNATI

3851 (1938)-?-?
Eric Werner an Julian Morgenstern; AL (Entwurf), 1 S., engl. E Finanzen/EW (genügend Ersparnisse, um in Ruhe nach Anstellung als Organist oder Musiklehrer zu suchen); Hilfe/JM (Bitte/EW um "formal appointment" am Hebrew Union College für zwei Jahre ohne Bezahlung zur Ermöglichung der Emigration für sich und ELISABETH WERNER; JONAH B. WISE)

3852 1938-11-23
Julian Morgenstern (Hebrew Union College, Cincinnati, OH) an Eric Werner (c/o Mrs. G. Hunter, NYC); TLS, 2 S., engl. E Finanzen/EW (Grundlage für dauerhaften Aufenthalt in den USA gegeben, JONAH B. WISE); Verwandte/EW (Möglichkeit, durch gesicherte Finanzierung ELISABETH WERNER in die USA zu holen) A Anstellung/EW (am Hebrew Union College, Unterrichtsinhalte, Finanzen; ABRAHAM ZWI IDELSOHN)

3853 1938-11-28
Julian Morgenstern (Hebrew Union College, Cincinnati, OH) an Eric Werner (c/o Mrs. G. Hunter, NYC); TLS, 1 S., engl. E Emigrationsweg/EW und ELISABETH WERNER (Vorbereitungen für vorübergehende Ausreise nach Kuba zur Wiedereinreise in die USA) A Anstellung/EW (Absprache über Arbeitsbeginn am Hebrew Union College in Cincinnati und NYC)

3854 1938-12-01
Eric Werner an Julian Morgenstern; ALS, 1 S., engl. E Hilfe/EW (für Kollegen in Deutschland); Sprache/EW (Nutzung der Zeit bis zum Unterrichtsbeginn zur Verbesserung der Sprachkenntnisse) A Anstellung/EW (am Hebrew Union College, Arbeitsbeginn)

3855 1941-03-31
Julian Morgenstern (Hebrew Union College, Cincinnati, OH) an Eric Werner (Cincinnati, OH); TLS, 1 S., engl. A Projekte/EW (Planung und erstmalige Durchführung eines Seminars über "Jewish Music in the Synagog[ue]", ungewisse öffentliche Resonanz)

HEINEMANN, ISAAC

3856 1938-07-16
Isaac Heinemann (Dozentenkollegium des jüdisch-theologischen Seminars, Breslau), ohne Adressat; TLS, 1 S., dt. A Empfehlung/IH (für ERIC WERNER zur Anstellung in den USA, Lob seiner Kenntnis des jüdischen Schrifttums und der Liturgie)

3857 1938-12-14
Isaac Heinemann (Breslau) an Eric Werner; TLS (annotiert), 2 S., dt. E Emigrationsweg/IH (wegen vorhandenem Palästina-Visum erst spätere Einreise in die USA trotz Angebot eines Lehrauftrages am Yeshiva College); Finanzen/IH (Finanzierung eines Forschungsauftrages in Palästina, später des Lehrauftrages in den USA am Yeshiva College durch Rabbi LEO JUNG; ALEXANDER MARX) A Projekte/IH (zweiter Band zu «Philons griechische und jüdische Bildung»; ? REVEL)

3858 1939-02-17
Isaac Heinemann (Jerusalem) an Eric Werner; ALS/TLS, 1 S., dt. E Einreise/ALBERT LEWKOWITZ (vorläufige Einreiseverweigerung trotz "Vorzeigegeld" und Anforderung einer Univ.); Hilfe (Unterstützung für ALBERT LEWKOWITZ "von jüdischer Seite" zur Erlangung einer Einreisegenehmigung)

3859 1939-03-08
Isaac Heinemann (Kiryat Shemuel, Bet Sasson, Jerusalem) an Eric Werner; TLS, 1 S., dt. E Finanzen/EW (Grundlagen der Existenz in den USA noch nicht gesichert); Hilfe/JULIAN MORGENSTERN (für [ALBERT LEWKOWITZ], Ermöglichung der Einreise in die USA); Integration/IH (Umzug nach Jerusalem) A Projekte/EW (Beiträge für ‹M[onatsschrift für] G[eschichte und] W[issenschaft des] J[udentums]›; Suche/IH nach Möglichkeit, die Zeitschrift außerhalb Deutschlands erscheinen zu lassen)

HOLGER, HANS

3860 1944-05-12
Hans Holger (Tel Aviv) an Eric Werner; ALS, 2 S. E Ausreise/HH (1939 nach Palästina) A Anstellung/HH (als Hornist bei "palästinensischer Oper" und Palästina-Orchesters; Arbeitsbedingungen im Orchester, Repertoire der Oper, Konzerte in Palästina und Ägypten); Kollegen/HH (Musiker im Orchester, Bekannte/EW, ? RACKIER, ? SPRECHER)

IDELSOHN, ABRAHAM ZWI

3861 1938-05-11
Abraham Zwi Idelsohn (Johannesburg, Südafrika) an Eric Werner; TLS, 1 S., dt. A Schriften/EW («Die hebräischen Intonationen in Benedetto Marcellos Estro poetico-armonico»); Schriften/AI («Jewish Music in its Historical Development»); Schriften («Traditional Songs of the German (Tedesco) Jews in Italy»)

JALOWETZ, HEINRICH

3862 1943-09-20
Heinrich Jalowetz (Black Mountain College, Black Mountain, NC) an Eric Werner; TLS (annotiert), 1 S., dt. A Kollegen/HJ ("ob Lowinsky in die Army muss oder nicht"); Projekte (Dank für Sendung von Noten an das College; Bitte um Zusendung der «Geschichte der jüdischen Volksmusik»/EW); Reise/HJ (Dank für Einladung nach Cincinnati; beschränkte Reisemöglichkeiten); Treffen/HJ (Besuch/EW und ELISABETH WERNER in Black Mountain)

JANSSEN, WERNER

3863 1941-03-07
Werner Janssen (Janssen Concerts, Wilshire-Ebell Theatre, LA) an Eric Werner (Cincinnati, OH); TLS, 1 S., engl. A Kompositionen/EW (Mozart-Bearbeitungen; [ERNEST R.] VOIGT)

JEWISH MUSIC FORUM

3864 1941-01-07
Abraham W. Binder (Jewish Music Forum, NYC) an Eric Werner (Cincinnati, OH), 1 S., engl. A Aufführung/STEFAN FRENKEL («Konzert» für V. und Orchester/ISADORE FREED im Jewish Music Forum); Vortrag/EW (beim Jewish Music Forum)

JÜDISCHE AUSWANDERER-BERATUNGSSTELLE BRESLAU

3865 1938-08-24
? (Jüdische Auswanderer-Beratungsstelle des Hilfsvereins der Juden in Deutschland e.V., Breslau) an Eric Werner (Breslau); TLS, 1 S., dt. A Finanzen/EW (Bitte um Zuschuss für "eine Besuchsreise nach USA" bei der Jüdischen Auswanderer-Beratungsstelle, schriftliche Erklärung über Vermögenslage erforderlich)

JÜDISCHER BUCHVERLAG UND BUCHVERTRIEB STEFAN MÜNZ

3866 1938-03-01
Stefan Münz (Jüdischer Buchverlag und Buchvertrieb, Breslau) an Eric Werner; TLS (annotiert), 1 S., dt. A Veröffentlichung (Buch «Geschichte der jüdischen Volksmusik»/EW im Buchverlag Stefan Münz; Vertragskonditionen, Auflage, Finanzen)

3867 1938-07-05
Stefan Münz (Jüdischer Buchverlag und Buchvertrieb, Breslau) an Eric Werner; TLS, 2 S., dt. A Vertrag/SM (Bitte um Entlassung aus vertraglichen Verpflichtungen aus wirtschaftlichen Gründen)

JÜDISCHER KULTURBUND BERLIN

3868 1938-04-13
Kurt Singer (Jüdischer Kulturbund Berlin) an Eric Werner (Breslau); TLS, 1 S. A Projekte/KS (Aufführung eines Werkes/EW in kommender Saison; Bitte um Erstellung eines Klavierauszuges; BERTHOLD SANDER)

3869 1938-06-28
Kurt Singer (Jüdischer Kulturbund Berlin) an Eric Werner (Breslau); TLS, 1 S., dt. E Ausreise/EW (KS hat keine Beziehungen in die USA, Empfehlungsschreiben möglich) A Empfehlung/KS (für EW an FRIEDRICH BORCHARDT, den "Mittelsmann zwischen Amerika und Deutschland in Bezug auf jüdische Auswanderer"); Projekte/KS (Erstellung eines Klavierauszuges für Proben nicht notwendig wegen ungesicherter Zukunft des Chores)

3870 1938-09-04
Kurt Singer (Jüdischer Kulturbund Berlin) an Eric Werner (Breslau); TLS, 1 S., dt. A Schriften/EW (Aufsatz in ‹Musica hebraica›; Interesse/KS an «Geschichte der jüdischen Volksmusik»)

JÜDISCHER MUSIKVEREIN BRESLAU

3871 1938-09-16
? (Jüdischer Musikverein Breslau) an Eric Werner (Breslau); TLS, 1 S., dt. A Projekte (Aufführung der «Variationen über das Emeklied»/EW durch Jüdischen Musikverein Breslau; kein Geld für Kopistenabschriften des Stimmen-

materials, kein Zuschuss vom Reichsverband der jüdischen Kulturbünde; KURT SINGER, BERTHOLD SANDER)

JUTTEMANN, OSKAR

3872   1934-06-04
Oskar Juttemann (Berlin) an Eric Werner; TLS (annotiert), 1 S., dt. A Kompositionen/EW (Werke zur Besprechung in der ‹Jüdischen› Rundschau, «Psalm 121», «Die Kleine», «Haschkiwenu», «Variationen über ein hebräisches Volkslied», «Hoh lachmoh»)

KESTENBERG, LEO

3873   1939-07-31
Leo Kestenberg (Tel Aviv) an Eric Werner (Hebrew Union College, Cincinnati, OH); TLS, 3 S., dt. A Anstellung/EW (am Hebrew Union College); Kollegen/LK (Verhalten der Kollegen nach der Machterlangung/ADOLF HITLER; FRITZ JÖDE, GEORG SCHÜNEMANN; Kontakt mit ALFRED EINSTEIN und CURT SACHS; Brief/THOMAS MANN); Organisationen (Mailamm, ‹Musica Hebraica›, HERMANN SWET); Projekte/EW (zur Geschichte der jüdischen Volksmusik); Projekte/LK (Aufführung Werke/[ERICH] BINDER auf Empfehlung/[ARTUR] HOLDE) R Musik/LK (in Palästina Veränderungen der musikalischen Prägung im Kindergarten, Verlust des Bewusstseins für europäische Musik und Zurückweisung des europäischen Tonsystems; musikpädagogische Bemühungen zwischen Tradition und Moderne); Pädagogik/LK (Ansätze zur Vermittlung der Musik in Palästina, Beobachtungen "über die schnelle Akkomodationsfähigkeit des jüdischen Kleinkindes an die musikalische Umwelt")

→ *Abdruck im Anhang, S. 385*

KONSERVATORIUM DER MUSIK SAARBRÜCKEN

3874   1934-01-26
[Ferdinand] Krome (Konservatorium der Musik, Saarbrücken) an Eric Werner (Saarbrücken); TLS, 1 S., dt. A Anstellung/EW (Mitteilung über Kündigung; keine Meldung von Schülern); Finanzen/[FERDINAND] KROME (Bitte um Überweisung von Auslagen und Ablehnung einer Honorarzahlung)

→ *Brief Regierungskommission für Kultus und Schulwesen an Eric Werner 1934-01-25 (Dok. 3897) und «Bericht über Abbau meines Unterrichts» 1934-06-06 (Dok. 3958)*

KORNAUTH, EGON

3875   1933-08-18
Egon Kornauth (Gutenstein, Österreich) an Eric Werner; ALS, 2 S., dt. A Kompositionen/EK (Lieder und a-capella-Chöre auf Texte/FRIEDRICH HÖLDERLIN) R Gesellschaft/EK (Vergleich zu anderen schweren Zeiten in der Vergangenheit, Freiheit) Z Politik (Verhältnisse in Deutschland)

3876   1939-07-03
Egon Kornauth (Henndorf bei Salzburg) an Eric Werner; ALS, 2 S., dt. E Finanzen/EK (schwierige Situation); Hilfe/EK ("immer noch und immer wieder caritative Aufgaben zu erfüllen")

3877   1947-03-08
Egon Kornauth (Musikhochschule Mozarteum, Salzburg) an Eric und Elisabeth Werner; TLS (annotiert), 2 S., dt. E Ausreise/EK (Ausreiseversuche in die Schweiz, nach Brasilien und in die USA; vorübergehender Aufenthalt in Italien); Behörden (Probleme/EK mit Behörden in der Schweiz); Hilfe/EW (dankbare Annahme des Hilfsangebotes mit Paketzuwendungen aus den USA); Verfolgung/EK (Verfemung als "Judenknecht" aufgrund seiner Unterstützung jüdischer Freunde) A Anstellung/EK (Lehrtätigkeit an Musikakademie Wien, Nachfolge/[RICHARD] STOEHR; Konzertreisen als Möglichkeit der Abwesenheit von politischen Veranstaltungen) R Gesellschaft/EK (Verhalten der Studenten/EK gegenüber seiner politischen Haltung, Verweigerung des "Dt. Grußes") Z Kriegsereignisse (Kriegserlebnisse/EK in Italien und Österreich)

3878   1948-11-01
Egon Kornauth (Henndorf bei Salzburg) an Eric Werner; TLS, 1 S., dt. E Hilfe/EW (Bitte/EK um Zusendung der Musiklehre «Elementary Training for Musicians»/PAUL HINDEMITH neben Lebensmitteln) A Kollegen/EK (Bericht über einen Kurs mit PAUL HINDEMITH); Reise/EK (in die Schweiz als Delegierter für die Jury des Internationalen Musikwettbewerbs) R Gesellschaft/EK (Kritik am Verhalten der Schweiz während des Krieges)

LENDVAI, ERWIN

3879   1933-01-12
Erwin Lendvai (Paris) an Eric Werner (Saarbrücken); APS, 2 S., dt. E Bekannte (Bitte/EL, neue Adresse in Paris vor den Bekannten in Saarbrücken geheim zu halten); Finanzen/EL (Leben in Paris sehr teuer)

3880   1934-01-08
Erwin Lendvai (Erfurt) an Eric Werner; TLS (annotiert), 1 S., dt. A Projekte (Aufführung einer Psalmvertonung/EL durch Saarsängerbund) R Kulturpolitik (Umgang des Saarsängerbundes mit EL; ? STEIN)

3881   1934-03-22
Erwin Lendvai (Erfurt) an Eric und Elisabeth Werner; ALS, 2 S., dt. R Gesellschaft/EL (Verhalten der Gesellschaft, "niedrige Instinkte" an der "Oberfläche des öffentlichen Lebens") Z Politik (Ereignisse in Deutschland als Auswirkungen einer Weltkrise); Verfolgung (Diskriminierung und KZ)

3882   1934-03-27
Erwin Lendvai (Erfurt) an Eric Werner; TLS (annotiert), 2 S., dt. A Kompositionen/EW (Kritik/EL an Chorwerken, «Bergarbeiterlied»; düstere Stimmung und schwer intonierbare Passagen) R Kulturpolitik/EL (Umtextierung des kommunistischen "Rotgardistenlieds" durch NSDAP; Index für unliebsame Dichter); Musik/EL (Musik als Mittel der Propaganda, Melodie die Hauptsache, Kontrapunkt und Harmonik Nebensache)

3883   1939-04-01
Erwin Lendvai (Paris) an Eric Werner; ALS, 3 S., dt. E Rückkehr/EL (Genuss der Freiheit in Paris, aber Plan zur Rückkehr nach Deutschland) A Kollegen/EL (Situation am Saarbrücker Konservatorium und Bewertung der Verhaltensweise von Dozenten); Projekte/EL (Arbeit an einer Zeitschrift) Z Politik (in Deutschland nur militärischer Drill

und "mittelalterliche Zustände", Diskussion von Berichten aus frz. Presse)

LEVITA, GERHARD GOTTHELF

3884 1941-03-23
Gerhard Gotthelf Levita (Universidad de Nariño, Escuela de Musica y Bellas Artes, Pasto, Kolumbien) an Eric Werner (Hebrew [Union] College, Cincinnati, OH); TLS, 2 S., engl. A Projekte/GL (Suche nach Informationen über jüdische Komponisten und Musiker JACOPO SANSECONDO, DAVID CIVITÀ, ISRAEL LOVY, ISAAK NATHAN; LAZARE SAMINSKY); Schriften (Anfrage zu Buch «Jüdische Musiker am Hofe zu Mantua»/EDUARD BIRNBAUM; Buch/LAZARE SAMINSKY über Musik im Ghetto; ISRAEL LOVY)

LEVY, GUSTAV

3885 1950-09-23
Gustav Levy (Rechtsanwälte Gustav Levy und Dr. ? Heinau, Saarbrücken) an Eric Werner und Elisabeth Werner; TLS, 1 S., dt. E Besitzverhältnisse/EW und ElW (Bitte um Ausstellung eines Erbscheines zur Auszahlung des anteiligen Kaufpreises für enteignete Grundstücke, nun in Eigentum der Stadt Saarbrücken übergegangen; Bitte um Stellungnahme zu Schriftstück im Gerichtsstreit "in Sachen Six und Müller")

3886 1950-10-04
Gustav Levy an ? (Landgericht Saarbrücken, Restitutionskammer, Saarbrücken); TL (Abschrift), 2 S., dt. E Besitzverhältnisse/ERIC WERNER (Schriftsatz für Gerichtsprozess um Hausgrundstück, Forderung einer Berichtigung der Eigentumsverhältnisse im Grundbuch)

3887 1950-10-09
Gustav Levy (Rechtsanwälte Gustav Levy und Dr. ? Heinau, Saarbrücken) an Eric Werner und Elisabeth Werner; TLS, 3 S., dt. E Besitzverhältnisse/EW und ElW (Stand der Verhandlung vor Gericht im Streit um Hausgrundstück "in Sachen gegen Erben Six und Erben Thowae", Erläuterungen zur Sachlage)

LEWKOWITZ, ALBERT UND HILDEGARD

3888 1939-01-15
Albert Lewkowitz (Breslau) an Eric Werner; ALS, 2 S., dt. E Affidavit (für AL, ausgestellt von einer Univ. auf Vermittlung/EW); Finanzen/AL (Entschädigung für Pensionswegfall durch Bücher aus der Seminar-Bibliothek); Hilfe (Antrag der Univ. Jerusalem bei der engl. Regierung über ein Gelehrten-Zertifikat für AL; Schreiben an verschiedene Kollegen an Univ. durch EGON KIHNEMANN [?], Bitte um Unterstützung für AL)

3889 1939-03-09
Albert Lewkowitz (Breslau) an Eric und Elisabeth Werner; ALS, 2 S., dt. E Ausreise/AL (Vermittlung eines Visums durch JULIAN MORGENSTERN); Emigrationsweg/AL (bei Schwierigkeiten mit Visum Zwischenaufenthalt in den Niederlanden oder Belgien geplant; Schiffspassage in die USA)

3890 1939-07-08
Hildegard Lewkowitz (Breslau) an Eric und Elisabeth Werner; ALS, 2 S., dt. E Ausreise/HL und ALBERT LEWKOWITZ (Warten auf Visa; Plan zu Zwischenstopp in den Niederlanden; Ratschläge/ElW und ErW zur Kleiderordnung bei der Überfahrt); Verwandte (Studienzeit von HANSEL [LEWKOWITZ?] in Palästina)

3891 1939-08-13
Hildegard und Albert Lewkowitz (Breslau) an Eric und Elisabeth Werner; TLS, 2 S., dt. E Ausreise/MAX WIENER (Möglichkeit der Ausreise "aufgrund eines Rabbinervertrags"); Ausreise/AL und HL (Vorbereitungen); Behörden (keine positiven Nachrichten vom amer. Konsulat); Hilfe (für AL zum Erhalt einer Lehrstelle zwecks Erlangung eines amer. Visums; JULIAN MORGENSTERN, Oberrabiner ? DAVIDS)

3892 1939-08-17
Albert Lewkowitz (Breslau) an Eric und Elisabeth Werner; TLS (annotiert), 1 S., dt. E Ausreise/FRANZ LANDSBERGER (hat Visum zur Einreise in die USA in England erhalten); Behörden (Schwierigkeiten bei Visum-Ausstellung für/AL wegen fehlender Rückmeldung des Hebrew Union College; Bemühungen/JULIAN MORGENSTERN in Washington); Emigrationsweg/AL (kostenloser Zwischenaufenthalt in den Niederlanden mit Anstellung als Hochschullehrer; [ERNST] NEUBAUER)

LOWINSKY, EDWARD

3893 1941-01-06
E[dward] Lowinsky (NYC) an Eric Werner; ALS, 2 S., dt. E Integration/EL (Wohnverhältnisse in NYC); Öffentlichkeit/EL (Bericht über Desinteresse emigrierter Musikwissenschaftler an den Neuankömmlingen) A Kollegen/EW ([FRITZ] REDLICH, [CURT] SACHS); Projekte/EL (Vorbereitung von Vorträgen; [GUSTAVE] REESE)

«MUSIK IN GESCHICHTE UND GEGENWART»

3894 1959-12-11
Wilfried Brennecke («Die Musik in Geschichte und Gegenwart – Allgemeine Enzyklopädie der Musik», Bärenreiterverlag, Kassel) an Eric Werner (Hebrew Union College, NYC); TLS (annotiert), 2 S., dt. A Kollegen/EW / FRIEDRICH BLUME um Abschwächung der "scharfen Polemik" gegen WOLFGANG BOETTICHER; Bemühung, "unsere Enzyklopädie von jeglicher Polemik möglichst freizuhalten"); Schriften/EW (Artikel zu FELIX MENDELSSOHN BARTHOLDY, Redaktion durch FRIEDRICH BLUME)

‹NEW YORK TIMES›

3895 1938-10-14
George Clarke (‹NY Times›, NYC) an Eric Werner; ALS, 2 S., engl. E Hilfe (bei Suche nach Anstellung für EW; Angabe von Personen und Adressen für weitere Hilfe, CARL ENGEL, OTTO KINKELDEY, [HAROLD] SPIVACKE)

PONTIFICIO ISTITUTO DI MUSICA SARCA

3896 1949-02-05
Higino Anglès (Pontificio Istituto di Musica Sacra, Rom) an Eric Werner; TLS, 1 S., ital. A Organisationen (Kongress des Pontificio Istituto di Musica Sacra, Einladung zur Teilnahme)

REGIERUNGSKOMMISSION FÜR KULTUS UND SCHULWESEN SAARBRÜCKEN

3897 1934-01-25
? (Regierungskommision des Saargebietes, Abteilung Kul-

tus und Schulwesen, Saarbrücken) an Eric Werner (Saarbrücken); TLS, 1 S., dt. **E** Verfolgung/EW (Mitteilung über Rechtmäßigkeit der Kündigung durch den Leiter des Konservatoriums, [FERDINAND] KROME)

→ *Brief Eric Werner an Konservatorium der Musik Saarbrücken 1934-01-26 (Dok. 3874) und und «Bericht über Abbau meines Unterrichts» 1934-06-06 (Dok. 3958)*

REICHENBACH, HERMANN

3898 —

Hermann Reichenbach (Mary Washington College of the Univ. of Virginia, Fredericksburg, VI) an Eric Werner; ALS, 2 S., dt. **E** Emigrationsweg/HR (über Russland in die USA); Integration/HR (trotz aller glücklichen Umstände kein Heimatgefühl) **R** Religion/HR (bei "getauftem Vater" und "christlich deutscher" Mutter Gefühl des Sitzens "zwischen allen Stühlen")

REICHSVERBAND DER JÜDISCHEN KULTURBÜNDE

3899 1937-11-05

Werner Levie und Kurt Singer (Reichsverband der Jüdischen Kulturbünde in Deutschland, Berlin) an ? (Jüdischer Musikverein, Breslau); TLS (Abschrift), 1 S., dt. **R** Kulturpolitik (neues Reichskulturkammergesetz; Aufnahme von jüdischen Komponisten in die Stagma nur nach vorherigem Antrag beim Berufsstand dt. Komponisten; ERIC WERNER)

ROTH, ERNST

3900 1947-05-04

Ernst Roth an Eric Werner; TLS, 2 S., dt. **E** Bekannte/ER (LEON WELICZKER); Hilfe/EW (Bitte um ER um Zusendung von belletristischen Büchern, zionistischen Broschüren und Lebensmitteln für HERMINE ALEXANDROWICZ) **R** Judaica/ER (jüdische und zionistische Gruppierungen und Vereine in Polen); Projekte/EW (Reise nach Europa) **R** Literatur/ER (Überlegungen zur Gestaltung eines Rezitationsabends mit Gedichten unter Mitwirkung von Filmaufnahmen und Lautsprecher, "um den Hörer in entsprechende Stimmung zu versetzen")

3901 1952-04-08

Eric Werner ([Cincinnati], OH) an Ernst Roth; TL (Kopie), 3 S., dt. **E** Sprache/EW (Probleme mit dem raschen Wandel der hebr. Sprache, "von Jahr zu Jahr wird mein Ivrith altmodischer, altfränkischer") **A** Anstellung/EW (am Hebrew Union College, Lehrtätigkeit in NYC und Cincinnati, administrative Arbeit in NYC); Organisationen (Logenwesen in den USA im Vergleich zu Europa, "eine Art philantropischer Massengeselligkeitsklub mit leicht politischer Faerbung ohne jede Discrimination ohne Wuerde, wenn auch nicht ohne Verdienst"; [LEO] BAECK); Projekte/EW (Reise nach Israel auf Einladung einer Univ.); Schriften/EW (Arbeit an «The Sacred Bridge» als "Hauptwerk in liturgischer, historischer, und musikwissenschaftlicher Hinsicht"); Vortrag/EW (in Utrecht bei der Tagung der internationalen musikwissenschaftlichen Vereinigung) **R** Literatur/EW (Bewertung von «Doktor Faustus»/THOMAS MANN als "missglueckt", Einordnung der geschichtlichen und ideologischen Einflüsse, Mangel an "kuenstlerische[r] Einheit")

→ *Abdruck im Anhang, S. 422*

SAAR-SÄNGER-BUND SAARBRÜCKEN

3902 1933-09-06

Hans Bongard (Saar-Sänger-Bund, Saarbrücken), ohne Adressat; ALS, 2 S., dt.; auch in Abschrift (TD, Kopie, 1 S., engl.) **A** Empfehlung/HB (für ERIC WERNER, Lob seiner Tätigkeit als Chorleiter und seiner organisatorischen Arbeit); Kompositionen/Eric WERNER (acht wichtige Beiträge zum ersten Band des «Deutschen Chorsängerbuchs»)

SCHEID, OTTO

3903 1948-03-02

Otto Scheid (Ramat Hakovesh, [Haifa]) an Eric Werner; ALS, 2 S., dt. **E** Ausreise/OS (nach Palästina) **A** Anstellung/OS (als Lehrer für Geschichte, Kunst und Architektur am Technikum in Haifa); Schriften/OS (mehrere Bücher); Vortrag/OS (Einladung in die USA; Bitte um weitere Einladungen zur Vorlage beim Konsulat zwecks Einreisegenehmigung)

SCHOCKEN VERLAG BERLIN

3904 1935-05-19

Moritz Spitzer (Schocken Verlag Berlin) an Eric Werner (Breslau); TLS, 2 S., dt. **A** Anstellung/ROBERT LACHMANN (Lehrtätigkeit an Univ. Jerusalem); Veröffentlichung/EW (Bitte um Überarbeitung des Ms. zu «Geschichte der jüdischen Volksmusik»; Lektor OSCAR GUTTMANN, weitere Lektüre durch ROBERT LACHMANN)

3905 1937-05-10

Moritz Spitzer (Schocken Verlag Berlin) an Eric Werner (Breslau); TLS, 1 S., dt. **A** Schriften/EW (Bitte um Zusendung eines Essays [«Die hebräischen Intonationen in Benedetto Marcellos "Estro poetico-armonico"»]); Veröffentlichung (Publikation zu den hebräischen Gesängen "de Rossis" [SALAMONE ROSSI] in der geplanten Form nicht möglich, Änderung des Konzepts erwünscht)

3906 1937-12-21

Moritz Spitzer (Schocken Verlag Berlin) an Eric Werner (Breslau); TLS, 1 S., dt. **A** Schriften/EW (Aufsatz über BENEDETTO MARCELLO); Veröffentlichung/EW (Nachfrage zum Ms. zur «Geschichte der jüdischen Volksmusik»; Planungen zu "de Rossi" [SALAMONE ROSSI] nicht weitergekommen)

SCHWARZ, ROSE UND ARTHUR

3907 1939-10-31

Rose und Arthur Schwarz (London) an Eric und Elisabeth Werner; ALS (annotiert), 4 S., dt. **E** Bekannte/RS (emigrierte Bekannte u.a. in Frankreich); Emigrationsweg/RS (über Polen nach England; Unterstützung durch ? PILLERSDORF); Verwandte/RS (Bitte um Recherche durch Rotes Kreuz und amer. Gesandtschaft in Berlin zum Verbleib von Verwandten) **A** Anstellung/RS (Stellensuche)

3908 1941-02-16

Rose und Arthur Schwarz ([London]) an Eric und Elisabeth Werner; ALS (annotiert), 4 S., dt. **E** Hilfe/RS (Schwierigkeiten, von England aus finanzielle Hilfe für Angehörige in Lemberg zu leisten; Vorschriften); Internierung/JENNY SCHWARZ **Z** Kulturleben (Bericht über Konzertbesuch mit Aufführung von «Music for Children»/WILLIAM WALTON)

→ *Brief ähnlichen Inhalts: 1940-10-08*

SEROG, IGNACY
3909   1938-09-10
Ignacy Serog (Zywiec, Polen) an Eric Werner (Breslau); TLS, 3 S., dt. E Hilfe/IS (Nachricht für Bekannte über Ausreise/EW nach NYC zwecks Hilfe bei Ankunft, EMMY FEUERSTEIN-FINDER, HENRI M. DIDISHEIM, OTTO T. CHALON)

→ *Brief ähnlichen Inhalts: 1938-09-19*

SGALLER, HERTA UND ERICH
3910   1939-01-22
Erich und Herta Sgaller (Breslau) an Eric Werner; ALS, 4 S., dt. E Hilfe (Bitte/ES um Hilfe) A Anstellung/EW (am Hebrew Union College, Glückwünsche); Organisationen (Wiederaufnahme der Arbeit des jüdischen Kulturbundes in Breslau) R Kulturpolitik (Schließung von Schulen in Deutschland)

SHAW, ABRAHAM D.
3911   —
Abraham D. Shaw an Eric Werner; TL (Abschrift), 1 S., engl. R Judaica/AS (Austausch über die Arbeit des Amer. Council for Judaism; Frage nach Sinn und der Effektivität einer nicht-zionistischen Organisation)

→ *Gehört zu einer Gruppe von Abschriften verschiedener Antworten von Rabbinern, die vermutlich auf einen Rundbrief geantwortet haben, darunter Michael Aaronsohn (Dok. 3822), Bernard J. Bamberger (Dok. 3834) und Harry Ettelson (Dok. 3845)*

SMITH COLLEGE NORTHAMPTON
3912   1938-10-19
Hans Kohn (Smith College, Dept. of History, Northampton, MA) an Eric Werner; TLS, 1 S., dt. E Hilfe (keine Möglichkeit zur Vermittlung einer Anstellung an EW; Weitervermittlung an FREDERICK JACOBI und JONAH B. WISE); Sprache/EW (für Anstellung an nichtjüdischen Institutionen bessere Einübung in engl. Sprache erforderlich)

SYNAGOGENGEMEINDE SAAR
3913   1956-10-10
? (Vorsitzender der Synagogengemeinde Saar, Saarbrücken), Rundschreiben ohne Adressat; TL, 2 S., dt. E Besitzverhältnisse (Fragen der Wiedergutmachung, Mitteilung zum Entschädigungsgesetz der BRD vom 1956-06-29; Bestimmungen ermöglichen erneute Eingaben bei Abweisung wegen Fristversäumnis)

TRANSCONTINENTAL MUSIC CORPORATION
3914   1949-02-14
Josef Freudenthal (Transcontinental Music Corp., NYC) an Eric Werner (Hebrew Union College, Cincinnati, OH); TLS, 1 S., engl. A Aufführung (Aufnahme der «Hebrew Suite»/JULIUS CHAJES in Konzertprogramm; NICHOLAS GABOR, Kantor ? ROSEN); Vertrag (Lieferungsbedingungen der Druckvorlagen zu «Kaddish – A Symphonic Hymn»/EW)

UNITED STATES DEPARTMENT OF LABOUR
3915   1939-02-14
J.H. Wagner (US Dept. of Labour, Immigration and Naturalization Service, Washington, DC) an Robert L. Levinson (Counselor at Law, NYC); TLS, 1 S., engl. E Einreise/ERIC WERNER ("admission to the US for permanent residence", Zusicherung eines Visums für ELISABETH WERNER)

3916   1939-02-24
Byron H. Uhl (Immigration an Naturalization Service, New York Harbor, NY) an Eric Werner (NYC); TLS, 1 S., dt. E Behörden (Ablehnung einer Verlängerung der Aufenthaltsgenehmigung für EW)

VOGELSTEIN, ?
3917   1939-10-01
? Vogelstein (NYC) an Eric Werner (Hebrew Union College, Cincinnati, OH); TLS, 2 S., dt. E Ausreise/HEINRICH MARKT (nach Shanghai, Anstellung als Geiger in einer Bar); Ausreise (WERNER SANDER noch in Breslau als Leiter des Chores der Neuen Synagoge; Berichte/? LANDAU und ? LAQUEUR); Einreise (von MAX WIENER und FRANZ LANDSBERGER in die USA); Emigrationsweg/HILDEGARD LEWKOWITZ und ALBERT LEWKOWITZ (Aufenthalt in den Niederlanden, stehen kurz vor Überfahrt in die USA); Hilfe (Suche nach Möglichkeit zur Unterstützung der Emigrationsbemühungen/OSCAR GUTTMANN)

WEIGL, VALLY UND KARL
3918   1938-11-28
Vally Weigl (NYC) an Eric Werner (NYC); ALS, 1 S., dt.; mit Briefumschlag E Hilfe (Bitte/VW um Überlassung eines dt.-engl. Wörterbuches mit musikalischen Fachtermini) A Anstellung/EW (Glückwunsch zur Anstellung in Cincinnati)

→ *Antwortbrief: 1938-12-02*

WELLESZ, EGON
3919   1959-06-07
Egon Wellesz (Lincoln College, Oxford) an Eric Werner; ALS, 2 S., dt. A Aufführung/EgW («Festlicher Marsch» zur Eröffnung der Wiener Festwochen); Projekte/EgW (Buch über "Christian Chant" auf Grundlage von BBC-Vorträgen wegen neuer Publikationen zu diesem Thema verschoben); Schriften/MARTIN COOPER (positive Bewertung/EgW eines Berichts im ‹Daily Telegraph›) R Religion/EgW (Entwicklung der Karsamstagliturgie mit den Lamentationen) Z Politik (in Deutschland "grosse Geldentschädigung", aber in Österreich nicht)

WERNER, ELISABETH
3920   (1938)-(10)-?
Elisabeth Werner an Eric Werner; ALS, 2 S., dt. E Ausreise/ElW (Vorbereitung zur Emigration, Kündigung); Einreise/ErW (Dank für Nachricht über gute Ankunft in den USA)

3921   1938-10-21
Elisabeth Werner an Eric Werner; ALS, 2 S., dt. E Finanzen/ErW (Bereitstellung nötiger Geldmittel durch Freunde und Organisationen); Integration/ErW (soll "nicht alle Empfehlungen auf einmal aufbrauchen")

3922   1938-10-28
Elisabeth Werner an Eric Werner; ALS, 2 S., dt. E Ausreise/ElW (bis zum Beginn des neuen Jahres geplant); Bekannte/ElW (Bericht über Bekannte und Freunde, JOSEF

WAGNER); Verwandte/ElW (Gefühl des Alleinseins nach der Emigration/ErW) A Finanzen/ElW (Geldmangel)

3923 1938-10-31
Elisabeth Werner an Eric Werner; ALS, 3 S., dt. E Ausreise/ElW (Schwierigkeiten bei der Vorbereitung, zermürbendes Warten; Schmerz über Trennung durch Emigration des Ehemanns); Bekannte/ErW (Berichte und Grüße, [ERICH] SGALLER, [ALBERT] LEWKOWITZ); Finanzen/ElW ("daß ich so gut wie gar kein Geld habe")
→ *Brief ähnlichen Inhalts: 1938-11-02*

3924 1938-11-06 bis 1938-11-07
Elisabeth Werner an Eric Werner; ALS, 4 S., dt. E Behörden (Probleme mit Bescheinigungen für Ausreise/ElW); Bekannte/ErW ([ERICH] SGALLER, ? HONIGBAUM); Emigrationsweg/ErW (bei zu geringen Chancen in den USA Möglichkeit der Weiterreise nach Kuba); Integration/ErW (berufliche Möglichkeiten in den USA, Wohnort)

3925 (1938)-11-11 bis (1938)-11-12
Elisabeth Werner an Eric Werner; ALS, 4 S., dt. E Ausreise/ElW (Überlegungen zur Ausreise nach Kuba, Hilfe/ErW); Behörden (Beschaffung wichtiger Dokumente, darunter Geburtsurkunde); Bekannte/ElW (Nachricht von befreundeten Familien); Hilfsorganisationen (Überlegung, ob nicht eine Organisation Ausreise/ElW unterstützen kann); Integration/ErW (lebt sich gut in den USA ein, hat innerhalb kürzester Zeit viele Freunde gefunden)
→ *Brief ähnlichen Inhalts: 1938-11-16*

3926 1938-12-04
Elisabeth Werner an Eric Werner; ALS, 2 S., dt. E Ausreise/ElW (Vorbereitungen zur Emigration); Behörden (unterschiedliche Angaben über Höhe der "Sicherheitshinterlegung" für Einreise nach Kuba seitens Regierung und Einwanderungsbehörde; Anforderungen von Führungszeugnissen für ErW, lange Wartezeiten bei Behörden und Ämtern); Bekannte/ElW (Bericht über Bekannte und Verwandte)

3927 1938-12-08
Elisabeth Werner an Eric Werner; TLS, 2 S., dt. E Ausreise/ElW (Schiffspassage, Warten auf Benachrichtigung; Sehnsucht nach dem Ehemann); Behörden (Komplikationen mit Papieren und Dokumenten für ErW)

3928 1938-12-18
Elisabeth Werner an Eric Werner; ALS, 2 S., dt. E Ausreise/ElW (nach Kuba, notwendige Dokumente vorhanden; Schiffspassagen aber bis Juli ausverkauft); Bekannte/ElW (ohne Freunde und Verwandte wäre Zeit bis zur Ausreise nicht zu ertragen)
→ *Beilage: Brief R.L. Werner 1939-12-18 (Dok. 3943)*

3929 1939-01-02
Elisabeth Werner an Eric Werner; ALS, 2 S., dt. E Ausreise/ElW (Vorbereitungen zur Überfahrt, Schwierigkeiten; schwere Zeit der Trennung vom Ehemann); Behörden (alle nötigen Papiere für Ausreise vorhanden); Finanzen/ElW (Geld für Ausreise)

3930 1939-01-21 bis 1939-01-22
Elisabeth Werner an Eric Werner; ALS, 3 S., dt. E Behörden (Warten auf Visum); Finanzen/ElW (Sorge um Geld für Schiffsfahrkarten nach NYC und Kuba); Verwandte/ElW (Bericht über Verwandte) Z Kulturleben (Bericht über Aufführung der «Sinfonie C-Dur»/FRANZ SCHUBERT)

3931 1939-02-19 bis 1939-02-20
Elisabeth Werner an Eric Werner; ALS, 2 S., dt. E Affidavit/ErW (für ElW, Warten auf Ausfertigung der Papiere); Behörden (Bemühung um Dokumente zur Ausreise/ElW, lange Wartezeiten) A Anstellung/ErW (am Hebrew Union College)
→ *Brief ähnlichen Inhalts: 1939-02-20*

3932 1939-03-03
Elisabeth Werner (Berlin) an Eric Werner; AL, 2 S., dt. E Affidavit/ErW (für ElW, Warten auf Ausstellung); Ausreise/ElW (wieder in Berlin, Weiterreise kann sich um mehrere Wochen verzögern) A Finanzen/ElW (Geldknappheit)

3933 1939-03-21
Elisabeth Werner an Eric Werner; ALS, 6 S., dt. E Behörden (Bemühung um Dokumente zur Ausreise; Schwierigkeiten der Behörden beim Auffinden eingereichter Unterlagen; Zusicherung über Ausstellung eines Visums innerhalb einer Woche; mehrstündige Wartezeiten); Bekannte (Bericht/ElW); Finanzen/ElW (Befürchtung, nicht mehr genügend Geld für Schiffsfahrkarte zu haben) A Kollegen/ErW (Besuch des ehemaligen Chefs von ErW, Abneigung/ElW; [ALBERT] LEWKOWITZ; [HERMANN] SWET)

WERNER, ERICH [VATER]
3934 1938-11-19
Erich Werner (Bielsko, [Polen]) an Eric Werner; TLS, 1 S., dt. E Hilfe (Kontakte zu jüdischen Großlogen zwecks Unterstützung für ERIC WERNER in den USA, Suche nach Stelle an Univ. oder College; JULIAN MORGENSTERN) A Empfehlung/ROBERT HIRSCHFELD (für ERIC WERNER an SALO W. BARON)

3935 1939-01-04
Erich Werner (Bielsko) an Eric Werner; ALS, 2 S., dt. E Affidavit (? FINDER, keine Garantie für Übernahme); Behörden (Bemühen um Unterlagen für ERIC WERNER zur Vorlage bei Behörden, Zeugnisse und Empfehlungsschreiben; FRITZ MÜLLER); Hilfe (Unmut über den nachlässigen Umgang/ERIC WERNER mit Hilfeversuchen der Familie); Verfolgung (schwierige Situation, "haben gelernt, in der Korrespondenz mit Hitlerien äußerst vorsichtig zu sein", keine Mitteilung privater Details bei Briefwechsel mit ELISABETH WERNER); Verwandte/ERIC WERNER (Erkrankungen und Todesfall in der Familie) R Judaica (Möglichkeit des Eintritts/ERIC WERNER in jüdische Loge, Vorteile für berufliches Fortkommen)

3936 1939-08-14 bis 1939-08-23
Erich Werner an Eric und Elisabeth Werner; ALS (Entwurf unvollständig), 6 S., dt. E Ausreise/ERICH WERNER (Überlegungen zur Emigration nach Kanada, Ausreisebedingungen); Ausreise/HARRY ABT (nach Südafrika); Finanzen/ERICH WERNER (Unterstützung für Aufenthalt in Lungenheilanstalt durch die jüdische Gemeinde); Hilfe/ERIC WERNER (Bereitschaft zur materiellen Hilfe für Bekannte in der

Heimat) **R** Judaica/ERICH WERNER (Palästinafrage; orthodoxes Judentum versus Reformjudentum)

3937 1939-11-10
Erich Werner (Bielsko, [Polen]) an Eric Werner; AL (unvollständig), 1 S., dt. **E** Einreise/ELISABETH WERNER (Glückwünsche zur Ankunft in den USA) **A** Anstellung/ERIC WERNER (Anfrage über Umstände und Art der Anstellung)

WERNER, JULIUS
3938 1940-03-18
Julius Werner (L'wow, [Polen]) an Eric Werner; ALS, 3 S., engl. **E** Bekannte/JW (ROSE [SCHWARZ], [ALBERT] LEWKOWITZ); Hilfe/EW (dankbare Ablehnung finanzieller Hilfe durch JW); Verwandte/JW (Ehefrau ANDRJIA WERNER, Tochter [?] STELLA WERNER)

WERNER, LUDWIG
3939 1939-01-11
Ludwig Werner (Wien) an Elisabeth Werner; ALS, 3 S., dt. **E** Verfolgung/LW (Zwangsräumung der Wohnung, Leben zur Untermiete; Verarmung als Folge der Repressalien; Lebenssituation)

3940 1939-01-18
Ludwig Werner (Wien) an Eric Werner; ALS, 4 S., dt. **E** Affidavit (noch kein Affidavit für LW); Bekannte (Bemühung/HUGO KNÖCHMACHER [?] um Anstellung an einem "Hebrew College"); Verfolgung/LW (Bericht über Räumung der Wohnung)

3941 1939-08-05
Ludwig Werner (Wien) an Eric und Elisabeth Werner; TLS, 2 S., dt. **E** Affidavit (Bemühung um ein Affidavit; Schwierigkeiten für selbständigen Erwerbsunterhalt aufgrund des Alters, Altersheim als Alternative); Verwandte/LW (Tätigkeit/JULIUS [WERNER] als Gymnasiallehrer, keine wissenschaftlichen Ambitionen) **A** Finanzen/LW (Existenzgrundlage in der Emigration, "Bettlerdasein im Auslande"; Pensionsansprüche, jüdische Kultusgemeinde) **R** Gesellschaft/LW (Verschlechterung der allgemeinen Lage; Kündigung von Wohnungen ohne Möglichkeit eines Neuerwerbs, nur Untermiete möglich)

3942 1941-10-21
Ludwig Werner (Wien) an Eric Werner; TLS, 1 S., dt. **E** Hilfe/EW (für Verwandte in Lemberg, Bitte/LW um Zusendung eines Hilfspaketes mit Wäsche, Tee und Kaffee; Sendungen jedoch nur über Mittelsmann in Drittland machbar, mögliche Unterstützung dabei durch ERNA TUGENDHAT und ? KORNREICH) **Z** Kriegsereignisse (Lage immer schlechter, viele Entbehrungen und harte Arbeit, Krankheiten)

WERNER, R.L.
3943 (1939-12-18)
R.L. Werner an Eric Werner; TL, 1 S., dt. **E** Ausreise/RW (nach London; keine Aufenthaltsgenehmigung für Polen, da "ich s[einer] Z[ei]t fuer Deutschland optiert hatte"); Verfolgung (Hausdurchsuchungen bei Freunden, Verhaftungen von Kollegen)

↳ *Beilage zu: Brief 1939-12-18 (Dok. 3928) von Elisabeth Werner*

WISE, JONAH B.
3944 —
Eric Werner an Jonah B. Wise; AL (Entwurf), 1 S., engl. **E** Finanzen/EW (Scheck mit Spende für jüdische Flüchtlinge an JW) **A** Anstellung/EW (Dankschreiben für Unterstützung zur Anstellung am Hebrew Union College; JULIAN MORGENSTERN)

3945 1938-11-25
Jonah B. Wise an Julian Morgenstern (Hebrew Union College, Cincinnati, OH); TL (Kopie), 1 S., engl. **A** Anstellung (Dank/JB für Anstellung/ERIC WERNER am Hebrew Union College); Kollegen (hohe Einschätzung der Fähigkeiten von ERIC WERNER durch [HANS EWALD] HELLER und ? FREIBERG)

3946 1938-11-25
Jonah B. Wise (NYC) an Eric Werner (c/o Mrs. G. Hunter, NYC); ALS, 1 S., engl. **A** Anstellung/EW (Glückwunsch zur Anstellung am Hebrew Union College); Finanzen/EW (Spende für Joint Distribution Committee)

WORLD CENTER FOR JEWISH MUSIC IN PALESTINE
3947 1937-12-24
Hermann Swet (World Center for Jewish Music in Palestine, Jerusalem) an Eric Werner (Breslau); ALS, 2 S., dt. **A** Projekte/HS (Publikation der Zeitschrift ‹Jüdische Musik› durch Word Center for Jewish Music, Anfrage zu einem Beitrag/EW; weitere Beiträge/ROBERT LACHMANN, SOLOMON ROSOWSKY, JOACHIM STUTSCHEWSKY, CARL SALOMON, HERMANN SWET, A[BRAHAM] DZIMITROWSKY, M[ENASHA] RAVINA, ABRAHAM ZWI IDELSOHN); Schriften/EW (Aufsatz über BENEDETTO MARCELLO [«Die hebräischen Intonationen in Benedetto Marcellos "Estro poetico-armonico"»]; HUGO CHAYIM ADLER)

3948 1938-02-13
Hermann Swet (World Center for Jewish Music in Palestine, Jerusalem) an Eric Werner (Breslau); TLS, 1 S., dt. **A** Projekte/HS (Überlegungen zur Erstausgabe der Zeitschrift ‹Jüdische Musik›: möglicher Beitrag/EW über «Die Bezeichnung: jüdische Musik»; Interesse an «Geschichte der jüdischen Volksmusik»; Plan zu einem "Lexikon jüdischer Musiker")

3949 1938-03-06
Hermann Swet (Newspaper ‹Haaretz›, Jerusalem) an Eric Werner (Breslau); TLS, 2 S., dt. **A** Finanzen (kein Honorar für Aufsätze, Mitarbeit bei ‹Haaretz› auf freiwilliger Basis, da "einzige jüdische Musikzeitschrift, die in Palästina herausgegeben wird und für die ganze Welt bestimmt ist und in 3 Sprachen erscheint"); Schriften/EW (Artikel zum Abdruck in ‹Haaretz›, Honorarfrage)

OFFIZIELLE DOKUMENTE
"ESRA" B'NEI B'RITH BIELSKO
3950 1938-10-16
? (Zyd. stow. humanitarne "Esra" B'nei B'rith, Bielsko, [Polen]) an Eric Werner; Bescheinigung; TDS, 1 S., dt. **A** Empfehlung (für EW an Logenbrüder in den USA); Öffentlichkeit/EW (Nachweis der Mitgliedschaft in der Zacharias Frankel-Loge, Breslau; JULIUS WERNER)

HAUPTSTEUERKASSE BRESLAU
3951   1939-04-14
? (Städtische Hauptsteuerkasse, Breslau); Bescheinigung; TDS, 1 S., dt. E Ausreise/ERIC WERNER und ELISABETH WERNER ("steuerliche Unbedenklichkeitserklärung zur Auswanderung")

JEWISH CENTER CINCINNATI
3952   (1940)
Jewish Center, Cincinnati, OH; Vertrag; TDS, 1 S., engl. A Vertrag/ERIC WERNER (mit dem Jewish Center Cincinnati über Leitung eines Frauenchores und dessen musikalische Weiterbildung; Finanzen)

JÜDISCHE OBERSCHULE BRESLAU
3953   1938-07-08
Harry Abt (Private Jüdische Oberschule – Jüdisches Reform-Gymnasium, Breslau); Bescheinigung; TDS, 1 S., dt.; Nachweis der Lehrtätigkeit am Gymnasium in Breslau

POLIZEIDIREKTION WIEN
3954   1920-10-26
? Ochsner (Polizeidirektion Wien) an Eric Werner (Wien); Bescheinigung; TDS (Abschrift), 1 S., dt.; Bescheinigung über den Anspruch auf österr. Staatsangehörigkeit für Erich Werner

WERNER, ERIC
3955   1939-02-24
Geburtsurkunde; TDS (Abschrift), 2 S., dt.; «Auszug aus der Geburtsmatrik IV der Judengemeinde Lundenburg», ausgestellt vom Landrat in Nikolsburg

MATERIAL ZUR BIOGRAFIE
WERNER, ERIC
3956   —
Eric Werner; Lebenslauf; AD, 4 S., engl. A Biografie/EW (Studium in Berlin und Wien; CURT SACHS, GEORG SCHÜNEMANN, MAX SEIFFERT, EGON WELLESZ, FRANZ SCHREKER, FERRUCCIO BUSONI, ISMAR ELBOGEN, ISAAC HEINEMANN, MARTIN BUBER); Schriften/EW (Publikationsliste)

3957   1929 bis 1930
«Russischer Kammermusik-Zyklus des Sedlak-Winkler-Quartettes»; Programmheft; TD, 1 S., dt. A Aufführung («Streichquartett»/ERIC WERNER, Sedlak-Winkler-Quartett)

3958   1934-06-06
Eric Werner, «Bericht über den Abbau meines Unterrichts am Konservatorium Dr. Krome, Saarbrücken»; Memorandum, ADS, 2 S., dt. E Verfolgung/EW (eidesstattliche Erklärung zur Kündigung seiner Lehrstelle und zu den Umständen der Entlassung; keine weitere Beschäftigung jüdischer Lehrer) A Biografie/EW (Theorie- und Klavierlehrer am Konservatorium Saarbrücken)
→ *Brief Eric Werner an Konservatorium der Musik Saarbrücken 1934-01-26 (Dok. 3874) und Brief Regierungskommission für Kultus und Schulwesen an Eric Werner 1934-01-25 (Dok. 3897)*

3959   [1938]-?-?
Eric Werner, «Curriculum vitae»; Lebenslauf; TD (annotiert), 2 S., dt.; auch als Entwurf (TD, 3 S.) A Biografie/EW (Familie, Ausbildung und Anstellungen); Empfehlung (Referenzen für EW/GEORG SCHÜNEMANN, FRITZ JÖDE, HANS BONGARD, ABRAHAM ZWI IDELSOHN, KURT SINGER, HARRY ABT, ISAAC HEINEMANN)

Center for Jewish History, YIVO Institute – Institute for Jewish Research
15 West 16 St., New York, NY 10011, http://www.yivoinstitute.org/
Kontakt: Fruma Mohrer, fmohrer@yivo.cjh.org

Archives of the Carl Schurz Memorial Foundation

- Carl Schurz Memorial Foundation, Zusammenarbeit mit Oberlaender Trust, finanzielle Förderung der Anstellung von Emigranten
- Biografische Informationen zu Personen, die bei der Carl Schurz Foundation und beim Oberlaender Trust Stipendien oder finanzielle Unterstützung beantragt haben, Korrespondenz mit und über die Antragsteller; Aktennotizen mit biografischen Infomationen wurden meist über längere Zeiträume geführt
- Katalogdarstellung listet jedes Subject File wie eine Sammlung innerhalb dieser Sammlung auf; kurze biografische Informationen zu den Antragstellern jeweils am Anfang

Administrative Dokumente

- Listen mit Namen von Wissenschaftlern, die um finanzielle Unterstützung ersucht haben oder deren Anstellungen durch den Oberlaender Trust mitfinanziert wurden

KORRESPONDENZ
DEPARTMENT OF JUSTICE
3960   1940-09-17
T.D. Quinn (Dept. of Justice, Washington, DC) an Sarah L. Yarnall (Oberlaender Trust, Philadelphia, PA); TLS, 1 S., engl.; Beilage (2 S, TD Kopie) mit Statistiken zur Beschäftigung von Emigranten E Einreise (Informationen zu Einwanderungszahlen nach Berufsgruppen)

MATERIAL ZUR BIOGRAFIE
3961   1933-09-05
Namensliste; TD, 2 S., engl. E Hilfsorganisationen (beim Emergency Committee registrierte Musiker, WALTER BRAUNFELS, ? DANIEL, ALFRED EINSTEIN, [EMANUEL] FEUERMANN, HANS GÁL, ? HORTH [= FRANZ LUDWIG HÖRTH?], HEINZ JOLLES, [OTTO] KLEMPERER, [LEONID] KREUTZER, ROBERT LACHMANN, KLAUS LIEPMANN, ERNST HERMANN MEYER, HERMANN REICHENBACH, CURT SACHS, FRANZ SCHREKER, [GEORG] SCHÜNEMANN, BRUNO WALTER)

3962   1937-11-01
«German Professors in Amer. Colleges»; Namensliste; TD, 1 S., engl. A Anstellung (Namensliste mit emigrierten Wissenschaftlern, die an amer. Institute vermittelt wurden; aus dem Bereich Musik nur CURT SACHS genannt)

3963   [1938]
«Displaced Germans»; Namensliste; TD, 8 S., engl. E Hilfe (Liste mit Namen und Kurzbiografien von Emigranten; darunter aus dem Bereich Musik HEDDA BALLON, ERWIN BODKY, HELGA BOIE, MANFRED BUKOFZER, OTTO ERICH DEUTSCH, HELENE DOBLIN, ANGELA ENGEL-WESCHLER, GEORGE ENYEDI, LEON ERDSTEIN, ANNIE FEGER, HUGO FLEISCHMANN, HANS GÁL, ANNIE GOMBOSI, OTTO JOHANNES GOMBOSI, MAX GRAF, GLENN DILLARD GUNN, THEODOR HEIMANN, JULIUS HIJMAN, OTTO JANOWITZ, MARGARET GLADYS KROULD, KLAUS LIEPMANN, ALFRED MANN, MICHAEL THOMAS MANN, KONRAD MARIL, HANS NATHAN, ERNST OSTER, ERNST PÄTZOLD, HERMANN REICHENBACH, FRANZ SCHEHL, JOACHIM K. SCHUMACHER, HERTHA SCHWEIGER, MARGOT STAHL, ANNE K. STENZEL, DANIEL A. STERNBERG, RICHARD STOEHR, JANI SZÁNTÓ, ALFRED SZENDREY, LUDWIG THEIS, HANS TISCHLER, KARL WEIGL, PAUL WEISSLEDER, EDITH WERBER, EMANUEL WINTERNITZ, GUSTAV WITT, WERNER WOLFF)

3964   [1938]
«Teaching Positions Wanted»; Namensliste; TD, 6 S., engl. E Hilfe (Liste mit Namen und Kurzbiografien von Emigranten aus verschiedenen Disziplinen für Lehrposition, darunter die Musiker WILLI APEL, HEDDA BALLON, GEORGE ENESCU, ANGELA ENGEL-WESCHLER, BILL [WILHELM] FIEDLER, HUGO FLEISCHMANN, HANS GÁL, FELIX M. GATZ, MAX GRAF, GLENN DILLARD GUNN, ARTUR HOLDE, OTTO JANOWITZ, KLAUS LIEPMANN, HANS NATHAN, ERNST OSTER, ERNST PÄTZOLD, FRANZ SCHEHL, HERTHA SCHWEIGER, HEINRICH SIMON, RICHARD STOEHR, LUDWIG THEIS, HANS TISCHLER, KARL WEIGL, PAUL WEISSLEDER, EMANUEL WINTERNITZ, GUSTAV WITT)

3965   1938-03-?
«German Scholars Recommended for Teaching Positions by the Carl Schurz Memorial Foundation»; Namensliste; TD, 2 S., engl. E Hilfe (Namensliste mit Kandidaten verschiedener Disziplinen für Lehrstellen, darunter BILL [= WILHELM] FIEDLER und LEO SCHRADE)

3966   1938-03-?
«List of Displaced Germans Sent to the Following»; Namensliste; TD, 2 S., engl. E Hilfe (Liste mit Instituten, an die Emigranten vermittelt wurden)

3967   1943-01-?
«Master Copy – January 1943»; Aktennotiz; TD, 48 S., engl. E Hilfe (alphabetische Namensliste mit Emigranten, ihren Anstellungen und den für sie zuständigen Hilfsorganisationen)

Erwin Bodky Subject File

- Erwin Bodky, 1896-1958, Pianist, Cembalist und Musikwissenschaftler, 1933 Emigration in die Niederlande, 1938 Immigration in die USA, Lehrtätigkeit an der Longy School of Music in Cambridge (MA), ab 1949 Dozent für Musikgeschichte an der Brandeis Univ. in Waltham (MA)

- Vgl. Erwin Bodky Subject Files in Emergency Committee in Aid of Displaced Foreign Scholars Records (NYPL, Humaities and Social Sciences Library, Manuscripts and Archives Division, S. 209f.) und Alfred E. Cohn Papers (Rockefeller Archive Center, S. 339)

- BHE II, 127 • William D. Gudger, «Bodky, Erwin», in: «NGroveDN online» (http://www.grovemusic.com/, Stand: August 2004)

KORRESPONDENZ
BODKY, ERWIN
3968   1938-05-24
Erwin Bodky (c/o Dr. R. Kayser, NYC) an Wilbur K. Thomas (Oberlaender Trust, Philadelphia, PA); ALS, 2 S., engl. E Emigrationsweg/EB (Leben in den Niederlanden, aufgrund gesetzlicher Bestimmungen ohne Beschäftigung; Emigration in die USA "to find work here"); Finanzen/EB (Ersparnisse aufgebraucht; muss Unterstützung für Ehefrau und Tochter leisten, die noch in den Niederlanden sind); Hilfe (Bitte/EB um Unterstützung bei Suche nach Verdienstmöglichkeit während der Sommermonate); Verfolgung/EB (Verlust der Stelle an Staatsakademie für Kirchen- und Schulmusik Berlin aufgrund seiner jüdischen Herkunft); A Anstellung/EB (am Brooklyn College in Aussicht, Brief/ BENJAMIN GROSBAYNE an Carnegie Foundation zwecks finanzieller Unterstützung)

3969 1938-05-26
Wilbur K. Thomas an Erwin Bodky (c/o Dr. R. Kayser, NYC); TL (Kopie annotiert), 1 S., engl. **A** Anstellung/EB (keine Stellen in den USA; Summer Camp in Hyde Park als Einkunftsmöglichkeit für die Sommermonate, Kontaktaufnahme mit HERTHA KRAUS)

3970 1938-06-09
Erwin Bodky (c/o Dr. R. Kayser, NYC) an Wilbur K. Thomas (Oberlaender Trust, Philadelphia, PA); TLS, 1 S., engl. **E** Hilfe/A. WALTER (bei Suche nach Anstellung in Kanada) **A** Anstellung/EB (am Brooklyn College nicht möglich)

3971 1938-06-25
Erwin Bodky (c/o Hampton, NYC) an Wilbur K. Thomas (Oberlaender Trust, Philadelphia, PA); TLS, 1 S., engl. **E** Finanzen/EB (Unterstützung/Oberlaender Trust) **A** Anstellung/EB (mögliche Stelle in Kanada; Interesse der Longy School of Music in Cambridge, Massachusetts)

3972 1938-07-01
Erwin Bodky (c/o Dr. R. Kayser, NYC) an Wilbur K. Thomas (Oberlaender Trust, Philadelphia, PA); TLS, 1 S., engl. **A** Anstellung/EB (an Longy School of Music, reguläre Stelle nach Probezeit; mögliche finanzielle Unterstützung/ National Coordinating Committee, CECILIA RAZOVSKY)

3973 1938-09-18
Erwin Bodky (Hotel Ambos Mundos, Havanna) an Wilbur K. Thomas; ALS, 1 S., engl. **E** Einreise/EB (Wiedereinreise aus Kuba mit permanent visa, Voraussetzung für Unterrichtstätigkeit; Formalitäten) **A** Anstellung/EB (an Longy School of Music mit finanzieller Unterstützung/Council of Yewish Women; LUCILLE WOLFE; mögliche Unterstützung/Oberlaender Trust)

3974 1938-11-19
Erwin Bodky (Cambridge, MA) an Roxane Eberlein (Oberlaender Trust, Philadelphia, PA); TLS, 1 S., engl. **E** Finanzen/EB (Leben der Familie am Existenzminimum; Bitte um Zuwendung oder Darlehen/Oberlaender Trust) **A** Anstellung/EB (an Longy School of Music, Cambridge)
↳ *Antwortbrief Wilbur K. Thomas mit Bewilligung: 1938-11-21*

BROOKLYN COLLEGE

3975 1938-05-24
Benjamin Grosbayne (Brooklyn College, Dept. of Music, Brooklyn, NY) an Wilbur K. Thomas ([Oberlaender Trust], Philadelphia, PA); TLS, 1 S., engl. **A** Anstellung/ERWIN BODKY (am Brooklyn College, Kurse in Komposition, Harmonielehre, Kontrapunkt, Instrumentation und Musikwissenschaft; finanzielle Unterstützung/Oberlaender Trust)

DICKINSON, GEORGE S.

3976 1938-05-19
George S. Dickinson (Vassar College, Poughkeepsie, NY), ohne Adressat; TL (Abschrift), 1 S., engl. **A** Empfehlung/ GD (für ERWIN BODKY)

KESTENBERG, LEO

3977 1938-04-25
Leo Kestenberg (Ministerium für Kunst und Wissenschaft, Berlin), ohne Adressat; TL (Kopie), 1 S., dt. **A** Empfehlung/LK (für ERWIN BODKY, Lob seiner Fähigkeiten als Pädagoge und Pianist)

LONGY SCHOOL OF MUSIC CAMBRIDGE

3978 1938-07-02
Minna Franziska Holl (Longy School of Music, Cambridge, MA) an Erwin Bodky (c/o Hampton, NYC); TLS, 1 S., engl. **A** Anstellung/EB (an Longy School of Music, reguläre Stelle nach Probezeit)

UPPER CANADA COLLEGE TORONTO

3979 1938-06-24
Terry MacDermot (Upper Canada College, Toronto, Kanada) an Henry Allen Moe; TLS (Abschrift), 1 S., engl. **A** Anstellung/ERWIN BODKY (keine Stelle für Ausländer, Vorurteile gegenüber Emigranten) **R** Judaica (jüdische Herkunft/ ERWIN BODKY als Hindernis, Ressentiments)
↳ *Abdruck im Anhang, S. 380*

MATERIAL ZUR BIOGRAFIE

3980 (1938)-(06)-?
«Prof. Erwin Bodky – Request for Contribution towards Salary at a Canadian College»; Aktennotiz; TD, 2 S., engl. **A** Anstellung/ERWIN BODKY (Antrag auf finanzielle Unterstützung zur Anstellung an Mount Allison Univ., Sackville, Kanada; Hilfe/A. WALTER, Upper Canada College, Toronto, bei Stellensuche); Biografie/ERWIN BODKY (Ausbildung und Tätigkeiten); Empfehlung (Referenzen für ERWIN BODKY/CURT SACHS und HUGO LEICHTENTRITT); Schriften/ERWIN BODKY

3981 1938-04-25
Erwin Bodky, Lebenslauf; TD, 2 S., engl. **A** Biografie/EB (Studium in Berlin, [HERMANN] KRETZSCHMAR, [WALTER] FRIEDLAENDER, RICHARD STRAUSS, ERNST VON DOHNÁNYI, FERRUCCIO BUSONI; Lehrtätigkeit); Empfehlung (Referenzen für EB/CURT SACHS und HUGO LEICHTENTRITT; Empfehlungsschreiben/HANS JOACHIM MOSER und BRUNO WALTER)
↳ *Beilage: Abschrift zweier Empfehlungsschreiben von Hans Joachim Moser 1933-11-06 und Bruno Walter 1934-10-17, Originale in Emergency Committee in Aid of Displaced Foreign Scholars Records (Dok. 5499)*

3982 1938-06-06
«Interview with Prof. Erwin Bodky»; Aktennotiz; TD, 1 S., engl. **A** Anstellung/ERWIN BODKY (Hoffnung auf Stelle am Brooklyn College mit finanzieller Unterstützung der Carnegie Foundation; mögliche Stelle an Mount Allison Univ., Sackville, Kanada; WILBUR K. THOMAS)

3983 1938-10-07
«Telephone Call Re: Dr. Erwin Bodky from Lucille Wolfe, Greater N.Y. Coordinating Committee»; Aktennotiz; TD, 1 S., engl. **E** Einreise/ERWIN BODKY (Wiedereinreise aus Kuba mit permanent visa, Voraussetzung zur Unterrichtstätigkeit) **A** Anstellung/ERWIN BODKY (an Longy School of Music, Cambridge, Massachusetts; finanzielle Unterstützung/ Oberlaender Trust)

3984 1939-02-06
«Dr. Erwin Bodky – Renewal of Grant toward Dr. Bodky's

Salary at the Longy School of Music for the Year 1939-40»; Aktennotiz; TD, 1 S., engl. **A** Empfehlung/MINNA FRANZISKA HOLL (für ERWIN BODKY); Finanzen/Oberlaender Trust (Unterstützung zur Anstellung/ERWIN BODKY an Longy School of Music)

3985   1940-10-10
Aktennotiz; PD/AD, 3 S., engl. **E** Einreise/ERWIN BODKY (1940 mit visitors visa; Ausreise nach Kuba zur Erlangung eines quota visa); Emigrationsweg/ERWIN BODKY (über die Niederlande, keine Beschäftigung als Ausländer); Hilfe (finanzielle Unterstützung für Anstellung/ERWIN BODKY); Verwandte/EB (Frau und Tochter den Niederlanden) **A** Anstellung/ERWIN BODKY (an Longy School of Music; BENJAMIN GROSBAYNE); Biografie/ERWIN BODKY (Studium in Berlin; Tätigkeit als Konzertpianist, Musiklehrer und Professor in Berlin und Haarlem); Empfehlung (Referenzen für ERWIN BODKY/CURT SACHS und HUGO LEICHTENTRITT); Schriften/ERWIN BODKY (Publikationen über Klaviermusik)

Max Brand Subject File

- Max Brand (auch: Maximilian), 1896-1980, österr. Komponist, Schüler von Franz Schreker, 1938 Emigration nach Brasilien, 1940 Immigration in die USA, 1975 Rückkehr nach Wien
- Vgl. Max Brand Subject File in Emergency Committee in Aid of Displaced Foreign Scholars Records (NYPL, Humanities and Social Sciences Library, Manuscripts and Archives Division, S. 210f.); siehe Max Brand-Nachlass (Wiener Stadtbibliothek, Musiksammlung)
- BHE II, 140 • Thomas Brezinka, «Max Brand (1896-1980): Leben und Werk», München 1995

SCHRIFTEN

3986   (1941)-?-?
Max Brand, «Schematic Draft for the Construction of an Opera Management»; Memorandum, TD (Kopie), 9 S., engl. **R** Musik/MB (organisatorischer Aufbau einer Opernbühne)

3987   1941-09-22
Max Brand, «A Plan of Instruction for a Class in Opera-Writing»; Memorandum, TD (Kopie), 5 S., engl. **R** Pädagogik/MB (Unterrichtskonzept zum Thema "Opera-Writing")

↳ *Dokument ähnlichen Inhalts: Emergency Committee in Aid of Displaced Foreign Scholars Records (Dok. 5506)*

KORRESPONDENZ
BAYLOR UNIVERSITY WACO
3988   1942-06-30
Roxy Grove (Baylor Univ., Waco, TX) an Max Brand (Hollis, Long Island, NY); TL (Abschrift), 1 S., engl. **A** Anstellung/MB (Projekt einer Opernklasse, Interesse einer Durchführung an Baylor Univ.; Restriktionen, Lehrkräfte und ihre Angehörigen müssen strikte Abstinenzler sein) **Z** Kulturleben (Ressentiments gegen Deutsche, praktische Ausrichtung von Projekten an Univ. muss "strongly patriotistic" sein)

3989   1942-07-09
Max Brand an Roxy Grove (Baylor Univ., Waco, TX); TL (Kopie), 1 S., engl. **A** Projekte/MB (sendet Informationen zu Person, Lehrtätigkeit und Projekt seiner "Class in Opera Writing" auf Rat/MAX REITER; WILBUR K. THOMAS)

BOOSEY & HAWKES ARTISTS BUREAU
3990   1941-05-23
Hans Wilhelm Heinsheimer (Boosey & Hawkes Artists Bureau, Inc., NYC) an Henry Allen Moe (Oberlaender Trust, NYC); TLS, 1 S., engl. **A** Projekte/MAX BRAND (Suche nach Möglichkeit zur Realisierung seiner Ideen zur Oper; mögliches Interesse der Univ. of Akron, Akron, Ohio; HEZZLETON E. SIMMONS)

↳ *Brief ähnlichen Inhalts: 1941-06-26*
↳ *Antwortbrief: Hezzleton E. Simmons an Hans Wilhelm Heinsheimer 1941-07-24*

3991   1941-07-24
Hezzleton E. Simmons (Univ. of Akron, Akron, OH) an Hans Wilhelm Heinsheimer (Boosey & Hawkes Artists Bureau, Inc., NYC); TLS (Abschrift), 1 S., engl. **A** Anstellung/MAX BRAND (Anfrage zur Gründung einer Opernschule an Univ. of Akron; Finanzen, Unterstützung/Oberlaender Trust)

BRAND, MAX
3992   1941-09-20
Max Brand (NYC) an Wilbur K. Thomas (Oberlaender Trust, Pennsylvania, PA); TLS, 1 S., engl. **A** Projekte/MB (Projekt einer Opernschule "within the framework of the Dramatic Dept. of some important American college"; HENRY ALLEN MOE)

3993   1942-07-16
Wilbur K. Thomas an Max Brand (Hollis, Long Island, NY); TL (Kopie), 1 S., engl. **A** Anstellung/MB (mögliche Stelle an Baylor Univ., Waco, Texas, mit finanzieller Unterstützung/Oberlaender Trust)

MATERIAL ZUR BIOGRAFIE
3994   (1941)
«Max Brand»; Pressemitteilung; PD, 4 S., engl. **A** Öffentlichkeit/MAX BRAND (Broschüre mit biografischen Informationen und Pressestimmen)

3995   1941-07-(16)
«Interview with Andrew Schulhoff of Boosey & Hawkes and Leavia Friedberg – Re: Max Brand»; Aktennotiz; TD, 1 S., engl. **A** Finanzen (Unterstützung für Projekt/MAX BRAND); Projekte/MAX BRAND (Interesse der Univ. of Akron, Akron, Ohio, an einer Opernschule)

3996   1941-07-18
Aktennotiz; PD/AD, 3 S., engl. **E** Emigrationsweg/MAX

BRAND (nach "Anschluss" Österreichs von Wien über Brasilien in die USA); Verfolgung/MAX BRAND (Flucht aus Berlin) **A** Anstellung/MB (Details zur Stellensuche); Biografie/MAX BRAND (Hochschule für Musik Berlin, Tätigkeit als Komponist von Radio- und Filmmusik); Empfehlung/ ARTUR HOLDE (für MAX BRAND); Kompositionen/MAX BRAND («Maschinist Hopkins», Filmmusik zu «Der zerbrochene Krug»)

3997 (1941)-(09)-?
«Interview with Max Brand»; Aktennotiz; TD, 2 S., engl. **E** Finanzen/MAX BRAND (monatliche Unterstützung der Familie durch seinen Schwager); Integration/MAX BRAND (lebt mit Familie in NYC, jüdische Herkunft) **A** Anstellung/MAX BRAND (Möglichkeit zur Gründung einer Opernschule an Univ. of Akron wegen fehlender finanzieller Unterstützung gescheitert)

Otto Erich Deutsch Subject File

- Otto Erich Deutsch, 1883-1967, österr. Musikwissenschaftler, Studium in Wien und Graz, 1939 Immigration nach Großbritannien, 1947 britische Staatsbürgerschaft, 1951 Rückkehr nach Wien
- Vgl. Otto Erich Deutsch Subject File in Emergency Committee in Aid of Displaced Foreign Scholars Records (NYPL, Humaities and Social Sciences Library, Manuscripts and Archives Division, S. 216f.)
- BHE II, 169 • Albrecht Schneider, «Musikwissenschaft in der Emigration: zur Vertreibung von Gelehrten und zu den Auswirkungen auf das Fach», in: *Musik im Exil* 1993, 187-211

KORRESPONDENZ
LIBRARY OF CONGRESS
3998 1947-08-(20)
Richard S. Hill (Library of Congress, Washington, DC) an Wilbur K. Thomas (Oberlaender Trust, Philadelphia, PA); TLS, 1 S., engl. **E** Ausreise/OTTO ERICH DEUTSCH (aus Wien nach England; hatte Stellenangebot aus den USA, konnte aber England nach Kriegsausbruch nicht mehr verlassen); **A** Schriften/OTTO ERICH DEUTSCH (engl. Übersetzung seines Schubert-Buches [«Franz Schubert: die Dokumente seines Lebens und Schaffens»])

MATERIAL ZUR BIOGRAFIE
3999 1942-04-?
Aktennotiz; PD/TD, 3 S., engl. **E** Ausreise/OTTO ERICH DEUTSCH (hat Stellenangebot aus den USA, kann aber England nicht verlassen); Hilfe (finanzielle Unterstützung für Anstellung/OTTO ERICH DEUTSCH an NYPL) **A** Biografie/ OTTO ERICH DEUTSCH (Studium in Wien und Graz; Tätigkeit als Kunstkritiker und Bibliothekar); Empfehlung/RICHARD S. HILL (für OTTO ERICH DEUTSCH)

Zoltan Fekete Subject File

- Zoltan Fekete (Lebensdaten unbekannt), ung. Dirigent und Komponist, 1938 Emigration in die USA

KORRESPONDENZ
FEKETE, ZOLTAN
4000 1941-02-24
Zoltan Fekete (NYC) an Wilbur K. Thomas (Oberlaender Trust, Philadelphia, PA); TLS, 2 S., engl. **E** Einreise/ZF (in die USA 1938); Hilfe (Annahme jeder untergeordneten Tätigkeit zum Lebensunterhalt; Wunsch/ZF nach Etablierung als Dirigent, hierzu aber Unterstützung notwendig) **A** Anstellung/ZF (Vordirigieren bei Boston SO zur Erlangung eines Zertifikats; positive Einschätzung seiner Fähigkeiten/ SERGE KOUSSEVITZKY; Stelle bei Orchester der NY Soc. for Ethical Culture, JOHN LOVEJOY ELLIOTT, geringer Verdienst); Treffen/ZF (zum Gespräch mit WT; HENRY ALLEN MOE)

4001 1942-06-14
Zoltan Fekete (NYC) an Wilbur K. Thomas (Philadelphia, PA); TLS, 1 S., engl. **E** Hilfe (Bitte/ZF um Information über Entscheidung zu seinem Antrag auf Förderung) **A** Anstellung/ZF (Verpflichtung als Dirigent für Sommerkonzert in Fort Dix, New Jersey; Solist ROBERT WEEDE)

4002 1942-09-14
Zoltan Fekete (NYC) an Wilbur K. Thomas (Philadelphia, PA); TLS, 1 S., engl. **A** Anstellung/ZF (für Konzert mit NYC SO; Solist CARL FRIEDBERG); Aufführung/ZF (Bericht über Aufführungen seiner Händel-Bearbeitungen durch diverse Orchester); Kompositionen/ZF (Fertigstellung der «Haendel Samson Suite No. 3» und «Haendel Lamentation Suite No. 4»; Material für sechs bis acht weitere Suiten; Darstellung des Arbeitsprozesses); Treffen/ZF (Bitte um Gespräch mit WT und [OTTO E.] ALBRECHT) **R** Musik/ZF (unbekannte Werke/GEORG FRIEDRICH HÄNDEL, "one can trace down the whole romanticism which followed 100 years later")

4003 1942-09-23
Zoltan Fekete (NYC) an Wilbur K. Thomas (Oberlaender Trust, Philadelphia, PA); TLS (annotiert), 1 S., engl. **E** Hilfe (Bitte/ZF um weitere Unterstützung/Oberlaender Trust; Antrag auf Guggenheim Fellowship) **A** Finanzen (Schwierigkeiten, Fortbestand des Midtown SO ungewiss, Tod des Förderers JOHN LOVEJOY ELLIOTT); Kompositionen/ZF (Fertigstellung der "four large scale symphonic suites" nach GEORG FRIEDRICH HÄNDEL)

4004 1944-07-29
Zoltan Fekete (Midtown SO, NYC) an Wilbur K. Thomas (Philadelphia, PA); TLS (annotiert), 1 S., engl. A Anstellung/ZF (Bewerbungsgespräch bei Fort Wayne PO wegen fehlender Reisemittel und mangelnder Kommunikation mit WT nicht zustande gekommen, Stelle anderweitig besetzt); Finanzen/ZF (ungewisse Zukunft); Organisationen (Kritik/ZF an mangelnder Kommunikation mit Oberlaender Trust); Projekte/ZF (Angebot zur Leitung von Konzerten bei einem Festival)

4005 1944-11-03
Zoltan Fekete an Wilbur K. Thomas (Philadelphia, PA); TLS (annotiert), 1 S., engl. A Anstellung/ZF (gute Aussichten auf Stelle als Operndirigent, Umzug erforderlich; NORMAN PENROSE HALLOWELL, Boston SO); Finanzen/ZF (Unterstützung für Umzugskosten/Oberlaender Trust)

4006 1944-11-11
Zoltan Fekete (Crown Hotel, Providence, RI) an Wilbur K. Thomas (Philadelphia, PA); TLS, 2 S., engl. E Integration/ZF (viele Freunde in New England gefunden) A Anstellung/ZF (gute Aussichten auf Stelle und Dirigierverpflichtungen in Providence; Handel und Haydn Soc., Harward Music Soc.; [CALVIN] COOLIDGE, Brown Univ., Providence, Rhode Island); Projekte (Gründung einer "permanent New England Co." für Konzerte und Opernaufführungen; Neubauten von Veranstaltungsorten für Konzerte und Opernaufführungen in Providence und Worcester; JOHN N. BROWN)

4007 1944-11-24
Zoltan Fekete (NYC) an Wilbur K. Thomas (Philadelphia, PA); TLS (annotiert), 1 S., engl. A Anstellung/ZF (geplanter Umzug aufgrund zu erwartender Stelle); Finanzen/ZF (Unterstützung für Umzugskosten nach Providence und Worcester)

GIFFORD, PHILIP C.

4008 1944-10-25
Zoltan Fekete an Philip C. Gifford (Providence, RI); TL (Kopie), 1 S., engl. A Anstellung/ZF (Bewerbung um Stelle); Projekte/ZF (Gründung eines Amateurorchesters, finanzielle Unterstützung)

KOUSSEVITZKY, SERGE

4009 1939-03-02
Serge Koussevitzky (Boston SO, Boston, MA), ohne Adressat; TLS (Kopie), 1 S., engl. A Empfehlung/SK (für ZOLTAN FEKETE, positive Beurteilung seiner Fähigkeiten als Dirigent bei Vordirigieren mit Boston SO)

MOSES BROWN SCHOOL PROVIDENCE

4010 1944-10-13
Wilbur K. Thomas an L. Relston Thomas (Moses Brown School, Providence, RI); TL (Kopie), 1 S., engl. A Empfehlung/WT (für ZOLTAN FEKETE an RT zur Anstellung an Moses Brown School)

WAR DEPARTMENT

4011 1944-07-11
Jerry J. Walsh (War Dept., Military Intelligence Division G-2, Washington, DC) an Zoltan Fekete (NYC); TL (Kopie), 1 S., engl. A Anstellung/ZF (Ablehnung einer nicht näher bezeichneten Bewerbung beim militärischen Geheimdienst, da keine offenen Stellen)

Hans Nachod Subject File

- Hans Nachod, 1883-1965, österr. Sänger, Vetter Arnold Schoenbergs, Tätigkeit in Wien und Kiel; 1938 Emigration nach Prag und Immigration nach Großbritannien
- Vgl. Schoenberg-Nachod Coll. (Music Library, North Texas State Univ., Denton, TX)
- John A. Kimmey, «The Arnold Schoenberg – Hans Nachod Collection», Detroit 1979

KORRESPONDENZ

QUEENS COLLEGE

4012 1940-05-22
Paul Klapper (Queens College, Flushing, NY) an Wilbur K. Thomas (Oberlaender Trust, Philadelphia, PA); TLS, 1 S., engl. A Anstellung/HANS NACHOD (am Queens College als "library adviser to students taking advanced studies in the social sciences"; Bitte um finanzielle Unterstützung/Oberlaender Trust)

4013 1940-05-24
Wilbur K. Thomas an Paul Klapper (Queens College, Flushing, NY); TL (Kopie), 1 S., engl. A Finanzen/Oberlaender Trust (Prüfung des Antrags auf Unterstützung einer Anstellung/HANS NACHOD am Queens College, schlechte Aussichten auf Förderung)

4014 1940-06-13
Wilbur K. Thomas an Paul Klapper (Queens College, Flushing, NY); TL (Kopie), 1 S., engl. A Finanzen/Oberlaender Trust (Ablehnung des Antrags auf Unterstützung einer Anstellung/HANS NACHOD am Queens College)

Aufzeichnungen zu diversen Emigranten

- Aktennotizen mit Informationen zu verschiedenen Emigranten ohne dazugehörige Subject Files

- Außer dem aufgeführten Material weitere Dokumente zu: Gisela Binz, Arthur Blokland, Helga Doeblin-Boie, Hans Frohlich, Hans Gareis, Gertrud Honneisser, Otto Kohler, Ellen Marion Kraus, Regine Lackenbach-Robinson, Stefan Nieder, Hedwig Sofie Palfi, Deszo Rado, Anne K. Stenzel, Margot Voss

MATERIAL ZUR BIOGRAFIE

ABRAHAM, ERICH MAX A.

4015 1942-09-?
Aktennotiz; PD/TD, 2 S., engl. E Einreise/ERICH MAX A. ABRAHAM (über Australien in die USA auf Einladung/SOL HUROK als Mitglied der "Comedian Harmonists" mit visitors visa); Emigrationsweg/ERICH MAX A. ABRAHAM (unsicher bezüglich des weiteren Emigrationsverlaufs, neben USA auch Australien als Fluchtland möglich); Finanzen/ERICH MAX A. ABRAHAM (besitzt Rücklagen); Verwandte/ERICH MAX A. ABRAHAM (kein Kontakt zu Ehefrau und Tochter in Frankreich) A Biografie/ERICH MAX A. ABRAHAM (Abitur und Medizinstudium in Berlin und München, Banklehre, Musikstudium an Musikhochschule Berlin; Gründung der "Comedian Harmonists"); Empfehlung (Referenzen für ERICH MAX A. ABRAHAM/SOL HUROK und MAX LION)

ALEXANDER, LEOPOLD

4016 1942-11-?
Aktennotiz; PD/TD, 3 S., engl. E Einbürgerung/LEOPOLD ALEXANDER (permanent visa und first papers); Einreise/LEOPOLD ALEXANDER (1938 in die USA mit visitors visa; erneute Einreise 1940 mit der Familie aus Panama oder Kuba); Finanzen/LEOPOLD ALEXANDER (keine Rücklagen); Hilfe/Jewish Welfare Board (Unterstützung bei der Einreise nach Kuba oder Panama; keine Unterstützung/National Refugee Service); Hilfe/NATHAN WITKIND (für LEOPOLD ALEXANDER bei Arbeitsbeschaffung sowie bei Panama- oder Kuba-Visum für die Familie); Verfolgung/LEOPOLD ALEXANDER (wird von Gestapo gesucht, da sein Bruder Mitglied des Reichsbanner war); Verwandte/LEOPOLD ALEXANDER (Nichte in den USA) A Anstellung/LEOPOLD ALEXANDER (in Breslau und in Panama City als Kantor in einer Synagoge)

APEL, WILLI

4017 1940-10-04
Aktennotiz; PD/AD, 4 S., engl. E Hilfe (finanzielle Unterstützung für Anstellungen/WILLI APEL an Longy School of Music, Concord School of Music, Harvard Univ., Radcliffe College, Boston Center of Adult Education); Verwandte/WILLI APEL (Ehefrau noch in Deutschland, Visa-Probleme; Hilfe/GEORG KORTZKA) A Anstellung/WILLI APEL (Details zur Stellensuche aus Briefen an und von WILBUR K. THOMAS, HENRY ALLEN MOE, WALTER PISTON); Biografie/WILLI APEL (Studium in Bonn, München und Berlin, Klavier bei EDWIN FISCHER, Promotion in Berlin; Lehrtätigkeit); Öffentlichkeit/WILLI APEL (Vorsitzender der AMS); Vortrag/WILLI APEL (diverse Vorträge u.a. im Radio)

→ *Willi Apel Subject File: Emergency Committee in Aid of Displaced Foreign Scholars Records (Dok. 5475)*

BASCH, HUGO FRANK

4018 1941-04-24
Aktennotiz; PD/TD, 3 S., engl. E Affidavit/EMILLY COOPER JOHNSON (für HUGO FRANK BASCH); Einreise/HUGO FRANK BASCH (1940, "detained at Ellis Island for short period"); Internierung/HUGO FRANK BASCH (in KZ Dachau); Verwandte/HUGO FRANK BASCH (Sorge um Schicksal seines in Deutschland verfolgten Bruders); Verwandte/HUGO FRANK BASCH (Angehörige der Ehefrau sind Nationalsozialisten; Verwandte in den USA) A Anstellung/HUGO FRANK BASCH (Details zur Stellensuche in Verbindung mit Amer. Friends Service Committee); Biografie/HUGO FRANK BASCH (Studium in Wien, diverse Anstellungen als Ingenieur, Tätigkeit als Begleiter und Komponist von Kinderliedern); Empfehlung (Referenzen für HUGO FRANK BASCH/EMILLY COOPER JOHNSON, EGON LUSTGARTEN, WALTER WEINBERGER, ROBERT YARNALL); Kompositionen/HUGO FRANK BASCH (Kinderlieder)

BENDER, GERTRUD

4019 1945-03-?
Aktennotiz; PD/TD, 4 S., engl. E Einreise/GERTRUD BENDER (in die USA 1939 mit permanent visa; besitzt first papers); Verwandte/GERTRUD BENDER (Ehemann ist Dirigent des Tokyo PO) A Anstellung (Vermittlungsversuche/YMCA für Stelle als Sopranistin oder Musiklehrerin gescheitert; momentan Beschäftigung in Bekleidungsbranche); Biografie/GERTRUD BENDER (Opernsängerin in Mannheim, Köln und Stuttgart; Rundfunkaufnahmen)

BERG, GEORGE

4020 1945-01-?
Aktennotiz; PD/TD, 3 S., engl. E Affidavit (für GEORGE BERG von ehemaligem Schüler); Emigrationsweg/GEORGE BERG (Einreise 1941 über Spanien in die USA mit permanent visa); Finanzen/GEORGE BERG (keine Rücklagen, anfängliche Unterstützung durch Freunde); Hilfe (finanzielle Unterstützung für Anstellung, Musicians' Placement Committee, National Refugee Service, MARK BRUNSWICK); Verwandte/GEORGE BERG (Verwandte und Freunde in den USA, DELIA ROSENBLOOM, MEYER KESTENBAUM, ORA HYDE) A Anstellung (Details zu Stellensuche und finanzieller Hilfe); Biografie/GEORGE BERG (Tätigkeit als Musiklehrer, Komponist, Begleiter und Arrangeur); Finanzen/GB (ausreichende Einnahmen durch Unterrichtstätigkeit)

BEUTNER, AUGUSTE

4021 1942-11-?
Aktennotiz; PD/TD, 3 S., engl. E Affidavit (für AUGUSTE BEUTNER/Bruder in den USA); Einreise/AUGUSTE BEUTNER (1939 mit Mutter in die USA mit visitors visa; geplante Ausreise nach Kuba zwecks Erlangung eines permanent visa); Finanzen/AUGUSTE BEUTNER (abhängig von Verwandten in den USA); Hilfe/Amer. Committee for Christian Refugees (bei Änderung des Immigrationsstatus); Verwandte/AUGUSTE BEUTNER (drei Brüder noch in Deutschland) A Aufführung/AUGUSTE BEUTNER (Konzert in Town Hall,

von ihrem Bruder und Columbia Concerts Agency finanziert); Biografie/AUGUSTE BEUTNER (Gesangsstudium in Berlin, als Konzertsängerin europaweite Tourneen; Tätigkeit als Stimmtherapeutin)

BEYER, EMIL

4022   1942-04-?

Aktennotiz; PD/TD, 3 S., engl.; mit Anlage: zwei Programme zu Liederabenden mit Ruth und Emil Beyer von 1936 und 1946 (PD) E Einbürgerung/EB (first papers, Erlangung der amer. Staatsbürgerschaft); Einreise/EMIL BEYER (in die USA 1937); Hilfe (finanzielle Unterstützung für Anstellung/EMIL BEYER an Denison Univ., Granville, Ohio; Emergency Committee, BETTY DRURY) A Anstellung/EMIL BEYER (Details zur Stellensuche mit Hilfe des Emergency Committee); Biografie/EMIL BEYER (Studium bei Organist GEORGE WINKLER, TÉLÉMAQUE LAMBRINO und ELAINE LAMBRINO, Lehrtätigkeit in Leipzig, Barcelona und Zürich; Konzerttätigkeit in Deutschland, Spanien und Schweden); Empfehlung (Referenzen für EMIL BEYER/KENNETH I. BROWN und RUSSEL H. WILLIAMS)

BLOCK, FREDERICK

4023   1942-04-?

Aktennotiz; PD/TD, 3 S., engl. E Einreise/FREDERICK BLOCK (1940 in die USA, Erhalt der first papers) A Anstellung/FB (Details zur Stellensuche mit Hilfe des Emergency Committee und des National Committee for Refugee Musicians; 1940 bei Columbia Broadcasting Co. als Arrangeur und Komponist tätig); Biografie/FREDERICK BLOCK (Studium am Wiener Konservatorium bei JOSEF BOHUSLAV FÖRSTER und HANS GÁL); Kompositionen/FREDERICK BLOCK (Oper «Samum», Orchester- und Kammermusik, Lieder)

BRAUNSTEIN, JOSEPH

4024   1941-07-31

Aktennotiz; PD/AD, 3 S., engl. A Biografie/JOSEPH BRAUNSTEIN (Musikwissenschaftsstudium in Wien, Kommentator für Rundfunkübertragungen der Salzburger Festspiele, Vortragstätigkeit); Empfehlung (Referenzen für JOSEPH BRAUNSTEIN/[OTTO E.] ALBRECHT, OLIN DOWNES, CARLETON SPRAGUE SMITH); Finanzen/JOSEPH BRAUNSTEIN (Bitte um Unterstützung/Oberlaender Trust für seine Forschungen zu GIUSEPPE VERDI); Öffentlichkeit/JOSEPH BRAUNSTEIN (Erwähnung in Artikeln/OLIN DOWNES in ‹NY Times›); Schriften/JOSEPH BRAUNSTEIN (Aufsätze und Buchpublikationen)

↪ *Joseph Braunstein Subject File: Emergency Committee in Aid of Displaced Foreign Scholars Records (Dok. 5520-5524)*

BREISACH, PAUL

4025   1941-02-21

Aktennotiz; PD/AD, 2 S., engl. A Anstellung/PB (Dirigent an Chicago Opera); Biografie/PAUL BREISACH (Dirigent an Dt. Oper und Staatsoper Berlin [sic])

↪ *Verträge Metropolitan Opera Ass. (Dok. 5414)*

BURGHAUSER, HUGO

4026   1941-11-02

Aktennotiz; PD/AD, 4 S., engl. E Einreise/HB (1941 aus Österreich) A Anstellung/HUGO BURGHAUSER (Details zur Stellensuche aus Briefen an und von MAX SOKOL und MARK BRUNSWICK; Professor am Konservatorium Toronto; Mitglied im Toronto SO; Konzerttätigkeit); Biografie/HUGO BURGHAUSER (Musikstudium; Fagottist an Wiener Staatsoper; Präsident des Wiener PO und des Österreichischen Musiker-Rings; Mitglied der Gesellschaft der Musikfreunde in Wien); Empfehlung (Referenzen für HUGO BURGHAUSER/ARTURO TOSCANINI, LOTTE LEHMANN, JARMILA NOVOTNA, MORITZ ROSENTHAL, MAX SOKOL)

↪ *Hugo Burghauser Subject File: Emergency Committee in Aid of Displaced Foreign Scholars Records (Dok. 5547-5553)*

COHEN, FRIEDRICH

4027   1942-11-?

Aktennotiz; PD/TD, 3 S., engl. E Einreise/FRIEDRICH COHEN (1942 mit visitors visa); Hilfe/Amer. Committee for Christian Refugees (für FRIEDRICH COHEN); Verwandte/FRIEDRICH COHEN (Brüder und Freunde in den USA) A Anstellung/FRIEDRICH COHEN (am Black Mountain College, Black Mountain, North Carolina als Tanz- und Musiklehrer); Biografie/FRIEDRICH COHEN (Manager und künstlerischer Leiter des Joost-Balletts, Lehrtätigkeit [an Folkwang-Schule Essen])

CURT, HANS

4028   1941-03-13

Aktennotiz; PD/AD, 3 S., engl. A Anstellung/HC (Details zur Stellensuche aus Brief an Amer. Friends Service Committee, Stelle im South Carolina SO); Biografie/HANS CURT (Studium bei ARNOLD ROSÉ, Tätigkeit als Geiger und Geigenlehrer in Wien)

DARMSTADT, GEORG

4029   1941-02-20

Aktennotiz; PD/AD, 4 S., engl. E Emigrationsweg/GEORG DARMSTADT (1934 Emigration nach Spanien, da Ehefrau jüdischer Abstammung; 1937 in die Schweiz, 1938 in die USA); Hilfe (Antrag auf finanzielle Unterstützung für Anstellung/ GEORG DARMSTADT an MacPhail School of Music, Minneapolis, abgelehnt) A Biografie/GEORG DARMSTADT (Studium am Konservatorium Leipzig; Tätigkeit als Geiger in Hamburg und als Dirigent in Würzburg); Finanzen/GEORG DARMSTADT (durch Tätigkeit der Ehefrau in Minneapolis); Kompositionen/GEORG DARMSTADT (diverse Bearbeitungen)

↪ *Georg Darmstadt Subject File: Emergency Committee in Aid of Displaced Foreign Scholars Records (Dok. 5554)*

DAVID, HANS THEODORE

4030   1941-02-20

Aktennotiz; PD/AD, 5 S., engl. E Einreise/HANS THEODORE DAVID (in die USA 1936); Hilfe (finanzielle Unterstützung für Anstellungen/HANS THEODORE DAVID an NYPL, NY Univ., Amer. Philharmonic Soc.) A Anstellung/HANS THEODORE DAVID (Details zur Stellensuche aus Briefen an und von WILBUR K. THOMAS und CARLETON SPRAGUE SMITH); Biografie/HANS THEODORE DAVID (Studium und Promotion in Berlin); Editionen/HANS THEODORE DAVID (Werke/JOHANN SEBASTIAN BACH, GEORG FRIEDRICH HÄNDEL, HENRY PURCELL); Schriften/HANS THEODORE DAVID (Publikationen über Jo-

HANN SCHOBERT und JOHANN SEBASTIAN BACH); Schriften/ HANS THEODORE DAVID («A Catalogue of Music of Amer. Moravians» mit G.A. REU)

↳ *Hans Theodore David Subject File: Emergency Committee in Aid of Displaced Foreign Scholars Records (Dok. 5555-5558)*

DODERER, GUSTI VON
4031   1940-11-08
Aktennotiz; PD/AD, 3 S., engl. E Einreise/GUSTI VON DODERER (1938 mit immigration visa); Verwandte/GUSTI VON DODERER (Ausreisepläne der Familie) A Anstellung/GUSTI VON DODERER (Details zur Stellensuche, College of St. Catherine, St. Paul, Minnesota; Stelle als Privatlehrerin; Biografie/GUSTI VON DODERER (Konservatorium Genf, Musikakademie Wien; Tätigkeit als Klavierlehrerin); Empfehlung (Referenzen für GUSTI VON DODERER/RUDOLF CARNAP, NATHANIEL PEFFER, CHARLES GRIFFITH)

EINSTEIN, ALFRED
4032   1941-08-06
Aktennotiz; PD/AD, 3 S., engl. E Hilfe/ALFRED EINSTEIN (in England finanzielle Unterstützung durch Academic Assistance Council; in den USA finanzielle Unterstützung zu Anstellungen/ALFRED EINSTEIN an Smith College, Northampton, Massachusetts) A Anstellung/ALFRED EINSTEIN (Details zur Stellensuche); Biografie/ALFRED EINSTEIN (Tätigkeit für ‹Zeitschrift für Musikwissenschaft› und ‹Berliner Tagesblatt›; Konzerttätigkeit); Empfehlung/ALBERT EINSTEIN (für ALFRED EINSTEIN); Schriften/ALFRED EINSTEIN (über WOLFGANG AMADEUS MOZART)

↳ *Alfred Einstein Subject File: Emergency Committee in Aid of Displaced Foreign Scholars Records (Dok. 5583-5584)*

EISNER, BRUNO
4033   1942-02-10
Aktennotiz; PD/AD, 2 S., engl. E Einreise/BRUNO EISNER (in die USA 1936); Hilfe/Emergency Committee (Unterstützung bei Stellensuche) A Biografie/BRUNO EISNER (Studium an Musikakademie Wien; Klavierlehrer an Konservatorien in Berlin, Hamburg und an Musikhochschule Berlin); Empfehlung/JOHN WHYTE (für BRUNO EISNER)

↳ *Aktennotiz Stella Eyn 1942-05-? (Dok. 4038)*
↳ *Bruno Eisner Subject File: Emergency Committee in Aid of Displaced Foreign Scholars Records (Dok. 5585-5613)*

ENGEL, KURT
4034   1941-03-04
Aktennotiz; PD/AD, 3 S., engl. A Aufführung/KURT ENGEL (Konzerte und Rundfunkübertragungen bei Sendern WPA und WNYC; Konzerte in Carnegie Hall); Biografie/KURT ENGEL (Gewinner des Chopin-Wettbewerbs; Konzerttätigkeit); Projekte/KURT ENGEL (Gründung einer Musikschule, keine finanzielle Unterstützung/Emergency Committee)

↳ *Kurt Engel Subject File: Emergency Committee in Aid of Displaced Foreign Scholars Records (Dok. 5616)*

ERDOS, LESLIE [ERDÖS, LADISLAS]
4035   1940-10-31
Aktennotiz; PD/AD, 3 S., engl. E Einreise/LESLIE ERDOS (1939 in die USA; im Besitz der first papers) A Anstellung/LESLIE ERDOS (Details zur Stellensuche; Suche nach Lehrtätigkeit für die Fächer Philosophie, Psychologie, Literatur, Deutsch, Latein, Mathematik oder Musik); Biografie/LESLIE ERDOS (Studium in Wien bei GUIDO ADLER und HEINRICH GOMPERZ; Geiger an der Oper Budapest); Schriften/LESLIE ERDOS (Aufsätze in ‹Hungarian Psychological Review›, ‹Aesthetic Review› und ‹Hungarian Review for Musical Esthetics›); Vortrag/LESLIE ERDOS (bei Jahrestreffen der Eastern Psychological Ass.)

↳ *Ladislas Erdös Subject File: Emergency Committee in Aid of Displaced Foreign Scholars Reocrds (Dok. 5623)*

ERDSTEIN, LEON
4036   1941-09-06
Aktennotiz; PD/AD, 3 S., engl. E Einreise/LEON ERDSTEIN (1940 mit immigration visa); Hilfe/Musicians' Placement Committee (Unterstützung bei der Suche nach Anstellung/LEON ERDSTEIN an Settlement Music School) A Aufführung (Kompositionen/LEON ERDSTEIN, Rundfunkübertragungen bei Sender WQXR); Biografie/LEON ERDSTEIN (Studium am Konservatorium Wien; Tätigkeit als Pianist und Pädagoge); Empfehlung (Referenzen für LEON ERDSTEIN/PAUL WEINER und RICHARD STOEHR)

ERNEST, JEAN
4037   1942-11-?
Aktennotiz; PD/TD, 2 S., engl. E Einreise/JEAN ERNEST (1938 mit visitors visa); Verfolgung/JEAN ERNEST (Flucht vor Faschisten aus Wien; Unterstützung durch König Carol von Rumänien) A Biografie/JEAN ERNEST (Gesangsstudium in Berlin; Lehrtätigkeit am Konservatorium Konstantinopel; Sänger in Opernhäusern Königsberg, Graz, Zürich, Bern, Basel, Berlin, Stuttgart, Wiener Volksoper); Finanzen/JEAN ERNEST (Einnahmen durch Konzerte)

EYN, STELLA [EISNER, STELLA]
4038   1942-05-?
Aktennotiz; PD/TD, 2 S., engl. E Affidavit/ARTHUR HEISS (für STELLA EYN); Einreise/STELLA EYN (1939 mit immigration visa); Hilfe/Musicians' Placement Comitee (Unterstützung bei Stellensuche); Verwandte/STELLA EYN (Bruder BRUNO EISNER) A Biografie/STELLA EYN (Gesangsstudium bei LILLI LEHMANN; Sängerin an Wiener Staatsoper)

↳ *Aktennotiz Bruno Eisner 1942-02-10 (Dok. 4033)*

FERAND, ERNST THOMAS
4039   1941-03-11
Aktennotiz; PD/AD, 3 S., engl. E Einreise/ERNST THOMAS FERAND (1939 mit non-quota visa) A Anstellung/ERNST THOMAS FERAND (Details zur Stellensuche, WILBUR K. THOMAS; Musiklehrer an New School for Social Research); Biografie/ERNST THOMAS FERAND (Studium in Wien und Budapest; Professor für Musiktheorie in Budapest; Direktor der Oper Budapest); Empfehlung/E. CADBURY (für ERNST THOMAS FERAND); Organisationen (Mitgliedschaft/ERNST THOMAS FERAND in AMS); Schriften/ERNST THOMAS FERAND (Bücher

und Artikel über Harmonielehre und Improvisation; Aufsatz in ‹Musical Quarterly›); Vortrag/ERNST THOMAS FERAND (bei Jahrestreffen der AMS und Music Teachers' National Ass.)

↪ *Ernst Thomas Ferand Subject File: Emergency Committee in Aid of Displaced Foreign Scholars Records (Dok. 5624-5625)*

FIEDLER, WILHELM

4040   1940-10-17
Aktennotiz; PD/AD, 4 S., engl. E Einreise/WILHELM FIEDLER (mit immigration visa); Verwandte/WILHELM FIEDLER (Frau freiwilig in Deutschland, Tochter in den USA) A Anstellung/WILHELM FIEDLER (Details zur Stellensuche, HANNS GRAMM, WILBUR K. THOMAS; Stelle als Musiklehrer am Antioch College, Yellow Springs, Ohio; Unterstützung/Oberlaender Trust); Biografie/WILHELM FIEDLER (Studium an New England Conservatory und in Frankfurt bei AUGUST HALM und KURTH BERN; Tätigkeit als Chorleiter, Lehrtätigkeit an Musikschulen in Essen und Münster; stellvertretender Musikdirektor und Dirigent bei Musikges. Essen; Direktor des Reichradiosenders Berlin); Empfehlung/MAURICE J. ROHRBACH (für WILHELM FIEDLER)

FLEISCHMANN, PAULA

4041   1942-05-?
Aktennotiz; PD/TD, 2 S., engl. E Affidavit/FRITZ STIEDRY (für PAULA FLEISCHMANN); Ausreise/PAULA FLEISCHMANN (Verbleib in Deutschland aufgrund der politischen Verhältnisse unmöglich); Finanzen/PAULA FLEISCHMANN ("small amount of money but not enough to last long"); Integration/PF ("secured first papers") A Biografie/PAULA FLEISCHMANN (Ausbildung als Stimmtherapeutin, Tätigkeit an Theatern in Düsseldorf, Köln, Berlin und Wien)

FOEDERL, LEOPOLD

4042   1940-10-18
Aktennotiz; PD/AD, 3 S., engl. E Einreise/LEOPOLD FOEDERL (1939 mit immigration visa); Hilfe (finanzielle Unterstützung/Oberlaender Trust zur Anstellung/LEOPOLD FOEDERL an Sherwood Music Shool, Vertrag; WILBUR K. THOMAS) A Biografie/LEOPOLD FOEDERL (Studium in Wien, Lehrtätigkeit am Mozarteum Salzburg, Geiger bei Wiener PO)

FRANK, MARCEL

4043   1941-03-13
Aktennotiz; PD/AD, 3 S., engl. E Emigrationsweg/MARCEL FRANK (zweijähriger Aufenthalt in der Schweiz, dann USA) A Anstellung/MARCEL FRANK (Details zur Stellensuche, St. Andrews Music School, keine freie Position); Biografie/MARCEL FRANK (Studium an Musikakademie Wien, Tätigkeit als Dirigent in Wien und Zürich)

FRANK, MARCO [FRÄNKL, MARCUS]

4044   1941-03-12
Aktennotiz; PD/TD, 3 S., engl. E Affidavit (für MARCO FRANK von Mrs. ? WILEY, Frau des amer. Generalkonsuls in Wien); Emigrationsweg/MARCO FRANK (über Paris in die USA); Finanzen/MARCO FRANK (Unterstützung/Vienna Center des Amer. Friends Service Committee für Miete und Schiffspassage; Hilfe durch privaten Geldgeber); Hilfe/Amer. Committee for Christian Refugees (für MARCO FRANK); Verwandte/MARCO FRANK (Sohn in Zürich, schwierige finanzielle Situation) A Anstellung/MARCO FRANK (Details zur Stellensuche, Anfragen bei verschiedenen Instituten, schwer zu vermitteln; HARRY DRINKER, ERICH LEINSDORF, ELISABETH SCHUMANN); Biografie/MARCO FRANK (Musikstudium am Konservatorium Neapel, JULES MASSENET, CLAUDE DEBUSSY, ENGELBERT HUMPERDINCK; Tätigkeit als Musiker und Komponist); Empfehlung (Referenzen für MARCO FRANK/E. CADBURY und Mrs. ? WILEY); Kompositionen/MARCO FRANK (Opern «Die fremde Frau» und «Bildnis der Madonna»)

↪ *Marco Frank Subject Files: Emergency Committee in Aid of Displaced Foreign Scholars Records (Dok. 5636-5639) und Alfred E. Cohn Papers (Dok. 7015-7020)*

FRIEDBERG, MARTIN

4045   1942-12-?
Aktennotiz; PD/TD, 4 S., engl. E Einreise/MARTIN FRIEDBERG (mit permanent visa, im Besitz der first papers); Emigrationsweg/MARTIN FRIEDBERG (Tschechoslowakei, Italien, USA); Finanzen/MARTIN FRIEDBERG (keine Rücklagen, Tantiemen durch Kompositionen aus Italien, keine Einnahmen mehr durch in Deutschland verlegte Werke); Verfolgung/MARTIN FRIEDBERG (Flucht aus Berlin); Verwandte/MARTIN FRIEDBERG (kranke Tochter noch in Berlin) A Aufnahme (Lieder/MARTIN FRIEDBERG bei Victor Recording Co., Decca Recording); Biografie/MARTIN FRIEDBERG (Tätigkeit im Getreidehandel, Komponist populärer Lieder); Finanzen/MARTIN FRIEDBERG (Tantiemen; Probleme mit BMI und ASCAP; Unterstützung/National Refugee Service); Kompositionen/MARTIN FRIEDBERG ("a number of musical scores", Interesse der Verleger); Öffentlichkeit/MARTIN FRIEDBERG ("considerable success as a composer of popular ballads in Europe")

FROEHLICH, GISELA

4046   1940-11-09
Aktennotiz; PD/AD, 3 S., engl. E Einreise/GISELA FROEHLICH (1939 mit immigration visa); Verwandte/GISELA FROEHLICH (Ehemann WALTER FROEHLICH) A Anstellung/GISELA FROEHLICH (Details zur Stellensuche, Amer. Friends Service Committee; Stelle an Univ. Settlement Music Camp und Music Studio/FRITZ LEHMANN); Biografie/GISELA FROEHLICH (Studium am Prager Konservatorium; Tätigkeit als Pianistin und Musiklehrerin in Prag und Wien); Empfehlung (Referenzen für GISELA FROEHLICH/FRITZ LEHMANN, ALBERT KENNEDY, DOROTHY KENYON, WALTER ECKSTEIN, OTTO GERSUNY, JULIUS FLEISCHL)

GAERTNER, HANS B. [JOHANN]

4047   1942-05-?
Aktennotiz; PD/TD, 2 S., engl. E Hilfe/Amer. Committee for Christian Refugees (für HANS B. GAERTNER, Unterstützung bei Stellensuche, finanzielle Zuwendung, National Refugee Service); Verwandte/HANS B. GAERTNER (Frau und Sohn finanziell abhängig) A Biografie/HANS B. GAERTNER (Musikstudium in Wien, THEODOR LESCHETITZKY, EDUARD GAERTNER, Anstellung an Univ. Wien, Tätigkeit als Lehrer für Gesang und Musiktheorie sowie als Begleiter)

GALIMIR, FELIX
4048   1941-03-04
Aktennotiz; PD/AD, 4 S., engl. A Anstellung/FELIX GALIMIR (Mitglied bei NBC SO); Biografie/FELIX GALIMIR (Studium in Wien, Konzertmeister Wiener Konzerthaus, Galimir-Quartett, Mitglied des Palestine SO, ARTURO TOSCANINI); Finanzen/FELIX GALIMIR (Einnahmen durch Konzerte mit Galimir-Quartett); Projekte/FELIX GALIMIR (Plan zur Gründung eines Music Centers mit Schule unter Mitwirkung von Emigranten; Ablehnung finanzieller Förderung/ Oberlaender Trust; [FRANZ] HRASTNIK, WILBUR K. THOMAS)

GEBAUER, WERNER
4049   1942-05-?
Aktennotiz; PD/TD, 4 S., engl. E Einreise/WERNER GEBAUER (1938 mit permanent visa, aber nicht als Flüchtling; dt. Pass wurde nicht verlängert; besitzt first papers); Finanzen/WERNER GEBAUER (keine Mittel) A Anstellung/WERNER GEBAUER (Dozent in einem Summer Camp; Tätigkeit in Newfoundland Music Orchestra [sic]); Biografie/WERNER GEBAUER (Geiger unter BRUNO WALTER und WILHELM FURTWÄNGLER); Unterricht/WERNER GEBAUER (Stipendium an Juilliard School of Music)

GEIRINGER, KARL
4050   1941-01-02
Aktennotiz; PD/AD, 6 S., engl. A Anstellung/KARL GEIRINGER (an Hamilton College, Boston Univ., finanzielle Unterstützung für Anstellung/LOUIS FISCHER und Emergency Committee); Biografie/KARL GEIRINGER (Studium in Wien, HANS GÁL, RICHARD STOEHR; Kommission zur Publikation der «Denkmäler der Tonkunst in Österreich»; diverse Aktivitäten in England); Empfehlung (Referenzen für KARL GEIRINGER/ARCHIBALD TH. DAVISON, HAROLD SPIVACKE, CARL ENGEL, HENRY S. DRINCKER, OLIVER STRUNK); Öffentlichkeit/ KARL GEIRINGER (biografische Artikel in «International Encyclopedia of Music and Musicians» und «Grove»); Schriften/KARL GEIRINGER («Johannes Brahms. His Life and Work»); Vortrag/KG (bei Greater NY Chapter der AMS)
→ *Karl Geiringer Subject File: Emergency Committee in Aid of Displaced Foreign Scholars Records (Dok. 5699-5717)*

GOMBOSI, OTTO JOHANNES
4051   1941-01-22
Aktennotiz; PD/AD, 2 S. (vielleicht nicht zusammengehörig, engl. E Einreise/OTTO JOHANNES GOMBOSI (1938 mit visitors visa); Hilfe/Amer. Committee for Christian Refugees (für OTTO JOHANNES GOMBOSI bei Visaverlängerung und Krankheit); Verwandte/OTTO JOHANNES GOMBOSI (in den USA)

GREISSLE, FELIX
4052   1942-05-?
Aktennotiz; PD/TD, 3 S., engl. E Affidavit/SARA CAROLYN FISHER und ARNOLD SCHOENBERG (für FELIX GREISSLE); Ausreise/FELIX GREISSLE (wegen jüdischer Herkunft seiner Frau und mangelnder Toleranz gegenüber neuer Musik); Einreise/FELIX GREISSLE (1936, im Besitz der first papers); Hilfe/Amer. Committee for Christian Refugees (bei der Ankunft und bei Einreise eines jüngeren Bruders); Verwandte/ FELIX GREISSLE (Schwiegervater ARNOLD SCHOENBERG; CHARLES GRETZ) A Anstellung/FELIX GREISSLE (als Gutachter bei General Cable Corp., NYC); Biografie/FELIX GREISSLE (Studium bei HERMANN GRÄDENER und ARNOLD SCHOENBERG an Univ. Wien; Tätigkeit als Lehrer, Dirigent und Komponist)

HEINITZ, EVA
4053   1941-02-21
Aktennotiz; PD/AD, 3 S., engl. A Anstellung/EVA HEINITZ (Details zur Stellensuche); Aufführung/EVA HEINITZ (Konzerte in Carnegie Hall); Biografie/EVA HEINITZ (Musikstudium in Berlin, Konzerttätigkeit als Cellistin)

HERLINGER, FELIX
4054   1942-05-?
Aktennotiz; PD/TD, 2 S., engl. E Einreise/FELIX HERLINGER (1939 mit visitors visa, keine Arbeitserlaubnis); Emigrationsweg/FELIX HERLINGER (über Skandinavien); Finanzen/ FELIX HERLINGER (ohne Mittel); Hilfe (Amer. Committee for Christian Refugees hilft im Krankheitsfall) A Anstellung/FELIX HERLINGER (vergebliche Bemühungen, da kein Gewerkschaftsmitglied und keine Lizenz als Theater- und Konzertagent)

HERMANN, THEODOR
4055   1940-10-19
Aktennotiz; PD/AD, 3 S., engl. E Ausreise/THEODOR HERMANN (sieht keine Zukunft in Deutschland, schließt aber Rückkehr nicht aus); Einreise/THEODOR HERMANN (in die USA 1937); Hilfe (finanzielle Unterstützung für Anstellungen/THEODOR HERMANN als Stimmbildner an Univ. of Dayton, Dayton, Ohio, und Wilberforce Univ., Wilberforce, Ohio) A Anstellung/THEODOR HERMANN (Details zur Stellensuche aus Briefen an WILBUR K. THOMAS); Biografie/ THEODOR HERMANN (Gesangsstudium; Tätigkeit als Sänger in Schwerin, Wiesbaden und als Lehrer in Berlin)

HERNRIED, ROBERT
4056   1940-11-25
Aktennotiz; PD/AD, 5 S., engl. E Einreise/ROBERT HERNRIED (1939 mit immigration visa); Hilfe (finanzielle Unterstützung für Anstellungen/ROBERT HERNRIED an St. Ambrose [University] College, [Davenport, Iowa], St. Francis College, Brooklyn, und State Teachers College, North Adams, Massachusetts); Verwandte/ROBERT HERNRIED (finanziell unabhängige Tochter in den USA) A Anstellung/ ROBERT HERNRIED (Details zur Stellensuche aus Briefen an und von Amer. Friends Service Committee und Oberlaender Trust); Biografie/ROBERT HERNRIED (Musikwissenschaftsstudium in Wien; Lehrtätigkeit als Professor in Mannheim und Berlin, Dozent an diversen Instituten; Tätigkeit als Dirigent); Schriften/ROBERT HERNRIED (Publikationsliste)
→ *Robert Hernried Subject File: Emergency Committee in Aid of Displaced Foreign Scholars Records (Dok. 5751-5752)*

HERTZMANN, ERICH
4057   1940-10-31
Aktennotiz; PD/AD, 3 S., engl. E Ausreise/ERICH HERTZ-

MANN (1938, konnte Aktivitäten als Musikkritiker nicht mehr fortsetzen); Hilfe (finanzielle Unterstützung für Anstellung/ERICH HERTZMANN an Columbia Univ.) A Anstellung/ERICH HERTZMANN (Details zur Stellensuche aus Briefen an und von WILBUR K. THOMAS und PAUL HENRY LANG); Biografie/ERICH HERTZMANN (Studium an Konservatorium Frankfurt und Univ. Berlin, Tätigkeit als Musikkritiker)

↳ *Erich Hertzmann Subject File: Emergency Committee in Aid of Displaced Foreign Scholars Records (Dok. 5753)*

HERZ, GERHARD

4058   1942-02-17

Aktennotiz; PD/TD, 4 S., engl. E Ausreise/GERHARD HERZ (mit Unterstützung/ALBERT SCHWEITZER aufgrund jüdischer Herkunft); Einreise/GERHARD HERZ (1936 als nota immigrant) A Anstellung/GERHARD HERZ (als Lehrer an Univ. of Louisville, Louisville, Kentucky); Biografie/GERHARD HERZ (Studium an Univ. Frankfurt, Wien und Berlin; Promotion in Zürich; Italienkorrespondent der ‹Frankfurter Zeitung›); Empfehlung (Referenzen für GERHARD HERZ/JAMES G. MCDONALD, OLIN DOWNES, STEPHEN S. WISE, F[RANCIS] C. LATHROP, JULIUS LEDERER, EDUARD HEIMANN, [HANS] SPEIER, MAX ASCOLI, RICHARD KRAUTHEIMER, [KARL] LEHMANN-HARTLEBEN); Schriften/GERHARD HERZ (über JOHANN SEBASTIAN BACH; Dissertation im Verlag Bärenreiter, Publikationsverbot durch Nazis)

↳ *Gerhard Herz Subject File: Emergency Committee in Aid of Displaced Foreign Scholars Records (Dok. 5754-5762)*

HILLMANN, ALFRED

4059   1942-05-?

Aktennotiz; PD/TD, 3 S., engl. E Affidavit/ELIZABETH ZAHN (für ALFRED HILLMANN); Einreise/ALFRED HILLMANN (1938 mit permanent visa); Finanzen/ALFRED HILLMANN (keine Mittel und Rücklagen) A Anstellung/ALFRED HILLMANN (als Cellist in einem Orchester und im Café Vienna; Details zur Stellensuche in Gesprächsnotiz mit Amer. Committee for Christian Refugees); Biografie/ALFRED HILLMANN (Studium an Musikakademie Ronneburg; Tätigkeit in Rundfunkorchester Berlin und als privater Musiklehrer); Empfehlung/Mrs. ? SINSHEIMER (für ALFRED HILLMANN)

HINDEMITH, PAUL

4060   1940-12-28

Aktennotiz; PD/AD, 3 S., engl. E Einreise/PAUL HINDEMITH (Emigration in die USA, keine Perspektiven in Deutschland); Emigrationsweg/PAUL HINDEMITH (Aufenthalt in der Schweiz, England und der Türkei); Hilfe/PAUL HINDEMITH (finanzielle Unterstützung für Anstellungen/PAUL HINDEMITH an Yale Univ. School of Music, Univ. at Buffalo, New York, und Music Center Stockbridge, Michigan) A Anstellung/PAUL HINDEMITH (Details zur Stellensuche aus Briefen an und von Dean [DAVID STANLEY] SMITH, WILBUR K. THOMAS); Empfehlung (Referenzen für PAUL HINDEMITH/RANDALL THOMPSON, HOWARD HANSON, OTTO LUENING)

HOLDE, ARTUR

4061   1940-10-21

Aktennotiz; PD/AD, 5 S., engl. E Hilfe (Suche nach Anstellung für ARTUR HOLDE) A Anstellung/ARTUR HOLDE (Details zur Stellensuche aus Briefen an und von WILBUR K. THOMAS, MILDRED L. KAHN, LEON FAULKNER; Anstellung in Children Village und an Chatham [Square] Music School, NYC); Biografie/ARTUR HOLDE (Studium in Berlin; Dirigent, Dozent und Lektor an verschiedenen Institutionen); Schriften/ARTUR HOLDE (Publikationsliste)

↳ *Artur Holde Subject File: Emergency Committee in Aid of Displaced Foreign Scholars Records (Dok. 5766-5775)*

HOLGER, OSCAR

4062   1941-02-28

Aktennotiz; PD/AD, 2 S., engl. E Einreise/OSCAR HOLGER (1939 mit immigration visa) A Anstellung/OSCAR HOLGER (Details zur Stellensuche); Biografie/OSCAR HOLGER (Studium in Wien, Tätigkeit als Geiger und Dirigent); Empfehlung (Referenzen für OSCAR HOLGER)

HYLL, CHARLES

4063   1942-06-?

Aktennotiz; PD/TD, 3 S., engl. E Einreise/CHARLES HYLL (1938 mit permanent visa, im Besitz der first papers); Hilfe (Kontakte zu Amer. Committee for Christian Refugees ohne Erfolg; Hilfegesuche bei National Refugee Service und Catholic Committee for Refugees, Schwierigkeiten mit der Gewerkschaft) A Biografie/CHARLES HYLL (Violinstudium in Wien; Lehrtätigkeit in Wiesbaden und Berlin; Konzertmeister in Köln)

JACOBY, ROLF

4064   1940-12-19

Aktennotiz; PD/AD, 3 S., engl. E Hilfe (finanzielle Unterstützung für Anstellungen/ROLF JACOBY an Settlement House und Goddard College, Plainfield, Vermont, durch Amer. Friends Service Committee und Musicians' Placement Committee) A Anstellung/ROLF JACOBY (Details zur Stellensuche aus Briefen an und von ROYCE S. PITKIN, WILBUR K. THOMAS, MARK BRUNSWICK); Biografie/ROLF JACOBY (Musikstudium in Köln und München; Tätigkeit als Dirigent)

JAHODA, FRITZ

4065   1940-12-26

Aktennotiz; PD/AD, 5 S., engl. E Hilfe/Oberlaender Trust (finanzielle Unterstützung für Anstellungen/FRITZ JAHODA an Converse College, Spartanburg, South Carolina, und Sarah Lawrence College; Emergency Committee); Verwandte/FRITZ JAHODA (Ehefrau in den USA) A Anstellung/FRITZ JAHODA (Details zur Stellensuche aus Briefen an und von EDWARD L. GWATHMEY, WILBUR K. THOMAS, FRITZ JAHODA und Oberlaender Trust); Biografie/FRITZ JAHODA (Studium in Wien bei EDUARD STEUERMANN und JOSEF POLNAUER; Tätigkeit als Dirigent in Düsseldorf, Graz und London)

JALOWETZ, HEINRICH

4066   1940-12-20

Aktennotiz; PD/AD, 3 S., engl. E Emigrationsweg/HEINRICH JALOWETZ (von Deutschland nach Wien, dann in die USA); Hilfe/Oberlaender Trust (finanzielle Unterstützung für Anstellung/HEINRICH JALOWETZ an Black Mountain College, Black Moutain, North Carolina); Verwandte/HEINRICH JALOWETZ (Ehefrau und Tochter in den USA) **A** Anstellung (Details zur Stellensuche aus Briefen an und von FREDERIC R. MANGOLD, WILBUR K. THOMAS und Oberlaender Trust); Biografie/HEINRICH JALOWETZ (Studium in Wien bei GUIDO ADLER und ARNOLD SCHOENBERG; Tätigkeit als Dirigent)

↳ *Heinrich Jalowetz Subject File: Emergency Committee in Aid of Displaced Foreighn Scholars Records (Dok. 5791)*

JANOWITZ, OTTO

4067   1941-04-11
Aktennotiz; PD/TD, 2 S., engl. **E** Einreise/OTTO JANOWITZ (1938 in die USA) **A** Anstellung (Details zur Stellensuche aus Brief an WILBUR K. THOMAS); Biografie/OTTO JANOWITZ (Studium in Wien; Tätigkeit als Lehrer und Dirigent in diversen europäischen Städten sowie als Klavierbegleiter); Kompositionen/OTTO JANOWITZ (Ballettmusik)

KALMUS, ERNST

4068   1941-02-21
Aktennotiz; PD/AD, 3 S., engl. **A** Anstellung (Details zur Stellensuche aus Briefen an und von FRANZ HRASTNIK und WILBUR K. THOMAS); Biografie/ERNST KALMUS (Studium in Prag bei MAX GRAF und LUDWIG KAISER; Tätigkeit als Dirigent)

KANITZ, ERNST

4069   1940-11-04
Aktennotiz; PD/AD, 3 S., engl. **E** Einreise/ERNST KANITZ (1938 mit immigration visa; im Besitz der first papers); Verfolgung/ERNST KANITZ (durch politische Veränderungen Verlust aller Posten in Wien) **A** Biografie/ERNST KANITZ (Studium in Wien; Lehrtätigkeit, Tätigkeit als Komponist und Dirigent); Empfehlung (Referenzen für ERNST KANITZ/ DOROTHY CANFIELD FISHER, ANGUS MACAULAY, JULIAN LAKE, CONSTANCE WARDLE, HAMPTON M. JARRELL, JOHN ERSKINE, JOHN FINLEY WILLIAMSON); Schriften/ERNST KANITZ

↳ *Ernst Kanitz Subject Files: Emergency Committee in Aid of Displaced Foreign Scholars Records (Dok. 5800-5832) und Alfred E. Cohn Papers (Dok. 7022)*

KIRCHBERGER, FRED

4070   1942-06-?
Aktennotiz; PD/TD, 4 S., engl. **E** Affidavit/ULRICH HERRMANN (für FRED KIRCHBERGER); Einreise/FRED KIRCHBERGER (1938 mit immigration visa, "to complete his musical education"); Hilfe (Unterstützung/Amer. Committee for Christian Refugees und Riverside Church; Stipendium an Juilliard School of Music); Krieg (Militärdienst/FRED KIRCHBERGER in US Army, aber "doesn't feel quite right about fighting against his own people"); Verfolgung/FRED KIRCHBERGER (Restriktionen aufgrund jüdischer Herkunft); Verwandte/FRED KIRCHBERGER (Eltern in Berlin) **A** Biografie/FRED KIRCHBERGER (Klavierstudium in Würzburg und Berlin); Finanzen/FRED KIRCHBERGER (Lebensunterhalt durch Privatunterricht)

KIRCHSTEIN, HAROLD [HENRI RENÉ]

4071   1942-06-?
Aktennotiz; PD/TD, 2 S., engl. **E** Einbürgerung/HAROLD KIRCHSTEIN (besitzt amer. Staatsbürgerschaft; Ehefrau mit permanent visa, erhält bald second papers); Einreise/HK (1938 in die USA); Hilfe (keine Unterstützung/Amer. Committee for Christian Refugees bei Stellensuche, da er als gebürtiger Amer. die Staatsbürgerschaft besitzt); Verfolgung/HAROLD KIRCHSTEIN ("had to leave Germany because he is non-Aryan") **A** Biografie/HAROLD KIRCHSTEIN (Tätigkeit als Komponist; in den USA Schwierigkeiten mit der Gewerkschaft)

KLAHR, ALEXANDER

4072   1942-12-?
Aktennotiz; PD/TD, 2 S., engl. **E** Einreise/ALEXANDER KLAHR (1941 mit permanent visa); Finanzen/ALEXANDER KLAHR (ohne Mittel); Hilfe (Unterstützung/National Refugee Service und Musicians' Placement Committee zur Teilnahme an "School Concerts"); Verwandte/ALEXANDER KLAHR (möchte Bruder in die USA holen) **A** Biografie/ ALEXANDER KLAHR (Klavierstudium, Tätigkeit als Pianist und Klavierlehrer, Auftritt in Radioprogrammen); Empfehlung (Referenzen für ALEXANDER KLAHR/ARTUR RODZINSKI und FELIX EYLE)

KLEIN, WALTER

4073   1941-05-15
Aktennotiz; PD/TD, 2 S., engl. **A** Anstellung/WALTER KLEIN (Details zur Stellensuche aus Briefen an und von Amer. Friends Service Committee); Biografie/WALTER KLEIN (Studium in Wien, Tätigkeit als Dozent für Musikwissenschaft in Wien und Salzburg, Lehrer an Eurhythmieschule Laxenburg); Empfehlung/FRITZ REINER (für WALTER KLEIN); Schriften/WALTER KLEIN (diverse Publikationen)

↳ *Walter Klein Subject File: Emergency Committee in Aid of Displaced Foreign Scholars Records (Dok. 5836-5837)*

KRATINA, RUDOLF JOSEPH

4074   1940-12-13
Aktennotiz; PD/AD, 3 S., engl. **E** Einreise/RUDOLF JOSEPH KRATINA (1937 mit permanent visa); Finanzen/RUDOLF JOSEPH KRATINA (Pension der Oper Dresden wird an seine Eltern ausgezahlt); Hilfe/Oberlaender Trust (finanzielle Unterstützung für Anstellung/RUDOLF JOSEPH KRATINA an Univ. of Georgia, Athens) **A** Biografie/RUDOLF JOSEPH KRATINA (Studium am Konservatorium Dresden, Vc., Kl., Musiktheorie; Tätigkeit als Cellist und Cellolehrer)

KRENEK, ERNST

4075   1942-04-?
Aktennotiz; PD/TD, 3 S., engl. **E** Einreise/ERNST KRENEK (in die USA) **A** Anstellung/ERNST KRENEK (Lectures an Yale Univ., Columbia Univ., Princeton Univ., Smith College; Lehrstelle am Vassar College, Poughkeepsie, New York); Biografie/ERNST KRENEK (Studium bei FRANZ SCHREKER in Wien und Berlin); Öffentlichkeit/ERNST KRENEK (große Erfolge als Opernkomponist); Schriften/ERNST KRENEK («Music Here and Now»)

↳ *Ernst Krenek Subject File: Emergency Committee in Aid of Displaced Foreign Scholars Records (Dok. 5846-5857)*

KURZWEIL, FRITZ
4076 1941-04-17
Aktennotiz; PD/TD, 3 S., engl. E Affidavit/GERTRUDE KLY (für FRITZ KURZWEIL); Einreise/FRITZ KURZWEIL (in die USA 1938); Hilfe/Oberlaender Trust (finanzielle Unterstützung für Anstellung/FRITZ KURZWEIL als Gesangslehrer und Dirigent an Settlement Music School, Philadelphia) A Anstellung/FRITZ KURZWEIL (Details zur Stellensuche aus Briefen, Telefonaten und Interviews mit WILBUR K. THOMAS, JOHAN GROLLE und Amer. Friends Service Committee); Biografie/FRITZ KURZWEIL (Dirigierstudium in Wien; Tätigkeit als Privatlehrer; Gründer und Leiter des Wiener Jugendchores, Leiter des Wiener Konzertorchesters, diverse Tätigkeiten als Dirigent); Empfehlung/JOHAN GROLLE (für FRITZ KURZWEIL)

LASSNER, OSCAR
4077 (1941)-12-29
Aktennotiz; PD/TD, 4 S., engl. E Finanzen (Unterstützung/Emergency Committee für Anstellung/OSCAR LASSNER an New Jersey College for Women, New Brunswick, Rutgers Univ., Camden, New Jersey) A Anstellung/OSCAR LASSNER (Rolle des Alberich in «Siegfried»/RICHARD WAGNER, St. Louis); Biografie/OSCAR LASSNER (Gesangsprofessor am Konservatorium Leipzig); Empfehlung/MARGARET T. CORWIN (für OSCAR LASSNER)

→ *Oscar Lassner Subject File: Emergency Committee in Aid of Displaced Foreign Scholars Records (Dok. 5862-5863)*

LEHMANN, FRITZ
4078 1942-04-?
Aktennotiz; PD/TD, 4 S., engl. E Einreise/FRITZ LEHMANN (in die USA 1938); Hilfe/Emergency Committee (für FRITZ LEHMANN bei Stellensuche) A Anstellung/FRITZ LEHMANN (an David Mannes School of Music); Biografie (Lehrtätigkeit am Wiener Konservatorium); Empfehlung/BRUNO WALTER (für FRITZ LEHMANN)

→ *Fritz Lehmann Subject File: Emergency Committee in Aid of Displaced Foreign Scholars Records (Dok. 5864-5865)*

LIEPMANN, KLAUS
4079 1940-10-01
Aktennotiz; PD/AD, 3 S., engl. E Verwandte/KLAUS LIEPMANN (in den USA) A Anstellung/KLAUS LIEPMANN (Details zur Stellensuche aus Korrespondenz mit Oberlaender Trust; Stellen bei NY Soc. for Ethical Culture an Yale Univ.); Biografie/KLAUS LIEPMANN (Musikstudium, V., Va., Kl.; Solist, Kammer- und Orchestermusiker in Hamburg, Berlin und Köln); Schriften/KLAUS LIEPMANN (diverse Aufsätze in Musikzeitschriften, "Elementary Method" für Violinspiel in Vorbereitung)

→ *Klaus Liepmann Subject File: Emergency Committee in Aid of Displaced Foreign Scholars Records (Dok. 5876-5883)*

LIFFMANN, ALICE
4080 1941-03-20
Aktennotiz; PD/AD, 3 S., engl. E Hilfe/National Refugee Service (für ALICE LIFFMANN bei Ansiedlung in Providence, Rhode Island) A Anstellung/ALICE LIFFMANN (am College in Providence); Biografie/ALICE LIFFMANN (Studium in Frankfurt und Düsseldorf; Klavierlehrerin am Konservatorium Frankfurt und an St. David's School, England; Konzerttätigkeit); Empfehlung/EVA SANDERSON (für ALICE LIFFMANN)

LINDE, ANNA
4081 1941-04-16
Aktennotiz; PD/TD, 4 S., engl. E Einreise/ANNA LINDE (mit visitors visa, Wechsel zu non-quota visa wegen Anstellung in Denver); Hilfe/Denver Coordinating Committee for Immigrants (finanzielle Unterstützung für Anstellung/ANNA LINDE an Univ. of Denver; WILBUR K. THOMAS) A Biografie/ANNA LINDE (Cembalistin und Expertin für alte Musik); Empfehlung/DAVID SHAW DUNCAN (für ANNA LINDE)

LONDON, KURT
4082 (1941)-12-29
Aktennotiz; PD/TD, 3 S., engl. E Einreise/KURT LONDON (in die USA 1937, besitzt first papers) A Anstellung/KURT LONDON (an NY City College, Brooklyn College und Univ. of Denver); Biografie/KURT LONDON (Studium in Berlin, Freiburg, Würzburg, Heidelberg; Promotion in Würzburg und Heidelberg; Dozent an Musikakademie Berlin; Experte für "microphone & film music"); Schriften/KURT LONDON («Film Music» und «The Seven Soviet Arts»)

LOWINSKY, EDWARD
4083 1941-12-30
Aktennotiz; PD/TD, 4 S., engl. E Emigrationsweg/EDWARD LOWINSKY (über Kuba in die USA) A Biografie/EDWARD LOWINSKY (Studium in Stuttgart; Tätigkeit als Privatlehrer und als Klavier- und Theorielehrer am Konservatorium Stuttgart); Empfehlung (Referenzen für EDWARD LOWINSKY/A[LFRED] EINSTEIN, C[ARLETON] S[PRAGUE] SMITH, G[USTAVE] REESE, P[AUL HENRY] LANG, CHARLES VAN DEN BORREN, GERHARD HERZ); Öffentlichkeit/EDWARD LOWINSKY (Auszüge aus Pressekritiken); Schriften/EDWARD LOWINSKY (Publikationen zu Musikgeschichte und Musikpädagogik)

→ *Edward Lowinsky Subject File: Alfred E. Cohn Papers (Dok. 7023-7024)*

LUSTGARTEN, EGON
4084 1942-11-?
Aktennotiz; PD/TD, 3 S., engl. E Affidavit/MARGARETE MILLER (für EGON LUSTGARTEN); Einreise/EGON LUSTGARTEN (1938 mit immigration visa); Finanzen/EGON LUSTGARTEN (nur geringe Mittel); Hilfe/Amer. Committee for Christian Refugees (bei Einreise in die USA auf Vermittlung/MARGARETE MILLER; keine finanzielle Unterstützung); Verfolgung/EGON LUSTGARTEN (Verlust der Lehrtätigkeit am Wiener Konservatorium durch Regimewechsel) A Anstellung/EGON LUSTGARTEN (private Lehrtätigkeit; LISBETH SONJA LUSTGARTEN "is making candy and cakes"); Biografie/EGON LUSTGARTEN (Studium an Musikakademie Wien bei [RICHARD] HEUBERGER und FRANZ SCHALK; Tätigkeit als Korrepetitor, später als Musiktheorie- und Kompositionsprofessor am Wiener Konservatorium); Empfehlung/OLIN D. WANNAMAKER (für EGON LUSTGARTEN); Kompositionen/EGON LUSTGARTEN (Orchester- und Kammermusik, Oper «Dante in Exile»)

→ *Egon Lustgarten Subject Files: Emergency Committee in Aid of Displaced Foreign Scholars Papers (Dok. 5906-5915) und Alfred E. Cohn Papers (Dok. 7025-7027)*

MAHLER, HANS
4085   1941-01-10
Aktennotiz; PD/AD, 3 S., engl. E Emigrationsweg/HANS MAHLER (über England in die USA); Hilfe/Oberlaender Trust (bei Stellensuche für HANS MAHLER) A Anstellung/HANS MAHLER (als Musiklehrer an Lochland School, Geneva, New York); Biografie/HANS MAHLER (Musikstudium an Univ. Wien, Musiktheorie; Lehr- und Konzerttätigkeit); Schriften/HANS MAHLER ("several theoretical works")

MAHNKOPF, FRITZ
4086   1942-09-?
Aktennotiz; PD/TD, 2 S., engl. E Affidavit/ABRAHAM GORDON (für FRITZ MAHNKOPF und Familie; "seem to have exploited their affidavit giver – and made fun of his strict religious observances"); Einreise/FRITZ MAHNKOPF (1937 mit immigration visa, Ehefrau und Tochter 1938 nachgereist); Finanzen/FRITZ MAHNKOPF (Emigration mit Hilfe von geborgtem Geld; Darlehen/Amer. Committee for Christian Refugees; Einschätzung der Familie als "professional beggars"); Verfolgung ("was excluded from his work in the orchestra by reason of marriage to a Jewess") A Biografie/FRITZ MAHNKOPF (Studium in Berlin; Geiger im Orchester Bielefeld)

MANN, ALFRED
4087   1940-10-26
Aktennotiz; PD/AD, 3 S., engl. E Emigrationsweg/ALFRED MANN (über Italien in die USA); Hilfe (bei Stellensuche für ALFRED MANN, WILBUR K. THOMAS, RANDALL THOMPSON; finanzielle Unterstützung/Oberlaender Trust); Verfolgung/ALFRED MANN (Einschränkung der Arbeitsmöglichkeiten) A Anstellung/ALFRED MANN (an Curtis Institute of Music und Germantown Friends School, Philadephia); Biografie/ALFRED MANN (Studium an Hochschule Berlin und Konservatorium Mailand; Lehrtätigkeit an Hochschule für Musikerziehung und Kirchenmusik Berlin)

→ *Alfred Mann Subject File: Emergency Committee in Aid of Displaced Foreign Scholars Records (Dok. 5916-5917)*

MANN, ERNA
4088   1941-02-21
Aktennotiz; PD/AD, 4 S., engl. E Hilfe (Ablehnung finanzieller Unterstützung/Oberlaender Trust für Projekt eines "music center" und Musikschule/ERNA MANN; FRANZ HRASTNIK, WILBUR K. THOMAS) A Anstellung/ERNA MANN (Tätigkeit als Solistin und Lehrerin in einem Music Camp, Stelle an Teachers College, Moorehead, Minnesota); Biografie/ERNA MANN (Studium von V. und Va. in Wien, Mitglied des Kolbe-Streichquartetts)

MANN, MICHAEL THOMAS
4089   1941-01-10
Aktennotiz; PD/AD, 3 S., engl. A Biografie/MICHAEL THOMAS MANN (Violinstudium am Konservatorium Zürich und bei CARL FLESCH in London; Unterrichtstätigkeit); Projekte/MICHAEL THOMAS MANN ("will establish himself not far from LA" mit Lehrtätigkeit)

MANSCHINGER, KURT [VERNON, ASHLEY]
4090   1942-09-?
Aktennotiz; PD/TD, 3 S., engl. E Affidavit/ERLING THOLFSEN und BELLE NORTHRUP (für MARGARETE und KURT MANSCHINGER); Einreise/KURT MANSCHINGER (mit permanent visa); Emigrationsweg/MARGARETE und KURT MANSCHINGER (über Tschechoslowakei und England in die USA, Torpedierung des Schiffskonvois); Finanzen/MARGARETE und KURT MANSCHINGER (mittellos, aber "settlement money from the Czech relief", Czech Refugee Trust) A Anstellung (MARGARETE MANSCHINGER bei Brownie Greeting Card Co., KURT MANSCHINGER als Tellerwäscher und als Kopist bei Schirmer Co.); Biografie/KURT MANSCHINGER (Kompositionsstudium in Wien, Schüler/ANTON WEBERN, Studium bei GUIDO ADLER und ROBERT LACH; Tätigkeit als Dirigent, Chorleiter, Musikkritiker; Lehrtätigkeit); Kompositionen/KURT MANSCHINGER (Oper «Madame Dorsette»; Aufführung an Staatsoper Wien wegen Machterlangung/ADOLF HITLER abgesetzt)

MANSCHINGER, MARGARETE
4091   1942-09-?
Aktennotiz; PD/TD, 3 S., engl. E Einreise/MARGARETE MANSCHINGER (mit permanent visa); Verfolgung/MARGARETE MANSCHINGER ("Had to flee from Austria [...] because of the occupation of the Nazis.") A Biografie/MARGARETE MANSCHINGER ("Cabaret engagements" in Europa, Tätigkeit als Sängerin und Schauspielerin, "For broadcasting she created her own satirical and parodistical songs"); Schriften/MARGARETE MANSCHINGER ("novels, short stories, articles, poems, song-texts and broadcast plays")

MARIL, KONRAD
4092   1941-02-26
Aktennotiz; PD/AD, 3 S., engl. E Hilfe/Oberlaender Trust (bei Stellensuche für KONRAD MARIL; WILBUR K. THOMAS) A Biografie/KONRAD MARIL (Studium der Musikwissenschaft an Univ. Wien, Kompositionsstudium bei JOSEF BOHUSLAV FÖRSTER; Tätigkeit als Musikkritiker, Theorie- und Klavierlehrer; Empfehlung (Referenzen für KONRAD MARIL/KAROL RATHAUS, NIKOLAI LOPATNIKOFF, JASCHA HORENSTEIN, KURT WEILL, THOMAS MANN, OTTO LUDWIG PREMINGER, ELIZABETH ABOLIN, DOROTHY LESTON); Schriften/KONRAD MARIL (Aufsatz über FERRUCCIO BUSONI in ‹The Amer. Music Lover›); Vortrag/KONRAD MARIL (über «Musical Profiles from Vienna», NYPL)

→ *Konrad Maril Subject File: Emergency Committee in Aid of Displaced Foreign Scholars Records (Dok. 5918-5920)*

MCKAY, FAY ELIZABETH [MEHRGUT, FELICITAS]
4093   1943-04-?
Aktennotiz; PD/TD, 2 S., engl. E Affidavit (für FAY ELIZABETH MCKAY von Verwandten); Einreise/FAY ELIZABETH MCKAY (in die USA 1940 mit permanent visa, besitzt first papers) A Biografie/FAY ELIZABETH MCKAY (Tätigkeit als Musiklehrerin, "elementary and secondary classes"; Ände-

rung des dt. Namens FELICITAS MEHRGUT in FAY ELIZABETH MCKAY); Projekte/FAY ELIZABETH MCKAY (registriert am Hunter College, NYC, "hopes to get a teachers diploma")

MENDELSSOHN, FELIX ROBERT

4094   1942-09-?

Aktennotiz; PD/TD, 3 S., engl. E Einreise/FELIX ROBERT MENDELSSOHN (in die USA 1936 mit permanent visa, besitzt first papers); Finanzen/FELIX ROBERT MENDELSSOHN (Darlehen/Amer. Committee for Christian Refugees); Verwandte/FELIX ROBERT MENDELSSOHN (Mutter und Bruder möchten in die USA kommen) A Anstellung/FELIX ROBERT MENDELSSOHN (an NY Univ., Dept. of Music); Biografie/FELIX ROBERT MENDELSSOHN (Tätigkeit als Cellist)

METH, CARL

4095   1941-02-27

Aktennotiz; PD/AD, 3 S., engl. E Inhaftierung/CARL METH (in KZ Buchenwald) A Anstellung/CARL METH (an Sudbrook Methodist Church, Pikesville, Maryland); Biografie/CARL METH (Studium von Komposition, Kontrapunkt und Harmonielehre bei PAUL BÜTTNER; Tätigkeit als Organist); Empfehlung/C.L. ROBSON (für CARL METH)

MEYER-BAER, KATHI

4096   1941-02-19

Aktennotiz; PD/TD, 3 S., engl. E Einreise/KATHI MEYER-BAER (1940 mit immigration visa); Hilfe (finanzielle Unterstützung für Anstellung/KATHI MEYER-BAER, Verlag G. Schirmer) A Anstellung/KATHI MEYER-BAER (Details zur Stellensuche aus Briefen an Amer. Friends Service Committee); Biografie/KATHI MEYER-BAER (Studium in Berlin und München, Ausbildung zur Bibliothekarin in Frankfurt und Berlin, Promotion; Direktorin der Paul-Hirsch-Musikbibliothek in Frankfurt, Journalistin für ‹Frankfurter Zeitung› und ‹Neue Musikzeitung›, pädagogische Tätigkeit an diversen Instituten); Empfehlung (Referenzen für KATHI MEYER-BAER/OTTO KINKELDEY, HUGO LEICHTENTRITT, CARLETON SPRAGUE SMITH, HAROLD SPIVACKE, CARL ENGEL, [HANNS] SWARZENSKI); Schriften/KATHI MEYER-BAER (Publikationsliste)

↪ *Kathi Meyer-Baer Subject File: Emergency Committee in Aid of Displaced Foreign Scholars Records (Dok. 5929-5932)*

MORGENS, ADOLF

4097   1942-09-?

Aktennotiz; PD/TD, 3 S., engl. E Einreise/ADOLF MORGENS (1939, "permitted to return to the USA on an American passport issued in Vienna", weil Vater amer. Staatsbürger); Finanzen/ADOLF MORGENS (Darlehen/Amer. Committee for Christian Refugees; Empfehlung an Musicians' Placement Committee); Verwandte/ADOLF MORGENS (bringt Mutter und Verlobte in die USA) A Anstellung/ADOLF MORGENS (als "Jazz and concert singer" im Café Vienna)

NETTL, PAUL

4098   1940-12-16

Aktennotiz; PD/AD, 5 S., engl. E Verfolgung/PAUL NETTL (aufgrund jüdischer Herkunft und Mitgliedschaft in "Democratic Party") A Anstellung/PAUL NETTL (an Westminster Choir College, Princeton, New Jersey, und Settlement Music School, Philadelphia; finanzielle Unterstützung/Oberlaender Trust); Biografie/PAUL NETTL (Musikwissenschaftler an Dt. Univ. Prag; Arbeit beim Rundfunk); Biografie/GERTRUDE NETTL (Lehrerin und Pianistin); Empfehlung (Referenzen für PAUL NETTL/THOMAS MANN, ALBERT EINSTEIN, CARLETON SPRAGUE SMITH, ALFRED EINSTEIN); Schriften/PAUL NETTL (Bücher, Aufsätze in ‹Musical Quarterly›, ‹Music & Letters›, ‹Modern Music› und ‹NY Times›)

↪ *Paul Nettl Subject Files: Emergency Committee in Aid of Displaced Foreign Scholars Records (Dok. 5953-5987) und Alfred E. Cohn Papers (Dok. 7029-7034)*

OPPENS, EDITH

4099   1941-06-20

Aktennotiz; PD/TD, 2 S., engl. E Einreise/EDITH OPPENS (in die USA 1938) A Biografie/EDITH OPPENS (Musikwissenschafts- und Klavierstudium in Wien; Tätigkeit als Klavierlehrerin und Liedbegleiterin); Finanzen/EDITH OPPENS (Lebensunterhalt durch Klavier- und Deutschunterricht; Ehemann ohne Anstellung)

OSTER, ERNST

4100   1942-03-19

Aktennotiz; PD/AD, 3 S., engl. A Biografie/ERNST OSTER (Studium bei HANS HERMANNS, WERNER WOLFF, [ROBERT] TEICHMÜLLER, GEORG BERTRAM; Tätigkeit als Pianist); Empfehlung (Referenzen für ERNST OSTER/WERNER WOLFF, SERGIUS KAGEN)

PIEROTIC, PIERO

4101   1942-08-?

Aktennotiz; PD/TD, 3 S., engl. E Einreise/PIERO PIEROTIC (mit visitors visa); Verfolgung/PIERO PIEROTIC (wegen jüdischer Ehefrau EDITH PIEROTIC, Rückkehr nach Deutschland unmöglich); Verwandte/EDITH PIEROTIC (Eltern mit immigration visa in den USA; Onkel "willing to give affidavit") A Anstellung/EDITH PIEROTIC (bei "music publishing firm in NYC"); Biografie/PIERO PIEROTIC (Opernsänger)

PISK, PAUL A.

4102   1942-08-?

Aktennotiz; PD/TD, 3 S., engl. E Einreise/PAUL A. PISK (1936 "via Georgia", 1937 "via Florida"; im Besitz eines permanent visa und der first papers); Hilfe/Amer. Committee for Christian Refugees ("in getting his family to the USA"); Verfolgung/PAUL A. PISK (Herkunft "non-Aryan", ungewisse Zukunft seiner Kinder) A Anstellung/PAUL A. PISK (an Univ. of Redlands, Redlands, California); Biografie/PAUL A. PISK (Klavierstudium bei JULIUS EPSTEIN, Studium der Musikwissenschaft in Wien, GUIDO ADLER; Tätigkeit als Dirigent)

↪ *Paul A. Pisk Subject File: American Composers' Alliance (Dok. 3420-3446)*

REICHENBACH, HERMANN

4103   1940-10-15

Aktennotiz; PD/AD, 3 S., engl. E Hilfe (Details zur Stellensuche, Unterstützung/Oberlaender Trust, WILBUR K. THOMAS; Library of Congress, Curtis Institute of Music); Verfolgung/HERMANN REICHENBACH (wegen jüdischer Herkunft)

A Anstellung/HERMANN REICHENBACH (als Musiklehrer am Mary Washington College, Fredericksburg, Virginia); Biografie/HERMANN REICHENBACH (Studium in Wien bei ARTHUR WILLNER; Assistent/ERNST KURTH, Tätigkeit als Musikwissenschaftler); Empfehlung (Referenzen für HERMANN REICHENBACH/RUDOLF SERKIN, LEOPOLD STOKOWSKI); Schriften/ HERMANN REICHENBACH (Bücher und Aufsätze)

→ *Hermann Reichenbach Subject File: Emergency Committee in Aid of Foreign Scholars Records (Dok. 5990)*

RÉTI, RUDOLF

4104   1940-11-29

Aktennotiz; PD/AD, 3 S., engl. E Einreise/RUDOLF RÉTI (1939 mit immigration visa; besitzt first papers); Verwandte/RUDOLF RÉTI (will Mutter in die USA nachholen) A Anstellung/RUDOLF RÉTI (Honorary Fellowship an Yale Univ, Music School); Biografie/RUDOLF RÉTI (Studium an Univ. und Musikakademie Wien, THEODOR LESCHETITZKY; Tätigkeit als Pianist, Komponist und Pädagoge); Empfehlung (Referenzen für RUDOLF RÉTI/KARL KRUEGER, EMMERICH KURTEGH, FREDERICK DORIAN); Kompositionen/RUDOLF RÉTI; Schriften/ RUDOLF RÉTI; Unterricht/RUDOLF RÉTI (Teilnahme an Amer. Seminar, Wolfboro, New Hampshire)

→ *Rudolf Réti Subject File: Emergency Committee in Aid of Displaced Foreign Scholars Records (Dok. 5991)*

RICH, MARTIN

4105   1941-03-04

Aktennotiz; PD/AD, 4 S., engl. A Anstellung/MARTIN RICH (als Assistant Conductor für ALEXANDER SMALLENS, als Dirigent von WPA Orchestra und WNYC Orchestra in NYC, als Pianist bei NBC; Lehrtätigkeit am Fairelawn House); Biografie/MARTIN RICH (Studium in Berlin bei FRANZ SCHREKER, [GEORG] BERTRAM, ARTUR SCHNABEL; Tätigkeit als Pianist, Begleiter und Dirigent); Projekte/MARTIN RICH (Gründung von Music Center und Musikschule, "particularly for refugees"; finanzielle Föderung/Oberlaender Trust abgelehnt; WILBUR K. THOMAS, Mrs. ? HRASTNIK)

ROBITSCHEK, ROBERT

4106   1940-10-30

Aktennotiz; PD/AD, 4 S., engl. E Besitzverhältnisse/RR (Verlust der Besitztümer durch Emigration); Einreise/ ROBERT ROBITSCHEK (1937 mit immigration visa; im Besitz der first papers); Hilfe/Amer. Friends Service Committee (für ROBERT ROBITSCHEK bei Organisation von Konzerten und Stellensuche; National Refugee Service) A Anstellung/ ROBERT ROBITSCHEK (als Director of Music am Language Labor, Stillwater, Minnesota); Biografie/ROBERT ROBITSCHEK (Studium am Konservatorium Prag, Orgel, Kl., Komposition, Dirigieren; Tätigkeit als Dirigent); Empfehlung (Referenzen für ROBERT ROBITSCHEK/HUGO LEICHTENTRITT, ALBERT EINSTEIN, FRANZ BOAS, ERNEST HUTCHESON, ALBERT WEISS[E], ALEXANDER KIPNIS, ARTUR BODANZKY, EMIL KORNSAND); Finanzen/ROBERT ROBITSCHEK (Lebensunterhalt durch Konzerteinnahmen und "concert-lecture tour to Philadelphia Friends' School"); Schriften/ROBERT ROBITSCHEK (Aufsatz «The Relationship of Mathematics to Music» für Ass. of Private School Teachers of NY)

→ *Robert Robitschek Subject File: Emergency Committee in Aid of Displaced Foreign Scholars Records (Dok. 5992)*

ROGER, KURT

4107   1940-11-26

Aktennotiz; PD/AD, 3 S., engl. E Hilfe (bei Emigration/ KURT und MARTHA ROGER durch Soc. of Friends, Wien und London); Hilfe (Unterstützung bei Stellensuche für KURT ROGER, Kontakte zu diversen Instituten) A Anstellung/ KURT ROGER (als "Lecturer on Music" am Notre Dame College, Staten Island); Biografie/KURT ROGER (Studium an Univ. Wien, Promotion in Musikwissenschaft, GUIDO ADLER; Tätigkeit als Dozent und Musikkritiker); Empfehlung (Referenzen für KURT ROGER/DANIEL GREGORY MASON, CARLETON SPRAGUE SMITH); Kompositionen/KURT ROGER (Aufführungen seiner Werke in Europa); Projekte/KURT ROGER ("wants resettlement as musician"; Unterstützung/Amer. Friends Service Committee); Schriften/KURT ROGER

ROSÉ, ALFRED

4108   1941-05-19

Aktennotiz; PD/AD, 3 S., engl. E Hilfe/Amer. Friends Service Committee (Unterstützung bei Stellensuche für ALFRED ROSÉ); Verwandte/ALFRED ROSÉ (Vater ARNOLD ROSÉ als Emigrant in England) A Anstellung/ALFRED ROSÉ (an Univ. School, Cincinnati; Privatunterricht); Biografie/ALFRED ROSÉ (Musikstudium, V., Klar., Kl., Kompositionsstudium bei FRANZ SCHMIDT und ARNOLD SCHOENBERG; Tätigkeiten als Dirigent)

ROSENTHAL, CARL AUGUST

4109   1941-01-15

Aktennotiz; PD/AD, 3 S., engl. E Einreise/CARL AUGUST ROSENTHAL (in die USA im März 1940); Hilfe/Oberlaender Trust (bei Suche nach Stelle für CARL AUGUST ROSENTHAL im Bereich Musikwissenschaft, WILBUR K. THOMAS) A Biografie/CARL AUGUST ROSENTHAL (Studium in Wien, Philosophie, Theorie und Geschichte der Musik; Forschungstätigkeit, GUIDO ADLER); Empfehlung (Referenzen für CARL AUGUST ROSENTHAL/FREDERICK DORIAN, ALFRED EINSTEIN, CARL ENGEL, FELIX GUENTHER, GLENN HAYDEN, PAUL HENRY LANG, DOUGLAS MOORE, PAUL NETTL, PAUL A. PISK, GUSTAVE REESE, CARLETON SPRAGUE SMITH)

ROTHSCHILD, FRITZ

4110   1941-03-27

Aktennotiz; PD/AD, 3 S., engl. E Hilfe/Amer. Friends Service Committee (für FRITZ ROTHSCHILD bei Stellensuche) A Anstellung/FRITZ ROTHSCHILD (im Pacono Highlands Camp, Marshalls Greek, Pennsylvania); Biografie/FRITZ ROTHSCHILD (Studium in Stuttgart, Tätigkeit als Dirigent und Klavierlehrer); Empfehlung/BERT WEINBERG (für FRITZ ROTHSCHILD)

RUDNITSKY, ANTIM

4111   1942-01-17

Aktennotiz; PD/TD, 3 S., engl. A Biografie/ANTIM RUDNITSKY (Klavier-, Kompositions- und Dirigierstudium in Wien, FRANZ SCHREKER, EGON PETRI, ARTUR SCHNABEL, JULIUS PRÜWER, SIEGFRIED OCHS, Promotion in Berlin; Tätigkeit als Dirigent); Kompositionen/ANTIM RUDNITSKY (Ballett, Oper, Filmmusik); Schriften/ANTIM RUDNITSKY (Aufsätze; «History of the Ukrainian Music»)

SACHS, CURT

4112   1941-07-10
Aktennotiz; PD/AD, 4 S., engl. E Ausreise/CURT SACHS (Flucht aus Deutschland nach Machterlangung der Nationalsozialisten); Hilfe (Unterstützung für CURT SACHS, Details zu Stellensuche und finanziellen Zuwendungen) A Anstellung/CURT SACHS (in Frankreich mit Unterstützung der Rockefeller Foundation; in den USA an NY Univ.); Biografie/CURT SACHS (Studium und Tätigkeit als Musikwissenschaftler); Schriften/CURT SACHS (Publikationsliste; «The History of Musical Instruments»)

→ *Curt Sachs Subject File: Emergency Committee in Aid of Displaced Foreign Scholars Records (Dok. 5998-6010)*

SCHAAR, RUDOLPH

4113   1942-01-17
Aktennotiz; PD/TD, 2 S., engl. E Hilfe/Musicians' Placement Committee (Suche nach Anstellung für RUDOLPH SCHAAR in "secondary school") A Biografie/RUDOLPH SCHAAR (Klavierstudium in Wien bei MARIE TEUSKY, PAUL EMERICH, ERNST BACHRICH; PAUL A. PISK; Tätigkeit als Klavierbegleiter)

→ *Rudolph Schaar Subject File: Emergency Committee in Aid of Displaced Foreign Scholars Records (Dok. 6011-6012)*

SCHIMMERLING, HANS

4114   1941-03-26
Aktennotiz; PD/AD, 4 S., engl. E Affidavit/HENRY JELLTUP (für HANS SCHIMMERLING); Einreise/HANS SCHIMMERLING (in die USA im Februar 1940 mit immigration visa; besitzt first papers); Hilfe (Details zur Stellensuche und Hilfe für HANS SCHIMMERLING); Internierung/HANS SCHIMMERLING (in KZ Dachau, Freilassung nach Intervention seiner Schwester); Verwandte/HANS SCHIMMERLING (Schwester in Deutschland, "anxious to get her to USA") A Biografie/HANS SCHIMMERLING (Studium bei HUGO KAUDER; Tätigkeit als Geiger, private Unterrichtstätigkeit); Empfehlung (Referenzen für HANS SCHIMMERLING/HUGO KAUDER, KARL KRUEGER); Kompositionen/HANS SCHIMMERLING

SCHNITZLER, HEINRICH

4115   1942-01-19
Aktennotiz; PD/TD, 4 S., engl. E Einreise/HEINRICH SCHNITZLER (in die USA im September 1938; im Besitz der first papers) A Anstellung/HEINRICH SCHNITZLER (Dozent an YMCA College, Queens College und NY City College; Inszenierungen am Neighbourhood Playhouse und Hudson Theatre, NYC); Biografie/HEINRICH SCHNITZLER (Sohn/ARTHUR SCHNITZLER; Leiter des Dt. Volkstheaters Wien, Lehrtätigkeit, Gebiete Musik- und Theatergeschichte); Empfehlung/JOHN WHYTE (für HEINRICH SCHNITZLER)

SCHRADE, LEO

4116   1940-10-09
Aktennotiz; AD/TD, 3 S., engl. E Hilfe (für LEO SCHRADE, Suche nach Lehrtätigkeit; JOHN A. WALZ); Verfolgung/LEO SCHRADE (Verlust der Lehrtätigkeit an Univ. Bonn "because wife not pure Aryan") A Anstellung/LEO SCHRADE (an Harvard Univ. als Gastdozent; an Yale Univ. als Assistant Professor für Musikwissenschaft); Biografie/LEO SCHRADE (Lehrtätigkeit an Univ. Bonn); Schriften/LEO SCHRADE

→ *Leo Schrade Subject File: Emergency Committee in Aid of Displaced Foreign Scholars Records (Dok. 6026-6035)*

SCHREIBER, FRITZ

4117   1940-12-05
Aktennotiz; PD/AD, 4 S., engl. E Einreise/FRITZ SCHREIBER (im August 1939 mit immigration visa); Hilfe (für FRITZ SCHREIBER bei Stellensuche; Amer. Friends Service Committee, ENI R. JASPERSEN) A Anstellung/FRITZ SCHREIBER (als Chorleiter an Evangelical Church, NYC); Biografie/FRITZ SCHREIBER (Studium in Wien; Tätigkeit als Organist, Lehrtätigkeit in Musiktheorie); Empfehlung (Referenzen für FRITZ SCHREIBER/CHARLES HODGES, YELLA PESSL, LEOPOLD MANNES)

SCHUMACHER-ZANGGER, SYLVIA

4118   1942-01-21
Aktennotiz; PD/TD, 3 S., engl. E Ausreise/SYLVIA SCHUMACHER-ZANGGER und JOACHIM K. SCHUMACHER (aus der Schweiz "due to law prohibiting foreigners to work and even reside in Switzerland"; Rückkehr nach Deutschland aufgrund politischer Verhältnisse unmöglich); Einreise/SYLVIA SCHUMACHER-ZANGGER und JOACHIM K. SCHUMACHER (in die USA 1937 mit Swiss und German quota visa); Finanzen/SYLVIA SCHUMACHER-ZANGGER und JOACHIM K. SCHUMACHER (Rücklagen für ein Jahr); Hilfe (bei Stellensuche für SYLVIA SCHUMACHER-ZANGGER und JOACHIM K. SCHUMACHER; Emergency Committee) A Anstellung/JOACHIM K. SCHUMACHER (am Hobart College, Geneva, New York); Biografie/SYLVIA SCHUMACHER-ZANGGER (Klavierstudium in Zürich und Paris, Tätigkeit als Klavierlehrerin); Biografie/JOACHIM K. SCHUMACHER (Promotion in Musikwissenschaft, Tätigkeit als Musiker und Komponist); Empfehlung (Referenzen für SYLVIA SCHUMACHER-ZANGGER/WILLIAM H. CARY, ERICH GUTKIND, MAX HORKHEIMER, VICTOR HOCKMEYER, H.A. OVERSTREET)

→ *Sylvia Schumacher-Zangger Subject File: Emergency Committee in Aid of Displaced Foreign Scholars Records (Dok. 6039-6040)*

SCHWEIGER, HERTHA

4119   1941-05-01
Aktennotiz; PD/TD, 3 S., engl. E Einreise/HERTHA SCHWEIGER (im September 1938 mit immigration visa); Hilfe/Amer. Friends Service Committee (bei Suche nach Anstellung für HERTHA SCHWEIGER) A Anstellung/HERTHA SCHWEIGER (an Music School of the Little Red Schoolhouse, NYC; "research work" für H[ARRY] DRINKER und MAY DE FOREST PAYNE); Biografie/HERTHA SCHWEIGER (Studium der Musikwissenschaft in Freiburg, Berlin und Wien; private Unterrichtstätigkeit, Tätigkeit bei Universal Edition); Empfehlung (Referenzen für HERTHA SCHWEIGER/GEORGE S. DICKINSON, THORNTON WILDER, HANS THEODORE DAVID, CARL F. PFATTEICHER); Schriften/HERTHA SCHWEIGER (Bücher und Aufsätze); Unterricht/HERTHA SCHWEIGER (Kontrapunkt und Musiktheorie bei

[FELIX] SALZER und [HANS] WEISSE in NYC); Vortrag/HERTHA SCHWEIGER (bei Kongress der AMS in Washington)

→ *Hertha Schweiger Subject File: Emergency Committee in Aid of Displaced Foreign Scholars Records (Dok. 6042-6044)*

SHARTON, FELIX EDWARD

4120   1942-03-20
Aktennotiz; PD/AD, 1 S., engl. A Biografie/FELIX EDWARD SHARTON (Musikwissenschafts- und Philosophiestudium in Wien; Lehrtätigkeit am Pädagogischen Institut Wien)

→ *Felix Edward Sharton Subject File: Emergency Committee in Aid of Displaced Foreign Scholars Records (Dok. 6045-6047)*

SIMON, ERIC

4121   1941-03-04
Aktennotiz; PD/AD, 4 S., engl. A Anstellung/ERIC SIMON (Mitglied des New Friends of Music Orchestra; private Unterrichtstätigkeit); Aufführung/ERIC SIMON (in Library of Congress und als Solist über Rundfunkstationen WNYC und WOR); Biografie/ERIC SIMON (Studium in Wien; Tätigkeit als Orchester-Klarinettist); Projekte/ERIC SIMON (Gründung eines "music center and eventually a school of musicians, particularly for refugees"; Ablehnung finanzieller Unterstützung/Oberlaender Trust)

SPEER, KLAUS

4122   1940-11-30
Aktennotiz; PD/AD, 4 S., engl. E Einreise/KLAUS SPEER (im Februar 1938); Hilfe (für KLAUS SPEER bei Suche nach Anstellung) A Anstellung/KLAUS SPEER (als Deutschlehrer für Sänger, Orgel- und Klavierlehrer an Westminster Choir School, Princeton; als Organist und Minister of Music an First Presbyterian Church, Princeton, New Jersey; als Organist in Philadelphia); Biografie/KLAUS SPEER (Studium in Berlin, Kirchenmusik, Orgel, Chorleitung; Tätigkeit als Klavierlehrer, Organist und Chorleiter); Empfehlung (Referenzen für KLAUS SPEER/CARL WEINRICH, ERNEST WHITE, ROY HARRIS, HENRY F. SEIBERT, JOHN FINLEY WILLIAMSON, ERIC T. CLARKE); Unterricht/KLAUS SPEER (Master of Music Degree am Westminster Choir College)

STERNBERG, DANIEL A.

4123   1940-10-15
Aktennotiz; PD/AD, 3 S., engl. E Hilfe (bei Suche nach Lehrstelle für DANIEL A. STERNBERG; WILBUR K. THOMAS) A Anstellung/DANIEL A. STERNBERG (am Hockaday Music Institute, Dallas); Biografie/DANIEL A. STERNBERG (Studium in Wien bei [RICHARD] ROBERT, KARL WEIGL, OSWALD KABASTA; Dirigent und Lehrer für Musiktheorie); Empfehlung (Referenzen für DANIEL A. STERNBERG/WALTER DAMROSCH, CARLETON SPRAGUE SMITH, FRANK SHAW, FRITZ STIEDRY, ALEXANDER KIPNIS, ARTUR SCHNABEL)

→ *Daniel A. Sternberg Subject File: Emergency Committee in Aid of Displaced Foreign Scholars Records (Dok. 6073-6074)*

STERNFELD, FREDERICK W.

4124   1942-01-27
Aktennotiz; PD/TD, 3 S., engl. E Einreise/FREDERICK STERNFELD (im Oktober 1938 mit quota visa; im Besitz der first papers); Hilfe (für FREDERICK STERNFELD, Emergency Committee, Amer. Friends Service Committee, JOHN WHYTE); Verfolgung/FREDERICK STERNFELD (durch "Anschluss" Österreichs "his continuance at the Univ." unmöglich, "presentation of his dissertation was prevented") A Anstellung/FREDERICK STERNFELD (als Angestellter bei Emerson Radio Corp.; als Dozent an Wesleyan Univ.); Biografie/FREDERICK STERNFELD (Studium an Univ. Wien, Dissertation; Lehrerfahrung); Unterricht/FREDERICK STERNFELD (Teilnahme an Kurs in "Music Librarianship"/DOROTHY LAWTON)

→ *Frederick Sternfeld Subject File: Emergency Committee in Aid of Displaced Foreign Scholars Records (Dok. 6076-6086)*

STOEHR, RICHARD

4125   1941-04-08
Aktennotiz; PD/AD, 4 S., engl.; mit Beilage: «An Austrian Composer. Richard Stöhr. Biographical Sketch with an Index of his Works» (Leipzig o.J.) E Finanzen/RICHARD STOEHR (muss für Unterhalt seiner Familie und seiner Schwester aufkommen); Hilfe/Amer. Friends Service Committee (bei Suche nach Anstellung für RICHARD STOEHR); Verwandte/RICHARD STOEHR (Ehefrau MARIE STOEHR in Wien, Sohn RICHARD STOEHR in Schweden, Tochter HEDWIG STOEHR in England; Pläne zur Ausreise in die USA) A Anstellung/RICHARD STOEHR (an Summer School, Conservatory of Music, Cincinnati); Biografie/RICHARD STOEHR (Studium in Wien, Lehrtätigkeit in Musiktheorie, Tätigkeit als Korrepetitor); Empfehlung (Referenzen für RICHARD STOEHR/MARY BAK, RANDALL THOMPSON, JAMES FRANCIS COOKE, JOHN HOFFMAN); Kompositionen/RICHARD STOEHR (Bühnenwerke, Orchester- und Kammermusik)

→ *Richard Stoehr Subject Files: Emergency Committee in Aid of Displaced Foreign Scholars Records (Dok. 6087-6101) und Alfred E. Cohn Papers (Dok. 7044-7046)*

STRAUSS, ERNST

4126   1942-01-28
Aktennotiz; PD/TD, 4 S., engl. E Einreise/ERNST STRAUSS (in die USA 1938); Emigrationsweg/ES (Aufenthalt in Italien); Verfolgung/ERNST STRAUSS (Entlassung aus Lehramt an Univ. München) A Anstellung/ERNST STRAUSS (am SF Conservatory of Music, "no position – work under their auspices"); Biografie/ERNST STRAUSS (Studium der Kunstgeschichte und Musikwissenschaft in Freiburg, Studien bei ARTUR SCHNABEL und ALFREDO CASELLA; Lehrtätigkeit in München und Rom); Empfehlung (Referenzen für ERNST STRAUSS/WALTER HEIL, ALFRED EINSTEIN, ALBERT I. ELKUS, LUTHER M. MARCHANT, ARNOLD BERGSTRAESSER, JOHN GUTMAN)

SZÁNTÓ, JANI

4127   1941-01-03
Aktennotiz; PD/AD, 3 S., engl. E Einreise/JANI SZÁNTÓ (in die USA im März 1939, kurzzeitige Rückkehr nach Europa und erneute Einreise); Hilfe (Unterstützung bei Suche nach Anstellung für JANI SZÁNTÓ, WILBUR K. THOMAS, JOHAN GROLLE); Verfolgung/JANI SZÁNTÓ (aufgrund jüdischer Herkunft und kritischer Äußerungen gegen ADOLF HITLER); Verwandte/JANI SZÁNTÓ (hat Ehefrau und zwei Söhne zurückgelassen,

"who were put in the army") A Anstellung/JANI SZÁNTÓ (an NY College of Music; an Settlement Music School, Philadelphia; private Unterrichtstätigkeit); Biografie/JANI SZÁNTÓ (Violinstudium bei JENŐ HUBAY in Budapest und J.M. GRUEN in Wien; Unterrichtstätigkeit an Staatsakademie München; Primarius des Szántó-Quartetts)

SZENDREY, ALFRED

4128   1942-01-28

Aktennotiz; PD/TD, 3 S., engl. E Affidavit/MARK BRUNSWICK (für ALFRED SZENDREY); Einreise/ALFRED SZENDREY (im Februar 1941 mit "granted quota preference visas for self wife & daughter" nach "difficult and adventurous journey"); Emigrationsweg/ALFRED SZENDREY (Flucht aus Deutschland, Niederlassung in Frankreich, Emigration über Portugal in die USA, "where he could continue his work"); Finanzen/ALFRED SZENDREY (Verlust seines Vermögens aufgrund "new French currency regulations"; Überfahrt mit geborgtem Geld); Hilfe (Unterstützung bei der Erlangung von Visa und Affidavits/Emergency Committee und Oberlaender Trust, Hilfe bei Suche nach Anstellung; MERLE ARMITAGE); Verfolgung/ALFRED SZENDREY ("racial persecutions"; nach Machterlangung/ADOLF HITLER Verlust der Anstellung); Verwandte/ALFRED SZENDREY (Sohn ALBERT H. SZENDREY in den USA) A Biografie/ALFRED SZENDREY (Promotion in Leipzig, Tätigkeit als Dirigent, Gründer des Leipziger SO, künstlerischer Leiter des Frz. Rundfunks); Empfehlung (Referenzen für ALFRED SZENDREY/ARNOLD SCHOENBERG, FREDERICK A. STOCK, OSCAR WAGNER)

→ Alfred Szendrey Subject Files: Emergency Committee in Aid of Displaced Foreign Scholars Records (Dok. 6116-6129) und Alfred E. Cohn Papers (Dok. 7047)

TAUBER, ANNIE

4129   1942-11-?

Aktennotiz; PD/TD (annotiert), 3 S., engl. E Affidavit (für ANNIE TAUBER und Familie, "provided by her brother and friends of his"); Einreise/ANNIE TAUBER (im Februar 1941 mit immigration visas; besitzt first papers); Emigrationsweg/ANNIE TAUBER (von Österreich über die Schweiz und Portugal in die USA, begleitet von Ehemann MAX TAUBER, Kind und Mutter); Finanzen/ANNIE TAUBER (ohne Mittel, Unterstützung durch Bruder in den USA); Hilfe/Amer. Committee for Christian Refugees (Unterstützung bei Suche nach Stelle für ANNIE TAUBER); Sprache/ANNIE TAUBER (kein Engl., daher Schwierigkeiten bei Stellensuche); Verfolgung/ANNIE TAUBER (wegen "non-Aryan background"); Verwandte/AT (Schwager RICHARD TAUBER, "is going all over the country singing for soldiers and civilians actually for nothing") A Anstellung/ANNIE TAUBER (in dt. Restaurant; "Flower-making at home"); Biografie/ANNIE TAUBER (Sängerin "in light opera and musical comedies")

TISCHLER, HANS

4130   1941-05-12

Aktennotiz; PD/TD, 3 S., engl. E Ausreise/HANS TISCHLER (aus Österreich nach "Anschluss"); Einreise/HANS TISCHLER (in die USA 1938); Hilfe (bei Suche nach Stelle an College oder Musikschule; LEO SCHRADE) A Anstellung/HANS TISCHLER (Kurse zur Musikgeschichte in Bridgeport, Connecticut, Rundfunkvorträge bei WICC, private Klavierstunden); Biografie/HANS TISCHLER (Musikwissenschaftsstudi-um in Wien; Lehrdiplom für Klavier, Abschluss in Dirigieren und Musiktheorie; Tätigkeit als Dirigent, Vorträge, Forschungstätigkeit in England)

→ Hans Tischler Subject File: Emergency Committee in Aid of Displaced Foreign Scholars Records (Dok. 6128-6130)

TREUER, MARIA

4131   1941-02-28

Aktennotiz; PD/AD, 4 S., engl. E Affidavit/LEW SARNOFF (für MARIA und FRITZ TREUER); Einreise/MARIA und FRITZ TREUER (in die USA im Februar 1939 mit permanent visa; im Besitz der first papers); Emigrationsweg/MARIA und FRITZ TREUER (von Österreich über England in die USA); Hilfe/Amer. Friends Service Committee (Unterstützung bei Suche nach Anstellung) A Anstellung/MARIA TREUER (am Antioch College, Yellow Springs, Ohio, als "instructor in music"); Biografie/MARIA TREUER (Studium in Wien, Tätigkeit als Musiklehrerin; in England Hausangestellte); Projekte/MARIA TREUER ("started her own bakery-business"; bei Erfolg Möglichkeit zur Beschäftigung weiterer Emigranten)

ULLMANN, HANS

4132   1942-10-?

Aktennotiz; PD/TD, 2 S., engl. E Affidavit/RUDOLF WEISCOF (für HANS und STEFANIE ULLMANN); Einreise/HANS und STEFANIE ULLMANN (im Dezember 1939 mit permanent visa); Finanzen/HANS ULLMANN (Familie mittellos, Überfahrt von einer Engländerin bezahlt); Hilfe (Unterstützung durch Amer. Friends Service Committee und Amer. Committee for Christian Refugees); Internierung/HANS ULLMANN (ein Jahr im KZ, Misshandlungen und Verletzungen); Verwandte/HANS ULLMANN (in Kalifornien, Familie will sich dort niederlassen) A Biografie/HANS ULLMANN (Tätigkeit als "Merchant" und "Musician", ohne nähere Angaben) Z Verfolgung (zufällige Verhaftungen, schlimme Situation in Wien; Behandlung der Gefangenen in dt. KZs)

ULLSPERGER, FRANZ

4133   1942-10-?

Aktennotiz; PD/TD, 2 S., engl. E Einreise/FRANZ und HILDE ULLSPERGER (im Oktober 1938 mit quota visas); Finanzen/FRANZ ULLSPERGER (mittellos); Hilfe/Amer. Committee for Christian Refugees (finanzielle Unterstützung und Hilfe bei Stellensuche); Verfolgung/FRANZ ULLSPERGER (hat wegen jüdischer Ehefrau HILDE ULLSPERGER vor Antritt eines Engagements als erster Tenor an Oper in Eger das Land verlassen) A Biografie/FRANZ ULLSPERGER (Ausbildung als Versicherungskaufmann, Gesangsstudium in Wien)

UNTERHOLZNER, LUDWIG

4134   1942-10-?

Aktennotiz; PD/TD, 2 S., engl. E Affidavit (für KATHARINA und LUDWIG UNTERHOLZNER von Verwandten in USA); Finanzen/LUDWIG und KATHARINA UNTERHOLZNER (Rücklagen, "given to them because he enjoyed a very good reputation and position in Germany till 1938"); Hilfe/Amer. Friends Service Committee (Unterstützung bei Stellensuche für LUDWIG und KATHARINA UNTERHOLZNER); Verfolgung/LUD-

WIG UNTERHOLZNER (wegen "nicht-arischer" Ehefrau, Entlassung beider beim ‹Hannoverschen Anzeiger›); Verwandte/ KATHARINA UNTERHOLZNER (kein amer. Visum für ihre Mutter; Erlaubnis, als "domestic servant" nach England zu gehen, vereitelt durch Kriegsausbruch) A Biografie/LUDWIG UNTERHOLZNER (Studium der Musikwissenschaft in München und Erlangen; Lehrtätigkeit in Augsburg, Tätigkeit als Musikkritiker); Schriften/LUDWIG UNTERHOLZNER (Bücher, Aufsätze; Kritiken für ‹Augsburger Postzeitung›, ‹Neue Augsburger Zeitung› und ‹Hannoverschen Anzeiger›)

↪ Dokument ähnlichen Inhalts: 1942-01-29
↪ Ludwig Unterholzner Subject File: Emergency Committee in Aid of Displaced Foreign Scholars Records (Dok. 6136-6139)

VOGEL, EDITH
4135   1940-11-05
Aktennotiz; PD/AD, 6 S., engl. E Einreise/EDITH VOGEL (im August 1938 mit visitors visa; März 1939 Ausreise nach Montreal und erneute Einreise mit immigration visa); Hilfe (bei Suche nach Anstellung für EDITH VOGEL, Amer. Friends Service Committee; keine finanzielle Unterstützung/Oberlaender Trust; MALVINA C. THOMPSON, EVELYN DAETSCH, CLARENCE E. PICKETT, WILBUR K. THOMAS) A Anstellung/ EDITH VOGEL ("Instructor in Music & Art" am Keuka College, Keuka, New York; "Music Counsellor" am Camp Keer-Sarge, Elkins, New Hampshire); Biografie/EDITH VOGEL (Studium in Prag; Klavierlehrerin); Empfehlung (Referenzen für EDITH VOGEL/STELLA MACNAUGHTEN, HUNT DENMORE, ELISABETH SOMMER)

VOGELMANN, HARRY
4136   1942-10-?
Aktennotiz; PD/TD, 2 S., engl. E Einreise/HARRY und KATE VOGELMANN (in die USA im Oktober 1938 mit "capitalist visa", "entered on Latvian quota without affidavits"; im Besitz der first papers); Finanzen/HARRY und KATE VOGELMANN (Hälfte der Ersparnisse bei Ausreise an dt. Behörden gezahlt); Hilfe/Amer. Committee for Christian Refugees (bei Suche nach Anstellung für HARRY und KATE VOGELMANN); Verfolgung/HARRY und KATE VOGELMANN ("German citizens until the racial laws compelled them to leave the country, both being of non-Aryan descent"; "bearers of Nansen passports") A Anstellung/KATE VOGELMANN (halbe Lehrstelle an Settlement Music School, Philadelphia); Biografie/ HARRY VOGELMANN (Gesangsausbildung in Mailand; Opern- und Konzertsänger, Lehrtätigkeit)

WALLACE, PAULA
4137   1940-12-03
Aktennotiz; PD/AD, 3 S., engl. E Einreise/PAULA WALLACE (in die USA im Winter 1938); Hilfe/Amer. Friends Service Committee (bei Suche nach Schülern für PAULA WALLACE) A Anstellung/PAULA WALLACE ("Assist[ant] art teacher" an Friends Central School); Biografie/PAULA WALLACE (Ausbildung als Musik- und Kunstlehrerin)

WALTER, ROSE
4138   1941-02-28
Aktennotiz; PD/AD, 3 S., engl. E Emigrationsweg/ROSE WALTER (über England in die USA); Hilfe/Amer. Friends Service Committee (bei Suche nach Anstellung für ROSE WALTER); Verfolgung/ROSE WALTER (Verlust aller Privilegien nach Machterlangung der Nationalsozialisten) A Anstellung/ROSE WALTER (Gesangslehrerin an Music School of the Henry Street Settlement, NYC); Aufführung/ROSE WALTER (Konzert bei BBC, weitere Recitals in England); Biografie/ROSE WALTER (Konzertsängerin und Gesangslehrerin)

WEIGL, KARL
4139   1940-11-04
Aktennotiz; PD/AD, 5 S., engl. E Einreise/KERL und VALLY WEIGL (1938 mit immigration visa; first papers); Hilfe (Details zur Suche nach Anstellung für KARL WEIGL aus Korrespondenz von Amer. Friends Service Committee und Oberlaender Trust); Verwandte/KARL WEIGL (Tochter MARIA PISK in den USA) A Anstellung/KARL WEIGL (bei NY Philharmonic Committee, Julius Hartt Music School, Settlement Music School, Philadelphia, Brooklyn College, finanzielle Unterstützung/Oberlaender Trust); Aufführung/KARL WEIGL (Konzerte an Baldwin School, Bryn Mawr, Pennsylvania, Germantown Friends' School, Philadelphia, Hunter High School, NYC); Biografie/KARL WEIGL (Studium bei ALEXANDER ZEMLINSKY, ROBERT FUCHS, ANTON DOOR; Promotion in Wien; Lehrtätigkeit am Neuen Wiener Konservatorium und an Univ. Wien); Empfehlung (Referenzen für KARL WEIGL/ ROBERT YARNALL, BRUNO WALTER, WALTER DAMROSCH, [ARTUR] BODANZKY, [RUDOLF] SERKIN)

↪ Karl Weigl Subject Files: American Composers' Alliance (Dok. 3447-3465), Emergency Committee in Aid of Displaced Foreign Scholars Records (Dok. 6145-6171) und Alfred E. Cohn Papers (Dok. 7048-7050)
↪ Korrespondenz: Toni and Gustav Stolper Coll. (Dok. 3787-3797)
↪ Musikmss.: Karl Weigl Scores (Dok. 6896-6922)

WEISS-MANN, EDITH
4140   1942-02-03
Aktennotiz; PD/TD, 3 S., engl. E Einreise/EDITH WEISS-MANN (in die USA im Mai 1939 mit dänischem visitors visa; "married a Danish man in order to enter on a Danish passport & bring with her a coll. of ancient instruments"); Hilfe/Emergency Committee (für EDITH WEISS-MANN bei Stellensuche) A Anstellung/EDITH WEISS-MANN (am NY College of Music); Aufführung/EDITH WEISS-MANN (Konzerte und Rundfunkauftritte in den USA); Biografie/EDITH WEISS-MANN (Musikstudium in Berlin, Cembalistin und Pianistin; Lehrtätigkeit an Univ. Hamburg; Gründung der Ges. für alte Musik Hamburg)

↪ Edith Weiss-Mann Subject File: Emergency Committee in Aid of Displaced Foreign Scholars Records (Dok. 6173-6177)

WEISSLEDER, PAUL
4141   1941-02-14
Aktennotiz; PD/AD, 4 S., engl. E Hilfe (bei Suche nach Anstellung für PAUL WEISSLEDER, finanzielle Unterstützung/ Oberlaender Trust zum Erwerb eines Klaviers) A Biografie/ PAUL WEISSLEDER (Tätigkeit als Dirigent); Finanzen/PAUL WEISSLEDER (Einkommen aus privater Unterrichtstätigkeit)

↪ Paul Weissleder Subject File: Emergency Committee in Aid of Displaced Foreign Scholars Records (Dok. 6178)

WINTERNITZ, EMANUEL
4142   1941-06-[16]
Aktennotiz; PD/TD, 3 S., engl. E Hilfe (bei Stellensuche für EMANUEL WINTERNITZ; WILLI APEL, WILBUR K. THOMAS) A Anstellung/EMANUEL WINTERNITZ (Vermittlungsversuch an Univ. of Minnesota, [MALCOLM M.] WILLEY); Biografie/ EW (Studium in Wien und Hamburg; Forschungsreisen, Lehrtätigkeit in Wien); Empfehlung (Referenzen für EMANUEL WINTERNITZ/GOTTFRIED HABERLER, OSKAR MORGENSTERN, FRITZ MACHLUP, ERIC VOEGELIN, [ROBERT] ULICH); Schriften/EMANUEL WINTERNITZ (zur Ikonographie)

→ *Emanuel Winternitz Coll. (Dok. 4525-4577)*

WITT, GUSTAV
4143   (1940)-02-11
Aktennotiz; PD/AD, 3 S., engl. E Hilfe (für GUSTAV WITT bei Stellensuche, finanzielle Unterstützung/Oberlaender Trust zur Erlangung der Visa; WILBUR K. THOMAS); Verfolgung/ GUSTAV WITT (Entlassung wegen jüdischer Herkunft der Ehefrau; keine Beschäftigung mehr an staatlichen Institutionen) A Biografie/GUSTAV WITT (Musikstudium, EMANUEL WINTERNITZ; Klavierlehrer und "operatic stage manager")

WOLFES, HELMUTH
4144   1941-03-28
Aktennotiz; PD/AD, 4 S., engl. E Hilfe (für HELMUTH WOLFES bei Stellensuche, Musicians' Placement Committee, Amer. Friends Service Committee); Verwandte/HELMUTH WOLFES (Bruder FELIX WOLFES, Assistent/ERICH LEINSDORF an MET) A Anstellung/HELMUTH WOLFES (Begleiter in NYC, "musical instructor" an Univ. in Stillwater, Oklahoma); Biografie/HELMUTH WOLFES (Studium in Berlin und Heidelberg; Tätigkeit als Dirigent; Konzerttätigkeit); Projekte/HELMUTH WOLFES (Forschung zur Vervollständigung eines Opernfragments/GIOACHINO ROSSINI)

→ *Helmuth Wolfes Subject File: Emergency Committee in Aid of Displaced Foreign Scholars Records (Dok. 6184-6188)*

WOLFF, WERNER
4145   1940-23-10
Aktennotiz; PD/AD, 5 S., engl. E Finanzen/WERNER WOLFF (Pension und Einkommen aus eigenem Besitz); Hilfe (bei Stellensuche für WERNER WOLFF; WILBUR K. THOMAS) A Anstellung/WERNER WOLFF (Leiter des Music Dept. am Tennessee Wesleyan College, Athens, Tennessee; finanzielle Unterstützung/Oberlaender Trust); Biografie/WERNER WOLFF (Musiklehrer, Dirigent, Musikkritiker); Empfehlung (Referenzen für WERNER WOLFF/JOSEF HOFFMAN und WALTER DAMROSCH); Schriften/WERNER WOLFF (Aufsätze und Kritiken)

→ *Werner Wolff Subject File: Emergency Committee (Dok. 6188-6194)*

ZERNER, RISA
4146   1942-10-?
Aktennotiz; PD/TD, 2 S., engl. E Einreise/RISA ZERNER und PAUL ZERNER (im November 1940 mit permanent visa); Emigrationsweg/RISA ZERNER (von Österreich über Frankreich und England in die USA); Internierung/PAUL ZERNER (in England, "freed on condition that he leave the country") A Biografie/RISA ZERNER (Klavier- und Gesangslehrerin)

ZUCKERKANDL, VICTOR
4147   1941-01-07
Aktennotiz; PD/AD, 5 S., engl. E Affidavit/CAROLINE NEWTON (für VICTOR ZUCKERKANDL); Einreise/VICTOR ZUCKERKANDL (im Dezember 1939 mit quota visa); Hilfe (für VICTOR ZUCKERKANDL bei Suche nach Anstellung, Oberlaender Trust, WILBUR K. THOMAS, Details zur Stellensuche) A Anstellung/VICTOR ZUCKERKANDL (als "Lecturer in Music" am Wellesley College, Wellesley, Massachusetts); Biografie/ VICTOR ZUCKERKANDL (Studium in Wien bei HEINRICH SCHENKER und RICHARD ROBERT; Tätigkeit als Dirigent und Musikkritiker, Lehrtätigkeit); Empfehlung (Referenzen für VICTOR ZUCKERKANDL/CARLETON SPRAGUE SMITH, CARL ENGEL, BRUNO WALTER, FRANCIS C. LATHROP, THOMAS MANN); Schriften/VICTOR ZUCKERKANDL (Buchpublikationen)

→ *Victor Zuckerkandl Subject Files: Emergency Committee in Aid of Displaced Foreign Scholars Records (Dok. 6201-6207) und Alfred E. Cohn Papers (Dok. 7054-7060)*

Committee for the Study of Recent Immigration from Europe Records

- Material zur Geschichte des Komitees und zu der projektierten «Lindt-Studie» über Emigranten in den USA
- Korrespondenz, Gutachten und Protokolle

SCHRIFTEN

COMMITTEE FOR THE STUDY OF RECENT IMMIGRATION FROM EUROPE
4148   —
Peter M. Lindt, [«Tentative Outline of Study of Recent Immigration from Europe»]; Bericht, AD (Entwurf), 2 S., engl. R Gesellschaft/PL (Arbeitsnotizen zu Projektentwurf)

4149   —
Peter M. Lindt, «Tentative Outline of Study of Recent Immigration from Europe»; Bericht, TD (Entwurf), 2 S., engl. R Gesellschaft/PL (Arbeitsnotizen zu Projektentwurf; Emigranten in der US-Gesellschaft; Flüchtlingsproblematik)

KORRESPONDENZ

COMMITTEE FOR THE STUDY OF RECENT IMMIGRATION FROM EUROPE
4150   1944-08-15
Marcel Kovarsky an Maurice Spector, Ralph Astrofsky,

Mr. ? Beck und Maurice R. Davie; TL (Kopie), 2 S., engl.; Interoffice Memorandum «RE: Amer. Committee for the Study of the Adjustment of Recent Immigration from Europe» A Organisationen (Kurzbiografien der Mitglieder des Amer. Commitee for the Study of the Adjustment of Recent Immigration from Europe, RALPH ASTROFSKY, HENRY BRUERE, JOSEPH P. CHAMBERLAIN, STEPHEN DUGGAN, DOROTHY CANFIELD FISHER, DIETRICH VON HILDEBRAND, AGNES KING INGLIS, ALVIN JOHNSON, RUFUS M. JONAS, MAX JORDAN, ALMAN R. PEPPER, CLARENCE E. PICKETT, LELAND REX ROBINSON, SIDNEY ROLLANDER, WILLIAM ROSENWALD, WOLFGANG S. SCHWABSCHER, GEORGE N. SHUSTER, ALFRED F. WHITMAN, D. ROBERT YSRAEL)

DYKSTRA, CLARENCE A.
4151 (1944)-?-?
Ralph Astrofsky an Clarence A. Dykstra (Univ. of Wisconsin, Madison, WI); TL (Entwurf), 1 S., engl. A Organisation (Vorstandsarbeit im Committee of Sponsors for the Study of Recent Emigration from Europe; Vorsitz/CD; Report über Emigration, ALVIN JOHNSON); Treffen (Besprechung des Steering Committee, ALVIN JOHNSON, MAURICE R. DAVIE)

4152 1944-11-09
Alvin Johnson an Clarence A. Dykstra (Univ. of Wisconsin, Madison, WI); TL (Kopie), 1 S., engl. A Anstellung/ MAURICE R. DAVIE (Dept. of Sociology, Yale Univ.; Mitbegründer des National Institute of Immigrant Welfare und Mitarbeiter des National Council on Naturalization and Citizenship); Organisationen (Neugründung des Committee for the Study of Recent Immigration from Europe; Schirmherrschaft Amer. Christian Committee for Refugees, Amer. Friends Service Committee, Catholic Committee for Refugees, National Refugee Service, US Committee for the Care of European Children; Vorsitzender AJ; stellvertretender Vorsitzender GEORGE N. SHUSTER, Hunter College, NYC; Präsident CD; Schatzmeister HENRY BRUERE); Schriften/ MAURICE R. DAVIE («World Immigration»)

NATIONAL REFUGEE SERVICE
4153 1947-03-07
Maurice Spector (National Refugee Service, Inc.) an Ephraim R. Gomberg; TLS (Kopie annotiert), 1 S., engl.; Interoffice Memorandum zu «Lindt Project» A Projekte (Lindt-Projekt, Befragung von Emigranten durch PETER M. LINDT, Absicht der Veröffentlichung als Buch durch ? MISCH)
→ Berichte Peter M. Lindt (Dok. 4148-4149)

MATERIAL ZUR BIOGRAFIE
COMMITTEE FOR THE STUDY OF RECENT IMMIGRATION FROM EUROPE
4154 1944-10-10
Ralph Astrofsky, «Committee for the Study of Recent Immigration from Europe – Minutes of Meeting of Steering Committee – October 11, 1944»; Protokoll; TL, 4 S., engl. A Finanzen (Sponsorgelder/Amer. Committee for Christian Refugees, National Refugee Service, US Committee for the Care of European Children, Amer. Friends Service Committee, Catholic Committee for Refugees); Öffentlichkeit (Sponsoren aus Industrie, Wirtschaft, Kunst); Organisationen (Besetzung des Committee for the Study of Recent Immigration from Europe: CAROLYN ZELENY, SAMUEL KOENIG, BETTY DRURY, SARAH COHN; Sponsors Committee; stellvertretender Vorsitzender GEORGE N. SHUSTER, Hunter College, NYC, und WILLIAM ROSENWALD; Public Relations LELAND REX ROBINSON vom Amer. Committee for Christian Refugees, MAX JORDAN, NBC; mögliche Vorsitzende CLARENCE A. DYKSTRA, RUFUS JONES, ? COMPTON vom Amer. Friends Service Committee oder ERIC JOHNSTON vom US Chamber of Commerce; KATHLEEN HANSTEIN, ALFRED F. WHITMAN, AROOS BERNEYAN); Treffen (Mitglieder des Committee for the Study of Recent Immigration from Europe) R Gesellschaft (Forschung und Aufgaben des Committee for the Study of Recent Immigration from Europe; MAURICE R. DAVIE, Mr. ? BECK)

MOHAUPT, RICHARD
4155 —
Memorandum; TD, 4 S., engl.; Gutachten zu Richard Mohaupt E Einreise/RICHARD MOHAUPT (mit visitors visa, Paramount Films); Verfolgung/RICHARD MOHAUPT (Repressalien durch Nationalsozialisten, ADOLF HITLER; Verhaftung von Angehörigen) A Aufführung (Kompositionen/RICHARD MOHAUPT, «Die Gaunerstreiche der Courasche», «Drei Episoden», «Die Wirtin von Pinsk», «Serenade concertante» für Streicher, «Concerto for Orchestra», «Townpiper Music» für Orchester; Royal Concertgebouw Orchestra, NY PO, NBC Orchestra, Amer. Youth Orchestra, WILLEM MENGELBERG, EUGENE GOOSSENS, LEOPOLD STOKOWSKI, DEAN DIXON, FRITZ REINER, PIERRE MONTEUX, GRZEGORZ FITELBERG); Biografie/RICHARD MOHAUPT (Ausbildung, künstlerische Laufbahn); Kompositionen/RICHARD MOHAUPT (Werke für jugendliches Publikum; Drucklegung durch Verlage Irving Berlin, Boosey & Hawkes, Schirmer, Wittmark; Schauspielmusik für Produktion/CBS); Öffentlichkeit (Erfolge/ RICHARD MOHAUPT in Europa und den USA) Z Kulturleben (offizielle Reaktionen zu Kompositionen/RICHARD MOHAUPT, Reichsminister WALTHER FUNK)

WALLERSTEIN, LOTHAR
4156 —
Memorandum; TD, 6 S., engl.; Gutachten zu Lothar Wallerstein E Ausreise/LOTHAR WALLERSTEIN (nach "Anschluss" Österreichs, ADOLF HITLER); Emigrationsweg/LOTHAR WALLERSTEIN (über Holland und Portugal in die USA); Finanzen/ LOTHAR WALLERSTEIN (beschränkte Mitnahme von Geld als Ausreisebedingung; Hilfe (finanzielle Hilfe durch einen Freund, Probleme bei Geldüberweisung aufgrund Namensgleichheit) A Anstellung/LOTHAR WALLERSTEIN (Stage Director an der MET, [ALVIN] JOHNSON; Inszenierung von «Der Ring des Nibelungen»/RICHARD WAGNER); Biografie/LOTHAR WALLERSTEIN (praktischer Arzt in Genf; Professor für Klavier am Konservatorium Genf; Korrepetitor, Oper Dresden; Dirigent und Bühnendirektor in Posen; Militärdienst; Professor an Kunstakademie Wien; Opern-Inszenierungen Wiener Staatsoper, Salzburger Festspiele, Mailand, Genf, Venedig, Bologna, Turin, Rom, Florenz, Teatro Colon in Buenos Aires, Köln, Amsterdam; Zusammenarbeit mit RICHARD STRAUSS und FRANZ WERFEL; Oper Scheveningen, Zu-

sammenarbeit mit ERNEST ANSERMET, KARL SCHURICHT, JARMILA NOVOTNA, ALFRED JERGER, ALEXANDER KIPNIS); Öffentlichkeit/LOTHAR WALLERSTEIN (Lob in der Presse, großes Werkverständnis, "the 'Reinhard[t]' of the opera"); Schriften/LOTHAR WALLERSTEIN (Übersetzung verschiedener Libretti) Z Kulturleben (in den Niederlanden während dt. Besatzung, ARTHUR SEYSS-INQUART)

HIAS-HICEM Archives

- HICEM, 1927 als Zusammenschluss dreier jüdischer Organisationen gegründet: Hebrew Sheltering and Immigrant Aid Society New York (HIAS), Jewish Colonization Association Paris (ICA oder JCA) und Emigdirect Berlin; Bezeichnung HICEM ist ein Akronym der Kürzel HIAS, ICA und Emigdirect.
- Dokumente zu den Hilfsaktivitäten, darunter Korrespondenz und Namenslisten von Emigranten (Auflistung von Schiffspassagieren oder Insassen von Internierungslagern zur Ausreise) in Recorded Group 245.5, aufgeteilt in mehrere Serien: France I (Correspondence, 1935-1940; 470 files), France II (Occupation Correspondence, 1940-1945; 328 files), France III (Refugee Case Files; 516 files), France IV (Post-War Correspondence, 1945-1953; 515 files), Lisbon I (Office Correspondence, 1940-1947; 346 files), Lisbon II (Lisbon Office, 1940-1945; 228 files), Lisbon III (Post-War Refugee Dossiers, 224 files); Case Files und Refugee Dossiers aus Gründen des Datenschutzes nicht zugänglich
- Inventory von Gunnar M. Berg, November 1996
- Als Suchhilfe Angabe der Foldernummer für jedes Dokument

KORRESPONDENZ
COMITÉ DE PROTECCIÓN QUITO
4157   1940-02-27
Lazaro Zelwer (Bogota, Kolumbien) an ? (Comité de Protección, Quito, Ecuador); TL (Kopie), 2 S., dt.; France I:318 E Ausreise (gute Verdienstmöglichkeiten für Berufsmusiker und Dilettanten in Kolumbien); Hilfsorganisationen (Berichte der Komitees des HICEM nicht für die Öffentlichkeit bestimmt) Z Politik (neue Einwanderungsbestimmungen für Südamerika)

SCHALSCHA, ERICH
4158   1940-03-14
? ([HICEM]) an ? Goruchon (Commandant le Camp de Rassemblement d'Étrangers Les Milles); TL (Kopie), 1 S., frz.; France I:396:95 E Ausreise/ERICH SCHALSCHA (in die USA, Bitte um Transfer nach Marseille)

4159   1940-04-05
Ilse Schalscha an ? (Préfet des Bouches-du-Rhône, Marseille); TL (Kopie annotiert), 1 S., frz.; France I:396:95 E Ausreise/IS (Einschiffung in Marseille zur Überfahrt in die USA, Bitte um Erlaubnis zur Verschiebung der Abfahrt)
→ Material zur Biografie (Dok. 4197)
→ Formulare 1939-11-24 und 1939-12-12 (Dok. 4182-4183)

SCHLICHTER, SAMUEL
4160   1939-09-26
M. Schatz (HIAS-JCA Émigration Ass., Paris) an ? (Comité Central d'Assistance, Marseille); TLS (annotiert), 1 S., frz.; France I:396.94 E Emigrationsweg/SAMUEL SCHLICHTER (von Palästina über Strasbourg nach Marseille, Bitte/ MS um Begründung für das Verlassen Palästinas)
→ Formular (1939)-?-? (Dok. 4184)

OFFIZIELLE DOKUMENTE
AUERBACH, TONI
4161   1942-01-01
Formular; PD (annotiert), 1 S., frz.; France II:220 E Ausreise (Antrag auf Ausreise in die USA für TONI AUERBACH; Einreise aus Mannheim, Ausreise-, Transit- und Einreisevisa vorhanden); Finanzen/TONI AUERBACH (Antrag auf Erstattung der Reisekosten von Marseille über Oran nach Casablanca durch HICEM); Verwandte/TONI AUERBACH (in den USA) A Biografie/TONI AUERBACH (Tätigkeit als "professeur de musique")

BERNIKER, SIM
4162   (1945)-(02)-?
Formular; PD (annotiert), 1 S., frz.; France IV:497 E Ausreise (Antrag auf Ausstellung von Visa für die USA für SIM BERNIKER); Finanzen/SIM BERNIKER (Unterstützung erwünscht); Verwandte/SIM BERNIKER (in den USA) A Biografie/SIM BERNIKER (Tätigkeit als Musiker)

BOHM, ELLA
4163   1945-12-05
Formular; PD (annotiert), 1 S., frz.; France IV:478 E Ausreise (Antrag auf Ausstellung von Visa für die USA für ELLA BOHM und GUSTAVE BOHM); Verwandte/ELLA BOHM (Kinder in den USA) A Biografie/ELLA BOHM (Tätigkeit als Komponistin)

BRUCHSALER, KARL
4164   1945-07-25
Formular; PD (annotiert), frz.; France IV:468; auch Briefe aus Deportations-Camp E Ausreise (Antrag auf Ausstellung von Visa für die USA für KARL und MINNA BRUCHSALER);

Verwandte/KARL BRUCHSALER (in Dallas) A Biografie/KARL BRUCHSALER (Tätigkeit als Kantor)

BRUCK, HANS

4165 (1941)-?-?
Formular; PD (annotiert), 1 S., frz.; France II:220 E Ausreise (Antrag auf Ausreise für HANS BRUCK; Einreise aus Deutschland, Ausreise-, Transit- und Einreisevisa vorhanden); Verwandte/HANS BRUCK (Mutter in den USA) A Biografie/HANS BRUCK (Tätigkeit als Dirigent)

BUBLITZ, RUDOLF

4166 1941-08-12
Formular; PD (annotiert), 1 S., frz.; France II:220 E Ausreise (Antrag auf Ausreise in die USA für RUDOLF BUBLITZ; Einreise aus Prag, Ausreise-, Transit- und Einreisevisa vorhanden); Finanzen/RUDOLF BUBLITZ (Antrag auf Erstattung der Reisekosten von Marseille nach Lissabon durch HICEM) A Biografie/RUDOLF BUBLITZ (Tätigkeit als Musiker)

DYKSTEIN, ALEXANDER SASCHA

4167 1945-10-31
Formular; PD (annotiert), 1 S., frz.; France IV:497 E Ausreise (Antrag auf Ausstellung von Visa für die USA für ALEXANDER SASCHA und ARSENIA DYKSTEIN); Bekannte (in den USA) A Biografie/ALEXANDER SASCHA DYKSTEIN (Tätigkeit als Pianist)

ELTBOGEN, HEINRICH

4168 (1939)-[10]-?
Formular; PD (annotiert), 1 S., frz.; France 359:93 E Ausreise (Antrag auf Ausreise nach Shanghai für HEINRICH und ARANKA ELTBOGEN; Einreise aus Italien via Ventimiglia) A Biografie/HEINRICH ELTBOGEN (Tätigkeit als Musiker)

FICHTENHOLZ, EUGENIE

4169 1940-11-26
Formular; PD (annotiert), 2 S., frz.; France II:326 E Ausreise (Antrag auf Ausreise in die USA für EUGENIE FICHTENHOLZ; Aus- und Einreisevisa vorhanden); Finanzen/EUGENIE FICHTENHOLZ (Antrag auf Beitrag zu Reisekosten durch HICEM); Internierung/EUGENIE FICHTENHOLZ (in Frankreich) A Biografie/EUGENIE FICHTENHOLZ (Tätigkeit als Opernsängerin)

GLUCK, SIEGMUND

4170 1945-06-29
Formular; PD (annotiert), 1 S., frz.; France IV:513 E Ausreise (Antrag auf Ausstellung von Visum für die USA für SIEGMUND GLUCK); Internierung/SIEGMUND GLUCK (in Camp de Récébédon); Verfolgung (Deportation der Familienmitglieder, Mutter ELISABETH GLUCK, Vater ISIDOR GLUCK, Schwester ESTI ROESLER und Stiefbruder SIEGFRIED GLUCK); Verwandte/SIEGMUND GLUCK (in den USA) A Biografie/SIEGMUND GLUCK (Tätigkeit als Sänger und Tänzer)

GOLDENSTEIN, OLGA

4171 1945-08-21
Formular; PD (annotiert), 1 S., frz.; France IV:495 E Ausreise (Antrag auf Ausstellung eines Visums für die USA für OLGA GOLDENSTEIN); Internierung/OLGA GOLDENSTEIN (in Vichy; Deportation des Bruders NICOLAS GOLDENSTEIN) A Biografie/OLGA GOLDENSTEIN (Tätigkeit als Ballett-Korrepetitorin)

GOLDSTEIN, MAX

4172 (1945)-?-?
Formular; PD (annotiert), 1 S., frz.; France IV:470; auch Briefe E Ausreise (Antrag auf Ausstellung von Visa zur Emigration nach Venezuela für MAX GOLDSTEIN und HILDA GOLDSTEIN); Verwandte/MAX GOLDSTEIN (in Palästina) A Biografie/MAX GOLDSTEIN (Tätigkeit als "professeur de langues et musique")

JALOWICZ, ROGER ELIE

4173 1942-06-19
Formular; PD (annotiert), 1 S., frz.; France II:246 E Ausreise (Antrag auf Ausreise nach NYC für ROGER ELIE JALOWICZ und Familie); Finanzen/ROGER ELIE JALOWICZ (Antrag auf Erstattung aller Reisekosten durch HICEM); Verwandte/ROGER ELIE JALOWICZ (in London, Middlesex und NYC) A Biografie/ROGER ELIE JALOWICZ (Tätigkeit als Musikerin und Komponistin)

KNOLLER, ALFRED

4174 1945-10-05
Formular; PD (annotiert), frz.; France IV:468 E Ausreise (Antrag auf Ausstellung von Visa für die USA für ALFRED KNOLLER und Familie); Internierung/ALFRED KNOLLER (in Frankreich); Verwandte/ALFRED KNOLLER (in den USA) A Biografie/ALFRED KNOLLER (Tätigkeit als Musiker)

KORNER, IGNATZ

4175 1942-04-24
Formular; PD (annotiert), 1 S., frz.; France II:221 E Ausreise (Antrag auf Ausreise in die USA für IGNATZ und HERMINE KORNER, Einreise aus Wien über Deutschland, Ausreise-, Transit- und Einreisevisa vorhanden); Finanzen/IGNATZ KORNER (Kalkulation der Reisekosten von Marseille nach Casablanca)

KRACAUER, SIEGFRIED

4176 1941-02-20
Formular; PD (annotiert), 1 S., frz.; France II:221 E Ausreise (Antrag auf Ausreise in die USA für SIEGFRIED und ELISABETH KRACAUER; Ausreise-, Transit- und Einreisevisa vorhanden); Bekannte/SIEGFRIED KRACAUER (LEO LÖWENTHAL, New School for Social Research); Finanzen/SIEGFRIED KRACAUER (Antrag auf Erstattung der Reisekosten von Marseille nach Lissabon durch HICEM) A Biografie/SIEGFRIED KRACAUER (Tätigkeit als Schriftsteller)

→ Siegfried Kracauer Subject File: Emergency Committee in Aid of Displaced Foreign Scholars Papers (Dok. 5843-5845)

KUDERMANN, JACOB

4177 1942-07-01
Formular; PD (annotiert), 1 S., frz.; France II:221 E Ausreise (Antrag auf Ausreise in die USA für JACOB KUDERMANN; Einreise aus Belgien, Transit- und Einreisevisa vorhanden); Finanzen/JACOB KUDERMANN (Antrag auf Erstattung von Reisekosten durch HICEM) A Biografie/JACOB KUDERMANN (Tätigkeit als "Prof[esseur] de musique")

KUHMÄRKER, LÉONHARD
4178   1942-05-23
Formular; PD (annotiert), 1 S., frz.; France II:221 E Ausreise (Antrag auf Ausreise in die USA für LÉONHARD KUHMÄRKER; Einreise aus Wien, Ausreisevisum vorhanden); Finanzen/LÉONHARD KUHMÄRKER (Antrag auf Erstattung der Reisekosten von Marseille nach Port Vendres durch HICEM) A Biografie/LÉONHARD KUHMÄRKER (Tätigkeit als Komponist)

MICHELSON, ABRAM
4179   (1945)-?-?
Formular; PD (annotiert), 1 S., frz.; France IV:496 E Ausreise (Antrag auf Ausstellung von Visa für die USA für ABRAM und IRÈNE MICHELSON); Finanzen/ABRAM und IRÈNE MICHELSON (finanzielle Hilfe benötigt) A Biografie/ABRAM MICHELSON (Tätigkeit als Musiker); Biografie/IRÈNE MICHELSON (Tätigkeit als Geigerin)

NEUMARK, IGNACE
4180   [1941]-?-?
Formular; PD (annotiert), 1 S., frz.; France II:228 E Ausreise (Antrag auf Ausreise nach Brasilien für IGNACE NEUMARK; Einreise aus Palästina, Ausreise-, Transit- und Einreisevisa vorhanden); Finanzen/IGNACE NEUMARK (Antrag auf Erstattung der Reisekosten von Marseille nach Lissabon durch HICEM) A Biografie/IGNACE NEUMARK (Tätigkeit als Musiker)

ORTENBERG, ELEAZARE
4181   1941-04-08
Formular; PD (annotiert), 1 S., frz.; France II:229 E Ausreise (Antrag auf Ausreise in die USA für ELEAZARE und TAMARA ORTENBERG; Ausreise-, Transit- und Einreisevisa vorhanden, Schiffspassage ab Lissabon gebucht); Finanzen/ELEAZARE ORTENBERG (Antrag auf Erstattung der Reisekosten von Marseille nach Lissabon durch HICEM); Verwandte/ELEAZARE ORTENBERG (in NYC) A Biografie/ELEAZARE ORTENBERG (Tätigkeit als Geiger)

SCHALSCHA, ERICH
4182   1939-11-24
Formular; PD (annotiert), 1 S., frz.; France I:396:95 E Ausreise (Antrag auf Ausreise in die USA für ERICH SCHALSCHA; Einreise aus Italien über Menton, Affidavit vorhanden); Verwandte/ERICH SCHALSCHA (Vetter in NYC) A Biografie/ERICH SCHALSCHA (Tätigkeit als Dirigent)

4183   1939-12-12
Formular; PD (annotiert), 1 S., frz.; France I:396:95 E Ausreise (Antrag auf Ausreise in die USA für ERICH und ILSE SCHALSCHA; Karten für Schiffspassage reserviert); Verwandte/ERICH SCHALSCHA (Vetter in NYC) A Biografie/ ERICH SCHALSCHA (Tätigkeit als Dirigent)

→ Briefe (Dok. 4158-4159)
→ Memorandum (1939)-[12]-[12] (Dok. 4197)

SCHLICHTER, SAMUEL
4184   (1939)-?-?
Formular; PD (annotiert), 1 S., frz.; France I:396:94 E Ausreise (Antrag auf Ausreise für SAMUEL SCHLICHTER; Einreise aus Palästina über Strasbourg) A Biografie/SAMUEL SCHLICHTER (Tätigkeit als Sänger)

→ Briefe (Dok. 4160)

STRAUS, ERWIN
4185   1941-08-11
Formular; PD (annotiert), 1 S., frz.; France II:233 E Ausreise (Antrag auf Ausreise in die USA für ERWIN STRAUS; Einreise aus Österreich, Ausreise-, Transit- und Einreisevisa vorhanden); Finanzen/ERWIN STRAUS (Antrag auf Erstattung der Reisekosten von Lyon nach Lissabon durch HICEM); Verwandte/ERWIN STRAUS (OSCAR STRAUS) A Biografie/ERWIN STRAUS (Tätigkeit als Komponist)

STRIMER, JOSEPH
4186   1941-01-09
Formular; PD (annotiert), 1 S., frz.; France II:233 E Ausreise (Antrag auf Ausreise in die USA über Lissabon für JOSEPH und MARIE STRIMER; Ausreise-, Transit- und Einreisevisa vorhanden); Finanzen/JOSEPH STRIMER (Antrag auf Erstattung der Reisekosten von Lyon nach Lissabon durch HICEM); Verwandte/JOSEPH STRIMER (in NYC und Kalifornien) A Biografie/JOSEPH STRIMER (Tätigkeit als Komponist)

MATERIAL ZUR BIOGRAFIE
4187   —
Namensliste; TD, frz./port.; Lisbon I:20 E Ausreise (Namensliste von Anwärtern auf Ausreise nach Chile mit Kurzbiografien) A Biografie/LEONIDE KOCHANSKY-KAGANOFF (Klavierstudium in Leipzig, Lehrtätigkeit in Tokio, Konzertreisen in Europa); Biografie/ALFRED INDIG (Geiger im Concertgebouw Orkest Amsterdam, Primarius des Indig-Quartetts, Lehrtätigkeit); Biografie/LOUTA NOUNEBERG (Pianistin, Lehrtätigkeit am Mozarteum Salzburg, Publikation «Le piano révélé par le film»)

4188   —
Namensliste; TD, port.; Lisbon I:20 E Ausreise (Namensliste mit Emigranten und deren Angehörige in den USA; darunter der Musiker MAXIM JACOBSEN)

4189   (1937)-?-?
«Emigranten direkt aus Deutschland»; Namensliste; TD, dt.; France I:228 E Ausreise (Liste mit Emigranten aus Deutschland und den Schiffsnamen zur Überfahrt, darunter Musiker HANS ERICH FABIAN und GISCH FABIAN, MARTIN GRONICH, FRIEDA GRONICH und MIGUEL GRONICH, SALOMON DYKSTEIN, BETTY DYKSTEIN, ELVIRA DYKSTEIN, WALTER RAUTENSTRAUCH und MARTHA RAUTENSTRAUCH)

4190   1937-11-?
«Tableau des frais refectués pendant le mois de noviembrie de 1937 pour les refugies d'Allemagne et d'Espagne» [sic]; Namensliste; TD, frz./port.; France I:228 E Ausreise (Liste mit Emigranten und den Schiffsnamen zur Überfahrt, darunter Sängerin DOROTEA SPITZER)

4191   1937-12-?
«Tableau des frais refectués pendant le mois de diciembre 1937 pour les refugies d'Allemagne et d'Espagne» [sic]; Namensliste; TD, frz./port.; France I:230 E Ausreise (Liste

mit Emigranten und den Schiffsnamen zur Überfahrt, darunter Sängerin DOROTEA SPITZER)

4192 (1938)
Namensliste; TD, dt.; France I:110 E Ausreise (Aufstellung mit Flüchtlingen aus Riga, darunter Musiker GEORG DEUTSCH mit Ehefrau EDITH DEUTSCH, KURTH HIRSCHKORN, MAX HIRSCH mit Familie, KURT HAUSER)

4193 (1939-08-30)
Namensliste; TD, frz.; France I:264 E Ausreise (Liste mit Lebensläufen von Emigranten zur Ausreise nach Honduras, darunter Musiker ERICH KATZ und HELENE SARNER) A Biografie/ERICH KATZ (Musikstudium in Berlin und Freiburg, Tätigkeit als Professor und Musikkritiker); Biografie/HELENE SARNER (Klavierstudium bei KONRAD ANSORGE, Lehrtätigkeit)

➙ *Erich Katz Subject File: Emergency Committee in Aid of Foreign Scholars Records (Dok. 5833-5835)*

CAMP ATHIS

4194 [1941]
Namensliste; TD, frz.; France I:57 E Internierung (Namensliste mit Emigranten in verschiedenen Internierungslagern, darunter Klavierbauer MAX ULMER und Musikwissenschaftler ERNST ECKSTEIN in Camp Athis)

CAMP GURS

4195 (1942-09-01)
Namensliste; TD, frz.; France II:46 E Internierung (Namenslisten von Internierten in Camp Gurs, darunter Pianist JULIUS BRENDEL und Sängerin HÉLÈNE MEYER)

4196 1943-08-06
Namensliste; TD, frz.; France II:46 E Internierung (Namenslisten von Internierten in Camp Gurs, darunter Musiker JACQUES BLEUDSTEIN, ALFRED LITTAUER, Sänger NATHAN ESCHWEGE, Sängerin MARIE FUCHS, Klavierprofessorin MATHILDE LÉONIE LAZARUS)

SCHALSCHA, ERICH

4197 (1939)-[12]-[12]
Erich Schalscha; Memorandum; AD, 1 S., dt.; France I:396:95 E Emigrationsweg/ES und ILSE SCHALSCHA (Bericht über Stationen der Emigration, Ausreise aus Wien mit polnischen und dt. quota visa nach Italien; Wartezeit wegen falscher Informationen durch amer. Konsulat in Neapel, Einreise nach Frankreich)

➙ *Briefe (Dok. 4158-4159)*
➙ *Formulare 1939-11-24 und 1939-12-12 (Dok. 4182-4183)*

VERBAND SCHWEIZERISCHER JÜDISCHER FLÜCHTLINGSHILFEN

4198 [1945]
«19. Liste»; Namensliste; TD, dt.; France IV:331 E Ausreise (Informationen zu Aufenthaltsort, Status und Affidavitgebern von Visa-Antragstellern, darunter Kantor HIRSCH KORALL mit Familie)

4199 [1945]
«Emigration USA – 2. Liste»; Namensliste; TD, dt.; France IV:330 E Ausreise (Informationen zu Aufenthaltsort, Status und Affidavitgebern von Visa-Antragstellern, darunter Musiker KARL RADO und FRANZ RADO)

4200 [1945]
«Emigration USA – 5. Liste»; Namensliste; TD, dt.; France II:330 E Ausreise (Informationen zu Aufenthaltsort, Status und Affidavitgebern von Visa-Antragstellern, darunter Musiker HANS PETER CAPARY, Geiger WOLFGANG NEUMANN und "Violinvirtuose" HENRY RUBIN)

4201 [1945]
Namensliste; TD, dt.; France IV:331 E Ausreise (Informationen zu Aufenthaltsort, Status und Affidavitgebern von Visa-Antragstellern, darunter Komponist und Kapellmeister ARTHUR DÜNNMANN-DAHNER, Kabarettistin LILIANE DÜNNMANN-DAHNER und Musiker SIM BERNIKER)

4202 [1945]
Namensliste; TD, dt.; France IV:331 E Ausreise (Informationen zu Aufenthaltsort, Status und Affidavitgebern von Visa-Antragstellern, darunter Musikstudent ALFRED CAHN)

4203 1945-04-04
«21. Liste»; Namensliste; TD, dt.; France IV:331 E Ausreise (Informationen zu Aufenthaltsort, Status und Affidavitgebern von Visa-Antragstellern, darunter Musiker OTTO HORN)

4204 1945-04-19
«Emigration USA – 23. Liste»; Namensliste; TD, dt.; France IV:331 E Ausreise (Informationen zu Aufenthaltsort, Status und Affidavitgebern von Visa-Antragstellern, darunter Musiker WALTER PORGES und Musiklehrerin PAULA ROTTENSTEIN)

Horace M. Kallen Collection

- Horace M. Kallen, 1902-1974, Schriftsteller, Philosoph; einflussreiche Persönlichkeit im amer. Kulturleben mit Kontakten zu Hilfsorganisationen; hat sich maßgeblich für Ernst Toch eingesetzt
- Nachlass, umfangreiche Korrespondenz mit Briefen von Arnold Schoenberg, Alvin Johnson, André Singer, Hans Tischler und Emanuel Winternitz, Briefwechsel mit Ernst Toch
- Vgl. Horace M. Kallen Papers, Hebrew Union College, Jacob Rader Marcus Center of the American Jewish Archives, Cincinnati (OH), http://huc.edu/aja/Kallen.htm; QuECA, S. 78-109
- Finding aid
- «The Legacy of Horace M. Kallen», hrsg. von Milton R. Konvitz, Cranbury (NJ) 1987

SCHRIFTEN
KALLEN, HORAE M.

4205 (1949)
Horace M. Kallen, «Alvin Johnson at Seventy-Five»; Vortrag, TD, 3 S., engl. **A** Öffentlichkeit/ALVIN JOHNSON (Würdigung seiner Tätigkeit als Chairman des Committee on Discrimination und seiner Arbeit an der New School for Social Research, Gründung der Univ. in Exile)

KORRESPONDENZ
[BAYER, JEROME H.]

4206 1935-05-23
[Jerome H. Bayer] (c/o M.A. Otero, Jr., Santa Fe, NM) an Eleanor ?; TLS (annotiert), 2 S., engl. **A** Anstellung/ERNST TOCH (an New School for Social Research); Finanzen (Gelder für Toch Fund; HORACE M. KALLEN); Öffentlichkeit/ELEANOR ? ("Jewish social work"); Projekte (Recital für ERNST TOCH; Tänzerin MARTHA GRAHAM; Tanzkompositionen und Oper/ERNST TOCH); Projekte/ERNST TOCH («Melodielehre», engl. Übersetzung)

BILLIKOPF, JACOB

4207 1933-10-04
Horace M. Kallen an Jacob Billikopf (Federation of Jewish Charities of Philadelphia, PA); TL, 1 S., engl. **E** Emigrationsweg/ERNST TOCH (Aufenthalt in Paris); Hilfe/JB und HK (für KURT GOLDSTEIN, Mediziner, Univ. Frankfurt, und ERNST TOCH; MAX WERTHEIMER, Univ. in Exile) **R** Judaica/JB ("Wehleidigkeit" der Juden, Notwendigkeit gemeinsamen Handelns); Musik/JB (ERNST TOCH, Vergleich mit ARNOLD SCHOENBERG, "younger than Schoenberg and in my opinion a better musician")

4208 1933-10-09
Jacob Billikopf (Federation of Jewish Charities of Philadelphia, PA) an Horace M. Kallen; TLS, 1 S., engl. **E** Hilfe/JB und HK (für KURT GOLDSTEIN und ERNST TOCH; Curtis Institute, LEOPOLD STOKOWSKI, JOSEF HOFFMANN; Schwierigkeiten bei der Hilfe zur Immigration in die USA)

4209 1933-10-10
Jacob Billikopf an Leopold Stokowski; TLS, 1 S., engl. **E** Hilfe/LS (für ERNST TOCH) **A** Reise/JB (nach Deutschland; Bericht/HERBERT H. LEHMAN; FRANKLIN D. ROOSEVELT)

4210 1933-10-13
Horace M. Kallen an Jacob Billikopf (Federation of Jewish Charities of Philadelphia, PA); TL (Kopie), 1 S., engl. **E** Integration/KURT GOLDSTEIN (Arbeitsbedingungen in der Forschung und als praktizierender Mediziner); Sprache/ERNST TOCH ("speaks English pretty well") **A** Biografie/ERNST TOCH (jüdische Herkunft, Auszeichnungen, Studium, pianistische und pädagogische Tätigkeit; Doktortitel, Univ. Heidelberg; Publikationen); Öffentlichkeit/ERNST TOCH (positive Rezensionen und Kritiken; ALFRED EINSTEIN, OLIN DOWNES, SERGE KOUSSEVITZKY, LEOPOLD STOKOWSKI)

FEDERAL THEATRE PROJECT FOR NEW YORK

4211 1937-07-02
Francis Bosworth (Federal Theatre Project for NY, National Play Bureau, NYC) an Horace M. Kallen (New School for Social Research, NYC); TLS, 1 S., engl. **A** Empfehlung/BEN RUSSAK (für ERNST TOCH); Finanzen/ERNST TOCH (durch Kompositionsauftrag, "standard royalty for music", Vertrag); Projekte/ERNST TOCH (Kompositionsauftrag für Bühnenmusik «Job» nach «The Book of Job Restored as a Greek Tragedy»/HK)

4212 1937-07-17
Ernst Toch (Federal Theatre Project for NY, NYC) an Ben Russak (Pacific Palisades, CA); TL (Kopie annotiert), 1 S., engl. **A** Projekte/ET (Musik zu «The Book of Job Restored as a Greek Tragedy»/HORACE M. KALLEN; Zusammenarbeit mit Regisseur, Choreograph und Dirigent; Finanzen) **R** Musik/ET (Kompositionsprozess und Zusammenarbeit bei der Produktion)

4213 1937-09-04
Ben Russak (Federal Theatre Project for NY, National Play Bureau, NYC) an Horace M. Kallen; TLS (annotiert), 1 S., engl. **A** Finanzen/BR (Darlehen, League for Mutual Aid, Unterstützung durch HORACE M. KALLEN und LOUIS WALDMAN; Mrs. ? SCHULKIND); Projekte/BR (Produktion von «The Book of Job Restored as a Greek Tragedy»/HK, Federal Theatre Project, NYC, Boston, Musik/ERNST TOCH; Finanzen; HALLIE FLANAGAN; BARRETT CLARK, Little Theatre)

HANSON, HOWARD

4214 1933-10-28
Howard Hanson (Univ. of Rochester, Eastman School of Music, Rochester, NY) an Carl Engel (Library of Congress, Division of Music, Washington, DC); TLS, 1 S., engl. **A** Aufführung/HH (Komposition/ERNST TOCH im Rundfunk) **R** Musik/HH (ERNST TOCH als Bereicherung für die amer. Kultur)

HELLMAN, LILLIAN

4215 1941-09-10
Lillian Hellman (Dinner-Forum on "Europe Today", Office, NYC) an Horace M. Kallen; TLS, 1 S., engl. **E** Ausreise (Abschiebung antifaschistischer Insassen aus Österreich, Deutschland, Spanien, Italien und Tschechoslokawei in frz. KZ; Visa für Mexiko); Hilfe (durch das Dinner-Forum; ERNEST HEMINGWAY); Hilfsorganisationen (Exiled Writers Committee of the League of Amer. Writers, United Amer. Spanish Aid Committee, Amer. Committee to Save Refugees)

4216 1941-10-05
Lillian Hellman (Dinner-Forum on "Europe Today", Office, NYC) an Horace M. Kallen; TLS, 2 S., engl. **E** Hilfsorganisationen (Schirmherrschaft des Dinner-Forum, Amer. Committee to Save Refugees, Exiled Writers Committee of the League of Amer. Writers, United Amer. Spanish Aid Committee; Beschwerde/Governor [HERBERT HENRY] LEHMAN wegen kommunistischer Unterwanderung; ERNEST HEMINGWAY; Hebrew Immigrant Aid Soc.); Öffentlichkeit (negative Darstellung des Dinner-Forum in ‹World-Telegram›, angebliche kommunistische Unterwanderung) **R** Gesellschaft/LH (Kommunistenhetze in den USA)

4217 1941-10-27
Lillian Hellman (Dinner-Forum on "Europe Today", NYC)

an Horace M. Kallen; TLS, 1 S., engl. E Emigrationsweg (Schiffsreise frz. KZ-Insassen von Lissabon nach Vera Cruz); Hilfsorganisationen (Einnahmen des Dinner-Forum, Bereitstellung von Finanzen für Ausreise von KZ-Häftlingen; BERNARD J. REIS; Corn Exchange Bank and Trust Co., Hebrew Immigrant Aid Soc.)

JOHN SIMON GUGGENHEIM MEMORIAL FOUNDATION

4218 1941-11-14
Henry Allen Moe an Horace M. Kallen (New School for Social Research, NYC); TLS, 1 S., engl. A Empfehlung/HK (für ERNST TOCH zum Erhalt eines Stipendiums der Guggenheim Memorial Foundation)

KALLEN, HORACE M.

4219 1949-06-15
Horace M. Kallen (New School for Social Research, NYC) an ?; TL (Kopie), 1 S., engl. A Anstellung/ALEXANDER L. RINGER (Tätigkeit an New School for Social Research); Empfehlung/HK (für ALEXANDER L. RINGER)

KOUSSEVITZKY, SERGE

4220 1933-10-14
Serge Koussevitzky (Boston SO, Symphony Hall, Boston, MA) an Henry Cowell (New School for Social Research, NYC); TL, 1 S., engl. A Empfehlung/SK (für ERNST TOCH an HENRY COWELL); Öffentlichkeit/ERNST TOCH (kompositorische und pädagogische Fähigkeiten) R Musik/SK (ERNST TOCH als Bereicherung für die amer. Kultur)

NATIONAL JEWISH WELFARE BOARD

4221 1947-05-28
Horace M. Kallen (New School for Social Research, NYC) an Samuel Freeman (Jewish Welfare Board, NYC); TL, 1 S., engl. E Hilfe/HK (für MAX GRAF, Weiterbeschäftigung an New School for Social Research, Verhinderung der Rückkehr nach Österreich); Rückkehr/MAX GRAF (nach Wien) A Öffentlichkeit/MAX GRAF (Autorität im Bereich jüdische Musik und "world music"; "delightful lecturer")

NEW SCHOOL FOR SOCIAL RESEARCH

4222 (1947)-?-?
Homer C. Wadsworth an Barney Yanowsky (Foreign Service, Kansas City, MO); TL, 3 S., engl. A Öffentlichkeit (New School for Social Research, Geschichte und Wirkung; CHARLES BEARD, JAMES HARVEY ROBINSON; Graduate School, Institute of Word Affairs; Examina; Dramatic Workshop; ADOLPHE A. BERLE; BRYN J. HOVDE); Schriften/ALFRED C. OLIVER JR. (Aufsatz «Check your School» in ‹Foreign Service›, Vorwurf starker Präsenz von Kommunisten und Sozialisten an New School for Social Research; Entgegnung/ ALVIN JOHNSON)

4223 1947-07-30
Alvin Johnson an Alfred C. Oliver jr. (‹Foreign Service›, Kansas City, MO); TL, 2 S., engl. E Öffentlichkeit (Vorwurf starker Präsenz von Kommunisten und Sozialisten an New School for Social Research; ABBA LERNER, JOHN MAYNARD KEYNES) A Schriften/AO (Aufsatz «Check Your School» in ‹Foreign Service›) R Pädagogik (Kritik/AO an amer. Schulsystem; Bereicherung durch vertriebene Lehrkräfte aus Deutschland)

4224 1952-04-17
Horace M. Kallen an Clara W. Mayer; TL, 1 S., engl. A Empfehlung/HK (für ANDRÉ SINGER an CLARA W. MAYER); Projekte/ANDRÉ SINGER (Kurs zu «Musical Thought and Organization» an New School for Social Research)

→ Briefe André Singer (Dok. 4231-4232)

RUSSAK, BEN

4225 1945-05-03
Ben Russak (Supreme Headquarters, Allied Expeditionary Force Mission (Netherlands), Psychological Warfare Branch) an Horace M. Kallen; TLS (annotiert), 1 S., engl. E Bekannte/HK (Suche nach Komponist SEM DRESDEN; Informationen über DANIEL DRESDEN, KZ Westerbork, LIONEL SHAPIRO) Z Kriegsereignisse (Befreiung niederländischer Städte; Kapitulation der Deutschen in Italien, Fall Berlins; Lebensmittelsendungen an hungernde Holländer; Festnahme von Nazis)

4226 1945-05-28
Horace M. Kallen an Ben Russak (NYC); TL, 1 S., engl. E Bekannte/HK (Suche nach SEM DRESDEN; Informationen über DANIEL DRESDEN, KZ Westerbork, LIONEL SHAPIRO) A Anstellung/ARNOLD DRESDEN (Swarthmore College); Reise/HK (zum Institute of International Affairs, Winnipeg, Kanada) Z Kriegsereignisse (Zerstörung in Europa, Krieg gegen Japan)

→ Brief ähnlichen Inhalts: 1945-03-14

4227 1945-06-08
Ben Russak (Supreme Headquarters, Allied Expeditionary Force Mission (Netherlands), Psychological Warfare Branch) an Horace M. Kallen; TLS, 1 S., engl. E Bekannte/ HK (Informationen über SEM DRESDEN, RIA BINNENDIJK; MARK ?, MANS ?, TON ?, FIE ?, BOB ?, DANIEL DRESDEN, PEM ?, HENNY ?, ABRAM ?, JET ?); Hilfe/ARNOLD DRESDEN (für SEM DRESDEN, Care-Pakete) A Anstellung/SEM DRESDEN (Konservatorium für Musik, Den Haag); Kompositionen/ SEM DRESDEN («Konzert» für V. und Orchester, «Konzert» für Kl., Streichquartett und Oboe, «Klaviertrio», «Sonate» für Vc. und Kl., «Sonate» für V. solo, «Sonate» für Vc. solo, «Assumpta est Maria» für Chor a cappella, «4 Psalmen» für Soli, Chor und Orchester; Reise/BR (über England zurück nach NYC) Z Kriegsereignisse (Befreiung der Niederlande)

SALZEDO, CARLOS

4228 1933-11-04
Carlos Salzedo (NYC) an Horace M. Kallen (NYC); TL, 1 S., engl.; Briefkopf der Pan Amer. Ass. of Composers, NYC A Empfehlung/CS (für ERNST TOCH, Beurteilung der pädagogischen und fachlichen Qualifikation) R Musik (ERNST TOCH als Komponist und Lehrer)

SCHOENBERG, ARNOLD

4229 1933-12-06
Arnold Schoenberg (Pelham Hall, Brookline, MA) an Horace M. Kallen; TL, 1 S., engl. A Empfehlung/AS (für ERNST TOCH an HK, Beurteilung der pädagogischen und fachlichen Qualifikation, Bindung an Tradition); Schriften/ ERNST TOCH (Publikationen zur Musiktheorie)

SESSIONS, ROGER

4230 1933-10-23
Roger Sessions (Hadley, MA) an Henry Cowell; TL, 1 S., engl. A Öffentlichkeit/ERNST TOCH ("a musician of splendid qualities") R Musik (ERNST TOCH als Bereicherung für die amer. Kultur)

SINGER, ANDRÉ

4231 1952-04-12
André Singer (Sarah Lawrence College, Bronxville, NY) an Horace M. Kallen (NYC); TLS, 2 S., engl. A Anstellung/AS (am Sarah Lawrence College, Kurse in Theorie, Komposition, Analyse, Einführung in die Musik); Projekte/AS (Kurs «Musical Thought and Organization» an New School for Social Research)

4232 1952-04-17
Horace M. Kallen an André Singer (NYC); TL (Kopie), 1 S., engl. A Empfehlung/HK (für AS an CLARA W. MAYER, School of Philosophy and the Liberal Arts, New School for Social Research); Projekte/AS (Kurs «Musical Thought and Organization» an New School for Social Research)

↳ *Brief New School for Social Research 1952-04-17 (Dok. 4224)*

STOLPER, TONI [ANTONIE]

4233 1934-03-16
Horace M. Kallen an Toni Stolper (c/o Dr. Karl E. Kassowitz, Wauwatosa, WI); TL, 1 S., engl. E Hilfe/ELIZABETH SPRAGUE COOLIDGE (Bereitstellung von Geldern für ERNST TOCH) A Organisationen (International League for Academic Freedom; Zusammenarbeit mit LEO J. POLAK, GUNNAR MYRDAL)

4234 1943-04-14
Toni Stolper (NYC) an Horace M. Kallen (NYC); TLS (annotiert), 1 S., engl. A Anstellung/ERNST TOCH (an USC; möglicher Nachfolger für ARNOLD SCHOENBERG an UCLA); Empfehlung/HK (für ERNST TOCH an ROBERT G. SPROUL); Empfehlung/ARNOLD SCHOENBERG (für ERNST TOCH zu seiner Nachfolge an der UCLA)

4235 1950-05-22
Toni Stolper (NYC 22) an Horace M. Kallen; TLS, 1 S., engl. A Kompositionen/ERNST TOCH (Arbeit an der «2. Sinfonie»); Projekte/HK (Reise nach Israel); Reise/TS und JOHANNA STOLPER (nach Israel; EDMUND JERUSALEM, ANNA JERUSALEM)

4236 1950-05-26
Horace M. Kallen an Toni Stolper (NYC); TL (Kopie), 2 S., engl. A Empfehlung/HK (für ERNST TOCH zum Fulbright Fellowship); Organisationen (Amer. Fund, Mitgliedschaft/TS); Projekte/HK (Reise nach Israel); Reise/TS und JOHANNA STOLPER (nach Israel; DEBORAH KALLEN, Julian W. Mack School and Workshop)

TOCH, LILLY UND ERNST

4237 1935-01-02
Horace M. Kallen an Ernst Toch (Hotel Bradford, NYC); TL, 1 S., engl. E Einreise/ET (Ankunft von Büchern und Gepäck, Zollformalitäten, Hilfe durch JOSHUA L. GOLDBERG, Amer. Jewish Congress)

4238 1939-02-03
Lilly Toch (Pacific Palisades, CA) an Horace M. Kallen; ALS, 2 S., engl. E Ausreise/WALTER KLEIN (aus Wien); Hilfe/HK (für WALTER KLEIN)

4239 1939-03-03
Horace M. Kallen an Lilly Toch (Pacific Palisades, CA); TL (Kopie), 1 S., engl. E Hilfe/HK (für WALTER KLEIN) A Öffentlichkeit (Dank an ELIZABETH SPRAGUE COOLIDGE, Unterstützung des Mailamm Gabrilowitsch Conservatory, Jerusalem); Projekte/ERNST TOCH (Anfrage/HK zu jüdischer Musik und Musikleben)

4240 1939-03-11
Ernst Toch (Pacific Palisades, CA) an Horace M. Kallen; TLS (annotiert), 3 S., engl. A Öffentlichkeit (Festessen zu Ehren/ELIZABETH SPRAGUE COOLIDGE, Würdigung ihrer Tätigkeit, Unterstützung lebender Komponisten, Auftragskompositionen); Organisationen (NY Mailamm Committee, Mrs. ISRAEL GOLDSTEIN) R Judaica/ET (Ausrichtung der Geschichtsschreibung nicht nach jüdischen Perspektiven; Musik als Ausdruck religiösen Lebens; Volksmusik als Identifikationsfaktor); Kulturpolitik/ET (Wirken der Mailamm Soc. in Palästina; Conservatory of Music, Jerusalem); Musik/ET (Wesen und Eigenschaften jüdischer Musik; FELIX MENDELSSOHN BARTHOLDY, GUSTAV MAHLER, ARNOLD SCHOENBERG; religiöse Musik; Volksmusik)

↳ *Abdruck im Anhang, S. 381*

4241 1940-07-25
Ernst Toch (Pacific Palisades, CA) an Horace M. Kallen; ALS, 1 S., engl. E Einbürgerung/ET und ALICE BABETTE TOCH (Erlangung der amer. Staatsbürgerschaft) A Treffen/ET (mit HK); Vortrag/HK

4242 1941-12-22
Horace M. Kallen an Ernst Toch (Pacific Palisades, CA); TL (Kopie), 1 S., engl. A Projekte/HK («The Book of Job Restored as a Greek Tragedy» unter Leitung von ERWIN PISCATOR; SAM JAFFE; Bühnenmusik/ET)

4243 (1942)-[01]-?
Ernst Toch (Santa Monica, CA) an Horace M. Kallen; ALS, 2 S., engl. A Empfehlung/HK (für ET zu Guggenheim Fellowship); Projekte/HK (Aufführung «The Book of Job Restored as a Greek Tragedy», SAM JAFFE; [ALVIN] JOHNSON; Vortrag/HK)

4244 1942-02-27
Horace M. Kallen an Ernst Toch; TL (Kopie), 1 S., engl. A Kompositionen/ET (Filmmusik; Rundfunk-Aufführungen); Projekte/HK («The Book of Job Restored as a Greek Tragedy»; ERWIN PISCATOR, SAM JAFFE) Z Kriegsereignisse ("military situation around Santa Monica")

4245 1942-03-25
Ernst Toch (Santa Monica, CA) an Horace M. Kallen; TLS, 2 S., engl. E Einbürgerung/ET (Erlangung der amer. Staatsbürgerschaft) A Anstellung/ET (an USC, Finanzen; Komponieren für den Film); Empfehlung/HK (für ET zu Stipendium der Guggenheim Foundation, Absage; Carnegie Foundation); Projekte/ET (Arbeit an «The Shaping Forces in Music»)

4246 1942-03-30
Horace M. Kallen an Ernst Toch; TL, 1 S., engl. **A** Projekte/JOSEPH SCHILLINGER ("theory of musical mechanics"); Projekte/ET (Arbeit an «The Shaping Forces in Music»; Stipendien Guggenheim, Rockefeller und Carnegie Foundation; finanzielle Unterstützung der USC)

UNITED STATES DEPTARTMENT OF LABOUR
4247 1940-05-11
Charles P. Muller (US Dept. of Labour, Immigration and Naturalization Service, Federal Building, NYC) an Horace M. Kallen (New School for Social Research, NYC); TLS, 1 S., engl. **E** Einbürgerung/ERNST und ALICE BABETTE TOCH (Verfahren zur Erlangung der amer. Staatsbürgerschaft; Benachrichtigung, Dept. of Labour für HK, Anhörung)

4248 1940-05-14
Horace M. Kallen an Charles P. Muller (US Dept. of Labour, Federal Building, NYC); TL, 1 S., engl. **E** Einbürgerung/ERNST und ALICE BABETTE TOCH (Verfahren zur Erlangung der amer. Staatsbürgerschaft; Benachrichtigung, Dept. of Labour, Bitte/HK um Verschiebung des Termins für Anhörung) **A** Anstellung/ERNST TOCH (an New School for Social Research; Komposition von Filmmusik); Reise/HK (nach Pittsburgh)

4249 1940-10-15
Charles P. Muller (US Dept. of Justice, Immigration and Naturalization Service, Federal Building, NYC) an Horace M. Kallen (New School for Social Research, NYC); TLS, 1 S., engl. **E** Einbürgerung/ERNST und ALICE BABETTE TOCH (Verfahren zur Erlangung der amer. Staatsbürgerschaft; Benachrichtigung, Dept. of Labour für HK, neuer Termin für Anhörung)

UNIVERSITY OF CALIFORNIA LOS ANGELES
4250 1943-04-29
Horace M. Kallen an Flaud Wooton (Dept. of Education, UCLA); TL (Kopie), 1 S., engl. **A** Anstellung/ERNST TOCH (an USC); Empfehlung/HK (für ERNST TOCH zur Nachfolge/ARNOLD SCHOENBERG an UCLA)

4251 1943-05-21
Flaud Wooton (UCLA) an Horace M. Kallen (New School for Social Research, NYC); TLS, 1 S., engl. **A** Empfehlung/FW (Weiterempfehlung für ERNST TOCH); Projekte/FW ("inter-Amer. relations in the schools for the US Office of Education")

WALTER, BRUNO
4252 1933-10-21
Bruno Walter (c/o Hotel Savoy-Plaza, NYC) an Henry Cowell (New School for Social Research, NYC); TL, 1 S., engl. **A** Aufführung (Werke/ERNST TOCH in Deutschland); Aufführung/VOLKMAR ANDREAE (Komposition/ERNST TOCH, Zürich); Empfehlung/BW (für ERNST TOCH an HC) **R** Musik (ERNST TOCH als Bereicherung für die amer. Kultur)

WINTERNITZ, EMANUEL
4253 1934-01-11
Horace M. Kallen (New School for Social Research, NYC) an Emanuel Winternitz (Dt. Univ., Prag); TLS, 2 S., engl.; mit Briefumschlag **A** Organisationen (International League for Academic Freedom, Vertretung in Tschechoslowakei/EW, MAX LOEWY, EMANUEL RADE; Gründungsmitglieder ALVIN JOHNSON; WESLEY C. MITCHELL, HK, ALBERT EINSTEIN, ALFONS GOLDSCHMIDT, OSWALD VEBLEN, T.V. SMITH, ALEXANDER MEIKLEJOHN, ARNOLD DRESDEN, GEORGE S. COUNTS, THOMAS D. ELIOT, WALTON H. HAMILTON; MAX WERTHEIMER, Graduate School of Social and Political Sciences, New School for Social Research) **R** Kulturpolitik/HK (Situation der jüdischen Lehrer und Wissenschaftler in Deutschland)

4254 1944-01-20
Horace M. Kallen an Emanuel Winternitz (Metropolitan Museum of Art, Dept. of Musical Activities, NYC); TL (Kopie), 1 S., engl. **A** Projekte/HK (Vereinbarung mit LEOPOLD STOKOWSKI; LAWRENCE K. FRANK) **R** Kulturpolitik/HK ("Boston charge" gegen IGOR STRAVINSKY; "attempt to stop a panel"/MAURICE STERNE, Dept. of Justice; "attack on the surrealist magazine"; Zusammenhang von Kunst und täglichem Leben)

MATERIAL ZUR BIOGRAFIE
TOCH, ERNST
4255 1934-(09)-?
«Seminar in Music Theory. Ernst Toch»; Pressemitteilung; TD, 1 S., engl.

4256 (1938)
«Contributors to Toch Fund»; Namensliste; TD, 4 S., engl.

4257 1933-10-12
Jerome H. Bayer, «Memo Re Dr. Ernst Toch»; TLS (annotiert), 5 S., engl.; **E** Ausreise/ERNST TOCH (nach London; Vorbereitung zur Ausreise in die USA); Behörden (Immigration Dept.; Möglichkeit finanzieller Absicherung durch Vorträge und Unterricht); Finanzen/ERNST TOCH (schwierige Situation); Hilfe (Fürsprache und finanzielle Unterstützung für ERNST TOCH/HORACE M. KALLEN, HENRY COWELL, ROGER SESSIONS, JOHN BASS, DAVID BERMAN, OLIN DOWNES, SERGE KOUSSEVITZKY, LEOPOLD STOKOWSKI); Sprache/ERNST TOCH ("considerable mastery of the English language") **A** Biografie/ERNST TOCH (jüdische Herkunft, Auszeichnungen, Studium, pianistische und pädagogische Tätigkeit; Lebensunterhalt durch Konzerte); Kompositionen/ERNST TOCH (Werkverzeichnis bei B. Schott's Söhne); Öffentlichkeit/ERNST TOCH (Rezensionen und Lexikonartikel über ERNST TOCH; erfolgreiche Aufführungen); Schriften/ERNST TOCH («Melodielehre») **R** Kulturpolitik/JB (Immigration/ERNST TOCH als Gewinn für amer. Kultur) **Z** Kulturleben ("anti-modernistic campaign" der Nationalsozialisten, Aussetzen der Aufführung von Werken/ERNST TOCH; mangelndes Interesse an zeitgenössischer Musik in London)

→ *Abdruck im Anhang, S. 364*

4258 (1940)
Horace M. Kallen, [Gutachten über Ernst Toch]; TL (Entwurf), 2 S., engl.; in zwei Fassungen **A** Anstellung/ERNST TOCH (an New School for Social Research als Lehrer für Musiktheorie und Komposition); Öffentlichkeit/ERNST TOCH (Wirkung der Lehrtätigkeit, Behandlung des Lehrgegenstands); Schriften/ERNST TOCH («Melodielehre»)

Leo Low Papers

- Leo Low (Geburtsname: Moshe-Leyb Lyov), 1878-1960, Komponist und Dirigent von Synagogenchören u.a. in Wilna, Bukarest, Warschau, Tel Aviv, New York, 1920 Emigration in die USA, 1934-1938 Aufenthalt in Palästina
- Kompositionen (publiziert), Korrespondenz mit Kantoren, jüdischen Musikern und Organisationen, darunter nur wenig exilrelevantes Material
- Finding aid

KORRESPONDENZ
EMERGENCY COMMITTEE

4259   1942-11-16
Betty Drury (Emergency Committee, NYC) an Leo Low (NYC); TLS, 1 S., engl. **A** Empfehlung/LL (für STANISLAUS LONDYNSKI an Emergency Committee)

NINAWER, NECHEMJA

4260   —
Nechemja Ninawer ([Berlin]) an Leo Low ([Palästina]); ALS, 2 S., hebr. **A** Aufführung/NN (Gründung eines Chores in Berlin, Konzerte mit dem Kulturbund der dt. Juden, wenig Verdienst; Bitte um Sendung volkstümlicher Lieder aus Palästina zur Aufführung mit dem Chor); Reise/NN (nach Warschau) **R** Judaica/NN ("Juden sind in der Gallut [im Exil]. Jüdische Musiker sind erst recht in der Gallut, sogar im Land Israel.")

WOLPE, STEFAN

4261   1938-07-26
Stefan Wolpe (Conservatoire of Music, Jerusalem) an Leo Low; TLS, 1 S., engl. **A** Kompositionen/SW (fünf Choralbücher an LL; Neuausgabe mit engl. und hebr. Text geplant; HERMANN SWET); Reise/SW (nach NYC, "where I shall go for some time")

WORLD CENTRE FOR JEWISH MUSIC IN PALESTINE

4262   1938-03-22
Salli Levi (World Centre for Jewish Music in Palestine, Jerusalem) an Leo Low (Tel-Aviv Chor, Tel Aviv); TLS, 1 S., hebr. **A** Organisationen (World Centre for Jewish Music in Palestine, Gründungsversammlung, Dank für Glückwünsche/LL)

MATERIAL ZUR BIOGRAFIE
WORLD CENTRE FOR JEWISH MUSIC IN PALESTINE

4263   (1938)
«Welt-Zentrum für Jüdische Musik in Erez Israel»; Pressemitteilung; TD, 1 S., dt. **A** Organisationen (Gründung eines "Ländercommittees zur Pflege und Förderung der jüdischen Musik"; Mitarbeiter JOACHIM STUTSCHEWSKY, DARIUS MILHAUD, ERNEST BLOCH, KURT WEILL, KAROL RATHAUS, JACOB WEINBERG, HEINRICH SCHALIT, MAX ETTINGER; SALLI LEVI, HUGO CHAYIM ADLER, PAUL DESSAU, HERBERT FROMM)

Archives of the National Coordinating Committee to Refugees Coming from Germany

- National Coordinating Committee, Vermittlung emigrierter Wissenschaftler und Künstler
- Korrespondenz zwischen Cecilia Razovsky (Executive director des National Coordinating Committee) und Joseph Chamberlain (Columbia Univ.) zur Beschäftigung von Akademikern und Musikern, biografisches Material zu Emigranten
- Finding aid

KORRESPONDENZ
LHEVINOFF, ETTA

4264   1938-02-07
Louise Kolitsch an Joseph P. Chamberlain (National Coordinating Committee for Aid to Refugees and Emigrants Coming from Germany, NYC); TLS, 1 S., engl. **A** Projekt (Benefizkonzert/ETTA LHEVINOFF, National Coordinating Committee; Eintrittskarten, Finanzen; VLADO KOLITSCH)

MATERIAL ZUR BIOGRAFIE
LHEVINOFF, ETTA

4265   1938-01-17
«Exiled German Violinist, 11, to Give Benefit – for Herself»; Clipping; PD, 1 S., engl.; Artikel aus ‹NY Post› mit Fotografie von Etta Lhevinoff **E** Finanzen/ETTA LHEVINOFF (Benefizkonzert zur Existenzgründung); Integration/ETTA LHEVINOFF (Lebensbedingungen nach Emigration)

4266   1938-02-20
«A Prodigy Born in Germany Exiled by Hitler»; Programmheft; PD, 4 S., engl. **A** Aufführung («Benefit Concert to Help her Parents Establish a Home in America», NYC; Mitwirkende VLADO KOLITSCH und BEATRICE ANTHONY); Biografie/VLADO KOLITSCH (künstlerischer Werdegang; Lehrer/ETTA LHEVINOFF); Biografie/ETTA LHEVINOFF

Archives of the National Refugee Service

- Koordination der Tätigkeit von über zwei Dutzend Hilfsorganisationen, darunter Placement Committee for German and Austrian Musicians (kurz: Musicians' Placement Committee) zur Förderung von emigrierten Musikern
- Korrespondenz mit Organisationen und Institutionen, die sich um eine Vermittlung von Emigranten bemühten, interne Korrespondenz mit dem Capital Loan Committee zur Gewährung von Darlehen an Emigranten; Namenslisten, Material zur Biografie
- Finding list
- Deborah Horn, «Making New Americans into Good Americans: the Achievements and Limitations of the National Refugee Service», BA-Thesis, Princeton Univ., Princeton (NJ) 1993 (YIVO Call No.: /100115 03/26/01 N) • Eli Ginzberg, «Report to American Jews on Overseas Relief, Palestine and Refugees in the United States», New York und London 1942 (YIVO Call No.: /11946 08/15/01N)

KORRESPONDENZ

ABRAMS, JOSEPH M.

4267 1939-02-07
Edith Werber an Joseph M. Abrams (Englewood, NJ); TL (Kopie), 1 S., engl. A Biografie (Ausbildung und musikalische Laufbahn/EMMY JOSEPH, FRANZ ULLSPERGER und WALTER ROBERT); Empfehlung/EW (für EMMY JOSEPH, FRANZ ULLSPERGER und WALTER ROBERT an JOSEPH M. ABRAMS); Projekte/JA (Suche nach Künstlern für Konzertplanung)

4268 1939-02-19
Edith Werber an Joseph M. Abrams (Palisade Storage Warehouse Co., Engelwood, NJ); TL (Kopie), 1 S., engl. A Biografie/MASCHA BENYA (Ausbildung und musikalische Laufbahn); Empfehlung/EW (für MASCHA BENYA an JA als Ersatz für EMMY JOSEPH bei einem Konzert)

4269 1940-01-15
Eni R. Jaspersen an Joseph M. Abrams (Tanglewood, NJ); TL (Kopie), 1 S., engl. A Biografie (Lebenslauf und musikalischer Werdegang/JOSEF GERINGER, KURT ADLER und JUDITH HELLWIG); Empfehlung/EJ (für JOSEF GERINGER, KURT ADLER und JUDITH HELLWIG an JA als Musiker für Konzert)

AUSTRIAN AID

4270 1938-06-12
Lilly Wittels (Austrian Aid, NYC) an Mark Brunswick; TLS (annotiert), 1 S., dt.; mit Beilage «Recommended for Affidavits», Namensliste (TD annotiert, 1 S.) E Affidavit (für CHARLY KAUFMANN, FRITZ KURZWEIL, LISE GROAK, MALVINE JONAS, KARL WEIGL; Affidavitgeber HERMANN SCHAAR, YELLA PESSL, [HERBERT] ADLER, ? KOLPER); Hilfe/BRUNO WALTER und LOTTE LEHMANN (für MALVINE JONAS)

BERESOFF, VICTOR

4271 1938-05-31
Moses Fainberg an David H. Sulzberger (NYC); TL (Kopie annotiert), 2 S., engl.; mit Beilage Lebenslauf (TD, 1 S) A Biografie/VICTOR BERESOFF (Violinstudium in Kiev; Kino-, Salon- und Orchestermusiker); Finanzen/VICTOR BERESOFF (Darlehen zum Aufbau einer Musikschule, Bedingungen); Projekte/VICTOR BERESOFF (Aufbau einer Musikschule zur Anstellung von Emigranten; Gruppenunterricht)

4272 1938-07-15
Edith Werber (Musicians' Placement Committee, NYC) an Victor Beresoff (Jackson Heights, Long Island, NY); TL (Kopie), 1 S., engl.; mit Vertrag («Memorandum of Agreement», TD, Kopie, 2 S.) als Anlage A Biografie (Informationen zu ELSY STEIN, EMMERICH GARA, KURT LIST); Finanzen (Vertrag über Darlehen für VB zur Förderung seiner Musikschule; MARK BRUNSWICK); Treffen (Termin zur Vertragsunterzeichnung zwischen VB und National Coordinating Committee)

4273 1939-04-21
Victor Beresoff (NY Musical Institute Foundation, Jackson Heights, Long Island, NY) an ? (National Coordinating Committee, NYC); TL (Kopie), 1 S., engl. A Finanzen/VB (Aufstellung der Ausgaben seiner Musikschule, Bitte um Bezahlung der Rechnungen für Instrumente und Arbeitsverträge)

BLACK MOUNTAIN COLLEGE

4274 1939-06-01
Frederic R. Mangold (Black Mountain College, Black Mountain, NC) an Mark Brunswick (Musicians' Placement Committee, NYC); TLS, 1 S., engl. E Hilfe (Aktivitäten des Black Mountain College zur Unterstützung der Niederlassung und Integration von Emigranten) A Anstellung/ HEINRICH JALOWETZ (als Professor am Black Mountain College); Finanzen (Bitte um finanzielle Unterstützung zur Bezahlung der Lehrstelle/HEINRICH JALOWETZ)

CAPITAL LOAN COMMITTEE

4275 —
Mark Brunswick (Musicians' Placement Committee) an Issai Hosiosky (Capital Loan Committee); TL (Kopie), 1 S., engl. E Einreise/ROBERT KITAIN (mit visitors visa); Finanzen/ROBERT KITAIN (Darlehen/Capital Loan Committee zur Werbung und Durchführung von Konzerten; Mrs. ? DE HEOUS [?]) A Biografie/ROBERT KITAIN (künstlerische Laufbahn, Konzerttätigkeit)

4276 1940-03-03
Eni R. Jaspersen an Issai Hosiosky; TL (Kopie), 1 S., engl.

E Finanzen/HERBERT TANNHAUSER (Darlehen/Capital Loan Committee) A Anstellung/HERBERT TANNHAUSER (in Walla Walla, Washington, als Lehrer für Klar. und Ob. am Whitman College)

4277   1940-05-29
Eni R. Jaspersen (Musicians' Placement Committee) an Issai Hosiosky; TL (Kopie), 1 S., engl. E Finanzen/ANTHONY SCOTT (Darlehen/Capital Loan Committee) A Anstellung/ANTHONY SCOTT (Vorsingen, MET; Manager ? BRIGGS); Biografie/ANTHONY SCOTT (Opernsänger, Konzerttätigkeit)

4278   1940-07-15
Mark Brunswick (Musicians' Placement Committee) an Issai Hosiosky; TL (Kopie), 1 S., engl. E Finanzen/FRANZ JUNG (Darlehen/Capital Loan Committee zur Übersiedlung nach Knoxville, Tennessee) A Anstellung/FRANZ JUNG (mögliche Kooperation als Stimmbildner mit Musikschule Knoxville); Biografie/FRANZ JUNG (Pseudonym FRANCIS DELMAR, Krankheit); Unterricht/FRANZ JUNG (Stimmbildung und Studien zur Genesung bei Mrs. JOHN W. GREENE; EDWARD BING)

4279   1940-07-29
Eni R. Jaspersen (Musicians' Placement Committee) an Issai Hosiosky; TL (Kopie), 1 S., engl. E Finanzen/PETER VAN GOOL (Darlehen/Capital Loan Committee) A Anstellung/PETER VAN GOOL (am High View Mountain House, geringes Einkommen; Tätigkeit als Klavierbegleiter für CHARLIE BROOK)

4280   1940-08-14
Eni R. Jaspersen an Issai Hosiosky; TL (Kopie), 1 S., engl. E Finanzen/WALTER TEUTSCH (Darlehen/Capital Loan Committee für Anzeigen und Anmietung eines Musikstudios; Erstattung von Reisekosten) A Anstellung/WALTER TEUTSCH (als Organist in Salt Lake City und Tätigkeit als Orgellehrer; Rabbi SAMUEL GORDON, Rabbi [HYMAN JUDAH?] SCHACHTEL); Biografie/WALTER TEUTSCH (frühere Stelle als Organist am Temple in Lawrence, Long Island); Empfehlung/[HYMAN JUDAH?] SCHACHTEL (für WALTER TEUTSCH an SAMUEL GORDON)

4281   1940-08-21
Eni R. Jaspersen (Musicians' Placement Committee) an Issai Hosiosky; TL (Kopie annotiert), 1 S., engl. E Besitzverhältnisse/FRITZ RIKKE (Besitz in den Niederlanden); Finanzen/FRITZ RIKKE (Darlehen/Capital Loan Committee für den Kauf neuer Saiten) A Anstellung/FRITZ RIKKE (als Lehrer für Vl. und Va. am Carroll College, Helena, Montana)

4282   1940-08-26
Eni R. Jaspersen (Musicians' Placement Committee) an Issai Hosiosky; TL (Kopie), 1 S., engl. E Finanzen/ANNELIESE LANDAU (Darlehen/Capital Loan Committee für Reisekosten) A Anstellung/ANNELIESE LANDAU (als Lehrerin beim Work and Study Camp, Goddard College, Plainfield, Vermont; Bezahlung von Kost und Logis); Empfehlung/ GEORGE H. BLACKWELL (für ANNELIESE LANDAU)

4283   1940-09-17
Eni R. Jaspersen (Musicians' Placement Committee) an Issai Hosiosky; TL (Kopie), 1 S., engl. E Finanzen/HANS EWALD HELLER (Darlehen/Capital Loan Committee zum Eintritt in die Gewerkschaft) A Anstellung/HANS EWALD HELLER (Arbeit für private Firmen, mögliche Anstellung bei CBS, [JOSEPH?] MAXFIELD); Biografie/HANS EWALD HELLER (Kompositionsstudium, Musikkritiker in Wien, Arrangeur)

4284   1940-09-23
Eni R. Jaspersen (Musicians' Placement Committee) an Issai Hosiosky (Capital Loan Committee); TL (Kopie), 1 S., engl. E Finanzen/JIMMY BERG ("has always been able to support himself by doing odd jobs here and there without giving a thought to the future"; Darlehen/Capital Loan Committee für Eintritt in die Gewerkschaft) A Anstellung/JIMMY BERG (Arbeit für Verlag Broadcas[t] Music als Arrangeur; Tantiemen erst bei Mitgliedschaft in Gewerkschaft); Aufführung/JIMMY BERG (Auftritte mit seiner Band in Temple Emanu-El); Kompositionen/JIMMY BERG (Songs; ASCAP)

4285   1940-09-24
Eni R. Jaspersen (Musicians' Placement Committee) an Issai Hosiosky; TL (Kopie annotiert), 1 S., engl. E Finanzen/WALTER HAUTZIG (Darlehen/Capital Loan Committee) A Biografie/WALTER HAUTZIG (Stipendien an Musikakademie Wien und am Palestine Conservatory of Music, Lehr- und Konzerttätigkeit); Unterricht/WALTER HAUTZIG (Stipendium zur Vervollständigung seiner Ausbildung als Pianist am Curtis Institute of Music, Philadelphia)

4286   1940-10-01
Eni R. Jaspersen (Musicians' Placement Committee) an Issai Hosiosky; TL (Kopie), 1 S., engl. E Emigrationsweg/ OSKAR SCHOENBACHER (Mailand, Kuba); Finanzen/OSKAR SCHOENBACHER (Darlehen/Capital Loan Committee für Instrumentenkauf) A Anstellung/OSKAR SCHOENBACHER (als Musiker und Lehrer bei Charlotte Symphony Soc. und Music School, North Carolina); Biografie/OSKAR SCHOENBACHER (Dirigent, Chorleiter, Lehrer für Engl. Horn)

4287   1940-10-14
Eni R. Jaspersen (Musicians' Placement Committee) an Issai Hosiosky (Capital Loan Committee); TL (Kopie), 1 S., engl. E Finanzen/RICARDO FALK (Darlehen/Capital Loan Committee für Umzug und Klaviermiete, mögliche Eigenfinanzierung durch Unterricht) A Unterricht/RICARDO FALK (freiberuflicher Lehrer für Musiktheorie und Stimmbildung)

4288   1940-10-14
Eni R. Jaspersen (Musicians' Placement Committee) an Issai Hosiosky; TL (Kopie), 1 S., engl. E Finanzen/MARGARETE JOLLES (Darlehen/Capital Loan Committee; Cleveland Refugee Committee); Hilfe (für MARGARETE JOLLES, Schwierigkeiten bei Arbeitsvermittlung durch Musicians' Placement Committee) A Anstellung/MARGARETE JOLLES (mögliche Anstellung als Pianistin oder Lehrerin; ISABELLA VENGEROVA, BORIS GOLDOVSKY, Cleveland Settlement Music School); Öffentlichkeit/MARGARETE JOLLES (Fähigkeiten als Pianistin)

4289   1940-11-19
Eni R. Jaspersen (Musicians' Placement Committee) an Issai Hosiosky (Capital Loan Committee); TL (Kopie), 1 S., engl. E Emigrationsweg/HERBERT BRAND-SANDELOWSKY

(über Panama in die USA); Finanzen/HERBERT BRAND-SANDELOWSKY (Darlehen/Capital Loan Committee zur Miete einer Orgel; HARRIET HURT) A Biografie/HERBERT BRAND-SANDELOWSKY (Musikstudium an Konservatorium Königsberg und Musikakademie Berlin, Ausbildung an Wurlitzer Orgel)

4290 1940-11-27
Eni R. Jaspersen (Musicians' Placement Committee) an ? Wiener (Capital Loan Committee); TL (Kopie), 1 S., engl. E Finanzen/KARL WEIGL (Ablehnung eines Darlehens/Capital Loan Committee wegen Unklarheit der Einkünfte; Rückzahlung bereits gewährter Darlehen) A Anstellung/KARL WEIGL (bei Philharmonic Soc. und an Hartt Music School, Hartford, Columbia)

4291 1940-12-09
Eni R. Jaspersen (Musicians' Placement Committee) an Issai Hosiosky (Capital Loan Committee); TL (Kopie annotiert), 1 S., engl. E Finanzen/MARGIT NEUFELD (Darlehen/ Capital Loan Committee für Lebensunterhalt, Anmiete eines Überaumes und Werbung) A Anstellung/MARGIT NEUFELD (als Klavierlehrerin; Cheyenne Refugee Committee, Mrs. MORTON BERNSTEIN); Biografie/MARGIT NEUFELD (Klavierstudium bei [RICHARD] ROBERT in Wien, Tätigkeit als Pianistin)

4292 1940-12-16
Eni R. Jaspersen (Musicians' Placement Committee) an Issai Hosiosky; TL (Kopie), 1 S., engl. E Emigrationsweg/ JOACHIM KERKER (über die Niederlande in die USA); Finanzen/JOACHIM KERKER (Darlehen/Capital Loan Committee für Mitgliedschaft in Gewerkschaft, Voraussetzung für Anstellung als Orchestermusiker) A Biografie/JOACHIM KERKER (Ausbildung und künstlerischer Werdegang; NATHAN MILSTEIN)

4293 1941-03-?
Mark Brunswick (Musicians' Placement Committee) an Issai Hosiosky (Capital Loan Committee); TL (Kopie annotiert), 1 S., engl. E Finanzen/HERBERT NEURATH (Darlehen/ Capital Loan Committee für Lebensunterhalt; MARCEL KOVARSKY, Mr. ? DOLINS) A Anstellung/HERBERT NEURATH (Aussicht auf Festanstellung bei Columbia Orchestra; Rabbi SAMUEL R. SHILLMANN, HANS SCHWIEGER, JAMES Y. PERRY)

4294 1941-04-21
Mark Brunswick (Musicians' Placement Committee) an Issai Hosiosky; TL (Kopie), 1 S., engl. E Finanzen/HARRY FROMMERMANN (Darlehen/Capital Loan Committee zu Lebensunterhalt und Aufbau musikalischer Aktivitäten) A Biografie/ HARRY FROMMERMANN (künstlerische Laufbahn, "Comedian Harmonists"); Projekte/HARRY FROMMERMANN (Aufbau des Ensembles "Harmony Singers", Agent WILLIAM MORRIS)

→ *Brief Mark Brunswick 1941-12-11 (Dok. 4305)*

4295 1941-05-23
Mark Brunswick (Musicians' Placement Committee) an Issai Hosiosky (Capital Loan Committee); TL (Kopie), 1 S., engl. E Finanzen/ANNE ROESLER (Darlehen/Capital Loan Committee für Mitgliedschaft in Gewerkschaft) A Anstellung/ANNE ROESLER (Aussicht auf Anstellung als Orchestermusikerin bei Mitgliedschaft in Gewerkschaft); Biografie/ ANNE ROESLER (Violoncellostudium an Hochschule für Musik Berlin und an Juilliard School of Music; Mr. ? BRANDEISKY, PAUL GRUEMMER, EMANUEL FEUERMANN); Empfehlung/ JOSEF CHERNIAVSKY (für ANNE ROESLER)

4296 1941-06-03
Mark Brunswick (Musicians' Placement Committee) an Issai Hosiosky (Capital Loan Committee); TL (Kopie), 1 S., engl. E Finanzen/RICHARD HIRSCH (Darlehen/Capital Loan Committee für Mitgliedschaft in Gewerkschaft) A Anstellung/RICHARD HIRSCH (Pauker bei NY Soc. for Ethical Culture; Aussicht auf Anstellung in Teanock SO bei Mitgliedschaft in Gewerkschaft; ? RADL); Biografie/RICHARD HIRSCH (Klavier-, Schlagzeug und Theoriestudium in Wien; Orchester der Ges. der Musikfreunde und Staatsoper Wien; HANS SCHNELLER, FELIX VON WEINGARTNER, FRITZ FALL, RICHARD STRAUSS, EUGENE ORMANDY)

4297 1941-06-03
Mark Brunswick (Musicians' Placement Committee) an Issai Hosiosky (Capital Loan Committee); TL (Kopie), 1 S., engl. E Finanzen/WALTER MARCUS (Darlehen/Capital Loan Committee für Trompetenkauf und Unterweisung in Bach-Trompete) A Anstellung/WALTER MARCUS (als Trompetenlehrer an Beresoff School und NY Musical Institute, NYC); Biografie/WALTER MARCUS (Studium am Konservatorium Florenz, [MANTIA SIMONE] MANNA, Lehrtätigkeit)

4298 1941-08-30
Mark Brunswick (Musicians' Placement Committee) an Issai Hosiosky; TL (Kopie), 1 S., engl. E Finanzen/LOTTE LEONARD (Darlehen/Capital Loan Committee zur Übersiedlung nach Cincinnati; ARTHUR GREENLEIGH) A Anstellung/ LOTTE LEONARD (am Cincinnati Conservatory of Music)

4299 1941-09-08
Mark Brunswick (Musicians' Placement Committee) an Issai Hosiosky; TL (Kopie), 1 S., engl. E Finanzen/HANNAH KRENER und MARION LEYSER (Darlehen/Capital Loan Committee) A Anstellung/HANNAH KRENER und MARION LEYSER (Engagement in Nachtclubs als "Corley Sisters")

4300 1941-09-11
Mark Brunswick (Musicians' Placement Committee) an Issai Hosiosky; TL (Kopie), 1 S., engl. E Finanzen/HENRY BLOCH (Darlehen/Capital Loan Committee für Mitgliedschaft in Gewerkschaft und Instrumentenkauf) A Anstellung/HENRY BLOCH (im Houston SO, Voraussetzung Mitgliedschaft in Gewerkschaft; ERNST HOFFMANN); Biografie/ HENRY BLOCH (Kontrabassstudium, WOLFGANG ROSÉ, JULIUS PRÜWER, OSCAR GUTTMANN, FABIAN BALINGER, PAUL FEIST; Orchester des Jüdischen Kulturbundes)

4301 1941-10-02
Mark Brunswick (Musicians' Placement Committee) an Issai Hosiosky; TL (Kopie), 1 S., engl. A Anstellung/ GEORGE GOLDSMITH und ROSE MARIE GOLDSMITH (in Kryl Orchestra; Möglichkeit der späteren Anstellung in Columbia Orchestra; HANS SCHWIEGER; Probespiel/GEORGE GOLDSMITH); Finanzen/GEORGE GOLDSMITH und ROSE MARIE GOLDSMITH (Darlehen/Capital Loan Committee zum Instrumentenkauf; HERMAN ADLER, IGOR BOURYANINE; finanzielle Unterstützung/Mrs. A. ADLER, Relief and Service Dept.)

4302   1941-11-25
Mark Brunswick (Musicians' Placement Committee) an Nell Mann; TL, 1 S., engl. **E** Finanzen/ALFRED SZENDREY (Darlehen/Capital Loan Committee für Mitgliedschaft in Gewerkschaft); Finanzen/RUDOLF GOEHR (Darlehen/Capital Loan Committee für Mitgliedschaft in Gewerkschaft; Mrs. ? IRWIN) **A** Anstellung/ALFRED SZENDREY (Anfertigung von Arrangements für ERNÖ RAPEE; Aufführung nur bei Mitgliedschaft in Gewerkschaft; Empfehlung/FELIX GUNTHER und HERBERT MARKS (für ALFRED SZENDREY an Edward B. Marks Music Corp.)

4303   1941-12-08
Mark Brunswick (Musicians' Placement Committee) an Nell Mann; TL (Kopie), 1 S., engl. **E** Finanzen/MARIE und ELISABETH GUTMAN-MARINEL (Darlehen/Capital Loan Committee zur Instrumentenreparatur; Mrs. ? IRWIN) **A** Biografie/MARIE und ELISABETH GUTMAN-MARINEL (Ausbildung, Stipendium am Konservatorium Moskau, École Normale de Musique, Paris; künstlerische Laufbahn als "Marinel Harp Duo"); Empfehlung/DAVID MANNES (für "Marinel Harp Duo" nach Vorspiel an David Mannes Music School)

4304   1941-12-09
Mark Brunswick (Musicians' Placement Committee) an Nell Mann; TL (Kopie), 1 S., engl. **E** Finanzen/RUDOLF GOEHR (Darlehen/Capital Loan Committee für Mitgliedschaft in Gewerkschaft; ROBERT KITAIN, ANDRÉ KOSTELANETZ) **A** Anstellung/RUDOLF GOEHR (Anstellung bei Verlag Schirmer bei Mitgliedschaft in Gewerkschaft; ARNOLD SCHOENBERG)

4305   1941-12-11
Mark Brunswick (Musicians' Placement Committee) an Nell Mann; TL (Kopie), 1 S., engl. **A** Finanzen/HARRY FROMMERMANN (zusätzliches Darlehen/Capital Loan Committee zur Förderung berufsgebundener Projekte); Projekte/HARRY FROMMERMANN (Darstellung und Bewertung der musikalischen Aktivitäten/HARRY FROMMERMANN; ? RUTZIK, Mrs. ? WOLF, EDWIN FADIMAN)

→ *Brief Mark Brunswick 1941-04-21 (Dok. 4294)*

CHATHAM SQUARE MUSIC SCHOOL

4306   1939-02-14
Ruth L. Bergman (Chatham Square Music School, NYC) an Mark Brunswick; TLS, 2 S., engl. **A** Biografie (Informationen zu MARTHA WERND, HENRY LAMPL, ALFRED JAKUBOWITZ, OSCAR WEIZNER); Finanzen (finanzielle Unterstützung und Stipendien für MARTHA WERND, HENRY LAMPL, ALFRED JAKUBOWITZ und OSCAR WEIZNER zum Unterricht bei ADELE MARCUS, HEIDA HERMANNS-HOLDE, [JASCHA] HEIFETZ und GUIDO BRAND)

4307   1939-04-28
Ruth L. Bergman (Chatham Square Music School, NYC) an Mark Brunswick (Musicians' Placement Committee, NYC); TLS, 1 S., engl. **A** Finanzen (Nachweis der Verwendung von Geldern zur Unterstützung des Musikunterrichts/ERICA WALLISCH, HENRY LAMPL, OSCAR WEIZNER durch emigrierte Lehrer VERA M. PRESS, HEIDA HERMANNS-HOLDE und GUIDO BRAND)

→ *Brief ähnlichen Inhalts: 1939-04-14*

4308   1939-05-10
Ruth L. Bergman (Chatham Square Music School, NYC) an Mark Brunswick (Musicians' Placement Committee, NYC); TLS, 1 S., engl. **A** Empfehlung/RB (Ergebnis und Einschätzung der Vorspiele/ROSA SATCH und HERBERT HOCHWEISS; Weiterempfehlung an SAMUEL CHOTZINOFF)

4309   1939-10-17
Ruth L. Bergman (Chatham Square Music School, NYC) an Mark Brunswick (Musicians' Placement Committee, NYC); TLS, 1 S., engl. **A** Empfehlung/RB (Ergebnis und Einschätzung von REGINA WILDMAN, LOTTIE WILDMAN, GERTA FULDA, RUTH FULDA, HORST-OTTO RICHHEIMER; mangelnde Begabung)

4310   1940-02-07
Eni R. Jaspersen (Musicians' Placement Committee) an Ruth L. Bergman (Chatham Square Music School, NYC); TL (Kopie), 1 S., engl. **E** Hilfe (finanzielle Unterstützung für PIA WERTHEIMER zur Fortsetzung der Klavierstudien an Chatham Square Music School) **A** Anstellung/PIA WERTHEIMER (Halbtagsstelle zur Finanzierung ihrer Kurse am NY College of Music); Empfehlung/SOPHIE FEUERMANN und KATJA ANDY (für PIA WERTHEIMER)

4311   1940-02-13
Eni R. Jaspersen (Musicians' Placement Committee) an Ruth L. Bergman (Chatham Square Music School, NYC); TL (Kopie), 1 S., engl. **E** Hilfe (Unterstützung für MUSJA GOTTLIEB, Vermittlung an GUIDO BRAND; PIA WERTHEIMER) **A** Empfehlung/HANS LETZ (für MUSJA GOTTLIEB an MARK BRUNSWICK)

→ *Material zur Biografie (Dok. 4446)*

CLARK-BREWER TEACHERS' AGENCY CHICAGO

4312   1939-03-09
C.E. Lutton (Clark-Brewer Teachers' Agency, Chicago, IL) an Mark Brunswick (Musicians' Placement Committee, NYC); TLS, 2 S., engl. **A** Anstellung (ERNST KRENEK am Vassar College, Poughkeepsie, New York; KARL WEIGL, Ablehnung einer Anstellung in Oklahoma; HERMANN KAPLAN) **R** Musik/CL (Probleme bei Vermittlung von Lehrpersonal für Musikwissenschaft, "five high-grade musicologists are about all that this country will be able to assimilate in the collegiate field for a long time")

4313   1939-03-17
Mark Brunswick an C.E. Lutton (Clark-Brewer Teachers' Agency, Chicago, IL); TL (Kopie), 2 S., engl. **A** Anstellung (Vermittlungsversuche; Liste mit Namen und Adressen/OSWALD JONAS, HEINRICH JALOWETZ, ROLF JACOBY, KURT LIST, WALTER KLEIN, EGON LUSTGARTEN, ARTHUR FLEISCHER, GERTRUDE BAMBERGER, LYDIA FRANKFURT, HANS TISCHLER; Kritik an KARL WEIGL wegen Ablehnung einer Anstellung in Oklahoma)

COLUMBIA MUSIC FESTIVAL ASSOCIATION

4314   1939-06-22
James Y. Perry (Columbia, SC) an Mark Brunswick (Musicians' Placement Committee, NYC); TLS, 1 S., engl. **A** Anstellung (Anstellung für [MUSJA] GOTTLIEB im Music Camp nicht möglich; dafür Interesse an OSCAR VOGEL und GERHARD SINGER; Bereitstellung von Reisekosten)

4315 1939-06-30
Edith Werber an James Y. Perry (Columbia, SC); TL, 1 S., engl. A Anstellung/GERHARD SINGER und OSCAR VOGEL (Ablehnung des Anstellungsangebots in Music Camp des Columbia Festivals; Bitte um Anstellung anderer Musiker)

4316 (1939)-(07)-?
James Y. Perry an Rudolf Krueger; TL (Kopie), 1 S., engl. A Anstellung/RK (im Music Camp der Episcopal Church, Columbia Music Festival; Absprache über Fahrten vom Wohnort Cleveland nach Columbia)

4317 1939-07-11
James Y. Perry (Columbia, SC) an Edith Werber (Musicians' Placement Committee, NYC); TLS (annotiert), 1 S., engl. A Anstellung (in Music Camp des Columbia Festival, Angebote für ROBERT SIMON und RUDOLF KRUEGER); Reise/JP (nach NYC)

4318 1939-07-21
Edith Werber an James Y. Perry (Columbia, SC); TL, 1 S., engl. A Anstellung/ROBERT SIMON und RUDOLF KRUEGER (Angebote für Music Camp des Columbia Festival; Umzug/RUDOLF KRUEGER nach Cleveland)

4319 1939-07-25
James Y. Perry (Columbia, SC) an Edith Werber (Musicians' Placement Committee, NYC); TLS, 1 S., engl. E Integration (Pläne "to rehabilitate refugee musicians", SAMUEL R. SHILLMANN, MARK BRUNSWICK) A Anstellung (Suche nach Musikern für Columbia Festival, BENET POLIKOFF); Finanzen (Schwierigkeit bei Bezahlung der Umzugskosten/ROBERT SIMON; Episcopal Church)

4320 1939-11-15
Eni R. Jaspersen an Friedrich Polnauer (Columbia Music Festival Ass., Columbia, SC); TL (Kopie), 1 S., engl. A Anstellung (Arbeitsverhältnisse vorgeschlagen für HANS KURT, ERICH SILBERSTEIN, GERHARD SINGER, HANNSJÜRGEN RONIS, HELEN HESSE-SINZHEIMER, ROBERT FLEISCHER); Anstellung/FP (bei Columbia Music Festival Ass., Music School); Finanzen/FP (Rückzahlung Darlehen)

4321 1939-11-18
Hans Schwieger (Columbia Music Festival Ass., Columbia, SC) an Eni R. Jaspersen (Jewish Refugee Committee, NYC); TLS, 1 S., engl. E Hilfe (für emigrierte Musiker, Aufnahme in das Orchester des Columbia Music Festival; SAMUEL R. SHILLMANN) A Finanzen (Beteiligung des Jewish Refugee Committee an Gehaltszahlungen); Treffen/HS (mit MARK BRUNSWICK)

4322 1939-12-19
James Y. Perry an Herbert Neurath (Orchestra School, Columbia, SC); TLS (Kopie), 1 S., engl. E Finanzen (Gewährung eines Darlehens für HERBERT NEURATH durch Refugee Committee, vertragliche Vereinbarung über Zeitraum); Integration/HN (Ansiedlung in Columbia; mögliche Anstellung seiner Ehefrau) A Treffen/JP (mit HN)

4323 1939-12-19
James Y. Perry (Columbia Music Festival Ass., Columbia, SC) an Mark Brunswick (Musicians' Placement Committee, NYC); TLS, 1 S., engl. A Anstellung/HELEN HESSE-SINZHEIMER (Anstellung im Orchester möglich, Hilfe bei Kontaktaufnahme; HANS SCHWIEGER); Finanzen (Dank für Unterstützung/Musicians' Placement Committee)

4324 1939-12-20
James Y. Perry (Columbia Music Festival Ass., Columbia, SC) an Mark Brunswick (NYC); TLS, 2 S., engl. E Finanzen (Gewährung von Darlehen für HERBERT NEURATH und FRIEDRICH POLNAUER) A Finanzen (Dank für Unterstützung/ Musicians' Placement Committee); Organisationen (Columbia Music Festival)

4325 [1940]-?-?
Eni R. Jaspersen (Musicians' Placement Committee) an Hans Schwieger (Columbia, SC); TL (Kopie), 1 S., engl. A Anstellung/ALFRED ROSENFELD (im Columbia Orchestra, Mitgliedschaft in Gewerkschaft als Voraussetzung); Biografie/ALFRED ROSENFELD (Violinstudium an Musikakademie Wien, Tätigkeit in Wiener SO)

4326 1940-01-27
James Y. Perry (Columbia Music Festival, Columbia, SC) an Mark Brunswick (Musicians' Placement Committee, NYC); TLS, 1 S., engl. E Hilfe (bei Ansiedlung von Musikern, Schwierigkeiten mit dem Verhalten/FRIEDRICH POLNAUER, "unless he changes his attitude and outlook, he is bound to be a flop in this country") A Biografie/HANS SCHWIEGER (Zweifel an Angaben zum Dirigentenposten an Berliner Staatsoper; Bitte/JP um Überprüfung)

4327 1940-02-20
Mark Brunswick an James Y. Perry (Columbia Music Festival, Columbia, SC); TL (Kopie), 2 S., engl. A Biografie/HANS SCHWIEGER (falsche biografische Angaben, kein "First Conductor" an Berliner Staatsoper, musikalischer Werdegang; HERMAN WEIGERT, ERICH KLEIBER, MARIA MILLER, HERBERT NEURATH); Finanzen/HERBERT NEURATH (finanzielle Schwierigkeiten als selbständiger Musiker); Öffentlichkeit/HANS SCHWIEGER (positives Urteil und Begeisterung der Orchestermusiker)

4328 1940-03-21
James Y. Perry (Columbia Music Festival, Columbia, SC) an Mark Brunswick (Musicians' Placement Committee, NYC); TLS, 1 S., engl. E Integration/FRIEDRICH POLNAUER (Probleme bei Ansiedlung, Unzufriedenheit); Integration/HERBERT NEURATH (gute Aussichten zur Integration aufgrund seiner hohen Motivation) A Finanzen/HERBERT NEURATH (Darlehen/Musicians' Placement Committee, Probleme mit Rückzahlung); Organisationen (Columbia Music Festival; RUDOLF KRUEGER, [HANS] CURT; Treffen/JP (mit MB, NYC)

4329 1940-04-01
Mark Brunswick an James Y. Perry (Columbia Music Festival, Columbia, SC); TL (Kopie), 1 S., engl. E Integration/FRIEDRICH POLNAUER und HERBERT NEURATH (Abbruch der Integrationsbemühungen; Überlegung zur Unterstützung anderer Emigranten) A Anstellung (Ersatz für FRIEDRICH POLNAUER, HANS CURT statt RUDOLF KRUEGER); Empfehlung/MB (für HELEN HESSE-SINZHEIMER zur Anstellung bei Columbia Music Festival; Treffen/MB (mit JP in NYC)

4330 1940-04-04
James Y. Perry (Columbia Music Festival, Columbia, SC) an Mark Brunswick (Musicians' Placement Committee, NYC); TLS, 1 S., engl. E Finanzen/HELEN HESSE-SINZHEIMER und FRITZ WOLFF (Annahme eines Darlehens); Integration/HELEN HESSE-SINZHEIMER und FRITZ WOLFF (gute Voraussetzungen zur Ansiedlung in Columbia); Integration/HERBERT NEURATH (Abbruch der Integrationsbemühungen, Rückkehr nach NYC)

4331 1940-04-08
James Y. Perry (Columbia Music Festival, Columbia, SC) an Mark Brunswick (Musicians' Placement Committee, NYC); TLS, 1 S., engl. E Finanzen/FRITZ WOLFF (Gewährung eines Darlehens); Hilfe (Überlegungen zur Unterstützung/HELEN HESSE-SINZHEIMER, HANS CURT und ALFRED HILLMANN; Zweifel an Bereitschaft der Emigranten, jede Arbeit zu übernehmen) A Finanzen/HERBERT NEURATH (Rückzahlung des Darlehens)

4332 1940-04-09
James Y. Perry an Fritz Wolff (Columbia, SC); TL (Kopie), 1 S., engl. E Finanzen/FW (Vereinbarungen zur Gewährung eines Darlehens durch Refugee Committee; Ansiedlung in Columbia)

4333 1940-04-09
James Y. Perry an Helen Hesse-Sinzheimer (Columbia, SC); TL (Kopie), 1 S., engl. E Finanzen/HH (Vereinbarungen zur Gewährung eines Darlehens durch Refugee Committee; Ansiedlung in Columbia)

4334 1940-04-16
Eni R. Jaspersen (Musicians' Placement Committee) an Issai Hosiosky; TL (Kopie), 1 S., engl. A Anstellung/HELEN HESSE-SINZHEIMER, ROBERT FLEISCHER und FRITZ WOLFF (beim South Carolina Orchestra, Southern SO, Nebenverdienst beim Rundfunk; [JAMES Y.] PERRY); Finanzen (Darlehen an Columbia Music Festival Ass.; Hilfe und Darlehen für emigrierte Musiker)

4335 1940-05-02
Eni R. Jaspersen (Musicians' Placement Committee) an Issai Hosiosky; TL, 1 S., engl. E Finanzen (Darlehen für HELEN HESSE-SINZHEIMER und ROBERT FLEISCHER); Integration/HELEN HESSE-SINZHEIMER und ROBERT FLEISCHER (Niederlassung in South Carolina, Anstellung in South Carolina Orchestra, Southern SO)

4336 1940-05-22
Eni R. Jaspersen (Musicians' Placement Committee) an James Y. Perry (Columbia Music Festival, Columbia, SC); TL (Kopie), 2 S., engl. E Finanzen/HERBERT NEURATH (hat durch sein Verhalten Chance auf Darlehen verwirkt; Darlehen für seine Ehefrau); Integration (erfolgreiche Ansiedlung von vier Musikern in Columbia; MARK BRUNSWICK) A Anstellung/HELEN HESSE-SINZHEIMER und FRITZ WOLFF (Anstellung an einer Orchestra School; zusätzliches Darlehen); Anstellung/HERBERT NEURATH (an einer Orchestra School); Finanzen/ROBERT FLEISCHER (finanzielle Absicherung bis zur nächsten Orchestersaison durch "summer job" und Darlehen)

4337 1940-08-22
Eni R. Jaspersen (Musicians' Placement Committee) an Hans Schwieger (Columbia Music Festival, Columbia, SC); TL (Kopie), 1 S., engl. E Integration/ERICH SILBERSTEIN (Unterstützung zur Ansiedlung in Columbia; keine Rückkehr von HERBERT NEURATH) A Empfehlung/EJ (für ERICH SILBERSTEIN als Konzertmeister für Columbia Orchestra); Finanzen (Darlehen für HERBERT NEURATH, Weiterzahlung an ERICH SILBERSTEIN); Reise/HS (nach NYC)

4338 (1940-09-23)
Eni R. Jaspersen an Hans Schwieger (Columbia Music Festival, Columbia, SC); TL (Kopie), 1 S., engl. A Anstellung/JASCHA HERZOG (Bewerbung als Konzertmeister bei Columbia Orchestra, Nachfolge FRIEDRICH POLNAUER); Projekte (engere Zusammenarbeit des Columbia Music Festival mit Musicians' Placement Committee; LUISE AUERBACH)

4339 1940-09-27
Hans Schwieger (Columbia Music Festival, Columbia, SC) an Eni R. Jaspersen (Musicians' Placement Committee, NYC); TLS, 1 S., engl. A Anstellung/HELEN HESSE-SINZHEIMER und RUDOLF KRUEGER ("Radio contract" zusätzlich zur Anstellung im Columbia Orchestra); Finanzen/Columbia Music Festival (gleiche Bezahlung für alle Musiker, keine Bevorzugung der Emigranten; HELEN HESSE-SINZHEIMER, FRITZ WOLFF, HERBERT NEURATH, [GERHARD?] SINGER, [ROBERT M.] HUTCHINS, ? BOGER)

4340 1940-12-03
Hans Schwieger (Columbia Music Festival, Columbia, SC) an Eni R. Jaspersen (NYC); TLS, 2 S., dt. A Anstellung/RICHARD HIRSCH (Probleme wegen falscher Angaben zur Biografie); Anstellung (Musiker für nächste Orchestersaison, LEO ROSTAL, [FREDERIC] BALAZS, HANS KURT, OTTO DERI, HERBERT NEURATH, ROBERT FLEISCHER, RUDOLF KRUEGER, FRITZ WOLFF, ERNA MANN; Finanzen)

4341 (1940-12-06)
Eni R. Jaspersen (Musicians' Placement Committee) an Hans Schwieger (Columbia, SC); TL (Kopie unvollständig), 1 S., engl. E Emigrationsweg/GABOR REJTO (über Kuba, unerwartete Schwierigkeiten) A Anstellung (Musiker für Columbia Orchestra, ERNA MANN, LEO ROSTAL, ANNE ROESLER, HERMAN[N] BUSCH; Bericht über ADOLF BUSCH); Anstellung/GERHARD SINGER (in Indianapolis SO); Anstellung/ERICH SILBERSTEIN (in Houston, Texas); Empfehlung/EJ (für ANNE ROESLER und GREGORIE BOKSER an HS; Probespiel, TED MIX); Finanzen/HELEN HESSE-SINZHEIMER, LILLY WITTELS und JOSEF GERINGER (Angleichung der Bezahlung; JAMES Y. PERRY)

→ *Brief ähnlichen Inhalts: 1940-12-08*

4342 1941-02-20
Mark Brunswick an James Y. Perry (Columbia, SC); TL (Kopie), 1 S., engl. A Anstellung/ELSA RYPINSKI (als Begleiterin für LOTTE LEHMANN, Gründe für Absage; SAMUEL R. SHILLMANN, Rabbi ? SALLON)

→ *Brief ähnlichen Inhalts: 1940-02-19*

4343 1941-09-29
Mark Brunswick an Hans Schwieger (Columbia Music Festival, Columbia, SC); TL (Kopie), 1 S., engl. A Anstel-

lung/GEORGE und ROSE MARIE GOLDSMITH (Vorspiel zur Anstellung in Columbia Orchestra); Reise/HS (nach NYC, Probespiel-Termine)

CONGREGATION BEN'L ISRAEL EVANSVILLE

4344   1939-11-21
Mark Brunswick an Milton Greenwald (Congregation Ben'l Israel, Evansville, IN); TL (Kopie), 1 S., engl. E Integration (Ansiedlung von Emigranten in Evansville, neue Strategie "to combine general resettlement with a special musical function"; GAYLORD H. BROWNE)

CONGREGATION KESHER ZION READING

4345   1939-08-18
Mollie Feder (Congregation Kesher Zion, Reading, PA) an ? (Musicians' Placement Committee); TLS (annotiert), 1 S., engl. E Integration/MAX PODOROWSKI (positive Bewertung seiner Tätigkeit für die Synagoge, Suche nach weiterer Stelle als Bedingung für Niederlassung in Reading) A Anstellung (Anfrage zu Bass für Synagogenchor, ledige Person mit zusätzlicher Tätigkeit als Buchhalter erwünscht; Kantor ? GOLDBERG)

↪ *Brief ähnlichen Inhalts: 1939-08-06*

CONGREGATION SHAARE TEFILLAH BRONX

4346   1940-10-31
Eni R. Jaspersen (NYC) an Morris Dahlerbruch (Congregation Shaare Tefillah, Bronx, NY); TL (Kopie annotiert), 1 S., engl. E Hilfsorganisationen (Informationsschreiben/Musicians' Placement Committee zu den Aktivitäten; Vermittlung von Chorsängern, Hilfe für europäische Künstler)

CONVERSE COLLEGE SPARTANBURG

4347   1940-01-04
Ernst Bacon (Converse College, School of Music, Spartanburg, SC) an Mark Brunswick (NYC); TLS, 2 S., engl. A Öffentlichkeit (negative Stimmung gegenüber Emigranten an Lehrinstituten aufgrund ihrer Bevorzugung und ihres oft arroganten Verhaltens); Öffentlichkeit/FRITZ JAHODA (positive Beurteilung seiner Lehrtätigkeit am Converse College); Öffentlichkeit/HANS SCHWIEGER (Kritik an dem von ihm initiierten kostenlosen Instrumentalunterricht in Konkurrenz zu etablierten Instituten, Vorwurf mangelnder Kompetenz, Converse College, Furman Univ., Winthrop College; HEINRICH JALOWETZ, FRITZ JAHODA, Miss ? PERRY); Organisationen (Bericht/EB über Diskussion innerhalb der NASM [National Association of Schools of Music] zur Behandlung emigrierter Musiker, Kansas City Convention, Kritik an Förderung und Bevorzugung der Europäer gegenüber Amerikanern)

↪ *Abdruck im Anhang, S. 388*

4348   1940-04-23
Ernst Bacon (Converse College, School of Music, Spartanburg, SC) an Mark Brunswick (NYC); TLS, 1 S., engl. A Anstellung/FRITZ JAHODA (Lehrtätigkeit am Converse College; Stellenangebot für Sarah Lawrence College); Empfehlung/EB (Zusicherung eines Empfehlungsschreibens für FRITZ JAHODA); Öffentlichkeit/FRITZ JAHODA (Tätigkeit leidet unter mangelnder Kreativität und veralteten Interpretationen)

↪ *Brief ähnlichen Inhalts: 1940-04-[26]*

4349   1940-06-17
Eni R. Jaspersen an Ernst Bacon (Converse College, Spartanburg, SC); TL, 1 S., engl. A Anstellung/MARIA BALLING (mögliche Anstellung am Converse College als Organistin, Klavier- oder Theorielehrerin); Studium/MARIA BALLING (am Manhattan College); Treffen/EB (mit MARIA BALLING, nicht wahrgenommen)

COORDINATING REFUGEE COMMITTEE OF SOUTH CAROLINA

4350   1939-07-25
Samuel R. Shillmann (Coordinating Refugee Service Committee of South Carolina) an Mark Brunswick (National Refugee Service, Inc., NYC); TLS (annotiert), 3 S., engl. E Integration (Ansiedlung von Emigranten in South Carolina, JAMES Y. PERRY; WILLIAM B. THALHIMER, Resettlement Division, National Coordinating Committee) A Anstellung (Namensliste mit Kandidaten für Orchester, MANFRED LECHNER, MAX LAMM, BART CURT, ROBERT SIMON, MUSJA GOTTLIEB, OSCAR VOGEL, ADOLPH DZIWIENTNIK, BORIS GOLDSOBEL, BERTOLD SEREBRENIK; gleiche Bezahlung wie einheimische Musiker; Projekte (Orchestergründung und Ansiedlung von Emigranten in South Carolina; Finanzierungsplan)

4351   1939-10-20
Samuel R. Shillmann (Congregation Sinai, Sumter, SC) an Mark Brunswick (Musicians' Placement Committee, NYC); TLS (annotiert), 2 S., engl. A Anstellung/GERHARD SINGER (Einladung Southern SO, Finanzen; Anstellung weiterer Emigranten möglich); Projekte (Neugründung einer Orchesterschule neben der des Southern SO durch Columbia Music Festival Ass., HANS SCHWIEGER; GERHARD SINGER; ? BRONSTEIN; Finanzierungspläne); Reise/SRS (nach Dallas, National Soc. for Crippled Children)

4352   1939-10-20
Samuel R. Shillmann (Congregation Sinai, Sumter, SC) an Mark Brunswick (Musicians' Placement Committee, NYC); TLS (annotiert), 1 S., engl. E Integration/FREDERICK POLNAUER (Ansiedlung in South Carolina) A Anstellung/FREDERICK POLNAUER (im Southern SO; HANS SCHWIEGER; Finanzen); Finanzen/FREDERICK POLNAUER (Unterstützung in der Übergangszeit); Projekte (Ansiedlung emigrierter Musiker in South Carolina)

4353   1939-10-20
Samuel R. Shillmann (Congregation Sinai, Sumter, SC) an Mark Brunswick (Musicians' Placement Committee, NYC); TLS (annotiert), 1 S., engl. E Integration/RUDOLF KRUEGER (Ansiedlung in South Carolina) A Anstellung/RUDOLF KRUEGER (im Southern SO; HANS SCHWIEGER; Finanzen); Finanzen/RUDOLF KRUEGER (Bitte um Unterstützung für Lebensunterhalt)

DALLAS SYMPHONY ORCHESTRA

4354   1938-06-10
? (Musicians' Placement Committee) an Jacques Singer (Agranov Studio, NYC); TL (Kopie unvollständig), 1 S., engl. A Anstellung (Probespiel für Dallas SO, Kandidaten VALLY CARA, LUCY B. WEISS, ERIC SIMON, JUSTUS CELFIUS)

↪ *Material zur Biografie 1939-06-01 (Dok. 4451)*

David Mannes Music School

4355 1940-02-27
Eni R. Jaspersen (Musicians' Placement Committee) an Carl Bamberger (NYC); TL (Kopie annotiert), 1 S., engl. A Biografie (Angaben über musikalische Fähigkeiten und biografische Details zu Leo Charniavsky, Jacob Herzog, Manfred Kuttner, Fritz Landau, Charlotte Rosen, Viliam Simek); Empfehlung/EJ (für Musiker zur Anstellung in Warburg School Orchestra, David Mannes Music School; Lilly Wittels, Austrian Aid)

4356 1940-12-09
Mark Brunswick an Leopold Mannes (David Mannes Music School, NYC); TL (Kopie), 1 S., engl. E Hilfe (für talentierten Geiger Nathan Spindel, Stipendium an David Mannes Music School)

4357 1940-12-11
Eni R. Jaspersen an Carl Bamberger (David Mannes Music School, NYC); TL (Kopie), 1 S., engl. E Hilfe (für Gertrude Vas, Stipendium an David Mannes Music School) A Biografie/Gertrude Vas (Stuidum an Musikakademie Budapest)

Dayton Philharmonic Orchestra Association

4358 1938-11-30
Paul Katz (Dayton PO Ass.) an S.C. Kohs (Resettlement Division, National Coordinating Committee, NYC); TL (annotiert), 1 S., engl. A Anstellung (mögliche Anstellung emigrierter Musiker im Dayton PO)

4359 1938-12-10
Paul Katz an Edith Werber (Musicians' Placement Committee, NYC); TLS, 1 S., engl. A Anstellung (Anstellungsmöglichkeit für emigrierte Musiker, Männer erwünscht; Informationen zu Bezahlung, Arbeitsumfang, Unterkunft in jüdischen Haushalten)

Evansville Philharmonic Orchestra

4360 1939-05-29
Mark Brunswick an Jacob H. Kravitz; TL (Kopie), 2 S., engl. E Hilfe/ Musicians' Placement Committee (Rundschreiben an Orchester in den USA zur Vermittlung emigrierter Musiker; Felix Lampl, Giorgio Carodini, Adolf Daiwientnik) A Projekte (Vergrößerung des Evansville PO durch neue Streicher, die auch im Handwerk tätig sind; Mrs. ? Engel; Gaylord H. Browne; Rabbi Milton Greenwald)

4361 1939-08-21
Mark Brunswick an Gaylord H. Browne (Evansville PO, Evansville, IN); TL (Kopie), 2 S., engl. A Biografie (Daten zu Ausbildung und künstlerischem Werdegang/Robert Lowy, Benjamin Zederbaum, Leon Ziguelnick, Helen Hesse-Sinzheimer, Robert Hochzeld, Fritz Landau, Victor Manussewitsch)

4362 1939-09-19
Gaylord H. Browne (Evansville College, Music Dept., Evansville, IN) an Mark Brunswick (Musicians' Placement Committee, NYC); TLS, 1 S., engl. A Anstellung (Stellen für Emigranten; Helen Hesse-Sinzheimer); Projekte (Vergrößerung des Evansville PO und Ansiedlung von Emigranten; engere Zusammenarbeit mit Musicians' Placement Committee erwünscht; Milton Greenwald)

4363 1939-09-30
Gaylord H. Browne (Evansville College, Evansville, IN) an Mark Brunswick (Musicians' Placement Committee, NYC); TLS (annotiert), 1 S., engl. A Anstellung (in Evansville PO, Nebenbeschäftigung notwendig; Bedingungen und Finanzen; Milton Greenwald; Helen Hesse-Sinzheimer)

4364 1939-10-06
Mark Brunswick an Gaylord H. Browne (Evansville College, Evansville, IN); TL (Kopie), 1 S., engl. E Integration (Niederlassung emigrierter Musiker in Evansville und Anstellung in Evansville PO, Eignung für andere Berufe erwünscht; Resettlement Division, National Refugee Service) A Treffen/GB (mit Mark Brunswick; Terminabsprache zu Treffen für Projekt in Evansville)

4365 1939-10-14
? (Musicians' Placement Committee) an Dorothy Spielberg, Della Milder, A. Chalk, Charles Mayers, L. Schan; TL (Kopie), 1 S., engl. E Integration (Ansiedlung in Evansville, Bertold Serebrenik, Edwin Sieradz, Kurt Stern, Oscar Vogel; Resettlement Division; Erstattung der Reisekosten) A Anstellung (im Evansville PO, Bertold Serebrenik, Edwin Sieradz, Oscar Vogel, Kurt Stern)

4366 1939-10-17
Dorothy Spielberg (National Refugee Service, NYC) an Isidore Fine (Union Central Bank Building, Evansville, IN); TL, 2 S., engl. E Integration (Niederlassung und Anstellung emigrierter Musiker in Evansville, Bertold Serebrenik, Edwin Sieradz, Oscar Vogel, Kurt Stern; Probleme bei Bertold Serebrenik aufgrund der Familiengröße) A Reise/Gaylord H. Browne (nach NYC zu Probespiel und Auswahl der Bewerber)

4367 1939-10-31
Edith Werber an Gaylord H. Browne (Evansville College, Music Dept., Evansville, IN); TL (Kopie), 2 S., engl. E Integration/Bertold Serebrenik (Probleme bei Übersiedlung nach Evansville, Resettlement Dept., Ella Serebrenik; Edwin Sieradz); Biografie/Bertold Serebrenik (Ausbildung und künstlerischer Werdegang)

4368 1939-11-17
Gaylord H. Browne (Evansville College, Evansville, IN) an Mark Brunswick (Musicians' Placement Committee, NYC); TLS, 1 S., engl. E Integration (Probleme bei der Ansiedlung von Emigranten in Evansville; Oscar Vogel, Kurt Stern, Bertold Serebrenik, Edwin Sieradz, Edith Werber, Milton Greenwald)

4369 1940-03-28
Mark Brunswick an Gaylord H. Browne (Evansville PO, Evansville, IN); TL (Kopie), 1 S., engl. A Anstellung/Kurt Stern (Vermittlung zusätzlicher Arbeit als Tellerwäscher durch Gaylord H. Browne)

4370 1940-04-12
Gaylord H. Browne (Evansville College, Evansville, IN) an Mark Brunswick (Musicians' Placement Committee, NYC); TLS, 2 S., engl. E Integration/Kurt Stern und Oscar Vogel (Probleme bei Ansiedlung in Evansville; Finanzen) A Anstellung/Kurt Stern und Oscar Vogel (Neben-

anstellung; Fehlverhalten/OSCAR VOGEL im Evansville PO); Öffentlichkeit (Stimmung gegen Emigranten in Evansville; "Vogel's continual whispering campaign")

4371   1940-05-16
Sol Blumenthal an Leonard Strauss (Kahn Tailoring Co., Indianapolis, IN); TL, 2 S., engl. E Integration (moralisches Versagen/LOUIS RUTHENBURG und GAYLORD H. BROWNE bei Integration von Emigranten; MARK BRUNSWICK; MILTON GREENWALD) A Anstellung/KURT STERN (als "bus boy" in Cafeteria der Servel Factory; Finanzen); Anstellung/OSCAR VOGEL (keine Anstellung durch Evansville Committee erhalten, da keine Berufserfahrung; private Violinschüler; Anstellung/OSCAR VOGEL und KURT STERN (Probespiele, aber keine Anstellungsmöglichkeit im Indianapolis SO; FABIEN SEVITZKY; Jordons Music School); Biografie/OSCAR VOGEL (Studium am Konservatorium Prag); Öffentlichkeit/OSCAR VOGEL und KURT STERN ("have definitely earned a reputation as very fine musicians in Evansville"); Öffentlichkeit/GAYLORD H. BROWNE (als Dirigent des Evansville PO und Leiter des Evansville College wenig erfolgreich); Projekte/OSCAR VOGEL (Gründung eines "violin studio" in Konkurrenz zum Violin Dept. des Evansville College)

4372   1940-05-24
Mark Brunswick an Leonard Strauss (Kahn Tailoring Co., Indianapolis, IN); TL, 1 S., engl. E Integration (Ansiedlung von Musikern in Evansville, KURT STERN, OSCAR VOGEL, MILTON GREENWALD; GAYLORD H. BROWNE) A Anstellung/KURT STERN (kein Engagement im Indianapolis SO; Stelle als Tellerwäscher; SOL BLUMENTHAL, FRANKLIN MINER, FABIEN SEVITZKY; [CAROLINE M.] FESLER)

→ Brief ähnlichen Inhalts: 1940-05-28

GANS, ISAAC

4373   [1940]-?-?
Eni R. Jaspersen an Isaac Gans (NYC); TL (Kopie), 1 S., engl. A Anstellung/IG (Einladung zu Probespiel für Columbia Orchestra; HANS SCHWIEGER)

GODDARD COLLEGE PLAINFIELD

4374   1939-09-06
Mark Brunswick an Royce S. Pitkin (Goddard College, Plainfield, VT); TL (Kopie), 1 S., engl. A Anstellung/ROLF JACOBY (Goddard College; finanzielle Unterstützung zur Anstellung/Oberlaender Trust, WILBUR K. THOMAS; Guggenheim Foundation; HENRY ALLEN MOE, HERTHA KRAUS)

4375   1939-09-08
Royce S. Pitkin an Wilbur K. Thomas (Oberlaender Trust, Philadelphia, PA); TL (Kopie), 2 S., engl. E Hilfe (Bereitstellung von Arbeitsplätzen für qualifizierte Emigranten am Goddard College) A Anstellung/ROLF JACOBY (am Goddard College, Bitte um finanzielle Hilfe/Oberlaender Trust; MARK BRUNSWICK, Musicians' Placement Committee; HERTHA KRAUS, Amer. Friends Service; HENRY ALLEN MOE); Biografie/ROLF JACOBY (Musikstudium in Köln und München, Erfahrungen als Dirigent, Tätigkeit als Korrepetitor und Komponist für dt. Abteilung des Prager Rundfunks)

4376   [1940]-09-16
Rolf Jacoby (Goddard College, Plainfield, VT) an Mark Brunswick; ALS, 2 S., engl. E Integration/RJ (nette Menschen in Plainfield, aber unbefriedigendes Leben "on the edge of the world") A Anstellung/RJ (am Goddard College, Klavierunterricht und Stimmbildung, Arbeitsbedingungen, Unzufriedenheit mit College und Umfeld, "I hoped to do a little bit more advanced work"; JOHAN GROLLE); Finanzen/ RJ (Bezahlung zu gering für Rücklagen; ROYCE S. PITKIN, Oberlaener Trust)

→ Abdruck im Anhang, S. 393

4377   1940-07-19
Mark Brunswick an Royce S. Pitkin (Goddard College, Plainfield, VT); TL (Kopie), 1 S., engl. A Biografie/ERNEST ENITI (Geiger, Repräsentant für frz. Musik im Pavillion der NY World's Fair, keine Rückkehr nach Europa nach Beendigung der Tätigkeit); Empfehlung/MB (für ERNEST ENITI an RP zur Anstellung am Goddard College; FREDERIC BALACZ, ROLF JACOBY; ENI R. JASPERSEN); Empfehlung/JOSEPH SZIGETI (für ERNEST ENITI)

GRAF, WALTER

4378   1940-11-11
Eni R. Jaspersen an Walter Graf (Elmhurst, Long Island, NY); TL (Kopie annotiert), 1 S., engl. A Anstellung/WG (Vermittlung an KURT ADLER für Konzert, Bitte um Treffen)

HECHT, MANFRED

4379   1940-10-07
Eni R. Jaspersen (Musicians' Placement Committee) an Manfred Hecht (c/o Engel, NYC); TL (Kopie), 1 S., engl. A Anstellung/MH (für Gesangdarbietung im Weihnachtskonzert der Flatbush Congregational Church; Kontaktperson KURT ADLER)

HELLER, HANS EWALD

4380   —
Hans [Ewald] Heller an Kurt List; TLS (annotiert), 1 S., dt. A Anstellung/HH (Entschuldigung für Ablehnung einer Arbeit als Schiffskartenverkäufer; ENI R. JASPERSEN) R Gesellschaft (Schwierigkeit der Emigranten, eine Anstellung als Musiker zu finden)

HIRSCHMANN, IRA A.

4381   1938-08-10
Ira A. Hirschmann (Saks-Fifth Ave., Office of the Vice President, NYC) an Mark Brunswick (NYC); TLS (annotiert), 1 S., engl.; mit umfangreicher Beilage (TD, 7 S.) E Hilfe (Liste mit Musikerbiografien, zusammengestellt von League of Nations; Informationen zu LEON ALCALAY, PAUL BAERTICH, HEDDA BALLON, KARL BARTOSCH, FRITZ BERTRAM-BRIESS, LEO BIRKENFELD, SIEGFRIED COHN, HELENE CRONER, LOLA CRONER, GEORG DARMSTADT, FRITZ DEINHARD, SIEGWART EHRLICH, RICHARD [RICARDO] FALK, VICTOR FLEMMING, FELIX FROST, HANS GÁL, WILLI GERNSHEIM-LAUDON, KURT HEUMANN, ERICH HOLLAENDER, JOSEFINE HOLLAENDER-TRAU, FRITZ JAHODA, HEINRICH JALOWETZ, ROBERT KONTA, ERWIN LENDVAI, ERNST LOTTORF, LEONHARD PRINZ, MARIE RETZKER, KURT SALLINGER, BERNHARD SALNO, LOTTE SCHOEPS-ROGOSINSKY, HANS SCHLESINGER, EGON GUIDO SCHWARZ, MISCHA SISSERMANN, KURT SOBER, SUSANNE TRAUGOTT, GEORG MAXIMILIAN WASSERMANN, GUSTAV WITT, GERTRUD WERTHEIM, MARGARETHE ZIFFER)

Houston Symphony Society

4382   1939-03-24
Ernst Hoffmann (Houston Symphony Soc., Houston, TX) an Jacob H. Kravitz (National Coordinating Committee, Resettlement Division, NYC); TLS, 1 S., engl. A Anstellung (freie Stellen in Houston SO, Bezahlung und Umfang der Arbeit; Engagement/THEO RATNER, Mitgliedschaft in Gewerkschaft als Voraussetzung); Finanzen/THEO RATNER (Unterstützung für Reisekosten nach Houston)

4383   (1940)-[09]-?
Eni R. Jaspersen (Musicians' Placement Committee) an Ernst Hoffmann (Houston Symphony Soc., Houston, TX); TL (Kopie), 1 S., engl. A Anstellung/ERICH SILBERSTEIN (als Bratschist im Houston SO); Empfehlung/EJ (für WALTER MARCUS an EH)

4384   1940-09-04
Eni R. Jaspersen (Musicians' Placement Committee) an Ernst Hoffmann (Houston Symphony Soc., Houston, TX); TL, 1 S., engl. A Anstellung (freie Oboenstelle in Houston SO); Empfehlung/EJ (für LOUIS POSMAN an EH, Beglaubigung und Referenzen)

4385   (1940)-(09)-? [nach 1940-09-04]
Eni R. Jaspersen (Musicians' Placement Committee) an Ernst Hoffmann (Houston Symphony Soc., Houston, TX); TL (Kopie), 1 S., engl. A Anstellung (für Oboist GERHARD JABLONSKI); Empfehlung/EJ (für GERHARD JABLONSKI an EH, Bitte um Probespiel)

4386   (1941)-(09)-?
Blanche Rollnick an Ernst Hoffmann (Houston Symphony Soc., Houston, TX); TL (Kopie), 1 S., engl. A Anstellung (Musiker für Houston SO, Vorspiel/WALTER MARCUS); Empfehlung/BR (für HANNSJÜRGEN RONIS an Houston SO); Reise/ MARK BRUNSWICK; Vertrag/ISAAC GANS (mit Houston SO)

4387   1941-09-02
Ernst Hoffmann (Houston Symphony Soc., Houston, TX) an Mark Brunswick (National Committee for Refugee Musicians, NYC); TLS (annotiert), 1 S., engl. A Anstellung/ FRITZ WALLENBERG, OTTO DEVI und JOHN REJTO (im Houston SO; weitere Stellen frei, Finanzen; [HENRY] BLOCH)

4388   1941-09-04
Blanche Rollnick an Ernst Hoffmann (Houston Symphony Soc., Houston, TX); TL (Kopie annotiert), 1 S., engl. A Empfehlung/BR und HERMAN ADLER (für HENRY BLOCH an EH zur Anstellung im Houston SO; ERNST FRIEDLANDER)

4389   1941-09-05
Blanche Rollnick an Ernst Hoffmann (Houston Symphony Soc., Houston, TX); TL (Kopie), 1 S., engl. A Biografie/SEBASTIAN SIMON (Cellist, Mitglied im Jacksonville Youth Orchestra); Empfehlung/BR (für SEBASTIAN SIMON an EH, Bitte um Probespiel)

4390   1941-09-25
Ernst Hoffmann (Houston Symphony Soc., Houston, TX) an Blanche Rollnick (Musicians' Placement Committee, NYC); TLS, 1 S., engl. A Anstellung (Musiker gesucht für Houston SO, Finanzen, Ablehnung von Frauen); Vertrag/ ISAAC GANS (zur Anstellung im Houston SO)

4391   1941-09-26
Blanche Rollnick an Ernst Hoffmann (Houston Symphony Soc., Houston, TX); TL (Kopie), 2 S., engl. A Anstellung/ HANNSJÜRGEN RONIS (im Pittsbrugh SO); Anstellung/ERNST FRIEDLANDER (Cellist im Indianapolis SO); Biografie/FELIX FROST (Violin- und Violastudium am Konservatorium Wien bei JOSEF ZIMBLER, Mitglied des Musica Viva Orchesters; ? PULLMANN); Empfehlung/BR (für ERNST FRIEDLANDER, FELIX FROST und MICHAEL BALNEMONES an EH zur Anstellung im Houston SO; MARK BRUNSWICK)

4392   1941-10-08
Ernst Hoffmann (Houston Symphony Soc., Houston, TX) an Mark Brunswick (National Committee for Refugee Musicians, NYC); TLS, 1 S., engl. A Anstellung/DANIEL FALK (als Geiger im Houston SO, Anfrage; Finanzen)

4393   (1941)-10-17
Mark Brunswick an Ernst Hoffmann (Houston Symphony Soc., Houston, TX); TL (Kopie), 1 S., engl. A Biografie/ HANS CURT (Violinstudium am Wiener Konservatorium bei [ARNOLD] ROSÉ; Mitglied in Wiener PO; Konzerte an David Mannes Music School, mit Columbia PO und Gerald Warburg Chamber Music Orchestra); Empfehlung/MB (für HANS CURT zur Anstellung im Houston SO; Finanzen)

Indiana Refugee Service

4394   (1940)-(04)-?
Dorothy Spielberg an Sol Blumenthal (Indiana Coordinating Committee, Indianapolis, IN); TL (Kopie), 2 S., engl. E Integration (Ansiedlung von Emigranten in Evansville mit Anstellung in Evansville PO und zusätzlicher Tätigkeit) A Anstellung/KURT STERN und OSCAR VOGEL (Vermittlung "unwürdiger" Arbeit aufgrund falscher Informationen/GAYLORD H. BROWNE; ERNST FRIEDLANDER; WILLIAM SCHEAR); Projekte (Organisation eines Orchesters in Evansville; Korrespondenz/MARK BRUNSWICK mit DAVID ENGELS; Mr. ? CALKIN, ISIDORE FINE)

4395   1940-05-21
Sol Blumenthal (Indiana Refugee Service, Indianapolis, IN) an Mark Brunswick (Musicians' Placement Committee, NYC); TLS, 1 S., engl. A Anstellung/KURT STERN und OSCAR VOGEL (Ergebnisse der Probespiele, keine Anstellungsmöglichkeit im Indianapolis SO; FABIEN SEVITZKY, LEONARD STRAUSS); Treffen/SOL BLUMENTHAL (mit OSCAR VOGEL und KURT STERN in Evansville)

Indianapolis Symphony Orchestra

4396   1938-11-11
Samuel Chotzinoff an Caroline M. Fesler; TLS (Kopie), 2 S., engl. A Anstellung (Schaffung von Stellen für emigrierte Musiker im Indianapolis SO; Mitgliedschaft in Gewerkschaft als Voraussetzung); Empfehlung/SC (emigrierte Musiker für Anstellung im Indianapolis SO, auch als Dirigenten, Chorleiter oder Musiklehrer; Finanzen)

4397   1939-01-19
[Leonard Strauss] (Kahn Tailoring Co. of Indianapolis, IN) an Mark Brunswick (NYC); TL (unvollständig), 1 S., engl. A Anstellung/ROBERT SIMON (Kündigung der Anstellung in Indianapolis SO wegen mangelnder Orchestererfahrung); Projekte (Enttäuschung über gescheiterte Anstellung von

Emigranten im Indianapolis SO; CAROLINE M. FESLER, FABIEN SEVITZKY; ARCADY G. DUBENSKY, SAMUEL CHOTZINOFF) R Gesellschaft (Probleme mit Gewerkschaft bei Anstellung von Emigranten)

4398 1940-04-18
Mark Brunswick an Franklin Miner (Indianapolis SO, Indianapolis, IN); TL (Kopie), 1 S., engl. A Anstellung/OSCAR VOGEL und KURT STERN (im Evansville PO, unbefriedigende Arbeitssituation); Empfehlung/MB (für KURT STERN und OSCAR VOGEL; Bitte um Termin für Probespiel zur Anstellung im Indianapolis SO; LEONARD STRAUSS, FABIEN SEVITZKY)

JACKSONVILLE YOUTH ORCHESTRA

4399 1940-03-12
Oscar Littlefield an Eni R. Jaspersen; TLS (annotiert), 1 S., engl. A Anstellung/HANNSJÜRGEN RONIS, WALTER WERTHEIMER und HELMUTH DUSEDAU (Vertragsverlängerung beim Columbia Music Festival Orchestra); Projekte (Besetzung von Stellen im Jacksonville Youth Orchestra und spätere Ansiedlung von Mitgliedern); Treffen/MARGARET VALIANT und Mrs. JOHN BITTER (Gespräch über Projekt)

4400 1940-03-(18)
Eni R. Jaspersen (Musicians' Placement Committee) an Oscar Littlefield; TL (Kopie), 1 S., engl. A Anstellung/ HANNSJÜRGEN RONIS (im Jacksonville Youth Orchestra, Gründe für Ablehnung der Anstellung); Empfehlung/EJ (für SEBASTIAN SIMON an OL zur Anstellung im Jacksonville Youth Orchestra)

4401 1940-10-22
Eni R. Jaspersen (Musicians' Placement Committee) an Issai Hosiosky; TL (Kopie), 1 S., engl. E Finanzen/SEBASTIAN SIMON (Darlehen/Capital Loan Committee); Hilfe (Unterstützung für SEBASTIAN SIMON zur Fortbildung, Aufnahme ins Jacksonville Youth Orchestra, Leitung [JOHN] BITTER; Florida State Committee); Verwandte/SEBASTIAN SIMON (wohnt bei Schwester; Eltern im unbesetzten Frankreich) A Biografie/SEBASTIAN SIMON (Cellist an Dt. Oper Berlin)

KALAMAZOO SYMPHONY SOCIETY

4402 1939-06-05
Leta G. Snow (Kalamazoo Symphony Soc., Kalamazoo, MI) an Mark Brunswick (NYC); TLS, 1 S., engl. E Hilfsorganisationen (Musicians' Placement Committee, Vermittlung von Emigranten an Orchester) R Kulturpolitik/LS (Kritik an der Bevorzugung dt. Emigranten vor einheimischen Musikern)

4403 1939-06-06
Mark Brunswick an Leta G. Snow (Kalamazoo, MI); TL (Kopie), 1 S., engl. E Hilfsorganisationen (Arbeit und Aufgaben des Musicians' Placement Committee, Betreuung der Emigranten) R Kulturpolitik/MB (hoher Qualitätsstandard amer. Orchester; Emigranten als Stimulanz für die Kultur)

KRENEK, ERNST

1939-04-27
Mark Brunswick (Hotel Garde, Hartford, CT) an Ernst Krenek; TL (Kopie), 1 S., engl./dt. E Bekannte/EK (Verbleib von [KARL] RANKL, Prag) A Anstellung/EK (mögliche Anstellung [am Vassar College]; [HEINRICH] JALOWETZ, [JACK] BLATT, [WALTER] JANOWITZ)

MUSIC SCHOOL OF THE HENRY STREET SETTLEMENT

4404 1939-12-11
Eni R. Jaspersen an Grace Spofford (Music School of the Henry Street Settlement, NYC); TL (Kopie), 1 S., engl. E Einreise/EDITH WEISS-MANN (mit visitors visa); Finanzen/ EDITH WEISS-MANN (mögliche finanzielle Beihilfen/Oberlaender Trust; German Christian Committee for Refugees); Hilfe (für EDITH WEISS-MANN, Bitte um Anstellung an Music School of the Henry Street Settlement zur Erlangung eines non-quota visa) A Biografie/EDITH WEISS-MANN (Lehrtätigkeit an Univ. Hamburg, Expertin für alte Musik; Beiträge in Fachzeitschriften, ‹Musical Courier›)

4405 1940-04-16
Eni R. Jaspersen an Grace Spofford (Henry Street Settlement, NYC); TL (Kopie), 1 S., engl. A Aufführung (Übersendung von Karten für ein Konzert/ROBERT GOLDSAND an GS); Öffentlichkeit/ROBERT GOLDSAND (Fähigkeiten und Erfolge als Pianist)

4406 1940-11-01
Eni R. Jaspersen an Grace Spofford (Henry Street Settlement, NYC); TL (Kopie), 1 S., engl. A Öffentlichkeit/MARGIT NEUFELD (erfolgreiche Tätigkeit als Klavierlehrerin); Unterricht/MARGIT NEUFELD (Teilnahme an Kursen der Music School of the Henry Street Settlement, Fortbildung in Musiktheorie und engl. Sprache)

4407 1940-12-20
Eni R. Jaspersen an Grace Spofford (Henry Street Music School, NYC); TL (Kopie), 1 S., engl. E Hilfe (für KARL ADLER, Informationen zum Stand der Musikerziehung an der Henry Street Settlement Music School; ? GOLDSTEIN) A Biografie/KARL ADLER (Lehrtätigkeit am Konservatorium Stuttgart, Tätigkeit als Musikpädagoge)

MUSICIANS' EMERGENCY FUND

4408 1939-09-25
? (Musicians' Emergency Fund, Inc., NYC) an Mark Brunswick (National Coordinating Committee); TLS (annotiert), 1 S., engl. A Anstellung (Liste mit Sängern an der Choral School und Summer School, PETER ADELBERG, MAX ALEXANDER, HILDA BONDI, EDITH BUXBAUM, LISBETH S. DUEHREN, PETER PAUL FUCHS, IDA GUTMAN, MAX HONIG, LILY JUSTUS, EMIL KAHN, KURT KESSLER, TONI NEUHAUS, EVA ORTMANN, WOLFGANG REBNER, ELSA RYPINSKI, HILDE SALOMONSKI, HERMANN SALOMONSKI, LEOPOLD SCHWARZ, JAMES SPIVAK, WILLIAM TARRASCH, WALTER TAUSSIG, FRANZ ULLSPERGER, PAUL WEINER, HERBERT WINKLER)

NATIONAL REFUGEE SERVICE

4409 1940-07-08
V.F. Sheinberg (National Refugee Service, Employment Dept.) an Mark Brunswick (National Refugee Service, Musicians' Placement Committee); TLS, 1 S., engl. A Anstellung (Kandidaten für Stelle eines Music Director am Jewish Communitiy Center, Detroit, KURT ADLER, WERNER S. BASS, PAUL DESSAU, JASCHA HORENSTEIN, MICHAEL POLLON, MAX SINZHEIMER, DAVID A. STERNBERG, HERBERT WINKLER)

4410 1940-08-22
Eni R. Jaspersen (Musicians' Placement Committee) an Oscar Littlefield; TL (Kopie), 1 S., engl. A Finanzen/SEBASTIAN SIMON (Probleme der Selbstfinanzierung, Stipendium an David Mannes Music School, Überlegungen zu Darlehen; Florida State Resettlement Committee, Relief and Service Dept., Capital Loan Committee); Finanzen/HELMUTH DUSEDAU (Hilfe zum Aufbau einer eigenständigen Existenz; Studium bei Mr. ? BELLISON; National Refugee Service, Musicians' Emergency Fund)

4411 1941-08-28
Blanche Rollnick (Musicians' Placement Committee) an Arthur Greenleigh; TL (Kopie), 1 S., engl. E Finanzen/LOTTE LEONARD und HENRY LEONARD (Darlehen/Capital Loan Committee zur Übersiedlung nach Cincinnati; organisatorische Probleme der Darlehens-Gewährung) A Anstellung/LOTTE LEONARD (am Cincinnati Conservatory of Music); Empfehlung/MARK BRUNSWICK (für LOTTE LEONARD, künstlerische und pädagogische Qualitäten; für HENRY LEONARD, verlegerische Tätigkeit mit geringen Chancen)

PLACEMENT COMMITTEE FOR GERMAN AND AUSTRIAN MUSICIANS

4412 1938-06-17
Moses Fainberg an William Rosenwald (NYC); TL (Kopie), 3 S., engl. E Hilfsorganisationen (Gründung des Musicians' Placement Committee zur Unterstützung emigrierter Musiker) A Finanzen/JULIUS EHRLICH (Darlehen, Auszahlung über seine Tätigkeit an Musikschule/VICTOR BERESOFF); Projekte (Musikschule VICTOR BERESOFF; finanzielle Bedingungen; Hilfe der Resettlement Division; Vermittlung von Kontakten zu anderen Organisationen, Council of Jewish Women; Schule der Wurlitzer Co., SIGMUND SPAETH; MARK BRUNSWICK, DAVID H. SULZBERGER)

4413 1938-10-12
? (Musicians' Placement Committee) an Edith Werber; TL (Kopie), 1 S., engl. E Hilfe (für FRITZ SCHREIBER, mögliche Stelle als Organist)

4414 1938-10-31
? (Musicians' Placement Committee) an Marion Katz; TL (Kopie), 1 S., engl. E Affidavit (für MARTIN MAGNER; mögliche Affidavitgeber HERBERT ADLER, ? SILVER; Aufenthalt in Tschechoslowakei)

4415 1939-06-02
? (Musicians' Placement Committee) an Thelma Brown; TL (Kopie), 1 S., engl. E Affidavit (für GUSTAV VOGELHUT, Verweigerung der Bürgschaft/ROSA ZWILLING; mögliche Affidavitgeber STEFFI GOLDNER-ORMANDY, ? HAERING)

4416 1940-02-19
Mark Brunswick (Musicians' Placement Committee) an Moses Fainberg; TL (Kopie), 1 S., engl. E Finanzen/DAVID CANTOR (Darlehen/Capital Loan Committee; KURT ADLER) A Anstellung/DAVID CANTOR (Sänger im Opernchor; Empfehlung/LEOPOLD SEYFERT, [HANS?] REICH); Biografie/DAVID CANTOR (Berufserfahrung im Chor der Staatsoper Hamburg)

4417 1941-04-28
Sara N. Egelson (Children's Division) an Mark Brunswick (Musicians' Committee); TL (Kopie), 1 S., engl. E Hilfe (finanzielle Unterstützung für HANS SCHIDLOF zur Fortsetzung seiner musikalischen Ausbildung, Bitte um Anfrage beim Gönner LAURENCE STEINHARDT zu finanziellen Mitteln; MYRA HESS; Refugee Children's Division); Hilfsorganisationen (Unterstützung/HANS SCHIDLOF durch Refugee Children's Movement, London)

ROSENFELD, ALFRED

4418 1940-10-30
Eni R. Jaspersen (Musicians' Placement Committee) an Alfred Rosenfeld (Brooklyn, NY); TL (Kopie), 1 S., engl. A Empfehlung/EJ (für SIEGMUND WEISSMANN und WALTER REINHOLD an AR)

SCHOENBERG, ARNOLD

4419 (1941)-?-?
Mark Brunswick an Arnold Schoenberg (LA); TL (Kopie), 1 S., engl. E Hilfe (für [FREDERICK] POLNAUER); Hilfsorganisationen (Anfrage/MB an AS zwecks Mitarbeit in National Committee for Refugee Musicians als Repräsentant an der Westküste; CARL ENGEL)

4420 (1941)-?-?
Mark Brunswick an Arnold Schoenberg (LA, CA); TL (Kopie), 1 S., engl. E Hilfsorganisationen (Absage/AS auf Anfrage/MB zu Mitgliedschaft im National Committee for Refugee Musicians; ALFRED EINSTEIN); Re-Emigration (Änderung des Emigrantenstatus durch Ausreise nach Mexiko und Kuba; FELIX GREISSLE)

4421 1941-02-12
Mark Brunswick an Arnold Schoenberg (LA); TL (Kopie), 1 S., engl. E Hilfsorganisationen (Anfrage/MB an AS zu Mitgliedschaft im National Committee for Refugee Musicians) A Anstellung/FELIX GREISSLE (Arbeitserlaubnis, Anstellung bei Verlag Schirmer)

SETTLEMENT MUSIC SCHOOL PHILADELPHIA

4422 1939-07-03
Johan Grolle (Settlement Music School, Philadelphia, PA) an Edith Werber (Musicians' Placement Committee, NYC); TLS, 2 S., engl. A Anstellung/VIKTORIA FRONT (als Klavierlehrerin an Settlement Music School, gute Beurteilung als Pädagogin); Anstellung/ELSY STEIN (nicht angenommen wegen mangelnder Durchsetzungskraft); Anstellung/HERMANN KAPLAN und MAGDA HAJOS (Beschäftigungsmöglichkeit nicht ausgeschlossen); Treffen (Bitte um Organisation eines Probeunterrichts)

4423 1940-11-11
Edith Werber an Johan Grolle (Settlement Music School, Philadelphia, PA); TL (Kopie), 1 S., engl. A Biografie (Ausbildung und künstlerischer Werdegang der Dirigenten JOSEF BLANT, MARCEL FRANK, JULIUS PRÜWER, HELMUTH WOLFES)

4424 1940-12-20
Eni R. Jaspersen (Musicians' Placement Committee) an Johan Grolle (Settlement Music School, Philadelphia, PA); TL (Kopie), 1 S., engl. A Biografie/? LESSYNSKI (Klavierstudium am Berliner Konservatorium, Lehrtätigkeit); Empfehlung/EJ (für Mrs. ? LESSYNSKI an JOHAN GROLLE zur Anstellung als Klavierlehrerin)

4425   1941-01-30
Eni R. Jaspersen (Musicians' Placement Committee) an Johan Grolle (Settlement Music School, Philadelphia, PA); TL (Kopie), 1 S., engl. **E** Emigrationsweg/FANNY ROSENTOOL (über London in die USA) **A** Biografie/NATHALIE LEGROS (Studium bei ALFRED CORTOT, LAZARE LEVY, NADIA BOULANGER in Paris); Biografie/FANNY ROSENTOOL (Studium bei ALFRED CORTOT in Paris; Professorin am Wiener Konservatorium); Empfehlung/ENI R. JASPERSEN (für NATHALIE LEGROS und FANNY ROSENTOOL an JOHAN GROLLE zur Anstellung als Klavierlehrerinnen)

4426   1941-05-29
Johan Grolle an Mark Brunswick (Musicians' Placement Committee, NYC); TLS, 2 S., engl. **A** Anstellung/NATHALIE LEGROS (als Klavierlehrerin an Settlement Music School; Möglichkeit des Übens am Vormittag) **R** Gesellschaft/JG (Jugend in den USA zu unkultiviert, Berührung mit frz. Kultur und Art des Musizierens daher vorteilhaft)

UNION OF AMERICAN HEBREW CONGREGATIONS

4427   1941-02-12
Mark Brunswick an George Zepin (Union of Amer. Hebrew Congregations, Cincinnati, OH); TL (Kopie), 1 S., engl. **A** Anstellung (Informationsschreiben über qualifizierte "refugee musicians" zur Anstellung als Organisten)

4428   1941-01-31
Eni R. Jaspersen (Musicians' Placement Committee) an George Zepin (Union of Amer. Hebrew Congregations, Cincinnati, OH); TL (Kopie), 1 S., engl. **A** Organisationen (Informationsschreiben/Musicians' Placement Committee zu den Aktivitäten; Vermittlung von Musikern an Synagogen; Rabbi ? SCHACHTEL, West End Synagogue, NYC)

VASSAR COLLEGE POUGHKEEPSIE

4429   1939-10-17
Mark Brunswick an George S. Dickinson (Vassar College, Poughkeepsie, NY); TL (Kopie), 2 S., engl. **A** Empfehlung/MB (für JOSEF BLANT an GD als Lehrer für Vassar College); Projekte/MB (Vorschlag zu umfangreichem Workshop mit JOSEF BLANT)

4430   1940-12-09
Mark Brunswick an George S. Dickinson (Vassar College, Poughkaepsie, NY); TL (Kopie), 1 S., engl. **E** Ausreise/ROBERT GOLDSAND (aus Österreich auf Druck der Nationalsozialisten, Verlust seines Besitzes) **A** Biografie/ROBERT GOLDSAND (erfolgreiches Debüt in den USA als Pianist, aber Rückkehr nach Europa); Empfehlung/MB (für ROBERT GOLDSAND an GD mit Bitte um Unterstützung)

WILLIAMSBURG COLLEGE

4431   1940-03-01
Allen Sly (College of William and Mary, Williamsburg, VA) an Mark Brunswick; TLS, 1 S., engl. **A** Anstellung/DANIEL A. STERNBERG (am College of William and Mary in Aussicht, finanzielle Unterstützung/Oberlaender Trust erwünscht; WILBUR K. THOMAS; ? BRYAN); Anstellung/VICTOR ZUCKERKANDL (an College of William and Mary nicht mehr möglich)

MATERIAL ZUR BIOGRAFIE

4432   —
Namensliste; TD, 1 S., engl. **A** Biografie (Namensliste mit Kurzbiografien/HELEN HESSE-SINZHEIMER, MAGDA HAJOS, FRITZ LANDAU, VICTOR MANUSSEWITSCH, CHARLOTTE ROSEN, VICTOR F. DE VERITCH)

4433   —
«Loans for Professional Resettlement»; Namensliste; TD, 4 S., engl. **A** Biografie (Biografien und Beschreibung der Arbeitsverhältnisse/EDWARD BING, JACK BLATT, ROBERT FLEISCHER, HELEN HESSE-SINZHEIMER, NELL HIRT-BRILL, ROLF JACOBY, MARGARETE JOLLES, FRANZ JUNG, KURT LIST, ALEXEY SHERKOFF, HILDE SHERKOFF, HERBERT TANNHAUSER, WALTER TEUTSCH, FRITZ WOLFF); Finanzen (Darlehen und Kredite an Musiker und an Columbia Music Festival)

4434   —
«Loans»; Namensliste; AD, 3 S., engl. **E** Finanzen (Namensliste zu vergebenen Darlehen an Musiker und Organisationen; VICTOR BERESOFF, IRVING BERG, EDWARD BING, HENRY BLOCH, EDWIN BODKY, HERBERT BRAND-SANDELOWSKY, DAVID CAULIR, HARRY FROMMERMANN, GEORGE GOLDSMITH, PETER VAN GOOL, WALTER HAUTZIG, HANS [EWALD] HELLER, NELL HIRT-BRILL, RICHARD HUSCH, HEINRICH JALOWETZ, HERBERT DE JONGE, FRANZ JUNG, JOACHIM [KERTLER?], RUDOLF KOEHN, ANNELIESE LANDAU, BEATE LEUFELD, LOTTE LEONARD, KURT LIST, WALTER MARCUSE, HERBERT NEURATH, FRITZ RIBKER, ANN ROESLEY, RUDOLF RUBINSTEIN, OSKAR SCHOENBAUER, ANTHONY SCOTT, ALEXEY SHERKOFF, HILDE SHERKOFF, SEBASTIAN SIMON, ALFRED SZENDREY, HERBERT TANNHAUSER, WALTER TEUTSCH, GEORGE VIZSOLYI, ANGELA WECHSLER, KARL WEIGL, WOLFGANG WEISSLEDER, ISAAC YANS, ? ZAEK, HARRY ZIMMERMANN, Columbia Music Festival, "Edith Vogel Study", "Corley Sisters", "Jutman Sisters")

4435   —
«Musicians»; Namensliste; TD, 3 S., engl. **A** Biografie (Liste mit Lebensläufen/RUDOLF BING, FRIEDRICH [MATTHIAS] BREYDERT, HANS GÁL, RICHARD GLAS, KNUD JEPPESEN, PAUL KOWALOW, CHARLES LEIRENS, MARIX LOEWENSON, HANS REICH, THEODORE ROCHMIS, SERGIUS SARKISSOFF, OTTO SCHULHOF, EDUARDO MARTINEZ TORNER, LOTHAR WALLERSTEIN)

4436   —
Namensliste; TD, 1 S., engl. **A** Biografie (Liste mit Adressen/SONYA ALVERS, M. BANKS, GISE[LA] BERGMAN, ? BERNSTEIN, CHARLES BROOKS, FRANCES CEH, LISBETH S. DUEHREN, ALFRED DURRA, GRETEL FEITH, S.H. HALPERN, ? HARTEG, ? HEILIG, HANS JOACHIM HEINZ, FRITZI JOKL, EMMY JOSEPH, EUGE[NIE] KATZ, SABINE KURZVEIL, FRITZ LECHNER, NORBERT MELLER, CARL MEYER, CELIA H. MILLER, TONI NEUHAUS, KURT ROSEN, F. SCHWAB, LEOPOLD SCHWARZ, OTTO SIMETTI, JAMES SPIVAK, ERICH STOLZENBERG, Mrs. L. DE WALD, MAX WELSKY, MAX WILLENZ, MAX WITTENBERG, KURT WOLFF, S. WOLFF)

4437   —
Namensliste; TD, 1 S., engl. **A** Biografie (Namensliste mit Kurzbiografien/KATHARINA HOFFENREICH, IRENE PAULSEN, POLDI SPERLING)

4438 —
Namensliste; TD, 2 S., engl. **A** Biografie (Biografien und Einschätzungen emigrierter Musiker, GUENTHER BERENT, JULIUS BURGER, MUSJA GOTTLIEB, ELSA RYPINSKI, PHILIPP RYPINSKI, ALEXEY SHERKOFF, HILDE SHERKOFF, HELEN HESSE-SINZHEIMER, MAX SINZHEIMER)

4439 —
Namensliste; TL, 3 S., engl. **A** Anstellung/THEA SILTON, ERNST DRUCKER, GUENTHER BERENT und KARL RITTER-ROSENFELDER (für ein Konzert; Finanzen und Bedingungen); Biografie (Lebensläufe/THEA SILTON, ERNST DRUCKER, GUENTHER BERENT, KARL RITTER-ROSENFELDER)

4440 —
«Piano Teachers» – «Voice Teachers»; Namensliste; TD, 2 S., engl. **A** Biografie (Liste mit Lebensläufen und Informationen zu STEFAN BARDAS, KURT ENGEL, HANS JOACHIM HEINZ, MARTHA POLLAK, GEORGE ROBERT, HANNSJÜRGEN RONIS, POLDI SPERLING)

4441 —
«Selected List of Artists Suggested for Broadcast Project»; Namensliste; TD, 3 S., engl. **A** Biografie (Zusammenstellung von möglichen Teilnehmern für ein Rundfunk-Projekt, ZINA ALVERS, LUDWIG APFEL, SAMUEL COLOVE, HELMUTH DUSEDAU, KURT ENGEL, FRITZ ESSLER, HERMANN FELS, PAULA GOUTARD, HANS JOACHIM HEINZ, ALEXANDER IVO, ROLF JACOBY, GEORG JOKL, WERNER LANDSHOFF, ROBERT [LEWITUA?], ERNA G. MAGNUS, VICTOR MANUSSEWITSCH, THOMAS MARTIN, LOTTE RAYERSBERCH, WALTER ROBERT, ELSA RYPINSKI, ELSY STEIN, LUCY B. WEISS, MARY G. WOLFF, MYRIAM ZUNSER)

4442 (1938-10-11)
«Application for Affidavits Received Directly in this Office and Forwarded to N[ational] C[oordinatign] C[ommittee] to Be Answered and Filed There»; Namensliste; TD, 1 S., engl. **E** Affidavit (Namensliste mit Biografien/ANNI BOCK WALTERS, HEINRICH JEZEK, JULIUS KATAY, MARGIT NEUFELD, FRITZ SCHREIBER, ROSL TIMAN); Hilfe (Fürsprache durch Soc. of Friends Wien, Miss ? CADBURY, YOLANDA MERO-IRION)

4443 1939-05-19
«Affidavitcases Sent Upstairs»; Namensliste; TL, 1 S., engl. **E** Affidavit (Namensliste mit Antragstellern, Mrs. P. ALLMEYER, EMIL BARDACH, FRIEDRICH BUCH, PAUL EDERER, PAUL ERDY, ALDO FINZI, JOHANN GAERTNER, ALEXANDER GRUENFELD, WALTER JANOWITZ, PAUL KUHN, BORIS LASS, MARK LASS, BARUCH LICHT, ALFRED LICHTENSTEIN, MAX MANSFELD, RUDOLF MUELLER, SIEGFRIED OEHLGIESSER, FRIEDRICH PERLS, WOLFGANG ROSÉ, GERTRUDE ROSENBAUM, WERNER SANDER, OTTO SCHULHOF)

4444 1939-06-15
«Piano Teachers»; Namensliste; TD, 3 S., engl. **A** Biografie (Angaben zu Studium und musikalischem Werdegang/VIKTORIA FRONT, MAGDA HAJOS, HERMANN KAPLAN, MARTHA POLLAK, ELSY STEIN, JOSEF WAGNER)

4445 (1939)-(07)-?
«Curriculum Vitae of Refugee Musicians»; Namensliste; TD, 2 S., engl. **A** Biografie (Liste mit Biografien/HANS CURT, ADOLPH DZIWIENTNIK, BORIS GOLDSOBEL, MUSJA GOTTLIEB, MAX LAMM, MANFRED LECHNER, BERTOLD SEREBRENIK, ROBERT SIMON, OSCAR VOGEL)

CHATHAM SQUARE MUSIC SCHOOL

4446 —
Namensliste; TD, 2 S., engl. **A** Biografie (Liste mit Lebensläufen und Informationen zu emigrierten Musikern zur Anstellung an der Chatham Square Music School, ANNY EISLITZER, MUSJA GOTTLIEB, MAGDA HAJOS, HERMANN KAPLAN, ANDOR SCHOLM, MYRIAM ZUNSER)

→ *Briefe Chatham Square Music School (Dok. 4306-4313)*

COLUMBIA MUSIC FESTIVAL ASSOCIATION

4447 —
Namensliste; TD, 1 S., engl. **E** Finanzen (gewährte Darlehen für ROBERT FLEISCHER, HELEN HESSE-SINZHEIMER und FRITZ WOLFF zur Ansiedlung und Anstellung bei Columbia Orchestra) **A** Biografie (Informationen zu ROBERT FLEISCHER, HELEN HESSE-SINZHEIMER und FRITZ WOLFF)

4448 —
«List of Refugees Hired by Columbia Music Festival Ass.»; Namensliste; TD, 1 S., engl. **A** Anstellung (bei Columbia Music Festival, HANS CURT, ROBERT FLEISCHER, HELEN HESSE-SINZHEIMER, ALFRED HILLMANN, RUDOLF KRUEGER, HERBERT NEURATH, Mrs. ? NEURATH, FRIEDRICH POLNAUER, HANNSJÜRGEN RONIS, ROBERT SIMON, ERICH SILBERSTEIN, DIEZ WEISMANN, WALTER WERTHEIMER, FRITZ WOLFF)

4449 1939-10-30
James Y. Perry, «The Orchestra School, Auspices of Columbia Music Festival»; Pressemitteilung; TD, 1 S., engl. **A** Projekte (Ankündigung und Werbung für Orchestra School des Southern SO und Columbia Music Festival mit kostenlosem Musikunterricht; HANS SCHWIEGER)

4450 1939-11-02
«Re: Columbia, S.C. Music Project»; Aktennotiz; TD, 2 S., engl. **A** Finanzen (Projektförderung durch National Refugee Service; GERALD F. WARBURG, WILLIAM ROSENWALD, MARK BRUNSWICK, Dr. ? HABER); Projekte (Integration emigrierter Musiker durch Förderung einer Anstellung; RUDOLF KRUEGER, HERBERT NEURATH, Mrs. ? NEURATH, FREDERICK POLNAUER, GERHARD SIN-GER, HANS SCHWIEGER)

→ *Briefe Columbia Music Festival Ass. (Dok. 4314-4343)*

DALLAS SYMPHONY ORCHESTRA

4451 1939-06-01
«Composers for Mr. Jacques Singer, Dallas, Texas»; Namensliste; TD, 1 S., engl. **A** Aufführung (Werke emigrierter Komponisten, Dallas SO; HUGO ADLER, DENNIS AGAY, WERNER S. BASS, FRITZ BERENS, PETER PAUL FUCHS, HANS [EWALD] HELLER, WALTER KLEIN, ARTHUR KLEINER, ALEXANDER LASZLO, KURT LIST, EGON LUSTGARTEN, DORA PERELMANN, HANS SCHIMMERLING, ERWIN PAUL SCHWARTZ, KARL WEIGL)

→ *Brief Dallas SO 1938-06-10 (Dok. 4354)*

FAINBERG, MOSES

4452 1939-03-09
Namensliste; TD, 1 S., engl. **A** Biografie (Liste mit Organisten zum Dienst in protestantischen Kirchen für MOSES FAIN-

BERG, Kurzbiografien/JACQUES ABRAMOWITSCH, ADOLF BALLER, IRMA BENDHEIM, GUENTHER BERENT, WALTER BRICHT, PETER PAUL FUCHS, ARTHUR KLEINER, KURT LIST, RICHARD NEWMAN, FRITZ ROTHSCHILD, RUDOLF SCHAAR, HERMANN SCHWARZ, BENNO SINGERMANN, WALTER TEUTSCH, EMANUEL WINTERNITZ)

HELD, PAUL

4453 —
Lebenslauf; TD, 1 S., engl. A Biografie/PAUL HELD (Kompositionsstudium bei ENGELBERT HUMPERDINCK, PHILIPP SCHARWENKA, ALEKSANDR GLAZUNOV und PHILIP [= JOSEF?] RUFER); Öffentlichkeit/PAUL HELD (Fellowship der Columbia Univ. für seine «New Era Sonata» für Kl.)

INSTITUTIONAL SYNAGOGUE

4454 1939-04-18
Institutional Synagogue, «A Night of Refugee Stars»; Programmheft; PD, 1 S., engl. A Aufführung (Werke "verbannter" Komponisten, Ausführende KURT ADLER, MASCHA BENYA, EDWARD BING, EMMY JOSEPH, MARTHA POLLAK, FREDERICK POLNAUER, LEO ROSTAL)

JEWISH CENTER OF BROOKLYN

4455 1938-02-14
«Sopranos for Synagogue Choir»; Namensliste; TD, 1 S., engl. A Biografie (Namensliste mit Sopranen für Synagogenchor an Rabbi A. BURNSTEIN mit Biografien/MARGARETHE BARUCH, EDITH BUXBAUM, LISBETH S. DUEHREN, LUCY KATS, ELSA RYPINSKI)

4456 1939-02-27
Namensliste; TD, 1 S., engl. A Empfehlung (Namensliste mit Bässen und Baritonen für Synagogenchor an Rabbi A. BURNSTEIN für Jewish Center of Brooklyn, Adressen/LUDWIG BRAUNSCHWEIG, JACK CHERNER, ERICH DALBERG, ADOLF EPSTEIN, JAKOB KNOLLER, WILLIAM OSTEN)

4457 1939-02-28
Namensliste; TD, 1 S., engl. A Biografie (Liste mit Sängern für Synagogenchor am Jewish Center of Brooklyn mit Biografie/LUDWIG BRAUNSCHWEIG, JACK CHERNER, ERICH DALBERG, ADOLF EPSTEIN, WILLIAM OSTEN)

LANDAU, ANNELIESE

4458 —
«Recommendations for Children and Adolescents' Camp»; Lebenslauf; TD, 1 S., engl. A Biografie/ANNELIESE LANDAU (Einschätzung und Empfehlung zur möglichen Einstellung als Musik- und Violinlehrerin in einem Children and Adolescents' Camp)

METROPOLITAN OPERA ASSOCIATION

4459 (1939)-(09)-?
«Refugee Singers Attending the Choral School of MET», «Conductors and Coaches Working with Choral School of MET»; Namensliste; TD, 3 S., engl. A Biografie (Bewertungen von Vorsingen und Probespiel, Kurzbiografien/ PETER ADELBERG, MAX ALEXANDER, HILDA BONDI, EDITH BUXBAUM, LISBETH S. DUEHREN, PETER PAUL FUCHS, IDA GUTMAN, MAX HONIG, LILY JUSTUS, EMIL KAHN, KURT KESSLER, TONI NEUHAUS, EVA ORTMANN, WOLFGANG REBNER, ELSA RYPINSKI, HILDE SALOMONSKI, HERMANN SALOMONSKI, JAMES SPIVAK, FRANZ ULLSPERGER, LEOPOLD SCHWARZ, WILLIAM TARRASCH, WALTER TAUSSIG, PAUL WEINER, HERBERT WINKLER)

PLACEMENT COMMITTEE FOR GERMAN AND AUSTRIAN MUSICIANS

4460 (1939)-(02)-?
«Memorandum on the Work of the Placement Committee for German and Austrian Musicians during the First 3 Months of its Existence»; Memorandum; TD, 6 S., engl. E Hilfe (für LUDWIG APFEL, GUENTHER BERENT, KURT ENGEL, HERMANN FELS, EMMERICH GARA, JUSTUS GELFIUS, MANFRED HECHT, HANS JOACHIM HEINZ, ROLF JACOBY, HENRY LAMPL, KURT LIST, THOMAS MARTIN, TRUDE MUNK, HARRY RADO, ROBERT REISENMANN, HANNSJÜRGEN RONIS, E[RWIN] P[AUL] SCHWARTZ, OTTO STAEREN, ELSY STEIN, KURT STONE, WALTER TEUTSCH, OSCAR WEIZNER); Hilfsorganisationen (Bericht über die Arbeit des Musicians' Placement Committee in den ersten Monaten seines Bestehens; Stellenvermittlung, Stipendien, Öffentlichkeitsarbeit)

4461 1939-01-14
«Enumeration of Activities since approximately Oct. 15»; Namensliste; TD, 2 S., engl. A Anstellung (Verzeichnis von Förderungsleistungen, Anstellungsverhältnissen und Konzerten nebst Einkünften, JACQUES ABRAMOWITSCH, LUDWIG APFEL, ADOLF BALLER, STEPHAN BALLER, GUENTHER BERENT, JACK BLATT, JOSEF BLATT, SAMUEL COLOVE, WERNER DREYFUSS, GERDA EHRENBERG, KURT ENGEL, ANGELA ENGEL-WESCHLER, KURT FREDERICK, PAULA GONTARD, WALTER GRAF, MAX HAMLISCH, HANS JOACHIM HEINZ, FRITZI JOKL, ARTHUR KLEINER, MANFRED KUTTNER, HENRY LAMPL, WERNER LANDSHOFF, ERNST LENART, VICTOR MANUSSEWITSCH, KITTY MATTERN, ROSA MENDELSSOHN, RICHARD NEWMAN, RICHARD RODECK, ROBERT SIMON, ELSY STEIN, SUSANNE STEIN, MARGOT VOSS, MYRIAM ZUNSER)

4462 1939-02-14
«Enumeration of Activities since approximately Oct. 18»; Namensliste; TD, 7 S., engl. A Anstellung (Verzeichnis von Förderungsleistungen, Anstellungsverhältnissen und Konzerten nebst Einkünften, JACQUES ABRAMOWITSCH, KURT ADLER, HILDE ALBERS, ZINA ALVERS, LUDWIG APFEL, ADOLF BALLER, STEFAN BARDAS, WERNER S. BASS, MASCHA BENYA, GUENTHER BERENT, JACK BLATT, JOSEF BLATT, GUIDO BRAND, SAMUEL COLOVE, CHARLES DICKER, WERNER DREYFUSS, ERNST DRUCKER, HELMUTH DUSEDAU, GERDA EHRENBERG, KURT ENGEL, ANGELA ENGEL-WESCHLER, HERMANN FELS, SOPHIE FEUERMANN, KURT FREDERICK, VALLY GARA, FELIX GALIMIR, JACOB GIMPEL, PAULA GOUTARD, WALTER GRAF, MAX HAMLISCH, LOTTE HAMMERSCHLAG, HANS JOACHIM HEINZ, WALTER HIRSCH, CHARLY IMWALD, FRITZI JOKL, GEORG JOKL, EMMY JOSEPH, EMIL KORNSAND, ERNST KRENEK, MANFRED KUTTNER, HENRY LAMPL, WERNER LANDSHOFF, RUTH LEHMBERG, ERNST LENART, ERNA G. MAGNUS, VICTOR MANUSSEWITSCH, KITTY MATTERN, EUGEN MAYER, FRANZ MITTLER, ERNST NEUBAUER, RICHARD NEUMAN, HANS PANOFSKY, MICHAEL POLLON, FREDERICK POLNAUER, THEO RATNER, KURT REICHERT, WALTER ROBERT, RICHARD RODECK, FRITZ ROTHSCHILD, OTTO SEYFERT, THEA SILTON, ELSY STEIN, KURT STERN, FRANZ ULLSPERGER, LUCY B. WEISS, LEO WEITH, GERTRUD WOLF, MYRIAM ZUNSER)

SEREBRENIK, BERTOLD

4463 —
«Bertold Serebrenik»; Aktennotiz; TD, 1 S., engl. E Einbürgerung/BERTOLD SEREBRENIK (Antrag auf amer. Staatsbürgerschaft) A Biografie/BERTOLD SEREBRENIK (Studium an Musikakademie Wien, Arbeitsmöglichkeit als Kaufmann)

SIERADZ, EDWIN

4464 —
Fragebogen; TD, 1 S., engl. A Biografie/EDWIN SIERADZ (Musik- und Jurastudium in Berlin, Sekretär/ALFRED EINSTEIN, Tätigkeit im Großhandel)

STERN, KURT

4465 —
«Kurt Stern»; Aktennotiz; TD, 1 S., engl. E Einbürgerung/KURT STERN (Antrag auf amer. Staatsbürgerschaft) A Biografie/KURT STERN (Studium an Musikakademie Wien, keine Berufserfahrung außerhalb der Musik)

VOGEL, OSCAR

4466 —
«Oscar Vogel»; Lebenslauf; TD, 1 S., engl. E Einbürgerung/OSCAR VOGEL (Antrag auf amer. Staatsbürgerschaft) A Biografie/OSCAR VOGEL (Studium an Univ. und Musikakademie Bratislava, keine Berufserfahrung außerhalb der Musik)

Papers of the Shanghai Refugee Community

- Material zur Dokumentation der vielfältigen musikalischen Aktivitäten der Jüdischen Exilgemeinde Shanghai; meist Programme, Konzertankündigungen und Plakate, einzelne Briefe und Schriften
- Finding list
- «Exil Shanghai. Jüdisches Leben in der Emigration (1938-1947)», hrsg. von Georg Armbruster, Michael Kohlstruck und Sonja Mühlberger, Teetz 2000 (vgl. http://www.exil-shanghai.de/, Stand: August 2004)

SCHRIFTEN
[UNBEKANNTER AUTOR]

4467 —
«Entwicklung des Musiklebens in der Emigration vom Jahre 1939 bis zur Beendigung des Pazifikkrieges»; Memorandum, TD (annotiert), 3 S., dt. Z Kulturleben (Musikleben in Shanghai)

4468 —
Memorandum, TD (Kopie), 1 S., dt. R Kulturpolitik (Kulturleben in Shanghai während der japan. Okkupation, Konzerte der Shanghai Musician Ass. of Stateless Refugees; Shanghai Stateless Refugees Affairs Bureau) Z Kriegsereignisse (japan. Besetzung Shanghais)

↳ Beilagen: Eintrittskarte 1944-07-15 (Dok. 4520), Programme 1944-07-15 (Dok. 4521) und 1944-08-02 (Dok. 4522)

KORRESPONDENZ
GEMEINSCHAFT JÜDISCHER KANTOREN

4469   1946-06-18
Rudolf Glahs, ohne Adressat (Rundschreiben); TLS, 1 S., dt. A Organisationen (Mitgliederversammlung/Gemeinschaft Jüdischer Kantoren; ? AMSTERDAMM, J. ARONSOHN, [MAX] EHRENBERG, [JOACHIM?] COHN, LEOPOLD FLEISCHER, [GUNTHER?] GASSENHEIMER, RG, [DAVID] HES, [JAKOB] KAUFMANN, M. LEWKOWITZ, ? KINSTLINGER, [KURT?] RADT, JOSEF SCHALLAMACH, H. SCHUELER, MAX WARSCHAUER, [ALBERT?] WESEL)

JEWISH COMMUNITY OF CENTRAL EUROPEAN JEWS

4470   1941-05-05
Albert Trum (Jewish Community of Central European Jews, Shanghai) an ? Glass (Interessengemeinschaft der Kantoren, Shanghai); TLS, 1 S., dt. A Vortrag (Ankündigung des Vortrags «Musiktalent und seine Ausbildung in Schule und Haus»/HEINRICH MARKT)

ZIONIST ORGANIZATION OF SHANGHAI

4471   1943-12-16
Paul Parnes (Zionist Organization of Shanghai) an ? (Stateless Refugees Affairs Bureau, Shanghai); TL (Kopie), 1 S., engl. A Projekte/PP (Gesuch um Erlaubnis für Chanukah-Feier, Programm)

MATERIAL ZUR BIOGRAFIE

4472 —
«Program»; PD, 1 S., engl. A Aufführung (Konzert, Mitwirkende FERDINAND ADLER, JOSEF FRUCHTER, HENRY MARGOLINISKI, SABINE RAPP, MAX WARSCHAUER, S. ZORICH)

4473 —
«Programm»; PD, 1 S., dt. A Aufführung (Konzert, Mitwirkende ROSL ALBACH-GERSTL, HAN. BERGMANN, KURT FRIEDBERG, A. FRUCHTER, JOSEF FRUCHTER, GERHARD GOTTSCHALK, MAX REZLER, SIEGFRIED SONNENSCHEIN, HERBERT ZERNIK, RAYA ZOMINA, Orchester C.M. WINTERNITZ); Vortrag (Festrede/PAUL PARNES, Präsident der Zionist Organization of Shanghai)

4474 —
«Programme»; PD, 1 S., engl. A Aufführung (Konzert, Mitwirkende M. ELBAUM, JOSEF FRUCHTER, PAULA FRUCHTER, D. MABAS, S. ZATS)

4475   1939-06-28
«I. Sonderveranstaltung»; Programmheft; PD, 1 S., engl. A Aufführung (Kabarett-Programm im Broadway-Theatre, Mitwirkende WOLFGANG FISCHER, LILY FLOHR, WALTER

Friedmann, Heinz Ganther, Max Katz, Walter Lewens, Albert Loeser, Berthold Metis, Ilse Meyer-Frank, Siegfried Robert, Henry Rosety, Helga Stern, Eddy Weber)

4476 (1942)-11-15
«Violin Concerto, Masonic Hall»; Pressemitteilung; PD, 1 S., engl. A Aufführung (Recital/Ferdinand Adler und Henry Margolinski)

4477 1943-11-27
«Gala Concert in Favour of Foreign Pao China»; Programmheft; PD, 2 S., engl. A Aufführung (Konzert im Eastern Theatre, Mitwirkende Ferdinand Adler, Rosl Albach-Gerstl, Josef Fruchter, John Kraus, Ilse Marcuse, Henry Margolinski, Irene Margolinski, Sabine Rapp, Lisa Robitchek, Lotte Sommer, Max Warschauer)

4478 1943-12-09
«Morgen ist's besser. Eine abwechslungsreiche Revue in 12 Bildern»; Plakat; PD, 1 S., engl. A Aufführung (Revue im Alcock-Heim, Mitwirkende M. Elbaum, Lily Flohr, Max Rezler, M. Riskin)

4479 1943-12-09
«Morgen ist's besser»; Programmheft; PD, 2 S., engl./dt. A Aufführung (Konzert in der Theatre Hall, Mitwirkende M. Elbaum, Lily Flohr, Max Rezler, M. Riskin)

4480 1945-04-22
«Kuenstler-Parade»; Programmheft; PD, 2 S., dt. A Aufführung (Konzert- und Theaterveranstaltung in der SJYA. School, Mitwirkende Ferdinand Adler, Viktor Flamm-Geldern, Josef Fruchter, Walter Joachim, Henry Margolinski, Fritz Melchior, Ursula Perlhoefter, Sabine Rapp; Shanghai Musician Ass., Ass. of Jewish Artists and Lovers of Fine Art)

Friedmann, Hersch
4481 1939-10-28
«Jiddishe [sic] Volkslieder (House Concert)»; Pressemitteilung; PD, 1 S., engl.; mit Fotografie A Aufführung/Hersch Friedmann (Ankündigung Konzert mit jiddischen Volksliedern)

Gemeinschaft Jüdischer Kantoren
4482 —
«Programm»; Pressemitteilung; PD, 1 S., dt. A Aufführung (Konzert mit Leopold Fleischer, Rudolf Glahs, Walter Joachim, Jakob Kaufmann, M. Lewkowitz, Max Rezler, Josef Schallamach, Max Warschauer)

4483 1940-12-14
«Erster Juedischer Abend»; Programmheft; PD, 1 S., dt. A Aufführung ("Jüdischer Abend" im Alcock-Heim, Einführung [Joachim?] Cohn, Mitwirkende [Max?] Ehrenberg, Leopold Fleischer, [Gustav] Floersheimer, ? Glass, Jul[ius] Kaufmann, M. Lewkowitz, [Samuel?] Naumbourg, Max Rezler, Josef Schallamach, H. Schueler, ? Wartenberger)

4484 (1942)-03-26
«Musikalische Weihestunde»; Programmheft; AD, 1 S., engl. A Aufführung ("Musikalische Weihestunde" in der Ward Road Heim-Synagoge mit hebr. und jiddischen Liedern; Einführung Rabbi [Hugo?] Kantorowsky, Mitwirkende Leopold Fleischer, ? Glass, Jakob Kaufmann, ? Lerner, M. Lewkowitz, H. Schueler, [Max] Warschauer)

4485 1942-06-23
«II. Juedischer Abend»; Plakat; PD, 1 S., engl. A Aufführung ("Jüdischer Abend", Gartenbühne im Ward Road Heim, Mitwirkende Hersch Friedmann, Max Guenther, Martin Hausdorff, Siegfried Katznol-Cardo, ? Lerner, Max Rezler; Vortrag/Rabb. Bryks («Historischer Rueckblick ueber 2000 Jahre jued. Galuth»)

4486 1943-01-24
«Juedisches Konzert»; Programmheft; PD, 1 S., dt. A Aufführung ("Jüdisches Konzert" im Alcock-Heim, Mitwirkende J. Aronsohn, Leopold Fleischer, [Gustav] Floersheimer, ? Glass, M. Lewkowitz, Senta Pinette-Glass, Josef Schallamach, H. Schueler, Max Warschauer)

4487 1946-01-27
«Konzert»; Programmheft; PD, 2 S., dt. A Aufführung (Konzert in der SJYA School, Mitwirkende J. Aronsohn, M. Epstein, Leopold Fleischer, Rudolf Glahs, Jakob Kaufmann, M. Lewkowitz, H. Schueler)

Jewish Community of Central European Jews
4488 —
«Commemoration of the late Dr. Arthur Wolff»; Programmheft; PD, 2 S., engl. A Aufführung (Trauerfeier, Mitwirkende Hans Baer, Hans Bergmann, Alfred Dreifuss, Gritta Glogau, Margit Langer-Klemann, Senta Pinette-Glass, Bella Resek, Josef Schlesinger, Ernst Weissler)

4489 1939-12-03
«Programm für die Feierstunde am Sonntag, d[em] 3.XIII.1939»; Programmheft; TD, 1 S., dt. A Aufführung (Feierstunde der jüdischen Gemeinde, Mitwirkende Rudolf Glaser, Hugo Kaufmann, Boris Sapiro, Werke/Manfred Lewandowski)

4490 1940-03-03
«Feierstunde am Sonntag, den 3. März 1940»; Programmheft; PD, 1 S., dt. A Aufführung (Feierstunde der jüdischen Gemeinde, Mitwirkende Egon Fischer, Hersch Friedmann, S. Gutfreund, O. Manczek, Heinrich Markt, Max Rezler, Albert Trum, Max Warschauer, Julius Weinberger, D. Wieluner, Arthur Wolff)

4491 1944-03-05
«Jüdisches Konzert»; Eintrittskarte; PD, 1 S., dt. A Aufführung (Chorkonzert im Broadway Theatre mit Walter Joachim)

4492 1946-08-04
«Trauerfeier [...] für die Opfer des 7. Aw 5705 (17. Juli 1946)»; Programmheft; TD, 1 S., dt. A Aufführung (Trauerfeier, Mitwirkende Leopold Fleischer, [Jakob] Kaufmann, M. Lewkowitz, H. Schueler)

Kammer-Orchester 1939
4493 (1939)-09-25
«Konzert»; Programmheft; PD, 1 S., dt. A Aufführung/ Kammer-Orchester 1939 (Konzert im Broadway Theatre, Leitung Leo Fuchs, Mitwirkende Hans Baer, Louis Levine)

New York

4494 (1939)-10-31
«2. Konzert im Broadway Theater»; Programmheft; PD, 2 S., dt.; mit Formular zum Eintritt als "Foerderndes Mitglied" A Aufführung Kammer-Orchester 1939 (Konzert im Broadway Theatre mit Raya Bershadsky, Leitung Leo Fuchs)

4495 1939-10-31
«2nd Concert»; Plakat; PD, 1 S., engl. A Aufführung/Kammer-Orchester 1939 (Konzert im Broadway Theatre mit Raya Bershadsky, Leitung Leo Fuchs)

4496 1940-02-27
«3. Konzert im Eastern-Theater»; Programmheft; PD, 1 S., dt. A Aufführung/Kammer-Orchester 1939 (Konzert im Eastern-Theater mit Wilhelm Loewit, Leitung Erich Marcuse)

4497 1940-02-27
«3. Konzert»; Plakat; PD, 1 S., engl. A Aufführung/Kammer-Orchester 1939 (Konzert im Eastern-Theater mit Wilhelm Loewit, Leitung Erich Marcuse)

Kuttner, Max

4498 1943-02-20
Eintrittskarte; PD, 1 S., engl. A Aufführung/Max Kuttner (Konzert im Alcock-Heim)

Levine, Louis

4499 1943-11-21
«Konzert Louis Levine»; Programmheft; PD, 1 S., dt. A Aufführung/Louis Levine (Konzert im Alcock-Heim, Begleiter Leo Fuchs)

4500 1946-05-05
«Farewell Concert Louis Levine»; Programmheft; PD, 1 S., engl. A Aufführung/Louis Levine (Konzert in der SJYA School, Begleiter Leo Fuchs)

4501 1947-11-02
«Concert of the Well-Known Bass-Singer Louis Levine»; Programmheft; PD, 2 S., engl. A Aufführung/Louis Levine (Konzert in der SJYA School, Begleiter Leo Fuchs)

Lewens, Walter

4502 1941-06-07
«Sonderveranstaltung in der SJYA School»; Programmheft; PD, 2 S., dt.; mit Fotografie von Walter Lewens und Text zu seiner Theater- und Konzertdirektion "Pro Arte" A Aufführung/Walter Lewens (Konzert in der SJYA School, Mitwirkende Ferdinand Adler, Margit Langer-Kleemann, Fritz Melchior, Ursula Perlhoefter, Siegfried Sonnenschein, Herbert Zernik)

Rap-Janovska, Miriam

4503 1937-01-03
«Grand Concert Miriam Rap-Janovska»; Programmheft; PD, 2 S., engl./hebr. A Aufführung/Miriam Rap-Janovska (Konzert im Amer. Women's Club, Begleiter A. Slutzky)

Schoschano, R.

4504 1941-11-17
«Concert of Living Art»; Pressemitteilung; PD, 1 S., engl./chin.; mit Fotografie A Aufführung/R. Schoschano (Konzert im Shanghai Jewish Club, Begleiter Max Rezler)

4505 (1942)-05-24
«Grosser jiddischer Revue-Abend "Die lustige Bombe"»; Plakat; PD, 1 S., dt. A Aufführung (Revue-Abend im Alcock-Heim, Mitwirkende M. Elbaum, Leo Schoenbach, R. Schoschano)

Shanghai Jewish Club

4506 1942-03-22
«Jewish Song-Concert»; Programmheft; PD, 2 S., engl./chin. A Aufführung (Konzert im Shanghai Jewish Club, Mitwirkende Hersch Friedmann, Siegfried Sonnenschein, Raya Zomina)

4507 1942-06-14
«Grand Concert of Jewish Humour [sic] and Songs»; Programmheft; PD, 1 S., engl. A Aufführung (Konzert im Shanghai Jewish Club, Mitwirkende M. Elbaum, Lily Flohr, Leo Schoenbach)

4508 1943-02-07
«Festival of Songs, Music and Humor [sic]»; Programmheft; PD, 2 S., engl.; mit Fotografien A Aufführung (Konzert im Shanghai Jewish Club, Mitwirkende Raya Bershadsky, M. Elbaum, V. Ioahim, M. Riskin, Leo Schoenbach)

4509 1943-05-16
«Concert of Jewish Songs»; Programmheft; PD, 2 S., engl. A Aufführung (Konzert im Shanghai Jewish Club, Mitwirkende M. Elbaum, Greta Kleiner, Max Rezler)

4510 1945-04-13 und 1945-05-10
«Report on the Activities for the Month» für März und April 1945; Aktennotiz; jeweils TDS, 1 S., engl. A Organisationen (Veranstaltungen/Shanghai Jewish Club; Finanzen und Einnahmen)

Shanghai Municipal Orchestra

4511 1939-10-15
«First Symphony Concert»; Programmheft; PD, 1 S., engl. A Aufführung/Shanghai Municipal Orchestra (Konzert im Lyceum, Leitung Mario Paci)

4512 1940-01-28
«Sixteenth Symphony Concert»; Programmheft; PD, 1 S., engl. A Aufführung/Shanghai Municipal Orchestra (Konzert Lyceum, Leitung Arrigo Foa)

4513 1940-02-04
«Deuxième Concert Spécial sous le patronage de l'alliance française»; Programmheft; PD, 2 S., frz. A Aufführung/Shanghai Municipal Orchestra (Konzert im Lyceum mit Robert Kohner, Leitung Mario Paci)

4514 1940-02-04
«Seventeenth Sunday Symphony Concert – Second Special French Programme»; Programmheft; PD, 1 S., engl. A Aufführung/Shanghai Municipal Orchestra (Konzert im Lyceum mit Robert Kohner, Leitung Mario Paci)

4515 1940-03-24
«Special Easter Sunday Concert»; Programmheft; PD, 1 S., engl. A Aufführung/Shanghai Municipal Orchestra (Konzert im Lyceum, Leitung Mario Paci, Mitwirkende Ruth Fullam, V. Shushlin, A. Slobodskoy, Mary Stewart)

4516 (1940)-04-17
«M° Paci at the Lyceum»; Pressemitteilung; PD, 1 S., engl. A Aufführung/Shanghai Municipal Orchestra (Klavierkonzerte mit Schülern/MARIO PACI, MARY CHEN, LEYDA PEZZINI, ROSA SCHIFFMANN)

4517 1941-02-23
«Twentieth Symphony Concert – A Special Programme [sic] "Modernistic"»; Programmheft; PD, 1 S., engl. A Aufführung/Shanghai Municipal Orchestra (Konzert, Leitung MARIO PACI, Mitwirkende GREGORY SINGER, A. AVSHALOMOFF, A. FORTINA, E. GIRARDELLO, G. GIRARDELLO, A. VERNICK)

4518 (1941)-03-02
«21st Symphony Concert»; Programmheft; PD, 1 S., engl. A Aufführung/Shanghai Municipal Orchestra (Konzert, Leitung MARIO PACI)

4519 1941-03-16
«Twenty-Third Symphony Concert»; Programmheft; PD, 1 S., engl. A Aufführung/Shanghai Municipal Orchestra (Konzert mit ROBERT KOHNER, Leitung MARIO PACI und ARRIGO FOA)

SHANGHAI MUSICIAN ASSOCIATION OF STATELESS REFUGEES

4520 1944-07-15
«Ehrenkarte fuer das 1. Sommer-Konzert des SMA-Orchesters»; Eintrittskarte; PD, 2 S., dt.; auf der Rückseite Stempel der Behörde mit der "Berechtigung zum Verlassen des Distriktes" A Aufführung (Konzert des SMA-Orchesters)

→ Beilage zu Memorandum (Dok. 4468)

4521 1944-07-15
«1. Sommer-Konzert des SMA-Orchesters: "Ein Schubert-Abend"»; Programmheft; PD, 2 S., dt./japan. A Aufführung (Konzert des SMA-Orchesters in der SJYA-Schule, Leitung OTTO JOACHIM)

→ Beilage zu Memorandum (Dok. 4468)

4522 1944-08-02
«2. Sommer-Konzert des SMA-Orchesters: "Strauss und Léhar"»; Programmheft; PD, 2 S., dt. A Aufführung (Konzert des SMA-Orchester in der SJYA-Schule, Leitung C.M. WINTERNITZ, Mitwirkende KARLA BREUER, ADOLF FEIEREISEN)

→ Beilage zu Memorandum (Dok. 4468)

STEWART, MARY

4523 (1940)-04-05
«A Recital by Mary Stewart»; Programmheft; PD, 1 S., engl. A Aufführung/MARY STEWART (Konzert im Lyceum, Begleiter WILHELM LOEWIT)

BILDDOKUMENTE
STATELESS REFUGEES AFFAIRS BUREAU

4524 1946
Abbildung; Druckgrafik, ca. 24,2 x 12,2 cm; Druckgrafik, die durch Verarbeitung exilrelevanter Schlagworte einen thematischen Bezug zur Situation der Emigranten herstellt

City University of New York, Graduate Center, Research Center for Music Iconography
365 5th Ave., New York, NY 10016-4309, http://web.gc.cuny.edu/rcmi/
Kontakt: Zdravko Blazekovic, ZBlazekovic@gc.cuny.edu

Emanuel Winternitz Collection

- Emanuel Winternitz, 1898-1983, Musikwissenschaftler, 1939 Emigration in die USA, 1938-1941 am Fogg Museum der Harvard Univ., ab 1941 für Instrumentensammlung am Metropolitan Museum of Art in NYC zuständig (seit 1949 Kurator), ab 1947 auch Lehrtätigkeit an verschiedenen amer. Univ.

- Nachlass mit Entwürfen zu Aufsätzen und Büchern, Korrespondenz über Fachfragen, Planung und Durchführung von Vorträgen sowie mit einer Sammlung von Musikdarstellungen von der Antike bis zur Moderne

- Sammlung größtenteils im Zustand der Übergabe durch Winternitz verblieben, bislang lediglich ein Teil der Sammlung ohne Vergabe von Signaturen geordnet

- Vgl. Eric Voegelin Papers (Hoover Institution Archives, Palo Alto, CA); QuECA, S. 170-171

- BHE II, 1251 • Barry S. Brook, «In Memoriam Emanuel Winternitz», in: ‹Imago Musicale› 1940, IX-XII; Robert Estrine, «Emanuel Winternitz – Books, Articles, and Reviews since 1940», in: ebenda, XIII-XVII; Schriftenverzeichnis online als «Works by Emanuel Winternitz» (http://web.gc.cuny.edu/rcmi/WinternitzPublications.htm, Stand: August 2004)

Schriften
Winternitz, Emanuel

4525 (1940)-[11]-[24]
«Tradition and Innovation in Music – An Essay on the Changing Evaluations of Style»; Vortrag, TD (Entwurf), 8 S., engl.

4526 (1941-03-01)
«Notes on the Material of the 1st Lecture in the Course "Images and Imagination" by Dr. Emanuel Winternitz»; Vortrag, TD, 3 S., engl.; "To be used in connection with the exhibit illustrating the lecture «Art and Nature»" A Vortrag/EW (Reihe «Images and Imagination» am Metropolitan Museum of Art) R Bildende Kunst/EW (Verhältnis zwischen Kunst und Natur; Ausdruck durch Arrangement, Stilisierung und Verfremdung)

4527 (1941-03-15)
«Notes on the Material of the 3rd Lecture in the Course "Images and Imagination" by Dr. Emanuel Winternitz»; Vortrag, TD, 2 S., engl. A Vortrag/EW (Reihe «Images and Imagination» am Metropolitan Museum of Art)

4528 1941-09-[12]
«Comments on Mr. William G. Constable's paper "An Approach to the Study of History"»; Aufsatz, TD, 11 S., engl.; mit Vermerk "Not for Publication" A Vortrag/William George Constable («An Approach to the Study of History») R Gesellschaft/EW (Spezialistentum und Arbeitsteilung als Gefahr für die demokratische Erziehung); Wissenschaft/EW (fachübergreifende Geschichtsforschung als Voraussetzung eines vollständigen Verständnisses)

4529 1947-11-13
Material zum Vortrag «Relations between Art and Music in 18th Century France»: mehrere unzusammenhängende Manuskriptseiten (TD Kopie, 15 S., engl.) und detailliertes Verzeichnis der als Diaprojektionen verwendeten Abbildungen (TD annotiert, 2 S., engl.)

4530 1953-02-03
«Some Remarks to Mr. Kirkpatrick's Memorandum on the Yale Coll. of Musical Instruments»; Memorandum, TD (annotiert), 3 S., engl.

Korrespondenz
[Unbekannter Absender]

4531 1942-07-29
? (Peacham, VT) an Emanuel Winternitz; ALS, 2 S., engl. A Schriften/EW («Overspecialization and Art Education») R Kulturpolitik (Wirkung europäischer Meinungen und Forschungsmethoden in den USA, möglicher Vorwurf "that we are corrupting with European opinions and methods of research the American youth")

Addison Gallery of American Art

4532 1940-09-10 bis 1942-03-30
Korrespondenz zwischen Emanuel Winternitz und der Addison Gallery of Amer. Art (Andover, MA) zur Durchführung des Vortrags «The Funnies Taken Seriously: an Analysis of the Amer. Comic Strip» mit 14 Dokumenten (ALS und TL Kopie)

Association of American Colleges

4533 1942-01-? bis 1942-03-09
Korrespondenz zwischen Emanuel Winternitz und der Ass. of Amer. Colleges (NYC) mit 11 Dokumenten, darunter ein dreiteiliger Bericht über die Eindrücke von einer im Auftrag der Gesellschaft unternommenen Vortragsreise (1942-02-15, TD Kopie, 3 S., engl.; 1942-02-22, TD Kopie, 2 S., engl.; 1942-02-27, TD Kopie, 2 S., engl.), Briefe zur Planung der Reise und eine Spesenabrechnung (TDS 1942-03-09, 1 S., engl.)

Benesch, Otto

4534 1942-06-21
Otto Benesch (Cambridge, MA) an Emanuel Winternitz; TLS, 1 S., dt. A Schriften/EW [«Overspecialization and Art Education»], Dank/OB für Zusendung; Vortrag/OB (Vorlesungen an Harvard Library, Publikation, Bitte um Kritik/EW) R Wissenschaft/OB (geisteswissenschaftliche Methodik in USA noch unerprobt, "neue Aspekte durch Wechsel des Standpunktes")

Boie, Mildred

4535 1939-12-16
Mildred Boie ([‹The Atlantic Monthly›]) an Guy Stanton Ford (Univ. of Minnesota, Minneapolis, MN); TL (Abschrift), 1 S., engl. A Anstellung/MB (‹Atlantic Monthly›, neuer Besitzer Richard Danielson); Empfehlung/MB und Robert Ulich (für EW an GSF; Malcolm M. Willey)

College Club Boston

4536 1939-06-31
Emanuel Winternitz (Cambridge, MA) an Sara Comins (College Club, Boston, MA); TL (Kopie), 1 S., engl. A Projekte/EW (Vortrag im College Club Boston, Themenvorschäge «Music and Architecture in the Italian Renaissance», «The Meaning of Abstract Art – An Introduction to Modern Art with a Comparative Analysis of Painting, Sculpture, Architecture, Music and Dance in Relation to Nature» oder «Rhythm and Symmetry: a Glimpse at the Workshop of the Visual Artist and the Musician»)

4537 1939-09-12
Sara Comins (College Club, Boston, MA) an Emanuel Winternitz (Cambridge, MA); TLS, 1 S., engl. A Vortrag/EW (Einladung zu den Themen «Music and Architecture in the Italian Renaissance» und «The Meaning of Abstract Art – An Introduction to Modern Art with a Comparative Analysis of Painting, Sculpture, Architecture, Music and Dance in Relation to Nature», Organisatorisches)

Committee on Exiled Scholars

4538 1942-01-23
Horace L. Friess (Committee on Exiled Scholars, Amer. Philosophical Ass., Columbia Univ., NYC) an Emanuel Winternitz; TLS, 1 S., engl.; mit Fragebogen als Anlage (TD Kopie, 1 S., engl.) E Hilfsorganisationen (Committee on Exiled Scholars, Bitte um Bearbeitung eines Fragebogens zur beruflichen und familiären Situation für eine Liste über "exiled scholars")

COOK, WALTER
4539   1939-12-10
Emanuel Winternitz (Cambridge, MA) an Walter W.S. Cook; TL (Kopie), 2 S., engl. A Biografie/EW ("I formerly made my living as a lawyer besides carrying on my research and teaching in the history of art and music", Gründe des Jura-Studiums; ERNST CASSIRER, MAX DWORAK, JOHANNES WILDE) R Musik/EW (Parallelen von Gesetzes- und Musikinterpretation, Verhältnis von Schöpfer zu Interpret)

EINSTEIN, ALFRED
4540   1944-11-27 bis 1949-01-19
Korrespondenz zwischen Emanuel Winternitz und Albert Einstein zu Mozart-Aufführungen am Metropolitan Museum of Art (4 Briefe, ALS und TL Kopie, November und Dezember 1944) und zu Winternitz' Forschung über Musikautomaten (2 Briefe, ALS und TL Kopie, Januar 1949)

ELLIOTT, WILLIAM
4541   1939-08-10
William Yandell Elliott (Harvard Univ., Faculty of Arts and Sciences, Cambridge, MA) an Emanuel Winternitz (Cambridge, MA); TLS, 1 S., engl. A Veröffentlichung (Ablehnung einer Publikation von Auszügen aus Essay «Portrait of a European Tyrant»/JACOB BURCKHARDT trotz zeitgeschichtlichem Bezug; mögliche Foren für den Abdruck ‹Reader's Digest› oder ‹Coronet›)

EMERGENCY COMMITTEE IN AID OF DISPLACED FOREIGN SCHOLARS
4542   1940-08-30
Emanuel Winternitz an Ruth O'Donnell (Emergency Committee, NYC); TL (Kopie), 2 S., engl. A Öffentlichkeit/EW ("according to the published reports, letters and other reactions from sponsors and audiences, I may say that I have had an extremely warm response"); Projekte/EW (Schrift über "Comparative Aesthetics and the interrelationship of the theory and psychology of Visual Arts and Music" [«Rhythm and Symmetry: A Glimpse at the Workshop of the Visual Artist and the Musician»]; eigene Fotos zur Architektur in Neu-England; Wanderausstellungen in Universitätsgalerien als Zentren fächerübergreifender Interessen; Vorschläge zum Gebrauch musikalischer Form als Mittel der Bildung [«On the Sense of Time in Teaching History»]); Vortrag/EW (Bericht über Vortragstätigkeit an Univ. of Minnesota, Massachusetts Univ. Extension, Adult Education Center Cambridge, Worcester Art Museum, Albright Art Gallery, College Club Boston, Metropolitan Museum of Art; Verweis auf Referenz/FRANCIS HENRY TAYLOR)

4543   1942-06-18
Betty Drury (Emergency Committee, NYC) an Emanuel Winternitz (Metropolitan Museum of New York, NYC); TLS, 1 S., engl. A Schriften/EW («Overspecialization and Art Education» in ‹Ass. of Amer. Colleges Bulletin›, Dank/BD für Zusendung)

FINKELSTEIN, LOUIS
4544   1941-09-19
Louis Finkelstein (Conference on Science, Philosophy and Religion, NYC) an Emanuel Winternitz (Metropolitan Museum of Art, NYC); TLS, 1 S., engl. A Organisationen (Conference on Science, Philosophy and Religion; Dank für Mitarbeit und Teilnahme/EW; Zusammenfassung der Ergebnisse)

FOCILLON, MARGUERITE
4545   1943-04-12
Marguerite H. Focillon (New Haven, CO) an Emanuel Winternitz; ALS, 2 S., frz. A Schriften/EW («Henri Focillon, the Life of Forms in Art»); Vortrag/EW (Vortragsreihe am Metropolitan Museum of Art)

‹GAZETTE DES BEAUX-ARTS›
4546   1943-09-20 bis 1945-03-29
Korrespondenz zwischen Emanuel Winternitz und der ‹Gazette des Beaux-Arts› zum Beitrag für eine Henri Focillon-Festschrift mit 9 Dokumenten (ALS und TL Kopie)

INTERNATIONALE GESELLSCHAFT FÜR MUSIKWISSENSCHAFT
4547   1958-04-12 bis 1958-06-07
Korrespondenz zwischen Emanuel Winternitz und Wilhelm Pfannkuch zur Teilnahme am Kongress der Internationalen Ges. für Musikwissenschaft in Kiel mit 10 Dokumenten (TLS und TL Kopie)

4548   1958-06-18
Alfred Berner (Institut für Musikforschung Berlin, Musikinstrumenten-Sammlung, Berlin) an Emanuel Winternitz (c/o Kongress der Internationalen Ges. für Musikwissenschaft, Köln); TLS, 1 S., dt. A Organisationen (Kommission für Instrumentenkunde, Kongress der Internationalen Ges. für Musikwissenschaft, Ges. für Musikforschung, Teilnahme/EW; Zusammenarbeit und Kontakt zwischen Musikinstrumenten-Sammlungen verschiedener Länder)

INTERNATIONALER MUSIKWISSENSCHAFTLICHER KONGRESS WIEN
4549   1955-09-? bis 1958-06-18
Korrespondenz zwischen Emanuel Winternitz und dem Internationalen musikwissenschaftichen Kongress Wien 1956 (vertreten durch Othmar Wessely und Erich Schenk) zur Teilnahme an der Veranstaltung sowie zur Publikation des Kongressberichts mit 19 Dokumenten (ALS und TL Kopie)

4550   1956-01-22
Emanuel Winternitz an Erich Schenk ([Musikwissenschaftliches Institut der Univ. Wien]); TL (Kopie), 3 S., dt. A Anstellung/EW ("größeres Unterrichtspensum" an Yale Univ.; Reorganisation der Instrumentensammlung am Metropolitan Museum of Art und Organisation einer Konzertreihe); Organisationen (Zusage zur Teilnahme am Internationalen Musikwissenschaftlichen Kongress Wien 1956; Themenvorschläge zu Instrumentenkunde, Organisatorisches; BRUNO THOMAS, [ERNST THOMAS] FERAND); Schriften/EW («Musical Autographs from Monteverdi to Hindemith»); Vortrag/EW (Princeton Univ., «Mozart at Work: an Examination of his Musical Handwriting») R Musik/EW (Raumempfindlichkeit und Raumerlebnis bei WOLFGANG AMADEUS MOZART)

MARX, FRITZ MORSTEIN
4551   [1940-]-?-?
Emanuel Winternitz an Fritz Morstein Marx; TL (Entwurf),

1 S., engl. A Finanzen/EW (Bewerbung auf Stipendium der Guggenheim Foundation); Projekte/EW (Gespräche mit Chicago, Iowa, Detroit); Vortrag/EW (am Metropolitan Museum of Art; schickt Brief/ROBERT ULICH)

4552   1940-05-21
Edwin J. Stringham (Queens College) an Fritz Morstein Marx; TLS (annotiert), 1 S., engl.; Kopie an Emanuel Winternitz A Schriften/EMANUEL WINTERNITZ («On the Sense of Time in Teaching History», allgemeine Zustimmung/FMM, jedoch Ablehnung der These von der Kunst als evolutionärem Prozess); Schriften/WARREN D. ALLEN («Philosophies of Music History»)

MIDDELDORF, ULRICH
4553   1943-09-15
Ulrich Middeldorf (Univ. of Chicago, Dept. of Art, Chicago, IL) an Emanuel Winternitz (Metropolitan Museum of Art, NYC); TLS, 1 S., engl. A Anstellung/EW (am Metropolitan Museum of Art, Ausstellung der Musikinstrumente sehr erfolgreich); Schriften/EW («Bagpipes and Hurdy-Gurdies in their Social Settings» in ‹Metropolitan Museum of Art Bulletin›; darin Aufsatz/? IVENS)

MORGENSTERN, OSKAR
4554   1940-01-03
Oskar Morgenstern (Princeton Univ., Princeton, NJ) an Emanuel Winternitz (c/o Dr. Ernst Weinwurm, NYC); TLS, 1 S., engl. A Anstellung/EW (vertrauliche Anfrage/GUY STANTON FORD an [GOTTFRIED] HABERLER zu EW); Treffen/OM (mit EW in NYC)

NEW FRIENDS OF MUSIC
4555   1951-02-12
Herbert Barrett (New Friends of Music, Inc., NYC) an Emanuel Winternitz (Metropolitan Museum of Art, NYC); TLS, 1 S., engl. A Öffentlichkeit/EW (Radiointerview mit BOB BIGHAM, Station WABF); Vortrag/EW (als "intermission guest speaker" bei Sonntagskonzert der New Friends of Music)

PANOFSKY, ERWIN
4556   1943-09-25
Erwin Panofsky (Institute for Advanced Study, Princeton, NJ) an Emanuel Winternitz; ALS, 2 S., dt. A Schriften/EW («Bagpipes and Hurdy-Gurdies in their Social Settings»); Schriften/EP ("Handlist" der Werke/ALBRECHT DÜRER) R Musik/EP ("social implications" der Forschung/EW; New School for Social Research)

REESE, GUSTAVE
4557   1943-11-01
Gustave Reese (G. Schirmer, Inc., NYC) an Emanuel Winternitz; TLS, 1 S., engl. A Schriften/EW («Bagpipes and Hurdy-Gurdies in their Social Settings» in ‹Metropolitan Museum of Art Bulletin›); Schriften/GR («Music in the Middle Ages», Bemerkungen/EW)

ROCKEFELLER FOUNDATION
4558   1940-06-29
Ada L. Comstock an David H. Stevens (Radcliffe College, Office of the President, Cambridge, MA); TL (Abschrift), 1 S., engl. A Empfehlung/AC (für EMANUEL WINTERNITZ an DS, Rockefeller Foundation)

4559   1940-08-07
Emanuel Winternitz an David H. Stevens (Rockefeller Foundation, NYC); TL (Kopie), 1 S., engl. A Treffen/EW (Bitte um Gesprächstermin mit DS "in a matter of considerable importance to me") Z Empfehlung/ADA L. COMSTOCK (für EW an DS, Rockefeller Foundation; GOTTFRIED HABERLER)

SACHS, PAUL J.
4560   1942-11-24
Paul J. Sachs (Harvard Univ., Fogg Museum of Art, Cambridge, MA) an Emanuel Winternitz (Metropolitan Museum of Art, NYC); TLS, 1 S., engl. A Öffentlichkeit/EW (Anerkennung der wissenschaftlichen und menschlichen Qualitäten/EW durch [FRANCIS HENRY] TAYLOR); Schriften/EW («Quattrocento Science in the Gubbio Study» in ‹Metropolitan Museum of Art Bulletin›)

SCHINDLER, MARIANNE
4561   1942-12-18
Marianne Schindler (Evanston, IL) an Emanuel Winternitz; ALS, 2 S., engl. A Schriften/EW («Quattrocento Science in the Gubbio Study») R Gesellschaft/MS (Arbeit/EW als Gewinn für amer. Kulturleben, "who else could be a Winternitz in the world of Arts?")

STATE UNIVERSITY OF IOWA
4562   1940-04-29
Lester D. Longman (State Univ. of Iowa, Iowa City, IA) an Emanuel Winternitz (Cambridge); TLS, 1 S., engl. A Vortrag/EW (Absage wegen Terminproblemen, "Waid lecture" an State Univ. of Iowa wird von EDGAR WIND gehalten)

STRINGHAM, EDWIN
4563   1940-06-29
Emanuel Winternitz an Edwin J. Stringham; TL (Kopie), 3 S., engl. A Projekte/EW (Vorträge in Frick Coll. und Metropolitan Museum of Art; WARREN D. ALLEN); Schriften/EW («On the Sense of Time in Teaching History», Dank für positive Resonanz) R Wissenschaft/EW (über die Geschichtsschreibung der Kunst, Bezug auf Kritik am "evolutionären" Kunstverständnis)

STROBEL, OTTO
4564   1952-01-21
Otto Strobel (Bayreuth) an Emanuel Winternitz (Metropolitan Museum of Art, NYC); TLS, 1 S., dt. A Schriften/EW («Musical Autographs from Monteverdi to Hindemith», Reproduktionen nach Autograph «Tristan und Isolde»/RICHARD WAGNER "wegen der gegenwärtigen Zerrissenheit Deutschlands" nicht zugänglich; WIELAND WAGNER)

TUFTS COLLEGE MEDFORD
4565   1939-05-21 bis 1939-11-18
Korrespondenz zwischen Emanuel Winternitz und dem Tufts College (Medford, MA) zur Durchführung des Vortrags «Rhythm and Symmetry: a Glimpse at the Workshop of the Visual Artist and the Musician» mit 11 Dokumenten (ALS und TL Kopie)

University of Chicago

4566   1940-11-24

Emanuel Winternitz an Ronald Salmon Crane (Univ. of Chicago, Dept. of English, Chicago, IL); TL (Kopie), 1 S., engl. **A** Empfehlung/ULRICH MIDDELDORF (für EW an RSC); Vortrag/EW («Tradition and Innovation in Music – An Essay on the Changing Evaluations of Style» im Rahmen des Jahrestreffens der College Art Ass. an der Univ. of Chicago; Vortragstätigkeit in New England, Vorbereitung für Kurs an Metropolitan Museum of Art)

↳ *Antwortbrief: 1940-11-29*

University of Minnesota Minneapolis

4567   (1939)-[09]-?

Malcolm M. Willey ([Univ. of Minnesota, Minneapolis, MN]) an Emanuel Winternitz; TL (Abschrift), 1 S., engl. **A** Projekte/EW (Mithilfe zur Entwicklung eines Programms für die Künste und die Integration der Univ. Gallery, Univ. of Minnesota); Vortrag/EW (Einladung zu Gastvorlesung aus Mitteln des Waid-Funds/Amer. Institute of Architects an der Univ. of Minnesota; Finanzen)

↳ *Antwortbriefe: 1940-01-28 und 1940-04-25*

Winternitz, Emanuel

4568   1947 bis 1965

Briefe (TLS und TL Kopie) mit Anfragen und Antworten zur Verwendung von Autographen in «Musical Autographs from Monteverdi to Hindemith», darunter Korrespondenz mit der Folger Shakespeare Library (Washington, DC), der Boston Public Library (Boston, MA), der Österr. Nationalbibliothek (Wien) und dem Office of Alien Property des Dept. of Justice (Washington, DC) sowie mit Friedrich Blume bezüglich einer dt. Ausgabe (3 Dokumente von 1965)

Worcester Art Museum

4569   1940-10-04

Charles H. Sawyer (Worcester Art Museum, Office of the Director, Worcester, MA) an Emanuel Winternitz (Cambridge, MA); TLS (annotiert), 1 S., engl. **A** Vortrag/EW (Einladung zu Vortragsreihe am Worcester Art Museum als Fortsetzung der letztjährigen Vorträge; Organisatorisches)

Yale University New Haven

4570   1947-09-23

Charles H. Sawyer (Yale Univ., Division of the Arts, School of the Fine Arts, New Haven, CT) an Emanuel Winternitz (Metropolitan Museum of Art, Dept. of Musical Activities, NYC); TLS, 1 S., engl. **A** Vortrag/EW (Yale Univ. im Rahmen einer Reihe über frz. Kunst über "the relation of Music and Art in France during the Eighteenth Century", Finanzen; weitere Vorträge/TRENCHARD COX, PIERRE LAVEDAN)

4571   1951-11-07

Charles H. Sawyer (Yale Univ., Division of the Arts, New Haven, CT) an Emanuel Winternitz (c/o School of Music, Sprague Memorial Hall); TLS, 2 S., engl. **A** Treffen/EW und CS (nach dem Vortrag, mit GEORGE HOWE); Vortrag/EW (Vortragsreihe «Architecture and Civilization», Yale Univ., Organisatorisches; weitere Vorträge zum Thema/PAUL WEISS, DANIEL MERRIMAN, RUSSELL HITCHCOCK, RICHARD BUCKMINSTER FULLER, FRED N. SEVERUD)

Young Men's Hebrew Association

4572   1941-03-31 bis 1941-07-16

Korrespondenz zwischen Emanuel Winternitz und der YMHA (NYC) zur Durchführung einer Vortragsreihe (Organisatorisches und Finanzen) mit 4 Dokumenten (ALS und TL Kopie)

Material zur Biografie
Winternitz, Emanuel

4573   (1939)

Emanuel Winternitz, «Rhythm and Symmetry: a Glimpse at the Workshop of the Visual Artist and the Musician»; Pressemitteilung; TD, 1 S., engl. **A** Biografie/EW (Werdegang); Vortrag/EW (Abstract von «Rhythm and Symmetry: a Glimpse at the Workshop of the Visual Artist and the Musician»)

4574   (1940)-[04]-15 bis (1940)-[04]-16

«Schedule of Classes – Dr. Winternitz Visit»; Programmheft; TD, 2 S., engl. **A** Vortrag/EMANUEL WINTERNITZ (Stundenplan für Aufenthalt an Univ. of Minnesota anlässlich der "Waid Lecture")

4575   (1941)

Emanuel Winternitz, «Lecture Subjects»; TD, 1 S., engl. **A** Vortrag/EW (Verzeichnis der Vorträge für College Art Ass. und weitere Themen)

4576   (1941)-03-? bis (1941)-04-?

«Images and Imagination. Eight Lectures by Dr. Emanuel Winternitz»; Programmheft; PD, 2 S., engl. **A** Vortrag/EMANUEL WINTERNITZ (Reihe «Images and Imagination» am Metropolitan Museum of Art)

4577   1941-03-? bis 1941-04-28

Reaktionen von Zuhörerinnen und Zuhörern der Vorlesungsreihe «Images and Imagination» von Emanuel Winternitz am Metropolitan Museum of Art, anonyme Fragebögen (TD/AD) und Briefe diverser Absender (ALS) mit Kommentaren, Anregungen und Kritik

New York

Columbia University, Columbia University Library, Rare Book and Manuscript Library
535 West 114th Street, New York, NY 10027, http://www.columbia.edu/cu/lweb/indiv/rare/
Kontakt: Bernard A. Crystal

George Antheil Papers

- George Antheil, 1900-1959, amer. Komponist
- Nachlass (Call No.: Ms Coll Antheil) mit Musikmss., Partituren, ferner Korrespondenz vor allem mit Musikern, darunter Emigranten wie Maurice Abravanel, Antal Dorati, Hans W. Heinsheimer, Paul Hindemith, Lotte Lenya, Darius Milhaud und George Szell; meist Bezug auf Antheils Arbeit
- Geschenk von Peter Antheil, 1984
- Findig aid online, http://www.columbia.edu/cu/libraries/indiv/rare/guides/Antheil/

KORRESPONDENZ

DORATI, ANTAL

4578   1946-01-14
Antal Dorati (Dallas SO, Dallas, TX) an George Antheil (c/o Mr. H[ans] W[ilhelm] Heinsheimer, Boosey & Hawkes, Inc., NYC); TLS, 2 S., engl. A Kompositionen/GA («Over the Plains», Korrekturen/AD für Aufführung)

→ Brief ähnlichen Inhalts: 1946-02-13

4579   1946-07-09
Antal Dorati (NYC) an George Antheil und Werner Gebauer; TLS, 3 S., engl. A Kompositionen/GA («Konzert» für V. und Orchester, Verbesserungsvorschläge/AD); Kompositionen/AD (Arbeit an «Konzert» für Vc. und Orchester); Projekte/AD (Konzertreise mit Dallas SO nach England)

→ Brief ähnlichen Inhalts: 1946-11-23

4580   (1947-02-11)
George Antheil an Antal Dorati; TL (Kopie), 4 S., engl. A Aufführung/AD («Konzert» für V. und Orchester/GA, WERNER GEBAUER; HANS WILHELM HEINSHEIMER); Öffentlichkeit/GA (Erfolge mit «4. Sinfonie», "the most successful Amer. symphony in Europe") R Musik/GA (Anforderungen an modernes Solokonzert; Suche nach Verbesserungsmöglichkeiten für «Konzert» für V. und Orchester; JOHN ROSENFIELD, WERNER GEBAUER)

→ Brief ähnlichen Inhalts: 1947-01-16

4581   1947-02-13
Antal Dorati (Dallas SO, Dallas, TX) an George Antheil (Hollywood, CA); TLS (annotiert), 2 S., engl. A Aufführung/AD (Meinung zu «Konzert» für V. und Orchester/GA nach ersten Proben, Umarbeitung für weitere Aufführungen empfohlen) R Musik/GA (gute Kritik/JOHN ROSENFIELD zu 1. Satz von «Konzert» für V. und Orchester)

4582   1949-01-10
George Antheil (Hollywood, CA) an Antal Dorati; TL (Kopie), 1 S., engl. A Anstellung/AD (Glückwünsche zur Anstellung in Minneapolis); Aufführung/AD («Herzog Blaubarts Burg» und «Der holzgeschnitzte Prinz»/BÉLA BARTÓK, Lob/GA und EUGENE ZADOR); Aufführung («5. Sinfonie»/GA in Philadelphia und NYC unter EUGENE ORMANDY; Ankündigung der UA «6. Sinfonie»/GA unter PIERRE MONTEUX); Empfehlung/GA (für HARRIS DANZIGER an AD als Assistent)

4583   1949-01-20
Antal Dorati (Dallas SO, Dallas, TX) an George Antheil (Hollywood, CA); TLS, 2 S., engl. A Anstellung/AD (Bedeutung der Anstellung in Minneapolis für seine Karriere); Projekte/AD («3. Sinfonie»/GA Überlegungen zu Aufführungsort und -termin)

4584   1949-11-11
Antal Dorati an George Antheil (Hollywood, CA); TLS, 2 S., engl. A Anstellung/AD (Dirigent in Minneapolis, Anforderungen an Konzertprogramme bei Arbeitsbeginn); Projekte/AD (Aufführung der «3. Sinfonie»/GA in Minneapolis, neuer Termin noch nicht bekannt)

GRAF, HERBERT

4585   1941-04-12
Herbert Graf an George Antheil; TLS, 2 S., engl. A Projekte/GA (Auftrag für eine Oper mit UA an der MET; Umfang, Stoffauswahl, Anforderungen; ERIC T. CLARKE, EDWARD JOHNSON); Schriften/HG (Arbeiten an Buch über Situation der Oper in NYC)

4586   1942-11-10
Herbert Graf an George und Böski Antheil; TLS, 2 S. engl. A Kompositionen/GA (Vollendung sinfonischer Werke, Aufführungen; Opernpläne/HG für MET); Reise/HG (Rückreise vom Besuch bei GA in Hollywood) R Musik (Hilfestellungen von Freunden bei Aufführungen)

4587   1944-02-15
Herbert Graf (MET, NYC) an George und Böski Antheil; ALS, 2 S., engl. A Aufführung (Sendung einer Sinfonie/GA); Projekte/HG (Opera Workshop, Columbia Univ.; Inszenierung von «La belle Hélène»/JACQUES OFFENBACH, Debüt am Broadway) R Musik/HG (Stellung unter den Komponisten der USA)

HEINSHEIMER, HANS WILHELM

4588   1942-05-25
Hans Wilhelm Heinsheimer an George Antheil A Aufführung (Vorbehalte/ARTUR RODZINSKI gegenüber Sinfonie/GA); Öffentlichkeit/GA ("a performance here in New York would do more than anything else to promote the piece"); Vertrag/GA (Überlegungen zur Auflösung des Vertrages mit Boosey & Hawkes, Unzufriedenheit; SERGE KOUSSEVITZKY)

4589 1942-06-29
Hans Wilhelm Heinsheimer (Jackson Heights, NY) an George Antheil; ALS, 4 S., engl. A Kollegen (THOMAS BEECHAM); Projekte/HH (Taschenpartituren im Verlag Boosey & Hawkes) Z Kriegsereignisse (politische Situation in Europa, Kriegseintritt der USA)

4590 1943-03-04
Hans Wilhelm Heinsheimer (Boosey & Hawkes Artists Bureau, Inc., NYC) an George Antheil (Hollywood, CA); TLS, 2 S., engl. A Projekte/HH (Planung eines "comeback"/GA, Anforderungen); Vertrag/GA (vertragliche Bestimmungen für Vertretung durch HH als Agenten; Finanzen) R Musik/HH (Musikleben in den USA, Bedürfnis nach amer. Musik; Aufführungen auch von Musik minderer Qualität durch berühmte Dirigenten; ARTURO TOSCANINI, FABIEN SEVITZKY, MORTON GOULD, PAUL CRESTON)

4591 1943-03-31
Hans Wilhelm Heinsheimer (Boosey & Hawkes Artists Bureau, Inc., NYC) an George Antheil (Hollywood, CA) A Projekte (mögliche Aufführung von Werken/GA unter ARTUR RODZINSKI, FRITZ REINER; HERBERT GRAF); Vertrag/HH (Arbeit als Agent für GA; finanzielle Vorleistungen, spätere Veröffentlichung, Copyright; Unstimmigkeiten)

4592 1943-07-23
Hans Wilhelm Heinsheimer (Boosey & Hawkes Artists Bureau, Inc., NYC) an George Antheil (Hollywood, CA); TLS, 1 S., engl. A Projekte/HH (Ablehnung der Aufführung einer Sinfonie/GA durch ERICH LEINSDORF); Treffen/GA (mit ERICH LEINSDORF)

HINDEMITH, PAUL

4593 1944-01-10
George Antheil (Hollywood, CA) an Paul Hindemith; TL (Kopie), 1 S., engl. A Aufführung («4. Sinfonie»/GA mit NBC Orchestra unter LEOPOLD STOKOWSKI, Rundfunkübertragung WEAF, Bitte um Kritik/PH); Treffen/GA (mit PH, Paramount Studios)
→ *Antwortbrief: 1944-10-03*

4594 1948-07-31
Paul Hindemith (New Haven, CT) an George Antheil; ALS, 2 S., engl. A Anstellung/PH (Sabbat-Jahr); Kompositionen (Rücksendung eines Werkes/ERNEST GOLD); Reise/PH (nach Europa); Treffen (geplantes Treffen mit ERNEST GOLD nicht stattgefunden; Einladung/PH an GA)

KRENEK, ERNST

4595 1938-03-27
Ernst Krenek (Amer. Hotel, Amsterdam) an George Antheil; ALS, 1 S., dt. E Hilfe/EK (Bitte um Hilfe/GA); Verfolgung (Flucht/EK nach Amsterdam; "kann jetzt nicht nach Wien zurückgehen und auch kein Geld von dort bekommen") A Projekte/GA (Plan für Salzburg-Film wegen politischer Situation nicht mehr realisierbar); Reise/EK ("schöne Zeit in Hollywood, die wir mit Ihnen gehabt haben") Z Politik (Situation nach "Anschluss" Österreichs)
→ *Abdruck im Anhang, S. 376*

4596 1946-01-16
Ernst Krenek (Hameline Univ., School of Fine Arts, Saint Paul, MN) an George Antheil; ALS, 2 S., engl. A Anstellung/EK (Hamline Univ., schlechte Bezahlung; Überlegungen zu Stellenwechsel, Bitte um Rat und "inside information"/GA); Reise (nach Kalifornien im Sommer, Finanzierung durch "temporary job"); Schriften/GA (Autobiografie) Z Politik (Veränderung der Situation für Emigranten nach dem Krieg)

4597 1946-02-03
Ernst Krenek (Hamline Univ., School of Fine Arts, Saint Paul, MN) an George und Böski Antheil; ALS, 2 S., engl. A Anstellung/GA (Arbeit als Komponist für Filmmusik); Anstellung/EK (Suche nach neuer Stelle; Bitte um Empfehlung/GA an Univ. of California; musikwissenschaftliche Aktivität); Aufführung/DIMITRI MITROPOULOS (zwei Kompositionen von Schülern/EK mit Minneapolis SO); Projekte/EK (möglicher Auftrag für Ballett)

4598 1946-02-25
Ernst Krenek (Hamline Univ., School of Fine Arts, Saint Paul, MN) an George Antheil; TLS, 2 S., engl. A Aufführung/PIERRE MONTEUX (Kompositionen/GA); Empfehlung/GA (für EK an Univ. of California); Finanzen/EK (Verdienst an Hamline Univ., geringe Ersparnisse; Finanzierung des Umzugs nach Kalifornien); Projekte/GA (Gründung einer Filmgesellschaft, Frage nach Mitarbeit/EK); Reise/EK (zu "music teachers and musicologists meeting" in Detroit, Hoffnung auf Informationen über Anstellungsmöglichkeiten)

4599 1946-03-06
Ernst Krenek (Hameline Univ., School of Fine Arts, Saint Paul, MN) an Böski Antheil; ALS, 2 S., engl. A Anstellung/EK (Danksagung für Unterstützung bei Suche nach neuer Anstellung); Projekte/GA (Erkundigung nach Verlauf); Reise/EK (nach Hollywood wegen Übersiedlung; Vorstellungsbesuche, "what would be good for me to do, whom to see or not to see")

4600 1946-03-25
Ernst Krenek (Hamline Univ., School of Fine Arts, Saint Paul, MN) an Böski Antheil; ALS, 2 S., engl. A Anstellung/EK (Schwierigkeiten mit Unterrichtsplanung an Hamline Univ. wegen möglicher Aufgabe der Stelle und Übersiedlung nach LA); Empfehlung ("George's efforts on my behalf")

4601 1946-04-03
George Antheil (Hollywood, CA) an Ernst Krenek; TL (Kopie), 3 S., engl. A Anstellung/EK (Hilfe/GA bei Stellensuche; "I cannot honestly recommend you to quit any sort of job, however bad, for the possibility of a job here"); Aufführung (Schwierigkeiten mit Premiere des Films «Spector of the Rose» mit Musik/GA; BEN HECHT); Empfehlung/GA und DARIUS MILHAUD (für EK an Dr. ? WOODS, UCB, Schwierigkeiten bei Vermittlung von Anstellungsmöglichkeiten; "I still would rather trust myself getting you a movie job than any other") R Film/GA (Stellung und Umgang der Komponisten beim Film; WALT DISNEY, IGOR STRAVINSKY)

4602 1946-04-07
Ernst Krenek (Hamline Univ., School of Fine Arts, Saint Paul, MN) an George Antheil; TLS, 2 S., engl. A Anstel-

lung/EK (Überlegungen zu Stelle an UCB, Dr. ? Woods, Darius Milhaud; größte Aussichten als Filmmusik-Komponist; Schwierigkeiten der Bewerbung); Reise/EK (nach LA wegen möglicher Übersiedlung; Finanzierungsprobleme)

Leinsdorf, Erich

4603 (1945)-(11)-?
Erich Leinsdorf (Larchmont, NY) an George Antheil; TLS, 2 S., engl. A Aufführung/EL («4. Sinfonie»/GA, NY City Center; Rundfunkinterview bei WQXR über die Komposition unter Leitung/Arthur V. Berger); Kompositionen/GA (Arbeit an «5. Sinfonie», Überlegungen zu Orchestermaterial; Hans Wilhelm Heinsheimer, Boosey & Hawkes); Kompositionen/EL (Johannes Brahms, «Zwei Choralpräludien für Orchester bearbeitet»); Öffentlichkeit/GA (EL über Pressekritiken zu «4. Sinfonie»)

4604 1945-08-27
Erich Leinsdorf (Larchmont, NY) an George Antheil (Hollywood, CA); TLS, 2 S., engl. A Kollegen/EL (Veränderungen am NY City Center, Weggang von Leopold Stokowski; Newbold Morris, Morton Baum); Projekte/GA (Gründung eines Musikfestivals); Schriften/EL (Aufsatz in ‹Notes›) R Kulturpolitik/EL ("the need for not only one but several festivals throughout the country" neben den Zentren Hollywood und Berkshire); Musik/EL ("my general endeavors to open the path for the broad cultivation and better understanding of the positive values in our contemporary music"; Selbstdarstellung amer. Komponisten)

4605 1945-11-03
Erich Leinsdorf an Hans Wilhelm Heinsheimer (Boosey & Hawkes, NYC); TL, 1 S., engl. A Projekte/EL (Aufnahme der «4. Sinfonie»/GA bei Columbia Recording Corp., Godard Lieberson; Kostenfrage) R Kulturpolitik/EL ("and everyone wishes to promote contemporary music for somebody else's money")

4606 1945-11-05
George Antheil (Hollywood, CA) an Erich Leinsdorf; TL (Kopie), 1 S., engl. A Aufführung/EL («4. Sinfonie»/GA); Empfehlung/GA (für EL an Godard Lieberson wegen Aufnahme der «4. Sinfonie»); Treffen/GA (mit Godard Lieberson, Gespräch über Aufnahme der «4. Sinfonie»)

4607 1945-11-05
Hans Wilhelm Heinsheimer an Erich Leinsdorf (Cleveland Orchestra, Cleveland, OH); TL (Kopie), 1 S., engl. A Projekte/EL (Aufnahme der «4. Sinfonie»/GA, Columbia Recording Corp., keine finanzielle Unterstützung/Boosey & Hawkes); Treffen/HH (mit EL in NYC) R Musik/HH (Finanzierung von Aufnamen zeitgenössischer Musik)

4608 1945-11-11
Erich Leinsdorf (Cleveland Orchestra, Cleveland, OH) an George Antheil (Hollywood, CA); TLS, 2 S., engl. A Anstellung/EL (gute Arbeitssituation bei Cleveland Orchestra mit vielen Verpflichtungen); Aufführung/EL («4. Sinfonie»/GA, großer Erfolg, weitere Aufführung NY City Center; Hans Wilhelm Heinsheimer); Projekte/EL (Aufnahme der «4. Sinfonie»/GA, Columbia Recording Corp., Schwierigkeiten) R Judaica/EL (Zionisten-Witz); Musik/EL (Umgang mit zeitgenössischer Musik, Schwierigkeiten bei Aufnahmen aufgrund merkantiler Interessen; Situation vieler Orchester der USA nach dem Krieg, minimale Einnahmen)

4609 1945-12-28
Erich Leinsdorf (Hotel Nicollet, Minneapolis, MN) an George Antheil; ALS, 4 S., engl. A Aufführung/EL («4. Sinfonie»/GA, NY City Center); Kompositionen/GA («5. Sinfonie»); Reise/EL (Sommer in Kalifornien, Suche nach Haus); Schriften/GA (Autobiografie, Reaktion und Kritik/EL) R Musik/EL (Musikleben in den USA, kommerzielle Ausrichtung)

4610 1947-04-22
Erich Leinsdorf (Larchmont, NY) an George Antheil; TLS, 1 S., engl. A Anstellung/EL (in Rochester; Hans Wilhelm Heinsheimer); Reise/EL (nach Europa, Reiseeindrücke) R Musik/EL (Vor- und Nachteile des Dirigentendaseins mit wechselnden Orchestern)

Lenya, Lotte

4611 1953-09-26
Lotte Lenya (New City, NY) an George Antheil (Beverly Hills, CA); TLS, 1 S., engl. A Projekte/LL (Biografie über Kurt Weill; Bitte um Mithilfe/GA); Treffen (Einladung nach NYC; Beschke ? [Böski Antheil])

4612 1953-10-15
George Antheil an Lotte Lenya; TL (Kopie annotiert), 1 S., engl. A Aufführung («Volpone»/GA); Biografie/Kurt Weill (Informationen über Lebensweg; Hans Wilhelm Heinsheimer, Marc Blitzstein); Kompositionen («Aufstieg und Fall der Stadt Mahagony»/Kurt Weill; «Transatlantic»/GA); Schriften/LL (Hilfe/GA zu Biografie über Kurt Weill)

4613 1953-11-03
Lotte Lenya (Brook House, New City, NY) an George Antheil; TLS, 2 S., engl. A Aufführung (UA von «Aufstieg und Fall der Stadt Mahagony»/Kurt Weill in Leipzig); Biografie/Kurt Weill (Informationen; Marc Blitzstein); Projekte/Kurt Weill (Überlegungen zur Komposition von Opern über «Moby Dick»/Herman Melville, «Green Mansions»/William Henry Hudson und «Gone with the Wind»/Margaret Mitchell, «Adventures of Huckleberry Finn»/Mark Twain als "folkopera, filled with music")

Milhaud, Darius

4614 (1946)-(04)-?
Darius Milhaud (Mills College, Oakland, CA) an Antheil; ALS, 2 S., engl. A Empfehlung/DM (Aufforderung zur Zusendung der Kopie einer Sinfonie/GA an Manuel Rosenthal, Paris, und Paul Collaer, Brüssel); Kompositionen/DM (Fertigstellung «2. Konzert» für V. und Orchester op. 263)

Scherchen, Hermann

4615 1946-08-05
George Antheil (Hollywood, CA) an Hermann Scherchen (Schweizerische Rundsprüchges. – Studio Zürich); TL (Kopie), 4 S., engl. E Integration (Paul Hindemith und Igor Stravinsky nach Meinung/GA amer. Bürger); Rückkehr/Darius Milhaud (Überlegung zur Rückkehr nach Frankreich) A Aufführung (Dank an HS für erfolgreiche Auffüh-

rung der «4. Sinfonie»/GA; «Overture "McKonkey's Ferry"» ein Tag zuvor; Leopold Stokowski; weitere geplante Aufführungen der «4. Sinfonie», Sendung Radio Brüssel; Hans Wilhelm Heinsheimer); Biografie/GA (trotz Geburt in den USA bis zum fünftem Lebensjahr nur dt. Sprachkenntnisse); Kompositionen/GA (Vollendung der «5. Sinfonie»; Ernst Krenek); Treffen/GA und HS (erstes Treffen in Donaueschingen 1922) R Gesellschaft/GA (durch weite Verbreitung des Rundfunks Anstieg der Zahl von Musikliebhabern); Musik/GA (mangelndes Interesse an "a national music school"; Anfänge einer neuen Opernbewegung in den USA; Herbert Graf, Max Graf; Qualität der Orchester in den USA; positiver Wandel in jüngerer Zeit; Antal Dorati, Pierre Monteux, Alfred Wallenstein)

↪ Abdruck im Anhang, S. 415

4616   1946-23-07
Hermann Scherchen (Schweizerische Rundspruchges. – Studio Zürich) an George Antheil (Carl Fischer, Inc. Music Publishers, NYC); TLS, 1 S., dt. A Aufführung/HS («4. Sinfonie»/GA mit großem Erfolg; Vorschlag für Aufführung beim Eröffnungskonzert des Internationalen Musikfests in Venedig)

4617   1947-09-22
George Antheil (Hollywood, CA) an Hermann Scherchen (Studio Zürich Rundspruchdienst); TL (Kopie), 7 S., engl. A Aufführung/Antal Dorati (erfolgreiche UA «Konzert» für V. und Orchester/GA); Kompositionen/GA («5. Sinfonie», Neukomposition und Vollendung; Fertigstellung «Konzert» für V. und Orchester; Arbeit an «Sonate» für Kl.); Projekte/GA (Suche nach Dirigenten für Aufführung eigener Werke; Eugene Ormandy) R Gesellschaft/GA (Wandel des Stellenwertes von Orchesterkonzerten; Entwicklung der Orchester, Anzahl und Qualität der Orchester; Zurückhaltung bei Oper und Ballett); Musik/GA (Betrachtung der modernen Sinfonie, Igor Stravinsky, Aaron Copland, Walter Piston, Roy Harris, Dmitrij Šostakovič, Ludwig van Beethoven, eigene Kompositionen; Trends innerhalb der Musikkritik)

Szell, George
4618   1949-08-18
George Antheil (Hollywood, CA) an George Szell (Cleveland Orchestra, Cleveland, OH); TL (Kopie), 1 S., engl. A Aufführung («5. Sinfonie»/GA unter Milton Steinberg in SF, UA/Eugene Ormandy, Roger Desormière); Kompositionen/GA («Overture "McKonkey's Ferry»; neue Edition, Bitte um Aufführung/GZ; frühere Aufführungen unter Hans Kindler und Alfred Wallenstein; «Serenade» für Streicher)

4619   1949-12-03
George Szell (Cleveland Orchestra, Cleveland, OH) an George Antheil (Hollywood, CA); TLS, 1 S., engl. A Kompositionen/GA (Bitte um Zusendung einer Kopie der «5. Sinfonie»); Reise/GS (Rückkehr aus Europa)

4620   1950-04-17
George Szell (Cleveland Orchestra, Cleveland, OH) an George Antheil (Hollywood, CA); TLS (annotiert), 1 S., engl. A Kompositionen/GA («5. Sinfonie», keine Aufführung/GS wegen mangelnder Sympathie für das Werk)

Weill, Kurt
4621   1930-03-02
Kurt Weill (Leipzig) an George Antheil (bei Krasso, Wien, Österreich); TPS, 2 S., engl. A Aufführung (UA «Aufstieg und Fall der Stadt Mahagonny»/KW; Hans Wilhelm Heinsheimer); Projekte/KW (Pläne zur Übersiedlung nach Amerika "wegen anderer Sachen")

Béla Bartók Papers

- Béla Bartók, 1881-1945, ung. Komponist, 1940 Emigration in die USA, seit 1941 Tätigkeit an der Columbia Univ.
- Sammlung (Call No.: Ms Coll Bartók) mit Mss. und Material zu Bartóks Volksmusik-Studien (rund 2.170 Seiten: I. Romanian Folk Music – Vol. 1 Instrumental Melodies, Vol. 2 Vocal Melodies, Vol. 3 Texts; II. Turkish Folk Music; III. Serbo-Croatian Table of Materials) sowie wenigen Briefen und Dokumenten, meist zu seiner Anstellung an der Columbia Univ.
- Geschenk von Béla Bartók, 1943 und 1944
- Finding aid online, http://www.columbia.edu/cu/libraries/indiv/rare/guides/Bartok/
- Victor Bator, «The Béla Bartók Archives. History and Catalogue», New York 1963 • Dragoslaw Devic, «Béla Bartók and Yugoslav Folk Music», in: ‹New Sound› 1995, Nr. 6, 17-36 • Paul Henry Lang, «Bartók at Columbia Univ.», in: «Musicology and Performance», hrsg. von Alfred Mann und George J. Buelow, New Haven 1997, 136-140

Korrespondenz
Boosey & Hawkes
4622   1940-10-19
Andrew Schulhof (Boosey & Hawkes, Inc., Artists Dept., NYC) an Frank D. Fackenthal (Columbia Univ., NYC); TLS, 2 S., engl. E Emigrationsweg/Béla Bartók (über Portugal in die USA) A Aufführung/Béla Bartók (Konzerte in Montreal, am Oberlin Conservatory, mit Cleveland Orchestra); Öffentlichkeit/Béla Bartók (Verleihung der Ehrendoktorwürde, Columbia Univ.; Nicholas Murray Butler)

4623 1940-10-22
Andrew Schulhof (Boosey & Hawkes, Inc., Artists Dept., NYC) an Douglas Moore (Columbia Univ., Music Dept., NYC); TLS, 1 S., engl. E Emigrationsweg/BÉLA BARTÓK (Ausreise aus Lissabon auf der "Excalibur", Ankunft NYC)

4624 1940-11-14
Andrew Schulhof (Boosey & Hawkes, Inc., Artists Dept., NYC) an Frank D. Fackenthal (Columbia Univ., NYC); TLS, 2 S., engl. A Öffentlichkeit/BÉLA BARTÓK (Verleihung der Ehrendoktorwürde, Einladungsliste; DITTA BARTÓK, ELIZABETH SPRAGUE COOLIDGE, HAROLD SPIVACKE, FRITZ REINER, Mr. und Mrs. MOSES SMITH, Mr. und Mrs. GODARD LIEBESON, JOHN A. ORTEZ, CLAIRE R. REIS, JOHN PELENYI, LASZLO MEDGYESY, GEORGE LINZVOTH, Mr. und Mrs. JOSEPH SZIGETI, Mr. und Mrs. TIBOR SERLY, LASZLO TELKES, Mr. und Mrs. ERNÖ BALOGH, Mr. und Mrs. ERNÖ RAPEE, Mr. und Mrs. MAX WINKLER, Mr. und Mrs. HANS WILHELM HEINSHEIMER, Mr. und Mrs. GEORGE HERZOG, KIRK FREDERICK, Mr. und Mrs. JULIUS HOLLO, GEORGE SEBASTIAN, Mr. und Mrs. LASZLO HALASZ, Mr. und Mrs. ANDREW B. PAUL, ZOLTAN KURTHY, OLGA FORRAI, DOROTHY PARRISH-DOMONKOS, Mr. und Mrs. DANIEL SAIDENBERG, Mr. und Mrs. STANLEY CHAPPLE, AARON COPLAND, BENJAMIN BRITTEN, COLIN MCPHEE, WILLIAM SCHUMAN, Mr. und Mrs. OTTO HERZ, ERNEST NASH, MARY MANNINGS, AS)

BRITISH EMBASSY WASHINGTON

4625 1942-02-26
Béla Bartók (NYC) an Edward Frederick Lindley Wood (British Embassy, Washington, DC); TL (Kopie), 2 S., engl. E Ausreise/PETER BARTÓK (Verweigerung eines Transitvisums für Deutschland); Behörden (amer. Konsulat Budapest; State Dept., Dept. of Justice, Bestätigung des Visums, Einreiseerlaubnis in die USA; British Passport Office Lissabon, Ausreiseverweigerung, Foreign Office London); Emigrationsweg/PETER BARTÓK (über Italien nach Lissabon, Hilfe von Freunden); Einreise/BB (in die USA 1940) A Anstellung/BB (am Dept. of Music, Columbia Univ.)

↪ *Abdruck im Anhang, S. 404*

4626 1942-02-27
Frank D. Fackenthal an Edward Frederick Lindley Wood (British Embassy, Washington, DC); TL (Kopie), 1 S., engl. E Ausreise/PETER BARTÓK (Emigrationsweg über Italien nach Lissabon, Verweigerung der Ausreise von Lissabon in die USA) A Anstellung/BÉLA BARTÓK (Associate in Music, Columbia Univ.; Verleihung der Ehrendoktorwürde)

COLUMBIA UNIVERSITY

4627 1940-04-01
Nicholas Murray Butler an Béla Bartók (c/o Andrew Schulhof, NYC); TLS, 2 S., engl. A Öffentlichkeit/BB (Verleihung der Ehrendoktorwürde, Columbia Univ., Zeremonie)

↪ *Brief ähnlichen Inhalts: 1940-11-14*

4628 1940-05-02
Béla Bartók (Hotel Buckingham, NYC) an Nicholas Murray Butler (Columbia Univ., NYC); TLS, 1 S., engl. A Projekte/BB (zur Rettung seines "life work" vorübergehende Rückkehr nach Ungarn, Sammlung ung. Volksmusik)

4629 1940-05-24
Frank D. Fackenthal an Douglas Moore ([Columbia Univ.], NYC); TL, 1 S., engl. A Anstellung/BÉLA BARTÓK (Bereitstellung von Geldern der Alice M. Ditson Foundation zur Schaffung einer Forschungsstelle)

↪ *Brief ähnlichen Inhalts: Frank D. Fackenthal an Douglas S. Gibbs 1946-02-13*

4630 1940-06-11
Frank D. Fackenthal an Douglas Moore ([Columbia Univ.], NYC); TL (Kopie), 1 S., engl. A Anstellung/BÉLA BARTÓK (keine Bereitstellung von Geldern der Alice M. Ditson Foundation)

4631 1941-02-03
Frank D. Fackenthal an Béla Bartók; TL, 1 S., engl. A Anstellung/BB (als Visiting Associate in Music, Columbia Univ., Finanzen)

↪ *Brief ähnlichen Inhalts: 1941-02-24*

4632 1941-02-04
Frank D. Fackenthal an ? Grady; TL (Kopie), 1 S., engl.; «Memorandum for Mr. Grady» A Anstellung/BÉLA BARTÓK (Geldzuweisung durch Alice M. Ditson Foundation in Music, Vorsitz CARL ENGEL); Öffentlichkeit/BÉLA BARTÓK (Artikel/? GRADY über Verleihung der Ehrendoktorwürde)

4633 1941-04-18
Béla Bartók (Forest Hills, NY) an Douglas Moore (Columbia Univ., NYC); TLS, 1 S., engl. A Anstellung/BB (Sichtung der Parry Yugoslav Folk Music Coll., Transkription der Musik, Zeitplanung, Inhalt und Wert der Sammlung); Projekte/BB (Buch über jugoslawische Volksmusik)

4634 1941-04-19
Frank D. Fackenthal an Douglas Moore; TL (Kopie), 1 S., engl.; «Memorandum for Professor Douglas Moore» A Finanzen (Geldzuweisung der Alice M. Ditson Foundation für Weiterbeschäftigung/BÉLA BARTÓK)

4635 1941-04-21
Douglas Moore (Columbia Univ., Dept. of Music, NYC) an Frank D. Fackenthal (Low Memorial Library); TLS, 1 S., engl. A Anstellung/BÉLA BARTÓK (Weiterbeschäftigung an Columbia Univ. für 1941/42, Parry Yugoslav Folk Music Coll.); Projekte/BÉLA BARTÓK (Yugoslav Folk Music, Plan einer Buchveröffentlichung, Univ. Press)

4636 1941-06-04
Philip M. Hayden ([Columbia Univ.], NYC) an ? (Amer. Consul General, Montreal, Kanada); TL (Kopie), 1 S., engl. E Einreise/BÉLA BARTÓK (von Kanada in die USA, Visum; Stelle als Associate in Music, Columbia Univ., Finanzen)

4637 1942-01-21
Béla Bartók (Bronx, NY) an Douglas Moore; ALS, 2 S., engl. A Anstellung/BB (Weiterbeschäftigung an Columbia Univ. für 1942/43); Projekte/BB (Sichtung der Parry Yugoslav Folk Music Coll., Transkriptionen)

↪ *Briefe ähnlichen Inhalts: Béla Bartók an Philip M. Hayden 1942-04-08, 1943-10-20*

4638 1943-10-15
Douglas Moore an Béla Bartók (Saranac Lake, NY); TL, 1 S.,

engl. **A** Anstellung/BB (Angebot zur Weiterbeschäftigung an Columbia Univ., Associate in Music; Finanzen; FRANK D. FACKENTHAL); Aufführung ([«Konzert» für 2 Kl., Schlagzeug und Orchester]/BB, Carnegie Hall; Radiosendung)

OFFIZIELLE DOKUMENTE
COLUMBIA UNIVERSITY
4639   1942-03-18
Bescheinigung; PDS, 1 S., engl.; Columbia Univ. in the City of New York – «Nomination for Appointment», unterzeichnet von George B. Pegram und Paul Henry Lang **A** Anstellung/BÉLA BARTÓK (als Associate in Music an Columbia Univ.)

4640   1943-10-11
Bescheinigung; TD, 1 S., engl. **A** Finanzen/BÉLA BARTÓK (Gehaltsauflistung, Associate in Music)

Nicolai Berezowsky Papers

- Nicolai Berezowsky, 1900-1953, russ. Geiger und Komponist, 1920 Emigration aus Russland, 1922 Immigration in die USA; 1923-1929 beim NY PO, 1935-1940 Mitglied des Coolidge String Quartet
- Sammlung (Call No.: Ms Coll Berezowsky) mit Partituren, Fotografien, Clippings sowie Korrespondenz mit emigrierten Musikern, besonders Briefwechsel mit dem russ. Komponisten Nikolai Lopatnikoff
- Geschenk von Mrs. Judith Berezowsky Randal, 1962
- Finding aid online, http://www.columbia.edu/cu/libraries/indiv/rare/guides/Berezowsky/

KORRESPONDENZ
FLESCH, CARL
4641   1936-05-08
Carl Flesch (Baden-Baden) an Nicolai Berezowsky (Hotel Majestic, Paris); TLS, 3 S., dt. **E** Sprache/NB (Sprachbeherrschung für Karriere in Deutschland notwendig) **A** Aufführung/NB (Orchesterleitung bei «Konzert» für V. und Orchester op. 14, Dresden; Kritik/CF an Schlagtechnik/NB, Ratschläge); Kompositionen/NB («Konzert» für V. und Orchester op. 14, verlegt bei Wolf & Sachs); Projekte/NB (Aufführung «Konzert» für V. und Orchester op. 14, Berliner PO, Solist CF, Finanzen)

LOPATNIKOFF, NIKOLAI
4642   (1933-04-10)
Nikolai Lopatnikoff (Berlin) an Nicolai Berezowsky; ALS, 2 S., russ. **A** Ausreise/NL (nach Finnland, da keine Verdienstmöglichkeiten mehr in Berlin); Kompositionen/NL (geplante UA der Oper «Danton» op. 20 in Köln, Zürich und Dresden nicht zustande gekommen; geplante Veröffentlichung [«2. Streichquartett» op. 6a] bei Verlag Belaieff nach zwei Jahren Wartezeit); Projekte/NL (Aufführung «Streichquartett op. 16»/NB bei IGNM-Festival geplant, aber nicht zustande gekommen) **R** Musik/NL (Gedanken zum Berliner Konzertleben; wenig Konzerte mit neuen Werken)

4643   1933-09-27
Nikolai Lopatnikoff (Vammelsuu, Finnland) an Nicolai Berezowsky; ALS, 2 S., russ. **E** Emigrationsweg/NL (plant Übersiedlung nach Helsingfors) **A** Projekte/NL (plant mit Hilfe/NB Aufführung seiner «Sinfonie» unter HANS LANGE); Projekte/SERGE KOUSSEVITZKY (UA «Sinfonie»/NB) **Z** Kulturleben (Konzertleben in Deutschland, Mangel an Dirigenten und Solisten, WILHELM FURTWÄNGLER; laut Schott keine Verträge mit ausländischen Komponisten)

4644   1933-12-03
Nikolai Lopatnikoff (Pension Central, Helsingfors, Finnland) an Nicolai Berezowsky; ALS, 1 S., russ. **A** Projekte/NL (konkrete Pläne für Aufführung seiner «Sinfonie» unter HANS LANGE, Dank für Bemühung/NB); Schriften/NL (Artikel über finnische Musik für Zeitschriften) **Z** Kulturleben (Anfrage/NL bei NB wegen Konzertreihe)

4645   1934-04-19
Nikolai Lopatnikoff (Helsingfors, Finnland) an Nicolai Berezowsky; ALS, 2 S., russ. **E** Emigrationsweg/NL (plant erneute Rückkehr nach Vammelsuu) **A** Kompositionen/NL (Entwürfe zur «2. Sinfonie» op. 24, jedoch keine Möglichkeit zu arbeiten); Öffentlichkeit/NL (Erfolg der «2. Sinfonie» op. 18/NB, Aufführung/SERGE KOUSSEVITZKY; lobende Rezension in ‹Modern Music›); Projekte/NL (bekommt durch Vermittlung/ERNST TOCH eine "Arbeit fürs Theater" in London) **R** Musik/NL (bedankt sich für zugesandte Rezensionen, bedauert schlechte Kritiken; freut sich über positive Einschätzung/NB); Musik/NL (konservatives engl. Publikum leichter mit der in England noch wenig bekannten neuen Musik zu gewinnen) **Z** Kulturleben (Bericht/NL über ein in England besuchtes Konzert mit Werken/IGOR STRAVINSKY, halb leerer Saal, zur Hälfte ausländisches Publikum und schlechte Presse; hohes Niveau des Londoner Konzertlebens, namhafte Solisten wie JASCHA HEIFETZ, BRONISLAV HUBERMANN, JOSEPH SZIGETI, ADOLF BUSCH, FRITZ KREISLER sowie Dirigenten wie WILHELM FURTWÄNGLER, ERNEST ANSERMET, BRUNO WALTER); Kulturleben (Bericht/NL über Konzertleben in Helsingfors; Programm mit Sinfonie/DMITRIJ ŠOSTAKOVIČ, «Konzert» für Kl. und Orchester/MAURICE RAVEL und Werk/JEAN SIBELIUS)

4646   1934-12-20
Nikolai Lopatnikoff (Tallinn, Estland) an Nicolai Berezowsky; ALS, 2 S., russ. **E** Bekannte/NL (erkundigt sich, ob NB sich in NYC mit ERNST TOCH trifft); Integration/NL (Briefe

als einzige Möglichkeit des Kontakts zur Außenwelt) A Projekte/NB (geplante UA des «Concerto lirico» für Vc. und Orchester op. 19 mit GREGOR PIATIGORSKY in Boston und NYC) R Kulturpolitik/NL (Entsetzen über Vorkommnisse im Zusammenhang mit WILHELM FURTWÄNGLER und PAUL HINDEMITH) Z Kulturleben (Bericht/NL über erfolgreiches Konzert/SERGEJ PROKOF'EV mit eigenen Werken; Vergleich mit Konzertleben in Berlin)

4647   1935-02-22
Nikolai Lopatnikoff (Tallinn, Estland) an Nicolai Berezowsky; ALS, 3 S., russ. A Aufführung/NL (UA des «Concerto lirico» für Vc. und Orchester op. 19/NB mit GREGOR PIATIGORSKY); Kompositionen/NL (schickt «1. Konzert» für Kl. und Orchester op. 5 und «Variations» für Klavier op. 22; keine Noten der «2 Danses ironiques» für Kl. op. 13; Fertigstellung der «2. Sinfonie» op. 24); Öffentlichkeit/NL (Preis bei Kompositionswettbewerb 1929 für «2. Streichquartett» op. 6a); Projekte/NL (Arbeit an «2. Klaviertrio» op. 23 zur Teilnahme an Kompositionswettbewerb/Verlag Belaieff); Projekte/WERNER JANSSEN (Probleme bei Aufführung des «Danton» op. 20/NL)

4648   1935-05-20
Nikolai Lopatnikoff (Tallinn, Estland) an Nicolai Berezowsky; ALS (unvollständig), 3 S., russ. A Kompositionen/NL (Arbeit an «2. Klaviertrio» op. 23); Projekte/NL (Aufführung seiner «Orchestersuite op. 21»); Reise/NB (reist mit Familie und Quartett nach Europa; NL hofft auf Treffen); Reise/NL (plant Reise nach Finnland mit Familie, lädt NB ein) R Musik/NL (rät NB, die Kritik/SERGE KOUSSEVITZKY an seiner [«2. Symphonie» op. 18] nicht überzubewerten) Z Kulturleben (geplantes Konzert/SERGE KOUSSEVITZKY in Helsingfors mit Werken/JEAN SIBELIUS; Orchesterleitung/ WERNER JANSSEN in Helsingfors zum 70. Geburtstag/JEAN SIBELIUS; Bericht/NL über FELIX VON WEINGARTNER)

4649   1935-09-19
Nikolai Lopatnikoff (Tallinn, Estland) an Nicolai Berezowsky; ALS, 3 S., russ. A Kompositionen/NL (Partitur seines «Opus sinfonicum» op. 28 an SERGE KOUSSEVITZKY; schickt Partitur seines «2. Streichquartett» op. 6a in der Hoffnung auf Aufführung/NB; Fertigstellung «2. Klaviertrio» op. 23); Treffen/NL (mit SERGE KOUSSEVITZKY in Helsingfors) R Musik/NL (langsamer Satz der «3. Symphonie» op. 21/NB); Musik/NL (ERNST KRENEK stark überschätzt)

4650   1936-03-27
Nikolai Lopatnikoff (Tallinn, Estland) an Nicolai Berezowsky; ALS (annotiert), 4 S., russ. A Aufführung/NL («1. Konzert» für Kl. und Orchester/NL op. 5); Kollegen/NB (Probleme mit Quartettmitgliedern, personelle Umstrukturierungen); Kompositionen/NL (kein Preis für «2. Klaviertrio» op. 23; Brief/Jurymitglied NIKOLAJ ČEREPNIN); Projekte/NL (Reise nach Russland auf Einladung/Leningrader PO und FRITZ STIEDRY zur Aufführung «2. Konzert» für Kl. und Orchester op. 15); Vortrag/NL (zwölf Vorlesungen über moderne Musik) R Kulturpolitik/NL (Klage über sowjetische Kulturpolitik; DMITRIJ ŠOSTAKOVIČ)

4651   1936-10-28
Nikolai Lopatnikoff (Tallinn, Estland) an Nicolai Berezowsky; ALS, 3 S., russ. A Anstellung/NB (als Dirigent beim Rundfunk); Kollegen/NL (Bericht über Treffen mit ERNST TOCH); Projekte/NL (Bitte um Noten für «Streichquartett» op. 16/NB für Aufführung in Berlin; Plan für Konzertreise nach Berlin über Königsberg) R Musik/NL (Eindrücke von Berliner Festival mit Werken/CONRAD BECK, ROGER SESSIONS, [FREDERICK] JACOBI, ALBAN BERG, ANTON WEBERN, GIAN FRANCESCO MALIPIERO, ARTHUR BLISS, ALFREDO CASELLA, ARNOLD BAX, ERNST TOCH, NIKOLAJ ČEREPNIN, AARON COPLAND; Werke/EDGARD VARÈSE lösten Skandal aus; Dirigenten NICOLAS SLONIMSKY und SERGE KOUSSEVITZKY)

4652   1937-03-11
Nikolai Lopatnikoff (London) an Nicolai Berezowsky; ALS, 4 S., russ. E Emigrationsweg/NL (seit Ende November auf Reisen durch Schweiz, Finnland und Norwegen, auch als Komponist und Pianist; Wohnung [in Tallinn] aufgelöst, daraufhin mit Familie über Prag und Paris nach London); Finanzen/NL (Schuldenrückzahlung an NB) A Aufführung («3. Symphonie op. 21»/NB in USA); Öffentlichkeit/NL (Buch «Composers of Today»/DAVID EWEN mit Beitrag über NL); Projekte/NL (Abbruch der Arbeit an Quartett für Coolidge-Wettbewerb); Projekte/NL (Suche nach Aufführungsmöglichkeit für sein «2. Streichquartett» op. 6a in den USA); Treffen/NL (mit NIKOLAJ ČEREPNIN); Veröffentlichung/NL (Suche nach Verleger in London)

4653   1937-12-25
Nikolai und Nora Lopatnikoff (London) an Nicolai Berezowsky; ALS, 4 S., russ. E Affidavit/NB (für NL zur Übersiedlung in die USA); Ausreise/NL (Bericht über Gespräch mit [HUGO] LEICHTENTRITT, der ihm zur Ausreise in die USA rät; wünscht sich Unterrichtstätigkeit an einer Univ.) A Aufführung/NL (gemeinsames Konzert mit CARL FLESCH); Treffen/NL (mit [GRZEGORZ] FITELBERG) Z Kulturleben (Bericht/ NL über Konzertleben in London; neue Musik nur im Radio oder bei Contemporary Music Circle, prinzipielles Interesse an neuer Musik, aber negative Presse)

→ Abdruck im Anhang, S. 373

4654   1939-06-30
Nikolai Lopatnikoff (NYC) an Nicolai Berezowsky; ALS (unvollständig), 4 S., russ. E Integration/NL (Wohnung gemietet, da er in NYC bleiben möchte) A Finanzen/NL (Vorstellungsgespräch bei Settlement Music School; Schule kann nichts zahlen); Kompositionen/NL (Partiturabschrift der «[2.] Sinfonie» op. 24 auf besonders gutes und billiges durchsichtiges Papier); Projekte/NL (Plan zur Komposition des «1. Konzert» für V. und Orchester op. 26)

4655   1940-07-10
Nikolai und Nora Lopatnikoff (Hopewell, NJ) an Nicolai Berezowsky; ALS, 2 S., russ. E Bekannte/NL (GREGORZ FITELBERG kehrt nicht mehr nach Frankreich zurück, wohnte mit Familie einige Zeit bei NL) A Kompositionen/NB (Arbeit an «4. Symphonie op. 27»); Kompositionen/NL (Fertigstellung Kopfsatz des «1. Konzert» für V. und Orchester op. 26); Kompositionen/NL (eines der «2 Russian Nocturnes» für Orchester op. 25 für zwei Kl. bearbeitet für [VICTOR] BABIN und [VARJA VRONSKAJA])

4656   1942-07-09
Nikolai und Nora Lopatnikoff (c/o John Huber, Coxackie,

NY) an Nicolai Berezowsky; ALS, 2 S., russ. **A** Kompositionen/NL (Arbeit an «Sonate in E» für Kl. op. 29 geht langsam voran); Projekte/NB (Aufführung eigener Werke bei Festivals in Kalifornien); Projekte/NL (erkundigt sich nach WILLEM VANDENBURG, der eines seiner Werke dirigieren wird)

4657   1943-07-06
Nikolai Lopatnikoff (Chase Farm, Whitefield, NH) an Nicolai Berezowsky; ALS, 2 S., russ. **A** Anstellung/NL (bereitet Harmonielehre- und Kontrapunkt-Vorlesungen für zweites Jahr vor); Kompositionen/NL (Arbeit an «Sonate in E» für Kl. op. 29)

4658   (1944)-08-05
Nikolai Lopatnikoff (Chase Farm Colony, Whitefield, NH) an Nicolai Berezowsky; ALS, 2 S., russ. **A** Schriften (NL erkundigt sich nach Buch, das Ehefrau/NB herausbringen soll); Treffen/NL (mit PAUL HINDEMITH und HOWARD TAUBMANN) **Z** Politik (gute Laune wegen "Fiasko"/BENITO MUSSOLINI)

4659   1945-10-18
Nikolai Lopatnikoff (Carnegie Institute of Technology, Pittsburgh, PA) an Nicolai Berezowsky; ALS, 2 S., russ. **A** Anstellung/NL (unterrichtet seit drei Wochen Harmonielehre, Kontrapunkt und Komposition an Institut in Pittsburgh); Kollegen/NL (in Pittsburgh engerer Kontakt mit [JURIJ] BAKALEJNIKOV)

MAHLER, FRITZ

4660   1940-12-18
Fritz Mahler (NYC) an Nicolai Berezowsky (NYC); TLS (annotiert), 1 S., engl. **A** Anstellung/FM (Leiter des Classical Music Dept. of the NYA for NYC and Long Island); Aufnahme (Sendung «Amer. Composers Today», WNYC; Aufführung Kompositionen/AARON COPLAND, DOUGLAS MOORE, HENRY COWELL, HENRY BRANT, WILLIAM SCHUMAN; in Pause Interview mit Komponisten); Projekte/FM (Anfrage an NB, ob seinerseits Interesse an Mitwirkung in Sendung «Amer. Composers Today» besteht)

4661   1941-04-21
Fritz Mahler (NYA Radio Workshop, NYC) an Nicolai Berezowsky (NYC); TLS, 2 S., engl. **A** Aufführung (NYA SO hat zeitgenössische amer. Kompositionen uraufgeführt und gespielt); Kompositionen/NB (Anfrage/FM nach Auftragskomposition für NYA SO); Projekte/FM (neue Konzertreihe in Planung für nächste Saison)

REICHSMUSIKKAMMER BERLIN

4662   —
Hugo Rasch (Reichsmusikkammer, Berufsstand der dt. Komponisten, Berlin) an Nicolai Berezowsky; TLS, 1 S., dt. **A** Organisationen (NB als vorläufiges Mitglied in Reichsmusikkammer aufgenommen, Entscheidung über endgültige Aufnahme binnen Jahresfrist)

STAGMA

4663   1935-06-29
? (Stagma) an Nicolai Berezowsky; TLS, 1 S., dt. **A** Organisationen (Kündigung der Mitgliedschaft/NB in Stagma wegen Mangels seiner Werke an "Aufführungswert")

OFFIZIELLE DOKUMENTE

STAGMA

4664   1934-08-03
Vertrag; PDS, 2 S., dt. **A** Vertrag (Wahrnehmungsvertrag zwischen NICOLAI BEREZOWSKY und Stagma)

Constance Hope Berliner Collection

- Constance Hope, 1908-1977, verheiratet mit Milton Lionel Berliner, Konzertagentin und Public Relations Beraterin
- Sammlung (Call. No: Ms Coll Hope) mit Verträgen, Fotografien und Korrespondenz (mit emigrierten Künstlern Erich Leinsdorf, Lotte Lehmann und Bruno Walter), alle in Zusammenhang mit Constance Hopes Tätigkeit als Konzertagentin; Korrespondenz vorwiegend über Projekte, Pläne, Vertragsangelegenheiten und Finanzen; Lehmann-Korrespondenz nur zum Teil aufgrund des Lehmann-Nachlasses (siehe unten) datierbar
- Geschenk von Constance Hope Berliner, 1975
- Vgl. Lotte Lehmann Coll. (UCSB, Davidson Library, Special Coll.), QuECA, S. 215-221
- Contents List; Kurzbeschreibung im Online-Katalog (http://www.columbia.edu/cu/lweb/help/clio/archives_manuscripts.html) der Columbia Univ.

KORRESPONDENZ

HEARST, SIEGFRIED

4665   1939-08-09
Constance Hope an Siegfried Hearst (NBC Artists Service, NYC); TL (Kopie), 1 S., engl. **A** Vertrag/ERICH LEINSDORF (Besprechung von Vertragsbedingungen, Finanzen)

HOLDEN, FRANCES

4666   1940-05-12
Frances Holden (Mentecito, CA) an Constance Hope; TLS (annotiert), 2 S., engl. **A** Finanzen/LOTTE LEHMANN (Fragen zu Bezahlungen/? BRAUNSTEIN und ? BENNETT); Projekte/LOT-

te LEHMANN (Benefizkonzert zugunsten von Emigranten mit BRUNO WALTER, Finanzierung durch ERNST LUBITSCH und andere Personen aus Filmbranche; Konzert mit LAURITZ MELCHIOR, NIKOLAI SOKOLOFF)

LEHMANN, LOTTE

4667   1934-05-04
Lotte Lehmann (London) an Constance Hope; ALS, 6 S., dt. A Aufführung/LL (neue Konzertplanung nach erfolgreichen Konzerten, [FRANCIS] COPPICUS); Finanzen/LL (keine Bereitschaft, für geringe Gage zu singen); Öffentlichkeit/LL (beim Publikum bekannt und beliebt); Vertrag/LL (mit Berliner Staatsoper; gute Konditionen bei Laufzeit von fünf Jahren; HERMANN GÖRING)

4668   1934-09-16
Lotte Lehmann (Wien) an Constance Hope; ALS, 6 S., dt. A Öffentlichkeit/LL (schlechte Zeitungskritik); Projekte/LL (Überlegungen zu Konzerten; [FRANCIS] COPPICUS) R Musik/LL (Bezeichnung der "Bachmesse" h-Moll als "scheusslich", keine Fähigkeit, diese Musik zu singen)

4669   1934-10-03
Lotte Lehmann (Hinterbrühl bei Wien) an Constance Hope; ALS, 8 S., dt. E Hilfe/LL (Bitte um Suche nach einer Anstellung für FRITZ LEHMANN; "soll mein Name verwendet werden, wo und wie es nur möglich ist, um ihm zu einer Position zu verhelfen") A Projekte/LL (Absprachen und Planung zu Konzerten in den USA; [FRANCIS] COPPICUS); Reise/LL (Vorbereitungen zu Reise in die USA und dortiger Unterkunft)

4670   1935-05-25
Lotte Lehmann (Continental, Mailand) an Constance Hope; TLS (annotiert), 12 S., dt. A Finanzen/LL (Bitte um Vorschuss zur Tilgung von Schulden; FRITZ LEHMANN); Projekte/LL (Planung bevorstehender Konzerte und Opernaufführungen; DIMITRI MITROPOULOS, BRUNO WALTER, LAURITZ MELCHIOR, FRANCIS COPPICUS); Projekte/LL (Mitwirkung bei Filmprojekt, Details zum Vertrag; Unsicherheit bei Realisierung der Dreharbeiten, Geldgeber); Vertrag/LL (Unstimmigkeiten wegen Vertragsangelegenheiten)

4671   1935-09-16
Lotte Lehmann (Wiener Cottage-Sanatorium, Wien) an Constance Hope; ALS, 3 S., dt.; mit Beilage Kritik zu Lehmanns Auftritt als Manon A Finanzen/LL (Gagenangebot für Konzert mit OTTO KLEMPERER zu gering); Kollegen/LL (ablehnende Haltung gegenüber OTTO KLEMPERER); Reise/LL ("freue mich auf Euch und auf Amerika!")

4672   1936-05-12
Lotte Lehmann (Hinterbrühl bei Wien) an Constance Hope (annotiert), 8 S., dt. A Finanzen/LL (Erläuterungen zu Gagen verschiedener Engagements; Überweisung an Tante in Berlin); Öffentlichkeit/LL (kein Auftritt in Covent Garden, London, Reaktionen; THOMAS BEECHAM); Projekte/LL (Planung zu Konzerten und Opernaufführungen; ? VAN WYCK, BRUNO WALTER, KIRSTEN FLAGSTAD); Schriften/LL (Arbeit an Roman)

4673   1936-05-31
Lotte Lehmann (Paris) an Constance Hope; ALS, 6 S., dt. A Aufnahme/LL (letzte Aufnahme erfolgreich bei angeb-

lich schlechter Qualität des Klaviers; ARTURO TOSCANINI, ERNÖ BALOGH, ? VAN WYCK, EZIO PINZA, ELIZABETH RETHBERG); Finanzen/LL (Einbußen durch Konzertabsage und Fehler des Planungsbüros; BRUNO WALTER); Kollegen/LL (ARTURO TOSCANINI launisch bei Besetzung für «Falstaff»/GIUSEPPE VERDI); Projekte/LL (Überlegungen zu wöchentlichen Veröffentlichungen in Zeitungen, "aber nicht umsonst"); Schriften («Lotte Lehmann in hundert Bildern»; Artikel «Oper und Lied»/LL) Z Kulturleben (erwartete Reaktionen auf Absage/ARTURO TOSCANINI in Salzburg; ADOLF HITLER)

4674   1936-06-20
Lotte Lehmann (Hinterbrühl bei Wien) an Constance Hope; ALS, 10 S., dt. A Aufführung/LL (Ankündigung als Gräfin in «Le nozze di Figaro»/WOLFGANG AMADEUS MOZART falsch; Ablehnung wegen hohem Arbeitspensum); Finanzen/LL (Verluste durch Konzertabsagen; Bitte um Vorschuss für Miete, Rückzahlung später); Kollegen/LL (LAURITZ MELCHIOR, Engagements in USA, ? FRIEDLAENDER; DUSOLINA GIANNINI als Sängerin in Salzburg abgelehnt/ARTURO TOSCANINI und BRUNO WALTER); Projekte/LL (Überlegung und Planung zu Konzerten; ? VAN WYCK, FRANCIS COPPICUS, [EDWARD] JOHNSON); Schriften/LL (Arbeit an Roman, Änderungen, frz. Übersetzung)

4675   1938-02-05
Lotte Lehmann (The Bellevue-Stratford, Philadelphia, PA) an Constance Hope; TLS (annotiert), 2 S., dt. A Finanzen/LL (Bitte um Weitergabe und Bezahlung von Rechnungen; ANNE GORDON); Öffentlichkeit/LL (negatives Bild als Person in der Öffentlichkeit durch Medien, "nicht mehr jung genug, um [...] als das 'kindliche' Wesen hingestellt zu werden"; negativer Artikel über LL nicht veröffentlicht)

4676   1938-02-22
Lotte Lehmann (Santa Barbara Biltmore Hotel, Montecito, CA) an Constance Hope; TLS (annotiert), 2 S., dt./engl. E Einbürgerung/LL (Bereitschaft, bei Entschluss zur Ausreise in die USA die amer. Staatsbürgerschaft anzunehmen; "Sollte Österreich absolut Nazi werden, ist es für mich ein verlorenes Land."); Finanzen/LL (Furcht vor Pensionsverlust bei Ausreise); Verwandte/LL (Furcht vor Repressalien bei Absage in Salzburg) A Kollegen/LL (Unstimmigkeiten mit ARTURO TOSCANINI wegen Salzburg); Öffentlichkeit/LL (Entschluss, nicht in Salzburg aufzutreten, aus künstlerischen, nicht aus politischen Gründen) Z Politik (Reaktion von Künstlern auf die politische Situation; ALEX FAULKNER, ARTURO TOSCANINI, KURT LIST, EMANUEL [LIST?])

4677   1938-02-26
Lotte Lehmann (Santa Barbara, CA) an Constance Hope; TLS (annotiert), 2 S., dt. E Einbürgerung/LL (Zusendung von Papieren zur Einbürgerung in die USA; "auf alle Fälle besser, jetzt Amerikanerin zu sein") A Finanzen/LL (Unklarheit über Abgabenhöhe an Agenten in Australien; ? VAN WYCK); Kollegen/LL (Absage/ARTURO TOSCANINI in Salzburg; "Wenn er wegbleibt, kommt natürlich Furtwängler und alle Anderen. Er selbst öffnet ihnen die Tore"); Projekte/LL (trotz politischer Situation Teilnahme an den Salzburger Festspielen) Z Politik (zur Situation in Österreich; KURT VON SCHUSCHNIGG, [FRANZ] REHRL)

4678   1938-05-28
Lotte Lehmann (Grand Hotel Cap Martin, Cap Martin, Côte
d'Azur, Frankreich) an Felicie ?; TLS (annotiert), 2 S., engl.
E Finanzen/LL (Verlust der Pension, ungeklärte Rechtsla-
ge; Forderung einer hohen "Fluchtsteuer"); Hilfe (Bitte/LL
um finanzielle Hilfe); Integration/LL ("There is no more a
binding between me and Austria, my old homeland is dead
for me – and I am looking forward to America."); Verwand-
te/LL (Situation der Kinder als Emigranten in der Schweiz,
finanzielle Unterstützung/LL nötig; OTTO [KRAUSE]) A Kol-
legen/LL (LAURITZ MELCHIOR)

4679   1938-05-30
Lotte Lehmann (Grand Hotel Cap Martin, Cap Martin, Côte
d'Azur, Frankreich) an Constance Hope; TLS (annotiert), 2
S., dt. E Finanzen/LL (wegen Emigration Verlust der Pension und weitere finanzielle Schwierigkeiten; Forderung
einer Fluchtsteuer, Verkauf von Besitz, Möbeltransport);
Hilfe (Bitte um finanzielle Hilfe wegen Situation der Familie); Verwandte/LL (Kinder in schweizerischer Emigration
auf finanzielle Hilfe angewiesen; OTTO [KRAUSE]) Z Kriegsereignisse (Tschechoslowakei)

4680   1938-08-26
Lotte Lehmann (Santa Barbara, CA) an Constance Hope;
TLS (annotiert), 2 S., dt. A Anstellung/HANS [LEHMANN]
(Kursteilnahme mit späterer Übernahmegarantie als Pilot);
Aufnahme/LL (bei RCA Victor, Programm); Finanzen/LL
(Einbußen, wenig Konzerte; FRANCIS COPPICUS); Öffentlich-
keit/LL (große Zeit als Sängerin vorbei, Vorbereitungen auf
Karriere als Lehrerin); Schriften (Artikel über LAURITZ MEL-
CHIOR); Vertrag (Nichteinhaltung vertraglicher Bedingun-
gen/FRANCIS COPPICUS)

4681   1938-09-01
Lotte Lehmann ("im Zuge zwischen Chicago und LA") an
Constance Hope; TLS (annotiert), 2 S., dt. E Hilfe/LL und
CH (für KARL ALWIN; finanzielle Unterstützung und Ver-
such der Vermittlung; [SAMUEL] CHOTZI[NOFF]); Verwandte/
LL (MANON [KRAUSE], Suche nach Arbeit; OTTO [KRAUSE])
A Finanzen/LL (Überlegung, Konzerte auf eigene Rech-
nung zu organisieren und durchzuführen); Projekte/LL
(Konzertplanung, Termine und Programme; ARTURO TOSCA-
NINI, FRANCIS COPPICUS, ? SHANG, KIRSTEN FLAGSTAD) Z Kul-
turleben (KARL ALWIN als letzter Dirigent des freien Öster-
reichs); Politik (Zeichen deuten auf Krieg; ADOLF HITLER)

4682   1938-10-29
Lotte Lehmann (The Copley Plaza, Boston, MA) an Gretel
Rauch; TLS (annotiert), 3 S., dt. E Einbürgerung/LL (Unterlagen für "Naturalisation Papers"); Hilfe/LL (für WIL-
HELM BEERMANN, Versuch eines Engagements an der MET;
für THEA STERN als Tänzerin im Ballett ebenda; EDWARD
ZIEGLER, EDWARD JOHNSON) A Öffentlichkeit/LL (Ablehnung der Teilnahme als Ehrengast bei Institute of Friends of
the Refugee Artists' Group wegen Verwandten in Europa;
THOMAS MANN); Projekte/LL (Absprachen zu Konzerten
und Aufnahmen)

4683   1938-12-10
Lotte Lehmann (New Hotel Jefferson, St. Louis, LA) an
Gretel Rauch; TLS (annotiert), 1 S., dt. A Affidavit (Bitte
einer unbekannten jüdischen Emigrantin um Affidavit, Ab-
lehnung/LL; Verweis an Hilfsorganisationen) A Finanzen/
LL (Weitergabe eines Schecks für Konzert an CONSTANCE
HOPE); Öffentlichkeit/LL (gute Kritiken für Konzert in St.
Louis)

4684   1939-01-12
Lotte Lehmann an Constance Hope; TLS (annotiert), 1 S.,
dt.; mit Adressen von Fritz Lehmann und Theresia Heinz
E Hilfe/LL (für FRITZ LEHMANN und THERESIA HEINZ, Zusendung von Geld für Ausreise-Kaution) A Finanzen/LL
(Scheck für ? HARTFORD); Projekte/LL (Absprachen zu Konzerten; LAURITZ MELCHIOR, ELIZABETH RETHBERG)

4685   1939-02-19
Lotte Lehmann an Constance Hope; TLS (annotiert), 1 S.,
dt. E Hilfe/LL (für ROSA WIENER und Ehemann, Unterstützung für Reise in die USA) A Finanzen/LL (Geldangele-
genheiten)

4686   1939-02-25
Lotte Lehmann (Tulsa, OK) an Constance Hope; TLS
(annotiert), 2 S., dt. E Hilfe/LL (für MARIE POLKE in Wien,
Geldüberweisung; Verwandte/LL (Geldüberweisung an
MAMKO ?; OTTO [KRAUSE]) A Finanzen/LL (Schecksen-
dung; Honorare für Konzerte zu niedrig); Projekte/LL (Pla-
nung für Konzerte und Schallplattenaufnahmen; FRANCIS
COPPICUS, ? SHANG)

4687   1939-03-03
Lotte Lehmann an Constance Hope; TLS (annotiert), 2 S.,
dt. E Hilfe/LL (für GRETA BAUER-SCHWIND; monatliche finanzielle Zuwendung und Übernahme von Hypothek); Hil-
fe/LL (für MANON und HANS [KRAUSE], Entsagung der Unterstützung; ? VON BARNEKOW, JACK STERN) A Finanzen/LL
(Anstellung einer eigenen Rechtsanwältin für Steuerfragen
auf Konzertreise in Australien, Mrs. ? CLARKE)

4688   1939-03-19
Lotte Lehmann an Constance Hope; ALS (annotiert), 8 S.,
dt. E Emigrationsweg/FRITZ LEHMANN und THERESIA HEINZ
(Versuch einer Verlängerung der Besuchervisa, Ausreise
nach Kanada und erneute Rückkehr in die USA mit immigration visa) A Projekte/HERBERT H. LEHMAN (Konzerte in
Neuseeland); Reise/LL (nach Sydney, Beschwerlichkeiten)
Z Politik (ADOLF HITLER als "Diktator Europas"; Befürchtung eines bevorstehenden Krieg)

4689   1939-03-26
Lotte Lehmann (Sydney, Australien) an Constance Hope;
ALS, 8 S., dt. E Hilfe/LL (finanzielle Zuwendungen nach
Europa; GRETA BAUER-SCHWIND, GRETE ?); Verwandte/LL
(Visaverlängerungen für FRITZ LEHMANN und THERESIA
HEINZ) A Projekte/LL (Programmabsprache für Konzert);
Vertrag (übereilter Abschluss/CH nach Vollmacht für Ver-
trag über Konzerte in Neuseeland, keine Entscheidungsfrei-
heit für LL) Z Kriegsereignisse (Aufrüstung Australiens
aufgrund eines möglichen Krieges in Europa)

4690   1939-04-15
Lotte Lehmann (Melbourne, Australien) an Constance
Hope; TLS (annotiert), 4 S., dt. E Hilfe/LL (für MARIE POL-
KE, Zusendung eines Sparbuchs); Hilfe/LL (für GRETA BAU-
ER-SCHWIND; Kritik an Hilfe/FRITZ LEHMANN); Verwandte/
LL (kein Interesse mehr an Schicksalen/MANON und HANS

[KRAUSE]) A Aufführung/HERBERT H. LEHMAN (Konzerte in Neuseeland, Reisekosten übernimmt Broadcasting Co.); Finanzen/LL (Scheck mit Gage für Konzert in Honolulu; EDGAR MEIER; Hoffnung auf guten Ertrag der Neuseeland-Konzerte; [LAWRENCE] TIBBETT, [RICHARD] CROOKS); Projekte/LL (Überlegungen/CH zu Konzerten in NYC)

4691   1939-05-06
Lotte Lehmann (Perth, Australien) an Constance Hope; TLS (annotiert), 3 S., dt. E Hilfe/LL (für ROSA WIENER und ? HEID, Zahlungen an Emigranten, Begleichung der Rechnungen und Bezahlung der Kleider als finanzielle Hilfe; FRITZ LEHMANN) A Aufführung/LL (Bericht über Konzerte in Australien und Neuseeland); Finanzen/LL (Rückzahlung von geliehenem Geld; ? PARRISH); Kollegen/LL (LAURITZ MELCHIOR); Öffentlichkeit/LL (Ruf einer seriösen Liedsängerin steht "leichtere" Literatur in Konzerten gegenüber; Reaktion von Publikum und Presse) R Gesellschaft/LL (Sänger erreichen höheren Bekanntheitsgrad durch Film und Rundfunk, Auswirkungen auf Konzerte; RICHARD TAUBER, LAWRENCE TIBBETT, [RICHARD] CROOKS)

4692   1939-05-27
Lotte Lehmann (Brisbane, Australien) an Constance Hope; TLS (annotiert), 3 S., dt. E Hilfe/LL (finanzielle Unterstützung für MANON [KRAUSE] und HANS [KRAUSE]; FRITZ LEHMANN; OTTO [KRAUSE]) A Aufführung/LL (Konzerte in Australien; Verhandlungen über Konzert, ? MOSES, LAURITZ MELCHIOR); Finanzen/LL (Überweisung von Geldern, Gagen; CONSTANCE HOPE; Scheck für Mrs. ? PARRISH); Projekte/LL (Planung zu Konzerten) R Musik/LL (Gesangstechnik besser als je zuvor; ? STAUBER; ? MEYER HERMANN)

4693   1939-06-10
Lotte Lehmann (Wellington, New Zealand) an Gretel Rauch; TLS (annotiert), 2 S., dt. E Hilfe/LL (für ? KNEPPLER; finanzielle Unterstützung) A Aufführung/LL (Bericht über erfolgreiche Konzerte in Neuseeland, Pressekritiken, Finanzen; [RICHARD] CROOKS, LAWRENCE TIBBETT); Finanzen/LL (Anmietung eines Hauses in Riverdale, zuvor von Wiener Emigranten bewohnt) R Musik/LL (anspruchsvolle Konzerte bringen weniger Geld, aber höheres Ansehen) Z Kriegsereignisse (Ermordung/KURT VON SCHUSCHNIGG)

4694   1939-08-13
Lotte Lehmann an Gretel Rauch; TLS (annotiert), 2 S., dt. E Einreise/FRITZ LEHMANN (Reise nach NYC, um Anwalt für Immigration zu konsultieren, THERESIA HEINZ; LILY PETSCHNIKOFF); Finanzen/FRITZ LEHMANN (Lebensunterhalt durch Unterricht; ? STAUBER); Finanzen/LL (Pensionsansprüche in Österreich, rückwirkende Freigabe; Begleichung der "Fluchtsteuer"; Autobesitz aus "Prestigegruenden"; OTTO [KRAUSE])

4695   1939-[11]-?
Lotte Lehmann an David Sarnoff; TLS (annotiert), 1 S., engl. A Öffentlichkeit/LL ("RCA Victor has never done much for advertising my records"); Projekte/LL (Angebot zu Rundfunkkonzerten bei Columbia Recording Corp.); Vertrag (Bitte um Freigabe aus vertraglichen Verpflichtungen gegenüber RCA Victor; CONSTANCE HOPE, Columbia Recording Corp.)

4696   —[1940?]
Lotte Lehmann (Hope Ranch Park, Santa Barbara, CA) an Constance Hope; TLS (annotiert), 2 S., dt.; Datumsangabe "Sonntag" A Aufführung/LL (Absage an [EDWARD] JOHNSON, keine Mitwirkung bei «Fidelio»/LUDWIG VAN BEETHOVEN); Öffentlichkeit/LL (Presse zur Rolle der Marschallin in «Der Rosenkavalier»/RICHARD STRAUSS; tatsächlich keine Anfrage oder Verpflichtung hierfür); Projekte/LL (Absprachen zu diversen Konzerten, "Wiener Programm", Programm mit Weihnachtsliedern mit RALPH BENATZKY, Benefizkonzert für RAF mit BRUNO WALTER)

4697   —[1940?]
Lotte Lehmann (Hope Ranch Park, Santa Barbara, CA) an Constance Hope; TLS (annotiert), 2 S., dt.; Datumsangabe "Montag" A Finanzen/LL (schwierige Situation, Verzicht auf Werbung; Überlegungen zum Verkauf des Hauses in Riverdale); Kollegen/LL (LAURITZ [MELCHIOR], RISË [STEVENS], [JAN] KIPURA); Unterricht/LL (Bericht über Situation des Unterrichtens, Standard der Schüler, Vorbereitung durch FRITZ LEHMANN; Aussichten für Tätigkeit in NYC; FRANCIS COPPICUS) R Kulturpolitik/LL (wegen des Krieges keine Möglichkeit zur Gründung einer eigenen Music School in Santa Barbara)

4698   —[Februar 1940?]
Lotte Lehmann (Hope Ranch Park, Santa Barbara, CA) an Constance Hope; TLS (annotiert), 2 S., dt. E Finanzen/LL (Einzug des Passes durch Dt. Konsulat bei Ausreise, Verlust der Pensionsansprüche; Hilfe/FRITZ LEHMANN in dieser Angelegenheit) A Aufführung/LL (Bericht über erfolgreiche Opernaufführung mit RISË STEVENS); Aufführung/BRUNO WALTER (Besetzung in «Fidelio»/LUDWIG VAN BEETHOVEN, KIRSTEN FLAGSTAD statt LOTTE LEHMANN; HERBERT GRAF, ERICH LEINSDORF); Aufnahme/LL («Die Winterreise»/FRANZ SCHUBERT, Schallplatten an ARTURO TOSCANINI und FRITZ LEHMANN); Finanzen (Bitte um einmalige finanzielle Hilfe für FRITZ LEHMANN); Kollegen/LL (ELIZABETH RETHBERG, EZIO PINZA); Projekte/LL (Programm zu Bankett für FRITZ KREISLER)

4699   1940-04-19
Lotte Lehmann (The Roosevelt, New Orleans, LA) an Constance Hope; ALS, 8 S., dt. A Aufführung/LL (Konzertverpflichtungen für Radiosendungen, Frage nach Begleiter, PAUL [ULANOWSKY], Columbia Recording Corp.); Projekte/LL (Lectures und Konzertplanung; Reise/LL (Konzertreise im eigenen Wagen und selbst am Steuer sitzend); Schriften/LL (Artikel für die ‹NY Times›) R Musik/LL (Leben als Konzertsängerin, Aufwand von Zeit und Geld im Vergleich zur Tätigkeit als Gesangslehrerin)

4700   1940-05-15
Lotte Lehmann (Santa Barbara, CA) an Constance Hope; TLS (annotiert), 1 S., dt. E Integration/LL ("Ich bin sehr glueclich hier in Santa Barbara"; FRANCES HOLDEN); Verwandte/LL (FRITZ LEHMANN, "und in so schrecklich unsicheren Zeiten ist es besser, er ist in meiner Naehe") A Projekte/LL (Benefizkonzert mit BRUNO WALTER, Hollywood Bowl); Schriften/LL (Ablehnung der Bitte um Artikel für Plattenveröffentlichung) Z Kriegsereignisse (Sterben von Menschen und Tieren im Krieg; ADOLF HITLER)

4701   1940-05-20
Lotte Lehmann (Santa Barbara, CA) an Constance Hope; TLS (annotiert), 1 S., dt. **E** Verwandte/LL (finanzielle Hilfe für Schwiegermutter im Krankenhaus in Österreich) **A** Finanzen (Kosten für Hauskauf); Öffentlichkeit/FRITZ LEHMANN ("Ich bin so gluecklich ueber Fritzens Erfolg in dem Recital"); Projekte/LL (Planung und Termine zu Benefizkonzert für Emigranten, BRUNO WALTER, ? POLK) **Z** Politik (Weltlage)

4702   1940-05-27
Lotte Lehmann (Santa Barbara, CA) an Constance Hope; TLS (annotiert), 1 S., dt. **E** Finanzen/LL (Pensionsansprüche in Österreich); Verwandte/LL (in schwieriger Zeit keine große räumliche Trennung/FRITZ LEHMANN) **A** Finanzen/FRITZ LEHMANN (Einkommen in Nantucket als Musiklehrer gering wegen niedriger Schülerzahl); Kollegen/LL (DAVID SARNOFF) **Z** Kriegsereignisse (Situation in Europa)

4703   1940-06-07
Lotte Lehmann (Santa Barbara, CA) an Constance Hope; TLS (annotiert), 1 S., dt. **E** Behörden (Schwierigkeiten/FRITZ LEHMANN wegen Aufenthaltsgenehmigung, Visum für Passverlängerung für THERESIA HEINZ; FANNY HURST); Verwandte/LL (FRITZ LEHMANN; "wenn Fritz in ein Concentrationslager kommen wuerde, wuerde ich mit ihm gehen. Ich fuehle mich so verantwortlich fuer sein Hiersein, dass ich alle Consequenzen zu tragen habe.") **A** Finanzen/LL (Mieteinnahmen während ihrer Abwesenheit); Kollegen/LL (RISË STEVENS, "dass sie einen Fehler macht mit ihrem Überspielen im Rosenkavalier"; [EMANUEL] LIST, ALEXANDER KIPNIS)

4704   1940-06-13
Lotte Lehmann (Santa Barbara, CA) an Constance Hope; TLS (annotiert), 2 S., dt. **E** Behörden (Aufenthaltsverlängerung/FRITZ LEHMANN, Visum); Finanzen/ELISABETH SCHUMANN (Verkauf von Kunstgegenständen zur Schuldenerstattung an LL) **A** Vortrag/LL (Lectures zum Thema "Progress of Music in America") **R** Gesellschaft/LL (bevorzugte Behandlung der Amerikaner vor Deutschen in den USA) **Z** Politik (Reaktion der USA auf Situation in Europa, Furcht vor Inflation)

4705   — [vor Juli 1940?]
Lotte Lehmann (Hope Ranch Park, Santa Barbara, CA) an Constance Hope; TLS (annotiert), 1 S., dt. **E** Öffentlichkeit/LL (Teilnahme an geheimer Rundfunksendung nach Österreich) **A** Finanzen/LL (Überlegungen zu neuer Wohnung; FRANCES HOLDEN); Vertrag/LL (für Konzertverpflichtung, Abgabenklausel für NCAC)

4706   — [Juli 1940?]
Lotte Lehmann (Hope Ranch Park, Santa Barbara, CA) an Constance Hope; TLS (annotiert), 1 S., dt.; Beilage: Artikel «Opera Slated in English for Next Fall» (PD) **A** Aufführung/LL (Absage von Konzert in Vancouver, Konzert in Utah als Ersatz); Öffentlichkeit/LL ("gemeiner Artikel"/RICHARD D. SAUNDERS mit politischen Verdächtigungen in ‹The Hollywood Citizen›)

4707   — [Juli 1940?]
Lotte Lehmann an Gaetano Merola (War Memorial Opera House, SF); TL (Kopie), 1 S., engl. **A** Öffentlichkeit/LL (Stellungnahme zu Äußerungen/GAETANO MEROLA wegen angeblicher Weigerung, «Der Rosenkavalier»/RICHARD STRAUSS in engl. Sprache zu singen; Artikel/RICHARD D. SAUNDERS; ALEXANDER KIPNIS, RISË STEVENS)

4708   — [Juli 1940?]
Lotte Lehmann an Richard D. Saunders (‹The Hollywood Citizen›, Hollywood, CA); TL (Kopie), 1 S., engl. **A** Öffentlichkeit/LL (Stellungnahme/LL zu angeblicher Weigerung, «Der Rosenkavalier»/RICHARD STRAUSS in Engl. zu singen; ungerechtfertigte Politisierung der Angelegenheit durch RS; GAETANO MEROLA, ALEXANDER KIPNIS, [RISË] STEVENS)

4709   — [Juli 1940?]
Lotte Lehmann (Hope Ranch Park, Santa Barbara, CA) an Constance Hope; TLS (annotiert), 2 S., dt. **A** Projekte/LL (Überlegung zu Konzerten, Benefizveranstaltung für Rotes Kreuz; Terminplanung schwierig wegen Versprechungen und Charakter der Künstler; Friends of Music, LYNDEN BEHEYMER, ? SULLIVAN, ? BERGER); Unterricht/LL (Rechtfertigung ihrer Unterrichtsmethoden; Überlegungen zur Eröffnung einer Gesangsklasse und einer eigenen Schule, Tätigkeit als Lehrerin einzig mögliche Zukunft; FRITZ LEHMANN, CARLETON [SPRAGUE] SMITH, JUDITH ANDERSON) **R** Pädagogik/LL (vom Umgang mit "Halbtalenten", Gedanken zum Unterricht)

4710   — [Sommer 1940?]
Lotte Lehmann (Hope Ranch Park, Santa Barbara, CA) an Constance Hope; TLS (annotiert), 2 S., dt.; Datumsangabe "Freitag" **A** Finanzen/LL (Überlegungen zu Unterkunft und Bediensteten; FRANCES HOLDEN); Öffentlichkeit/LL (Fotografien mit Schülern für ‹Life Magazine›); Projekte/LL (Suche nach Konzertverpflichtungen; [LYNDEN E.] BEHYMER, ? SULLIVAN); Unterricht/LL (Arbeit als Lehrerin; RUTH TERRY KOECHIG, HELEN MORGAN)

4711   — [Sommer 1940?]
Lotte Lehmann an Constance Hope; TLS (annotiert), 2 S., dt.; Datumsangabe "Mittwoch" **E** Einreise/FRITZ LEHMANN (Einreiseerlaubnis für Kanada, Verwechslung mit Nazi-Agenten gleichen Namens; Frage nach Status, visitors visa; [LEO?] TAUB) **A** Projekte/LL (Benefizkonzert in Montreal bei Erstattung der Reisekosten); Schriften/LL (Artikel für ‹Life Magazin› mit Fotos von Lehrtätigkeit; HELEN MORGAN; RUTH TERRY KOECHIG); Unterricht/LL (am "Artcenter" in Santa Barbara, Werbung; Mrs. MAX SCHOTT; JASCHA HEIFETZ, Mrs. ? BLISS)

4712   — [Sommer 1940?]
Lotte Lehmann an Constance Hope; TLS (annotiert), 2 S., dt.; Datumsangabe "Sonntag" **A** Finanzen/LL (Verkauf des Hauses in Riverdale); Öffentlichkeit/LL (Präsentation ihrer Arbeit in ‹Life Magazine›); Projekte/LL (Artikel "über meine Ziele als Lehrende"); Unterricht/LL (Spaß am Unterrichten; Förderung und Vorbereitung eines Konzerts/RUTH TERRY KOECHIG, kostenloser Unterricht wegen Bekanntgabe der Lehrtätigkeit; mögliche Verlagerung der Aktivitäten auf das Unterrichten)

4713 1940-08-05
Lotte Lehmann an Constance Hope; TLS (annotiert), 1 S., dt. **A** Aufführung/LL (großer Erfolg bei Benefizkonzert für Rotes Kreuz); Finanzen/FRANCES HOLDEN (Hauskauf, Scheck); Projekte/LL (Überlegungen zu Engagement an MET)

4714 — [nach 1940?]
Lotte Lehmann (Hope Ranch Park, Santa Barbara, CA) an Constance Hope; TLS (annotiert), 2 S., dt.; Datumsangabe "Montag" **A** Anstellung (gute Anstellungssituation in CA; PUCKI und HANS [KRAUSE]); Aufführung/LL (Konzertverpflichtung in SF; CONSTANCE ALEXANDER, Mr. ? POSZ; Termine für zwei Konzerte sehr dicht gelegt, Absprache erforderlich; [LYNDEN E.] BEHYMER, ? SULLIVAN); Finanzen/LL (Überlegungen zu Wohnungswechsel wegen finanzieller Lage noch nicht abgeschlossen); Veröffentlichung/LL (Frage nach Publikationsmöglichkeit eines Artikels; RUTH TERRY KOECHIG)

4715 — [1941?]
Lotte Lehmann (Hope Ranch Park, Santa Barbara, CA) an Constance Hope; TLS (annotiert), 3 S., dt.; Datumsangabe "Montag" **A** Aufführung/LL (Konzertverpflichtung für Wheeling, West Virginia, Überlegung einer Absage aus terminlichen und finanziellen Gründen; MAX LEVINE); Finanzen/LL (Rücksendung eines Schecks/MARY VAN KIRK; ANN BROWN, GRETEL RAUCH; Finanzprobleme, Überlegung zu Aufnahme einer Hypothek; FRANCES HOLDEN); Projekte/LL (Programmplanung für Konzerte; Auftritt an Columbia Univ.); Schriften/LL (Arbeit an Buch über Interpretation und an Roman «Extravaganza, eine verrückte Geschichte von zwei Geistern und dem Engel Asrael»); Unterricht/LL (Zeitplanung für Unterricht; Bericht im ‹Life Magazine›; RISË STEVENS, ? STEBER, MARY VAN KIRK, ROSE BAMPTON; LAURITZ MELCHIOR)

4716 — [1941]
Lotte Lehmann (Hope Ranch Park, Santa Barbara, CA) an Constance Hope; TLS (annotiert), 1 S., dt.; Datumsangabe "Donnerstag" **A** Aufführung/LL (mögliche Radiosendung mit DON AMECHE; Konzerttermin in Quebec); Finanzen/LL (Finanzprobleme, Ausgaben für Hotel zu hoch; Überlegung zu Umzug, Sonderausgaben für FRITZ LEHMANN; Überlegungen zu Anstellung eines Hausmädchens trotz angespannter finanzieller Lage; Bitte an CH, Geld zu leihen; [FRANCIS] COPPICUS); Schriften/LL (Fertigstellung von «Extravaganza, eine verrückte Geschichte von zwei Geistern und dem Engel Asrael»; Übersetzungsprobleme erwartet, Veröffentlichungsdatum ungewiss; ERIKA MANN)

4717 — [1941?]
Lotte Lehmann (Hope Ranch Park, Santa Barbara, CA) an Constance Hope; TLS (annotiert), 1 S., dt.; Datumsangabe "Samstag" **A** Aufführung/LL (Recital mit [BRUNO] WALTER); Finanzen/LL (positive Veränderung der Steuersituation; Rücksendung eines Schecks/? HESS); Projekte/LL (Anfrage zu Verpflichtungen, sonst Annahme von Schülern; RISË STEVENS); Treffen (Besuche/THOMAS MANN und BRUNO WALTER bei LL; ERICH [LEINSDORF])

4718 — [1941?]
Lotte Lehmann an Constance Hope; TLS (annotiert), 2 S., dt. **A** Finanzen/LL (Steuerfragen wegen Wohnsitz; Honorare an MET, Veränderungen aufgrund der Besteuerung); Finanzen/BRUNO WALTER (Gagenforderung für Recital); Projekte/LL (Schwierigkeiten mit Konzertplanung für LA, [ALEXANDER] HAAS, Mrs. LYNDEN E. BEHYMER); Projekte/LL (Arbeit an Buch über Interpretation); Unterricht/LL (Arbeit mit Schülerinnen MARY VAN KIRK und ROSE BAMPTON) **R** Gesellschaft/LL (Wirkung einer Sängerin dt. Herkunft auf amer. Publikum; [FRANCIS] COPPICUS, MAX LEVINE, SIEGFRIED HEARST); Musik/LL («Fidelio»/LUDWIG VAN BEETHOVEN, Anforderungen)

4719 — [1941?]
Lotte Lehmann (Hope Ranch Park, Santa Barbara, CA) an Constance Hope; TLS (annotiert), 2 S., dt.; Datumsangabe "Mittwoch" **E** Finanzen/LL (Geldüberweisung an Angehörige in Europa) **A** Anstellung (Hauspersonal); Aufführung/LL (Absage als Leonore in «Fidelio»/LUDWIG VAN BEETHOVEN wegen zu großer Schwierigkeiten trotz transponierter Arien; [EDWARD] JOHNSON, [EDWARD] ZIEGLER); Projekte/LL (Benefizkonzert mit BRUNO WALTER, JASCHA HEIFETZ, EMANUEL FEUERMANN, ARTUR RUBINSTEIN); Vertrag/LL (Vertrag zu Lebensversicherung; ELSE BLOCK)

4720 — [1941?]
Lotte Lehmann (Hope Ranch Park, Santa Barbara, CA) an Constance Hope; TLS (annotiert), 4 S., dt. **E** Hilfe/LL (für Schwiegermutter und GRETA BAUER-SCHWIND, Reduzierung der finanziellen Zuwendung) **A** Projekte/LL (Konzertplanung; BRUNO WALTER, KIRSTEN FLAGSTAD, PAUL [ULANOWSKY], LAURITZ MELCHIOR) **R** Kulturpolitik/HERBERT H. LEHMAN (Beeinflussung des Kulturbetriebes durch den Krieg, Vergleich mit Erstem Weltkrieg; Ausgrenzung von Werken und Komponisten bestimmter Herkunft, Politisierung der Kunst); Musik/LL (Verknüpfung von Melodie und Text im Kunstlied und in der Oper; Grenzen der Möglichkeit einer Übersetzung in andere Sprachen, «Der Rosenkavalier»/RICHARD STRAUSS; Umgang der breiten Masse mit Musik, besonders der Oper)

4721 — [April oder Mai 1941]
Lotte Lehmann (Battle Creek Sanitarium, Battle Creek, MI) an Constance Hope; TLS, 1 S., dt. **A** Aufnahme/LL (Frage zu Aufnahmen in Hollywood, MOSES SMITH); Finanzen/LL (Bitte um Übernahme von Rechnung, Reisekosten; Erwartung eines Vertrags der MET; FRITZ [LEHMANN]); Vertrag/LL (mit MET; Bedingungen)

4722 1941-05-04
Lotte Lehmann (Hope Ranch Park, Santa Barbara, CA) an Constance Hope; TLS (annotiert), 1 S., dt. **E** Affidavit/LL (für WOLFGANG ZU PUTLITZ, "gluehender Nazigegner"); Emigrationsweg/WOLFGANG ZU PUTLITZ (über Jamaica in die USA, ehemals Attaché bei dt. Gesandtschaft) **A** Schriften/LL (Artikel über BRUNO WALTER und seinen "oft vorschnellen Enthusiasmus und dass er dann leicht Menschen fallen laesst, die er vorher protegierte"; ELSA WALTER)

4723 — [Mai 1941?]
Lotte Lehmann an Constance Hope (Hope Ranch Park, Santa Barbara, CA); TLS (annotiert), 2 S., dt. **E** Hilfe (für WOLFGANG ZU PUTLITZ; Situation der Künstler in Europa, "war er noch Jahre lang unter Hitler in dt. Dienst, wenn er

auch innerlich immer ein Nazifeind war. Aber er hat doch irgendwie mitgemacht.") **A** Aufführung/LL (Konzert für WOLFGANG ZU PUTLITZ); Projekte/LL (Gespräch über Filmkarriere mit Mr. ? LYONS; KITTY CARLYLE, CARLTON [SPRAGUE] SMITH); Unterricht/LL (Überlegungen zu Unterrichtsort und Unterrichtspreisen)

4724   1941-06-01
Lotte Lehmann (Hope Ranch Park, Santa Barbara, CA) an Constance Hope; TLS (annotiert), 1 S., dt. **E** Finanzen/LL (Verlust der Pension aufgrund ihrer Emigration) **A** Aufnahme/LL (Columbia Recording Corp., Unklarheit über Zusicherung von Freiexemplaren); Finanzen/LL (Scheck für Beitrag in ‹Musical America›); Treffen/LL und MOSES SMITH (mit RISË STEVENS; MGM); Vertrag/LL (mit MET enthält nicht die gewünschte Klausel)

4725   1941-06-03
Lotte Lehmann (Hope Ranch Park, Santa Barbara, CA) an Constance Hope; TLS (annotiert), 1 S., dt. **E** Finanzen/LL (Geldsendung an FRIEDL WERNISCH zur Grabpflege in Wien); Hilfe/LL (für WOLFGANG ZU PUTLITZ im Fall einer fehlenden Anstellung) **A** Aufführung (Benefizkonzert für Rotes Kreuz mit BRUNO WALTER); Projekte/LL (Planung für Konzerte und Opernaufführungen, Vetragsbedingungen; BRUNO WALTER, FRANCIS COPPICUS, KIRSTEN FLAGSTAD)

4726   — [Juli 1941]
Lotte Lehmann (Hope Ranch, Santa Barbara, CA) an Constance Hope; TLS (annotiert), 2 S., dt. **E** Finanzen/WOLFGANG ZU PUTLITZ (Arbeit als Knecht auf Farm, Überlegungen zu seiner Unterstützung); Finanzen/LL (Geldüberweisung nach Deutschland) **A** Aufnahme/LL (Schallplatten, «Dichterliebe» op. 48/ROBERT SCHUMANN mit BRUNO WALTER; PAUL [ULANOWSKY]); Projekte/LL (Konzertplanung, Probleme bei Vorbereitung wegen fehlender Noten; WALTER BLOCK, FRITZ LEHMANN, [FRANCIS] COPPICUS, LAURITZ MELCHIOR); Schriften/CH («Publicity is Broccoli»); Unterricht/LL (Überlegung zum Unterrichtsort; ? GOLDSCHMIDT); Vertrag/LL (über Versicherung, Änderung wegen beruflicher Aktivitäten und Abschied vom Sängerberuf)

4727   1941-07-08
Lotte Lehmann (Hope Ranch Park, Santa Babara, CA) an Constance Hope; TLS (annotiert), 2 S., dt. **E** Finanzen/LL (Schwierigkeiten, Geld nach Europa zu überweisen) **A** Aufnahme/LL (Columbia Recording Corp.; MOSES SMITH); Projekte/LL (Planung für kommende Konzertsaison; FRANCIS COPPICUS, "Kleinchen" [= PAUL ULANOWSKY], LAURITZ MELCHIOR); Treffen/LL (mit RISË STEVENS bei MGM) **Z** Kriegsereignisse (Einzug von TIO HOPE zum Militär)

4728   — [Mitte Juli 1941]
Lotte Lehmann (Hope Ranch Park, Santa Barbara, CA) an Constance Hope; TLS (annotiert), 1 S., dt. **A** Anstellung (Unterschiede in der Arbeit von Agenten, [FRANCIS] COPPICUS, [WALTER] SUROVY); Aufnahme/LL (für Columbia Recording Corp., guter Verlauf; RISË STEVENS); Finanzen/LL (Probleme, Hoffnung auf hohe Vergütung bei Columbia Recording Corp.; Rechnung von AGMA)

4729   — [nach Juli 1941]
Lotte Lehmann (Hope Ranch Park, Santa Barbara, CA) an Constance Hope; TLS (annotiert), 2 S., dt./engl.; Datumsangabe "Samstag" **E** Finanzen/FRITZ LEHMANN (Geldsendungen/? AGADSTEIN); Integration/LL (Einschränkungen durch "Alienrestrictions", Ausgangsverbot) **A** Finanzen/LL (fehlende Abrechnung der Columbia Recording Corp.; Hoffnung auf finanziellen Erfolg mit Schallplattenaufnahme); Projekte/LL (Überlegung zur effektiveren Terminierung von Verpflichtungen; [FRANCIS] COPPICUS, ? SHANG; Benfizkonzerte für [HANS] MORGENTHAU) **R** Gesellschaft/LL (Umgang mit Emigranten in den USA, "Amerika ist unerhoert mild und gut mit Allen, die nicht Amerikaner sind"; Gefühl als Emigrantin dt. Herkunft)

4730   — [1942?]
Lotte Lehmann (Hope Ranch Park, Santa Barbara, CA) an Constance Hope; TLS (annotiert), 2 S., engl. **A** Aufführung/LL (Wunsch nach Absage eines Konzerts wegen politischer Situation; LAURITZ MELCHIOR, ? DAVIS, [FRANCIS] COPPICUS); Finanzen/LL und FRANCES HOLDEN (Erhalt eines Versicherungsbetrags wegen Hausbrand, Kauf eines Hauses am Hope Ranch Park); Kollegen/LL (Gerücht über Weggang/DAVID SARNOFF bei NBC; BRUNO WALTER); Öffentlichkeit/LL (Fotografie in ‹[NY] Times› **R** Gesellschaft/LL (Situation einer deutschstämmigen Künstlerin bei Auftritten in einem Land, das mit Deutschland Krieg führt) **Z** Politik (Einführung eines zusätzlichen Ausweispapiers mit Fingerabruck für enemy aliens)

4731   — [1942?]
Lotte Lehmann (The Copley-Plaza, Boston, MA) an Constance Hope; TLS (annotiert), 2 S., dt. **A** Aufführung/LL (Rundfunkübertragungen); Öffentlichkeit/LL (schlechte Kritiken nach Auftritt als Sieglinde; nicht mehr die alte Kraft der Stimme, ebenso [FRIEDRICH] SCHORR); Projekte/LL (Recital mit BRUNO WALTER in SF; Bitte um Planung einer Konzertserie/[HANS] MORGENTHAU; "Singen fuer Defensebonds" als "patriotische Pflicht, die mich immer bereit finden wird")

LEINSDORF, ERICH

4732   1936-02-07
Erich Leinsdorf an Constance Hope; ALS, 2 S., dt. **A** Anstellung/EL (trotz Fürsprache/ARTURO TOSCANINI keine Anstellung an Wiener Staatsoper; gescheiterte Ballettaufführung, [HANS] PERNTNER); Reise/EL (nach Amerika oder Russland; Bitte um Mithilfe/CH bei Stellensuche in den USA)

4733   1936-03-17
Erich Leinsdorf an Constance Hope; ALS, 2 S., dt. **A** Anstellung/EL (Suche nach Dirigentenstelle in den USA, Bitte um Mithilfe/CH)

4734   1936-03-26
Constance Hope an Erich Leinsdorf (Wien); TL, 1 S., engl. **A** Empfehlung/CH (für EL an Freund/ARTURO TOSCANINI, keine Antwort; EDITH BEHRENS); Reise/LOTTE LEHMANN (nach Salzburg; DUSOLINA GIANNINI)

4735   1936-10-01
Erich Leinsdorf (Wien) an Constance Hope (NYC, NY); ALS, 2 S., dt.; mit Briefumschlag **A** Anstellung/EL (gescheitert wegen [HANS] PERNTNER, Fürsprache/ARTURO TOS-

CANINI und ERWIN KERBER; Engagements in Triest und Florenz; Stellensuche in den USA, ARTUR RODZINSKI); Reise/EL (plant Reise nach Russland)

4736 1936-12-19
Erich Leinsdorf (Triest) an Constance Hope; ALS, 3 S., dt. A Anstellung/EL (Rat/CH für Bewerbung in Wien und NYC, MET; ERWIN KERBER); Aufführung/EL (in Bologna; Vorbereitung «Arabella»/RICHARD STRAUSS, Triest)

4737 1937-01-24
Erich Leinsdorf (Rom) an Constance Hope; ALS, 2 S., dt. A Aufführung/EL (in Triest, Rom; ERWIN KERBER); Projekte/ARTURO TOSCANINI (neues Festspielhaus für Salzburg, Vorschläge zur Finanzierung durch Subskription unter Künstlern und Amerika-Tournee; Ablehnung durch die Generalversammlung)

4738 1937-02-18
Erich Leinsdorf (San Remo) an Constance Hope; ALS, 2 S., dt. A Anstellung/EL (an der MET, Visum, Vertrag; Beendigung der Verhandlungen mit Wien); Reise/EL (Florenz und Wien; USA, Finanzen)

4739 1937-03-16
Erich Leinsdorf (San Remo) an Constance Hope; ALS, 5 S., engl. A Anstellung/EL (an der MET, Vertrag, Finanzen); Aufführung/EL («Cecilia»/LICINIO REFICE); Kollegen/EL (Interesse/ERIC SIMON an Engagement/EL in NYC); Öffentlichkeit/EL (großer Erfolg in San Remo); Reise/EL (nach Rom oder Mailand)

4740 1937-07-05
Erich Leinsdorf an Constance Hope; ALS, 4 S., engl. A Anstellung/EL (Anfrage zu Engagement für Kalifornien-Saison); Aufführung/EL (in Florenz; BRUNO WALTER); Projekte/ARTURO TOSCANINI (Aufführung von «Pélleas et Mélisande»/CLAUDE DEBUSSY und «Falstaff»/GIUSEPPE VERDI in Paris); Reise/EL (Wien, Treffen mit EDWARD JOHNSON und ARTUR BODANZKY) Z Kulturleben (Nazis erlauben Künstlern nicht, nach Salzburg zu kommen)

4741 1938-03-30
Constance Hope an Erich Leinsdorf (The Copley-Plaza, Boston, MA); TL (Kopie), 1 S., engl. E Behörden (Dept. of Labour, Extension Office, Verlängerung der Aufenthaltsgenehmigung/EL, Wahrung des Termins unmöglich wegen Konzertreise); Einreise/EL (längerer Aufenthalt durch Erlangung eines visitors visa) A Anstellung/EL (Konzertreise)

4742 1938-03-31
Erich Leinsdorf (The Copley-Plaza, Boston, MA) an Constance Hope; ALS, 1 S., engl. E Behörden (Dept. of Labour, Extension Office, Verlängerung der Aufenthaltsgenehmigung/EL; BYRON H. UHL)

4743 1938-04-18
Erich Leinsdorf (Culpeper, VA) an Constance Hope; ALS, 2 S., engl. E Einreise/ERICH LEINSDORF (Visum und Pass) A Anstellung/EL (bittet CH um Kontaktaufnahme zu GAETANO MEROLA; EDWARD ZIEGLER, ARTUR BODANZKY); Aufführung/EL (soll Opern in SF dirigieren)

4744 1938-04-21
Constance Hope an Erich Leinsdorf (c/o Manners, Culpeper, VA); AL, 1 S., engl. E Öffentlichkeit/EL (Öffentlichkeitsarbeit/CH für EL, Fotografie in ‹The Vogue›, "outstanding musical discovery of the season") A Anstellung/EL (Arbeitsmöglichkeiten im Sommer; GAETANO MEROLA)

4745 1938-09-26
Erich Leinsdorf an Constance Hope; TLS, 2 S., engl. A Anstellung/EL (Planung für Opernsaison in SF, mögliche Wiederanstellung; Überlegung zu Anstellung in Chicago); Aufführung («Die Meistersinger von Nürnberg»/RICHARD WAGNER; Ausleihe der kleinen Harfe der MET an SF Opera; GAETANO MEROLA); Aufführung/EDWIN MCARTHUR («Lohengrin»/RICHARD WAGNER mit KIRSTEN FLAGSTAD; HERMANN WEIGERT)

4746 1938-10-25
Constance Hope an Erich Leinsdorf (SF Opera Co., SF); TL (Kopie), 2 S., engl. A Kollegen/CH (CALVIN FRANKLIN, Columbia Concerts Bureau); Öffentlichkeit/EL (Kritiken zu Aufführung an SF Opera; Öffentlichkeitsarbeit/CH für EL, Erlaubnis für Ausgaben; EDWARD ZIEGLER, EDWARD JOHNSON)

4747 1938-10-28
Erich Leinsdorf (SF Opera Ass., SF) an Constance Hope; TLS, 1 S., engl. A Aufführung/EL («Pélleas et Mélisande»/CLAUDE DEBUSSY, LA, Kartenvorverkauf); Öffentlichkeit/EL (Öffentlichkeitsarbeit/CH für EL, Erlaubnis für Ausgaben; EDWARD JOHNSON); Reise/EL (nach NYC)

4748 1939-06-28
Erich Leinsdorf (Ritz-Carlton Hotel, Philadelphia) an Constance Hope; TLS, 3 S., engl. A Aufführung/EL (in Philadelphia; Absage wegen mangelnder künstlerischer und organisatorischer Qualität) R Musik/EL (Rolle des Dirigenten im zeitgenössischen Musikleben; Qualität von Aufführungen, mangelnde Probenzeit)

4749 1939-10-04
Erich Leinsdorf (Hotel Empire, SF) an Constance Hope; ALS, 5 S., engl. A Aufführung (Absage durch MET, Ausbleiben der dt. und ital. Sänger; Hoffnung auf Leitung des Orchesters nicht nur bei Wagner-Opern; HERBERT GRAF, ETTORE PANIZZA); Finanzen/EL (Unklarheiten; ? FERLAZZO; Vertrag mit NBC); Projekte/EL ("Opera school to train amer. talent"; JOHN ERSKINE, [ALFRED] STOESSEL)

4750 1939-10-06
Constance Hope an Erich Leinsdorf (Empire Hotel, SF); TL (Kopie), 2 S., engl. E Bekannte/CH (LOTTE LEHMANN, EZIO PINZA, ELIZABETH RETHBERG und [JAN] KIEPURA in den USA; [WERNER] JANSSEN, LAURITZ MELCHIOR; ARTURO TOSCANINI) A Biografie/BRUNO WALTER (Tod der Tochter); Finanzen/EL (Besprechung finanzieller Unklarheiten, Vertrag mit NBC; ? FERLAZZO; SAMUEL CHOTZINOFF, Mr. ? ROYAL; OLIN DOWNES, Opera Guild); Projekte/EL (Aufführungen an der MET, EDWARD ZIEGLER; Konzerte in Montreal, SIEGFRIED HEARST, ? BEIQUE; Projekt einer "Opera School")

4751 1940-04-07
Erich Leinsdorf (Hotel Cleveland, Cleveland, OH) an Constance Hope; ALS, 3 S., engl. A Anstellung/EL (Intrigen in der MET gegen ihn; LAURITZ MELCHIOR, ? RALIBER; "the probability for San Francisco", [SIEGFRIED] HEARST); Auf-

führung/EL (sagt Auftritt in Montreal ab, "third rate orchestra"); Öffentlichkeit/EL (sehr gute Kritiken in Boston)

4752   1940-05-07
Erich Leinsdorf an Constance Hope; TLS, 2 S., engl. **A** Projekte/EL (Intrigen gegen ihn von NBC, [MAX] LEVINE; Zusagen für Aufführung in LA/[MAX] LEVINE und in SF/SIEGFRIED HEARST; GAETANO MEROLA, LAURITZ MELCHIOR, ? ENGLES, KERSTIN THORBORG; [RCA] Victor Co.)

4753   1940-05-09
Erich Leinsdorf an Constance Hope; TLS, 2 S., engl. **A** Projekte/EL (Opernaufführung in Saratoga, Besetzung für «Die Entführung aus dem Serail»/WOLFGANG AMADEUS MOZART; Besetzung, Datum, Proben und Finanzen für «Die Fledermaus»/JOHANN STRAUSS, Hollywood Bowl); Reise/EL (plant Autoreise an die Küste)

4754   1940-05-20
Erich Leinsdorf (Longlea, Boston, VA) an Constance Hope; TLS (annotiert), 2 S., engl. **A** Finanzen/EL (bittet CH um Aufschub zum Begleichen von Schulden); Projekte/EL (Probleme mit [MAX] LEVINE, Intrigen, Budgetprobleme; NBC Artists Service, "I certainly will not sit idly around, when efforts are made to keep me out")

4755   1940-06-23
Erich Leinsdorf an Constance Hope; TL, 2 S., engl. **A** Projekte/EL («Il turco in Italia»/GIOACHINO ROSSINI, FELIX WOLFES, HELMUTH WOLFES); Vertrag/EL (mit GAETANO MEROLA, NBC und MET, Finanzen)

4756   1940-07-20
Erich Leinsdorf (Longlea, Boston, VA) an Gretel Rauch; TLS, 1 S., engl. **E** Affidavit/EL ("I have several obligations to fulfill, coming from Affidavits, given to friends of mine, which make tremendous demands on my finances.") **A** Finanzen/EL (kein Geld für Werbefotos)

4757   1941-03-06
Erich Leinsdorf an Constance Hope (NYC); TLS, 1 S., engl. **A** Anstellung/EL (MET verlängert Vertrag für nächste Saison; Vorteile für Vertrag mit SF; MGM)

4758   1941-03-26
Erich Leinsdorf an Constance Hope (NYC); TLS, 1 S., engl. **A** Aufnahme/EL (Termin mit Columbia Recording Corp. verschoben wegen Krankheit/GODDARD LIEBERSON; Vertrag)

4759   1941-05-01
Margarete R[?] (Jewish Community Center, Detroit, MI) an Constance Hope; ALS, 2 S., engl. **A** Anstellung/ERICH LEINSDORF (Engagement bei Detroit SO, Vermittlung über Agentin, Finanzen); Öffentlichkeit/ERICH LEINSDORF (Öffentlichkeitsarbeit/CH, Finanzierung/WALTER POOLE)

4760   1941-05-04
Erich Leinsdorf an Constance Hope; TLS, 2 S., engl. **E** Integration/EL (Anpassung an ländliches Leben in den USA, Plan zur Übernahme einer Farm) **A** Kollegen/EL (Kritik an RICHARD KORN als reichem musikalischem Amateur); Organisationen (New Friends of Music, finanzielle Unterstützung/IRA A. HIRSCHMANN); Projekte/EL (Gründung "Chorus of the New Friends" aus Amateuren zur Förderung der Chormusik, Programmvorschläge für erste Saison) **R** Kulturpolitik/EL (Konkurrenz zwischen Orchestern; Chorwesen in NYC, Organisationsform für Laienchöre; Gewerkschaften)

4761   1941-05-23
Erich Leinsdorf an Constance Hope; TLS, 1 S., engl. **A** Aufführung/LOTTE LEHMANN («Der Rosenkavalier»/RICHARD STRAUSS in NYC, «Tannhäuser»/RICHARD WAGNER in Boston; «Fidelio»/LUDWIG VAN BEETHOVEN); Projekte/EL (Kontakt zu GAETANO MEROLA, Programmvorschläge für SF; wünscht Mitwirkung/LOTTE LEHMANN trotz Problem mit Stimme, "I am doing here something which Walter did not have the guts to do"; KIRSTEN FLAGSTAD)

4762   1941-05-27
Constance Hope an Erich Leinsdorf (Boston, VI); TL (Kopie), 2 S., engl. **A** Aufnahme/LOTTE LEHMANN ("six albums of records for Columbia"); Projekte/EL (stimmliche Verfassung/LOTTE LEHMANN, Überlegungen zu ihrer Unterstützung; «Fidelio»/LUDWIG VAN BEETHOVEN, MET; KIRSTEN FLAGSTAD); Projekte/CH (Telefonat mit ARTURO TOSCANINI)

4763   1941-07-21
Erich Leinsdorf an Constance Hope; TLS, 2 S., engl. **E** Einbürgerung/EL (soll in zwei Monaten amer. Papiere bekommen; Wunsch nach Mitwirkung in NBC-Sendung «I am an American») **A** Projekte/EL (Anstellung in CA)

4764   1941-09-07
Erich Leinsdorf an Constance Hope; TLS, 2 S., engl. **A** Projekte/EL (prophezeit katastrophale Aufführungen für SF und Westküste; Aufführungen «Tannhäuser»/RICHARD WAGNER in Portland und Seattle, Besetzung, HERBERT GRAF, [ARMANDO?] AGNINI, [GIACOMO?] SPADONI; Aufführung «Der Rosenkavalier»/RICHARD STRAUSS in Sacramento) **R** Musik/EL (Chorwesen, Auftritte)

4765   1941-09-13
Erich Leinsdorf an ? Freeman; TLS, 1 S., engl. **A** Projekte/EL (Zusammenarbeit zwischen MET und High School, EL dirigiert Orchester, FRANK ST. LEGER; Ansprache zum Thema «Music and Art in their Relation to National Defense», ? COLEMAN, ? RICHTER)

4766   1941-09-17
Erich Leinsdorf an Constance Hope; ALS, 4 S., engl. **A** Aufnahme/EL (Lieder mit RISÈ [STEVENS]); Projekte/EL (Aufnahme «Der Rosenkavalier»/RICHARD STRAUSS, [MOSES] SMITH, Columbia Recording Corp.; aus Kostengründen eventuell mit FRITZ REINER und Pittsburgh SO); Reise/EL (nach SF); Treffen/EL (mit [MOSES] SMITH)

4767   1941-09-22
Erich Leinsdorf an Constance Hope; ALS, 1 S., engl. **E** Einbürgerung/EL (Erlangung der amer. Staatsbürgerschaft) **A** Aufnahme/EL (mit RISÈ [STEVENS] bei Columbia); Treffen/EL (Abendessen mit [MOSES] SMITH und RISÈ [STEVENS]; LAURITZ MELCHIOR)

4768   1941-10-18
Erich Leinsdorf ([Hotel] Clift, SF) an Constance Hope; ALS, 3 S., engl. **A** Aufführung/EL («Tannhäuser»/RICHARD WAGNER und «Der Rosenkavalier»/RICHARD STRAUSS, erfolgreiche Saison; LOTTE LEHMANN und RISÈ [STEVENS] in

gutem Zustand); Projekte/EL (Unklarheit, ob er oder BRUNO WALTER im Sommer «Orfeo [ed Euridice)»/CHRISTOPH WILLIBALD GLUCK] an MET dirigiert, Bitte um Kontakt zu EDWARD ZIEGLER; [EDWARD] JOHNSON, FRANK ST. LEGER, KERSTIN THORBORG) Z Politik (Bürgermeister FIORELLO H. LA GUARDIA, Wiederwahl durch EH befürwortet)

4769   1941-10-30
Erich Leinsdorf ([Hotel] Clift, SF) an Constance Hope; TLS, 2 S., engl. A Aufführung/EL («Carmen»/GEORGES BIZET in SF, großer Erfolg; DAVID SARNOFF); Kollegen/EL (Protegees/BRUNO WALTER, MAURICE ABRAVANEL, [PAUL] BREISACH, ? SEBASTIAN, Kritik an BRUNO WALTER); Projekte/EL (BRUNO WALTER soll «Orfeo [ed Euridice)»/CHRISTOPH WILLIBALD GLUCK] dirigieren, [EDWARD] JOHNSON); Reise/EL (Rückreise nach NYC über LA)

4770   1941-11-06
Erich Leinsdorf (The Town House, LA) an Constance Hope; ALS, 3 S., engl. A Finanzen/EL (Bezahlung für CH); Kollegen/EL (BRUNO WALTER, "we two can exist beautifully next to each other, as long as my position is being respected", "he has to be pinned down, and to be shown that we do know his game"; Missmanagement der MET, HERBERT GRAF); Projekte/EL (Detroit SO, High School-Konzert)

4771   1942-04-17
Erich Leinsdorf an Constance Hope; TLS, 1 S., engl. A Aufnahme/EL (Columbia Recording Corp.; Werbekampagne mit den Namen von LAURITZ MELCHIOR, [WERNER] JANSSEN und EL); Kollegen/EL (versteht sich gut mit dem Philharmonic Orchestra, ? VAN PRAAG)

4772   1942-04-22
Erich Leinsdorf an Constance Hope; TLS (annotiert), 2 S., engl. E Einbürgerung/EL (ist noch kein US-Bürger) A Kollegen/EL (kommentiert Kontakte zu [MOSES?] SMITH, SAMUEL CHOTZINOFF, RICHARD KORN, DAVID SARNOFF, [HELEN?] TRAUBEL, [CHARLES?] O'CONNELL; Intrigen von "Madame Kirsten" [KIRSTEN FLAGSTAD]); Öffentlichkeit/EL ("Columbia promotion" zu neuer Aufnahme); Projekte/EL (Aufnahmen bei RCA Victor und NBC; bittet CH um Klärung)

4773   1942-05-18
Erich Leinsdorf (Washington, VA) an Constance Hope; TLS, 3 S., engl. A Aufführung/IZLER SOLOMON (Konzert NBC Summer Symphony); Finanzen/EL (Steuern, Gewerkschaftsbeiträge); Öffentlichkeit/EL (Rolle der Karriere im Leben); Projekte/EL (NBC und SF, GAETANO MEROLA, Programmvorschläge für SAMUEL CHOTZINOFF, möchte "New Friends" dirigieren, [IRA A.] HIRSCHMANN, [ARTHUR] JUDSON; Rundfunkstation WGN, ? WILDER)

4774   1942-05-26
Erich Leinsdorf (Washington, VA) an Constance Hope; TLS (annotiert), 1 S., engl. E Behörden (EL bittet um Weitergabe seiner Sozialversicherungsnummer) A Aufführung/EL (Konzerte bei NBC, Bitte um Rücksichtnahme auf Yom-Kippur bei Termingestaltung); Projekte/EL (SF Opera, GAETANO MEROLA, SAMUEL CHOTZINOFF)

4775   1942-05-29
Erich Leinsdorf (Washington, VA) an Constance Hope; TLS, 1 S., engl. A Aufnahme/EL (Bitte/WALTER SUROVY,

für Aufnahmen mit RISË [STEVENS] nach Hollywood zu kommen; Columbia Recording Corp.); Reise/EL (nach SF)

4776   1942-06-11
Erich Leinsdorf (Washington, VA) an Constance Hope; TLS, 2 S., engl. A Aufführung/EL (Ärger über Praktiken bei Dirigatvergabe, u.a. für «Tristan und Isolde»/RICHARD WAGNER, BRUNO WALTER, LAURITZ MELCHIOR, KIRSTEN FLAGSTAD; DIMITRI MITROPOULOS, ARTUR RODZINSKI, PIERRE MONTEUX); Öffentlichkeit ("a campaign for the MET", GEORGE SLOAN, Mrs. ? BELMONT)

4777   1942-06-30
Erich Leinsdorf (Washington, VA) an Constance Hope; TLS, 2 S., engl. E Einbürgerung/EL (langwieriges Verfahren; Anfrage/GRETEL RAUCH wegen Mexiko, EL nennt COLMAN GRAY als Verwalter seiner Angelegenheiten) A Aufnahme/EL (mit RISË [STEVENS] in Hollywood; NELSON EDDY); Kollegen/EL (Probleme mit [WERNER] JANSSEN, "holds a virtual monopoly on the orchestras", gute Beziehung zu GAETANO MEROLA); Reise/EL (an die Ostküste); Treffen/EL (mit LOTTE LEHMANN während ihrer Aufnahmen zu «Die schöne Müllerin»/FRANZ SCHUBERT; RISË [STEVENS], BRUNO WALTER, DAGMAR GODOWSKY, IRA GERSHWIN, OSCAR LEVANT, CLIFFORD ODETS); Vertrag/EL (mit MET, Vertragsoptionen, Repertoire, Finanzen, EDWARD ZIEGLER) Z Kulturleben (Ausgangssperre für "enemy aliens"-Künstler)

4778   1942-07-14
Erich Leinsdorf an Constance Hope; ALS, 2 S., engl. A Projekte/EL (Programmgestaltung für Konzert in Hollywood Bowl); Vertrag/EL (Verträge mit NBC, MET und Hollywood Bowl, ARTHUR JUDSON, BRUNO ZIRATO, EDWARD ZIEGLER; Finanzen)

4779   1942-07-24
Erich Leinsdorf an Constance Hope; ALS, 2 S., engl. A Finanzen/EL (Geldspende, "charity-requests"); Projekte/EL ("three Sinfonietta programs" für ALFRED WALLENSTEIN, Programmgestaltung; BRUNO ZIRATO); Treffen/EL (mit ALFRED WALLENSTEIN in NYC)

4780   1942-09-11
Erich Leinsdorf (Washington, VA) an Constance Hope; TLS, 2 S., engl. A Aufführung/LEOPOLD STOKOWSKI («Boris Godunov»/MODEST MUSORGSKIJ in Version/DMITRIJ ŠOSTAKOVIČ, New Opera Co.); Öffentlichkeit/EL (Pressekritiken aus SF und LA, EDWARD ZIEGLER); Projekte/EL (Repertoirepläne für MET, Wiederaufnahme «Boris Godunov»/MODEST MUSORGSKIJ in schlechter ital. Bearbeitung; "I don't want to have anything to do with the 'Italian Boris'")

4781   1942-09-17
Erich Leinsdorf (Washington, VA) an Constance Hope; TLS (annotiert), 2 S., engl. E Einbürgerung/EL ("that I will receive my final Citizenshippapers at the end of October", Wunsch nach Teilnahme am Radioprogramm "I am an American", NBC) A Aufführung/EL (Programmgestaltung NBC-Konzerte); Projekte/EL (Einstudierungsproben mit HELEN TRAUBEL; Oratorien- oder Kantatenaufführung zur Weihnachtszeit)

4782   1943-05-08
Erich Leinsdorf an Constance Hope; ALS, 1 S., engl. A Öf-

fentlichkeit/EL (falsche Informationen in Artikel der ‹NY Times›, ALEXANDER TANSMAN); Öffentlichkeit/NIKOLAI LOPATNIKOFF (Kulas Award in Cleveland für neue Komposition, Aufführung in kommender Saison)

4783 1943-05-19
Constance Hope an Erich Leinsdorf (The Sixth, Washington, VA); TL (Kopie), 1 S., engl. ▲ Aufführung/EL (CH bittet um besseren Informationsfluss); Öffentlichkeit/EL (CH informiert über Pressebericht der ‹NY Times›; Preis für NIKOLAI LOPATNIKOFF, Bericht in ‹Musical Courier›); Projekte/EL (Gastdirigent bei Cleveland SO, Vertretung an MET/THOMAS BEECHAM, Bericht in ‹Cleveland Ohio Press›)

4784 1943-05-27
Erich Leinsdorf (Washington, VA) an Constance Hope; TLS, 2 S., engl. ▲ Finanzen/EL (Scheck für ‹Musical America›); Kollegen/EL (berichtigt Gerüchte über sein Verhältnis zu ARTURO TOSCANINI; ARTUR BODANZKY, BRUNO WALTER, GAETANO MEROLA, SERGE KOUSSEVITZKY, WILLIAM STEINBERG); Projekte/EL (will Komposition/NIKOLAI LOPATNIKOFF nicht aufführen, [CARL J.] VOSBURGH)

4785 1943-06-14
Erich Leinsdorf (Washington, VA) an Constance Hope; TLS, 1 S., engl. ▲ Öffentlichkeit/EL (Fehler in Zeitungsartikel aus ‹Washington Post›); Projekte/EL (Tourneen; GEORGE H.L. SMITH; Reise/EL (Rückkehr aus Cleveland); Vertrag/EL (mit Vertragsverhandlungen in Cleveland zufrieden)

4786 1943-07-03
Erich Leinsdorf (Washington, VA) an Constance Hope; TLS, 1 S., engl. ▲ Projekte/EL ("Pension-Fund Concert" mit MET-Solist, JAN PEERCE); Reise/EL (Überlegungen zu NYC-Reise); Treffen/EL (Bitte um Treffen mit WILMA SPENCE, Schülerin/ELISABETH SCHUMANN); Vertrag/EL (Unklarheit über Klausel im Vertrag mit Cleveland Orchestra, ? SIDLO)

4787 1943-07-05
Erich Leinsdorf (Washington, VA) an Constance Hope; TLS, 2 S., engl. ▲ Anstellung/EL (Cleveland Orchestra; Probleme zwischen Orchester und Radiostationen wegen Sendezeiten, CBS, MBS; Vertrag zwischen Cleveland Orchestra und Columbia wegen Aufnahmen); Projekte/EL (Auftritt bei Boston Pops); Reise/EL (nach NYC geplant, Treffen mit [JOHN] SELBY)

4788 1943-07-12
Erich Leinsdorf (Washington, VA) an Constance Hope; TLS, 2 S., engl.; mit Clippings als Beilage ▲ Aufnahme/EL (MBS, Sendezeiten und Kosten, Problem mit Columbia wegen Kommentatorin KAY HALLE); Finanzen (Suche nach Sponsoren für Cleveland Orchestra)

4789 1943-07-29
Erich Leinsdorf an John Bauer; TLS, 1 S., engl.; mit vier Clippings als Beilage ▲ Vertrag/EL (mit Rundfunkstationen MBS, WHK; Schwierigkeit mit Vertragsklauseln, Columbia Records, Cleveland Orchestra; Kontakte/JOHN BAUER zu Rundfunkstationen)

4790 1943-08-13
Erich Leinsdorf (Washington, VA) an ? Gilman; ALS, 1 S., engl. ▲ Finanzen/EL (schlechte Finanzlage, Bitte um Zahlungsaufschub, "that I am able to pay my accumulated debts only gradually with a view to the Income tax situation"; CONSTANCE HOPE)

4791 1943-08-20
Erich Leinsdorf (Washington, VA) an Constance Hope; TLS, 2 S., engl. ▲ Aufnahme/EL (komplizierte Aufnahmesituation und Vertragslage mit Radiostationen, Probleme mit Sendezeit, CBS, MBS, RCA Victor; GODDARD LIEBERSON); Kollegen/EL (FRITZ REINER); Öffentlichkeit/EL (Fotos zu Werbezwecken)

4792 1943-08-27
Erich Leinsdorf (Washington, VA) an John Bauer; TLS, 1 S., engl. ▲ Öffentlichkeit/EL (Öffentlichkeitsarbeit/CH und JB; Artikel in ‹Cleveland News›); Projekte/EL (Aufführung Werke/BOHUSLAV MARTINŮ, RANDALL THOMPSON, SAMUEL BARBER, MORTON GOULD und FRANCESCO MIGNONE für Tournee mit Cleveland Orchestra; MBS, MILLER MCCLINTOCK)

4793 1943-09-17
Erich Leinsdorf an Constance Hope (Constance Hope Associates, NYC); TLS (annotiert), 2 S., engl. ▲ Aufführung/EL (UA von «Say-Paw. Rhapsodic Variations, Excursions and Ostinati on three Kentucky Mountain Tunes»/DAVID HOLDEN); Öffentlichkeit/EL (komplettiert Informationen zu Zeitungsartikel der ‹NY Times›, Preisträger DAVID HOLDEN; [HOWARD] TAUBMANN); Projekte/EL (Konzerte und Rundfunksendungen); Vortrag/EL ("my first public speaking engagement here before the Women's City Club")

4794 1943-09-30
Erich Leinsdorf an Constance Hope (Constance Hope Associates, Inc., NYC); TLS, 2 S., engl. ▲ Aufführung/EL (mit Cleveland Orchestra, Rundfunkübertragung; Anwesenheit/MILLER MCCLINTOCK, Präsident MBS; Vorverkauf der Tickets); Öffentlichkeit/EL (kann sich nicht mit BOHUSLAV MARTINŮ fotografieren lassen, da dieser nicht in Cleveland wohnt, stattdessen mit dem tsch. Konsul; Artikel aus ‹Clevelander Magazine›, [GEORGE H.L.] SMITH); Projekte/EL (Suche nach Solist für Pension Fund Concert)

4795 1943-10-16
Erich Leinsdorf an Constance Hope (Constance Hope Associates, Inc., NYC); TLS, 2 S., engl. ▲ Aufführung/EL (Zusage von Captain ARTHUR LOESSER; Rundfunkübertragung, GODDARD LIEBERSON); Öffentlichkeit/EL (Fotos mit tsch. Konsul zu Werbezwecken); Projekte/EL (Programmvorschläge für Konzertreihe, gesponsort von Amer. Federation of Musicians; G[EORGE] H.L. SMITH, JOHN SELBY; "out-of-town concerts" zur Unterstützung von Talenten)

4796 1943-10-23
Erich Leinsdorf an Constance Hope (Constance Hope Associates, Inc., NYC); TL, 4 S., engl. ▲ Aufführung/EL (BOHUSLAV MARTINŮ kommt zu Proben und Aufführung; EL lädt Kritiker zu Probe ein); Öffentlichkeit/EL (Presseberichte; Fotos zu Werbezwecken, Fotograf ? LANDESMANN); Projekte/EL (Termine und Programme für Radiosendungen; Pension Fund Concert; Leitung von Konzerten, gesponsort von Gewerkschaft); Vertrag/EL (verlangt Änderungen im Vertrag mit MET; Probensituation)

4797 1943-10-27
Erich Leinsdorf (Cleveland Orchestra, OH) an Constance Hope; TLS, 4 S., engl. **A** Aufführung/EL (Rundfunkübertragungen; Radio bekommt viele positive Zuschriften); Kollegen/EL (ANDRÉ KOSTELANETZ, JASCHA HEIFETZ, MORTON GOULD); Öffentlichkeit/EL ("publicity situation here is outrageous"; lobt CH für ihre Arbeit zum Pension Fund Concert); Projekte/EL (Aufführung «Sinfonie»/BOHUSLAV MARTINŮ, Bericht über Ankunft/BOHUSLAV MARTINŮ und Empfang, schlechte Öffentlichkeitsarbeit; [CARL J.] VOSBURGH, G[EORGE] H.L. SMITH, [RUDOLPH] RINGWALL, ? SIDLO); Schriften/EL (Artikel für Edward B. Marks Music Co. über "music within the community for their Almanac", vorher abgedruckt "in the Chamber of Commerce magazine"; ? RITTER); Treffen/EL (Abendessen mit ? HIGGINS; [ALFRED] STOESSEL) **R** Musik/EL (Aufgabe der Musik, die Menschen über ihre alltäglichen Sorgen zu erheben)

4798 1943-11-04
Erich Leinsdorf (Cleveland Orchestra, OH) an Constance Hope; TLS, 4 S., engl. **A** Anstellung/EL (Verhältnis zur MET; wird von OLIN DOWNES in der Presse attackiert); Kollegen/EL (GEORGE SZELL, THOMAS BEECHAM); Öffentlichkeit/EL (Fotos zu Werbezwecken); MILLER MCCLINTOCK, ? LANDESMANN, HELEN TRAUBEL); Organisationen (Cleveland Orchestra als "non-profit making organization", zahlreiche Rundfunkaustrahlungen, Sponsoring durch Amer. Federation of Musicians "to bring music to smaller cities by playing in small towns free concerts", ? SIDLO; falsche Darstellungen durch Presse); Projekte/EL (Rundfunkübertragung und Proben «Sinfonie»/BOHUSLAV MARTINŮ; Vergabe von Kompositionsaufträgen, MORTON GOULD, ROY HARRIS; Pop Concert, Public Hall, VLADIMIR HOROWITZ, OSCAR LEVANT, [CARL J.] VOSBURGH); Reise/EL (nach NYC, will dort Fotos mit BOHUSLAV MARTINŮ machen) **R** Musik/EL (sieht seine Aufgabe darin, gute Musik möglichst weit zu verbreiten)

4799 1943-11-16
Erich Leinsdorf an Constance Hope (Constance Hope, Associates, NYC); TLS, 2 S., engl. **A** Aufführung/EL (muss an Stelle von erkranktem Associate Conductor dirigieren); Öffentlichkeit/EL (Kritiken zu seiner Tour; Öffentlichkeitsarbeit/CH und G[EORGE] H.L. SMITH für EL, Mrs. ? HUGHES); Projekte/EL (Konzerte in Mexiko, Verhandlungen)

4800 1943-11-20
Erich Leinsdorf (Cleveland Orchestra, OH) an Constance Hope; TLS, 1 S., engl. **A** Öffentlichkeit/EL (kommentiert negative Kritik im Hinblick auf Beschäftigung an MET; [EDWARD] JOHNSON, EDWARD ZIEGLER)

4801 1943-12-02
Erich Leinsdorf (Cleveland Orchestra, OH) an Constance Hope; TL, 2 S., engl. **A** Vertrag/EL (unsicherer Vertragsabschluss mit MET, unerlaubte Überschneidungen mit der Spielzeit des Cleveland Orchestra, EDWARD JOHNSON; Mr. ? SUGARMANN, Mrs. ? HUGHES, Miss ? LUBAR)

4802 1943-12-12
Erich Leinsdorf (Cleveland Orchestra, OH) an Constance Hope; TLS, 3 S., engl. **A** Öffentlichkeit/EL (Erfolge mit Cleveland Orchestra; Pressebericht/OLIN DOWNES über Recital/LEONARD SHURE); Projekte/EL (anstehende Konzerte und Rundfunkübertragungen); Vertrag/EL (Verhandlungen mit MET, unerlaubte Überschneidungen mit der Spielzeit des Cleveland Orchestra; steht kritisch zur Leitung von «Parsifal»/RICHARD WAGNER wegen Probenzeit)

4803 1943-12-17
Erich Leinsdorf (Cleveland Orchestra, OH) an Constance Hope; TLS, 1 S., engl. **A** Projekte/EL (Plan für Pension Fund Concert); Vertrag/EL (sagt Verhandlungen mit MET ab, weil er wahrscheinlich eingezogen wird)

UNITED STATES DEPARTMENT OF LABOUR
4804 1938-03-26
Byron H. Uhl (US Dept. of Labour, Immigration and Naturalization Service, Ellis Island, NY) an Erich Leinsdorf (NYC); TLS, 1 S., engl. **E** Behörden (Dept. of Labour, Extension Office, Antrag/EL auf Verlängerung des befristeten Aufenthaltes in den USA) **A** Anstellung/EL (an MET)

→ *Brief ähnlichen Inhalts: 1938-04-20*

WALTER, BRUNO
4805 1941-06-12
Bruno Walter (Beverly Hills, CA) an Constance Hope; TLS, 1 S., engl. **A** Aufführung/LOTTE LEHMANN (Rückkehr auf die Opernbühne, Titelrolle in «Fidelio»/LUDWIG VAN BEETHOVEN, stimmliche Risiken)

Daniel Gregory Mason Papers

- Daniel Gregory Mason, 1873-1953, amer. Komponist, Leiter des Music Dept. der Columbia Univ.
- Nachlass (Call No.: Ms Coll Mason) mit Musikmss., Skizzen, Notendrucken, Tonträgern, Korrespondenz (darunter mit Karl Geiringer, Otto Klemperer, Pierre Monteux und Bruno Walter), geschäftlichen Unterlagen, Fotografien u.a.
- Schenkung von Mrs. Daniel Gregory Mason (1954)
- Contents List; Kurzbeschreibung im Online-Katalog (http://www.columbia.edu/cu/lweb/help/clio/archives_manuscripts.html) der Columbia Univ.

SCHRIFTEN

GEIRINGER, KARL

4806 1943-10-31
Karl Geiringer, «Beethoven and Nazidom»; Aufsatz, TD, 1 S., engl.; Artikel in ‹[NY] Herald Tribune› **R** Musik/KG (Vereinnahmung der Musik als Propaganda durch Falschaussagen; Verunglimpfung von Komponisten im "Dritten Reich") **Z** Politik (Beobachtungen zum Umgang mit Musik als Mittel der Politik)
→ *Brief Karl Geiringer 1943-11-11 (Dok. 4807)*

KORRESPONDENZ

GEIRINGER, KARL

4807 1943-11-11
Karl Geiringer (Newton Center, MA) an Daniel Gregory Mason; ALS, 2 S., engl. **A** Aufnahme («String Quartett on Negro Themes»/DGM mit Coolidge Quartet; Diskussion der Aufnahme/KG in Unterrichtsreihe «Masterpieces of the 19th and 20th Centuries»); Schriften/KG («Beethoven and Nazidom» in ‹[NY] Herald Tribune› auf Anregung/DGM)
→ *Aufsatz Karl Geiringer 1943-10-31 (Dok. 4806)*

4808 (1948-04-12)
Karl Geiringer (Boston Univ., College of Music, Boston, MA) an Daniel Gregory Mason; ALS, 1 S., engl. **A** Aufführung («2. Sinfonie»/DGM, positive Bewertung/KG)

4809 (1950)-(12)-?
Karl Geiringer (Newton Center, MA) an Daniel Gregory Mason; ALS, 2 S., engl. **A** Projekte/KG (Veranstaltung der Konzertreihe «Great Music» in Boston, Finanzen; Anfrage an DGM zwecks Vortrag)

KLEMPERER, OTTO

4810 1938-07-30
Otto Klemperer an Daniel Gregory Mason; ALS, 1 S., engl. **A** Projekte/OK (Aufführung der «3. Sinfonie» [«A Lincoln Symphony»]/DGM)

MONTEUX, PIERRE

4811 1948-07-30
Daniel Gregory Mason an Pierre Monteux; TLS (annotiert), 2 S., engl. **A** Aufführung/BRUNO WALTER («2. Sinfonie»/DGM, Bezeichnung als "repertory work"); Projekte/PM (Bitte/DGM um Aufführung seiner «2. Sinfonie») **R** Musik (verschiedene Dirigentengenerationen BRUNO WALTER, LEOPOLD STOKOWSKI, SERGE KOUSSEVITZKY, DIMITRI MITROPOULOS)

WALTER, BRUNO

4812 1934-(06)-02
Bruno Walter (Zürich) an Daniel Gregory Mason; ALS (annotiert), 2 S., engl. **A** Projekte/BW (Aufführung Werke/DGM, «Suite after Engl. Folk-Songs» in NYC; Auftritt bei Salzburger Festspielen); Reise/BW (nach NYC)

4813 1936-11-11
Bruno Walter (Amsterdam) an Daniel Gregory Mason; ALS (annotiert), 4 S., engl./dt. **A** Kollegen/BW (Tod/OSSIP GABRILOWITSCH); Kompositionen/DGM (Arbeit an der «3. Sinfonie» [«A Lincoln Symphony»])

4814 1937-02-04
Bruno Walter (Chantartella, St. Moritz, Schweiz) an Daniel Gregory Mason; ALS, 4 S., engl. **A** Kompositionen/DGM (Arbeit an «3. Sinfonie» [«A Lincoln Symphony»]); Schriften/DGM (Dank/BW für Zusendung eines Artikels über ARTHUR WHITING und WILLIAM MASON; OSSIP GABRILOWITSCH)

4815 1938-04-11
Daniel Gregory Mason an Bruno Walter; TL (Kopie), 2 S., engl. **A** Kompositionen/DGM (Arbeit an «2. Sinfonie»); Schriften/BW («Gustav Mahler», Rezension/LAWRENCE GILMAN); Schriften/DGM (Arbeit an Autobiografie; OSSIP und CLARA GABRILOWITSCH; JOHN POWELL, JOSEF HOFFMAN)

4816 1938-05-01
Bruno Walter (Hotel Royal, Nizza) an Daniel Gregory Mason; ALS (annotiert), 7 S., engl. **E** Verwandte/BW ("I will not complain, since my family is outside the borders of the Reich.") **A** Anstellung/BW (Dirigierangebote aus ganz Europa; Angebot/ARTHUR JUDSON für Konzerte in NYC, Chicago und Pittsburgh abgelehnt; Engagement Hollywood Bowl nicht lohnenswert für zwei Wochen); Kompositionen/DGM (Arbeit an «2. Sinfonie»); Schriften/BW (Bitte um Zusendung eines Artikels/LAWRENCE GILMAN zu «Gustav Mahler»; Plan zu Autobiografie); Schriften/DGM (Arbeiten an Autobiografie) **Z** Kriegsereignisse (politische Situation in Europa, apokalyptische Ereignisse)

4817 1938-05-26
Daniel Gregory Mason an Bruno Walter; TL (Kopie), 1 S., engl. **A** Anstellung/BW (Angebot/[ARTHUR] JUDSON für Engagement in den USA); Reise/DGM (Univ. of Virginia); Schriften/DGM (Arbeit an Autobiografie); Schriften/BW («Gustav Mahler», Rezension/LAWRENCE GILMAN)

4818 1938-11-17
Bruno Walter (Amsterdam) an Daniel Gregory Mason; ALS, 1 S., engl. **E** Emigrationsweg/BW (Übersiedlung in die Schweiz, neue Adresse) **A** Schriften/DGM («Music in my Time», Dank/BW für Zusendung); Treffen/BW (mit DGM in NYC)

4819 1938-12-27
Bruno Walter (Villa Pagnamenta, Lugano) an Daniel Gregory Mason; ALS, 4 S., engl. **A** Projekte/BW (Suche nach "insteresting novelty" für Konzertprogramm; Konzerte in London und Amsterdam); Schriften/DGM («Music in my Time», positive Kritik/BW besonders zur Darstellung von OSSIP GABRILOWITSCH)

4820 1940-06-29
Daniel Gregory Mason (Prides Crossing, MA) an Bruno Walter; TL (Kopie), 1 S., engl. **A** Anstellung/BW (Dirigierverpflichtung für Konzerte in Hollywood Bowl); Projekte/BW (Aufführung der «3. Sinfonie» [«A Lincoln Symphony»]/DGM, Anfrage zu Studienpartitur, frühere Aufführung unter OTTO KLEMPERER) **Z** Kriegsereignisse ("horrid war news")

4821 1940-07-04
Bruno Walter (Beverly Hills, CA) an Daniel Gregory Mason; ALS, 2 S., engl. **A** Anstellung/BW (Gastdirigent [in NYC?]); Projekte/BW (Aufführung der «3. Sinfonie» [«A Lincoln Symphony»]/DGM); Schriften/BW (Arbeit an Buchprojekt) **Z** Kriegsereignisse ("rising floods of evil")

4822 1946-09-17
Bruno Walter (Hotel Sherry Netherland, NYC) an Daniel Gregory Mason (Little Cedards, New Canaan, CO); TLS, 1 S., engl. A Öffentlichkeit/BW (Überraschungserfolg seines "slow book" in "such a fast moving time"); Schriften/BW (Reaktion auf Buchveröffentlichung, Rezension/DGM in «Saturday Review of Literature»)

4823 1947-06-21
Daniel Gregory Mason (New Canaan, CO) an Bruno Walter (Beverly Hills, CA); TLS (Kopie annotiert), 2 S., engl. A Kompositionen/DGM (Umarbeitung der «2. Sinfonie»; Einschätzung der «Suite after Engl. Folk-Songs», Aufführungen/HANS KINDLER, [ALFRED] STOESSEL, OSSIP GABRILOWITSCH, EUGENE GOOSSENS, HOWARD HANSON, FABIEN SEVITZKY, FRITZ REINER, PIERRE MONTEUX, FRITZ MAHLER, FREDERICK STOCK, [KARL] KRUEGER, [RUDOLPH] GANZ; CARL BAMBERGER, DOUGLAS MOORE, [CARL] BRICKEN, YEHUDI MENUHIN, SERGE KOUSSEVITZKY; Bitte/DGM um Aufnahme seiner Werke in Konzertprogramme, Ablehnung/BW)

4824 1949-02-09
Daniel Gregory Mason an Bruno Walter; TL (Kopie), 1 S., engl./dt. A Aufführung/J.M. NIGGL («3. Sinfonie» [«A Lincoln Symphony»]/DGM; Planung für weitere Konzerte mit Werken/DGM); Kompositionen/DGM («Soldiers» für Bariton und Kl., UA an UCLA, zusammen mit «Piano Quartet» und «Serenade» für Streichquartett; weitere geplante Aufführung/MORDECAI BAUMAN, Cleveland)

WORKS PROGRESS ADMINISTRATION

4825 1936-01-22
Bruno David Ussher an Daniel Gregory Mason; TLS, 1 S., engl. A Aufführung/MODEST ALTSCHULER (Komposition/DGM)

Douglas Stuart Moore Papers

- Douglas Stuart Moore, 1893-1969, Komponist, Nachfolger von Daniel Gregory Mason als Leiter des Music Dept. der Columbia Univ.
- Sammlung (Call No.: Ms Coll Moore, D.) mit Musikmss. und Skizzen sowie dienstlicher und privater Korrespondenz, nur wenige Briefe für die Exilforschung von Interesse
- Schenkungen von Mrs. Douglas Moore und Familie (1971 und 1973) sowie von Mrs. Bradford Kelleher und Miss Sarah Moore (1980, 1987 und 1991)
- Finding list online, http://www.columbia.edu/cu/libraries/indiv/rare/guides/Moore,D/

SCHRIFTEN
SCHOENBERG, ARNOLD

4826 (1938-04-16)
Arnold Schoenberg, «Fundamentals of Musical Composition»; Synopsis, TD (Entwurf), 2 S., engl. R Musik/AS (Aufgaben, Ziele und Inhalte des Buchprojekts)
→ Beilage zu Brief 1938-04-16 (Dok. 4829)

KORRESPONDENZ
MENUHIN, YEHUDI

4827 1950-01-24
Yehudi Menuhin (AGMA, Inc., NYC) an Douglas Moore (Columbia Univ., Music Dept., NYC); TLS, 2 S., engl. A Organisationen ("let us join to create a Bartók Memorial", Einladung zu einem Executive Committee, Aufzählung weiterer Teilnehmer)

4828 1950-01-31
Douglas Moore an Yehudi Menuhin (AGMA, Inc., NYC); TL, 1 S., engl. A Organisationen (DM sagt Mitarbeit beim Executive Committee zu)

SCHOENBERG, ARNOLD

4829 1938-04-16
Arnold Schoenberg (LA) an Douglas Moore (Columbia Univ., Dept. of Music, NYC); TLS, 1 S., engl. A Schriften/AS (Arbeit an «Fundamentals of Musical Composition» in Zusammenarbeit mit GERALD STRANG wegen Engl. sowie Kenntnis der Mentalität amer. Lehrer und Studenten; sendet "a general description of what the book should be finally")
→ Beilage (Dok. 4826)

4830 1938-05-27
Arnold Schoenberg (LA) an Douglas Moore (Columbia Univ., Dept. of Music, NYC); TLS, 1 S., engl. A Schriften/AS (Arbeit an «Fundamentals of Musical Composition», räumt Missverständnis von [MAX] ETTINGER aus, Buch ist für talentierte Studenten gedacht, enthält aber auch das, was Anfänger brauchen; Hoffnung auf guten Verkauf; kann noch kein Kapitel senden, will Abschnitt im Skizzenstadium senden, sobald fertig)

Leah Salisbury Papers

- Leah Goldstein Jane Salisbury, 1893-1975, Theateragentin
- Sammlung (Call No.: Ms Coll Salisbury) mit Mss., Korrespondenz, Verträgen und Financial Records; Korrespondenz enthält Briefwechsel mit Kurt Weill

- Schenkungen, 1963-1969
- Finding list online, http://www.columbia.edu/cu/libraries/indiv/rare/guides/Salisbury,L/

KORRESPONDENZ
WEILL, KURT

4831 1943-(12)-02
Leah Salisbury an Kurt Weill; TL (Kopie), 3 S., engl. A Finanzen (Royalties für «One Touch of Venus», Verteilung an [LOUIS] DREYFUS, [AUBREY] BLACKBURN, [CHERYL] CRAWFORD, MOSS HART; Shubert Theatre); Vertrag (Verhandlungen/LS mit London wegen der Rechte für «One Touch of Venus»/KURT WEILL)

4832 1943-12-21
Kurt Weill an Leah Salisbury (NYC); Telegramm, 1 S., engl. A Finanzen/KW (Royalties für «One Touch of Venus», akzeptiert siebeneinhalb Prozent)

4833 1944-01-12
Kurt Weill an Leah Salisbury (NYC); Telegramm (Kopie), 1 S., engl. A Finanzen/KW (für Filmrechte, Verhandlungen mit LOUIS DREYFUS)
↳ Brief ähnlichen Inhalts: 1944-01-14

4834 1944-09-23
Leah Salisbury an Kurt Weill (LA); Telegramm, 1 S., engl. A Kompositionen/KW ("condensed version" von «One Touch of Venus» für "Hall of Fame Radio", kein Geld für Autoren und Produzenten, Projekt umstritten bei den Beteiligten, "do people who read condensed versions in reader's digest buy the books afterwards?")

4835 1945-04-27
Leah Salisbury an Kurt Weill (Bel Air Hotel, LA); TLS, 1 S., engl. A Aufführung (Tournee mit «Lady in the Dark»/KURT WEILL gefährdet, da Sängerin MARY [MARTIN] krank und Ersatz zu riskant); Projekte/KW («Eight Cousins»/[SALLY BENSON]; Lektüre durch [LELAND] HAYWARD, CHERYL [CRAWFORD])

OFFIZIELLE DOKUMENTE
ASCAP

4836 —
Vertrag; TD, 1 S., engl. A Vertrag (Regelung der "small rights" zwischen Manager und ASCAP)

AUTHORS LEAGUE OF AMERICA

4837 1944 bis 1945
Gebührenabrechnungen (TD) der Authors League of America, Inc., für «Lady in the Dark» vom 1944-07-13, 1944-11-24, 1944-12-20, 1944-12-29, 1945-01-10 und 1945-06-06

PICKFORD PRODUCTIONS

4838 1944-10-04
Vertrag; TD, 1 S., engl. A Vertrag (mit Pickford Productions, Verfilmung von «One Touch of Venus»/KURT WEILL)

WEILL, KURT

4839 —
Vertrag; TD, 1 S., engl. A Finanzen (alle Einkünfte zu Händen LEAH SALISBURY, Anteil zehn Prozent); Vertrag/LEAH SALISBURY (mit KURT WEILL)

4840 1944-(01)-(21)
Cheryl Crawford, John J. Wildberg und Kurt Weill, «Dramatic-Musical Production Contract»; Vertrag; TD, 5 S., engl.

4841 1945-05-21
Rechnung; TD, 1 S., engl. A Finanzen/KURT WEILL (Abrechnungen über «One Touch of Venus»-Tournee)

Organization Files of the Spanish Refugee Relief Association

- Organisation zur Unterstützung der Republikaner im Span. Bürgerkrieg
- Sammlung (Call No.: Ms Coll Spanish Refugee) mit Musikmss., offiziellen Berichten, Korrespondenz, Informations- und Dokumentationsmaterial zu den Aktivitäten der Spanish Refugee Relief Ass., des Medical Bureau to Aid Spanish Democracy und des North Amer. Committee to Aid Spanish Democracy
- Schenkung von Herman Reissig, Executive Secretary der Spanish Relief Campaign, 1942, sowie der Veterans of the Abraham Lincoln Brigade, 1979
- Contents list; Kurzbeschreibung im Online-Katalog (http://www.columbia.edu/cu/lweb/help/clio/archives_manuscripts.html) der Columbia Univ.

MUSIKMANUSKRIPTE
JORDAN, HENRY

4842 [1939]
«Spain Marches!» für Gesang und Kl.; Partitur, Kopie (annotiert), 3 S.

KRAUS, MILTON K.

4843 [1939]
«Spain Marches!» für Orchester; Partitur, Autograph (annotiert), 3 S.

SCHRIFTEN

CASALS, PABLO

4844 (1939)-[04]-?
Pablo Casals, «A Message from Catalan Intellectuals in Exile to their Friends in the US»; Memorandum, TD (Kopie annotiert), 1 S., engl. Z Kriegsereignisse (Zerstörung der kulturellen Errungenschaften des katalanischen Volkes, Emigration von Künstlern und Wissenschaftlern; Aufruf zur Hilfe)

MUSICIANS' COMMITTEE TO AID SPANISH DEMOCRACY

4845 (1939)
«These Americans Say: "Lift the Embargo Against Republican Spain"»; Broschüre, PD, 19 S., engl. Z Kriegsereignisse (Aktion zur Aufhebung des Embargos gegen republikanisches Spanien, Broschüre mit Statements prominenter Amerikaner, darunter HENRY L. STIMSON, DOROTHY THOMPSON, FRANCIS M. SHEA, STANLEY M. ISAACS, STEPHEN DUGGAN, JOHN DEWEY, UPTON SINCLAIR, LEWIS MUMFORD, WILLIAM E. DODD, HENRY PRATT FAIRCHILD, CHARLES BEARD, CHARLES J. HENDLEY)

→ Beilage zu: Pressemitteilung (Dok. 4869)

KORRESPONDENZ

CASALS, PABLO

4846 1937-12-27
Pablo Casals ([Paris]) an Jules Yanover (Musicians' Committee to Aid Spanish Democracy, NYC); ALS, 2 S., frz. R Kulturpolitik/PC (Pflege von Kunst und Kultur auf der Seite der "Nationalisten" und auf der Seite des Republikanischen Spanien, kündigt "envoi" an)

4847 1939-02-18
Pablo Casals an Herman Reissig (NYC); Telegramm, 1 S., frz. A Aufführung/PC (Absage von Konzerten wegen persönlicher Betroffenheit durch Situation in Spanien)

4848 1939-05-04
Pablo Casals an Herman Reissig (NYC); ALS, 2 S., frz. A Projekte/PC (fragt, ob HR "Communiqué des intellectuels Catalanes" von Dr. PI SUNYER erhalten hat, Bitte um Verbesserung des Engl.)

EISLER, HANNS

4849 1938-10-19
Leopold Godowsky an Hanns Eisler; TL (Kopie), 1 S., engl. A Projekte/HE (Aufführung in Benefizkonzert, New School for Social Research)

4850 1938-10-21
Hanns Eisler (NYC) an Leopold Godowsky (Musicians' Committee, NYC); TLS, 1 S., engl. A Projekte/HE (Teilnahme an "concert of modern composers to aid the Spanish cause", New School for Social Research, Frage nach Art der einzureichenden Komposition)

4851 1938-10-26
Myrtle Day an Hanns Eisler (NYC); TL (Kopie), 1 S., engl. A Projekte/HE (Teilnahme an Benefizkonzert, New School for Social Research, Frage nach Art der einzureichenden Komposition; Budapest String Quartet; LEOPOLD GODOWSKY)

KOLISCH, RUDOLF

4852 1937-06-12
M. Kaye (Committee for Aid to the Spanish Republic) an Rudolf Kolisch; TLS, 1 S., engl. E Hilfe/RK (Unterstützung der Arbeit/Musicians' Committee to Aid Spanish Democracy als Honorary Sponsor)

LEICHTENTRITT, HUGO

4853 1937-06-12
Hugo Leichtentritt (Cambridge, MA) an ? (Musicians' Committee to Aid Spanish Democracy, NYC); ALS, 1 S., engl. E Hilfe/HL (Unterstützung der Arbeit/Musicians' Committee to Aid Spanisch Democracy als Honorary Sponsor)

4854 [1939]-?-?
Hugo Leichtentritt (Musicians' Committee to Aid Spanish Democracy, NYC) an Franklin D. Roosevelt (President of the US, Washington, DC); TLS, 1 S., engl. E Hilfsorganisationen (Unterschrift/HL unter Aufruf/Musicians' Committee to Aid Spanish Democracy zur Aufhebung des Embargos gegen republikanisches Spanien)

LEINSDORF, ERICH

4855 1938-11-25
Myrtle Day an Erich Leinsdorf (Hotel Astor, NYC); TL (Kopie), 1 S., engl. E Hilfsorganisationen (Musicians' Committee to Aid Spanish Democracy, Danksagung/MD für Unterstützung/EL, hat ELI LIFSCHEY empfangen)

MUSICIANS' COMMITTEE TO AID SPANISH DEMOCRACY

4856 (1938)-02-07
Jules Yanover (Musicians' Committee to Aid Spanish Democracy, NYC), Rundschreiben an die Sponsoren; TLS, 1 S., engl. A Aufführung («The Cradle Will Rock»/MARC BLITZSTEIN als Benefizveranstaltung/Musicians' Committee to Aid Spanish Democracy; Karten für Sponsoren)

4857 (1940)-[02]-?
? [Musicians' Committee to Aid Spanish Democracy, NYC], Rundschreiben an die Sponsoren; TL (Entwurf), 1 S., engl. A Aufführung (Benefizveranstaltung, Film «The Spanish Earth»/JORIS IVENS mit Musik/HANNS EISLER, Eintrittskarten für Sponsoren)

ORMANDY, EUGENE

4858 1937-12-02
Eugene Ormandy an Jules Yanover (Musicians' Committee to Aid Spanish Democracy, NYC); TLS, 1 S., engl. E Hilfsorganisationen (Ablehnung/EO einer Unterstützung für Musicians' Committee to Aid Spanish Democracy, als Künstler Distanz zur Politik)

4859 1939-02-02
Eugene Ormandy an Wallingford Riegger (Musicians' Committeee to Aid Spanish Democracy, NYC); TLS, 1 S., engl. A Projekte/EO (Einladung/PABLO CASALS durch ihn hat sich erübrigt, da durch Manager der Philadelphia Orchestra Ass. bereits geschehen)

SCHNABEL, ARTUR

4860 1938-04-28
Artur Schnabel (The Ambassador, NYC) an Samuel Chot-

zinoff; ALS, 2 S., engl. **A** Aufführung (Einladung/SC zu Veranstaltung zugunsten Spaniens, Absage/AS wegen Abwesenheit) **R** Gesellschaft/AS (Einsatz für Frieden und "quality of art" dauerhaft notwendig, da "Fascism or any politics are not the only perils threatening it")

SCHOENBERG, ARNOLD

4861 [1937]-?-?
Arnold Schoenberg an ? (Musicians' Committee to Aid Spanish Democracy, NYC); Telegramm, 1 S., engl. **E** Hilfe/AS (keine Unterstützung der Arbeit/Musicians' Committee to Aid Spanish Democracy, da kein amer. Staatsbürger)

SHULMAN, ALAN

4862 1939-01-05
Myrtle Day (Musicians' Committee to Aid Spanish Democracy, NYC) an Alan Shulman (Brooklyn, NY); TLS (annotiert), 1 S., engl. **A** Aufführung (Benefizkonzert mit Mischakoff String Quartet zugunsten von "our child refugee relief work", veranstaltet/Musicians' Committee to Aid Spanish Democracy; Eintrittskarten für Sponsoren)

STIEDRY, FRITZ

4863 1939-01-24
Fritz Stiedry (NYC) an Wallingford Riegger (Musicians' Committee to Aid Spanish Democracy, NYC); TLS, 1 S., engl. **A** Kollegen/FS (unterzeichnet Telegramm mit Einladung/PABLO CASALS)

THEATRE COMMITTEE FOR AID TO SPANISH DEMOCRACY

4864 1937-04-03
Theatre Committee (NYC), Rundschreiben; PD, 1 S., engl. **E** Hilfsorganisationen (Gründung des Theatre Committee for Aid to Spanish Democracy, geplante Aktivitäten; Statements/LOUIS FISCHER, ERNESTINA GONZALES-FLEISCHMAN, JAMES WATERMAN WISE, WILLIAM LEIDER, JOHN T. BERNARD)

4865 1937-05-19
Hester Sondergaard (Theatre Committee for Aid to Spanish Democracy, NYC), Rundschreiben; TLS, 2 S., engl. **E** Finanzen (Veranstaltungserlöse; "after-the-theatre rally", PHILIP MERIVALE, JAMES WATERMAN WISE, ERNESTINA GONZALES-FLEISCHMAN, DAVID MACKENZIE, WILLIAM LEIDER, BEN LEIDER; "Actor's party" mit BENNY GOODMAN; den "members of the «Eternal Road» company", SAM JAFFE, LOTTE LENYA, FRANCESCO VON MENDELSSOHN); Hilfe/Theatre Committee (Unterstützung "by raising money and giving our professional services", North Amer. Committee, Committees for Medical and Technical Aid; Öffentlichkeitsarbeit mit Informationen über Situation in Spanien) **A** Projekte/Theatre Committee (Pläne für weitere Benefiz-Veranstaltungen; Vortrag/JORIS IVENS über seinen Dokumentarfilm «The Spanish Earth»; zweite "after-the-theatre rally", PEDRO VILLA FERNANDEZ, GIROLAMO VALENTINI, MARTHA GELLHORN, HAROLD MOFFET; WALTER HAMPDEN, PEDRO DE CORDOBA)

WEILL, KURT

4866 1938-11-03 bis 1939-05-18
3 Briefe an Musicians' Committee to Aid Spanish Democracy (1938-11-03, 1939-01-26 und 1939-05-18) mit eher marginalem Inhalt

4867 [1939]-?-?
Kurt Weill (Musicians' Committee to Aid Spanish Democracy, NYC) an Franklin D. Roosevelt (President of the US, Washington, DC); TLS, 1 S., engl. **E** Hilfsorganisationen (Unterschrift/KW unter Aufruf/Musicians' Committee to Aid Spanish Democracy zur Aufhebung des Embargos gegen republikanisches Spanien)

MATERIAL ZUR BIOGRAFIE
MUSICIANS' COMMITTEE TO AID SPANISH DEMOCRACY

4868 —
«The Musicians' Committee to Aid Spanish Democracy Presents the Perole String Quartet»; Programmheft; TD, 1 S., engl. **A** Aufführung (Benefizkonzert/Musicians' Committee to Aid Spanish Democracy, Mitwirkende EMANUEL STEUERMANN, SIMEON BELLISON und Perole String Quartet mit JOSEPH COLEMAN, DAVID MANKOVITZ, LILIAN FUCHS, ERNST SILBERSTEIN)

4869 [1939]
Mrs. H.H.A Beach, John Alden Carpenter, Aaron Copland, Elizabeth Sprague Coolidge, Olin Downes, Daniel Gregory Mason, Wallingford Riegger und Efrem Zimbalist; Pressemitteilung; TDS, 1 S., engl. **E** Hilfsorganisationen (Aufruf/Musicians' Committee to Aid Spanish Democracy zur Aufhebung des Embargos gegen republikanisches Spanien; Lawyer Committee on Amer. Relations with Spain; PABLO CASALS) **Z** Kriegsereignisse (Embargo gegen republikanisches Spanien; ADOLF HITLER, BENITO MUSSOLINI)

→ *Mit Beilage: Broschüre (Dok. 4845)*

4870 1940-02-19
«Musicians' Luncheon»; Aktennotiz; TD, 5 S., engl. **A** Aufführung (Film «The Spanish Earth»/JORIS IVENS mit Musik/HANNS EISLER, Review Theatre, Teilnehmerliste für Benefizveranstaltung)

PITTALUGA, GUSTAVO

4871 (1937)-10-(22)
Gustavo Pittaluga; Lebenslauf; TD, 4 S., engl. **A** Biografie/GP (Ausbildung und Werdegang); Kompositionen/GP (Werkverzeichnis)

REFUGEE ARTISTS GROUP

4872 [1939]
«Refugee Artists Group: Aims and Purpose of the Refugee Artists Theatre»; Pressemitteilung; PD, 4 S., engl.

Samuel and Bella Spewack Papers

- Samuel Spewack, 1899-1971, und Bella Cohen Spewack, 1899-1990, Autoren von Theaterstücken, Musicals, Erzählungen, Kurzgeschichten und Artikeln, 1922-1926 tätig als Auslandskorrespondenten in Europa und Russland für ‹NY World› und ‹NY Herald Tribune›

- Mss., Drehbücher, Dokumente, Verträge, Fotografien, Korrespondenz u.a. mit Schriftstellern und Schauspielern, nur wenige Briefe von Kurt Weill sind für die Exilforschung von Interesse (Call No.: Ms Coll Spewack)
- Nachlass von Bella C. Spewack, 1990
- Vgl. Kurt Weill Foundation for Music, Weill-Lenya Research Center (S. 197f.)
- Finding list online, http://www.columbia.edu/cu/libraries/indiv/rare/guides/Spewack/

KORRESPONDENZ

WEILL, KURT

4873   1937-04-30
Kurt Weill (Hollywood, CA) an Samuel und Bella Spewack; TLS, 2 S., engl. A Projekte/KW (Film mit [FRITZ] LANG, Zusammenarbeit mit YIP [HARBURG], «My Little Home in Heidelberg», «Tomorrow is Forever», «Five Minutes of Spring», «Midsummernight in Manhattan» "with very good opportunity of using some Mendelssohns (or other persecuted) music")

4874   1937-06-17
Kurt Weill (Santa Monica, CA) an Samuel und Bella Spewack; TLS, 1 S., engl. E Integration/KW ("I am sick and tired of Hollywood") A Kompositionen/KW (hat zwei von vier Songs komponiert; Probleme mit Songwritern)

4875   1938-02-24
Kurt Weill (NYC) an Samuel und Bella Spewack; TLS, 1 S., engl. A Projekte/KW ("working very hard for my Railroad show"; kein «David Crockett» in dieser Spielzeit, aber möglicherweise im Herbst mit [MEREDITH] BURGESS)

4876   1938-03-03
Kurt Weill (NYC) an Samuel und Bella Spewack; TLS, 2 S., engl. A Projekt/KW (Zusammenarbeit mit YIP [HARBURG]; Vereinbarung mit MEREDITH BURGESS über gemeinsame Show)

W.W. Norton & Company Records

- W.W. Norton & Co., wissenschaftlicher Buchverlag, 1923 von William Warder Norton gegründet
- Geschäftskorrespondenz (Call No.: Ms Coll Norton) mit Autoren wie Paul Bekker, Manfred Bukofzer, Hans Theodore David, Frederick Dorian, Alfred Einstein, Karl Geiringer, Herbert Graf, Max Graf, Ernst Krenek, Paul Nettl, Curt Sachs, Arnold Schoenberg, Paul Stefan und Bruno Walter sowie Material zu diversen Publikationen (Inhaltsverzeichnisse, Konzepte u.a.)
- Geschenk des Verlages, 1967
- Briefwechsel mit Schoenberg in der Datenbank des Arnold Schoenberg Center Wien einsehbar (http://www.schoenberg.at/)
- Contents List; Kurzbeschreibung im Online-Katalog (http://www.columbia.edu/cu/lweb/help/clio/archives_manuscripts.html) der Columbia Univ.
- W.W. Norton & Company, http://www.wwnorton.com/ (Stand: August 2004)

SCHRIFTEN

BEKKER, PAUL

4877   (1936)
«Foreword» [zu «The Story of the Orchestra»]; Buch, TD (Entwurf), 3 S., engl.

4878   (1936-04-12)
«Contents» [zu «The Story of the Orchestra»]; Buch, TD (Entwurf), 1 S., engl.

4879   (1936-09-07)
«Foreword» [zu «The Story of the Orchestra»]; Buch, TD (Entwurf), 2 S., engl.

→ Beilage zu: Brief Paul Bekker an William W. Norton 1936-09-07 (Dok. 4899)

BUKOFZER, MANFRED

4880   (1944)-[05]-?
«Baroque Music. From Monteverdi to Bach and Handel»; Synopsis, TD, 3 S., engl.

DORIAN, FREDERICK [DEUTSCH, FRIEDRICH]

4881   (1943-07-28)
«Symphony and Score or: History of the Symphony»; Synopsis, TD/AD, 15 S., engl.

EINSTEIN, ALFRED

4882   (1943)-(03)-?
«Die Zeit der Romantik in der Musik»; Synopsis, TD, 2 S., dt.

4883   (1943)-(03)-?
«The Romantic Era in Music»; Synopsis, TD (annotiert), 2 S., engl.

GEIRINGER, KARL

4884 (1943)
«Joseph Haydn. His Life and Work»; Synopsis, TD, 3 S., engl.
➻ Beilage zu: Brief Karl Geiringer an William W. Norton 1943-11-21 (Dok. 4912)

KRENEK, ERNST

4885 (1938)
[Inhaltsverzeichnis zu] «Music Here and Now»; Buch, TD (Entwurf), 3 S., engl.
➻ Beilage zu: Brief Ernst Krenek an William W. Norton 1938-11-03 (Dok. 4933)

4886 (1938)
«Outline of a Popular Book on Music by Ernst Krenek»; Synopsis, TD (annotiert), 2 S., engl.
➻ Beilage zu: Brief Ernst Krenek an William W. Norton 1936-11-03 (Dokument 4933)

4887 (1939)-(05)-?
«MUSIC TODAY by Ernst Krenek, translated by Barthold Fles»; Synopsis, TD (annotiert), 2 S., engl.
➻ Beilage zu Brief Brief Ernst Krenek an William W. Norton 1936-11-03 (Dok. 4933)

MENDEL, ARTHUR

4888 1941-11-08
Arthur Mendel und Hans Theodore David, «Bach Reader. Tentative Table of Contents» und «Synopsis»; Synopsis, TD, 6 S., engl.
➻ Beilage zu Brief Arthur Mendel an William W. Norton 1941-11-08 (Dok. 4841)

NETTL, PAUL

4889 (1940)-(07)-?
«Mozart. His Life and his Time»; Synopsis, TD (Entwurf), 2 S., engl.

SACHS, CURT

4890 (1944-09-29)
[Inhaltsverzeichnis zu] «The Commonwealth of Art»; Buch, TD, 6 S., engl.

SCHOENBERG, ARNOLD

4891 (1948)-(01)-?
«Table of Contents» [zu «Structural Functions of the Harmony»]; Buch, TD, 3 S., engl.
➻ Beilage zu: Brief Arnold Schoenberg an William W. Norton 1948-01-28 (Dok. 4965)

4892 (1948)-(03)-?
«Acknowledgement – A Preliminary Outline»; Synopsis, TD, 2 S., engl.
➻ Beilage zu: Brief Arnold Schoenberg an William W. Norton 1948-03-28 (Dok. 4968)

KORRESPONDENZ

ALLEN, WARREN D.

4893 1943-06-08
Warren D. Allen (Stanford Univ., Division of Music, Stanford, CA) an William W. Norton (NYC); TLS, 1 S., engl. A Schriften/WA («Music and Soc.» mit Einleitungskapitel «Our Marching Civilization», Auszüge mit Kritik an Theorie/ARNOLD SCHOENBERG und «Music Here and Now»/ERNST KRENEK)

ASSOCIATED MUSIC PUBLISHERS

4894 1942-08-14
William W. Norton an Ernest R. Voigt (AMP, Inc., NYC); TL (Kopie), 1 S., engl. A Projekte/HERTER NORTON (engl. Übersetzung der Gedichte/RAINER MARIA RILKE für «Das Marienleben»/PAUL HINDEMITH, Veröffentlichung bei AMP; Finanzen)

BEKKER, PAUL

4895 1936-03-16
William W. Norton an Paul Bekker (NYC); TL (Kopie), engl. E Integration/PB ("let me congratulate you on being formally expatriated by a government which it is a good thing for every artist to be freed from", USA als "country of adoption") A Öffentlichkeit/PB (gute Kritiken zu Buchveröffentlichung bei W.W. Norton & Co.); Projekte/PB (Buch über das Orchester)

4896 1936-05-26
William W. Norton an Paul Bekker; TL (Kopie), 2 S., engl. A Schriften/PB («The Story of the Orchestra», Kritik/WN an Sprache, [OLIVER] STRUNK, ROY HARRIS, ALFRED ROSENFELD, HERTER NORTON); Vertrag (Publikation von «The Story of the Orchestra»/PB bei W.W. Norton & Co.; Finanzen)

4897 1936-06-03
Paul Bekker an William W. Norton; ALS, 2 S., engl. E Finanzen/PB (Einbehaltung der Tantiemen durch Hitler-Regime) A Projekte/PB (dt. Ausgabe von «The Story of the Orchestra» wegen Situation in Deutschland unmöglich; mangelndes verlegerisches Interesse in der Schweiz und den Niederlanden; Verlag Payot)

4898 1936-06-21
Paul Bekker an William W. Norton; ALS, 2 S., engl. A Schriften/PB («The Story of the Orchestra», Fertigstellung und Register); Treffen/PB (mit HERTER NORTON zur Besprechung der Übersetzung von «The Story of the Orchestra»)

4899 1936-09-07
Paul Bekker an William W. Norton; ALS (annotiert), 2 S., engl. E Integration/PB ("Mrs. Bekker and I myself are very glad to be again in U.S.A. and escaped from the insane Europe.") A Schriften/PB («The Story of the Orchestra», Fertigstellung und Korrekturen, Vorwort)
➻ Beilage (Dok. 4879)

BUKOFZER, MANFRED

4900 1944-03-21
William W. Norton (Dept. of Music, UCB, CA) an Manfred Bukofzer; TL (Kopie), 1 S., engl. A Projekte/MB («Music in the Baroque Era», Veröffentlichung bei W.W. Norton & Co., Entwurf für PAUL HENRY LANG; ALFRED EINSTEIN); Treffen/WN (mit MB auf musikwissenschaftlichem Kongress)

4901 1944-05-02
Manfred Bukofzer (NYC) an William W. Norton (UCB,

Dept. of Music, Berkeley, CA); TLS (annotiert), 2 S., engl. A Projekte/MB («Music in the Baroque Era», Reaktion und Lob/WN; Umfang, voraussichtliche Fertigstellung; sprachliche Korrekturen im Manuskript, EDWARD LAWTON)

4902   1944-09-01
Manfred Bukofzer (UCB, Dept. of Music, Berkeley, CA) an William W. Norton (NYC); TLS, 1 S., engl. E Einbürgerung/MB ("I am just now in the process of being naturalized, and by the time the book will come up for copyright I shall be a US citizen.") A Projekte/MB («Music in the Baroque Era»)

DAVID, HANS THEODORE

4903   1940-08-15
Hans Theodore David (NYC) an William W. Norton (NYC); TLS, 5 S., engl. A Editionen/HTD («Musikalisches Opfer»/JOHANN SEBASTIAN BACH; Sammlung «The Art of Polyphonic Song» für Verlag Schirmer); Projekte/HTD (Buch zur Geschichte der Sinfonie für W.W. Norton & Co.; Buch zur musikalischen Formenlehre als Hilfe für Studenten) R Musik/HTD (Funktion der Form)

↳ Brief ähnlichen Inhalts: 1940-09-24

4904   1944-01-01
Hans Theodore David (Piermont, NY) an William W. Norton (NYC); TLS, 1 S., engl. A Anstellung/HTD (Seminare zur Renaissance- und Barockmusik, NY Univ.); Editionen/HTD («Musikalisches Opfer»/JOHANN SEBASTIAN BACH, separate Publikation der Einleitung; [CARL?] ENGEL; Verlag Schirmer); Projekte/HTD und ARTHUR MENDEL (Arbeit an «Bach Reader», Redaktionsschluss; Buch zur Geschichte der Barockmusik, CURT SACHS; Buch zur Geschichte der Sinfonie)

DORIAN, FREDERICK [DEUTSCH, FRIEDRICH]

4905   1943-06-11
Frederick Dorian (Pittsburgh, PA) an William W. Norton; TLS, 1 S., engl. A Anstellung/FD (Carnegie Institute of Technology, Music Dept., Pittsburgh; Kurse in Partiturkunde und Interpretation, Studium der Sinfonie); Projekte/FD (Arbeit an Buch über die Sinfonie, Veröffentlichung bei W.W. Norton & Co.); Treffen/FD (mit PAUL HENRY LANG)

4906   1943-09-09
Frederick Dorian (Pittsburgh, PA) an William W. Norton (NYC); TLS (annotiert), 1 S., engl. A Projekte/FD («Symphony and Score or: History of the Symphony», neue Konzeption; Verbesserungsvorschläge/PAUL HENRY LANG)

↳ Brief ähnlichen Inhalts: 1943-08-05

4907   1943-11-09
William W. Norton an Frederick Dorian (Pittsburgh, PA); TL (Kopie annotiert), 2 S., engl. A Projekte/FD («Symphony and Score or: History of the Symphony», Ablehnung der Veröffentlichung durch W.W. Norton & Co., Verlagspolitik und Finanzen)

4908   1943-11-21
Frederick Dorian (Pittsburgh, PA) an William W. Norton; TLS, 3 S., engl. A Projekte/FD («Symphony and Score or: History of the Symphony», Ablehnung der Veröffentli-

chung durch W.W. Norton & Co., Verlagspolitik und Finanzen; Praxiserfahrung/FD; PAUL HENRY LANG); Schriften/FD (Dissertation «The Fugues in the Works of Beethoven»; GUIDO ADLER)

EINSTEIN, ALFRED

4909   1943-02-04
Paul Henry Lang an Alfred Einstein (Dept. of Music, Northampton, MA); TL (Kopie), 1 S., engl. A Projekte/AE («Music in the Romantic Era» für W.W. Norton & Co.); Treffen/PHL (mit AE); Veröffentlichung («Music in the Middle Ages»/GUSTAVE REESE bei W.W. Norton & Co.; Buch über Musik der Antike/CURT SACHS)

4910   1943-03-22
William W. Norton an Alfred Einstein (Northampton, MA); TL (Kopie), 1 S., engl. A Vertrag (Publikation von «Music in the Romantic Era»/AE bei W.W. Norton & Co., Bedingungen; Übersetzung, Verlag Dent)

4911   1943-11-24
Alfred Einstein (Northampton, MA) an William W. Norton (W.W. Norton & Co., NYC); TLS, 1 S., engl. A Projekte/AE («Music in the Romantic Era», Übersetzung/ARTHUR MENDEL nicht möglich, AMP; [HAROLD?] MANHEIM, "Schikkelgruber" [ADOLF HITLER]); Schriften/AE («The Italian Madrigal»; Aufsatz in ‹Musical Quarterly›, Übersetzung/ WILLIS WAGNER; «Mozart», Übersetzung/NATHAN BRODER und ARTHUR MENDEL, Verlag Schirmer)

GEIRINGER, KARL

4912   1943-11-21
Karl Geiringer (Boston Univ., College of Music, Boston, MA) an William W. Norton (W.W. Norton & Co., NYC); TLS, 1 S., engl. A Öffentlichkeit/KG (positive Kritiken zu «Johannes Brahms. His Life and Work» und «Musical Instruments»); Projekte/KG (neue Biografie zu JOSEPH HAYDN bei W.W. Norton & Co.); Schriften/KG («Joseph Haydn. His Life and Work» bei Allen & Unwin)

↳ Beilage (Dok. 4884)

4913   1943-12-18
Karl Geiringer (Boston Univ., College of Music, Boston, MA) an William W. Norton (W.W. Norton & Co., NYC); TLS, 1 S., engl. A Treffen/KG (mit WN in NYC); Vortrag/ KG (bei AMS, NYC)

4914   1944-03-04
Karl Geiringer (Boston Univ., College of Music, Boston, MA) an William W. Norton (W.W. Norton & Co., NYC); TLS, 2 S., engl. A Finanzen/KG (Professur mit niedrigem Lohn, zusätzliche Unterrichtstätigkeit; Vorschuss für «Life of Haydn»); Veröffentlichung («Life of Haydn»/KG bei W.W. Norton & Co.; Zeitrahmen, Copyright, Vertrag, Finanzen)

↳ Brief ähnlichen Inhalts: 1944-02-25

4915   1944-03-13
Karl Geiringer (Boston Univ. College of Music, Boston, MA) an William W. Norton (W.W. Norton & Co., NYC); TLS, 1 S., engl. A Vertrag (Publikation von «Life of Haydn»/KG bei W.W. Norton & Co.; Finanzen, Inflations-

ausgleich) Z Kriegsereignisse (Kriegsbeginn, Inflation in England)

4916 1944-05-11
Karl Geiringer (Boston Univ., College of Music, Boston, MA) an William W. Norton (W.W. Norton & Co., NYC); TLS, 2 S., engl. **A** Veröffentlichung («Life of Haydn»/KG bei W.W. Norton & Co., Zeitplan; Telegramm an Verlag Allen & Unwin) Z Kriegsereignisse (Postauslieferung in England, "special restrictions and the censorship before the invasion")

4917 1944-06-10
Karl Geiringer (Boston Univ., College of Music, Boston, MA) an William W. Norton (W.W. Norton & Co., NYC); TLS, 1 S., engl. **E** Einbürgerung (tsch. Staatsbürgerschaft; "next month however I will apply for my second papers of naturalization") **A** Treffen/KG (mit WN in NYC); Vertrag (Publikation von «Life of Haydn»/KG bei W.W. Norton & Co., Finanzen)

4918 1944-06-27
Karl Geiringer (Boston Univ., College of Music, Boston, MA) an William W. Norton (NYC); ALS, 1 S., engl. **A** Empfehlung/KG (für FRANZ KLEIN an WN); Öffentlichkeit/FRANZ KLEIN (exzellenter Journalist, positive Kritiken/WALTER LIPPMANN und ANNE O'HARE MCCORMICK); Schriften/FRANZ KLEIN («Der Griff nach Österreich»)

4919 1944-09-09
Karl Geiringer (Boston Univ., College of Music, Boston, MA) an William W. Norton (NYC); TLS, 2 S., engl. **A** Projekte/KG («Life of Haydn», konzeptionelle Änderungen); Treffen/KG (mit H.A. OVERSTREET; W.W. Norton & Co.)

→ *Brief ähnlichen Inhalts: 1944-09-09*

4920 1945-01-15
Karl Geiringer (Boston Univ., College of Music, Boston, MA) an William W. Norton (W.W. Norton & Co., NYC); TLS, 1 S., engl. **A** Empfehlung/KG (für BERRIAN SHUTE an WN); Projekte/KG (Arbeit an «Life of Haydn», Sprachkorrekturen); Projekte/BERRIAN SHUTE ("textbook on Music Appreciation"); Treffen/BERRIAN SHUTE (mit WN in NYC)

4921 1945-01-17
William W. Norton an Karl Geiringer (Boston Univ., College of Music, Boston, MA); TL (Kopie), 1 S., engl. **A** Treffen/BERRIAN SHUTE (mit WN in NYC); Veröffentlichung («Life of Haydn»/KG bei W.W. Norton & Co., Verschiebung wegen Papierknappheit, Vertrag)

4922 1945-05-30
Karl Geiringer (Boston Univ., College of Music, Boston, MA) an William W. Norton (W.W. Norton & Co., NYC); TLS, 1 S., engl. **A** Projekte/KG (Arbeit an «Life of Haydn», Zeitplan; Vortrag/KG ("Lowell lectures" über JOSEPH HAYDN, Boston Public Library)

GRAF, HERBERT

4923 1939-06-05
William W. Norton an Herbert Brodsky (NYC); TL (Kopie), 2 S., engl. **A** Projekte/HG (Buch über die Oper, Konzeption; Kritik/WN an Titel und Sprache; Vertrag)

4924 1940-05-07
William W. Norton an Herbert Graf (NYC); TL (Kopie), 1 S., engl. **A** Finanzen/HG (Sendung Scheck); Projekte/HG («Opera – Yesterday, Today and Tomorrow», Kritik/WN, ? FARLOW; Übersetzung des Vorworts/HERTER NORTON)

GRAF, MAX

4925 1943-05-05
Max Graf (Bedford, NY) an William W. Norton (W.W. Norton & Co., NYC); TLS, 1 S., engl. **A** Anstellung/MG (New School for Social Research, Vorträge über Musikkritik); Projekte/MG (Buch zur Geschichte der Musikkritik auf Anregung/OLIN DOWNES, Skizze)

→ *Brief ähnlichen Inhalts: 1940-04-30*

4926 1943-08-02
William W. Norton an Max Graf (Bedford, NY); TL (Kopie), 1 S., engl. **A** Projekte/MG (Buch zur Geschichte der Musikkritik, Probleme); Treffen/MG (mit WN in NYC)

→ *Brief ähnlichen Inhalts: 1940-06-29*

4927 1943-08-21
Max Graf (Bedford, NY) an William W. Norton (NYC); TLS, 1 S., engl. **A** Finanzen/MG (Bitte um Honorar nach Abgabe des Manuskripts, Tantiemen); Projekte/MG (Buch zur Geschichte der Musikkritik, Veröffentlichung bei W.W. Norton & Co.; Finanzen für Übersetzung, Miss ? STILLER, vertragliche Vereinbarungen)

→ *Brief ähnlichen Inhalts: 1943-08-27*

4928 1943-10-11
William W. Norton an Max Graf (Bedford, NY); TL (Kopie), 1 S., engl. **A** Projekte/MG (Buch zu Geschichte der Musikkritik, unzulängliche Probeübersetzungen/Miss ? STILLER und Mrs. ? MARTIN, Ablehnung durch W.W. Norton & Co.)

→ *Brief ähnlichen Inhalts: 1940-09-03*

4929 1943-10-29
William W. Norton an Max Graf (Bedford, NY); TL (Kopie), 1 S., engl. **A** Projekte/MG (Buch zur Geschichte der Musikkritik, Probeübersetzung/HUGH L. SMITH, Finanzen und Honorar für Übersetzer; PAUL HENRY LANG)

4930 1943-11-27
Max Graf (Bedford, NY) an William W. Norton (W.W. Norton Publishers, NYC); TLS, 1 S., engl. **A** Empfehlung/MG (für HERBERT PEYSER an W.W. Norton & Co. als Übersetzer, langjähriger Korrespondent für ‹NY Times›); Projekte/MG (Buch zur Geschichte der Musikkritik, Übersetzung, HERBERT PEYSER; Miss ? STILLER)

4931 (1944)-02-19
Max Graf (NYC) an William W. Norton (W.W. Norton Publishers, NYC); ALS (annotiert), 1 S., engl. **A** Projekte/MG (Buch zur Geschichte der Musikkritik, Vertrag, Manuskript, Änderung der Konzeption; OLIN DOWNES, PHILIP HALE, JAMES HEINECKER, SERGE KOUSSEVITZKY)

4932 1944-04-18
William W. Norton an Max Graf (NYC); TL (Kopie), 1 S., engl. **A** Veröffentlichung (Buch zur Geschichte der Musikkritik/MG bei W.W. Norton & Co., Titelwahl «Composer and Critic. An Historical View of Musical Criticism»)

165

KRENEK, ERNST

4933   1938-11-03
Barthold Fles (NYC) an William W. Norton (NYC); TLS (annotiert), 1 S., engl. **A** Anstellung/ERNST KRENEK (am Konservatorium Boston, Vortragstätigkeit); Öffentlichkeit/ ERNST KRENEK (Lob/BF, "Krenek knows his stuff; but he also knows how to write."); Projekte/ERNST KRENEK ("proposed Popular Book on Music", Entwurf und Kapitel zur Ansicht); Treffen/ERNST KRENEK (mit WN in NYC)

↪ *Beilagen: Schriften (Dok. 4885-4887) und Material zur Biografie (Dok. 4993)*

4934   1939-01-14
Ernst Krenek (Capitol Park Hotel, Washington, DC) an William W. Norton; TLS, 1 S., engl. **A** Reise/EK (Chicago und Westküste); Veröffentlichung («Music Here and Now»/EK bei W.W. Norton & Co.; BARTHOLD FLES)

4935   1939-02-26
Ernst Krenek (Vassar College, Poughkeepsie, NY) an William W. Norton; ALS, 2 S., engl. **A** Schriften/EK («Music Here and Now» schwer erhältlich im Buchhandel laut ARTUR SCHNABEL; ? HAWKES, Verlag Boosey & Hawkes, Interesse an Ausgabe für engl. Markt)

4936   1939-06-01
Ernst Krenek (Hotel Iroquois, NYC) an William W. Norton; TLS, 1 S., engl. **A** Treffen/EK (mit BARTHOLD FLES und WN); Veröffentlichung («Music Here and Now»/EK bei W.W. Norton & Co., Übersetzung/BARTHOLD FLES)

4937   1943-06-15
Ernst Krenek (Hotel Crandall, Wisconsin Dells, WI) an William W. Norton; ALS, 2 S., engl. **A** Anstellung/EK (Dean der School of Fine Arts und Head des Music Dept., Hamline Univ., Saint Paul, Minnesota; Unterrichtstätigkeit Univ. of Wisconsin, Madison); Schriften/WARREN D. ALLEN («Music and Soc.» bei W.W. Norton & Co., Auszüge an EK); Schriften/EK («Music Here and Now»)

4938   1943-06-22
Ernst Krenek (Madison, WI) an Warren D. Allen; TL (Kopie), 1 S., engl. **A** Anstellung/EK (an Hamline Univ. und Univ. of Wisconsin); Schriften/WA («Music and Soc.» mit Kritik an EK, Korrekturen; «Music Here and Now»/EK, ARNOLD SCHOENBERG) **Z** Politik (ADOLF HITLER, HERBERT HOOVER)

LONDON, KURT

4939   1942-04-17
Kurt London (NYC) an ? (W.W. Norton & Co., NYC); TLS, 1 S., engl. **A** Anstellung/KL ("instructor" am NY City College); Projekte/KL (Buch über "intellectual defense" und "ideological resistance" als Lehrwerk für Studenten und Einrichtungen zur Erwachsenenbildung); Schriften/KL («The Seven Soviet Arts», Verlage Yale [Univ.] Press und Faber & Faber)

4940   1942-04-28
William W. Norton an Kurt London (NYC); TL (Kopie), 1 S., engl. **A** Projekte/KL (kein Interesse/W.W. Norton & Co. an Buchprojekt)

MENDEL, ARTHUR

4941   1941-11-08
Arthur Mendel an William W. Norton (W.W. Norton & Co., NYC); TLS (annotiert), 1 S., engl. **A** Projekte/AM und HANS THEODORE DAVID («Bach Reader», Veröffentlichung bei W.W. Norton & Co., Zeitplan; Entwurf, PAUL HENRY LANG)

↪ *Beilage (Dok. 4888)*
↪ *Brief ähnlichen Inhalts: 1941-11-19*

NETTL, PAUL

4942   1940-06-12
William W. Norton an Paul Nettl (Princeton, NJ); TL (Kopie), 1 S., engl. **A** Projekte/PN (Buch über WOLFGANG AMADEUS MOZART, Probekapitel; Lob der Sprache, "written in a style which did not suggest that the author was unfamiliar with the language in which he was writing")

4943   1940-07-26
Paul Nettl (Amer. Seminar, Volfeboro, NH) an William W. Norton; ALS, 3 S., engl. **E** Sprache/PN ("perfecting my knowledge of Engl. at the Amer. Friends Seminar here in Volfeboro") **A** Projekte/PN («Mozart. His Life and his Time», Publikation bei W.W. Norton & Co., Konzeption, Gliederung, Probekapitel)

4944   1940-09-24
William W. Norton an Paul Nettl (Westminster Choir College, Princeton, NJ); TL (Kopie), 2 S., engl. **A** Projekte/PN («Mozart. His Life and his Time», Kritik/WN an Konzeption und Beispielkapiteln)

SACHS, CURT

4945   1936-06-24
Curt Sachs (Hotel St. Romain, Paris) an William W. Norton (NYC); TLS (annotiert), 2 S., dt./engl. **A** Schriften/CS («Weltgeschichte des Tanzes», Vorbereitung gekürzte frz. Ausgabe, Übersetzung; Interesse/W.W. Norton & Co. an gekürzter engl. Ausgabe)

↪ *Briefe ähnlichen Inhalts: 1936-06-16, 1936-07-10*

4946   1936-08-05
Curt Sachs (Paris) an William W. Norton; TLS (annotiert), 1 S., dt./engl. **A** Schriften/CS («Weltgeschichte des Tanzes», Sendung eines Exemplars mit Kürzungsvorschlägen an WN; Übersetzung)

4947   1936-09-01
William W. Norton an Dietrich Reimer (Berlin); TL (Kopie), 1 S., engl. **A** Schriften/CS («Weltgeschichte des Tanzes», Interesse/W.W. Norton & Co. an engl. Ausgabe; Copyright)

4948   1936-10-21
Arthur Mendel (G. Schirmer, Inc., NYC) an William W. Norton (NYC); TLS, 2 S., engl. **A** Projekte/AM (Übersetzung der «Weltgeschichte des Tanzes»/CURT SACHS, Probleme); Schriften/CURT SACHS («Weltgeschichte des Tanzes», schlechte Kürzungen für frz. Ausgabe, Fußnoten; «History of Musical Instruments»)

4949   1936-11-03
John Martin (‹NY Times›, NYC) an William W. Norton

(NYC); TLS, 1 S., engl. A Empfehlung/JM (für BESSIE SCHOENBERG, MARY WATKINS oder OTTO ASHERMAN als mögliche Übersetzer); Projekte (Publikation der «Weltgeschichte des Tanzes»/CURT SACHS bei W.W. Norton & Co. in engl. Ausgabe)

4950   1936-11-05
Lincoln Kirstein (School of Amer. Ballet, NYC) an William W. Norton (NYC); TLS, 1 S., engl. A Empfehlung/LK (für MORRIS FISH an WN als Übersetzer; MARY WIGMAN); Schriften/CURT SACHS («Weltgeschichte des Tanzes», Übersetzung und Kürzung "for Amer. consumption"; CARLETON [SPRAGUE] SMITH)

4951   1936-11-09
Paul Boepple (Dalcroze School of Music, NYC) an William W. Norton; ALS, 2 S., engl. A Schriften/CURT SACHS («Weltgeschichte des Tanzes», Befürwortung einer ungekürzten engl. Ausgabe, schlechte Kürzungen für frz. Ausgabe)

4952   1937-03-02
William W. Norton an Morris Fish (NYC); TL (Kopie), 1 S., engl. A Projekte/MF (Probeübersetzung «Weltgeschichte des Tanzes»/CURT SACHS, keine Auftragserteilung durch W.W. Norton & Co.)

4953   1937-11-15
Curt Sachs (NYC) an William W. Norton (NYC); TLS (annotiert), 1 S., engl. A Projekte/CS (Buch über Musikinstrumente für W.W. Norton & Co., Konzeption)

4954   1938-01-04
Charles B. Anderson (NYC) an William W. Norton (NYC); ALS, 1 S., engl. A Projekte («Geist und Werden der Musikinstrumente»/CURT SACHS bei W.W. Norton & Co. in engl. Ausgabe, Suche nach Übersetzer, Interesse/J.B.C. WATKINS und CA; BESSIE SCHOENBERG); Schriften/CURT SACHS («Geist und Werden der Musikinstrumente», Aktualisierungsvorschläge/CA)

4955   1938-01-07
Curt Sachs (NY Univ., Washington Square College, NYC) an William W. Norton (NYC); TLS (annotiert), 1 S., engl. A Projekte/CS (Buch über Musikinstrumente für W.W. Norton & Co., Konzeption und Umfang)

4956   1938-01-15
Harold Spivacke (Library of Congress, Division of Music, Washington, DC) an William W. Norton (NYC); TLS, 1 S., engl. A Projekte/CURT SACHS (Buch über Geschichte der Musikinstrumente für W.W. Norton & Co., mögliche Finanzierung durch Sonneck Memorial Fund); Studium/HS (bei CURT SACHS in Berlin)

→ *Brief ähnlichen Inhalts: 1938-01-13*

4957   1938-05-27
Harold Spivacke (Library of Congress, Division of Music, Washington, DC) an William W. Norton (NYC); TLS, 1 S., engl. A Projekte/CURT SACHS (Buch über Geschichte der Musikinstrumente für W.W. Norton & Co., keine Finanzierung durch Sonneck Memorial Fund)

→ *Briefe ähnlichen Inhalts: 1938-02-28, 1938-03-08*

4958   1938-10-20
William W. Norton an Henry Allen Moe (John Simon Guggenheim Foundation, NYC); TL (Kopie), 1 S., engl. A Projekte/CURT SACHS («The History of Musical Instruments» für W.W. Norton & Co., Finanzierung durch Sonneck Memorial Fund)

4959   1939-03-27
William W. Norton an Curt Sachs (NYC); TL (Kopie), 1 S., engl. A Treffen/WN (mit ? DOLLARD, Carnegie Corp., wegen Finanzierung der Abbildungen); Veröffentlichung («The History of Musical Instruments»/CS bei W.W. Norton & Co., Zeitplan und Fertigstellung des Ms.; weitere Bücher/PAUL HENRY LANG, GUSTAVE REESE, OLIVER STRUNK)

4960   1939-04-24
Curt Sachs (NYC) an William W. Norton (NYC); TLS, 1 S., engl. A Treffen/CS (mit WN); Vortrag/CS (zur Geschichte der Musikinstrumente, Cornell Univ., Ithaca, New York, und Wells College, Aurora, New York)

4961   1939-05-15
William W. Norton an Curt Sachs (1781 Riverside Drive, NYC); TL (Kopie), 1 S., engl. A Veröffentlichung («The History of Musical Instruments»/CS bei W.W. Norton & Co., Redaktionsrichtlinien, Kritik/WN und JIM HOLSAERT am Ms.)

4962   1941-01-31
William W. Norton an Curt Sachs (NYC); TL (Kopie), 1 S., engl. A Veröffentlichung («The History of Music in Performance»/FREDERICK DORIAN bei W.W. Norton & Co.); Vertrag (zur Publikation eines neues Buches/CS bei W.W. Norton & Co.; ? FARLOW, [HOWARD P.?] WILSON)

4963   1941-02-26
William W. Norton an Curt Sachs (NYC); TL (Kopie), 1 S., engl. A Vertrag ("editorial responsibilities"/CS zu «The History of Music in Performance»/FREDERICK DORIAN)

4964   1944-10-26
William W. Norton an Curt Sachs (NYC); TL (Kopie), 1 S., engl. A Schriften/CS («The Rise of Music in the Ancient World», Sendung an [SOLOMON] ROSOWSKY); Vertrag (Publikation von «The Commonwealth of Art»/CS bei W.W. Norton & Co., Abbildungen)

SCHOENBERG, ARNOLD

4965   1948-01-28
Arnold Schoenberg (LA) an ? (W.W. Norton & Co., Inc., NYC); TLS (annotiert), 1 S., engl. A Schriften/AS («Harmonielehre»; «Musical Composition» und «Structural Functions of the Harmony» zur Veröffentlichung bei W.W. Norton & Co., Anfrage) R Musik/AS («Structural Functions of the Harmony» als eine Art Anhang zur «Harmonielehre», neue theoretische und pädagogische Methoden)

→ *Beilage (Dok. 4891)*

4966   1948-02-02
Storer B. Lunt an Arnold Schoenberg (LA); TLS (Kopie), 1 S., engl. A Schriften/AS (Interesse/W.W. Norton & Co. an Publikation; Bitte um weitere Informationen zu «Musical Composition» und um Zusendung des Ms. von «Structural Functions of the Harmony»)

4967　　　　　　　　　　　　1948-03-24
Storer B. Lunt an Arnold Schoenberg (LA); TL (Kopie), 2 S., engl. E Sprache/AS ("No one expects a person of foreign extraction to express himself in faultless English") A Öffentlichkeit/AS (Bedeutung als Theoretiker); Veröffentlichung (Interesse an «Structural Functions of the Harmony»/AS, wichtiger Beitrag zur Musiktheorie; Titeländerung, Verbesserung in Konzeption und Sprache, DIKA NEWLIN)

4968　　　　　　　　　　　　1948-03-28
Arnold Schoenberg (LA) an Storer B. Lunt (W.W. Norton and Co., Inc., NYC); TLS, 2 S., engl. E Sprache/AS ("one must not forget that not only this construction but the way of thinking is German and it is possible that only this construction is adequate to that way of thinking") A Veröffentlichung («Structural Functions of the Harmony»/AS bei W.W. Norton & Co., prinzipielles Einverständnis zur Verbesserung von Grammatik und Idiom, DIKA NEWLIN, Alternativtitel; Verbesserungsvorschläge/[LEONARD] STEIN)

→ *Beilage (Dok. 4892)*
→ *Abdruck im Anhang, S. 420*

4969　　　　　　　　　　　　1948-04-01
Storer B. Lunt an Arnold Schoenberg (LA); TL (Kopie), 1 S., engl. A Veröffentlichung («Structural Functions of the Harmony»/AS bei W.W. Norton & Co., Vorschläge zur Bearbeitung des Ms. durch DIKA NEWLIN)

4970　　　　　　　　　　　　1948-04-21
Addison Burnham an Arnold Schoenberg (LA); TL (Kopie), 2 S., engl. A Veröffentlichung («Structural Functions of the Harmony»/AS bei W.W. Norton & Co., Besprechung zum Ms./DIKA NEWLIN und PAUL HENRY LANG; "editorial reworkings", Verbesserung der Sprache, Erläuterung der Notenbeispiele, Beispiele aus Standardliteratur, Erläuterung der Terminologie)

4971　　　　　　　　　　　　1948-04-25
Arnold Schoenberg (LA) an Addison Burnham (W.W. Norton & Co., Inc., NYC); TLS (annotiert), 1 S., engl. A Veröffentlichung («Structural Functions of the Harmony»/AS bei W.W. Norton & Co., Verbesserungsvorschläge; Grundlagen vertraglicher Übereinkunft, Vetorecht/AS bei Bearbeitung des Ms., Übersetzungen)

4972　　　　　　　　　　　　1948-05-18
Arnold Schoenberg (LA) an Addison Burnham (W.W. Norton & Co., Publishers, NYC); TLS (annotiert), 1 S., engl. A Schriften/AS (Arbeit an «Musical Composition»); Veröffentlichung («Structural Functions of the Harmony»/AS bei W.W. Norton & Co.; Copyright-Probleme mit Philosophical Library wegen inhaltlicher Übereinstimmung mit «Harmonielehre»); Vertrag/AS (mit Philosophical Library, keine Klausel zum Verbot ähnlicher Inhalte)

→ *Brief ähnlichen Inhalts: 1948-05-12*

4973　　　　　　　　　　　　1948-05-19
Addison Burnham an Arnold Schoenberg; TL (Kopie), 2 S., engl. A Veröffentlichung («Structural Functions of the Harmony»/AS, Probeseiten Edition/DIKA NEWLIN; Bitte um Verzicht auf Vorwort, "this might conceivably hurt the sale of the book"; Vertrag mit Philosophical Library)

4974　　　　　　　　　　　　1948-06-17
Addison Burnham an Arnold Schoenberg (LA); TL (Kopie), 3 S., engl. A Finanzen/AS (Anteil an Produktionskosten durch partiellen Verzicht auf Tantiemen; Honorar für DIKA NEWLIN; Vorschläge/AB zur Finanzierung); Schriften/MANFRED BUKOFZER («Music in the Baroque Era», Herstellung der Notenbeispiele durch Pacific Press); Veröffentlichung («Structural Functions of the Harmony»/AS bei W.W. Norton & Co., Edition/DIKA NEWLIN; keine Probleme mit Philosophical Library, ? RUNES; ungewöhnlich hohe Produktions- und Editionskosten aufgrund zahlreicher Notenbeispiele, Copyright und Illustrationen)

4975　　　　　　　　　　　　1948-06-19
Arnold Schoenberg (LA) an Addison Burnham (W.W. Norton & Co., NYC); TLS, 2 S., engl. A Finanzen/AS (Anteil an Produktionskosten, Tantiemen; Honorar für DIKA NEWLIN); Schriften/AS («Structural Functions of the Harmony»; Notenbeispiele, Umarbeitung des Vorworts)

4976　　　　　　　　　　　　1948-06-24
Addison Burnham an Arnold Schoenberg (LA); TL (Kopie), 1 S. A Veröffentlichung («Structural Functions of the Harmony»/AS bei W.W. Norton & Co.; Übereinkunft über Bedingungen zur Publikation; Präparation der Notenbeispiele/LEONARD STEIN; Honorar für DIKA NEWLIN)

4977　　　　　　　　　　　　1948-07-22
? an Arnold Schoenberg (LA); TL (Kopie), 1 S., engl. A Veröffentlichung («Structural Functions of the Harmony»/AS bei W.W. Norton & Co., Notenbeispiele, LEONARD STEIN, Pacific Music Press; vertragliche Vereinbarungen zur Publikation)

4978　　　　　　　　　　　　1948-08-09
Arnold Schoenberg (c/o Music Academy of the West, Carpinteria, CA) an Addison Burnham (W.W. Norton & Co., NYC); TLS, 1 S., engl. A Vertrag (Unzufriedenheit/AS mit Vertragsbedingungen zur Publikation von «Structural Functions of the Harmony» bei W.W. Norton & Co.; Finanzen, Tantiemen, Druckkostenzuschuss)

4979　　　　　　　　　　　　1948-08-19
Storer B. Lunt an Arnold Schoenberg (c/o Music Academy of the West, Carpinteria, CA); TL (Kopie), 1 S., engl. A Vertrag (Bedingungen zur Publikation von «Structural Functions of the Harmony»/AS "in line with present publishing practices", keine Änderung; Finanzen, hohe Produktionskosten; ADDISON BURNHAM)

4980　　　　　　　　　　　　1948-08-23
Arnold Schoenberg (LA) an Storer B. Lunt (W.W. Norton & Co., NYC); TLS, 1 S., engl. A Vertrag (keine Zustimmung/AS zu Bedingungen der Publikation von «Structural Functions of the Harmony»; Finanzen, Produktionskosten, keine Beteiligung am Profit; Kosten der editorischen Arbeit/DIKA NEWLIN, LEONARD STEIN)

4981　　　　　　　　　　　　1948-08-30
Howard P. Wilson an Arnold Schoenberg (LA); TL (Kopie), 1 S., engl. A Veröffentlichung (Rückzug vom Angebot der Publikation von «Structural Functions of the Harmony»/AS durch W.W. Norton & Co., da keine Zustimmung zu Vertragsbedingungen; Finanzen, Pacific Music

Press, Honorar für DIKA NEWLIN; STORER B. LUNT, ADDISON BURNHAM)

4982 1948-11-03
Arnold Schoenberg (LA) an Addison Burnham (W.W. Norton & Co., NYC); TLS, 1 S., engl. **A** Öffentlichkeit/ W.W. Norton & Co. (Enttäuschung/AS, da guter Ruf des Verlagshauses nicht mit Erfahrung übereinstimmt); Vertrag (Beteiligung/AS an Publikationskosten unzumutbar)

SELDEN-GOTH, GISELLA

4983 1945-05-10
William W. Norton an Gisella Selden-Goth (NYC); TL (Kopie), 1 S., engl. **A** Projekte/GSG (Auswahl aus Briefen/ FRANZ LISZT an MARIE ZU SAYN-WITTGENSTEIN; Ablehnung/ WN, mangelndes Interesse amer. Leser)

STEFAN, PAUL

4984 1941-06-11
Paul Stefan an William W. Norton (NYC); TLS, 1 S., engl. **A** Schriften/PS (Buch über ANTONÍN DVOŘÁK, Verkauf an anderen Verlag; «Schubert and Old Vienna», Veröffentlichung bei W.W. Norton & Co.)

WALTER, BRUNO

4985 1958-01-14
Bruno Walter (Beverly Hills, CA) an Eric P. Swenson (W.W. Norton & Co., NYC); TLS, 1 S., engl. **A** Schriften/ BW («Von der Musik und vom Musizieren», engl. Ausgabe bei W.W. Norton & Co., Übersetzung Mr. und Mrs. ? MARTIN, Schwierigkeiten)

4986 1958-04-24
Bruno Walter (Beverly Hills, CA) an Eric P. Swenson (W.W. Norton & Co., NYC); TLS, 1 S., engl. **A** Schriften/ BW («Von der Musik und vom Musizieren», engl. Ausgabe bei W.W. Norton & Co., positive Bewertung der Übersetzung/PAUL HAMBURGER, Kritik an engl. Buchtitel)

→ *Brief ähnlichen Inhalts: 1958-03-17*

4987 1959-03-16
Bruno Walter (Hotel Park Lane, NYC) an Eric P. Swenson (W.W. Norton & Co., NYC); TLS, 1 S., engl. **A** Veröffentlichung («Von der Musik und vom Musizieren»/BW in engl. Ausgabe bei W.W. Norton & Co., Frage der Titelwahl; ital. Ausgabe, Verlag Ricordi)

4988 1959-04-15
Bruno Walter (Beverly Hills, CA) an Eric P. Swenson; ALS, 1 S., engl. **A** Veröffentlichung («Von der Musik und vom Musizieren»/BW in engl. Ausgabe bei W.W. Norton & Co., Titelwahl «Of Music and Music Making», PAUL HAMBURGER; Faber & Faber, ? DU SAUTOY)

4989 1959-11-06
Bruno Walter (Beverly Hills, CA) an Eric P. Swenson (W.W. Norton & Co., NYC); TLS, 1 S., engl. **A** Veröffentlichung («Von der Musik und vom Musizieren»/BW in engl. Ausgabe bei W.W. Norton & Co., Übersetzung/PAUL HAMBURGER, Faber & Faber; Auszug zum Vorabdruck in ‹Horizons›; JOHN MCCLURE, Columbia Records)

OFFIZIELLE DOKUMENTE
BEKKER, PAUL

4990 1936-06-26
W.W. Norton & Co. (NYC) und Paul Bekker (NYC); Vertrag; PD, 3 S., engl.

GRAF, HERBERT

4991 1939-08-22
W.W. Norton & Co. (NYC) und Herbert Graf (NYC); Vertrag; PD, 3 S., engl. **A** Veröffentlichung («Opera – Yesterday, Today and Tomorrow»/HG)

SACHS, CURT

4992 1938-06-17
W.W. Norton & Co. (NYC) und Curt Sachs (NYC); Vertrag; PD, 3 S., engl. **A** Veröffentlichung («The History of Musical Instruments»/CS bei W.W. Norton & Co.)

MATERIAL ZUR BIOGRAFIE
KRENEK, ERNST

4993 (1938)
Lebenslauf; TD, 2 S., engl. **A** Biografie/ERNST KRENEK (Ausbildung, Erfolge, Aktivitäten als Komponist, Pianist und Dirigent, Anstellungen)

→ *Beilage zu: Brief Ernst Krenek an William W. Norton 1938-11-03 (Dok. 4933)*

4994 (1939)-(11)-?
«How the Author Can Help the Publisher in the Sale of His Book»; Lebenslauf; AD/TD, 6 S., engl.; Fragebogen von W.W. Norton & Co. mit Anmerkungen und angehefteten Seiten Ernst Kreneks **A** Biografie/EK (Ausbildung, Erfolge, Aktivitäten als Komponist, Pianist und Dirigent, Anstellungen); Schriften/EK («Music Here and Now», Vertrieb, Werbung, Versendung von Beleg- und Rezensionsexemplaren durch W.W. Norton & Co.)

STEFAN, PAUL

4995 (1941)-?-?
Paul Stefan; Lebenslauf; TD, 1 S., engl. **E** Emigrationsweg/ PS (über Paris nach USA) **A** Biografie/PS (Ausbildung, Tätigkeit als Journalist und Pädagoge)

4996 (1941)-?-?
Paul Stefan, «Paul Stefan: Latest Books Published»; Publikationsliste; TD, 1 S., engl.

Hebrew Union College – Jewish Institute of Religion, Klau Library, Brookdale Center
1 West 4th Street, New York, NY 10012-1186, http://huc.edu/libraries/NewYork.html
Kontakt: Philip E. Miller, pmiller@huc.edu

Hugo Chayim Adler Papers

- Hugo Chayim Adler, 1894-1955, Komponist und Kantor, 1938 Emigration in die USA
- Musikmss. und Korrespondenz
- BHE II, 9-10 • Geoffrey Goldberg, «Register of the Papers of Hugo Chayim Adler, 1894-1955», New York 1994

MUSIKMANUSKRIPTE
ADLER, HUGO CHAYIM

4997 —
«Ho lachmo anfo» für Chor und Orgel; Partitur, Autograph (annotiert); Titelzusatz (unvollständig): "aus «hebr. Chorsuite [...]»"

4998 —
«Mismor shiru ladonoy shir chodosh» für Chor und Orgel; Partitur, Autograph

4999 1930
«Bearers of Light», Cantata for Narrator, Solos, Mixed and Children's Chorus, Speaking Voices and Orchestra; Partitur, Autograph, 34 S.

5000 1934
«Balak und Bilam» für Soli, gemischten Chor, Sprecher, Streicher und Kl. op. 17; Partitur, Autograph, 111 S.

5001 1938
«Akedah», Biblische Legende für Soli, gemischten Chor, Orchester und Kl.; Partitur, Autograph

5002 1938
«The Forty-Fourth Psalm» for Soprano, Tenor and Baritone Solo, Speaker, Mixed Chorus, Orchestra and Organ op. 17; Partitur, Autograph

5003 1941-02-?
«Songs of Exile», Three Hymns by Jehuda Halevy, Composed for Soprano-Solo, Mixed Choir and Organ Accompaniment; Partitur, Autograph

5004 1942-07-?
«Three Pieces» für V. und Kl. op. 26; Partitur, Autograph, 6 S.

5005 1942-10-22
«The Jewish Year in Melody. Variations on Hebrew Tunes» für 2 V. und Kl. op. 27; Partitur, Autograph

5006 1943-02-?
«Jonah», Biblical Cantata für Soli, Chor und Orgel op. 28; Partitur, Autograph

5007 1944-01-?
«Avodim Hoyinu», a Pessach-Haggadah-Song for Solo, Mixed Chorus and Accompaniment; Partitur, Autograph, 5 S.

5008 1945-03-15
«Behold the Jew», Cantata for Solo, Mixed Chorus, Narrator and Orchestra; Partitur, Transparencies, 41 S., engl.

5009 1946
«Parable against Persecution» for Solo, Mixed Chorus, Orchestra, Piano and Organ op. 29; Partitur, Autograph

5010 1949
«Omar Rabbi Elozor» für Kantor, Chor und Orgel; Partitur, Autograph, 2 S.

5011 1949-10-?
«Ouverture to "Balak and Bilam"»; Partitur, Autograph, 16 S.

5012 1952
«Hanerso Halolu» für gemischten Chor; Partitur, Autograph, 2 S.

SCHRIFTEN
ADLER, HUGO CHAYIM

5013 —
«About the Music for the Cantata "Bearers of Light"»; Aufsatz, TD (annotiert), 2 S., engl.

KORRESPONDENZ
ADLER, KARL

5014 1963-04-05
Karl Adler (NYC) an ? [Ehefrau von Hugo Chayim] Adler; TLS, 1 S., dt. E Hilfeleistung/KA (Möglichkeit der finanziellen Unterstützung für Opfer des Nazi-Regimes, Mitarbeit/KA)

ALTMANN, LUDWIG

5015 1936-12-17
Hugo Chayim Adler (Mannheim) an Ludwig Altmann; TLS, 1 S., dt. E Ausreise/LA (in die USA; Überlegungen/ HCA zur eigenen Ausreise) A Kompositionen/HCA («Schirah chadaschah», positive Kritik/LA; «Balak und Bilam» für Soli, gemischten Chor, Sprecher, Streicher und Kl. op. 17, Möglichkeit einer engl. Übersetzung)

BINDER, ABRAHAM W.

5016 1945-09-12
Abraham W. Binder (YMHA., Dept. of Music, NYC) an Hugo Chayim Adler (Worcester, MA); TLS, 1 S., engl.

A Kompositionen/HCA («Sabbath Evening Service», Sendung an AB) R Musik/AB (Chormusik in der Synagoge)

5017   1955-05-19
Abraham W. Binder (Stephen Mise Free Synagogue, NYC) an Joseph Klein (Temple Emanuel, Worcester, MA); TLS, 1 S., engl. A Öffentlichkeit (Ehrung für HUGO CHAYIM ADLER, Temple Emanuel, Worcester; Beitrag zur Musik in der Synagoge)

FROMM, HERBERT

5018   1945-08-22
Herbert Fromm an Hugo Chayim Adler; TLS, 2 S., dt. A Kompositionen/HF (Bearbeitung «Kol Nidre» und «Our Father, Our King»); Veröffentlichung/HF (Buch/HCA) R Musik/HF (synagogale Musik, Vertonungsprobleme beim "Unsaneh Tokff"; LOUIS LEWANDOWSKI, SALOMON SULZER, MOSES MILNER, ? BRASLAWSKY; «Union Prayer Book»)

GRUENEWALD, MAX

5019   1945-10-09
Max Gruenewald (NYC) an Hugo Chayim Adler (Temple Emanuel, Worcester, MA); TLS, 1 S., dt. E Ausreise/MG (nach Palästina) A Finanzen (Einstellung von Beitragszahlungen für Seminar); Schriften/LOUIS FINKELSTEIN (Brief an ‹[NY] Times›) R Judaica/MG ("Sache der dt. Juden")

NADEL, ARNO

5020   —
Arno Nadel an Hugo Chayim Adler; ALS, 1 S., dt. A Empfehlung/LEO BAECK (für AN; Bewerbung um Anstellung am Hebrew Union College, Cincinnati, Nachfolge/ABRAHAM ZWI IDELSOHN; ERICH MENDEL)

5021   1937-12-01
Arno Nadel an Hugo Chayim Adler; ALS, 1 S., dt. A Kompositionen/OSKAR GUTTMANN; Kompositionen/AN (Chorwerke); Projekte/AN (Besprechung Werke/HCA in ‹Jüdische Rundschau›) R Judaica/AN (Selbstverständnis jüdischer Künstler, "in der Ewigkeit verwurzelt")

5022   [1938]-04-29
Arno Nadel an Hugo Chayim Adler; ALS, 1 S., dt. A Projekte/ABRAHAM ZWI IDELSOHN (Arbeit an «Hebräischer Melodien-Schatz»); Projekte/OSKAR GUTTMANN (Aufführung einer Komposition/HCA); Schriften/AN (Aufsatz über HCA) R Musik/AN (Kompostionen/HCA)

5023   1938-11-06
Arno Nadel (Bochum) an Hugo Chayim Adler; ALS, 4 S., dt. E Ausreise/AN (Pläne, keine Verwandte in den USA; LEO BAECK) A Kompositionen/AN (Chorwerk; ERICH MENDEL)

5024   1940-02-01
Arno Nadel an Hugo Chayim Adler; ALS, 2 S., dt. E Ausreise/SONJA NEUBECK (Überlegungen zur Ausreise; MAX GRUENEWALD) A Kompositionen/AN (Fertigstellung von «Der weissagende Dionysos») R Musik/AN (Frage nach dem Verhältnis der Amerikaner zur dt. Musik)

PARK AVENUE SYNAGOGUE

5025   1940-01-03
David J. Putterman (Park Avenue Synagogue, NYC) an Hugo Chayim Adler (Worcester, MA); TLS, 1 S., engl. A Aufführung (Veranstaltung zum Todestag/SALOMON SULZER, Cantor-Ministers' Cultural Organization, Park Avenue Synagogue); Kollegen/HCA (ERICH MENDEL; ARNO NADEL; Rabbi MILTON STEINBERG; [LOUIS] FINKELSTEIN; [ABRAHAM W.] BINDER); Komposition/HCA («Chanukah» und «Kiddusch»)

WORLD CENTRE FOR JEWISH MUSIC IN PALESTINE

5026   1938-03-28
Hermann Swet (World Centre for Jewish Music in Palestine, Jerusalem) an Hugo Chayim Adler (Mannheim); TLS, 1 S., dt. A Öffentlichkeit (Bericht zu Weltzentrum für jüd. Musik, Veröffentlichung in jüdischen Zeitungen; Werbung für Zeitschrift ‹Musica Ebraica›); Organisationen (Weltzentrum für jüdische Musik, konstituierende Versammlung in Jerusalem; Jewish Agency, Waad Leumi, Palästinensische Musikervereinigung; Wahl Weltpräsidium, palästinensische Exekutive, Nominierung/HCA für Präsidialkollegium; Aufbau von Ländersektionen); Projekte (Einberufung eines Weltkongresses jüd. Musiker/Weltzentrum für jüd. Musik, Gestaltung des Programms)

OFFIZIELLE DOKUMENTE
ADLER, HUGO CHAYIM

5027   1939-01-06
Zeugnis; TDS, 2 S., dt. A Biografie/HUGO CHAYIM ADLER (Religionslehrer und Kantor, Hauptsynagoge Mannheim; Religions- und Gesangslehrer, jüdische Schule Mannheim; Vorträge über pädagogische und kompositorische Arbeit in Fortbildungskursen für Religionslehrer; musikalische Darbietungen in Synagoge, Kulturbund und Lehrhaus); Kompositionen/HUGO CHAYIM ADLER («Licht und Volk», Lehrkantate für Singchöre, Sprechchor und Instrumente op. 12; «Balak und Bilam» für Soli, gemischten Chor, Sprecher, Streicher und Kl. op. 17); Öffentlichkeit/HUGO CHAYIM ADLER (pädagogische Begabung; kulturelle Erneuerung religiöser Überlieferung auf Basis jüdischer Volkslieder, synagogaler und häuslicher Gesänge; Einführung häuslicher Gesänge in Liturgie; Verdienste als Komponist)

MATERIAL ZUR BIOGRAFIE
ADLER, HUGO CHAYIM

5028   —
«Catalogue of Music by Hugo Ch. Adler» (Transcontinental Music Publications); Werkverzeichnis; TD, 2 S., engl.

5029   —
«Catalogue of Music by Hugo Ch. Adler»; Werkverzeichnis; TD, 3 S., engl.

5030   1930-12-16
«Licht und Volk»; Programmheft; PD, 1 S., dt. A Aufführung (UA «Licht und Volk», Lehrkantate für Singchöre, Sprechchor und Instrumente op. 12/HUGO CHAYIM ADLER auf Text/MAX GRUENEWALD, Dirigent MAX SINZHEIMER)

5031   [1939]
Hugo Chayim Adler; Lebenslauf; AD, 1 S., dt.

5032   1945-05-11
«The Fifth Annual Jewish Music Festival of Temple Ema-

nuel, Worcester, Masschussetts»; Programmheft; PD, 1 S., engl. A Aufführung/HERBERT FROMM («Behold the Jew», Cantata for Solo, Mixed Chorus, Narrator and Orchestra/ HUGO CHAYIM ADLER, Dirigent HERBERT FROMM)

5033   1946-05-24
«The Sixth Annual Jewish Music Festival of Temple Emanuel, Worcester, Mass.»; Programmheft; PD, 2 S., engl. A Aufführung («In Eternity», Hymne für Chor, Streicher, Kl. und Orgel/HEINRICH SCHALIT; «23. Psalm» für Frauenchor, Klar. und Orgel/HERBERT FROMM; «Lamentation» für Sopran solo aus der «Jeremiah Symphony»/LEONARD BERNSTEIN; «Parable against Persecution» für Solo, gemischten Chor, Orchester, Kl. und Orgel op. 29/HUGO CHAYIM ADLER; Leitung SAMUEL ADLER)

5034   1955
«Hugo Ch. Adler 1894-1955»; Pressemitteilung; TD, 1 S.,

dt. E Ausreise/HUGO CHAYIM ADLER (Emigration in die USA) A Biografie/HUGO CHAYIM ADLER (Schulzeit, Studium bei ERNST TOCH, Anstellungen, Militärdienst, Heirat); Kompositionen/HUGO CHAYIM ADLER («Balak und Bilam» für Soli, gemischten Chor, Sprecher, Streicher und Kl. op. 17; «Licht und Volk», Lehrkantate für Singchöre, Sprechchor und Instrumente op. 12, Kantaten; «Behold the Jew», Kantate für Solo, gemischten Chor, Sprecher und Orchester; «Parable against Persecution» für Solo, gemischten Chor, Orchester, Kl. und Orgel op. 29; viele Lieder, synagogale Musik, Arrangements; Transcontinental Music Publishers)

5035   1956-02-05
Levi A. Olan, «In Memoriam – This Was a Man»; Sendemanuskript; TD, 4 S., engl. A Öffentlichkeit/HUGO CHAYIM ADLER (Würdigung des Lebenswerks)

Israel Alter Collection

- Israel Alter, 1901-1979, Musikstudium in Wien, Kantorenstudien bei Jizchak Zwi Halprin, Kantor der Hauptsynagoge von Lemberg und im Brigittenauer Tempelverein Wien, ab 1925 Oberkantor in Hannover, Konzerttätigkeit in Europa und den USA mit Programmen aus hebr. und jiddischen Liedern, Gebeten und Opernarien, 1935 Emigration nach Südafrika, Oberkantor der United Hebrew Congregation in Johannesburg, 1961 Immigration in die USA, Dozent für das Kantorat am Hebrew Union College in NYC

- Musikmss. mit ausschließlich liturgischen Werken (laut Inventory begleitende Klavierstimmen nicht von Israel Alter), Material zur Biografie und Korrespondenz

- Inventory

- BHE II, 21 • Andor Izsak, «Die gewaltsam beendete Epoche synagogaler Musik in Niedersachsen», in: «Kulturaustreibung: Die Einflußnahme des Nationalsozialismus auf Kunst und Kultur in Niedersachen – Eine Dokumentation zur gleichnamigen Ausstellung», Hamburg 1993, 134-135

MUSIKMANUSKRIPTE
ALTER, ISRAEL

5036   —
Undatierte Bearbeitungen fremder Werke (meist für Kantor und Kl. oder Kantor und Chor), Werke von ? Aizenstadt, Benjamin Wolf Alter, Israel Alter, Kimmer Alter, Paul Ben-Haim, Heinrich Bergruenn, J.R. Berman, Abraham Bernstein, Platon Brounhoff, S. Bugatch, Boris Charloff, M. Dargwzanski, H. Ehrlich, David Eisenstadt, Abraham Ellstein, Joel Ellstein, Joel Engel, S.H. Englander, L. Finkel, Israel Fuchs, Mordechaj Gebirtig, Michael Gelbert, Moritz Goldstein, Lowit Goldstein, Gedaliah Grossmann, Bella Guttmann, Georg Friedrich Händel, A. Hirschin, B. Hirschmann, Yitshak Idel, Jerry Idelsohn, Pinchos Jassinowski, Adolph Katchko, Hanoch Katz, Benjamin Kepler, Leo Kopf, Leon Kornitzer, Baruch Kunstler, Paul Lamkoff, L. Langer, Henry Lefkowitsch, Louis Lewandowski, Manfred Lewandowski, Franz Liszt, Leo Low, John Mandelbrod, S. Manne, Jakov Medvedieff, S. Mendel, J. Millet, A. Mindlin, Nahum Nardi, Samuel Naumbourg, J. Neumann, Pierre Pinchik, A.M. Rabinowitz, Bruno Raiken, Jacob Rappaport, D. Reisemann, Janot Roskin, Joseph Rosenblatt, Zaydel Rovner, A[nton] Rubinstein, D. Rubin, ? Schneir,

Baruch Schnorr, Sholom Secunda, Wolf Shestapol, A. Shitomirski, H.B. Silberstein, F. Spector, Boris Stern, Richard Strauss, Joachim Stutschewsky, Salomon Sulzer, Erhard Wechselman, S. Weisser, Zavel Zilberts

5037   1929 bis 1930
Datierte Originalwerke aus der Zeit vor der Emigration (in alphabetischer Reihenfolge):
- «Ahavah Rabah» (1929) für Kantor und Orgel (6 S.)
- «Areshet Sefatenu»/ «Ve-te'erav» (1930) für Kantor (4 S.)
- «Tikanta Shabbat» (1930) für Kantor (4 S.)

5038   1935 bis 1957
Undatierte Originalwerke aus der Emigrationszeit in Südafrika (in alphabetischer Reihenfolge; verschiedene Versionen jeweils in Klammer genannt):
- «Ad Ana Adonai Tishkaheni» für Kantor und Kl. (4 S.; 7 S.; 6 S.)
- «Aharit ha-Yamim» für Kantor und Kl. (3 S.)
- «Ahavah Rabah» für Kantor und Kl. (8 S.)
- «Ahavti: Psalm 116» für Kantor und Kl. (5 S.)

- «Ahenu kol-Bet Yisra'el» für Kantor (1 S.) und für Kantor und Kl. (4 S.)
- «Akavya ben Mahalalel» für Kantor (6 S.) und für Kantor und Kl. (6 S.; 4 S.)
- «Al ha-Nisim» für Kantor (4 S.) und für Kantor und Kl. (4 S.)
- «Al Tira» für Kantor und Chor (3 S.) und für Kantor (2 S.)
- «Al Tashlikhenu» für Kantor (1 S.)
- «Amar Adonai le-Ya'akov» für Kantor (1 S.)
- «Amar Rabi El'azar» für Kantor (2 S.)
- «Amidat Hol (Minhah)» für Kantor (3 S.)
- «Anah» für Kantor und Kl. (6 S.)
- «Anenu» für Kantor und Kl. (7 S.)
- «Ani Ma'amin» für Kantor und Kl. (2 S.)
- «Areshet Sefatenu» für Kantor (2 S.)
- «Arvit le-Hol» für Kantor (1 S.)
- «Ashirah-na li-Didi» für Kantor und Kl. (4 S.)
- «Ashre (Selihot)» für Kantor (2 S.; 2 S.)
- «Atah Honantanu» für Kantor und Kl. (4 S.)
- «Atah Yatsarta» für Kantor und Kl. (6 S.)
- «Atah Yode'a Raze Olam» für Kantor und Kl. (4 S.)
- «Av ha-Rahamim» für Kantor und Kl. (4 S.; 2 S.)
- «Av ha-Rahamim»/ «Mi She'asah Nisim»/ «Ahavti (Hallel)»/ «Mah Ashiv» für Kantor und Kl. (21 S.)
- «Avodah Service» für Tenor (3 S.)
- «Az Bahalakh Yirmiyahu» für Kantor und Chor (2 S.; 6 S.)
- «Beh Ana Rahite» für Kantor und Kl. (4 S.)
- «Bemotsa'e Menuhah»/ «Tevi'enu» für Kantor (2 S.)
- «Bemotsa'e Menuhah»/ «Ve-khol Ma'aminim»/ «Eleh Ezkerah» für Kantor (2 S.)
- «Berakh Dodi» für Kantor und Orgel (7 S.)
- «Berikh Shemeh» für Kantor und Kl. (6 S.)
- «Bime Matityahu» für Kantor und Kl. (7 S.; 5 S.; 3 S.)
- «Birkat ha-Hodesh» für Kantor und Kl. (8 S.)
- «Birkat Kohanim» für Kantor (1 S.)
- «Dor va-Dor» für Kantor (6 S.)
- «Edotekha (Psalm 93)» für Kantor (1 S.)
- «Ehad Mi Yode'a» für Kantor (1 S.)
- «Ekh Niftakh Peh (Selihot)» für Kantor (2 S.; 2 S.)
- «Elohai Neshamah» für Kantor (4 S.)
- «Elohenu Velohe Avorenu (High Holiday)» für Kantor und Orgel (2 S.)
- «Emet ki'Atah hu Yotsram» für Kantor (2 S.)
- «En Ke'erkekha» für Kantor (2 S.)
- «Es iz Gekummen in a Shele a Khazen» für Kantor (2 S.)
- «Esa Enai (Psalm 121)» für Kantor und Kl. (4 S.)
- «Ezrat ha-Sofer» für Kantor und Kl. (4 S.)
- «Ezrat Avotenu» für Kantor (3 S.)
- «Di Fishele hot Amol in Yarden» für Kantor (2 S.)
- «Fregt die Velt» für Kantor (1 S.)
- «Gadol Adonai» für Kantor und Kl. (3 S.)
- «Ha'azinu-Zekhor» für Kantor und Chor (4 S.)
- «Hakhnisini (Bialik, End)/ «Adohai Malakh (Psalm 97)» für Kantor (2 S.)
- «Hakhnisini (Bialik, End)» für Kantor und Kl. (4 S.)
- «Hakhnisini»/ «Misod Hahamim» für Kantor (2 S. + 2 S.)
- «Hallel: Peh Lahem (Psalm 115)» für Kantor und Kl. (6 S.)
- «Hallel»: «Hallelu (Psalm 113)» / «Hodu»/ «Lo Amut»/ «Odekha»/ «Ana» für Kantor (6 S.)
- «Hamishah» für Kantor und Kl. (4 S.)
- «Hari-u (Psalm 100)» für Kantor (1 S.)
- «Hasde ha-Shem» für Kantor und Kl. (3 S.; 4 S.; 5 S.)
- «Hashkivenu» für Kantor (1 S.)), für Kantor, Chor und Kl. (2 S.) und für Kantor und Chor (8 S.)
- «Hazkara (El Mala Rahamim)» für Kantor und Kl. (6 S.)
- «Hineni» für Kantor (1 S.)
- «Kaddish for Selihot» für Kantor (4 S.)
- «Kaddish (of Rebe Yitskhok of Berdichev)» für Kantor und Kl. (4 S.)
- «Kaddish» für Kantor und Kl. (3 S.)
- «Kiddush» für Kantor (5 S.)
- «Ki ke-Shimkha» für Kantor und Kl. (1 S.)
- «Ki Vanu Vaharta (Kiddush)» für Kantor (2 S.)
- «Ki Vo Yismah Libenu» für Kantor (1 S.; 1 S.)
- «Kol Nidre» für Chor und Kantor (1 S.; 4 S.)
- «Lekhah Dodi»: «Mikdash Melekh»/ «Yamin u-Semol» für Kantor und Orgel (4 S.)
- «Lekhu Neranenah (Selihot)» für Kantor und Kl. (4 S.)
- «Lekhu Neranenah – Lekha Dodi (Kabbalat Shabbat)» für Kantor (12 S.)
- «Libi be-Mizrah»/ «Yefeh Nof» für Kantor und Kl. (12 S.)
- «Lo Lanu (Hallel)» für Kantor (2 S.; 2 S.)
- «Magen Avot» für Kantor (3 S.)
- «Mah Nomar Lefanekha» für Kantor (6 S.)
- «Mah Tovu» für Kantor (1 S.)
- «Mayn Tayer Kind» für Kantor (2 S.)
- «Mekhabeh et ha-Ner» für Kantor (2 S.)
- «Melokh'al kol ha'Olam»/ «Shome'a Kol Teru'at Yisrael» für Kantor und Chor (8 S. + 1 S.)
- «Mi She'asah Nisim» für Kantor und Chor (3 S.)
- «Mizmor shir le-Yom ha-Shabbat» für Kantor (4 S.)
- «Na'aritsekha» für Kantor (2 S.)
- «Nerot ha-Lalu» für Kantor und Kl. (6 S; 4 S.) und für Kantor (4 S.)
- «Omnam Ken» für Kantor (2 S.)
- «Pagash ve-Samah Yado» für Kantor und Chor (3 S.)
- «Psalm 92 (End)»/ «Psalm 93 (End)» für Kantor (2 S.)
- «Rahamana (Selihot)» für Kantor (2 S.)
- «Rahem Na» für Kantor (4 S.)
- «Ram ve-Nisa» für Kantor (3 S.)
- «Raza de-Shabbat» für Kantor (7 S.) und für Kantor und Chor (4 S.)
- «Retseh» für Kantor und Chor (3 S.), für Chor (8 S.), für Kantor, Chor und Kl. (3 S.) und für Kantor, Männerchor und Orgel (7 S.)
- «Ribon Olam» für Kantor und Kl. (8 S.)
- «Ribono Shel Olam (Yom Kippur Katan)» für Kantor (5 S.)

- «Ribono Shel Olam (after Viddui)» für Kantor (2 S.)
- «Ribono Shel Olam» für Kantor (2 S.) und für Kantor und Kl. (7 S.)
- «Ribono Shel Olam (Sefirah)» für Kantor (2 S.)
- «Sefirah Blessing» für Kantor und Frauenchor (3 S.)
- «Seder Nakht» für Kantor und Kl. (3 S.)
- «Selihot»: «Ashre»/ «Mi Yemalel (Shome'a Tefillah)»/ Ma'ariv Aravim» für Kantor (8 S.)
- «Selihot»: «Retseh Atiratam»/ «Shema Kolenu»/ «Haneshamah Lakh (Yom Kippur)»/ «Ya'aleh»/ «Kiddush le-Rosh ha-Shanah» für Kantor (17 S.)
- «Shalosh Regalim»: «Mah Tovu, Ahavat Olam»/ «Hallel Berakhah»/ «Ma Ashiv»/ «Hallelu»/ «Na'anumim»/ «Odekh»/ «Ana»/ «Hosha Na»/ «Geshem»/ «Atah Horeta»/ «Hakafot»/ «U-she'avtem Mayim»/ «Hasde ha-Shem» für Kantor (11 S.)
- «Shamah va-Tismah Tsion (Psalm 97) (Aisenstadt)» für Kantor und Kl. (4 S.)
- «She'osoh Nisim» für Kantor und Kl. (3 S.)
- «She'osoh Nisim»/ «Al ha-Nisim»/ «A Tefile» für Kantor und Kl. (11 S.)
- «Shimkha me'olam» für Kantor (1 S.)
- «Shir ha-Ma'alot» für Kantor und Kl. (4 S.)
- «Shir Shel Yom Sheni» für Kantor und Kl. (6 S.)
- «Shir ha-Shirim»/ « Hakhnisini» für Kantor und Kl. (10 S.)
- «Tal» für Kantor (2 S.; 2 S.; 4 S.)
- «Tamakhti Yetedotai» für Kantor (2 S.)
- «Tikanta Shabbat» für Kantor und Kl. (5 S.)
- «Tsadik Adonai (Selihot Ashre)» für Kantor (2 S.
- «Tsu Ayner» für Kantor und Kl. (2 S.; 3 S.)
- «U-mi Shehorev Bet Mikdashenu» für Kantor (1 S.)
- «Vayt in Negev» für Kantor (2 S.)
- «Ve-'al Yede Avadekha» für Kantor und Chor (5 S.)
- «Veha-kohanim» für Kantor (2 S.)
- «Ve-hi Yadav Shel Moshe» für Kantor (2 S.)
- «Ve-lirushalayim» für Kantor (4 S.)
- «Ve-shameru» für Kantor (1 S.)
- «Ve-te'erav» für Kantor (2 S.) und für Kantor und Kl. (5 S.)
- «Vilne»/ «Avremel der Marvikher (Modechaij Gebirtig)» für Kantor und Kl. (4 S.)
- «Vos Vet Zayn» für Kantor (1 S.)
- «Ya'aleh» für Kantor und Kl. (6 S.) und für Kantor und Männerchor (7 S.)
- «Yam Ra'ah Va-yanos (Hallel; Psalm 114)» für Kantor (3 S.)
- «Yefeh Nof» für Kantor und Kl. (7 S.)
- «Yehi Ratson (Rosh Hodesh)» für Kantor und Chor (2 S.; 4 S.), für Kantor (3 S.) und für Kantor und Orgel (6 S.)
- «Yehi Ratson'a Kol Bikhyot»/ «Adonai hu ha-Elohim» für Kantor (1 S.)
- «Yom Harat Olam» für Kantor und Kl. (2 S.)
- «Yom Kippur»: «Selah na»/ «Selah Na Ashamot»/ «Omnam ken»/ «Ki Hineh ka-Homer» für Kantor (2 S.)
- «Zara Haya (Yekum Purkan)» für Kantor und Kl. (6 S.)
- «Zariti» für Kantor und Kl. (4 S.) und für Kantor (2 S.)
- «Zehor Yemot Olam» für Kantor und Kl. (4 S.)
- «Zemirot» für Kantor und Kl. (1 S.)

5039   1957 bis 1971
Datierte Originalwerke, meist aus der amer. Zeit (in alphabetischer Reihenfolge):

- «Adonai Malakh» (1962)
- «Ahavat Olam» (1962) für Kantor (2 S.)
- «Alenu» (1965) für Kantor (2 S.)
- «Alenu March» (1965) für Kantor (1 S.)
- «Al Tira» (1963) für Chor (4 S.)
- «Aynzam» (1959) für Kantor und Kl. (4 S.)
- «Berikh Shemeh» (1961) für Kantor (4 S.)
- «Hashkivenu» (1962) für Kantor (2 S.)
- «Hashkivenu» (1971) für Kantor (2 S.)
- «Hazkarat Neshamot»: «Adonai Mah Adam» / «El Male Rahamim» (1962) / «El Male Rahamim» (1967) / «El Male Rahamim» (1971) für Kantor (6 S.)
- «Kaddish (Yom Kippur)» (1957)
- «Kaddish» für Kantor (2 S. + 2 S.)
- «Kaddish» (1957) für Kantor (2 S.)
- «Kh'vel Oistum di Shikh (Itsik Manger)»/ «She'osoh Nisim»/ «Al Hanisim» (1957) für Kantor und Kl. (12 S.)
- «Kiddush for Rosh Hashanah» (1962) für Kantor (1 S.)
- «Mi-ma'amakim» (1965) für Kantor (2 S.)
- «Mizmor Shir hanukat ha-Bayit» (1967) (2 S.)
- «Shema Kolenu» (1962) für Kantor (1 S.)
- «U-netaneh Tokef» (1965) für Kantor (2 S.)
- «U-netaneh Tokef» (1966) für Kantor (1 S.)
- «Veha-kohanim» (1963) für Kantor (1 S.)
- «Yehi Ratson (Rosh Hodesh)» (1962) für Kantor (1 S.)

MATERIAL ZUR BIOGRAFIE
ALTER, ISRAEL

5040   —
Diverse Werkverzeichnisse (dt., hebr., engl., jiddisch) von Israel Alter:

- «Meine Lieder» (AD, 3 S.)
- Liedverzeichnis (AD, Entwurf, 2 S.)
- Gedrucktes Verzeichnis (PD, annotiert, 3 S.)

5041   1936-01-28
«Special Memorial Service [...] for His Late Majesty, King George the Fifth»; Programmheft; PD, 3 S., engl./hebr. A Aufführung (Memorial Service, Park Synagogue Johannesburg, Kantor ISRAEL ALTER)

5042   1938-12-18
«Special Chanukah Service»; Programmheft; PD, 3 S., engl./hebr. A Aufführung (Chanukah Service, Park Synagogue Johannesburg, Kantor ISRAEL ALTER)

5043   1941-08-17
Programmheft; PD, 2 S., engl./hebr. A Aufführung (Einweihungsfeier, Synagoge der Fordsburg-Mayfair Hebr. Congregation, Ansprache MORRIS SEGAL, Chorleitung ISRAEL ALTER)

Hanns John Jacobsohn Collection

- Hanns John (Geburtsname: Johannes Israel Jacobsohn), 1890-1942, Kantor an der Synagoge der Jüdischen Gemeinde in Berlin, vor geplanter Ausreise aus Deutschland verhaftet und ermordet
- Nachlass, von der Familie ins Ausland verbracht
- Synagogale Musik der Jüdischen Gemeinde Berlin, darunter Werke von Hanns John; Vorträge und Reden über jüdische Musik
- Geoffrey Goldberg, «Register of the Papers of Hans John Jacobson 1890-1942», New York 1990
- Musikmss. hier nach den Gesichtspunkten Originalwerke (= alle Originalwerke von Hanns John und alle Werke, die auf traditionellen jüdischen Melodien basieren) und Bearbeitungen (= Bearbeitungen oder Kompilationen von Werken fremder Komponisten) aufgeführt

MUSIKMANUSKRIPTE

BEARBEITUNGEN VON HANNS JOHN

5044 —
«Trauergesänge» für Stimme und Kl.; Partitur, Autograph; vier Gesänge von Moritz Deutsch, Franz Schubert, Louis Lewandowski und Eduard Birnbaum, zusammengestellt von Hanns John

5045 —
Salomon Sulzer, «B'rausch haschonoh» für Vorbeter und gemischten Chor a capella; Partitur, Autograph

5046 1934
Louis Lewandowski, «Gesänge für die Wallfahrtsfeste» für Vorbeter, Chor und Orgel; Partitur, Autograph; mit Anmerkung: "Kiddusch für Pessach nach einer Melodie von L. Lewandowski bearb[eitet] v[on] Hanns John"

5047 1934-08-27
Louis Lewandowski, «M'chalkel chajim» für Gesang und Kl.; Partitur, Autograph; mit Anmerkung: "für das Mussaphgebet des Versöhnungstages nach einer Melodie von Louis Lewandowski bearbeitet von Hanns John"

5048 1937
Zevi Hirsch Alter Weintraub, «J'hi rozaun» für Gesang und Orgel; Partitur, Autograph, hebr.; mit Anmerkung: "Gebet für die Neumondweihe für den Gottesdienst der Orgelsynagoge nach H. Weintraub bearbeitet von Hanns John"

5049 1937-03-?
J. Esrachi, «Nata'ti ejz b'tejl awiw» für Stimme und Kl.; Partitur, Autograph, hebr.; mit Anmerkung "Melodie n[ach] I. Esrachi […] bearbeitet von Hanns John Jacobsohn"

5050 [1938]
Louis Lewandowski, «W'schom'ru» für Gesang und Orgel; Partitur, Autograph (annotiert); mit Anmerkung: "auf eine Melodie von Louis Lewandowski («Kol Rinnah») für den Gottesdienst der Orgelsynagoge bearbeitet von Hanns John"

5051 1938-05-22
Louis Lewandowski, «W'schom'ru» d-Moll für Gesang und Orgel; Partitur, Autograph; mit Anmerkung: "nach L. Lewandowski («Kol Rinnah», c-Moll) für den Gottesdienst der Orgelsynagoge bearbeitet von Hanns John"

ORIGINALWERKE VON HANNS JOHN

5052 —
«Melodien und musikalische Anleitungen für den Vortrag der Haggadah an den beiden Sederabenden» für Vorbeter; Stimme, Autograph (annotiert); Nr. 1 «Kiddusch»; mit Anmerkung: "notiert nach der eigenen Familientradition von Hanns John"

5053 —
«Minchagebet für den Vorabend des Neujahrsfestes» für Vorbeter; Stimme, Autograph; 1. «Aschrej», 2. «Schemonah Esreh»

5054 —
«Minchagebet für [...] Rosch haschana» für Vorbeter; Stimme, Autograph; 1. «Aschrej», 2. «T'filla»

5055 —
«Minchagebet für Sabbath und Fasttage» für Vorbeter; Stimme, Autograph; mit Anmerkung: "Schacharid = T'fillah für den Versöhnungstag"

5056 —
«Minchagebet für Sabbath und Fasttage» für Vorbeter; Stimme, Autograph

5057 —
«Mussafgebet für das Neujahrsfest» für Vorbeter; Stimme, Autograph

5058 —
«T'fillah Kol Nidrej» für Vorbeter und Chor; Partitur, Autograph; mit Anmerkung: "Gottesdienst für den Kol nidrej Abend und Minchagebet für den Versöhnungstag"

5059 —
«T'fillah Schacharid LeRosch Haschanah» für Vorbeter; Stimme, Autograph; mit Anmerkung: "Schacharit = T'fillah für das Neujahrsfest"

5060 —
«T'fillah Schacharid LeRosch Haschana We Le Jom Kippurh» für Vorbeter; Stimme, Autograph; mit Anmerkung: "Schacharitgebet für das Neujahrsfest u. den Versöhnungstag"

5061 —
«Thoravorlesung» für Vorbeter; Stimme, Autograph; mit

Anmerkungen: "Ausgaben Eingaben Schofarblasen" und "für die hohen Festtage"

5062 —
«W'ohawto zum Vortrag im Abendgebet» für Vorbeter; Stimme, Autograph; mit Anmerkung: "a) Sabbath, b) [Neujahrsfeste], c) Hohe Feiertage"

5063 1931
«Schauchnej wolej chaumer» für Stimme und Orgel; Partitur, Autograph; mit Anmerkung: "Nach hebr. [Antworten] aus einer liturgischen Dichtung des Salomo Gabirol (1020-1070)"; Rückseite mit Auflistung von Vorträgen aus der Zeit von 1931-1938

5064 1931-05-?
«Semiroth für Freitag Abend» für Stimme und Kl.; Partitur, Autograph; 1. «Mah jofiss»; 2. «Jaum schabbass kaudesch hu»; mit Anmerkung: "nach traditionellen Melodien [...] bearbeitet von Hanns John"

5065 1932
«Jir'u ejnejnu» für Vorbeter und Orgel; Partitur, Autograph

5066 1932-10-04
«Adaunoj, Adaunoj» für Stimme und Orgel; Partitur, Autograph, 1 S.; mit Anmerkung: "Zum Ausheben am Versöhnungstag"

5067 1934-02-02
«Hagadah-Melodien» für Stimme und Kl.; Partitur, Autograph; mit Anmerkung: "ein musikalischer Ausschnitt aus dem Ritual des Seder-Abends nach alten Weisen bearbeitet von Hanns John"

5068 1934-11-17
«Scholaumalechem» für Gesang und Kl.; Partitur, Autograph; mit Anmerkung: "traditioneller Freitagabendgesang nach der von S[amuel] Goldfarb in Idelsohns Melodienschatz Bd. 9 mitgeteilten Weise mit Klavierbegleitung bearbeitet von Hanns John"

5069 1934-11-28
«Isch chossid hojoh» für Gesang und Kl.; Partitur, Autograph; mit Anmerkung: "Habdalah-Gesang für Sabbat-Ausgang[,] traditionelle Melodie, mit Klavierbegleitung bearbeitet von Hanns John"

5070 1935
«Boruch scheomar» für Stimme und Orgel; Partitur, Autograph; mit Anmerkung: "aus dem Morgengebet für die hohen Festtage nach den traditionellen Weis[e]n [...] bearbeitet von Hanns John"

5071 1935
«W'hakauhanim» für Männerchor und Orgel; Partitur, Autograph; mit Anmerkung: "Traditionelle Weise nach einer Aufzeichnung von Josef Goldstein (Bass) aus dem Jahre 1795, entnommen aus der Sammlung des berliner [...] Aron Beer, mitgeteilt durch A.Z. Idelsohn [...] ergänzt und für [...] Männerchor bearbeitet und mit Orgelbegleitung versehen von Hanns John"

5072 1935-09-09
«Elijohu hanowi» für Gesang und Kl.; Partitur, Autograph; mit Anmerkung: "Habdalah-Gesang für Sabath Ausgang

traditionelle ostjüdische Weise bearbeitet von Hanns John"

5073 1936
«Nigune ss'fillaus l'chol haschono»; Noten, Autograph, 2 S.; mit Anmerkung: "Gesänge zum Gebetbuch für das ganze Jahr (Leitfaden für den Vorbeter)", Gottesdienst am Freitagabend: 1. «Minhah», 2. «Kabbalat Shabbat», 3. «Ma'ariv»

5074 1936-01-?
«Hamawdil» für Tenor und Kl.; Partitur, Autograph; mit Anmerkung: "Chassidischer Habdalagesang nach einer Melodie des «Bescht» [...] bearbeitet von Hanns John"

5075 1936-01-?
«Joh ribaun olam» für Stimme und Kl.; Partitur, Autograph; mit Anmerkung: "traditioneller Sabbatgesang, nach einer von A.Z. Idelsohn (Melodienschatz Bd. 9) mitgeteilten chassidischen Melodie für eine Singstimme mit Klavierbegleitung bearbeitet von Hanns John"

5076 1936-03-?
«Sch'nej schirim l'leil schimurim» für Stimme und Kl.; Partitur, Autograph; mit Anmerkung: "Zwei Gesänge für den Sederabend" (1. «Dajenu»; 2. «L'schana habaa biruschalajim»), "nach Volksweisen bearbeitet von Hanns John"

5077 1936-10-?
«Anzünden des Chanukalichtes» für Vorbeter und Kl.; Partitur, Autograph; mit Anmerkung: "im Stile der traditionellen Melodik"

SCHRIFTEN
JOHN, HANNS

5078 —
«Das jüdische Volkslied»; Vortrag, TD (annotiert), 63 S., dt.; fünfteilige Vortragsreihe (5 Folder) mit Entwurf (unvollständig, 1 Folder) und Musikbeispielen (1 Folder)

5079 —
«Heinrich Schalit's Freitag-Abend-Liturgie»; Vortrag, TD, 11 S., dt.; auch als AD

5080 —
«Tempelmusik und Psalmengesang»; Vortrag, TD (annotiert), 24 S., dt.; Vortrag (19 S.) und Musikbeispiele (5 S.)

5081 —
«Jüdische Kultsmusik» [sic]; Vortrag, TD (annotiert), 89 S., dt.; vierteilige Vortragsreihe (4 Folder) mit Musikbeispielen (1 Folder)

5082 1931-03-18
«Die Aufgaben des Vorbeters»; Vortrag, TD (annotiert), 19 S., dt.; mit Anmerkung: "Zum Aussprache-Abend der Kantorenvereinigung Gross Berlin am 9.1.1933"

5083 1932-11-27
«Ein musikalischer Streifzug durch die Bibel und den Gottesdienst»; Vortrag, TD, 20 S., dt.; dazu «Gesangseinlagen und musikalische Beispiele zum Vortrage ‹Ein musikalischer Streifzug durch die Bibel und den Gottesdienst›»; AD, 1 S., dt./hebr.

5084 1933-01-09
«Neugestaltung der Synagogenmusik»; Vortrag, TD, 8 S., dt.; mit Anmerkung: "Zum Aussprache-Abend der Kantorenvereinigung Gross Berlin am 9.1.1933"

5085 1934-05-02
«Gesang und Instrumentalmusik in der Bibel und im Gottesdienst»; Vortrag, TD (annotiert), 21 S., dt.; auch als TD (Entwurf)

5086 1935-05-08
«Die Melodien des jüdischen Jahres»; Vortrag, TD (annotiert), 8 S., dt.

5087 1935-11-? bis 1935-12-?
«Sabbath und Festtag im Liede. Eine Vortragsreihe»; Vortrag, TD, 67 S., dt.; fünfteiliges Typoskript (5 Folder) mit Musikbeispielen (1 Folder) und Ms. mit Teilpaginierung (1 Folder)

5088 1936-11-26
«Sang und Klang in der Bibel und im Gebet. Ein Vortrag»; Vortrag, 21 S., dt.; Vortrag mit Musikbeispielen, mit Anmerkung: "(Fünfte Fassung) Reichsbund Jüdischer Frontsoldaten (Gruppe Nordost) 26. November 1936"

5089 1936-12-01
«Der Alltagsgottesdienst und die primitiven Elemente in der synagogalen Melodik»; Vortrag, TD, 22 S., dt.; mit Anmerkung: "Referat zur Eröffnung des Arbeitskreises für Synagogale Musik im Jüdischen Lehrhaus am 1. Dezember 1936"

5090 (1937-12-14)
«Jüdische Kult- und Volksmusik»; Vortrag, TD (annotiert), 95 S., dt.; vierteilige Vortragsreihe mit Musikbeispielen, inklusive "Programm für Kassel 14. Dezember 1937"

KORRESPONDENZ
JÜDISCHE GEMEINDE BERLIN

5091 1946-06-03
? Kempe (Friedhofs-Verwaltung der Jüdischen Gemeinde, Berlin) an Gertrude John-Jacobsohn (London); TLS, 1 S., dt. E Verfolgung/HANNS JOHN (Ermordung durch Gestapo)

OFFIZIELLE DOKUMENTE
BAECK, LEO

5092 1954-11-?
Bescheinigung; TL (Kopie), 1 S., dt.; eidesstattliche Versicherung E Ausreise/GERTRUDE (Flucht nach England); Finanzen/GERTRUDE JOHN-JACOBSOHN (Notwendigkeit einer "Überbrückungshilfe"); Verfolgung/HANNS JOHN (Verhaftung vor geplanter Ausreise, Ermordung durch Gestapo) A Biografie/LB (Rabbiner, Jüdische Gemeinde Berlin; Präsident der Reichsvertretung der Juden in Deutschland); Biografie/HANNS JOHN (Oberkantor, Jüdische Gemeinde Berlin; Ausbildung jüdischer Kantoren)

JÜDISCHE GEMEINDE BERLIN

5093 1939-04-17
? (Governing Board of the Jewish Community, Berlin); Bescheinigung; TL, 1 S., engl. A Biografie/HJ (Kantor an Synagoge der Berliner Gemeinde; Ausbildung von Kantoren; Forschung zur synagogalen Musik); Öffentlichkeit/HJ (Kenntnis der Gesänge, große Fähigkeiten als Sänger)

JÜDISCHES LEHRHAUS BERLIN

5094 1938-10-24
Paul Eppstein und Fritz Bamberger (Jüdisches Lehrhaus/ Freie Jüdische Volkshochschule, Berlin) an Hanns John; Bescheinigung; TD, 1 S., engl. A Biografie/HJ (Dozent, Jüdisches Lehrhaus Berlin); Vortrag/HJ («The Jewish Folksong», «The Melodies of the Jewish Year», «Sabbath and Holiday in Song», «Sabbath and Holiday Celebration in the Jewish Home»)

MATERIAL ZUR BIOGRAFIE
JOHN, HANNS

5095 —
Hanns John, «Kompositionen u. Bearbeitungen: Liturgische [Haus]gesänge»; Werkverzeichnis; AD, 1 S., dt.

5096 (1939)
Hanns John; Lebenslauf; AD, 2 S., engl. E Ausreise/GERTRUDE JOHN-JACOBSOHN (nach England) A Biografie/HJ (Ausbildung als Buchhändler; Wehrdienst; Studium der Theologie; Kantor an Synagoge Berlin, Lehrtätigkeit)

Jewish Theological Seminary of America, Cantors Library
3080 Broadway, New York, NY 10027, http://www.jtsa.edu
Kontakt: Eliott Kahn, elkahn@jtsa.edu

Herbert Fromm Collection

- Herbert Fromm, 1905-1995, Komponist, Dirigent und Organist, Studium in München, 1930-1933 Kapellmeister an den Theatern Bielefeld und Würzburg, bis 1937 Organist für jüdische Kulturorganisationen und jüdische Gemeinde in Frankfurt am Main, 1937 Emigration in die USA, als Organist 1937-1941 am Temple Beth Zion in Buffalo (NY) und 1941-1971 am Temple Israel in Boston (MA)

- Musikmss., Tonträger, Korrespondenz, offizielle Dokumente, Material zur Biografie und Fotografien; Briefwechsel mit Lucie Braun, Armin Knab und Carl Lamb im Hinblick auf Nachkriegssituation in Deutschland interessant

- Schenkung von Herbert Fromm, 1993
- Eliott Kahn, «An Inventory of the Herbert Fromm Collection», New York 1995, online http://www.jtsa.edu/library/archives/fromm.shtml
- Herbert Fromm, «On Jewish Music. A Composer's View», New York 1978 • «Musik – Macht – Mißbrauch», hrsg. von Frank Geißler und Marion Demuth, Altenburg 1999

Musikmanuskripte

Undatierte liturgische Musik von Herbert Fromm

5097 —
«Elohenu – Tovo» für Kantor, Chor und Orgel; Partitur, Autograph (annotiert), 5 S.

5098 —
«I the Lord» für Chor und Orgel; Partitur, Autograph (annotiert), 2 S.

5099 —
«Kol Nidre» für Kantor, Chor und Orgel; Partitur, Autograph, 6 S.

5100 —
«Messias-Lied», Ostjüdisch für 2 Singstimmen mit Kl. oder Orgel; Partitur, Autograph, 4 S.

5101 —
«P'sach Ionu (Traditional)» für Tenor und Orgel; Partitur, Autograph, 1 S.

5102 —
«Prepare to Meet» für Chor und Orgel; Partitur, Autograph, 2 S.

5103 —
«Responses for Atonement Morning» für Chor und Orgel; Partitur, Autograph (annotiert), 2 S.

5104 —
«Responses for Atonement Afternoon» für Soli, Chor und Orgel; Partitur, Autograph (annotiert), 13 S.

5105 —
«Concluding Responses for Atonement Afternoon (Based on Traditional Motifs)» für Tenor, Chor und Orgel; Partitur, Autograph, 4 S.

5106 —
«Shofar Service» für Tr., Chor und Orgel; Partitur, Autograph, 3 S.

5107 —
«Verbum caro factum est» für Solo und Chor; Partitur, Autograph, 1 S.

Undatierte Lieder von Herbert Fromm

5108 —
«Fünf palästinensische Volkweisen» [für Singstimme] mit Begleitung von Streichquartett und Klar.; Partitur, Autograph, 2 S.

5109 —
«Gesang der Landarbeiter (Schir Chaluzim)», Palästinensisch für mittlere Singstimme und Kl.; Partitur, Autograph (annotiert), 17 S.

5110 —
«Hahn Gockels Begräbnis» (nach Friedrich Rückert) für tiefe Stimme und Kl.; Partitur, Autograph, 5 S.,

5111 —
«Maienlied (um 1600)» für dreistimmigen Männer- oder Frauenchor; Partitur, Autograph, 4 S.

5112 —
«Schneiderhochzeit» (Richard Billinger) für Männerchor und Kl.; Partitur, Autograph, 3 S.

5113 —
«Sing Willow! (English Folktune)» für Gesang und Kl.; Partitur, Kopie, 2 S.

5114 —
«The Sun Goes Down» für Alt, Chor und Orgel; Partitur, Autograph, 2 S.

Datierte Werke von Herbert Fromm

5115 [um 1930]
«Heimkehr des Olympia-Siegers», Bühnen-Musik für Männerchor; Partitur, Autograph, 1 S.

5116 1930-09-21 bis 1930-09-22
«Schauspielmusik zu [William] Shakespeare's "Widerspenstigen Zähmung"» für Harfe, 2 Tr., 2 Hr., Fl. und kleine Trommel; Partitur, Autograph, 7 S.; datiert "Bielefeld 21/22 Sept. 30", mit sechsteiligem autographem Stimmensatz (ohne kleine Trommel, insgesamt 10 S.)

5117 1931-10-31 bis 1931-11-01
«Bühnenmusik zu Calderons "Richter von Zalamea"»; Partitur, Autograph, 12 S.; datiert "Würzburg 31. Okt. – 1. Nov. 1931"

5118 1931-11-18 bis 1931-11-30
«Musik zu dem Märchenspiel "Frau Holle" von A. Schettler» für kleines Orchester; Partitur, Autograph (annotiert), 32 S.; datiert "Würzburg 18. November bis 30. November 1931"

5119 1932-01-25
«Musik zu "Egmont" (Schluß: Melodram und Erscheinung)»; Partitur, Autograph, 1 S.; datiert "Würzburg 25.I.32"

5120 1932-09-03
«Bühnenmusik zu Fr[iedrich] Hebbels "Herodes und Mariamne"»; Partitur, Autograph, 8 S.; datiert "Würzburg am 3. Sept. 1932", mit autographem Stimmensatz (insgesamt 14 S.)

5121 1932-11-19 bis 1932-11-30
«Musik zu dem Märchen "Hans Christian und der Wunderkoffer"» für kleines Orchester; Partitur, Autograph, 29 S.; datiert "Würzburg 19. bis 30. November 1932"

5122 [1933]
«Erntelied» (Friedrich Rückert) für gemischten Chor a capella; Partitur, Autograph, 5 S.

5123 [1933]
«[Poco Agitato]» für Kl.; Autograph, 4 S.

5124 1933-01-28
«Jagdlied (um 1724)» für Männerchor a capella; Partitur, Autograph, 2 S.

5125 1933-03-12
«Bühnen-Musik zu "Lob des Landes"»; Partitur, Autograph, 6 S.; datiert "Würzburg am 12.III.33"

5126 1933-05-01
«Einem Tagelöhner» (Conrad Ferdinand Meyer) für Männerstimme und Kl.; Partitur, Abschrift, 4 S.

5127 1933-05-05
«Säerspruch» (Conrad Ferdinand Meyer) für Bariton und Kl.; Partitur, Autograph, 4 S.

5128 1933-05-15
«Brautgesang» (Text aus dem Albanischen) für gemischten Chor a capella; Partitur, Autograph, 2 S.

5129 1933-05-26
«Krankes Kind» (Ludwig Uhland) für Singstimme und Kl.; Partitur, Autograph, 3 S.

5130 1933-05-29
«Die Flamme» (Richard Dehmel) für 2 gemischte Chöre a capella; Partitur, Autograph, 5 S.

5131 1933-06-03
«Ghasel» für vierstimmigen Männerchor; Partitur, Autograph, 5 S.

5132 1933-06-12 bis 1933-06-17
«Eine kleine weltliche Sabbat-Kantate» für Jugendchor, Solosopran und Streicher; Partitur, Autograph, 21 S.

5133 1933-08-21 bis 1933-10-01
«Totentanz» für Männerstimme, Chor und Orchester; Partitur, Autograph, 12 S.

5134 1934-02-26 bis 1934-02-27
«Lied der Gehenkten» (François Villon in der Übersetzung von Richard Dehmel) für Bariton und Kl.; Partitur, Autograph, 9 S.

5135 1934-03-05
«Zigeunerlied» (Johann Wolfgang von Goethe) für Singstimme und Kl.; Partitur, Autograph, 4 S.

5136 1934-04-08
«Es war einmal ein Schäfer», Ostjüdisch für Singstimme und Kl.; Partitur, Autograph, 2 S.

5137 1934-06-05
«Brautlied», Ostjüdischer Text Singstimme und Kl.; Partitur, Autograph, 9 S.

5138 1934-06-08
«Jomi, Jomi, sing mir ein Liedchen», Ostjüdisch für Singstimme und Kl.; Partitur, Autograph (annotiert), 3 S.

5139 1934-06-30
«Die Wäscherin», Ostjüdischer Text für Singstimme und Kl.; Partitur, Autograph, 2 S.

5140 1934-07-02 bis 1934-07-03
«Des Schneiders Weib», Ostjüdisch für Singstimme und Kl.; Partitur, Autograph, 7 S.

5141 1934-07-10
«Vor Tag» für Männer- und Frauenstimmen mit Kl.; Partitur, Autograph, 2 S.

5142 1934-07-13
«Das Kamel (Haggamal)», Palästinensisch für mittlere Singstimme und Kl.; Partitur, Autograph (annotiert), 2 S.

5143 1934-07-14
«Sabbat-Lied», Jüdischer Volkstext für Singstimme und Orgel; Partitur, Autograph, 3 S.; dazu Stimmen

5144 1934-07-16
«Der flandrische Totentanz» für 2 Solostimmen, Chor und kleines Orchester nach einer Volksweise; Partitur, Autograph, 4 S.

5145 1934-07-24
«Messias-Lied», Ostjüdisch für Kinderchor und Geigen; Partitur, Autograph, 3 S.

5146 1934-07-25
«Kommt der liebe Sommer» nach östlicher Volksweise für 2 Singstimmen mit Kl.; Partitur, Autograph, 2 S.

5147 1934-07-26
«Die sieben Weiber», Ostjüdisch für 2 Singstimmen mit Kl.; Partitur, Autograph, 3 S.

5148 1934-07-26
«Wiegenlied» nach östlicher Volksweise für 2 Singstimmen mit Kl.; Partitur, Autograph, 2 S.

5149 1934-08-01
«Vor der Tür», Ostjüdischer Text für Singstimme und Kl.; Partitur, Autograph, 2 S.

5150 1934-09-01
«Die treue Magd» (Richard Billinger) für Singstimme und Kl.; Partitur, Autograph, 3 S.

5151 1934-09-15
«Hütchen» (August Kopisch) für Singstimme und Kl.; Partitur, Autograph, 6 S.

5152 1934-09-17
«Das war ein guter Zug» (August Kopisch) für Singstimme und Kl.; Partitur, Autograph, 6 S.

5153 1934-09-21 bis 1934-09-22
«Die Heinzelmännchen» (August Kopisch) für Singstimme und Kl.; Partitur, Autograph, 11 S.

5154 1934-11-22
«In Ewigkeit», Kantate für gemischten Chor, Jugendchor, Solostimmen und Orchester; Partitur, Autograph, 4 S.

5155 1935-02-22 bis 1935-04-02
«Song of the Camel-Driver»; Partitur, Autograph, 13 S.

5156 1935-02-22
«Tod und Mädchen», Ostjüdisch für Männer- und Frauenstimme mit Kl.; Partitur, Autograph (annotiert), 3 S.

5157 1935-02-25
«Palästinensische Kinderlieder-Suite» für Kinderchor, Einzelstimmen und Kl.; Partitur, Autograph, 2 S.

5158 1935-02-25
«Wiegenlied (Numi, Numi)», Palästinensisch für mittlere Singstimme und Kl.; Partitur, Autograph, 2 S.

5159 1935-04-26
«Liebst du um Schönheit» (Friedrich Rückert) für Singstimme und Kl.; Partitur, Autograph, 3 S.

5160 1935-04-27
«Fahrt auf 'nem Strom am Herbstabend» (Friedrich Rückert) für Singstimme und Kl.; Partitur, Autograph, 2 S.

5161 1935-04-30
«O, ihr Herren» (Friedrich Rückert) für Singstimme und Kl.; Partitur, Autograph, 2 S.

5162 1935-05-03
«Der Regenbogen» (Friedrich Rückert) für Singstimme und Kl.; Partitur, Autograph, 1 S.

5163 1935-05-17 bis 1935-05-31
«O Korn!» (Jehuda Halevy und Franz Rosenzweig). Nach dem Ostjüdischen für gemischten Chor, Solostimmen und Orchester; Partitur, Autograph, 44 S.

5164 1935-06-25
«Rein gehalten dein Gewand» (Friedrich Rückert) für Singstimme und Kl.; Partitur, Autograph, 2 S.

5165 1935-07-27
«Es war ein König in Thule» (Johann Wolfgang von Goethe) für mittlere Stimme und Kl.; Partitur, Autograph, 2 S.

5166 1935-07-30
«Wenn man brennt», Ostjüdischer Text für Singstimme und Kl.; Partitur, Autograph (annotiert), 3 S.

5167 1935-11-17
«Zarenlied» (Klabund) für Männerstimme und Kl.; Partitur, Autograph, 3 S.

5168 1936-01-19
«Der Held» (Friedrich Rückert) für Singstimme und Kl.; Partitur, Autograph, 2 S.

5169 1936-08-15
«Das Amerikaner-Lied» für Singstimme und Kl.; Partitur, Autograph, 1 S.

5170 1937-02-17
«Acht Lieder auf slowakische Volkstexte» für Gesang und Kl.: 1. «Die Rösslein», 2. «Der Falke», 3. «Das Briefchen», 4. «Trieb ein Mädchen Kühe», 5. «Der Abschied», 6. «Die Wäscherin», 7. «Die Botschaft», 8. «Sterb wohl, sterb wohl»; Partitur, Autograph

5171 1937-03-12
«Die verwunschene Tochter», Slowakischer Volkstext für Singstimme und Kl.; Partitur, Autograph, 7 S.

5172 1937-04-13
«Dieses Aug' hier», Ung. Volkstext für Singstimme und Kl.; Partitur, Autograph, 2 S.

5173 1937-11-21
«Horch auf die Lerch!/ List to the Lark!» für Singtimme und Kl.; Partitur, Autograph, 4 S.

5174 1938-07-04
«Al s'fat yom Kinereth» für Singstimme und Kl.; Partitur, Autograph, 2 S.

5175 1939-01-?
«Das Waisenkind» für Singstimme und Kl.; Partitur, Autograph (annotiert), 3 S.

5176 1939-02-?
«Midsummer-Night»; Partitur, Autograph, 7 S.

5177 1939-03-?
«Ein Gebet beim Läuten der Glocken» für 3 Vorsänger und gemischten Chor; Partitur, Autograph, 7 S.

5178 1941-11-?
«Suite nach jüdischen Volksweisen» für Streichorchester, 2 Klar., 1 Tr. und Schlagzeug; Partitur, Autograph (annotiert), 10 S.

5179 1941-12-?
«Appalachian Carol» für Singstimme und Kl.; Partitur, Autograph, 2 S.

5180 1942-06-?
«Meadowland (Russian War-Song)» (L[ev Konstantinovič] Knipper) für Kl.; Autograph, 3 S.

5181 1942-08-18
«Hayom t'amtsenu» für Tenor, Chor und Orgel; Partitur, Autograph, 2 S.

5182 1942-11-08
«Like as a Father (Duet)» für Sopran, Alt und Orgel; Partitur, Autograph, 1 S.

5183 1943-02-02
«Mogen Ovos»; Partitur, Autograph, 3 S., engl.

5184 1943-07-16 bis 1943-07-19
«High Holidays: 1.) Borechu, 2.), Sh'ma, 3.) Mi chomocho» für Kantor, Chor und Orgel; Partitur, Autograph (annotiert), 7 S., engl.; zwei Versionen mit jeweils unterschiedlichen Korrekturen

5185 1943-07-21
«Kiddush for Rosh Hashanah (Traditional Motifs)» für Kantor, Chor und Orgel; Partitur, Autograph, 7 S.

5186 1944-03-20
«The Meadowland (Russian War-Song)» (L[ev Konstantinovič] Knipper) für Chor und Kl.; Partitur, Autograph (annotiert), 6 S.

5187 1944-03-21
«Soviet Anthem» (Aleksander V. Aleksandrov), Bearbeitung für Chor; Partitur, Autograph (annotiert), 2 S.

5188 1945-08-15
«V'al Kulom» für Bariton und Orgel; Partitur, Autograph

(Skizze), 2 S.; drei Versionen mit jeweils unterschiedlichen Korrekturen

5189   1946
«Prelude (Shalom Aleychem)» für Orchester; Partitur, Autograph, 13 S.

5190   1946-08-?
«Ki Omu Amecho» für Chor und Orgel; Partitur, Autograph (annotiert), 3 S.

5191   1946-08-?
«Ochiloh loël» für Kantor, Chor und Orgel; Partitur, Autograph (annotiert), 5 S.; Reinschrift und annotierte Partitur

5192   1947
«In the Rowboat (Madrigal After a Scottish Folksong)»; Partitur, Autograph (annotiert), 6 S.

5193   1947
«Yigdal», Anthem Based on a Traditional Tune; Partitur, Autograph, 5 S.

5194   1949-09-?
«Sabbath Hymn»; Partitur, Autograph, 11 S.

KORRESPONDENZ
BERGMANN, LEO

5195   1956-02-17
Leo Bergman (Touro Synagogue, New Orleans, LA) an Herbert Fromm (Brookline, MA); TLS, 2 S., engl. **A** Aufführung (Werke für zwei Kl./HERBERT FROMM, Catholic Univ., New Orleans); Komposition/HF (synagogale Musik als Lebensunterhalt); Öffentlichkeit/HF (Bericht zum 50. Geburtstag im ‹Jewish Advocate›; Erfolge/HF, "great Amer. Jewish Composer") **R** Judaica/LB (Renaissance des Judentums und der synagogalen Musik in den USA); Religion/LB (Erfüllung in Leben und Werk)

BERLINSKI, HERMAN

5196   [1938]-(01)-?
Herbert Fromm an Herman Berlinski (Washington, DC); TL (Kopie), 1 S., engl. **A** Aufführung/HB («Psalm Cantata»/HF, Dank; "European recital series"); Komposition/HB («Litany for the Persecuted»); Schriften/HB ("second article on Rock in the AGO magazine" [sic]) **Z** Verfolgung (Bestürzung über "the wave of barbarism that is sweeping the country and reaking down the doors of our sanctuaries without meeting any resistance from those in authority")

BRAUN, LUCIE

5197   1946-08-18 bis 1946-08-19
Lucie Braun (Bad Homburg) an Leni Fromm; ALS, 4 S., dt. **Z** Politik (Leben in der Nachkriegszeit; Reparationszahlungen; Entnazifizierung, "Rehabilitierung" von Nationalsozialisten); Verfolgung (Judenverfolgungen im "Dritten Reich")

5198   1946-10-05
Lucie Braun (Bad Homburg) an Leni Fromm; ALS, 4 S., dt. **E** Hilfe/LF (Dank/LB für Paket mit Lebensmitteln) **Z** Politik (schwieriges Leben in der Nachkriegszeit, Mangel an Lebensmitteln, Krankheiten)

→ *Briefe ähnlichen Inhalts: 1946-08-28, 1946-09-13*

5199   1946-10-18
Leni Fromm und Herbert Fromm an Lucie Braun; TLS (Abschrift annotiert), 3 S., dt. **E** Hilfe/LF (Sendung eines Pakets mit Lebensmitteln); Integration/LF (Bericht über tägliches Leben in den USA) **Z** Politik (Nachkriegssituation, "wird allerdings lange dauern bis die ungeheure Schuld des Volkes beglichen sein wird")

5200   1946-12-12
Lucie Braun (Bad Homburg) an Leni Fromm; ALS, 4 S., dt. **E** Hilfe/LF (Sendung eines Pakets mit Lebensmitteln) **Z** Politik (Leben in der Nachkriegszeit)

→ *Briefe ähnlichen Inhalts: 1946-10-30, 1947-01-25*

5201   1947-02-12
Lucie Braun (Bad Homburg) an Herbert Fromm, Leni Fromm; TL (annotiert/unvollständig), 3 S., dt. **Z** Verfolgung (Bericht über Judenverfolgung und -vernichtung in Lemberg)

EHRENREICH, NATHAN

5202   1946-04-01
Nathan Ehrenreich an Herbert Fromm; TLS, 2 S., dt. **A** Anstellung/NAUMOW FLEISCHMANN (sucht neue Stelle, Unterstützung von ? ASSENHEIM); Kompositionen/HF («Song of Mirjam» für Solo, Frauenchor und Orgel, positive Resonanz/WILLIAM STEINBERG und NE); Öffentlichkeit/WILLIAM STEINBERG ("Zugkraft beim breiten Publikum", Schwierigkeiten mit Musikern); Projekte/NE (Planung von Chorkonzerten; Konkurrenz zu Schola Cantorum/CAMERON BAIRD)

EWEN, DAVID

5203   1946-01-04
David Ewen (NYC) an Herbert Fromm (Brookline, MA); TLS, 1 S., engl. **A** Öffentlichkeit/HF (biografischer Artikel/DE in «Composers of Today», Bitte um Aktualisierung der Daten zur Person)

FRIES, RÜDIGER

5204   1947-08-17
Rüdiger Fries (München) an Herbert Fromm; TLS, 5 S., dt. **E** Bekannte/HF (CARL LAMB; ARMIN KNAB) **Z** Kriegsereignisse (Leben und Arbeit/RF unter nationalsozialistischem Regime, ADOLF HITLER als "größenwahnsinniger Verbrecher", "übler Demagog" und "guter Volksredner"; Zerstörung dt. Städte und Kulturschätze); Politik (Leben in der Nachkriegszeit; mögliche "Auseinandersetzung zwischen Ost und West")

5205   1948-10-25
Rüdiger Fries (München) an Herbert Fromm; TLS, 2 S., dt.; mit Briefumschlag **E** Hilfe/HF (Bitte/RF um Zusendung von Lebensmitteln) **A** Kompositionen/HF (Fertigstellung liturgischer Musik) **Z** Politik (bessere Lebensumstände in Deutschland durch Währungsreform; sowjetische Bedrohung in Europa)

HOOPES, MRS. BURT

5206   1944-10-26
Mrs. Burt Hoopes (Haynesville Music Club, Haynesville, LA) an Herbert Fromm (Brookline, MA); TLS, 1 S., engl. **A** Aufführung/Mrs. BURT HOOPES ("Modern Sacred Music"

im Haynesville Music Club, Kompositionen/HF, «Shepherd Story», «Grant Us Peace» für Chor und Orgel, «Messiah Song»); Öffentlichkeit/HF (Interesse an Leben und Werk/HF, ELOISE und ROBERT NOEHREN)

5207 1944-11-05
Herbert Fromm (Brookline, MA) an Mrs. Burt Hoopes; TL (Kopie), 2 S., engl. E Einbürgerung/HF (Erlangung der amer. Staatsbürgerschaft); Einreise/HF (nach Buffalo, NY) A Aufführung/Mrs. BURT HOOPES («Messiah Song», «Shepherd Story», «Grant Us Peace» für Chor und Orgel/HF); Anstellung/HF (Organist und musikalischer Leiter, Temple Beth Zion und Presbyterian Church, Aurora, New York, sowie Temple Israel, Boston); Biografie/HF (Studium an Musikakademie München, Meisterklasse für Komposition, Kapellmeistertätigkeit); Kompositionen/HF (Werke, Veröffentlichungen; «Cantata» für Tenor, Orchester und Chor, Instrumentation; «Messiah Song», «Shepherd Story», «Grant us Peace» für Chor und Orgel; «Bohemian Carol», «Breton Carol»); Unterricht/HF (in den USA Kompositionsunterricht bei PAUL HINDEMITH)

5208 1944-12-16
Mrs. Burt Hoopes (Haynesville, LA) an Herbert Fromm (Brookline, MA); TLS, 1 S., engl. E Integration/HF (Entwurzelung der Familie in Europa, neue Heimat USA) A Aufführung/Mrs. BURT HOOPES (Kompositionen/HF, Haynesville Music Club); Kompositionen/HF («Bohemian Carol» und «Breton Carol»)

JEWISH MUSIC FORUM

5209 1948-03-01
Joseph Yasser (Jewish Music Forum, NYC) an Herbert Fromm (Brookline, MA); TLS, 1 S., engl. A Aufführung/HF (Teilnahme an Konzert des Jewish Music Forum); Kompositionen/HF (Harmonisierung jüdischer Melodien); Öffentlichkeit/HF (positive Resonanz von Musikern und Publikum auf seine Arbeit); Projekt/JY (Zusammenstellung eines neuen Gesangbuchs durch HF); Schriften/HF (Veröffentlichung im Bulletin des Jewish Music Forum)

KAY, ULYSSES

5210 1946-04-04
Ulysses [Kay] an Herbert Fromm; TLS, 2 S., engl. A Aufführung/JULIUS CHAJES (Werke/JULIUS CHAJES, «Violin Sonata», «Piano Pieces»); Aufführung/DEAN DIXON (Ballettmusik «Danse Calinda»); Aufführung («Symphony»/[LUKAS] FOSS); Kompositionen/HF («Song of Mirjam» für Solo, Frauenchor und Orgel); Kompositionen/UK (Ballettmusik «Danse Calinda», unvollendet nach "reading rehearsal", Rochester, New York); Unterricht/UK (bei PAUL HINDEMITH) R Musik/UK (Werke/JULIUS CHAJES, Harmonik, Material)

KNAB, ARMIN

5211 1933 bis 1949
Rund 80 Briefe und Postkarten (ALS und APS) von Armin Knab an Herbert Fromm vorwiegend privaten Inhalts sowie zu Knabs Projekten in Deutschland

5212 1935-07-08
Herbert Fromm (Bingen) an Armin Knab; TL (Kopie), 2 S., dt. E Ausreise/HF ("dass unser altes Schicksal von uns Besitz ergreift und sich an uns erfüllen will", "vielleicht ist unsere Zeit hier bald um und wir müssen wandern") A Aufführung (Kantate) in Frankfurt; Aufführung in Maastricht mit Rundfunkübertragung) R Musik/HF (Madrigale/AK, Lob und Kritik)

KOUSSEVITZKY, SERGE

5213 1944-04-24
Serge Koussevitzky (Boston SO, Boston, MA) an Herbert Fromm (Boston, MA); ALS, 1 S., engl. A Aufführung/HF («Adath Israel», musikalische Liturgie/HF im Main Temple, Boston); Aufführung/SK (Leitung des "Friday Concert")

LIEBMAN, JOSHUA LOTH

5214 1942-04-03
Herbert Fromm (Boston, MA) an Joshua Loth Liebman; TL (Kopie), 2 S., engl. A Anstellung/HF (als Leiter des Synagogenchores am Temple Israel, Boston; Entkräftung des Vorwurfs, "I would refuse to hire Jewish singers", Wahl der Sänger hängt von musikalischen Fähigkeiten ab)

‹MENORAH JOURNAL›

5215 1949-12-09
Allen Lesser (‹Menorah Journal›, NYC) an Herbert Fromm (Temple Israel, Boston, MA); TLS, 1 S., engl. A Kompositionen/HF (Dank/AL für zugesandtes Werk); Veröffentlichung/AL (Faksimile von«Yigdal»/HF in ‹Menorah Journal›, Copyright, Bitte um Zusendung biografischer Daten)

MUNCH, CHARLES

5216 1949-09-26
Herbert Fromm an Charles Munch (Symphony Hall, Boston, MA); TL (Kopie), 1 S., engl. A Kompositionen/HF («Memorial Cantata» nach biblischen Texten für Tenor, Chor und Orchester)

NEUMEYER, HANS

5217 1938-07-17
Hans Neumeyer (bei Mankiewitz, Berlin) an Herbert Fromm; TLS, 4 S., dt. E Ausreise/HN (möglichst gemeinsam mit D. M.-B., Geigerin und Pädagogin [nur Initialen genannt]); Einreise/HN (Einwanderungsbedingungen, keine Verwandtschaft in den USA, Alter, Gesundheit; Möglichkeit der Empfehlung durch Institutionen oder Personen); Integration/HF (positive Erfahrungen im Exil; Neubeginn in Amerika) A Anstellung/HN (Erfahrung mit Organisation von Blindenbibliothek; ANTON SCHEIDLER, Direktor der Münchener Zentral-Blindenanstalt; Möglichkeit der Tätigkeit im Bereich der Blindenbildung in den USA; Bitte um Vermittlung durch HF); Empfehlung (Empfehlungsbriefe und Zeugnisse, Bestätigung musikalischer Aktivitäten von HN); Kompositionen/HN (Harfenbegleitung zu melodramatischem Vortrag der Psalmen 90, 97 und 121; Werke für Blockflöte); Öffentlichkeit/HF (Interesse an Musik/HF); Schriften/HN («Modulationslehre», Niederschrift des ersten Teils, D. M.-B. als Helferin); Unterricht/HN (praktische Erfahrungen mit Theorieunterricht) R Musik/HN (Musiktheorie als Grundlage der «Modulationslehre»; zur Verwendung der Blockflöte) Z Politik/HN (Situation in Deutschland, "Dissonanz der Gegenwart")

ROTHMÜLLER, MARKO

5218 1948-02-20
Marko Rothmüller (Zürich, CH) an Herbert Fromm (Brookline, MA); TLS, 1 S., dt. **A** Schriften/MR («Musik der Juden» mit Beitrag zu HF); Biografie/MR (Kompositionsschüler/ALBAN BERG, Referenzen/JULIUS CHAJES und NAOMI BERMAN, Jewish Music Council)

5219 1948-03-10
Herbert Fromm an Marko Rothmüller; TL (Kopie), 2 S., dt. **A** Kompositionen/MR (im Verlag Omanut); Kompositionen/HF (Werkliste, Transcontinental Music Corp.; «Song of Mirjam» für Solo, Frauenchor und Orgel, Verlag Carl Fischer; Musik zu Jom Kippur, «Shofar Service» für Rosh Hashono; Einzelstücke in Sammelband neuer liturgischer Musik, Verlag Schirmer; «Drei Stücke», Verlag R.D. Row, Boston; «Memorial Cantata» nach biblischen Texten; «Sonate» für V. und Kl.); Schriften/JULES WOLFFERS (Artikel über HF)

5220 1949-05-24
Marko Rothmüller an Herbert Fromm (Zürich, CH); TLS, 1 S., dt. **A** Schriften/MR («Die Musik der Juden» mit Beitrag zu HF)

SAPERSTON, MCNAUGHTAN & SAPERSTON

5221 1937-01-05
Willard W. Saperston (Saperston, McNaughtan & Saperston, Counsellors at Law, Buffalo, NY) an Herbert Fromm (Bingen); TLS, 1 S., engl. **E** Ausreise/HF (Schiffspassage, Ankunft in NYC); Hilfsorganisationen (National Coordinating Committee for Aid to Refugees, CECILIA RAZOVSKY); Einreise/HF (Einreiseverweigerung durch US Dept. of Labour; HUGO CHAYIM ADLER) **A** Anstellung/HF (Organist am Temple Beth Zion, Rhode Island, Finanzen; WILE HERMAN)

➻ Abdruck im Anhang, S. 370

SCHALIT, HEINRICH

5222 1943-02-09
Herbert Fromm (Brighton, MA) an Heinrich Schalit; TLS, 2 S., engl. **A** Aufführung/HF («Lchu N'rannenoh», «Borechu» und «I Will Lift my Eyes»/HS, Rundfunkübertragung); Kompositionen/HF («Kiddush», Sendung an HS); Öffentlichkeit/HS ("your music is making a great hit with my choir"); Projekte/HF (Einstudierung des «Shiru Ladonoy»/HS mit seinem Chor)

5223 1943-06-05
Herbert Fromm an Heinrich Schalit; TLS, 2 S., dt. **A** Anstellung (Interesse/HS an Stelle am Temple Beth-El, Providence, Rhode Island; Finanzen); Empfehlung/HUGO CHAYIM ADLER (für HS an Rabbi [WILLIAM] BRAUDE zur Anstellung an Temple Beth-El)

5224 1943-12-03
Herbert Fromm (Brighton, MA) an Heinrich Schalit; TLS (Kopie), 1 S., dt. **A** Kompositionen/HS («Thora Service», Kritik/HF an Preisen für Notenausgaben, Gedanken zur Bearbeitung, "wenn ich eine Stelle, die mir nicht zusagt unter Benutzung Ihres Materials ausgestalte")

5225 1943-12-04
Heinrich Schalit (Providence, RI) an Herbert Fromm; TLS, 1 S., dt. **A** Kompositionen/HS («Thora Service», Verwendung in der Synagoge, Preise für Notenausgaben; keine Zustimmung zur Veränderung des Notentextes; "Ich erwarte, dass Sie das Copyright meiner Musik ebenso respektieren, wie ich das Ihrige."); Projekte/HS (Jewish Music Festival; Rabbi [WILLIAM] BRAUDE)

5226 1943-12-07
Herbert Fromm an Heinrich Schalit; TLS (Kopie), 2 S., dt. **A** Kompositionen/HS («Thora Service», Veränderung der Komposition durch HF, Copyright) **R** Musik/HF (Kritik an «Thora Service»/HS, "ganzes Suendenregister" mit fragwürdigen Stellen, Verbesserungsvorschläge)

5227 1943-12-08
Heinrich Schalit (Providence, RI) an Herbert Fromm; TLS, 1 S., dt. **R** Musik/HS (Kritik an Änderung und "Beschneidungen" seines «Thora Service» durch HF; "Lassen Sie bitte in Zukunft Schalit lieber ungeschoren, unbeschnitten und unveraendert. Ich glaube, dass in diesem Punkt jeder Komponist seine eigenen Anschauungen haben darf.")

STEINBERG, WILLIAM

5228 1945-10-04
Herbert Fromm an William Steinberg; TL, 2 S., engl. **A** Anstellung/WS (als Dirigent des Buffalo PO); Kompositionen/HF («Memorial Cantata» nach biblischen Texten für Tenor, Chor und Orchester, komponiert "under the experience of the war and as a monument to the fallen"; mögliche Aufführung durch WS)

➻ Antwortbrief: 1945-10-22

5229 1949-09-17
William Steinberg (War Memorial Opera House, SF) an Herbert Fromm (Brookline, MA); TLS, 1 S., engl. **A** Anstellung/WS (an SF Opera); Empfehlung/WS (für HF an CHARLES MUNCH); Treffen/WS (mit HF in Worcester)

STOEBER, ELSE

5230 1947-07-14
Else Stoeber (Marktbreit am Main) an Leni Fromm und Herbert Fromm; TLS, 2 S., dt. **E** Hilfe/HF und LF (Dank/ES für Hilfspaket mit Lebensmitteln) **A** Aufführung («Angel of Peace», «Sabbath of Joy» und «My Lambkids Are Gone»/HF in Schwabach; ARMIN KNAB) **Z** Politik (Leben in der Nachkriegszeit)

5231 1947-12-04
Else Stoeber (Marktbreit am Main) an Herbert Fromm und Leni Fromm; ALS, 2 S., dt. **E** Bekannte/HF (ARMIN KNAB); Hilfe/HF und LF (Dank/ES für Hilfspaket)

WEINBERG, JACOB

5232 1948-01-21
Herbert Fromm an Jacob Weinberg; TL (Kopie annotiert), 2 S., engl. **A** Editionen/JW (Sammlung von Hymnen, darunter Vorlage zu «Adon Olom»/HF); Kompositionen/HF («Adon Olom») **R** Musik/HF (kein Bezug zu Volksliedern in «Adon Olom»; prinzipielle Unterscheidung zwischen Originalwerken und Volksliedarrangements)

5233 1948-01-27
Jacob Weinberg (NYC) an Herbert Fromm; ALS (anno-

tiert), 2 S., engl. A Kompositionen/HF («Adon Olom»); Projekte/JW (Suche nach einem jüdischen Volkslied für HF); Reise/HF (nach NYC; Treffen mit JW; [JOSEPH] YASSER); Sammlung/JW (unpublizierte jüdische Volkslieder) R Musik/JW (Verwendung von Volksliedern als Themen; SERGE RACHMANINOFF, SERGEJ TANEEV; unbewusstes Memorieren gehörter Melodien; Modalität, ähnlicher Aufbau verschiedener Hymnen)

WOLFFERS, JULES

5234   1946-09-19
Herbert Fromm an Jules Wolffers; TL (Kopie), 2 S., engl. A Biografie/HF (Ausbildung und Tätigkeiten in Europa, Anstellungen in den USA); Kompositionen/HF (Vokalwerke, liturgische Musik, Instrumentalwerke) R Musik/HF (Charakterisierung einiger seiner Kompositionen; «Adath Israel» [= «Friday Eve Service»] als "attempt to write a Service of practical dimensions in a unified symphonic form"; «Song of Mirjam» für Solo, Frauenchor und Orgel, Gewinner des Ernest Bloch Award, UA unter ISADORE FREED; «Memorial Cantata» nach biblischen Texten für Tenor, Chor und Orchester, "born out of the experiences of the war years"; «Palestinian March» für Orchester, UA unter ARTHUR FIEDLER)

MATERIAL ZUR BIOGRAFIE

FROMM, HERBERT

5235   1949
Arnold Wolfers, «Herbert Fromm»; Lebenslauf; TD, 1 S. A Biografie/HF (Kompositionsstudium in München, Kapellmeister, Emigration nach Amerika); Kompositionen/HF («Adath Israel», «23. Psalm» für Frauenchor und Orgel, «Song of Mirjam» für Solo, Frauenchor und Orgel); Öffentlichkeit/HF (Ernest Bloch-Preis)

David J. Putterman and Park Avenue Synagogue Music Collections

- David J. Putterman, 1900-1979, einer der einflussreichsten amer. Kantoren seiner Generation
- Sammlung in zwei Teilen, bestehend aus den von David J. Putterman gesammelten Musikmss. mit "cantorial music" sowie dem Nachlass mit Partituren, Korrespondenz und Tonträgern; ein Teil der Sammlung mit Mss. und Korrespondenz offenbar in Privatbesitz in Larchmont (NY)
- Vgl. Park Avenue Synagogue Music Manuscripts (Park Avenue Synagogue, Edmond de Rothschild Library, S. 332f.)
- Eliott Kahn, «An Inventory of the David J. Putterman and Park Avenue Synagogue Music Collections», New York 2002

MUSIKMANUSKRIPTE

DESSAU, PAUL

5236   1942
«Heintz iz Purim» für Chor und Kl.; Partitur, Autograph, 10 S.; auch 4 Stimmen (jeweils 2 S.) vorhanden

5237   1942
«Song of Songs» für Frauenchor und Kl.; Partitur, Druck, 11 S.; publiziert bei: Dimit Edition, New York 1942

5238   1943
«Bor'chu» & «Sh'ma Yisroel» für Tenor, gemischten Chor und Orgel; Partitur, Autograph, 8 S.; publiziert bei: Yibneh Edition, New York 1943

5239   1943
«Olenu» für Kantor (Tenor), Chor und Orgel; Partitur, Autograph, 9 S.; auch 4 Stimmen (jeweils 2 S.) vorhanden

LEVY, ERNST

5240   1946-01-18
«Kaddish» für Kantor, Chor und Orgel; Partitur, Kopie, 8 S.

5241   1961-11-26
«Meditation on a Hebrew Raga» für Orgel; Autograph, 8 S.

MILHAUD, DARIUS

5242   1944
«Borechu» & «Shema, Israel» für Kantor und Chor mit Orgel; Partitur, Kopie, 5 S.; publiziert als «Borechou schema Israël» op. 239

SCHÖNBERG, JAKOB

5243   1948
«V'shomru» für Chor, Tenor solo und Orgel; Partitur, Autograph, 7 S.

SMIT, LEO

5244   1947-02-21
«V'shomru» für Kantor und Chor mit Orgel; Partitur, Kopie, 9 S.

KORRESPONDENZ

ADLER, HUGO CHAYIM

5245   1939-12-17
Hugo Chayim Adler (Worcester, MA) an David J. Putterman; TLS, 1 S., engl. E Hilfe (Bitte um Hilfe für ARNO NADEL, DP soll mit Rabbi [DAVID] STEINBERG über Möglichkeit zu einer Beschäftigung sprechen) A Anstellung/ERIC WERNER (in Cincinnati als Nachfolger/ABRAHAM ZWI IDELSOHN, daher keine Anstellungsmöglichkeit für ARNO NADEL; Rabbi ? OLAN); Kompositionen/HCA («Kiddush»)

5246   1943-02-09
David J. Putterman an Hugo Chayim Adler (Worcester, MA); TL (Kopie), 1 S., engl. R Judaica/DP (PAUL DESSAU "driven to Jewish music by Hitler")

CASTELNUOVO-TEDESCO, MARIO

5247   1943-03-16
Mario Castelnuovo-Tedesco (Beverly Hills, CA) an David J. Putterman; ALS, 1 S., engl. A Aufführung («Lecho Dodi»/MCT, Park Avenue Synagogue, Dank an Interpreten)

5248   1947-07-21
David J. Putterman an Mario Castelnuovo-Tedesco (Beverly Hills, CA); TL (Kopie), 1 S., engl. A Kompositionen/MCT («Lecho Dodi», Dank/DP für Erlaubnis zur Verwendung "in our forthcoming Anthology"; Publikation bei Verlag Schirmer)

5249   1950-05-29
Mario Castelnuovo-Tedesco (Beverly Hills, CA) an David J. Putterman; ALS, 1 S., engl.; A Aufführung/DP und MAX HELFMAN (Dank/MCT für Aufführung); Projekte/MCT (fragt bei [RAMÓN] RAQUELLO von "Voice of America", State Dept., nach Aufnahmen von "sacred music")
→ *Briefe ähnlichen Inhalts ab 1950-01-08, darunter 1950-05-24 (Putterman an Castelnuovo-Tedesco) und 1950-05-26 (Castelnuovo-Tedesco an Putterman)*

CHAJES, JULIUS

5250   1947-05-29
Julius Chajes (Jewish Community Center, Detroit, MI) an David J. Putterman; TLS, 1 S., engl. A Kompositionen (JC hat Partituren der letzten Aufführungen an Park Avenue Synagogue gesehen durch Vermittlung/[MAX] HELFMAN); Projekte/JC (schlägt HUGO KAUDER als Komponisten vor)

COMMITTEE FOR MUSICAL INSTRUMENTS FOR PALESTINE

5251   1945-12-28
Yoma Shamir (Committee for Musical Instruments for Palestine, NYC) an David J. Putterman (NYC); TLS, 1 S., engl. A Organisationen (Committee for Musical Instruments for Palestine, nationale Mitglieder, darunter MAX BRAND, MARIO CASTELNUOVO-TEDESCO, OTTO KLEMPERER, DARIUS MILHAUD, ARNOLD SCHOENBERG, IGOR STRAVINSKY, ALEXANDER TANSMAN, ERNST TOCH)

FROMM, HERBERT

5252   1945-06-05
Herbert Fromm (Temple Israel, Boston, MA) an David J. Putterman; TLS, 1 S., engl. A Aufführung (HF fragt, warum seine liturgischen Werke keine Aufnahme bei DP gefunden haben; MAX HELFMAN)

GRADENWITZ, PETER

5253   1948-11-03
David J. Putterman (Tel Aviv) an Peter Gradenwitz; TL (Kopie), 2 S., engl. A Aufführung (jährliche Aufführungen liturgischer Musik in Park Avenue Synagogue, Komponisten JOSEPH ACHRON, JACOB AVSHALOMOFF, LEONARD BERNSTEIN, ERNEST BLOCH, MARIO CASTELNUOVO-TEDESCO, DAVID DIAMOND, LUKAS FOSS, ALEKSANDER GREČANINOV, MORTON GOULD, ROY HARRIS, FREDERICK JACOBI, JACQUES DE MENASCE, DARIUS MILHAUD, DOUGLAS MOORE, BERNARD ROGERS, SOLOMON ROSOWSKY, LEO SOWERBY, ROBERT STARER, GRANT STILL, ALEXANDER TANSMAN, KURT WEILL); Projekte/DP (nächster Musikgottesdienst nur mit israelischen Komponisten geplant, Bitte um Kontakte, MAX BROD, PAUL BEN-HAIM, ? KAMINSKY, [MENAHEM] MAHLER-KALKSTEIN, HERBERT LOEWENSTEIN, ERICH-WALTER STERNBERG); Reise/PG (nach NYC; "our mutual friends" JOSEPH YASSER, Mrs. ? COHEN, Amer. Fund for Palestinian Institutions); Veröffentlichung (Anthologie mit liturgischer Musik bei Verlag Schirmer)

MENASCE, JACQUES DE

5254   1947-03-05
David J. Putterman an Jacques de Menasce (NYC); TL (Kopie), 1 S., engl. A Aufführung («Leche Dodi»/JM, Park Avenue Synagogue, Dank/DP für die Komposition)
→ *Beilage: Lebenslauf (Dok. 5265)*

MILHAUD, DARIUS

5255   (1943)-(11)-[28]
Darius Milhaud (Mills College, [Oakland], CA) an David J. Putterman; ALS, 1 S., engl. A Projekte/DM (hat sich die Texte «Barechu» und «Schema» zur Komposition für liturgisches Konzert ausgesucht)

5256   [1944]-?-?
Darius Milhaud (Mills College, [Oakland], CA) an David J. Putterman; ALS, 1 S., engl. A Aufführung («Borechu» & «Shema, Israel» für Kantor und Chor mit Orgel/DM, Park Avenue Synagogue, Dank an alle Interpreten)

SACHS, CURT

5257   1944-04-01
Curt Sachs (NY Univ., Graduate School [of Arts and Sciences], NYC) an David J. Putterman (Park Avenue Synagogue, NYC); TLS, 2 S., engl. A Aufführung (Glückwunsch an DP zu "impressive Friday Service that I was allowed to attend") R Musik/CS (Parallelen zwischen christlicher Kirchenmusikgeschichte und Geschichte der jüdischen liturgischen Musik; Balance zwischen Tradition und Kreativität in der synagogalen Musik)

SCHALIT, HEINRICH

5258   1943-03-30
Heinrich Schalit (Rochester, NY) an David J. Putterman; TLS, 1 S., engl. A Kompositionen/HS (Sabbath Eve Service, «Lchu N'rannenoh», «Shiru Ladonoy»; Kosten)

5259   1950-11-07
Heinrich Schalit (Denver, CO) an David J. Putterman; ALS, 3 S., engl. A Aufführung (HS bittet um Probe der «Sabbath Eve Liturgy» in Park Avenue Synagogue); Kompositionen/HS («The Sabbath Eve Liturgy» für Kantor, gemischten Chor und Orgel); Veröffentlichung («98. Psalm» in Anthologie zur jüdischen Musik bei Verlag Schirmer)

SCHOENBERG, ARNOLD

5260   1943-12-15
Arnold Schoenberg (LA) an David J. Putterman (c/o Park Avenue Synagogue, NYC); TLS (annotiert), 2 S., engl. A Projekte/AS (liturgische Komposition, hat die Textgrundlage verändert, Kompositionsbeginn ungewiss)

5261   1950-10-11
David J. Putterman an Arnold Schoenberg (LA); TL (Kopie), 1 S., engl. A Projekte/AS (Plan für Komposition auf

Psalmtexte; Textvorlage, "the selection you finally chose to compose was the short prayer «Mi chomocho»")

SCHÖNBERG, JAKOB

5262   1948-06-19
Jakob Schönberg (NYC) an David J. Putterman (NYC); ALS, 1 S., engl. A Aufführung («V'shomru» für Chor, Tenor solo und Orgel/JS, Dirigent MAX HELFMAN, Organist ISIDOR GELLER)

5263   1948-10-30
Jakob Schönberg (NYC) an David J. Putterman (NYC); TLS, 1 S., engl. A Aufführung (Bericht/JS über Aufführungen seiner Werke, "Horas" mit Tanz, RAY LEV spielt Fuge aus «Chassidische Suite»); Kompositionen/JS («V'shomru» für Chor, Tenor solo und Orgel)

WEILL, KURT

5264   1946-01-24
Kurt Weill (Brook House, New City, NY) an David J. Putterman; TLS (annotiert), 1 S., engl. A Kompositionen/KW ("I am to my neck in work on a new opera"); Projekte/KW (trotz Zeitmangels Komposition für DP, Textvorschlag)

→ *Briefe David J. Putterman: Weill Correspondence (Dok. 5404-5405)*

MATERIAL ZUR BIOGRAFIE
MENASCE, JACQUES DE

5265   (1947)
Jacques de Menasce, «Biographical Notes. Composer and Concert Pianist»; Lebenslauf; TD, 1 S., engl. E Einreise/JM (in die USA 1941) A Biografie/JM (Kompositionsstudium bei JOSEPH MARX, ALBAN BERG, PAUL A. PISK, Klavier bei EMIL VON SAUER, PAUL WEINGARTEN; Rundfunkauftritte in Europa und den USA); Kompositionen/JM; Organisationen (Mitgliedschaft/JM bei Bohemians, League of Composers, ISCM, Lotos Club)

→ *Beilage zu: Brief 1947-03-05 (Dok. 5254)*

PARK AVENUE SYNAGOGUE

5266   1950-05-29
«Israel Reborn. Sabbath Eve Service of Liturgical Music by Israeli Contemporary Composers»; Programmheft; PD, 4 S., engl. A Aufführung (Konzert mit liturgischer Musik, Park Avenue Synagogue); Biografie (Lebensläufe von Emigranten HAIM ALEXANDER, PAUL BEN-HAIM, HERBERT BRUN, PETER GRADENWITZ, JOSEF GRUENTHAL, MARC LAVRY [?], MOSHE LUSTIG, NAHUM NARDI, CARL SALOMON, ROBERT STARER, YEHUDA H. WOHL)

Solomon Rosowsky Collection

- Solomon Rosowsky, 1878-1962, Komponist und Musikforscher, Studium in St. Petersburg, Gründer des Jüdischen Konservatoriums für Musik in Riga (1920), 1925-1947 in Palästina, ab 1947 in den USA, tätig an der New School for Social Research und am Jewish Theological Seminary
- Nachlass in fünf Abteilungen: I. Korrespondenz, II. Scrapbooks, III. Subject Files, IV. «Cantillation of the Bible», IV. Material zu Joseph Achron und Max Laserson; V. Musical Materials
- Eliott Kahn / Julie Miller, «An Inventory of the Solomon Rosowsky Collection», New York 1996
- Philip V. Bohlman, «The World Centre for Jewish Music in Palestine, 1936-1940: Jewish Musical Life on the Eve of World War II», Oxford und New York 1992

SCHRIFTEN
WOLPE, STEFAN

5267   1938-09-08
Stefan Wolpe, «2. Referat gehalten vor dem Plenum der Musikkommission»; Vortrag, TD (Kopie annotiert), 5 S., dt. R Kulturpolitik/SW (Suche nach Maßstäben für eine Arbeit, "in der wir als Kuenstler einen professionellen und moralischen Maximalismus durchsetzen wollen", Bericht über musikalische Situation in Palästina; Dominanz des Laienmusizierens, Schaffung eines hebräischen Musiklebens durch Werke und Institutionen)

KORRESPONDENZ
BEN-HAIM, PAUL

5268   1957-10-04
Paul Ben-Haim (Tel Aviv, Israel) an Solomon Rosowsky (NYC); ALS, 2 S., dt. A Schriften/SR («The Cantillation of the Bible: the Five Books of Moses», Dank/PBH für Rezension/LAZARE SAMINSKY) R Musik/PBH (Bedeutung der Schrift/SR, ABRAHAM ZWI IDELSOHN trotz seiner Leistungen auf künstlerischem und wissenschaftlichen Gebiet eher "ein hochbegabter Amateur")

CHAJES, JULIUS

5269   1947-07-08 bis 1950-04-05
Korrespondenz (1 AP, 2 ALS, 9 TLS) zwischen Solomon Rosowsky und Julius Chajes (Jewish Community Center bzw. Hashofar – Soc. for Advancement of Jewish Music, Woodward at Halbrook, Detroit, MI) zu Auftritten und Konzerten Solomon Rosowskys bei Hashofar

EHRLICH, ABEL

5270   1949-05-21
Abel Ehrlich an Solomon Rosowsky; ALS, 2 S., dt. A Anstellung/AE (am Konservatorium Haifa und an einer Schule, "sehr anstrengende Tätigkeit"; außerdem Privatstunden und Kurse in Haifa); Aufführung (UA «1. Streichquartett»/AE; «Allegro appassionato» für Kl. in "Konzert Jerusalemer Komponisten"); Kollegen/AE (? PATIN, "als Lehrer nicht sehr geschickt"; ? BERNSTEIN und "eine Reihe von Dilettan-

ten", Instrumentallehrer ohne Theoriekenntnisse); Kompositionen/AE («2. Streichquartett»); Öffentlichkeit/SR (Anerkennung "als Komponist und Lecturer"; Aufführung seiner Werke in den USA); Projekte/SR (Arbeit an «The Cantillation of the Bible: the Five Books of Moses»); Vortrag/ SR ("Vortragsreisen durch diese herrlichen Gegenden")

5271   1952-08-03
Abel Ehrlich (Jerusalem) an Solomon Rosowsky; ALS, 4 S., dt. E Integration/AE **A** Anstellung/AE (am Konservatorium in Haifa, Neuorganisation der Lehranstalt); Anstellung/ERWIN BODKY (an Brandeis Univ., Waltham, Massachussetts, Vetter/AE; ELIAHU AHILEA, ehemaliger Schüler/AE); Finanzen/AE (hohe Lebenshaltungskosten, steigende Preise für private Unterichtsstunden); Kollegen/AE ([OEDOEN] PARTOS Direktor der Konservatorien in Tel Aviv und Jerusalem); Kompositionen/AE («2. Streichquartett», «Avshalom» für Chor); Projekte/SR (Arbeit an «The Cantillation of the Bible: the Five Books of Moses», Publikationskosten); Projekte/SR (Reise nach Israel); Unterricht/AE (Studium bei SR; weitere Schüler FRITZ LEVISOHN, ROBERT ISRAEL, KURT SCHLESINGER, ROBERT STARER) **R** Musik/AE (Probleme des israelischen Musiklebens und einer nationalen Musikkultur) **Z** Kulturleben (Situation in Israel; Zusammenkunft von AARON COPLAND mit israelischen Komponisten, organisiert von FRANK POLLAK; Gründung des Haifa SO durch ZVI ROTHENBERG, mittelmäßige Qualität anderer Orchester und Chöre; Verwaltungsstruktur des Kulturlebens, Organisation der Musikakademien)

→ *Abdruck im Anhang, S. 426*

5272   1952-10-14
Abel Ehrlich an Solomon Rosowsky; ALS, 2 S., dt. **E** Verwandte/AE (ERWIN BODKY, Tätigkeit an Brandeis Univ.) **A** Kollegen/AE (ZION COHEN an Musikakademie [Haifa]; ? BRENER, ? NEEMAN, ? NIRA); Projekte/AE (Anfrage bezüglich einer Lehrtätigkeit in den USA); Projekte/SR (Reise nach Israel) **R** Gesellschaft/AE (diverse Strömungen in Israel aus verschiedenen Traditionen erklärbar); Musik/AE (keine israelische Volksmusik "im Sinne der ungezwungenen, natürlichen Art"; zwei Existenzen für begabte Musiker, "musikalische Muttersprache sprechen" oder immer "maskiert u[nd] kostümiert" komponieren wie "bayerische Juden in jemenitischem Gewand mit spanischen Bolerojäckchen", dritte Möglichkeit der "frechen Massenreproduktion von 'zionistischem-nationalem' Kitsch")

TANSMAN, ALEXANDER

5273   1961 bis 1962
Briefwechsel zwischen Alexander Tansman und Solomon Rosowsky (16 Briefe, ALS, engl. und ein russ. Antwortentwurf) aus dem Zeitraum 1961-03-06 bis 1962-11-07 (letzter Brief an Frau Tansman) zur Oper «Sabbataï Zévi, le faux messie»)

5274   1961-03-06
Alexander Tansman (Paris) an Solomon Rosowsky (NYC); ALS, 2 S., engl. **A** Kompositionen/AT (konzertante UA der Oper «Sabbataï Zévi, le faux messie»; "opera of my life", erste jüdische Oper; sendet Tonbandaufnahme an SR); Projekte/AT (bittet SR um Unterstützung, da er keine Verbindungen mehr in die USA hat; soll MET oder Civic Center für seine Oper «Sabbataï Zévi, le faux messie» interessieren)

Heinrich Schalit Collection

- Zur Biografie vgl. S. 52
- Nachlass, bestehend aus Kompositionen (vor 1933 unpubliziert, meist Kammermusik und Lieder, nicht aufgenommen; nach 1933 sämtliche publiziert oder im Selbstverlag hrsg.), Korrespondenz mit vielen Emigranten, Musik und Bücher, Tonträger
- Vgl. Heinrich Schalit Suject File in Archives of the American Jewish Joint Distribution Committee (Center for Jewish History, Leo Baeck Institute, S. 52)
- Inventory

SCHRIFTEN
SCHALIT, HEINRICH

5275   —
«Der 29. Psalm. Ein Psalm nach David»; Aufsatz, AD (Entwurf), 2 S., dt.; Werkkommentar

5276   —
«Der orientalisch-jüdische Kultgesang»; Aufsatz, AD (Entwurf), 4 S., dt. **A** Schriften/ABRAHAM ZWI IDELSOHN («Hebräisch-Orientalischer Melodienschatz») **R** Musik/HS (orientalisch-jüdischen Kultgesang)

5277   —
«Ein Psalmlied für den Sabbattag»; Aufsatz, AD (Entwurf), 2 S., dt.; Werkkommentar

5278   —
«Memorandum über "Lest We Forget"»; Aufsatz, AD (Entwurf), 4 S., engl./dt. **A** Kompositionen/HS («Lest we forget», «Psalm of Brotherhood») **R** Judaica/HS (Reflexion über die "tragischsten Ereignisse in der gesamten Geschichte der jüdischen Volksgemeinschaft")

KORRESPONDENZ
[UNBEKANNTER ABSENDER]

5279   1934-07-27
Heinrich Schalit (Rom) an ?; ALS (Entwurf), 2 S., engl.; **E** Einreise/HS (Bemühung um Visum für die USA, Bitte um Unterstützung; Amer. Generalkonsulat Berlin; Vize-

New York

konsul ? TELLER, Stuttgart; Augenleiden/HS); Verwandte/ HS (Bruder LEON SCHALIT) A Anstellung/HS (Möglichkeit der Wiederbeschäftigung an Temple B'rith Kodesh; PHILIP S. BERNSTEIN)
↪ *Briefentwurf auf der Rückseite von Brief 1934-06-29 von Philip S. Bernstein an Heinrich Schalit (Dok. 5292)*

BAYERISCHES LANDESENTSCHÄDIGUNGSAMT

5280   1962-01-25
D. Schmuderer (Bayerisches Landesentschädigungsamt, München) an Heinrich Schalit (Evergreen, CO); TLS (annotiert), 1 S., dt. E Besitzverhältnisse/HS (Wiedergutmachung, Auswanderungskosten, Entschädigung für Schäden am Vermögen; Rechtsanwalt GERHART BOCK)
↪ *Briefe Gerhardt Bock (Dok. 5297-5302)*
↪ *Brief Bundesstelle für Verwaltungsangelegenheiten (Dok. 5303-5305)*

5281   (1962)-[02]-?
Heinrich Schalit (Evergreen, CO) an D. Schmuderer; AL, 1 S., dt. E Besitzverhältnisse/HS (Wiedergutmachung, Kosten für Auswanderung, Entschädigung für Schäden am Vermögen, Umzugs- und Hotelkosten); Emigrationsweg/HS (München, Kufstein, Rom; Beschreibung der Emigrationsumstände)
↪ *Brief ähnlichen Inhalts: 1962-02-21*

5282   1962-02-21
Hilda Schalit (Evergreen, CO) an D. Schmuderer (Bayerisches Landesentschädigungsamt, München); TL, 1 S., dt. E Finanzen (Wiedergutmachung für HEINRICH SCHALIT, Kosten für Auswanderung; Einverständniserklärung/HS zum Auszahlungsbetrag)

BERLINER DISCONTO BANK

5283   1976-03-24
Hilda Schalit (Evergreen, CO) an ? (Berliner Disconto Bank, Aktiengesellschaft, Scheck-Abteilung, Berlin); TLS (annotiert), 1 S., dt. E Besitzverhältnisse/HS (Tod/HEINRICH SCHALIT, Rentenzahlung; Witwenrente/HS)

BERNSTEIN, PHILIP S.

5284   1930-09-29
Philip S. Bernstein (Temple B'rith Kodesh, Rochester, NY) an Heinrich Schalit (München); TLS, 2 S., engl. E Einreise/HS (Anstellung als Voraussetzung für spätere Beantragung eines permanent visa); Sprache/HS (gutes Engl. Voraussetzung für erfolgreiche Arbeit in den USA) A Anstellung/HS (Gastorganist und Chorleiter am Temple B'rith Kodesh, Finanzen; Bemühung um zusätzliche Dozentenstelle für HS an einem Musikinstitut; Sprachkenntnisse); Kompositionen/HS (Synagogenmusik); Organisationen (B'nai B'rith, LEO BAECK, Mrs. ? LINDHEIM); Schriften/HS (Artikel über jüdische Musik)

5285   1930-10-03
Philip S. Bernstein (Temple B'rith Kodesh, Rochester, NY) an Heinrich Schalit (München); TLS, 1 S., engl. A Anstellung/HS (Gastorganist und Chorleiter am Temple B'rith Kodesh, Finanzen); Reise/HS (Visum, amer. Konsulat)

↪ *Mit Beilage: Brief Bernstein an Amer. Consul 1930-10-03*

5286   1931-04-25
Philip S. Bernstein (Temple B'rith Kodesh, Rochester, NY) an Heinrich Schalit (München); TLS, 1 S., engl. A Anstellung/HS (keine Möglichkeit zur Einrichtung einer Abteilung für religiöse Musik an Eastman School; Dr. ? HANSON; keine Wiederbeschäftigung an Temple B'rith Kodesh, ? BALABAN als Ersatz); Schriften/HS (Aufsätze in ‹B'nai B'rith Magazine›; Finanzen)
↪ *Brief ähnlichen Inhalts: 1931-03-13*

5287   1931-06-15
Philip S. Bernstein (Temple B'rith Kodesh, Rochester, NY) an Heinrich Schalit (München); TLS (annotiert), 2 S., engl.; mit Entwurf für Antwort-Telegramm auf der Rückseite A Anstellung/HS (keine Möglichkeit der Wiederbeschäftigung an Temple B'rith Kodesh); Kompositionen/HS (drei Choräle für das neue Gesangbuch; Kontroverse im "rabbinical Committee"; [ABRAHAM W.] BINDER; ? SLUTKIN); Kompositionen/HS («In Ewigkeit», Hymne für fünfstimmigen Chor, Orgel, Streicher und Harfe, Text/[JEHUDA] HALEVY, engl. Übersetzung/ALICE LUCAS)

5288   1932-05-04
Philip S. Bernstein (Temple B'rith Kodesh, Rochester, NY) an Heinrich Schalit; TLS (annotiert), 2 S., engl. A Anstellung/HS (Möglichkeit der Wiederbeschäftigung am Temple B'rith Kodesh, schlechte Finanzen, strenge Auflagen für Immigration; ? BALABAN als Ersatz; Mrs. ? LINDHEIM); Projekte/PB (Plan für Europareise) Z Politik (Antisemitismus in Deutschland, Machterlangung/ADOLF HITLER "seems altogether possible")

5289   1933-06-01
Philip S. Bernstein (Temple B'rith Kodesh, Rochester, NY) an Heinrich Schalit (München); TLS, 2 S., engl. E Einreise/HS (Hilfe durch amer. Konsul in München und Dr. ? JACOBSTEIN) A Anstellung/HS (Organist und Chorleiter am Temple B'rith Kodesh; Finanzen); Reise/PB (Russland, Österreich, Schweiz)

5290   1933-06-26
Philip S. Bernstein (Temple B'rith Kodesh, Rochester, NY) an Heinrich Schalit; TLS, 1 S., engl. A Anstellung/HS (Organist und Chorleiter am Temple B'rith Kodesh; Reisekosten); Reise/PB (Russland, Österreich, Schweiz); Treffen/PB (mit LEON SCHALIT und HS in Wien)

5291   1933-11-18
Philip S. Bernstein (Temple B'rith Kodesh, Rochester, NY) an Heinrich Schalit; TLS, 2 S., engl. E Einreise/HS (Gutachten über Augenleiden/HS, Verweigerung eines Visums; Intervention/[MEYER] JACOBSTEIN und [SAMUEL] DICKSTEIN gegen die Entscheidung, Brief an amer. Konsulat Stuttgart)

5292   1934-06-29
Philip S. Bernstein (Temple B'rith Kodesh, Rochester, NY) an Heinrich Schalit (Rom); TLS (annotiert), 2 S., engl. E Einreise/HS (Bemühungen um Visa) A Anstellung/HS (Chorleiter an Hauptsynagoge in Rom; Möglichkeit der Wiederbeschäftigung am Temple B'rith Kodesh unsicher,

Board of Trustees sieht keine Notwendigkeit "to bring you and your family from Italy to Rochester", da in Italien keine unmittelbare Gefahr); Kompositionen/HS (Sabbath Services [«Eine Freitagabend Liturgie» für Kantor, Chor und Orgel], Geldsendung an HS für Notenverkauf)
➙ *Rückseite mit Entwurf 1934-07-27 von Heinrich Schalit an unbekannten Adressaten (Dok. 5279)*
➙ *Brief ähnlichen Inhalts: 1935-01-16*

5293   1936-05-04
Philip S. Bernstein (Temple B'rith Kodesh, Rochester, NY) an Heinrich Schalit; TLS, 2 S., engl. **A** Anstellung/HS (Möglichkeit der Wiederbeschäftigung am Temple B'rith Kodesh); Kompositionen/HS («Eine Freitagabend Liturgie» für Kantor, Chor und Orgel; Notenverkauf durch PB an Temple Emanu-El, NYC, sowie an Gemeinden in Cincinnati, SF, Baltimore und Cleveland; Finanzen); Projekte/ PB (Reise nach Palästina); Reise/PB (mit GEORGE LANSBURY durch die USA)

5294   1937-02-18
Philip S. Bernstein (Temple B'rith Kodesh, Rochester, NY) an Heinrich Schalit; TLS, 1 S., engl. **E** Hilfe/PB (für HS, National Coordinating Committee for German Refugees) **A** Anstellung/HS (Ablehnung der Wiederbeschäftigung am Temple B'rith Kodesh durch Board of Trustees); Finanzen (verkaufte Kompositionen, Geldsendung/PB an HS); Projekte/PB (Reise nach Palästina und Europa, Treffen mit HS in Rom)

5295   1938-04-13
Philip S. Bernstein (Temple B'rith Kodesh, Rochester, NY) an Heinrich Schalit; TLS, 2 S., engl. **E** Hilfe/PB (für LEON SCHALIT); Integration (dt. Flüchtlinge in Rochester, Einladung in die jüdische Gemeinde) **A** Finanzen (verkaufte Kompositionen, Geldsendung/PB an HS) **Z** Politik (besorgniserregende Entwicklungen in Österreich)

5296   1943-08-25
Philip S. Bernstein (Committee on Army and Navy Religious Activities of the National Jewish Welfare Board, NYC) an Heinrich Schalit; TLS, 1 S., engl. **A** Anstellung/HS (Organist und Chorleiter am Temple B'rith Kodesh, Rochester, Kündigung; neue Stelle in Providence); Öffentlichkeit/HS (Wirkung seiner Tätigkeit, "an unique and invaluable contribution to the spiritual life of our congregation")

BOCK, GERHART
5297   1954-11-27
Gerhart Bock (Berlin) an Heinrich Schalit (Denver, CO); TL (unvollständig), 1 S., dt. **E** Besitzverhältnisse/HS (Entschädigungsangelegenheit bei der Bundesstelle für Verwaltungsangelegenheiten des Bundesministers des Innern, Entschädigung der Bediensteten jüdischer Gemeinden, Vertretung durch Rechtsanwalt GB)
➙ *Brief ähnlichen Inhalts: 1955-01-21*

5298   1955-03-29
E.G. Löwenthal (Beratungsausschuß der Conference on Jewish Material Claims Against Germany, Bonn) an Gerhart Bock (Berlin); TL (Kopie), 1 S., dt. **E** Besitzverhältnisse/HEINRICH SCHALIT (Entschädigungsangelegenheit; fehlende Nachweise zur Tätigkeit/HEINRICH SCHALIT, eidesstattliche Erklärung notwendig; Kontaktaufnahme mit LEO BAERWALD und CARL OESTREICH)

5299   1955-07-05
Gerhart Bock (Berlin) an Heinrich Schalit (Denver, CO); TLS, 1 S., dt. **E** Besitzverhältnisse/HS (Entschädigungsangelegenheit, Festsetzung des Entschädigungsbetrags; Prozesskosten, Finanzen)

5300   1956-05-24
Gerhart Bock (Berlin) an Heinrich Schalit (Denver, CO); TLS, 1 S., dt. **E** Besitzverhältnisse/HS (Entschädigungsangelegenheit wegen Schadens im beruflichen Fortkommen beim Bayerischen Landesentschädigungsamt, Wahl einer Rente oder Kapitalentschädigung möglich) **A** Öffentlichkeit (Würdigung/HS in ‹Allgemeine Wochenzeitung der Juden in Deutschland›)
➙ *Brief ähnlichen Inhalts: 1956-11-12*

5301   1957-11-11
Gerhart Bock (Berlin) an Heinrich Schalit (Denver, CO); TLS (annotiert), 1 S., dt. **E** Besitzverhältnisse/HS (Entschädigungsangelegenheit beim Bayerischen Landesentschädigungsamt, Vergleichsvorschlag, Finanzen)

5302   1958-01-25
Gerhart Bock (Berlin) an Heinrich Schalit (Denver, CO); TLS, 1 S., dt. **E** Besitzverhältnisse/HS (Entschädigungsangelegenheit beim Bayerischen Landesentschädigungsamt, Vergleichsvorschlag; Finanzen, Prozesskosten; missverständlicher Artikel im ‹Aufbau› zum Thema Entschädigung)
➙ *Briefe Bayerisches Landesentschädigungsamt (Dok. 5280-5282)*

BUNDESSTELLE FÜR VERWALTUNGSANGELEGENHEITEN
5303   1955-06-16
? Schuchardt (Bundesstelle für Entschädigung der Bediensteten jüdischer Gemeinden, Köln) an Heinrich Schalit (Denver, CO); TL, 1 S., dt. **E** Besitzverhältnisse/HS (Gewährung einer Entschädigung, Regelung der Auszahlungsmodalitäten)

5304   1956-01-17
? v[on] Damm (Bundesstelle für Verwaltungsangelegenheiten des Bundesministers des Innern, Entschädigung der Bediensteten jüdischer Gemeinden, Köln) an Heinrich Schalit (Denver, CO); TL, 1 S., dt. **E** Besitzverhältnisse/HS (Wiedergutmachung für entgangene Gehaltsbezüge, Bayerisches Landesentschädigungsamt)
➙ *Brief ähnlichen Inhalts: 1957-01-08*

5305   1959-12-21
? Wille (Bundesstelle für Verwaltungsangelegenheiten des Bundesministers des Innern, Entschädigung der Bediensteten jüdischer Gemeinden, Köln) an Heinrich Schalit (Denver, CO); TL, 2 S., dt. **E** Besitzverhältnisse/HS (Entschädigungsangelegenheit, Rentenansprüche, Versorgungsbezüge)
➙ *Briefe Bayerisches Landesentschädigungsamt (Dok. 5280-5282)*

→ *Briefe Gerhard Bock (Dok. 5297-5302)*
→ *Offizielle Dokumente 1955-06-16 (Dok. 5330)*

BUNDESVERSICHERUNGSANSTALT FÜR ANGESTELLTE

5306   1959-12-09
? Asmann (Bundesversicherungsanstalt für Angestellte, Berlin) an Heinrich Schalit (Denver, CO); TLS, 2 S., dt. E Besitzverhältnisse/HS (Ruhegeld, Rentenbescheid)

→ *Offizielle Dokumente 1959-12-09 (Dok. 5331)*

5307   1976-03-10
Hilda Schalit (Evergreen, CO) an ? (Bundesversicherungsanstalt für Angestellte, Berlin); TL, 1 S., dt. E Besitzverhältnisse/HS (Wiedergutmachung für HEINRICH SCHALIT; Tod/HEINRICH SCHALIT, Antrag auf Witwenrente; Bundesverwaltungsamt Köln)

→ *Brief Bundesverwaltungsamt Köln (Dok. 5309)*

BUNDESVERWALTUNGSAMT KÖLN

5308   (1968)-[03]-[21]
Heinrich Schalit an ? Grefe; ALS (Entwurf), 1 S., dt. E Besitzverhältnisse/HS (Wiedergutmachung; Informationen zur Vervollständigung der Versorgungsakte) A Biografie (Mitglied in der Genossenschaft Dt. Tonsetzer, Tätigkeit für Bayerische Konzertdirektion und Bayerischen Rundfunk; Lehrer für Kl., Theorie und Komposition; SIEGFRIED AUFHÄUSER, schwedisches Konsulat)

5309   1976-03-10
Hilda Schalit (Evergreen, Co) an ? Susmann (Bundesverwaltungsamt, Köln); TL, 1 S., dt. A Finanzen/HS (Wiedergutmachung für HEINRICH SCHALIT; Tod/HEINRICH SCHALIT; Antrag auf Witwenrente bei Bundesversicherungsanstalt für Angestellte)

→ *Brief ähnlichen Inhalts: 1976-02-20*
→ *Brief Bundesversicherungsanstalt für Angestellte (Dok. 5307)*

FROMM, HERBERT

5310   1943-02-09
Herbert Fromm (Brighton, MA) an Heinrich Schalit; TLS, 2 S., engl. A Anstellung/HS (Informationen über Orgel und Chor an der Synagoge Beth El, Providence, Rhode Island]); Aufnahme/HF (Radiosendung mit Kompositionen/HS); Kompositionen/HS («I Will Lift My Eyes», «Lchu N'rannenoh», «Borechu» «Shiru Ladonoy» aus «Eine Freitagabend Liturgie» für Kantor, Chor und Orgel; Kauf einiger Exemplare durch MITCHELL SELIB); Kompositionen/HF («Kiddush»)

5311   1950-10-22
Herbert Fromm (Brookline, MA) an Heinrich Schalit; TLS (annotiert), 1 S., engl.; Vorder- und Rückseite mit Auflistung der Einzelteile aus der «Sabbath Eve Liturgy» [«Eine Freitagabend Liturgie»] für Kantor, Chor und Orgel E Integration/HS (Bitte/HF um Bericht über Leben in Denver) A Kompositionen/HS («97. Psalm», Kauf einiger Exemplare durch HF, Plan einer Aufführung)

GROSSLOGE FÜR DEUTSCHLAND BERLIN

5312   1930-10-13
Leo Baeck (Großloge für Deutschland VIII. U.O.B.B., Ber-

lin) an Heinrich Schalit (München); TLS, 1 S., dt. A Anstellung/HS (Gastorganist und Chorleiter am Temple B'rith Kodesh, Rochester); Empfehlung/LB (für HS zur "gewünschte[n] Förderung durch Vermittlung unserer Ordensleitung")

5313   1933-02-08
? (Großloge für Deutschland VIII. U.O.B.B., Berlin) an Heinrich Schalit; TLS, 1 S., dt. A Kompositionen/HS («Eine Freitagabend Liturgie» für Kantor, Chor und Orgel, Dank für Überreichung eines Exemplars); Schriften/HS (Buch)

PALESTINE BROADCASTING SERVICE

5314   1937-02-03
[Carl?] Salomon (Dept. of Posts and Telegraphs, Palestine Broadcasting Service, Jerusalem) an Heinrich Schalit (Ostia, Italien); TLS (annotiert), 1 S., engl.; mit Entwurf eines Antwortschreibens (AD) von (1937)-03-05 auf der Rückseite A Aufführung (Werke/HS beim Palestine Broadcasting Service; Interesse an Kammermusik, Solostücken sowie an Musik für Kammer- oder Streichorchester)

→ *Brief ähnlichen Inhalts: 1937-03-23*

5315   1937-12-10
[Carl?] Salomon (Dept. of Posts and Telegraphs, Palestine Broadcasting Service, Jerusalem) an Heinrich Schalit (Rom); TLS, 1 S., engl.; mit Entwurf eines Antwortschreibens (AD) von (1937-12-22) auf der Rückseite A Aufführung («Chassidic Dances» für Streichorchester op. 34, «3 Dances» für V. und Kl. op. 26, «Seelenlieder» und Klavierwerke/HS, Palestine Broadcasting Service; Aufführungsrechte, Finanzen)

5316   1938-01-26
[Carl?] Salomon (Dept. of Posts and Telegraphs, Palestine Broadcasting Service, Jerusalem) an Heinrich Schalit (Rom); TLS, 2 S., engl.; mit Entwurf eines Antwortschreibens (AD) vom (1938)-02-(04) auf der Rückseite A Aufführung («Chassidic Dances» für Streichorchester op. 34/HS unter Leitung/HANS SCHLESINGER, Palestine Broadcasting Service; Pressekritiken; Aufnahme, Sendung am Vorabend zum Sabbath; Finanzen und Copyright); Empfehlung/CS (für HS an ERIC FOGG, BBC, zur Aufführung der «Chassidic Dances» für Streichorchester op. 34); Projekte (Aufführung der «3 Dances» für V. und Kl. op. 26/HS bei Palestine Broadcasting Service; Copyright)

→ *Brief ähnlichen Inhalts: 1938-01-04*

SACHS, CURT

5317   1933-01-29
Curt Sachs (Berlin) an Heinrich Schalit; TLS, 2 S., dt. A Kompositionen/HS («Eine Freitagabend Liturgie» für Kantor, Chor und Orgel, Dank für Übersendung; [ALEXANDER] WEINBAUM; LOUIS LEWANDOWSKI) R Musik/CS («Eine Freitagabend Liturgie» für Kantor, Chor und Orgel/HS, Lob und Kritik an musikalischen Details)

→ *Brief ähnlichen Inhalts: Curt Sachs an Alexander Weinbaum 1932-09-19*

5318   1944-12-25
Curt Sachs (NY Univ., Graduate School, Washington

Square, NYC) an Heinrich Schalit; TLS, 1 S., engl. **A** Aufführung/[DAVID J.] PUTTERMAN (Konzert mit jüdischer Musik); Kompositionen/HS («Hebrew Cantata»)

5319 1951-07-19
Curt Sachs (Harvard Univ., Dept. of Music, Cambridge, MA) an Heinrich Schalit; TLS, 1 S., engl. **A** Kompositionen/HS («Eine Freitagabend Liturgie» für Kantor, Chor und Orgel, neue Version; mögliche Aufführung durch [DAVID J.] PUTTERMAN)

TRANSCONTINENTAL MUSIC PUBLICATIONS

5320 1951-04-23
Josef Freudenthal (Transcontinental Music Corp., Music Publishers, NYC) an Heinrich Schalit (Denver, CO); TLS (annotiert), 1 S., engl.; Entwurf eines Antwortschreibens (AD) von 1951-(04)-? auf der Rückseite **A** Kompositionen/HS (Kantate «The Pilgrims»; Tantiemen für Verkauf); Veröffentlichung/HS (bei Bloch Publishing Co.; Angebot zur Publikation bei Transcontinental Music Corp., Interesse an zeitgenössischer Musik für die Synagoge; [SAMUEL] ADLER, [JACOB] WEINBERG)

5321 1952-01-15
Josef Freudenthal (Transcontinental Music Corp., Music Publishers, NYC) an Heinrich Schalit (Denver, CO); TLS (annotiert), 1 S., engl. **A** Kompositionen/JULIUS CHAJES (Kantate «The Promised Land»); Kompositionen/HS (Publikation von «Eine Freitagabend Liturgie» für Kantor, Chor und Orgel, Publikation bei Transcontinental Music Corp.); Kompositionen/DARIUS MILHAUD («Service Sacré pour le Samedi Matin» für Bariton, Rezitator, Chor und Orchester op. 279); Projekte/JF (Förderung zeitgenössischer liturgischer Synagogenmusik und ihrer Komponisten)

5322 1958-10-16
Josef Freudenthal (Transcontinental Music Publications, NYC) an Heinrich Schalit (Evergreen, CO); TLS (annotiert), 1 S., engl.; mit Entwurf eines Antwortschreibens (AD) von (1958-10-23) auf der Rückseite **A** Kompositionen/HS («When Brethren Dwell in Unity» für Chor; "honorable mention" bei Ernest Bloch Award Competition; beschränkte Aufführungsmöglichkeit im jüdischen Gottesdienst); Veröffentlichung (Interesse/Transcontinental Music Publications an Komposition/HS [«Kirya Yefefiya»]; HERBERT FROMM, SAMUEL ADLER)

5323 1958-12-03
Josef Freudenthal (Transcontinental Music Publications, NYC) an Heinrich Schalit (Evergreen, CO); TLS (annotiert), 1 S., engl. **A** Kompositionen/HS («Kirya Yefefiya»); Projekte/JF (Interesse an Werk aus «Hebrew Sabbath Liturgy», an einem «Mussah Kedusha» "according to the conservative Prayer Book"); Veröffentlichung/HS («133rd Psalm» bei Transcontinental Music Publications; Vorschläge für Verbesserungen und Korrekturen/JF)

5324 1958-12-12
Josef Freudenthal (Transcontinental Music Publications, NYC) an Heinrich Schalit (Evergreen, CO); TLS, 1 S., engl. **A** Veröffentlichung/HS («133rd Psalm» bei Transcontinental Music Publications; Finanzen, Tantiemen, Vertrag) **R** Judaica/JF («133rd Psalm», keine Widmung an Rabbi PHILIP S. BERNSTEIN, da Verkauf des Werkes an christliche Gemeinden erwünscht; Unterschied zwischen "hiding Jewishness" und "rubbing it in")

WORLD CENTER FOR JEWISH MUSIC IN PALESTINE

5325 1937-07-07
Salli Levi (World Center for Jewish Music in Palestine, Initiative Committee, Jerusalem) an Heinrich Schalit (Lido di Roma, Italien); TLS, 1 S., dt. **A** Organisationen (Zionistenkongress, Diskussion einer Resolution, von wichtigen jüdischen Persönlichkeiten aus der Kultur unterschrieben; Bitte um Unterzeichnung durch HS); Projekte/SL (Weltkongress der jüdischen Musiker in Erez Israel, Musikfest mit Werken zeitgenössischer jüdischer Komponisten; Länderkomitees zur Pflege und Förderung der jüdischen Musik, Mitarbeit/MARIO CASTELNUOVO-TEDESCO in Italien)

5326 1937-12-09
Hermann Swet (World Center for Jewish Music in Palestine, Initiative Committee, Jerusalem) an Heinrich Schalit (Rom); TLS, 2 S., dt. **A** Kompositionen/HS («Sefardische Liturgie»); Projekte/HS (Aufsatz über "Problematik der synagogalen Musik in der Golah", Bericht über Präsenz jüdischer Musik und Musiker im ital. Musikleben; Übersendung von biografischem Material und Werkverzeichnis an ‹Jüdisches Musikleben›); Projekte (‹Jüdische Musik›, musikwissenschaftliche Zeitschrift, hrsg. vom Weltzentrum für jüdische Musik, SALLI LEVI; Aufsätze/ROBERT LACHMANN, ABRAHAM ZWI IDELSOHN, S[OLOMON] ROSOWSKY, JOACHIM STUTSCHEWSKY, CARL SALOMON, HERMANN SWET, DAVID ROSOLIO, M[ENASHA] RAVINA, A[BRAHAM] DZIMITROWSKY)

5327 1938-01-02
Salli Levi (World Center for Jewish Music in Palestine, Initiative Committee, Jerusalem) an Heinrich Schalit (Rom); TLS (annotiert), 2 S., dt.; mit Entwurf eines Antwortschreiben (AD) von (1938)-[01]-[03] **A** Organisationen (Konstituierung des World Center for Jewish Music; Zionistenkongress, Annahme der Resolution; Übernahme eines Protektorats durch Jewish Agency, Organisationsstruktur, Nominierung/HS für Präsidium; Vorbereitung zum Weltkongress jüdischer Musik, BRONISLAV HUBERMANN); Projekte/SL (Gründung der Zeitschrift ‹Jüdische Musik›; Überlegungen zu Namensgebung)

5328 1938-01-09
Hermann Swet (World Center for Jewish Music in Palestine, Initiative Committee, Jerusalem) an Heinrich Schalit (Rom); TLS, 2 S., dt. **A** Projekte/HS (Aufsatz über "Problematik der synagogalen Musik in der Golah", Bericht über die Präsenz jüdischer Musik und Musiker im ital. Musikleben für Zeitschrift ‹Jüdische Musik›; MARIO CASTELNUOVO-TEDESCO) **R** Musik/HS (Problem des Nationalen in zeitgenössischer Musik, auch national-jüdische Tendenzen; BÉLA BARTÓK, ZOLTÁN KODÁLY)

OFFIZIELLE DOKUMENTE

BAERWALD, LEO

5329 1955-05-11
Leo Baerwald; Gerichtliche Dokumente; TL (Kopie annotiert), 2 S., dt. **E** Besitzverhältnisse/HEINRICH SCHALIT (An-

stellung an Hauptsynagoge München, Pensionsberechtigung, eidesstattliche Erklärung/Leo Baerwald für Entschädigungsangelegenheit/Heinrich Schalit)

↳ *Gerichtliche Dokumente Heinrich Schalit 1955-10-01 (Dok. 5338) und 1959-03-11 (Dok. 5340)*

BUNDESSTELLE FÜR VERWALTUNGSANGELEGENHEITEN

5330   1955-06-16
Bescheid; TD, 1 S., dt. E Besitzverhältnisse/Heinrich Schalit (Entschädigung, Feststellung des Anspruchs auf Ruhegehalt; Finanzen, Festsetzung des Entschädigungsbetrags)

↳ *Briefe Bundesstelle für Verwaltungsangelegenheiten (Dok. 5303-5305)*

BUNDESVERSICHERUNGSANSTALT FÜR ANGESTELLTE

5331   1959-12-09
? Polakiewicz (Bundesversicherungsanstalt für Angestellte, Berlin) an Heinrich Schalit (Denver, CO); Bescheid; PD, 3 S., dt. E Besitzverhältnisse/HS (Ruhegeld, Rentenbescheid)

↳ *Brief Bundesversicherungsanstalt für Angestellte 1959-12-09 (Dok. 5306)*

SCHALIT, HEINRICH

5332   1906-07-15
Zeugnis; PDS, 2 S., dt.; Reife-Zeugnis, Konservatorium für Musik und darstellende Kunst Wien

5333   1909-04-20
Bescheinigung; ADS, 1 S., dt.; Bescheinigung über Erhalt eines Künstlerstipendiums durch k. k. niederösterreichische Statthalterei

5334   1910-02-16
Zeugnis; PDS, 1 S., dt.; Austritts-Zeugnis, Königliche Akademie der Tonkunst in München

5335   1914 bis 1938
Heimatschein; PDS, 2 S., dt.; Bestätigung des "Heimatrechts" in Wien durch den Magistrat der k. k. Reichshaupt- und Residenzstadt Wien (1914-09-24), durch den Wiener Magistrat (1921-07-01) und durch die Dt. Botschaft Rom (1938-09-06)

5336   1921-07-18
Heiratsurkunde; PDS, 1 S., dt.; Bestätigung der Eheschließung zwischen Heinrich Schalit und Hilda Schork am 1921-07-18 durch das Standesamt München

↳ *Dokument ähnlichen Inhalts: 1936-09-19*

5337   1933-11-24
Bescheinigung; PDS, 1 S., dt.; Abmeldebescheinigung, ausgestellt von der Polizeidirektion München

5338   1955-10-01
Heinrich Schalit; Gerichtliche Dokumente; TDS, 1 S., dt. E Besitzverhältnisse/HS (Feststellung des Wohnsitzes und eidesstattliche Erklärung zum Erhalt der Entschädigung, unterzeichnet von Alfred M. Neumann und Lore Jacobs)

5339   1956-11-27
Heinrich Schalit (Denver, CO); Gerichtliche Dokumente; TD (Kopie), 1 S., dt. E Besitzverhältnisse/HS (Aufstellung der Auswanderungskosten und eidesstattliche Erklärung; Finanzen)

5340   1959-03-11
Heinrich Schalit; Gerichtliche Dokumente; TDS, 2 S., dt. E Ausreise/HS (aus Deutschland, österr. Staatsbürger; Ausstellung eines dt. Reisepasses in Rom); Besitzverhältnisse/HS (eidesstattliche Erklärung/HS zur Entschädigungsangelegenheit, Zeuge Alfred M. Neumann); Integration/HS (Erlangung der amer. Staatsbürgerschaft) A Biografie/HS (Organist, israelitische Kultusgemeinde München)

SCHALIT, HILDA

5341   [1931]-11-24
Rabbinat der israelitischen Kultusgemeinde München; Bescheinigung; ADS, 1 S., dt.; Bescheinung über die Trauung von Heinrich und Hilda Schalit sowie über die Aufnahme von Hilda Schalit in die israelische Religionsgemeinschaft

MATERIAL ZUR BIOGRAFIE
SCHALIT, HEINRICH

5342   1936
Heinrich Schalit, «Werkverzeichnis von Heinrich Schalit»; Werkverzeichnis; AD, 3 S., dt.; Verzeichnis der Kompositionen von 1906-1936 (mit Adresse "Roma, Italia, via Fogliano 28")

5343   (1950)-[10]-?
Heinrich Schalit, «The Sabbath Eve Liturgy» for Cantor, Mixed Voices (SATB) & Organ; Werkverzeichnis; AD, 2 S., engl.; Auflistung der Einzelteile der «Sabbath Eve Liturgy», auf Vorder- und Rückseite von Brief Herbert Fromm an Heinrich Schalit 1950-10-22 (Dok. 5311) notiert

Jakob Schönberg Collection

- Jakob Schönberg, 1900-1956, Komponist und Musikwissenschaftler, 1939 Emigration nach London, 1946 Immigration in die USA
- Autographe Partituren und Fotokopien, Skizzen, Schriften und einzelne Briefe
- Sammlung noch nicht katalogisiert, nur bedingt zugänglich
- Gdal Saleski, «Famous Musicians of Jewish Origin», New York 1949 • Philip V. Bohlman, «The Land Where Two Streams Flow. Music in the German-Jewish Community of Israel», Chicago 1989

MUSIKMANUSKRIPTE
SCHÖNBERG, JAKOB

5344 —
«Vorspiel zu dem Lord Byronschen Mysterium "Himmel und Erde"» für Orchester; Partitur, Kopie, 43 S.

5345 —
«Chaluzlied (6 Palestinian Songs)» für mittlere Stimme und Kl.; Partitur, Kopie, 6 S.

5346 —
«Klavierquartett»; Partitur, Autograph, 15 S.; auch autographe Stimmen und 2 Kopien der autographen Partitur

5347 —
«Prelude Symphonique fis-Moll» für Orchester; Klavierauszug, Autograph, 8 S.; auch autographe Stimmen

5348 —
«Sinfonia concertante»; Partitur, Autograph, 52 S.

5349 —
«String Quartet»; Partitur, Autograph (annotiert), 10 S.; auch autographe Stimmen (annotiert)

5350 —
«4 Choral Pieces» für vierstimmigen Chor und Kl.; Partitur, Autograph (annotiert), 15 S.; mit umfassenden Revisionen

5351 —
«Variations on "Maos Tsur"» für Kl.; Kopie, 4 S.

5352 —
«Suite for Orchestra (in Six Short Movements)»; Partitur, Autograph (annotiert), 9 S.

5353 [1937 oder 1938]
Material zu «2 Horras» für Streichorchester: Partitur (Autograph und Kopie, 7 + 6 S.), autographe Stimmen und Skizzen; «Dance 1» und «Dance 2» für Streichorchester (Kopie, 4 + 7 S.)

5354 [vor 1938]
Material zur «Suite for Orchestra»:
- Partitur (1. «Präludium», 2. «Arie – Nigun», 3. «Fugue – Horra»; Kopie, 53 S.)
- Partitur des 1. und 2. Satzes (3 Kopien, je 22 S.)
- Partitur des 3. Satzes (2 Kopien, je 18. S.; autographe Stimmen)
- «Horra (Fugue)» (autographe Stimmen)
- «Horra» in alternativer Tonart (autographe Partitur, 18 S.)
- «Präludium» und «Arie – Nigun» (Skizzen, 16 S., unvollständig)

5355 [vor 1938]
Jakob Schönberg, Material zu «Kammermusik für Gesang, Flöte und Bratsche» op. 5:
- «Yesh Li Gan» (nach einem palästinensischen Liebeslied) und «Shir ha-maalot» (nach einer jemenitischen Volksmelodie) für Sopran, Fl. und Va. (Partitur, Autograph, 9 + 7 S.; Stimmen annotiert)
- «Yesh Li Gan», «Shir ha-maalot» für Sopran, Fl. und Va., Partiur (Kopie von verschiedenen Versionen)
- «3 Liebeslieder von Jehuda Halevy» für Stimme und Kl. (Partitur, 5 S., 2 Kopien)

5356 [1948]
«V'shomru» für Tenor, gemischten Chor und Orgel: Partitur (Autograph annotiert, 4 S.) und Skizze; "black line print in composer's hand"; Partitur (Autograph, 6 S., auch als Kopie)

SCHRIFTEN
SCHÖNBERG, JAKOB

5357 —
«About Jewish Music»; Aufsatz, TD (Kopie), 5 S., engl.

5358 —
«The Life-Work of Abraham Zwi Idelsohn»; Aufsatz, TD, 4 S., engl.

KORRESPONDENZ
ROSENSTOCK, JOSEPH

5359 1936-05-18
Joseph Rosenstock (Berlin) an Jakob Schönberg (Berlin); TLS (Kopie), 1 S., dt. **A** Aufführung (JR kann für Werk/JS, das er sehr schätzt, nichts mehr tun, da er nicht mehr im Kulturbund arbeitet)

Hazzan Gregor Shelkan Collection

- Gregor (Geburtsname: Grisha [Gregorij]) Shelkan, 1915-1999, Kantor, erfolgreicher Opernsänger in Riga, überlebte Inhaftierung in mehreren KZs, Emigrationsdatum unbekannt; langjähriges Mitglied der Cantors Assembly, Tätigkeit in der Congretation Mishkan Tefila in Chestnut Hill (MA)
- Nachlass, Geschenk der Tochter
- Sammlung unzugänglich und noch nicht katalogisiert, aber geordnet: liturgische Musik, Korrespondenz, offizielle Dokumente, Programme, Clippings und Tonträger
- Oral History von Gregor Shelkan in der William E. Wiener Oral History Library of the American Jewish Committee (NYPL, Dorot Jewish Division, S. 203f., Dok. 5452)

Juilliard School Archives, Lila Acheson Wallace Library,
60 Lincoln Center Plaza, New York, NY 10023-6588, http://www.juilliard.edu/libraryarchives/libraryarchives.html
Kontakt: Jane Gottlieb, library@juilliard.edu

Office of the President – General Administrative Records

- Korrespondenz und Berichte aus dem Office of the President während der Amtszeit von John Erskine (1928-1937) sowie weitere persönliche Papiere Erskines aus seiner Zeit als Mitglied des Juilliard School Board of Directors (1937-1951)
- Nachlass von Tossy Spivakowsky nicht zugänglich (2004)
- Folder list; Beschreibung im Online-Katalog JUILCAT, http://library.juilliard.edu/
- «Guide to the Juilliard School Archives», hrsg. von Jane Gottlieb, Stephen E. Novak und Taras Pavlovsky, New York 1992 • Jane Gottlieb, «The Juilliard School Library and its Special Collections», in: ‹Notes› 56 (1999), Nr. 1, 11-26

KORRESPONDENZ

ABENDROTH, HERMANN

5360   1931-07-17
Hermann Abendroth (General Music Director of the City of Cologne, Köln) an Edwin Fischer (Berlin); TL (Abschrift), 1 S., engl. A Biografie/KLAUS LIEPMANN (Studium bei BRAM ELDERING); Empfehlung/HA (für KLAUS LIEPMANN an EF)
→ *Beilage zu Brief Emergency Committee 1933-08-22 (Dok. 5363)*
→ *Identisches Dokument: Emergency Committee in Aid of Displaced Foreign Scholars (Dok. 5876)*

AMERICAN ASSOCIATION FOR ADULT EDUCATION

5361   1936-04-17
Morse A. Cartwright (Amer. Ass. for Adult Education, NYC) an John Erskine (Juilliard School of Music, NYC); TLS, 1 S., engl. E Hilfe (für WILLI APEL bei Suche nach Anstellung, Empfehlungsschreiben/FRAU VON ERDBERG) A Öffentlichkeit/WILLI APEL ("seems exceedingly well-trained teacher of music")

ANTHEIL, GEORGE

5362   1935-04-27
John Erskine (Juilliard School of Music, NYC) an George Antheil (NYC); TL (Kopie), 1 S., engl. A Projekte/ERNST TOCH (möchte für den Film komponieren und bittet um Empfehlung)
→ *Brief Ernst Toch 1935-05-10 (Dok. 5376)*

EMERGENCY COMMITTEE

5363   1933-08-22
Edward R. Murrow (Emergency Committee in Aid of Displaced German Scholars, NYC) an John Erskine (Juilliard Graduate School of Music, NYC); TLS, 1 S., engl. A Empfehlung/EM (für KLAUS LIEPMANN an JE; L.C. [LESLIE CLARENCE?] DUNN)
→ *Beilagen: Brief Hermann Abendroth 1931-07-17 (Dok. 5360), Brief Carl Flesch 1932-01-16 (Dok. 5364), Lebenslauf Klaus Liepmann (1933)-?-? (Dok. 5388)*

FLESCH, CARL

5364   1932-01-16
Carl Flesch (Berlin) an Klaus Liepmann (Berlin-Charlottenburg); TL (Abschrift), 1 S., engl. A Projekte/KL (Violinschule für Kinder, positive Reaktion/CF auf die Konzeption)
→ *Beilage zu Brief Emergency Committee 1933-08-22 (Dok. 5363)*

GÁL, HANS

5365   (1933)-05-12
Hans Gál (Großherrischwand bei Säckingen) an [Margarete Dessoff]; TLS, 2 S., dt. E Ausreise/HG (Bereitschaft zur Ausreise und zur Ansiedlung an jedem Ort); Hilfe/[CARLETON SPRAGUE] SMITH (bei Suche nach musikalischer Lehrtätigkeit); Verfolgung/HG (Machterlangung/ADOLF HITLER als "Anschlag auf die Existenz", keine Möglichkeit für Aufführungen) A Kompositionen/HG (Frauenchöre, erfolgreiche Aufführung durch Adesi-Chor und Besprechung in der Presse)
→ *Abdruck im Anhang, S. 361*
→ *Hans Gál Subject File: Emergency Committee in Aid of Foreign Scholars Records (Dok. 5640-5645)*

GRAF, HERBERT

5366   1935-04-06
Herbert Graf (Philadelphia Orchestra, PA) an John Erskine (Juilliard Institute, NYC); TLS, 1 S., engl. A Anstellung/HG (an der MET, [HERBERT] WITHERSPOON) R Musik/HG (Möglichkeit zum Aufbau eines "new opera development in America" in Verbindung mit der Ausbildung neuer Sänger; Erfahrungen mit den Bedingungen der Oper in den USA durch Tätigkeit an der "Philadelphia opera and school")

5367   1935-04-16
John Erskine an Herbert Graf (c/o Philadelphia Orchestra, PA); TL (Kopie), 1 S., engl. A Projekte (Kooperation zwischen Juilliard School of Music und MET wünschenswert)

5368 1936-05-22
Herbert Graf (Prag) an John Erskine (Juilliard Institute, NYC); TLS, 1 S., engl. **A** Öffentlichkeit/HG (große Erfolge mit Operninszenierungen in Europa unter BRUNO WALTER und WILHELM FURTWÄNGLER in Florenz, Salzburg, Wien, Prag und Paris); Projekte/HG (Suche nach "right chance to work" in den USA; [ERNST] HUTCHINSON, [ALFRED] STOESSEL, ? KIESLER, ? VALLENTI)

HAHN, LOLA

5369 1933-09-07
Lola Hahn (Berlin) an Felix M. Warburg; TLS (annotiert), 2 S., engl. **E** Verfolgung/RUDOLF KASTNER (nach dem "Umsturz" keine Möglichkeit mehr zur Tätigkeit als Musikkritiker) **A** Empfehlung/LH (für RUDOLF KASTNER an FELIX M. WARBURG zur Vermittlung an "musical institution" in den USA; OTTO KAHN; ALVIN JOHNSON)

↳ *Beilagen: Lebenslauf und Publikationsliste Rudolf Kastner (Dok. 5386-5387), Zeugnis Ullstein Verlag 1933-06-30 (Dok. 5382)*

HYMAN, JOSEPH C.

5370 1936-03-25
Joseph C. Hyman an A.R. Emanuel; TLS, 1 S., engl.; «Memorandum Re: Ernest Toch, Composer and Teacher» **A** Anstellung/ERNST TOCH (an New School for Social Research; Suche nach dauerhafter Stelle, eventuell an Juilliard School of Music); Öffentlichkeit/ERNST TOCH (biografischer Artikel/DAVID EWEN in ‹Amer. Hebrew›; "one of the most original creative figures in the music of our days")

↳ *Beilagen: Lebenslauf und Werkverzeichnis Ernst Toch (Dok. 5392-5393), Clipping 1935-02-01 (Dok. 5391)*

MAYER, ALBERT

5371 1935-08-08
Albert Mayer an John Erskine (c/o Juilliard School of Music, NYC); TLS, 1 S., engl. **A** Anstellung/ERNST TOCH (mögliche Anstellung an Juilliard School of Music, da ARNOLD SCHOENBERG endgültig nicht kommt)

↳ *Antwortbrief: 1935-08-09*

MAYER, ROBERT

5372 1933-05-23
Robert Mayer (London) an Felix M. Warburg (Messrs. Kuhn, Loeb & Co., NYC); TLS, 3 S., engl. **E** Hilfe/RM (Unterstützung für jüdische Musiker aus Deutschland; Plan zur Gründung eines Hilfskomitees, Befürwortung eines "concrete programme of International action" zur länderübergreifenden Lösung des Flüchtlingsproblems sowie zur Vermittlung qualifizierter Musiker und Lehrkräfte; OTTO M. SCHIFF) **Z** Politik (keine Arbeitserlaubnis für ausländische Musiker in England aufgrund hoher Arbeitslosigkeit unter einheimischen Musikern)

‹NEW YORK TIMES›

5373 1933-09-07
J.O. Adler (‹NY Times›, NYC) an Felix M. Warburg (NYC); TLS, 1 S., engl. **A** Anstellung/RUDOLF KASTNER (keine Anstellung bei ‹NY Times› möglich, Verweis an ‹Staats-Zeitung›); Empfehlung/FW (für RUDOLF KASTNER an JA)

SMITH, CARLETON SPRAGUE

5374 1933-05-08
Carleton Sprague Smith (NYPL, NYC) an Margarete Dessoff; TLS, 1 S., engl. **E** Verfolgung (schwierige Situation für HANS GÁL in Deutschland) **A** Empfehlung/CSS (für HANS GÁL als Kompositionslehrer und möglicher Nachfolger für RUBIN GOLDMARK an Juilliard School of Music; AARON COPLAND)

TOCH, ERNST

5375 1935-05-03
Ernst Toch an John Erskine (Juilliard School of Music, NYC); TLS, 1 S., engl. **A** Treffen/ET (Bitte um Gespräch mit JE)

↳ *Antwortbrief 1935-05-04*

5376 1935-05-10
Ernst Toch an John Erskine (Juilliard School of Music, NYC); TLS, 1 S., engl. **A** Projekte/ET (Dank für Kontakt zu GEORGE ANTHEIL)

↳ *Brief George Antheil 1935-04-27 (Dok. 5362)*

WARBURG, FELIX M.

5377 1933-05-29
Felix M. Warburg (NYC) an John Erskine (Juilliard School of Music, NYC); TLS, 1 S., engl. **A** Empfehlung/FW (für HANS GÁL und FRIEDER WEISSMANN an JE)

5378 1933-09-25
Felix M. Warburg (NYC) an John Erskine (Juilliard School of Music, NYC); TLS, 1 S., engl. **A** Anstellung/RUDOLF KASTNER (kein Interesse der ‹NY Times›, J.O. ADLER, Verweis an ‹Staats-Zeitung›); Empfehlung/FW (für RUDOLF KASTNER an JE)

5379 1933-09-26
John Erskine (Juilliard School of Music, NYC) an Felix M. Warburg (NYC); TLS (annotiert), 1 S., engl. **E** Hilfe/JE und FW (Suche nach Beschäftigungsmöglichkeit für RUDOLF KASTNER; Anfragen bei PIERRE KEY, ‹Musical Digest›, und CARL ENGEL, Library of Congress)

WEISSMANN, FRIEDER

5380 (1933)-05-16
Frieder Weissmann (Schloß Seerhausen, Riesa Land, Sachsen) an Margarete Dessoff (NYC); ALS, 2 S., dt. **E** Hilfe/ MD (für FW durch ihre Beziehungen in den USA, Frage nach Möglichkeiten zur Fortsetzung seiner Karriere als Dirigent); Verfolgung/FW (Ausübung seiner Dirigententätigkeit in Deutschland nicht mehr möglich) **A** Aufführung/MD (Konzerte mit dem Berliner SO vor dessen Auflösung; Auftritte an der Oper Antwerpen als Wagner-Dirigent; Aufführung mit Concertgebouw Orchestra); Biografie/FW ("aussichtsreichster Kandidat" für feste Anstellung als Dirigent; WILHELM FURTWÄNGLER)

5381 1933-04-03
Fritz Schröder (Berliner SO, Berlin) an Frieder Weissmann (Berlin); TL (Abschrift annotiert), 1 S., dt. **E** Verfolgung/ FW (Zusammenarbeit mit Berliner SO durch neue politische Machtverhältnisse vereitelt)

OFFIZIELLE DOKUMENTE
ULLSTEIN VERLAG
5382   1933-06-30
? Hess und ? Magnus; Zeugnis; TD (Abschrift), 1 S., dt. **A** Biografie/RUDOLF KASTNER (Tätigkeit als Musikkritiker für ‹Berliner Morgenpost›, Lob seiner Tätigkeit)

↪ *Beilage zu Brief Lola Hahn 1933-09-07 (Dok. 5369)*

MATERIAL ZUR BIOGRAFIE
COHEN, FREDERIC
5383   1946-09-?
Personal Record; PD/AD, 2 S., engl.; mit ergänzender Beilage (AD, 2 S.) **A** Aufführung/FREDERIC COHEN (Liste mit wichtigen Auftritten); Biografie/FREDERIC COHEN (Studium in Leipzig, Berlin und Köln bei ROBERT TEICHMÜLLER, HERMANN ABERT, OTTO LOHSE, HERMANN ABENDROTH, STEFAN KREHL, PAUL GRAENER; Lehrtätigkeit); Kompositionen/FREDERIC COHEN (Werkverzeichnis); Öffentlichkeit/FREDERIC COHEN (Auszeichnungen)

↪ *Dokument ähnlichen Inhalts: 1947-02-06*

5384   1954-05-20
Clipping; PD, 1 S., engl.; aus ‹Berkshire Eagle›, Pittsfield, MA **A** Anstellung/FREDERIC COHEN (Leiter des Dept. of Opera an Juilliard School of Music; Nachfolge von BORIS GOLDOVSKY als Leiter des Tanglewood Opera Dept.)

GRAF, HERBERT
5385   (1936)
«Dr. Herbert Graf, Stage-director, Vienna»; Lebenslauf; TD, 4 S., engl. **A** Aufführung/HERBERT GRAF (Liste der Opernproduktionen für 1935/36); Öffentlichkeit/HERBERT GRAF (Auszüge aus Pressekritiken zu seinen Inszenierungen)

KASTNER, RUDOLF
5386   (1933)
Rudolf Kastner, «Curriculum vitae»; Lebenslauf; TD, 1 S., dt. **A** Biografie/RK (Tätigkeit als Kritiker bei verschiedenen Zeitungen, Gründung der ‹Musikalischen Rundschau› mit FELIX MOTTL und [MAX VON] SCHILLINGS)

↪ *Beilage zu: Brief Lola Hahn 1933-09-07 (Dok. 5369)*

5387   (1933)
Publikationsliste; TD, 1 S., dt. **A** Empfehlung (Referenzen für RUDOLF KASTNER/MAX REGER und GUSTAV MAHLER); Schriften/RUDOLF KASTNER; Vortrag/RUDOLF KASTNER

↪ *Beilage zu: Brief Lola Hahn 1933-09-07 (Dok. 5369)*

LIEPMANN, KLAUS
5388   (1933)
«History of Klaus Liepmann, Violinist»; Lebenslauf; TD, 5 S., engl. **A** Biografie/KLAUS LIEPMANN (Violinstudium in Köln und Baden-Baden bei BRAM ELDERING und CARL FLESCH, Musiktheorie und Komposition bei KARL REITZ, HERMANN UNGER, PHILIPP JARNACH; Tätigkeit als Solist, Kammermusiker und Orchestermusiker); Schriften/KLAUS LIEPMANN (Artikel in Zeitschriften; Violinschule für Anfänger in Vorbereitung)

↪ *Dokument auch in Subject File Klaus Liepmann, Emergency Committee (Dok. 5876-5883)*

↪ *Beilage zu: Brief Emergency Committee 1933-08-22 (Dok. 5363)*

↪ *Aktennotiz 1940-10-01: Carl Schurz Memorial Foundation (Dok. 4079)*

MAHLER, FRITZ
5389   [1935]
Fritz Mahler; Lebenslauf; AD, 1 S., engl. **E** Einreise/FM (in die USA 1935) **A** Anstellung/FM (Gastdirigent bei CBS, Boston SO, Denver SO, Montreal SO, Leiter der Philadelphia La Scala Opera Co.); Biografie/FM (Leiter des Danish SO Kopenhagen)

STEUERMANN, EDUARD
5390   1952-09-24
Personal Record; PD/TD, 2 S., engl. **A** Aufführung/EDUARD STEUERMANN (Liste mit wichtigen Auftritten und Aufnahmen); Biografie/EDUARD STEUERMANN (Studium bei FERRUCCIO BUSONI und ARNOLD SCHOENBERG; Unterrichtstätigkeit in Polen und in den USA); Kompositionen/EDUARD STEUERMANN (Klavierwerke, Klavierauszüge zu Werken/ ARNOLD SCHOENBERG); Öffentlichkeit/EDUARD STEUERMANN (Auszeichnungen)

TOCH, ERNST
5391   1935-02-01
David Ewen, «Boston Symphony Honors Exiled Modernist. Compositions by Ernest Toch, Driven from Germany to Be Presented under Koussevitsky Baton»; Clipping; PD, 1 S., engl.; Artikel aus ‹Amer. Hebrew›

↪ *Beilage zu: Brief Joseph Hyman 1936-03-25 (Dok. 5370)*

5392   (1936)
«Ernst Toch, Composer and Pianist»; Lebenslauf; TD, 4 S., engl. **A** Biografie/ERNST TOCH (Tätigkeit als Pianist und Theorielehrer); Kompositionen/ERNST TOCH (Bühnenwerke, Schauspiel- und Filmmusik); Öffentlichkeit/ERNST TOCH (Auszüge aus internationalen Pressekritiken)

↪ *Beilage zu: Brief Joseph Hyman 1936-03-25 (Dok. 5370)*

5393   (1936)
Werkverzeichnis; TD, 1 S., engl.

↪ *Beilage zu: Brief Joseph Hyman 1936-03-25 (Dok. 5370)*

WEISSMANN, FRIEDER
5394   1931
«Auszüge aus Kritiken Dr. Frieder Weißmann Dirigent des Berliner Sinfonie-Orchesters (1931)»; Pressemitteilung; PD, 1 S., dt. **A** Öffentlichkeit/FRIEDER WEISSMANN (Auszüge aus Pressekritiken)

5395   1932-?-?
«Auszüge aus Kritiken Dr. Frieder Weißmann Gastspiel Königlich-Flämische Oper, Amsterdam»; Pressemitteilung; PD, 1 S., dt. **A** Öffentlichkeit/FRIEDER WEISSMANN (Auszüge aus Pressekritiken)

Kurt Weill Foundation for Music, Weill-Lenya Research Center
7 East 20th St., New York, NY 10003, http://www.kwf.org/
Kontakt: Dave Stein, dstein@kwf.org

Weill Correspondence

- Kurt Weill, 1900-1950, Komponist, zweimal mit Lotte Lenya verheirtatet, 1933 Emigration nach Paris, 1935 Immigration in die USA, Kompositionen für den Broadway und Filmmusik
- Sammlung besteht großenteils aus Kopien, Originale an Yale Univ. (siehe unten); Series 40 mit 314 Originaldokumente (Briefe, Postkarten, Telegramme) aus den Jahren 1920-1950
- Vgl. Papers of Kurt Weill und Lotte Lenya, Irving S. Gilmore Music Library, Yale Univv.
- BHE II, 1220f. • «A Guide to the Weill-Lenya Center», hrsg. von David Farneth, John Andrus und Dave Stein, New York 1995 • «Kurt Weill: a Life in Pictures and Documents», hrsg. von David Farneth, Elmar Juchem und Dave Stein, New York 2000 • Foster Hirsch, «Kurt Weill on Stage: from Berlin to Broadway», New York 2002 • «Amerikanismus, Americanism, Weill», hrsg. von Hermann Danuser und Hermann Gottschweski, Schliengen 2003

KORRESPONDENZ

DIETRICH, MARLENE
5396 (1934)-?-?
Marlene Dietrich (Plaza Athénée, Paris) an Kurt Weill; APS, 1 S., dt. **A** Projekte/MD (freut sich auf «Abschieds-Lied»/KW; Schallplattenaufnahme)

HEINSHEIMER, HANS W.
5397 1947-09-04
Hans Wilhelm Heinsheimer (G. Schirmer, Inc., NYC) an Kurt Weill (New City, NY); TLS, 1 S., engl. **A** Anstellung/HH (stellt sich als Mitarbeiter von Verlag Schirmer vor); Projekte/KW (HH fragt nach Betätigung "in the field of educational music and write a school opera") **R** Musik/KW (Oper und Broadway; "you [...] have stated that Broadway would be 'operized' sooner or later. [...] It would, if successful, prove the validity of your theories and could make history")
↳ *Brief ähnlichen Inhalts: 1947-09-14*

5398 1948-12-06 bis 1949-10-11
Korrespondenz zwischen Hans Wilhelm Heinsheimer und Kurt Weill (TLS) über «Down in the Valley» (1948-12-06, 1948-12-17, 1949-01-03, 1949-01-26, 1949-02-14, 1949-02-16, 1949-02-23, 1949-02-24, 1949-05-04, 1949-05-05, 1949-05-24, 1949-06-06, 1949-10-11)

KOCHNO, BORIS
5399 1933-06-20
Kurt Weill (Hotel Alfieri, Alassio, Italien) an Boris Kochno; ALS, 2 S., frz. **A** Aufführung (Dank/KW für Zusammenarbeit, zufrieden mit «Die sieben Todsünden»); Projekte/KW (Bitte an BK, sich um Vorstellung in London zu kümmern) **R** Musik/KW (sein Musiktheater "fait moins pour la jouissance que pour la disputation", "introduire une idee philosophique, une attitude humaine dans le ballet")

LAWRENCE, GERTRUDE
5400 1940-08-24
Kurt Weill (Suffern, NY) an Gertrude Lawrence; TLS, 1 S., engl. **A** Kompositionen/KW (erläutert und schickt Songs aus «Lady in the Dark»)

NEHER, CASPAR UND ERIKA
5401 1946-07-02
Kurt Weill an Erika Neher; ALS, 4 S., dt. **E** Hilfe/KW (für EN, Nachforschungen); Verwandte/KW (Ermordung von Familienmitgliedern, Eltern und Geschwister frühzeitig aus Deutschland geflüchtet) **A** Anstellung/LOTTE LENYA ("hat mehrfach Theater gespielt", schwierige Situation für eine Schauspielerin); Kollegen/KW (BERTOLT BRECHT, geplante Aufführung von «Leben des Galilei»); Kompositionen/KW (Arbeit unter schwierigen Bedingungen) **R** Musik/KW (Reifung und Humanisierung seiner Musik) **Z** Kriegsereignisse (Luftangriff auf Graz)

5402 1946-07-02
Kurt Weill (New City, NY) an Caspar Neher (Zürich); ALS, 6 S., dt. **E** Integration/KW (Abscheu "gegen die Dinge, die sich in Deutschland abspielten in diesen Jahren" und "Gefühl von Dankbarkeit und Anhänglichkeit für die neue Heimat", daher "Gleichgültigkeit und Interesselosigkeit" für Schicksal der Bekannten in Deutschland) **A** Kollegen/KW (hat Adresse/CN über BERTOLT BRECHT bekommen); Kompositionen/KW («Johnny Johnson»; «Knickerbocker Holiday» mit MAXWELL ANDERSON; «Lady in the Dark», GERTRUDE LAWRENCE, Verfilmung mit GINGER ROGERS; «One Touch of Venus», MARY MARTIN; Arbeit an «Street Scene»); Öffentlichkeit/KW («Der Weg der Verheißung»/KW mit MAX REINHARDT ein Misserfolg, Kritikerlob für Musik, "spezielle Begabung als Theater-Komponist"); Projekte/KW (Reise zu Eltern und Bruder nach Palästina; LOTTE LENYA, ERIKA NEHER) **R** Musik/KW (Entwicklung eines spezifisch amer. Musiktheaters am Broadway)

↳ *Briefe Kurt Weill in Mary Flagler Cary Coll. (Dok. 5988-5989)*

OFFICE OF WAR INFORMATION

5403　　　　　　　　　　　　　1944-07-03
W.C. Morck (Washington, DC) an Kurt Weill (Beverly Hills Hotel, Beverly Hills, CA); TLS, 1 S., engl. A Organisationen (Office of War Information, Dank für Mitarbeit/ KW und LOTTE LENYA, Aufnahme des Songs «Wie lange noch?», Text/WALTER MEHRING)

PUTTERMAN, DAVID J.

5404　　　　　　　　　　　　　1947-02-24
David J. Putterman (Park Avenue Synagogue, NYC) an Kurt Weill (Brook House, New City, NY); TLS, 2 S., engl. A Finanzen/KW (Bitte/DP, für Publikation von «Kiddush» für Tenor und vierstimmigen gemischten Chor mit Orgel/ KW auf Tantiemen zu verzichten)

5405　　　　　　　　　　　　　1947-03-05
Kurt Weill (NYC) an David J. Putterman; TL (Kopie), 1 S., engl. A Finanzen/KW (verzichtet nur für diese Gelegenheit auf Tantiemen für Publikation von «Kiddush» für Tenor und vierstimmigen gemischten Chor mit Orgel/KW)

→ *Brief Kurt Weill: David J. Putterman and Park Avenue Synagogie Music Coll. (Dok. 5264)*

SOCIETÀ ITALIANA DEGLI AUTORI ED EDITORI

5406　　　　　　　　　　　　　1939-03-24
? (Società Italiana degli Autori ed Editori, Rom) an Kurt Weill; TLS, 1 S., ital. A Organisationen (Austritt/KW aus Società Italiana degli Autori ed Editori)

OFFIZIELLE DOKUMENTE
WAR DEPARTMENT

5407　　　　　　　　　　　　　1948-01-15
Kurt Weill, Moss Hart, Ira Gershwin und War Dept. (Civil Affairs Division, Reorientation Branch, Films and Theatre Section); Vertrag; TDS, engl. A Vertrag/KW, MH und IG (mit Office of Military Government of the US, "right to authorize licensed producers in Germany and Austria to give performances of the play «Lady in the Dark»")

Weill Papers

- Sammlung (Series 33) mit 44 Dokumenten aus den Jahren 1935-1950 (bzw. 1979), darunter offizielle Dokumente, Memoranda, Adressenlisten und Quittungen

OFFIZIELLE DOKUMENTE
ASCAP

5408　　　　　　　　　　　　　1939-05-25
Bescheinigung; TDS, 1 S., engl. A Organisationen (ASCAP, Mitgliedsurkunde für KURT WEILL)

WEILL, KURT

5409　　　　　　　　　　　　　1943-08-27
Certificate of Naturalization; PDS, 1 S., engl.; Certificate of Naturalization Nr. 5570024

Metropolitan Opera House, The Archives
Lincoln Center Plaza, New York, NY 10023
Kontakt: John Pennino

Files of the Metropolitan Opera Association

- Sammlung mit Verträgen und Korrespondenz zur Anstellung verschiedener Künstler an der MET

KORRESPONDENZ
WALLERSTEIN, LOTHAR

5410　　　　　　　　　　　　　1946-02-09
Lothar Wallerstein an Edward Johnson; ALS, 1 S., engl.; mit Anlage Attest (1 S.) A Vertrag/LW (Bitte um Entlassung aus dem Vertrag, da krank und erholungsbedürftig)

5411　　　　　　　　　　　　　1946-02-23
Edward Johnson an Lothar Wallerstein; TL (Kopie), 1 S., engl. A Vertrag/LW (EJ genehmigt Entlassung aus Vertrag, wünscht Genesung)

OFFIZIELLE DOKUMENTE
ADLER, KURT

5412　　　　　　　　　　　　　1943 bis 1950
Verträge (TDS) zwischen Kurt Adler und der Metropolitan Opera Ass., vertreten durch Edward Johnson, 1943-09-16, 1944-09-14, 1945-09-06, 1946-10-07, 1947-09-15, 1948-09-21, 1949-10-03 und 1950-01-25

BAUM, KURT

5413　　　　　　　　　　　　　1944 bis 1950
Verträge (TDS) zwischen Kurt Baum und der Metropolitan Opera Ass., vertreten durch Edward Johnson, 1943-03-01, 1943-07-22, 1944-02-29, 1944-07-07, 1945-11-27, 1946-10-08, 1947-09-22, 1948-09-27, 1949-07-26 und 1950-07-20

BREISACH, PAUL

5414　　　　　　　　　　　　　1941 bis 1945
Verträge (TDS) zwischen Paul Breisach und der Metropolitan Opera Ass., vertreten durch Edward Johnson, 1941-06-

12, 1942-02-21, 1943-03-01, 1943-03-19, 1943-07-12, 1944-02-29, 1944-11-09 und 1945-10-06

BUSCH, FRITZ

5415   1945 bis 1948
Verträge (TDS) zwischen Fritz Busch und der Metropolitan Opera Ass., vertreten durch Edward Johnson, 1942-01-15, 1941-03-06, 1942-02-21, 1942-10-06, 1943-03-01, 1944-02-22, 1945-01-09, 1945-06-27, 1950-04-20 und 1954-12-28

GLAZ, HERTA

5416   1942 bis 1955
Verträge (TDS) zwischen Herta Glaz und der Metropolitan Oper Ass., vertreten durch Edward Johnson (bis 1949) und Rudolf Bing (ab 1950), u.a. 1942-10-03, 1943-03-15, 1943-09-20, 1944-02-29, 1944-03-14, 1944-07-14, 1945-07-31, 1946-09-26, 1947-09-16, 1947-09-14, 1948-09-14, 1949-07-28 und 1950-07-20

GRAF, HERBERT

5417   1937 bis 1966
Verträge (TDS) zwischen Herbert Graf und der Metropolitan Opera Ass., ab 1950 vertreten durch Rudolf Bing, u.a. 1937-04-03, 1938-03-11, 1939-05-04, 1940-09-06, 1941-06-09, 1942-03-02, 1942-07-25, 1943-03-01, 1943-03-15, 1943-09-21, 1944-09-14, 1945-07-31, 1946-09-27, 1947-09-02, 1948-10-13, 1949-10-06 und 1950-07-20

KIEPURA, JAN

5418   1937 bis 1942
Verträge (TDS) zwischen Jan Kiepura und der Metropolitan Opera Ass., vertreten durch Edward Johnson, 1937-12-01, 1938-02-23 und 1942-02-07

KIPNIS, ALEXANDER

5419   1940 bis 1945
Verträge (TDS) zwischen Alexander Kipnis und der Metropolitan Opera Ass., vertreten durch Edward Johnson, 1940-10-07, 1942-08-26, 1943-03-01, 1943-03-15, 1944-02-29, 1944-09-06 und 1945-10-06

LEHMANN, LOTTE

5420   1933 bis 1944
Verträge (TDS) zwischen Lotte Lehmann und der Metropolitan Opera Ass., vertreten durch Giulio Gatti-Casazza (bis 1935) und Edward Johnson (ab 1935), 1933-06-21, 1934-06-18, 1935-01-12, 1935-05-27, 1936-07-07, 1937-03-25, 1940-11-04, 1941-06-09, 1942-08-21 und 1944-12-13

LEINSDORF, ERICH

5421   1937 bis 1944
Verträge (TDS) zwischen Erich Leinsdorf und der Metropolitan Opera Ass., vertreten durch Edward Johnson, 1937-04-03, 1938-02-18, 1939-03-01, 1940-02-19, 1939-12-23, 1940-03-01, 1940-03-31, 1941-03-06, 1941-02-28, 1942-03-02, 1942-08-06, 1943-03-01 und 1944-09-22

NOVOTNA, JARMILA

5422   1939 bis 1955
Verträge (TDS) zwischen Jarmila Novotna und der Metropolitan Opera Ass., vertreten durch Edward Johnson (bis 1949) und Rudolf Bing (ab 1950), 1939-04-20, 1940-08-12, 1941-02-28, 1941-04-10, 1942-02-21, 1942-08-20, 1943-03-01, 1943-03-15, 1943-10-25, 1944-01-17, 1944-02-29, 1944-10-04, 1945-08-03, 1946-10-18, 1947-09-24, 1948-11-09, 1949-10-06, 1950-07-20 und weitere Verträge bis 1955

STIEDRY, FRITZ

5423   1946 bis 1958
Verträge (TDS) zwischen Fritz Stiedry und der Metropolitan Opera Ass., vertreten durch Edward Johnson, 1946-10-02, 1948-10-13, 1949-08-04 und 1950-01-25; weitere Verträge bis 1958 (vertreten durch Rudolf Bing)

STRASFOGEL, IGNACE

5424   1936-01-13
Vertrag (TDS, 1 S.) zwischen Ignace Strasfogel und der Metropolitan Opera Ass., vertreten durch Edward Johnson; weitere Verträge von 1952 bis 1982

SZELL, GEORGE

5425   1942 bis 1945
Verträge (TDS) zwischen George Szell und der Metropolitan Opera Ass., vertreten durch Edward Johnson, 1942-10-16, 1943-01-15, 1943-03-01, 1943-06-28, 1944-06-27 und 1945-06-27

WALLERSTEIN, LOTHAR

5426   1941 bis 1945
Verträge (TDS) zwischen Lothar Wallerstein und der Metropolitan Opera Ass., vertreten durch Edward Johnson, 1941-06-06, 1942-03-03, 1942-07-25, 1943-03-01, 1943-03-11, 1943-03-15, 1943-09-21, 1944-02-29, 1944-09-14 und 1945-07-31

WALTER, BRUNO

5427   1940 bis 1954
Verträge (TDS) zwischen Bruno Walter und der Metropolitan Opera Ass., vertreten durch Edward Johnson (bis 1945) und Rudolf Bing (ab 1950), 1940-01-15, 1941-03-06, 1942-02-21, 1942-10-06, 1943-03-01, 1944-02-22, 1945-01-09, 1945-06-27, 1950-04-20 und 1954-12-28

→ *Verträge Metropolitan Opera Ass. in Bruno Walter Coll. (Dok. 6885)*

Milken Archive of American Jewish Music
777 West End Avenue, New York, NY 10025, http://www.milkenarchive.org
Kontakt: Gina Genova, GGenova@musicarc.org

- Institution mit Hauptsitz in Los Angeles und New York, Aufgaben sind Sammlung, Publikation und CD-Produktion von Werken amer. Komponisten jüdischer Herkunft
- Musikmss., gedruckte Partituren, Aufnahmen, Korrespondenz, Interviews, Oral history Recollections und Fotografien von Komponisten Hugo Chayim Adler, Samuel Adler, Herman Berlinski, Julius Chajes, Herbert Fromm, Max Janowski, Gershon Kingsley, Ursula Mamlok, Jan Meyerowitz, Darius Milhaud, Frederic Piket, Ruth Schonthal, Heinrich Schalit, Robert Starer, Ernst Toch, Franz Waxman, Kurt Weill, Stefan Wolpe, Alexander Zemlinsky, Kantoren Joseph Roman Cykowsky, Avraham Wilkomirsky, Harry Solowinchik, Gregor Shelkan und Sängerin Mascha Benya Matz
- Bestand bislang nicht katalogisiert und zur Zeit nicht zugänglich
- Zu Aufgaben und Tätigkeiten des Milken Archive vgl. «Milken Archive. American Jewish Music - Rediscovering a Cultural Legacy», hrsg. von der Milken Family Foundation, Santa Monica 1999

New School University, Raymond Fogelmann Library
65 5th Ave., New York, NY 10011, http://library.newschool.edu/fogelman/specialcollections.php
Kontakt: Dr. Carmen Hendershott, hendersh@newschool.edu

Archives of the New School University

- Als New School for Social Research 1919 von James H. Robinson, Thorsten Veblen, John Dewey u.a. gegründet; zunächst Institut für Erwachsenenbildung, 1933 Gründung der Univ. in Exile, 1934 der Graduate Faculty, 1940 der École Libre des Hautes Études und 1945 des American Council for Emigrés in the Professions (ACEP) mit Else Staudinger als Executive Officer und Toni Stolper als Secretary; (finanzielle) Basis der New School blieb "adult education", in deren Rahmen auch alle musikalischen Lehrveranstaltungen stattfanden
- Scrapbooks und ‹Bulletin of the New School for Social Research›, Geschäftskorrespondenz der Institutsleitung, Dokumente über Mitarbeiter sowohl der New School Individuals als auch der Graduate Faculty, ferner Unterlagen über die Zusammenarbeit mit anderen Organisationen
- Marleen Buelinckx, «Inventory and Report of the Archives of the New School Univ.», New York 1996 (maschinenschriftlich, im Archiv)
- Archiv spiegelt keineswegs die herausragende Rolle wider, die der New School für die Rettung bedrohter europäischer Intellektueller zukam, da seine Bestände nicht mehr vollständig sind; u.a. Ende der 1970er-Jahre großer Teil des Archivbestandes von der damaligen Archivarin Esther Levine an State Univ. of New York at Albany (NY) übergeben im Zusammenhang mit John Spaleks Bemühungen, dort ein großes Exil-Archivs zu konzentrieren (1976 als German Intellectual Émigré Collection begründet)
- Vgl. The German Intellectual Émigré Collection, State Univ. of New York at Albany (NY) (http://library.albany.edu/speccoll/emigre.htm) und Rockefeller Foundation Archives (Rockefeller Archive Center, S. 344-352)
- Charles S. Lachman, «The Univ. in Exile», Univ. of Massachusetts, Amherst College 1973 (maschinenschriftlich, Exemplar im Archiv), darin «Appendix A: List of 175 Refugee Scholars and Artists, Aided by the New School for Social Research, New York », 109-128 (u.a. Dokumentation mehrerer Emigranten: Felix W. Brentano, Victor Fuchs, Lydia Hoffmann-Behrendt, Charles Leirens, Thérèse Marix, Hans Neufeld) • Peter M. Rutkoff / William B. Scott, «New School. An Intellectual

History of the New School for Social Research», New York 1986 • Claus-Dieter Krohn, «Wissenschaft im Exil. Dt. Sozial- und Wirtschaftswissenschaftler in den USA und die New School for Social Research», Frankfurt am Main und New York 1987
- Auch Dokumente nach 1950 aufgenommen, da manche Emigranten früher nicht dokumentiert sind

MATERIAL ZUR BIOGRAFIE

5428　　　　　　　　　　　　　1926 bis 1956
24 Scrapbooks mit Presseberichten (Clippings) über die Aktivitäten der New School of Social Research und ihrer Mitglieder; Namensindex «University in Exile Scrapbook Contents May 1933-1949 Including Graduate Faculty Scrapbooks» als Kartei:
- Scrapbook 1926-1927 «News Papers Publicity» (nicht paginiert)
- Scrapbook 1932-1933 (paginiert)
- Scrapbook («University in Exile») 1933–1935 (paginiert)
- 3 Scrapbooks 1935-1936 (paginiert)
- Scrapbook 1936-1937 (paginiert)
- Scrapbook 1937-1938 (paginiert)
- Scrapbook 1938-1939 (paginiert)
- Scrapbook 1939-1940 «S» (paginiert), darin Unterlagen zu Rockefeller Film Music Project (ab S. 59), zu OTTO KLEMPERER und zum Chamber Orchestra of the New School for Social Research (ab S. 98)
- Scrapbook 1940-1941 «S» (paginiert), darin Rezensionen von Aufführungen/RUDOLF KOLISCH mit dem Chamber Orchestra of the New School for Social Research (ab S. 1)
- Scrapbook 1942-1943 «New School» (paginiert)
- Scrapbook 1943-1944 (paginiert)
- Scrapbook 1944-1945 «New School» (paginiert)
- Scrapbook 1945-1946 «New School» (paginiert)
- Scrapbook 1946-1947 (paginiert), darin Unterlagen zu HANNS EISLER und HUAC (ab S. 120)
- Scrapbook 1947-1948 (paginiert)
- Scrapbook 1948-1949 (paginiert)
- 2 Scrapbooks 1949-1950 (paginiert)
- Scrapbook 1950-1951 (paginiert)
- Scrapbook 1951-1952 (paginiert)
- Scrapbook 1952-1953 (paginiert)
- Scrapbook 1941-1956 «EL» [École Libre] (paginiert)

5429
‹Bulletin of the New School for Social Research›, PD; kommentierte Vorlesungsverzeichnisse mit Biografien der Lehrenden, Index als Kartei: Theodor W. Adorno (1939-1941), Franzi Ascher-Nash (1955-1961), Hanns Eisler (1935-1942), Ernst Thomas Ferand (1939-1965), Max Graf (1939-1958), Eta Harich-Schneider (1951), Emil Hauser (1954-1961), Lydia Hoffmann-Behrendt (1935-1936), Jascha Horenstein (1940-1943), Erich Moritz von Hornbostel (1933-1935), Erich Katz (1952-1958), Otto Klemperer (1940-1941), Rudolf Kolisch (1940-1942), Fritz Kraemer (1953-1959), Fritz Lehmann (1934-1941), Erich Leinsdorf (1940-1941 und 1944), Charles Leirens (1942-1951), Karl Lorenz (1934), Eric Simon (1953-1957), André Singer (1964-1967), Eduard Steuermann (1939-1941), Victor Zuckerkandl (1946-1951)

Faculty Papers

- Unterlagen zu Mitgliedern der Graduate Faculty der New School for Social Research, meist Publikationen oder deren Vorlagen; Musiker gehörten der Graduate Faculty nicht an, anfangs jedoch Erich Moritz von Hornbostel (1935), von dem hier keine Unterlagen erhalten sind
- Keine Finding aid

SCHRIFTEN
HAUSER, EMIL
5430　　　　　　　　　　　　　　　　　1952
«Interpretation of Music for Ensemble»; Aufsatz, TD (Kopie), 31 S., engl.; veröffentlicht: Bard College, Annandale-on-Hudson (NY) 1952
→ *Programmheft in Clara Mayer Papers (Dok. 5442)*

Alvin Johnson Papers

- Alvin Johnson, 1874-1991, ab 1921 Director, später President der New School for Social Research
- Korrespondenz mit Erwin Piscator aus den fünfziger Jahren, sonst keine relevanten Dokumente zu emigrierten Musikern; in Finding aid aufgeführter Arnold Rosé ist ein Soziologe aus Minnesota und nicht identisch mit gleichnamigem Geiger
- Finding aid online (http://www.newschool.edu/library/AJohnson.htm)

- 1967 große Teile der Korrespondenz an Yale Univ. übergeben (Memorandum Jean Goldsmith 1967-12-19, im Archiv); verbliebener Teil des Nachlasses nach Johnsons Tod an dessen Alma Mater, die Univ. of Nebraska in Lincoln (NA) übergeben

Clara Mayer Papers

- Clara W. Mayer, 1895-1988, zunächst ab 1924 Secretary, dann ab 1934 Dean der Graduate Faculty an der New School for Social Research, Künstler wurden vor allem von ihr betreut; aufgrund ihres familiären Hintergrunds maßgeblich am Fund raising für den Neubau in der 12th St. beteiligt
- Geschäftskorrespondenz und biografisches Material zu Mitarbeitern
- Elektronische Finding aid im Archiv, noch nicht online
- Erhebliche Lücken im Bestand (vgl. Bemerkungen zu Archives of the New School University)

SCHRIFTEN
ASCHER(-NASH), FRANZI
5431 —
Vorlesungsms. zur Geschichte des Singens, TD, engl., 9 + 3 S.
↪ Brief Franzi Ascher 1956-10-02 (Dok. 5432)

KORRESPONDENZ
ASCHER(-NASH), FRANZI
5432   1956-10-02
Franzi Ascher an Clara W. Mayer, TLS, 1 S., engl. (auch dt.) A Anstellung/FA (an New School for Social Research, Vorlesungen zur Geschichte der Oper, des Gesangs und des Liedes)
↪ Vorlesungsms. (Dok. 5431)

5433   1957-05-07
Herbert Zipper an Clara W. Mayer, TLS, 1 S., engl. A Empfehlung/HZ (negative Beurteilung der Kursvorschläge/ FRANZI ASCHER; rät, an "operatic recitals" festzuhalten "and not to risk courses that may detract from the stature of the New School")
↪ Beilage: Vorschläge von Franzi Ascher (TD, 3 S.)

5434   1961-04-21
Franzi Ascher (Elmhurst, NY) an Clara W. Mayer, TLS, 1 S., engl A Anstellung/FA (an New School for Social Research, Kündigung)

HARICH-SCHNEIDER, ETA
5435   1953-04-22
Eta Harich (NYC) an Clara W. Mayer, ALS, 1 S., engl. A Projekte/EH (sendet Prospekt zu Konzerten an der New School for Social Research)

5436   1953-05-27
Clara W. Mayer an Eta Harich, TL (Kopie), 1 S., engl. A Projekte/EH (Gratulation zu Guggenheim-Stipendium); Treffen/EH mit CM (Verbindungen mit New School for Social Research)

HAUSER, EMIL
5437   1956-06-23
Emil Hauser (Prades, Frankreich) an Clara W. Mayer, ALS, 2 S., dt. E Hilfe/CM (für Franco-Flüchtlinge, EH überreicht Scheck/CM an PABLO CASALS) A Unterricht/PABLO CASALS (Kurse zu «Suiten» für Vc. solo/JOHANN SEBASTIAN BACH)

5438   1961-02-22
Emil Hauser an ?, ALS, 1 S., engl. A Anstellung/EH (an New School for Social Research, Kündigung "due to regrettable circumstances"; Fortsetzung der Arbeit durch IMRE POGANY)

ZIPPER, HERBERT
5439   1951-08-08
Herbert Zipper (Manila SO, Manila, Philippinen) an Clara W. Mayer, ALS, 2 S., engl. A Anstellung/HZ (Desorganisation in Manila während seiner Abwesenheit, Akzeptanz des "white man" unter bestimmten Voraussetzungen) Z Politik (Kritik an amer. Japanpolitik, Außenminister JOHN FOSTER DULLAS)

5440   1953-03-15
Herbert Zipper an Clara W. Mayer, TL (Kopie), 2 S., engl. A Unterricht/HZ (besonderer Geist der New School for Social Research, Beispiele)

MATERIAL ZUR BIOGRAFIE
ASCHER(-NASH), FRANZI
5441 —
Franzi Ascher, Lebenslauf; PD (Kopie annotiert), 1 S., engl. A Biografie/FA (humanistisches Gymnasium und Musikakademie, Korrespondentin für ‹Neue Volkszeitung› und ‹Dt. Staatszeitung› in NYC)

HAUSER, EMIL
5442   1952-07-?
«Workshop in String Ensemble», Programmheft, PD, 4 S., engl. A Unterricht/EMIL HAUSER (Workshop am Bard College, Annendale-on-Hudson, New York); Biografie/EMIL HAUSER (Gründer und Primarius des Budapester Streichquartetts, Lehrer für Streichquartettspiel an Juilliard School of Music)
↪ Aufsatz Emil Hauser in Faculty Papers (Dok. 5430)

KATZ, ERICH
5443   1958-01-23
Erich Katz, Lebenslauf; PD (Kopie annotiert), 1 S., engl. A Biografie/EK (Dissertation in Freiburg, "musician composer, faculty member of NY College of Music")

KRAMER, FRIEDRICH
5444   1958-10-05
Friedrich Kramer, Lebenslauf; TD (Kopie annotiert), 1 S., engl. A Biografie/FK (Ausbildung an Staatsakademie für Musik Wien; Dirigent, Pianist, Komponist, "lecturer", Vienna City Opera [Volksoper?], BBC London, ABC Australia and Africa, Radio El Mundo Buenos Aires, Leiter des Music Dept. am Buena Vista College, Havana)

ZIPPER, HERBERT
5445   1959
Herbert Zipper, Lebenslauf; TD, 2 S., engl.; mit handschriftlichem Zusatz von Herbert Zipper an Clara W. Mayer E Verfolgung/HZ (Verlust der Anstellung an Konservatorium Düsseldorf nach Machterlangung/ADOLF HITLER); Inhaftierung/HZ (1938 in KZ, 1942 von Japanern inhaftiert) A Anstellung/HZ (an New School for Social Research; Music editor von Marks Music Corp. und Broude Bros., Dirigent des Brooklyn SO); Einbürgerung/HZ (1951 Erlangung der amer. Staatsbürgerschaft); Biografie/HZ (Studium an Staatsakademie für Musik Wien, Tätigkeit als Opern- und Konzertdirigent in Düsseldorf, Paris, Manila, Brooklyn; Lehrer am Konservatorium Düsseldorf; Mitbegründer des Wiener Konzertorchesters)

New School Individuals

- Unterlagen zu Mitarbeitern, die an der Adult Education, später auch an dem Graduate Program der New School for Social Research teilnahmen; zu ihnen gehörten auch alle Musiker
- Bestand sehr lückenhaft
- Finding aid in Marleen Buelinckx, «Inventory and Report of the Archives of the New School Univ.», New York 1996

KORRESPONDENZ
DELIMA, AGNES
5446   1940-02-21
Agnes DeLima (Public Relation Manager, New School for Social Research, NYC) an City Editor [ungenannter Empfänger], TL, 1 S., engl. A Projekt/HANNS EISLER (Anschreiben zu Pressemitteilung «Rockefeller Foundation Makes Unique Grant to the New School $20.000 to be used for Film-Music-Research, Eisler, German Exile Composer, to Conduct Two Year Study»

→ Beilagen: Pressemitteilung (Kooperation mit RCA, in deren Studios die Tonaufnahmen gemacht werden sollen, und Mitgliedern des [NY?] PO, Kurzbiografie von Hanns Eisler); Liste von etwa 200 Zeitungen und Zeitschriften in den USA, an welche die Mitteilung ging, handschriftlicher Vermerk der 26 Zeitungen, die sie gebracht haben, darunter alle "Nationwide"-Blätter

New York Public Library, Humanities and Social Sciences Library, Dorot Jewish Division

5th Ave. 42nd St., New York, NY 10018-2788, http://www.nypl.org/research/chss/jws/jewish.html
Kontakt: gboziwick@nypl.org

The William E. Wiener Oral History Library of the American Jewish Committee

- Oral Histories von jüdischen Persönlichkeiten, darunter emigrierte Musiker bzw. Personen, die mit diesen zu tun hatten
- Meist inklusive kurzer Inhaltsangaben in mehrbändigem Inventory erfasst: «Catalogue of Memoirs of the William E. Wiener Oral Histroy Library», New York 1978 (Vol. 1), 1987 (Vol. 2), 1993 (Vol. 3), 1995 (Vol. 4)
- Alphabetischer Index online, http://www2.nypl.org/home/research/dorot/oralhistories2.cfm

MATERIAL ZUR BIOGRAFIE
FEUCHTWANGER, MARTA
5447   1974 bis 1975
Marta Feuchtwanger, Oral History; TD, 104 S., engl.; Hauptteil 1974, 89 S.; Addendum 1975, 15 S. E Hilfe (für LION FEUCHTWANGER und MF bei Emigration; Intervention des amer. Konsulat Paris, ELEANOR ROOSEVELT)

GALIMIR, FELIX
5448   1991
Felix Galimir, Oral History; TD, 43 S., engl.; "interviewed by Dorothy Horowitz" E Emigrationsweg/FG (Israel, USA) A Anstellung/FG (NBC SO; ARTURO TOSCANINI); Biografie/FG (musikalische Ausbildung und Karriere) R Musik/FG (zeitgenössische Musik; ARNOLD SCHOENBERG, RUDOLF SERKIN, PABLO CASALS)

GOLDOWSKY, BORIS
5449   1975
Boris Goldovsky; Oral History; TD, 350 S., engl. A Biografie/BG (musikalische Ausbildung, Studium bei ARTUR SCHNABEL; Berliner PO; Karriere in den USA) R Musik/BG (SERGE KOUSSEVITZKY, GEORGE SZELL, ARTUR RODZINSKI, BRUNO WALTER, LEONARD BERNSTEIN, DIMITRI MITROPOULOS, SARAH CALDWELL) Z Verfolgung (Antisemitismus in Ungarn)

KIPNIS, ALEXANDER
5450   1971
Alexander Kipnis; Oral History; TD, 27 S., engl. E Hilfe/AK (Betätigung als Fluchthelfer für dt. Juden) A Aufführung/AK (Konzerte für Jüdischen Kulturbund); Biografie/AK (Karriere, Chicago Opera, Staatsoper Berlin; LEO BLECH) Z Verfolgung (Ausschluss dt. Juden von allen kulturellen Aktivitäten)

REDLICH, HERTA GLAZ
5451   1993
Herta Glaz Redlich; Oral History; TD, 39 S., engl.; "interviewed by Dorothy Horowitz" A Biografie/HGR (Ausbildung, Musikakademie Wien; Opernkarriere, Engagements, Lehrtätigkeit in den USA; FRITZ REDLICH)

SHELKAN, GREGOR
5452   1975
Gregor Shelkan; Oral History; 2 MC, bislang nicht transkribiert

→ *Hazzan Gregor Shelkan Collection, Jewish Theological Library, S. 193*

New York Public Library, Humanities and Social Sciences Library, Manuscripts and Archives Division

5th Ave. and 42nd St., New York, NY 10018-2788, http://www.nypl.org/research/chss/spe/rbk/mss.html

Kontakt: Curator of Manuscripts, mssref@nypl.org

Emergency Committee in Aid of Displaced Foreign Scholars Records

- Dokumente zur Tätigkeit des Emergency Committee in Aid of Displaced Foreign Scholars (im Folgenden kurz: Emergency Committee). Gründung 1933 von amer. Hochschullehrern (Stephen Duggan, chairman; Betty Drury, executive secretary; Edward R. Murrow, assistant secretary) zum Zweck finanzieller Hilfeleistung für europäische Wissenschaftler, die aus religiösen oder politischen Gründen aus ihrer Heimat flüchteten, 1945 aufgelöst
- Alphabetisch nach Vorgängen geordnete Dokumente zu den Antragstellern (Korrespondenz, Material zur Biografie, offizielle Dokumente), außerdem Namenslisten und Protokolle
- Vgl. Archives of the Carl Schurz Memorial Foundation, Archives of the National Coordinating Committee und Archives of the National Refugee Service (Center for Jewish History, YIVO Institute, S. 83-104 und 115-130) sowie Alfred E. Cohn Papers und Rockefeller Foundation Archives (Rockefeller Archive Center, S. 344-352)
- Finding aid; Inventory online, http://www.nypl.org/research/chss/spe/rbk/faids/Emergency/emergencycont.html
- Stephen Duggan und Betty Drury, «The Rescue of Science and Learning», New York 1948
- Katalogdarstellung listet jedes Subject File wie eine Sammlung innerhalb dieser Sammlung auf; kurze biografische Informationen zu den Antragstellern jeweils am Anfang

Administrative Dokumente

- Dokumente verschiedener Organisationen, darin meist Listen mit Namen von Wissenschaftlern aus unterschiedlichen Disziplinen, die eine Emigration planen oder bereits emigriert sind

SCHRIFTEN
EMERGENCY COMMITTEE
5453   1942-05-01
«Third Annual Report – September 1, 1940 – January 1, 1942»; Bericht, TD, 4 S., engl. E Hilfsorganisationen (Emergency Committee, Bericht über Aktivitäten und Finanzen, Liste unterstützter Musiker und Musikwissenschaftler)

→ *Dokumente ähnlichen Inhalts ab 1934*

Material zur Biografie

5454 1938-03-?
«Musicologists Living in and around New York»; Namensliste (Kopie); TD, 1 S., engl. A Biografie (Kurzbiografien und Adressen/Hans Theodore David, Bruno Eisner, Felix M. Gatz, Felix Guenther und Artur Holde)
→ *Dokument in Subject Files zu Felix M. Gatz, Artur Holde und Jascha Horenstein*

5455 1938-12-13
Namensliste (Kopie); TD, 1 S., engl. E Hilfe/Emergency Committee (Auflistung von Gesprächen mit Emigranten, darunter Blockflötist Walter Bergmann, Gesangs- und Sprechlehrerin Rosa Loewy-Loening, Dirigent Felix Wolfes)
→ *Dokument in Subject File Rosa Loewy-Loening*

Black Mountain College

5456 1940-12-18
«Refugees whom Black Mountain College has helped to become established in the US […]»; Namensliste (Kopie); TD, 2 S., engl. E Hilfe (Kurzbiografien emigrierter Wissenschaftler, darunter Josef Albers, Anni Albers, Heinrich Jalowetz)
→ *Dokument in Heinrich Jalowetz Subject File; Liste enthält weitere Emigranten aus anderen Disziplinen*

Carnegie Corporation

5457 1935-01-22
«Notes on Applicants for Junior Fellowships»; Namensliste (Kopie); TD, 3 S., engl. A Empfehlung (Kurzbiografien emigrierter Wissenschaftler zur Erlangung eines Carnegie Corp. Research Fellowship, darunter Ernst Hermann Meyer)
→ *Dokument in Ernst Hermann Meyer Subject File; Liste zu einem Brief von Walter M. Kotschnig (Genf) an Frederick Keppel (Carnegie Foundation, NYC), enthält auch Emigranten aus anderen Disziplinen*

Library of Congress

5458 1940-10-22
«Memorandum […] Referring to Displaced Scholars»; Namensliste; TL, 3 S., engl. A Anstellung (Namensliste mit Kandidaten für Anstellung an Library of Congress und finanzielle Förderung/Emergency Committee, darunter Johan Huizinga, Kathi Meyer-Baer, Egon Wellesz)
→ *Dokument in Subject Files Karl Geiringer und Egon Wellesz*

National Committee for Refugee Musicians

5459 1942-03-18
Mark Brunswick (National Committee for Refugee Musicians, NYC) an Betty Drury (Emergency Committee, NYC); TL (Kopie), 1 S., engl. A Anstellung (Kurzbiografien emigrierter Wissenschaftler, Kandidaten für Stelle an College in Nebraska, darunter Dirigent Igor Bouryanine, Pianist Emil Beyer und Sängerin Ruth Beyer, Dirigent Felix Edward Sharton, Pianist und Komponist Josef Wagner, Klavierlehrer und Dirigent Johann Gaertner, Komponist Kurt Roger)
→ *Dokument in Subject Files Johann Gaertner, Felix Edward Sharton und Josef Wagner*

National Refugee Service

5460 1943-04-05
«Comments on Applications for Emergency Committee Fellowships to be Considered»; Namensliste; TD, 6 S. A Hilfe (Notizen zu Hilfeleistungen für diverse Emigranten aus verschiedenen Disziplinen, darunter Ferdinand Bruckner, Albert Ehrenstein, Walter Friedlaender, Jascha Horenstein, Antonie Lilienfeld, Hans Sahl, Paul Stefan, Karl Weigl)
→ *Dokument in Subject Files Antonie Lilienfeld und Karl Weigl*

New School for Social Research

5461 1940-09-16
Alvin Johnson (New School for Social Research, NYC) an Stephen Duggan (Emergency Committee, NYC); TL (Abschrift), 2 S., engl. A Anstellung (Stellenvermittlung mit Hilfe/New School for Social Research; Felix W. Brentano, Hanns Eisler, Ernest Thomas Ferand, Max Graf, Kurt Pinthus, Erwin Piscator, Paul Zucker, Carl Zuckmayer)
→ *Dokument in Max Graf Subject File; Liste enthält weitere Emigranten aus anderen Disziplinen*

5462 1941-01-02
«New School for Social Research Refugee Scholar Fund»; Namensliste (Kopie); TD, 2 S., engl. A Biografie (Liste mit Emigranten aus verschiedenen Disziplinen mit Informationen zu früheren Anstellungen, darunter Egon Wellesz)
→ *Dokument in Egon Wellesz Subject File*

New York Public Library

5463 1942-10-27
Betty Drury, «Interview with Dr. Carleton Sprague Smith of the NYPL»; Aktennotiz (Kopie); TD, 1 S., engl. A Empfehlung/Carleton Sprague Smith (Einschätzungen der Fähigkeiten/Kathi Meyer-Baer, Karl Weigl, Edward Lowinsky, Curt Sachs, Hans Theodore David)
→ *Dokument in Curt Sachs Subject File*

Notgemeinschaft Deutscher Wissenschaftler im Ausland

5464 1940-09-04
«List of Notgemeinschaft (Scholars and Writers)»; Namensliste (Kopie unvollständig); TD, 1 S., engl. A Biografie (Liste mit Kurzbiografien von Emigranten aus verschiedenen Disziplinen, darunter Egon Wellesz)
→ *Dokument in Egon Wellesz Subject File*

Oberlaender Trust

5465 1941-04-14
Wilbur K. Thomas (Oberlaender Trust, Philadelphia, PA) an Betty Drury (Emergency Committee, NYC); TL (Abschrift), 1 S., engl. E Finanzen/Oberlaender Trust (Unterstützung zur Anstellung emigrierter Wissenschaftler, darunter Hans Theodore David, Curt Sachs, Richard Stoehr)
→ *Dokument in Subject Files Curt Sachs und Richard Stoehr*

5466 1941-06-26
Betty Drury an Wilbur K. Thomas (Oberlaender Trust, Philadelphia, PA); TL (Kopie), 2 S., engl. E Finanzen/Oberlaender Trust (Namensliste mit Geldbeträgen für unterstützte Personen, darunter ERNST KANITZ, RICHARD STOEHR, HERBERT MARCUSE, OTTO BENESCH)

↳ Dokument in Subject Files Ernst Kanitz und Richard Stoehr; Liste enthält weitere Emigranten aus anderen Disziplinen

5467 1941-06-30
Wilbur K. Thomas (Oberlaender Trust, Philadelphia, PA) an Betty Drury (Emergency Committee, NYC); TL (Kopie), 1 S., engl. E Finanzen/Oberlaender Trust (Namensliste mit Geldbeträgen für unterstützte Emigranten und deren Anstellungen, OTTO JOHANNES GOMBOSI, ERNST KANITZ, PAUL NETTL; keine Unterstützung für JOSEPH BRAUNSTEIN, WILHELM FIEDLER, ERNST KALMUS, ALFRED MANN, FRITZ LEHMANN, KURT PINTHUS, ALFRED SZENDREY, WERNER WOLFF)

↳ Dokument in Subject Files Ernst Kanitz und Otto Gombosi; Liste enthält weitere Emigranten aus anderen Disziplinen

5468 1942-02-03
Wilbur K. Thomas (Oberlaender Trust) an Betty Drury (Emergency Committee, NYC); TL (Kopie), 1 S., engl. E Finanzen/Oberlaender Trust (Unterstützung zur Anstellung/HANS THEODORE DAVID, ZOLTAN FEKETE, CURT SACHS)

↳ Dokument in Curt Sachs Subject File; Liste enthält weitere Emigranten aus anderen Disziplinen

5469 1942-04-14
Betty Drury an Wilbur K. Thomas (Oberlaender Trust, Philadelphia, PA); TL (Kopie), 1 S., engl. E Finanzen/Oberlaender Trust (Liste zur Unterstützung emigrierter Wissenschaftler mit Förderungsbeträgen, WALTER FRIEDLAENDER, OSWALD JONAS)

↳ Dokument in Oswald Jonas Subject File; Liste enthält weitere Emigranten aus anderen Disziplinen

5470 1942-05-20
Betty Drury an Wilbur K. Thomas (Oberlaender Trust, Philadelphia, PA); TL (Kopie), 1 S., engl. E Finanzen/Oberlaender Trust (Liste zur Unterstützung emigrierter Wissenschaftler, darunter ERNST KANITZ, PAUL NETTL, WERNER WOLFF)

↳ Dokument in Ernst Kanitz Subject File; Liste enthält weitere Emigranten aus anderen Disziplinen

5471 1942-06-23
Wilbur K. Thomas (Oberlaender Trust, Philadelphia, PA) an Betty Drury (Emergency Committee, NYC); TL (Kopie), 1 S., engl. E Finanzen/Oberlaender Trust (Liste zur Unterstützung von Emigranten, darunter OTTO JOHANNES GOMBOSI, ERNST KANITZ, SIEGFRIED KRACAUER, F.W. [FREDERICK] STERNFELD, WERNER WOLFF)

↳ Dokument in Subject Files Ernst Kanitz, Otto Johannes Gombosi und Frederick Sternfeld; Liste enthält weitere Emigranten aus anderen Disziplinen

ROCKEFELLER FOUNDATION

5472 1939-05-11
«List of Deposed Scholars Aided by the Rockefeller Foundation»; Namensliste (Kopie); TD, 1 S., engl. E Hilfe/Rockefeller Foundation (Liste mit unterstützten Emigranten und deren Anstellungen, darunter CURT SACHS)

↳ Dokument in Curt Sachs Subject File; Liste enthält weitere Emigranten aus anderen Disziplinen

VEREIN DEUTSCHER LEHRER VON NEW YORK UND UMGEGEND

5473 1940-01-15
«Institute of German Studies»; Pressemitteilung (Kopie); TD, 4 S., engl. A Vortrag (Lehrerverein of NYC, Ankündigung einer Vortragsreihe "on Germany from 1918-1933"; Liste der Vortragenden und Musiker, darunter ERNST BLOCH, BRUNO EISNER, EMIL KAHN, KURT LONDON, KURT PINTHUS, HEINRICH SCHNITZLER, GUSTAV STOLPER, VICTOR ZUCKERKANDL, CARL ZUCKMAYER)

↳ Dokument in Victor Zuckerkandl Subject File

Theodor W. Adorno Subject File

- Theodor Wiesengrund Adorno, 1903-1969, Philosoph, Soziologe und Musikwissenschaftler, Emigration 1934 nach England, 1938 Immigration in die USA, 1938-1941 Teilnahme am Princeton Radio Research Project, Zusammenarbeit mit Hanns Eisler am Filmmusik-Projekt der New School for Social Research, 1949 Rückkehr nach Deutschland
- Vgl. Rockefeller Foundation Archives (Rockefeller Archive Center, S. 244-352)
- BHE II, 13f.

MATERIAL ZUR BIOGRAFIE

5474 (1934)
Theodor W. Adorno; Fragebogen (Kopie); PD/TD, 3 S., engl. E Sprache/TA (gute engl. Sprachkenntnisse); Verfolgung/TA (1933 Entlassung aufgrund des "Gesetzes zur Wiederherstellung des Berufsbeamtentums") A Empfehlung (Referenzen für TA/MAX HORKHEIMER, PAUL TILLICH, ERNST CASSIRER, CHARLES MANNHEIM, WALTER OTTO, W[ALTER] DUBISLAV); Finanzen/TA (kein richtiges Einkommen, aber "Colleg-Gelder")

Willi Apel Subject File

- Willi Apel, 1893-1988, Musikwissenschaftler; 1936 Immigration in die USA, ab 1938 Lehrtätigkeit an der Harvard Univ., ab 1950 an der Indiana Univ. in Bloomington (IN)
- BHE II, 13f.

MATERIAL ZUR BIOGRAFIE

5475 —
Willi Apel; Lebenslauf; TD, 2 S., engl. **A** Biografie/WA (Studium bei EDWIN FISCHER, Tätigkeit als Pianist und Musikwissenschaftler); Editionen/WA (Tätigkeit als Hrsg.); Empfehlung (Referenzen für WA/WALTER DAMROSCH, CARL ENGEL, JOHANNES WOLF, EDWIN FISCHER, [ARCHIBALD T.] DAVISON); Schriften/WA (Publikationsliste)

→ Aktennotiz 1940-10-04 in Archives of the Carl Schurz Memorial Foundation (Dok. 4017)

Adolf Bak Subject File

- Adolf Bak, geboren 1883, ung. Geiger, Studium am Wiener Konservatorium, Tätigkeit im Boston SO, ab 1923 Leiter des Faches Violine am Wiener Konservatorium

MATERIAL ZUR BIOGRAFIE

5476 [1939]
Adolf Bak; Lebenslauf; TD, 1 S., engl. **E** Verfolgung/AB (Verbleib in Wien unmöglich wegen amer. Staatsbürgerschaft) **A** Biografie/AB (Ausbildung und Werdegang, Geiger im Boston SO, Ruf nach Wien zur Anstellung am Konservatorium für Musik); Empfehlung (für AB/NIKOLAI SOKOLOFF, ARTUR BODANZKY, MISCHA ELMAN, KARL MUCK, JOSEF REITLER, CARLETON SPRAGUE SMITH)

Maria Balling Subject File

- Maria L. Balling, 1899-1974, österr. Pianistin und Klavierpädagogin, Musikstudium in Wien, 1939 Emigration in die USA

KORRESPONDENZ

MANHATTANVILLE COLLEGE OF THE SACRED HEART
5477 1940-07-26
Florence Smith (Manhattanville College of the Sacred Heart, NYC) an Maria Balling (NYC); TL (Abschrift), 1 S., engl. **A** Studium/MB (möchte am Manhattanville College studieren, hat aber bereits einen höheren Abschluss)

PROVINCIAL HOUSE
5478 1940-05-03
Kostka Bauer (Provincial House, Daughters of Divine Charity, Arrochar Park, NY), ohne Adressat; TL (Abschrift), 1 S., engl. **A** Empfehlung/KB (für MARIA BALLING)

→ Brief ähnlichen Inhalts: 1940-09-06

5479 1940-09-13
M. Margaret (Provincial House, Arrochar Park, NY) an Betty Drury (Emergency Committee, NYC); TLS, 1 S., engl. **A** Anstellung/MARIA BALLING (Ausbau der Schule zum College, feste Anstellung/MARIA BALLING möglich); Finanzen (Bitte um Unterstützung für Anstellung/MARIA BALLING)

→ Antwortbrief mit Ablehnung: 1940-09-27

MATERIAL ZUR BIOGRAFIE
5480 (1939)
«Copies of English Recommendation Letters»; Lebenslauf; TD, 1 S., engl. **A** Biografie/MARIA BALLING (Anstellungen in England); Empfehlung (für MARIA BALLING/WILLIAM BURROWS und Sister M. TERESA)

5481 1939-05-17
Maria Balling, «Curriculum vitae of Maria Louisa Balling»; Lebenslauf (annotiert); TD, 1 S., engl. **E** Einbürgerung/MB (hat first papers); Sprache/MARIA BALLING (spricht, liest und schreibt Dt., Engl., Frz. und Ital.) **A** Biografie/MB (Musikstudium in Wien bei THEODOR LESCHETITZKY, [RICHARD] ROBERT, EUSEBIUS MANDYCZEWSKI, JOSEF BOHUSLAV FÖRSTER, M. ANCZIS, RICHARD STOEHR, KARL BERLA; Tätigkeiten in Europa und in den USA)

5482 1940-09-05
Betty Drury, «Interview Memorandum»; Aktennotiz; PD/TD, 1 S., engl. **E** Hilfe (Bericht über berufliche Situation/MARIA BALLING, ihre Erscheinung, Chancen auf finanzielle Unterstützung; keine Unterstützung/Catholic Committee; Oberlaender Trust, MARK BRUNSWICK)

5483 1940-09-05
Karteikarte; PD/AD, 1 S., engl. **E** Einbürgerung/MARIA BALLING (hat first papers); Einreise/MARIA BALLING (in die USA im Dezember 1939)

5484 1940-09-26
«Application for New Scholar – Institution: St. Joseph's Hill Academy, Scholar: Maria Balling, Musicologist»; Aktennotiz (Kopie); TD, 2 S., engl. **A** Anstellung/MARIA BALLING (an St. Joseph's Hill Academy, Auszüge aus der Korrespondenz mit M. MARGARET); Empfehlung (für MARIA BALLING/KOSTKA BAUER, WILLIAM BURROWS, Sister M. TERESA)

Hedda Ballon Subject File

- Hedda Ballon (Geburtsname: Hedda Weizmann), geboren 1893, österr. Pianistin und Musiktheoretikerin, Studium bei Richard Robert am Wiener Konservatorium, seit 1920 Klavierlehrerin am Neuen Wie-ner Konservatorium, 1936 als Professorin berufen, 1938 Immigration in die USA
- Artur Holde, «Die Tonkünstler im gelobten Land», in: ‹Aufbau›, 22. Dezember 1944, 49-50 • Datenbank Orpheus Trust Wien

KORRESPONDENZ
BALLON, HEDDA

5485   1939-07-06
Hedda Ballon (Boston, MA) an Betty Drury (Emergency Committee, NYC); TLS (annotiert), 1 S., engl. E Hilfe (Stellensuche, Erfahrung mit Unterrichtstätigkeit; ERNST KANITZ)

↳ Beilage: Lebenslauf (Dok. 5487)

MATERIAL ZUR BIOGRAFIE
5486   1939-06-28
Karteikarte; PD/AD, 1 S., engl. E Einreise/HEDDA BALLON

(mit quota visa) A Biografie/HEDDA BALLON (Lehrtätigkeit am Wiener Konservatorium); Kollegen/HEDDA BALLON (ERNST KANITZ)

5487   (1939-07-06)
Hedda Ballon; Lebenslauf; TD, 1 S., engl. A Biografie/HB (Klavierstudium in Wien, Lehrtätigkeit; Tätigkeit in den USA seit ihrer Ankunft)

↳ Beilage zu: Brief Hedda Ballon 1939-07-06 (Dok. 5485)

Gerth-Wolfgang Baruch Subject File

- Gerth-Wolfgang Baruch, 1911-1999, Musikwissenschaftler, Studium in Berlin und an Dt. Univ. Prag, Tätigkeit als Musikwissenschaftler, Musikkritiker und Musikschriftsteller; 1933 Emigration nach Prag, 1946-1976 Tätigkeit als Redakteur beim SWF, später als Abteilungsleiter Musik

KORRESPONDENZ
BARUCH, GERTH-WOLFGANG

5488   1939-02-18
Gerth-Wolfgang Baruch (Prag) an Josephine Harreld (Atlanta, GA); TLS, 1 S., engl. E Affidavit (Suche nach Affidavitgeber für GWB); Hilfe (Stellensuche, berufliche Qualifikation/GWB); Verfolgung/GWB (Gesetz zur Deportation aller "nichtarischen" Fremden und politischen Flüchtlinge)

5489   1939-05-09
Gerth-Wolfgang Baruch (Prag) an Josephine Harreld (Atlanta, GA); TLS, 1 S., engl. E Affidavit (Suche nach Affidavitgeber für GWB); Verfolgung/GWB (Antisemitismus, Verlust aller Einkunftsmöglichkeiten; Schließung der Hilfskomitees in Prag)

HARRELD, JOSEPHINE

5490   1939-05-25
Josephine Harreld (Atlanta, GA) an Stephen Duggan (Institute of International Education, NYC); TLS (annotiert), 2 S., engl. E Hilfe (Bitte um Unterstützung für GERTH-WOLFGANG BARUCH, Anfrage an Emergency Committee auf Hinweis/FLORENCE READ); Verfolgung/GERTH-WOLFGANG BARUCH (Antisemitismus in Deutschland)

↳ Antwortbrief mit Ablehnung: 1939-07-27

MATERIAL ZUR BIOGRAFIE
5491   —
Gerth-Wolfgang Baruch; Lebenslauf (Kopie); TD, 3 S., engl. A Biografie/GWB (Studium von Musikwissenschaft, Philosophie und Journalismus in Berlin, Tätigkeit als Journalist, Qualifikationen); Empfehlung (Referenzen für GWB /LEONARD LIEBLING, IRVING SCHWERKÉ, INKA HOPJANOVA, MAX LIBEL, HANS HEINZ STUCKENSCHMIDT, PAUL HOWARD); Schriften/GWB

Kurt Bieber Subject File

- Kurt Bieber, geboren 1910, Klavierlehrer und Korrepetitor, Studium in Berlin, 1941 Immigration in die USA

KORRESPONDENZ
EMERGENCY COMMITTEE

5492   1941-04-16
Edgar Fisher an Laurens H. Seelye und Betty Drury; TL, 1 S., engl. E Einreise/KURT BIEBER (Ankunft in den USA im April 1941); Internierung/KURT BIEBER (in südfrz. KZ; "there were many distinguished profs. in concentration camp and he might be a good person of whom to make inquiry concerning such persons")

MATERIAL ZUR BIOGRAFIE

5493 —
Kurt Bieber, «Lebenslauf»; Lebenslauf (Kopie); TD, 1 S., dt. A Biografie/KB (Studium bei FRANZ OSBORN, JULIUS PRÜWER, MAX TRAPP, GEORG SCHÜNEMANN, ALEXANDER ZEMLINSKY, GEORGE SZELL; Tätigkeit als Korrepetitor, Klavierlehrer und Arrangeur)

Erwin Bodky Subject File

- Zur Biografie vgl. S. 84
- Vgl. Erwin Bodky Subject Files in Papers of the Carl Schurz Memorial Foundation (Center for Jewish History, YIVO Institute, S. 84ff.) und Alfred E. Cohn Papers (Rockefeller Archive Center, S. 339)

KORRESPONDENZ

BODKY, ERWIN

5494 1943-05-11
Erwin Bodky (Cambridge, MA) an Stephen Duggan (Emergency Committee, NYC); TLS, 2 S., engl. A Anstellung/EB (an Longy School of Music, Cambridge, außerdem private Unterrichtstätigkeit an Kendall Hall School, Peterborogh, New Hampshire); Finanzen/EB (Auskunft über Einkommen und Ersparnisse)

BROOKLYN COLLEGE

5495 1938-05-24
Benjamin Grosbayne (Brooklyn College, Brooklyn, NY) an Betty Drury (Emergency Committee, NYC); TLS, 1 S., engl. A Anstellung/ERWIN BODKY (am Brooklyn College, Bitte/BG um finanzielle Unterstützung durch Emergency Committee; Suche nach weiteren Lehrkräften); Treffen/BG (mit ERWIN BODKY)

GREATER NEW YORK COORDINATING COMMITTEE FOR GERMAN REFUGEES

5496 1938-10-24
Lucille Wolfe (Greater NY Coordinating Committee, NYC) an Betty Drury (Emergency Committee, NYC); TLS, 1 S., engl. E Einreise/ERWIN BODKY (Aufenthalt mit permanent visa, zusammen mit Ehefrau und Kind); Finanzen (Bitte um Unterstützung für Anstellung/ERWIN BODKY an Longy School of Music; Oberlaender Trust) A Biografie/ERWIN BODKY (Ausbildung und Werdegang)

HARVARD UNIVERSITY CAMBRIDGE

5497 1943-04-28
Edward Ballantine (Harvard Univ., Dept. of Music, Cambridge, MA) an ? (Emergency Committee, NYC); ALS, 1 S., engl. A Aufführung/ERWIN BODKY (Konzerte mit alter Musik, Humanic Museum, Harvard Univ., große öffentliche Resonanz); Empfehlung/EB (Lob für ERWIN BODKY)

→ Briefe ähnlichen Inhalts: 1943-04-28, 1943-05-07

LONGY SCHOOL OF MUSIC CAMBRIDGE

5498 1943-04-27
Melville Smith (Longy School of Music, Cambridge, MA) an ? (Emergency Committee, NYC); TLS, 2 S., engl. A Anstellung/ERWIN BODKY (an Longy School of Music, Unterricht in Klavier, Cembalo und Instrumentation); Empfehlung/CURT SACHS (für ERWIN BODKY); Finanzen (formeller Antrag der Longy School of Music an Emergency Committee zur Unterstützung der Anstellung/ERWIN BODKY; WOLFE WOLFINSOHN; schwierige Finanzierung in Kriegszeiten)

→ Antwortbrief mit Zusage: 1943-06-21

MATERIAL ZUR BIOGRAFIE

5499 1933 bis 1943
Empfehlungsschreiben für Erwin Bodky:
- 1933-11-06: Hans Joachim Moser (Staatliche Akademie für Kirchen- und Schulmusik, Berlin); TD (Abschrift), 1 S., dt.
- 1932-10-17: Bruno Walter (Amsterdam); TD (Abschrift, 1 S., engl
- 1943-05-19: Curt Sachs (NY Univ., Graduate School, NYC) an Betty Drury (Emergency Committee, NYC); TLS, 1 S., engl.

5500 (1934)
Erwin Bodky, Bewerbungsunterlagen für Emergency Committee:
- «Prof. Erwin Bodky. Curriculum vitae», Lebenslauf (Kopie); TD, 1 S., dt./engl.
- «Prof. Erwin Bodky. Publications», Publikationsliste (Kopie); TD, 1 S., dt./engl.
- «Prof. Erwin Bodky: Reviews of Publications», Clippings (Abschrift); TD, 2 S., dt./engl.
- «Erwin Bodky, Prof.»; Lebenslauf; TD, 1 S., engl.

5501 1934-08-15
Erwin Bodky; Fragebogen (Kopie); PD/TD, 3 S., dt./engl. E Sprache/EB (engl. Sprachkenntnisse); Verfolgung/EB (Boykott durch Kollegen, Einschränkung der Unterrichtstätigkeit) A Anstellung/EB (unbezahlter Kurs zur Interpretation alter Musik, Musiklyzeum Amsterdam); Biografie/EB (Ausbildung und Tätigkeit); Empfehlung (Referenzen für EB/HANS JOACHIM MOSER, KURT SINGER, R. ROTHE, CURT SACHS, LEO KESTENBERG, ALFRED EINSTEIN, ALBERT SMIJERS); Finanzen/EB (Rücklagen; Beihilfe/Academisch Steunfonds Amsterdam)

5502 1938-05-12
«Application for New People. Brooklyn College – Erwin Bodky, Musicologist»; Aktennotiz (Kopie); TD, 1 S., engl. E Hilfe (für ERWIN BODKY, Anstellung am Brooklyn College; BENJAMIN GROSBAYNE erbittet finanzielle Unterstützung durch Emergency Committee) A Biografie/ERWIN BODKY (Anstellungen); Empfehlung/BRUNO WALTER (für ERWIN BODKY)

5503 [1940]
Erwin Bodky, «Erwin Bodky, Prof. – Curriculum vitae»; Lebenslauf; TD, 2 S., engl. A Anstellung/EB (Tätigkeit an Longy School of Music, Cambridge); Aufführung/EB (Konzerttätigkeit mit Boston SO und Boston Pops Orchestra, SERGE KOUSSEVITZKY, ARTHUR FIEDLER); Biografie/ERWIN BODKY (Ausbildung, Lehr- und Konzerttätigkeit, Publikationen)

5504 1943-05-18
«Application for New Scholar – Scholar: Erwin Bodky, Musicologist»; Aktennotiz (Kopie); TD, 3 S., engl. E Einreise/ERWIN BODKY (in die USA 1938) A Biografie/ERWIN BODKY (Werdegang und Anstellungen); Empfehlung (Referenzen für ERWIN BODKY/WOLFE WOLFINSOHN, EDWARD BALLANTINE, KATHRINE FRANCKE, BRUNO WALTER, HANS JOACHIM MOSER)

→ *Identisches Dokument: Alfred E. Cohn Papers (Dok. 7014)*

5505 1944-03-14
Erwin Bodky; Aktennotiz; AD/TD, 1 S., engl. E Einbürgerung/EB (Antrag auf amer. Staatsbürgerschaft, Anhörung) A Projekte/EB (Arbeit an Buch «J.S. Bach's Keyboard Music»)

Max Brand Subject File

- Zur Biografie vgl. S. 86
- Vgl. Max Brand Subject File in Archives of the Carl Schurz Memorial Foundation (Center for Jewish History, YIVO Institute, S. 86f.)

SCHRIFTEN

5506 [1941]
Max Brand, «Plan for a Class in Opera Composition»; Memorandum, TD (Kopie), 5 S., engl. A Biografie/MB (Studium bei FRANZ SCHREKER, ALOIS HÁBA, ERWIN STEIN; Kompositionen, Aufführungsorte); Projekte/MB (detaillierte Ausführungen zu einer Kompositionsklasse für Oper)

→ *Ähnliches Dokument in Archives of the Carl Schurz Memorial Foundation (Dok. 3987)*

KORRESPONDENZ
BRAND, MAX

5507 1941-03-19
Max Brand (NYC) an Betty Drury (Institute of International Education, NYC); TLS, 1 S., engl. A Treffen/MB (mit BD, Bitte um Vermittlung eines Treffens mit Interessenten an seiner "opera class")

→ *Brief ähnlichen Inhalts: 1941-09-29*

CENTRAL YMCA COLLEGE CHICAGO

5508 1941-09-29
Laurens H. Seelye an Edward J. Sparling (Central YMCA. College, Chicago, IL); TL (Kopie), 2 S., engl. A Empfehlung/LS (für MAX BRAND an ES zur Anstellung an Central YMCA College, nennt auch ERNST STRAUSS)

COLORADO COLLEGE COLORADO SPRINGS

5509 1941-06-01
Laurens H. Seelye an Thurston Davies (Colorado College, Colorado Springs, CO); TL (Kopie), 1 S., engl. A Empfehlung/LS (für MAX BRAND an TD zur Anstellung am Colorado College); Kompositionen/MAX BRAND («Maschinist Hopkins»)

CRANE SCHOOL OF MUSIC POTSDAM

5510 1941-05-27
Laurens H. Seelye an Helen Hosmer (Crane School of Music, State Normal School, Potsdam, NY); TL (Kopie), 1 S., engl. A Öffentlichkeit/MAX BRAND ("His published compositions and writings indicate to me that he has something to contribute to our life."); Treffen (LS will Treffen zwischen MAX BRAND und HH arrangieren, schickt Informationen)

HOLDE, ARTUR

5511 1941-02-04
Artur Holde (NYC) an Betty Drury; TLS, 1 S., engl. A Empfehlung/AH (für MAX BRAND, positive Reaktion auf Plan zu "workshop for opera composers"); Öffentlichkeit/MAX BRAND (Erfolge mit Aufführungen der Oper «Maschinist Hopkins»)

METROPOLITAN OPERA ASSOCIATION

5512 1941-04-24
Eric T. Clarke (Metropolitan Opera Ass., Inc., NYC) an Laurens H. Seelye (Emergency Committee, NYC); TLS (annotiert), 1 S., engl. A Empfehlung/EC (gibt MAX BRAND Schreiben für PHILIP JAMES, vermittelt Kontakt zu Louisiana State Univ. und UCB)

MILLS COLLEGE OAKLAND

5513 1941-11-06
Laurens H. Seelye an Aurelia W. Reinhardt (Mills College, Oakland, CA); TL (Kopie), 1 S., engl. A Empfehlung/LS (für MAX BRAND an AR zur Anstellung am Mills College); Kompositionen/MAX BRAND («Maschinist Hopkins»)

UNIVERSITY OF WISCONSIN MADISON

5514 1941-11-10
Laurens H. Seelye an Margaret N. H'Doubler (Univ. of Wisconsin, Madison, WI); TL (Kopie), 1 S., engl. A Empfehlung/LS (für MAX BRAND an MH für Anstellung an Univ. of Wisconsin); Kompositionen/MAX BRAND («Maschinist Hopkins»)

→ *Antwortbrief: 1941-12-15*

VILLA-LOBOS, HEITOR

5515 [1941]-?-?
Heitor Villa-Lobos (Secretaria General de Educaçao e Cul-

tura), ohne Adressat; TL (Abschrift), 1 S., port. A Empfehlung/HVL (für MAX BRAND)

MATERIAL ZUR BIOGRAFIE
5516 [1941]
Max Brand, «Curriculum vitae: Max Brand»; Lebenslauf (Kopie); TD, 2 S., engl. A Biografie/MB (beruflicher Werdegang, erfolgreiche Kompositionen und ihre Aufführungsorte in Europa, Kontakt zu HEITOR VILLA-LOBOS, Verfasser von Aufsätzen)

5517 (1941)
«Brand, Max (Prof.) – Music (Composer, Harmony, Counterpoint, Ballet, Symphony)»; Aktennotiz (Kopie); TD, 1 S., engl. A Biografie/MAX BRAND (Studium; Tätigkeit in Rio de Janeiro); Empfehlung (Referenzen und Pressestimmen zu MAX BRAND/‹Musical America›, ARTUR HOLDE, ERIC T. CLARKE)

5518 1941-02-05
Karteikarte; PD/AD, 2 S., engl.; letzter Eintrag 1943-10-25 E Einreise/MAX BRAND (in die USA im Dezember 1940 mit quota visa) A Kompositionen/MAX BRAND

Walter Braunfels Subject File

- Walter Braunfels, 1882-1954, Komponist, bis 1933 Direktor der Staatlichen Hochschule für Musik in Köln, ab 1945 wieder an der Hochschule tätig

MATERIAL ZUR BIOGRAFIE
5519 1934-11-?
«Displaced German Scholars Available for Academic Positions. Musicology. Braunfels, Walter»; Aktennotiz; TD, 1 S., engl. A Biografie/WALTER BRAUNFELS (Anstellungen, Professur in Köln und Leiter der Staatliche Hochschule für Musik)

Joseph Braunstein Subject File

- Joseph Braunstein, 1892-1996, österr. Musikwissenschaftler, 1929-1938 Musikredakteur bei Magazin Radio-Wien, 1940 Emigration in die USA, 1950-1957 an NYPL, Lehrtätigkeit u.a. 1957-1972 an der Mannes School of Music und 1958-1981 an der Manhattan School of Music
- *Orpheus* 1995

KORRESPONDENZ
BRAUNSTEIN, JOSEPH
5520 1941-05-10
Joseph Braunstein (NYC) an ? (Oberlaender Trust, Philadelphia, PA); TL (Kopie), 2 S., engl. A Biografie/JB (Studium bei GUIDO ADLER, beruflicher Werdegang, Arbeit beim Rundfunk); Empfehlung (Referenzen für JB/O[TTO E.] ALBRECHT, OLIN DOWNES, CARLETON SPRAGUE SMITH); Finanzen/JB (Antrag auf Fellowship/Oberlaender Trust, Forschungsthema zur künstlerischen Entwicklung/GIUSEPPE VERDI); Öffentlichkeit/JB (Buchbesprechungen aus ‹Revue de Musicologie› und ‹Rivista Musicale Italiana›, ROMAIN ROLLAND, ERNEST NEWMAN, OLIN DOWNES); Schriften/JB («Beethovens Leonore-Ouvertüren. Eine historisch-stilkritische Untersuchung» bei Breitkopf & Härtel)

↳ *Beilage zu Brief 1941-06-15 (Dok. 5522)*

5521 1941-05-27
Wilbur K. Thomas (Oberlaender Trust) an Joseph Braunstein; TL (Abschrift), 1 S., engl. A Finanzen/Oberlaender Trust (Ablehnung einer Unterstützung für Forschungsprojekt/JB)

↳ *Beilage zu Brief 1941-06-15 (Dok. 5522)*

5522 1941-06-15
Joseph Braunstein (NYC) an Betty Drury; TLS (annotiert), 1 S., engl. A Finanzen/JB (Unterstützung/Oberlaender Trust für Forschungsprojekt abgelehnt, Suche nach Alternativen, Guggenheim Fellowship; HELENE WITTMANN, WILBUR K. THOMAS, CARLETON SPRAGUE SMITH, OLIN DOWNES, HENRY ALLEN MOE)

↳ *Beilagen: Briefe 1941-05-10 (Dok. 5520) und 1941-05-27 (Dok. 5521)*

5523 1942-03-24
Joseph Braunstein (NYC) an Betty Drury; TLS (annotiert), 1 S., engl. A Finanzen/JB (Bewerbung um Guggenheim Fellowship abgelehnt); Treffen/JB (mit BD)

MATERIAL ZUR BIOGRAFIE
5524 1941-06-18
Karteikarte; AD/TD, 2 S., engl.; letzter Eintrag 1944-12-08 E Einbürgerung/JOSEPH BRAUNSTEIN (hat first papers); Einreise/JOSEPH BRAUNSTEIN (in die USA im Mai 1940 mit quota visa) A Biografie/JOSEPH BRAUNSTEIN (Daten zu Ausbildung und Tätigkeiten)

↳ *Aktennotiz 1941-07-31 in Archives of the Carl Schurz Memorial Foundation (Dok. 4024)*

Friedrich Matthias Breydert Subject File

- Friedrich Matthias Breydert (geboren als Friedrich Breidert), 1909-1983, Komponist, Pianist, Organist, Musikwissenschaftler, Studium in Leipzig, 1936-1937 Kompositionsschüler von Paul Hindemith in Berlin, 1937 Emigration nach Norwegen, 1939 nach Belgien, 1941 Immigration in die USA, Besuch der Pius X. School for Liturgical Music in New York, Komponist liturgischer Gebrauchsmusik, Lehrtätigkeit an der High School of Music in New York, 1980 Rückkehr nach Europa (Paris)

SCHRIFTEN

5525   1942-08-?
Friedrich Matthias Breydert, «Proposition for Lectures which Might Be Useful»; Vortrag, TD (Entwurf), 2 S., engl. A Vortrag/FB (Konzepte für Vorträge mit analytischen Bemerkungen zur Musik des Mittelalters und der frühen Neuzeit)

→ *Beilage zu Brief Friedrich Matthias Breydert 1942-09-14 (Dok. 5526)*

KORRESPONDENZ
BREYDERT, FRIEDRICH MATTHIAS

5526   1942-09-14
Friedrich Matthias Breydert (NYC) an Betty Drury; ALS (annotiert), 2 S., engl. A Finanzen (Unterstützung/JOSEPH FRANCIS RUMMEL für FB); Vortrag/FB (informiert über Vorlesungsthema an Manhattanville College)

→ *Mit Beilage «Proposition for Lectures» (Dok. 5525)*

5527   1942-09-20
Friedrich Matthias Breydert (NYC) an Stephen Duggan; ALS (annotiert), 2 S., engl. A Finanzen/FB (Unterstützung/JOSEPH FRANCIS RUMMEL als Honorar für Vorträge an Manhattanville College, Zahlungen von Verwandten, Verdienst seiner Frau als Krankenschwester; Aufstellung privater Schulden)

COLUMBIA UNIVERSITY

5528   1942-09-18
Lowell P. Beveridge (Columbia Univ., St. Paul's Chapel, NYC) an ? (Emergency Committee, NYC); TLS (annotiert), 2 S., engl. A Finanzen (Bitte um Unterstützung/Emergency Committee zur Anstellung/FRIEDRICH MATTHIAS BREYDERT als Assistent an St. Paul's Chapel, Columbia Univ.)

→ *Brief ähnlichen Inhalts: 1942-06-12*
→ *Antwortbrief mit Ablehnung: 1942-09-30*

EINSTEIN, ALFRED

5529   1942-07-02
Alfred Einstein (Smith College, Northampton, MA) an Betty Drury (NYC); TLS, 1 S., engl. E Ausreise/FRIEDRICH MATTHIAS BREYDERT ("left Germany only out of his dislike of Herr Hitler and Co.") A Empfehlung/AE (für FRIEDRICH MATTHIAS BREYDERT)

SACHS, CURT

5530   1942-07-03
Curt Sachs (NYPL, NYC) an Betty Drury (Emergency Committee, NYC); TLS, 1 S., engl. A Empfehlung/CS (für FRIEDRICH MATTHIAS BREYDERT)

MATERIAL ZUR BIOGRAFIE

5531   [1942]
Friedrich Matthias Breydert, «Curriculum vitae»; Lebenslauf (Kopie); TD, 1 S., engl. E Einreise/FB (in die USA mit immigration visa); Emigrationsweg/FB (Norwegen, Belgien, USA); Verfolgung/FB (Inhaftierung in Belgien wegen Ablauf der Aufenthaltsgenehmigung) A Biografie/FB (Studium bei ARNOLD MENDELSSOHN, PAUL HINDEMITH)

5532   1942-09-23
«Application for New Scholar under Rosenwald Family Ass. Plan – Institution: Columbia Univ., Scholar: Friederich M. Breydert, Musicologist»; Aktennotiz (Kopie); TD, 1 S., engl. E Einreise/FRIEDRICH MATTHIAS BREYDERT (in die USA im Juni 1941) A Anstellung/FRIEDRICH MATTHIAS BREYDERT (berufliche Entwicklung in den USA); Empfehlung (Referenzen für FRIEDRICH MATTHIAS BREYDERT/ALFRED EINSTEIN, CURT SACHS, PIETRO A. YON, LOWELL P. BEVERIDGE)

Manfred Bukofzer Subject File

- Manfred Bukofzer, 1910-1955, Musikwissenschaftler, 1939 Emigration in die USA, ab 1941 Professor of Music an der UCB
- Vgl. QuECA, S. 35f.
- BHE II, 169

KORRESPONDENZ
BUKOFZER, MANFRED

5533   1942-02-04
Manfred Bukofzer (UCB, CA) an Stephen Duggan (Emergency Committee, NYC); TLS (annotiert), 2 S., engl. E Einbürgerung/MB (Problem mit Status und Staatsangehörigkeit als "refugee scholar", Bitte um Einflussnahme/Emergency Committee; Provost [MONROE?] DEUTSCH, ROBERT G. SPROUL) Z Politik (Befehl/[CULBERT L.] OLSON, alle nicht-amer. Staats- und Universitätsangestellten zu entlassen; Angst vor Ausweitung des Befehls auf andere Bundesstaaten)

5534   1944-11-10
Manfred Bukofzer (UCB, CA) an Stephen Duggan (Emergency Committee, NYC); TLS (annotiert), 1 S., engl. **A** Anstellung/MB (Ernennung zum "Associate Professor of Music", UCB; Dank für Unterstützung/Emergency Committee)

HARVARD UNIVERSITY CAMBRIDGE
5535   1940-05-20
Archibald Th. Davison (Harvard Univ., Dept. of Music, Cambridge, MA) an Betty Drury (Emergency Committee, NYC); TLS, 1 S., engl. **A** Anstellung/MANFRED BUKOFZER (an Western Reserve Univ., Cleveland; Gespräche "at William and Mary" über Anstellung eines "foreign scholar" am dortigen Music Dept.); Empfehlung/AD (für MANFRED BUKOFZER)

OBERLAENDER TRUST
5536   1940-04-24
Wilbur K. Thomas (Oberlaender Trust, Philadelphia, PA) an Betty Drury (Emergency Committee, NYC); TLS, 1 S., engl. **A** Anstellung/MANFRED BUKOFZER (am Music Dept. der Western Reserve Univ.); Finanzen/Oberlaender Trust (bezahlt die Hälfte der erbetenen Unterstützung, Emergency Committee soll andere Hälfte übernehmen)

5537   1940-06-13
Wilbur K. Thomas an W.G. Leutner (Western Reserve Univ., Cleveland, OH); TLS (Kopie), 1 S., engl. **A** Finanzen (Oberlaender Trust sagt höhere Unterstützung für Anstellung/MANFRED BUKOFZER an Western Reserve Univ. zu)

WESTERN RESERVE UNIVERSITY CLEVELAND
5538   1940-04-29
Elbert J. Benton (Western Reserve Univ., Cleveland, OH) an Stephen Duggan (Institute of International Education, NYC); TLS, 1 S., engl. **A** Anstellung/MANFRED BUKOFZER (an Western Reserve Univ., Mithilfe bei der Entwicklung von "advanced courses in Music History and Musicology"; ARTHUR SHEPHERD); Finanzen (Unterstützung/Emergency Committee für Anstellung/MANFRED BUKOFZER)

5539   1940-05-14
Elbert J. Benton (Western Reserve Univ., Cleveland, OH) an Stephen Duggan (Emergency Committee, NYC); TLS, 1 S., engl. **A** Finanzen/Emergency Committee (Förderung zur Anstellung/MANFRED BUKOFZER an Western Reserve Univ. für ein Jahr)
↳ *Antwortbrief mit Bewilligung: 1940-05-24*

5540   1940-06-01
W[infried] G[eorge] Leutner (Western Reserve Univ., Cleveland, OH) an Stephen Duggan (Emergency Committee, NYC); TLS, 1 S., engl. **A** Anstellung/MANFRED BUKOFZER (an Western Reserve Univ., Verlängerung nach einem Jahr unwahrscheinlich); Finanzen (Unterstützung zur Anstellung/MANFRED BUKOFZER durch Emergency Committee und Oberlaender Trust, fehlendes Geld)
↳ *Brief ähnlichen Inhalts: 1946-07-29*

MATERIAL ZUR BIOGRAFIE
5541   1940
Empfehlungsschreiben für Manfred Bukofzer:
- 1940-05-03: Carleton Sprague Smith (NYPL, NYC) an Betty Drury (Emergency Committee, NYC); TLS, 1 S., engl.
- 1940-05-06: Curt Sachs (NY Univ., Graduate School, NYC) an Betty Drury (Emergency Committee, NYC); TLS, 1 S., engl.

5542   (1940)
Manfred Bukofzer, Bewerbungsunterlagen für Emergency Committee:
- «Curriculum vitae», Lebenslauf (Kopie annotiert); TD, 1 S., engl.
- «List of Publications», Publikationsliste; TD, 2 S., engl.

5543   1940-04-09
Betty Drury, «Interview Memorandum»; Aktennotiz; PD/AD, 1 S., engl. **E** Sprache/MANFRED BUKOFZER ("fluent and clear Engl.") **A** Empfehlung (Referenzen für MANFRED BUKOFZER/CARLETON SPRAGUE SMITH, DOUGLAS MOORE, CURT SACHS, PAUL HENRY LANG, ARCHIBALD TH. DAVISON)

5544   1940-05-23
«Application for New Scholar – Institution: Western Reserve Univ., Scholar: Manfred Bukofzer, Musicologist»; Aktennotiz (Kopie); TD, 2 S., engl. **A** Biografie/MANFRED BUKOFZER (Lehrtätigkeit); Empfehlung (Referenzen für MANFRED BUKOFZER/ELBERT J. BENTON, WILBUR K. THOMAS, CARLETON SPRAGUE SMITH, CURT SACHS)

5545   [1941]
«Bukofzer, Manfred – Musicologist; Philosophy; Sociology»; Aktennotiz (annotiert); TD, 1 S., engl. **A** Anstellung/MANFRED BUKOFZER (an UCB); Biografie/MANFRED BUKOFZER (Ausbildung und Tätigkeiten); Öffentlichkeit/MANFRED BUKOFZER (Einschätzung seiner Fähigkeiten durch ARCHIBALD TH. DAVISON, CURT SACHS, CARLETON SPRAGUE SMITH)

5546   (1942)
Manfred Bukofzer; Lebenslauf; TD, 1 S., engl. **A** Anstellung/MB (am Music Dept., UCB, daneben "course in Culture and Institutions of Europe for the Army Specialized Training Program"); Organisationen (Mitgliedschaft/MB in AMS und Music Teachers National Ass.)

Hugo Burghauser Subject File

- Hugo Burghauser, 1896-1982, österr. Pianist und Fagottist, Mitglied der Wiener Staatsoper und des Wiener PO, 1926-1928 Lehrer am Wiener Konservatorium, Gastdirigent in Hollywood, 1933-1938 Zusammenarbeit mit Arturo Toscanini in Salzburg und Wien, 1936-1938 Professor an der Wiener Staatsakademie für Kunst und Musik, 1938 Emigration nach Ungarn, Jugoslawien (Italien?) und Kanada, 1941 Immigration in die USA

- BHE II, 172 • Helen Epstein, «Music Talks. Conversations with Musicians», New York 1987 • *Orpheus* 1995 • Regina Thumser, «Vertriebene Musiker: Schicksale und Netzwerke im Exil 1933-1945», Diss. Univ. Salzburg 1998 • Datenbank Orpheus Trust Wien

KORRESPONDENZ
BURGHAUSER, HUGO

5547 1941-09-12
Hugo Burghauser an Stephen Duggan; TLS (annotiert), 1 S., engl. A Finanzen/HB (schlechte Situation)

LEAGUE OF COMPOSERS

5548 1941-12-18
Claire R. Reis (League of Composers, NYC) an Fred M. Stein; TLS, 1 S., engl.; A Finanzen/League of Composers (keine finanziellen Ressourcen zur Unterstützung von Musikwissenschaftlern; Verweis an Emergency Committee und ARTHUR LAMBERT CONE)

MATERIAL ZUR BIOGRAFIE

5549 1940 bis 1942
Empfehlungsschreiben für Hugo Burghauser:
- 1940-08-07: Arturo Toscanini; ALS, 3 S., engl.
- 1941-07-?: Lotte Lehmann (Hope Ranch Park, Santa Barbara, CA) an Stephen Duggan; TL, 1 S., engl.
- 1941-07-?: Elisabeth Schumann (Bird Cage Studio, Rockport, ME); ALS, 2 S., engl.
- Carleton [Sprague] Smith (Burlingame Country Club, CA) an Stephen Duggan (Emergency Committee, NYC); TLS, 1 S., engl.
- Claire R. Reis (League of Composers, NYC); TLS, 1 S., engl.

5550 [1940]
Hugo Burghauser, «Curriculum vitae»; Lebenslauf (annotiert); TD, 2 S., engl. A Biografie/HB (Ausbildung, beruflicher Werdegang, Auszeichnungen); Empfehlung (Referenzen für HB/ARTURO TOSCANINI, ARTUR RODZINSKI, ERICH LEINSDORF, KARL KRUEGER, KARL ALWIN, ADRIAN BOULT, LOTTE LEHMANN, ELISABETH SCHUMANN, JARMILA NOVOTNA, MORITZ ROSENTHAL, JOSEF REITLER, MAX GRAF, CARLETON SPRAGUE SMITH)

5551 [1940]
«Burghauser, Hugo – Musicologist (Bassoon, History and Development of Musical Instruments)»; Aktennotiz (Kopie); TD, 1 S., engl. A Biografie/HUGO BURGHAUSER (beruflicher Werdegang; Zusammenarbeit mit ARTURO TOSCANINI); Empfehlung (Referenzen für HUGO BURGHAUSER/ARTURO TOSCANINI, ANNA SELIG, KARL KRUEGER, ELISABETH SCHUMANN, CARLETON SPRAGUE SMITH)

→ *Aktennotiz 1941-11-02 in Archives of the Carl Schurz Memorial Foundation (Dok. 4026)*

5552 1941-09-24
«Application for New Scholar – Institution: New York College of Music, Scholar: Hugo Burghauser, Musicologist»; Aktennotiz (Kopie); TD, 1 S., engl. A Anstellung/HUGO BURGHAUSER (CARL HEIN möchte ihn am NY College of Music haben); Biografie/HUGO BURGHAUSER (Tätigkeit in Europa); Empfehlung (Referenzen für HUGO BURGHAUSER/ ARTURO TOSCANINI, LOTTE LEHMANN, ELISABETH SCHUMANN, KARL KRUEGER, CARLETON SPRAGUE SMITH)

5553 1941-10-03
«Austrian Action. Free Austrian Movement. Cultural Section. Opening Evening, Concert Season 1941-1942»; Programmheft; PD, 8 S., engl. A Aufführung (Konzertveranstaltung, Carnegie Chamber Music Hall; Ansprache/FERDINAND CZERNIN, Mitwirkende LUDWIG WITTELS, HANS CURT, FELIX FROST, LEO ROSTAL, PAUL WITTGENSTEIN, EMANUEL LIST, BERTHOLD SALANDER, WILLIAM SALANDER, musikalische Beratung HUGO BURGHAUSER)

Georg Darmstadt Subject File

- Georg Darmstadt, geboren 1886, Geiger und Dirigent, Studium in Mainz und Leipzig, Orchestermusiker und Lehrtätigkeit am Konservatorium Karlsruhe

MATERIAL ZUR BIOGRAFIE
5554 [1935]
«Record»; Aktennotiz (Kopie); TD, 1 S., engl. A Biografie/ GEORG DARMSTADT (beruflicher Werdegang, Tätigkeit in Europa)

→ *Aktennotiz 1941-02-20 in Archives of the Carl Schurz Memorial Foundation (Dok. 4029)*

Hans Theodore David Subject File

- Hans Theodore David, 1902-1967, Musikwissenschaftler, 1933 Emigration in die Niederlande, 1936 Immigration in die USA, ab 1937 an der NYPL, ab 1939 Dozent an der NY Univ., ab 1945 Leiter der musikwissenschaftlichen Fakultät an der Southern Methodist Univ. in Dallas (TX), ab 1950 Professor für Musikgeschichte und Musiktheorie an der Univ. of Michigan in Ann Arbor (MI)
- BHE II, 204f.

Material zur Biografie

5555 —
«Hans David, Ph.D., Musicologist»; Aktennotiz (Kopie annotiert); TD, 1 S., engl. A Biografie/HANS THEODORE DAVID (Unterricht bei BERNHARD SEKLES, HANS LANGE, WALTHER DAVISSON, beruflicher Werdegang, Hauptinteressen, Publikationen)

5556 —
Hans Theodore David, «Hans Th. David, Musikwissenschaftler. Lebenslauf»; Lebenslauf; TD, 2 S., dt. E Emigrationsweg/HTD (Einreise in die USA über die Niederlande) A Biografie/HTD (beruflicher Werdegang, Unterricht bei BERNHARD SEKLES, HANS LANGE, CARL STUMPF, JOHANNES WOLF, ERICH MORITZ VON HORNBOSTEL, MAX DESSOIR, OSKAR WULFF; Forschungsbereiche)

5557 [1936]
Hans Theodore David, «Hans David, Dr. phil. – Wissenschaftliche Arbeiten»; Publikationsliste (Kopie); TD, 1 S., dt.

5558 1944-02-25
Amer. Committee for Christian Refugee Scholar Fund; Aktennotiz (Kopie annotiert); TD, 2 S., engl. E Einbürgerung/HANS THEODORE DAVID (hat second papers beantragt); Einreise/HANS THEODORE DAVID (in die USA im Oktober 1936) A Empfehlung/CARLETON SPRAGUE SMITH (für HANS THEODORE DAVID); Finanzen/HANS THEODORE DAVID (schwierige Situation, da keine feste Anstellung; Bewerbung um Unterstützung für Buchprojekt über die Theorie musikalischer Form; Kontakt zum Refugee Scholar Fund, PAUL TILLICH)

↪ *Aktennotiz 1941-02-20 in Archives of the Carl Schurz Memorial Foundation (Dok. 4030)*

Rose Delmar Subject File

- Rose Delmar (Lebensdaten unbekannt), tsch. Sängerin, Studium in Wien
- Artur Holde, «Die Tonkünstler im gelobten Land», in: ‹Aufbau›, 22. Dezember 1944, 49f.

Korrespondenz

Delmar, Rose

5559 1941-12-16
Rose Delmar (NYC) an ? (Emergency Committee, NYC); TLS (annotiert), 1 S., engl. A Anstellung/RD (Suche nach Lehrtätigkeit oder Stelle als Opernsängerin); Treffen/RD (Bitte um Treffen)

↪ *Beilage: Lebenslauf (Dok. 5563)*

5560 1942-07-24
Laurens H. Seelye an Rose Delmar (NYC); TL (Kopie), 1 S., engl. A Anstellung/EUGEN GÜRSTER und RD (Anfrage/ VIVIAN T. SMITH bezüglich Unterricht an Upper Iowa Univ., Fayette, Iowa)

Emergency Committee

5561 1942-02-04
Betty Drury an Laurens H. Seelye; TL (Kopie), 1 S., engl. E Verwandte/ROSE DELMAR (Ehemann EUGEN GÜRSTER); Empfehlung/THOMAS MANN (für EUGEN GÜRSTER); Finanzen/ROSE DELMAR und EUGEN GÜRSTER (katastrophale finanzielle Situation, BD setzt sich für Hilfe ein)

Material zur Biografie

5562 [1941]
«Extracts from Newspapers»; Clippings (Abschrift annotiert); TD, 2 S., engl. A Öffentlichkeit/ROSE DELMAR (internationale Pressekritiken)

5563 (1941-12-16)
Rose Delmar; Lebenslauf, TD, 1 S., engl. A Biografie/RD (Gesangsstudium in Wien bei MARIE GUTHEIL-SCHODER, Tätigkeit als Konzert- und Opernsängerin, Lehrerfahrung)

↪ *Beilage zu: Brief Rose Delmar 1941-12-16 (Dok. 5559)*

5564 1944-04-03
Fragebogen; TD, 1 S., engl. A Biografie/ROSE DELMAR (Details zu Familienverhältnissen und Lebenssituation)

Leonhard Deutsch Subject File

- Leonhard Deutsch, 1887-1952, österr. Chemiker und Musikpädagoge, Zusammenarbeit mit Alfred Adler, entwickelte Klavierdidaktik auf Basis der Individualpsychologie, 1939 Emigration in die USA
- *Orpheus* 1995

Schriften

5565 [1941]
Leonhard Deutsch, «My Elementary Method of Teaching Piano»; Synopsis, TD, 1 S., engl. R Pädagogik/LD (Klavierunterricht, Methodik, Unterrichtsliteratur)

Korrespondenz

Eisner, Bruno

5566 1941-11-04
Bruno Eisner an Betty Drury; ALS (annotiert), 3 S., engl. A Empfehlung/BE (für LEONHARD DEUTSCH, Fähigkeiten als Pädagoge)

HOLDE, ARTUR

5567 1941-11-06
Artur Holde («Aufbau», Amer. Jewish Weekly in German and English, [NYC]) an Betty Drury (NYC); TLS (annotiert), 1 S., engl. **A** Empfehlung/AH (für LEONHARD DEUTSCH an Emergency Committee)

MATERIAL ZUR BIOGRAFIE

5568 [1941]
«Deutsch, Leonhard – Music; Psychology (Music Theory and Teacher of Piano, Based on Individual Psychology)»; Aktennotiz (Kopie); TD, 1 S., engl. **E** Einreise/LEONHARD DEUTSCH (in die USA im August 1939) **A** Biografie/LEONHARD DEUTSCH (beruflicher Werdegang); Empfehlung/BRUNO EISNER (Stellungnahme zu LEONHARD DEUTSCH)

5569 1941-10-24
Leonhard Deutsch, «Curriculum vitae»; Lebenslauf; TD, 1 S., engl. **E** Einbürgerung/LD (Erhalt der first papers im Dezember 1939) **A** Biografie/LD (Interessen in Pädagogik und Psychologie, ALFRED ADLER; Tätigkeiten in Europa, Entwicklung einer "new method of piano instruction, based on Individual Psychology"); Schriften/LD (Bücher und Essays über "the Emanuel Moor Double-keyboard Piano")

Otto Erich Deutsch Subject File

- Zur Biografie vgl. S. 87
- Vgl. Otto Erich Deutsch Subject File in Archives of the Carl Schurz Memorial Foundation (Center for Jewish History, YIVO Institute, S. 87)

KORRESPONDENZ
HILL, RICHARD S.

5570 1938-07-20
Richard S. Hill an Stephen Duggan (Institute for International Education, NYC); TLS (annotiert), 4 S., engl. **E** Finanzen/OTTO ERICH DEUTSCH (Unterstützung für seine Kinder); Hilfe (RS bittet um finanzielle Unterstützung für Anstellung/OTTO ERICH DEUTSCH; [HAROLD] SPIVACKE); Verwandte/OTTO ERICH DEUTSCH ("if he doesn't get his son out of Germany promptly, he will soon be in the position of having his son taught to fight for the country that won't let him live") **A** Anstellung/OTTO ERICH DEUTSCH (Arbeitsmöglichkeit an NYPL auf Vermittlung/CARLETON SPRAGUE SMITH); Biografie/OTTO ERICH DEUTSCH (Tätigkeiten in Europa); Empfehlung (Referenzen für OTTO ERICH DEUTSCH/JOHANNES WOLF, [GUIDO] ADLER, EDWARD J. DENT, ALFRED EINSTEIN, CECIL B. OLDMAN, CARL ENGEL, ABY WARBURG, [FRITZ] SAXL, OSSIP GABRILOWITSCH, OTTO KAHN); Schriften/OTTO ERICH DEUTSCH (Veröffentlichungen zu FRANZ SCHUBERT und WOLFGANG AMADEUS MOZART)

5571 1938-07-27
Richard S. Hill (Ithaca, NY) an Betty Drury (NYC); TLS, 1 S., engl. **E** Verfolgung/OTTO ERICH DEUTSCH ("Professor Deutsch's position in Vienna permits of no unnecessary delays") **A** Anstellung/OTTO ERICH DEUTSCH (an NYPL, CARLETON SPRAGUE SMITH wird sich wegen finanzieller Unterstützung an Emergency Committee wenden)

5572 1938-07-28
Betty Drury an Richard S. Hill (Ithaca, NY); TL (Kopie), 2 S., engl. **E** Hilfe (für OTTO ERICH DEUTSCH, nach Satzung/Emergency Committee formeller Antrag der NYPL zur Unterstützung erforderlich; Verweis an Oberlaender Trust und Rockefeller Foundation) **A** Finanzen/Emergency Committee (zur Anstellung/CURT SACHS an NY Univ., Metropolitan Museum of Art und NYPL; CARLETON SPRAGUE SMITH)

5573 1938-08-10
Richard S. Hill (Ithaca, NY) an Betty Drury (NYC); TLS, 1 S., engl. **A** Anstellung/OTTO ERICH DEUTSCH (Anstellungsmöglichkeit an NYPL gescheitert, da kein Geld vorhanden und kein Antrag auf Unterstützung gestellt; CARLETON SPRAGUE SMITH, HARRY M. LYDENBERG)

5574 1941-04-11
Richard S. Hill (Library of Congress, Washington, DC) an Betty Drury (Emergency Committee, NYC); TLS (annotiert), 1 S., engl. **E** Ausreise/OTTO ERICH DEUTSCH ("had secured passage to New York" laut National Coordinating Committee) **A** Anstellung/OTTO ERICH DEUTSCH (vergebliche Bemühung um Stelle an NYPL); Empfehlung/RH (schickt als Referenz Artikel über OTTO ERICH DEUTSCH)

NEW YORK PUBLIC LIBRARY

5575 1941-03-10
Harry M. Lydenberg (NYPL, NYC) an Stephen Duggan (Emergency Committee, NYC); TL (Abschrift), 1 S., engl. **A** Finanzen/Emergency Committee (zur Unterstützung der NYPL, Interesse an Wissenschaftlern verschiedener Disziplinen, OTTO ERICH DEUTSCH; CARLETON SPRAGUE SMITH)

→ Antwortbrief mit Bewilligung: 1941–04-18

5576 1941-04-22
Harry M. Lydenberg (NYPL, NYC) an Stephen Duggan (Emergency Committee, NYC); TL (Abschrift), 1 S., engl. **A** Anstellung/OTTO ERICH DEUTSCH (Antritt der Stelle ungewiss, da noch kein Kontakt; Austausch/KATHI MEYER-BAER gegen OTTO ERICH DEUTSCH; FRANZ RAPP)

→ Brief ähnlichen Inhalts: 1941-04-30

5577 1941-08-14
Franklin F. Hopper (NYPL, NYC) an Stephen Duggan (Emergency Committee, NYC); TL (Abschrift), 1 S., engl. **A** Anstellung/KATHI MEYER-BAER (Einsatzmöglichkeit an NYPL noch unklar; HARRY M. LYDENBERG); Finanzen/Emergency Committee (Unterstützung für Anstellung/OTTO ERICH DEUTSCH an NYPL geht an KATHI MEYER-BAER)

→ Brief ähnlichen Inhalts: Franklin F. Hopper an Stephen Duggan 1946-02-13

OBERLAENDER TRUST
5578   1941-04-23
Betty Drury an Wilbur K. Thomas (Oberlaender Trust, Philadelphia, PA); TL (Kopie), 2 S., engl. **A** Finanzen/Emergency Committee (Unterstützungen zur Anstellung von emigrierten Wissenschaftlern, darunter für OTTO ERICH DEUTSCH an NYPL)

MATERIAL ZUR BIOGRAFIE
5579   1941-04-15
«Application for New Scholar – Institution: NYPL, Scholar: Otto Erich Deutsch, Musicologist and Librarian»; Aktennotiz (Kopie); TD, 1 S., engl. **A** Biografie/OTTO ERICH DEUTSCH (Tätigkeit in Europa); Empfehlung (Referenzen für OTTO ERICH DEUTSCH/JOHANNES WOLF, [GUIDO] ADLER, EDWARD J. DENT, ALFRED EINSTEIN, CECIL B. OLDMAN, CARL ENGEL, CARLETON SPRAGUE SMITH, RICHARD S. HILL, HARRY M. LYDENBERG)

Frederick Dorian Subject File

- Frederick Dorian (ursprünglich: Friedrich Deutsch), 1902-1991, österr. Musikwissenschaftler, Schüler von Anton Webern und Eduard Steuermann, 1934 Emigration nach Frankreich, 1936 Immigration in die USA, ab 1936 Professor of Music an der Carnegie-Mellon Univ., 1977 Gastprofessor an der Hebrew Univ. Jerusalem und Professor of Music in Philadelphia
- BHE II, 223 • *Orpheus* 1995

KORRESPONDENZ
NEW YORK UNIVERSITY
5580   1937-01-12
Philip James (NY Univ., NYC) an John Whyte (Emergency Committee, NYC); TLS (annotiert), 1 S., engl. **A** Anstellung/FREDERICK DORIAN (als Musikwissenschaftler am Carnegie Institute of Technology, Pittsburgh; wünscht Wechsel an NY Univ.); Empfehlung (Referenzen für FREDERICK DORIAN/LEOPOLD STOKOWSKI, OLGA SAMAROFF STOKOWSKI, OSSIP GABRILOWITSCH); Finanzen (Bitte um Unterstützung/Emergency Committee zur Anstellung/FREDERICK DORIAN an NY Univ.; Dank für Unterstützung zur Anstellung/CURT SACHS)

5581   1937-02-01
Philip James (NY Univ., NYC) an John Whyte (Emergency Committee, NYC); TLS, 2 S., engl. **E** Verfolgung/FREDERICK DORIAN ("lost his position as a result of the revolution") **A** Biografie/FREDERICK DORIAN (Assistent/GUIDO ADLER, Arbeit als Dirigent und Musikkritiker bei ‹Berliner Morgenpost›); Editionen/FREDERICK DORIAN ("three different volumes of arrangement of barock, praeclassic and classic music" im Ullstein-Verlag); Empfehlung (Referenzen für FREDERICK DORIAN/GUIDO ADLER, JOSEPH MARX, BRUNO WALTER, EGON WELLESZ, EUGENE ORMANDY); Schriften/FREDERICK DORIAN («Fugenarbeit in den Vokal- und Instrumentalwerken Beethovens»; "popular history of music" nur unter dem Namen seines "arischen" Ko-Autors)

↳ *Ablehnung 1937-02-01*

Fritz Dutsch Subject File

- Fritz Dutsch (Lebensdaten unbekannt), Musikwissenschaftler

KORRESPONDENZ
TOLEDO MUSEUM OF ART
5582   1936-05-02
Blake-More Godwin (Toledo Museum of Art, Toledo, OH) an Stephen Duggan (Institute of International Education, NYC); TLS (annotiert), 1 S., engl. **E** Verfolgung/FRITZ DUTSCH ("had to get out of Germany on account of his race", Emigration nach Paris) **A** Empfehlung/EUGENE ORMANDY (für FRITZ DUTSCH an Toledo Museum of Art); Finanzen (Bitte um Unterstützung für Anstellung/FRITZ DUTSCH an Toledo Museum of Art; Juilliard Foundation, Carnegie Corp.)

Alfred Einstein Subject File

- Alfred Einstein, 1880-1952, Musikwissenschaftler, 1939 Emigration in die USA, zuletzt Professor am Smith College in Northampton (MA), nach dem Ruhestand 1950 Umzug nach El Cerrito (CA)
- Vgl. Alfred Einstein Coll. (UCB, Music Library, Dept. of Special Coll.), QuECA, S. 37-45
- BHE II, 248f.

KORRESPONDENZ

BOULT, ADRIAN

5583   1934-10-01
Adrian Boult an A.J. Makower (Professional Committee, Woburn House); TL (Abschrift), 1 S., engl. **E** Hilfe/AB ("I feel so torn between the difficulty of doing all I want to do for the German refugees and the severe limitations imposed on my [sic] by the conditions of our own profession") **A** Empfehlung/AB (für ALFRED EINSTEIN als "one of the greatest historical [...] critics in the world")

MATERIAL ZUR BIOGRAFIE

5584   (1934)
Alfred Einstein; Fragebogen (Kopie); PD/TD, 3 S., engl./dt. **E** Finanzen/AE (keine Pensionsberechtigung wegen "Arierparagraphen"; Einkommensquellen, Tätigkeit für ‹Zeitschrift für Musikwissenschaft›, Kritiker für ‹Berliner Tageblatt›); Hilfe (finanzielle Unterstützung/Academic Assistance Council); Sprache/AE (gute bis sehr gute engl. und ital. Sprachkenntnisse, lesen auch frz.); Verfolgung/AE (Entlassung wegen "juedische[r] Rasse") **A** Empfehlung (Referenzen für ALFRED EINSTEIN/JAMES [= JOHANNES] WOLF, ALFRED SANDBERGER, THEODOR CROGER [= KROYER])

→ *Aktennotiz 1941-08-06 in Archives of the Carl Schurz Memorial Foundation (Dok. 4032)*

Bruno Eisner Subject File

- Bruno Eisner, 1884-1978, Pianist, Studium in Wien, Klavierlehrer an Konservatorien in Berlin und Hamburg, 1933 Emigration in die USA, u.a. Lehrtätigkeit am NY College of Music (1947-1948), an der Philadelphia Music Academy (1951-1954) und an der Colorado State Univ. in Fort Collins (IN, 1956-1957)
- Oral History in der Memoir Collection des Leo Baeck Institute (Dok. 3712)
- BHE II, 248f. • *Orpheus 1995*

KORRESPONDENZ

COLUMBIA BROADCASTING SYSTEMS

5585   1936-01-27
César Saerchinger (CBS, Inc., London) an [Josef] Hoffman (Curtis Institute of Music, Philadelphia, PA); TL (Abschrift), 1 S., engl. **A** Empfehlung/CS (für BRUNO EISNER zu möglicher Anstellung am Curtis Institute of Music); Öffentlichkeit/BRUNO EISNER ("fine reputation in Germany")

→ *Brief ähnlichen Inhalts: an Theo Gannon (CBS, Inc., NYC) 1936-01-27*

CONNECTICUT COLLEGE FOR WOMEN NEW LONDON

5586   1942-02-25
Laurens H. Seelye an Katharine Blunt (College for Women, New London, CO); TL (Kopie), 1 S., engl. **A** Anstellung (EDWARD LOWINSKY, VICTOR ZUCKERKANDL und BRUNO EISNER als Kandidaten für offene Stelle am Connecticut College for Women)

EISNER, BRUNO

5587   1936-09-24
Bruno Eisner (NYC) an John Whyte; ALS, 2 S., engl. **A** Öffentlichkeit/BE (Pressekritiken und Referenzen zu seiner Arbeit/WILHELM FURTWÄNGLER, CÉSAR SAERCHINGER, [GEORG] SCHÜNEMANN); Treffen/BE (mit JOHN WHYTE)

5588   1936-10-05
Bruno Eisner (c/o Dr. Talmey, NYC) an John Whyte; ALS, 1 S., dt. **A** Empfehlung/HAROLD V. MILLIGAN (für BE an diverse Institute; Informationen benötigt); Treffen/BE (mit HAROLD V. MILLIGAN; mit JOHN ERSKINE und DAVID MANNES)

5589   1937-02-15
Bruno Eisner (NYC) an John Whyte; ALS, 1 S., engl.

A Anstellung/BE (günstige Aussichten [für Stelle am New Jersey Women College], ROGER SESSIONS, NICOLAI BEREZOWSKY); Empfehlung/NICOLAI BEREZOWSKY (für BE an J. EARLE NEWTON)

5590   1937-05-04
Bruno Eisner (NYC) an John Whyte **A** Treffen/BE (Bericht über Treffen mit CONSTANCE WARREN, gute Chancen auf Stelle am Sarah Lawrence College)

5591   1939-07-26
Betty Drury an Bruno Eisner (NYC); TL (Kopie), 1 S., engl. **E** Hilfe/Emergency Committee (für EMIL GEYER ohne Antrag von Institutionen nicht möglich); **A** Empfehlung/BE (für EMIL GEYER)

→ *Brief Emil Geyer 1939-07-26 (Dok. 5600)*

EMERGENCY COMMITTEE

5592   1937-12-15
John Whyte an Betty Drury (NYC); TL (Kopie), 1 S., engl. **A** Aufführung/BRUNO EISNER (großer Erfolg; Einladungen und persönliche Kontakte, [Miss] ? HAESSLER, Mrs. ? SPIERING; neue Auftrittsmöglichkeiten)

5593   1938-01-11
John Whyte (Brooklyn College, Brooklyn, NY) an Betty Drury; TL (Abschrift), 1 S., engl. **A** Aufführung/BRUNO EISNER (Bericht/JW vom Konzert, Gesangsdarbietung/OLGA EISNER; ? FRIEDLAENDER)

5594   1938-03-16
John Whyte (Brooklyn College, Brooklyn, NY) an Betty Drury (Emergency Committee, NYC); TLS (annotiert), 1 S., engl. **E** Integration (neue Adresse/BRUNO EISNER); **A** Aufführung (Auftritt/OSCAR LASSNER in «Die Zauberflöte»/

WOLFGANG AMADEUS MOZART am New Jersey College for Women; Einladung/MARGARET T. CORWIN für BETTY DRURY)

5595 1938-05-17
John Whyte (Brooklyn College, Brooklyn, NY) an Betty Drury; TL (Abschrift unvollständig), 1 S., engl. A Finanzen (mögliche Unterstützung/Notgemeinschaft Dt. Wissenschaftler für BRUNO EISNER, [JULIUS] LEDERER; Projekte/BD (Konzert/BRUNO EISNER und OLGA EISNER, Suche nach Sponsoren)

5596 1938-05-18
Betty Drury an John Whyte (Brooklyn College, Brooklyn, NY); TL (Kopie), 1 S., engl. E Hilfe/National Coordinating Committee (für BRUNO EISNER, soll Kontakt mit ? WOLF aufnehmen, Mrs. H. ZIEGLER); Hilfsorganisationen (Emergency Committee, STEPHEN DUGGAN; FELIX GILBERT, MARIO EINAUDI, MAX ASCOLI, PAUL KLAPPER, Mr. ? COUTINHO, [FRITZ] REDLICH, Miss ? RIEGNER, Mrs. ? VON SCHUSCHNIGG)

5597 1938-05-19
John Whyte (Brooklyn College, Brooklyn, NY) an Betty Drury; TL (Abschrift), 1 S., engl. E Hilfe (für BRUNO EISNER, "the group in the New S[c]hool might be able to advance him something from their own charity funds", [JULIUS] LEDERER; Notgemeinschaft Dt. Wissenschaftler im Ausland, [FRITZ] DEMUTH) A Aufführung/BRUNO EISNER und OSCAR LASSNER (Liederabend im Haus von Mrs. ? MARSTERS, Bronxville); Sammlung ([GEORGE S.] DICKINSON "would be willing to house the manuscripts temporarily in his safe"; ? HEUSER); Unterricht/BRUNO EISNER (Privatschüler Mrs. ? MARSTERS, Mrs. ? LINDENMEYR, Miss ? HAESSLER)

5598 1942-03-06
John Whyte (Brooklyn College, Brooklyn, NY) an Laurens H. Seelye (Emergency Committee, NYC); TLS, 2 S., engl. A Anstellung/BRUNO EISNER ("teaching at the YMHA and privately"); Aufführung/BRUNO EISNER (Konzert in Town Hall); Empfehlung/JW (für BRUNO EISNER an LS, Qualifikation als Pianist und Lehrer; OLGA EISNER); Treffen/BRUNO EISNER (mit JW; BETTY DRURY)

FURTWÄNGLER, WILHELM

5599 1936-01-08
Wilhelm Furtwängler (Wien), ohne Adressat; TL (Abschrift), 1 S., engl. A Empfehlung/WF (für BRUNO EISNER)

GEYER, EMIL

5600 1939-07-26
Betty Drury (NYC) an Emil Geyer (Wien); TL (Kopie), 1 S., engl.; «Copy to Mr. Bruno Eisner» E Hilfe/Emergency Committee (für EG ohne Antrag von Institutionen nicht möglich)

↪ *Brief Bruno Eisner 1939-07-26 (Dok. 5591)*

KEMPNER, PAUL

5601 1936-08-26
Paul Kempner (Mendelssohn & Co., Berlin) an John Whyte (City College, NYC); TLS, 2 S., engl. A Biografie/BRUNO EISNER (Stationen seiner Karriere, WILHELM FURTWÄNGLER; Lehrtätigkeit); Empfehlung/PK (für BRUNO EISNER, Bitte um Unterstützung bei Stellensuche); Treffen/WALTER LANDÉ (mit JW)

LASSNER, OSCAR

5602 1936-10-20
John Whyte an Oscar Lassner (New Brunswick, NJ); TL (Kopie), 1 S., engl. A Aufführung/BRUNO EISNER (Recital auf Anregung/JW; Programmplanung zusammen mit OL); Treffen/JW (mit BRUNO EISNER)

MILLIGAN, HAROLD V.

5603 1936-09-26
John Whyte an Harold V. Milligan (Riverside Church, NYC); TL (Kopie), 1 S., engl. A Biografie/BRUNO EISNER (Stationen seiner Karriere, WILHELM FURTWÄNGLER; Lehrtätigkeit); Empfehlung/JW (informiert über BRUNO EISNER, Bitte um Hilfe bei Stellensuche)

5604 1936-10-08
Wallace Goodrich (New England Conservatory of Music, Boston) an Harold V. Milligan (NYC); TLS, 1 S., engl. A Anstellung/BRUNO EISNER (keine freie Stelle an New England Conservatory of Music, Verweis an andere Colleges)

↪ *Beilage zu: Brief Harrold V. Milligan 1936-10-13 (Dok. 5606)*

5605 1936-10-12
Walter Spalding (Cambridge, MA) an Harold V. Milligan; ALS, 2 S., engl. A Anstellung/BRUNO EISNER (Weiterleitung der Bitte um Unterstützung an WALTER PISTON)

↪ *Beilage zu: Brief Brief Harrold V. Milligan1936-10-13 (Dok. 5606)*

5606 1936-10-13
Harold V. Milligan (Riverside Church, NYC) an John Whyte; TLS (annotiert), 1 S., engl. A Anstellung/BRUNO EISNER (Stellensuche, Antwortbriefe/WALTER SPALDING und WALLACE GOODRICH); Empfehlung/HM (für BRUNO EISNER, Briefe an "several friends who are in educational institutions")

↪ *Beilagen: Briefe 1936-10-08 (Dok. 5604) und 1936-10-12 (Dok. 5605)*

QUEENS COLLEGE

5607 1937-10-04
John Whyte an Paul Klapper (Queens College, NYC); TL (Kopie), 1 S., engl. A Empfehlung/JW (für BRUNO EISNER an PK zwecks Anstellung am Queens College)

ROCKEFELLER INSTITUTE

5608 1938-02-18
Betty Drury an Alfred E. Cohn (Rockefeller Institute, NYC); TL (Kopie), 1 S., engl. A Biografie/BRUNO EISNER (Informationen zur Karriere, WILHELM FURTWÄNGLER); Finanzen ("Köhler grant" für BRUNO EISNER als Unterstützung für Anstellung an Middlebury Summer School)

SARAH LAWRENCE COLLEGE

5609 1937-04-27
Bruno Eisner (NYC) an Constance Warren (Sarah Lawrence College, Bronxville, NY); TL (Kopie), 1 S., engl. E Hilfsorganisationen (Emergency Committee, STEPHEN DUGGAN, JOHN WHYTE; Registrierung/BE als "Displaced Scholar") A Anstellung/BE (Bewerbung um Stelle am Sarah Lawrence College, Sendung des Curriculum vitae); Bio-

grafie/BE (Details zur Karriere als Pianist); Treffen/BE (mit CW)

5610 1937-04-27
John Whyte an Constance Warren (Sarah Lawrence College, Bronxville, NY); TL (Kopie), 1 S., engl. A Biografie/BRUNO EISNER (Details zur Karriere als Pianist); Empfehlung/JW (für BRUNO EISNER an CW zur Anstellung am Sarah Lawrence College)

UNIVERSITY OF LOUISVILLE
5611 1937-03-29
Raymond A. Kent (Univ. of Louisville, KY) an John Whyte; TL (Kopie), 1 S., engl. A Anstellung/BRUNO EISNER (RK hält ihn für ungeeignet, keine "professional qualifications"; möchte FELIX M. GATZ für Stelle an Univ. of Louisville; Interesse an ARTUR HOLDE)

MATERIAL ZUR BIOGRAFIE
5612 [1935]
Bruno Eisner, «Curriculum vitae»; Lebenslauf (Kopie); TD, 1 S., engl. A Biografie/BE (beruflicher Werdegang, internationale Konzertreisen, Arbeit mit BRUNO WALTER, ARTHUR NIKISCH, WILHELM FURTWÄNGLER)

5613 1936-11-29
«Concert by Bruno Eisner, Pianist and Oscar Lassner, Liedersaenger»; Programmheft (Kopie); TD, 1 S., engl. A Aufführung/BRUNO EISNER und OSCAR LASSNER (Liederabend, Bronxville)

→ Identisches Dokument in Oscar Lassner Subject File
→ Aktennotiz 1942-02-10 in Archives of the Carl Schurz Memorial Foundation (Dok. 4033)

Julia Elbogen Subject File

- Julia Elbogen, 1890-1981, Pianistin, Studium an der Staatsakademie Wien, Assistentin von Richard Robert, Lehrtätigkeit in Minneapolis

KORRESPONDENZ
ORMANDY, EUGENE
5614 1939-04-24
Eugene Ormandy (Philadelphia Orchestra Ass., Philadelphia, PA) an Stephen Duggan (Institute of International Education, NYC); TLS, 1 S., engl. E Einreise/JULIA und FRANZ ELBOGEN (in die USA); Hilfe (auf Rat/JOHN ERSKINE und [ERNST] KANITZ Bitte um Hilfe bei Suche nach Anstellung für

JULIA und FRANZ ELBOGEN) A Biografie/JULIA ELBOGEN (Studium bei RICHARD ROBERT in Wien, Karriere als Pianistin)

MATERIAL ZUR BIOGRAFIE
5615 [1939]
«Madame Julia Elbogen»; Pressemitteilung; PD, 4 S., engl. A Biografie/JULIA ELBOGEN (beruflicher Werdegang, Unterricht bei RICHARD ROBERT); Öffentlichkeit/JULIA ELBOGEN (Pressekritiken)

Kurt Engel Subject File

- Kurt Engel, [1910 nach Orpheus Trust] 1909-1942, österr. Pianist, 1932 erster Preis beim internationalen Chopin-Wettbewerb in Warschau, 1938 Emigration über Belgien in die USA
- Datenbank Orpheus Trust Wien

MATERIAL ZUR BIOGRAFIE
5616 1942-01-23
«Kurt Engel, 33, Pianist, Dies; Vienna Exile»; Clipping; PD, 1 S., engl.; Zeitungsartikel aus der ‹[NY] Herald Tribune› zum Tod von Kurt Engel

→ Aktennotiz 1941-03-04 in Archives of the Carl Schurz Memorial Foundation (Dok. 4034)

Angela Engel-Weschler Subject File

- Angela Engel-Weschler, 1896-1961, österr. Pianistin, seit 1935 Lehrtätigkeit in Wien, 1938 Emigration in die USA, Tätigkeit als Klavierlehrerin
- Artur Holde, «Die Tonkünstler im gelobten Land», in: ‹Aufbau›, 22. Dezember 1944, 49f. • Datenbank Orpheus Trust Wien

KORRESPONDENZ
EMERGENCY COMMITTEE
5617 1938-11-29
? an ?; TL (Kopie), 1 S., engl. E Einbürgerung/MORITZ ROSENTHAL (amer. Staatsbürgerschaft statt Emigrantenstatus); Hilfsorganisationen (National Coordinating Committee, National Council of Jewish Women, ? COURLANDER) A Anstellung/ANGELA ENGEL-WESCHLER (am NY College of Music, keine finanzielle Unterstützung mehr nötig)

NATIONAL COORDINATING COMMITTEE

5618 1938-10-15
Betty Drury an Mark Brunswick (National Coordinating Committee, NYC); TL (Kopie), 1 S., engl. E Affidavit (für ANGELA ENGEL-WESCHLER, Aussicht auf Stelle an NY College of Music); Hilfe (keine Unterstützung/Emergency Committee für nicht-universitäre Institutionen; Kritik an Plan/CARL HEIN, Stipendien für Schüler/ANGELA ENGEL-WESCHLER zu vergeben; Oberlaender Trust, WILBUR K. THOMAS)

NEW YORK COLLEGE OF MUSIC

5619 1938-10-10
Carl Hein (NY College of Music, NYC) an Betty Drury (Emergency Committee, NYC); TLS, 1 S., engl. E Finanzen (Vergabe von Stipendien für Schüler/ANGELA ENGEL-WESCHLER an NY Univ., Bitte/CH um finanzielle Unterstützung/Emergency Committee)
→ Brief ähnlichen Inhalts: 1938-10-20

MATERIAL ZUR BIOGRAFIE

5620 1938-09-29
«Interview Memorandum»; Aktennotiz; AD/TD, engl. E Einreise/ANGELA ENGEL-WESCHLER (mit non-quota visa) A Biografie/ANGELA ENGEL-WESCHLER (Tätigkeit als Klavierprofessorin, Wien); Empfehlung/National Council of Jewish Women (für ANGELA ENGEL-WESCHLER)

5621 (1938)-(10)-?
«Application for New People. NY College – Angela Engel-Weschler, Musicologist»; Aktennotiz (Kopie); TD, 1 S., engl. A Anstellung/ANGELA ENGEL-WESCHLER (an NY College of Music als Klavierlehrerin, CARL HEIN); Biografie/ANGELA ENGEL-WESCHLER (Klavierprofessorin in Wien); Empfehlung/ARTURO TOSCANINI (für ANGELA ENGEL-WESCHLER); Finanzen/ANGELA ENGEL-WESCHLER (Verdienst, Unterhalt zweier Kinder)

Georg Enyedi Subject File

- George Enyedi, geboren 1905, Musikwissenschaftler, aufgewachsen in Ungarn, der Schweiz, den Niederlanden und Wien, Studium der Musikwissenschaft bei Guido Adler und Robert Lach sowie Komposition und Dirigieren, ab 1932 in Budapest als Musikkritiker tätig

MATERIAL ZUR BIOGRAFIE

5622 1939-01-?
George Enyedi (Budapest), «Curriculum vitae of George Enyedi»; Lebenslauf; TDS, 1 S., engl. A Biografie/GE (beruflicher Werdegang, Studium bei GUIDO ADLER, ROBERT LACH, ARNOLD SCHERING; Tätigkeit als Kritiker, Lehrtätigkeit); Schriften/GE (Dissertation «Studien zur Psychologie der Wiederholung in der Musik»)

Ladislas Erdös Subject File

- Ladislas Erdös, geboren 1905, Studium der Musikwissenschaft, Psychologie und Philosophie

MATERIAL ZUR BIOGRAFIE

5623 —
Ladislas Erdös, «Curriculum vitae»; Lebenslauf (Kopie); TDS, 1 S., engl. A Biografie/LE (Studium bei [KARL] BÜHLER, [HEINRICH] GOMPERZ, [ROBERT] LACH, ROBERT REININGER, [RUDOLF VON] FICKER; beruflicher Werdegang, Tätigkeit als Musiker); Öffentlichkeit/LE (Resonanz auf Schriften und Vorträge)
→ Aktennotiz 1940-10-31 in Archives of the Carl Schurz Memorial Foundation (Dok. 4035)

Ernst Thomas Ferand Subject File

- Ernst Thomas Ferand, 1887-1972, Musikwissenschaftler und Pädagoge, Studium in Budapest, bei Émile Jacques-Dalcroze (1913-1914) und Wien (ab 1933); 1938 Emigration in die USA, Lehrtätigkeit an der New School for Social Research, 1965 Rückkehr nach Europa (Basel)
- BHE II, 293

KORRESPONDENZ
FERAND, ERNST THOMAS

5624 1940-05-06
Ernst Thomas Ferand (NYC) an Betty Drury (Emergency Committee, NYC); TLS, 1 S., engl. E Einbürgerung/EF (österr. Staatsbürgerschaft, aber "in possession of the U.S. first papers"; MARK BRUNSWICK)

MATERIAL ZUR BIOGRAFIE

5625 (1940)-?-?
Ernst Thomas Ferand, Bewerbungsunterlagen für Emergency Committee:
– «Dr. Ernst Th. Ferand – Author, Teacher, Lecturer on Musicology, Music Education an the Dance»; Pressemitteilung; TD, 2 S., engl.

- «Dr. Ernst Th. Ferand – Publications»; Publikationsliste (Kopie annotiert); TD, 1 S., engl.
- «Dr. Ernst Thomas Ferand – Lecturer, Teacher, Author, Conductor, Composer»; Lebenslauf (Kopie); TD, 1 S., engl. **A** Biografie/EF (Unterricht bei HANS KOESSLER, ÉMILE JACQUES-DALCROZE; beruflicher Werdegang, Lehrtätigkeit); Schriften/EF (Publikationsliste)
→ *Aktennotiz 1941-03-11 in Archives of the Carl Schurz Memorial Foundation (Dok. 4039)*

Jella von Fernwald Subject File

- Jella von Fernwald, 1894-1965, österr. Altistin, internationale Konzertkarriere

MATERIAL ZUR BIOGRAFIE

5626 —
Jella von Fernwald (NYC), «Jella von Fernwald (Stefan) – Singer Contralto»; Lebenslauf (Kopie); TD, 1 S., engl. **E** Sprache/JF (Engl., Frz., Dt., Ital.) **A** Biografie/JF (beruflicher Werdegang); Empfehlung (Referenzen für JF/OSCAR THOMPSON, LAZARE SAMINSKY, FREDERICK JACOBI, BRUNO WALTER, ERICH LEINSDORF, HERBERT GRAF)

Wilhelm Fiedler Subject File

- Wilhelm (auch: Bill) Fiedler, geboren 1891, Dirigent, Studium in Boston und Frankfurt, 1937 oder 1938 Emigration in die USA, Assistant Professor am Antioch College in Yellow Springs (OH)

KORRESPONDENZ
ANTIOCH COLLEGE YELLOW SPRINGS

5627 1938-04-26
A.D. Henderson (Antioch College, Yellow Springs, OH) an Stephen Duggan (Institute of International Education, NYC); TLS (annotiert), 1 S., engl. **A** Anstellung/WILHELM FIEDLER (Bitte um finanzielle Unterstützung für Anstellung/WILHELM FIEDLER am Antioch College; Zusage für Beihilfe/Oberlaender Trust; Carl Schurz Memorial Foundation)

5628 1938-05-10
A.D. Henderson (Antioch College, Yellow Springs, OH) an Betty Drury (Emergency Committee, NYC); Telegramm, 1 S., engl. **E** Verfolgung/WILHELM FIEDLER (Stellenverlust am Konservatorium Essen [Folkwang-Schule] wegen jüdischer Herkunft und "education in liberal school"; keine Arbeit aufgrund "Goering-decree") **A** Anstellung/WILHELM FIEDLER (Interesse des Antioch College)

5629 1938-05-17
A.D. Henderson (Antioch College, Yellow Springs, OH) an Stephen Duggan (Institute of International Education, NYC); TLS (annotiert), 1 S., engl. **A** Öffentlichkeit (positive Reaktionen auf Aufführungen am Antioch College als Verdienst/WILHELM FIEDLER)

NOTGEMEINSCHAFT DEUTSCHER WISSENSCHAFTLER IM AUSLAND

5630 1938-05-31
Fritz Demuth (Notgemeinschaft Dt. Wissenschaftler im Ausland, London) an Betty Drury (Emergency Committee, NYC); TLS, 1 S., engl. **E** Verwandte (WILHELM FIEDLER als Sohn von MAX FIEDLER identifiziert aufgrund der Angabe des Onkels H.G. FIEDLER) **A** Anstellung/WILHELM FIEDLER (am Antioch College, Unterstützung/Emergency Committee zur Finanzierung der Stelle)

5631 1938-07-18
Fritz Demuth (Notgemeinschaft Dt. Wissenschaftler im Ausland, London) an Betty Drury (Emergency Committee, NYC); TLS, 2 S., engl. **E** Ausreise/WILHELM FIEDLER (Papiere verspätet, weil kein Affidavit vorhanden, Generalkonsulat Berlin; Abreise aus Hamburg); Verfolgung/WILHELM FIEDLER (als Kommunist verdächtigt; keine Anstellung wegen "Göring plan") **A** Anstellung/WILHELM FIEDLER (am Antioch College); Biografie/WILHELM FIEDLER (Anstellungen; Kontakte zu WILHELM FURTWÄNGLER, Prof. ? SCHUMMAN [sic] von der Wiener Singakademie, BRUNO KITTEL, ELLY NEY, PAUL GRUEMMER, GÜNTHER RAMIN, AMALIE MERZ TUNNER)

MATERIAL ZUR BIOGRAFIE

5632 (1938)
«Biographical Notes about Mr. Wilhelm Fiedler»; Lebenslauf; TD, 1 S., engl. **A** Biografie/WILHELM FIEDLER (Ausbildung und Werdegang, Konservatorium Münster, Folkwang-Schule Essen, Direktion des Essener Orchesters, Dirigent bei Essener Orchester-Gesellschaft)

Ida Franca Subject File

- Ida Franca, 1892-1987, 1940 Emigration in die USA, Buchpublikation «Manual of Bel Canto», New York 1959

KORRESPONDENZ
AMERICAN COMMITTEE FOR CHRISTIAN REFUGEES
5633 1943-07-27
? (Amer. Committee for Christian Refugees) an ? (Clearance Committee, Refugee Scholar Fund); TL (Kopie annotiert), 1 S., engl. **A** Finanzen (Antrag auf Unterstützung für IDA FRANCA zurückgezogen; R. HUBBARD)

INSTITUTE OF INTERNATIONAL EDUCATION
5634 1943-06-21
R. Hubbard (Institute of International Education, NYC) an ? (Clearance Committee, Staff Section); TL (Kopie), 1 S., engl. **E** Einreise/IDA FRANCA (in die USA im Juni 1940) **A** Finanzen (Kontakt zu Institute of International Education durch ANNA SELIG, Bitte um finanzielle Unterstützung für Teilnahme an Lehrerkursen)

MATERIAL ZUR BIOGRAFIE
5635 1944-02-29
«Telephone Conversation» [Date: Feb. 29.1944]; Notiz; AD/TD, 1 S., engl. **A** Finanzen/IDA FRANCA (Bitte um finanzielle Unterstützung zur Veröffentlichung eines Buches über "bel canto"; [RISÉ] STEVENS, MARCELLE LUBOTSKY)

Marco Frank Subject File

- Marco Frank (Markus Fränkl), 1881-1961, österr. Komponist, Studium bei Jules Massenet und Claude Debussy, 1939 Emigration in die USA, Tätigkeit als Musiklehrer, 1948 Rückkehr nach Österreich, Lehrtätigkeit am Konservatorium der Stadt Wien
- Vgl. Marco Frank Subject File in Alfred E. Cohn Papers (Rockefeller Archive Center, S. 339)
- BHE II, 318

KORRESPONDENZ
AMERICAN COMMITTEE FOR CHRISTIAN REFUGEES
5636 1943-09-20
Janet Siebold (Amer. Committee for Christian Refugees, Inc., NYC) an Betty Drury (Emergency Committee, NYC); TLS, 1 S., engl. **E** Einreise/MARCO FRANK (und seine Ehefrau in die USA 1939); Hilfsorganisationen (Amer. Committee for Christian Refugees, Community Service Soc.)

FRANK, MARCO
5637 1943-09-20
Marco Frank (NYC) an Stephen Duggan; ALS, 1 S., engl. **A** Finanzen/MF (schwierige Situation, Bitte um Unterstützung/Emergency Committee); Projekte/MF (Buchveröffentlichung); Treffen/MF (mit BETTY DRURY)

INTERNATIONAL STUDY CENTER FOR DEMOCRATIC RECONSTRUCTION
5638 1943-08-16
Anna Selig (International Study Center for Democratic Reconstruction, NYC) an Betty Drury (Emergency Committee, NYC); TLS, 1 S., engl. **A** Finanzen/Emergency Committee (AS befürwortet Antrag/MARCO FRANK auf Stipendium); Öffentlichkeit/MARCO FRANK (positive Pressekritiken aus Europa); Vertrag/MARCO FRANK (Vertragsbedingungen für Buchveröffentlichung)
↪ *Antwortbrief mit Ablehnung 1943-09-24*

MATERIAL ZUR BIOGRAFIE
5639 1943-09-22
«Application for Fellwship – Institution: International Study Center for Democratic Reconstruction. Scholar: Marco Frank, Musician»; Aktennotiz (Kopie); TD, 2 S., engl. **E** Einreise/MARCO FRANK (in die USA 1939) **A** Empfehlung (Referenzen für MARCO FRANK/RICHARD STRAUSS, GIACOMO PUCCINI, MARCEL KOVARSKY); Finanzen (Antrag auf Stipendium, Bitte um Unterstützung; wurde bereits durch National Refugee Servive unterstützt)
↪ *Identisches Dokument: Alfred E. Cohn Papers (Dok. 7017)*
↪ *Aktennotiz 1941-03-12 in Archives of the Carl Schurz Memorial Foundation (Dok. 4044)*

Hans Gál Subject File

- Hans Gál, 1890-1987, österr. Komponist und Musikwissenschaftler, Studium in Wien, 1929-1933 Direktor des Mainzer Konservatoriums; 1933 Emigration nach Österreich, 1938 Immigration nach Großbritannien, 1945-1965 Lehrtätigkeit an der Edinburgh Univ.
- BHE II, 354f. • Michael Fendt, «Hans Gál: "... immer wieder anfangen zu müssen"», in: *Musik im Exil* 1993, 171-186

KORRESPONDENZ
AMERICAN UNIVERSITY UNION
5640 1933-12-29
Edward R. Murrow an E.W. Bagster-Collins (Amer. Univ. Union, London); TL (Kopie), 1 S., engl. **A** Anstellung/HANS GÁL (Interesse der Univ. of Illinois, Chicago, an HANS GÁL, Frage nach engl. Sprachkenntnissen)
↪ *Antwortbrief: 1934-01-25*

BROOKLYN COLLEGE
5641   1938-05-27
Benjamin Grosbayne (Brooklyn College, Brooklyn, NY); TL (Kopie), 2 S., engl. A Anstellung (Informationen über verfügbare Musikwissenschaftler zur Anstellung am Brooklyn College, ROBERT HERNRIED, ROBERT MÜLLER-HARTMANN, HANS GÁL, ROBERT KONTA, ERNST HERMANN MEYER, BRUNO EISNER, VIKTOR URBANTSCHITSCH)

ERHARD, WILHELM
5642   1933-11-11
Wilhelm Ehrhard (München), ohne Adressat; TL (Abschrift), 1 S., dt. A Biografie/HANS GÁL (Leitung der Musikhochschule München, Vortragstätigkeit); Empfehlung/WE (für HANS GÁL)

MATERIAL ZUR BIOGRAFIE
5643   1934-10-02
Hans Gál; Fragebogen (Kopie); PD/TD, 3 S., engl. E Sprache/HG (kann Frz., Ital., Dt. und "a little" Engl. sprechen und lesen); Verfolgung/HG (Entlassung aufgrund jüdischer Herkunft) A Empfehlung (Referenzen für HG/WILHELM FURTWÄNGLER, KARL STRAUBE, HERMANN ABENDROTH, WILHELM EHRHARD, RICHARD STRAUSS, ÉMILE JACQUES-[DALCROZE], FRITZ BUSCH, GEORGE SZELL, PABLO CASALS)

↳ *Beilagen: Lebenslauf und Publikationsliste (Dok. 5644)*

5644   [1934-10-02]
Hans Gál, Beilagen zum Fragebogen:
– «Prof. Dr. Hans Gal. Curriculum vitae»; Lebenslauf (Kopie); TD, 1 S., engl.
– «Prof. Dr. Hans Gal. Publications»; Werkverzeichnis (Kopie); TD, 2 S., engl./dt.

↳ *Beilagen zu: Fragebogen 1934-10-02 (Dok. 5643)*

5645   1936-06-26
«Musicologists Suggested by Walter M. Kotschnig to Dean Shofstall of Stephens College and President von KleinSmid of the USC under Date of June 26, 1936 (Excerpt)»; Aktennotiz (Kopie); TD, 1 S., engl. E Sprache/HANS GÁL (Englischkenntnisse) A Biografie/HANS GÁL (Studium bei EUSEBIUS MANDYCZEWSKI, [RICHARD] ROBERT, Werdegang)

Felix M. Gatz Subject File

- Felix Maria Gatz, 1892-1942, dt. Musikwissenschaftler und Dirigent, Studium in Berlin, Heidelberg und Erlangen, ab 1925 Professor an der Staatsakademie für Musik in Wien, ab 1931 Dozent für Musikwissenschaft in Berlin, 1934 Emigration in die USA, ab 1934 Professor an der Duquesne Univ. in Pittsburgh (PA), Lehrtätigkeit in den Bereichen Ästhetik, Musikwissenschaft, Orchester und Chor, ab 1936 Gastprofessur an der NY Univ.
- BHE II, 360

KORRESPONDENZ
AMERICAN COUNCIL OF LEARNDED SOCIETIES
5646   1937-05-07
Donald Goodchild (Amer. Council of Learned Societies, Washington, DC) an Stephen Duggan (Emergency Committee, NYC); TLS, 1 S., engl. E Hilfe (Bemühung um Anstellung für FELIX M. GATZ auf Empfehlung/CONSTANTINE E. MCGUIRE, Informationsmaterial weitergeleitet)

CARNEGIE INSTITUTE OF TECHNOLOGY
5647   1936-05-21
Thomas S. Baker (Carnegie Institute of Technology, Pittsburgh, PA) an John Whyte (Emergency Committee, NYC); TLS, 1 S., engl. A Anstellung/FELIX M. GATZ (Unterstützung/TB bei Stellensuche; WILL EARHART)

↳ *Brief ähnlichen Inhalts: 1943-06-02*

CONGRÈS INTERNATIONAL D'ESTHÉTIQUE ET DE SCIENCE DE L'ART
5648   1937-08-16
Raymond Bayer (Congrès International d'Esthétique et de Science de l'Art, Paris) an Felix M. Gatz (Hotel Royal, Paris); TL (Abschrift), 1 S., engl. A Öffentlichkeit (Ernennung/FG und JOHN DEWEY zu Mitgliedern des "Permanent International Committee for the Congresses for Aesthetics and Science of Art"); Vortrag/FG (Dank/RB für Beitrag zu Kongress in Paris)

COSMOS CLUB
5649   1937-04-05
Stephen Duggan an Constantine E. McGuire (Cosmos Club, Washington, DC); TL (Kopie) A Anstellung/FELIX M. GATZ (Ende der Beschäftigung an NY Univ.); Finanzen/Emergency Committee (keine weitere Unterstützung für FELIX M. GATZ ohne Aussicht auf feste Stelle; Catholic Episcopal Committee for German Refugees wurde über seinen Fall informiert)

↳ *Brief ähnlichen Inhalts: 1937-04-20*

DIOCESAN SUPERINTENDENT OF SCHOOLS
5650   1935-06-10
John J. Bonner (Diocesan Supertintendant of Schools, Philadelphia, PA) an Felix M. Gatz; TL (Abschrift), 1 S., engl. A Aufführung/FG (Lob für "educational concert" anlässlich der Convention of Catholic Educational Ass.)

DUQUESNE UNIVERSITY PITTSBURGH
5651   1934-04-03
J[eremiah] J[oseph] Callahan (Duquesne Univ., Pittsburgh, PA) an Felix M. Gatz (Berlin); TL (Abschrift), 1 S., engl. A Anstellung/FG (Bestätigung der Anstellung an Duquesne Univ., Arbeitsantritt)

5652   1934-04-09
Edward R. Murrow an J[eremiah] J[oseph] Callahan (Du-

quesne Univ., Pittsburgh, PA); TL (Kopie), 1 S., engl. **A** Finanzen/Emergency Committee (Zusage einer Unterstützung für Anstellung/FELIX M. GATZ an Duquesne Univ., Verweis an Rockefeller Foundation für weitere Gelder)

5653   1935-04-05
J[eremiah] J[oseph] Callahan (Duquesne Univ., Pittsburgh, PA) an Edward R. Murrow (Emergency Committee, NYC); TL (Abschrift), 1 S., engl. **A** Aufführung/FELIX M. GATZ (diverse "educational concerts"; WILL EARHART); Empfehlung/JC (für FELIX M. GATZ, positive Beurteilung seiner Aktivitäten und Bitte um finanzielle Förderung für ein weiteres Jahr); Vortrag/FELIX M. GATZ (Rundfunkvorträge bei NBC, Vorträge in "clubs and other organizations")

5654   1935-04-11
J[eremiah] J[oseph] Callahan (Duquesne Univ., Pittsburgh, PA) an Edward R. Murrow; TL (Abschrift), 1 S., engl. **E** Einbürgerung/FELIX M. GATZ (Antrag auf amer. Staatsbürgerschaft) **A** Anstellung/FELIX M. GATZ (an Duquesne Univ., bei guter Finanzlage Anstellung als "full time professor"; Bitte um erneute finanzielle Unterstützung/Emergency Committee)

→ *Antwortbrief mit Bewilligung: 1935-05-06*

5655   1935-07-01
Felix M. Gatz (Highland Hotel, Ebensburg, PA) an J[eremiah] J[oseph] Callahan (Duquesne Univ., Pittsburgh, PA); TL (Abschrift), 2 S., engl. **A** Finanzen/FG (Bitte um Gehaltserhöhung; Unterstützung/Emergency Committee); Öffentlichkeit/FG ("the recognition which my work has received from the press and from experts")

→ *Beilage zu: Brief Gatz 1936-02-18 (Dok. 5663)*

5656   1936-02-16
Felix M. Gatz (Pittsburgh, PA) an ? Gabel (Duquesne Univ., Pittsburgh, PA); TL (Kopie), 1 S., engl. **A** Finanzen/FG (Duquesne Univ. hat bei Emergency Committee höheres Gehalt angegeben, Bitte um Erstattung des fehlenden Betrages)

→ *Brief Emergency Committee 1936-06-10 (Dok. 5659)*

5657   1936-05-23
Daniel L. Healy (Duquesne Univ., Pittsburgh, PA) an ? (Emergency Committee, NYC); TLS, 1 S., engl. **A** Anstellung/FELIX M. GATZ (Kündigung an Duquesne Univ., "due to a change in the Univ. Administration, in a manner which I consider decidedly unacademic"); Empfehlung/DH (für FELIX M. GATZ)

EMERGENCY COMMITTEE

5658   1938-05-02
John Whyte (Brooklyn College, Brooklyn, NY) an Stephen Duggan (Emergency Committee, NYC); TLS, 2 S., engl. **A** Aufführung/FELIX M. GATZ (Chorkonzert mit St. John's Univ. Choir); Empfehlung/JW (für FELIX M. GATZ) **R** Kulturpolitik (schlechte Situation der Orchester an amer. Univ.)

5659   1936-06-10
John Whyte (Emergency Committee) an Stephen Duggan (Emergency Committee, NYC); TL (Kopie), 2 S., engl. **A** Anstellung/FELIX M. GATZ (Bericht über seinen Fall und die Umstände seiner Behandlung an Duquesne Univ.; Suche nach neuer Anstellung; HARRY WOODBURN CHASE, WILL EARHART, JOHN W. WITHERS); Biografie/FELIX M. GATZ (Tätigkeiten in Deutschland)

→ *Brief Duquesne Univ. 1936-02-16 (Dok. 5656)*

5660   1938-07-29
Betty Drury an Hellmut Lehmann-Haupt (Columbia Univ., NYC); TL (Kopie), 1 S., engl. **E** Hilfe/FELIX M. GATZ (möchte Stelle für PAUL WEISSLEDER an Univ. of Scranton finden, sollte dies aber nicht vor seiner eigenen Etablierung tun; [BERNARD] FLEXNER)

5661   1941-07-03
Betty Drury (Emergency Committee) an Laurens H. Seelye (Emergency Committee); TLS (annotiert), 1 S., engl. **E** Einbürgerung/FELIX M. GATZ (Erlangung der amer. Staatsbürgerschaft) **A** Anstellung/FELIX M. GATZ (sucht neue Stelle, "is complaining bitterly about the way refugee scholars are taking jobs away from Americans")

GATZ, FELIX M.

5662   1933-11-26
Felix M. Gatz (Berlin) an Felix M. Warburg (NYC); TLS, 1 S., engl. **A** Anstellung/FG (Bitte um Hilfe/FW bei Suche nach Position als "Professor either of Philosophy of Art or of Philosophy and History of Music" oder als Orchesterleiter; WILHELM MARX); Öffentlichkeit/FG (versendet Broschüren «Felix M. Gatz as Scientist» und «Felix M. Gatz as Conductor»)

5663   1936-02-18
Felix M. Gatz (Pittsburgh, PA) an John Whyte (Emergency Committee, NYC); TLS, 3 S., engl. **A** Anstellung/FG (Bitte um Unterstützung bei Vermittlung an andere Univ.); Finanzen/FG (Duquesne Univ. hat FG nicht über Unterstützung/Emergency Committee informiert und bei Emergency Committee höheres Gehalt angegeben; Bitte um Zusendung des Briefwechsels zwischen J[EREMIAH] J[OSEPH] CALLAHAN und Emergency Committee)

→ *Beilage: Brief Duquesne Univ. 1935-07-01 (Dok. 5655)*
→ *Brief ähnlichen Inhalts: 1936-02-28*

5664   1936-03-10
Felix M. Gatz (Pittsburgh, PA) an John Whyte (Emergency Committee, NYC); TLS, 1 S., engl. **A** Finanzen/FG (bekommt fehlendes Gehalt nachgezahlt)

5665   1936-03-27
Felix M. Gatz (Pittsburgh, PA) an Stephen Duggan (Institute of International Education, NYC); TLS (annotiert), 2 S., engl. **E** Einbürgerung/FG (Antrag auf amer. Staatsbürgerschaft) **A** Anstellung/FG (an Duquesne Univ.; Überlegungen zu Wechsel der Stelle); Öffentlichkeit/FG (positive Kritik/WILL EARHART; EDWARD R. MURROW); Schriften/FG ("my first English manuscript written after my first year at Duquesne")

5666   1936-05-25
Felix M. Gatz (Pittsburgh, PA) an ? (Emergency Committee, NYC); TLS (annotiert), 2 S., engl. **A** Anstellung/FG (Kündigung an Duquesne Univ. wegen Wechsel der Administration, nicht aufgrund schlechter Arbeit oder schlechten Benehmens; Anfragen/WILL EARHART zu Beschäftigungs-

möglichkeit an USC und Wheaton College; J.J. CALLAHAN, THOMAS S. BAKER)

5667 1936-06-01
John Whyte an Felix M. Gatz (Pittsburgh, PA); TL (Kopie annotiert), 1 S., engl. E Hilfe/Emergency Committee (kann keine weitere Unterstützung leisten, bevor FG Stelle findet) A Anstellung/FG (an Duquesne Univ., Entlassung; WILL EARHART, DANIEL L. HEALY)

5668 1936-06-03
Felix M. Gatz (Pittsburgh, PA) an John Whyte (Emergency Committee, NYC); TLS, 1 S., engl. A Anstellung/FG (Bemühung um Stelle, Absage des Wheaton College; Brooklyne [sic] College, National Catholic Welfare Conference, Fordham Univ.; WILL EARHART, THOMAS S. BAKER); Finanzen/FG (Bezahlung des Restgehalts durch Duquesne Univ.)

5669 1936-09-26
Felix M. Gatz (NYC) an Edward R. Murrow (Columbia Broadcasting Co., NYC); TLS (annotiert), 1 S., engl. A Anstellung/FG (an NY Univ.; Bitte um Rat zu Arbeitsmöglichkeit im Bereich Musikjournalistik); Projekte/FG (Einladung zum Congress for Aesthetics in Paris, Vortrag über "Amer. Aesthetics"; HENRI BERGSON)

5670 1937-04-25
Felix M. Gatz (NYC) an John Whyte; TLS, 1 S., engl. A Anstellung/FG (eigene Kontakte bei Stellensuche; Manhattanville College, G.C. DAMMANN, NY City College, FREDERICK B. ROBINSON, H[ARRY] A. OVERSTREET, ? HEINROTH); Biografie/FG (Ausbildung, Werdegang, Anstellungen); Empfehlung (Referenzen für FELIX M. GATZ/? WOODBRIDGE, [HERMAN H.] HORNE, WILL EARHART; Empfehlungsschreiben/[JOSEPH D.] OSTERMANN)

5671 1937-06-01
Felix M. Gatz (NYC) an Frederick B. Robinson (College of the City of NY); TLS, 2 S., engl. A Anstellung/FG (Bitte um finanzielle Unterstützung/Emergency Committee für feste Stelle an NY City College; ? HEINROTH); Vortrag/FG (über "Amer. Aesthetics" beim International Congress for Aesthetics in Paris; HENRI BERGSON)

5672 1937-06-08
Frederick B. Robinson (College of the City of NY) an Felix M. Gatz (NYC); TLS, 1 S., engl. A Anstellung/FG (soll weiter Kurse am NY City College geben, feste Stelle kann aber nicht garantiert werden; ? HEINROTH)

5673 1938-04-08
Felix M. Gatz (NYC) an Stephen Duggan (Emergency Committee, NYC); TLS, 3 S., engl. A Anstellung/FG (Vertrag an St. John's Univ. nicht verlängert, O.E. MORTON; Bitte um Beachtung des Antrags der Univ. of Scranton auf finanzielle Förderung); Öffentlichkeit/FG (Intrigen an St. John's Univ.; Lob seiner Arbeit/O.E. MORTON)) R Judaica/FG (latenter Antisemitismus an katholischer St. John's Univ., "orchestra [...] not to be open to Jews")

5674 1938-06-03
Felix M. Gatz (Scranton Univ., Scranton, PA) an Stephen Duggan; TLS, 1 S., engl. A Anstellung/FG (an Univ. of Scranton mit finanzieller Unterstützung/Emergency Committee); Finanzen/FG (Dank für andauernde Unterstützung/ Emergency Committee)

5675 1941-12-01
Stephen Duggan (Emergency Committee, NYC) an Felix M. Gatz (Scranton Univ., Scranton, PA); TLS (annotiert), 1 S., engl. E Einbürgerung/FG (amer. Staatsbürger seit Mai 1938) A Anstellung/FG (an Univ. of Scranton) Z Krieg (Professoren der Univ. of Scranton stehen dem "defense program" zur Verfügung)

5676 1942-03-21
Felix M. Gatz (Amer. Soc. for Aesthetics, Scranton, PA) an Betty Drury (Emergency Committee, NYC); TLS, 1 S., engl. A Anstellung/FG (Dept. of Art and Music an Univ. of Scranton wird aufgrund des Krieges geschlossen, Bitte um Informationen zu neuer Arbeitsmöglichkeit); Projekte/FG (Veranstaltung des Congress for Aesthetics Washington mit Referenten MAX SCHOEN, LOUIS W. FLACCUS, CARROLL C. PRATT, PADRAIC COLUM, MARGARET WEBSTER, MARTHA GRAHAM, OTTO ORTMANN, LIONELLO VENTURI, ERNST KRENEK)

HAMMOND, WILLIAM A.

5677 1936-06-04
William A. Hammond (Library of Congress, Washington, DC) an ? (Emergency Committee, NYC); TLS, 1 S., engl. A Empfehlung/WH (für FELIX M. GATZ, Beurteilung seiner Fähigkeiten und Leistungen)

LEICHTENTRITT, HUGO

5678 1934-03-27
Hugo Leichtentritt (Cambridge, MA) an Edward R. Murrow (Emergency Committee, NYC); TL (Abschrift), 1 S., engl. A Biografie/FELIX M. GATZ (jüdische Herkunft, Übertritt zum Katholizismus, Dirigent der Bruckner-Ges. Berlin und Wien; war nie Professor an einer Univ., hatte aber äquivalente Stelle); Empfehlung/HL (für FELIX M. GATZ)

MANHATTANVILLE COLLEGE

5679 1937-04-22
G.C. Dammann (Manhattanville College, NYC) an John Whyte (Emergency Committee, NYC); TLS, 1 S., engl. A Anstellung/FELIX M. GATZ (mögliche Stelle am Manhattanville College mit längerfristiger Perspektive, finanzielle Unterstützung/Emergency Committee nötig)

MARX, WILHELM

5680 1933-10-26
Wilhelm Marx an William E. Dodd; TLS, 2 S., dt. E Verfolgung/FELIX M. GATZ (darf wegen jüdischer Herkunft Philharmonisches Orchester nicht mehr dirigieren, "setzt nun seine Hoffnung auf Amerika") A Anstellung/FELIX M. GATZ (Suche nach Professur an amer. Univ.); Öffentlichkeit/FELIX M. GATZ (Tätigkeiten und Wirkung in Öffentlichkeit, Bruckner-Konzerte); Treffen/FELIX M. GATZ (mit WD wegen Bewerbung in den USA)

→ Brief ähnlichen Inhalts: 1934-01-11

NATIONAL CATHOLIC WELFARE CONFERENCE

5681 1936-05-29
John Whyte an Agnes Collins (Teachers' Registration Bureau, Dept. of Education, National Catholic Welfare Confe-

rence, Washington, DC); TL (Kopie), 1 S., engl. A Anstellung/FELIX M. GATZ (Bitte um Hilfe und Rat bei Suche nach Arbeit); Empfehlung (Referenzen für FELIX M. GATZ/DANIEL L. HEALY, WILL EARHART, THOMAS S. BAKER)

→ *Antwortbrief: 1936-06-03*

NEW YORK UNIVERSITY

5682   1936-06-11
John W. Withers (NY Univ.) an Stephen Duggan (Institute of International Education, NYC); TL (Abschrift), 1 S., engl. A Anstellung/FELIX M. GATZ (Kurse an NY Univ. ohne Bezahlung, keine Anstellungsverpflichtung durch Univ.)

→ *Antwortbrief mit Bewilligung: 1936-06-25*

5683   1936-12-17
Herman H. Horne (NY Univ.) an John Whyte (Emergency Committee, NYC); TLS (annotiert), 1 S., engl. A Anstellung/FELIX M. GATZ (Bitte/HH um weitere finanzielle Unterstützung zum Verbleib/FELIX M. GATZ an NY Univ.; JOHN W. WITHERS, JOHN MUSSER)

→ *Brief ähnlichen Inhalts: 1937-01-13*

5684   1937-04-01
John W. Withers (NY Univ., School of Education, NYC) an John Whyte (Emergency Committee, NYC); TLS, 1 S., engl. A Anstellung/FELIX M. GATZ (keine Weiterbeschäftigung an NY Univ. möglich; HARRY WOODBURN CHASE)

PITTSBURGH PUBLIC SCHOOLS

5685   1935-01-28
Will Earhart an Felix M. Gatz (Pittsburgh, PA); TL (Abschrift), 1 S., engl. A Aufführung/FELIX M. GATZ (Lob für "educational concert" an Schenley High School mit «Bastien und Bastienne» KV 50/WOLFGANG AMADEUS MOZART)

→ *Briefe ähnlichen Inhalts: 1935-06-08 und 1935-06-12*

5686   1936-03-10
Will Earhart (Pittsburgh Public Schools, Pittsburgh, PA), ohne Adressat; TL (Abschrift), 2 S., engl. E Einbürgerung/FELIX M. GATZ (first papers seit einem Jahr); Sprache/FELIX M. GATZ ("fine command of the English language") A Empfehlung/WE (für FELIX M. GATZ, positives Urteil über Lehre und Schriften); Öffentlichkeit/FELIX M. GATZ (positive Presse)

5687   1936-05-18
John Whyte an Will Earhart (Pittsburgh Public Schools, Administration Building, Pittsburgh, PA); TL (Kopie annotiert), 1 S., engl. A Anstellung/FELIX M. GATZ (keine Verlängerung am Duquesne College, eventuell Teilzeitassistenz am Wheaton College oder Stelle an USC; MARY C. REMICK, RUFUS BERNHARD VON KLEIN-SMID, [WALTER] KOTSCHNIG)

ST. JOHN'S UNIVERSITY BROOKLYN

5688   1937-06-17
Thomas F. Flynn (St. John's Univ., Brooklyn, NY) an John Whyte (Emergency Committee, NYC); TLS, 1 S., engl. A Anstellung/FELIX M. GATZ (Gastprofessur für ein Jahr mit Unterstützung/Emergency Committee, bei Zufriedenheit Festanstellung)

→ *Antwortbrief mit Bewilligung: 1937-06-24*

5689   1938-04-12
O.E. Morton (St. John's Univ., Brooklyn, NY) an Stephen Duggan (Emergency Committee, NYC); TLS (annotiert), 1 S., engl. A Anstellung/FELIX M. GATZ (keine weitere Beschäftigung an St. John's Univ. trotz exzellenter Chorarbeit; THOMAS F. FLYNN); Empfehlung/OM (für FELIX M. GATZ)

UNIVERSITY OF DETROIT

5690   1937-06-07
John F. Quinn (Univ. of Detroit, MI) an Stephen Duggan (International Institute of Education, NYC); TLS (annotiert), 1 S., engl. A Anstellung/FELIX M. GATZ (Univ. of Detroit bietet Stelle an und bittet um finanzielle Unterstützung/Emergency Committee)

→ *Antwortbrief: 1937-06-08*

5691   1937-06-11
John F. Quinn (Univ. of Detroit, MI) an John Whyte (Emergency Committee in Aid of Displaced German Scholars, NYC); TLS, 1 S., engl. A Anstellung/FELIX M. GATZ (keine Verwendung an Univ. of Detroit, da eigentlich Bedarf an Deutschlehrern)

UNIVERSITY OF SCRANTON

5692   1938-03-15
Frank J. O'Hara (St. Thomas College, Scranton, PA) an ? (Emergency Committee, NYC); TLS, 1 S., engl. A Anstellung/FELIX M. GATZ (am St. Thomas College, bei finanzieller Unterstützung/Emergency Committee Beschäftigung für drei Jahre möglich); Öffentlichkeit/FELIX M. GATZ (großes Lob für seine Arbeit)

→ *Antwortbrief mit Bewilligung: 1938-05-11*

WHEATON COLLEGE NORTON

5693   1936-05-18
John Whyte an Mary C. Remick (Wheaton College, Norton, MA); TL (Kopie), 1 S., engl. A Empfehlung/JW (für FELIX M. GATZ an MR für Stelle am Wheaton College; WILL EARHART)

→ *Antwortbrief mit Ablehnung: 1936-05-29*

MATERIAL ZUR BIOGRAFIE

5694   (1935)
«Felix Maria Gatz»; Lebenslauf; TD (Kopie), 1 S., engl. A Biografie/FELIX M. GATZ (Ausbildung, Tätigkeiten und Anstellungen); Schriften/FELIX M. GATZ

5695   (1935)
«Gatz, Professor Felix M.»; Aktennotiz; TD, 1 S., engl. A Biografie/FELIX M. GATZ (Werdegang); Empfehlung (Referenzen für FELIX M. GATZ/MAX DESSOIR und MAX SPRINGER); Schriften/FELIX M. GATZ

5696   1938-05-04
Zena Saul, «Telephone Conversation»; Notiz; AD/TD, 1 S., engl. A Öffentlichkeit/FELIX M. GATZ ("made 'terrible mistakes' at Duquesne Univ. in 1934 in his 'relationships with people'", Kritik/ZENA SAUL, National Council of Jewish Women)

Franz Geiblinger Subject File

- Franz Geiblinger, (Lebensdaten unbekannt), dt.-österr. Komponist, Musikstudium in Wien, Komposition bei Anton Bruckner, Leiter des Orchesters an St. Stephan in Wie n

MATERIAL ZUR BIOGRAFIE

5697   1936-06-26
«Musicologists Suggested by Walter M. Kotschnig to Dean Shofstall of Stephens College and President von KleinSmid of the USC under Date of June 26, 1936 (Excerpt)»; Aktennotiz (Kopie); TD, 1 S., engl. A Biografie/FRANZ GEIBLINGER (Studium bei JOSEF HELLMESBERGER, FERDINAND LÖWE, FRANZ KRENN, JOHANN NEPOMUK FUCHS, ANTON BRUCKNER, ROBERT HIRSCHFELD, beruflicher Werdegang)

Ruth Geiger Subject File

- Ruth Geiger, 1923-1993, Pianistin, mit den Eltern 1938 Immigration in die USA, 1939-1944 Studium an der Juilliard School of Music, konzertiert bis in die siebziger Jahre in New York

KORRESPONDENZ
SCHOOL FOR ASIATIC STUDIES

5698   1943-12-29
Arthur Upham Pope (Iranian Institute, School for Asiatic Studies, NYC) an ?; TLS, 1 S., engl. A Aufführung/RUTH GEIGER (Konzert in Town Hall, NYC, ermöglicht "by the terms of the Naumburg prize"); Biografie/RUTH GEIGER (Ausbildung und Karriere, Klavierstudium bei ROSINA und JOSEF LHÉVINNE)

Karl Geiringer Subject File

- Karl Geiringer, 1899-1989, Musikwissenschaftler, ab 1930 Kurator und Bibliothekar der Ges. für Musikfreunde in Wien, 1938 Emigration nach London, dort Tätigkeit bei der BBC, 1940 Immigration in die USA, Lehrtätigkeit am Hamilton College in Clinton (NY, 1940-1941), an der Univ. of Boston (ab 1942) und an der UCSB (ab 1962)
- Vgl. QuECA, S. 56 und S. 214-215
- BHE II, 363 • Jerry L. McBride, «Emigré Musicians in Southern California», in: «California's Musical Wealth: Sources for the Study of Music in California», hrsg. von Stephen M. Fry, Glendale 1988, 37-54

KORRESPONDENZ
CLEVELAND INSTITUTE OF MUSIC

5699   1941-02-19
Beryl Rubinstein (Cleveland Institute of Music, Cleveland, OH) an Betty Drury (Emergency Committee, NYC); TLS, 1 S., engl. A Empfehlung/BR (für KARL GEIRINGER)

COLLES, HENRY COPE

5700   1940-06-24
Henry Cope Colles (The Athenaeum, [London]) an Daniel Gregory Mason; ALS, 2 S., engl. A Anstellung/KARL GEIRINGER (Betreuung der Musikinstrumentensammlung am Royal College of Music, London); Empfehlung/HCC (für KARL GEIRINGER an DGM); Schriften/KARL GEIRINGER («Johannes Brahms. His Life and Work»)

GEIRINGER, IRENE

5701   1940-11-29
Irene Geiringer (Clinton, NY) an Laurens H. Seelye; TLS, 1 S., engl. E Verwandte/IG (Schwester in Frankreich, soll sich für Hilfe an International Catholic Office wenden) A Treffen/KARL GEIRINGER und IG (mit LS)

5702   1941-01-24
Irene Geiringer (Clinton, NY) an Laurens H. Seelye; TLS, 1 S., engl. E Hilfe/LS (Dank für Bemühung um Schwester/IG) A Anstellung/KARL GEIRINGER (Suche nach Stelle, ALBERT I. ELKUS von UCB und ? STORY vom Claremont College in Pomona sind an ihm interessiert); Vortrag/KARL GEIRINGER (erfolgreiche Lectures am Vassar College)

GEIRINGER, KARL

5703   1940-09-18
Karl Geiringer (c/o Mr. Campbell, Deansboro, NY) an Stephen Duggan (Institute of International Education, NYC); TLS, 2 S., engl. A Empfehlung (KG verweist für weitere Referenzen an DANIEL GREGORY MASON, CARL ENGEL, OSCAR THOMPSON, EDWIN A. FLEISHER, CARLETON SPRAGUE SMITH, BERRIAN SHUTE); Schriften/KG (Buchpublikationen und Aufsätze in amer. Zeitschriften und Lexika, darunter ‹Musical Quarterly›, ‹Musical Courier›)

5704   1940-10-09
Karl Geiringer (Clinton, NY) an Stephen Duggan (Emergency Committee, NYC); TLS, 1 S., engl. E Hilfe/Emergency Committee (Dank/KG für finanzielle Unterstützung zur Anstellung an Hamilton College) A Reise/KG (Rückkehr aus Cambridge)

5705 1941-01-23
Karl Geiringer (Clinton, NY) an Betty Drury (Emergency Committee, NYC); TLS (annotiert), 2 S., engl. E Hilfesorganisationen (Lob/KG für Arbeit des Emergency Committee) A Anstellung/KG (Interesse an Library of Congress); Aufführung/KG («La canterina»/JOSEPH HAYDN beim Treffen der Music Teachers National Ass., Cleveland); Empfehlung (Referenzen für KG/EDWARD BALLANTINE, ARCHIBALD TH. DAVISON, GEORGE WALLACE WOODWORTH, WARREN D. ALLEN, ALBERT I. ELKUS, GEORGE S. DICKINSON, ARTHUR SHEPHERD, BERYL RUBINSTEIN, HAROLD SPIVACKY); Vortrag/ KG (Lectures am Vassar College über «Music in Pictures», «Early Keyboard Instruments» und JOSEPH HAYDN; Vortrag bei AMS über WOLFGANG AMADEUS MOZART; Vortrag über «Haydn as an Opera Composer», Harvard Univ.)
→ *Brief ähnlichen Inhalts: 1941-01-06*

5706 1941-03-28
Karl Geiringer (Clinton, NY) an Laurens H. Seelye (Emergency Committee, NYC); TLS (annotiert), 1 S., engl. E Hilfe/ (Kontakte/KG zu ALBERT I. ELKUS, ? STORY, W[ILLIAM] H. COWLEY, ERNEST J. JAQUA, Suche nach Unterrichtstätigkeit); A Schriften/KG (Beitrag für ‹Musical America›); Vortrag/ KG (am Proctor Institute, Utica, New York)

5707 1941-05-19
Karl Geiringer (Clinton, NY) an Stephen Duggan (Emergency Committee, NYC); TLS (annotiert), 1 S., engl. A Anstellung/KG (Ernennung zum Professor für "history and theory of music" an Boston Univ.; Dank für Unterstützung/ Emergency Committee)
→ *Brief ähnlichen Inhalts: 1941-05-19 an Laurens H. Seelye (Emergency Committee)*

HAMILTON COLLEGE CLINTON
5708 1940-09-07
W[illiam] H. Cowley (Hamilton College, Clinton, NY) an Stephen Duggan (Institute of International Education, NYC); TLS (annotiert), 1 S., engl. A Anstellung/KARL GEIRINGER (am Hamilton College, Bitte um finanzielle Unterstützung/Emergency Committee); Kollegen/KARL GEIRINGER ([BERRIAN] SHUTE, Hamilton College)
→ *Antwortbrief mit Bewilligung: 1940-09-27*

HARVARD UNIVERSITY
5709 1941-02-01
Archibald Th. Davison (Harvard Univ., Cambridge, MA), ohne Adressat; TLS, 1 S., engl. A Empfehlung/AD (für KARL GEIRINGER); Vortrag/KARL GEIRINGER (an Harvard Univ.)

MASON, DANIEL GREGORY
5710 1940-09-24
Daniel Gregory Mason (NYC) an Wilbur K. Thomas (Philadelphia, PA); TLS, 1 S., engl. A Anstellung/KARL GEIRINGER (am Hamilton College, Suche nach finanzieller Unterstützung; STEPHEN DUGGAN); Empfehlung/DGM (für KARL GEIRINGER auf Anregung/HENRY COPE COLLES); Öffentlichkeit/KARL GEIRINGER (Einschätzung/DGM)

NEBRASKA WESLEYAN UNIVERSITY LINCOLN
5711 1941-02-04
Betty Drury (Emergency Committee, NYC) an Benjamin F. Schwartz (Nebraska Wesleyan Univ., Lincoln, NE); TL (Kopie), 1 S., engl. A Anstellung (freie Position an Nebraska Wesleyan Univ., KARL GEIRINGER, EDWARD LOWINSKY und HENRI EMILE ENTHOVEN als Kandidaten; LAURENS H. SEELYE)

ROYAL COLLEGE OF MUSIC LONDON
5712 1940-06-20
George Dyson (Royal College of Music, London), ohne Adressat; TDS, 1 S., engl. A Anstellung/KARL GEIRINGER (Betreuung der Musikinstrumentensammlung am Royal College of Music, Experte für historische Aufführungspraxis); Empfehlung/GD (für KARL GEIRINGER)

VASSAR COLLEGE POUGHKEEPSIE
5713 1941-01-30
George S. Dickinson (Vassar College, Poughkeepsie, NY) an Betty Drury (Emergency Committee, NYC); TLS, 1 S., engl. A Empfehlung/GD (für KARL GEIRINGER); Vortrag/ KARL GEIRINGER (Lectures am Vassar College)

MATERIAL ZUR BIOGRAFIE
5714 (1940)
Karl Geiringer, Bewerbungsunterlagen für Emergency Committee:
– «A Selection of Dr. Karl Geiringer's Publictions»; Publikationsliste; TD, 3 S., engl.
– «Extracts from Amer. Reviews» [zu «Johannes Brahms. His Life and Work» von Karl Geiringer]; Clippings (Kopie); TD, 1 S., engl.

5715 (1940)
«Geiringer, Karl – Musicologist»; Aktennotiz; TD, 1 S., engl. E Einreise/KARL GEIRINGER (1940 in die USA) A Biografie/KARL GEIRINGER (Ausbildung und Werdegang, berufliche Tätigkeiten im Exil); Empfehlung (Referenzen für KARL GEIRINGER/GEORGE S. DICKINSON, ARCHIBALD TH. DAVISON, WARREN D. ALLEN, GEORGE DYSON)

5716 1940-09-(15)
«Curriculum vitae of Dr. Karl Geiringer»; Lebenslauf; TD, 1 S., engl. E Emigrationsweg/KARL GEIRINGER (1938 nach Großbritannien, Juli 1940 wegen möglicher Internierung in die USA) A Biografie/KARL GEIRINGER (Ausbildung, Werdegang, Tätigkeiten im engl. Exil)

5717 (1940)-(09)-?
«Application for New Scholar – Scholar: Karl Geiringer, Musicologist»; Aktennotiz (Kopie); AD, 2 S., engl. A Anstellung/KARL GEIRINGER (am Hamilton College, Bitte um finanzielle Unterstützung/Emergency Committee); Empfehlung (für KARL GEIRINGER von W[ILLIAM] H. COWLEY; positive Kritiken aus ‹NY Post›, ‹The Nation›, ‹NY Times›, ‹NY Sun›)
→ *Aktennotiz 1941-01-02 in Archives of the Carl Schurz Memorial Foundation (Dok. 4050)*

Julius Goldstein Subject File

- Julius Goldstein, geboren 1901, Pianist, Musikwissenschaftler und Komponist, Studium am Sternschen Konservatorium, 1939 Emigration in die USA, 1939-1941 Vorlesungen in Musik und Musikerziehung am Teachers College der Columbia Univ.

KORRESPONDENZ
COLUMBIA UNIVERSITY

5718   1944-04-26
Howard A. Murphy (Teachers College, Columbia Univ., NYC) an Betty Drury (Emergency Committee, NYC); TLS (annotiert), 1 S., engl. A Empfehlung/HM (für JULIUS GOLDSTEIN, Lob seiner Fähigkeiten)

GOLDSTEIN, JULIUS

5719   1944-04-12
Julius Goldstein (NYC) an Betty Drury (NYC); TLS (annotiert), 2 S., engl. A Empfehlung (Referenzen für JG/HOWARD A. MURPHY, CARLETON SPRAGUE SMITH, E. HAROLD GEER); Finanzen/JG (Unterstützung für Buch); Projekte/JG (Buch über «Das Wohltemperierte Klavier»/JOHANN SEBASTIAN BACH; HUGO RIEMANN, ALBERT SCHWEITZER, HEINRICH SCHENKER, HANS BISCHOFF, FERRUCCIO BUSONI, ERNST KURTH)

→ *Antwortbrief mit Ablehnung: 1944-06-19*

LEAGUE OF COMPOSERS

5720   1944-05-11
Claire R. Reis (League of Composers, NYC) an Fred M. Stein; TLS, 1 S., engl. A Empfehlung/CR (für JULIUS GOLDSTEIN, "a good musician, a fine scholarly mind, a much poorer pianist", Notwendigkeit seines Buchprojekts)

NAUMBURG, WALTER W.

5721   1944-05-12
Walter W. Naumburg (NYC) an Fred M. Stein (NYC); TLS, 1 S., engl. A Empfehlung/WN (für JULIUS GOLDSTEIN, positive Beurteilung seines Buchprojekts zum «Wohltemperierten Klavier»/JOHANN SEBASTIAN BACH; weitere Erkundigungen bei OLGA SAMAROFF STOKOWSKI, CURT SACHS, CARLETON SPRAGUE SMITH, CARL FRIEDBERG)

5722   1944-05-13
Olga Samaroff Stokowski an Walter W. Naumburg; TL (Abschrift), 1 S., engl. A Projekte/JULIUS GOLDSTEIN (Buch zum «Wohltemperierten Klavier»/JOHANN SEBASTIAN BACH; skeptische Bewertung/OSS) R Musik/OSS (Skepsis gegenüber der Musiktheorie, Beispiel Vortrag/HANS WEISSE, Schüler/HEINRICH SCHENKER, an Juilliard School of Music)

NEW ENGLAND CONSERVATORY OF MUSIC BOSTON

5723   1939-03-10
Quincy Porter (New England Conservatory of Music, [Boston, MA]) an Mark Brunswick (Placement Committee for German and Austrian Musicians, NYC); TL (Abschrift), 1 S., engl. A Empfehlung/QP (für JULIUS GOLDSTEIN); Projekte/JULIUS GOLDSTEIN ("ideas on the education of young children", Plan für modernes Dept. zur musikalischen Früherziehung kann am New England Conservatory nicht verwirklicht werden)

VASSAR COLLEGE POUGHKEEPSIE

5724   1944-04-26
E. Harold Geer (Vassar College, Poughkeepsie, NY) an Betty Drury (Emergency Committee, NYC); TLS (annotiert), 1 S., engl. A Empfehlung/HG (für JULIUS GOLDSTEIN zum Erhalt einer finanziellen Unterstützung/Emergency Committee); Projekte/JULIUS GOLDSTEIN (Erfolg des Buchprojekts zum «Wohltemperierten Klavier»/JOHANN SEBASTIAN BACH "will depend on his approach and his ability to make an original contribution to the subject")

MATERIAL ZUR BIOGRAFIE

5725   1944-04-03
Julius Goldstein, «Biographical Note on Julius Goldstein»; Lebenslauf; TD, 7 S., engl. E Einbürgerung/JG (seit September 1939 im Besitz der first papers); Einreise/JG (in die USA im Mai 1939); Emigrationsweg/JG (im Dezember 1939 nach Schweden); Verfolgung/JG (1933 Entlassung) A Anstellung/JG (Zweijahresvertrag als Dozent am Teachers College, Columbia Univ.); Biografie/JG (beruflicher Werdegang, Studium bei LEOPOLD SCHMIDT, WILHELM KLATTE, OTTO ABRAHAM, JAMES KWAST, ARTHUR WILLNER, ERNST KURTH, Tätigkeiten in Europa und in den USA); Öffentlichkeit/JG (Bücher und Pressestimmen zu seinem pädagogischem Konzept)

5726   1944-04-11
Karteikarte; AD/TD, 2 S., engl.; letzter Eintrag 1944-06-15 E Einbürgerung/JULIUS GOLDSTEIN (hat first papers); Einreise/JULIUS GOLDSTEIN (in die USA im Mai 1939); Verfolgung/JULIUS GOLDSTEIN (Entlassung wegen "Rassenzugehörigkeit") A Finanzen/JULIUS GOLDSTEIN (Bewerbung um finanzielle Unterstützung)

5727   1944-06-15
«Reconsideration of Application for Fellowship – Scholar: Julius Goldstein, Pianist»; Aktennotiz (Kopie); TD, 4 S., engl. E Einbürgerung/JULIUS GOLDSTEIN (hat first papers); Einreise/JULIUS GOLDSTEIN (in die USA im Mai 1939) A Biografie/JULIUS GOLDSTEIN (Tätigkeiten in Europa und in den USA); Empfehlung (für JULIUS GOLDSTEIN/PETER KYKEMA, ‹Musical America›, HOWARD A. MURPHY, E. HAROLD GEER, CARLETON SPRAGUE SMITH); Projekte/JULIUS GOLDSTEIN (Kommentare zu Buchprojekt über «Das Wohltemperierte Klavier»/WALTER W. NAUMBURG, OLGA SAMAROFF STOKOWSKI, CLAIRE R. REIS, ANNA C. MOLYNEAUX, CARL FRIEDBERG)

→ *Identisches Dokument: Alfred E. Cohn Papers (Dok. 7021)*

Max Graf Subject File

- Max Graf, 1873-1958, österr. Musikkritiker, Schüler von Eduard Hanslick und Anton Bruckner, Dozent für Musikwissenschaft und Musikästhetik am Konservatorium der Ges. der Musikfreunde in Wien, 1938 Emigration in die USA, Lehrtätigkeit an der New School of Social Research, am Carnegie Institute in Pittsburgh und an der Temple Univ. in Philadelphia (PA), 1947 Rückkehr nach Wien, Dozent für Musikkritik am Mozarteum Salzburg und an der Hochschule für Musik Wien
- BHE II, 411 • Beate Hennenberg, «Jüdische Komponisten in Wien», in: ‹Tribüne›, Heft 152, 1999 • Datenbank Orpheus Trust Wien

KORRESPONDENZ

AMERICAN GUILD FOR GERMAN CULTURAL FREEDOM
5728 (1938)-12-16
Max Graf (NYC) an ? (Amer. Guild for German Cultural Freedom); TL (Abschrift), 1 S., engl. E Einbürgerung/MG (Antrag auf amer. Staatsbürgerschaft) A Anstellung/MG (Bitte um Hilfe der Amer. Guild for German Cultural Freedom bei Suche nach Anstellung); Biografie/MG (Tätigkeit als Lehrer, Dozent, Schriftsteller und Journalist); Empfehlung (Referenzen für MG/ARTUR BODANZKY, EUGENE ORMANDY, ARNOLD SCHOENBERG, ? MARSHALL, Boston Univ.)

AUSTRO-AMERICAN INSTITUTE OF EDUCATION
5729 1938-05-30
Paul L. Dengler (Austro-Amer. Institute of Education, Wien), ohne Adressat; TLS, 1 S., engl. A Biografie/MAX GRAF (Lehrtätigkeit); Empfehlung/PD (für MAX GRAF)

EMERGENCY COMMITTEE
5730 1942-03-30
Betty Drury (Emergency Committee) an Laurens H. Seelye (Emergency Committee); TL (annotiert), 1 S., engl. A Anstellung/MAX GRAF (Tätigkeit an New School for Social Research); Empfehlung/BD (schlägt MAX GRAF für "occasional lectures or an appointment at one of the larger institutions which can afford luxury subjects" vor); Kollegen/MAX GRAF (ist bekannt mit ARTURO TOSCANINI und EUGENE ORMANDY)

GRAF, MAX
5731 1942-03-22
Max Graf (Bedford, NY) an Betty Drury; ALS, 2 S., engl. A Treffen/MG (mit BD); Vortrag/MG (an New School for Social Research) R Kulturpolitik/MG (keine weitere Bemühung um Stelle, da in den USA meist nur jüngere Dozenten eingestellt werden)

5732 1942-11-23
Max Graf (Bedford Village, NY) an Betty Drury; TLS, 1 S., engl. A Schriften/MG (Artikel über Bruckners Katholizismus, über Dirigenten und «German Musicians and Exile Politics» in ‹Commonweal[th]›, weitere im ‹Musical Courier›)

5733 1943-03-02
Max Graf an Betty Drury (Emergency Committee, NYC); TLS, 1 S., engl. A Anstellung/MG (als Dozent an New School for Social Research; Stelle bei YMHA als "lecturer on the History of Music of the old Orient and the story of the Music of the Hebrew" möglich); Finanzen/MG (Bitte um Unterstützung/Emergency Committee); Treffen/MG (mit BD)

5734 1943-03-22
Max Graf (Bedford, NY) an Betty Drury; TLS, 1 S., engl. A Finanzen/MG (Bitte um Unterstützung für Publikation, Antrag an Rockefeller Foundation); Projekte/MG (Suche nach Vortragsmöglichkeit für Seminar über Musikkritik und andere Veranstaltungen)

↪ *Antwortbrief mit Ablehnung: 1943-04-01*

ROCKEFELLER FOUNDATION
5735 1943-03-30
John Marshall (Rockefeller Foundation, NYC) an Betty Drury (Emergency Committee, NYC); TL (Abschrift), 1 S., engl. A Finanzen/Rockefeller Foundation (keine Möglichkeit zur Unterstützung des Buchprojekts zu «Origin and Development of Early Christian Music»/MAX GRAF; JASCHA HORENSTEIN, HANNS EISLER)

STRAUSS, RICHARD
5736 1939-01-11
Richard Strauss (Garmisch), ohne Adressat; ALS (Kopie), 1 S., dt.

↪ *Original in Dannie and Hettie Heineman Coll. (Dok. 6995)*

MATERIAL ZUR BIOGRAFIE
5737 —
Max Graf, «Prof. Dr. Max Graf – Curriculum vitae»; Lebenslauf; TD, 1 S., engl. A Biografie/MG (beruflicher Werdegang, Studium bei EDUARD HANSLICK, ANTON BRUCKNER; Tätigkeiten in Europa); Schriften/MG (Publikationsliste)

5738 (1938)
«Graf, Max – Musicology (History of Music, Aesthetics of Music, Music Appreciation)»; Aktennotiz (annotiert); TD, 1 S., engl. E Einreise/MAX GRAF (in die USA im Juli 1938) A Biografie/MAX GRAF (beruflicher Werdegang); Empfehlung/PAUL L. DENGLER (für MAX GRAF)

5739 (1939)
«New School for Social Research – Lectures Given by Professor Doctor Max Graf»; Pressemitteilung; PD, 1 S., engl. A Vortrag/MAX GRAF (Konzerteinführungen und Seminar zu Musikkritik, New School for Social Research)

Ilia Greenstein Subject File

- Ilia Greenstein (Lebensdaten unbekannt), russ. Pianist, Lehrtätigkeit in Palermo, 1939 Emigration in die USA

MATERIAL ZUR BIOGRAFIE

5740
Ilia Greenstein (NYC); Lebenslauf; TD, 1 S., engl. A Biografie/IG (Klavierstudium bei EGON PETRI; Lehrtätigkeit in Palermo, Konzerttätigkeit)

Gustav Güldenstein Subject File

- Gustav Güldenstein, 1888-1972, schweizerischer Musiktheoretiker, Studium bei Friedrich Klose (Komposition), Émile Jacques-Dalcroze (Eurhythmie) und Edmund Husserl (Philosophie), Lehrtätigkeit an der Musikakademie Basel

KORRESPONDENZ
GÜLDENSTEIN, GUSTAV

5741   1940-09-23
Gustav Güldenstein (Riehen, Schweiz) an ? (Institute of International Education, NYC); TLS, 1 S., dt. E Einreise/GG (in die USA nur möglich bei Stellenangebot); Finanzen/GG (könnte ein Jahr ohne Einkommen in den USA leben); Sprache/GG (Engl. noch mangelhaft, glaubt an schnelle Verbesserung) A Anstellung/GG (Bitte um Hilfe bei Stellensuche); Empfehlung (Referenzen für GG/EDMUND HUSSERL, RUDOLF SERKIN)

MATERIAL ZUR BIOGRAFIE

5742   1940-09-23
Gustav Güldenstein; Lebenslauf; TD, 2 S., engl. A Biografie/GG (Eurythmiestudium bei ÉMILE JACQUES-DALCROZE, Philosophiestudium bei EDMUND HUSSERL; Lehrtätigkeit in Frankfurt und Basel); Empfehlung (Referenzen und Kritiken/HANS MÜNCH, FELIX VON WEINGARTNER, WILLY REHBERG, ADOLF BUSCH, MAX STEINITZER, ALBERT SCHWEITZER, BRUNO WALTER, ROMAIN ROLLAND, HANS GÁL); Schriften/GG (Publikationsliste)

Gotthold Gumprecht Subject File

- Gotthold Gumprecht, 1882-1940, dt. Geiger, Studium in Hamburg und Berlin, Leiter des Konservatoriums in Bonn, nach Inhaftierung 1939 Emigration nach Großbritannien

KORRESPONDENZ
GUMPRECHT, A.

5743   1939-03-19
A. Gumprecht (NYC) an Ernst Thomas Ferand (NYC); TLS, 1 S., dt. E Affidavit/AG (für seinen Bruder GOTTHOLD GUMPRECHT); Verfolgung/GOTTHOLD GUMPRECHT (Aufenthalt in KZ und Misshandlungen) A Anstellung/GOTTHOLD GUMPRECHT (AG bitte um Hilfe bei Stellensuche); Biografie/GOTTHOLD GUMPRECHT (Violinstudium bei OTTOKAR KOPECKY, HENRY SCHRADIECK und JOSEPH JOACHIM, Konzert- und Lehrtätigkeit)

Emil Hauser Subject File

- Emil Hauser, 1893-1978, ung. Geiger, Primarius des Budapester Streichquartetts, Lehrtätigkeit am Hochschen Konservatorium in Frankfurt am Main und an der Musikakademie Wien, 1932 Emigration nach Palästina, 1932 Gründer und Direktor des Palästinensischen Konservatoriums in Jerusalem, 1939 Immigration in die USA
- Jehoash Hirschberg, «Music in the Jewish Community 1880-1948. A Social History», Oxford 1985
- Datenbank Orpheus Trust Wien

KORRESPONDENZ
EINSTEIN, ALBERT

5744   1942-10-13
Albert Einstein (Institute for Advanced Study, School of Mathematics, Princeton, NJ) an Stephen Duggan (Emergency Committee, NYC); TLS (annotiert), 1 S., engl. A Empfehlung/AE (für EMIL HAUSER an SD)

HAUSER, EMIL

5745   1942-09-16
Emil Hauser (NYC) an ? (Sub-Committee of the Emergency Committee, NYC); TLS, 1 S., engl. E Einreise/EH (in die USA 1939); Finanzen/EH ("came here on my own means and as all funds from the British Empire are not transferrable", Antrag auf Unterstützung/Emergency Committee; ANNA SELIG, International Study Center for Demo-

cratic Reconstruction) **A** Organisationen (Gründung der Amer. Friends of the Palestine Conservatoire durch EH, nun eingegliedert in Amer. Palestine Fund; Rettung von Studenten aus Deutschland nach Palästina)

LEICHTENTRITT, HUGO

5746   1942-10-15

Hugo Leichtentritt (Cambridge, MA) an Betty Drury; ALS, 1 S., engl. **A** Empfehlung/HL (für EMIL HAUSER an BD)

MATERIAL ZUR BIOGRAFIE

5747   —

Emil Hauser, «Curriculum vitae – Emil Hauser»; Lebenslauf (Kopie annotiert); TD, 1 S., engl. **E** Einbürgerung/EH (britisch-palästinensische Staatsbürgerschaft) **A** Biografie/EH (beruflicher Werdegang, Tätigkeiten in Europa, Mitglied des Rebner- und Busch-Quartetts, Gründer des Budapest-Quartetts); Schriften/EH (Publikationsliste)

5748   1942-09-23

«Application for New Scholar under Rosenwald Family Ass. Plan – Institution: International Study Center for Democratic Reconstruction, Scholar: Emil Hauser»; Aktennotiz (Kopie); TD, 1 S., engl. **E** Einreise/EMIL HAUSER (in die USA im September 1939) **A** Biografie/EMIL HAUSER (Tätigkeiten in Europa); Empfehlung (Referenzen für EMIL HAUSER/ALBERT EINSTEIN, F.I. SHATARA und dem District Commissioner of Jerusalem); Organisationen (Gründung der Amer. Friends of the Palestine Conservatoire durch EMIL HAUSER, nun eingegliedert in Amer. Palestine Fund)

Heida Hermanns-Holde Subject File

- Heida Hermanns-Holde (Pseudonym: Hedwig Goldschmidt), 1906-1996, Pianistin, Schülerin von Artur Schnabel und Egon Petri, Ehefrau von Artur Holde, 1931-1933 Lehrtätigkeit am Hochschen Konservatorium, nach der Emigration in die USA Niederlassung in Westport (CT) und Karriere als Konzertpianistin
- Oral History in der Memoir Collection des Leo Baeck Institute (Dok. 3717)

MATERIAL ZUR BIOGRAFIE

5749   —

Heida Hermanns-Holde, «Heida Hermanns-Holde»; Lebenslauf; TD, 2 S., engl. **E** Verfolgung/HHH (Verlust der Anstellung am Hochschen Konservatorium aufgrund der politischen Umstände) **A** Biografie/HHH (Klavierstudium bei ARTUR SCHNABEL, EGON PETRI, Konzerttätigkeit, Auszeichnungen; Uraufführungen, ERNST TOCH, PAUL HÖFFER; Lehrtätigkeit)

5750   —

«Heida Holde-Hermanns – Concert-Pianist – Winner of the Blüthner-Prize»; Pressemitteilung; PD, 2 S., engl. **A** Öffentlichkeit/HEIDA HERMANNS-HOLDE (Auszüge aus internationalen Pressekritiken)

Robert Hernried Subject File

- Robert (Franz Richard) Hernried, 1883-1951, österr. Komponist, Dirigent und Musikwissenschaftler, 1935 Emigration nach Frankreich, 1939 Immigration in die USA, ab 1940 Lehrtätigkeit an verschiedenen Colleges
- BHE II, 495 • *Orpheus* 1995 • Datenbank Orpheus Trust Wien

KORRESPONDENZ
ACADEMIC ASSISTANCE COUNCIL

5751   1936-01-30

Esther Simpson (Academic Assistance Council, London) an John Whyte (Emergency Committee, NYC); TLS (annotiert), 1 S., engl. **A** Empfehlung/ES (für ROBERT HERNRIED an JW, Bitte um Hilfe bei Suche nach Verleger für Briefe bekannter Komponisten und Musiker; Sammlung/ROBERT HERNRIED (Briefe bekannter Komponisten und Musiker, Suche nach Publikationsmöglichkeit, bessere Chance in den USA)

MATERIAL ZUR BIOGRAFIE

5752   (1936)

Robert Hernried, «Prof. Robert Hernried – Notices»; Lebenslauf (Abschrift); TD, 5 S., dt. **A** Biografie/RH (Studium bei ROBERT FUCHS, EUSEBIUS MANDYCZEWSKI, RICHARD HEUBERGER, beruflicher Werdegang); Öffentlichkeit/RH (Pressekritiken zu Büchern und Werken)

↳ *Aktennotiz 1940-11-25 in Archives of the Carl Schurz Memorial Foundation (Dok. 4056)*

Erich Hertzmann Subject File

- Erich Hertzmann, 1902-1963, Musikwissenschaftler und Musikkritiker, 1939 Emigration in die USA, ab 1939 Lehrtätigkeit an der Columbia Univ., ab 1956 als Professor
- BHE II, 497

New York

MATERIAL ZUR BIOGRAFIE

5753
Erich Hertzmann, «Curriculum Vitae»; Lebenslauf (Kopie); TD, 2 S., engl. E Verfolgung/EH (Verlust der Tätigkeit als Musikkritiker nach Machterlangung/ADOLF HITLER) A Biografie/EH (Studium bei BERNHARD SEKLES, HERMANN ABERT, JOHANNES WOLF, [ERICH MORITZ] VON HORNBOSTEL, ARNOLD SCHERING, CURT SACHS, ANDRÉ PIRRO, [ADOLPH] GOLDSCHMIDT, [EDUARD] SPRANGER; Tätigkeit als Musikkritiker); Schriften/EH (Publikationsliste)

→ Aktennotiz 1940-10-31 in Archives of the Carl Schurz Memorial Foundation (Dok. 4057)

Gerhard Herz Subject File

- Gerhard Herz, 1911-2000, Musikwissenschaftler, 1936 Emigration in die USA, 1938 Dozent für Musikwissenschaft an der Univ. of Louisville in Louisville (KY)
- BHE II, 498

KORRESPONDENZ

EMERGENCY COMMITTEE

5754   1944-03-13
Betty Drury an Bernard Flexner (NYC); TL (Kopie), 1 S., engl. A Vortrag/GERHARD HERZ (wöchentliche Vorlesungen über Musik am Army Hospital in Louisville)

HERZ, GERHARD

5755   1937-04-17
Gerhard Herz (NYC, NY) an ? (Notgemeinschaft Dt. Wissenschaftler im Ausland, London); TL (Abschrift), 2 S., dt. E Einreise/GH (in die USA mit permanent visa, entfernter Verwandter sorgt für ihn); Emigrationsweg/GH (hat nach seiner Promotion in Italien gelebt) A Biografie/GH (Promotion an Univ. Zürich; in Italien Arbeiten für ‹Frankfurter Zeitung› und ‹Jüdische Rundschau›); Empfehlung/ALBERT SCHWEITZER (für GH); Projekte/GH (Einladung zu amer. Bach-Festspielen unter Protektorat/CHARLES M. SCHWAB); Schriften/GH («J.S. Bach im Zeitalter des Rationalismus und der Frühromantik»; in den USA Aufsätze für Musikzeitschriften, «The Function of Music in Primitive Cultures» für ‹Social Research›; ‹Musical Quartertly›, ‹Musical Mercury›)

5756   (1938)-(01)-?
Gerhard Herz (Louisville, KY) an Jacob Billikopf (National Coordinating Committee, NYC); TLS (Abschrift annotiert), 1 S., engl. A Anstellung/GH (an Univ. of Louisville, Dank für Hilfe)

5757   1941-11-26
Gerhard Herz (Louisville, KY) an Betty Drury; TLS, 1 S., engl. A Anstellung/GH (an Univ. of Louisville, Tätigkeit "does not allow much outside work"); Schriften/GH (wöchentliche Kolumne «Serious Music on the Air» in ‹Louisville Courier›; Arbeit an Aufsatz für ‹Musical Quartertly›)

NOTGEMEINSCHAFT DEUTSCHER WISSENSCHAFTLER IM AUSLAND

5758   1937-04-06
Fritz Demuth (Notgemeinschaft Dt. Wissenschaftler im Ausland, London) an John Whyte (Emergency Committee, NYC); TLS, 2 S., engl. E Hilfe (Bemühungen um Stelle für GERHARD HERZ) A Biografie/GERHARD HERZ (Adresse und weitere Informationen/JEANNE OTTO-KARMIN über GERHARD HERZ, großes Lob)

→ Brief ähnlichen Inhalts: 1937-04-01

UNIVERSITY OF LOUISVILLE

5759   1937-06-17
John Whyte an Raymond A. Kent (Univ. of Louisville, KY); TL (Kopie), 1 S., engl. A Anstellung (freie Stelle an Univ. of Louisville, Interesse an GERHARD HERZ oder ARTUR HOLDE; finanzielle Unterstützung/Emergency Committee oder Oberlaender Trust)

→ Brief ähnlichen Inhalts: 1937-10-15
→ Antwortbrief mit Bewilligung: 1937-11-17

5760   1938-04-13
Bernard Flexner an Raymond A. Kent (Univ. of Louisville, Louisville, KY); TL (Abschrift), 1 S., engl. A Anstellung/GERHARD HERZ (an Univ. of Louisville, ist "perfectly happy and feels that he is making his way")

MATERIAL ZUR BIOGRAFIE

5761   [1936]-?-?
Gerhard Herz, «Short Biographical Note of Dr. phil. Gerhard Herz»; Lebenslauf (Kopie); TD, 4 S., engl. A Biografie/GH (Studium bei EGON WELLESZ, CURT SACHS, ARNOLD SCHERING, ERICH MORITZ VON HORNBOSTEL, FRIEDRICH BLUME; Dissertation mit Hilfe/ALBERT SCHWEITZER veröffentlicht); Empfehlung (Referenzen für GH/ALBERT SCHWEITZER, ADOLF BUSCH, EMANUEL FEUERMANN, ALFRED EINSTEIN, KARL HOLL, JAMES G. MCDONALD, OLIN DOWNES, STEPHEN S. WISE, CARL ENGEL, CARLETON SPRAGUE SMITH, J[ACOB] M[AURICE] COOPERSMITH, BENJAMIN GROSBAYNE, EDWIN F. KALMUS, F[RANCIS] C. LATHROP, EDUARD HEIMANN, JULIUS LEDERER, [HANS] SPEIER, MAX ASCOLI, [KARL] LEHMANN-HARTLEBEN, RICHARD KRAUTHEIMER, F.C. ADLER)

5762   1944-03-07
Gerhard Herz; Publikationsliste; PD/AD, 1 S., engl. A Schriften/GH

→ Aktennotiz 1942-02-17 in Archives of the Carl Schurz Memorial Foundation (Dok. 4058)

Jascha Herzog Subject File

- Jascha Herzog, [1909-1995?], jugoslawischer Geiger, Studium am Prager Konservatorium und bei Carl Flesch in Berlin, Leiter der Violin- und Viola-Abteilungen der Konservatorien von Belgrad, Zagreb und Prag, 1940 Emigration in die USA

KORRESPONDENZ
RIVERDALE COUNTRY SCHOOL
5763   1941-04-25
Frank S. Hackett (Riverdale Country School, Riverdale-on-Hudson, NY) an Betty Drury; ALS, 2 S., engl. A Empfehlung/FH (für JASCHA HERZOG an BD zwecks Lehrtätigkeit)

MATERIAL ZUR BIOGRAFIE
5764   1941-04-25
Jascha Herzog; Lebenslauf (annotiert); TD, 1 S., engl. A Aufführung/JH ("a series of lecture-recitals on Jugoslavian musical arts in the various colleges and art centers of the US" im Auftrag der Jugoslavian Legation); Biografie/JH (beruflicher Werdegang, Tätigkeiten, Assistent/CARL FLESCH)

5765   1941-04-28
Karteikarte; AD/TD, 1 S., engl.; letzter Eintrag 1942-05-21 E Einbürgerung/JASCHA HERZOG (jugoslawischer Staatsbürger, im Besitz der first papers); Einreise/JASCHA HERZOG (in die USA im April 1940)

Artur Holde Subject File

- Artur Ludwig Holde, 1885-1962, Musiktheoretiker und Musikkritiker, Klavier-, Orgel- und Kompositionsstudium in Berlin, ab 1918 Musikkritiker beim ‹Frankfurter General-Anzeiger›, Ehemann von Heida Hermanns-Holde, 1937 Emigration in die USA, dort Lehrtätigkeit
- BHE II, 532 • Artur Holde, «Jews in Music: From the Age of Enlightenment to the Mid-Twentieth Century», New York 1959

KORRESPONDENZ
HOLDE, ARTUR
5766   1937-04-08
Artur Holde (NYC) an John Whyte; TLS, 1 S., dt. A Anstellung/AH (Dank für Bemühung/JW um Anstellung an Univ. of Louisville)

5767   1938-06-29
Artur Holde (NYC) an John Whyte; TLS, 1 S., engl. A Anstellung/AH (Musical Director an "The Children's Village"; Dank für Interesse und Hilfe, BETTY DRURY)

LOS ANGELES JUNIOR COLLEGE
5768   (1937)-(07)-[20]
Rosco C. Ingalls (LA Junior College, LA) an Artur Holde (NYC); TL (Abschrift), 1 S., engl. A Anstellung/AH (am Music Dept. des LA Junior College, Bereich Musiktheorie; Test vor der Einstellung, Voraussetzung amer. Staatsgerschaft und "California State Credential")

5769   1937-07-30
John Whyte an ? (LA Junior College, LA); TL (Kopie), 1 S., engl. A Empfehlung/JW (für ARTUR HOLDE an LA Junior College)

STATE DEPARTMENT OF EDUCATION
5770   1937-07-30
John Whyte an ? (State Dept. of Education, Division of Credentials, Sacramento, CA); TL (Kopie), 1 S., engl. A Empfehlung/JW (für ARTUR HOLDE zwecks Bewerbung am LA Junior College)

UNIVERSITY OF LOUISVILLE
5771   1937-06-17
John Whyte an Raymond A. Kent (Univ. of Louisville, Louisville, KY); TL (Kopie), 1 S., engl. A Anstellung/ARTUR HOLDE (für Stelle an Univ. of Louisville noch verfügbar, finanzielle Unterstützung/Oberlaender Trust möglich); Biografie (Ehefrau/ARTUR HOLDE ist Pianistin, Schülerin/ARTUR SCHNABEL und EGON PETRI; GERHARD HERZ, FRITZ DEMUTH)
→ *Brief ähnlichen Inhalts: 1937-07-30*

UNIVERSITY OF PENNSYLVANIA PHILADELPHIA
5772   1937-05-25
John Whyte an George Simpson Koyl (School of Fine Arts, Univ. of Pennsylvania, Philadelphia, PA); TL (Kopie), 1 S., engl. A Empfehlung/JW (für ARTUR HOLDE an GSK zwecks Anstellung an Univ. of Pennsylvania); Finanzen/ARTUR HOLDE (Unterstützung durch Oberlaender Trust bei Anstellung)
→ *Antwortbrief: 1937-05-28*

OFFIZIELLE DOKUMENTE
HOLDE, ARTUR
5773   1930 bis 1931
Bescheinigungen über Tätigkeit im Schuldienst (TD, Abschrift, 1 S., engl.), ausgestellt vom Staatlichen Provinzial-Schul-Kollegium Kassel (1930-04-08), von der Preußischen Regierung, Abteilung für Kirchen- und Schulwesen (1931-01-27) und vom Provinzialschulkollegium für Hessen-Nassau (1931-04-28)

MATERIAL ZUR BIOGRAFIE

5774   1933-05-05 bis 1938-03-01
Empfehlungsschreiben für Artur Holde:

- 1933-05-05: Arnold Ebel («Deutsche Tonkünstler-Zeitung», Berlin), TL (Abschrift), 1 S., engl.
- 1933-08-23: Erich Dombrowski («Frankfurter General-Anzeiger», Frankfurt am Main), TL (Abschrift), 1 S., engl.
- 1937-10-11: Paul Henry Lang (Columbia Univ., NYC), TL (Abschrift), 1 S., engl.
- 1937-12-05: Hugo Leichtentritt (Harvard Univ., Cambridge, MA), TL (Abschrift), 1 S., engl.
- 1938-03-01: John Whyte an Eric Clarke (Ass. of Amer. Colleges, NYC), TL (Kopie), 1 S., engl.

5775   (1937-03-23)
Artur Holde, Bewerbungsunterlagen für Emergency Committee:

- «Artur Holde»; Lebenslauf; TD, 1 S., engl.
- «Artur Holde – Lectures and Articles of the Last Ten Years»; Publikationsliste; TD, 1 S., dt./engl.
- «Artur Holde – Published Compositions»; Werkverzeichnis; PD, 1 S., dt./engl.

→ *Aktennotiz 1940-10-21 in Archives of the Carl Schurz Memorial Foundation (Dok. 4061)*

Jascha Horenstein Subject File

- Jascha Horenstein, 1899-1973, russ.-österr. Dirigent, Schüler von Adolf Busch, Joseph Marx, Franz Schreker; 1933 Emigration nach Frankreich, Belgien, Polen, UdSSR, Australien, Neuseeland, Skandinavien, Palästina, 1940 Immigration in die USA, dirigierte u.a. das NY PO
- BHE II, 539 • Gdal Saleski, «Famous Musicians of Jewish Origin», New York 1949

SCHRIFTEN

5776   (1943-01-13)
Jascha Horenstein, «Television: a Decisive Factor in the Development of Music, Musicians, and Musical Audiences in the Post-War Period»; Memorandum, TD (Kopie), 3 S., engl. A Finanzen/JH (Angaben zur Finanzierung des Forschungsprojeks mit Unterstützung/Emergency Committee) R Musik/JH (Entwurf für Forschungsprojekt zur Rolle des Fernsehens für die musikalische Bildung)

KORRESPONDENZ
HORENSTEIN, JASCHA

5777   1943-03-29
Jascha Horenstein (NYC) an Stephen Duggan (Emergency Committee, NYC); TLS, 1 S., engl. A Finanzen/JH (finanzielle Situation, Einkommen aus Zusammenarbeit mit HANNS EISLER über dessen Unterstützung durch die Rockefeller Foundation; weitere Einnahmen aus Vorlesungen an New School for Social Research; Bitte um Unterstützung)

→ *Antwortbrief mit Ablehnung: 1943-05-21*

JOHNSON, ALVIN

5778   1943-01-25
Alvin Johnson (New School for Social Research, NYC) an Betty Drury (Emergency Committee, NYC); TLS, 1 S., engl. A Empfehlung/AJ (für JASCHA HORENSTEIN, Beurteilung seines Forschungsprojekts)

MOE, HENRY ALLEN

5779   1943-04-19
Henry Allen Moe (NYC) an Stephen Duggan (Emergency Committee, NYC); TLS, 1 S., engl. A Finanzen (HAM rät von finanzieller Unterstützung für Forschungsprojekt/JASCHA HORENSTEIN ab, "it does not get anywhere")

MUSEUM OF MODERN ART FILM LIBRARY

5780   1943-01-27
Paul Falkenberg (Museum of Modern Art Film Library, NYC) an Betty Drury (Emergency Committee, NYC); TLS, 2 S., engl. A Empfehlung/PF (für JASCHA HORENSTEIN, positive Beurteilung seines Forschungsprojekts)

NAUMBURG, ELSIE

5781   1943-01-25
Elsie M.B. Naumburg (NYC) an Betty Drury (Emergency Committee, NYC); TLS, 1 S., engl. A Empfehlung/EN (für JASCHA HORENSTEIN und seine Forschungen zum Fernsehen; Hinweis auf ALVIN JOHNSON und Rockefeller Foundation)

→ *Brief ähnlichen Inhalts an Fred M. Stein: 1943-01-01*

RATHAUS, KAROL

5782   1943-02-01
Karol Rathaus (Queens College, Flushing, NY) an Betty Drury (Emergency Committee, NYC); TLS, 1 S., engl. A Empfehlung/KR (für JASCHA HORENSTEIN und sein Forschungsprojekt; Zusammenarbeit mit HANNS EISLER)

MATERIAL ZUR BIOGRAFIE

5783   1943-04-06
«Emergency Committee Fellowship. Scholar: Jascha Horenstein, Musicologist, Conductor»; Aktennotiz (Kopie); TD, 3 S., engl. E Einreise/JASCHA HORENSTEIN (in die USA im Januar 1940) A Biografie/JASCHA HORENSTEIN (Tätigkeiten in Europa und Nahost); Empfehlung (Referenzen für JASCHA HORENSTEIN/ELSIE M.B. NAUMBURG, ALVIN JOHNSON, KAROL RATHAUS, PAUL FALKENBERG); Projekte/JASCHA HORENSTEIN («Television: A Decisive Factor in the Development of Music, Musicians and Musical Audiences in the Post-War Period», Antrag auf finanzielle Förderung)

Erich Moritz von Hornbostel Subject File

- Erich Moritz von Hornbostel, 1877-1935, österr. Musikwissenschaftler und Komponist; 1933 Emigration über die Schweiz in die USA, Dozent an der New School for Social Research, aus gesundheitlichen Gründen 1934 Übersiedlung nach Großbritannien und Tätigkeit als Privatdozent
- Vgl. Max Wertheimer Papers (NYPL, Humanities and Social Sciences Library, Manuscripts and Archives Division, S. 283)
- BHE II, 540f. • Kurt Blaukopf, «Erich M. von Hornbostel oder Die Partnerschaft der Spezialisten», in: ‹Österr. Musikzeitschrift› 53 (1998), Nr. 10, 31-34 • «"Vom tönenden Wirbel menschlichen Tuns": Erich M. von Hornbostel als Gestaltpsychologe, Archivar und Musikwissenschaftler. Studien und Dokumente», hrsg. von Sebastian Klotz, Berlin 1998

KORRESPONDENZ
ACADEMIC ASSISTANCE COUNCIL
5784   1935-03-04
C.S. Myns (London) an Walter Adams ([Academic Assistance Council]); TL (Abschrift), 1 S., engl. **A** Anstellung/ERICH MORITZ VON HORNBOSTEL (mögliche Tätigkeit am Cambridge Psychological Laboratory; ? BARTLETT); Empfehlung/CM (für ERICH MORITZ VON HORNBOSTEL, genaue Beschreibung seiner Tätigkeitsfelder und seiner Bedeutung für die Musikethnologie)

NORTHWESTERN UNIVERSITY CHICAGO
5785   1933-06-27
Walter Dill Scott (Northwestern Univ., Chicago, IL) an Stephen Duggan; TL (Abschrift), 1 S., engl. **E** Emigrationsweg/ERICH MORITZ VON HORNBOSTEL (über die Schweiz in die USA) **A** Anstellung/ERICH MORITZ VON HORNBOSTEL (Vakanz an Northwestern Univ., Frage nach Antragstellung)

MATERIAL ZUR BIOGRAFIE
5786   1934-11-20
Erich Moritz von Hornbostel; Fragebogen (Kopie); TD, 3 S., engl. **E** Einbürgerung/EMH (österr. Staatsbürger); Finanzen/EMH (kein Einkommen, Rücklagen für wenige Wochen); Sprache/EMH (spricht Dt., Frz., Engl., Niederländisch, kann zusätzlich noch Span. und Ital. lesen); Verfolgung/EMH (wegen jüdischer Mutter) **A** Anstellung/EMH (an New School for Social Research, Graduate Faculty); Biografie/EMH (Tätigkeit in Berlin, spezielles Berufsfeld Musikethnologie); Empfehlung (Referenzen für EMH/CARL STUMPF, MAX PLANCK, DIEDRICH WESTERMANN, FRITZ KRAUSE, P. WILHELM SCHMIDT, WOLFGANG KOEHLER, FRANZ BOAS, S.M. MYERS, C.H.S. SELIGMAN, EDWARD J. DENT)

→ *Beilagen: Lebenslauf und Publikationsliste (Dok. 5787)*

5787   (1934-11-20)
Erich Moritz von Hornbostel, Bewerbungsunterlagen für Emergency Committee:
- «Prof. Dr. Erich M. v. Hornbostel. Curriculum vitae»; Lebenslauf; TD (Kopie), 1 S., dt.
- «Prof. Dr. Erich M. v. Hornbostel. Publications»; Publikationsliste (Kopie); TD, 5 S., dt.

→ *Beilage zu: Fragebogen 1934-11-20 (Dok. 5786)*

? Horth [= Franz Ludwig Hörth?] Subject File

- Franz Ludwig Hörth, 1883-1934, Regisseur an der Preußischen Staatsoper Berlin, Tätigkeit an der Berliner Musikhochschule

MATERIAL ZUR BIOGRAFIE
5788   1934-04-03
Karteikarte; TD, 1 S., engl. **A** Biografie/? HORTH [= FRANZ LUDWIG HÖRTH?] (Professor an Musikhochschule Berlin)

Conrad Huldschinsky Subject File

- Conrad Huldschinsky, 1885-1973, Dirigent und Chorleiter, Studium u.a. bei Max Bruch in Berlin, Musikdirektor am neuen Operetten-Theater und an der Komischen Oper Berlin

KORRESPONDENZ
NATIONAL COMMITTEE FOR REFUGEE MUSICIANS
5789   1942-03-20
Mark Brunswick (National Committee for Refugee Musicians, NYC) an Betty Drury (Emergency Committee, NYC); TLS (annotiert), 1 S., engl. **A** Biografie/CONRAD HULDSCHINSKY (Musikstudium in Berlin bei MAX BRUCH, RICHARD ROESSLER, FRIEDRICH E. KOCH; Tätigkeiten als Chor- und Orchesterleiter sowie in der Musiklehrerausbildung)

MATERIAL ZUR BIOGRAFIE

5790 —
«Conrad Huldschinsky [...] Excerpts from the Critics»; Pressemitteilung; PD, 1 S., engl.; mit Fotografie **A** Öffentlichkeit/CONRAD HULDSCHINSKY (Auszüge aus Pressekritiken); Biografie/CONRAD HULDSCHINSKY (Lehrtätigkeit für Gesang, Klavier und Violoncello)

Heinrich Jalowetz Subject File

- Heinrich Jalowetz, 1882-1946, österr. Dirigent, Schüler von Arnold Schoenberg und Alexander Zemlinsky, 1938 Emigration nach Prag, 1939 Immigration in die USA, Lehrtätigkeit am Black Mountain College in Black Mountain (NC)
- Nachlass in der Paul Sacher-Stiftung Basel
- Datenbank Orpheus Trust Wien

MATERIAL ZUR BIOGRAFIE

5791 1941-01-16
Karteikarte; PD/AD, 1 S., engl. **A** Anstellung/HEINRICH JALOWETZ (am Black Mountain College, Black Mountain, North Carolina)

→ Aktennotiz 1940-12-20 in Archives of the Carl Schurz Memorial Foundation (Dok. 4066)

Alice Jellinek Subject File

- Alice Jellinek (auch: Jelinek), 1892-1977, österr. Pianistin, Studium bei Richard Robert, 1912-1938 Lehrtätigkeit in Wien, 1938 Emigration nach Großbritannien, 1939 Immigration in die USA, dort Lehrtätigkeit

MATERIAL ZUR BIOGRAFIE

5792 1939-11-07 bis 1942-03-18
Empfehlungsschreiben für Alice Jellinek:
- 1939-11-07: A.H. Moore (County School for Girls, Faringdon, GB), TLS, 1 S., engl.
- 1942-03-18: Frederick Jacobi (Northampton, MA), TLS, 1 S., engl.
- 1942-03-18: Eric Simon (NYC), TLS, 1 S., engl.

5793 1942-02-28
Karteikarte; AD/TD, 2 S., engl.; letzter Eintrag: 1943-10-25 **E** Einbürgerung/ALICE JELLINEK (österr. Staatsangehörigkeit); Einreise/ALICE JELLINEK (in die USA im November 1939) **A** Empfehlung (Referenzen für ALICE JELLINEK/FREDERICK JACOBI, RUDOLF SERKIN, ERIC SIMON)

5794 (1942-03-01)
Alice Jellinek, «Curriculum vitae»; Lebenslauf; AD, 1 S., engl. **E** Einreise/AJ (in die USA im November 1939); Emigrationsweg/AJ (einjähriger Aufenthalt in Großbritannien) **A** Anstellung/AJ (an der Kent Place School in Summit, NJ); Biografie/AJ (Klavierstudium bei RICHARD ROBERT)

Heinz Jolles Subject File

- Heinz (auch: Henry) Jolles, 1902-1965, brasilianischer Pianist und Komponist dt. Herkunft, Lehrtätigkeit am Klindworth-Scharwenka-Konservatorium in Berlin und an der Musikhochschule Köln, 1933 Emigration nach Frankreich (Paris), 1940 Immigration nach Brasilien
- BHE II, 573

MATERIAL ZUR BIOGRAFIE

5795 [1933]
Heinz Jolles (Paris); Lebenslauf; TD, 3 S., engl./dt. **E** Ausreise/HJ (dt. Staatsangehörigkeit; würde zur Durchführung von Meisterkursen "in jedes Land gehen", möchte aber Hauptwohnsitz in Paris behalten); Sprache/HJ (dt., frz., engl., ital. und niederländische Sprachkenntnisse); Verfolgung/HJ (ist "nicht-arisch") **A** Empfehlung (Referenzen für HJ/WILHELM FURTWÄNGLER, EDWIN FISCHER, FELIX RANGEL, HERMANN ABENDROTH, ? JOURDAN, EDWIN EVANS)

Oswald Jonas Subject File

- Oswald Jonas, 1897-1978, österr. Musikwissenschaftler, Schüler von Heinrich Schenker, Lehrtätigkeit am Sternschen Konservatorium Berlin (1903-1934), Mitbegründer des Schenker-Instituts am

Neuen Wiener Konservatorium; 1938 Emigration in die USA, Lehrtätigkeit an der Roosevelt Univ. in Chicago (MI, 1942-1965) und an der UC Riverside (ab 1965) sowie an der Wiener Musikakademie (1962-1965 und 1973-1975)

- BHE II, 574

KORRESPONDENZ
CENTRAL YMCA COLLEGE CHICAGO
5796   1942-03-13
Edward J. Sparling (Central YMCA College, Chicago, IL) an Laurens H. Seelye (Emergency Committee, NYC); TL (Abschrift), 2 S., engl. **E** Emigrationsweg/OSWALD JONAS (nach England mit Hilfe/STAFFORD CRIPPS, Unterstützung in England/ERNEST NEWMAN, ERIC BLOM, ELENA GERHARDT; in die USA mit Hilfe/GERALD F. WARBURG); Hilfe (Bitte um finanzielle Unterstützung/Emergency Committee für Anstellung/OSWALD JONAS am Central YMCA College) **A** Biografie/OSWALD JONAS (Studium bei HEINRICH SCHENKER; Lehrtätigkeit, EDWIN FISCHER, SANDRA DREUCKER, BRUNO EISNER; Gründung des Schenker-Instituts am Wiener Konservatorium und Zeitschrift ‹Der Dreiklang›); Empfehlung/WILHELM FURTWÄNGLER (für OSWALD JONAS); Schriften/OSWALD JONAS («Das Wesen des musikalischen Kunstwerks»)

↪ *Brief ähnlichen Inhalts: 1942-03-27*
↪ *Antwortbrief mit Bewilligung: 1942-04-08*

5797   1943-03-24
Edward J. Sparling (Central YMCA College, Chicago, IL) an Betty Drury (Emergency Committee, NYC); TL (Abschrift), 2 S., engl. **A** Finanzen (Bitte um Unterstützung/Emergency Committee für Anstellung/OSWALD JONAS am Central YMCA College); Öffentlichkeit/OSWALD JONAS (großes Lob für seine Arbeit)

↪ *Antwortbrief mit Zusage: 1943-06-21*

MATERIAL ZUR BIOGRAFIE
5798   1943-04-06
«Application for Renewal – Scholar: Oswald Jonas, Musicologist»; Aktennotiz (Kopie); TD, 1 S., engl. **E** Einreise/OSWALD JONAS (in die USA 1938) **A** Anstellung/OSWALD JONAS (am Central YMCA College); Biografie/OSWALD JONAS (Gründung des Schenker-Instituts am Konservatorium Wien, Lehrer am Sternschen Konservatorium); Empfehlung/EDWARD J. SPARLING (für OSWALD JONAS; Erwähnung von WILHELM FURTWÄNGLER, Förderer STAFFORD CRIPPS, ERNEST NEWMAN, ERIC BLOM, ELENA GERHARDT, ? TREVYLIAN, ? MAITLAND)

5799   1944-03-12
Oswald Jonas; Publikationsliste (annotiert); AD/TD, 1 S., engl. **A** Schriften/OJ

Ernst Kanitz Subject File

- Ernst Kanitz, 1894-1978, Komponist, Schüler von Franz Schreker, 1938 Emigration in die USA, 1941-1944 Lehrtätigkeit am Erskine College in Due West (SC), 1945-1959 an der UCLA, 1960-1963 am Marymount College, Palos Verdes (CA)
- Vgl. Ernst Kanitz Coll. (UCLA, Regional History Coll., Dept. of Special Coll.) und Ernst Kanitz Coll. (Univ. of California Riverside, Tomás Rivera Library, Dept. of Special Coll.), QuECA, S. 140-146 und S. 185
- BHE II, 592 • Jerry L. McBride, «Emigré Musicians in Southern California», in: «California's Musical Wealth: Sources for the Study of Music in California», hrsg. von Stephen M. Fry, Glendale 1988, 37-54

KORRESPONDENZ
AMERICAN COMMITTEE FOR CHRISTIAN REFUGEES
5800   1942-09-22
Frances W. Chase (Amer. Committee for Christian Refugees, Inc., NYC) an Betty Drury (Emergency Committee, NYC); TL (annotiert), 3 S., engl. **E** Einreise/ERNST KANITZ und GERTRUD KANITZ ("on a capitalist visa", Sicherheiten hinterlegt von PAUL REIF) **A** Anstellung/ERNST KANITZ (am Erskine College, unsichere Lage aufgrund der Krankheit/GERTRUD KANITZ; ROBERT C. GRIER; Suche nach "teaching position or the directorship of a church choir" in NYC, Kontakt mit NBC); Finanzen/ERNST KANITZ (hohe Kosten für Krankenhaus und Behandlung/GERTRUD KANITZ; Miete für Wohnung in Due West und Apartment in NYC; Universitätsbesuch/MARY BRIDGET KANITZ); Kompositionen/ERNST KANITZ (wenig publiziert)

↪ *Antwortbrief mit Bewilligung: Betty Drury an Janet Siebold 1944-05-18*

CANFIELD FISHER, DOROTHY
5801   1938-06-17
Dorothy Canfield Fisher (Arlington, VT) an Stephen Duggan; TLS, 1 S., engl. **E** Sprache/ERNST KANITZ (gutes Engl.); Verfolgung/ERNST KANITZ (Emigration wegen jüdischer Herkunft) **A** Anstellung/ERNST KANITZ (Bitte um Hilfe bei Suche nach Anstellung auf Empfehlung/HENRY WHITE MACCRACKEN)

5802   1938-10-08
Dorothy Canfield Fisher (Arlington, VT) an Stephen Dug-

gan; TLS, 2 S., engl. **A** Anstellung/ERNST KANITZ (Vakanz an Univ. of South Carolina, Winthrop College); Vortrag/ERNST und GERTRUD KANITZ (am Bennington und Middlebury College, Vermont) **R** Gesellschaft/DCF (wertvoller Einfluss der "highly trained, cultivated Europeans" durch Platzierung in Lehrpositionen)

CARLTON COLLEGE NORTHFIELD

5803   1938-08-20
Donald C. Cowling (Carlton College, Northfield, MN) an George H. Richards; TL (Abschrift), 1 S., engl. **A** Anstellung/ERNST KANITZ (Stellenangebot am Carlton College bei finanzieller Unterstützung/Emergency Committee)

EMERGENCY COMMITTEE

5804   1942-04-22
Betty Drury (Emergency Committee) an Stephen Duggan (Emergency Committee); TLS (Kopie), 1 S., engl. **A** Anstellung/ERNST KANITZ (schlechte Erfahrungen am Winthrop College, Rock Hill, South Carolina); Finanzen (BD empfiehlt weitere Unterstützung für ERNST KANITZ aufgrund katastrophaler Familiensituation)

5805   1944-05-01
Betty Drury an ? Fisher; TL (Kopie), 1 S., engl. **A** Anstellung (Vakanz an Converse College; Informationen über in Frage kommende Emigranten, EDWARD LOWINSKY, ERNST KANITZ, PAUL NETTL, FRIEDRICH MATTHIAS BREYDERT, ILIA GREENSTEIN, WERNER WOLFF, EGON LUSTGARTEN)

ERSKINE COLLEGE DUE WEST

5806   1941-06-21
Robert C. Grier (Erskine College, Due West, SC) an Stephen Duggan (NYC); TLS, 2 S., engl. **A** Finanzen (Bitte um Unterstützung zur Anstellung/ERNST KANITZ am Erskine College; Oberlaender Trust, WILBUR K. THOMAS)

↳ *Brief ähnlichen Inhalts: 1941-05-19*

5807   1941-06-24
Robert C. Grier (Erskine College, Due West, SC) an Betty Drury (Emergency Committee, NYC); TLS, 1 S., engl. **A** Finanzen/Oberlaender Trust (Unterstützung/Emergency Committee zur Anstellung/ERNST KANITZ an Erskine College)

5808   1942-04-27
Robert C. Grier (Erskine College, Due West, SC) an Stephen Duggan (Emergency Committee, NYC); TLS, 2 S., engl. **A** Anstellung/ERNST KANITZ (am Erskine College, Bitte um finanzielle Unterstützung/Emergency Committee für Anstellung)

↳ *Brief ähnlichen Inhalts: 1942-06-27*

5809   1942-09-17
Robert C. Grier (Erskine College, Due West, SC) an Betty Drury (Emergency Committee, NYC); TLS (annotiert), 1 S., engl. **A** Anstellung/ERNST KANITZ (kann aufgrund der schweren Erkrankung seiner Ehefrau seine Unterrichtstätigkeit am Erskine College nicht fortsetzen)

5810   1943-01-18
Betty Drury an Robert C. Grier (Erskine College, Due West, SC); TL (Kopie), 1 S., engl. **A** Anstellung/ERNST KANITZ (Wiederaufnahme der Unterrichtstätigkeit am Erskine College nach Tod/GERTRUD KANITZ, finanzielle Unterstützung/Emergency Committee)

5811   1944-04-12
Robert C. Grier (Erskine College, Due West, SC) an Betty Drury (Emergency Committee, NYC); TLS, 1 S., engl. **A** Finanzen (neuer Antrag auf Unterstützung/Emergency Committee für Anstellung/ERNST KANITZ am Erskine College; Hinweis auf schlechte finanzielle Situation/Erskine College; Oberlaender Trust, WILBUR K. THOMAS)

↳ *Antwortbrief: 1944-05-03*

HOLLINS COLLEGE ROANOKE

5812   1941-03-05
Constance Wardle (Hollins College, [Roanoke], VA) an Betty Drury (Emergency Committee, NYC); TLS, 1 S., engl. **E** Integration/ERNST und GERTRUD KANITZ ("dependent strangers in the country", kollegialer Neid, "to torture them with insecurity of position, fear of professional failure and disgrace, the shame of being refugees") **A** Anstellung/ERNST KANITZ (am Winthrop College, Rock Hill, South Carolina, Aufklärung über Ursache seines Fortgangs); Empfehlung/CW (für ERNST und GERTRUD KANITZ); Öffentlichkeit/ERNST KANITZ (hervorragender Ruf unter Studenten und Kollegen, aber auch Neid)

KANITZ, ERNST

5813   1938-05-25
Ernst Kanitz (Wien) an Dorothy Canfield Fisher; TL (Abschrift annotiert), 2 S., engl. **E** Ausreise/EK ("no European country will at present grant a permit for sojourn of more than a few weeks"); Sprache/EK (Erfahrung mit engl. Sprache im Unterricht) **A** Anstellung/EK (Korrespondent bei ‹L'Art Musical›; ist bereit für "any other form of musical activity"); Kompositionen/EK (Bereitschaft zum Komponieren für Tänzer); Öffentlichkeit/EK (große menschliche und künstlerische Erfolge) **R** Kulturpolitik/EK (Begründung seines Entschlusses zur Emigration, kann unmöglich in Österreich bleiben, einzige Alternative USA); Musik/EK (amer. Komponisten mit Mangel an "a thorough theoretic schooling"; sieht darin für sich selbst eine Chance und "a signal of destiny", weil Bedarf an Lehrern seines Formats)

5814   1938-10-07
Ernst Kanitz (NYC) an Fred M. Stein (NYC); TLS, 2 S., engl. **E** Einbürgerung/EK (Erhalt der first papers); Finanzen/EK (geringere Lebenshaltungskosten für die Familie in kleinerer Stadt; ALMA MORGENTHAU WIENER) **A** Anstellung/EK (Vakanz am Winthrop College, Rock Hill, South Carolina; JOHN ERSKINE, SHELTON PHELPS); Finanzen/EK (Bitte um einmalige Unterstützung/Emergency Committee; abgelehnte Anträge/DONALD C. COWLING, Carlton College und HAMILTON HOLT, Rollins College); Treffen (Einladung/DOROTHY CANFIELD FISHER); Vortrag/EK und GERTRUD KANITZ (an Middlebury und Bennington College, Vermont)

5815   1938-11-14
Ernst Kanitz (Winthrop College, Rock Hill, SC) an Betty Drury (Emergency Committee, NYC); TLS (annotiert), 1 S., engl. **A** Anstellung/EK (Beginn der Lehrtätigkeit am Winthrop College); Finanzen/Emergency Committee (Entscheid zur Unterstützung steht noch aus)

5816 1941-02-08
Ernst Kanitz (Rock Hill, SC) an Stephen Duggan (Emergency Committee, NYC); TLS (annotiert), 2 S., engl. A Anstellung/EK (kann nicht am Winthrop College bleiben, Suche nach anderer Stelle; DOROTHY CANFIELD FISHER, JOHN ERSKINE, GEORGE H. RICHARDS); Aufführung (Konzert des Westminster Choir unter JOHN FINLEY WILLIAMSON, Rock Hill); Empfehlung (für EK/MOWAT FRASER, W.J. RODDEY, ANGUS MACAULAY, CONSTANCE WARDLE, NANCY CAMPBELL); Finanzen/EK (Bitte um Unterstützung/Emergency Committee und Oberlaender Trust)

5817 1941-12-01
Stephen Duggan (Emergency Committee, NYC) an Ernst Kanitz (Erskine College, Due West, SC); TLS (annotiert), 1 S., engl. E Einbürgerung/EK (noch kein amer. Staatsbürger, hat first papers seit September 1938)

5818 1942-10-01
Betty Drury an Ernst Kanitz (NYC); TL (Kopie), 1 S., engl. A Finanzen/Emergency Committee (Unterstützung für Anstellung an Erskine College wird während der Abwesenheit/EK aufrecht erhalten, zusätzliche Gewährung eines Darlehens auf Fürsprache/ROBERT C. GRIER und FRANCES W. CHASE)
→ Antwortbrief: 1942-10-04

5819 1943-06-04
Ernst Kanitz (Due West, SC) an Betty Drury (Emergency Committee, NYC); TLS (annotiert), 1 S., engl. A Aufführung/EK (Konzert am Erskine College); Finanzen/EK (Teilrückzahlung des Darlehens/Emergency Committee; Unterstützung/Oberlaender Trust für Anstellung an Erskine College; neuer Antrag auf Unterstützung; ROBERT C. GRIER)
→ Brief ähnlichen Inhalts: 1943-11-06

5820 1944-01-28
Ernst Kanitz (Due West, SC) an Betty Drury (Emergency Committee, NYC); TLS, 2 S., engl. E Integration (Heirat/ELIZABETH KANITZ mit GEORGE D. WADE; Eintritt/TOM KANITZ in US Army; Studium/MARY BRIDGET KANITZ) A Anstellung/EK (Lehrtätigkeit am Erskine College; neuer Antrag auf Unterstützung/Emergency Committee); Aufführung/EK (Konzert am Erskine College, Kritik in ‹Associate Reformed Presbyterian›; "monthly Service of Religious Music"); Aufnahme/EK "official broadcast" des Erskine College bei Radiostation WIS; ROBERT C. GRIER); Kompositionen/EK (Arbeit an "symphonic movement")

5821 1944-04-14
Ernst Kanitz (Erskine College, Due West, SC) an Betty Drury (Emergency Committee, NYC); TLS, 1 S., engl. E Einbürgerung/EK (Erlangung der amer. Staatsbürgerschaft; STEPHEN DUGGAN) A Projekte/EK (Einladung als Dirigent nach Greenville)

5822 1944-09-09
Ernst Kanitz (c/o C.W. Thompson, LA) an Betty Drury (Emergency Committee, NYC); TLS, 1 S., engl. E Hilfe (Dank/EK für Unterstützung/Emergency Committee); Integration/EK (als US Citizen Verzicht auf Unterstützung) A Anstellung/EK (Kündigung der Stelle am Erskine College, da finanzielle Situation zu unsicher; ROBERT C. GRIER); Finanzen/EK (Rücklagen aus Möbelverkauf); Kompositionen/EK («Sonatine» für Sax. und Kl., «Suite» für Orchester, «Suite» für V. und Kl.)

MUNICIPAL UNIVERSITY OF WICHITA

5823 1942-07-1942
Laurens H. Seelye an W.M. Jardine (Municipal Univ. of Wichita, Wichita, KS); TL (Kopie), 1 S., engl. A Empfehlung/LS (für ERNST KANITZ und VICTOR ZUCKERKANDL zur Anstellung an Municipal Univ. of Wichita; BETTY DRURY)

OBERLAENDER TRUST

5824 1938-10-19
Betty Drury an Wilbur K. Thomas (Oberlaender Trust, Philadelphia, PA); TL (Kopie), 1 S., engl. A Anstellung/ERNST KANITZ (am Winthrop College, Rock Hill, South Carolina; Chancen auf finanzielle Unterstützung/Emergency Committee; SHELTON PHELPS, JOHN ERSKINE)

5825 1938-11-10
Wilbur K. Thomas (Oberlaender Trust, Philadelphia, PA) an Betty Drury (Emergency Committee, NYC); TLS, 1 S., engl. A Finanzen (Oberlaender Trust übernimmt Teil der Unterstützung für Anstellung/ERNST KANITZ am Winthrop College, bittet Emergency Committee um Übernahme des Restbetrages)

5826 1943-02-23
Wilbur K. Thomas (Oberlaender Trust, Philadelphia, PA) an Betty Drury (Emergency Committee, NYC); TLS, 1 S., engl. A Finanzen/Oberlaender Trust (Überlegungen zur weiteren Unterstützung für Anstellung/ERNST KANITZ am Erskine College; ROBERT C. GRIER)

ROLLINS COLLEGE WINTER PARK

5827 1938-09-09
Hamilton Holt (Rollins College, Winter Park, FL) an Betty Drury (Emergency Committee, NYC); TLS, 1 S., engl. A Anstellung/ERNST KANITZ (Lehrstelle für Theorie und Komposition an Rollins College bei finanzieller Unterstützung/Emergency Committee)
→ Antwortbrief mit Ablehnung: 1938-09-27

WINTHROP COLLEGE ROCK HILL

5828 1938-10-28
Shelton Phelps (Winthrop College, Rock Hill, SC) an Betty Drury (Emergency Committee, NYC); TLS, 1 S., engl. A Anstellung/ERNST KANITZ (am Winthrop College als "assistant professor"); Finanzen (Gehalt, Antrag auf Unterstützung der Anstellung/ERNST KANITZ durch Emergency Committee)
→ Brief ähnlichen Inhalts: 1938-10-10
→ Antwortbrief mit Bewilligung: 1938-11-17

MATERIAL ZUR BIOGRAFIE

5829 1938-04-03 bis 1938-08-15
Empfehlungsschreiben für Ernst Kanitz:
– 1938-04-03: Josef Reitler (Wien); TLS, 1 S., dt.
– 1938-04-04: Zoltán Kodály (Budapest); ALS, 1 S.
– 1938-04-06: Maurice Imbert (‹L'Art Musical›); TLS, 1 S., frz.

- 1938-04-12: Wiener Frauenkammerchor; TLS, 1 S., dt.
- 1938-08-15: Alma Morgenthau Wiener (NYC) an Fred M. Stein; ALS, 2 S., engl.

5830 (1938)-(08)-?
Ernst Kanitz, Bewerbungsunterlagen für Emergency Committee:
- «Professor Dr. Ernst Kanitz – Curriculum vitae»; Lebenslauf; TD, 1 S., engl.
- «Vienna Women's Chor [...] Conductor: Prof. Dr. Ernst Kanitz»; Clipping (Abschrift); TD, 2 S., engl.
- «Young Vienna Composers of the School of Dr. Ernst Kanitz. Excerpts from the Criti[ci]sms on the Concert of October 12th 1937»

5831 1938-11-09
«Application for New People. Winthrop College – Ernst Kanitz, Musicologist»; Aktennotiz (Kopie annotiert); TD, 1 S., engl. A Anstellung/ERNST KANITZ (am Winthrop College, SHELTON PHELPS); Biografie/ERNST KANITZ (Tätigkeiten in Europa); Empfehlung (Referenzen für ERNST KANITZ/ JOHN ERSKINE, DOROTHY THOMPSON, JOSEF REITLER, DOROTHY CANFIELD FISHER, ZÓLTAN KODÁLY, MAURICE IMBERT); Finanzen/Emergency Committee (Antrag auf Unterstützung der Anstellung/ERNST KANITZ; Oberlaender Trust, WILBUR K. THOMAS)

5832 1941-06-17
«Application for Renewal – Scholar: Ernst Kanitz, Musicologist»; Aktennotiz (Kopie); TD, 1 S., engl. A Anstellung/ ERNST KANITZ (am Erskine College, R[OBERT] C. GRIER; finanzielle Unterstützung/Emergency Committee); Biografie/ERNST KANITZ (Tätigkeit und Anstellungen); Empfehlung (Referenzen für ERNST KANITZ/CONSTANCE WARDLE, NANCY CAMPBELL)

→ *Dokumente ähnlichen Inhalts: 1942-05-05, 1942-07-09 und 1944-04-?*
→ *Aktennotiz 1940-11-04 in Archives of the Carl Schurz Memorial Foundation (Dok. 4069)*

Erich Katz Subject File

- Erich Katz, 1900-1973, Komponist und Musikpädagoge, 1939 Emigration nach Großbritannien, 1943 Immigration in die USA; Kompositionslehrer am NY College of Music und an der New School for Social Research, ab 1959 am Santa Barbara City College (CA)
- BHE II, 600 • Artur Holde, «Die Tonkünstler im gelobten Land», in: ‹Aufbau›, 22. Dezember 1944, 49f.

KORRESPONDENZ
GURLITT, WILIBALD
5833 —
Wilibald Gurlitt; TL (Abschrift), ohne Adressat, 1 S., engl. A Empfehlung/WG (für ERICH KATZ); Schriften/ERICH KATZ (Dissertation «Die musikalischen Stilbegriffe des 17. Jahrhunderts»)

KAUFMANN, FRITZ
5834 1939-01-07
Fritz Kaufmann (Northwestern Univ., Evanston, IL), ohne Adressat; TLS (annotiert), 1 S., engl. A Biografie/ERICH KATZ (Lehrtätigkeit in Freiburg); Empfehlung/FK (für ERICH KATZ als Lehrer für Musiktheorie und -geschichte, weitere Referenz/[WILIBALD] GURLITT)

MATERIAL ZUR BIOGRAFIE
5835 (1939)
Erich Katz, Bewerbungsunterlagen für Emergency Committee:
- «Curriculum vitae»; Lebenslauf (Kopie annotiert); TD, 2 S., engl.
- «List of Publications»; Publikationsliste; TD, 3 S., engl.
- «Some Extracts from Criticisms (translated)»; Clippings (Abschrift); TD, 3 S., engl.

Walter Klein Subject File

- Walter Wilhelm Klein, 1882-1961, Komponist und Musiktheoretiker, 1939 Emigration in die USA; Professor of Music am Mills College in Oakland (CA) und an der Katharine Branson High School in Ross (CA)
- Vgl. Walter Klein Papers and Manuscripts (UCB, Music Library, Dept. of Special Coll., http:// www.oac.cdlib.org/dynaweb/ead/ead/berkeley/music/), QuECA, S. 50-51

KORRESPONDENZ
KLEIN, WALTER
5836 1939-08-06
Walter Klein (c/o Katharine Branson School, Ross, CA) an ? (Committee for Displaced Teachers, NYC); TLS, 1 S., engl. E Hilfe (Bitte/WK um Registrierung beim Emergency Committee, Suche nach Anstellung)

→ *Beilage: Lebenslauf (Dok. 5837)*

MATERIAL ZUR BIOGRAFIE
5837 (1939-08-06)
Walter Klein, Lebenslauf; TD, 1 S., engl. E Sprache/WK (fließendes Engl.) A Biografie/WK (Lehrer für Musiktheorie, Gehörbildung und Solfège); Empfehlung/FRITZ REINER (für WK); Kompositionen/WK (Aufführungen in Europa); Schriften/WK (Publikationsliste)
→ Beilage zu Brief Walter Klein 1939-08-06 (Dok. 5836)
→ Aktennotiz 1941-05-19 in Archives of the Carl Schurz Memorial Foundation (Dok. 4073)

Mieczyslaw Kolinski Subject File

- Mieczyslaw Kolinski, 1901-1981, poln. Musikethnologe und Musiktheoretiker, 1933 Emigration nach Prag, 1938 nach Belgien, 1951 Immigration in die USA, Hrsg. der ‹Hargail Music Press›, Tätigkeit als Musiktherapeut, Mitbegründer und 1958-1959 Präsident der Soc. for Ethnomusicology, ab 1966 Lehrtätigkeit an der Univ. of Toronto
- BHE II, 645f.

MATERIAL ZUR BIOGRAFIE
5838 [1939]
«Kolinski, Mieczyslaw – Anthropology; Musicology (Primitive Music)»; Aktennotiz (Kopie); TD, 1 S., engl. A Biografie/MIECZYSLAW KOLINSKI (Studium bei ERICH MORITZ VON HORNBOSTEL, Tätigkeit); Empfehlung (Referenzen für MIECZYSLAW KOLINSKI/GEORGE HERZOG, MELVILLE J. HERSKOVITS, FRANZ BOAS); Finanzen/Emergency Committee (Unterstützung für MIECZYSLAW KOLINSKI, Grantee an Northwestern Univ.)

Robert Konta Subject File

- Robert Konta, 1880-1953, österr. Komponist und Musikkritiker, Professor für Musiktheorie am Neuen Konservatorium in Wien, Vortragstätigkeit beim Rundfunk, 1933-1936 Gründer und Leiter der International Music Competitions in Wien, 1938 Emigration in die Schweiz
- BHE II, 648 • Wolfgang Duchkowitsch / Fritz Hausjell, «Die veruntreute Wahrheit. Hitlers Propagandisten in Österreich 1938», Salzburg 1988, 307-320 • Datenbank Orpheus Trust Wien

KORRESPONDENZ
KONTA, ROBERT
5839 1938-04-23
Robert Konta (Wien) an Nicholas Murray Butler (Columbia Univ.); ALS (annotiert), 3 S., engl. E Affidavit (Bitte/RK um Affidavit für sich und Ehefrau MARIA KONTA-WANIERKA) A Biografie/RK (Studium in Wien, Tätigkeit als Musikkritiker und Opernkomponist, Lehrtätigkeit in Musiktheorie); Empfehlung (Referenzen für RK/MORITZ ROSENTHAL, BRUNO WALTER, ELISABETH SCHUMANN, RICHARD STRAUSS, FRIEDRICH SCHORR, LOTTE LEHMANN, BRONISLAV HUBERMANN, OTTO KLEMPERER, EUGENE ORMANDY); Organisationen (Gründung der "Apollinic Festivals" durch RK, "the altered situation in Austria has disturbed this movement")

5840 1938-05-04
Stephen Duggan (Institute of International Education, NYC) an Robert Konta (Wien); TLS (annotiert), 1 S., engl. E Affidavit (Bitte/RK um Affidavit für sich und Ehefrau MARIA KONTA-WANIERKA, Erläuterung der Bestimmungen, "Immigration law") R Kulturpolitik (seit Machterlangung/ADOLF HITLER Bemühung um Vermittlung der Emigranten, alle Stellen überbesetzt) Z Politik (Situation in Deutschland und Wien)

5841 1938-05-17
Robert Konta (Wien) an Nicholas Murray Butler; TLS (annotiert), 3 S., engl. E Ausreise (Bitte um Hilfe zur Ausreise, ausweglose Lebenssituation; Ehefrau MARIA KONTA-WANIERKA); Sprache/RK (schreibt ohne Hilfe eines Lexikons in Engl.)
→ Abdruck im Anhang, S. 379

MATERIAL ZUR BIOGRAFIE
5842 1938-07-22
Robert Konta (Wien); Lebenslauf (Kopie annotiert); TD, 2 S., engl. A Biografie/RK (Studium in Wien, Tätigkeit als Musikkritiker und Opernkomponist, Lehrtätigkeit in Musiktheorie); Empfehlung (Referenzen für ROBERT KONTA/ JAN KIPURA, RICHARD STRAUSS, LOUIS KRASNER, MORITZ ROSENTHAL, ALFRED PICCAVER, BRUNO WALTER, [RICCARDO] ODNOPOSOFF, LOTHAR WALLERSTEIN, ? GROSSMANN, FRIEDRICH SCHORR, ELISABETH SCHUMANN); Projekte/RK ("Day of Music", "International Music Competition", "Apollinic Festivals", Gründungskomitee mit ARTURO TOSCANINI, BRUNO WALTER, L.S. VAN HOORN; SAMUEL HARDEN, ANDREW AVINOFF, NICHOLAS MURRAY BUTLER, FREDERICK MORTIMER CLAPP, HENRY S. CANBY, STEPHEN DUGGAN); Vortrag/RK (öffentliche Vorträge in Wien)

Siegfried Kracauer Subject File

- Siegfried Kracauer, 1889-1966, Kulturphilosoph und Soziologe, 1933 Emigration nach Paris, 1941 Immigration in die USA
- BHE II, 654

Schriften

5843 (1938)-?-?
Siegfried Kracauer, «Ideenskizze zu meinem Buch über den Film»; Synopsis, TD, 3 S., dt. R Film/SK (Skizze zu Buchprojekt über Geschichte und Wirkung des Films)

Korrespondenz
Adorno, Theodor W.

5844 1938-11-06
Theodor W. Adorno (Princeton Univ., Princeton, NJ) an Betty Drury (Emergency Committee, NYC); TLS, 1 S., engl. A Empfehlung/TA (für Siegfried Kracauer, Bitte um Unterstützung für sein Buchprojekt)

Material zur Biografie

5845 (1938)
Siegfried Kracauer, «List of Publications»; Publikationsliste (Kopie); TDS, 1 S., engl.

Ernst Krenek Subject File

- Ernst Krenek, 1900-1991, österr. Komponist, 1938 Emigration in die USA, 1945 amer. Staatsbürgerschaft, Lehrtätigkeit in Komposition und Musiktheorie u.a. 1939-1942 am Vassar College in Poughkeepsie (NY) und 1942-1947 an der Hamline Univ. in St. Paul (MN)
- Vgl. Privatsammlung Ernst Krenek, QuECA, S. 169, und Ernst Krenek Papers (Univ. of California San Diego, Central Univ. Library, Mandeville Dept. of Special Coll.), QuECA, S. 194-202
- BHE II, 664f. • Claudia Maurer Zenck, «Ernst Krenek – ein Komponist im Exil», Wien 1980 • Ernst Krenek, «Die amer. Tagebücher 1937-1942. Dokumente aus dem Exil», hrsg. von Claudia Maurer Zenck, Wien u.a. 1992 • Ernst Krenek Institut Wien (http://www.krenek.com/)

Korrespondenz
Krenek, Ernst

5846 (1939)-[11]-?
Ernst Krenek an Mark Brunswick; TL (Abschrift annotiert), 1 S., engl. A Empfehlung/EK (für Richard Goetz; Stephen Duggan, Emergency Committee, Oberlaender Trust); Finanzen/Richard Goetz (braucht finanzielle Unterstützung trotz Jobs, Bitte um Empfehlung bei Fred M. Stein und Bernard Flexner)

→ Brief ähnlichen Inhalts: 1939-11-09

5847 1942-03-02
Ernst Krenek (Vassar College, Poughkeepsie, NY) an Betty Drury; ALS, 1 S., engl. A Finanzen/EK (Antrag auf Unterstützung bei Oberlaender Trust oder Carl Schurz Memorial Foundation, Bitte um Informationen zu den Modalitäten)

5848 1942-05-01
Roy D. Welch (Princeton Univ., Princeton, NJ) an Ernst Krenek (Vassar College, Poughkeepsie, NY); TL (Ab-schrift), 1 S., engl. A Projekte/EK (Empfehlung des Projekts "for the study of modality and of the inter-relations of modes and melodic patterns in mediaeval music" durch RW)

5849 1942-05-07
Ernst Krenek an Wilbur K. Thomas (Oberlaender Trust, Philadelphia, PA); TL (Abschrift), 2 S., engl. A Finanzen/EK (Antrag auf Unterstützung für Forschungsprojekt, Oberlaender Trust, Carl Schurz Memorial Foundation; positive Beurteilung des Projekts durch Roy D. Welch)

5850 1942-05-08
Ernst Krenek (Vassar College, Poughkeepsie, NY) an Betty Drury; ALS, 1 S., engl. A Empfehlung/Stephen Duggan (Bitte/EK um Empfehlungsschreiben an den Oberlaender Trust); Finanzen/EK (Antrag auf Unterstützung/Oberlaender Trust für Forschungsprojekt)

5851 1942-05-30
Ernst Krenek (Vassar College, Poughkeepsie, NY) an Laurens H. Seelye; TLS, 1 S., engl. A Anstellung/EK (für ein Jahr an Hamline Univ., St. Paul, Minnesota; Suche nach neuer Stelle, da "the position is somewhat less than I may be entitled to expect")

5852 1942-06-09
Laurens H. Seelye an Ernst Krenek (Vassar College, Poughkeepsie, NY); TL (Kopie), 1 S., engl. A Anstellung/EK (an Hamline Univ.; kann als Korrespondent des Emergency Committee tätig sein, Aufgabenbereich)

→ Antwortbrief mit Zusage: 1942-06-14

College of the City of New York

5853 1942-05-13
Betty Drury an Nelson P. Mead (College of the City of NY, NYC); TL, 1 S., engl. A Anstellung (Vakanz für Musikwissenschaftler an NY City College, Kandidaten Curt Sachs, Edward Lowinsky, Ernst Krenek); Empfehlung/Mark Brunswick (Statements zu Edward Lowinsky und Ernst Krenek)

FLEXNER, BERNARD
5854   1938-10-18
Betty Drury an Bernard Flexner (NYC); TL (Kopie annotiert), 1 S., engl. A Anstellung/ERNST KRENEK ("a temporary work at a small conservatory" in Boston); Empfehlung/BD (für ERNST KRENEK an BF); Kompositionen/ERNST KRENEK («Jonny spielt auf» op. 45)

VASSAR COLLEGE POUGHKEEPSIE
5855   1942-05-13
Henry White MacCracken (Vassar College, Poughkeepsie, NY) an Stephen Duggan (Institute of International Education, NYC); TLS, 1 S., engl. A Empfehlung/HM (für ERNST KRENEK zur finanziellen Unterstützung/Oberlaender Trust)

WESTERN RESERVE UNIVERSITY CLEVELAND
5856   1942-05-25
Laurens H. Seelye an W.G. Leutner (Western Reserve Univ., Cleveland, OH); TL (Kopie), 1 S., engl. A Anstellung (offene Stelle an Western Reserve Univ., Kandidaten ERNST KRENEK, EDWARD LOWINSKY, VICTOR ZUCKERKANDL)

MATERIAL ZUR BIOGRAFIE
5857   [1942]
Ernst Krenek; Lebenslauf; TD, 2 S., engl. E Einbürgerung/EK (first papers seit November 1938, Berechtigung zur vollen amer. Staatsangehörigkeit ab 1943); Einreise/EK (in die USA 1938 mit quota visa) A Biografie/EK (beruflicher Werdegang, Tätigkeiten in Europa und in den USA); Kompositionen/EK (Werkverzeichnis); Schriften/EK (Publikationsliste); Vortrag/EK (Liste der Univ., an denen er Vorträge gehalten hat)

→ Aktennotiz 1942-04-? in Archives of the Carl Schurz Memorial Foundation (Dok. 4075)

Leonid Kreutzer Subject File

- Leonid Kreutzer, 1884-1953, russ. Pianist, 1921-1933 Professor an der Hochschule für Musik in Berlin, 1933 Emigration in die USA, 1938 Immigration nach Japan
- BHE II, 665

KORRESPONDENZ
LEICHTENTRITT, HUGO
5858   1934-05-13
Hugo Leichtentritt (Cambridge, MA) an J. Earle Newton (New Jersey College for Women, Rutgers Univ.); TL (Abschrift unvollständig), 2 S., engl. A Biografie/LEONID KREUTZER (Professor an Hochschule Berlin, Konzertreisen nach Asien); Empfehlung/HL (für LEONID KREUTZER an EN zur Anstellung in den USA); Öffentlichkeit/LEONID KREUTZER (positive Beurteilung seiner Lehrtätigkeit)

RUTGERS UNIVERSITY NEW BRUNSWICK
5859   1934-05-15
Carl R[...] (Rutgers Univ., New Brunswick, NJ) an Edward R. Murrow (Emergency Committee, NYC); TLS, 2 S., engl. A Anstellung/LEONID KREUTZER (Überlegungen zu Stellenprofil); Empfehlung/HUGO LEICHTENTRITT (für LEONID KREUTZER); Finanzen (Antrag auf Unterstützung zur Anstellung/LEONID KREUTZER an Rutgers Univ.)

Robert Lachmann Subject File

- Robert Lachmann, 1892-1939, Musikethnologe, Studium bei Johannes Wolf und Carl Stumpf, 1935 Emigration nach Palästina
- BHE II, 682 • Edith Gerson-Kiwi, «Robert Lachmann. His Achievement and his Legacy», in: ‹Yuval› 3 (1974), 100-108

MATERIAL ZUR BIOGRAFIE
5860   [1933]
Robert Lachmann, «Dr. Robert Lachmann. Curriculum vitae»; Lebenslauf (Kopie); TD, 1 S., engl. A Biografie/RL (Ausbildung und Tätigkeiten)

5861   [1933]
Robert Lachmann; Fragebogen (Kopie); TD, 3 S., engl./dt.

E Finanzen/RL (Pension); Sprache/RL (Latein, Ital., Niederländisch, Griechisch, Engl., Frz., Arabisch); Verfolgung/RL (jüdische Herkunft) A Anstellung/RL (unbezahlt an Hebrew Univ., Jerusalem); Empfehlung (Referenzen für ROBERT LACHMANN/CARL STUMPF, JOH[ANNES] WOLF, A.H. FOX STRANGWAYS, EDWARD J. DENT, WILLIAM MARÇAIS, PROSPER RICARD, ÉDOUARD HERRIOT)

Oscar Lassner Subject File

- Oscar Lassner, 1888-1971, österr. Bariton, 1921-1932 Lehrtätigkeit am Konservatorium in Leipzig, Konzerttätigkeit, nach Emigration in den USA Anstellung bei der Philadelphia Opera Co. und Lehrtätigkeit am New Jersey College for Women (Rutgers Univ. New Brunswick, NJ)

KORRESPONDENZ
NEW JERSEY COLLEGE FOR WOMEN NEW BRUNSWICK
5862   1936-08-07
J. Earle Newton (New Jersey College for Women, New Brunswick, NJ) an Edward R. Murrow (Emergency Committee, NYC); TLS (annotiert), 1 S., engl. **E** Verfolgung/OSCAR LASSNER (Verlust der Lehrstelle aufgrund seiner jüdischen Herkunft) **A** Finanzen (Bitte um Unterstützung für Anstellung/OSCAR LASSNER am New Jersey College for Women); Öffentlichkeit/OSCAR LASSNER (Erfahrungen und Erfolge als Sänger, KARL STRAUBE)

MATERIAL ZUR BIOGRAFIE
5863   (1936)
Oscar Lassner, [Curriculum vitae] «Oscar Lassner»; Lebenslauf; TD, 1 S., engl. **A** Biografie/OL (Ausbildung, Anstellung, Konzerttätigkeit)
↦ *Aktennotiz (1941)-12-29 in Archives of the Carl Schurz Memorial Foundation (Dok. 4077)*

Fritz Lehmann Subject File

- Fritz Lehmann, 1882-1963, Bruder von Lotte Lehmann, Sänger und Gesangspädagoge, 1931-1938 Professor am Wiener Konservatorium, 1939 Emigration in die USA, ab 1940 Lehrtätigkeit an der Mannes School of Music in New York

KORRESPONDENZ
WALTER, BRUNO
5864   —
Bruno Walter; TL (Abschrift), ohne Adressat, 1 S., engl.; **A** Empfehlung/BW (für FRITZ LEHMANN)

MATERIAL ZUR BIOGRAFIE
5865   1941-04-29
Fritz Lehmann, «Curriculum vitae from Mr. Fritz Lehmann»; Lebenslauf (Abschrift); TD, 1 S., engl. **E** Einreise/FL (in die USA im Februar 1939) **A** Anstellung/FL (an Mannes School of Music); Biografie/FL (Ausbildung, beruflicher Werdegang)
↦ *Aktennotiz 1942-04-? in Archives of the Carl Schurz Memorial Foundation (Dok. 4078)*

Otto Lehmann Subject File

- Otto Lehmann, 1906-1971, Dirigent, Studium in Wien, Kapellmeistertätigkeit in Kaiserslautern, Mainz, Zürich

KORRESPONDENZ
LEHMANN, OTTO
5866   1938-03-31
Otto Lehmann (Hotel Wellington, NYC) an Betty Drury; ALS, 3 S., engl. **A** Biografie/OL (Musikstudium in Wien, Engagements als Dirigent); Empfehlung (Referenzen für OL/MARIA JERITZA, WILFRIED PELLETIER, ESTELLE LIEBLING)

Bert Lenth, in: Felix M. Gatz Subject File

- Bert Lenth (Pseudonym für: Siegbert Loewenthal), 1903-?, Musikschriftsteller und -kritiker für Zeitschriften und Rundfunk, 1933 Emigration nach Prag

KORRESPONDENZ
LENTH, BERT
5867   1938-08-27
Bert Lenth (Prag) an ? (Committee in Aid of Displaced German Scholars, NYC); TLS, 2 S., dt. **E** Affidavit (keine Verwandte, um Affidavit zu beschaffen, Einreise nur mit Vertrag über monatliches Einkommen möglich; WILL EARHART); Ausreise/BL (will in die USA emigrieren) **A** Biografie/BL (Tätigkeit als Musikschriftsteller und -kritiker); Empfehlung (Referenzen für BL/LEO KESTENBERG, ERIC BLOM, OTTO MAAG, KURT SCHENKER, HANNS EISLER, KARL BERREITTER, FRITZ HUG)

Erwin Leuchter Subject File

- Erwin Leuchter, 1902-1973, Musikwissenschaftler und Dirigent, Studium in Wien, 1936 Emigration nach Argentinien, Dirigent des PO Buenos Aires, Lehrtätigkeit

Korrespondenz
Krauss, Clemens
5868   1926-03-08
Clemens Krauss (Oper Frankfurt), ohne Adressat; TL (Abschrift), 1 S., dt. **A** Empfehlung/KK (für Erwin Leuchter)

Material zur Biografie
5869   [1934]
Erwin Leuchter, «Dr. Erwin Leuchter – Curriculum vitae»; Lebenslauf (Kopie); TD, 1 S., engl. **A** Biografie/EL (Ausbildung und Tätigkeiten)

5870   [1934]
Erwin Leuchter; Fragebogen (Kopie); PD/TD, 3 S., dt./engl. **E** Sprache/EL (fließendes Engl.); Verfolgung/EL (aufgrund des Verbots der SPÖ) **A** Biografie/EL (Werdegang und Anstellungen, Chorleiter an Volkshochschule); Empfehlung (Referenzen für EL/Anton Webern, David Josef Bach, Clemens Krauss); Finanzen/EL (Einkommen durch Dirigieren und Kurse)

Ulrich Leupold Subject File

- Ulrich Leupold, 1909-1970, Musikwissenschaftler und Theologe, Theologiestudium in Berlin und Zürich, Musikstudium in Berlin, Tätigkeit als Musiklehrer, 1939-1945 Tätigkeit als Pastor für die Canada Synod

Material zur Biografie
5871   (1935)
Ulrich Leupold; Fragebogen (Kopie); PD/TD, 3 S., dt./engl. **E** Sprache/UL (fließende engl. Sprache) **A** Biografie/UL (Tätigkeiten); Empfehlung (Referenzen für UL/Hans Joachim Moser, Oscar Soehngen, Paul Graff, Joh[annes] Wolf, Arnold Schering, W. Wendland, D.Fr. Siegmund-Schultze, Adolf Keller, Willi Schuh, Nils Karlstroem); Finanzen/UL (Lebensunterhalt durch Eltern)

↳ Beilagen: Lebenslauf und Publikationsliste (Dok. 5872)

5872   (1935)
Ulrich Leupold, Bewerbungsunterlagen für Emergency Committee:
– «Dr. Ulrich Leupold – Curriculum vitae»; Lebenslauf (Kopie); TD, 1 S., dt.
– «Dr. Ulrich Leupold – Publications»; Publikationsliste (Kopie); TD, 1 S., dt.

↳ Beilagen zu: Fragebogen (Dok. 5871)

Alexander Libermann Subject File

- Alexander Libermann, geboren 1896, russ. Pianist, Professor für Klavier am Mills College in Oakland (CA)

Korrespondenz
Cornell University Ithaca
5873   1940-08-21
Paul J. Weaver an Stephen Duggan (Institute of International Education, NYC); TL (Abschrift), 1 S., engl. **E** Affidavit (Egon Petri sucht Affidavitgeber für Alexander Liberman, möglicherweise Mischa Elman und Joseph Szigeti); Hilfe (Bitte um Hilfe für Alexander Libermann, russisch-jüdischer Musiker, muss aus Südfrankreich gerettet werden)

5874   1940-09-07
Stephen Duggan an Paul J. Weaver (Cornell Univ., Dept. of Music, College of Arts and Sciences, Ithaca, NY); TL (Kopie annotiert), 1 S., engl. **E** Einreise/Alexander Liberman (kann möglicherweise außerhalb der quota visa einreisen, da er als Musiker in eine andere Kategorie gehört); Hilfe (Weiterleitung der Anfrage/PW an National Refugee Service; Cecilia Razovsky)

5875   1940-09-26
Paul J. Weaver (Cornell Univ., College of Arts and Science, Ithaca, NY) an Stephen Duggan (Institute of International Education, NYC); TLS, 1 S., engl. **E** Affidavit (PW hat noch keinen "affidavit of support" für Alexander Liberman; Cecilia Razovsky, Mildred Adams)

Klaus Liepmann Subject File

- Klaus Liepmann, 1907-1990, Geiger, Bratschist, Pianist, Studium bei Bram Eldering an der Musikhochschule Köln, Privatunterricht bei Carl Flesch, 1933 bereits in den USA
- BHE II, 730

KORRESPONDENZ
ABENDROTH, HERMANN

5876   1931-07-17
Hermann Abendroth (Köln) an Edwin Fischer (Berlin); TL (Abschrift), 1 S., engl.

→ *Identisches Dokument in Office of the President – General Administrative Records, Juilliard School Archives (Dok. 5360)*

ANTIOCH COLLEGE YELLOW SPRINGS

5877   1933-09-29
Edward R. Murrow an A.D. Henderson (Antioch College, Yellow Springs, OH); TL, 1 S., engl. E Hilfe (für KLAUS LIEPMANN bislang nicht möglich; Carl Schurz Memorial Foundation, Oberlaender Trust, WILBUR K. THOMAS)

5878   (1933)-[10]-?
A.D. Henderson an Klaus Liepmann (NYC); TD (Abschrift), 1 S., engl. A Anstellung/KL (am Antioch College); Finanzen (Unterstützung für Anstellung/KL)

5879   1933-10-03
A.D. Henderson an Edward R. Murrow (NYC); TL (Abschrift), 1 S., engl. A Anstellung/KLAUS LIEPMANN (muss Stelle am Antioch College bis Anfang Oktober antreten; weitere Beschäftigung als Privatlehrer in Philadelphia; SAMUEL S. FELS)

CARL SCHURZ MEMORIAL FOUNDATION

5880   1933-09-23
Edward R. Murrow an Wilbur K. Thomas (Carl Schurz Memorial Foundation, Philadelphia, PA); TL (Kopie annotiert), 2 S., engl. E Sprache/KLAUS LIEPMANN ("very anxious to secure some training in Engl. as well as an Amer. degree") A Anstellung/KLAUS LIEPMANN (offene Stelle am Antioch College, Überlegungen zur Finanzierung; A.D. HENDERSON)

INSTITUTE OF INTERNATIONAL EDUCATION

5881   1934-02-07
Betty Drury (Institute of International Education) an Edward R. Murrow (Institute of International Education); TL (annotiert), 1 S., engl. E Einbürgerung/KLAUS LIEPMANN (hat Frage zu seinem Visum, möchte Studentenstatus) A Studium/KLAUS LIEPMANN (am Teachers College [Columbia Univ.])

MATERIAL ZUR BIOGRAFIE

5882   1933
Klaus Liepmann, «History of Klaus Liepmann, Violinist»; Lebenslauf (Kopie); TD, 5 S., engl.

→ *Identisches Dokument in Office of the President – General Administrative Records, Juilliard School Archives (Dok. 5388)*

5883   1933 bis 1934
«Five Chamber Music Concerts under the Direction of Mr. Klaus Liepmann»; Programmheft; PD, 1 S., engl.; dazu Pressemitteilung (TD, Kopie annotiert, 1 S., engl). A Aufführung/KLAUS LIEPMANN (Leitung von Kammerkonzerten, Young People's Organization)

→ *Aktennotiz 1940-10-01 in Archives of the Carl Schurz Memorial Foundation (Dok. 4079)*

Antonie Lilienfeld Subject File

- Antonie Lilienfeld, geboren 1879, Musikwissenschaftlerin und Pianistin, Studium bei Curt Sachs, Direktorin der Musikabteilung des Lyzeum Klub Berlin, 1942 Emigration in die USA

KORRESPONDENZ
LILIENFELD, ANTONIE

5884   1942-11-24
Antonie Lilienfeld (NYC) an ? (Emergency Committee, NYC); ALS, 2 S., engl. E Verfolgung/AL (aufgrund jüdischer Herkunft) A Empfehlung/JOHANNES WOLF (für AL); Finanzen/AL (Antrag auf Unterstützung/CURT SACHS)

5885   1942-12-09
Antonie Lilienfeld (NYC) an ? (Emergency Committee, NYC); ALS (annotiert), 1 S., engl. A Finanzen/AL (Bitte um Unterstützung ihrer musikwissenschaftlichen Arbeit); Projekte/AL (Studien zur Synagogal- und Kirchenmusik)

5886   1943-04-09
Betty Drury an Antonie Lilienfeld (Cooperative Residence Club, NYC); TL (Kopie), 1 S., engl. A Finanzen/Emergency Committee (Ablehnung einer Förderung für Forschungsprojekt/AL wegen schwieriger finanzieller Situation)

SACHS, CURT

5887   1942-11-16
Curt Sachs (NY Univ., NYC) an Betty Drury (Emergency Committee, NYC); TLS (annotiert), 1 S., engl. E Ausreise/ ANTONIE LILIENFELD ("When a few months ago she had to leave Germany, the police seized her manuscripts and materials") A Empfehlung/CS (für ANTONIE LILIENFELD zur finanziellen Unterstützung ihres Buchprojekts zur Synagogal- und Kirchenmusik)

→ *Brief ähnlichen Inhalts: 1942-12-18*

MATERIAL ZUR BIOGRAFIE

5888   —
Antonie Lilienfeld, «Antonie E. Lilienfeld»; Lebenslauf (Kopie); TD, 1 S., engl. A Biografie/AL (Studium bei [CONRAD] ANSORGE, JOH[ANNES] WOLF, ERICH MORITZ VON HORNBOSTEL, WOLFGANG KOEHLER; akademischer Werdegang, Vortragstätigkeit); Schriften/AL (Publikationsliste)

5889   1940 bis 1942
Empfehlungsschreiben für Antonie Lilienfeld:

– 1940-12-14: Franz Landsberger (Cincinnati, OH) an Betty Drury; ALS, 2 S., engl

– 1942-12-15: Max Wertheimer (New School for Social Research, NYC) an Betty Drury (Emergency Committee, NYC); ALS, 1 S., engl.
– 1942-12-22: Erich Hertzmann (Columbia Univ., NYC) an Betty Drury (Emergency Committee, NYC); TLS, 1 S., engl.

5890 1943-04-06
«Emergency Committee Fellowship. Scholar: Antonie L. Lilienfeld, Musicologist»; Aktennotiz (Kopie); TD, 2 S., engl. **A** Empfehlung (Referenzen für ANTONIE LILIENFELD/ CURT SACHS, JOH[ANNES] WOLF, [EDUARD?] SPRANGER, FRIEDA WUNDERLICH, MAX WERTHEIMER, FRANZ LANDSBERGER, ERICH HERTZMANN); Finanzen/ANTONIE LILIENFELD (Antrag auf Unterstützung eines Forschungsprojektes beim Emergency Committee)

Kurt List Subject File

- Zur Biografie vgl. S. 39
- Vgl. Kurt List Subject File (American Composers' Alliance, S. 39f.)

KORRESPONDENZ
SHEBAR, BENJAMIN

5891 1938-07-21
Benjamin Shebar (Freeport, NY) an Stephen Duggan (Institute of International Education, NYC); TLS, 1 S., engl. **E** Hilfe (Bitte/BS um Informationen zu Fellowships und Unterstützungsmöglichkeiten für KURT LIST; PHILIP M. HAYDEN) **A** Empfehlung/BS (für KURT LIST)

5892 1938-07-22
Eunice Lisowski an Benjamin Shebar (Freeport, NY); TL (Kopie), 1 S., engl. **E** Hilfe (Antrag für KURT LIST zu spät, Univ. und Colleges geschlossen; KURT LIST zu jung für Hilfe des Emergency Committee, Verweis an die Juilliard Musical Foundation, Ass. of Amer. Colleges)

Fernando Liuzzi Subject File

- Fernando (auch: Ferdinando) Liuzzi, 1884-1940, ital. Musikwissenschaftler und Komponist, Professor für Musiktheorie und -ästhetik, 1939 Emigration nach Belgien und USA-Besuch, wegen Krankheit Rückkehr nach Italien

MATERIAL ZUR BIOGRAFIE

5893 (1939)-?-?
Fernando Liuzzi, «Curriculum vitae. Fernando Liuzzi, Musical Composer, Scholar and Writer»; Lebenslauf (Kopie); TD, 7 S., engl. **A** Biografie/FL (Ausbildung, Werdegang und Qualifikationen); Kompositionen/FL (Werke und Bearbeitungen); Schriften/FL (Bücher und Aufsätze)

5894 1939-11-24
Betty Drury, «Interview Memorandum»; Aktennotiz; PD/ AD, 1 S., engl. **E** Sprache/FERNANDO LIUZZI (kein flüssiges Engl.) **A** Anstellung/FERNANDO LIUZZI (an Columbia Univ. für Sommersemester); Öffentlichkeit/FERNANDO LIUZZI ("his brilliant career"; MAX ASCOLI); Projekte/FERNANDO LIUZZI (Arbeit an Buch, Teilfinanzierung durch Columbia Univ. Press)

5895 1939-11-24
Karteikarte; PD/AD, 1 S., engl. **E** Einreise/FERNANDO LIUZZI (in die USA im September 1939); Hilfe (mögliche Kontaktaufnahme zwischen Emergency Committee und CARLETON SPRAGUE SMITH bezüglich FERNANDO LIUZZI)

Theodor Hans Loewy Subject File

- Theodor Hans Loewy, geboren 1891, österr. Musiktheoretiker, Studium in Wien (u.a. bei Franz Schreker), Spezialgebiet Akustik, 1918-1937 verschiedene Lehrtätigkeiten, 1939 Emigration nach London, 1941 Immigration in die USA

SCHRIFTEN
LOEWY, THEODOR HANS

5896 [1943]-[08]-?
Theodor Hans Loewy, «Zusätzliches betreffend Inhalt und Methode» [seiner Forschungen] & «Persönliches über frühere Tätigkeit u[nd] jetzige Situation»; Memorandum, TD (annotiert), 2 S., dt.; in mehreren Abschriften und Übersetzungen (engl.) vorhanden **E** Ausreise/TL (Emigration nach "Anschluss" Österreichs, Rettung seiner Mss.; Ehefrau konnte Wien 1941 kurz vor Deportation verlassen); Hilfe (finanzielle Unterstützung/TL durch National Refugee Service) **A** Anstellung/TL (hat zwei Jahre in Gerberei gearbeitet, "Defense-work"); Biografie/TL (Tätigkeit als Musiklehrer in Wien); Finanzen/TL (großer Teil der Schulden abbezahlt, ersparter Betrag für Übersiedlung nach NYC verwendet); Projekte/TL (Buchprojekt zur Theorie des musikalischen Hörens)

KORRESPONDENZ

CARROLL, JOSEPH

5897   1943-09-01
Joseph Carroll (Marquette Univ., Physics Dept., Milwaukee, WI) an Betty Drury; ALS, 1 S., engl. A Empfehlung/JC (für THEODOR HANS LOEWY an BD, hoher Wert seiner Forschung im Bereich des musikalischen Hörens auf physiologischer Basis)

LOEWY, THEODOR HANS

5898   1943-04-13
Theodor Hans Loewy (c/o Pump, Milwaukee, WI) an ? (Emergency Committee, NYC); TLS (annotiert), 1 S., engl. A Anstellung/TL ("earning my life by working in a defense plant but I can not stand physically"; Suche nach "light job [...] in order to have enough time for my scientific work"); Biografie/TL (Lehrtätigkeit in Musiktheorie); Finanzen/TL (Bitte um Informationen zur Unterstützung einer Publikation)

5899   1943-05-10
Betty Drury an Theodor Hans Loewy (c/o Pump, Milwaukee, WI); TL (Kopie), 2 S., engl. E Hilfe/Emergency Committee (kann keine Stelle für TL vermitteln, aber vielleicht Übersetzung seines Buches unterstützen, Antrag erwünscht; Jewish Social Service Ass.)

5900   1943-11-11
Stephen Duggan an Theodor Hans Loewy (NYC); TL (Kopie), 1 S., engl. A Finanzen/Emergency Committee (Absage einer Unterstützung für Forschungsprojekt/TL)

LANGFELD, HERBERT SIDNEY

5901   1943-10-12
Herbert Sidney Langfeld (Princeton Univ., Princeton, NJ) an Betty Drury (NYC); TLS (annotiert), 1 S., engl. A Empfehlung/HSL (kann Bedeutung des Forschungsprojekts/THEODOR HANS LOEWY nicht beurteilen, da er auf anderem Gebiet tätig ist, schätzt aber dessen wissenschaftlchen Anspruch); Treffen/HSL (mit THEODOR HANS LOEWY, Princeton Univ.)

MATERIAL ZUR BIOGRAFIE

5902   1940-08-06
Ruth O'Donnell, «Interview Memorandum»; Aktennotiz; PD/AD, 1 S., engl. E Hilfe (finanzielle Unterstützung für THEODOR HANS LOEWY durch National Refugee Service; Jewish Social Service Ass.; MARK BRUNSWICK, JULIUS LOEB); Verwandte/THEODOR HANS LOEWY (Ehefrau noch in Wien, finanzielle Unterstützung zur Reise nötig)

5903   1943-08-23
Theodor Hans Loewy, «Theodor Hans Loewy. Curriculum vitae»; Lebenslauf (annotiert); TD, 1 S., engl. E Emigrationsweg/TL (1939 London, 1941 USA) A Biografie/TL (Ausbildung und Werdegang, Studium bei CYRILL HYNAIS, HERM[ANN] GRÄDENER, FRANZ SCHREKER, ? TANDLER, ? TIRRING, ? SCHEMINSKY)

5904   (1943)-08-23
«Application for Fellowship. Scholar: Theodor Hans Loewy, Student of Musical Acoustics»; Aktennotiz (Kopie annotiert); TD, 3 S., engl. A Biografie/THEODOR HANS LOEWY (Lehrtätigkeit in Wien; Forschungen auf dem Gebiet der Physiologie des musikalischen Hörens); Empfehlung/JOSEPH CARROLL (für THEODOR HANS LOEWY; HERBERT SIDNEY LANGFELD äußert sich skeptisch über sein Projekt)

Karl Lorenz Subject File

• Karl Lorenz (Lebensdaten unbekannt), Pianist und Dirigent, Studium in Heidelberg und Bonn

MATERIAL ZUR BIOGRAFIE

5905   —
«Two Courses on Music Appreciation by Karl Lorenz»; Pressemitteilung; PD, 2 S., engl. E Einbürgerung/KARL LORENZ (Verzicht auf dt. Staatsbürgerschaft aus Protest über Vertreibung/ALBERT EINSTEIN und BRUNO WALTER aus öffentlichen Ämtern) A Biografie/KARL LORENZ (Werdegang); Vortrag/KARL LORENZ (Kurse an New School for Social Research)

Egon Lustgarten Subject File

• Egon Lustgarten, 1887-1961, österr. Komponist und Dirigent, 1921-1938 Professor für Kompositi-on und Musiktheorie am Neuen Wiener Konservatorium, 1938 Emigration in die USA, 1953 Rückkehr nach Österreich

• Vgl. Egon Lustgarten Subject File in Alfred E. Cohn Papers (Rockefeller Archive Center, S. 340)

• BHE II, 737 • Eveline Möller, «Die Musiklehranstalten der Stadt Wien und ihre Vorläufer in der ersten Hälfte des 20. Jahrhunderts», Diss. Univ. Wien 1994 • Datenbank Orpheus Trust Wien

KORRESPONDENZ

AMERICAN COMMITTEE FOR CHRISTIAN GERMAN REFUGEES

5906   1938-07-18
Alice Waldo an Olin D. Wannamaker (Amer. Director of Trustees [of] Lignan Univ., NYC); TLS (annotiert), 2 S., engl. E Affidavit (Suche nach privatem Affidavitgeber für EGON LUSTGARTEN, MAX HELFMAN als Möglichkeit); Hilfs-

organisationen (Musicians Emergency Fund, Emergency Committee)

AMERICAN COMMITTEE FOR CHRISTIAN REFUGEES
5907 1939-01-25
Helen Day an Egon Lustgarten (NYC); TL (Abschrift), 1 S., engl. A Anstellung/EL (freie Stelle am North Texas [State] Teachers College, Denton, Texas; KARL WEIGL); Empfehlung/ERNST KANITZ (für EL an WILFRIED BAIN; Miss ? WILLFONG)

5908 1943-09-01
Irene Headley Armes (Amer. Committee for Christian Refugees, Inc., NYC) an Betty Drury (Emergency Committee, NYC); TLS (annotiert), 1 S., engl. A Projekte/EGON LUSTGARTEN ("his plan to complete a cycle of youth operas upon which he has been working for several years"; Interesse eines Musikverlags, finanzielle Unterstützung/Emergency Committee)

LUSTGARTEN, EGON
5909 1943-09-10
Egon Lustgarten (Enlgewood, NJ) an ? (Emergency Committee, NYC); TLS, 1 S., engl. A Finanzen/EL (Antrag auf Unterstützung zur Vollendung seines Opernprojekts); Kompositionen/EL (Operntrilogie "based on folk tales")

5910 1943-09-20
Egon Lustgarten (Englewood, NJ) an Stephen Duggan (Emergency Committee, NYC); TLS, 1 S., engl. A Anstellung/EL (am Musical Dept. of Edgewood School, Greenwood; Musikstunden am Master Institute of United Arts, NYC); Finanzen/EL (kein Einkommen, Unterstützung durch Verwandte und Amer. Committee for Christian Refugees, Mietzahlungen durch Social Service Federation of Englewood); Projekte/EL (Vollendung seines Opernprojekts als "contribution to the cultural life of this country")

5911 1943-09-24
Betty Drury an Egon Lustgarten (Englewood, NJ); TL (Kopie), 1 S., engl. A Finanzen/Emergency Committee (Ablehnung einer Unterstützung für EL)

NEUES WIENER KONSERVATORIUM
5912 1938-03-11
Josef Reitler (Neues Wiener Konservatorium, Wien), ohne Adressat; TL (Abschrift), 1 S., engl. A Empfehlung/JR (für EGON LUSTGARTEN)

MATERIAL ZUR BIOGRAFIE
5913 (1938)
Egon Lustgarten, Bewerbungsunterlagen für Emergency Committee:
– «Curriculum vitae»; Lebenslauf (Abschrift); TD, 1 S., engl.
– «List of Publications»; Publikationsliste (Kopie); TD, 1 S., engl.
– «Reviews»; Clippings (Abschrift annotiert); TD, 2 S., engl.

5914 1943-02-12
Egon Lustgarten, «Biographical Statement»; Lebenslauf; TD, 2 S., engl. E Einreise/EL (in die USA im Oktober 1938 mit immigration visa) A Biografie/EL (beruflicher Werdegang und Tätigkeiten in Europa und den USA); Empfehlung (Referenzen für EL/NETTY HORCH, EUPHROSYNE LANGLEY, HENRY ELKAN, MARGARET LLOYD, MAX HELFMAN)

5915 1943-09-22
«Application for Fellowship. Scholar: Egon Lustgarten, Musicologist»; Aktennotiz (Kopie); TD, 2 S., engl. A Empfehlung (Referenzen für EGON LUSTGARTEN/HUGO KAUDER, JOSEF REITLER, KARL WIENER, CARL LAFITE, BOHUMIR KOLAR); Finanzen/EGON LUSTGARTEN (Antrag auf Fellowship für Opernprojekt)

➔ *Aktennotiz 1942-11-? in Archives of the Carl Schurz Memorial Foundation (Dok. 4084)*

Alfred Mann Subject File

- Alfred Mann, geboren 1917, amer. Musikwissenschaftler, Sohn von Edith Weiss-Mann, 1937 an der Musikhochschule Berlin, 1938 an der Scuola di Musica in Mailand, 1939 Emigration in die USA, Studium an der Columbia Univ., Lehrtätigkeit am Curtis Institute in Philadelphia (PA), 1947 an der Rutgers Univ. in New Brunswick (NJ), 1980 an der Eastman School of Music in Rochester (NY)
- BHE II, 768f.

KORRESPONDENZ
OBERLAENDER TRUST
5916 1939-06-28
Wilbur K. Thomas (Oberlaender Trust, Philadelphia, PA) an Betty Drury (Emergency Committee, NYC); TLS, 1 S., engl. A Finanzen/Oberlaender Trust (Unterstützung für Anstellung/ALFRED MANN am Curtis Institute of Music; Frage nach zusätzlicher Unterstützung/Emergency Committee)

MATERIAL ZUR BIOGRAFIE
5917 1939-06-15
Karteikarte; PD/AD, 1 S., engl. E Einreise/ALFRED MANN (mit visitors visa) A Biografie/ALFRED MANN (Tätigkeit in Europa und in den USA)

➔ *Aktennotiz 1940-10-26 in Archives of the Carl Schurz Memorial Foundation (Dok. 4078)*

Konrad Maril Subject File

- Konrad Maril, 1889-1956, österr. Verleger, Librettist und Komponist, Studium der Musikwissenschaft in Wien, Kompositionsstudium in Prag, Tätigkeit als Musikkritiker und Musikkorrespondent, 1936 Emigration nach Großbritannien, 1938 Immigration in die USA, Arbeit bei NBC Radio City, Übersetzertätigkeit

MATERIAL ZUR BIOGRAFIE

5918 [1940]
«Dr. Konrad Maril»; Lebenslauf; TD (Kopie annotiert), 1 S., engl. A Biografie/KONRAD MARIL (Studium der Musikwissenschaft und Geschichte an Univ. Wien, Tätigkeit als Musikkritiker, Klavier- und Theorielehrer; Lektor für Verlag Fischer, Übersetzer); Empfehlung (Referenzen für KONRAD MARIL/KAROL RATHAUS, JASCHA HORENSTEIN, KURT WEILL, THOMAS MANN, OTTO LUDWIG PREMINGER); Kompositionen/KONRAD MARIL ("songs and incidental stage music")

5919 1940-04-08
Betty Drury, «Interview Memorandum»; Aktennotiz; AD/TD, 1 S., engl. E Hilfe/Oberlaender Trust (für KONRAD MARIL; ERNST KANITZ) A Vortrag/KONRAD MARIL (unbezahlte Vortragsreihe in NYPL)

5920 1940-04-08
Karteikarte; PD/AD, 1 S., engl. E Einreise/KONRAD MARIL (im Juni 1938 mit quota visa)

→ Aktennotiz 1941-02-26 in Archives of the Carl Schurz Memorial Foundation (Dok. 4092)

Albert Mayer-Reinach Subject File

- Albert Mayer-Reinach, 1876-1954, Musikwissenschaftler, Studium in München und Berlin, 1904-1930 Dozent an der Univ. Kiel, 1924 Direktor des Krüss-Färber Konservatoriums in Hamburg, 1933 Emigration nach Schweden, 1936 Direktor der Musikschule in Örebro

MATERIAL ZUR BIOGRAFIE

5921 1936-06-26
«Musicologists Suggested by Walter M. Kotschnig to Dean Shofstall of Stephens College and President von KleinSmid of the USC under Date of June 26, 1936 (Excerpt)»; Aktennotiz (Kopie); TD, 1 S., engl. A Biografie/ALBERT MAYER-REINACH (Ausbildung, Musikstudium in München; Tätigkeiten); Empfehlung/WALTER KOTSCHNIG (für ALBERT MAYER-REINACH)

Hans Mersmann Subject File

- Hans Mersmann, 1891-1971, Musikwissenschaftler, Studium in München, Leipzig und Berlin, bis 1933 Lehrtätigkeit an Sternschem Konservatorium und TU Berlin, 1933-1945 private Lehrtätigkeit, 1946-1947 Lehrtätigkeit an der Staatlicher Hochschule für Musik in München, 1947-1958 Direktor der Hochschule für Musik in Köln

KORRESPONDENZ
MERSMANN, HANS

5922 1937-10-26
Hans Mersmann (Berlin) an ?; TL, 1 S., dt. E Ausreise/HM (wegen politischer Lage Suche nach Stelle in den USA); Biografie/HM (Lehrtätigkeit, Arbeit für Presse und Rundfunk; Forschungsauftrag des Reichserziehungsministeriums)

→ Beilagen: Lebenslauf und Publikationsliste (Dok. 5924)

VASSAR COLLEGE POUHKEEPSIE

5923 1937-11-224
George S. Dickinson (Vassar College, Dept. of Music, Poughkeepsie, NY) an John Whyte (Emergency Committee, NYC); TLS, 1 S., engl. A Empfehlung/GD (für HANS MERSMANN an JW)

MATERIAL ZUR BIOGRAFIE

5924 (1937-10-26)
Hans Mersmann, Bewerbungsunterlagen für Emergency Committee:

– «Hans Mersmann: Lebenslauf»; Lebenslauf (Kopie); TD, 1 S., engl.
– «Veroeffentlichungen in Buchform» & «Schriften und groessere Aufsaetze»; Publikationsliste; TD, 2 S., dt.

→ Beilagen zu Brief Hans Mersmann 1937-10-26 (Dok. 5922)

Ernst Hermann Meyer Subject File

- Ernst Hermann Meyer, 1905-1988, Musikwissenschaftler und Komponist, privater Musiklehrer für Komposition und Theorie, Stipendiat der Notgemeinschaft der Dt. Wissenschaft, als Korrespondent diverser Zeitungen international tätig, ab 1930 Mitglied der KPD, Emigration nach London, 1948

Rückkehr nach Deutschland, unterrichtete Musikgeschichte an der Humboldt-Univ. in Berlin

SCHRIFTEN

5925 (1934)
Ernst Hermann Meyer, «Dr. Ernst Hermann Meyer. Application. Proposal for Research»; Synopsis, TD (Kopie), 2 S., engl. **A** Projekte/EHM (Forschungsprojekt zur Geschichte der Triosonate)

MATERIAL ZUR BIOGRAFIE

5926 (1934)
Ernst Hermann Meyer; Fragebogen (Kopie); PD/TD, 2 S., engl. E Finanzen/EHM (unregelmäßiges Einkommen durch Tätigkeit als Musikkritiker, Vorträge und Konzerte; keine Rücklagen); Sprache/EHM (befriedigende Englischkenntnisse, außerdem Frz., Span., Ital.); Verfolgung/EHM (1933 Entlassung aus akademischen Ämtern) **A** Anstellung/EHM ("occasional employment" bei BBC); Biografie/EHM (akademische Karriere; Tätigkeitsfelder alte Musik, Musiksoziologie, Kompositionstheorie); Empfehlung (Referenzen für EHM/HEINRICH BESSELER, JOHANNES WOLF, FRIEDRICH BLUME, EDWARD J. DENT, A[RTHUR] H. FOX STRANGEWAYS, HENRY COPE COLLES, GERALD R. HAYES, OTTO KINKELDEY, OLIVER STRUNK, CARL NEF, P[IERRE] MASSON)

→ *Beilagen: Lebenslauf und Publikationsliste (Dok. 5927) sowie Empfehlungsschreiben (Dok. 5928)*

5927 (1934)
Ernst Hermann Meyer, Bewerbungsunterlagen:
– «Dr. Ernst Hermann Meyer. Curriculum vitae»; Lebenslauf (Kopie); TD, 1 S., engl.
– «Dr. Ernst Hermann Meyer. Publications»; Publikationsliste (Kopie); TD, 1 S., dt.

→ *Beilagen zu: Fragebogen (Dok. 5926)*

5928 1934-12-09 bis 1934-12-12
Empfehlungsschreiben für Ernst Hermann Meyer:
– 1934-12-09: Heinrich Besseler (Musikwissenschaftliches Seminar der Univ. Heidelberg) an ? [Academic Assistance Council, London]; TL (Abschrift), 1 S., dt.
– 1934-12-09: Johannes Wolf (Berlin); TL (Abschrift), 1 S., engl.
– 1934-12-12: Edward J. Dent (Cambridge); TL (Abschrift), 1 S., engl.
– 1934-12-12: Gerald R. Hayes (London) an ? (Academic Assistance Council, London); TL (Abschrift), engl.

→ *Beilagen zu: Fragebogen (Dok. 5926)*

Kathi Meyer-Baer Subject File

- Kathi Meyer-Baer, 1892-1977, Musikwissenschaftlerin und Bibliothekarin, Studium in Leipzig und Berlin, Tätigkeit als Musikkritikerin, 1922-1936 Bibliothekarin der Paul-Hirsch-Bibliothek in Frankfurt am Main, 1936 Emigration nach Frankreich, 1940 Immigration in die USA, 1942-1943 in der Musikabteilung der NYPL tätig
- BHE II, 813

KORRESPONDENZ
LIBRARY OF CONGRESS
5929 1940-11-23
R.D. Jameson (Library of Congress, Washington, DC) an Stephen Duggan; TL (Kopie), 1 S., engl. **A** Anstellung (an Library of Congress, möglich für DAVID BAUMGARDT, HENRI FOCILLON, KARL GEIRINGER, ANGELO PIERO SERENI, EGON WELLESZ, FRANZ RAPP, SERGIUS YAKOBSON, keine Anstellung für KATHI MEYER-BAER; JULIEN CAIN)

MEYER-BAER, KATHI
5930 1942-12-02
Kathi Meyer-Baer (New Rochelle, NY) an Betty Drury (Emergency Committee, NYC); TLS, 1 S., engl. **A** Empfehlung/CARL ENGEL (für Buch/KMB, zusätzliche Referenzen/CARLETON SPRAGUE SMITH und RICHARD S. ANGELL); Projekte/KMB (Publikation des vierten Katalogbands der Paul Hirsch Music Library, Bitte um finanzielle Unterstützung)

NEW YORK PUBLIC LIBRARY
5931 1942-10-06
Paul North Rice (NYPL, NYC) an Stephen Duggan (Emergency Committee, NYC); TLS (annotiert), 1 S., engl. **A** Anstellung/KATHI MEYER-BAER (an NYPL, Terminierung des Anstellungsverhältnisses, vorläufig kein neuer Antrag auf Zuwendung zur Stellenförderung geplant); Finanzen/Emergency Committee (Zuwendung für ARON FREIMANN zur Anstellung an NYPL)

MATERIAL ZUR BIOGRAFIE
5932 1943-04-06
«Emergency Committee Fellowship. Scholar: Kathi Meyer-Baer»; Aktennotiz (Kopie annotiert); TD, 1 S., engl. E Einreise/KATHI MEYER-BAER (Ankunft in den USA im März 1940) **A** Biografie/KATHI MEYER-BAER (Bibliothekarin an Paul Hirsch Music Library, Frankfurt; Musikkritikerin der ‹Frankfurter Zeitung› und ‹Neue Musikzeitung›; Dozentin für Musikgeschichte, Volkshochschule Frankfurt); Empfehlung/KATHI MEYER-BAER (positive Beurteilung ihrer Arbeit durch R.D. JAMESON, CARL ENGEL, CARLETON SPRAGUE SMITH, A.F. SCHOFIELD, R.S. ANGELL, Mrs. K.E. GILBERT); Finanzen/KATHI MEYER-BAER (Unterstützung/Emergency Committee zur Publikation des Katalogs der Paul Hirsch Music Library, William Byrd Press; PAUL HIRSCH)

→ *Aktennotiz 1941-02-26 in Archives of the Carl Schurz Memorial Foundation (Dok. 4096)*

Darius Milhaud Subject File

- Darius Milhaud, 1892-1974, frz. Komponist, 1940 Emigration in die USA, 1940-1951 Lehrtätigkeit am Mills College in Oakland (CA), 1947 Rückkehr nach Frankreich
- Vgl. Darius Milhaud Subject File in Alfred E. Cohn Papers (Rockefeller Archive Center, S. 341)
- Darius Milhaud, «Notes sans musique», Paris 1949 (erweiterte 2. Auflage als «Ma vie heureuse», Paris 1974)

KORRESPONDENZ
EMERGENCY COMMITTEE
5933   1943-01-05
Ruth O'Donnell an Darius Milhaud (Oakland, CA); TL (Kopie), 1 S., engl. **A** Empfehlung/DM (für JOSEPH ROGATCHEWSKY; Ablehnung einer Unterstützung/Emergency Committee)

5934   1943-06-14
Darius Milhaud an Stephen Duggan; TLS (annotiert), 2 S., engl. **A** Anstellung/DM (am Mills College, Oakland); Finanzen/DM (Einkommen durch Lehrtätigkeit, Dirigierverpflichtungen und Auftragskompositionen); Kompositionen/DM (Opernprojekt «Bolivar» op. 236, Suche nach finanzieller Förderung; League of Composers) **R** Kulturpolitik/DM (Opernprojekt "may be interesting for the Pan amer. relations and the good neighbouring policy")

→ Briefe ähnlichen Inhalts: 1943-06-21 und 1943-06-28

LEAGUE OF COMPOSERS
5935   1943-06-21
Darius Milhaud (Mills College, Oakland, CA) an Claire R. Reis; TL (Abschrift), 1 S., engl. **E** Hilfsorganisationen (Emergency Committee "is not only for jobless refugees" sondern "also interested in cultural work") **A** Anstellung/DM (Lehrverpflichtung an Summer School, Mills College); Finanzen/DM (Suche nach Unterstützung für Arbeit an «Bolivar» op. 236; finanzielle Einbußen durch Reisekosten); Kompositionen/DM («Bolivar» op. 236, Libretto/MADELEINE MILHAUD nach JULES SUPREVILLE)

→ Antwortbrief mit Ablehnung: 1943-08-02

MATERIAL ZUR BIOGRAFIE
5936   1943-06-09
«Emergency Committee Fellowship. Scholar: Darius Milhaud, Composer»; Aktennotiz (Kopie); TD, 1 S., engl. **A** Anstellung/DARIUS MILHAUD (am Mills College, Oakland); Empfehlung/CLAIRE R. REIS (für DARIUS MILHAUD); Finanzen/DARIUS MILHAUD (Antrag auf Unterstützung für Arbeit an Opernprojekt)

Robert Müller-Hartmann Subject File

- Robert Müller-Hartmann, 1884-1950, Komponist, Studium am Sternschen Konservatorium in Berlin, 1923-1933 Dozent an der Univ. Hamburg, 1937 Emigration nach London
- BHE II, 839

MATERIAL ZUR BIOGRAFIE
5937   1934-11-?
«Displaced German Scholars Available for Academic Positions. Musicology. Müller-Hartmann, Robert»; Aktennotiz; TD, 1 S., engl. **A** Biografie/ROBERT MÜLLER-HARTMANN (Lehrtätigkeit in Hamburg)

5938   1936-06-26
«Musicologists Suggested by Walter M. Kotschnig to Dean Shofstall of Stephens College and President von Klein-Smid of the USC under Date of June 26, 1936 (Excerpt)»; Aktennotiz (Kopie); TD, 1 S., engl. **E** Sprache/ROBERT MÜLLER-HARTMANN ("very little English") **A** Biografie/ROBERT MÜLLER-HARTMANN (Studium und Lehrtätigkeit)

Marianne Munk Subject File

- Marianne Munk (Lebensdaten unbekannt), Pianistin am Wiener Konservatorium

MATERIAL ZUR BIOGRAFIE
5939   1938-12-20
«Interview Memorandum»; Aktennotiz; AD/TD, 1 S., engl. **E** Einreise/MARIANNE MUNK (mit "regular visa" in Begleitung ihres Ehemannes) **A** Anstellung/MARIANNE MUNK (Suche nach "position in school")

Alfred Sigurd Nansen Subject File

- Alfred Sigurd Nansen (Lebensdaten unbekannt), Gesangslehrer

KORRESPONDENZ
AMERICAN COMMITTEE FOR CHRISTIAN REFUGEES
5940   1939-02-28
Betty Drury an Alice Waldo (Amer. Committee for Christian Refugees, NYC); TL (Kopie), 1 S., engl. E Hilfe (Bitte um Unterstützung für ALFRED SIGURD NANSEN) A Biografie/ALFRED SIGURD NANSEN (Tätigkeit als Gesangslehrer)

NANSEN, ALFRED SIGURD
5941   1939-01-28
Betty Drury an Alfred Sigurd Nansen (Villa Nansen, Lausanne); TL (Kopie annotiert), 1 S., engl. E Hilfe/Emergency Committee (für ASN nur möglich nach vorheriger Anfrage einer Institution); Hilfsorganisationen (Emergency Committee, auf Grund vieler Anfragen Beschränkung der Hilfsaktivitäten "to the cases of scholars who have been displaced from univ. posts where they held the rank of professor or Privatdozent")

Hans Nathan Subject File

- Zur Biographie vgl. S. 51
- Vgl. Hans Nathan Subject File in Archives of the American Jewish Joint Distribution Committee (Center for Jewish History, Leo Baeck Institute, S. 51f.)

KORRESPONDENZ
COWELL, HENRY
5942   1935-11-21
Hans Nathan (Berlin) an Henry Cowell (c/o New School for Social Research, NYC); TLS (annotiert), 2 S., dt. E Ausreise/HN (geplante Emigration in die USA und Stellensuche); Finanzen/HN (Schwierigkeiten); Hilfe (Bitte um Ratschläge zur Stellensuche und um Empfehlungen/HC) A Biografie/HN (Musikkritiker für ‹Jüdische Rundschau›; Dozent am Jüdischen Lehrhaus, Lehrstätte Bialik, Jüdischer Kulturbund; Tätigkeit als Pianist); Schriften/HN (Druckverbot für Aufsatz über HC nach "politischem Umsturz"); Treffen/HN (mit HC in Berlin während einer Probe/MICHAEL TAUBE)

↳ *Beilage zu: Brief Henry Cowell 1935-12-16 (Dok. 5943)*

5943   1935-12-16
Henry Cowell (New School for Social Research, NYC) an Edward R. Murrow (NYC); TLS, 1 S., engl. A Empfehlung/HC (für HANS NATHAN und Bitte um Hilfe; Sendung biografischer Details)

↳ *Beilagen: Brief Hans Nathan an Henry Cowell 1935-11-21 (Dok. 5941), Empfehlungsschreiben (Dok. 5949) und Bescheinigungen (Dok. 5947-5949)*

HARVARD UNIVERSITY CAMBRIDGE
5944   1936-07-24
Jerome D. Greene (Harvard Univ., Cambridge, MA) an ? ([Amer. Konsulat], Berlin); TL (Abschrift), 1 S., engl. E Ausreise/HANS NATHAN (Bitte/JG um Erteilung eines "visa for temporary stay" für HANS NATHAN; Antrag auf "position of Research Fellow in Music without stipend", Harvard Univ.); Finanzen/HANS NATHAN (Rücklagen) A Empfehlung/JG (für HANS NATHAN; HUGO LEICHTENTRITT)

NATIONAL COORDINATING COMMITTEE
5945   1936-10-12
Cecilia Razovsky (National Coordinating Committee, NYC) an John Whyte (Emergency Committee, NYC); TLS, 1 S., engl. E Hilfe (Scholarship der Harvard Univ. für HANS NATHAN) A Empfehlung/HENRY COWELL und HUGO LEICHTENTRITT (für HANS NATHAN)

↳ *Beilage: Lebenslauf (Dok. 5951)*

5946   1936-10-14
John Whyte an Cecilia Razovsky (National Coordinating Committee, NYC); TL (Kopie), 1 S., engl. E Hilfe (keine finanzielle Unterstützung/Emergency Committee für HANS NATHAN, "since he is not a displaced German scholar in our restricted use of that term – that is, he was not dismissed from a position as professor or Privatdozent in a German univ. as a result of the revolution in Germany")

OFFIZIELLE DOKUMENTE
BERLINER ZIONISTISCHE VEREINIGUNG
5947   1935-08-12
? Tschertok; (Berliner Zionistische Vereinigung, Berlin), Bescheinigung; TD (Abschrift), 1 S., dt. A Aufführung/HANS NATHAN (Auftritte als "Begleiter bedeutender Künstler"); Empfehlung/? TSCHERTOK (für HANS NATHAN); Organisationen (Berliner Zionistische Vereinigung, kulturelle Arbeit, künstlerische und musikalische Beratung durch HANS NATHAN); Vortrag/HANS NATHAN (bei der Berliner Zionistischen Vereinigung)

↳ *Beilage zu: Brief Henry Cowell 1935-12-16 (Dok. 5943)*

‹JÜDISCHE RUNDSCHAU›
5948   1935-08-06
? Weltsch (Redaktion ‹Jüdische Rundschau›, Berlin); Bescheinigung; TD (Abschrift), 1 S., dt. A Empfehlung/? WELTSCH (für HANS NATHAN, positive Beurteilung seiner journalistischen Tätigkeit, "tiefgreifende Wirkungsmöglichkeit im jüdischen Musikleben"); Schriften/HANS NATHAN (Rezensionen, Reportagen über musikalische Themen und Aufsätze über jüdische Musiker wie [ERICH-]WALTER

STERNBERG, ERNEST BLOCH und GUSTAV MAHLER in ‹Jüdische Rundschau›)

→ *Beilage zu: Brief Henry Cowell 1935-12-16 (Dok. 5943)*

JÜDISCHES LEHRHAUS BERLIN

5949 (1935)-?-?
Paul Eppstein und Fritz Bamberger (Jüdisches Lehrhaus, Berlin); Bescheinigung; TD (Abschrift), 1 S., dt. A Biografie/HANS NATHAN (Leitung von Arbeitsgemeinschaften über IGOR STRAVINSKY und GUSTAV MAHLER im Jüdischen Lehrhaus, Beurteilung seiner pädagogischen Fähigkeiten)

→ *Beilage zu: Brief Henry Cowell 1935-12-16 (Dok. 5943)*

MATERIAL ZUR BIOGRAFIE

5950 1935
Empfehlungsschreiben für Hans Nathan:
- (1935)-?-?: Arthur Eloesser; TL (Abschrift), 1 S., dt.
- (1935)-?-?: Michael Taube (Berlin); TD (Abschrift), 1 S., dt.
- (1935)-?-?: Johannes Wolf (Univ. Berlin); TL (Abschrift), 1 S., dt.
- 1935-08-07: Arno Nadel (Berlin); TL (Abschrift), 1 S., dt.

→ *Beilage zu: Brief Henry Cowell 1935-12-16 (Dok. 5943)*

5951 [1935]
Hans Nathan, «Dr. Hans Nathan, Musicologist»; Lebenslauf (Kopie); TD, 1 S., engl. A Anstellung/HN (sucht Anstellung an Univ., als Musiklehrer oder in Musikverlag); Biografie/HN (Musikwissenschafts- und Klavierstudium, MICHAEL TAUBE, CLAUDIO ARRAU; Tätigkeit als Musiklehrer und Kritiker für ‹Jüdische Rundschau›); Schriften/HN

→ *Beilage zu: Brief National Coordinating Committee 1936-10-12 (Dok. 5945)*

Zdeněk Nejedlý Subject File

- Zdeněk Nejedlý, 1878-1962, tsch. Musikwissenschaftler, Studium an der Univ. Prag, ab 1919 Professor der Musikwissenschaft, 1938 Emigration in die UdSSR, Rückkehr nach Kriegsende, tsch. Bildungsminister (1945-1946 und 1948-1952)

KORRESPONDENZ

FRANK, PHILIPP

5952 1939-05-08
Philipp Frank (Chicago, IL) an Edgar Fisher ([Brooklyn College, Dept. of German, Brooklyn, NY]); TL (Abschrift unvollständig), 1 S., engl. E Verfolgung ("situation in Prague becomes more and more sinister"; Verhaftung von Professoren der Dt. Univ. Prag, OSKAR KRAUS, KURT SITTE, ZDENĚK NEJEDLÝ) A Schriften/ZDENĚK NEJEDLÝ (Bücher über BEDŘICH SMETANA und JAN MASARYK)

Paul Nettl Subject File

- Paul Nettl, 1889-1972, amer. Musikwissenschaftler dt. Herkunft, ab 1920 an der Dt. Univ. in Prag tätig, ab 1933 Direktor des Dt. Radios in der Tschecheslowakei, 1939 Emigration in die USA, Lehrtätigkeit am Westminster Choir College in Princeton (NJ), in New York und Philadelphia, ab 1946 Professor an diversen amer. Univ.
- Vgl. W.W. Norton & Co. Records (Columbia Univ., Dok. 4942-4944) und Paul Nettl Subject File in Alfred E. Cohn Papers (Rockefeller Archive Center, S. 341)
- BHE II, 852f. • Albrecht Schneider, «Musikwissenschaft in der Emigration: Zur Vertreibung der Gelehrten und zu den Auswirkungen auf das Fach», in: *Musik im Exil* 1993, 187-211

KORRESPONDENZ

ENGLANDER, ELSA

5953 1939-02-13
[Elsa Englander] (Chicago, IL) an Betty Drury (Emergency Committee, NYC); TLS, 1 S., engl. A Biografie/PAUL NETTL (Tätigkeit an Dt. Univ. Prag als Nachfolger/HEINRICH RIETSCH); Empfehlung/EE (für PAUL und GERTRUDE NETTL)

NETTL, PAUL

5954 1938-11-22
Paul Nettl (Prag) an ? (Emergency Committee, NYC); TLS, 1 S., engl. E Verfolgung/PN (Schließung der Dt. Univ. Prag., als Jude ohne Aussicht auf Anstellung) A Anstellung/PN (Bitte um Hilfe bei Suche nach Stelle in den USA, ALFRED EINSTEIN als Referenz; GERTRUDE NETTL); Biografie/PN (Tätigkeiten und Publikationen)

→ *Antwortbrief: 1938-12-17*

5955 1939-12-04
Paul Nettl (Westminster Choir College, Princeton, NJ) an ? (Emergency Committee, NYC); TL (Abschrift), 1 S., dt. E Ausreise/PN (aus Deutschland); Finanzen/PN (Bitte um Unterstützung/Emergency Committee) A Anstellung/PN (Gastprofessur am Westminster Choir College inklusive Wohnung für seine Familie)

→ *Antwortbrief: 1939-12-05*

5956 1939-12-06
Paul Nettl (Westminster Choir College, Princeton, NJ) an ?

(Emergency Committee, NYC); TL (Abschrift), 1 S., dt. E Einreise/PN (mit immigration visa, hat non-quota visa erhalten); Hilfe (Bitte/PN um dringende finanzielle Unterstützung, Krankheit/GERTRUDE NETTL) A Anstellung/PN (Gastprofessur am Westminster Choir College)

↪ *Antwortbrief: 1939-12-09*

5957   1940-09-19
Paul Nettl (Westminster Choir College, Princeton, NJ) an Betty Drury; ALS, 2 S., engl. E Finanzen/PN (schwierige Situation, Bitte um Erneuerung der Unterstützung/Emergency Committee; Schulden bei ALFRED EINSTEIN, der Schiffspassage zahlte) A Anstellung/PN (am Westminster Choir College, meist Kurse in dt. Sprache; keine Aussicht auf Anstellung als Musikwissenschaftler; JOHN FINLEY WILLIAMSON); Öffentlichkeit/PN ("mentioned among the most important Musicologists who came in this country" in Artikel über Musikwissenschaftler in den USA/DAVID EWEN, ‹NY Times›); Schriften/PN (Aufsätze für ‹Musical Quarterly›, ‹Music & Letters›, ‹NY Times›; Arbeit an Buch); Vortrag/PN (Einladung zu Vortrag, AMS)

5958   1941-05-06
Paul Nettl (Westminster Choir College, Princeton, NJ) an Betty Drury; ALS (annotiert), 2 S., engl. A Finanzen/PN (Dank für Unterstützung/Emergency Committee) R Gesellschaft/PN ("The tranquility of life in America and the humane [sic] atmosphere of helpfulness here are a great contrast to the hounding barbarism of Europe.")

5959   1941-12-01
Stephen Duggan (Emergency Committee, NYC) an Paul Nettl (Westminster Choir College, Princeton, NJ); TLS (annotiert), 1 S., engl. E Einbürgerung/PN (im Besitz der first papers)

5960   1942-03-17
Paul Nettl (Westminster Choir College, Princeton, NJ) an Betty Drury; ALS, 2 S., engl. A Schriften/PN (Aufsätze in ‹NY Times› und ‹Christian Science Monitor›; «Classical Music and Nazi Philosophy» und weitere Texte)

5961   1944-08-26
Paul Nettl (c/o Wilbur K. Thomas, Monterey, MA) an Betty Drury; ALS (annotiert), 2 S., engl. A Finanzen/PN (Bitte um Unterstützung/Emergency Committee zur Ermöglichung der Teilnahme am Kongress «Music in Contemporary Life»); Vortrag/PN (zu den Themen «Music as a Weapon of War» und «Our International Organization for Musical Education» auf Kongress an UCLA)

↪ *Ablehnung: 1944-09-06*

SETTLEMENT MUSIC SCHOOL PHILADELPHIA

5962   1943-05-18
Johan Grolle (Settlement Music School, Philadelphia, PA) an Betty Drury (NYC); TLS, 1 S., engl. A Anstellung/PAUL NETTL (Vorlesungen an Settlement Music School auf Vermittlung/WILBUR K. THOMAS, Carl Schurz Memorial Foundation; aufgrund des Erfolgs Fortsetzung geplant); Finanzen (Bitte um Unterstützung/Emergency Committee)

↪ *Bewilligung: 1943-06-11*

5963   1943-11-11
Johan Grolle (Settlement Music School, Philadelphia, PA) an Betty Drury (Emergency Committee, NYC); TLS, 2 S., engl. A Anstellung (Informationen über Tätigkeiten/PAUL und GERTRUDE NETTL an Settlement Music School); Finanzen/PAUL und GERTRUDE NETTL (schwierige finanzielle Situation, Bitte um zusätzliche Mittel; WILBUR K. THOMAS)

↪ *Bewilligung: 1943-06-11*

5964   1944-06-05
Johan Grolle an Wilbur K. Thomas; TL (Abschrift), 1 S., engl. A Anstellung/PAUL NETTL (an Settlement Music School, Beurteilung und Beschreibung seiner Lectures); Finanzen (Bitte um Unterstützung/Emergency Committee für Anstellung/PAUL NETTL; Carl Schurz Memorial Foundation)

↪ *Brief ähnlichen Inhalts: Johan Grolle an Emergency Committee 1944-06-06*
↪ *Ablehnung: 1944-06-19*

5965   1944-06-20
Johan Grolle (Settlement Music School, Philadelphia, PA) an Betty Drury (Emergency Committee, NYC); TLS, 1 S., engl. A Anstellung/PAUL NETTL (keine finanzielle Unterstützung/Emergency Committee; JG bemüht sich um neue Stelle, Yale Univ., BRUCE SIMONDS)

WESTMINSTER CHOIR COLLEGE PRINCETON

5966   1940-01-05
John Finley Williamson (Westminster Choir College, Princeton, NJ) an Stephen Duggan (Emergency Committee, NYC); ALS (annotiert), 1 S., engl. E Finanzen (Bitte um Unterstützung/Emergency Committee für Anstellung/PAUL NETTL am Westminster Choir College; Hilfe/Westminster Choir College (für PAUL NETTL zur Ausreise aus Prag) A Empfehlung (Referenzen für PAUL NETTL/GEORGE SZELL, THOMAS MANN, ALFRED EINSTEIN, ALBERT EINSTEIN)

↪ *Beilagen: Lebenslauf und Publikationsliste (Dok. 5968) sowie Empfehlungsschreiben (Dok. 5969)*

5967   1940-01-15
Harry Krimmel (Westminster Choir College, Princeton, NJ) an Stephen Duggan (Emergency Committee, NYC); TLS (annotiert), 1 S., engl. E Finanzen (Gelder für vorübergehende Anstellung/PAUL NETTL als "subscriptions on the part of both our students and graduates") A Anstellung/ PAUL NETTL (keine permanente Anstellung am Westminster Choir College, Bitte um finanzielle Unterstützung)

↪ *Antwortbrief mit Bewilligung: 1940-01-19*
↪ *Neuer Antrag: 1940-09-19*
↪ *Antwortbrief mit Bewilligung: 1943-09-27*
↪ *Neuer Antrag: 1942-04-15*
↪ *Antwortbrief mit Bewilligung: 1942-05-06*
↪ *Neuer Antrag: 1942-11-23*
↪ *Antwortbrief mit Bewilligung: 1942-12-09*

MATERIAL ZUR BIOGRAFIE

5968   (1940)
Paul Nettl, Bewerbungsunterlagen für Emergency Committee:

– «Curriculum vitae»; Lebenslauf (Kopie); TD, 1 S., dt.

- «Books and Important Essays by Dr. Paul Nettl»; Publikationsliste (Kopie); TD, 4 S., dt./engl.
→ *Beilagen zu: Brief Westminster Choir College 1940-01-05 (Dok. 5966)*

5969 1940-01-02 bis 1940-01-04
Empfehlungsschreiben für Paul Nettl:
- 1940-01-02: Albert Einstein (Princeton, NJ); ALS, 1 S., dt.
- 1940-01-03: Carleton Sprague Smith (AMS); TLS, 1 S., engl.
- 1940-01-03: Thomas Mann (Princeton, NJ); TLS, 1 S., engl.
- 1940-01-03: George Szell; TLS, 1 S., engl.
- 1940-01-04: Alfred Einstein (Smith College, Dept. of Music, Nothampton, MA); TLS, 1 S., engl.
→ *Beilagen zu: Brief Westminster Choir College 1940-01-05 (Dok. 5966)*

5970 1940-01-16
«Application for Renewal – Scholar: Paul Nettl, Musicologist»; Aktennotiz (Kopie); TD, 2 S., engl. A Biografie/PAUL NETTL (Tätigkeit in Europa und in den USA); Empfehlung (Referenzen für PAUL NETTL/JOHN FINLEY WILLIAMSON, ELSA ENGLANDER, ALBERT EINSTEIN, CARLETON SPRAGUE SMITH, THOMAS MANN)

5971 1940-09-26
«Application for Renewal – Institution: Westminster Choir College. Scholar: Paul Nettl, Musicologist»; Aktennotiz (Kopie); TD, 2 S., engl. A Anstellung/PAUL NETTL (am Westminster Choir College, Princeton, New Jersey; Bitte um finanzielle Unterstützung; JOHN FINLEY WILLIAMSON); Biografie/PAUL NETTL (Tätigkeit in Europa und in den USA); Empfehlung (Referenzen für PAUL NETTL/ALBERT EINSTEIN, CARLETON SPRAGUE SMITH, THOMAS MANN, ALFRED EINSTEIN); Finanzen (JOHN FINLEY WILLIAMSON bittet um Erneuerung der Unterstützung, PAUL NETTL erklärt seine finanzielle Situation)
→ *Dokumente ähnlichen Inhalts: Applications for Renewal 1941-05-20, 1942-05-05, 1943-06-09, 1943-11-22, 1944-06-15; Application for Supplemantary Grant 1942-12-08; einzelne Kopien in Alfred E. Cohn Papers (Dok. 7031-7032)*

5972 1941-02-?
Karteikarte; PD/AD, 7 S., engl.; letzter Eintrag: 1944-11-06 A Anstellung/PAUL NETTL (Vermerke über Stellensuche, Anstellungen, Anträge, Hilfe/Oberlaender Trust)
→ *Aktennotiz 1940-12-16 in Archives of the Carl Schurz Memorial Foundation (Dok. 4098)*

5973 [1942]
«Music of the Nations»; Pressemitteilung; TD, 1 S., engl. A Aufführung (Konzertankündigung mit Programm für «Czechoslovakian Concert» in der Reihe «Music of the Nations», "suggested and directed"/ERIC JUHN und PAUL NETTL), Mitwirkende KAREL LEITNER, FILIP MONACHINO, BEDŘICH VASKA, FREDERICK DVONCH, Geleitworte/JOSEF HANČ)

5974 [1942]
«Music of the Nations»; Pressemitteilung; TD, 1 S., engl. A Aufführung (Konzert «Russian Music» mit MARIA MAXIMOVITCH, ILJA TAMARIN, JURI OKOV, GDAL ZALESKI, S. PYSER, A. PRESSMAN, Einführung PAUL NETTL)

5975 [1942]-01-27
«Music in Exile»; Pressemitteilung; TD, 1 S., engl. A Vortrag/PAUL NETTL («Music and Humanity» in NYPL Library zur Veranstaltungsreihe «Music in Exile» und Ausstellung «Art in Exile», Mitwirkende GERTRUDE NETTL, MARIA KANT, KARL WEIGL)

5976 [1942]-04-05
«Musical Easter Program»; Pressemitteilung; PD, 1 S., engl. A Aufnahme (Rundfunkübertragung WNYC mit ELISABETH HAMBRO und GERTRUDE NETTL, PAUL NETTL als Ansager)

5977 (1942)-08-03
«Dance Tunes of Baroque Vienna»; Pressemitteilung; TD, 1 S., engl. A Aufführung (Rundfunkübertragung WNYC, Einführung PAUL NETTL, Mitwirkende SANDOR SALGO, GERTRUDE NETTL)

5978 (1942)-10-28
«In Commemoration of the Czechoslovakian National Holiday»; Pressemitteilung; TD, 1 S., engl. A Aufführung (Rundfunkübertragung WNYC mit GERTRUDE NETTL und Kommentar/PAUL NETTL)

5979 (1942)-11-30
«Music in North Africa»; Pressemitteilung; TD, 1 S., engl. A Aufnahme/PAUL NETTL (Rundfunkübertragung WNYC, Vortrag über ägyptische und tunesische Musik)

5980 1942-01-11
«Dance in Olden Times»; Pressemitteilung; TD, 1 S., engl. A Vortrag/PAUL NETTL (Rundfunkübertragung WNYC mit VERENA PESCHL, PAUL NETTL als Begleiter und Kommentator)

5981 1942-04-27
«Czech Program»; Pressemitteilung; TD, 1 S., engl. A Aufführung (Rundfunkübertragung WQXR, Einführung PAUL NETTL, Mitwirkende GERTRUDE NETTL und SANDOR SALGO)

5982 1942-05-19
«A Century of Czech Music»; Pressemitteilung; PD, 1 S., engl. A Aufführung (Rundfunkübertragung WNYC, Mitwirkende GERTRUDE NETTL, MARINKA GUREVICH, Kommentator PAUL NETTL)

5983 1942-06-24
«Contemporary Piano Music»; Pressemitteilung; TD, 1 S., engl. A Aufführung (Rundfunkübertragung WNYC mit Werken/VIKTOR ULLMANN und GISELLA SELDEN-GOTH, Einführung PAUL NETTL, Interpretin GERTRUDE NETTL)

5984 1943-02-11
«Music in Exile»; Pressemitteilung (annotiert); TD, 1 S., engl. A Aufführung (Konzert anlässlich der Ausstellung «Art in Exile», NYPL, "under the auspices of the Austrian Action", Ansprache FERDINAND CZERNIN, Mitwirkende MARIANNE KURANDA, ROSE WALTER, MARGARETE BUSCH, FELIX GALIMIR); Vortrag/PAUL NETTL (über «Music and Race»)

5985 1943-06-01
«Folksong in Art»; Pressemitteilung; TD, 1 S., engl. A Aufführung (Rundfunkübertragung WNYC mit PAUL NETTL und JELLA VON FERNWALD)

5986 [1944]-?-?
Pressemitteilung; TD, 1 S., engl. A Schriften/PAUL NETTL (Artikel «Traces of the Negroid in the Mauresque of the 16th and 17th Centuries» in ‹Phylon›, Atlanta Univ. Review)

5987 1944-11-06
«Music of the Nations»; Pressemitteilung; TD, 1 S., engl. A Vortrag/PAUL NETTL (Vorlesungsreihe zu «Music of the Nations», Greenwich House Music School)

Isidor Philipp Subject File

- Isidor (auch: Isidore) Philipp, 1863-1958, frz. Pianist und Pädagoge, Klavierprofessor am Pariser Konservatorium, Mitbegründer der Amer. School of Music and Arts in Fontainbleau, 1940 Emigration, 1941 Ankunft in NYC, Lehrtätigkeit am Rollins College Conservatory in Winter Park (FL), in den fünfziger Jahren Rückkehr nach Frankreich
- Charles Timbrell, «Isidore Philipp: His Life and Legacy», in: ‹Journal of the Amer. Liszt Society› 40 (1996), 48-83

MATERIAL ZUR BIOGRAFIE

5988 1941-06-27
«Isidor Philipp to Be at Rollins»; Pressemitteilung; PD, 1 S., engl. A Anstellung/ISIDOR PHILIPP (am Rollins College Conservatory of Music als "visiting professor of piano")

Leonhard Prinz Subject File

- Leonhard Prinz [Leonard Prince], 1883-1942 [nach Schindler: 1899-1970], Dirigent, Komponist und Musikpädagoge, Studium in Leipzig, Berlin und Kiel, 1924 Korrepetitor und Dirigent in Kiel, ab 1926 Dirigent des Dresdner PO und des Leipziger SO, Emigration in die USA
- «Aktenzeichen "Unerwünscht". Dresdner Musikerschicksale und nationalsozialistische Judenverfolgung 1933-1945», hrsg. von Agata Schindler, Dresden 1999

MATERIAL ZUR BIOGRAFIE

5989 1936-06-26
«Musicologists Suggested by Walter M. Kotschnig to Dean Shofstall of Stephens College and President von KleinSmid of the USC under Date of June 26, 1936 (Excerpt)»; Aktennotiz (Kopie); TD, 1 S., engl. E Sprache/LEONHARD PRINZ ("some English") A Biografie/LEONHARD PRINZ (Ausbildung, Tätigkeit als Dirigent, Lehrtätigkeit); Öffentlichkeit/ LEONHARD PRINZ (gute Pressekritiken zu Konzerten und Werken)

Hermann Reichenbach Subject File

- Hermann (Rudolf) Reichenbach, 1898-1958, Musikwissenschaftler und Musikpädagoge, Studium in Berlin, Stuttgart und Freiburg, Dozent an der Staatlichen Akademie für Kirchen- und Schulmusik Berlin, Direktor des Zentralinstituts für Erziehung und Unterricht, 1933 Emigration in die Schweiz, 1934 in die UdSSR, 1938 Immigration in die USA, Lehrtätigkeit am Mary Washington College in Fredericksburg (VA)
- BHE II, 951

MATERIAL ZUR BIOGRAFIE

5990 1936-06-26
«Musicologists Suggested by Walter M. Kotschnig to Dean Shofstall of Stephens College and President von KleinSmid of the USC under Date of June 26, 1936 (Excerpt)»; Aktennotiz (Kopie); TD, 1 S., engl. E Sprache/HERMANN REICHENBACH ("some English") A Biografie/HERMANN REICHENBACH (Studium in Berlin, Stutgart und Freiburg bei HERMANN KRETZSCHMAR, JOHANNES WOLF, ERICH MORITZ VON HORNBOSTEL, CURT SACHS, GEORG SCHÜNEMANN, ? REGENER, [ERWIN] SCHRÖDINGER, ? KUTTA, WILIBALD GURLITT, ARTHUR WILLNER, ERNST KURTH; Lehrtätigkeit)

↪ Aktennotiz 1940-10-15 in Archives of the Carl Schurz Memorial Foundation (Dok. 4103)

New York

Rudolf Réti Subject File

- Rudolf Réti, 1885-1957, Musikwissenschaftler, Pianist und Komponist, Studium in Wien, 1922 Mitinitiator der Salzburger Festspiele, Musikkritiker, 1938 Emigration in die USA, Redakteur von ‹Musical Digest›
- BHE II, 962

MATERIAL ZUR BIOGRAFIE

5991 [1940]
«Dr. Rudolf Réti. Composer – Pianist – Teacher»; Pressemitteilung; TD, 3 S., engl.; mit Fotografie A Biografie/RUDOLF RÉTI (Ausbildung, Werdegang, Aktivitäten); Öffentlichkeit/RUDOLF RÉTI (Auszüge aus Pressekritiken)
→ Aktennotiz 1940-11-29 in Archives of the Carl Schurz Memorial Foundation (Dok. 4104)

Robert Robitschek Subject File

- Robert Robitschek, 1874-1967, tsch. Dirigent und Komponist, Studium in Prag, Schüler von Antonín Dvořák, 1904 [1905?]-1937 Leiter des Klindworth-Scharwenka-Konservatoriums in Berlin

MATERIAL ZUR BIOGRAFIE

5992 1939-[02]-?
Hugo Leichtentritt, «Robert Robitschek. An Appreciation by Dr. Hugo Leichtentritt»; Pressemitteilung; PD, 3 S., engl. A Aufführung/ROBERT ROBITSCHEK (Orchesterleitung in Carnegie Hall); Biografie/ROBERT ROBITSCHEK (Ausbildung, Werdegang, Aktivitäten)
→ Aktennotiz 1940-10-30 in Archives of the Carl Schurz Memorial Foundation (Dok. 4106)

Kurt Rojosinski Subject File

- Kurt Rojosinski (Lebensdaten unbekannt), Dirigent

KORRESPONDENZ

KROLL, [MRS.]?
5993 1935-11-26
? Kroll (Des Moines, IA) an Stephen Duggan (Institute of International Education, NYC); TL (Kopie annotiert), 1 S., engl. E Finanzen/? KROLL (bezahlt Schiffspassage in die USA für KURT ROJOSINSKI, kann aber nicht für seinen Unterhalt aufkommen; Bitte um Informationen zur Stellenvermittlung; Verfolgung/KURT ROJOSINSKI ("has been forced to leave Germany") A Biografie/KURT ROJOSINSKI (Dirigent in Wanne-Eickel)

MANDER, LINDEN A.
5994 1935-11-26
Linden A. Mander (Des Moines Public Schools, Dept. of Adult Education, Division of Public Forums, Des Moinies, IA) an Stephen Duggan (Institute of International Education, NYC); TLS, 1 S., engl. E Ausreise/KURT ROJOSINSKI ("was having to leave Germany because of political conditions there"); Hilfe (Suche nach Anstellungsmöglichkeiten für KURT ROJOSINSKI; Mrs. ? KROLL)

Richard Rosenheim Subject File

- Richard Rosenheim, geboren 1883, Intendant und Dramaturg, Studium in Prag, 1939 Emigration in die USA, 1940-1941 Mitarbeiter beim New Theatre Studio in NYC

MATERIAL ZUR BIOGRAFIE

5995 (1939)
«Rosenheim, Richard – Theatre (Dramatics)»; Aktennotiz (Kopie); TD, 1 S., engl. E Einreise/RICHARD ROSENHEIM (in die USA im August 1939) A Biografie/RICHARD ROSENHEIM (Tätigkeiten, Hrsg. der Zeitschrift ‹Bohemia› in Prag; Bühnendirektor in Königsberg, Berlin, Zürich, Haifa und Tel-Aviv; Lehrtätigkeit)

5996 (1940)
«The New Theatre Studio of Drama and Music, Directed by Professor Richard Rosenheim»; Pressemitteilung; PD, 4 S., engl. A Unterricht (Kurse und Lehrende des New Theatre Studio, RICHARD ROSENHEIM, GRETA FINKLER, SINAIDA SILVERMAN, IDA STEWART, BARBARA WILLISON, H.E. CONDELL, BENNO FRANK, EGON LUSTGARTEN)

Benno Sachs Subject File

- Benno Sachs, 1882-1968, Komponist, Schüler von Arnold Schoenberg, Lehrtätigkeit in Musiktheorie, Tätigkeit als Gesangskorrepetitor, Mitarbeiter der Universal Edition Wien

KORRESPONDENZ
SACHS, BENNO
5997   1938-05-21
Benno Sachs (Wien) an ? ([Emergency Committee]); TLS, 2 S., dt. ▲ Affidavit (Bitte/BS um Hilfe und Rat zur Erlangung eines Affidavits); Ausreise/BS ("dass ich absolut gezwungen bin, in einem anderen Land eine neue Existenz zu suchen"; USA als "einzige Möglichkeit, weiter zu existieren und meine vorhandenen Fähigkeiten auszunützen"); Sprache/BS (gutes Engl.) ▲ Biografie/BS (Studium bei HERMANN GRÄDENER, ROBERT FUCHS, ALEXANDER ZEMLINSKY, ARNOLD SCHOENBERG; Tätigkeit als Korrepetitor und Kapellmeister); Kompositionen/BS (Lieder, Chöre und Kammermusik; Rosé-Quartett)

Curt Sachs Subject File

- Curt Sachs, 1881-1959, amer. Musikwissenschaftler dt. Herkunft, ab 1920 Direktor der Staatlichen Musikinstrumentensammlung, ab 1928 Lehrtätigkeit in Berlin, 1933 Emigration nach Paris, 1937 Imigration in die USA, 1937-1953 Professor of Music an der NY Univ., ab 1953 an der Columbia Univ. in NYC
- Vgl. W.W. Norton & Co. Records (Columbia Univ., Dok. 4945-4964 und 4992)
- Nachlass an Rutgers Univ. in New Brunswick (NJ), vgl. Einleitung S. XVI
- BHE II, 1005f. • Albrecht Schneider, «Musikwissenschaft in der Emigration: Zur Vertreibung der Gelehrten und zu den Auswirkungen auf das Fach», in: *Musik im Exil* 1993, 187-211 • Pamela Potter, «Die Lage der jüdischen Musikwissenschaftler an den Univ. der Weimarer Zeit», in: *Musik in der Emigration* 1994, 56-68

KORRESPONDENZ
MASTER INSTITUTE OF ROERICH MUSEUM
5998   1934-06-20
Sina Lichtmann (Master Institute of Roerich Museum, NYC) an Edward R. Murrow (Emergency Committee, NYC); TL (Kopie), 1 S., engl. ▲ Finanzen/Emergency Committee (mögliche Unterstützung für Anstellung/ARNOLD SCHOENBERG, LEONID KREUTZER oder FRANZ SCHREKER, weitere Kandidaten ALFRED EINSTEIN, HANS GÁL und CURT SACHS)

METROPOLITAN MUSEUM OF ART
5999   1936-11-05
Herbert E. Winlock (Metropolitan Museum of Art) an Harry Woodburn Chase (NY Univ., NYC); TL (Kopie), 2 S., engl. ▲ Anstellung/CURT SACHS (Unterstützung der Idee von CS als Verbindungsperson der Musikabteilungen von Metropolitan Museum of Art, NYPL und NY Univ.)

MUSÉE D'ETHNOGRAPHIE DU TROCADÉRO PARIS
6000   (1933)-?-?
Paul Rivet (Musée d'Ethnographie du Trocadéro, Paris), ohne Adressat; TD (Abschrift), 1 S., frz.; «Rapport sur le travail accompli au cours de l'année universitaire par le professeur Curt Sachs» ▲ Empfehlung/PR (für CURT SACHS zur finanziellen Unterstützung durch Rockefeller Foundation)

NEW YORK PUBLIC LIBRARY
6001   1936-11-13
Carleton Sprague Smith (NYPL, NYC) an Philip James (College of Fine Arts, NYC); TL (Abschrift), 2 S., engl. ▲ Finanzen (Bitte um Unterstützung/Emergency Committee und Rockefeller Foundation für Anstellung/CURT SACHS als Verbindungsperson für die drei Institutionen NYPL, NY Univ. und Metropolitan Museum, Bedarfsbegründung; HARRY M. LYDENBERG, PERCY STRAUS, JOHN MUSSER, FRANK LYON POLK, HERBERT E. WINLOCK)

NEW YORK UNIVERSITY
6002   1936-11-03
Harry Woodburn Chase (NY Univ., NYC) an John Whyte (Emergency Committee, NYC); TLS, 1 S., engl. ▲ Anstellung/CURT SACHS (an NY Univ., Bitte um finanzielle Unterstützung/Emergency Committee; PHILIP JAMES, JOHN MUSSER, CARLETON SPRAGUE SMITH); Biografie/CURT SACHS (Direktor der Staatlichen Musikinstrumentensammlung, Lehrtätigkeit); Schriften/CURT SACHS

↪ *Antwortbrief mit Bewilligung: 1936-12-05*
↪ *Neuer Antrag: 1938-02-18*
↪ *Antwortbrief mit Bewilligung: 1938-05-12*

6003   1938-11-21
? (NY Univ., NYC) an Betty Drury (Emergency Committee, NYC); TLS, 1 S., engl. ▲ Finanzen (Rockefeller Foundation übernimmt teilweise Unterstützung für Anstellung/CURT SACHS an NY Univ.)

ROCKEFELLER FOUNDATION
6004   1936-11-21
David H. Stevens (Rockefeller Foundation, NYC) an Harry

Woodburn Chase (NY Univ., NYC); TL (Kopie), 1 S., engl. A Finanzen/Rockefeller Foundation (Zusage einer Unterstützung für Anstellung/CURT SACHS an NY Univ.; GEORGE J. BEAL)

↪ *Brief ähnlichen Inhalts: 1938-06-23*

SACHS, CURT
6005   1941-12-01
Stephen Duggan (Emergency Committee, NYC) an Curt Sachs (NY Univ., NYC); TLS (annotiert), 1 S., engl. E Einbürgerung/CS (ist kein amer. Staatsbürger, keine Aktivität im Defense Program)

6006   1944-05-17
Betty Drury an Curt Sachs (NYPL, NYC); TL (Kopie annotiert), 1 S., engl. A Empfehlung (Bitte um Statement/CS zu JULIUS GOLDSTEIN)

TRINITY COLLEGE CAMBRIDGE
6007   (1933)-?-?
Francis W. Galpin (Trinity College, Cambridge, GB) an Harold J. Laski (Academic Assistance Council, Stanmore/ Richmond); TL (Abschrift), 1 S., engl. E Verfolgung/CURT SACHS (Verlust der Anstellung) A Anstellung/CURT SACHS (Suche nach "any post in England where he could combine the duties of univ.-teacher and museum-director"); Empfehlung/FG (für CURT SACHS an HL)

MATERIAL ZUR BIOGRAFIE
6008   (1933)
Curt Sachs; Fragebogen (Kopie); TD, 2 S., dt./engl. E Finanzen/CS (Vermögensreste nicht ausreichend für Lebenshaltung; Unterstützung/Rockefeller Foundation Paris) A Anstellung/CS (unbezahlte Arbeit an Musée d'Ethnographie du Trocadero); Biografie/CS (Tätigkeit in Deutschland); Empfehlung (Referenzen für CS/CARL STUMPF, JOHANNES WOLF, MAX DESSOIR, ERICH MORITZ VON HORNBOSTEL, PAUL RIVET, SYLVAIN LEVI, MARCEL MAUSS, FRANCIS W. GALPIN, HENRY COPE COLLES)

↪ *Beilagen: Lebenslauf und Publikationsliste (Dok. 6009)*

6009   (1933)
Curt Sachs, Bewerbungsunterlagen für Emergency Committee:
– «Curt Sachs – Curriculum vitae»; Lebenslauf (Kopie); TD, 1 S., engl.
– «Publications»; Publikationsliste (Kopie); TD, 1 S., dt.

↪ *Beilagen zu: Fragebogen (Dok. 6008)*

6010   1936-10-22
«Report for Professor John Whyte»; Memorandum; TD, 1 S., engl. A Anstellung/CURT SACHS (Zuweisung verschiedener Aufgaben, Professor of Graduate Music an NY Univ., Kurator der Crosby Brown Musical Instrument Collection am Metropolitan Museum, Leiter der Dance and Phonograph Collections an NYPL); Biografie/CURT SACHS (beruflicher Werdegang und Publikationsliste); Finanzen (Bitte um Unterstützung zu Anstellungen/CURT SACHS; [JOHN] MARSHALL, General Education Board)

↪ *Aktennotiz 1941-07-10 in Archives of the Carl Schurz Memorial Foundation (Dok. 4112)*

Rudolph Schaar Subject File

• Rudolf Schaar, geboren 1904, österr. Pianist, Studium am Wiener Konservatorium

KORRESPONDENZ
SOLEBURY SCHOOL NEW HOPE
6011   1940-10-14
Betty Drury an ? McCann; TL (Kopie), 1 S., engl. A Anstellung (offene Stelle an Solebury School, New Hope, Pennsylvania; Kandidaten HERMAN ARMINSKY und RUDOLF SCHAAR; ARTHUR WASHBURN); Biografie/RUDOLF SCHAAR (Studium in Wien bei MARIE TEUSKY, PAUL EMERICH; PAUL A. PISK)

6012   1940-10-14
Betty Drury an Eni R. Jaspersen (Placement Committee for German and Austrian Musicians, NYC); TL (Kopie), 1 S., engl. A Anstellung (Kandidaten HERMAN ARMINSKY und RUDOLF SCHAAR für offene Stelle an Solebury School, New Hope, Pennsylvania, abgelehnt)

↪ *Aktennotiz 1942-01-17 in Archives of the Carl Schurz Memorial Foundation (Dok. 4113)*

Isabel Schacher-Schack Subject File

• Isabel Schacher-Schack, geboren 1908, Tänzerin und Tanzpädagogin

MATERIAL ZUR BIOGRAFIE
6013   [1940]
Isabel Schacher-Schack, «Curriculum vitae»; Lebenslauf (annotiert); TD, 2 S., engl. A Biografie/ISS (Ausbildung als Tänzerin und Bewegungstherapeutin; Lehrtätigkeit); Empfehlung (Referenzen für ISS/ERNST THOMAS FERAND, EDWIN DENBEY, BERTHOLD LOWENFELD, ARTHUR KLEINER, MANFRED BUKOFZER)

Edgar Schiffmann Subject File

- Edgar Schiffmann, 1895-1968, österr. Pianist und Dirigent, Studium in Wien, Lehrtätigkeit an der Musikakademie Wien
- Datenbank Orpheus Trust Wien

KORRESPONDENZ
SCHIFFMANN, EDGAR
6014   1939-01-30
Edgar Schiffmann (Wien) an Albert I. Elkus; TL (Kopie), 1 S., engl. E Hilfe (Bitte/ES um Rat und Unterstützung; W.L. MEIKLE); Internierung/ES (Aufenthalt in KZ; Zwang zur Ausreise); Verfolgung/ES (Entlassung aus Tätigkeit als Professor für Klavier an Musikakademie Wien, Berufsverbot)
↳ *Beilage: Lebenslauf (Dok. 6016)*

MATERIAL ZUR BIOGRAFIE
6015   1923 bis 1938
Empfehlungsschreiben für Edgar Schiffmann:
- 1923-04-12: Ferdinand Löwe (Akademie für Musik und Darstellende Kunst, Wien); TL (Abschrift), 1 S., engl.
- [1938]-?-?: Franz Schalk (Staatsoper Wien); TL (Abschrift), 1 S., engl.
- 1938-06-?: Ferdinand Rebay (Staatsakademie für Musik, Wien); TL (Abschrift), 1 S., engl.
- 1938-06-29: Franz Schmidt (Hochschule für Musik, Wien); TL (Abschrift), 1 S., engl.
- 1938-07-16: Richard Stoehr (Staatsakademie für Musik, Wien); TL (Abschrift), 1 S., engl.

6016   (1939)-?-?
Edgar Schiffmann, «Curriculum vitae»; Lebenslauf (Kopie); AD, 1 S., engl. A Biografie/ES (Studium in Wien bei FRANZ SCHMIDT, FRANZ SCHALK, JOSEPH MARX, RICHARD HEUBERGER, RICHARD STOEHR, FERDINAND REBAY; Lehrtätigkeit)
↳ *Beilage zu: Brief 1939-01-30 (Dok. 6014)*

Charlotte Schlesinger Subject File

- Charlotte Schlesinger, 1909-1976, Komponistin, Studium in Berlin (u.a. bei Franz Schreker), 1935-1937 Lehrtätigkeit am Musikkonservatorium in Kiev, 1938 Emigration in die USA, Musiklehrerin an der Foxhollow School in Lenox (MA)

KORRESPONDENZ
SACHS, CURT
6017   1944-01-25
Curt Sachs (NY Univ., NYC) an Betty Drury (Emergency Committee, NYC); TLS, 1 S., engl. A Empfehlung/CS (für CHARLOTTE SCHLESINGER); Öffentlichkeit/CHARLOTTE SCHLESINGER (Auszeichnung mit Beethoven-Preis der Stadt Berlin)

MATERIAL ZUR BIOGRAFIE
6018   [1939]
Charlotte Schlesinger; Lebenslauf (annotiert); TD, 2 S., engl. A Biografie/CS (beruflicher Werdegang und Berufserfahrung); Biografie/CS (Studium bei FRANZ SCHREKER); Empfehlung (Referenzen für CS/PAUL HINDEMITH, ARTUR SCHNABEL, G[EORGE] S. DICKINSON, AILEEN M. FARRELL)

Ernst Schön Subject File

- Ernst Schön, 1893-1960, Programmleiter beim Rundfunk in Frankfurt am Main, 1933 über Frankreich Emigration nach Großbritannien, Tätigkeit bei der BBC, nach dem Krieg Re-Emigration nach Deutschland, vergebliche Suche nach Tätigkeit als Rundfunkredakteur
- Allende-Blin 1994 • Datenbank Orpheus Trust Wien

SCHRIFTEN
6019   1935
Ernst Schön, «Should Music Be Re-Arranged for Broadcasting?»; Aufsatz, TD (annotiert), 4 S., engl. R Musik/ES (Praxis beim Rundfunk)
↳ *Beilage zu: Brief Ernst Schön 1935-08-31 (Dok. 6022)*

6020   (1935)
Ernst Schön, «This Broadcasting System»; Aufsatz, TD (Kopie), 6 S., engl. R Musik/ES (Praxis beim Rundfunk)
↳ *Beilage zu Brief Ernst Schön 1935-08-31 (Dok. 6022)*

KORRESPONDENZ
ACADEMIC ASSISTANCE COUNCIL
6021   1934-09-12
Walter Adams (Academic Assistance Council, London) an Walter Kotschnig (International Student Service, Genf); TL (Kopie), 1 S., engl. E Hilfe (Bitte um Empfehlungen für ERNST SCHÖN in den USA) A Anstellung/ERNST SCHÖN (kleine Jobs in England; sucht Stelle beim Rundfunk oder als Musikkritiker)

Schön, Ernst

6022   1935-08-31
Ernst Schön (London) an Edward R. Murrow (Institute of International Education, NYC); TLS (annotiert), 1 S., engl. **A** Empfehlung (Bitte/ES um Empfehlung an Rundfunkstation); Schriften/ES (schickt Artikel aus ‹NY Times› und ‹BBC Year Book› zur Information; Louis Markel)
➤ *Beilagen: Aufsätze (Dok. 6019-6020)*

6023   1935-09-18
Edward R. Murrow an Ernst Schön (London); TL (Kopie annotiert), 1 S., engl. **E** Hilfe/EM (für ES durch Versendung seiner Aufsätze)

Arnold Schoenberg Subject File

- Arnold Schoenberg, 1874-1951, österr. Komponist, Direktor der Kompositionsklassen an der Preußischen Akademie der Künste Berlin, 1933 Emigration nach Frankreich, anschließend Immigration in die USA, Lehrtätigkeit am Malkin Conservatory in Boston (MA), 1936-1944 Professor an der USC (CA)
- BHE II, 1046f.

Korrespondenz
Master Institute of Roerich Museum

6024   1934-06-18
Edward R. Murrow an Sina Lichtmann (Master Institute of Roerich Museum, NYC); TL (Kopie), 1 S., engl. **A** Finanzen/Emergency Committee (Antrag auf Unterstützung für Leonid Kreutzer, Franz Schreker oder Arnold Schoenberg zur Anstellung am Master Institute of Roerich Museum)

Material zur Biografie

6025   (1934
«Exiled Musician to Teach in U.S.»; Clipping; PD, 1 S., engl. **E** Hilfe (finanzielle Unterstützung prominenter Amerikaner für junge amer. Musiker zum Studium bei Arnold Schoenberg am Malkin Conservatory in Boston; George Gershwin und Mrs. A. Lincoln Filene)

Leo Schrade Subject File

- Leo Schrade, 1903-1964, Musikwissenschaftler, Studium in Heidelberg, München und Leipzig, ab 1932 Lehrtätigkeit an der Univ. Bonn, 1938 Emigration in die USA, 1938 Assistant Professor, 1943 Associate Professor, 1948 volle Professur an der Yale Univ. in New Haven (CN), dort 1939-1958 Leiter der Graduate Studies, 1958 Rückkehr nach Europa, Lehrtätigkeit an der Univ. Basel
- BHE II, 1051

Korrespondenz
Catholic Episcopal Committee for German Refugees

6026   1937-09-23
William Neuhs (Univ. Bonn) an Joseph D. Ostermann (NYC); TL (Abschrift), 1 S., engl. **A** Empfehlung/WN (für Leo Schrade)

6027   1937-09-28
Joseph D. Ostermann (Catholic Episcopal Committee for German Refugees, NYC) an John Whyte (Emergency Committee, NYC); TLS (annotiert), 1 S., engl. **E** Hilfe/JO (Bitte um Informationen zu Leo Schrade, mögliche Vermittlung an amer. Univ.)

Montgomery, James A.

6028   1937-10-01
James A. Montgomery (Univ. of Pennsylvania, Graduate School of Arts and Sciences, Philadelphia, PA) an Stephen Duggan (Emergency Committee, NYC); TLS, 1 S., engl. **E** Hilfe (Bitte um Unterstützung für Leo Schrade; Walter Damrosch); Verfolgung/Leo Schrade (Entlassung aus Lehrtätigkeit wegen jüdischer Ehefrau) **A** Empfehlung/ Paul Kahle (für Leo Schrade)

Schrade, Leo

6029   1937-08-15
Leo Schrade (Godesberg-Mehlem) an John Whyte (Institute of International Education, NYC); TLS, 2 S., dt.; auch in Abschrift und engl. Übersetzung **E** Hilfe (Bitte/LS um Rat zu Arbeit in den USA, Interesse an Lehrtätigkeit); Verfolgung/LS (Entlassung aus Lehrtätigkeit wegen jüdischer Herkunft seiner Frau) **A** Empfehlung/? von Klenze (für LS) **R** Wissenschaft/LS (Entwicklung der Musikwissenschaft "in den Rang einer Geisteswissenschaft", Methode des Collegium Musicum; möchte dt. Entwicklung der Musikwissenschaft in den USA erreichen)
➤ *Beilagen: Lebenslauf, Publikationsliste und Werkverzeichnis (Dok. 6035)*
➤ *Antwortbrief: 1937-09-01*
➤ *Brief ähnlichen Inhalts: an George S. Dickinson 1937-08-17*

6030   1937-10-09
Leo Schrade (Godesberg-Mehlem) an John Whyte (c/o Institute of International Education, NYC); TLS, 2 S., dt. **E** Hilfe (Erlangung einer Aufenthaltserlaubnis für die USA,

Bitte um Vermittlung einer Gastvorlesung; Joseph D. Ostermann, ? Pijoan, George S. Dickinson)

6031 1938-06-13
Leo Schrade (New Haven, CT) an Betty Drury (NYC); TLS, 1 S., dt. A Anstellung/LS (an Yale Univ.; Dank für Unterstützung/Emergency Committee)

Yale University New Haven

6032 1938-01-06
Arnold Wolfers (Yale Univ., New Haven, CT) an ? (Emergency Committee, NYC); TLS, 1 S., engl. A Anstellung/ Leo Schrade (Yale Univ. zeigt Interesse, Frage nach Finanzierung der Reisekosten)

6033 1938-05-09
David H. Stevens (Rockefeller Foundation, NYC) an Edgar S. Furniss; TL (Kopie), 2 S., engl. A Finanzen (Unterstützung für Anstellung/Leo Schrade an Yale Univ. durch Carl Schurz Memorial Foundation und Rockefeller Foundation; Committee for Catholic Refugees from Germany, Joseph D. Ostermann)

↳ Briefe ähnlichen Inhalts: 1938-05-11 und 1938-05-12
↳ Antwortbrief mit Bewilligung: 1938-05-25

Material zur Biografie
6034 1937-07-29 bis 1937-10-20
Empfehlungsschreiben für Leo Schrade:
– [1937]-?-?: Ludwig Schiedermair; TLS, 1 S., dt.
– 1937-07-29: Charles van den Borren (Brüssel); ALS, 2 S., frz.
– 1937-08-02: Albert Smijers (Huister Heide, NL); ALS, 1 S., dt.
– 1937-10-?: Arnold Schering (Berlin); TLS, 1 S., dt.
– 1937-10-20: Arnold Schmitz (Breslau); TLS, 3 S., dt.

6035 (1937-08-15)
Leo Schrade, Bewerbungsunterlagen für Emergency Committee:
– «Lebenslauf»; Lebenslauf (annotiert); AD/TD, 1 S., engl.
– «Veröffentlichungen»; Publikationsliste (annotiert); TD, 1 S., dt.
– «Vorlesungen und Übungen»; Werkverzeichnis; TD, 1 S., dt.

↳ Beilagen zu: Brief Leo Schrade 1937-08-15 (Dok. 6029)
↳ Aktennotiz 1940-10-09 in Archives of the Carl Schurz Memorial Foundation (Dok. 4116)

Franz Schreker Subject File

- Franz Schreker, 1878-1934, österr. Komponist, Studium in Wien, 1920-1931 Direktor der Hochschule für Musik in Berlin

Korrespondenz
Master Institute of Roerich Museum

6036 1934-07-17
Sina Lichtmann (Master Institute of Roerich Museum, NYC) an Edward R. Murrow (Emergency Committee, NYC); TL (Kopie), 1 S., engl. A Anstellung (Suche nach Lehrer für Harmonielehre, Komposition und Kontrapunkt am Master Institute of Roerich Museum); Biografie/Franz Schreker (Information über seinen Tod)

Material zur Biografie
6037 1933-05-31
Aktennotiz (Kopie); TD, 1 S., engl. E Verfolgung/Franz Schreker (Entlassung aus Lehrämtern)

Georg Schünemann Subject File

- Georg Schünemann, 1884-1945, Musikwissenschaftler und Musikpädagoge, 1932 Direktor der Hochschule für Musik in Berlin, 1933 Entlassung durch Nationalsozialisten, 1934 Direktor der Musikabteilung der Preußischen Staatsbibliothek

Material zur Biografie
6038 1934-11-?
«Displaced German Scholars Available for Academic Positions. Musicology. Schünemann, Georg»; Aktennotiz; TD, 1 S., engl. A Biografie/Georg Schünemann (Lehrtätigkeit in Berlin)

Sylvia Schumacher-Zangger Subject File

- Sylvia Schumacher-Zangger, geboren 1905, schweizerische Klavierpädagogin, verheiratet mit Joachim K. Schumacher, 1937 Emigration in die USA, ab 1939 in Middleburg (CT)

Korrespondenz
Casadesus, Robert

6039 1937-03-?
Robert Casadesus (Paris), ohne Adressat; TD (Abschrift), 1 S., engl. A Empfehlung/RC (für Sylvia Schumacher-Zangger, positive Bewertung ihrer pädagogischen und pianistischen Fähigkeiten)

MATERIAL ZUR BIOGRAFIE

6040 [1937]
Sylvia Schumacher-Zangger, «Curriculum vitae of Sylvia L. Schumacher-Zangger»; Lebenslauf (Kopie); TD, 1 S., engl. A Biografie/SSZ (Studium bei ROBERT CASADESUS, EMIL FREY, ERNST LEVY; beruflicher Werdegang, Lehrtätigkeit)

→ *Aktennotiz 1942-01-21 in Archives of the Carl Schurz Memorial Foundation (Dok. 4118)*

Elisabeth Schumann Subject File

- Elisabeth Schumann, [1885?] 1888-1952, Sopranistin, Engagement an der Wiener Staatsoper, 1938 Emigration in die USA, Engagement an der MET
- BHE II, 1055 • Gerd Puritz, «Elisabeth Schumann: a Biography», London 1996

KORRESPONDENZ
AUSTRIAN ACTION

6041 1942-03-19
Ferdinand Czernin (Austrian Action, Inc., NYC), Rundschreiben ohne Adressat; TLS (Kopie), 1 S., engl. A Aufführung (Konzertankündigung, Veranstaltung der Cultural Section of Austrian Action, Mitwirkende ELISABETH SCHUMANN, LEO ROSENEK, OTTO GRUENBAUM)

Hertha Schweiger Subject File

- Hertha Schweiger (geborene Freund), 1912-1995, österr. Musikwissenschaftlerin und Musikpädagogin, Studium in Wien, Berlin und Freiburg, 1939 Emigration in die USA, wohnhaft in Portsmouth (VA)

KORRESPONDENZ
DICKINSON, GEORGE S.

6042 1938-10-18
George S. Dickinson (Vassar College, Poughkeepsie, NY); TL (Abschrift), ohne Adressat, 1 S., engl. A Empfehlung/GD (für HERTHA SCHWEIGER als Dozentin für Musik)

WILDER, THORNTON

6043 1939-01-16
Thornton Wilder (The Century Ass., NYC), ohne Adressat; TL (Abschrift), 1 S., engl. A Empfehlung/TW (für HERTHA SCHWEIGER als Dozentin für Musik)

MATERIAL ZUR BIOGRAFIE

6044 [1938]
Hertha Schweiger; Lebenslauf (Kopie); TD, 1 S., engl. A Biografie/HS (Studium bei WALTER PACH, FRITZ KLEINER, E[MMERICH] GARA, FRITZ MAGG, FELIX SALZER, HANS WEISSE; Tätigkeiten im Verlagswesen, als Lehrerin und Bibliothekarin); Empfehlung (Referenzen für HS/GEORGE S. DICKINSON, THORNTON WILDER, HANS THEODORE DAVID, CARL F. PFATTEICHER, ERIC VOEGELIN); Schriften/HS

→ *Aktennotiz 1941-05-01 in Archives of the Carl Schurz Memorial Foundation (Dok. 4119)*

Felix Edward Sharton Subject File

- Felix Edward Sharton, 1898-1963, österr. Musikwissenschaftler und Musikpädagoge amer. Herkunft, Dirigent, Komponist und Gesangslehrer, Studium an der Univ. und der Musikakademie Wien

OFFIZIELLE DOKUMENTE
UNITED BROADCASTING COMPANY

6045 1941-02-27
Egmont Sonderling (United Broadcasting Co., Chicago, IL); Bescheinigung; TD (Abschrift), 1 S., engl. A Anstellung/FELIX EDWARD SHARTON (bei United Broadcasting Co.)

MATERIAL ZUR BIOGRAFIE

6046 (1942)
Felix Edward Sharton (Amer. Seminar, Holderness School, Plymouth, NH), «Curriculum vitae»; Lebenslauf (Kopie annotiert); AD/TD, 1 S., engl.; A Biografie/FES (Studium der Musikwissenschaft, Philosophie, Psychologie und Pädagogik in Wien, Lehrtätigkeit, Radiovorträge, Tätigkeit in den USA); Empfehlung (Referenzen für FES/CARLETON WASHBURNE, RAMSEY DUFF)

6047 1942-03-18
Karteikarte; PD/AD, 1 S., engl. E Einbürgerung/FELIX EDWARD SHARTON (österr. Staatsbürger); Hilfsorganisationen (registriert beim Amer. Friends Service Committee, Fall übertragen durch National Committee for Refugee Musicians)

→ *Aktennotiz 1942-03-20 in Archives of the Carl Schurz Memorial Foundation (Dok. 4120)*

Alicia Simon Subject File

- Alicia Simon, 1879-1957, poln. Musikwissenschaftlerin, Studium in Warschau und Berlin, Tätigkeit in der Musikabteilung der Library of Congress in Washingotn (DC), 1945 Rückkehr nach Polen, dort ab 1945 Professorin an der Univ. Łodz

KORRESPONDENZ

INTERNATIONAL FEDERATION OF BUSINESS AND PROFESSIONAL WOMEN

6048   1941-03-03
Lena Madesin Phillips (International Federation of Business and Professional Women, NYC) an Stephen Duggan (Institute of International Education, NYC); TLS (annotiert), 2 S., engl. E Hilfe (für Vermittlung von Anstellung für ALICIA SIMON in den USA) A Anstellung/ALICIA SIMON (an Library of Congress; EDGAR F. ROGERS); Biografie/ALICIA SIMON (Studium der Musikwissenschaft in Berlin und Zürich, Tätigkeit als Archivarin, weitreichende Sprachkenntnisse); Empfehlung/EMMA LOOTZ ERVING (für ALICIA SIMON an LMP)

KOSCIUSZKO FOUNDATION

6049   1941-03-15
Stephen P. Mizwa (Kosciuszko Foundation, NYC) an Stephen Duggan (Institute of Intenational Education, NYC); TLS (annotiert), 1 S., engl. E Ausreise/ALICIA SIMON (aus besetztem Polen kaum möglich); Hilfe ("the difficulties we and the New School for Social Research had in trying to get Polish scholars out of German occupied territory") A Finanzen (keine Gehaltsgarantie der Kosciuszko Foundation für ALICIA SIMON; LENA MADESIN PHILLIPS)

LIBRARY OF CONGRESS

6050   1941-04-14
Edgar F. Rogers (Library of Congress, Washington, DC) an Stephen Duggan (Institute of International Education, NYC); TLS (annotiert), 1 S., engl. A Empfehlung/ER (für ALICIA SIMON; Anstellung an Library of Congress unwahrscheinlich)

NEW YORK PUBLIC LIBRARY

6051   1941-03-17
Carleton Sprague Smith (NYPL, NYC) an Stephen Duggan (Institute of International Education, NYC); TLS (annotiert), 1 S., engl. A Anstellung/ALICIA SIMON (an NYPL wegen "personality difficulties" unwahrscheinlich; CARL ENGEL)

6052   1941-03-31
Harry M. Lydenberg (NYPL, NYC) an Stephen Duggan (Institute of International Education, NYC); TLS (annotiert), 1 S., engl. E Hilfe (NYPL sieht keine Hilfsmöglichkeit für ALICIA SIMON; CARLETON SPRAGUE SMITH)

→ Brief ähnlichen Inhalts: Harry M. Lydenberg an Stephen Duggan 1941-03-31

Kurt Singer Subject File

- Zur Biografie vgl. S. 52
- Vgl. Kurt Singer Coll. und Kurt Singer Subject File in Archives of the American Jewish Joint Distribution Committee (Center for Yewish History, Leo Baeck Institute, S. 52f. und 68)

KORRESPONDENZ

SINGER, KURT

6053   1940-02-15
Kurt Singer (Amsterdam) an Betty Drury; TLS (annotiert), 1 S., engl. E Einreise/KS (Bitte um Stellenvermittlung, um mit non quota visa einreisen zu können; SIGMUND NITKE); Hilfe (Kontakte/KS in den USA, Unterstützung/? WUNDERLICH, HUGO LEICHTENTRITT; ALFRED EINSTEIN, [ERNST] KURTH, [MORRIS C.] TROPER bei Suche nach Lehrstelle)

6054   1940-02-23
Kurt Singer (Amsterdam) an Betty Drury; TLS, 1 S., engl. E Hilfe (Briefe/ALFRED EINSTEIN und Senator ? WAGNER an amer. Konsulat in Amsterdam mit Bitte um schnelle Visavergabe für KS) A Empfehlung/? STEIN (für KS)

6055   1940-04-03
Betty Drury an Kurt Singer (Amsterdam); TL (Kopie), 1 S., engl. E Hilfe/Emergency Committee (kann aufgrund seiner Satzung nur auf Anfragen von Institutionen reagieren)

MATERIAL ZUR BIOGRAFIE

6056   (1940)
Kurt Singer, «Summary of Life»; Lebenslauf (Kopie); TD, 1 S., engl. A Biografie/KS (beruflicher Werdegang); Schriften/KS (Publikationsliste)

6057   1940-01-26
Betty Drury, «Interview Memorandum»; Aktennotiz; PD/AD, 1 S., engl. E Ausreise/KURT SINGER (Einladung auf zweijährige Stelle an ein jüdisches Institut dem Konsulat nicht ausreichend für "Refugee Visum")

6058   1940-04-22
Betty Drury, «Interview Memorandum»; Aktennotiz; AD/TD, 1 S., engl. A Anstellung/KURT SINGER (könnte an einem College in Yale arbeiten, Bezahlung unsicher; BD verweist SIGMUND NITKE für Informationen zur Immigration an National Refugee Service)

Kurt Sober Subject File

- Kurt Sober, 1899-1963, Dirigent und Pianist, Studium in Hannover, ab 1933 als Dirigent und Dozent in Italien, 1939 Emigration nach Ecuador, 1939-1941 Professor und Assistant Director, dann Direktor des National Conservatory of Music in Cuenca, 1941 Immigration in die USA, 1941-1942 Musical Assistant des Direktors des New England Conservatory of Music in Boston (MA)

MATERIAL ZUR BIOGRAFIE

6059 [1942]
«Kurt Sober – Conductor and Pianist»; Pressemitteilung; PD, 1 S., engl. E Sprache/KURT SOBER (Kenntnisse in vielen Sprachen) A Biografie/KURT SOBER (beruflicher Werdegang); Schriften/KURT SOBER (Publikationsliste)

6060 [1942]
«Sober, Kurt – Music (Conductor, Pianist)»; Aktennotiz (Kopie); TD, 1 S., engl. A Biografie/KURT SOBER (beruflicher Werdegang); Empfehlung (Statements zu KURT SOBER/ GUSTAVE BURCHARD, SEGUNDO LOUIS MORENO und Centro Lirico Italiano)

Paul Stefan Subject File

- Paul Stefan, 1879-1943, österr. Musikschriftsteller, Studium in Wien, 1921-1938 Hrsg. der ‹Musikblätter des Anbruch›, 1938 Emigration in die Schweiz, 1941 über Frankreich und Portugal Immigration in die USA
- Vgl. W.W. Norton & Co. Records (Columbia Univ., Dok. 4984 und 4995-4996)
- BHE II, 1109

SCHRIFTEN

6061 [1942]
Paul Stefan, «Outline of a Book of Memoirs»; Synopsis, TD (Kopie), 5 S., engl. A Projekte/PS (autobiografische Schrift, Bekanntschaft mit zahlreichen Musikern und Komponisten)

KORRESPONDENZ

AMERICAN COMMITTEE FOR CHRISTIAN REFUGEES

6062 1943-05-26
? (Amer. Committee for Christian Refugees, NYC) an ? (Clearance Committee, Staff Section, NYC); TL (Kopie), 1 S., engl. E Hilfe (Hilfsmöglichkeiten für PAUL STEFAN, finanzielle Beihilfe) A Empfehlung (Referenzen für PAUL STEFAN/HENRY WHITE MACCRACKEN und LUCY E. TEXTOR)

NEW SCHOOL FOR SOCIAL RESEARCH

6063 1943-01-22
Else Staudinger (New School for Social Research, NYC) an Betty Drury (Emergency Committee, NYC); TLS, 2 S., engl. A Empfehlung/ES (für PAUL STEFAN; Referenzen/ARTURO TOSCANINI, BRUNO WALTER, FRANZ WERFEL, FREDERICK JACOBI, SERGE KOUSSEVITZKY, DOROTHY LAWTON, JOHN GUNTHER, OSCAR THOMPSON); Finanzen/PAUL STEFAN (schwierige Situation, Hilfe unbedingt nötig); Schriften/PAUL STEFAN (Aufsätze und Geschichten für Zeitschriften)

→ Antwortbrief mit Ablehnung: 1943-04-13

STEFAN, PAUL

6064 1942-09-04
Paul Stefan an ? (Emergency Committee, NYC); TLS, 3 S., engl. E Emigrationsweg/PS (über Paris und Lissabon in die USA) A Biografie/PS (Werdegang, Tätigkeiten bei Presse und Rundfunk); Finanzen/PS (Antrag auf Unterstützung); Schriften/PS (Kurzbeschreibung seiner Buchpublikationen)

→ Beilagen: Empfehlungsschreiben Hermann Broch 1942-09-03, Frederick Jacobi 1942-09-02, ‹Musical America› 1942-09-02 und Carleton Sprague Smith 1942-09-03 (vgl. Dok. 6068)

6065 1942-09-19
Paul Stefan (NYC) an Stephen Duggan; TLS (annotiert), 1 S., engl. E Emigrationsweg/PS (über Frankreich); Finanzen/PS (Erläuterungen zur finanziellen Situation, Konkurs des Verlags Greystone Press); Verwandte/PS (Ehefrau, "a well known opera- and concert-singer", keine Aussicht auf Anstellung)

→ Antwortbrief mit Ablehnung: 1942-09-30

VASSAR COLLEGE POUGHKEEPSIE

6066 1943-04-09
Henry White MacCracken (Vassar College, Poughkeepsie, NY) an Stephen Duggan (NYC); TLS (annotiert), 1 S., engl. A Empfehlung/HM (für PAUL STEFAN); Finanzen/PAUL STEFAN (finanzielle Schwierigkeiten); Projekte/PAUL STEFAN (Autobiografie)

6067 1943-08-09
Edith S. Woodruff (Vassar College, Poughkeepsie, NY) an ? (Emergency Committee, NYC); TLS (annotiert), 1 S., engl. A Empfehlung/EW (für PAUL STEFAN); Vortrag/PAUL STEFAN (am Vassar College)

MATERIAL ZUR BIOGRAFIE

6068 1942-09-02 bis 1943-08-30
Empfehlungsschreiben für Paul Stefan:

- 1942-09-02: Frederick Jacobi (Northampton, MA) an ? (Emergency Committee, NYC); TLS, 1 S., engl.

- 1942.09-02: Oscar Thompson («Musical America», NYC) an ? (Emergency Committee, NYC); TLS, 1 S., engl
- 1942-09-03: Hermann Broch (Princeton Univ., NJ) an Stephen Duggan (Emergency Committee, NYC); TLS (annotiert), 1 S., engl.
- 1942-09-03: Carleton Sprague Smith (NYPL, NYC); TLS, 1 S., engl.
- 1942-09-05: Else Staudinger (Green Mountain Inn, Stowe, VT) an Betty Drury; ALS (annotiert), 5 S., engl.
- 1942-09-05: Franz Werfel (Hollywood, CA); ALS, 1 S., engl.
- 1942-09-06: Thomas Mann (Pacific Palisades, CA) an ? (Emergency Committee, NYC); TLS, 1 S., engl.
- 1942-09-08: Bruno Walter (Malvern, Bar Harbour, ME); ALS, 2 S., engl.
- 1942-12-30: Rebecca J. Timbers (Amer. Friends Service Committee, Philadelphia, PA) an Betty Drury (Emergency Committee, NYC); TLS, 1 S., engl.
- 1943-02-03: John Gunther (NYC) an Betty Drury (Emergency Committee, NYC); TLS, 1 S., engl.
- 1943-02-10: Serge Koussevitzky (Boston SO, Boston, MA) an Betty Drury (Emergency Committee, NYC); TLS, 1 S., engl.
- 1943-02-17: Walter Toscanini (Haddonfield, NJ) an Betty Drury (Emergency Committee, NYC); TLS, 1 S., engl.
- 1943-03-11: Ernst Lothar (Gladstone, NYC) an Betty Drury; ALS, 2 S., engl.
- 1943-08-30: Josef Hanč (Czechoslovak Information Service, NYC) an Stephen Duggan (Institute of International Education, NYC); TLS (annotiert), 1 S., engl.

6069 1942)
Paul Stefan, «Professor Dr. Paul Stefan»; Lebenslauf (annotiert); TD, 1 S., engl. E Emigrationsweg/PS (über Paris und Portugal in die USA) A Biografie/PS (beruflicher Werdegang, Tätigkeiten); Empfehlung (Referenzen für PS/ARTURO TOSCANINI, BRUNO WALTER, FRANZ WERFEL, STEFAN ZWEIG, OTTO KLEMPERER, DOROTHY THOMPSON, FREDERICK JACOBI); Schriften/PS (Publikationsliste)

6070 1942-04-10
«Gustav Mahler's Eighth Symphony»; Pressemitteilung (Kopie); TD, 1 S., engl. A Aufführung/ERNÖ RAPEE (Aufführung «8. Sinfonie»/GUSTAV MAHLER, Radio City Music Hall, NYC; "Introductory Lecture" mit ERNÖ RAPEE, HANS EWALD HELLER und PAUL STEFAN)

6071 1942-09-12
Karteikarte; PD/AD, 2 S., engl.; letzter Eintrag 1943-12-? E Einbürgerung/PAUL STEFAN (tsch. Staatsbürger, im Besitz der first papers; Einreise/PAUL STEFAN (in die USA im April 1941) A Anstellung/PAUL STEFAN (sucht Stelle an Univ. oder College, bei Rundfunk oder als Übersetzer)

6072 1943-04-06
«Emergency Committee Fellowship. Scholar: Paul Stefan, Author»; Aktennotiz (Kopie); TD, 3 S., engl. E Einreise/PAUL STEFAN (im April 1941 in die USA) A Empfehlung (Referenzen für PAUL STEFAN/ARTURO TOSCANINI, BRUNO WALTER, FRANZ WERFEL, FREDERIC JACOBI, SERGE KOUSSEVITZKY, DOROTHY LAWTON, OSCAR THOMPSON, JOHN GUNTHER, ERNST LOTHAR, CARLETON SPRAGUE SMITH); Finanzen (Antrag auf Unterstützung/Emergency Committee)

Erich Steinhard Subject File

• Erich Steinhard, 1886-1941, Musikwissenschaftler, Musikkritiker in Prag (u.a. ‹Der Auftakt›)

KORRESPONDENZ
STEINHARD, ERICH
6073 1939-06-?
Erich Steinhard an ? (Soc. for the Protection of Science and Learning, London); TL, 3 S., engl. E Hilfe (Bitte/ER um Rat, da keine Arbeitsmöglichkeit in der Tschechoslowakei) A Biografie/ES (Studium bei [HEINRICH] RIETSCH, [HERMANN] KRETZSCHMAR, MAX FRIEDLAENDER, JOHANNES WOLF; Tätigkeiten); Schriften/ES (Publikationen, Dissertation «Zur Frühgeschichte der Mehrstimmigkeit»)

Daniel Sternberg Subject File

• Daniel Arle Sternberg, 1913-2000, österr. Musikwissenschaftler, Pianist, Dirigent und Musiktheoretiker, 1935 Emigration in die UdSSR, 1939 Immigration in die USA, 1940-1942 Lehrtätigkeit am Hockadey Institute of Music in Dallas (TX), ab 1942 an Baylor Univ. in Waco (TX), 1952 und 1965 Dirigent des Dallas SO

• BHE II, 1128f. • Datenbank Orpheus Trust Wien

MATERIAL ZUR BIOGRAFIE
6074 1939-12-?
Daniel A. Sternberg, «Daniel A. Sternberg»; Lebenslauf (Kopie); TD, 1 S., engl. A Biografie/DS (beruflicher Werdegang, Lehrtätigkeit, musikalische Tätigkeit)

6075 1939-12-21
Karteikarte; PD/AD, 1 S., engl. E Einbürgerung/DANIEL A. STERNBERG (dt. Staatsangehörigkeit); Einreise/DANIEL A. STERNBERG (in die USA im Oktober 1939 mit quota visa)

→ *Aktennotiz 1940-10-13 in Archives of the Carl Schurz Memorial Foundation (Dok. 4123)*

Frederick Sternfeld Subject File

- Frederick William (auch: Friedrich Wilhelm) Sternfeld, 1914-1994, österr. Musikwissenschaftler, 1933-1938 Studium in Wien, 1934 Auslandsstudium in Cambridge, 1938 Emigration in die USA, ab 1940 Lehrtä-tigkeit an der Wesleyan Univ. in Middletown (CT) und am Hanover College in Hanover (IN), 1956 Professur an der Oxford Univ., britische Staatsbürgerschaft
- BHE II, 1129

KORRESPONDENZ
STERNFELD, FREDERICK

6076   1939-11-24
Frederick Sternfeld (NYC) an Betty Drury (Emergency Committee, NYC); TLS (annotiert), 1 S., engl. E Einbürgerung/FS ("shortly after my arrival I took out my first citizenship papers") A Anstellung/FS (bei Emerson Radio Corp. "at a nominal salary"); Biografie/FS (Studium der Musikwissenschaft in Wien und Cambridge, Promotion, Lehrerfahrung); Treffen/FS (mit BD); Unterricht/FS ("course in music librarianship" bei DOROTHY LAWTON am NY College of Music)

6077   1940-01-25
Frederick Sternfeld (NYC) an Betty Drury (Emergency Committee, NYC); TLS (annotiert), 1 S., engl. A Treffen/FS (mit JOHN WHYTE, "I am now preparing for him a resume of my dissertation")

REESE, GUSTAVE

6078   1938-10-03
Gustave Reese («Musical Quarterly», NYC), ohne Adressat; ALS (Kopie), 1 S., engl. A Empfehlung/GR (für FREDERICK STERNFELD)

WELLESZ, EGON

6079   1938-06-06
Egon Wellesz (London), ohne Adressat; ALS (Kopie), 1 S., dt. A Empfehlung/EW (für FREDERICK STERNFELD, posititive Beurteilung seiner Fähigkeiten als Musikwissenschaftler) Z Kriegsereignisse (Bedauern über Abbruch der Prüfungen aufgrund der politischen Ereignisse im März 1938)

OFFIZIELLE DOKUMENTE
NEW YORK COLLEGE OF MUSIC

6080   (1939)-?-?
Dorothy Lawton (NY College of Music, NYC); Bescheinigung; TDS, 1 S., engl. A Empfehlung/DL (für FREDERICK STERNFELD zur Anstellung an einer Musikbibliothek); Unterricht/FREDERICK STERNFELD (Teilnahme an "fifteen-weeks' course in Music Librarianship")

UNIVERSITÄT WIEN

6081   1937-07-02
Zeugnis; PDS (Kopie), 1 S., dt.; «Rigorosum-Zeugnis»

6082   1937-09-29
Bescheinigung; PDS (Kopie), 1 S., dt.; «Absolutorium», Studienbescheinigung der Univ. Wien

6083   1938-05-09
Robert Lach (Musikwissenschaftliches Seminar der Univ. Wien); Bescheinigung; TDS (Kopie), 1 S., dt. A Empfehlung/RL (für FREDERICK STERNFELD); Studium/FREDERICK STERNFELD (Musikwissenschaft in Wien)

UNIVERSITY OF CAMBRIDGE

6084   1934-(08)-?
Univ. Board of Extra-Mural Studies of Cambridge (GB); Bescheinigung; PDS (Kopie), 1 S., engl.; «Certificate of Attendance» A Unterricht/FREDERICK STERNFELD (Bescheinigung zur Teilnahme an Kursen)

MATERIAL ZUR BIOGRAFIE

6085   1939-12-01
Karteikarte; PD/AD, 1 S., engl. E Einbürgerung/FREDERICK STERNFELD (hat first papers) A Biografie/FREDERICK STERNFELD (Studium, Ausbildung)

→ *Aktennotiz 1942-01-27 in Archives of the Carl Schurz Memorial Foundation (Dok. 4124)*

6086   1944-10-?
«Excerpt from Bulletin of Wesleyan Univ., October, 1944»; Clipping (Abschrift); TD, 1 S., engl. A Anstellung/FREDERICK STERNFELD (an Wesleyan Univ., Middletown, Connecticut, als "assistant professor of music")

Richard Stoehr Subject File

- Richard Stoehr (auch: Richard Franz Stöhr), 1874-1967, österr. Musikwissenschaftler, Musiktheoretiker und Komponist, Studium in Wien, ab 1904 Professor am Wiener Konservatorium, 1939 Emigration in die USA, 1939-1941 Tätigkeit am Curtis Institute of Music in Philadelphia (PA), ab 1941 Tätigkeit am St. Michael's College in Winooski Park (VT)
- Vgl. Richard Stoehr Subject File in Alfred E. Cohn Papers (Rockefeller Archive Center, S. 342)
- BHE II, 1131f. • Datenbank Orpheus Trust Wien

Korrespondenz

American Committee for Christian Refugees

6087   1944-05-02
Janet Siebold (Amer. Committee for Christian Refugees, Inc., NYC) an Betty Drury (Emergency Committee, NYC); TLS, 2 S., engl. E Finanzen/Richard Stoehr (geringer Verdienst nach Emigration bei Anstellung am Curtis Insitute of Music; Kathleen Hanstein); Hilfe/Richard Stoehr (für Familienmitglieder in Europa, Sohn Richard Stoehr in Stockholm, Ehefrau Marie Stoehr in Österreich ohne Pläne zur Emigration, Tochter Hedwig [Stoehr], Pläne zur Emigration in die USA mit Hilfe/Amer. Friends Service Committee)

American Friends Service Committee

6088   1941-04-21
Kathleen Hanstein (Amer. Friends Service Committee, Philadelphia, PA) an Laurens H. Seelye (Emergency Committee, NYC); TLS, 1 S., engl. E Einreise/Richard Stoehr (durch Anstellung am Curtis Institute of Music, Philadelphia, ermöglicht); Finanzen/Richard Stoehr (Unterstützung der Familienmitglieder in Wien, England und Schweden, Hilfe notwendig) A Anstellung/Richard Stoehr (unterbezahlte Stelle an Settlement Music School, Philadelphia, in Aussicht, Suche nach besserer Stelle); Empfehlung/KH (für Richard Stoehr an Emergency Committee)

6089   1941-07-03
Kathleen Hanstein (Amer. Friends Service Committee, Philadelphia, PA) an Betty Drury (Emergency Committee, NYC); TLS, 1 S., engl. E Hilfe (für Richard Stoehr, Probleme wegen Alter und mangelnder Nachfrage seines Faches) A Finanzen/Emergency Committee (Dank für Unterstützung zur Anstellung/Richard Stoehr)

Curtis Institute of Music Philadelphia

6090   1941-03-14
Randall Thompson (Curtis Institute of Music, Philadelphia, PA), ohne Adressat; TL (Abschrift), 1 S., engl. A Empfehlung/RT (für Richard Stoehr, Einschätzung seiner Fähigkeiten als Lehrer)

Hula, Erich

6091   1941-04-24
Erich Hula (NYC) an Richard Stoehr; TLS, 1 S., engl. A Empfehlung/EH (für RS an Emergency Committee; "Your European and Amer. record is such that you hardly need any letter of recommendation.")

6092   1941-06-02
Erich Hula (Graduate Faculty of Political and Social Science, New School for Social Research, NYC) an Betty Drury (Emergency Committee, NYC); TLS, 1 S., engl. A Anstellung/Richard Stoehr (Bitte um finanzielle Unterstützung/Emergency Committee für mögliche Stelle an St. Michael's College); Empfehlung/EH (für Richard Stoehr)

St. Michael's College Winooski Park

6093   1941-06-10
James H. Petty (St. Michael's College, Winooski Park, VT) an ? (Emergency Committee, NYC); TLS, 1 S., engl. A Finanzen (Bitte um Unterstützung für Anstellung/Richard Stoehr am St. Michael's College; Oberlaender Trust); Schriften/Richard Stoehr

→ Brief ähnlichen Inhalts 1942-07-01
→ Antwortbrief mit Bewilligung: 1942-07-09
→ Neuer Antrag: 1943-01-05 und 1943-02-04
→ Antwortbrief mit Bewilligung: 1943-07-21
→ Neuer Antrag: 1944-04-18
→ Antwortbrief mit Bewilligung: 1944-06-16

6094   1944-06-26
James H. Petty (St. Michael's College, Winooski Park, VT) an Stephen Duggan; TLS, 1 S., engl. E Einbürgerung/Richard Stoehr (hat "final papers for Amer. citizenship"); Finanzen/Richard Stoehr (unterstützt seine Familie in Europa); Verwandte/Richard Stoehr (Kontakte mit Familienangehörigen über Rotes Kreuz, Frau in Europa, Tochter in England, Sohn als Flüchtling in Norwegen, Aufenthaltsort unbekannt) A Anstellung/Richard Stoehr (an St. Michael's College, "teaches German and does some musical work"; Weiterbeschäftigung erwünscht, keine Garantie auf permanente Stelle)

6095   1945-04-27
James H. Petty (St. Michael's College, Winooski Park, VT) an Stephen Duggan (Emergency Committee, NYC); TLS, 1 S., engl. A Anstellung/Richard Stoehr (kann in Wohnung am St. Michael's College bleiben, aber nicht weiter mit festem Gehalt angestellt werden, da kein Bedarf an Deutschunterricht); Finanzen (Bitte um Unterstützung für Richard Stoehr)

Stoehr, Richard

6096   1941-02-06
Richard Stoehr (Philadelphia, PA) an Betty Drury; ALS, 1 S., engl. E Hilfsorganisationen (Amer. Friends Service Committee) A Anstellung/RS (als Lehrer für Musiktheorie am Curtis Institute of Music; Bitte um Rat und Hilfe bei Suche nach neuer Lehrstelle); Finanzen/RS (kein Einkommen)

→ Antwortbrief: 1941-02-11

6097   1941-12-01
Stephen Duggan (Emergency Committee, NYC) an Richard Stoehr (St. Michael's College, Winooski Park, VT); TLS (annotiert), 1 S., engl. E Einbürgerung/RS (im Besitz der first papers, keine Verbindung zum defense program)

6098   1945-04-13
Richard Stoehr (St. Michael's College, Winooski Park, VT) an Frances Fenton Park; ALS, 2 S., engl. E Finanzen/RS (kann seine Familie in Europa nicht mehr unterstützen); Rückkehr/RS (plant Rückkehr nach Wien nach dem Krieg in Hoffnung auf Pension) A Anstellung/RS (kann am St. Michael's College wohnen bleiben, bis er neue Stelle findet; James H. Petty)

→ Brief ähnlichen Inhalts: 1945-04-06

Material zur Biografie

6099   (1941)
Aktennotiz (Kopie); TD, 1 S., engl. E Einreise/Richard

STOEHR (in die USA im März 1939) A Biografie/RICHARD STOEHR (berufliche Aktivitäten, Anstellungen in Europa und in den USA); Empfehlung (Referenzen für RICHARD STOEHR/ MARY BOK, RANDALL THOMPSON, JOHN HOFFMAN, JAMES FRANCIS COOKE, ALFRED WALLENSTEIN)

↳ *Aktennotiz 1941-04-08 in Archives of the Carl Schurz Memorial Foundation (Dok. 4125)*

6100 1941-06-17
«Application for New Scholar – Institution: St. Michael's College, Scholar: Richard Stoehr, Musicologist»; Aktennotiz (Kopie); TD, 1 S., engl. A Biografie/RICHARD STOEHR (Tätigkeiten in Europa und in den USA); Empfehlung (Referenzen für RICHARD STOEHR/MARY BOK, RANDALL THOMPSON, ERICH HULA); Finanzen (finanzielle Unterstützung/ Oberlaender Trust für Anstellung/RICHARD STOEHR an St. Michael's College)

↳ *Dokumente ähnlichen Inhalts: Applications for Renewal 1942-07-09, 1943-04-06, 1944-06-15*

6101 1944-03-01
Richard Stoehr; Aktennotiz; AD/TD, 1 S., engl. E Einbürgerung/RS (hat second papers beantragt, wartet auf Zulassung zur Prüfung) A Kompositionen/RS (Orchester- und Kammermusik); Schriften/RS ("textbooks on musical subjects", keine Möglichkeit zur Publikation)

Hugo Strelitzer Subject File

- Hugo Strelitzer, 1896-1981, Dirigent, 1936 Emigration in die USA, Aufbau des Opera Workshop am LA City College und an UCLA
- Nachlass: Sammlung Hugo Strelitzer (La Canada), vgl. QuECA, S. 56-57

KORRESPONDENZ
NATIONAL COORDINATING COMMITTEE
6102 1936-02-14
Cecilia Razovsky (National Coordinating Committee for Aid to Refugees and Emigrants Coming from Germany, NYC) an John Whyte (Emergency Committee, NYC); TLS, 1 S., engl. A Empfehlung/CR (für HUGO STRELITZER zur Vermittlung an "influential people who could give him introductions to some schools of music")

Hans Heinz Stuckenschmidt Subject File

- Hans Heinz Stuckenschmidt, 1901-1988, Musikkritiker, 1934 Verbot journalistischer Tätigkeiten, 1946 Direktor der Abteilung Neue Musik beim RIAS Berlin, 1953-1967 Professor für Musikgeschichte an TU Berlin, Musikkritiker der ‹Frankfurter Allgemeinen Zeitung›
- BHE II, 1144

KORRESPONDENZ
ASSOCIATION OF AMERICAN COLLEGES
6103 1939-03-02
Eric T. Clarke (Ass. of Amer. Colleges, NYC) an Stephen Duggan (Institute of International Education, NYC); TLS (annotiert), 1 S., engl. A Anstellung/HANS HEINZ STUCKENSCHMIDT (Schwierigkeit bei Stellensuche, da wenig Bedarf für sein Fach; CARLETON [SPRAGUE] SMITH); Finanzen/HANS HEINZ STUCKENSCHMIDT (kaum Einkünfte aus schriftstellerischer Tätigkeit)

Henry Swoboda Subject File

- Henry Swoboda, 1897-1990, tsch. Dirigent, Studium in Prag, 1927-1931 Dirigent und Produktionsmanager bei Electrola, Berlin; 1931-1939 u.a. Gastdozent an der USC, 1939 Emigration in die USA

KORRESPONDENZ
MOE, HENRY ALLEN
6104 1943-10-21
Henry Allen Moe (NYC) an Betty Drury (Emergency Committee, NYC); TLS, 1 S., engl. A Projekte/HENRY SWOBODA ("Swoboda's project" [nicht spezifiziert], Beurteilung als unrealistisch durch OTTO LUENING, "no foreigner knows enough about the field to do the kind of job")

SWOBODA, HENRY
6105 1942-07-06
Henry Swoboda (NYC) an Laurens H. Seelye; TLS (annotiert), 1 S., engl. E Hilfe (Anfrage zu neuem Hilfsprogramm "for displaced writers, artists, musicians and similar professions", Bitte um Treffen) A Empfehlung/JAN MASARYK (für HS an STEPHEN DUGGAN)

6106 1942-09-13
Anna Selig ([International Study Center for Democratic Reconstruction,] NYC) an Henry Swoboda (NYC); TL (Abschrift), 1 S., engl. A Anstellung/HS (als "Music Associate of the International Study Center for Democratic Reconstruction", Finanzierung durch "new Sub Committee" des Emergency Committee); Vertrag (zur Anstellung, Aufgabenbereich; TRUDE W. PRATT)

6107 1942-09-16
Henry Swoboda an ? (Sub-Committee [of the] Emergency Committee, NYC); TLS (annotiert), 1 S., engl. **A** Anstellung/HS (Antrag auf Förderung einer Stelle an International Study Center for Democratic Reconstruction, Aufgabenbereich "to raise funds for the benefit of other unemployed artists"; ANNA SELIG); Finanzen/HS (keine Rücklagen mehr)

MATERIAL ZUR BIOGRAFIE
6108 1942-09-16 bis 1942-09-21
Empfehlungsschreiben für Henry Swoboda:
- 1942-09-16: Darius Milhaud (Mills College, School of Fine Arts, Dept. of Music, Oakland, CA) an Betty Drury; ALS, 1 S., engl.
- 1942-09-17: Eric T. Clarke (Metropolitan Opera Ass., Inc., NYC) an Betty Drury (Emergency Committee, NYC); TLS (annotiert), 1 S., engl.
- 1942-09-21: Walter Damrosch (NYC) an Betty Drury (Emergency Committee, NYC); TLS, 1 S., engl.

6109 [1940]
Henry Swoboda, «Curriculum vitae – Henry Swoboda Ph.D.»; Lebenslauf (Kopie); TD, 1 S., engl. **A** Biografie/HS (Studium, Tätigkeit als Dirigent, Lehrerfahrung); Empfehlung (Referenzen für HS/DOUGLAS MOORE, WARREN D. ALLEN, ALBERT I. ELKUS, ERNEST MCMILLAN, WALTER DAMROSCH, JAN MASARYK)

6110 [1940]
«Swoboda, Henry – Conductor, History of Art, Philosophy»; Aktennotiz (Kopie); TD, 1 S., engl. **A** Biografie/HENRY SWOBODA (Ausbildung, Tätigkeit als Dirigent); Empfehlung (Referenzen für HS/ERIC T. CLARKE, DONALD F. TOVEY, ERNEST MCMILLAN)

Jani Szántó Subject File

- Jani Szántó, geboren 1887, ung. Geiger, ab 1914 Mitglied der Münchner Triovereinigung, 1921-1933 Professor an der Staatlichen Musikakademie München

KORREPONDENZ
HAUSEGGER, SIEGMUND VON
6111 1933-09-21
Sigmund von Hausegger (Staatliche Akademie für Musik, München) an Jani Szántó (München); TLS (Abschrift), 1 S., engl. **E** Verfolgung/JS (Entlassung aus Lehrtätigkeit, Bedauern/SH)

MATERIAL ZUR BIOGRAFIE
6112 1935-01-?
«Kritikerauszüge über den Violinvirtuosen Prof. Jani Szántó»; Pressemitteilung; PD, 4 S., dt. **A** Öffentlichkeit/JANI SZÁNTÓ (Pressestimmen)

6113 1938-11-10 bis 1939-03-17
«Copies of Original Letters Possessed by Jani Szánto» [Empfehlungsschreiben], TLS (Abschrift), 2 S., engl.:
- 1938-07-?: Carl Flesch (London)
- 1938-11-10: Adolf Busch (Basel)
- 1939-03-17: Bruno Walter (The Dorset, NYC)

6114 [1939]
Jani Szántó, «Memorandum as to Jani Szanto»; Lebenslauf; TD, 1 S., engl. **E** Verfolgung/JS (Kündigung und Berufsverbot; SIGMUND VON HAUSEGGER) **A** Biografie/JS (Studium bei ? GRÜN und JENŐ HUBAY; Konzerttätigkeit; HENRI MARTEAU, WILHELM FURTWÄNGLER; Lehrtätigkeit in München)

6115 1939-03-28
Betty Drury, «Interview Memorandum»; Aktennotiz; PD/AD, 1 S., engl. **E** Einreise/JANI SZÁNTÓ (mit visitors visa; Suche nach Anstellung) **A** Empfehlung/FELIX M. GATZ (für JANI SZÁNTÓ; Weiterempfehlung an ALICE WALDO, Oberlaender Trust)

Alfred Szendrey Subject File

- Alfred Szendrey, 1884-1976, Komponist und Dirigent, Engagements an dt. Bühnen, Lehrtätigkeit in Budapest und Berlin, 1933 Emigration nach Frankreich, 1933-1939 Tätigkeit beim French State Radio System in Paris; 1941 Immigration in die USA, 1962-1973 Professor für jüdische Musik an der Univ. of Judaism in Los Angeles (CA)
- Vgl. Alfred Szendrey Subject File in Alfred E. Cohn Papers (Rockefeller Archive Center, S. 343)

SCHRIFTEN
6116 —
Alfred Szendrey, «Radio et culture de la musique»; Aufsatz, TD (Kopie), 15 S., frz.

KORRESPONDENZ
JUILLIARD SCHOOL OF MUSIC
6117 1939-04-18
Ernest Hutcheson (Juilliard School of Music, NYC) an Stephen Duggan (Institute of International Education, NYC); TLS, 1 S., engl. **E** Hilfe (zahlreiche Hilfegesuche; mögliche Stelle für ALFRED SZENDREY an Juilliard School of Music)

New York University

6118　　1942-05-29
Philip James (NY Univ., NYC) an Rebecca J. Timbers (Amer. Friends Service Committee, Philadelphia, PA); TL (Abschrift), 1 S., engl. **A** Empfehlung/PJ (für ALFRED SZENDREY)

Stock, Frederick

6119　　1940-09-26
Mark Brunswick an Frederick A. Stock (Chicago, IL); TL (Kopie), 2 S., engl. **E** Affidavit/FS (für ALFRED SZENDREY und seine Ehefrau); Finanzen/ALBERT H. SZENDREY (Scheck zur Deckung der Kosten für Korrespondenz mit seinem Vater)

Szendrey, Albert H.

6120　　1939-05-24
Albert H. Szendrey (Hollywood, CA) an Stephen Duggan (Institute of International Education, NYC); TLS, 1 S., engl. **E** Hilfe (für seinen Vater ALFRED SZENDREY; Institute of International Education, Oberlaender Trust) **A** Biografie/ALFRED SZENDREY (AS schickt Material zur Information; MERLE ARMITAGE)

6121　　1940-09-12
Albert H. Szendrey (Hollywood, CA) an Stephen Duggan (NYC); TLS, 1 S., engl. **E** Affidavit (für ALFRED SZENDREIY und seine Ehefrau, Bitte um Hilfe/Emergency Committee; keine Hilfe/OTTO KLEMPERER, ARNOLD SCHOENBERG, ERICH WOLFGANG KORNGOLD, da keine amer. Staatsbürger); Einreise/ALFRED SZENDREY (Erhalt von "quota preference visa", Affidavit aufgrund neuer Einreisebestimmungen nötig)

Szendrey, Alfred

6122　　1939-03-28
Alfred Szendrey (Paris) an Stephen Duggan; TLS (annotiert), 2 S., engl. **E** Verfolgung/AS (Stellenverlust nach Machterlangung der Nationalsozialisten, Emigration nach Frankreich; Pläne zur Ausreise in die USA wegen Zuspitzung der politischen Situation); **A** Anstellung/AS (Programmdirektor des staatlichen frz. Rundfunks; Bitte um Empfehlung zur Leitung eines Orchesters in den USA); Biografie/AS (beruflicher Werdegang, internationale Karriere, Lehrtätigkeit in Berlin und Budapest); Empfehlung (Referenzen für AS/ARNOLD SCHOENBERG, FREDERICK A. STOCK, CHARLES MUNCH, OSCAR WAGNER)

6123　　1942-10-31
Alfred Szendrey (NYC) an Stephen Duggan (Emergency Committee, NYC); TLS, 2 S., engl. **E** Hilfe (finanzielle Unterstützung/National Refugee Service; Amer. Friends Service Committee) **A** Anstellung/AS (als Organist in einer Synagoge); Empfehlung (für ALFRED SZENDREY, Referenzen zu fertigen Abschnitten seines Buches über jüdische Musik/GEORGE HERZOG, J. SHATZKY, SALO W. BARON, A[BRAHAM] W. BINDER); Finanzen/AS (finanzielle Situation, Bitte um Unterstützung/Emergency Committee); Schriften/AS («Rundfunk und Musikpflege», «Dirigierkunde»)

Material zur Biografie

6124　　(1939)
«Szendrei, Alfred (Prof.) – Music (Composer, Conductor)»; Aktennotiz (Kopie); TD, 1 S., engl. **A** Biografie/ALFRED SZENDREY (Tätigkeiten vor der Emigration); Empfehlung (Referenzen für ALFRED SZENDREY/ARNOLD SCHOENBERG, ARTHUR NIKISCH, RICHARD STRAUSS, OTTO KLEMPERER)

→ *Aktennotiz 1942-01-28 in Archives of the Carl Schurz Memorial Foundation (Dok. 4128)*

6125　　1942-04-30
Alfred Szendrey, «Biographical Statement»; Lebenslauf (Kopie); TD, 2 S., engl.; mit Passfoto **E** Einbürgerung/AS (hat permanent visa) **A** Biografie/AS (beruflicher Werdegang und Tätigkeiten); Empfehlung (Referenzen für AS/ FREDERICK A. STOCK, BRUNO WALTER, ARNOLD SCHOENBERG, PHILIP JAMES); Kompositionen/AS

6126　　1942-11-04
«Emergency Committee Fellowship. Scholar: Alfred Szendrey, Conductor»; Aktennotiz (Kopie); TD, 2 S., engl. **A** Anstellung/ALFRED SZENDREY (als Organist in einer Synagoge); Biografie/ALFRED SZENDREY (Tätigkeiten in Europa); Empfehlung (Referenzen für ALFRED SZENDREY/WILLIAM ROTHENBERG, PHILIP JAMES); Finanzen/ALFRED SZENDREY (geringer Verdienst, Antrag auf Unterstützung)

6127　　1942-11-10
«Institution: Honorary Fellowship at Yale Univ., Scholar: Alfred Szendrey, Conductor»; Aktennotiz (Kopie); TD, 2 S., engl. **A** Biografie/ALFRED SZENDREY (Tätigkeit in Europa); Empfehlung (Referenzen für ALFRED SZENDREY/BRUNO WALTER, PHILIP JAMES, RICHARD STRAUSS, ARTHUR NIKISCH, ARNOLD SCHOENBERG, OTTO KLEMPERER, ‹Chicago Daily Journal›); Finanzen (Antrag auf Unterstützung für Anstellung/ALFRED SZENDREY an Yale Univ.)

Hans Tischler Subject File

- Hans Erwin Tischler, geboren 1915, amer. Musikwissenschaftler österr. Herkunft, Studium in Wien und in den USA (bei Leo Schrade und Paul Hindemith), 1938 Emigration nach Großbritannien und in die USA, 1945-1947 Lehrtätigkeit am Virginia Wesleyan College in Norfolk (VA), 1947-1965 an der Roosevelt Univ. in Chicago, ab 1965 Professor für Musikwissenschaft an der In-diana Univ. in Bloomington (IN)
- BHE II, 1166f.

Korrespondenz

Emergency Committee

6128   1940-09-06
Betty Drury (Emergency Committee) an Edgar Fisher (Emergency Committee); TL (Kopie), 1 S., engl. A Anstellung (Kandidaten für "New Hope opening", Hans Theodore David, Ludwig Unterholzner, Hans Tischler; John Whyte, Deems Taylor, Carleton Sprague Smith, Walter Gieseking, Mark Brunswick)

Material zur Biografie
6129   [1938]
Hans Tischler; Lebenslauf; TD, 1 S., engl. E Sprache/HT (Engl., Dt., Frz., dazu Latein und Griechisch) A Biografie/HT (Studium, Lehrtätigkeit, Korrepetitor)

6130   1939-01-16
«Interview Memorandum»; Aktennotiz; PD/AD, 1 S., engl. E Einreise/Hans Tischler (im Besitz eines "regular visa"); Sprache/Hans Tischler (Engl., Dt., Frz.; Latein und Griechisch) A Anstellung/Hans Tischler (Suche nach Lehrtätigkeit an einem College)

→ Aktennotiz 1941-05-12 in Archives of the Carl Schurz Memorial Foundation (Dok. 4130)

Ernst Toch Subject File

- Zur Biografie vgl. S. 53
- Vgl. Ernst Toch Subject File in Papers of the American Jewish Joint Distribution Committee (Center for Jewish History, Leo Baeck Institute, S. 53), Horace M. Kallen Coll. (Center for Jewish History, YIVO Institute, S. 109-113) und Office of the President – General Administrative Records (Juilliard School Archives, S. 194ff., Dok. 5391-5393)

Korrespondenz

Bornstein, Julia

6131   1934-01-09
Julia Bornstein (Seattle, WA) an ? Wise; TL (Abschrift), 1 S., engl. A Anstellung (eines Emigranten an Cornish School, Cornish, New Hampshire, Interesse an Ernst Toch; Finanzen)

New School for Social Research

6132   1935-04-11
Alvin Johnson (New School for Social Research, NYC) an Edward R. Murrow (Emergency Committee, NYC); TL (Abschrift), 1 S., engl. A Empfehlung/EM (Bitte um Beachtung des Falles/Ernst Toch); Finanzen (Bitte um Unterstützung für Ernst Toch, "a group of his admirers raised a fund")

6133   1935-04-19
Alvin Johnson (New School for Social Research, NYC) an Edward R. Murrow (NYC); TL (Abschrift), 1 S. A Biografie/Ernst Toch (Tätigkeit als Komponist und Lehrer); Öffentlichkeit/Ernst Toch ("an extremely valuable man, much more likely to count in Amer. life than most of the professors we have brought over")

→ Beilagen: Lebenslauf (Dok. 6134) und Empfehlungsschreiben (Dok. 6135)
→ Antwortbrief mit Ablehnung: 1935-05-01

Material zur Biografie
6134   [1934]
«Memo Re Dr. Ernst Toch»; Lebenslauf; TD, 2 S., engl. A Biografie/Ernst Toch (beruflicher Werdegang in Auszügen, Preise); Öffentlichkeit/Ernst Toch (Auszüge aus Kritiken/Alfred Rosenzweig, Albert Einstein, ‹Musical America›; großer Erfolg seiner Kompositionen)

→ Beilage zu: Brief New School for Social Research 1935-04-19 (Dok. 6133)

6135   1934-02-22 bis 1934-03-11
Empfehlungsschreiben für Ernst Toch:
- 1934-02-22: Hermann Abendroth (Staatliche Hochschule für Musik, Köln); TDS, 1 S., dt.
- 1934-02-22: Willy Rehberg (Mannheim); TLS, 1 S., dt
- 1934-03-11: Leo Kestenberg (Prag); TDS, 1 S., dt.

→ Beilagen zu: Brief New School for Social Research 1935-04-19 (Dok. 6133)

Ludwig Unterholzner Subject File

- Ludwig Unterholzner, geboren 1902, Musikwissenschaftler, Studium in München und Erlangen, Musikredakteur in Hannover, 1939 Emigration in die USA

Korrespondenz

Becking, Gustav

6136   1939-06-19
Gustav Becking (Dekanat der Philosophischen Fakultät, Dt. Univ. Prag), ohne Adressat; TDS (Abschrift), 1 S., dt./engl. A Empfehlung/GB (für Ludwig Unterholzner, positive Bewertung seiner Fähigkeiten als Musikwissenschaftler und Lehrer)

UNTERHOLZNER, LUDWIG

6137   1939-07-13
Ludwig Unterholzner (NYC) an ? (Emergency Committee, NYC); TLS, 1 S., engl. **E** Hilfe (Bitte/LU um Vermittlung einer Stelle an Univ. oder College)

MATERIAL ZUR BIOGRAFIE

6138   (1939)
Ludwig Unterholzner, «Curriculum vitae»; Lebenslauf (Kopie); TD, 2 S., engl. **E** Einbürgerung/LU (dt. Staatsbürgerschaft) **A** Biografie/LU (beruflicher Werdegang, Tätigkeiten und Berufserfahrung); Empfehlung (Referenzen für LU/Wilhelm Kienzl, Walter Gieseking, Hermann Wolfgang von Waltershausen, Gustav Becking, Justus Bier); Schriften/LU (Publikationsliste)

6139   1939-07-18
Karteikarte; PD/AD, 1 S., engl. **E** Einreise/Ludwig Unterholzner (in die USA im Mai 1939 mit quota visa); Hilfsorganisationen (ist auch beim National Refugee Serviece registriert; Mark Brunswick)

→ *Aktennotiz 1942-10-? in Archives of the Carl Schurz Memorial Foundation (Dok. 4134)*

Viktor Urbantschitsch Subject File

- Viktor Urbantschitsch (auch: Urbancic), 1903-1958, österr. Musikwissenschaftler, Komponist und Arrangeur, 1938 Emigration nach Island, Dirigent des Reykjavik SO
- BHE II, 1186 • Rudolf Habringer, «Emigration an den Rand der Welt. Die Geschichte des Musikers Victor Urbancic», in: ‹Zwischenwelt› 2 (2003), Nr. 20 • Datenbank Orpheus Trust Wien

KORRESPONDENZ

REDL, FRITZ

6140   1938-04-20
Fritz Redl (NYC) an ?; TL (Abschrift), 1 S. **E** Hilfe (Bitte um Hilfe für Viktor Urbantschitsch zur Einreise in die USA)

6141   1938-05-26
Betty Drury an Fritz Redl (NYC); TL (Kopie), 2 S., engl. **E** Hilfe (Emergency Committee kann Viktor Urbantschitsch nicht helfen; hat das Institute of International Education kontaktiert, dieses nennt mehrere Musikagenturen)

Klaus Wachsmann Subject File

- Klaus Philipp Wachsmann, 1907-1984, Musikethnologe, Studium in Berlin, 1933 Verweis von der Univ., 1934 Emigration in die Schweiz, 1936 nach Großbritannien, 1937 nach Uganda, 1948 Kurator des Uganda Museums in Kampala, 1958 nach Großbritannien als scientific officer für die ethnologischen Sammlungen der Wellcome Foundation in London, 1963 Immgiration in die USA und Anstellung am Dept. of Music and Institute of Ethnomusicology an der UCLA, 1968 Professor an der Northwestern Univ. in Evanston (IL)
- BHE II, 1197f. • Paula Morgan / Sue Carol DeVale, «Wachsmann, Klaus», in: «NGroveDN online» (http://www.grovemusic.com/, Stand: August 2004)

MATERIAL ZUR BIOGRAFIE

6142   1935-?-? bis 1935-10-06
Empfehlungsschreiben für Klaus Wachsmann:

- 1935-?-?: Karl Gustav Fellerer (Institut de Musicologie de l'Université de Fribourg, Fribourg, CH), ohne Adressat; TD (Abschrift), 1 S., dt.
- 1935-10-06: Friedrich Blume (Kiel) an Walter Adams (Academic Assistance Council, London); TLS (Abschrift), 1 S., dt.

6143   1935-04-13
Klaus Wachsmann; Fragebogen (Kopie); TD, 3 S., dt./engl. **E** Finanzen/KW (keine Mittel; unbezahlte Stelle am Institut de Musicologie der Univ. Fribourg); Sprache/KW (mäßige engl. Sprachkenntnisse) **A** Empfehlung (Referenzen für KW/Karl Gustav Fellerer, Arnold Schering, Friedrich Blume, Gonzague de Reynold, Richard Newald, [Josef Bohuslav] Foerster, Robert Lachmann)

6144   (1935-04-13)
Klaus Wachsmann, «Dr. Klaus Wachsmann. Curriculum vitae»; Lebenslauf (Kopie); TD, 1 S., engl. **A** Biografie/KW (Studium)

Karl Weigl Subject File

- Zur Biografie vgl. S. 42

• Vgl. Karl Weigl Subject Files (American Composers' Alliance, S. 42f.; Alfred E. Cohn Papers, Rockefeller Archive Center, S. 343) und Karl Weigl Scores (NYPL, Performing Arts Library, Music Division, S. 330f.)

KORRESPONDENZ
AMERICAN UNIVERSITY WASHINGTON

6145   1941-10-08
Paul F. Douglass (Amer. Univ., School for Social Sciences and Public Affairs, Washington, DC) an Stephen Duggan (Emergency Committee, NYC); TLS (annotiert), 1 S., engl. A Anstellung/KARL WEIGL (Stellenangebote für Library of Congress und Amer. Univ., arrangiert durch ARCHIBALD MACLEISH als "cooperative arrangement" zweier Institute wie im Fall von KURT PINTHUS); Finanzen (Bitte um Unterstützung für Anstellung/KARL WEIGL; Oberlaender Trust)

→ Antwortbrief: 19461-10-14

6146   1941-10-22
Paul F. Douglass (Amer. Univ., School of Social Sciences and Public Affairs, Washington, DC) an Laurens H. Seelye (Emergency Committee, NYC); TLS (annotiert), 1 S., engl. A Anstellung/KARL WEIGL (soll College-Orchester leiten und Kammermusikgruppe an Amer. Univ. aufbauen; Zusammenarbeit mit KURT PINTHUS; seine Dienste sollen auch zum "development of a community symphony" außerhalb des Instituts genutzt werden)

BILLIKOPF, JACOB

6147   1942-11-09
Jacob Billikopf (Labor Standards Ass., Philadelphia, PA) an Betty Drury (Emergency Committee, NYC); TLS, 1 S., engl. E Hilfe/JB (möchte KARL WEIGL unterstützen, Bitte um Informationen über die gesamte Familie)

→ Antwortbrief: 1942-11-27

BROOKLYN COLLEGE

6148   1943-01-27
Maurice Lieberman (Brooklyn College, Brooklyn, NY) an ? (Emergency Committee, NYC); TLS, 1 S., engl. A Anstellung/KARL WEIGL (Ende der Förderungsdauer seines Forschungsprojekts an NYPL; Anstellungsmöglichkeit an Brooklyn College); Finanzen (Bitte um Unterstützung/ Emergency Committee für Anstellung/KARL WEIGL am Brooklyn College)

6149   1943-05-27
Harry Gideonse (Brooklyn College, Brooklyn, NY) an Stephen Duggan (Emergency Committee, NYC); TLS, 1 S., engl. A Finanzen (Förderung/Emergency Committee und Oberlaender Trust für Anstellung/KARL WEIGL am Brooklyn College; Abwicklung der Finanzen über HG)

6150   1944-05-24
Maurice Lieberman (Brooklyn College, Brooklyn, NY) an Betty Drury (Emergency Committee, NYC); TLS (annotiert), 1 S., engl. A Finanzen (schwierige Situation aufgrund von Budgetkürzungen, Bitte um erneute Unterstützung/ Emergency Committee für Anstellung/KARL WEIGL am Brooklyn College)

→ Antwortbrief mit Bewilligung: 1944-06-19

CONVERSE COLLEGE

6151   1941-06-01
Laurens H. Seelye an Norwood Baker (Converse College, Spartanburg, SC); TL (Kopie), 1 S., engl. A Anstellung (Suche nach Lehrkraft für Kl. und Dt., Converse College; Informationen über KARL WEIGL und VALLY WEIGL)

FREE LIBRARY OF PHILADELPHIA

6152   1942-12-21
F.H. Price (Free Library of Philadelphia, PA) an Stephen Duggan (Emergency Committee, NYC); TLS (annotiert), 1 S., engl. A Finanzen (Bitte um Unterstützung/Emergency Committee für Anstellung/KARL WEIGL an Free Library of Philadelphia); Projekte (Aufgabenbereich/KARL WEIGL, Forschung zur Orchestermusik des 17. und 18. Jahrhunderts zur Ergänzung der Edwin A. Fleisher Music Collection)

JOHN SIMON GUGGENHEIM MEMORIAL FOUNDATION

6153   1943-04-20
Betty Drury an Henry Allen Moe (John Simon Guggenheim Memorial Foundation, NYC); TL (Kopie), 2 S., engl. A Finanzen/Oberlaender Trust (Unterstützung für Anstellung/KARL WEIGL, bislang kein Antrag des Brooklyn College auf Förderung; Ablehnung des Antrags/Free Library of Philadelphia auf Unterstützung; MARK BRUNSWICK, WILBUR K. THOMAS, ? RIEGELMAN)

JULIUS HARTT MUSICAL FOUNDATION HARTFORD

6154   1941-04-02
Moshe Paranov (Julius Hartt Musical Foundation, Hartford, CO) an Karl Weigl (NYC); TLS, 1 S., engl. A Anstellung/ KW (Vertrag mit Julius Hartt Musical Foundation wird nicht verlängert); Empfehlung/MP (für KW)

OBERLAENDER TRUST

6155   1943-04-15
Wilbur K. Thomas (Oberlaender Trust, Philadelphia, PA) an Betty Drury (Emergency Committee, NYC); TLS (annotiert), 1 S., engl. A Finanzen/Oberlaender Trust (Unterstützung für Anstellung/KARL WEIGL am Brooklyn College; Ablehnung der Anfrage/Free Library of Philadelphia)

6156   1944-07-13
Wilbur K. Thomas an Maurice Lieberman (Brooklyn College, Brooklyn, NY); TL (Kopie), 1 S., engl. A Finanzen/ Oberlaender Trust (Zusage einer verringerten Unterstützung für Anstellung/KARL WEIGL am Brooklyn College)

WEIGL, KARL

6157   1938-05-29
Karl Weigl (Wien) an ?; TL (Abschrift unvollständig), 1 S., engl. E Ausreise/KW (keine Arbeitsmöglichkeit mehr in Wien, Ausreisepläne, Bitte um Informationen zu Stellen in den USA) A Empfehlung (Referenzen für KW/IGNAZ FRIEDMAN, ADOLF BUSCH, RUDOLF SERKIN, ARTUR SCHNABEL, ALICE EHLERS, ELISABETH SCHUMANN, ARTUR BODANZKY, FRED[E-

RICK] JACOBI, ROY D. WELCH, ARNOLD SCHOENBERG, ERICH WOLFGANG KORNGOLD)

6158   1941-11-04
Karl Weigl (NYC) an Laurens H. Seelye (Emergency Committee, NYC); TLS, 1 S., engl. A Anstellung/KW (Interesse an Lehrposition für Musiktheorie und Komposition an amer. Univ., Bereitschaft zur Leitung eines Orchesters; Aussicht auf Vakanz am Vassar College, Poughkeepsie, New York); Aufführung/KW und VALLY WEIGL (Konzert an Oakwood School, Poughkeepsie; GEORGE S. DICKINSON, HENRY WHITE MACCRACKEN); Biografie/KW (Erfahrungen mit Orchesterarbeit in Wien)

6159   1943-03-28
Karl Weigl (NYC) an Stephen Duggan (Emergency Committee, NYC); TLS, 1 S., engl. A Finanzen/KW (Auskunft über Situation seiner Familie, Einkünfte durch Halbtagsstelle/KW an Philadelphia Music School und Musikstunden/VALLY WEIGL an Westtown School; Rücklagen für einkommenslose Zeit und schulische Ausbildung/JOHN WEIGL an Germantown Friends School, Philadelphia, benötigt)

6160   1944-03-08
Karl Weigl (NYC) an Stephen Duggan (Emergency Committee, NYC); TLS, 1 S., engl. A Anstellung/KW (Lehrauftrag für Kontrapunkt, Instrumentation und Kammermusik am Brooklyn College); Finanzen/KW (Dank für Unterstützung/Emergency Committee)

MATERIAL ZUR BIOGRAFIE

6161   [1938]-?-? bis 1941-10-11
Empfehlungsschreiben für Karl Weigl:

– [1938]-?-?: Walter Damrosch an ?; TL (Kopie annotiert), 1 S., engl.
– 1938-06-01: Arnold Schoenberg (Brentwood Park, LA, CA) an Rudolf Ganz (Pearson Hotel, Chicago, IL); TLS (annotiert), 1 S., engl.
– 1938-07-16: Ernst Bacon (Hamilton College, Clinton, NY) an Irving Maurer (Beloit College, Beloit, WI); TL (Abschrift), 1 S., engl.
– 1938-10-19: Artur Bodanzky; TL (Abschrift), ohne Adressat, 1 S., engl.
– 1939-03-26: Bruno Walter, ohne Adressat; ALS (Kopie), 1 S., engl.
– 1939-05-20: John Erskine an ? (Teacher's College, Montelair, NJ); TL (Kopie), 1 S., engl.
– 1941-10-10: Alfred Einstein (Smith College, Northampton, MA) an Betty Drury (Emergency Committee, NYC); TLS, 1 S., engl.
– 1941-10-11: Carleton Sprague Smith (NYPL, NYC) an Betty Drury (Emergency Committee, NYC); TLS, 1 S., engl.
– 1941-10-11: Roy D. Welch (Princeton Univ., Princeton, NJ) an Betty Drury (Emergency Committee, NYC); TLS, 1 S., engl.

6162   1938-04-25
Karl Weigl; Fragebogen (Kopie); TD, 1 S., engl. E Sprache/KW (fließend Engl. lesen und schreiben, Kenntnisse in Frz.) A Biografie/KW (Tätigkeit in Österreich); Empfehlung (Referenzen für KARL WEIGL/GUIDO ADLER, JULIUS BITTNER, WILHELM KIENZL, ADOLF BUSCH, IGNAZ FRIEDMAN, GEORGE SZELL, ARTUR SCHNABEL, W.K. STANTON, ELISABETH SCHUMANN, ALICE EHLERS)

  → *Mit Beilagen: Lebenslauf, Publikationsliste und Clippings (Dok. 6163)*

6163   (1938-04-25)
Karl Weigl, Bewerbungsunterlagen für Emergency Committee:

– «Prof. Dr. Karl Weigl – Curriculum vitae»; Lebenslauf (Kopie); TD, 1 S., engl.
– «Prof. Dr. Karl Weigl – Publications»; Publikationsliste (Kopie); TD, 2 S., engl.
– «Prof. Dr. Karl Weigl – Testimonials»; Clippings (Abschrift); TD, 2 S., engl.

  → *Beilagen zu: Fragebogen 1938-04-25 (Dok. 6162)*

6164   (1938)-(05)-[29]
Karl Weigl, «Professor Dr. Karl Weigl»; Lebenslauf (Kopie); TD, 4 S., engl. A Biografie/KW (Ausbildung, Werdegang und Auszeichnungen); Kompositionen/KW; Öffentlichkeit/KW (Ausschnitte aus Statements/RICHARD STRAUSS, JULIUS BITTNER, ALFRED EINSTEIN, WILHELM FURTWÄNGLER, SIGMUND VON HAUSEGGER); Unterricht/KW (Schüler KURT ADLER, J.H. ALDEN, ERNST BACON, RICHARD BYK, MOSCO CARNER, ALICE EHLERS, PAUL FRANKL, PETER PAUL FUCHS, FRANZ KOSCH, ERICH WOLFGANG KORNGOLD, LILA LALAUNI, CZESLAW MAREK, HENRIETTE MICHELSOHN, SIEGFRIED NADEL, KURT PAHLEN, WINIFRED PURNELL, KURT ROGER, W.K. STANTON, DANIEL A. STERNBERG, FRITZ WALDMANN, ROSY WERTHEIM, LOUISE WANDEL, ERIC ZEISL)

6165   1939-06-19
Pressemitteilung; TD, 1 S., engl. A Aufführung (Rundfunkübertragung von Werken/KARL WEIGL, WQXR, Interpreten ALICE HOWLAND, HUGO KOLLBERG, KARL und VALLY WEIGL)

6166   1940-01-16
«Compositions by Karl Weigl»; Pressemitteilung; TD, 1 S., engl. A Aufführung (Rundfunkübertragung von «2. Sonate G-Dur» für V. und Kl. und «3 Songs» für Sopran und Kl./KARL WEIGL, Interpreten ROMAN TOTENBERG, LYS BERT, KARL WEIGL)

6167   1942
Karteikarte; AD, 3 S., engl.; letzter Eintrag 1944-05-05 E Einbürgerung/KARL WEIGL und VALLY WEIGL (Erlangung der amer. Staatsbürgerschaft); Hilfe (Angaben zur Unterstützung für KARL WEIGL und VALLY WEIGL)

  → *Aktennotiz 1940-11-04 in Archives of the Carl Schurz Memorial Foundation (Dok. 4139)*

6168   1943-04-06
«Emergency Committee Fellowships. Institution: Free Library of Philadelphia – Scholar: Karl Weigl, Musicologist»; Aktennotiz (Kopie); TD, 3 S., engl. E Einreise/KARL WEIGL (im Oktober 1938 in die USA) A Anstellung/KARL WEIGL (Bitte um finanzielle Hilfe zur Anstellung/KARL WEIGL an der Free Library of Philadelphia, F.H. PRICE); Biografie/KARL WEIGL (Tätigkeiten in Europa und in den USA); Emp-

fehlung (für KARL WEIGL/RICHARD STRAUSS, ALFRED EINSTEIN, WILHELM FURTWÄNGLER, ARNOLD SCHOENBERG, ARTUR BODANZKY, BRUNO WALTER, GREGOR PIATIGORSKY, WALTER DAMROSCH, MOSHE PARANOV, ROY D. WELCH, CARLETON SPRAGUE SMITH)

6169   1944-05-20
«Concert for the Benefit of the MacDowell Colony»; Programmheft (annotiert); TD, 1 S., engl. **A** Aufführung (Werke/KARL WEIGL, Interpreten EDNA BOCKSTEIN, BERTHA SHULTZ, ETHEL LUENING, MARGARET AUE, KARL WEIGL)

6170   1944-05-25
«Compositions of Karl Weigl»; Pressemitteilung; TD, 1 S., engl. **A** Aufführung (Kompositionen/KARL WEIGL bei Rundfunksender WNYC, Mitwirkende BORIS SCHWARZ, STEFAN AUBER und KARL WEIGL)

6171   1944-06-15
«Application for Renewal of Fellowship. Institution: (Brooklyn College). Scholar: Karl Weigl, Musicologist»; Aktennotiz (Kopie); TD, 3 S., engl. **A** Anstellung/KARL WEIGL (am Brookyln College); Biografie/KARL WEIGL (Tätigkeiten in Europa und in den USA); Empfehlung (Referenzen für KARL WEIGL/ARTUR BODANZKY, BRUNO WALTER, WALTER DAMROSCH, MOSHE PARANOV, ROY D. WELCH, CARLETON SPRAGUE SMITH, ALFRED EINSTEIN)

Vally Weigl Subject File

- Vally Weigl (Geburtsname: Valerie Pick), 1894-1982, österr. Komponistin und Musiktherapeutin, Studium in Wien; 1938 Emigration in die USA, als Musiktherapeutin tätig u.a. 1950-1951 am NY Medical College in NYC, 1963-1964 am Mount Sinai Hospital in NYC und 1974-1976 an der New School for Social Research in NYC

- Vgl. Karl Weigl Subject File (American Composers' Alliance, S. 42f.) und Toni and Gustav Stolper Coll. (Center for Jewish History, Leo Baeck Institute, S. 69ff.); siehe auch Vally Weigl Coll. (Library of Congress, Washington, DC)

- BHE II, 1217 • «Lebenswege von Musikerinnen im "Dritten Reich" und Exil», hrsg. von der Arbeitsgruppe Exilmusik, Hamburg: von Bockel 2000 • Rosario Marciano, «Weigl, Vally», in: «NGroveDN online» (http://www.grovemusic.com/, Stand: August 2004) • «Give them Music. Musiktherapie im Exil am Beispiel von Vally Weigl», hrsg. von Elena Fitzthum und Primavera Gruber, Wien 2003 • Datenbank des Orpeus Trust Wien

MATERIAL ZUR BIOGRAFIE
6172   1938-11-29
Vally Weigl, «Vally Weigl»; Lebenslauf (annotiert); TD, 1 S., engl. **A** Biografie/VW (Studium bei RICHARD ROBERT, LEONIE GOMBRICH, GUIDO ADLER, KARL WEIGL, beruflicher Werdegang)

Edith Weiss-Mann Subject File

- Edith Weiss-Mann, geboren 1885, Cembalistin, Mutter von Alfred Mann, Studium in Berlin, 1927-1933 Professorin an der Univ. Hamburg, 1939 Emigration in die USA, 1940 Lehrerin am NY College of Music, Konzerttätigkeit

KORRESPONDENZ
EMERGENCY COMMITTEE
6173   1941-07-30
Betty Drury (Emergency Committee) an Laurens H. Seelye (Emergency Committee); TL (annotiert), 1 S., engl. **A** Anstellung/EDITH WEISS-MANN (sucht neben Privatschülern Unterrichtstätigkeit an einem Institut); Aufführung/EDITH WEISS-MANN (Konzerte in den USA, Rundfunkaufführung über WNYC)

MATERIAL ZUR BIOGRAFIE
6174   1939-06-08
Karteikarte; PD/AD, 1 S., engl.; Eintrag unter dem Namen Edith Grau **E** Einreise/EDITH WEISS-MANN (in die USA im Mai 1939 mit visitors visa)

6175   (1941)
Edith Weiss-Mann; Lebenslauf (Kopie annotiert); TD, 1 S., engl. **A** Anstellung/EWM (Lehrerin am NY College of Music); Aufführung/EWM (Konzerte in den USA, Rundfunksendung WNYC); Biografie/EWM (Studium, beruflicher Werdegang, Lehrtätigkeit; Gründung der Gesellschaft für Alte Musik Hamburg)

6176   1941-07-25
Karteikarte; AD/TD, 2 S., engl.; letzter Eintrag 1942-12-08 **E** Einreise/EDITH WEISS-MANN (in die USA im Mai 1939 mit visitors visa) **A** Anstellung/EDITH WEISS-MANN (Suche nach Unterrichtsmöglichkeit für Clavichord, Cembalo und Klavier)

→ *Aktennotiz 1942-02-03 in Archives of the Carl Schurz Memorial Foundation (Dok. 4140)*

6177	1941-08-25

Pressemitteilung (annotiert); PD, 1 S., engl. **A** Anstellung/ EDITH WEISS-MANN (eigenes Klavier- und Cembalostudio eröffnet)

Paul Weissleder Subject File

- Paul Weissleder, geboren 1886, Komponist, Dirigent und Bühnenmanager, Sohn von Franz Weissleder (1860-1922), Studium in Köln, ab 1907 Theaterkapellmeister in Dortmund, Leipzig und ab 1925 in Mainz

KORRESPONDENZ
COLUMBIA UNIVERSITY
6178   1938-07-11
Hellmut Lehmann-Haupt (Columbia Univ., NYC) an Bernard Flexner (NYC); ALS, 2 S., engl. **E** Hilfe/FELIX M. GATZ (für PAUL WEISSLEDER, Vermittlung einer Stelle an Scranton Univ. "as an Instructor in the technique of conducting musical theatricals and opera in high schools and colleges") **A** Biografie/PAUL WEISSLEDER (Dirigier- und Lehrtätigkeit); Empfehlung/HLH (für PAUL WEISSLEDER); Finanzen/PAUL WEISSLEDER (will sich bei Emergency Committee um Stipendium bemühen)
→ *Aktennotiz 1941-02-14 in Archives of the Carl Schurz Memorial Foundation (Dok. 4141)*

Egon Wellesz Subject File

- Egon Wellesz, 1885-1974, österr. Komponist und Musikwissenschaftler, Studium und Lehrtätigkeit in Wien, 1938 Emigration nach Großbritannien, Lehrtätigkeit an der Oxford Univ.
- BHE II, 1233f. • Günter Brosche, «Der Wellesz-Nachlaß in der Musiksammlung der Österr. Nationalbibliothek», in: «Egon Wellesz», hrsg. von Otto Kolleritsch, Wien 1986, 70-76 • Hannes Heher, «Egon Wellesz: Komponist, Byzantinist, Musikwissenschaftler», Wien 2000

KORRESPONDENZ
EMERGENCY COMMITTEE
6179   1940-01-02
Betty Drury an Laurens H. Seelye; TL (Kopie), 1 S., engl. **A** Anstellung (offene Stelle an Sarah Lawrence College sowie Stellen an New Jersey College for Women und Westminster Choir College; Kandidaten BRUNO EISNER, OSCAR LASSNER, PAUL NETTL, EGON WELLESZ, HANS THEODORE DAVID, LEON ERDSTEIN, MAX GRAF, KARL WEIGL)

NEW SCHOOL FOR SOCIAL RESEARCH
6180   1941-05-26
Laurens H. Seelye an Alvin Johnson (New School for Social Research, NYC); TL (Kopie annotiert), 1 S., engl. **A** Anstellung (mögliche Stelle für EGON WELLESZ an UCB)

MATERIAL ZUR BIOGRAFIE
6181   (1940)
«Wellesz, Egon – Musicology, History of Music»; Aktennotiz (Kopie); TD, 1 S., engl. **A** Empfehlung (Auszüge aus Referenzen für EGON WELLESZ/ARCHIBALD TH. DAVISON, ALFRED EINSTEIN, BRUNO WALTER, JOSEPH P. CHAMBERLAIN); Schriften/EGON WELLESZ (Auszug aus Publikationsliste)

Margarete Wolf Subject File

- Margarete Wolf, geboren 1896, österr. Pianistin, Musikwissenschaftlerin und Musiktheoretikerin

MATERIAL ZUR BIOGRAFIE
6182   [1938]
Margarethe Wolf; Lebenslauf; TD, 1 S., engl. **A** Biografie/ MW (Klavier- und Musikwissenschaftsstudium in Wien, Lehrtätigkeit; LEONHARD DEUTSCH)

Helmuth Wolfes Subject File

- Helmuth Wolfes, 1901-1971, Dirigent und Filmmusikkomponist, Studium in Berlin, Heidelberg, München und Halle, Engagements an dt. Bühnen, Lehrtätigkeit in Paris, London und Monte Carlo, 1939 Immigration in die USA, 1940-1941 Lehrtätigkeit am Stillwater Community College in Stillwater (MN), 1941-1942 Direktor der Musikabteilung für Dramaturgie am Goodrich Social Settlement in Cleveland (OH)

Korrespondenz
American Friends Service Committee

6183   1942-05-14
Hertha Kraus (Amer. Friends Service Committee, Philadelphia, PA) an Laurens H. Seelye (Emergency Committee, NYC); TLS, 1 S., engl. A Empfehlung/HK (für HELMUTH WOLFES zur Anstellung, positive Bewertung seiner Tätigkeit am Stillwater Community College, Stillwater, Minnesota)

6184   1942-05-25
Hertha Kraus (Amer. Friends Service Committee, Philadelphia, PA) an Betty Drury, Laurens H. Seelye; TLS, 1 S., engl. A Empfehlung/HK (für HELMUTH WOLFES als "qualified musician and conductor", Befürwortung einer "Membership at the Amer. Seminar" an Univ. of Maine)

Material zur Biografie

6185   1940-07-02 bis 1940-08-24
«Stillwater Community College Course Schedule, July 2 – August 24, 1940»; Pressemitteilung; TD, 1 S., engl. A Unterricht/HELMUTH WOLFES (Kurse für Chorgesang und Volkstanz/HELMUTH WOLFES sowie Kurse zu "Music Appreciation"/ROBERT ROBITSCHEK)

6186   (1942)-(05)-?
Helmuth Wolfes, «Curriculum vitae Helmuth Wolfes»; Lebenslauf; TD, 1 S., engl. E Emigrationsweg/HW (über Paris und London nach NYC); Sprache/HW (Engl., Frz., Dt.) A Biografie/HW (beruflicher Werdegang)

6187   1942-06-09
«Candidate for Summer Scholarship. Amer. Friends Service Committee – Seminar for Refugee Schoars, Teachers and Artists: Helmuth Wolfes, Musicologist»; Aktennotiz (Kopie); TD, 1 S., engl. E Einreise/HELMUTH WOLFES (in die USA 1939) A Biografie/HELMUTH WOLFES (Tätigkeiten); Empfehlung/HERTHA KRAUS (für HELMUTH WOLFES)

→ *Aktennotiz 1941-03-28 in Archives of the Carl Schurz Memorial Foundation (Dok. 4144)*

Werner Wolff Subject File

- Werner Wolff, 1883-1961, Dirigent und Musikwissenschaftler, Studium in Leipzig, 1938 Emigration in die USA, Lehrtätigkeit am Tennessee Wesleyan College in Athens (TN)
- BHE II, 1264

Korrespondenz
American Committee for Christian German Refugees

6188   1938-11-03
Betty Drury an Alice Waldo (Amer. Committee for Christian German Refugees, NYC); TL (Kopie), 1 S., engl. A Empfehlung/BD (für WERNER WOLFF, kurze Vorstellung seiner Person; JOHN WHYTE, ERNEST HUTCHESON)

6189   1939-04-19
Betty Drury an Helen Day (Amer. Committee for Christian German Refugees, NYC); TL (Kopie), 1 S., engl. E Hilfe (Bitte/BD um weitere Informationen zu WERNER WOLFF zur Weiterleitung) A Anstellung/WERNER WOLFF (als Kandidat für McMurray College, Jacksonville, Illinois)

6190   1939-04-21
Helen Day (Amer. Committee for Christian German Refugees, NYC) an Betty Drury (Emergency Committee, NYC); TLS, 1 S., engl. A Anstellung/WERNER WOLFF (kein Kandidat mehr für McMurray College, da er Stelle an Tennessee Wesleyan College, Athens, bekommen hat; finanzielle Unterstützung/Oberlaender Trust; ALICE WALDO)

Hastings College

6191   1942-03-07
Betty Drury an J.W. Creighton (Hastings College, Hastings, NE); TL (Kopie), 2 S., engl. A Anstellung (Informationen zu WERNER WOLFF und EDWARD LOWINSKY für mögliche Stelle an Hastings College)

6192   1942-03-28
Ruth O'Donnell an J.W. Creighton (Hastings College, Hastings, NE); TL (Kopie), 1 S., engl. A Anstellung/KATE WOLFF (an Univ. of [Tennessee,] Chattanooga; Eheleute wollen jetzt nicht umziehen, offene Stelle an Hastings College)

Material zur Biografie

6193   —
Werner Wolff, «Wolff, Werner – Musicologist»; Lebenslauf (Abschrift); TD, 1 S., engl. A Biografie/WW (beruflicher Werdegang, Tätigkeiten)

6194   1942-01-16
Betty Drury; Aktennotiz; TDS, 1 S., engl. A Anstellung (WERNER und KATE WOLFF wollen nicht mehr im Süden arbeiten und hoffen auf Anstellung im Norden)

→ *Aktennotiz 1940-23-10 in Archives of the Carl Schurz Memorial Foundation (Dok. 4145)*

Stefan Wolpe Subject File

- Stefan Wolpe, 1902-1972, Komponist, Studium in Berlin, 1933 Emigration zunächst nach Wien, dann nach Palästina, 1938 Immigration in die USA; 1948-1952 Leiter der Contemporary Music School, 1952-1956 Director of Music am Black Mountain College in Black Mountain (NC), 1957-

1968 Vorsitzender der Musikabteilung am C.W. Post College der Long Island Univ. in Brookville (NY)
- Vgl. Stefan Wolpe Subject File (Rockefeller Archive Center, S. 343) und Netty Simons Coll. (NYPL, Library of the Performing Arts, Music Division, S. 307f.)
- BHE II, 1266 • The Stefan Wolpe Society (http://www.wolpe.org/, Stand: August 2004)

KORRESPONDENZ
NATIONAL COMMITTEE FOR REFUGEE MUSICIANS

6195   1943-11-11
Betty Drury an Mark Brunswick (National Committee for Refugee Musicians, NYC); TL (Kopie) E Hilfe/National Committee for Refugee Musicians (für STEFAN WOLPE bei Stellensuche) A Finanzen (Antrag/STEFAN WOLPE auf Unterstützung für Kompositionen und Buchprojekt)

WOLPE, STEFAN

6196   1943-10-06
Stefan Wolpe (NYC) an ?; TL (Abschrift), 1 S., engl. E Finanzen (Bitte um Unterstützung, schwierige Situation seit Einwanderung in die USA); Projekte/SW (Kompositionsprojekte; Buchprojekt über "the Musical Material and the basic Ideas of Construction")

6197   1943-10-21
Stefan Wolpe (NYC) an Stephen Duggan (Emergency Committee, NYC); TLS, 1 S., engl. A Finanzen/SW (finanzielle Situation, Verlust der Einnahmen durch Privatunterricht aufgrund des Kriegsbeginns; keine Vertragsverlängerung bei Settlement Music School, Philadelphia, JOHAN GROLLE; Verdienst seiner Ehefrau IRMA WOLPE-SCHÖNBERG durch Klavierunterricht)

→ *Antwortbrief mit Ablehnung: 1943-11-24*

MATERIAL ZUR BIOGRAFIE

6198   1942-10-29 bis 1943-11-03
Empfehlungsschreiben für Stefan Wolpe:
- 1942-10-29: Marion Bauer (NY Univ., NYC); TL (Abschrift), 1 S., engl.
- 1942-11-05: Aaron Copland (Oakland, NJ); TL (Abschrift), 1 S., engl.

- 1943-10-15: Henry Cowell (New School for Social Research, NYC) an ? ([Emergency Committee]); TLS, 1 S., engl.
- 1943-10-18: Ernst Krenek (Hamline Univ., Saint Paul, MN) an Betty Drury (Emergency Committee, NYC); TLS, 1 S., engl.
- 1943-10-19: Dimitri Mitropoulos (Minneapolis SO, MN) an Betty Drury (Emergency Committee, NYC); TLS, 1 S., engl.
- 1943-10-28: Paul Rosenfeld (NYC) an Betty Drury; TLS (annotiert), 1 S., engl.
- 1943-11-03: Virgil Thomson («Herald Tribune», NYC) an Betty Drury (Emergency Committee, NYC); TLS, 1 S., engl.

6199   (1943)
Stefan Wolpe; Lebenslauf; TD, 2 S., engl. A Biografie/SW (Werdegang, Tätigkeiten); Empfehlung (Referenzen für STEFAN WOLPE/AARON COPLAND, MARION BAUER, VIRGIL THOMSON, PAUL ROSENFELD, HENRY COWELL, ERNST KRENEK, HANS WILHELM STEINBERG, DIMITRI MITROPOULOS, PAUL HINDEMITH)

6200   1943-11-?
«Application for Fellowship. Scholar: Stefan Wolpe, Musician»; Aktennotiz (Kopie); TD, 4 S., engl. E Einreise/STEFAN WOLPE (in die USA 1938) A Empfehlung (Referenzen für STEFAN WOLPE/AARON COPLAND, MARION BAUER, VIRGIL THOMSON, PAUL ROSENFELD, HENRY COWELL, ERNST KRENEK, [HANS] WILHELM STEINBERG, DIMITRI MITROPOULOS, PAUL HINDEMITH); Projekte/STEFAN WOLPE (Kompositionsprojekte; Buchprojekt über "the Musical Material and the basic Ideas of Construction"; Bitte um finanzielle Unterstützung/Emergency Committee)

Victor Zuckerkandl Subject File

- Victor Zuckerkandl, 1896-1965 [nach Orpheus Trust: 1897-1964], österr. Musikwissenschaftler und Pianist, Tätigkeit als Dozent, Dirigent, Musikkritiker, 1938 Emigration in die Schweiz, 1939 Immigration in die USA, 1940-1942 Lehrtätigkeit am Wellesley College in Wellesley (MA), ab 1946 an der New School for Social Research, lebte ab 1964 in der Schweiz
- Vgl. Victor Zuckerkandl Subject File in Alfred E. Cohn Papers (Rockefeller Archive Center, S. 344)
- Gerhard Lipp, «Viktor Zuckerkandls musikanthropologisches Denken», Diss. Univ. Graz 2001 • Datenbank Orpheus Trust Wien

KORRESPONDENZ
HARVARD UNIVERSITY CAMBRIDGE

6201   1944-03-18
Archibald Th. Davison (Harvard Univ., Isham Memorial Library, Cambridge, MA) an ? Jessup; TL (Abschrift), 1 S., engl. A Empfehlung/AD (für VICTOR ZUCKERKANDL, Befürwortung seines Buchprojekts); Projekte/VICTOR ZUCKERKANDL (Buch "on music education in Amer. colleges"; Antrag auf finanzielle Förderung bei Carnegie Corp.)

ZUCKERKANDL, VICTOR

6202   1941-12-07
Victor Zuckerkandl (Wellesley College, Dept. of Music, Wellesley, MA) an Laurens H. Seelye; TLS (annotiert), 1 S., engl. A Öffentlichkeit/VZ ("book on operatic interpretation" als Standardwerk)

6203   1942-09-30
Victor Zuckerkandl (c/o Mrs. W.H. Sharp, Wellesley Hills, MA) an Laurens H. Seelye; TLS, 1 S., engl. A Anstellung/VZ (während des Sommers "machinist's training", danach "engaged in defense work"; Annahme eines Stellenangebots am NY City College nur bei anspruchsvollen Aufgaben entsprechend seiner Qualifikation; Finanzen); Treffen/VZ (mit [MORTON] GOTTSCHALL, NY City College)

6204   1942-10-18
Victor Zuckerkandl (Wellesley Hills, MA) an Laurens H. Seelye; TLS, 1 S., engl. A Anstellung/VZ (mögliche Stelle am NY City College); Treffen/VZ (mit [MORTON] GOTTSCHALL, NY City College)

6205   1944-04-02
Victor Zuckerkandl (South Natick, MA) an Betty Drury (Emergency Committee, NYC); TLS (annotiert), 1 S., engl. A Empfehlung/ARCHIBALD TH. DAVISON (für VZ, Befürwortung seines Buchprojekts; ROGER SESSIONS); Finanzen/VZ (Antrag auf Förderung seines Buchprojekts durch Carnegie Corp.)

MATERIAL ZUR BIOGRAFIE

6206   1939-10-? bis 1939-12-19
Empfehlungsschreiben für Victor Zuckerkandl:
– 1939-10-?: Bruno Walter; ALS, 1 S., engl.
– 1939-12-?: Egon Wellesz (Lincoln College, Oxford); TL (Abschrift), 2 S., engl.
– 1939-12-19: Thomas Mann (Princeton, NJ), ohne Adressat; TL (Abschrift), 1 S., engl.

6207   [1940]
Victor Zuckerkandl; Lebenslauf (Kopie annotiert); TD, 1 S., engl. A Biografie/VZ (Studium, journalistische Tätigkeit, pädagogische Aktivitäten); Empfehlung (für VZ/BRUNO WALTER, ALFRED EINSTEIN, OLGA SAMAROFF STOKOWSKI); Schriften/VZ

➤ *Aktennotiz 1940-10-31 in Archives of the Carl Schurz Memorial Foundation (Dok. 4057)*

Max Wertheimer Papers

- Max Wertheimer, 1880-1943, dt. Psychologe und Philosoph, Mitbegründer der Gestalttheorie, 1933 Emigration in die USA, Mitglied der Graduate Faculty an der New School for Social Research
- Nachlass enthält als Series XI-XIII einen Teil des Nachlasses von Erich Moritz von Hornbostel, eines befreundeten Kollegen an der Graduate Faculty, darin Schriften und Korrespondenz (= Hornbostel Papers Box 11, Folders bezeichnet, aber nicht nummeriert); Hauptteil des Hornbostel-Nachlasses möglicherweise noch in Familienbesitz
- 1960 von Anni Hornbostel (geb. Caro), vormals Mrs. Max Wertheimer und Ehefrau von John Hornbostel, an NYPL übergeben
- Vgl. Erich Moritz von Hornbostel Subject File in Emergency Committee in Aid of Displaced Foreign Scholars Records (NYPL, Humanities and Social Sciences Library, Manuscripts and Archives Division, S. 237)
- Finding aid (1989), kurze Sammlungsbeschreibung im Online-Katalog (http://catnyp.nypl.org/)
- BHE II, 1239f.

SCHRIFTEN

HORNBOSTEL, ERICH MORITZ VON

6208   ca. 1912 bis 1913
«Notes on Music», 1 Folder; Skizzen, Transkriptionen und Rezensionen, als Mss. und Drucke

6209   1929 bis 1931
«Writings», 2 Folders; Schriften zur Psychologie, Skizzen, Mss., Korrekturfahnen, Clippings

KORRESPONDENZ

HORNBOSTEL, ERICH MORITZ VON

6210   1907 bis 1931
Korrespondenz, 1 Folder

MATERIAL ZUR BIOGRAFIE

HORNBOSTEL, ERICH MORITZ VON

6211   —
«Biographical Notes», 3 Folders; AD und Clippings (PD); 1 weiterer Folder mit Varia

New York Public Library, New York Public Library for the Performing Arts, Jerome Robbins Dance Division
40 Lincoln Center Plaza, New York, NY 10023-7498, http://www.nypl.org/research/lpa/dan/dan.html
Kontakt: dance@nypl.org

Sergei Denham: Records of the Ballet Russe de Monte Carlo

- Sergei Denham, 1897-1970, Financier aus NYC, später Direktor und künstlerischer Leiter des Ballet Russe de Monte Carlo
- Dokumente zur Geschichte der Ballettruppe seit ihrer Gründung 1937 (PerfArts-Dance, Signatur: (S) *MGZMD 48); meist geschäftliche Korrespondenz, darunter auch mit Musikern
- Finding list, kurze Sammlungsbeschreibung im Online-Katalog (http://catnyp.nypl.org/)
- Jack Anderson, «The Ballets Russes Saga: In the Wake of Diaghilev's Death, two Monte Carlo-Based Companies Emerged», in: ‹Ballet News› 3 (1982), Nr. 7, 10-13, 15 und 45.

SCHRIFTEN
RIETI, VITTORIO
6212   1942
«La Somnambule / The Sleepwalker [nach Vincenzo Bellini]»; Synopsis, TD (annotiert), 2 S., frz. A Kompositionen/VR (inhaltliche Zusammenfassung von «La Somnambule»)

6213   [1946-01-24]
«Night Shadows. Ballet in One Act by Vittorio Rieti»; Synopsis, AD, 1 S., engl. A Kompositionen (inhaltliche Zusammenfassung von «Night Shadows»)

WEINBERGER, JAROMIR
6214   (1941)-06-20
«Saratoga. Ballet by Jaromir Weinberger»; Synopsis, TD, 2 S., engl. A Kompositionen/JW (inhaltliche Zusammenfassung von «Saratoga»)

KORRESPONDENZ
KLEMPERER, OTTO
6215   1938-02-08
Leonide Massine (c/o Théâtre du Casino de Monte Carlo, Monaco) an Otto Klemperer; TL (Kopie), 1 S., engl. A Projekte (Anfrage/LM, ob OK im Winter nächsten Jahres UA eines Balletts/PAUL HINDEMITH [«Nobilissima visione»] in Monte Carlo sowie Aufführungen in NYC dirigieren kann; EFREM KURTZ)

KURTZ, EFREM
6216   1939-05-27
Efrem Kurtz (Paris) an Sergei Denham (Universal Art, Inc., NYC); TLS, 1 S., frz. A Reise/EK (Information über bevorstehende Abreise aus Europa); Vertrag/EK (mit Universal Art, Inc., über Aufführungen in den USA)

6217   1939-08-24
Sergei Denham an Yakov Rubinstein (Paris); TL (Kopie), 2 S., engl. A Aufnahme/EFREM KURTZ (Musikaufnahmen ohne Erlaubnis seines Vertragspartners, generelle Unzufriedenheit mit seiner Arbeitseinstellung); Finanzen (Überlegungen zu Gehalt und Exklusivitätsstatus/EFREM KURTZ wegen zusätzlichen Verdienstes durch außervertragliche Aktivitäten); Reise/EFREM KURTZ (nach London im Spätsommer 1939, bringt Orchestrierung von «Ghost Town» und «Koudriavtseff» mit)

6218   1939-10-11
Sergei Denham (Universal Art, Inc., NYC) an Efrem Kurtz (Hotel Tuscany, NYC); TLS (Kopie), 1 S., engl. A Vertrag/EK (mit Universal Art, Inc.; Erlaubnis für Engagement/EK bei Robin Hood Dell Concerts, Inc.; Verbot, den Titel eines musical director zu führen)

6219   1940-04-15
David Libidins an Sergei Denham; TL (Kopie), 2 S., engl. A Finanzen (Überlegungen zu Honorarkürzungen bei Engagements vertraglich verpflichteter Künstler im Ausland; EFREM KURTZ, ALICIA MARKOVA, MIA SLAVENSKA)

6220   1941-11-17
David Libidins (Universal Art, Inc., NYC) an ? (US Dept. of State, Visa Division, Washington, DC); TLS (annotiert), 1 S., engl. E Affidavit/EFREM KURTZ (Bürgschaft für Freunde bei Visumsantrag für die USA, Bestätigung seiner finanziellen Bürgfähigkeit) A Anstellung/EFREM KURTZ (als musical director des Ballet Russe de Monte Carlo)

MAHLER, FRITZ
6221   1948-06-19
Fritz Mahler an Sergei Denham (Ballet Russe de Monte Carlo, NYC); TLS, 1 S., engl. A Projekte/FM (Bitte um Information zum Verleih von Notenmaterial für Aufführung mit Toronto PO und Erie PO)

MILHAUD, DARIUS
6222   1945-01-12
Darius Milhaud (Mills College, Oakland, CA) an Sergei Denham (Ballet Russe de Monte Carlo, Atlanta, GA); ALS, 2 S., frz. A Kompositionen/DM (keine Antwort auf Versendung der Ballettmusik nach der «Suite française» op. 248; rechtliche Fragen sind mit Verleger Leeds Corp. zu klären; Rechte von «Le Beau Danube»; ROGER DESORMIÈRE)

→ *Briefe ähnlichen Inhalts: ohne Datum und (1944-12-07)*

6223   1945-03-09
Sergei Denham (NYC) an Darius Milhaud (Mills College, Oakland, CA); TLS (Kopie), 1 S., engl. **A** Kompositionen/ DM (Aufführungsrechte der «Suite française» op. 248, Bearbeitung zu einem Ballett durch Ergänzung einer Einleitung und mit abschließender Farandole; Finanzen, Tantiemen; EUGENE WEINTRAUB); Projekte/SD (Balletts nach der «Suite française» op. 248/DM, Ideen zur Choreographie/ GEORGE BALANCHINE; ROGER DESORMIÈRE)

→ *Briefe ähnlichen Inhalts: 1945-02-05, 1945-04-06, (1945)-05-20, [1945]-05-24*

6224   (1945)-05-28
Darius Milhaud (Mills College, Oakland, CA) an Sergei Denham; ALS, 2 S., frz. **A** Aufführung («Les cloches» op. 259/DM in NYC am Geburtstag/SD; möchte daher dirigieren); Kompositionen/DM (Frage zur «Farandole» aus Ballettversion der «Suite française» op. 248)

6225   [1945]-(06)-(01)
Darius Milhaud (Mills College, Oakland, CA) an Sergei Denham; ALS, 2 S., frz. **A** Finanzen/DM (Honorar für Komposition von Einleitung und Finale zur Ballettfassung der «Suite française» op. 248/DM; EUGENE WEINTRAUB); Projekte (Aufführung des Balletts nach der «Suite française» op. 248/DM; FERNAND LÉGER, ANDRÉ MASSON)

6226   [1945]-06-12
Darius Milhaud (Mills College, Oakland, CA) an Sergei Denham; ALS, 3 S., frz. **A** Kompositionen/DM (Fertigstellung der Ballettpartitur, Angaben zur Instrumentierung der «Suite française» op. 248; begrenzte Exklusivrechte des Ballet Russe de Monte Carlo am neuen Stück; GEORGE BALANCHINE)

6227   [1945]-?-? (ca. 1945-06-?)
Darius Milhaud an Sergei Denham; ALS, 2 S., frz. **A** Kompositionen/DM (schickt Einleitung und Finale zur «Suite française» op. 248); Reise/DM (im Dezember nach NYC)

6228   [1945]-?-? (ca. 1945-06-?)
Darius Milhaud an Sergei Denham (Mills College, Oakland, CA); ALS, 2 S., frz. **A** Aufführung (Ballettfassung der «Suite française» op. 248/DARIUS MILHAUD, Fragen zu Dekor und Kostümen; Überlegungen zu Aufführungsmöglichkeit in Hollywood)

6229   1945-07-02
Sergei Denham an Darius Milhaud (Mills College, Oakland, CA); TLS (Kopie), 1 S., engl. **A** Kompositionen/DM (SD will das Finale nicht «Fête de la Victoire», sondern «Farandole» nennen, will keine Verbindung des Stückes zu politischen, militärischen oder sozialen Ereignissen, Ballett soll Tribut an Frankreich sein; Anmerkungen zur Orchestrierung; Exklusivrechte des Ballet Russe an der Musik)

6230   1945-08-29
Sergei Denham (NYC) an Darius Milhaud (Mills College, Oakland, CA); TL (Kopie), engl. **A** Aufführung (Ballettversion der «Suite française» op. 248, Verschiebung der Produktion; Enttäuschung über Skizzen zu Bühnenbild und Kostümen von [JEAN] DE BOTTON)

6231   [Ende 1945] (nach 1945-08-29)
Darius Milhaud (Jack Dempsey's Great Northern Hotel, NYC) an Sergei Denham; ALS, 2 S., engl. **A** Öffentlichkeit/ DM ("enormous success" der «Suite française» op. 248); Reise/DM (nach Washington und NYC); Treffen/SD (mit CORRADO CAGLI)

6232   [Ende 1945] (nach 1945-08-29)
Darius Milhaud (Mills College, Oakland, CA) an Sergei Denham; ALS, 1 S., frz. **A** Kompositionen/DM (Ballett «Les cloches» op. 259 auf Anregung/RUTH PAGE) **R** Musik/ DM (Überlegung, ob sich seine Stücke nicht gegenseitig Konkurrenz machen)

RIETI, VITTORIO

6233   1942-08-03
Vittorio Rieti (NYC) an Sergei Denham (Hollywood); ALS, 2 S., frz. **A** Kompositionen/VR (Arbeit an Orchestration für «La Somnambule»); Öffentlichkeit/GEORGE BALANCHINE (Erfolg in Buenos Aires; ? TCHELITCHEV)

6234   (1942)-08-18
Vittorio Rieti (NYC) an Sergei Denham; ALS, 2 S., frz. **A** Kollegen (Bericht/VR über GEORGE BALANCHINE und ? TCHELITCHEV); Kompositionen/VR (Fertigstellung der Orchestration für «La Somnambule»)

6235   1942-10-20
Vittorio Rieti (Universal Art, Inc., NYC) an Sergei Denham (NYC); ALS, 2 S., frz. **A** Finanzen/VR (Honorarfrage; akzeptiert aufgrund der schwierigen Situation des Ballet Russe du Monte Carlo schlechtere Konditionen für seine Arbeit; ? TCHELITCHEV)

6236   1946-01-24
Vittorio Rieti (NYC) an Sergei Denham (Ballet russe de Monte Carlo, NYC); ALS, 2 S., engl. **A** Aufführung (Einverständnis/VR zur Aufführung seiner Musik zum Ballett «Night Shadows» im Rundfunk bei WNYC); Veröffentlichung/VR (Ballett «Night Shadows» bei AMP)

SCHOENBERG, ARNOLD

6237   (1942)-(02)-?
Arnold Schoenberg (LA) an Mia Slavenksa; TLS (annotiert), 1 S., engl. **A** Vertrag/AS (Vereinbarungen über Aufführung von «Verklärte Nacht» op. 4 durch das Ballet Russe de Monte Carlo; Finanzen, Tantiemen)

→ *Briefe ähnlichen Inhalts 1942-03-14 und 1943-03-19*

WEINBERGER, JAROMIR

6238   1941-07-17
Sergei Denham an Jaromir Weinberger (Avery's Farmhouse, Fleischmanns, NY); TLS (Kopie), 1 S., engl. **A** Kompositionen/JW (Verwendung der Melodien «Tararabumbia» und «Georgia Camp Meeting» in der Ballettmusik «Saratoga», Copyrightfragen, Mills Music Co., ? SCHWARTZ, Marks Co., ASCAP; FRANZ ALLERS)

6239   1941-08-23
Jaromir Weinberger (Avery's Farmhouse, Fleischmanns, NY) an Sergei Denham; TLS, 1 S., engl. **A** Kompositionen/ JW (Fertigstellung der Orchesterpartitur von «Saratoga»,

Arbeit an Klavierauszug); Treffen/JACOB WEINBERG (mit SD und seinem Choreographen)

6240 1941-10-02
Jaromir Weinberger (Avery's Farmhouse, Fleischmanns, NY) an Sergei Denham (Universal Art, Inc., NYC); TLS, 1 S., engl. **A** Finanzen/JW (Bitte um ausstehenden Scheck); Kompositionen/JW (Arbeit an zusätzlicher Solonummer in «Saratoga» für LEONIDE MASSINE)

OFFIZIELLE DOKUMENTE
KURZ, EFREM

6241 1938
Sergei Denham und Efrem Kurtz; Vertrag; TDS (annotiert), 5 S., engl. **A** Vertrag/EK (zur Anstellung als musical director und erster Dirigent, World-Art, Inc.)

MILHAUD, DARIUS
6242 1945-12-31
Quittung; TDS (annotiert), 1 S., engl. **A** Finanzen/DM (Quittung über über $ 775 als Honorar für Aufführung von «Le Beau Danube»)

RIETI, VITTORIO
6243 1942-06-09
Vittorio Rieti und Sergei Denham; Vertrag; TDS, 2 S., engl. **A** Vertrag/VR (zum Arrangement einiger Werke/VINCENZO BELLINI für die Ballettproduktion «La Somnambule» des Ballet Russe de Monte Carlo; Konditionen, Finanzen)

WEINBERGER, JAROMIR
6244 1941-07-09
Jaromir Weinberger und Sergei Denham; Vertrag; TDS, 2 S., engl. **A** Vertrag (über Ballett «Saratoga»; Finanzen)

MATERIAL ZUR BIOGRAFIE
MILHAUD, DARIUS
6245 1945-04-26
«Third Composers Concert»; Programmheft; PD, 1 S., engl. **A** Aufführung («Les malheurs d'Orphée» op. 85/DARIUS MILHAUD in Chicago, Dirigent REMI GASSMANN)

Ruth Page Collection

- Ruth Page, 1899-1999, amer. Tänzerin und Choreographin
- Geschenk von Ruth Page
- Sammlung (PerfArts-Dance, Signatur: (S) *MGZMD 16) mit in Korrespondenz, Mss., Notizbüchern, Publicity Material und geschäftlichen Aufzeichnungen
- Finding list, kurze Sammlungsbeschreibung im Online-Katalog (http://catnyp.nypl.org/)
- John Joseph Martin, «Ruth Page: an Intimate Biography», New York 1977 • Ruth Page, «Page by Page», Hightstown (NJ) 1978

KORRESPONDENZ
MILHAUD, DARIUS
6246 1945 bis 1947
Korrespondenz (engl.) von Darius Milhaud mit Ruth Page und Thomas H. Fisher (sowie umgekehrt) zur Ballettproduktion «Bells»: 1945: 8 Briefe (ALS) und 1 Telegramm von sowie 7 Briefe (TL Kopie) an Milhaud; 1946: 21 Briefe (ALS) und 1 Telegramm von sowie 12 Briefe (TL Kopie) und 5 Telegramme an Milhaud; 1947: 9 Briefe (ALS) von sowie 1 ALS (Entwurf), 1 TLS (Kopie) und 2 Telegramme an Milhaud

WEILL, KURT
6247 1939-12-15
Thomas Hart Fisher (Chicago, IL) an Kurt Weill; TLS, 4 S., engl. **A** Projekte/THF (Tanzdrama, Version/Miss ? PRETZELL aus einem Szenario, Bitte um Lektüre/KW, schlecht geschrieben, aber gibt "idea, what was intended" wieder; Detailangaben dazu) **R** Theater/THF (Suche nach "synthetischem" Theater wie in Japan, verweis auf «Beggar on Horseback» mit Musik/DEEMS TAYLOR)

6248 1941-02-18
Kurt Weill an Ruth Page; TL, 1 S., engl. **A** Projekte/KW (Theaterstück «Cheat and Swing», "poor play", aber gutes Material für Ballett, schickt Buch und Szenario, führt Ideen aus; "bible-idea" vielleicht doch besser)

6249 1941-05-01
Kurt Weill (Suffern, NY) an Ruth Page; TLS, 1 S., engl. **A** Projekte/KW (Komposition nach «Love Stories from the Bible»/BILLY SUNDAY, Kontakt mit [JOHN] LATOUCHE, PAUL GREEN soll Libretto schreiben); Reise/RP (nach Südamerika, Pläne)

6250 1941-05-12
Kurt Weill (Suffern, NY) an Ruth Page; TLS, 1 S., engl. **E** Hilfe/KW (für Eltern in Palästina, vergeblicher Besuch im State Dept. zur raschen Erlangung von Visa) **A** Anstellung/KW (hat neue Einladung aus Hollywood, will aber nicht annehmen wegen neuem Show-Projekt); Projekte/RP (Szenario für neues Ballett von [JOHN] LATOUCHE oder PAUL GREEN)

6251 1941-05-22
Kurt Weill an Ruth Page; TLS, 2 S., engl. **E** Hilfe/KW (versucht vergeblich, seine Familie aus Palästina herauszubringen) **A** Projekte/KW (will mit [JOHN] LATOUCHE Szenario für Ballett/RP ausarbeiten, Ideen zu BILLY SUNDAY); Treffen/KW (mit [JOHN] LATOUCHE)

6252 1941-06-28
Kurt Weill (Brook House, New City, NY) an Ruth Page; TLS, 1 S., engl. **E** Verwandte/KW (Familie in Palästina) **A** Projekte/KW ([JOHN] LATOUCHE hat noch nichts für ihn geschrieben); Treffen/KW (mit [JOHN] LATOUCHE)

6253 1941-08-18
Kurt Weill (Brook House, New City, NY) an Ruth Page; ALS, 2 S., engl. **A** Projekte/MOSS HART (RP soll Choreographie für seine nächste Show machen); Projekte/KW (Ablehnung der Zusammenarbeit mit [JOHN] LATOUCHE, stattdessen RP; VERNON DUKE); Treffen/KW (Besuch bei MOSS HART mit BOBBY SHORT)

6254 1941-09-09
Kurt Weill (Brook House, New City, NY) an Ruth Page; ALS, 2 S., engl. **A** Anstellung/LOTTE LENYA (in "Helen Hayes show"); Aufführung (Wiederaufnahme von «Lady in the Dark»/KW mit großem Erfolg); Öffentlichkeit/KW ("Atkinson's hymn" [Rezension?] über ihn); Projekte/RP (kann «Kanonensong»/KW für Tanz benutzen, Verzicht auf Tantiemen)

6255 1942-02-26
Kurt Weill an Ruth Page; ALS, 2 S., engl. **A** Aufführung/ LOTTE LENYA ("touring the country", Konzert in Detroit); Kompositionen/KW (Arbeit an Song «This is War!» mit MAXWELL ANDERSON auf Text/ARCHIBALD MCLEISH für Propaganda-Konzert, Rundfunksendung; Arbeit an Song «The Good Earth» mit OSCAR HAMMERSTEIN); Projekte/KW (Arbeit an Propaganda-Projekten und an Revue «Fun to Be Free», darin Song «Schickelhuber»/KW und HOWARD DIETZ, "sung by Hitler's mother") **R** Kulturpolitik/KW (Zusammenarbeit mit amer. Regierung bei Rundfunkprogramm); Musik/KW (Vertonung von chines. Gedicht sehr schwer, weil Text schon alle Qualitäten von Musik hat)

6256 1942-03-09
Kurt Weill (Brook House, New City, NY) an Ruth Page; ALS, 1 S., engl. **A** Aufführung/LOTTE LENYA (Konzerte in Cincinnati und Chicago); Aufnahme/KW (Erfolg der Propagana-Sendung, "a model score for all future programs", ARCHIBALD MACLEISH); Treffen/RP (mit LOTTE LENYA) **Z** Kriegsereignisse (THOMAS HART FISHER zum Militär eingezogen)

6257 1943-06-06
Kurt Weill (Brook House, New City, NY) an Ruth Page; ALS, 2 S., engl. **A** Kompositionen/KW (Arbeit an «One Touch of Venus»); Projekte/KW (will nach California gehen, um mit IRA GERSHWIN und EDWIN JUSTUS MEYER an neuer Show zu arbeiten, die JED HARRIS produzieren will)

New York Public Library, New York Public Library for the Performing Arts, Music Division
40 Lincoln Center Plaza, New York, NY 10023-7498, http://www.nypl.org/research/lpa/mus/mus.html
Kontakt: musicdiv@nypl.org

Henry Cowell Collection

- Henry Cowell, 1897-1965, Komponist, Gründer der New Music Soc. of California (1925) und New Music Editions (1927), aktiv in der Pan Amer. Ass. of Composers (1928-1934)
- Nachlass, darunter auch die Korrespondenz des Komponisten
- Sammlung bislang (August 2004) nicht erschlossen, noch keine Finding aid und kein Inventory vorhanden
- Rita Hursh Mead, «Henry Cowell's New Music, 1925-1936: the Soc., the Music Editions, and the Recordings», Ann Arbor 1981 • «The Whole World of Music: a Henry Cowell Symposium», hrsg. von David Nicholls, Amsterdam 1997

KORRESPONDENZ
JOHN, J.

6258 1948-10-30
Henry Cowell (NYC) an J. John; TLS, 2 S., engl. **A** Projekte (Bericht über Aktivitäten/KURT LIST; rät zur Vorsicht gegenüber dessen ehrgeizigen Plänen, ist aber wohlwollend)

KRENEK, ERNST

6259 1941-06-10
Ernst Krenek an Henry Cowell; ALS, 1 S., engl. **A** Vortrag/ EK (bei Kurs/HC in NYC; Bitte/EK um inhaltliche Angaben)

LIST, KURT

6260 1946-06-18
Kurt List («Listen. The Guide to Good Music», NYC) an Henry Cowell; TLS, 1 S., engl. **A** Schriften (Dank/KL für Artikel/HC und Bitte um einen neuen Text)

NATHAN, HANS

6261 1936-12-12
Hans Nathan (Cambridge, MA) an Henry Cowell; TLS, 1 S., engl. **A** Anstellung/HN (an Harvard Univ.); Biografie/ HN (Ausbildung und Werdegang, Tätigkeit ab 1933 in Deutschland, Beiträge zu ‹Der Morgen›, ‹Kulturbundheft›, ‹Israelitisches Familienblatt›, ‹Jüdisches Gemeindeblatt›,

PISCATOR, ERWIN

6262   1941-06-03
Erwin Piscator (Studio Theatre, NYC) an Henry Cowell (White Plains, NY); TLS, 1 S., engl.; unterschrieben von Betty Lord **A** Projekte/EP (fragt nach manuscript score für «Lear»)

PISK, PAUL A.

6263   1934-10-19
Paul A. Pisk (Wien) an Henry Cowell; ALS, 2 S., engl. **A** Projekte/PP (Programmvorschlag für "Austrian Exchange Concert", «Suite» für V. und 7 Instrumente/EGON WELLESZ, «Bläserspiel»/ERNST KANITZ, «Kleine Suite»/PAUL A. PISK, «Kammerkonzert» für Kl. und V. mit 13 Bläsern/ALBAN BERG, «Kammersinfonie» [op. 9]/ARNOLD SCHOENBERG; tsch. Austauschkonzert geplant, [KAREL BOLESLAV] JIRÁK)

    → *Briefe ähnlichen Inhalts: 1934-09-26, 1935-02-05, 1935-03-25*

6264   1935-04-15
Paul A. Pisk (Wien) an Henry Cowell; TLS, 1 S., dt. **A** Projekte/PP ("Viennese Exchange Concert" in den USA noch nicht realisiert; Programmauswahl, ARNOLD SCHOENBERG "ist zwar Österreicher, gilt aber doch als weltberühmter Komponist, den man kaum in einem österr. Austauschprogramm propagieren muss"); Veröffentlichung/PP (fragt nach Verlagsmöglichkeit für eigene Werke bei New Music Publishers)

6265   1940-05-06
Paul A. Pisk (Univ. of Redlands, Redlands, CA) an Claire R. Reis; ALS, 2 S., engl. **A** Aufführung (Konzerte/League of Composers in NYC; PP bedauert seine Abwesenheit; Kritik an Programmgestaltung, zu wenige Komponisten aus dem Westen); Projekte/PP (schlägt Konzerte/League of Composers in LA vor)

6266   1940-08-29
Paul A. Pisk (Univ. of Redlands, Redlands, CA) an Henry Cowell; ALS, 2 S., engl. **E** Integration/PP ("enjoying life in the USA so much", beeindruckt "by the musical possibilities but by the whole atmosphere") **A** Anstellung/PP (an Univ. of Redlands); Kompositionen/HC («Sonate» für V. und Kl.); Veröffentlichung/PP («5 Sketches» für Kl., New Music Edition, [GERALD] STRANG)

6267   1940-09-02
Paul A. Pisk (Redlands, CA) an Henry Cowell; ALS, 1 S., engl. **A** Aufführung/PP (eigenes Stück in Yaddo, Artist's Colony and Festival Saratoga Springs erfolgreich); Projekte/PP (bittet um Sendung weiterer Werke)

6268   1940-09-14
Paul A. Pisk (Redlands, CA) an Henry Cowell; ALS, 2 S., engl. **E** Bekannte/PP (Freunde aus Wien zumeist ausgereist, [PAUL] STEFAN in Südfrankreich "in grave danger to be extraditioned [sic] to the Nazis, some in the USA, a few like Webern still there and probably happy") **A** Projekte/PP (Auswahl amer. Komponisten, Werke für V. und Kl. oder Trios, Frage nach [DAVID] GRANGER)

6269   1940-10-05
Paul A. Pisk (Redlands, CA) an Henry Cowell; AL, 1 S., engl. **A** Projekte/PP (studiert «Sonate» für V. und Kl./HC und Werk/PAUL CRESTON; Programmplanung für nächste Saison)

6270   1941-02-11
Paul A. Pisk (Univ. of Redlands, Redlands, CA) an Henry Cowell (White Plains, NY); ALS, 1 S., engl. **A** Treffen/PP (mit JOSEPH ACHRON, ADOLPH WEISS, LOUIS GRUENBERG, GEORGE A. TREMBLAY wegen Konzert/League of Composers und Rundfunkübertragung)

6271   1941-02-16
Paul A. Pisk (Redlands, CA) an Henry Cowell; ALS, 1 S., engl. **A** Aufführung (Rundfunkübertragung Konzert/League of Composers, ASCAP-Mitglieder ausgeschlossen, ARNOLD SCHOENBERG, ERNST TOCH, LOUIS GRUENBERG, JOSEPH ACHRON, GEORGE ANTHEIL, ADOLPH WEISS, GEORGE A. TREMBLAY, ? LEACH nicht in ASCAP); Organisationen (League of Composers, Pro Musica on Hollywood Conservatory, Native Composers Soc.); Treffen/PP (mit JOSEPH ACHRON und ADOLPH WEISS wegen Konzert/League of Composers und Rundfunkübertragung)

6272   1945-10-28
Paul A. Pisk (Univ. of Redlands, Redlands, CA) an Henry Cowell; ALS, 2 S., engl. **A** Anstellung/PP (Lehrauftrag an Univ. of Texas, Austin, Einladung zur Verlängerung um ein Jahr, Absage wegen Dauerstellung an Univ. of Redlands, Wunsch nach Abwechslung); Treffen/PP (mit HC)

6273   1949-01-07
Paul A. Pisk (Univ. of Redlands, Redlands, CA) an Henry Cowell; ALS, 1 S., engl. **A** Kollegen/PP (fragt nach Meinung über HALSEY STEVENS); Treffen/PP (mit [CLAUDIO?] SPIES, FRANKO GOLDMAN, LEO ORNSTEIN, EDGARD VARÈSE, CARL RUGGLES, FREDERICK JACOBI zwecks neuem Programm)

SCHOENBERG, ARNOLD

6274   1935-02-03
Arnold Schoenberg (Hollywood, CA) an Henry Cowell (Menlo Park, CA); TLS, 1 S., engl. **A** Aufführung (Werke/AS in SF, «Pierrot lunaire» op. 21, «Kammersinfonie» op. 9, eventuell auch «Suite» op. 29 oder «Serenade» op. 24)

6275   1935-02-27
Arnold Schoenberg (Hollywood, CA) an Henry Cowell; ALS, 1 S., engl. **A** Projekte (Aufführung «Pierrot lunaire» op. 21 und «Kammersinfonie» op. 9/AS in NYC); Reise/AS (Wunsch nach Unterbringung "in an appartment with kitchenette for it is more comfortable to me to eat mostly at home and much cheaper and our maid could prepare breakfast, lunch and dinner and her husband could drive me")

6276   1935-03-14
Arnold Schoenberg (Hollywood, CA) an Henry Cowell; ALS, 1 S., dt. **A** Aufführung (Werke/AS, Dank an Mitwirkende; Finanzen, Empfangsbestätigung für Scheck); Finanzen/HC (Defizit bei Konzert)

6277   1948-11-06
Arnold Schoenberg (Hollywood, CA) an Henry Cowell; TLS, 1 S., engl. **A** Aufführung/DIMITRI MITROPOULOS («5 Stücke» für Orchester op. 16/AS in NYC); Öffentlichkeit/AS (positive Kritiken/VIRGIL THOMSON und OLIN DOWNES; keine Resonanz und keine Aufführungen/LOTHAR WALLERSTEIN in LA)

TOCH, ERNST
6278   1933-04-01
Ernst Toch an Henry Cowell; ALS, 1 S., dt. **E** Ausreise/ET (aus Deutschland; Frage nach Anstellung an einer Univ. in Kalifornien) **A** Treffen/ET (mit HC in Berlin, gemeinsames Gespräch in der U-Bahn)

6279   1936-11-05
Ernst Toch an Ernst Wolff; ALS, 1 S., engl. **A** Treffen/ET (Bericht über Besuch bei HC im Gefängnis San Quentin)

6280   1941-04-05
Ernst Toch (Pacific Palisades, CA) an Henry Cowell; TLS, 2 S., engl. **E** Hilfe/ET (Hilfegesuche von Bekannten aus Europa, "even if you can not help most of these people you still want to give them at least the comfort of an answer") **A** Anstellung/ET (keine Aufträge von der Filmindustrie); Empfehlung/ET (für HC an Boston Univ., Ablehnung der Einladung/ET); Kollegen/ET (NIKOLAI LOPATNIKOFF, Schüler und Freund) **Z** Verfolgung (Deportation der Juden aus Baden nach Frankreich und aus Wien nach Polen)

6281   1948-08-26
Ernst Toch (Santa Monica, CA) an Henry Cowell; ALS, 1 S., engl. **A** Organisationen (Committee on Contemporary Music [?], ET als Mitglied, Frage nach Aufgaben); Schriften/ET (schickt «The Shaping Forces in Music» an HC)

→ *Brief ähnlichen Inhalts: 1948-09-08*

Marya Freund Collection of Papers Relating to Arnold Schoenberg

- Marya Freund, 1876-1966, Mezzosopran poln. Herkunft, bekannt durch Aufführungen von Schoenbergs Werken
- Sammlung (Signatur JOB 91-30) mit Dokumente und Materialien zu Arnold Schoenberg aus den Jahren 1912-1966, darunter Korrespondenz mit 56 Briefen und Postkarten von Arnold oder Gertrude Schoenberg
- Finding list, kurze Sammlungsbeschreibung im Online-Katalog (http://catnyp.nypl.org/)

KORRESPONDENZ
DEUTSCH, MAX
6282   1949-06-02
Max Deutsch (Paris) an Marya Freund; ALS, 2 S., frz. **A** Aufführung/MD (Bitte um Assistenz/MF bei Einstudierung der «Kammersinfonie» op. 9/ARNOLD SCHOENBERG, Sendung bei Radio France)

HORENSTEIN, JASCHA
6283   1934-08-23
Jascha Horenstein (Touring Hotel Garni, Zürich) an Marya Freund; ALS, 2 S., dt. **A** Projekte/JH (Schoenberg-Feier in Baku während Russlandtournee; Frage nach Adresse/ARNOLD SCHOENBERG)

6284   1934-11-29
Jascha Horenstein (Herliberg bei Zürich) an Marya Freund, 1 S., dt. **A** Projekte/JH (Privataufführung des «Pierrot lunaire» op. 21/ARNOLD SCHOENBERG mit MF, Finanzen)

SCHERCHEN, HERMANN
6285   1934-10-31
Hermann Scherchen (Hotel Krone, Winterthur, Schweiz) an Marya Freund (Paris); APS, 1 S., dt. **A** Projekte/HS (Schönberg-Feier in Basel mit Aufführung der «Kammersinfonie» op. 9 und des «Pierrot lunaire» op. 21/ARNOLD SCHOENBERG)

SCHOENBERG, ARNOLD UND GERTRUDE
6286   1912 bis 1929
Briefe von Arnold und ab 1924 auch von Gertrude Schoenberg an Marya Freund aus den Jahren 1912 bis 1929, in denen es auch um die Aufführung Schoenbergscher Werke (etwa der «Gurrelieder» und «Pierrot lunaire» op. 21) und um Schoenbergs Situation als Komponist geht

6287   1933-05-15
Arnold Schoenberg (Berlin) an Marya Freund; TLS, 2 S., dt. **E** Ausreise/AS (Verlegung des Wohnsitzes nach Paris oder Nizza; Niederlassungserlaubnis nötig, mögliche Beschleunigung des Verfahrens durch Frau ? CLÉMENCEAU, ? PAINLEVÉ und [HENRI] PRUNIÈRES; Nachsendung der eigenen Möbel)

6288   1933-09-15
Arnold und Gertrude Schoenberg (Hotel Regina, Paris) an Marya Freund (Paris); APS, 2 S., dt. **E** Emigrationsweg/AS und GS (von Paris nach Boston) **A** Anstellung/AS (Angebot für Kompositionsunterricht am Konservatorium Boston)

→ *Brief ähnlichen Inhalts: 1933-10-05*

6289   1933-11-21
Arnold und Gertrude Schoenberg (Pelham Hall, Brookline, MA) an Marya Freund (Paris); APS, 1 S., dt. **E** Integration/AS und GS (unproblematische Integration); Sprache/AS (Vorträge in Engl.)

6290   1934-01-01
Arnold Schoenberg an Rudolf Goehr; TLS (Kopie annotiert), 2 S., dt. **E** Finanzen/AS (Einbußen, Absage zweier Konzerte und eines Vortrags an Princeton Univ. wegen Krankheit; Deckung der Schulden/GEORG SCHOENBERG);

Hilfe/AS (Suche nach Existenzmöglichkeit für GEORG SCHOENBERG in den USA); Verwandte/AS (nur wenige Briefe/GEORG SCHOENBERG)

6291 1934-03-28
Arnold Schoenberg an Marya Freund; APS, 1 S., dt. **E** Hilfe/AS (Geldanweisung zur Deckung der Schulden/GEORG SCHOENBERG und als Notfallreserve an MF)

→ *Brief ähnlichen Inhalts: 1934-01-15*

6292 1934-07-22
Arnold Schoenberg (Chautauqua, NY) an Marya Freund; ALS, 2 S., dt. **E** Verwandte/AS (politische, finanzielle und gesundheitliche Sorgen um Angehörige) **A** Anstellung/AS (kein Engagement für kommendes Jahr, wenig Unterrichtstätigkeit, schlechter Gesundheitszustand); Öffentlichkeit/AS (große musikalische Erfolge, dennoch finanzielle Sorgen)

6293 1937-02-10
Arnold und Gertrude Schoenberg an Marya Freund; APS, 1 S., dt. **E** Hilfe/AS (für MF, mögliche Existenz als Gesangslehrerin in den USA) **A** Anstellung/AS ("Allen Gerüchten zum Trotz ist Arnold nicht bei den Movies... Hoffentlich bleibt uns das erspart")

6294 1949-01-04
Arnold Schoenberg (LA) an Marya Freund (Paris); TLS, 1 S., dt. **A** Kollegen/AS (RENÉ LEIBOWITZ, ALEXANDER TANSMAN, DARIUS MILHAUD); Bekannte/AS (rechtfertigt sein Schweigen gegenüber MF während des Krieges)

6295 1949-06-17
Arnold Schoenberg (LA) an Marya Freund (Paris); TLS, 1 S., dt. **A** Aufführung/MF (Konzert in Palermo; JOSEF RUFER, LUIGI DALLAPICCOLA); Reise/AS (geplante Europareise aus Gesundheitsgründen abgesagt)

6296 1949-10-21
Arnold Schoenberg an Marya Freund (Paris); ALS (Kopie annotiert), 2 S., dt.; Brief auf dem kopierten Text der Danksagung (1949-09-16) an seine Freunde zum 75. Geburtstag **A** Aufführung/MF («Pierrot lunaire» op. 21/AS in London und Paris); Öffentlichkeit/AS (große Anerkennung durch Freunde und Wohlgesinnte; "volles und liebevolles Verständnis" für sein Schaffen zu Lebzeiten nicht mehr zu erwarten)

6297 1949-12-09
Arnold Schoenberg (LA) an Marya Freund (Paris); TLS, 1 S., dt. **A** Aufführung/MF (AS kann kein Engagement in den USA besorgen); Projekte/MF (Aufführung der «Ode to Napoleon Bonaparte» op. 41/AS; RENÉ LEIBOWITZ) **R** Musik/AS (Deklamation in «Ode an Napoleon Bonaparte» op. 50, mit Männer- oder Frauenstimme möglich)

6298 1951-07-03
Arnold Schoenberg (LA) an Marya Freund; TLS, 1 S., dt. **A** Aufführung/MF (AS kann kein Engagement in den USA besorgen); Aufführung/HERMANN SCHERCHEN («Tanz um das Goldene Kalb»/ARNOLD SCHOENBERG in Darmstadt); Kollegen/AS (Bruch RENÉ LEIBOWITZ wegen "schwerer Verfehlungen"; [MAX] DEUTSCH)

Ira Arthur Hirschmann Papers

- Ira Arthur Hirschmann, 1901-1989, 1936 Gründer des New Friends of Music Orchestra in NYC, während der dreißiger und vierziger Jahre Helfer für zahlreiche europäische Flüchtlinge
- Geschenk von Ira A. Hirschmann, 1980
- Sammlung (Signatur JPB 86-10) mit Korrespondenz (u.a. mit Otto Klemperer und Artur Schnabel), Konzertprogrammen, Pressemitteilungen und Clippings zu Aufführungen der New Friends of Music
- «Inventory of The Ira Arthur Hirschmann Papers, 1934-1969», im Online-Katalog (http://catnyp.nypl.org) verfügbar
- Vgl. Eric Simon Collection, QuECA, S. 71-78
- Ira A. Hirschmann, «Obligato: Untold Tales from a Life with Music», New York 1984

KORRESPONDENZ
KLEMPERER, OTTO

6299 [1935]-?-?
Otto Klemperer an Ira A. Hirschmann; ALS, 3 S., engl. **A** Öffentlichkeit/OK (Artikel in ‹NY Times› zur UA «Konzert» für V. und Orchester/ALBAN BERG, keine Erwähnung/OK); Projekte/OK (Suche nach einem "personal manager" in NYC, [HOWARD] TAUBMANN, ‹NY Times›; Konzertpläne) **R** Musik/OK (Gedanken zur Aufführungspraxis der Musik/ JOHANN SEBASTIAN BACH und JOSEPH HAYDN)

6300 1935-?-?
Otto Klemperer an Ira A. Hirschmann; ALS, 1 S., engl. **A** Projekte/OK (Konzerte in NYC, Unsicherheit über Fähigkeiten einiger engagierter Musiker; LOTTE LEHMANN, EMANUEL FEUERMANN, MYRA HESS, ALBERT SPALDING); Treffen/OK (mit IH in NYC)

6301 1937-05-05
Otto Klemperer an Ira A. Hirschmann; ALS, 4 S., engl. **E** Bekannte/OK (Umzug/MARK BRUNSWICK von Wien nach NYC) **A** Anstellung/BRONISLAW GIMPEL (Konzertmeister bei OK gegen Widerstand der Gewerkschaft); Organisationen (New Friends of Music, Konzertplanung; [HORTENSE] MONATH); Projekte/OK (Absage von Russland- und Osteu-

ropa-Tournee; Auditions und Verpflichtung bei Pittsburgh SO, [ARTHUR] JUDSON, Vertrag) Z Kulturleben (Klage/ARTUR SCHNABEL über "standard recital programs"; negative Entwicklung im Bereich der sinfonischen Musik; Klage/OK über ARTURO TOSCANINI und NBC)

6302 1937-11-19
Otto Klemperer (LA) an Ira A. Hirschmann; ALS, 4 S., engl. A Anstellung/OK (Pittsburgh SO; CHARLES ROSENBLOOM, [FRITZ] WOLFE, EDGAR KAUFMANN; Boston SO, DIMITRI MITROPOULOS); Aufführung (Rundfunksendung NBC Orchestra, negative Kritik/OK); Öffentlichkeit (Lob für Friends of New Music in New Yorker Presse; [HORTENSE] MONATH); Öffentlichkeit/OK (negative Pressereaktion auf Entlassung einiger Orchestermitglieder bei LA PO, Artikel/ OLIN DOWNES, ‹Sunday Times›); Unterricht/IH (Theorieunterricht bei MARK BRUNSWICK)

SCHNABEL, ARTUR

6303 1934-08-14
Artur Schnabel (Hotel Dolomiti, S. Martino di Castrozza, Italien) an Ira A. Hirschmann; ALS, 7 S., engl.; S. 5-7 nur als Kopie E Hilfe (für OTTO REINER, keine berufliche Aussicht mehr als Jude in Deutschland; Unterstützung durch Finanzierung eines Buchprojekts zum dt. Musikleben von "Wilhelm II. to Hitler" als Publikation in den USA) A Projekte/AS (Urtexteditionen klassischer Musik für amer. Markt)

6304 1934-08-26
Artur Schnabel (Villa Ginetta, Tremezzo, Italien) an Ira A. Hirschmann; ALS, 2 S., engl. A Aufführung/ARTURO TOSCANINI (Sinfoniekonzert bei Salzbuger Festspielen, Rundfunkübertragung; Kritik/AS); Schriften/AS (Dissertation, Publikation im Verlag Simon & Schuster)

6305 1936-06-10
Artur Schnabel (Tremezzo, Italien) an Ira A. Hirschmann; ALS (Kopie), 16 S., engl. A Organisationen/IH (Gründung der New Friends of Music, Organisationsstruktur); Reise/AS (USA-Tournee, Rückreise nach Europa) R Kulturpolitik/AS (Musikleben und -organisationen)

6306 1937-04-06
Artur Schnabel (Blackstone Hotel, Omaha, NE) an Ira A. Hirschmann; ALS (Kopie), 4 S., engl. A Aufführung/AS (Recital mit BRONISLAV HUBERMANN, positive Publikumsreaktion) Z Kulturleben (Situation des Solo-Recital in USA "profoundly depressing")

6307 1937-11-05
Artur Schnabel (Hyde Park Hotel, London) an Ira A. Hirschmann; ALS (Kopie), 9 S., engl. A Aufführung/AS (Konzert im London Museum; Proben mit MALCOLM SARGENT); Aufnahme/AS (Einspielung zahlreicher Klavierwerke); Kompositionen/AS (Fertigstellung eines ausgedehnteren Werkes); Organisationen/IH (New Friends of Music, Erfolge; Verpflichtung/OTTO KLEMPERER für Mozart-Konzertreihe)

6308 1941-10-06
Artur Schnabel (Hotel Peter Stuyvesant, NYC) an Ira A. Hirschmann; ALS (Kopie), 2 S., engl. A Anstellung/AS (Engagement bei New Friends of Music, Finanzen; ? MIDDLEMAN)

6309 1947-07-08
Artur Schnabel (Sils Maria, Schweiz) an Ira A. Hirschmann; ALS, 2 S., engl. Z Kulturleben (BBC, PETER DIAMOND); Politik (Charakterisierung der Nachkriegsjahre, Rolle der USA)

6310 1950-02-19
Artur Schnabel (Hotel Peter Stuyvesant, NYC) an Ira A. Hirschmann; ALS, 2 S., engl. A Anstellung/AS (Ablehnung eines Engagements, "Friends of Music do not need me as a performer")

MATERIAL ZUR BIOGRAFIE
NEW FRIENDS OF MUSIC

6311 1936 bis 1951
Programmhefte der New Friends of Music 1936-1951 mit Nennung beteiligter Emigranten

6312 1936 bis 1956
«The Town Hall», Programmhefte der New Friends of Music 1936-1956 mit Nennung beteiligter Emigranten

6313 1938 bis 1952
«Program Magazine» des Rundfunksenders WABF 1938-1952; Informationen zu Emigranten in den kurzen Ankündigungs-Rubriken

6314 1938 bis 1952
Monatsprogramme («Program Books»), unvollständig) der New Friends of Music 1938-1952 mit Nennung beteiligter Emigranten

6315 1940 bis 1941
«Carnegie Hall Programs» der New Friends of Music 1940-1941 mit Nennung beteiligter Emigranten

6316 1940-01-? bis 1940-11-?
Sendemanuskripte (TD) des Rundfunksenders WJZ mit Kommentaren zu einzelnen Konzerten der New Friends of Music inklusive biografischer Informationen zu einzelnen Emigranten

6317 (1941)
«The New Friends of Music – 1936-1941»; Pressemitteilung; TD, 8 S., engl. A Organisationen (New Friends of Music, Entstehung, Geschichte, Aktivitäten, Pressereaktionen; IRA A. HIRSCHMANN, MORDECAI KONOWITZ, ALEXANDER LINDEY, SAMUEL CHOTZINOFF, HORTENSE MONATH; an Konzerten beteiligte Künstler ARTUR SCHNABEL, ELISABETH SCHUMANN, FLORENCE EATON, MISCHA LEVITZKI, EMANUEL FEUERMANN, FRITZ STIEDRY, BRUNO WALTER)

Erich Itor and Frida Kahn Papers

- Erich Itor Kahn, 1905-1956, Komponist, 1933 Emigration nach Frankreich, 1941 Immigration in die USA, Tätigkeit als Pianist
- Musikmss., einige Schriften, Tonträger, Korrespondenz, offizielle Dokumente, Konzertprogramme und Clippings
- Nach dem Tode Frida Kahns (2001) Sammlung 2003 als Vermächtnis an NYPL; Sammlung konnte erst im Frühjahr 2004 – nach offiziellem Redaktionsschluss – in unbearbeitetem Zustand eingesehen und kursorisch erfasst werden
- Musikmss. sollen in die Sammlung Erich Itor Kahn Papers (Signatur JPB 90-26) aufgenommen werden, übrige Quellen sollen als eigene Sammlung Erich Itor and Frida Kahn Papers (Signatur JPB 04-02) verbleiben
- Vgl. Erich Itor Kahn Subject File in Archives of the American Jewish Joint Distribution Committee (Center for Jewish History, Leo Baeck Institute, S. 50f.); vgl. außerdem Nachlass René Leibowitz (Paul Sacher-Stiftung Basel), Nachlass Hans Rosbaud (Washington State Univ., Pullman, WA); Kahns Bibliothek ist in die Fondation des Treilles (Tourtour) von Anne Gruner-Schlumberger integriert (vgl. Allende-Blin 1994, S. 46)
- BHE II, 583 • Frida Kahn, «Generation in Turmoil», Great Neck (NY) 1960 • Allende-Blin 1994 • Ders., «Erich Itor Kahn», in: ‹Musica Reanimata› 1998, Nr. 29, 1-12; Sabine Meine, «Ein Zwölftöner in Paris. Studien zu Biographie und Wirkung von René Leibowitz (1913-1972)», Augsburg 2000
- Bei Briefen, die in Allende-Blin 1994 zitiert oder referiert sind, wird anstelle einer Inhaltsangabe auf die entsprechende Seite verwiesen (Abdruck, Auszug oder Nachweis); nicht wiedergegebene Briefpassagen sind jedoch im Katalog erfasst

MUSIKMANUSKRIPTE

DESSAU, PAUL

6318   1943-12-?
«Grabschrift für Gorki von Bertolt Brecht»; Autograph, 2 S.; mit handschriftlichem Vermerk "Bald mehr! Schick mir auch was von Dir!"

6319   —
«Nach einem S[?] Rezitativ» [aus «Deutsches Miserere»]; Autograph, 2 S.

KAHN, ERICH ITOR

6320   —
«Trois Caprices de Paganini. Partie de piano en concert avec le violon par Erich Itor Kahn» [= Caprice No. 9, 20, 17]; Autograph (Transparencies), 20 S.

6321   1931
«Vier Stücke nach alten deutschen Mariengedichten» für Sopran und Kl. op. 4; Autograph (annotiert); engl. Alternativtitel "Four Pieces on mediaeval german poems for Soprano and Piano"

6322   1937
«8 Inventions pour piano» op. 6; Autograph, 25 S.; Opuszahl auch für «Suite» h-Moll sowie «Sonatina II über zwei chassidische Tänze» und «Sonatina III» verwendet

6323   [1938]
«Suite pour violon et orchestre»; Partitur, Autograph (Transparencies), 19 S.

6324   [1938]
«Trois chansons populaires. Airs d'après le folklore breton, Poèmes de J[oseph] Leibowitz, chant et piano»; Autograph (Transparencies), 11 S.; mit autographer engl. Übersetzung

6325   1946
Material zu «Actus Tragicus for 10 Solo Instruments»:
– Partitur, Autograph (Transparencies annotiert), 56 S.
– Stimmen (V. I + II, Va., Vc., Kb., Fl., Ob., Klar., Fg., Hr.), Autograph (Kopistenhandschrift) mit autographen Korrekturen, eingeschlagen in Korrekturliste

6326   1942-11-06
«First Nenia» für Vc. und Kl. [1 Satz]; Partitur, Autograph, 6 S.; «Nenia judaeis qui hac aetate perierunt» [2 Sätze]; Stimme, Autograph (Transparencies), 12 S.

6327   1953
Streichquartet; Partitur, Autograph (Transparencies), 49 S., 2 Exemplare (1 mit Korrekturen); Datierung: "Wyoming-Colorado New York 1953"

SEIBER, MÁTYÁS

6328   1946-06-30
«Kanon»; Autograph, 2 S.

SCHRIFTEN

KAHN, ERICH ITOR

6329   —
«Thoughts about the Twelf-tone Technique»; Aufsatz, AD

(Kopie), 3 S., engl.; auch als TD (Kopie), 2 S., engl. (mehrere Exemplare); mit Notiz "written for th[e] article by Kurt List"

→ *Abdruck in: Allende-Blin 1994, S. 105*

6330 —
[Notizen zu «Actus tragicus»], AD/TD (Kopie)

6331 —
«An Essay in Haydn Chamber Music»; Aufsatz, TD (Kopie), 5 S., engl. (mehrere Exemplare)

6332   1938-03-06
«Bericht des Erich Itor Kahn über sein Afrika Tournée im Jahre 1938»; Bericht, TD (Kopie), 5 S., dt.; Datierung "Paris, 6.III.1938"

6333   1938-08-14
«Reisebericht über seine Ferienreise nach den Französischen Hochalpen im August 1938»; TD (Kopie), 4 S., dt.; Datierung "St. Veran 14.8.1938"

6334   — [nach 1941]
[Vorlesungsmss., beginnend "The Tonal System (Tonality)..."], Notizen zu Vortrag oder Vorlesung, TD (Kopie), engl., 16 S.

TONTRÄGER
KAHN, ERICH ITOR

6335   [1943?]
«Ciaccona in tempo di guerro» für Klavier; Schallplatte; Beveridge Webster (Klavier)

6336   [1954]
«Three Madrigals» für gemischten Chor; Schallplatte, mehrere Exemplare; Margaret Hillis Chorus,

6337   1950-12-19
«Les Symphonies Bretonnes» für Orchester; Schallplatte; SO des SWF Baden-Baden, Hans Rosbaud (Leitung)

6338   [nach 1950]
«Nenia judaeis qui hac aetate perierunt composita MCMXLIII» für Vc. und Kl.; Schallplatte; Seymour Barab (Vc.), David Tudor (Kl.)

KORRESPONDENZ
ADORNO, THEODOR W.

6339   1933-10-25
Theodor Wiesengrund Adorno an Erich Itor Kahn; TLS, 2 S., dt. E Ausreise/EIK (nach Paris; Bitte, seine Schüler FRANZ CALVETTI-ADORNO zu überlassen, Vetter/TWA; Ausreise/TWA (Überlegungen zur Emigration)

→ *Abdruck in: Allende-Blin 1994, S. 36*

ALEXANIAN, DINU

6340   1935-01-06
Dinu Alexanian ([Paris]) an Erich Itor Kahn; ALS, 1 S., frz. A Projekt/DA (will mit EIK «Sonate» [Es-Dur für Vc. und Kl.]/[ARNOLD] BAX erarbeiten)

6341   1935-11-18
Dinu Alexanian (École Normale de Musique, [Paris]) an Erich Itor Kahn; ALS, 1 S., frz. A Projekt/DA (Arbeit mit Orchester)

AMAR, LICCO

6342   1938-02-20
Licco Amar (Yeni Otel, Ankara) an Erich Itor Kahn; ALS; 2 S., dt.

→ *Auszug in: Allende-Blin 1994, S. 71*

6343   1950–10–12
Licco Amar (Ankara) an Erich Itor Kahn; ALS, 2 S., dt. E Integration/LA (Lebensbedingungen in der Türkei)

AMERICAN JEWISH JOINT DISTRIBUTION COMMITTEE

6344   1941-08-08
Moses A. Leavitt (American Jewish Joint Distribution Committee, NYC) an Erich Itor Kahn (Rorycrest, Chagrin Falls, OH); TLS, 1 S., engl. E Hilfe (Begrüßung in den USA)

→ *Brief Erich Itor Kahn 1941-08-07 (Dok. 3554)*

6345   1944-09-08
Moses A. Leavitt (American Jewish Joint Distribution Committee, NYC) an Erich Itor Kahn (Rorycrest, Chagrin Falls, OH); TLS, 1 S., engl. E Hilfe (Dank für Brief, Suche nach den Eltern LEOPOLD und SELMA KAHN über Büro Lissabon)

6346   1944-09-20
Erich Itor Kahn an Moses A. Leavitt; ALS (Entwurf), 1 S., engl. E Hilfe (da Süden Frankreichs befreit, Bitte um Suche nach Schwester und Schwager/FRIDA KAHN, THEODORE und ZINAIDA ZOROKHOVICH)

→ *Antwortbrief mit Bestätigung: 1944-09-25*

AMERICAN SECOURS MARSEILLE

6347   1941-03-01
Erich Itor Kahn an [Varian Fry]; AL (Entwurf), 1 S., frz. E Hilfe (Bitte um Unterstützung für Ausreiseverfahren auf Empfehlung/DAVID SCHNEIDER)

6348   1941-03-07
Erich Itor Kahn (Group 5, Camp des Milles) an [Varian] Fry (Centre Américain de Secours, Marseille); AD (Entwurf), 4 S., frz. E Finanzen/EIK (Entschuldigung für Brief-Bombardement, Recherche nach Überweisung der Gebühren für Schiffspassage; Hilfe/[HANS?] SAHL, Auskunft/HICEM)

→ *Abdruck im Anhang, S. 402*

6349   1941-03-08
Erich Itor Kahn an Américan Secours (Marseille); Telegramm (Entwurf), 1 S., frz.; E Finanzen/EIK (Bitte um Zahlungsbestätigung der Schiffspassage für sich und seine Ehefrau)

BERNAC, PIERRE

6350   (1938)–06-19
Pierre Bernac (Paris) an Erich Itor Kahn; ALS, 1 S., frz. A Treffen/PB (Absage eines Treffens mit EIK)

BERNSTEIN, MAURICE

6351   1946-10-29
Maurice Bernstein an Erich Itor Kahn (Albaneri Trio, Town Hall); Telegramm, TD, 1 S., engl. A Aufführung/EIK (Glückwunsch zum Konzert in Town Hall, NYC)

BRANDLER, N.W.
6352   1949-12-12
N.W. Brandler (June Dairy Products Co., Inc.) an Erich Itor Kahn (NYC); TLS, 1 S., engl. A Öffentlichkeit/EIK (Interview in der Sendung "New Friends of Music Broadcast", die von June Dairy Products bei Rundfunkstation WABF gesponsort wird)

BRAUN, LEOPOLD
6353   —
Dr. Leop[old] Braun (Brno, CSR) an Erich Itor Kahn; ALS, 2 S., dt. E Bekannte/LB (Erleichterung über Rettung/EIT)

CASALS, PABLO
6354   1940-08-30
Pablo Casals (Prades) an Erich Itor Kahn; ALS, 2 S., frz.

↳ Auszug in: Allende-Blin 1994, S. 105

6355   1949-09-18
Pablo Casals (Prades) an Erich Itor Kahn (NYC); APS, 2 S., frz. A Reise/EIT (Dank für Besuch in Prades, Erinnerung an gemeinsames Musizieren)

COOLIDGE, ELIZABETH SPRAGUE
6356   1945-10-07 bis 1949-12-27
4 Briefe (1945-10-07, 1946-09-19, 1949-09-19 und 1949-12-27) vorwiegend privaten Inhalts

DESSAU, PAUL
6357   1942-09-05
Paul Dessau an Erich Itor Kahn; ALS, 2 S., dt.

↳ Auszug in: Allende-Blin 1994, S. 66f.

6358   1943-12-27
Paul Dessau (Hollywood, CA) an Erich Itor Kahn; ALS, 6 S., dt. E Integration/PD (Lebensbedingungen in Hollywood) A Unterricht/EIK (Kompositions- und Klavierunterricht für HILDA ?) R Musik/PD (Kritik an «Nenia judaeis qui hac aetate perierunt» für Vc. und Kl./EIK, zu dichter Satz, Frage nach «Passacaglia»)

↳ Auszug (Briefseiten 1-3) in: Allende-Blin 1994, S. 67f.

6359   1944-02-13
Paul Dessau (Hollywood, CA) an Erich Itor Kahn; ALS (annotiert), 4 S., dt. A Aufführung/EIT (Konzerttournee); Unterricht (für HILDA ?)

↳ Auszug (Briefseiten 3-4) in: Allende-Blin 1994, S. 68f.

6360   1944-06-15
Paul Dessau (Hollywood, CA) an Erich Itor Kahn

↳ Abdruck in: Allende-Blin 1994, S. 69

6361   1944-11-16
Paul Dessau (Hollywood, CA) an Erich Itor Kahn; ALS, 2 S., dt.

↳ Abdruck in: Allende-Blin 1994, S. 69f.

6362   — (zwischen 1944 und 1946)
Paul Dessau (Hollywood, CA) an Erich Itor Kahn; ALS, 2 S., dt.

↳ Abdruck in: Allende-Blin 1994, S. 67

↳ Beilage: Auszug aus «[3.] Streichquartett»/Paul Dessau (T. 103-121), Autograph, 2 S.

DUSHKIN, SAMUEL
6363   1941-08-03
Samuel und [Louise] Dushkin (Chagrin Falls, OH) an Erich Itor und Frida Kahn (an Bord der "S.S. Guinée"); Telegramm, 1 S., frz.

↳ Abdruck in: Allende-Blin 1994, S. 64

GLAZ, HERTA
6364   1949-10-31
Erich Itor Kahn an [Herta] Glaz; TL (Kopie), 1 S., engl. A Aufführung (Bitte/EIT um Mitwirkung bei einem Benefizkonzert für "Selfhelp of Emigres from Central Europe")

GOODMAN, BENNY
6365   1950-12-20
Benny Goodman an Erich Itor Kahn; ALS, 1 S., engl.

↳ Nachweis in: Allende-Blin 1994, S. 64

HAYES, ROLAND
6366   1937-10-29
Roland Hayes (Winnipeg, Manitoba, Kanada) an Erich Itor Kahn; TLS, 1 S., engl.

↳ Nachweis in: Allende-Blin 1994, S. 43

HEINSHEIMER, HANS WILHELM
6367   1942-12-01
Hanns W. Heinsheimer (c/o Boosey & Hawkes, NYC) an Erich Itor Kahn; TL (Kopie), 1 S., engl A Projekt (SERGE KOUSSEVITZKY interessiert sich für «Petite Suite Bretonne pour petit orchestre»)

HIRSCH, PAUL
6368   1933-11-06
Paul Hirsch (Frankfurt am Main) an Igor Stravinsky (Paris); TLS, 1 S., dt. A Empfehlung/PH (für EIK, erinnert an Mitwirkung/EIK in Rundfunkproduktionen von Werken/IS)

HORENSTEIN, JASCHA
6369   1949-07-20
Jascha Horenstein (Putney Hill, London) an Erich Itor Kahn; TLS, 1 S., dt. A Projekt/ERWIN STEIN (Aufführung «Actus tragicus» für Kammerorchester in London); Aufführung/JH («Wozzeck»/ALBAN BERG in Paris)

HUBERMANN, BRONISLAV
6370   —
Bronislav Hubermann (The Plaza, NYC), ohne Adressat; ALS, 1 S., engl. A Empfehlung/BH (für Erich Itor Kahn)

JOHNSON, ALVIN
6371   1942-03-18
Alvin Johnson (New School for Social Research, NYC) an Erich Itor Kahn (NYC); TLS, 1 S., engl. A Vortrag/EIK (Dank für Vortrag über «Beethoven and His Influence»)

KAHN, ERICH ITOR UND FRIDA
6372   [1939 bis 1940]
Konvolut mit Korrespondenz (rund 70 Briefe) zwischen

Erich Itor Kahn (Camp de Gurs) und Frida Kahn über Inhaftierung und Ausreisebemühungen

KANOUSE, MRS. GEORGE

6373   1945-04-14
Mrs. George Kanouse (Summit, NJ) an Erich Itor Kahn; ALS, 2 S., engl. A Vortrag/EIK (Einladung des Music Dept. of the Fortnighty Club of Summit, New Jersey)

6374   1945-04-24
Erich Itor Kahn (NYC) an Mrs. George Kanouse (Summit, NJ); TLS, 1 S., engl. A Vortrag/EIK (Honorarforderung $ 100)

6375   1945-04-24
Mrs. George Kanouse (Summit, NJ) an Erich Itor Kahn (NYC); ALS, 3 S., engl. A Vortrag/EIK (Einladung zu Erläuterung sinfonischer Werke mit Beispielen am Kl., Honorarangebot $ 75)

6376   1945-04-24
Erich Itor Kahn (NYC) an Mrs. George Kanouse (Summit, NJ); TLS, 1 S., engl. A Vortrag/EIK (Terminvorschlag, Februar 1946 frühestens)

KASKELINE, EGON UND MARGARET

6377   —
Margaret Kaskeline (NYC) an Erich Itor Kahn; ALS, 1 S. engl. A Aufführung/EIK (Gratulation zu Konzert des Albeneri Trio, mit Aquarell des Ensembles)

6378   1942-12-09
Egon Kaskeline (NYC) an Erich Itor Kahn; ALS, 1 S. engl. A Aufführung/EIK (Gratulation zu Duo-Abend mit SAMUEL DUSHKIN, Werke/CLAUDE DEBUSSY und JOHANNES BRAHMS; mit SIEGFRIED KRAKAUER der Meinung, EIK sei stärkere musikalische Persönlichkeit)

KESTEN, HERMANN

6379   1942-12-20
Hermann Kesten (NYC) an Erich Itor Kahn; TLS, 1 S., dt. A Aufführung/EIK (Entschuldigung/HK für Versäumnis eines Konzerts)

KOLB, ANNETTE

6380   1939-10-10
Annette Kolb an Erich Itor Kahn; ALS, 1 S., frz.

↦ *Nachweis in: Allende-Blin 1994, S. 59*

6381   1941-10-07
Annette Kolb (Paris) an Erich Itor Kahn (Camp des Étrangers, Hot 102, Marolles par Fossé); APS, 2 S., frz. E Bekannte/AK (Nachricht über FRIDA KAHN, befindet sich bei ihr)

6382   (1942)-07-13
Annette Kolb ([NYC]) an Erich Itor Kahn; ALS, 4 S., dt. A Treffen (gemeinsames Musizieren)

KOUSSEVITZKY, SERGE

6383   1942-11-28
Olga Naoumoff an Erich Itor Kahn; TLS, 1 S. engl.

↦ *Auszug in: Allende-Blin 1994, S. 65*

6384   1946-11-06
Serge Koussevitsky an Erich Itor Kahn; TLS, 1 S., frz.

↦ *Auszug in: Allende-Blin 1994, S. 66*

KRACAUER, SIEGFRIED

6385   1939-10-29
S[iegfried] Kracauer (Camp IX, Section 3, Athis-sur-Orne) an Frida Kahn (chez M. Gaget, Gif-sur-Yvette); APS, 1 S., frz.

↦ *Nachweis in: Allende-Blin 1994, S. 105*

6386   [1941]
[Siegfried] Kracauer (NYC) an Frida und Erich Itor Kahn; TLS, 1 S., engl. E Einreise/FK und EIK (Glückwunsch zur Ankunft in NYC)

KULTURBUND DEUTSCHER JUDEN

6387   1934-10-06
? Steinberg (Kulturbund deutscher Juden, Bezirk Rhein-Main, Frankfurt am Main) an Erich Itor Kahn (Paris); TLS, 1 S., dt. A Aufführung (Programm mit Liedern und Klavierstücken/ARNOLD SCHOENBERG)

LEAGUE OF COMPOSERS

6388   1943-12-03
Erich Itor Kahn (NYC) an Marion Bauer (NYC); TL (Kopie), 1 S., engl. A Aufführung (EIK sendet «Nenia judaeis qui hac aetate perierunt» für Vc. und Kl. im Auftrag von NICOLAI BEREZOWSKY für Konzert der League of Composers)

↦ *Antwortbrief mit Absage: 1944-02-11*

LEIBOWITZ, RENÉ

6389   1937-10-24
René Leibowitz (Paris) an Erich Itor Kahn; ALS, 2 S., dt.

↦ *Abdruck in: Allende-Blin 1994, S. 53*

6390   1938-01-06
René Leibowitz (Hôtel du Parc et du Château, Villard-de-Lans) an Erich Itor Kahn; ALS, 2 S., dt.

↦ *Abdruck in: Allende-Blin 1994, S. 54*

6391   1938-08-10
René Leibowitz (Hôtel de Préalière, Chorges) an Erich Itor Kahn; ALS, 4 S., dt.

↦ *Abdruck in: Allende-Blin 1994, S. 54f.*

6392   1938-10-14
René Leibowitz (Paris) an Erich Itor Kahn; ALS, 1 S., dt.

↦ *Abdruck in: Allende-Blin 1994, S. 55f.*

6393   1938-12-29
René Leibowitz (Chez "Bisibi", Pension de famille, Montgenèvre) an Erich Itor Kahn; ALS, 4 S., dt.

↦ *Abdruck in: Allende-Blin 1994, S. 56f.*

6394   1939-07-22
René Leibowitz (Sanary) an Erich Itor Kahn; ALS, 4 S., dt.

↦ *Abdruck in: Allende-Blin 1994, S. 57ff.*

6395   1939-10-17
René Leibowitz (Villa Jacquand, Chantegrelet, Vichy) an Erich Itor Kahn; ALS, 6 S. frz. A Kompositionen/RL (Ar-

beit an «[1.] Streichquartett» [op. 3], «Sinfonie» und Kanons [«10 Kanons» für Ob., Klar. und Fg. op. 2]; hat «Sonate» [für Kl. op. 1] und «Variationen» an EMANUEL STEUERMANN geschickt); Kompositionen/ARNOLD SCHOENBERG (Komposition der «2. Kammersinfonie» op. 38, Aufführung/FRITZ STIEDRY geplant); Projekte/PAUL DESSAU (plant in NYC einen "Verein" nach Vorbild/ARNOLD SCHOENBERG, mit RUDOLF KOLISCH und EMANUEL STEUERMANN, ERNST KRENEK; PAUL DESSAU möchte «Vier Stücke nach alten dt. Mariengedichten» für Sopran und Kl. und «8 Inventions» für Kl./EIK) Unterricht/RUDOLF KOLISCH (Kurs "interpretation" an der "université" [= New School for Social Research]) R Musik/RL (Gegenwart/EIK unter den Musikern wertvoll; Ermutigung durch Bericht über eigene Arbeit, «Passacaglia» im «Streichquartett», Vergleich mit «Pierrot lunaire» op. 21/ARNOLD SCHOENBERG)

↪ *Auszug in: Allende-Blin 1994, S. 62*

6396   1939-11-14
René Leibowitz (Vichy) an Erich Itor Kahn; ALS, 2 S., frz.
A Kompositionen/RL (Kopfsatz der «Sinfonie» beendet, zweites Thema "tire ses tons du nom de Schoenberg")

6397   1945-09-14
Erich Itor Kahn an René Leibowitz; ALS, 6 S. frz.

↪ *Abdruck in: Allende-Blin 1994, S. 73f.*

6398   1946-09-19
René Leibowitz (Paris) an Erich Itor Kahn; ALS, 2 S., dt.
A Kompositionen (RL schickt Instrumentation von erstem Stück der Orchester-Suite/EIK [Bezug unklar], Diskussion einzelner Passagen, Titelvorschlag «Ouverture Concertante pour 14 Instruments», Stimmenmaterial); Aufführung/RL (dirigiert «Sinfonie» op. 21/ANTON WEBERN und «Ode an Napoleon Bonaparte» op. 50/ARNOLD SCHOENBERG)

6399   1946-12-16
Erich Itor Kahn an René Leibowitz; ALS, 2 S., frz.

↪ *Abdruck in: Allende-Blin 1994, S. 75f.*

6400   1947-06-17
Erich Itor Kahn (NYC) an René Leibowitz; TL (Kopie), frz. R Musik/EIK (Kritik an Buch «Introduction à la musique de douze tons»/RL, Rolle der Zwölftontechnik "signifie le point culminant de la musique atonale mème [...] trop d'importance")

6401   1948-08-17
Erich Itor Kahn an René Leibowitz; ALS, frz.

↪ *Auszug in: Allende-Blin 1994, S. 77*

6402   1949-05-14
René Leibowitz (Paris) an Erich Itor Kahn; ALS, 2 S., frz.
A Projekte/RL (Aufführung Werke/ORLANDO DI LASSO, JOHANN SEBASTIAN BACH, WOLFGANG AMADEUS MOZART, [LEOPOLD] SPINNER, ARNOLD SCHOENBERG); Reise/RL (nach Darmstadt zur Aufführung eines Werkes/EIK) Z Kulturleben (Situation in Paris, Aufführungen neuer Musik, «Trois poèmes de Stéphane Mallarmé»/MAURICE RAVEL, «Pierrot lunaire» op. 21/ARNOLD SCHOENBERG, «Trois pièces de la lyrique japonaise»/IGOR STRAVINSKY)

6403   1949-05-11
René Leibowitz an Erich Itor Kahn; ALS, frz.

↪ *Auszug in: Allende-Blin 1994, S. 79f.*

6404   1950-06-05
René Leibowitz an Erich Itor Kahn; ALS, frz.

↪ *Auszug in: Allende-Blin 1994, S. 80*

6405   1950-09-04
René Leibowitz an Erich Itor Kahn; ALS, frz.

↪ *Auszug in: Allende-Blin 1994, S. 80*

6406   1953-11-15
Erich Itor Kahn an René Leibowitz; ALS, frz.

↪ *Auszug in: Allende-Blin 1994, S. 81*

6407   1955-09-12
René Leibowitz an Erich Itor Kahn; ALS, frz.

↪ *Auszug in: Allende-Blin 1994, S. 82*

6408   1955-11-03
Erich Itor Kahn an René Leibowitz; ALS, frz.

↪ *Auszug in: Allende-Blin 1994, S. 82*

6409   1955-?-?
René Leibowitz an Erich Itor Kahn; ALS, frz.

↪ *Auszug in: Allende-Blin 1994, S. 82*

LIST, KURT

6410   1949-07-20
Kurt List (NYC) an Erich Itor Kahn; TLS, 1 S., engl.
A Schriften/KL (Artikel über Werk/EIK in ‹Listen› "for a readership that has no technical knowledge and little acquaintance with Schoenberg")

6411   1949-08-06
Erich Itor Kahn an Kurt List; AL (Entwurf), 1 S., engl.
A Schriften/KL (Dank für Artikel über EIK)

MANN, KATJA

6412   1949-11-23
Katja Mann (Pacific Palisades, CA) an Erich Itor Kahn; TLS, 1 S., dt. A Finanzen/EIK (Sendung eines Schecks über $ 275 im Auftrag/MICHAEL MANN); Öffentlichkeit/MICHAEL MANN (erfreulicher Verlauf der "deutschen Tournee" trotz "so weitgehender Unbeliebtheit" "in jenem Lande"; "Sicher hat seine Arbeit mit Ihnen sehr zu diesem Resultat beigetragen.")

MANN, VICTOR

6413   1946 bis 1950
Briefwechsel von Erich Itor Kahn und Victor Mann (Toronto) zu Konzertaktivitäten des Albeneri-Trios

MITROPOULOS, DIMITRI

6414   —
Erich Itor Kahn an Dimitri Mitropoulos, AL (Entwurf), 2 S., frz. E Bekannte/EIK (erinnert an gemeinsame Freunde "Madame Psycha" und MARYA FREUND in Paris) A Aufführung/DM (EIK sendet ohne "introduction évidente" die Partitur seiner «Petite Suite Bretonne»)

6415   1942-10-11
Dimitri Mitropoulos (Minneapolis) an Erich Itor Kahn; TLS, 1 S., engl. **A** Aufführung/DM (Dank für Partitur der «Petite Suite Bretonne»/EIK)

6416   1943-04-12
Erich Itor Kahn an Dimitri Mitropoulos; AL (Entwurf), 2 S., frz. **A** Aufführung (EIK erinnert an gemeinsames Konzert, fragt nach «Petite Suite Bretonne»)

↳ *Brief ähnlichen Inhalts: 1943-05-19*

MORETTE, CONSUELO

6417   1941-01-02
Consuelo Morette (Fédération des amis de la Musique du Maroc, [Casablanca?]) an Marguerite und [Henri] Focillon (Taft Hotel, New Haven, CN); TLS, 1 S., frz. **A** Empfehlung/CM (für ERICH ITOR und FRIDA KAHN)

‹NEUES MUSIKBLATT›

6418   1934-11-15
[Hans] Petschull an Erich Itor Kahn (Paris); TLS, 1 S., dt. **A** Projekte (Anfrage bei EIK wegen monatlicher Berichte über Pariser Musikleben für ‹Neue Musikblatt›, das in der Nachfolge von ‹Melos› erscheinen wird)

6419   1934-11-26
[Hans] Petschull an Erich Itor Kahn; TLS, 1 S., dt. **A** Projekte (Dank für Zusage/EIK zur Mitarbeit)

6420   [nach 1934]
Mehrere Postkarten von Heinrich Strobel (Schriftleitung) an Erich Itor Kahn

NIN-CULMELL, JOAQUIN

6421   1941-11-28
Joaquin Nin–Culmell (Thompson Concert Committee of Williams College, Williamstown, MA) an Erich Itor Kahn (NYC); TLS, 1 S., engl. **A** Aufführung/EIT (Dank für Konzert, gemeinsame Erinnerungen [an Paris])

PASTRÉ, COMTESSE DE

6422   [1940]
Zahlreiche Briefentwürfe von Erich Itor Kahn an Comtesse de Pastré zum Ausreiseverfahren

PITTSBURGH CONCERT SOCIETY

6423   1943 bis 1944
Korrespondenz zwischen Erich Itor Kahn und der Pittsburgh Concert Soc. zu einem Wettbewerb junger Musiker

6424   1944-06-01
Erich Itor Kahn an Mrs. ? Murdoch (Pittsburgh Music Soc., Pittsburgh, PA), AL (Entwurf), 2 S., engl. **A** Öffentlichkeit/EIK (Tätigkeit als Juror, Young Musicians Group); Finanzen/EIK (Reisekostenabrechnung)

PRÉFECTURE DES BASSES-PYRÉNÉES

6425   1940-12-27
Erich Itor Kahn an den Préfet des Basses-Pyénées (Pau); AL, 2 S., frz. **E** Inhaftierung/EIK (Bitte um Prüfung seiner Befreiung aus Camp de Gurs; am 1939-12-12 aus erster Inhaftierung befreit, erneut interniert 1940-05-14, vor der "Commission allemande" 1940-07-29 in Camp de Tense, Haute-Loire, befreit 1940-08-11 "dans la catégorie des engagés volontaires (déclaré physiquement inapte)"; im Département Var wieder unter "ordre général", seit 1940-09-26 in Camp de Gurs, Finanzgarantie durch Comtesse de Pastré, Château Montredan par Marseille) **A** Biografie/EIK (seit 1933 in Frankreich, als Pianist und Komponist renommiert in Europa und den USA)

PRÉFECTURE [DE VAR]

6426   1940-08-22
Erich Itor Kahn an den Préfet [des Département Var?]; AL (Entwurf), 1 S. frz. **E** Behörden (Bitte um Erneuerung der "carte d'identité", Erlaubnis zum Aufenthalt in Fréjus)

ROSBAUD, HANS

6427   1947-10-02
Hans Rosbaud (München) an Erich Itor Kahn; TLS, 1 S., dt.

↳ *Abdruck in: Allende-Blin 1994, S. 77f.*

6428   1948-01-31
Hans Rosbaud (München) und Maurits Frank an Erich Itor Kahn (NYC); APS, 2 S., dt. **E** Bekannte/EIK (MF hat Krieg überlebt, ausgedehnte Konzerttätigkeit mit Streichquartett in England, Schweiz, Italien, CSR, Wien; Erinnerungen mit HR an Zeit in Frankfurt)

6429   1949-06-29
Hans Rosbaud (SWF, Baden-Baden) an Erich Itor Kahn (c/o Leopold Kahn, Hotel Charlemagne, Neuilly-sur-Seine); TLS, 2 S., dt. **A** Reise (Einladung zu Festival in Aix-en-Provence)

6430   1949-10-18
Hans Rosbaud (Baden-Baden) an Erich Itor Kahn; ALS, 2 S., dt. **E** Bekannte/EIK (Arbeitsbericht/HR, Zusammentreffen mit MICHAEL MANN und Ehefrau, Komponist, Schüler/EIK, "erzählte, dass er Ihnen alles zu verdanken hat")

6431   1949-12-27
Hans Rosbaud (Baden-Baden) an Erich Itor Kahn; TLS, 2 S., dt. **E** Bekannte/HR (Frage nach RUDOLF SERKIN, möchte mit ihm musizieren, "seine damalige Haltung kränkt mich immer noch") **A** Projekte/HR (Dank für «Les Symphonies Bretonnes»/EIK, Aufführung im Mai 1950 möglich; möchte EIK zum Musikfest Baden-Baden einladen, mögliche Aufführung des «Actus tragicus»/EIK; Frage nach früheren Aufführungen und Besetzung)

6432   1950-01-20
Hans Rosbaud (SWF, Baden-Baden) an Erich Itor Kahn (NYC); TLS, 1 S., dt. **A** Projekte/HR (erwartet Eintreffen der Partitur zu «Les Symphonies Bretonnes»/EIK und des «Actus tragicus»)

6433   1950-12-19
Hans und Edel Rosbaud (Baden-Baden) an Erich Itor Kahn; TLS, 2 S., dt. **A** Aufnahme («Les Symphonies Bretonnes»/EIK, Instrumentation und Tempi); Kompositionen (Frage nach Instrumentierung der «Six épigraphes antiques»/CLAUDE DEBUSSY, die EIK gemeinsam mit ERICH SCHMID gemacht hat)

SAHL, HANS

6434 1946-02-08
Hans Sahl ([NYC]) an Frida [Kahn]; TLS, 1 S., dt. R Gesellschaft/HS (Diskussion über Redeweisen wie "die Russen", "die Deutschen", "die Juden", möchte sich durch solche Debatten nicht mit ihr "auseinanderreden", will "Zwischenfall" vergessen zugunsten ihrer Freundschaft)

6435 1943-07-06
Hans Sahl (Yaddo, Saratoga Springs, NY) an Erich Itor Kahn; TLS, 2 S., dt. A Reise (Arbeitsaufenthalt mit anderen Künstlern, KARIN MICHAELIS, Dr. ? MEYER, ERICH KAHLER, [ERNST?] BLOCH, CARSON MCCULLARS, "eine von jenen jungen Amerikanerinnen, die aus Protest gegen ihr Land und die auch hier drohende Gefahr, alles Europäische anbeten", [ALFRED?] KANTOROWICZ, "in allen Sätteln der Emigration gerecht")

→ *Beilagen: Gedicht «Der verlorene Sohn» (Hans Sahl), Gedicht «Mon amour j'étais dans tes bras» (Louis Aragon) und «1. Bericht über Yaddo, Saratoga Springs» (Hans Sahl) vom 1941-04-16 (TD Kopie, 2 S., dt.)*

6436 1943-07-22
Hans Sahl (c/o Wolfgang Roth, Lake Iroquois, Richmond, VT) an Erich Itor Kahn; TLS, 2 S., dt. E Integration (Erkundigung nach Einzug/EIK zum Militär) A Schriften/HS (Arbeit an Roman «Die hellen Nächte», der "unser Schicksal erzählen soll" "aus der Perspektive des Jahres 1943")

6437 1945-06-30
Hans Sahl (Edward Mc Dowell Colony, Peterborough, NH) an Erich Itor Kahn; TLS, 2 S., dt. A Schriften/HS (Bericht über neuen Roman) A Kollegen/HS (Bericht über junge amer. Komponistin ESTHER WILLIAMSON, unerfahren, obwohl sie am "Guillard [Juilliard] College" unterrichtet; LUKAS FOSS als Komponist erfahrener)

SCHERCHEN, HERMANN

6438 (1933-08-12)
Hermann Scherchen (Strasbourg) an Erich Itor Kahn (chez ? Gottesmann, Paris); APS, 2 S., dt. A Projekte (Einladung zu [Dirigier-?]Kurs)

6439 (1935-03-21)
Hermann Scherchen (Winterthur, Schweiz) an Erich Itor Kahn (Paris); TPS, 2 S., dt. A Projekte (Ablehnung/EIK, nach Strasbourg zu kommen; [ERNEST] BOUR; Kontakt zu Radio Genf)

SCHMID, ERICH

6440 1928 bis 1955
Korrespondenz zwischen Erich Itor Kahn und Erich Schmid, etwa 150 Briefe und Postkarten

6441 — [Herbst 1933]
Erich Itor Kahn an Erich Schmid; ALS, dt.

→ *Auszug in: Allende-Blin 1994, S. 37*

6442 1934-06-30
Erich Itor Kahn (Paris) an Erich Schmid; ALS, dt.

→ *Auszug in: Allende-Blin 1994, S. 47-52*

6443 1940-05-?
Erich Itor Kahn (an Bord der "SS Mont Viso", Casablanca) an Erich Schmid; ALS, dt.

→ *Abdruck in: Allende-Blin 1994, S. 61*

6444 1942-05-06
Erich Itor Kahn (NYC) an Erich Schmid; ALS, frz.

→ *Auszug in: Allende-Blin 1994, S. 66*

6445 1945-09-17
Erich Itor Kahn (NYC) an Erich Schmid (Schweiz); ALS, dt.

→ *Abdruck in: Allende-Blin 1994, S. 73*

6446 1949-05-09
Erich Itor Kahn an Erich Schmid; ALS, dt.

→ *Auszug in: Allende-Blin 1994, S. 79*

SCHOENBERG, ARNOLD

6447 1933-08-11
Arnold Schoenberg (Arcachon) an Erich Itor Kahn (Frankfurt am Main); APS, 1 S. dt.

→ *Abdruck in: Allende-Blin 1994, S. 35*

STRECKER, WILLI

6448 1934-07-11
Willi Strecker (B. Schott's Söhne, Mainz) an Erich Itor Kahn; TLS, 1 S., dt. A Kompositionen/EIK (Dank für Zusendung von Bearbeitungen)

6449 nach 1934
Weitere Briefe von Willi Strecker (Max Eschig, Paris) an Erich Itor Kahn

SEIBER, MÁTYÁS

6450 ca. 1920 bis 1950
Umfangreicher Briefwechsel zwischen Mátyás Seiber und Erich Itor Kahn

STEIN, LEONARD

6451 1949-06-13
Leonard Stein (LA) an Erich Itor Kahn; TLS, 1 S., dt. A Kompositionen/EIK («Ciaconna dei tempi di guerra» für Kl., Dank/LS); Projekte (Einladung zu ISCM-Konzert im kommenden Jahr)

WOLFF, KONRAD

6452 1943-08-16
Erich Itor Kahn (c/o [Samuel und Louise] Dushkin, Chagrin Falls, OH) an [Konrad] Wolff und Ehefrau ([NYC]); ALS (Kopie), 2 S., dt. E Verwandte/EIK (Nachricht von den Eltern aus Paris über Rotes Kreuz) A Kompositionen/EIK ("neue Bearbeitungen", «Nenia judaeis qui hac aetate perierunt» für Vc. und Kl., Orchestration der «Suite» für V. und Kl., «Paganini Caprices» für V. und Kl.)

OFFIZIELLE DOKUMENTE

KAHN, ERICH ITOR

6453 1918-08-09 bis 1918-10-02
Dokumente aus der Schulzeit:

– 1918-08-09: Zeugnis über Erich Itor Kahn von Paul Franzen; TD (Abschrift), 1 S., dt.

– 1918-10-02: Abgangszeugnis Städtische Taunusschule, Königstein im Taunus

6454 nach 1930
Verträge mit dem Südwestdeutschen Rundfunkdienst

6455 1933-07-26
Hans Rosbaud, «Zeugnis für Erich Itor Kahn»; ALS (Entwurf), 4 S., dt; TLS, 3 S., dt.; TL, 3 S., frz. Mit 1 S. Anhang des Betriebsleiters des Südwestdeutschen Rundfunks Ernst Becker (2 Exemplare)

6456 1933-08-17
Zeugnis des Südwestdeutschen Rundfunks, TD (Kopie), 2 S., dt. (10 Exemplare)

KAHN, FRIDA

6457 1929-09-03
Personalausweis; PD/TD (annotiert); Ausweis-Nr. 2976, ausgestellt Frankfurt am Main 1929-09-03, für Frieda Rabinowitsch, geb. 1905-05-30 in Krementschug, frühere Staatsangehörigkeit Ukraine; mit Foto, Unterschrift ("Frida") und Visas

MATERIAL ZUR BIOGRAFIE
KAHN, ERICH ITOR
6458 —
Lebenslauf, TD (Kopie), 1 S. frz.

6459 —
«Exposé»; Lebenslauf, TD (Kopie), 2 S., frz. (3 Exemplare)

6460 —
Lebenslauf, AD (Entwurf), 2 S., frz.; mit Beilage, 3 S., dt. (8 Exemplare)

6461 —
«Repertoireverzeichnis des Pianisten Erich Itor Kahn»; Werkverzeichnis, TD (Kopie), 2 S., frz. (ca. 12 Exemplare)

6462 [1940 bis 1941]
Mehrere Notizbücher, darunter eines in größerem Format zu Bemühungen um Ausreise nach Spanien mit Briefentwürfen; erste notierte Adresse: "Rolf Telasco/ Hotel St. Louis/ Cour St. Louis/ Marseille"

6463 (1941)-01-01 bis (1941)-01-27
«Tagebuch 1.-27. Januar [1941]», AD, 2 S., dt.; E Emigrationsweg/Erich Itor Kahn (Bemühungen um Ausreise über Lissabon)

KAHN, FRIDA
6464 —
«Generations of Turmoil»; TD (annotiert), ca. 250 S., engl. E Ausreise (Bericht über Emigration bis zur Zeit in Gurs, Frankreich)

The League of Composers Letters

• League of Composers, 1923 von Mitgliedern der International Composers' Guild gegründet, Förderung und Aufführung zeitgenössischer Musik, 1954 in ISCM aufgegangen
• Korrespondenz zur Aufführungen neuer Werke bei Veranstaltungen der League of Composers
• Sammlung nicht im Online-Katalog der NYPL, Verzeichnis auf Karteikarten
• Claire R. Reis, «Composers, Conductors and Critics», New York 1955

KORRESPONDENZ
BARTÓK, BÉLA
6465 1927-04-06
Béla Bartók (Budapest) an Claire R. Reis; ALS, 1 S., engl. A Projekte/BB (USA-Tournee, arrangiert von Baldwin Co.; Aufführung in Konzert der League of Composers)

6466 1939-08-15
Béla Bartók (Saanen, Schweiz) an Claire R. Reis; ALS, 2 S., engl. A Projekte (Kammermusik/BB in einem Konzert der League of Composers)

6467 1942-05-03
Béla Bartók (Bronx, NY) an Claire R. Reis; ALS, 2 S., engl. E Einreise/BB (als Besucher; verspäteter Erhalt der "pre-examination", Vorlage von Affidavits nötig; Schilderung der Schwierigkeiten mit Behörden; amer. Konsulat Montreal, kein Visum für ung. Staatsbürger); Krieg ("various war declarations" und deren Auswirkung auf Erteilung von Visa) A Aufführung/BB ("West Coast tournee"); Organisationen (Mitgliedschaft/BB in League of Composers; MINNA LEDERMAN)

→ Abdruck im Anhang, S. 405

6468 1943-12-26
Béla Bartók (Albemarle Inn, Asheville, NC) an Claire R. Reis; ALS, 1 S., engl. A Kompositionen/BB («6. Streichquartett», Boosey & Hawkes, Aufführung)

EISLER, HANNS
6469 1942-01-20
Hanns Eisler (NYC) an Claire R. Reis; TLS, 1 S., engl. A Anstellung/HE (an New School for Social Reseach; wegen staff meeting keine Teilnahme an Versammlung der League of Composers); Organisationen (Aufnahme/HE in League of Composers, Dank an Executive Board)

FITELBERG, JERZY
6470 1936-11-27
Jerzy Fitelberg (Paris) an Claire R. Reis; ALS, 1 S., dt. A Kompositionen/JF («4. Streichquartett» ins Repertoire von Pro Arte Quartet aufgenommen; Vorlage bei League of Composers zur Aufnahme ins Programm)

GRADENWITZ, PETER
6471 1944-11-18
Peter Gradenwitz (Tel Aviv, Palästina) an Claire R. Reis

(League of Composers, NYC); TLS, 1 S., engl. A Projekte/PG (Gründung einer League of Composers in Palästina, Bitte um Zusendung der Statuten und Fortsetzung der Lieferung von ‹Modern Music›; ISCM); Veröffentlichung/PG (Buch über die Sinfonie)

HINDEMITH, PAUL

6472   1942-01-19
Paul Hindemith (New Haven, CT) an Claire R. Reis; ALS, 1 S., engl. A Anstellung/PH (Teilnahme an Versammlung der League of Composers abgesagt)

KLEMPERER, OTTO

6473   1937-07-06
Otto Klemperer an Claire R. Reis; ALS, 1 S., engl. A Öffentlichkeit/OK (großer Erfolg mit Aufführung der «Lulu-Suite»/ALBAN BERG, NY PO); Projekte/OK (Aufführung von «Lulu»/ALBAN BERG in NYC)

6474   1937-[12]-?
Otto Klemperer an Claire R. Reis; ALS, 1 S., engl. A Aufführung/OK («Konzert» für V. und Orchester/ALBAN BERG in Wien); Projekte/OK (Aufführung «Konzert» für V. und Orchester/ARNOLD SCHOENBERG, «Konzert» für V. und Orchester und «Lulu»/ALBAN BERG in NYC; Planung für nächste Saison; Projekte/League of Composers (Aufführung von «Cardillac» oder «Mathis der Maler»/PAUL HINDEMITH)

KOUSSEVITSKY, SERGE

6475   1942-09-25
Serge Koussevitzky (Boston SO, Boston, MA) an Claire R. Reis (League of Composers, NYC); TLS, 1 S., engl. A Öffentlichkeit (Gratulation/SK zum 20jährigen Bestehen der League of Composers; Bedeutung und Wert der Organisation "during one of the most difficult and precarious epochs of all times"; Kampf gegen "the barbaric forces against which Art is taking an active stand")

KRENEK, ERNST

6476   1936-06-16
Ernst Krenek (Verein für neue Musik, Wien) an Claire R. Reis (League of Composers, NYC); TLS, 1 S., engl. A Projekte (Konzertprogramme der League of Composers für nächsten Saison, Liste mit repräsentativen österr. Komponisten; Universal Edition, AMP; Bitte um Katalog/League of Composers)

6477   1937-12-29
Ernst Krenek (Christie Hotel, Hollywood, CA) an Claire R. Reis; ALS, 1 S., engl. A Aufführung («Die Jahreszeiten» für gemischten Chor op. 35/EK in Konzert der League of Composers); Reise/EK (nach Europa)

6478   1938-02-28
Ernst Krenek (Hotel Great Northerns, NYC) an Claire R. Reis; ALS, 1 S., engl. A Aufführung ("reception-concert" zum Eintritt/EK in League of Composers)

6479   1942-12-26
Ernst Krenek an Claire R. Reis (St. Paul, MS); ALS, 1 S., engl. A Öffentlichkeit/League of Composers (Gratulation/EK zum 20jährigen Bestehen; große Erfolge); Reise/EK (nach NYC)

6480   1954-01-06
Ernst Krenek (LA) an Claire R. Reis; ALS, 2 S., engl. E Affidavit/MARK BRUNSWICK und CARL ENGEL (für EK); Einreise/EK (erster USA-Aufenthalt anlässlich der Aufführung von «L'incoronazione di Poppea»/CLAUDIO MONTEVERDI in der Bearbeitung/EK, Salzburg Opera Guild; danach keine Rückkehr nach Wien möglich); Integration/EK (endgültige Niederlassung in LA) A Anstellung/EK (am Malkin Conservatory, Boston; Vortrags- und Konzerttätigkeit; Lehrtätigkeit, Univ. of Michigan, Vassar College, Hamline Univ., Univ. of Wisconsin, Univ. of New Mexico, Royal Conservatory Toronto); Reise/EK (nach Europa und Südamerika in der Nachkriegszeit)

LANGE, FRANCISCO CURT

6481   (1935)-?-?
Francisco Curt Lange (NYC) an Claire R. Reis (League of Composers, NYC); ALS, 1 S., engl. A Projekte/FCL (Anhang über lateinamer. Komponisten zu Buch/CR über amer. Komponisten, Voraussetzung sichere Drucklegung; Reise/FCL (Rückfahrt nach Montevideo)

6482   1935-05-24
Francisco Curt Lange (Instituto de Estudios Superiores del Uruguay, Unversidad de Montevideo, Sección de Investigationes, Montevideo, Uruguay) an Claire R. Reis (NYC); TLS, 1 S., span. A Projekte/FCL (Bitte um Rat zum Vertrieb des Bulletin/Instituto de Estudios Superiores in den USA); Schriften/CR (Dank/FCL für Buch über amer. Komponisten)

↳ *Brief ähnlichen Inhalts: 1935-08-08*

MARTINŮ, BOHUSLAV

6483   1941-01-31
Bohuslav Martinů an Claire R. Reis; ALS, 1 S., engl. E Einreise/BM (mit visitors visa, Bewerbung um immigration visa) A Projekte/BM (Auftrag zu Jubiläumskomposition für League of Composers)

6484   1942-05-13
Bohuslav Martinů an Claire R. Reis; ALS, 2 S., frz. A Aufführung (Aufführung «Klavierquartett»/BM mit Chamber Music Guild Quartet oder neue Komposition); Projekte/BM (Arbeit an «Sinfonie» für SERGE KOUSSEVITZKY und «Trio» für Fl., Kl. und Vc.)

↳ *Brief ähnlichen Inhalts: 1942-04-27*

1942-09-25
Bohuslav Martinů an Claire R. Reis; ALS, 1 S., frz. A Aufführung/ARTUR RODZINSKI («Memorial to Lidice»/BM anlässlich Jahrestag des 25jährigen Bestehens der Tschechoslowakei)

↳ *Brief ähnlichen Inhalts: 1943-08-08*

MENASCE, JACQUES DE

6485   1948-03-13
Jacques de Menasce (NYC) an Claire R. Reis; ALS, 2 S., engl. A Organisationen (Rücktritt/CR vom Board der League of Composers; Hilfsangebot/JM, falls sie bleibt)

MILHAUD, DARIUS

6486 (1940)-?-?
Darius Milhaud (Lissabon) an Claire R. Reis, ALS, 2 S., frz.
E Ausreise/DM (krank nach "événements horribles de la guerre devancer mon voyage", Schiffsreise) A Anstellung/DM (Suche nach Meisterklasse für Komposition in den USA; Agent [ALBERT] MORINI); Aufführung («Cantate de l'enfant et de la mère» für Sprecher, Kl. und Streichquartett op. 185 in Brüssel mit MADELEINE MILHAUD und Pro Arte Quartet; HERMANN SCHERCHEN); Aufführung (UA «Médée» op. 191/DM; MINNA LEDERMAN); Projekte/CR (Konzert mit Werken/DM für nächste Saison, League of Composers) Z Kriegsereignisse (Überfall auf Frankreich)

6487 1940-07-05
Darius Milhaud (Hotel Braganca, Lissabon) an Claire R. Reis; ALS, 2 S., frz. A Reise/DM (Ankunft in NYC, Dank an CR für Hilfe bei Reisevorbereitungen und Einladung; Ruhe und Erholung nach harten Wochen)

6488 (1942)-?-?
Darius Milhaud an Claire R. Reis; ALS, 2 S., engl. E Integration/DM ("Here it is marvellous. I love California and I love my College.") A Komposition/DM («11. Streichquartett» op. 232 für Jubiläum der League of Composers, Budapest String Quartet); Treffen/DM (mit KURT WEILL, Aufenthalt auf dem Land, "very peaceful and nice")

6489 (1944)-(07)-?
Darius Milhaud an Claire R. Reis; ALS, 2 S., engl. A Projekte/DM (Aufführung von «Bolivar» op. 236, Treffen mit LILY PONC; Pläne für Aufführung, Civic Center Corp., FERNAND LÉGER); Treffen/DM (mit [JAMES] FASSETT in NYC wegen Aufführung von «L'Annonce faite à Marie» für Orgel op. 231/DM)

6490 (1944)-(07)-?
Darius Milhaud an Claire R. Reis; ALS, 6 S., engl. A Projekte/DM («Bolivar» op. 236, Suche nach Sponsoren zur Finanzierung, LEOPOLD STOKOWSKI, Bitte um Hilfe/CR) Z Kriegsereignisse (alliierte Invasion in der Normandie)

6491 (1944)-[08]-?
Darius Milhaud (Mills College, Oakland, CA) an Claire R. Reis, 2 S., engl. A Projekte (Aufführung «Bolivar» op. 236/DM, LILY PONC, LEOPOLD STOKOWSKI); Projekte/DM (Arbeit an «2. Sinfonie» op. 247); Treffen/DM (mit IGOR STRAVINSKY und NADIA BOULANGER, Mills College) Z Kulturleben (erstes Konzert des Orchestre National de la Radio unter MANUEL ROSENTHAL nach Befreiung mit "alliiertem" Programm, Werke/SERGEJ PROKOF'EV, ROGER SESSIONS, WILLIAM WALTON, CLAUDE DEBUSSY, DARIUS MILHAUD)

MITROPOULOS, DIMITRI

6492 1956-04-06
Dimitri Mitropoulos an Claire R. Reis (League of Composers, NYC); TLS, 1 S., engl. A Kompositionen/STEFAN WOLPE («Symphony»; Interesse/DM an Aufführung, "a remarkably work, but for a very advanced audience")

RIETI, VITTORIO

6493 1942-01-10
Vittorio Rieti (NYC) an Claire R. Reis; ALS, 1 S., engl. E Einbürgerung/VR (Antrag auf amer. Staatsbürgerschaft; rasche Behandlung, da seine Frau Amerikanerin ist) A Organisationen (Aufnahme/VR in National Board der League of Composers)

SCHOENBERG, ARNOLD

6494 1933-11-11
Arnold Schoenberg (Pelham Hall, Brookline, MA) an Claire R. Reis; ALS, 1 S., dt. A Finanzen/AS (Erstattung der Reisekosten und Ausgaben anlässlich eines Konzerts der League of Composers)

6495 1933-11-29
Arnold Schoenberg (Pelham Hall, Brookline, MA) an Claire R. Reis; ALS, 1 S., dt. A Aufführung (Begrüßungskonzert für AS, veranstaltet/League of Composers; Danksagung); Öffentlichkeit/AS ("dass es eine gewisse Anzahl Menschen gibt für die mein Schaffen nicht ganz ohne Sinn war")

6496 1934-07-18
Felix M. Warburg (NYC) an Claire R. Reis (Century Country Club, White Plains, NY); TLS, 1 S., engl. E Hilfe/FW (für ARNOLD SCHOENBERG in "cramped financial condition")

6497 1937-06-20
Arnold Schoenberg (LA) an Claire R. Reis (NYC); TLS, 1 S., engl. A Projekte/CR (Buch über amer. Komponisten; Material und Informationen zu AS, EGON WELLESZ, NICOLAS SLONIMSKY); Schriften/MERLE ARMITAGE (Buch über AS, Verlag Schirmer)

6498 1942-03-12
Arnold Schoenberg (LA) an Claire R. Reis (League of Composers, NYC); TLS, 1 S., engl. A Projekte/AS (Kompositionsauftrag der League of Composers zum 20jährigen Bestehen, «Ode to Napoleon Bonaparte» op. 41; Aufführung verlangt Rezitator, Budapest String Quartet als Interpreten erwünscht; Kolisch Quartet) R Musik/AS («Ode to Napoleon Bonaparte» op. 41; Gedicht/LORD [GEORGE GORDON NOEL] BYRON "has much relation to present days feelings.")

→ Brief ähnlichen Inhalts: 1942-01-17

6499 1942-05-25
Arnold Schoenberg (LA) an Claire R. Reis (League of Composers, NYC); TLS, 2 S., engl. A Anstellung/AS (an UCLA); Aufführung («Verklärte Nacht» op. 4/AS durch Budapest String Quartet, Rundfunk-Übertragung; heftige Kritik/AS an Vortrag und Interpretation); Finanzen/AS (Aufführungsmaterial zu «Ode to Napoleon Bonaparte» op. 41, eigene Probenarbeit und Leitung; Bitte um finanzielle Unterstützung/League of Composers); Projekte (Aufführung der «Ode to Napoleon Bonaparte» op. 41/AS; Engagement von Kolisch Quartet und EMANUEL STEUERMANN erwünscht, Dirigent erforderlich)

6500 1942-06-05
Arnold Schoenberg (LA) an Claire R. Reis (League of Composers, NYC); TLS, 1 S., engl. A Aufführung («Ode to Napoleon Bonaparte» op. 41/AS, Bitte um finanzielle Unterstützung zur Herstellung von Aufführungsmaterial; perfekte Aufführung erwünscht)

6501 1942-12-15
Arnold Schoenberg (LA) an Claire R. Reis (League of Composers, NYC); TLS, 1 S., engl. A Aufführung («Ode to Napoleon Bonaparte» op. 41/AS zur "anniversary celebration" der League of Composers); Finanzen/AS (Bitte um Erstattung der Reisekosten und Betrag für Honorarausfall an UCLA)

STRAVINSKY, IGOR
6502 1942-01-05
Igor Stravinsky (Hollywood, CA) an Claire R. Reis (League of Composers, NYC); TLS, 1 S., engl./dt. A Organisationen (Aufnahme/IS in National Board der League of Composers; Ablehnung)

TOCH, ERNST
6503 1938-03-07
Ernst Toch (Pacific Palisades, CA) an Claire R. Reis; TLS, 1 S., engl. A Projekte/CR (Buch über amer. Komponisten, Material und Informationen zu ET; Verlag McMillan Publishers)

VOGEL, WLADIMIR
6504 1935-10-17
Wladimir Vogel (Conservatoire de Musique, Strasbourg) an [Claire R. Reis] (League of Composers); ALS, 1 S., dt. A Projekte/WV (neues Werk für Bläser auf Einladung der League of Composers, Dank, Finanzen)

WALTER, BRUNO
6505 1933-08-07
Bruno Walter (Salzburg) an Claire R. Reis; TLS, 1 S., engl. A Projekte/BW (Ablehnung der Aufführung von «Prelude and Fugue» für Orchester/WALTER PISTON, "There does not exist a kind of confidence, neither for a composer or an organization, which could induce a conductor to accept a perfectly unknown work."); Reise/BW (nach NYC, Konzerte)
→ *Brief ähnlichen Inhalts: 1934-12-12*

WEILL, KURT
6506 1936-01-07
Kurt Weill an Ernest R. Voigt; TLS, 1 S., engl. A Projekte/League of Composers (Aufführung «Mahagonny-Songspiel», Übereinkunft mit BERTOLT BRECHT nötig; CLAIRE R. REIS); Projekte/KW («Aufstieg und Fall der Stadt Mahagonny» am Broadway; "even a short run of this work [«Mahagonny-Songspiel»] would be a serious blow to our project of an Broadway-Performance of the opera Mahagonny»)

6507 1942-12-04
Kurt Weill (Amer. Theatre Wing, Lunch Hour Follies, Entertainment Service for War Industries, NYC) an Claire R. Reis; TLS, 1 S., engl. A Organisationen (Einladung/KURT WEILL zum Geburtstagskonzert der League of Composers)

Léner Quartet Papers

- Jenö Léner, 1894-1948, ung. Geiger, 1918 Gründung des Léner Quartet, 1942 Trennung von den übrigen Musikern und Gründung eines neuen Léner Quartet
- Sammlung (JOB 95-19) mit Korrespondenz und Dokumenten zur Konzerttätigkeit, hauptsächlich 1942-1947
- Finding aid, kurze Sammlungsbeschreibung im Online-Katalog (http://catnyp.nypl.org/)
- Walter Levin, «Immigrant Musicians and the American Chamber Music Scene, 1930-1950», in: *Driven into Paradise* 1999, 322-339

SCHRIFTEN
LÉNER, JENÖ
6508 [1944]
«A Million Miles of Music»; Aufsatz, TD, 4 S., engl.

KORRESPONDENZ
BRITISH CONSULATE-GENERAL BUENOS AIRES
6509 1940-08-23
G. Vaughan (British Consulate-General, Buenos Aires) an Jenö Léner; TLS, 1 S., engl. E Einbürgerung/JL (Antrag auf britische Staatsangehörigkeit, Weiterleitung an Principal Secretary of State for Foreign Affairs)

BRITISH CONSULATE-GENERAL MEXICO CITY
6510 1942-01-05
L. Barnett (British Consulate-General, Mexico City) an Jenö Léner (c/o Conciertos Daniel, Ciudad); TLS (Kopie), 1 S., engl. E Einbürgerung/JL (Antrag auf britische Staatsangehörigkeit kann zur Zeit nicht stattgegeben werden)

6511 1942-07-24
? (British Consulate-General, Mexico City) an Jenö Léner (Lomas Chapultepec, Mexiko); TLS, 1 S., engl. A Finanzen/JL (Zahlung der Columbia Graphophone Co., zukünftige Tantiemen; Aufteilung der Einnahmen an die übrigen Mitglieder des Léner Quartet)

COLUMBIA GRAPHOPHONE COMPANY
6512 1943-09-09
Leonard Smith (Columbia Graphophone Co., Hayes, Middlesex) an Jenö Léner (NYC); TLS, 1 S., engl. A Finanzen/JL (Auszahlung von Einnahmen des Léner Quartet an JL)

6513 1943-11-10
Imre Hartman (Mexico City) an ? (Manager of the Artistes Dept., Columbia Recording Corp., NYC); TLS, 1 S., engl. A Kollegen (neue Quartettformation/JENÖ LÉNER unter dem Namen Léner Quartet als "improvised quartet"; Verbindung der ursprünglichen Formation mit Columbia Records; Protest gegen andere Verlautbarungen)

HOME OFFICE LONDON
6514 1939-05-04
? (Home Office, London) an Jenö Léner; TLS, 1 S., engl.
E Einbürgerung/JL (Antrag auf britische Staatsangehörigkeit wird positiv zur Kenntnis genommen)

LÉGATION DE BÉLGIQUE
6515 1941-09-20
Walter Loridan an (Légation de Bélgique) an Léner Quartet (Ciudad, Mexiko); TLS, 1 S., span. A Aufführung/Léner Quartet (Danksagung für Wohltätigkeitskonzert zugunsten belgischer Kriegsopfer; ARMANDO BARRIOS)

LÉNER QUARTET
6516 1942-06-22
Josef Smilovits, Sándor Róth und Imre Hartman an Enrique de Quesada (Conciertos Daniel, Mexico City); TL (Kopie), 1 S., engl. A Kollegen/JS, SR und IH (Befremden über JENÖ LÉNER, nicht "artistic director" des Léner Quartet; bisher kein künstlerischer Leiter, gemeinsame Entscheidung über Programmgestaltung und finanzielle Fragen)

6517 1942-06-24
Jenö Léner (Mexico City) an Enrique de Quesada (Conciertos Daniel, Mexico City); TL (Kopie), 1 S., engl. A Kollegen/JL (Befremden über Mitglieder des Léner Quartet, beharrt auf Funktion als künstlerischer Leiter)

6518 1942-06-29
Jenö Léner (Mexico City) an Imre Hartman (Mexiko City); TL (Kopie), 1 S., span. A Kollegen/JL (Austritt und Auflösung des Léner Quartet wegen Unstimmigkeiten über künstlerische Leitung)

6519 1942-06-30
Josef Smilovits, Imre Hartman und Sándor Róth (Noriega y Escobedo, Abogados, Mexico City) an Jenö Léner (Mexico City); TLS, 2 S., span. A Kollegen/JL (Reaktion auf Austritt und Auflösung des Léner Quartet wegen Unstimmigkeiten über künstlerische Leitung)

6520 (1942)-?-? [nach Juni 1942]
Josef Smilovits, Imre Hartman und Sándor Róth (Léner Quartet, Mexico City) an ?; TL (Kopie annotiert), 1 S., engl. A Organisationen (Austritt/JENÖ LÉNER aus Léner Quartet, Fortsetzung musikalischer Aktivitäten unter demselben Namen mit neuem Geiger; Namensregistrierung beim Public Register Bureau in Mexico City auch gültig für USA); Reise/JENÖ LÉNER (in die USA)

6521 1943-07-01
Paul Schiff, Rundschreiben; TL, 1 S., engl. A Kollegen/JENÖ LÉNER (Mitglieder des alten Léner Quartet benutzen den Namen zu Unrecht); Projekte/JENÖ LÉNER (Suche nach Engagements für neues Léner Quartet)

6522 1943-07-08
Jenö Léner, Rundschreiben; TL (Kopie), 1 S., engl. A Kollegen/JL (illegale Benutzung des Ensemble-Namens durch Mitglieder des alten Léner Quartet, Wettbewerbsschädigung, Einleitung rechtlicher Schritte)

ORMANDY, EUGENE
6523 1940-07-09
Eugene Ormandy (Philadelphia Orchestra Ass., Philadelphia, PA) an Jenö Léner (Buenos Aires); TLS, 1 S., engl. A Projekte/JL (Engagement für Léner Quartet in Philadelphia, Unterstützung/EO)

POSTELSTWO RZECZYPOSPOLITEJ POLSKIEJ W ARGENTYNIE BUENOS AIRES
6524 1939-09-28
Zdzislaw Kurnikowski (Postelstwo Rzeczypospolitej Polskiej w Argentynie, Buenos Aires) an Jenö Léner (Olivos F.C.C.A., Buenos Aires); TLS, 1 S., span. A Aufführung/Léner Quartet (Wohltätigkeitskonzert unter Schirmherrschaft des britischen und frz. Boschafters in Buenos Aires zugunsten poln. Kriegsopfer, Danksagung)

PRINS BERNHARD COMITE CURAÇAO
6525 1941-03-03
? (Prins Bernhard Comite Curaçao, Brasilien) an Jenö Léner (c/o Jenö Léner, Curaçao); TLS, 1 S., engl. A Aufführung/Léner Quartet (Wohltätigkeitskonzerte zugunsten des Prins Bernhard Comite in Curaçao und Aruba, Danksagung); Reise (Tournee des Léner Quartet, Mexiko)

OFFIZIELLE DOKUMENTE
LÉNER QUARTET
6526 1936-07-21
Jenö Léner, Josef Smilovits, Sándor Róth, Imre Hartman und J.B. Tomkins, «Agreement with regard to payment of monies under Contracts with Columbia Graphophone Co., Ltd.»; Vertrag; TDS, 2 S., engl.; A Finanzen/Léner Quartet (vertragliche Vereinbarung zur gleichmäßigen Aufteilung der Einnahmen)

6527 1944-12-04
Jenö Léner, Josef Smilovits, Sándor Róth, Imre Hartman und Harry A. Lieb; Gerichtliche Dokumente; TDS, 3 S., engl.; ausgestellt vom Supreme Court of the State of New York, County of New York A Finanzen/Léner Quartet (Vereinbarung zur Regelung der gleichmäßigen Aufteilung der Einnahmen aus Schallplatten; Columbia Graphophone Co.)

SCHIFF, PAUL
6528 1943-06-16
Paul Schiff an Jenö Léner (NYC); Vertrag; TDS, 1 S., engl. A Finanzen/JL (vertragliche Vereinbarungen, PS als "personal representative" des neuen Léner Quartet, Unterstützung beim Aufbau einer Karriere in den USA und Kanada)

SOUTH AFRICAN BROADCASTING CORPORATION
6529 1940-12-02
G. Dickson (South African Broadcasting Corp.) an Alex Cherniavsky (Cherniavsky Bureau, Johannesburg); Vertrag; TDS, 2 S., engl. A Finanzen/Léner Quartet (Vertragsvereinbarungen zu Rundfunksendungen der South African Broadcasting Corp.; Provision)

Otto Luening Collection

- Otto Luening, 1900-1996, amer. Komponist, Dirigent und Flötist, ab 1944 Leiter der Opernproduktionen an der Columbia Univ.
- Dokumente zur künstlerischen Tätigkeit
- Bislang nicht im Online-Katalog der NYPL aufgeführt

KORRESPONDENZ
KRENEK, ERNST
6530 1940-08-17
Ernst Krenek (Bear Lake Lodge, Estes Park, CO) an Otto Luening; ALS, 1 S., engl. A Kompositionen/EK («Little Concerto» für Kl. und Orgel mit Kammerorchester op. 88, «Two Choruses on Jacobean Poems» für Chor a cappella op. 87 zum 25jährigen Bestehen des Vassar College, «Proprium Missae in Festo S. Innocentium Martyrum» für Chor a cappella op. 89 im strengen Stil des 16. Jh.; Bitte um Aufführungsmöglichkeit in Remington); Treffen/EK (mit OL aus Zeitmangel unmöglich)

↦ *Brief ähnlichen Inhalts: 1940-09-10*

SCHERCHEN, HERMANN
6531 1939-04-01
Otto Luening an Hermann Scherchen (Ass. sans buit lucratif, Bruxelles); TL (Kopie), 1 S., engl. A Finanzen/OL (Dank für Prospekt, Subskriptionspreis für New Music Quarterly Recordings zu teuer); Kollegen/OL (Grüße an Konservatoriums-Kollegen OTTO STRAUSS im RSO Zürich)

Jean Morel Collection

- Jean Morel, 1903-1975, frz. Dirigent, 1939 Emigration in die USA, Lehrtätigkeit am Brooklyn College und an der Juilliard School of Music, Dirigent an MET
- 40 Boxen mit Aufführungspartituren (Werke verschiedener Komponisten, teils mit Widmung), mit Einzeichnungen Morels (Call No. JPB 95-1)
- Finding list, kurze Sammlungsbeschreibung im Online-Katalog (http://catnyp.nypl.org/)

New Music Papers

- New Music Edition, von Henry Cowell im Zusammenhang mit der New Music Soc. gegründeter Verlag zur Verbreitung zeitgenössischer Musik, Publikationsorgan ‹New Music Quarterly› erstmals 1927 erschienen, ab 1934 ‹New Music Quarterly Records› zur Veröffentlichung von Aufnahmen
- Korrespondenz mit Komponisten über publizierte Werke und Aufsätze
- Vgl. Henry Cowell Collection (NYPL, S. 287ff.)
- Bislang nicht im Online-Katalog der NYPL
- Rita Hursh Mead, «Henry Cowell's New Music, 1925-1936: the Soc., the Music Editions, and the Recordings», Ann Arbor 1981 • David Hall, «New Music Quarterly Recordings: a Discography», in: ‹Ass. of Recorded Sound Collections Journal› 16 (1984), Nr. 1/2, 10-27

SCHRIFTEN
STRANG, GERALD
6532 1939-?-?
[Artikel für ‹Boletín V› von Francisco Curt Lange]; Aufsatz, TD, 2 S., engl.

KORRESPONDENZ
DAHL, INGOLF
6533 1946-05-27
Ingolf Dahl (LA) an Frank Wigglesworth (‹New Music Quarterly›); TLS, 2 S., engl. A Kompositionen/ID (sendet «Hymn and Toccata» für Kl.)

EITLER, ESTEBAN
6534 1949-01-07
Esteban Eitler (Buenos Aires) an Gerald Strang (LA, CA); TLS, 1 S., span. A Veröffentlichung/EE (Publikationen und Komposition geschickt, hrsg. vom Instituto de Musicología de Montevideo, dazu Programme von der Agrupación Nueva Música)

6535 1949-08-19
Esteban Eitler (Buenos Aires) an Gerald Strang; TLS, 1 S., span. A Kollegen/EE (neue Adresse/PAUL A. PISK); Kompositionen (EE schickt neue Komposition/MINITA FRIED; Bitte um Bestätigung der ersten Sendung mit Werken/JUAN CARLOS PAZ, DANIEL DEVOTO, HANS JOACHIM KOELLREUTTER)

6536   1949-08-25
Gerald Strang an Esteban Eitler (Buenos Aires); TLS, 1 S., span. A Kollegen/GS (hat während des Krieges Kontakt zu Kollegen in Südamerika verloren; Juan Carlos Paz, Rodolfo Barbacci, Jacobo Ficher in Buenos Aires); Projekte/GS (will Aufführung Werk/Minita Fried arrangieren)

6537   1949-10-15
Esteban Eitler an Gerald Strang (Buenos Aires); TLS, 1 S., span. A Projekte/GS (alle Pakete angekommen; besonders gefällt Komposition/Daniel Devoto)

6538   1949-11-01
Esteban Eitler (Buenos Aires) an Gerald Strang (Long Beach, CA); TLS, 1 S., span. A Schriften (EE schickt Buch «Fragmentos de la muerte»/Osvaldo Svannascini mit 10 Präludien für Fl. solo/EE, dazu neueste Ausgabe des Magazins ‹Contemporanea› mit Artikel/Minita Fried über Problem der Harmonie in der Dodekaphonie)

Lange, Francisco Curt

6539   1939-05-08
Francisco Curt Lange (Mexiko) an Gerald Strang (Managing Editor, LA); TLS, 1 S., span. A Reise/FCL (Kolumbien, Venezuela, Puerto Rico, Kuba und Mexiko); Veröffentlichung/FCL (Verlagskatalog von New Music Edition erhalten, aber noch nicht in ‹Boletín Latino-Americano de Música› aufgenommen)
→ Antwortbrief: 1939-06-04

6540   1939-08-26
Francisco Curt Lange (Pan American Union, Washington, DC) an Gerald Strang (Managing Director, LA); TLS, 1 S., span. A Organisationen (Dank für Einladung/Rockefeller Foundation); Projekte/FCL (Buch über US-amer. Musik); Reise/FCL (hat Mexiko wegen politischer Situation verlassen)

6541   1939-10-05
Francisco Curt Lange (c/o Alfredo de Saint-Malo, NYC) an Gerald Strang (Managing Editor, LA); TLS, 1 S., span. A Finanzen/FCL (kleine Summe für Institut von Rockefeller Foundation erhalten); Projekte/FCL (Congreso de Relaciones Interamericanas de Músicas in Washington, gesponsort vom State Dept.); Reise/FCL (Rückkehr nach Montevideo); Veröffentlichung/FCL (Katalog/New Music Edition als Praeambulum zum ‹Boletín Latino-Americano de Música›)
→ Antwortbrief: 1939-10-17

6542   1939-10-31
Francisco Curt Lange (NYC) an Gerald Strang (Managing Editor, LA); TLS, 1 S., span. A Projekte/FCL (gesendete Schallplatten für Rundfunksendung; Montevideo größte Radiostation, neugieriges Publikum)

6543   1940-01-13
Francisco Curt Lange (Instituto Interamericano de Musicologia, Montevideo) an Gerald Strang (Managing Editor, LA); TLS, 1 S., span. A Anstellung/FCL (Direktor der Discoteca National für Radiosendungen nach Uruguay, Argentinien, Brasilien, Chile und Paraguay)

Pisk, Paul A.

6544   1939-12-02
Paul A. Pisk (Redlands, CA) an Gerald Strang; ALS, 1 S., engl. A Aufführung/? Leach («Sonate» für V. [und Kl.]/PP beim nächsten Pro Musica Concert, LA); Kompositionen/PP («5 Sketches» für Kl., Sendung an GS)
→ Antwortbrief: 1940-01-21

6545   1941-07-21
Paul A. Pisk (Redlands, CA) an Gerald Strang; ALS, 1 S., engl. A Empfehlung (Bitte/PP um Vermittlung/GS wegen Beitrag/Arnold Schoenberg zu ‹Bolletino musicale interamericano›/Francisco Curt Lange)

Schoenberg, Arnold

6546   1943-07-02
Arnold Schoenberg (Beverly Hills, CA) an Henry Cowell (New Music Edition, NYC); TLS (annotiert), 1 S., engl. A Veröffentlichung/AS (Vertrag für «Klavierstück» op. 33b)

6547   1943-11-02
Arnold Schoenberg (Beverly Hills, CA) an Kurt List (‹Listen Magazine›, NYC); TLS, 1 S., engl. A Finanzen/AS (Bitte um Vorschuss); Veröffentlichung/AS (Dank für Einladung zur Publikation eines Werkes in der New Music Edition; «Klavierstück» op. 33b; «Variations on a Recitative» für Orgel op. 40 an H.W. Gray Co. vergeben; «Kol nidre» für Sprecher, gemischten Chor und Orchester op. 39)

Toch, Ernst

6548   1950-06-21
Ernst Toch (Gaasemosehus, Hundested, Dänemark) an Frank Wigglesworth (Editor der New Music Edition, NYC); TLS, 1 S., engl. A Veröffentlichung/ET (gibt auf Empfehlung/John Cage [!] Zustimmung zum Druck der «Fuge aus der Geografie» bei New Music Edition)

OFFIZIELLE DOKUMENTE
Dahl, Ingolf

6549   1946-05-27
Ingolf Dahl; Vertrag; TDS, 2 S., engl. A Vertrag/ID (zur Publikation von «Variations on a Swedish Folksong» für Fl. bei New Music Edition)

Hutton, Charles

6550   1932-04-15
Charles Hutton (St. John's, Newfoundland, Kanada), ohne Adressat; Bescheinigung; TDS, 1 S., engl. A Kompositionen/Arnold Schoenberg («Klavierstück» op. 33b, Publikation bei New Music Edition, Copyright)

Pisk, Paul A.

6551   1943-07-13
Vertrag; TDS, 2 S., engl. A Vertrag/PP (zur Publikation der «5 Sketches» für Kl. bei New Music Edition)

Schoenberg, Arnold

6552   1943-07-02
Vertrag; TDS, 2 S., engl. A Vertrag/AS (zur Publikation von «Klavierstück» op. 33b bei New Music Edition)

WOLPE, STEFAN
6553   1946-06-18
Vertrag; TDS, 2 S., engl. **A** Vertrag/SW (zur Publikation der «Passacaglia» für Kl. bei New Music Edition)

Gustave Reese Collection

- Gustave Reese, 1899-1977, amer. Musikwissenschaftler
- Nachlass (Call No. JPB 92-71) mit Korrespondenz, Forschungsmaterial, Entwürfen zu Büchern, Sonderdrucken von Aufsätzen, persönlichen Dokumenten
- Finding aid, kurze Sammlungsbeschreibung im Online-Katalog (http://catnyp.nypl.org/)

KORRESPONDENZ

BUKOFZER, MANFRED
6554   1941-03-18
Manfred Bukofzer (Western Reserve Univ., Flora Stone Mather College, Dept. of Music, Cleveland, OH) an Gustave Reese; TLS, 1 S., engl. **A** Anstellung/MB (an Western Reserve Univ.); Empfehlung/GR (soll bei künftigen Empfehlungen für MB erwähnen, dass die Hälfte des Gehalts von Oberlaender Trust und Emergency Committee bezahlt wird)

→ *Brief ähnlichen Inhalts: 1941-01-02*

6555   1941-09-21
Manfred Bukofzer (UCB, Music Dept., Berkley, CA) an Gustave Reese; TLS, 1 S., engl. **A** Anstellung/MB (Bericht über Lehre an UCB und Haus in Berkeley)

→ *Brief ähnlichen Inhalts: 1941-04-16*

EINSTEIN, ALFRED
6556   1938-07-24
Alfred Einstein (Florenz) an Gustave Reese; TLS, 2 S., dt. **A** Projekte/AE (Arbeit an Buch über ital. Madrigal [«The Italian Madrigal», "für das ich seit mehr als 35 Jahren ein, ich darf sagen, ungeheures Material gesammelt habe"])

MEYER, ERNST HERMANN UND ILSE
6557   1940-06-29
Ilse Meyer (London) an Gustave Reese (NYC); Telegramm, 1 S., engl. **E** Affidavit (für ERNST HERMANN MEYER und IM)

→ *Auf der Rückseite Entwurf 1940-06-29*

6558   1940-06-29
Gustave Reese an Ernst Hermann Meyer; Telegramm (Entwurf), 1 S., engl. **E** Einreise/EHM (Bedingungen; "visitor visas discontinued, applied for immigration visa? recently held official teaching post in institution higher learning?")

→ *Auf der Rückseite von 1940-06-29*

6559   1940-07-01
Ernst Hermann Meyer (London) an Gustave Reese (NYC); TLS, 2 S., engl. **E** Internierung/EHM (unsichere Zukunft internierter Flüchtlinge; Freilassung möglich bei Nachweis einer Aussicht auf Emigration)

6560   1940-07-01
Ilse Meyer (London) an Gustave Reese (NYC); TLS, 2 S., engl. **E** Internierung/ERNST HERMANN MEYER und IM (als "friendly Aliens" anerkannt)

6561   1940-07-03
Gustave Reese an Ernst Hermann Meyer; TL (Kopie), 2 S., engl. **E** Affidavit (keine "hospitality affidavits" wie in England, Einreise nur mit permanent visa, dt. Quote für mehrere Jahre ausgeschöpft, Ausnahme bei "people invited to teach in institutions of higher learning"); Hilfsorganisationen (Musicians' Placement Committee, MARK BRUNSWICK; Oberlaener Trust, WILBUR K. THOMAS) **A** Anstellung (für Musikologen nicht leicht, dennoch erfolgreich bei HUGO LEICHTENTRITT, MANFRED BUKOFZER, LEO SCHRADE, HANS [THEODORE] DAVID, WILLI APEL und DRAGAN PLAMENAC); Biografie (Bitte um Lebenslauf/EHM)

WELLESZ, EGON
6562   1938-12-15
Egon Wellesz (Grey Roof, Kiln Lane, Headington, Oxford) an Gustave Reese; ALS, 4 S., engl. **E** Integration/EW (Bedauern über Emigration nach England statt in die USA)

6563   (1940)-(12)-?
Egon Wellesz (Oxford) an Gustave Reese; ALS, 4 S., engl. **E** Integration/EW (ausländische Musiker ohne Arbeit) **A** Anstellung/EW (Einladung der Carnegie Corp. zur Fertigstellung seiner Byzanz-Studien, Angebot einer Professur an New School for Social Research zwecks Erhalt des permanent visa) **Z** Kriegsereignisse (Luftangriffe auf London)

Wallingford Riegger Papers

- Wallingford Riegger, 1885-1961, amer. Komponist
- Nachlass (Signatur: JPB 91-18) mit Korrespondenz, Partituren, Skizzen, offiziellen Dokumenten und Fotografien
- «Inventory of The Wallingford Riegger Papers» (1991) im Online-Katalog (http://catnyp.nypl.org/)

KORRESPONDENZ

KRENEK, ERNST

6564 (1947)-12-15
Ernst Krenek (Hollywood, CA) an Wallingford Riegger; ALS, 2 S., engl. **E** Integration/EK (in Kalifornien, hat lange genug in Minnesota gefroren) **A** Kompositionen/EK («8 Piano Pieces» op. 110; Dank für "comment on my symphony" und für Übersendung des «[2.] Streichquartett»/WR); Projekte/EK (Buch für Wiener Verlag über zeitgenössische amer. Musik, Bitte um Informationen über Zwölftonwerke/ WR); Schriften/EK (Kontrapunkt-Studien und Artikel «New Developments of the Twelfe-Tone-Technique» in ‹Music Review›)

MONTEUX, PIERRE

6565 1949-07-05
Wallingford Riegger (Southbridge, MA) an Pierre Monteux (Hanock, MN); TLS, 1 S., engl. **A** Projekte (Übersendung «3. Sinfonie»/WR auf Empfehlung/HARRIS DANZIGER; Aufführungen in Zürich und Mailand/HERMANN SCHERCHEN geplant)

William Schuman Papers and Records

- William Schuman, 1910-1992, amer. Komponist, Präsident des Musikverlages G. Schirmer und der Juilliard School of Music, einflussreiche Persönlichkeit im amer. Musikleben
- Nachlass (Signatur: JPB 87-33) mit Korrespondenz, Memoranda, Berichten, Minutes of Meetings, Aufsätzen, Reden, Tagebüchern, Fotografien, Clippings, Programmen
- Finding aid, kurze Sammlungsbeschreibung im Online-Katalog (http://catnyp.nypl.org/)

KORRESPONDENZ

MAHLER, FRITZ

6566 1941-04-22
Fritz Mahler (Federal Security Agency, NYA for NYC and Long Island, NYA Workshop, NYC) an William Schuman; TLS, 2 S., engl. **A** Projekte/FM (Planung einer Konzertreihe für nächste Saison, Bitte um neues Werk/WS, "dedicated to the NYA SO")

6567 1951-04-06
Fritz Mahler (Erie Philharmonic Soc., Erie, PA) an William Schuman; TLS, 1 S., engl. **A** Projekt/FM (Aufführung von «Judith. A Choreographic Poem»/WS)

MENASCE, JACQUES DE

6568 —
Jacques de Menasce (NYC) an William Schuman (Juilliard School of Music, NYC); TLS, 2 S., engl. **A** Anstellung/JM (Repräsentant der ‹Revue Internationale de Musique›, Bitte um Beitrag/WS)

MONTEUX, PIERRE

6569 1942 bis 1947
Korrespondenz (8 Briefe und 1 Telegramm) mit William Schuman zur Aufführung der «3. Sinfonie» in SF

RESETTLEMENT CAMPAIGN FOR EXILED PROFESSIONALS

6570 1946-04-06
Nelson P. Mead (Resettlement Campaign for Exiled Professionals) an William Schuman (Juilliard School of Music, NYC); TLS, 1 S., engl. **A** Organisationen (Committee for Emigré Scholars, Writers and Artists, "music division" als seperate Abteilung für Musik, Einladung zum Treffen; Ablehnung/WS)

Netty Simons Collection

- Netty Simons, 1913–1994, amer. Komponistin, 1938-1941 Privatschülerin von Stefan Wolpe
- Sammlung mit Korrespondenz, darin Briefwechsel mit Stefan Wolpe hauptsächlich aus den fünfziger Jahren, für Exilforschung kaum relevant
- Sammlung noch nicht katalogisiert und im Online-Katalog erfasst
- Vgl. Stefan Wolpe Subject Files in Emergency Committee in Aid of Displaced Foreign Scholars Records (NYPL, Humanities and Social Sciences Library, Manuscripts and Archives Division, S. 281f.) und Alfred E. Cohn Papers (Rockefeller Archive Center, S. 343)

KORRESPONDENZ

WOLPE, STEFAN

6571 (1940)-(06)-21
Stefan Wolpe (Port Clyde, ME) an Netty Simons; ALS, 2 S., engl. **E** Bekannte/SW (Freundschaft mit NSi) **A** Kompositionen/SW (Fertigstellung einer "cantata" [Bezug unklar], Revision der «Sonate» für Ob. und Kl.); Projekte/SW ("theory exercises")

6572 1940-08-28
Stefan Wolpe (Port Clyde, ME) an Netty Simons; ALS, 2 S., engl. **A** Öffentlichkeit/SW (Dank für Geburtstagsgeschenk; IRMA WOLPE-SCHÖNBERG spielt die "vier Reihen-

stücke" [«4 Studies on Basic Rows»] und Kompositionen seiner Schüler bei Feier); Unterricht/SW (Rückreise nach NYC im Mai, Arbeit mit NSi)

6573 1951-09-02
Stefan Wolpe (c/o Rogers, Hunter, NY) an Netty Simons; ALS, 2 S., engl. **A** Aufführung/DIMITRI MITROPOULOS («The Man from Midian»/SW, Aufnahme beider Suiten bei Columbia geplant); Kompositionen/SW (Arbeit an Quartett [Bezug unklar], an Gesängen mit Instrumentalbegleitung; an Konzert für 3 Spieler und 2 Klaviere [Bezug unklar] und an Suite zu «The Man from Midian»; "a lot of theoretical stuff")

6574 1952-07-30
Stefan Wolpe (Black Mountain, NC) an Netty Simons; ALS, 8 S., engl. **E** Integration/SW (Freunde, Schriftsteller CHARLES OLSON, Maler FRANTZ KLINE, Tänzerin KATHARINE LITZ, "who is going to do my Battlepiece", LOU HARRISON) **A** Anstellung/SW (am Black Mountain College, Bericht über Lehrbetrieb, Schüler und Kurse; hofft auf Anstellung am Antioch College, Ohio, Finanzen; weitere Angebote aus Vassar, Illinois, Hamford, aber schlechte Bezahlung; seine Schule in NYC wegen Geldmangels geschlossen)

BILDDOKUMENTE
WOLPE, STEFAN

6575 —
Fotografie von Stefan Wolpe und Netty Simons

Andre Singer Collection

- Zur Biografie vgl. S. 17
- Teilnachlass mit Musikmss. aus dem Besitz von Joyce Lindorff, 2000 an NYPL übergeben
- Bislang nicht erschlossen und nicht im Online-Katalog aufgeführt; Auswahl der hier aufgelisteten Kompositionen: Werke aus der Zeit nach der Emigration und Werke mit Zeitbezug
- Vgl. Andre Singer Coll. (Sarah Lawrence College, Bronxville, S. 17-22) und Privatsammlung Beth & George Wolf (S. 22ff.)

MUSIKMANUSKRIPTE
SINGER, ANDRÉ

6576 1936
«Quartet» für V., Vc., Klar. und Kl. op. 3; Partitur, Autograph, 40 S.

6577 1937
«Sonata» für Klar. und Kl. op. 4; Autograph, 24 S.

6578 1938
«Trois Mélodies» für Mezzo und Kl. op. 5; Partitur, Autograph, 12 S.

6579 1940
«Concertino» für Klar. und Kl. op. 6; Partitur, Kopie, 24 S.

6580 1940
«String Quartet No. 2» op. 9; Partitur, Autograph, 12 S.

6581 1940-12-?
«Suite» für 7 Instrumente op. 7; Partitur, Autograph, 16 S.

6582 1943-03-17
«Here Comes Tomorrow...» (Arnold Sundgaard) für Singstimme und Kl. op. 17,1; Partitur, Autograph, 4 S.

→ Brief Baldwin, Todd & Lefferts in André Singer Coll. (Sarah Lawrence College) 1943-04-27 (Dok. 3054)

6583 1944
«Sonata No. 1» für Kl. op. 13; Autograph, 18 S.

6584 1946
«Movement» für Streicher; Partitur, Autograph

6585 1946
«Three Improptus» für Kl. op. 15; Autograph

6586 1946
«Epitaph on a Tyrant» (Wystan Hugh Auden) für Tenor und Kl. op. 17,1; Partitur, Autograph, 4 S.

6587 1946-03-04
«Master and Boatswain» (Wystan Hugh Auden) für Singstimme und Kl. op. 17,2; Partitur, Autograph, 4 S.

6588 1947
«Air Varié» für 2 Klar. und Fg.; Partitur, Autograph, 7 S.

6589 1947
«Three Pieces for Beginners» für Kl.; Autograph (annotiert), 2 S.

6590 1947
«Variations» für Kl. op. 18; Noten, Autograph

6591 1948
«Four Miniatures» für Ob. und Fg. op. 8a; Partitur, Autograph

6592 1948
«String Quartet No. 3» op. 21; Partitur, Autograph, 20 S.

6593 1948
«Trois petites pièces» für Kl. op. 19; Autograph

6594 1949
«3 Inventions» für Klar. und Kl. op. 25; Partitur, Autograph, 8 S.

6595 1949
«Sonata» für 2 Kl. op. 26; Autograph, 23 S.

6596 1949
«Sonata No. 2» für Kl. op. 24; Autograph

6597	1950
«Five Miniatures» für Kl. op. 30; Autograph

6598	1950
«Five Pieces for Piano» op. 30; Autograph, 8 S.

6599	1950
«Nine Parables to Kafka's "Amerika"» für Sprecher und Kl. op. 28; Partitur, Autograph, 19 S.

6600	1950
«Psalm XXII» für Tenor und Kl. op. 27; Partitur, Autograph, 6 S.; alternative Version für Bass und Kl.

6601	1951
«Alcottiana» (Bronson Alcott) op. 33a; Klavierauszug, Autograph, 60 S.

6602	1951
«Sonata» für Cembalo; Autograph, 15 S.

6603	1953
«The Wakeful Hour» (Horace Gregory) für Frauenchor und Orchester op. 37; Partitur, Autograph, engl.

6604	1957
«Canticle of Peace» (Walt Whitman) für Soli, Chor und Orchester op. 41; Partitur, Autograph; "Text adapted from Walt Whitman's «Specimen Days»"; auch als Klavierauszug

6605	1964
«De profundis» für Frauenchor und Kl. op. 46; Klavierauszug, Autograph

6606	1969
«Psalm CXIX» für gemischten Chor; Partitur, Autograph

6607	1970
«Supplicatio in tempore belli» für Frauenchor und Kl.; Klavierauszug, Autograph

Alexander Smallens Papers

- Alexander Smallens, 1889-1972, amer. Dirigent russ. Herkunft
- Nachlass (Signatur: JPB 89-88) mit Material zur Karriere von Alexander Smallens, darunter Korrespondenz
- Finding aid, Sammlungsbeschreibung im Online-Katalog (http://catnyp.nypl.org/)

MUSIKMANUSKRIPTE

CASTELNUOVO-TEDESCO, MARIO

6608	1943
Mario Castelnuovo-Tedesco, «An American Rhapsody» für Orchester; Partitur, Kopie (Holograph signed), 50 S.

KORRESPONDENZ

CASTELNUOVO-TEDESCO, MARIO

6609	1943-07-13
Mario Castelnuovo-Tedesco (Beverly Hills, CA) an Alexander Smallens; ALS, 2 S., engl. A Aufführung/AS («Amer. Rhapsody» für Orchester/MCT; Versand der Partitur an die Stadium Concerts Co.); Kompositionen/MCT (Bach-Bearbeitung für [GREGOR] PIATIGORSKY)

CHOTZINOFF, SAMUEL

6610	1938-04-26
Samuel Chotzinoff (NYC) an Alexander Smallens (The Mallows, Stanford, CT); TLS, 1 S., engl. A Schriften/ ELLIOT PAUL («Life and Death of a Spanish Town», «Concert Pitch»); Treffen (Einladung/OLIN DOWNES, LEOPOLD GODOWSKY; ALMA ZIMBALIST, LARRY LOHMAN, IRA A. HIRSCHMANN und SC für AS zu Diskussion mit ELLIOT PAUL über "the full significance of the fight of the Spanish people against the forces of international fascism")

GRAF, HERBERT

6611	1936-01-15
Herbert Graf (c/o Staatsoper Wien) an Alexander Smallens; ALS, 2 S., engl. A Anstellung/HG (keine Anstellungsmöglichkeit als "stage director" an Wiener Staatsoper; LOTHAR WALLERSTEIN; Öffentlichkeit/HG (europaweite Erfolge als Regisseur, Zusammenarbeit mit ARTURO TOSCANINI, internationale Reputation); Projekte/HG (Rückkehr in die USA aufgrund fehlender Möglichkeiten in Europa; [ARTHUR] JUDSON)

→ Briefe Herbert Graf in Office of the President – General Administrative Records, Juilliard School Archives (Dok. 5366-5368)

MILHAUD, DARIUS

6612	1940-08-29
Darius Milhaud (Mills College, Oakland, CA) an Alexander Smallens (Stanford, CT); ALS, 4 S., frz. A Projekte/ DM (Komposition einer Ballettmusik auf Vermittlung/AS, Fertigstellung des ersten Teils; Mrs. ? PALMER); Reise/DM ("arrivés dans la belle Californie")

6613	1940-10-19
Darius Milhaud (The Challenger, SF) an Alexander Smallens (Stanford, CT); ALS, 2 S., frz. E Einreise/DM (Erinnerung an Ankunft in NYC) A Anstellung/VITTORIO RIETI (Orchestrierung von Ballettmusiken); Kompositionen/DM («Moïse» op. 219, geplante UA)

6614	1941-02-03
Darius Milhaud (Mills College, Oakland, CA) an Alexander Smallens; ALS, 2 S., frz. A Anstellung/AS (am Ballet Theatre, Rücktritt); Kompositionen/DM («Moïse» op. 219, Forderung einer Neuorchestrierung durch Ballet Theatre)

MUSICIANS EMERGENCY FUND

6615	1934-10-23
Walter Damrosch (Musicians Emergency Fund, Inc., NYC)

an Alexander Smallens (NYC); TLS, 1 S., engl. **A** Organisationen (Musicians Emergency Fund, Finanzen zur Unterstützung hilfsbedürftiger Künstler; AS als Mitglied des Artists Committee)

ZADOR, EUGENE

6616 —
Eugene Zador (Hollywood, CA) an Alexander Smallens; ALS, engl. **A** Aufführung/EUGENE ORMANDY («Biblical Triptych»/EZ, Rundfünküberstragung CBS)

6617 [1939]-?-?
Eugene Zador (NYC) an Alexander Smallens; ALS, 1 S., dt. **E** Integration/EZ (Entschluss zur Übersiedlung nach Kalifornien) **A** Treffen/EZ (Bitte um Treffen mit AS)

6618 1939-05-18
Eugene Zador (NYC) an Alexander Smallens (Stanford, CT); TLS, 1 S., engl. **E** Integration/EZ ("permanent residence in New York") **A** Kompositionen/EZ («Rondo» und «Variations on a Hungarian Folk Song», Bitte um Aufführung; AMP)

6619 [1940]-06-18
Eugene Zador (c/o MGM Pictures, Music Dept., Culver City, CA) an Alexander Smallens; ALS (annotiert), 2 S., dt. **E** Integration/EZ (glücklich in den USA) **A** Anstellung/EZ (Tätigkeit als Filmmusik-Komponist, "nicht ohne Erfolg"); Kompositionen/EZ («Ung. Capriccio», Bitte um Aufführung/AS in Philadelphia; «Columbus», Vorschlag Aufführung am "Columbus-day"); Projekte/EZ (Bemühung um Aufführung eigener sinfonischer Werke)

→ Brief ähnlichen Inhalts: [1940]-03-19
→ Abdruck im Anhang, S. 393

6620 1944-05-03
Eugene Zador (Hollywood, CA) an Alexander Smallens; TLS, 1 S., engl. **A** Projekte/AS (Aufführung «Tarantella-Scherzo»/EZ "at the Stadium"; FELIX GREISSLE)

6621 1945-06-02
Eugene Zador (Hollywood, CA) an Alexander Smallens; ALS, 1 S., engl. **A** Aufführung/AS («Ung. Capriccio» "at the Stadium"); Reise/EZ (Reise nach Washington wegen "visit to Europe"); Treffen/EZ (mit AS in NYC)

ZEISL, ERIC

6622 1940-01-?
Eric Zeisl (NYC) an Alexander Smallens; TPS, 2 S., engl. **A** Aufführung/ERNÖ RAPEE («Little Symphony» und «Passacaglia» für großes Orchester/EZ, Radio City Music Hall, Rundfunkübertragung NBC, Radiostation WJZ)

Arturo Toscanini, Correspondence Received 1902-1939

- Arturo Toscanini, 1867-1957, ital. Dirigent
- Sammlung (Signatur: JOB 88-1) von Briefen, Postkarten und Telegrammen mit nur wenigen exilrelevanten Dokumenten
- Geschenk von Wanda Toscanini Horowitz
- Kurze Sammlungsbeschreibung im Online-Katalog (http://catnyp.nypl.org/)

KORRESPONDENZ

EINSTEIN, ALBERT

6623 1936-03-01
Albert Einstein (Princeton, NJ) an Arturo Toscanini; ALS, 1 S., dt. **A** Öffentlichkeit/AT (antifaschistische Haltung und Kampf gegen den Faschismus); Projekte/AT (Gründung des Palestine SO)

ZWEIG, STEFAN

6624 —
Stefan Zweig (Hotel Astor, NYC) an Arturo Toscanini; ALS, 2 S., ital. **A** Aufführung (Werk/ERNST TOCH, Boston PO, Carnegie Hall); Empfehlung/SZ (für ERNST TOCH an AT); Treffen/SZ (mit AT)

6625 [1936]-07-25-31
Stefan Zweig an Arturo Toscanini; ALS, 1 S., ital. **Z** Kulturleben (Kommentar zur Absage/AT als Dirigent der Salzburger Festspiele)

Correspondence Relating to Toscaninis Refusal on Feb. 16, 1638 to Return to the Salzburg Festival

- Dokumente zu Arturo Toscaninis Absage (Signatur: JOB 80-5)
- Kurze Sammlungsbeschreibung im Online-Katalog (http://catnyp.nypl.org/)
- Vgl. Dr. Franz-Rehrl-Nachlass, Salzburger Landesarchiv (Rehrl-Briefe bzw. Rehrl-Akte, Signatur LA/Rehrl NL – 117 unnum.)

- Harvey Sachs, «Toscanini, Hitler und Salzburg», in: ‹Neue Zeitschrift für Musik› 148 (1987), Nr. 7/8, 17-22 • Edda Fuhrich und Gisela Prossnitz, «Die Salzburger Festspiele. Ihre Geschichte in Daten, Zeitzeugnissen und Bildern. Bd. I 1920-1945», Salzburg und Wien 1990, 224-225

KORRESPONDENZ
TOSCANINI, ARTURO

6626   1938
39 Dokumente zu Toscaninis Absage als Dirigent bei den Salzburger Festspielen:

– Dokumente, die der Absage zeitlich voraus gehen, darunter ein Brief von Bruno Walter
– Entwürfe zu Toscaninis Telegramm und offizielle Antworten aus Salzburg
– Reaktionen von Presse und Bekannten, darunter Briefe von Bruno Walter, Lotte Lehmann und Max Reinhardt

The Toscanini Legacy Papers

- Nachlass (Signatur: JOB 90-1) mit Toscaninis Bibliothek (Partituren und Bücher), Korrespondenz, Clippings, Programmen, Dokumenten und Fotografien; aufgenommen nur der für die Exilforschung wichtige Teil der umfangreichen Korrespondenz aus Abteilung L
- Finding aid; Sammlungsbeschreibung im Online-Katalog (http://catnyp.nypl.org/), Online-Inventory in Vorbereitung
- Geschenk der Familie Toscanini, April 1987
- Toscanini 2002

SCHRIFTEN
OFFICE OF WAR INFORMATION

6627   1942-04-16
«The Shostakovich Seventh Symphony»; Drehbuch, TD (Kopie), 24 S., engl. A Aufnahme/ARTURO TOSCANINI («7. Sinfonie C-Dur» op. 60/DMITRIJ ŠOSTAKOVIČ)

6628   1943-12-15
«Hymn of the Nations – Shooting Script»; Drehbuch, TD (Kopie annotiert), 11 S., engl.

TOSCANINI, ARTURO

6629   1945-05-04
«Messaggio di Arturo Toscanini»; Aufsatz, TD, 1 S., ital. Z Politik (Folgen des Faschismus, Diktatur und Nazi-Terror, Aufruf für ein freies Italien ohne König)

KORRESPONDENZ
[UNBEKANNTER ABSENDER]

6630   —
? an Arturo Toscanini; Telegramm (Abschrift), 1 S., frz. A Öffentlichkeit/AT (Dank für Opposition gegen Diskriminierung nicht-arischer Künstler durch Nazis, Unterzeichner JOSEPH JONGEN, PAUL GILSON, ARTHUR DE GREEF, LOUIS DE VOCHT, ÉMILE BOSQUET, PAUL COLLAER, MARCEL MAAS, MARCEL POOT, MARCEL CUVELIER, FRANCIS DE BOURGUIGNON, RENÉ BERNIER, HERMANN CLOSSON, ANDRÉ GUÉRY, PAUL DE MALENGREAU, RENÉ TELLIER, FRANZ DEWEVER, HU-BERT KRAINS, L.-COL. GILLIAMS, ? PINCHART, GABRIELLE ROSY WANNART, J. MEURRENT, CHARLES CONRARDY, ? RODRIGUE, PAUL BAY, LÉOPOLD ROSY, ? TUMERELLE, ? WENNEKER, G. GOISSE, ARMAND SAUVAGE, GEORGES MARLOW, DÉSIRÉ DE-FAUW)

ADAMIC, LOUIS

6631   1942-07-14
Louis Adamic (Milford, NJ) an Arturo Toscanini (Riverdale, NY); TLS, 1 S., engl. A Organisationen (Russian War Relief, Suche nach Geldgebern unter Emigranten in NYC; Bitte/LA an AT, sich für Honorary Chairmanship of the Italian Committee zur Verfügung zu stellen)

ALBERTINI, ALBERTO

6632   1945-06-30
Alberto Albertini (Parella, Italien) an Arturo Toscanini; TLS, 2 S., ital. Z Kulturleben (Besserung in Italien; Wiedereröffnung des Teatro alla Scala durch AT erwünscht)

ALEXANDER, FREDERIC

6633   1942-04-24
Frederic Alexander (NYC) an Arturo Toscanini; ALS, 2 S., ital. A Aufführung/PAUL TILLICH, HERBERT BERGHOFF und BERTHOLD VIERTEL (Goethe-Lieder/FELIX MENDELSSOHN BARTHOLDY, ROBERT SCHUMANN und JOHANNES BRAHMS; Auszüge aus Werken/JOHANN WOLFGANG GOETHE); Öffentlichkeit/FERDINAND BRUCKNER, BERTOLT BRECHT, ALBERT EINSTEIN und BRUNO FRANK (Feier der ‹Tribüne› zum 110. Todestag/JOHANN WOLFGANG GOETHE; weitere Teilnehmer HEINRICH MANN, THOMAS MANN, FRITZ VON UNRUH, BRUNO WALTER, OTTO KLEMPERER, ADOLF BUSCH, ELEONORE VON MENDELSSOHN, BRUCE CLIVEN, FRANZ BOAS, GEORGE H. DANTON, ERNST FESIE, GUENTHER KEIL, GEORGE H. PRIEST, HENRY NORDMEYER, CARL L. ZERB, VAN WYK BROOKS, CARLO SFORZA, LOUIS BROMFIELD, ELLSWORTH HUNTINGTON)

AMERICAN FEDERATION OF MUSICIANS

6634   1942-08-27
? an James C. Petrillo (Amer. Federation of Musicians, NYC); TL (Kopie), 1 S., engl. A Aufführung/AT («7. Sinfonie» C-Dur op. 60/DMITRIJ ŠOSTAKOVIČ, Sendung über NBC Network; Wunsch/AT nach Aufnahme "of this outstanding and provocative Symphony")

BAKER, KENNETH BROWN

6635 1940-10-30 bis 1941-01-13
Folder mit Fotokopien von Briefen über die Emigration von Friedelind Wagner nach Südamerika E Emigrationsweg/FRIEDELIND WAGNER (Inhaftierung in London; Visa-Probleme; Schiffsreise nach Buenos Aires)

BALABANOFF, ANGELICA

6636 1943-02-02
Angelica Balabanoff an Arturo Toscanini; ALS, 2 S., engl. A Öffentlichkeit/AT (Dank für antifaschistische Haltung/AT und für Konzert mit Werken/GIUSEPPE VERDI)

BLOCH, ERNEST

6637 1941-03-27
Ernest Bloch an Arturo Toscanini; ALS, 7 S., frz. A Aufnahme/AT (Schallplatteneinspielung der «3. Sinfonie Es-Dur» op. 55/LUDWIG VAN BEETHOVEN) R Musik/EB («3. Sinfonie Es-Dur» op. 55/LUDWIG VAN BEETHOVEN als Symbol der Freiheit in diesen Zeiten)

BUSCH, FRIEDA

6638 1938-08-29
Frieda Busch (Basel) an Arturo Toscanini (Den Haag); ALS, 2 S., ital. E Ausreise (schlimme Situation der österr. Emigranten; [OTTO?] GOMBRICH; Brüder/[RUDOLF?] SERKIN); Hilfe/AT (bei Suche nach Arbeit für PAUL STEFAN, Radioansager bei NBC)

CHAMBERLAIN-WAGNER, EVA

6639 1933-05-31
Eva Chamberlain-Wagner (Bayreuth) an Arturo Toscanini; ALS, 3 S., ital. Z Kulturleben (Verständnis für Absage der Bayreuther Festspiele durch AT; «Die Meistersinger von Nürnberg»/RICHARD WAGNER)

6640 1940-03-09
Eva Chamberlain-Wagner an Arturo Toscanini; ALS, 2 S., ital. Z Kriegsereignisse (ECW unglücklich über Kriegsereignisse, Sehnsucht nach Frieden und besseren Zeiten)

CICOGNA, GIAN LUCA

6641 1943-09-20
Gian Luca Cicogna (Ogden, UT) an Arturo Toscanini (Riverdale, NY); TL (Kopie), 1 S., ital. A Öffentlichkeit/AT (Kritik/GLC an offenem Brief/AT zur politischen Lage Italiens in ‹Life Magazine›) Z Politik (ital. König, Verteidigung der Politik/GLC)

→ «Open Letter» abgedruckt in: Sachs, S. 392-394

6642 1943-09-23
Arturo Toscanini (Riverdale, NY) an Gian Luca Cicogna (Ogden, UT); ALS, 3 S., ital. Z Politik (Kritik/AT am König von Italien und BENITO MUSSOLINI)

6643 1943-10-07
Gian Luca Cicogna an Arturo Toscanini; TL (Kopie), 2 S., ital. A Öffentlichkeit/GLC (Abwendung vom Faschismus, Kritik an Artikel/AT zur politischen Lage Italiens und seinem Weggang aus Italien) Z Politik (Verteidigung der ital. Politik, ital. König und PIETRO BADOGLIO)

→ Antwortbrief: 1943-10-10

CROSFIELD, DOMINI

6644 1941-01-09
Domini Crosfield (Highgate, England) an Arturo Toscanini; TLS, 2 S., engl. E Emigrationsweg/FRIEDELIND WAGNER (Internierung in England, Ausreisegenehmigung nach Argentinien, will in die USA zu AT)

EMERGENCY CONFERENCE TO SAVE THE JEWS OF EUROPE

6645 1943-06-21
Louis Bromfield (Emergency Conference to Save the Jews of Europe, NYC) an Arturo Toscanini; Telegramm (Abschrift), 3 S., engl. E Hilfsorganisationen (Emergency Conference to Save the Jews of Europe; Anfrage zu AT als Honorary Chairman) Z Kriegsereignisse (Verfolgung und Ermordung der Juden in Europa)

EREDE, ALBERTO

6646 1938-09-20
Alberto Erede (Berlin) an Arturo Toscanini; ALS, 2 S., ital. A Empfehlung/AT (Bitte/AE um Empfehlung für Position bei Philadelphia SO)

HITLER, ADOLF

6647 1933-04-03
Adolf Hitler an Arturo Toscanini; ALS (Abschrift), 2 S., ital. Z Kulturleben (Bayreuther Festspiele, Auftritt/AT erwünscht; Salzburger Festspiele)

6648 1933-04-29
Arturo Toscanini an Adolf Hitler; ALS (Entwurf), 2 S., engl. A Projekte/AT (Auftritt bei den Bayreuther Festspielen, falls Gesundheit es zulässt)

→ Abdruck im Anhang, S. 361

HUBERMANN, BRONISLAV

6649 1933-06-10
Bronislav Hubermann (Montecatini, Italien) an Arturo Toscanini; ALS, 1 S., frz. Z Kulturleben (Gratulationen zu moralischer Haltung und Boykott der Bayreuther Festspiele durch AT)

6650 1937-01-13
Bronislav Hubermann an Arturo Toscanini (Kairo); Telegramm, 1 S., frz. A Aufführung/AT (gemeinsame Konzerte mit Palestine SO großer Erfolg)

→ Fotografie in Dannie and Hettie Heineman Coll. (Dok. 6700)

KOUSSEVITZKY, SERGE

6651 1933-06-07
Serge Koussevitzky (Boston SO, Paris) an Arturo Toscanini; TLS, 1 S., frz. Z Kulturleben (Bewunderung für Boykott der Bayreuther Festspiele)

LEINSDORF, ERICH

6652 1937-07-01
Erich Leinsdorf (Trummern bei Ellmau) an Arturo Toscanini (Pallanza); ALS, 4 S., ital. Z Kulturleben (Besetzungsschwierigkeiten bei Salzburger Festpielen wegen Auftrittsverbot für dt. Sänger; politische Probleme, ERWIN KERBER, KURT VON SCHUSCHNIGG)

MUSSOLINI, BENITO

6653 (1929)-(06)-?
Arturo Toscanini an Benito Mussolini; ALS, 1 S., ital. Z Politik ("Oggi, come ieri e come sempre servo e servirò con umiltà – ma con intenso amore la mia arte sicuro che così facendo servo ed sonoro la mia Patria")

↣ *Abdruck in engl. Übersetzung: Sachs, S. 114*

6654 [1931]-?-?
Arturo Toscanini an Benito Mussolini; TLS (Kopie annotiert), 1 S., ital. A Aufführung/AT (Gedenkfeier für GIUSEPPE MARTUCCI, Teatro Communale Bologna; OTTORINO RESPIGHI)

↣ *Abdruck in engl. Übersetzung: Sachs, S. 128-129 (datiert auf 1931-05-?)*

OFFICE OF WAR INFORMATION

6655 ca. 1942 bis 1943
Korrepondenz über Propagandafilme und -konzerte (u.a. mit Dmitrij Šostakovičs «7. Sinfonie C-Dur» op. 60) mit Joseph Krumgold, Macklin Marrow, Robert E. Sherwood, Archibald E. Houghton, Irving Kolodin (OWI); Korrespondenz zu Festival of Music of the United Nations in Kairo mit dem Palestine SO, Notentransport durch die Army und Aufnahme der «Garibaldi-Hymne»

6656 1944
Korrespondenz zu den Produktionsbedingungen von «Hymn of the Nations» (nach Giuseppe Verdis «Inno delle nazioni»), Briefe von und an Walter Toscanini, G.A. Borgese, Ted R. Gamble

6657 1944
Korrespondenz mit Reaktionen auf die TV-Übertragung des Films «Hymn of the Nations» nach Giuseppe Verdis «Inno delle nazioni», "Liberation of Italy"-Concert über NBC Television

6658 1944-07-15
Frank Capra an Robert Riskin (NYC); TL (Kopie), 1 S., engl. A Projekte/FC (Enttäuschung über Verbot/ARTURO TOSCANINI, seine Einspielung von «Star-Spangled Banner» in Film des Office of War Information zu benutzen)

6659 1944-07-21
Robert Riskin (Office of War Information, NYC) an Arturo Toscanini (Riverdale, NY); TLS (annotiert), 1 S., engl.; A Projekte/FRANK CAPRA (Bitte um Erlaubnis zur Benutzung von «Star-Spangled Banner» aus dem Film «Hymn of the Nations» in neuem Film)

↣ *Rückseite: Entwurf Antwortschreiben Walter Toscanini 1944-07-21 (Dok. 6660)*

6660 1944-07-21
Walter Toscanini an Robert Riskin; TL (Entwurf), 1 S., engl. A Projekte/FRANK CAPRA (Bitte um Benutzung von «Star-Spangled Banner» aus dem Film «Hymn of the Nations» in neuem Film, Ablehnung/ARTURO TOSCANINI; WT bietet Aufnahme der Originalversion in Instrumentation/ARTURO TOSCANINI an)

↣ *Auf Rückseite von Brief 1944-07-21 (Dok. 6659)*

PACCIARDI, RANDOLFO

6661 1944-03-20
Randolfo Pacciardi («L'Italia libera», NYC) an Arturo Toscanini; TLS, 2 S., ital. Z Politik (Kritik an der Rolle/CARLO SFORZA im Film «Hymn of the Nations»; innenpolitische Situation in Italien nach Sturz/BENITO MUSSOLINI)

PERNTNER, HANS

6662 [1937]-?-?
Arturo Toscanini an Hans Perntner; Telegramm (Entwurf), 1 S., ital. Z Kulturleben (Salzburger Festspiele, Absage/AT wegen Anwesenheit/WILHELM FURTWÄNGLER; ERWIN KERBER)

6663 1937-07-03
Hans Perntner (Wien) an Arturo Toscanini; TLS, 3 S., dt. A Aufführung/AT (Absage des Auftritts bei den Salzburger Festspielen, Reaktion/KURT VON SCHUSCHNIGG); Treffen/BRUNO WALTER (mit AT in Pallanza) Z Kulturleben (Vorwürfe/AT gegen ERWIN KERBER wegen politischer Schwierigkeiten mit dt. Sängern; kein striktes Verbot der dt. Regierung an die Sänger, "sondern nur Aeusserungen von Faktoren der dt. Reichstheaterkammer"; Bemühung der österr. Regierung "zur Sicherung des Auftretens der genannten Sänger")

ROOSEVELT, FRANKLIN D.

6664 (1943)-?-?
Arturo Toscanini an Franklin D. Roosevelt; TL (Entwurf), 5 S., engl. A Öffentlichkeit/AT (vehementer Faschismus-Gegner, Fürsprache für Italien) Z Kriegsereignisse (schwierige Lage der ital. Regierung unter PIETRO BADOGLIO, Allianz mit Deutschland, BENITO MUSSOLINI; Aufforderung zur milden Behandlung durch amer. Besatzer)

↣ *Abdruck in: Sachs, S. 389-392 (datiert auf 1943-08-24)*

6665 [1943]
Franklin D. Roosevelt an Arturo Toscanini; TLS (Kopie), 2 S., engl. A Öffentlichkeit/AT (im Voraus Dank/FR für politische Aktivitäten gegen BENITO MUSSOLINI)

SFORZA, CARLO

6666 [1943]-09-15
Carlo Sforza (NYC) an Arturo Toscanini (Riverdale, NY); ALS, 1 S., ital. A Öffentlichkeit/AT (positive Reaktion auf offenen Brief/AT zur politischen Lage Italiens [in ‹Life Magazin›])

↣ *«Open Letter» abgedruckt in: Sachs, S. 392-394*

6667 [1943]-10-03
Carlo Sforza (NYC) an Arturo Toscanini (Riverdale, NY); TLS (annotiert), 1 S., ital. Z Kriegsereignisse (ital. Regierung, PIETRO BADOGLIO; möglicher Krieg mit Deutschland)

ŠOSTAKOVIČ, DMITRIJ

6668 [1942]-?-?
? (AM-RUS Music Corporation) an Dmitrij Šostakovič (c/o VOKS, Kuibishev); Telegramm, 1 S., engl. A Projekte/ARTURO TOSCANINI ("highly enthusiastic", Interesse an amer. Erstaufführung der «7. Sinfonie C-Dur» op. 60/DS)

6669   1942-06-18
Walter Toscanini (NBC, Inc.) an Dmitrij Šostakovič (c/o VOKS, Kuibishev); Telegramm (Abschrift), 1 S. A Kompositionen/DS («7. Sinfonie C-Dur» op. 60, Mikrofilmkopie, Übergabe einer Fotokopie an ARTURO TOSCANINI durch ? GRUNES, AM-RUS Music Corp., Interesse an amer. Erstaufführung)

6670   1942-06-24
Dmitrij Šostakovič an Arturo Toscanini (Riverdale on Hudson, NY); Telegramm (Abschrift), 1 S., engl. A Projekte/AT (Einverständnis/DS zur Aufführung seiner «7. Sinfonie C-Dur» op. 60)

STOKOWSKI, LEOPOLD

6671   1942-06-22
Leopold Stokowski (Hotel Sulgrave, NYC) an Arturo Toscanini; TL (Abschrift), 1 S., engl. A Projekte/AT (Planung eines Brahms-Festivals); Projekte/LS (Erlangung der Aufführungsrechte für amer. Erstaufführung der «7. Sinfonie C-Dur» op. 60/DMITRIJ ŠOSTAKOVIČ, NBC; Verhandlung mit sowjetischem Kultusministerium); Treffen/AT (mit LS)

6672   1942-06-23
Arturo Toscanini an Leopold Stokowski; TL (Abschrift), 1 S., engl. A Projekte/AT (amer. Erstaufführung der «7. Sinfonie C-Dur» op. 60/DMITRIJ ŠOSTAKOVIČ; Erhalt der Partitur auf Mikrofilm, AM-RUS Music Corp.; "it would be very interesting for everybody and yourself, too, to hear the old Italian conductor [...] to play this work of a young Russian anti-nazi composer"; symbolische Bedeutung einer Aufführung für AT)

6673   1942-06-25
Arturo Toscanini (Riverdale on Hudson, NY) an Leopold Stokowski; TL (Abschrift), 1 S., engl. A Aufführung/AT («7. Sinfonie C-Dur» op. 60/DMITRIJ ŠOSTAKOVIČ); Projekte/AT (Planung eines Brahms-Festivals, NBC; amer. Erstaufführung der «5. Sinfonie d-Moll» op. 47/DMITRIJ ŠOSTAKOVIČ)

 → Abdruck in: Sachs, S. 386
 → Brief ähnlichen Inhalts: 1942-06-24

STRAUSS, RICHARD

6674   1946-07-02
Richard Strauss (Hotel Beau-Rivage, Ouchy-Lausanne) an Arturo Toscanini; ALS, 2 S., dt. A Aufführung/AT («Tod und Verklärung» op. 24/RS in Luzern, Dank; "daß unter Ihrem Meisterstabe ein Werk von mir einen kleinen Beitrag zum Wiederaufbau der schönen Scala [...] leisten darf")

THODE-VON BÜLOW, DANIELA

6675   1932-05-17
Daniela Thode-von Bülow (Gardone) an Arturo Toscanini (Milano); ALS, 9 S., ital. A Reise/DTB (Reisepläne) Z Kulturleben (ungewisse Zukunft der Bayreuther Festspiele)

WAGNER, FRIEDELIND

6676   1939-12-17
Friedelind Wagner (Luzern) an Arturo Toscanini; TLS (annotiert), 2 S., engl. E Emigrationsweg/FW (Entschluss zur Emigration nach London, Erhalt eines engl. Visum, Warten auf frz. Transitvisum; "it would be utterly wrong to go to America"); Verwandte/FW (Bindung an die Familie, "I know what my duties are towards my family because I know what I owe to Bayreuth.") A Öffentlichkeit/FW ("I am one of the few females in this world who adores to fight and hates all comfort and security."); Projekte/FW ("I am working for something I am going to publish.") Z Kriegsereignisse (Krieg als Ruin Deutschlands); Kulturleben (Zukunft der Bayreuther Festspiele)

6677   1940-02-13
Friedelind Wagner (Luzern) an Arturo Toscanini; TLS (annotiert), 2 S., engl. E Ausreise/FW (als einzige Möglichkeit statt Stillhalten, "but at the same time stamps me to a traitor – and which would make me loose my family and everything inside Germany"); Emigrationsweg/FW (Reise nach England, Warten auf frz. Transitvisum; Plan zur Weiterreise nach Südamerika); Verwandte/FW (Geschwister und andere Familienangehörige) A Treffen/FW (mit WINIFRED WAGNER als letzte Begegnung vor Emigration; Erlaubnis zum Besuch/HEINRICH HIMMLER; ADOLF HITLER) R Gesellschaft/FW ("Because I am a German I am not in Germany now – because this is'nt [sic] Germany any more. And I am a Wagner – and I love my family – even if it was little love that I received.")

 → Abdruck im Anhang, S. 390

6678   1940-04-05
Friedelind Wagner (London) an Arturo Toscanini (Riverdale, NY); TLS, 5 S., engl. E Emigrationsweg/FW (London, Buenos Aires); Verwandte/FW (Besuch in Tribschen, Lossagung von der Familie, WINIFRED WAGNER) A Projekte/FW (Opernpläne in Buenos Aires, der Name "Wagner"; THOMAS BEECHAM, VLADIMIR HOROWITZ, [LOTTE?] GEISSMAR) R Kulturpolitik (Begriff der Nation, Deutschland; RICHARD WAGNER, ADOLF HITLER)

6679   1940-05-19
Friedelind Wagner (London) an Arturo Toscanini (Riverdale, NY); ALS, 7 S., engl. E Bekannte/FW (EDMUND STINNES überbringt Brief an AT persönlich); Einreise/FW (Plan zur Einreise in die USA, eventuell ohne LOTTE [?] GEISSMAR); Verfolgung/FW (entschuldigt sich fürs Tippen von Briefen wegen Zensur); Verwandte/FW (DANIELA THODE-VON BÜLOW, EVA CHAMBERLAIN-WAGNER, Treffen in Tribschen unmöglich, "they still believe in their 'Führer'") Z Politik (Vertrauen auf Niederlage der Diktatur)

6680   1941-01-12
Friedelind Wagner (Place Internment, London) an Arturo Toscanini (Hotel Astor, NYC); ALS, 1 S., engl.; Vermerk "Internee's Mail. Postage free. Opened by Examiner 6735" E Hilfe/AT und [DOMINI] CROSFIELD (finanzielle Unterstützung für FW zur Überfahrt nach Südamerika, Dank)

6681   1941-02-13
Friedelind Wagner (Place Internment, London) an Arturo Toscanini (NYC); ALS, 1 S., engl.; Vermerk "Internee's Mail. Postage free. Opened by Examiner 5264" E Hilfe/AT (finanzielle Unterstützung für FW zur Überfahrt nach Süd-

amerika); Verwandte/FW (Tod/DANIELA THODE-VON BÜLOW, "there are so very few now of our old Bayreuth")

6682 1941-04-01
Friedelind Wagner (Buenos Aires) an Arturo Toscanini (Riverdale, NY); ALS, 6 S., engl. E Ausreise/FW (aus England, Mitteilung der Reisedaten an AT, zensierte Briefe); Einreise/FW (Ankunft in Buenos Aires; "It was absolutely breathtaking to see a lit-up town again – to hear no sirens – to see no debris – to sleep undressed"; Beschreibung der Schiffsreise); Hilfe/AT (Dank/FW, "having fetched me out of this European Inferno"); Internierung/FW (in England, "Prisoner's letters" an AT; Erfahrungen während dieser Zeit) R Gesellschaft/FW (negative gesellschaftliche Erfahrungen der letzten Monate) Z Kriegsereignisse (Schrecken des Krieges in Europa)

6683 1941-05-06
Friedelind Wagner (Buenos Aires) an Arturo Toscanini (Riverdale, NY); ALS, 8 S., engl. E Bekannte/FW ([FERRUCIO] CALUSIO); Hilfe/AT ("Thank you so much for sending the things off to the Consulate! I shall get in touch with the Consul one of these days") R Gesellschaft/FW (Abkehr vom behüteten Leben, Aufmerksamkeit geweckt für Dinge "outside music", neue Erfahrungen der letzten Monate)

6684 1941-05-26
Friedelind Wagner (Buenos Aires) an Arturo Toscanini; ALS, 7 S., engl. E Bekannte/FW ([FERRUCIO] CALUSIO); Sprache/FW ("My Spanish is progressing slowly") A Aufführung (am Teatro Colon, Chorproben, ? TARANGOTO) R Gesellschaft/FW (Bericht über "Spetaculo" am Teatro Colon mit Empfang von "diplomats and the so-called society")

→ *Antwortbriefe abgedruckt in: Sachs, S. 263–264 und 378*

6685 1945-11-05
Friedelind Wagner (NYC) an Wieland Wagner (Nussdorf am Bodensee, Post Überlingen); TLS (Kopie annotiert), 3 S., dt.; Briefkopie an Arturo Toscanini (Vermerk "Copy for Maestro") E Einbürgerung/FW (hat first papers, Erlangung der vollen Staatsbürgerschaft); Hilfe/FW (Sendung von Hilfspaketen nach Deutschland); Integration/FW (Heimatgefühl in NYC, "bayreuthischste" Stadt der Welt; große Verbundenheit mit dem Werk/RICHARD WAGNER, viele Bekannte; JACQUES MOREAU); Rückkehr/FW (zur Rettung der Bayreuther Festspiele, mögliche Unterstützung/AT) A Projekte/WW (Wiedereröffnung der Bayreuther Festspiele mit «Parsifal»/RICHARD WAGNER) Z Kriegsereignisse (Zerstörung von Bayreuth, Kriegsschäden an Villa Wahnfried; Beschlagnahmung des Festspielhauses und Benutzung als Fronttheater); Kulturleben (für Bayreuth und die Familie

schädliche Interviews/WINIFRED WAGNER; Bitte um "Copie oder Photographie von Papa's Testament"; Fortbestand der Festspiele gefährdet, "solange Mama an der Spitze steht")

WAGNER, WIELAND

6686 1945-09-31 [sic]
Wieland Wagner (Nussdorf) an Arturo Toscanini; ALS, 3 S., dt. E Hilfe/AT (Wohltäter für FRIEDELIND WAGNER) A Öffentlichkeit/AT (Möglichkeit einer Fürsprache für Vermächtnis/RICHARD WAGNER auf Grund großer internationaler Reputation) Z Kulturleben (Hilfe für Wiederaufbau des Bayreuther Festspielhauses und der Villa Wahnfried, beide unter amer. Besatzung)

→ *Abdruck im Anhang, S. 410*

WAGNER, WINIFRED

6687 1933-04-03
Winifred Wagner (Berlin) an Arturo Toscanini (Hotel Astor, NYC); Telegramm (Kopie), 1 S., engl. Z Kulturleben (Bayreuther Festspiele, Auftritt/AT von dt. Regierung erwünscht)

6688 (1933)-[04]-?
Arturo Toscanini an Winifred Wagner; Telegramm (Entwurf), 1 S., engl./ital.; 2 Entwürfe auf einem Blatt, 1 engl. von fremder Hand, 1 ital. von Arturo Toscanini Z Kulturleben (Ablehnung/AT, in Bayreuth zu dirigieren)

WALTER, BRUNO

6689 1933-06-09
Bruno Walter (Zürich) an Arturo Toscanini (Mailand); Telegramm (Kopie), 1 S., ital. Z Kulturleben (Gratulationen zum Boykott der Bayreuther Festspiele durch AT)

WEINTRAUB, EUGENE

6690 1942-06-18
Eugene Weintraub an Arturo Toscanini; TL (Abschrift), 1 S., engl. A Aufführung/AT (amer. Erstaufführung der «7. Sinfonie C-Dur» op. 60/DMITRIJ ŠOSTAKOVIČ, NBC, Zusage aus Moskau; BRUNO ZIRATO, MARISA MERLO)

MATERIAL ZUR BIOGRAFIE
TOSCANINI, ARTURO

6691 1943-01-18
NBC Press Department, NYC, «Toscanini to Blast Dictators with Work by Verdi Written in 1862 to Attack Political Oppressors»; Pressemitteilung; TD, 6 S. A Aufführung/ARTURO TOSCANINI («Hymn of the Nations»/GIUSEPPE VERDI); Öffentlichkeit/ARTURO TOSCANINI (antifaschistische Haltung)

Bruno Walter Papers

- Bruno Walter, 1876-1962, amer. Dirigent dt. Herkunft, 1945 amer. Staatsbürgerschaft
- Nachlass (Signatur: JPB 92-4 bzw. Mikrofilm *ZB-2677) mit Korrespondenz (überwiegend aus der Zeit nach seiner Emgration in die USA) Fotografien, Büchern, Musik und Memorabilia

- Nach Bruno Walters Tod im Besitz seiner Tochter Lotte Walter Lindt, nach deren Tod 1970 von Bruno Walter Soc. verwaltet, 1972 von NYPL erworben
- «Inventory of The Bruno Walter Papers» (1992) im Online-Katalog (http://catnyp.nypl.org/)
- BHE II, 1025f. • Erik Ryding / Rebecca Pechefsky, «Bruno Walter: a World Elsewhere», New Haven 2001 • «Bruno Walter. Der Wiener Nachlass», hrsg. von Susanne Eschwé und Michael Staudinger, Wien 2002
- Einige Briefe in verschieden Bänden publiziert, Nachweise von Abdrucken nach: Walter 1969, Furtwängler 1980 und «Die Briefe Thomas Manns: Regesten und Register», hrsg. von Hans Bürgin und Hans-Otto Mayer, Frankfurt am Main 1980 (= Mann-Regesten)

SCHRIFTEN
WALTER, BRUNO
6692 (1933-04-26)
[«Speech on Music Club»]; Vortrag, AD (Entwurf), 7 S., engl.; Entwurf zu einer Rede für ein zu Bruno Walters Ehren veranstaltetes Abendessen R Musik/BW (Rede über Selbstverständnis als Musiker und das Wesen der Musik, "Priester der Gottheit Musik, der wir dienen"; Entwicklung der Musik)

KORRESPONDENZ
ABRAVANEL, MAURICE
6693 1949-04-17
Maurice Abravanel (Utah Symphony, Salt Lake City, UT) an Bruno Walter; ALS, 2 S., dt. A Anstellung/MA (Dirigier- und Konzerttätigkeit; JACQUES BRONSTEIN); Öffentlichkeit/BW (offener Brief, abgedruckt in Zeitungen)

6694 1952-02-21
C.E. Barraclough (Vancouver Symphony Soc., Vancouver, Kanada) an Bruno Walter (Beverly Hills, CA); TLS, 1 S., engl. A Anstellung/MAURICE ABRAVANEL (Dirigent, Vancouver Symphony Soc.); Empfehlung/BW (Bitte um Meinung über MAURICE ABRAVANEL)

6695 1952-02-26
Bruno Walter (Vancouver Symphony Soc., Vancouver, Kanada) an C.E. Barraclough; TL (Kopie), 1 S., engl. A Empfehlung/BW (für MAURICE ABRAVANEL an CB)

ALBERSHEIM, GERHARD
6696 1940-08-10
Gerhard Albersheim (Beverly Hills, CA) an Bruno Walter (Great Neck, NY); TLS, 2 S., dt. E Emigrationsweg/GA (vorläufige Bleibe bei Bruder in NYC, geplante Weiterreise nach California) A Anstellung/GA (Suche nach Anstellung als Theorielehrer in den USA, Bitte um Empfehlung oder Vermittlung durch BW); Schriften/GA (Buch über Ton- und Klangeigenschaften; HEINRICH SCHENKER)

6697 1941-06-16
Bruno Walter (Beverly Hills, CA), ohne Adressat; TL (Kopie), 1 S., engl. A Empfehlung/BW (für GERHARD ALBERSHEIM als Pianist und Musiktheoretiker)

6698 1952-07-07
Bruno Walter an P. Victor Petersen (Long Beach State College, Long Beach, CA); TL, 1 S., dt. A Anstellung/GERHARD ALBERSHEIM (am LA Conservatory of Music); Empfehlung/BW (für GERHARD ALBERSHEIM als Pianist und Musiktheoretiker)

ALLIED RELIEF FUND
6699 1940-11-30
Frederick W. Gehle (Allied Relief Fund, NYC) an Bruno Walter (Beverly Hills, CA); TLS, 1 S., engl. A Aufführung/BW (Benefizkonzert in SF, Einnahmen, Danksagung); Organisationen (Allied Relief Fund, British War Relief Soc.)

AMBASSADE DE LA RÉPUBLIQUE FRANÇAISE WASHINGTON
6700 1939-06-13
? Saint-Quentin (Ambassade de la République Française aux États-Unis, Washington, DC) an Bruno Walter (Beverly Hills, CA); TLS (annotiert), 2 S., frz. A Projekte/BW (Benefizkonzert zugunsten des amer. und frz. Roten Kreuzes; Amer. Soc. for French Medical and Civilian Aid, WINTHROP ALDRICH)

6701 1939-12-06
Bruno Walter (Chase National Bank, NYC) an Winthrop Aldrich; TL (Kopie), 1 S., engl. A Projekte/BW (Benefizkonzert zugunsten des amer. und frz. Roten Kreuzes mit Washington SO, Constitution Hall; Amer. Soc. for French Medical and Civilian Aid; Finanzielles und Organisatorisches; Kooperation mit FRITZ KREISLER)

6702 1940-06-21
Bruno Walter (Beverly Hills, CA) an ? Saint-Quentin (Ambassade de la République Française aux États-Unis, Washington, DC); TL (Kopie), 1 S., frz. A Projekte/BW (Benefizkonzert zugunsten des amer. und frz. Roten Kreuzes; Teilnahme/LOTTE LEHMANN, JASCHA HEIFETZ) Z Kriegsereignisse (Besetzung Frankreichs)

→ Brief ähnlichen Inhalts 1940-06-15

AMERICAN FRIENDS OF CZECHOSLOVAKIA
6703 1943-11-02
William Jay Schieffelin (Amer. Friends of Czechoslovakia, NYC) an Bruno Walter (NYC); TLS, 1 S., engl. A Aufführung/BW (Benefizkonzert mit tsch. Musik, Carnegie Hall, Danksagung)

AMERICAN RELIEF TO AUSTRIA
6704 1946-04-23
Hugh A. Doyle (Amer. Relief to Austria, Inc., NYC) an Edward Johnson (Metropolitan Opera Ass., Inc., NYC); TLS, 1 S., dt. A Projekte (Amer. Relief to Austria, Hilfe für

Nazi-Opfer, Bitte um Unterstützung der MET bei "Opera Concert")

6705   1947-10-04
Hans Rott (Associated Austrain Relief, Advisory Committee of Amer. Relief to Austria, Inc., NYC) an Bruno Walter (Beverly Hills, CA); TLS, 2 S., dt. **A** Projekte (Veranstaltung des Amer. Relief to Austria, "Viennese Gala Concert" zur Unterstützung hilfsbedürftiger Österreicher, Mitwirkung des NY PO unter Leitung/BW)

→ *Antwortbrief mit Absage: 1947-10-19*

ARBEITSGEMEINSCHAFT FÜR EINE DEMOKRATISCHE REPUBLIK ÖSTERREICH

6706   1943-01-02
Ernst Paulsen (Arbeitsgemeinschaft für eine Demokratische Republik Österreich, NYC) an Bruno Walter (NYC); TLS, 2 S., dt. **A** Öffentlichkeit/BW (Unterstützung des Hauses Habsburg, Unterzeichnung eines Aufrufs zur Gründung eines österr. Bataillons, Bitte um Stellungnahme) **Z** Politik (politische Tätigkeit der Habsburger, massive Kritik von amer. Presse und demokratischen Österreichern)

→ *Brief Otto von Habsburg: 1942-01-06*

6707   1943-01-06
Bruno Walter an Ernst Paulsen (Assembly for a Democratic Austrian Republic, NYC); TL, 1 S., dt. **A** Öffentlichkeit/BW (Unterzeichnung eines AufrufS zur Gründung eines österr. Bataillons, als Künstler keine politische Stellungnahme) **R** Gesellschaft/BW (Restauration; künftige österr. Staatsform)

BARLOW, SAM

6708   1946-03-19
Sam Barlow (NYC) an Bruno Walter; TLS, 1 S., engl. **A** Öffentlichkeit/HANS PFITZNER (Protest Music Committee of the ICC [International Criminal Court] gegen Aufführung wegen Vorwurf der Kollaboration, Bitte um Stellungnahme/BW)

6709   1946-03-21
Bruno Walter (NYC) an Sam Barlow (NYC); TL (Kopie), 1 S., engl. **R** Kulturpolitik/BW (Überlegung, ob Programmauswahl durch politische Gesinnung beeinflusst werden sollte) **Z** Kulturleben (Diskussion um Zusammenarbeit; HANS PFITZNER mit Nazi-Regime; HERMANN GÖRING; Stellungnahme/BW)

BEL CANTO KONZERTDIREKTION PRAG

6710   1938-04-12
? Ziel (Bel Canto Konzertdirektion, Prag) an Bruno Walter (Eremitage Hotel, Monte Carlo); TLS (annotiert), 1 S., dt. **E** Ausreise/LOTTE WALTER ("es war ein schwerer Fall, aber Gott sei Dank, gut ausgefallen") **A** Projekte/BW (Konzerte in Prag)

BERLINER PHILHARMONISCHES ORCHESTER

6711   1946-12-12
Richard Wolff und Ernst Führ (Berliner PO, Berlin) an Bruno Walter (London); TLS, 1 S., dt. **A** Aufführung/BW (Konzerte in England); Projekte (Einladung nach Berlin)

BING, RUDOLF

6712   1946-03-23
Bruno Walter (NYC) an Rudolf Bing (c/o Glyndebourne Productions, London); TL (Kopie), 1 S., engl. **A** Finanzen/BW (Erstattung der Reisekosten); Projekte/BW (Leitung von drei Konzerten mit Wiener PO bei Edinburgh Festival, Einladung; prinzipielle Zusage unter der Voraussetzung, dass WILHELM FURTWÄNGLER oder andere Musiker mit "Nazi affiliations" nicht teilnehmen)

→ *Abdruck im Anhang, S. 412*

6713   1947-01-06
Rudolf Bing (Edinburgh Festial Soc., London) an Bruno Walter (c/o Columbia Concerts, Inc., NYC); TLS, 2 S., engl. **A** Vertrag (Absprachen für Aufführungen/BW bei Edinburgh Festival; Orchesterkonzerte mit Wiener PO und KATHLEEN FERRIER; Liederabende mit LOTTE LEHMANN; Honorar und Reisekosten)

6714   1949-05-27
Rudolf Bing (Edinburgh Festival Soc., Edinburgh) an Bruno Walter (Beverly Hills, CA); TLS, 1 S., dt. **E** Integration/RB ("The idea of leaving England makes me sad; at the same time I do not feel I am old enough yet to decline what, in my sphere of work, no doubt is one of the world's biggest jobs.") **A** Anstellung/RB (an MET als Nachfolger/EDWARD JOHNSON); Treffen/RB (mit BW in Edinburgh)

BÖHM, KARL

6715   1947-05-11
Karl Böhm (Graz) an Bruno Walter; TLS, 1 S., dt. **A** Öffentlichkeit/KB (Rehabilitation "durch das inzwischen in Kraft getretene Nazigesetz, da ich unter keinen einzigen Punkt desselben falle", Dank für Fürsprache/BW)

6716   1947-06-04
Bruno Walter an Karl Böhm (Graz); TL (Kopie), 1 S., dt. **A** Öffentlichkeit/KB (Rehabilitation, kein Zweifel an seiner Gesinnung); Projekte/BW (Engagement bei Wiener PO)

BOULT, ADRIAN

6717   1941-06-15
Bruno Walter (Beverly Hills, CA) an Adrian Boult (British Broadcasting Corporation, Bristol); TL (Kopie), 2 S., engl.; **A** Öffentlichkeit/ERIKA MANN ("a writer of great talent and originality" und "an ardent fighter for the cause of humanity"; hohe Reputation aufgrund von Vortragsreisen und Buchpublikationen; THOMAS MANN) **Z** Kriegsereignisse (Kampf zwischen Gut und Böse)

→ *Abdruck in dt. Übersetzung: Walter 1969, 258-259*

BRITISH WAR RELIEF

6718   1941-08-05
? Rathbone an Bruno Walter (Beverly Hills, CA); Telegramm, 1 S., engl. **A** Projekte/BW (Teilnahme an Benefizkonzert zusammen mit LOTTE LEHMANN, ARTUR RUBINSTEIN, JASCHA HEIFETZ)

BUNDESMINISTERIUM FÜR UNTERRICHT WIEN

6719   1947-10-30
Egon Hilbert (Bundestheaterverwaltung, Wien) an Bruno

Walter (Beverly Hills, CA); Telegramm, 1 S., dt. A Aufführung/BW (Einladung zur Leitung des Gedächtniskonzertes und Wiederaufstellung der Gustav-Mahler-Büste in Wien; Vorschlag «Symphonie Nr. 2 c-Moll»/GUSTAV MAHLER; ALMA MAHLER)

6720   1947-11-29
Egon Hilbert (Bundesministerium für Unterricht, Bundesverwaltung, Wien) an Bruno Walter (Hyde Park Hotel, Knightsbridge); TLS, 2 S., dt. A Aufführung/BW (Schwierigkeit mit Programmvorschlag «Symphonie Nr. 2 c-Moll»/GUSTAV MAHLER; wegen Kriegsschäden Konzerte nun im Theater an der Wien; Vorschlag eines Ersatzprogramms, «Das Lied von der Erde»/GUSTAV MAHLER mit [JULIUS] PATZAK und [ELISABETH] HÖNGEN; ALMA MAHLER); Finanzen (Übernahme der Reise- und Unterbringungskosten durch österr. Staat, relativ hohe Ausgabe in Dollar) R Kulturpolitik (Gedächtnisfeier und Enthüllung einer Büste von GUSTAV MAHLER)

CLEMENS, CLARA

6721   1938-04-22
Bruno Walter (Hotel Royal, Nizza) an Clara Clemens; ALS (Kopie), 8 S., dt. E Ausreise/LOTTE WALTER (aus Österreich); Besitzverhältnisse/BW (Möbel, Kleidung und Noten in Wien geblieben; Konfiszierung des Automobils); Emigrationsweg/BW und LOTTE WALTER (Aufenthalt in Frankreich, provisorische Wohnung in Zürich) A Anstellung/BW (Angebote aus Europas und den USA; Konzerte in Frankreich, England, den Niederlanden und Schweden) Z Kriegsereignisse (politische Situation in Österreich)

6722   1938-05-08
Clara Clemens (Detroit, MI) an Bruno Walter; TLS (annotiert), 3 S., dt. E Ausreise/LOTTE WALTER (aus Österreich); Besitzverhältnisse/BW (Möbel, Kleidung und Noten in Wien geblieben) A Anstellung/BW (Angebote und Konzerttätigkeit); Schriften/CC (Buch, Verlag Harper Bros.) Z Politik (Flucht verfolgter Juden in die USA; FRANKLIN D. ROOSEVELT)

COLLEGE OF THE CITY OF NEW YORK

6723   1946-04-30
Morton Gottschall (College of the City of NY, NYC) an Bruno Walter; TLS, 1 S., engl. A Empfehlung (Bitte um Gutachten/BW für VICTOR ZUCKERKANDL)

6724   1946-05-02
Bruno Walter (NYC) an Morton Gottschall (College of the City of NY, NYC); TL (Kopie), 1 S., engl. A Empfehlung/BW (für VICTOR ZUCKERKANDL an MG)

COLUMBIA RECORDING CORPORATION

6725   1942-07-07
Godard Lieberson (Columbia Recording Corp., NYC) an Bruno Walter; TLS, 1 S., engl. A Projekte/Columbia Recording Corp. (Schallplattenaufnahme mit BW, Arbeitstitel "Vienna, 1800 to 1938"; RUDOLF SERKIN)

→ *Anwortbrief: 1942-07-09*

6726   1943-06-09
Godard Lieberson (Columbia Recording Corp., NYC) an Bruno Walter; TLS, 2 S., engl. A Projekte/Columbia Recording Corp. (Schallplattensammlung für US Army, Projekt "Records for our Fighting Men", Bitte um Unterstützung/BW)

CONCERTGEBOUW AMSTERDAM

6727   1946-10-11
Evert Cornelis (Concertgebouw, Amsterdam) an Bruno Walter (Grand Hotel, Stockholm); TLS, 1 S., engl. A Projekte/EC (Einladung/BW zu vier Konzerten, Concertgebouw; Problem der Honorarhöhe, vergleichbar mit Honorar für BRONISLAV HUBERMANN und ARTUR SCHNABEL)

CRONHEIM, KURT P.

6728   1950-01-31
Kurt P. Cronheim (NYC) an Bruno Walter (c/o Philharmonic-Symphony Soc., NYC); TLS, 1 S., engl. A Öffentlichkeit/KIRSTEN FLAGSTAD (Kollaborationsvorwürfe); Projekte/BW (Aufführung «Fidelio»/LUDWIG VAN BEETHOVEN mit KIRSTEN FLAGSTAD an der MET; Bitte/KC um Ablehnung des Engagements; RUDOLF BING)

6729   1950-[02]-?
Bruno Walter an Kurt P. Cronheim; TL (Kopie), 2 S., engl. A Öffentlichkeit/KIRSTEN FLAGSTAD (falsche Anschuldigungen, basierend auf Gerüchten; Entlastung durch norwegischen Ministerpräsidenten; CHARLES U. BAY; RUDOLF BING); Projekte/BW (Aufführung «Fidelio»/LUDWIG VAN BEETHOVEN mit KIRSTEN FLAGSTAD an der MET)

CURTIS INSTITUTE OF MUSIC PHILADELPHIA

6730   1948-01-14
Bruno Walter an Efrem Zimbalist (Curtis Institute of Music, Philadelphia, PA); TL (Kopie annotiert), 1 S., engl. A Biografie/KLAUS PRINGSHEIM (musikalische Aubildung und Werdegang; GUSTAV MAHLER, MAX REINHARDT); Empfehlung/BW (für KLAUS PRINGSHEIM an E. WILSON LYON zur Anstellung am Curtis Institute of Music)

DEGENFELD, HEINRICH GRAF

6731   1942-02-18
Heinrich Graf Degenfeld (Essex House, NYC) an Bruno Walter; TLS, 1 S., dt. A Organisationen (Free Austrian Movement, Gedenkfeier aus Anlass des Jahrestages des dt. Einmarsches, HANS ROTT, OTTO VON HABSBURG; Bitte um Teilnahme/BW und LOTTE LEHMANN mit musikalischer Darbietung)

6732   1942-02-21
Bruno Walter an Heinrich Graf Degenfeld (Essex House, NYC); TL (Kopie), 1 S., dt. A Aufführung/BW (an MET, Aufführung «Die Zauberflöte»/WOLFGANG AMADEUS MOZART als "edelste Oesterreich-Feier"); Organisationen (Free Austrian Movement, Gedenkfeier aus Anlass des Jahrestages des dt. Einmarsches, Absage/BW; LOTTE LEHMANN, JOSEF REITLER, GEORG KUGEL)

DEPARTMENT OF JUSTICE

6733   (1941)-(04)-?
Bruno Walter an Edward F. Prichard (Office of the Solicitor Justice, Washington, DC); AL (Entwurf), 1 S., engl. E Einreise (Bitte um Gewährung eines Visums für ELSA HELLER);

Emigrationsweg/ELSA HELLER (Genehmigung der Einreise in die Schweiz als Zwischenstation für den Weg in die USA nur mit gültigem amer. Visum); Verfolgung/ELSA HELLER (bevorstehende Deportation nach Polen)

6734 1941-04-24
Edward F. Prichard (Office of the Solicitor General, Washington, DC) an Bruno Walter (NYC); TLS, 1 S., engl. E Einreise/ELSA HELLER (Bitte zur Rettung vor Deportation durch Einreisevisum in die USA weitergeleitet an ? WARREN)

↳ *Brief Julius Korngold (1941)-04-19 (Dok. 6775)*

6735 1942-04-11
Bruno Walter (Hotel Dorset, NYC) an Francis D. Biddle (Dept. of Justice, Attorney General, Washington, DC); TL (Kopie), 1 S., engl. E Hilfe/BW (Fürsprache für EZIO PINZA beim Dept. of Justice, "passionate Anti Fascist") R Gesellschaft/BW (eigener Standpunkt gegen Faschismus und Nationalsozialismus)

EMERGENCY RESCUE COMMITTEE

6736 1940-07-29
Bruno Walter (Hotel Dracker, Westwood, CA) an Frank Kingdon (Beverly Hills, CA); TL, 3 S., engl. A Aufführung/BW (Benefizkonzert zugunsten des amer. und frz. Roten Kreuzes mit LOTTE LEHMANN; Verwendung der Einnahmen auch für Emergency Rescue Committee); Organisationen (Emergency Rescue Committee, Mitglieder WALTER B. CANNON, DOROTHY THOMPSON, WALTER MILLIS, HENDRIK WILLEM VAN LOON, THOMAS MANN); Vortrag/FRANK KINGDON (Ansprache im Haus/THOMAS MANN) Z Kriegsereignisse (Besetzung Frankreichs)

FLAGLER, HARRY HARKNESS

6737 1933-05-11
Harry Harkness Flagler (NYC) an Bruno Walter; ALS, 9 S., engl. R Gesellschaft/HHF (Reaktion auf das Berufsverbot/ BW) Z Politik (Bewertung der dt. Regierung; Sichtweise der Machterlangung/ADOLF HITLER im Ausland)

6738 1933-05-28
Bruno Walter (Zürich) an Harry Harkness Flagler; TL (Kopie), 4 S., engl. E Ausreise/BW (Überlegungen zur Ausreise, Zielort Wien wegen politischer Stimmung nicht gut); Verfolgung (Situation der geflohenen Deutschen; auch Situation/BW) A Öffentlichkeit/BW (Reaktionen aus aller Welt auf das Berufsverbot) R Gesellschaft/BW (Infizierung Österreichs mit dem "Gift der Deutschen") Z Politik (Machterlangung/ADOLF HITLER als tragisches Ereignis und als Verlust der Menschlichkeit und des freien Geistes in Deutschland)

↳ *Abdruck im Anhang, S. 362*

FURTWÄNGLER, WILHELM

6739 1948-12-30
Wilhelm Furtwängler an Bruno Walter (Beverly Hills, CA); Telegramm (annotiert), 1 S., dt. A Kollegen/BW (Frage nach Verweigerung der Zusammenarbeit mit WF)

↳ *Abdruck im Anhang, S. 422*

6740 1949-01-01
Wilhelm Furtwängler (Villa l'Empereur, Clarens, Schweiz) an Bruno Walter; TLS, 2 S., dt. A Öffentlichkeit/WF (Boykott); Projekte/WF (Einladung zum Gastspiel beim Chicago SO; Ablehnung eines gemeinsamen Auftritts durch andere Dirigenten und Solisten) Z Kriegsereignisse (Naziterror)

↳ *Abdruck in: Furtwängler 1980, 187-189*

6741 1949-01-13
Bruno Walter (Beverly Hills, CA) an Wilhelm Furtwängler (Clarence, Schweiz); TLS, 2 S., dt. A Öffentlichkeit/WF (Boykott, ungerechtfertigte Anschuldigungen); Projekte/ BW (Festhalten am Gastauftritt mit Chicago SO auch nach Bekanntgabe des Engagements/WF); Treffen/BW (mit WF in Salzburg) R Kulturpolitik/BW (Rolle/WF, Kunst als Mittel der Propaganda im Dienst des Nazi-Regimes; Boykott angesichts der Vergangenheit verständlich)

↳ *Abdruck in: Walter 1969, 308-310*

6742 1949-01-22
Wilhelm Furtwängler (Villa L'Empereur, Clarens, Schweiz) an Bruno Walter; TLS, 2 S., dt. A Öffentlichkeit/ WF ("übler Verleumdungsfeldzug"; "moralische Stellung"/ WF in Nazi-Regime) R Kulturpolitik (Rolle/WF im "Dritten Reich", Propaganda)

↳ *Abdruck in: Furtwängler 1980, 190-192*

6743 1949-02-10
Bruno Walter an Wilhelm Furtwängler (Villa l'Empereur, Clarens, Schweiz); TL (Kopie), 2 S., dt. R Kulturpolitik/BW (fruchtlose Diskussion; WF mit Mangel an Einfühlungsvermögen gegenüber Opfern des Nazi-Regimes) Z Kulturleben ("bedeutende Anteilnahme"/WF am "politisch durchseuchten Kulturleben Nazi-Deutschlands")

↳ *Abdruck in: Walter 1969, 310-312*

GESELLSCHAFT DER MUSIKFREUNDE IN WIEN

6744 1946-10-07
Alexander Hryntschak (Ges. der Musikfreunde in Wien) an Bruno Walter; TLS, 1 S., dt. A Aufführung/BW (Einladung zu Gastvorstellung, freie Wahl von Programm und Orchester, Wiener PO oder Wiener SO) R Kulturpolitik (Konzertreihe in Wien mit ausländischen Gastdirigenten; [JOHN] BARBIROLLI, [PAUL] PARAY, [VITTORIO DE] SABATA, [VITTORIO] GUI, [EUGENE] ORMANDY, [GEORGE] SZELL, [VÁCLAV] TALICH, [LEOPOLD] STOKOWSKI)

6745 1946-11-04
Bruno Walter an Alexander Hryntschak (Ges. der Musikfreunde in Wien); TLS (Kopie unvollständig), 2 S., dt. A Aufführung/BW (Zusage für Konzert mit Wiener PO unter der Bedingung akzeptabler allgemeiner Verhältnisse)

6746 1947-01-20
Alexander Hryntschak (Ges. der Musikfreunde in Wien) an Bruno Walter (MET, NYC); TLS, 2 S., dt. A Aufführung/ BW (erneute Einladung nach Wien zur Leitung der «8. Sinfonie»/GUSTAV MAHLER)

↳ *Brief ähnlichen Inhalts 1947-02-04*

6747 1947-03-05
Bruno Walter an Alexander Hryntschak (Ges. der Musikfreunde in Wien); TL (Kopie), 1 S., dt. **A** Projekte/BW (Einladung nach Wien zur Leitung der «4. Sinfonie»/GUSTAV MAHLER)

GEWANDHAUSORCHESTER LEIPZIG

6748 1946-10-15
Albert Weisse (Stadt- und Gewandhausorchester Leipzig) an Bruno Walter; ALS, 1 S., dt. **A** Aufführung/BW (Einladung zu Konzert in Leipzig) **R** Gesellschaft (Kriegszeit als Zeit der Entfremdung zwischen Menschen)

6749 1946-11-08
Bruno Walter an Albert Weisse (Stadt- und Gewandhausorchester Leipzig); TL (Kopie), 1 S., dt. **A** Aufführung/BW (keine konkrete Zusage auf Einladung nach Leipzig; Frage nach Reise und Unterbringung); Reise/BW (erster Europa-Aufenthalt seit der Emigration)

GRAF, HERBERT

6750 1941-10-27
Bruno Walter (NYC) an Herbert Graf (War Memorial Opera House, SF); TLS, 1 S., engl. **A** Aufführung (Vorschläge zur Inszenierung von «Orfeo ed Euridice»/CHRISTOPH WILLIBALD GLUCK an der MET; GAETANO MEROLA, ERICH LEINSDORF, SOFULA NOVIKOVA)

→ *Abdruck in: Walter 1969, 261-262*

6751 1945-08-05
Herbert Graf (Bedford, NY) an Bruno Walter; TLS, 2 S., engl. **A** Aufführung (Neuinszenierungen an der MET gescheitert; Finanzen, Geld von Stiftungen verschwendet); Projekte/HG (Buch, Übersetzungsprobleme "für gewisse termini technici" aus der Musik); Treffen/HG (mit BW in Chicago zu gemeinsamer Arbeit)

GUGGENHEIM FOUNDATION

6752 1953-11-23
Bruno Walter an Henry Allen Moe (John Simon Guggenheim Foundation, NYC); TL (Kopie), 1 S., engl. **A** Empfehlung/BW (für HERBERT GRAF an Guggenheim Foundation zwecks Unterstützung der Arbeit an Buchprojekt)

GUTTMANN, EMIL

6753 1933-03-17
Emil Guttmann (Nizza, Frankreich) an Bruno Walter; TLS, 2 S., dt. **A** Projekte/EG (Bitte um Erlaubnis zur Tätigkeit als Agent für BW; Vermittlung von Konzerten in Frankreich, Belgien, Spanien, Portugal, Schweiz und Südamerika) **R** Kulturpolitik/EG (Reaktion auf die Entlassung/BW) **Z** Politik (Leid durch politische Ereignisse)

HABSBURG, OTTO VON

6754 1942-01-06
Bruno Walter (Hotel Dorset, NYC) an Otto von Habsburg; TL (Kopie), 1 S., dt. **A** Öffentlichkeit/BW ("Das politische Hervortreten eines ihrer Kuenstler waere uebrigens von der Leitung der Metropolitan Opera als untragbar empfunden worden." Wunsch, als Künstler "auf dem Grenzgebiet zwischen Kultur und Politik", aber nicht in politischer Funktion zu wirken); Organisationen (namentliche Präsenz/BW im Komitee für die Wiederherstellung Österreichs; Umwandlung in Österr. Nationalrat, daher Bitte um Verzicht auf den Namen/BW, Graf FERDINAND CZERNIN)

→ *Abdruck im Anhang, S. 403*

HEADQUARTERS UNITED STATES FORCES IN AUSTRIA

6755 —
George Vicas (Wien) an Bruno Walter (c/o NY Philharmonic Symphony Soc., NYC); Telegramm (annotiert), 1 S., engl. **Z** Politik (WILHELM FURTWÄNGLER vor Rehabilitationsgericht, Bitte um Stellungnahme/BW zu seiner Gesinnung)

6756 1945-12-18
Margot Pinter (Headquarters US Forces in Austria, Wien) an Bruno Walter (NYC); TLS, 1 S., engl. **A** Projekte (Veranstaltung eines International Music Festival durch die Amer. Information Services Branch, Wien; Einladung/BW; RUDOLF NILIUS, ELISABETH SCHUMANN)

→ *Antwortbrief mit Absage: 1946-01-21*

HEGER, ROBERT

6757 1946-07-04
Robert Heger (Berlin) an Bruno Walter; ALS, 2 S., dt. **A** Anstellung/ZENKA STEINER (Stadttheater Zürich; Suche nach Engagement in den USA); Empfehlung/RH (für ZENKA STEINER an BW) **Z** Kriegsereignisse (Wiederaufbau in Deutschland, Zerstörung Berlins)

HEYMANN, LIDA GUSTAVA

6758 1933-05-28
Lida Gustava Heymann (Pension im Oberland, Zürich) an Bruno Walter; ALS, 1 S., dt.; mit Text der Petition (AD, 1 S., dt.) als Beilage **R** Kulturpolitik (Protestnote gegen die "nationale Erhebung" in Deutschland; Bitte um Mitunterzeichnung; ALBERT EINSTEIN, HELMUTH VON GERLACH, ANNA SIEMSEN, F[RIEDRICH] W[ILHELM] FOERSTER, ANNA SIEMSEN, Dr. ? WEHBERG)

HIRSCH, PAUL

6759 1933-03-17
Paul Hirsch (Hotel Adlon, Berlin) an Bruno Walter; ALS, 3 S., dt. **R** Kulturpolitik (Ausdruck des Bedauerns nach Absage/BW seiner Verpflichtungen in Leipzig, Berlin und Frankfurt)

HUBERMANN, BRONISLAV

6760 1939-05-25
Bronislav Hubermann (Oranje-Hotel, Scheveningen, NL) an Bruno Walter; TLS, 4 S., dt. **A** Kollegen/BH (JACQUES THIBAUD; YEHUDI MENUHIN, Konzert in Royal Albert Hall, London); Projekte (Überlegungen zu einem Benefizkonzert, Rassemblement Mondial contre le Racisme et l'Antisémitisme); Projekte/BH (Frage nach Sinn und Nutzen von Wohltätigkeitskonzerten, Relation von Ausgaben, Arbeit und Einnahmen, Engagement der Veranstalter)

6761 1940-12-08
Bronislav Hubermann (Ambassador Hotel, NYC) an Bruno Walter; TLS (annotiert), 2 S., dt. **A** Projekte/BH (Benefizkonzerte, Refugees of England, Inc., Programmgestaltung; Countess ? ABINGDON) **Z** Kriegsereignisse (politische Situa-

tion, "Einstürzen der Welt", Flüchtlingssituation in England)

↳ *Antwortbrief: 1940-12-18*

JACOB, HEINRICH EDUARD

6762 —
Bruno Walter, ohne Adressat; TL (annotiert), 1 S., dt./engl. **A** Empfehlung/BW (für HEINRICH EDUARD JACOB)

6763 1948-03-24
Heinrich Eduard Jacob (NYC) an Bruno Walter; ALS, 1 S., dt. **A** Schriften/HEJ (Arbeit an Haydn-Biographie, Kapitel "Die Haydn-Renaissance", Rolle/BW); Treffen (Bitte um Treffen wegen Buchveröffentlichung)

6764 1948-04-08
Heinrich Eduard Jacob (NYC) an Bruno Walter; TLS, 2 S., dt. **A** Empfehlung/THOMAS MANN (für HEJ; Nachfrage/BW bei THOMAS MANN, ob er sich für ihn "exponieren" könne); Projekte/HEJ (keine Veröffentlichung der "Gespräche mit Bruno Walter" wegen Beleidigung durch BW)

JANOWITZ, OTTO

6765 1951-01-03
Bruno Walter an Otto Janowitz (NYC); TL (Kopie), 1 S., engl. **A** Empfehlung (Bitte der Resettlement Campaign um Empfehlungsschreiben/BW für OJ mit Bericht über seine Aktivitäten)

6766 1951-01-10
Otto Janowitz an Bruno Walter (NYC); TLS, 1 S., engl. **A** Biografie/OJ (Studium bei WALTER KLEIN und ALEXANDER ZEMLINSKY, künstlerische Laufbahn, Tätigkeiten in den USA; RICHARD STRAUSS, FRANZ SCHALK, VITTORIO DE SABATA, CLEMENS KRAUSS); Schriften/OJ

JEWISH RESTITUTION SUCCESSOR ORGANIZATION

6767 1950-11-14
E. Mezger (Jewish Restitution Successor Organization, Munich Regional Office, München) an Bruno Walter (Beverly Hills, CA); TLS, 2 S., dt. **E** Besitzverhältnisse/BW (Bitte um Darlegung, ob Verkauf seines Hauses in München an Eheleute ? BERGMEIER unter Druck stattfand; Vertretung der Besitzansprüche durch Jewish Restitution Successor Organization)

6768 1950-11-23
Bruno Walter an E. Mezger (Jewish Restitution Successor Organization, München); TL (Kopie), 1 S., dt. **E** Besitzverhältnisse/BW (Stellungnahme zu den Umständen des Hausverkaufs an Eheleute ? BERGMEIER, kein Zwang)

KASSERN, TADEUSZ

6769 1946-03-12
Bruno Walter an Tadeusz Kassern; TL (Kopie), 1 S., engl. **Z** Kulturleben (Stellungnahme/BW zu Kollaborationsvorwürfen gegen HANS PFITZNER)

6770 1946-03-13
Tadeusz Kassern (NYC) an Bruno Walter (Carnegie Hall, NYC); TLS, 1 S., engl. **Z** Kulturleben (Antwort auf die Stellungnahme/BW zu HANS PFITZNER, Ankündigung von Beweisen)

KELLER, ADOLF

6771 1946-01-02
Adolf Keller (LA) an Bruno Walter; ALS, 2 S., dt. **A** Kollegen (Spannungen zwischen BW und WILHELM FURTWÄNGLER) **R** Kulturpolitik/AK (Nazi-Propaganda, Rolle/WILHELM FURTWÄNGLER)

6772 1946-01-16
Bruno Walter an Adolf Keller; ALS (Entwurf), 2 S., dt. **A** Kollegen (angebliche Konflikte zwischen BW und WILHELM FURTWÄNGLER)

↳ *Abdruck in: Walter 1969, 285*

KLEMPERER, PAUL

6773 1954-11-24
Paul Klemperer (NYC) an Bruno Walter; ALS, 1 S., dt. **E** Finanzen/BW (Benachrichtigung über Pension samt Nachzahlung für pensionsberechtigte ehemalige Mitglieder der Wiener Staatsoper)

KORNGOLD, JULIUS

6774 1940-10-11
Julius Korngold an Bruno Walter; ALS, 8 S., dt. **A** Empfehlung (Bitte um Empfehlung der Oper «Die tote Stadt» op. 12/ERICH WOLFGANG KORNGOLD bei Direktoren, Sängern und Dirigenten in den USA; Eintreten/BW für Musiker wie [GUSTAV] MAHLER, [ARTHUR] NIKISCH, [WILHELM] FURTWÄNGLER, [GIACOMO] PUCCINI, [ARTUR] SCHNABEL, [ARNOLD] ROSÉ, [FRANZ] SCHALK) **R** Kulturpolitik (Boykott von Werken aus politischen und rassistischen Gründen) **Z** Kulturleben (Musikleben in den USA)

6775 (1941)-04-19
Julius Korngold (Hollywood, CA) an Bruno Walter; ALS, 2 S., dt. **E** Affidavit/JK (für ELSA HELLER); Emigrationsweg/ELSA HELLER (Versuch, über die Schweiz in die USA zu kommen); Hilfe (für ELSA HELLER; Bitte um Fürsprache/BW in den USA zur Erteilung eines Visums seitens des amer. Konsulats in Wien; EGON WITROFSKY); Hilfe (Bitte um Beistand/BW, Telegramm an amer. Konsul in Wien zwecks rascher Visumserteilung für ELSA HELLER zur Ausreise in die Schweiz); Verwandte/JK (Bericht/EGON WITROFSKY über möglichen Abtransport/ELSA HELLER nach Polen)

↳ *Briefe Dept. of Justice (1941)-(04)-? und 1941-04-24 (Dok. 6733-6734)*

KREISLER, FRITZ

6776 1940-01-21
Bruno Walter (Beverly Hills, CA) an Fritz Kreisler (NYC); TL (Kopie), 1 S., dt. **A** Projekte/BW (Benefizkonzert zugunsten des amer. und frz. Roten Kreuzes; Verlegung des Aufführungsortes von Washington nach NYC); Treffen/BW (mit FK in NYC)

KRENEK, ERNST

6777 1940-04-02
Ernst Krenek (Vassar College, Poughkeepsie, NY) an Bruno Walter; ALS, 2 S., dt. **A** Anstellung/EK (Professor für Komposition am Vassar College, außerordentlich gute Arbeitsbedingungen); Aufführung (Anfrage zur Aufführung

des Klavierkonzerts [«Little Concerto» für Kl. und Orgel mit Kammerorchester op. 88]/EK)

MAGISTRAT VON GROSS-BERLIN

6778 1949-02-18
? May (Magistrat von Gross-Berlin, Abteilung für Volksbildung, Berlin) an Bruno Walter (Beverly Hills, CA); TLS, 1 S., dt. **A** Projekte (Auftritt/BW in Berlin als "grosse moralische Unterstützung", Anfrage); Reise/PAUL HINDEMITH (zu Gast in Berlin) **Z** Kulturleben (Wiederaufbau in Berlin, Förderung des kulturellen und geistigen Lebens, dauernde "Auseinandersetzung zwischen verschiedenen Kulturauffassungen")

6779 1949-04-04
Bruno Walter an ? May (Magistrat von Gross-Berlin, Abteilung für Volksbildung, Berlin); TL (Kopie), 1 S., dt. **A** Projekte (Auftritt/BW in Berlin, prinzipielle Bereitschaft, aber Absage wegen anderweitiger Verpflichtungen)

6780 1950-04-05
Bruno Walter (Beverly Hills, CA) an ? May (Magistrat von Gross-Berlin, Abteilung für Volksbildung, Berlin); TL (Kopie), 1 S., dt. **A** Projekte/BW (Annahme einer Einladung des Berliner PO; ERNST REUTER)

MAHLER, ALMA

6781 1938-04-19
Bruno Walter (Hotel Royal, Nizza) an Alma Mahler und Franz Werfel; ALS, 4 S., dt. **E** Bekannte/BW (widersprüchliche Nachrichten über Aufenthaltsort/AM und FW) **A** Reise (Aufenthaltsorte und Adressen/BW in der folgenden Zeit)

6782 1938-09-24
Bruno Walter (Villa Pagnamenta, Lugano) an Alma Mahler und Franz Werfel; ALS, 4 S., dt. **E** Bekannte/BW (Nachricht über Aufenthaltsort und Befinden/AM und FW); Besitzverhältnisse/BW (Möbel noch in Wien, Bibliothek bereits in Lugano); Verwandte/BW (GRETEL WALTER mit Ehemann in Zürich) **A** Projekte/BW (Planung zu einem Festival in Paris als Dank für Unterstützung durch frz. Regierung; Konzerte zu humanitären Zwecke); Schriften/FW ("schönen edlen Aufsatz über die Tschechen") **Z** Kriegsereignisse (Anektion des Sudentenlandes, Anzeichen eines bevorstehenden Krieges, Mitgefühl für tsch. Volk)

6783 1939-09-18
Bruno Walter (Villa Pagnamenta, Lugano) an Alma Mahler; ALS, 3 S., dt. **A** Aufführung/BW (nach Kriegsausbruch Ungewissheit über Engagements in Europa) **Z** Kriegsereignisse ("Höllenlärm des Krieges")

↪ *Abdruck in: Walter 1969, 250-251*

MANN, THOMAS

6784 1935-05-29 bis 1945-09-09
Briefe und Postkarten von Thomas Mann an Bruno Walter, unscharfe Kopien auf Mikrofilm; teilweise nachgewiesen in Mann-Regesten:

- 1935-05-29: ALS (Kopie), 1 S., dt.; Mann-Regesten 35/101, Original im Thomas Mann-Archiv

- 1935-06-08: APS (Kopie), 1 S., dt.; Mann-Regesten 35/113, Original im Thomas Mann-Archiv
- 1936-01-03: ALS (Kopie), 2 S., dt.; Mann-Regesten 36/50, Verbleib des Originals unbekannt
- 1936-07-25: APS (Kopie), 1 S., dt.; Mann-Regesten 36/150, Original im Thomas Mann-Archiv
- 1936-10-11: APS (Kopie), 1 S., dt.
- 1945-09-09: ALS (Kopie), 2 S., dt.; Mann-Regesten 45/396, Original im Thomas Mann-Archiv

6785 1936-10-18
Thomas Mann (Küsnacht) an Bruno Walter; TLS (Kopie), 3 S., dt. **E** Ausreise/GUSTAV HARTUNG (hat "wegen kultureller Fortgeschrittenheit und Freiheitssinn" Deutschland verlassen müssen) **A** Empfehlung/TM (für GUSTAV HARTUNG an BW für gemeinsame Opernaufführung); Schriften/BW (Buch über GUSTAV MAHLER) **R** Kulturpolitik (progressive Inszenierungen in Deutschland unerwünscht)

↪ *Mann-Regesten 36/206, Original im Thomas Mann-Archiv*

6786 1938-10-22
Bruno Walter (Hôtel Grande-Bretagne, Athen) an Thomas Mann; ALS, 4 S., dt. **A** Anstellung/VICTOR ZUCKERKANDL (Suche nach Professur an Princeton Univ.); Empfehlung/ BW (für VICTOR ZUCKERKANDL an OLGA SAMAROFF STOKOWSKI zur Anstellung an Juilliard School of Music; Bitte an TM und ALFRED EINSTEIN um weitere Unterstützung) **R** Musik/BW (VICTOR ZUCKERKANDL als seltenes Beispiel für Kombination von Musikwissenschaftler und Musiker) **Z** Kriegsereignisse (Münchner Abkommen)

6787 1945-03-11
Bruno Walter (NYC) an Thomas Mann; ALS, 4 S., dt. **R** Musik/BW (Kommentare zu «Doktor Faustus»/TM bezüglich Instrumentenkunde und Harmonik)

↪ *Abdruck in: Walter 1969, 276-277*

6788 1946-02-20
Bruno Walter (NYC) an Thomas Mann (Pacific Palisades, CA); ALS, 2 S., dt.; mit Briefumschlag **E** Rückkehr/TM (Ratschlag/BW, nicht wieder nach Deutschland zurückzukehren; zu große Qualen beim Anblick des Landes) **A** Aufführung/BW (großes Arbeitspensum) **Z** Politik (Wiederaufbau Deutschlands)

↪ *Abdruck in: Walter 1969, 285-286*

6789 1946-12-12
Bruno Walter (Park Hotel, Lugano) an Thomas und Katja Mann; ALS, 6 S., dt.; mit Briefumschlag **E** Rückkehr/BW (Besuch Europas, Entfremdung von der Heimat; Auflösung der europäischen Wohnung) **A** Aufführung/BW (in Edinburgh, Wien und der Schweiz); Projekte/BW (zweite Europareise mit Konzertverpflichtungen, eventuell gemeinsam mit TM und KM)

↪ *Abdruck in: Walter 1969, 293-294*

6790 1947-08-26
Thomas Mann (Noordwijk aan Zee, Niederlande) an Bruno Walter; ALS (Kopie), 3 S., dt. **E** Hilfe/TM (Dankesbriefe für seine Radioansprachen während des Krieges) **A** Reise/ TM (Bericht über Europareise und ihre Astrengungen);

Vortrag/TM (Matinée im Züricher Schauspielhaus, Vorlesen aus «Doktor Faustus») Z Kriegsereignisse (Nachwirkungen des Krieges, Missernten)

→ Mann-Regesten 47/262, Original im Thomas Mann-Archiv

MAZIREL, L[AURA] C.

1947-10-19
Bruno Walter (Amstel-Hotel, Amsterdam) an L[aura] C. Mazirel (Amsterdam); TL (Kopie), 1 S., dt. R Musik («Metamorphosen»/RICHARD STRAUSS; Entkräftung des Vorwurfs, "in Memoriam" sei eine Widmung an ADOLF HITLER, Erläuterungen zum Werk)

→ Abdruck in: Walter 1969, 299

MCARTHUR, EDWIN

6791   1949-10-11
Edwin McArthur (NYC) an Bruno Walter (Hotel Sherry-Netherlands, NYC); TLS, 1 S., engl. R Kulturpolitik (Kritik der Presse an Verpflichtung/WILHELM FURTWÄNGLER in den USA; Bitte um Stellungnahme/BW, gemeinsame Auftritte in London und Salzburg)

6792   1949-10-18
Bruno Walter (NYC) an Edwin McArthur; TL (Kopie), 1 S., engl. R Kulturpolitik (Verweigerung der Stellungnahme zu Protesten gegen WILHELM FURTWÄNGLER)

MENGELBERG, RUDOLF

6793   1939-05-01
Rudolf Mengelberg (Het Concertgebouw N.V., Amsterdam) an Bruno Walter (Hotel Majestic, Paris); ALS/TLS (annotiert), 3 S., dt. A Aufführung/BW (Einladung zu mehreren Konzerten am Concertgebouw; Absprachen zur Besetzung für «Gurre-Lieder»/ARNOLD SCHOENBERG)

6794   1939-10-11
Rudolf Mengelberg (Amsterdam) an Bruno Walter; ALS, 4 S., dt. A Aufführung/BW (Absage der Konzerte am Concertgebouw); Öffentlichkeit/BW ("Exponent einer Epoche", tragischer Abschied aus Europa) Z Kulturleben (Schwierigkeiten bei Konzerten wegen Absagen vieler Künstler aus politischen Gründen)

→ Brief Wagnervereeniging Amsterdam 1939-10-04 (Dok. 6850)

MENUHIN, YEHUDI

6795   1948-03-31
Bruno Walter (NYC) an Yehudi Menuhin (Alma, CA); TL (Kopie), 1 S., engl. A Projekte (Anfrage/BEN RUBINSTEIN an YM für Konzert, World Jewish Congress); Reise/YM (nach Edinburgh)

→ Antwortschreiben: 1948-04-17

MITROPOULOS, DIMITRI

6796   1947-12-18
Dimitri Mitropoulos an Bruno Walter; TLS, 2 S., engl. A Aufführung/DM (Konzert in NYC); Kompositionen/ERNST KRENEK (negative Kritik/BW an "Krenek-symphony")

NEW SCHOOL FOR SOCIAL RESEARCH

6797   1940-08-21
Bruno Walter (Beverly Hills, CA) an Alvin Johnson (New School for Social Research, NYC); TL (Kopie), 1 S., engl. A Empfehlung/BW (für EGON WELLESZ an AJ zur Einladung an New School for Social Research) R Musik/BW (Bericht über Aufführung von «Prosperos Beschwörungen» für Orchester/EGON WELLESZ im Concertgebouw)

6798   1945-04-12
Bruno Walter (NYC) an Else Staudinger (New School for Social Research, NYC); TL (Kopie), 1 S., engl. A Empfehlung/BW (für VICTOR ZUCKERKANDL an ES); Schriften (Beschreibung eines Buches/VICTOR ZUCKERKANDL)

OFFICE OF MILITARY GOVERNMENT FOR GERMANY

6799   1947-11-10
Eric T. Clarke (Office of Military Government for Germany (US), Information Control Division, Berlin) an Bruno Walter (Music Dept., Broadcasting House, London); TLS, 1 S., engl. A Projekte (positive Beurteilung des Plans für Konzerte in München unter Leitung/BW; BENNO FRANK)

→ Briefe War Dept. 1941-04-16 (Dok. 6851-6853)

OFFICE OF THE UNITED STATES HIGH COMMISSIONER FOR GERMANY

6800   1950-05-13
Matteo Lettunich (Office of the US High Commissioner for Germany, Berlin) an Bruno Walter (Beverly Hills, CA); TLS, 1 S., engl. A Öffentlichkeit/BW ("the temper of the Berlin musical public is unchanged, and they await your concerts with great enthusiasm"); Projekte/BW (Berlinbesuch und Auftritt mit Berliner PO; JOHN EVARTS) Z Kulturleben (Lebensbedingungen "to a great extent returned to normal")

OJAI FESTIVAL

6801   1949-10-15
John Bauer (Ojai Valley, Ventura County, CA) an Bruno Walter (Beverly Hills, CA); TLS, 2 S., engl. A Aufführung (Konzerte beim Ojai Festival unter Mitwirkung/CARL FORCHT, THOR JOHNSON, MARTIAL SINGHER, JOSEPH SCHUSTER, SF String Quartet, Amer. Art Quartet; Anfrage zu Liederabend mit BW und DELIA REINHARDT); Projekte (Bitte um Unterstützung des Ojai Festivals als musikalischer Schirmherr, CARL FORCHT; Finanzen)

→ Antwortbrief mit Absage: 1949-10-21

PFITZNER, HANS

6802   1935-08-26
Bruno Walter (Salzburg) an Hans Pfitzner; ALS, 1 S., dt. A Kollegen/BW (Versicherung der Loyalität gegenüber HP und seinem Werk; ? KOSSMANN)

→ Abdruck in: Walter 1969, 233

6803   (1946)-?-?
Hans Pfitzner (Altenheim Ramersdorf, München) an Bruno Walter; ALS, 4 S., dt. A Aufführung/BW (Vorspiel zu «Palestrina»/HP in NYC; DELIA REINHARDT) Z Kriegsereignisse (Bericht/HP über Erlebnisse während des Krieges); Kulturleben (Diskussion um Gesinnung/HP, Stellungnahme)

6804 1946-06-01
Bruno Walter (NYC) an Hans Pfitzner; ALS, 2 S., dt. **Z** Hilfe (für HP); Kulturleben (Ankündigung des Rückzugs/BW aus der Öffentlichkeit); Kulturleben (Bericht über Stellungnahmen zur Diskussion um Gesinnung/HP; [FELIX?] WOLFES, DELIA REINHARDT, [HENDRIK WILLEM] VAN LOON)

→ *Abdruck in: Walter 1969, 286-287*

6805 1946-07-06
Hans Pfitzner (Altersheim Ramersdorf, München) an Bruno Walter; ALS, 4 S., dt. **A** Aufführung (Erstaufführung «Sextett» für Kl., V., Vc., Va., Kb. und Klar. op. 55/HP in München); Schriften/HP (Autobiografie «Eindrücke und Bilder meines Lebens») **Z** Kriegsereignisse (Bezeichnung mancher Ereignisse als "Greuelmärchen"); Kulturleben (Auswirkungen der Stellungnahmen/BW in der Diskussion um HP; Schilderung der Situation)

6806 1946-09-16
Bruno Walter (Hotel Sherry Netherland, NYC) an Hans Pfitzner (Altenheim Ramersdorf, München); TL (Kopie), 2 S., dt. **E** Verwandte/BW (Beisetzung/ELSA WALTER) **A** Kompositionen/HP («Sextett» op. 55); Reise/BW (Konzertreise nach Europa); Veröffentlichung (Biografie/BW, dt. Ausgabe) **Z** Kriegsereignisse (Abwehr der Bezeichnung von Kriegsverbrechen als "Greuelmärchen")

→ *Abdruck in: Walter 1969, 289-291*

6807 1946-10-05
Hans Pfitzner (Altenheim Ramersdorf, München) an Bruno Walter; ALS, 4 S., dt. **R** Gesellschaft/HP (Selbstverständnis der Deutschen; Erster Weltkrieg als Demütigung des dt. Volkes) **Z** Kriegsereignisse (Gräuel in den KZs "kein Märchen, wenigstens zum großen Teil nicht", Rücknahme/HP seiner ursprünglichen Meinung; Verweis auf Gräueltaten anderer Armeen; Vergleiche zwischen den Weltkriegen und Rechtfertigung des Zweiten als Folge des Ersten)

POMONA COLLEGE CLAREMONT

6808 1947-12-17
Bruno Walter an E. Wilson Lyon (Pomona College, Claremont, CA); TL (Kopie), 2 S., engl. **A** Biografie/KLAUS PRINGSHEIM (musikalische Ausbildung und Werdegang; GUSTAV MAHLER, MAX REINHARDT); Empfehlung/BW (für KLAUS PRINGSHEIM an WL für Anstellung am Music Dept. des Pomona College)

RASSEMBLEMENT MONDIAL CONTRE LE RACISME ET L'ANTISÉMITISME

6809 1939-01-24
G.A. Tedesco (Rassemblement Mondial Contre le Racisme et l'Antisémitisme, Paris) an Bruno Walter (Concertgebouw, Amsterdam); TLS, 1 S., frz. **A** Projekte/BW (Benefizkonzert zugunsten der Rassemblement Mondial Contre le Racisme et l'Antisémitisme; BERNARD LECACHE); Reise/BW (Konzertreisen nach London und USA)

→ *Brief ähnlichen Inhalts: 1938-12-14,*
→ *Antwortbrief: 1939-05-31*

6810 1939-06-13
G.A. Tedesco (Rassemblement Mondial Contre le Racisme et l'Antisémitisme, Paris) an Bruno Walter (Villa Magnamenta, Lugano); TLS, 2 S., frz. **A** Organisationen (Rassemblement Mondial Contre le Racisme et l'Antisémitisme, Aufgaben; BERNARD LECACHE); Projekte/BW (Benefizkonzert, Teilname/BRONISLAV HUBERMANN)

RATHAUS, KAROL

6811 1949-06-10
Karol Rathaus (Flushing, NY) an Bruno Walter; ALS, 1 S., dt. **A** Anstellung/KR (an Queens College, Beginn der Ferien); Öffentlichkeit/KR (Erfolge mit «4. Streichquartett»); Projekte/BW (Aufführung «3. Sinfonie» op. 50/KR, AMP)

→ *Antwortbrief mit Absage: 1949-06-13*

RESETTLEMENT CAMPAIGN FOR EXILED PROFESSIONALS

6812 1950-12-11
Ann L. Pollock (Resettlement Campaign for Exiled Professionals, NYC) an Bruno Walter (c/o Philharmonic Symphony Soc. of NY, NYC); TLS, 1 S., engl. **A** Anstellung/ OTTO JANOWITZ (Suche nach Lehrstelle); Empfehlung (Bitte/AP um Urteil/BW über OTTO JANOWITZ)

6813 1951-01-15
Bruno Walter an Ann L. Pollock (Amer. Committee for Emigré Scholars, Writers and Artist, NYC); TL (Kopie), 1 S., engl. **A** Empfehlung/BW (für OTTO JANOWITZ, Zusammenarbeit mit RICHARD STRAUSS, FRANZ SCHALK und VITTORIO DE SABATA an Staatsoper Wien); Öffentlichkeit/OTTO JANOWITZ (positive Äußerung/BW über Wirken an Hunter College, NYC)

→ *Briefe Otto Janowitz (Dok. 6765-6766)*

ROSÉ, ARNOLD

6814 1939-07-31
[Arnold Rosé] (London) an Bruno Walter; TLS, 2 S., dt. **E** Finanzen/AR (Erwerbsschwierigkeiten aufgrund fehlender Genehmigung zum Unterrichten; [FRIEDRICH] BUXBAUM, [ARTURO] TOSCANINI); Rückkehr (wegen schlechter Verdienstmöglichkeiten Rückkehr eines Freundes/ALMA [ROSÉ] nach Wien); Verwandte (geringe Unterstützung/[FRIEDRICH] BUXBAUM durch Sohn, der gute Stellung hat) **A** Aufführung/HERMANN SCHERCHEN (Konzert im Royal College of Music zugunsten arbeitsloser engl. Musiker; Anfrage/HERMANN SCHERCHEN zur Mitwirkung/ARNOLD ROSÉ); Vortrag/ Alfi [ALFRED ROSÉ] (an Univ., Einladung zu "Cincinnati summer session" mit Vortrag zum Thema «Folk Song and Symphony»; Bericht/[ADOLF] REBNER) **Z** Kriegsereignisse (Nachrichten über Gräueltaten in Deutschland; Duldung der Emigranten in England)

→ *Abdruck im Anhang, S. 387*

ROUCHÉ, JACQUES

6815 1938-09-18
Bruno Walter (Villa Pagnamenta, Lugano) an Jacques Rouché (Directeur Général du Grand Opéra, Paris); ALS (Entwurf), 4 S., frz. **E** Einbürgerung/BW (frz. Staatsbürgerschaft) **A** Projekte/BW (Opernaufführungen in Paris, GEORGES HUISMAN)

RUSSIAN WAR RELIEF

6816 1945-04-28
? (Russian War Relief, LA Committee, LA) an Bruno Wal-

ter (LA); Telegramm, 1 S., engl. **A** Projekte/BW (Konzert zugunsten des Russian War Relief, Hollywood Bowl; LUCY KORNGOLD)

SAMAROFF STOKOWSKI, OLGA

6817   1938-07-16

Bruno Walter (Villa Pagnamenta, Lugano) an Olga Samaroff Stokowski; TL (Kopie), 2 S., engl. **E** Hilfe (Bitte/BW um Unterstützung für VICTOR ZUCKERKANDL bei Einführung in das amer. Musikleben) **A** Empfehlung/BW (für VICTOR ZUCKERKANDL an OSS)

SCHIMMERLING, HANS

6818   1949-04-19

Hans Schimmerling (NYC) an Bruno Walter; TLS, 1 S., dt. **A** Aufführung («1. Sinfonie» und «French Suite»/HS in Prag); Empfehlung/BW (Bitte/HS um Empfehlungsschreiben an Wiener PO); Projekte/LEOPOLD STOKOWSKI (Aufführung «Toccata und Fuga Chromatica» für Orchester/HS verschoben)

SCHINDLER-NIKISCH, NORA

6819   1933-05-19

Nora Schindler-Nikisch (Pension Flora, Prag) an Bruno Walter; ALS, 4 S., dt. **E** Emigrationsweg/EWALD SCHINDLER und NSN (nach Prag; Überlegungen zur Wahl einer neuen Heimat und zur Weiterreise nach Paris); Verfolgung (Verlust der Arbeitsmöglichkeiten/EWALD SCHINDLER und NSN, keine Existenzgrundlage nach Machterlangung/ADOLF HITLER) **A** Anstellung/EWALD SCHINDLER (in Leipzig; Vertragsauflösung in Mährisch-Ostrau)

SCHNABEL, ARTUR

6820   1949-06-20

Artur Schnabel (Los Gatos, CA) an Bruno Walter; ALS, 2 S., dt. **E** Integration/AS (Bezug eines Hauses, kein Kontakt zu Menschen bis auf Gärtner und Hausmädchen) **A** Kompositionen/AS (nach Genesung wieder Arbeit an Kompositionen)

6821   1949-06-25

Bruno Walter an Artur Schnabel (Los Gatos, CA); TL (Kopie), 1 S., dt. **A** Aufführung/BW (Gratulation zu gelungenem Konzert in SF); Kollegen/BW (Glückwunsch zur Genesung); Reise/BW (Annahme der Einladung/AS wegen großer Entfernung nicht möglich)

SCHREKER, FRANZ

6822   1933-02-26

Bruno Walter (The Savoy Plaza, NYC) an Franz Schreker; ALS, 3 S., dt. **R** Musik (Beeinflussung von Programmgestaltungen durch finanzielle Interessen der Veranstalter; Absetzung eines Werkes/FS; LOUISE WOLFF, ? SACKS)

6823   1933-12-01

Bruno Walter (The Savoy Plaza, NYC) an Franz Schreker (Berlin); TLS, 1 S., dt. **E** Hilfe/BW (für FS aufgrund der Situation in den USA bislang nicht möglich) **A** Aufführung («Geburtstag der Infantin»/FS anstelle seiner «Vier Orchesterstücke», Schwierigkeiten mit Verleger)

SCHWEITZER, ALBERT

6824   1945-11-07

Albert Schweitzer (Lambaréné [Gabun]) an Bruno Walter (c/o Dr. Edward H. Hume, Christian Medical Council for Overseas Work, NYC); ALS, 1 S., dt. **E** Integration/AS (Zeit in Lambaréné als Gnade im Vergleich zur Situation anderer Emigranten); Verfolgung (Schwierigkeiten anderer Emigranten im Vergleich zu AS im Exil)

SIGMUND STERN GROVE BENEFIT FOR ALLIED RELIEF

6825   1940-09-20

Sigmund Stern (Sigmund Stern Grove Benefit for Allied Relief, SF) an Bruno Walter; TLS, 2 S., engl. **A** Aufführung/BW (Benefizkonzert mit SF SO, KERSTIN THORBORG; Einnahmen); Organisationen (Emergency Rescue Committee, FRANK KINGDON; finanzielle Unterstützung/Sigmund Stern Grove Benefit for Allied Relief)

STAATSMINISTERIUM FÜR UNTERRICHT UND KULTUS MÜNCHEN

6826   1947-11-04

Bruno Walter (Hyde Park Hotel, London) an Dieter Sattler (Staatsministerium für Unterricht und Kultus, München); TL (Kopie), 2 S., dt. **A** Projekte/DS (Einladung/BW zu Konzert in München) **R** Kulturpolitik (Gastauftritt/BW in München 1947 verfrüht; Gastauftritte als Zeichen der Sympathie für Deutsche, die gegen das Nazi-Regime gefühlt oder gehandelt haben)

STÄDTISCHES KONSERVATORIUM BERLIN

6827   1950-05-20

Ewald Herold und Gerd Wegner (Städtisches Konservatorium Berlin) an Bruno Walter; TLS, 1 S., dt. **A** Projekte (Einladung/BW zu Vortrag und Jubiläumsfeier)

6828   1950-07-07

Hans Joachim Moser (Städtisches Konservatorium Berlin) an Bruno Walter (Beverly Hills, CA); ALS, 3 S., dt. **A** Projekte/HJM (Einladung/BW ans Konseratorium Berlin, Bereitschaft zu einem Vortrag, Terminfrage)

→ *Antwortbrief mit Zusage: 1950-07-12*

6829   1950-10-25

Ewald Herold und Gerd Wegner (Studentenrat des Städtischen Konservatoriums, Berlin) an Bruno Walter; TLS, 2 S., dt. **A** Aufführung/BW ("erhebendes Konzert"); Vortrag/BW (am Städtischen Konservatorium während Berlin-Besuch) **Z** Kulturleben (Wunsch nach Förderung des Studentenaustauschs); Politik (Situation in Berlin)

STEFAN, PAUL

6830   1941-02-04

Paul Stefan (Lissabon) an Bruno Walter; TLS (annotiert), 2 S., dt. **E** Behörden (Warten auf Visum, Bitte um Fürsprache/BW in Washington); Emigrationsweg/PS (über Lissabon in die USA; Situation in Lissabon nicht gut); Finanzen/PS (Bitte um Nachfrage bei der Bank) **A** Schriften/PS ("kleines Etwas über portugiesische Musik" im Auftrag "des hiesigen Propaganda-Amtes")

6831   1941-02-20

Paul Stefan (Lissabon) an Bruno Walter; ALS, 1 S., dt. **E** Finanzen/PS (Dank für Überweisung) **A** Aufführung/PE-

DRO DE FREITAS BRANCO («7. Sinfonie E-Dur»/ANTON BRUCKNER im Staatssender mit kurzer Einführung/PS)

STRESEMANN, WOLFGANG

6832 1940-10-13
Bruno Walter (Beverly Hills, CA) an Wolfgang Stresemann; ALS, 4 S., dt. R Musik/BW (Sinn der Musik in Krisen- und Kriegszeit)

→ Abdruck in: Walter 1969, 256 (Auszug)

6833 1941-09-22
Bruno Walter (Hotel Del Monte, Del Monte, CA) an Wolfgang Stresemann; ALS, 4 S., dt. A Projekte/BW (Aufführung «Die Zauberflöte»/WOLFGANG AMADEUS MOZART, Besetzungsprobleme; KIRSTEN FLAGSTAD); Schriften/BW (Arbeit an Essay über "influence of music on stage-production in opera" und Vortrag über "Mozart and his Magic Flute") R Musik/BW (Zeichen der Hoffnung im Krieg)

6834 1943-07-22
Bruno Walter und Elsa Walter (Beverly Hills, CA) an Wolfgang Stresemann; ALS, 4 S., dt. A Aufführung/BW (BOHUSLAV MARTINŮ, Unschlüssigkeit wegen Aufführung; wachsende Vertrautheit mit Musik/SAMUEL BARBER)

6835 1946-07-01
Wolfgang Stresemann (NYC) an Bruno Walter; ALS, 1 S., dt. E Integration/BW (Umzug nach Kalifornien) A Aufführung (Beginn von Gastspiel unter FABIEN SEVITZKY); Projekte/BW (Aufführung von «5. Konzert Es-Dur» für Kl. und Orchester op. 73/LUDWIG VAN BEETHOVEN mit ARTUR RUBINSTEIN) R Musik (Bericht über Aufführung der «Sinfonie» für Streicher/ARTHUR HONEGGER in ‹NY Times›; Meinung zu einem im Radio gehörten Chorwerk/PAUL HINDEMITH; Bewertung eines Auszugs aus «Die Frau ohne Schatten» op. 65/RICHARD STRAUSS) Z Politik (innenpolitische Situation verursacht durch Versagen des Parlaments, Vergleich mit Situation in Europa vor ADOLF HITLER)

TOSCANINI, ARTURO

6836 1933-05-05
Arturo Toscanini an Winifred Wagner (Bayreuth); Telegramm (Kopie annotiert), 1 S., ital. Z Kulturleben (Absage/AT des Auftritts in Bayreuth wegen "avvenimenti dolorosi che hanno ferito il mio sentimento d'uomo e d'artista")

6837 1937-04-10
Arturo Toscanini an Bruno Walter; ALS, 3 S., ital. A Aufführung/BW («Die Zauberflöte»/WOLFGANG AMADEUS MOZART in Wien)

6838 1937-07-03
Arturo Toscanini (Isolino S. Giovanni, Lago Maggiore) an Bruno Walter; ALS, 4 S., ital. Z Kulturleben (Salzburger Festspiele, Probleme mit dt. Sängern; [ERWIN] KERBER, [WILHELM] FURTWÄNGLER, ADOLF HITLER, JOSEPH GOEBBELS)

→ Abdruck in engl. Übersetzung: Toscanini 2002, 265-266

6839 1943-11-29
Arturo Toscanini an Bruno Walter; ALS, 2 S., ital. A Projekte/LOTTE LEHMANN (Wiederaufnahme ihrer Aktivitäten an der MET)

→ Abdruck in engl. Übersetzung: Toscanini, 396

UNGARISCHES SINFONIE ORCHESTER

6840 1938-07-21
Georg Schuler (Ungarisches SO, Budapest) an Bruno Walter; TLS, 2 S., dt. A Aufführung/BW (Absage eines Konzertes, Beeinflussung durch politische Situation); Projekte/GS (Planung eines Mozart-Zyklus mit Ungarischem SO)

UNGER, HEINZ

6841 1947-01-09
Heinz Unger (c/o Fred Rost, NYC) an Bruno Walter (c/o Arthur Judson, NYC); TLS, 1 S., engl. A Aufführung/BW («Das Lied von der Erde»/GUSTAV MAHLER); Reise/HU (Route für bevorstehende Konzertreise, London, Madrid, Montreal, NYC)

6842 1947-08-02
Heinz Unger (St. John's Wood, England) an Bruno Walter (Beverly Hills, CA); TL, 1 S., dt. A Anstellung/HU (Schwierigkeiten mit London PO, vergeblicher Verständigungsversuch nach langjähriger Tätigkeit); Projekte/HU (Beschreibung des Vorhabens, jährlich für drei bis vier Monate in Europa zu arbeiten)

6843 1949-04-28
Heinz Unger (c/o NCAC, NYC) an Bruno Walter; ALS, 1 S., engl. A Anstellung/HU (Angabe von BW als Referenz für HU durch [SIEGFRIED] HEARST; CARL WACKER); Kollegen/BW (EUGENE ORMANDY, Änderungen in Hollywood nach seiner Abdankung)

UNION DES SOCIÉTÉS JUIVES DE FRANCE

6844 1939-06-05
Henri Levin (Union des Sociétés Juives de France, Paris) an Bruno Walter (Bureau des Concerts, Paris); TLS, 1 S., frz. A Organisationen (Union des Sociétés Juives de France, Einladung/BW zu einem Bankett; LÉO LAGRANGE)

UNITARIAN SERVICE COMMITTEE

6845 1942-06-23
Marion H. Niles (Unitarian Service Committee, Boston, MA) an Bruno Walter (Beverly Hills, CA); TLS, 1 S., engl. E Hilfe (für BERTHA ZUCKERKANDL und EMIL ZUCKERKANDL, langer Aufenthalt in Algier, "continued her anti-Nazi attacks through her writings", Präsentation ihres Falles bei Anhörung in Washington, "slow starvation" verhindert, Bitte um Mithilfe/BW bei Transportkosten und Aufbringen finanzieller Hilfe)

6846 1942-07-01
Bruno Walter (Beverly Hills, CA) an Marion H. Niles (Unitarian Service Committee, Boston, MA); TL (Kopie), 1 S., engl. E Hilfe/BW (schickt Geld für Zuckerkandl Fund)

UNIVERSITY OF PORTLAND

6847 1949-06-29
Louis P. Arteau (Univ. of Portland, School of Music, Portland, OR) an Bruno Walter (Beverly Hills, CA); TLS, 1 S., dt. Z Kulturuleben (im Auftrag/LOTTE LEHMANN Bitte um Rat/BW zur Vergrößerung der Musikfakultät, Univ. of Portland; Vorschlag TILLY DE GARMO und FRITZ ZWEIG)

6848   1949-07-02
Bruno Walter an Louis P. Arteau (School of Music, Univ. of Portland, Portland, OR); TL (Kopie), 1 S., engl. **A** Empfehlung/BW (für FRITZ ZWEIG und TILLY DE GARMO an LA zur Anstellung an Univ. of Portland)

WAGNERVEREENIGING AMSTERDAM

6849   1939-02-13
? (Wagnervereeniging, Amsterdam) an Bruno Walter (Haus Rychenberg, Winterthur, Schweiz); TLS, 1 S., dt. **A** Aufführung/BW (Besetzung EZIO PINZA, RICHARD TAUBER, [ERICH?] KUNZ, SALVATORE BACCALONI; [ERWIN] KERBER)

6850   1939-10-04
? (Wagnervereeniging, Amsterdam) an Bruno Walter (Villa Pagnamenta, Lugano); TLS, 2 S., dt. **A** Aufführung/BW (Absage der Teilnahme an Festival) **Z** Kulturleben (Schwierigkeiten bei Durchführung eines Festivals, Absagen ausländischer Künstler, keine Auftrittserlaubnis, keine Kontaktmöglichkeiten)

→ *Brief Rudolf Mengelberg 1939-10-11 (Dok. 6794)*

WAR DEPARTMENT

6851   1947-03-10
Bruno Walter an John H. Hilldring (Assistant Secretary for the Occupied Areas, War Dept., Washington, DC); TL (Kopie), 1 S., engl. **E** Einbürgerung/BW (Selbstverständnis als US-Bürger) **A** Projekte/BW (Einladung zu Auftritt in München; Benefizkonzert für US-Soldaten, "as an Amer. citizen I should be happy to conduct for the benefit of our officers and men."); Reise/BW (Besuch von Österreich im Zuge seines "second postwar trip", Konzertverpflichtungen in Wien, Edinburgh und den Niederlanden)

6852   1947-04-05
John H. Hilldring (Assistant Secretary of State, Washington, DC) an Bruno Walter (Philharmonic-Symphony Soc. of NY, NYC); TLS, 1 S., engl. **A** Projekte/BW (Benefizkonzerte in München als "significant contribution to the program of intercultural exchange with Germany"; Absprachen mit Militärregierung in Deutschland notwendig)

6853   1947-05-12
Harrison Kerr (War Dept., War Dept. Special Staff, Civil Affairs Division, NYC) an Bruno Walter (Beverly Hills, CA); TLS, 1 S., engl. **A** Aufführung/BW (Konzertverpflichtung in München) **R** Kulturpolitik (Verweigerung der Auftrittsgenehmigung für BW mit Münchener PO seitens der Militärregierung; Situation noch nicht reif)

→ *Office of Military Government for Germany (Dok. 6799)*

WELLESZ, EGON

6854   1938-06-01
Egon Wellesz (London) an Bruno Walter; ALS, 2 S., dt. **E** Ausreise/EW (Emigrationspläne der eigenen Familie) **A** Anstellung (ERNEST MCMILLAN sucht hervorragende Holzbläser und Cellisten, Conservatory Toronto, Verbindung mit Aufenthaltsgenehmigung für Kanada; Frage nach entlassenen Musikern aus Wiener PO); Projekte/EW (Vorschlag zur Gründung eines Komitees zur Vermittlung von Musikern); Reise/EMMY HEIM (Rückkehr aus Kanada)

6855   1938-07-10
Egon Wellesz (c/o Dr. H[enry] C[ope] Colles, London) an Bruno Walter; ALS, 3 S., dt. **E** Integration/EW (Anstellung in Oxford, wenig Kontakt zu Musikleben in London); Verwandte/EW (Ausreise der Familie aus Wien; Kinder in Lugano eingetroffen) **A** Anstellung/EW (dreijähriges research fellowship in Oxford, gesicherte Existenz); Aufführung (Eröffnung der Saison in Convent Garden Misserfolg; Wunsch nach Wirken/BW in England groß); Projekte/EW (Einführungen zu seinen Werken in Zeitschriften, besonders «Prosperos Beschwörungen» für Orchester)

6856   1945-06-29
Egon Wellesz (Lincoln College, Oxford) an Bruno Walter; ALS, 2 S., dt. **E** Integration/EW (Hilfe und Freundschaft an College und Univ., Ablehnung der Berufung in die USA); Aufführung/BW («Prosperos Beschwörungen» für Orchester/EW) **Z** Kriegsereignisse (während der Kriegsjahre Isolation/EW in Oxford)

WIENER PHILHARMONISCHES ORCHESTER

6857   1951-06-18
Rudolf Hanzl an Bruno Walter (Zürich); TLS, 2 S., dt.; mit Anlage: Briefe von Wilhelm Furtwängler und Hans Knappertsbusch an Rudolf Hanzl (TL, Abschrift, 1 S., dt.) **A** Aufführung/BW (Einladung zu Konzerten mit Wiener PO als Antwort auf prinzipielle Zusage/BW); Organisationen (schlechtes Verhältnis Wiener PO zur Ges. der Musikfreunde, kein Kontakt mit [BERNHARD] GAMSJÄGER und Abkehr von der Ges.; Aussagen/WILHELM FURTWÄNGLER, FRIEDRICH KNAPPERTSBUSCH, CLEMENS KRAUSS, KARL BÖHM)

6858   1951-07-06
Bruno Walter an Rudolf Hanzl (Wiener PO, Wien); TL (Kopie), 1 S., dt. **A** Aufführung/BW (Änderung des Programmvorschlags, kein Konzert bei Ges. der Musikfreunde; Bedauern über Situation in Wien)

WINTER, EGON W.

6859   1949-01-08
Egon W. Winter (Newark, NJ) an Bruno Walter; ALS, 1 S., engl. **A** Öffentlichkeit/BW (Petition gegen WILHELM FURTWÄNGLER, fehlende Unterschrift/BRUNO WALTER)

6860   1949-02-10
Bruno Walter an Egon W. Winter (Newark, NJ); TL (Kopie), 1 S., engl. **A** Öffentlichkeit/WILHELM FURTWÄNGLER (Petition als Überreaktion; Eintreten/WILHELM FURTWÄNGLER für jüdische Musiker; Verweigerung einer kollektiven Schuldzuweisung durch BW) **Z** Kulturleben (WILHELM FURTWÄNGLER als Mittel der Nazi-Propaganda)

→ *Briefe Wilhelm Furtwängler (Dok. 6739-6743) und Edwin McArthur (Dok. 6791-6792)*

War Projects Administration

6861   1942-11-10
C. Roger Wood (War Projects Administration, War Service Section, NYC) an Bruno Walter (c/o Columbia Records, NYC); TLS, 1 S., engl. **A** Projekte (Konzerte WPA SO, finanzielle Unterstützung/FIORELLO LA GUARDIA und Carnegie Hall, Kampagne der US Treasury, Bitte um Mitwirkung/BW; Konzerte der vergangenen Jahre mit LEOPOLD STOKOW-

SKI, THOMAS BEECHAM, FRITZ REINER, JOSÉ ITURBI, LAURITZ MELCHIOR, ELIZABETH RETHBERG, RUDOLF SERKIN, NATHAN MILSTEIN, GREGOR PIATIGORSKY)

→ *Antwortbrief mit Absage: 1942-11-13*

WORLD JEWISH CONGRESS

6862   1946-10-28
Ben Rubenstein (World Jewish Congress, Congress House, London) an Bruno Walter (Hyde Park Hotel, London); TLS, 2 S., engl. A Aufführung/BW (Konzert, BBC); Projekte/BW (Benefizkonzert "in aid of our distressed people in Europe", Terminabsprache; Foreign Office, State Dept.); Treffen/BW (mit BR)

ZEISL, ERIC

6863   1947-05-05
Eric Zeisl (Hollywood, CA) an Bruno Walter (Beverly Hills, CA); TLS, 1 S., dt. E Einbürgerung/EZ (amer. Staatsbürger) A Kompositionen/EZ (Bühnenmusik zu Schauspiel/EMIL LUDWIG, Bitte um Aufführung); Öffentlichkeit/EZ (positive Kritiken und Erfolge in den USA)

6864   1947-07-28
Bruno Walter (Beverly Hills, CA) an Eric Zeisl (Hollywood, CA); TL (Kopie), 1 S., dt. A Kompositionen/EZ (Bühnenmusik; kein Interesse an Aufführung, "dass mich Ihre musikalische Sprache von Anfang an fremd angemutet hat und dass sie mir fremd geblieben ist")

ZENTRALVERBAND DER ÖSTERREICHER FÜR GEMEINNÜTZIGE AUSLANDSINTERESSEN

6865   1947-07-19
? Gelinsky (Zentralverband der Österreicher für gemeinnützige Auslandsinteressen, Wien) an Bruno Walter (MET, NYC); TLS, 1 S., dt. A Öffentlichkeit/BW (Wahl zum Ehrenmitglied, Bitte um Annahme der Wahl)

→ *Antwortbrief: 1947-08-31*

6866   1947-09-11
? Gelinsky (Zentralverband der Österreicher für gemeinnützige Auslandsinteressen, Wien) an Bruno Walter (Caledonian Hotel, Edinburgh); TLS, 2 S., dt. A Öffentlichkeit/BW (Annahme der Wahl zum Ehrenmitglied nicht abhängig von der Staatsbürgerschaft; Verbundenheit mit Österreich ausschlaggebend)

→ *Antwortbrief mit Annahme: 1947-09-27*

ZENTRALVEREINIGUNG ÖSTERREICHISCHER EMIGRANTEN

6867   1939-05-18
? (Zentralvereinigung Österr. Emigranten, Paris) an Bruno Walter (Lugano); TLS, 1 S., dt. A Organisationen (Dank für Beitritt/BRUNO WALTER zu Zentralvereinigung Österr. Emigranten, Zeugen ? ROSENBERG und [PAUL] STEFAN); Projekte/BW (Konzert mit FRITZ KREISLER in Räumlichkeiten von Georges, König von Griechenland, oder ROBERT DE ROTHSCHILD)

6868   1939-10-31
? (Zentralvereinigung Österr. Emigranten, Paris) an Bruno Walter (Villa Pagnamenta, Lugano); TLS, 1 S., dt. E Hilfsorganisationen (Vermittlung bei Durchreise, Aufenthaltsgenehmigung und Unterstützung von hilfsbedürftigen Emigranten; Bitte um Mitunterzeichnung eines Aufrufes und um Spende zur Unterstützung der Arbeit der Zentralvereinigung Österr. Emigranten) Z Kriegsereignisse (Internierung von Österreichern in Frankreich; Commission Autrichienne de Triage)

ZIRATO, BRUNO

6869   1949-01-18
Bruno Zirato (Philharmonic-Symphony Soc. of NY, NYC) an Bruno Walter; TLS, 1 S., engl. A Öffentlichkeit/BW (Kritik an Entscheidung, nach Salzburg zu gehen); Projekte/BW (Gastauftritt bei Salzburger Festspielen, Anwesenheit/WILHELM FURTWÄNGLER und HANS KNAPPERTSBUSCH; Gastauftritt bei Chicago SO, EUGENE ORMANDY, GEORGE SZELL)

6870   1949-01-20
Bruno Walter an Bruno Zirato (NYC); TL (Kopie annotiert), 1 S., engl. A Öffentlichkeit/BW (Vorwurf der Zusammenarbeit mit Nazi-Kollaborateuren; "And why do these same people not begrudge my 'collaboration' with Mr. Karajan who, as far as I know, really was a Nazi, whereas Furtwaengler's helpfulness in cases of Jewish need is well known."); Projekte/BW (Gastauftritt bei Salzburger Festspielen, Anwesenheit/WILHELM FURTWÄNGLER; Gastauftritt bei Chicago SO, EUGENE ORMANDY, GEORGE SZELL)

ZUCKERKANDL, VICTOR

6871   (1939)-10-10
Victor Zuckerkandl (Hotel Sesam, Stockholm) an Bruno Walter; TLS, 2 S., dt. E Ausreise/VZ (Bemühung um amer. visa nach Kriegsausbruch) A Anstellung/VZ (Suche nach Anstellung als Musiktheoretiker in den USA, inzwischen praktische Arbeit mit Sängern; Bitte um Empfehlung/BW; ARTUR BODANZKY); Schriften/VZ (Abschluss einer Publikation für GOTTFRIED BERMANN-FISCHER) Z Kriegsereignisse (Situation in Schweden; "USA als einzige[s] europäische[s] Land auf der Erde")

6872   1939-10-?
Bruno Walter, ohne Adressat (Entwurf), 1 S., engl.; A Empfehlung/BW (für VICTOR ZUCKERKANDL)

→ *Empfehlungsschreiben in Emergency Committee in Aid of Displaced Foreign Scholars Records (Dok. 6206), Kopie in Alfred E. Cohn Papers (Dok. 7058)*

6873   [ab 1941]-02-03
Victor Zuckerkandl (Wellesley Hills, MA) an Bruno Walter; TLS, 2 S., dt. A Integration/VZ (Arbeit als "defense worker", "ganz richtiger Maschinist"); Anstellung/VZ (Abgang vom Wellesley College unter dramatischen Umständen); Aufführung/BW (Dank für Radiokonzert mit «8. Sinfonie F-Dur» op. 93/LUDWIG VAN BEETHOVEN); Projekte/VZ (Buch über Erfahrungen mit amer. Musikerziehung, Vergleich mit Europa)

6874   [1946]-08-04
Victor Zuckerkandl (Percé, Kanada) an Bruno Walter; ALS, 2 S., dt. A Anstellung/VZ (am NY City College fraglich); Projekte/VZ (musikphilosophisches Buch); Reise/VZ (nach Kalifornien und Kanada)

6875   1948-08-20
Bruno Walter an Victor Zuckerkandl (Dept. of Music, Anapolis College, Anapolis, MD); TL (Kopie), 1 S., dt. **A** Anstellung/VZ (neue Stelle); Schriften/VZ (Glückwunsch zu Aufsatz über «Doktor Faustus»/THOMAS MANN)

ZWEIG, STEFAN

6876   1935-07-07
Stefan Zweig (Hotel Bellerive, Zürich) an Bruno Walter; ALS, 5 S., dt. **E** Ausreise/SZ (Schmerz über Weggang aus Salzburg) **A** Öffentlichkeit/SZ (Presse über "unlösbare Sache Strauss") **Z** Kulturleben (Absetzen der Werke/GUSTAV MAHLER)

6877   1936-10-23
Stefan Zweig (London) an Bruno Walter; TLS (annotiert), 3 S., dt. **A** Reise/SZ (Rückkehr aus Südamerika); Schriften/BW (über GUSTAV MAHLER, Lob und Dank/SZ für Zusendung); Schriften/SZ (gesammelte Erzählungen)

6878   1939-02-26
Stefan Zweig (NYC) an Bruno Walter; TLS, 2 S., dt. **A** Projekte/SZ (Versuch, BW für Vortrag «Die moralischen Kräfte in der Musik» zu gewinnen; THOMAS MANN, H[ERBERT] G[EORGE] WELLS, HAROLD R. PEAT); Vortrag/SZ (Vortragsreise durch die USA beendet)

OFFIZIELLE DOKUMENTE
CHICAGO OPERA COMPANY

6879   1944 bis 1945
Verträge mit Bruno Walter, 1944-12-26 und 1945-04-04

CHICAGO SYMPHONY ORCHESTRA

6880   1945 bis 1954
Verträge mit Bruno Walter, 1945-02-12, 1946-02-25, 1948-02-23, 1948-08-16, 1949-01-05, 1950-02-03, 1951-01-09, 1952-01-30, 1943-01-05, 1953-12-01, 1954-06-07 und 1954-11-22; Regelungen zur Anzahl der Aufführungen und Proben, Aufführungsterminen und Gage

CLEVELAND ORCHESTRA

6881   1946 bis 1949
Verträge mit Bruno Walter, 1946-02-06 und 1949-01-24; Regelungen zur Anzahl der Aufführungen

COLUMBIA RECORDING CORPORATION

6882   1947 bis 1949
Verträge, 1947-04-03 und 1949-05-03; Regelungen zu Honoraren, Werken, Solisten und Aufnahmeterminen

CONCERTS SYMPHONIQUES DE MONTRÉAL

6883   1943 bis 1949
Verträge mit Bruno Walter, 1943-04-29, 1945-02-01, 1946-02-11 und 1949-02-24

LONDON PHILHARMONIC ORCHESTRA

6884   1946 und 1946
Verträge, 1946-06-03 (für Konzerte am 1946-10-31 und 1946-11-07) und 1946-11-09 (für ein BBC-Konzert am 1947-01-01); Regelungen zu Programmgestaltung und Honoraren

METROPOLITAN OPERA ASSOCIATON

6885   1943 bis 1950
Verträge, 1943-01-?, 1943-03-(01), 1943-06-?, 1944-02-(22), 1945-01-(04), 1945-02-?, 1945-06-(27), 1946-02-? und 1950-04-?; Regelung zu Anzahl und Terminen von Aufführungen und Proben, Honorar und Programm

↳ *Metropolitan Opera Ass. (Dok. 5427)*

PHILHARMONIC-SYMPHONY SOCIETY OF NEW YORK

6886   1943 bis 1950
Verträge, 1943-01-27, 1943-05-14, 1943-06-04, 1944-04-18, 1945-02-20, 1945-04-12, 1946-06-21 1948-02-17, 1949-01-07 und 1950-03-16; Regelung zu Anzahl und Terminen von Aufführungen und Proben, Honorar, Programm und Aufnahme bzw. Ausstrahlung im Rundfunk

SALZBURGER FESTSPIELE

6887   1948 und 1957
Verträge, 1948-10-12 und 1957-02-20; Regelungen zu Honorar, Terminen und Programmgestaltung

SAN FRANCISCO SYMPHONY ORCHESTRA

6888   1945 bis 1953
Verträge mit Bruno Walter, 1945-04-23, 1946-04-03, 1949-03-17, 1950-06-12 und 1953-04-10

SOUTHERN CALIFORNIA SYMPHONY SOCIETY

6889   1942 bis 1952
Verträge mit Bruno Walter, 1942-10-07, 1943-05-21, 1943-06-09, 1946-10-22 und 1952-02-14

SZIGETI, JOSEPH

6890   1951-07-?
Bruno Walter; Affidavit; TD (Kopie), 2 S., engl. **E** Affidavit/BW (für JOSEPH SZIGETI)

MATERIAL ZUR BIOGRAFIE
FLAGSTAD, KIRSTEN

6891   1949-03-09 bis 1949-07-25
Pressereaktionen zum Engagement von Kirsten Flagstad an die MET: Manfred George, «Betrachtungen zur Lage: Fall Flagstad» (in: ‹Aufbau›, o.D., S. 3); «It's Time to Make an End» (engl. Übersetzung des Editorial, in: ‹Nordisk Tidende›, 1949-03-09, 4 S.); Headlines des ‹SF Bulletin› (1949-07-22 bis 1949-07-25, 2. S.)

KRAUSS, CLEMENS

6892   —
«Historische Darstellung der Affaire Clemens Krauss»; Memorandum; TD, 13 S., dt. **Z** Kulturleben (ausführlicher Bericht über Stellung/CLEMENS KRAUSS im Nazi-Regime)

WALTER, BRUNO

6893   (1933)
«Deutschland, die Juden und die Welt»; Pressemitteilung; TD, 2 S., dt. **R** Kulturpolitik (Situation der jüdischen Künstler, BRUNO WALTER; Rolle der Künstler als weltweite Botschafter eines Landes; Appell/BRUNO WALTER zur Toleranz gegenüber jüdischen Künstlern) **Z** Verfolgung (Juden in Deutschland; Gewalt und Hass; Exil)

ZENTRALVERBAND DER ÖSTERREICHER FÜR GEMEINNÜTZIGE AUSLANDSINTERESSEN

6894 1947-08-?
«An alle Österreicher und Freunde Österreichs in der ganzen Welt!«; Pressemitteilung; PD, 2 S., dt. E Hilfsorganisationen (Erklärung zu Kriegsereignissen und notwendigen Maßnahmen gegen die Folgen)

BILDDOKUMENTE
SCHWEITZER, ALBERT

6895 1948-07-30
2 Fotografien Albert Schweitzers aus Lambaréné und eine Planskizze des Ortes, alle mit Widmung an Bruno Walter

Karl Weigl Scores

- Zur Biografie vgl. S. 42
- Partituren, meist Autographe, autographe Kopisten-Abschriften oder Ozalid Copies, keine eigene Sammlung, sondern mit individuellen Signaturen in die Bestände der NYPL integriert
- Vgl. Karl Weigl Subject Files (American Composers' Alliance, S,. 42f.; NYPL, Humanities and Social Sciences Library, Manuscripts and Archives Division, S. 276-279; Alfred E. Cohn Papers, Rockefeller Archive Center, S. 343); Originale der Kopien teils in Karl Weigl Papers (Irving S. Gilmore Music Library, Yale Univ.); siehe auch Karl Weigl Coll. (in The Moldenhauer Archives, Library of Congress, DC; vgl. Spalek III, 785-786)
- Spalek I, 956-960

MUSIKMANUSKRIPTE
WEIGL, KARL

6896 —
«The Refugee» (Isabel Morse Jones) für Singstimme und Kl.; Partitur, Kopie, 4 S.

6897 —
«Graue Jahre / Grey Years» (Lilly Roma) für Singstimme und Kl.; Partitur, Kopie, 3 S.

6898 [1934]
«Passacaglia und Fuge d-Moll» für Orgel; Autograph, 17 S.

6899 [1936]
«4. Sinfonie f-Moll»; Partitur, Autograph, 152 S.

6900 1937
«Sonate» für V. und Kl.; Partitur, Kopie, 40 S.

6901 [1938]
«The Glorious Vagabound» (Charlotte Storm) für Singstimme und Kl.; Partitur, Kopie, 12 S.

6902 [1938]
«Festspielouvertüre» für großes Orchester; Partitur, Autograph, 58 S.

6903 1939
«6. Streichquartett C-Dur» op. 37; Partitur, Kopie, 51 S.

6904 1939
«Dances from Vienna» für 2 Kl. zu 4 Händen; Partitur, Kopie, 20 S.; weitere Partitur (Kopie, 26 S.) vorhanden

6905 1939
«Dances from Vienna» für großes Orchester; Partitur, Kopie, 64 S.; veröffentlicht bei AMP, 1939; daneben autographe Partitur in der Handschrift von Paul Weissleder

6906 1939
«Konzert» für Vc. und Orchester; Partitur, Kopie, 82 S.

6907 1939
«Trio» für V., Vc. und Kl.; Partitur, Autograph, 44 S.

6908 [1940]
«2 Pieces» für Vc. und Kl.; Partitur, Kopie, 5 S.; 1. «Love Song», 2. «Wild Dance»

6909 [1940]
«Summer Evening Music» für Streichorchester; Partitur, Kopie, 16 S.

6910 1940
«Rhapsody» für Kl. und Orchester; Partitur, Kopie, 59 S.

6911 1940
«Sonate» für Va. und Kl.; Partitur, Kopie, 19 S.

6912 [1941]
«Revelation (Meditation)» für Kl. zu 4 Händen; Partitur, Kopie, 3 S.; Kopie einer Kopistenabschrift

6913 1941
«Child Asleep», Lied für Mezzosopran und Kl.; Partitur, Kopie, 2 S.

6914 [1942]
«And There You Stood» (Michael Orogo) für Singstimme und Kl.; Partitur, Kopie, 2 S.

6915 [1942]
«2 Pieces» für V. und Kl.; Partitur, Kopie, 8 S.; 1. «Notturno», 2. «Hungarian Dance»

6916 1942
«6 Fantasies» für Kl.; Kopie, 15 S.; Titel: «Spring evening», «Burlesque», «Remembrance», «Capriccio», «Longing», «Halloween»

6917 1942
«7. Streichquartett f-Moll»; Partitur, Kopie, 35 S.

6918	1942

«Two Choruses of the Time» (John G. Whittier) für Chor a cappella; Partitur, Kopie, 10 S.

6919	[1943]

«Black Cat» (Nancy Byrd Turner) für Stimme und Kl.; Partitur, Kopie, 2 S.

6920	1945

«5. Sinfonie (Apocalyptic Symphony)»; Partitur, Kopie, 161 S.

6921	1947

«6. Sinfonie»; Partitur, Autograph, 101 S.

6922	1949

«8. Streichquartett D-Dur»; Partitur, Kopie, 36 S.

New York Public Library, New York Public Library for the Performing Arts, Billy Rose Theatre Collection
40 Lincoln Center Plaza, New York, NY 10023-7498, http://www.nypl.org/research/lpa/the/the.html
Kontakt: theatrediv@nypl.org

Clifford Odets Papers

- Clifford Odets, 1906-1963, Schriftsteller und Drehbuchautor
- Teilnachlass mit Tagebüchern, Drehbüchern, Korrespondenz, Scrapbooks und Fotografien; trotz seiner Kontakte zu Hanns Eisler kaum Dokumente, die für Exilforschung von Interesse sind
- Vgl. Clifford Odets Papers, Lilly Library, Indiana Univ., Bloomington, IN (http://www.indiana.edu/~liblilly/guides/odets.html, Stand: August 2004)
- Finding aid, kurze Sammlungsbeschreibung im Online-Katalog (http://catnyp.nypl.org/)

SCHRIFTEN
ODETS, CLIFFORD

6923	1944-07-18

Clifford Odets, «None But the Lonely Heart – Production 451»; Drehbuch, TD (Kopie annotiert), 5 S., engl.; Drehbuch zu «None But the Lonely Heart» (4 S., TD, Kopie) mit Bemerkungen zum Einsatz der Musik und handschriftlichen Anmerkungen von Hanns Eisler sowie «Editing – Rerecording – Music Schedule» (1 S., TD) mit ausführlichem Zeitplan für die Produktion; zweites Exemplar (TD, engl., 4 S.) ohne Eintragungen Hanns Eislers

Walter Slezak Papers

- Walter Slezak, 1902-1983, Schauspieler, Sänger und Schriftsteller, Sohn des Tenors Leo Slezak, seit 1930 in den USA, 1930 Bühnendebüt am Broadway, 1942 Debüt als Filmschauspieler
- Teilnachlass (Call No. T-Mss 1983-003) mit Korrespondenz, persönlichen Papieren und Ephemera (inklusive Fotografien, Clippings u.a.)
- Sammlungsbeschreibung im Online-Katalog (http://catnyp.nypl.org/), Finding aid online
- Leo Slezak, «Mein lieber Bub. Briefe eines besorgten Vaters», hrsg. von Walter Slezak, München 1966 • *Handbuch Exiltheater* 1999, 875

MUSIKMANUSKRIPTE
HOLLAENDER, FRIEDRICH & WAXMAN, FRANZ

6924	—

Franz Waxman und Friedrich Hollaender, «25 pro Lubitsch»; Noten, Autograph (Skizze), 4 S.; Text mit Verweisen auf Melodien populärer Wienerlieder, vielleicht als Ständchen anlässlich einer Feier für Ernst Lubitsch gedacht

KORRESPONDENZ
LEHMANN, LOTTE

6925	1946-04-11

Lotte Lehmann an Walter Slezak; TLS, 1 S., dt. E Verwandte/WS (Dank/LL für Übersendung des Briefes seines Vaters LEO SLEZAK, möglicher Besuch in den USA)

6926	1946-06-04

Lotte Lehmann an Walter Slezak; TLS, 1 S., dt. E Verwandte/WS (Trauer über Tod des Vaters, kein USA-Besuch; Wiener Jugend für WS damit untergegangen)

6927	1949-02-06

Lotte Lehmann an Walter Slezak; TLS, 1 S., dt. A Schriften/LEO SLEZAK (Autobiografie «Mein Lebensmärchen» gelesen; Leben unter ADOLF HITLER)

New York University, Elmer Holmes Bobst Libary, The Tamiment Library & Robert F. Wagner Labor Archives
70 Washington Square South, New York, NY 10012, http://www.nyu.edu/library/bobst/research/tam
Kontakt: Michael Nash, michael.nash@nyu.edu

Mordecai Bauman Collection

- Mordecai Bauman, geboren 1912, Bariton, bedeutender Eisler-Interpret und Gesangspädagoge
- 1 Box mit Clippings und Programmheften (meist Kopien) zur Tour mit Hanns Eisler durch die USA im Jahre 1935
- Irma Commanday / Mordecai Bauman, «In Praise of Learning: Encounters with Hanns Eisler», in: Brecht-Jahrbuch 26 (2001), 15-34

MATERIAL ZUR BIOGRAFIE

EISLER, HANNS

6928 (1935)-03-02
«Hanns Eisler. Concert and Reception»; Programmhefte, PD, 4 S., engl. und PD, 8 S., engl. A Aufführung (Konzert mit Werken/HANNS EISLER, "first New York appearance of the famous refugee composer", Mitwirkende MORDECAI BAUMAN, BEATRICE DESFOSSES, JANE DUDLEY, HANNS EISLER, JEROME MOROSS, PAUL MORRISON, BOBBY LEWIS, ESTELLE PARNES, Theatre Collective, Pierre DeGeyter Symphony Orchestra)

6929 1935-02-25 bis 1935-03-?
Clippings zum Reception Concert (ohne Quellenangaben):
– 1935-02-25: «Mass Music from Serious Composer»; PD, 1 S., engl.
– Ashley Pettis, «The Eisler Concert»; PD, 1 S., engl.

Park Avenue Synagogue, Edmond de Rothschild Library,
50 East 87th St., New York, NY 10128, http://www.pasyn.com/
Kontakt: Cantor David Lefkowitz, DLefkowitz@PASyn.com

Park Avenue Synagogue Music Manuscripts

- Sammlung mit Autographen von Kompositionen synagogaler Musik, die 1943-1983 von Kantor David J. Putterman in Auftrag gegeben und in Park Avenue Synagogue uraufgeführt wurden; aufgenommen Werke bis 1950
- Vgl. David J. Putterman and Park Avenue Synagogue Music Coll. (Jewish Theological Seminary of America, NYC, S. 184ff.)

MUSIKMANUSKRIPTE

ADLER, HUGO CHAYIM

6930 1943
«Kiddush» für vierstimmigen gemischten Chor mit Orgel; Partitur, Autograph, 6 S.

ALEXANDER, HAIM

6931 1949
«Barekhu» für vierstimmigen gemischten Chor mit Orgel; Partitur, Autograph, 1 S.

BERGER, ARTHUR

6932 1946
«Toy Lehodot» für vierstimmigen gemischten Chor; Partitur, Autograph, 7 S.

BLOCH, ERNEST

6933 1947
«Mourner's Kaddish» für Orgel; Autograph, 2 S.

6934 1947
«Silent devotion» für Orgel; Autograph, 3 S.

CASTELNUOVO-TEDESCO, MARIO

6935 1943
«Lekha dodi» für vierstimmigen gemischten Chor mit Orgel; Partitur, Autograph, 20 S.

6936 1945
«Mi khamokha (May the Words)» für vierstimmigen gemischten Chor mit Orgel; Partitur, Autograph, 7 S.

6937 1950
«Sacred Service for the Sabbath Eve» für Kantor (Bariton), vierstimmigen gemischten Chor und Orgel; Partitur, Autograph, 65 S.

CHAJES, JULIUS

6938 1945
«Adonai Malakh Tagel» für vierstimmigen gemischten Chor mit Orgel; Partitur, Autograph, 5 S.

DESSAU, PAUL

6939 1943
«Barekhu, Shema Yisrael» für vierstimmigen gemischten Chor mit Orgel; Partitur, Autograph, 8 S.

6940 1944
«Alenu» für Tenor und vierstimmigen gemischten Chor mit Orgel; Partitur, Autograph, 9 S.

FOSS, LUKAS

6941 1947
«Adon Olam» für hohe Stimme und vierstimmigen gemischten Chor mit Orgel; Partitur, Autograph, 7 S.

FROMM, HERBERT

6942 1947
«Magen Avot» für hohe Stimme (Kantor) und vierstimmigen gemischten Chor mit Orgel; Partitur, Autograph, 9 S.

LEVY, ERNST

6943 1946
«Hatzi Kaddish» für Tenor und vierstimmigen gemischten Chor mit Orgel; Partitur, Autograph, 11 S.

MENASCE, JACQUES DE

6944 1947
«Lekha dodi» für hohe Stimme (Kantor) und vierstimmigen gemischten Chor mit Orgel; Partitur, Autograph, 20 S.

MILHAUD, DARIUS

6945 1944
«Barekhu, Shema Yisrael» für hohe Stimme (Kantor), vierstimmigen gemischten Chor und Orgel op. 239; Partitur, Autograph, 6 S.

6946 1945
«Hatzi Kaddish» für hohe Stimme und vierstimmigen gemischten Chor mit Orgel op. 250; Partitur, Autograph, 8 S.

PISK, PAUL A.

6947 1946
«May the Words» für Tenor oder Bariton (Kantor), vierstimmigen gemischten Chor und Orgel; Partitur, Autograph, 6 S.

SCHALIT, HEINRICH

6948 1944
«Shiru Ladonai» für mittlere Stimme (Kantor) und vierstimmigen gemischten Chor mit Orgel; Partitur, Autograph, 5 S.

SCHÖNBERG, JAKOB

6949 1948-?-?
«Veshamru» für Tenor und vierstimmigen gemischten Chor mit Orgel; Partitur, Autograph, 7 S.

SMIT, LEO

6950 1947
«Veshamru» für Tenor und vierstimmigen gemischten Chor mit Orgel; Partitur, Autograph, 9 S.

STARER, ROBERT

6951 —
«Faith (Herzl's "The Jewish State")» für Tenor und vierstimmigen gemischten Chor mit Orgel; Partitur, Autograph, 5 S.

6952 1949
«Vayekhulu» für Tenor und vierstimmigen gemischten Chor mit Orgel; Partitur, Autograph, 7 S.

TANSMAN, ALEXANDER

6953 1946
«Ma tovu» für hohe Stimme und vierstimmigen gemischten Chor mit Orgel; Partitur, Autograph, 3 S.

WEILL, KURT

6954 1946
«Kiddush» für Tenor und vierstimmigen gemischten Chor mit Orgel; Partitur, Autograph, 6 S.

WOLPE, STEFAN

6955 1945
«Yigdal» für mittlere Stimme und vierstimmigen gemischten Chor mit Orgel; Partitur, Autograph, 33 S.

Pierpont Morgan Library, Department of Music Manuscripts and Books
15 West 36th St., New York, NY 10016, URL http://www.morganlibrary.org
Kontakt: Rigbie Turner, rturner@morganlibrary.org

Mary Flagler Cary Music Collection

- Harry Harkness Flagler, 1870-1952, Industrieller und Sohn von Henry Morrison Flagler, einem der Gründer und Eigentümer der Standard Oil Co., war Vizepräsident des Musicians' Emergency Fund; Mary Flagler Cary, 1901-1967, Tochter von Anne Lamont Flagler und Harry Harkness Flagler
- Nachlass mit Notendrucken (Abteilung Printed Music) und Korrespondenz (Abteilung Letters and Mss.), darunter wichtiger Briefwechsel mit Bruno Walter
- Kurzbeschreibung der Briefkonvolute im Online-Katalog (http://corsair.morganlibrary.org/)

MUSIKMANUSKRIPTE

KRENEK, ERNST

6956   1946
«Symphonic Elegy» op. 105; Partitur, Autograph (Skizze), 1 S.

MILHAUD, DARIUS

6957   1938
«Fantaisie pastorale» für Kl. und Orchester op. 188; Partitur, Autograph, 44 S.

WEILL, KURT

6958   1935-12-?
«Gott schuf im Anfang Himmel und Erde» für Chor [aus «Der Weg der Verheißung»]; Partitur, Autograph, 2 S.

SCHRIFTEN

MILHAUD, DARIUS

6959   —
«Paris 1909-1912»; Aufsatz, TDS, 11 S., engl. R Musik/DM (Musikleben in Paris)

KORRESPONDENZ

FIRKUSNY, RUDOLF

6960   1943-03-08
Rudolf Firkusny (NYC) an Wiktor Labunski; ALS, 2 S., engl. A Anstellung/RF (Angebot einer Lehrtätigkeit auf Vermittlung/WL; Bedingungen, Umfang); Projekte/RF (Konzerte)

6961   1943-11-04
Rudolf Firkusny (NYC) an Wiktor Labunski; ALS, 2 S., engl. A Anstellung/RF (Ablehnung des Angebots einer Lehrtätigkeit); Aufführung/RF (Tournee in Südamerika; Konzert mit NYPO, ARTUR RODZINSKI; EFREM KURTZ); Projekte/RF (Konzerte im Winter, neue Tournee in Mexiko und Südamerika)

→ *Brief ähnlichen Inhalts: 1943-04-12*

MILHAUD, DARIUS

6962   1948-11-09
Eugene Weintraub (Leeds Music Corp., NYC) an Darius Milhaud; TLS (annotiert), 1 S., engl. A Veröffentlichung («L'enfant aime» op. 289/DM, Leeds Music Corp.; Korrekturen, Finanzen; Werke bei Delkas Music Publishing Co.)

6963   (1949)-?-?
Darius Milhaud (Mills College, Oakland, CA) an Eugene Weintraub; ALS, 2 S., engl. A Anstellung/DM (Sommerkurse an Univ. of Wyoming, Mills College, Music Academy of the West); Kompositionen/DM (diverse Veröffentlichungen, Delkas Music Corp. und Édition Salabert); Reise/DM (nach Paris)

ROSÉ, WOLFGANG

6964   1942-11-09
Wolfgang Rosé (NYC) an Harry Harkness Flagler; ALS, 2 S., engl. E Hilfe/HHF (Klavier-Leihgabe für WR); Integration/WR (erfolgreiche Wohnungssuche, Unterrichts- und Übernmöglichkeit; Finanzen)

6965   1942-11-23
Wolfgang Rosé (NYC) an Harry Harkness Flagler (NYC); ALS, 2 S., engl. E Hilfe/HHF (Klavier-Leihgabe für WR) A Projekte/WR (Konzert Town Hall, Organisation durch HHF; Vorbereitung eines "School concert")

SCHOENBERG, ARNOLD

6966   [1934]-?-?
Arnold Schoenberg (Brookline, MA) an Serge Koussevitzky; ALS, 2 S., frz. A Kompositionen/AS («Begleitungsmusik zu einer Lichtspielszene» op. 34, Heinrichshofen's Verlag, erhältlich über ? ADLER bei Verlag Schirmer; Aufführungsrechte bei Soc. for European Stage Authors and Composers, PAUL HEINICKE)

6967   1934-01-04
Arnold Schoenberg (Brookline, MA) an Leslie Rogers (Boston SO, Boston, MA); TLS, 1 S., engl. A Aufführung/AS («Pelleas und Melisande» op. 4/AS mit Boston SO; Probenorganisation; Universal Edition)

6968   1934-01-16
Arnold Schoenberg (Brookline, MA) an Leslie Rogers; ALS, 1 S., engl. A Aufführung («Fünf Orchesterstücke» op. 16/AS, Boston SO, Orchestermaterial und Partitur)

6969   1947-04-13
Arnold Schoenberg (LA) an Rudolf Kallir (NYC); TLS (annotiert), 1 S., dt. A Veröffentlichung (frühe Kompositionen/AS, möglicherweise aus Besitz/GISELA BACH-COHN, DAVID JOSEF BACH, Anfrage/RK; Skepsis/AS gegenüber einer Publikation)

6970   1947-08-30
Arnold Schoenberg (LA) an Pierre Aelberts (c/o Mr. Poelman, Maison de Repos, Oestdiunkerke, Belgien); TLS, 2 S., engl. A Kompositionen/AS («Streichtrio» op. 45, Korrekturen, RENÉ LEIBOWITZ, PAUL DESSAU; mögliche Veröffentlichung bei Dynamo Editions, Interesse an autographer Partitur); Veröffentlichung («Structural Functions of the Harmony»/AS, frz. Ausgabe, Dynamo Editions, bisher keine amer. Ausgabe; Vertrag, Finanzen; Musikbeispiele, LEONARD STEIN, RENÉ LEIBOWITZ; frz. Version von «Models for Beginners», Einverständnis Verlag Schirmer)

→ *W.W. Norton & Co. Records (Dok. 4965-4982)*

6971   1950-02-20
Arnold Schoenberg (LA) an Leslie Rogers (Boston, MA); TLS, 1 S., engl. A Kompositionen/AS (Werkkatalog; AMP); Projekte (Aufführung der «Begleitungsmusik zu einer Lichtspielszene» op. 34/AS, Boston SO, Stimmenmaterial bei Heinrichshofen's Verlag; Neuanfertigung der Stimmen, Finanzen)

WALTER, BRUNO

6972   1937-09-04
Bruno Walter (Salzburg) an Harry Harkness Flagler; ALS, 4 S., engl. E Verwandte/BW (Tochter GRETEL WALTER verheiratet in Berlin, Gefährdung) A Aufführung/BW (Engagement bei den Salzburger Festspielen, «Euryanthe»/CARL MARIA VON WEBER, «Le nozze di Figaro»/WOLFGANG AMA-

DEUS MOZART); Projekte/BW (Engagements in Wien, Paris, Rom, Amsterdam, Brüssel; Konzert NBC, ARTURO TOSCANINI) Z Politik (europäische Krise)

6973 1938-04-23
Bruno Walter (Hotel Royal, Nizza) an Harry Harkness Flagler; ALS, 12 S., engl. E Ausreise/LOTTE WALTER (aus Österreich in die Schweiz, Erleichterung; Plan zur Emigration in die USA); Besitzverhältnisse/BW (hohe Steuerzahlungen für Mitnahme des persönlichen Besitzes aus Wien); Rückkehr/BW (Aufenthalt in den Niederlanden, keine Rückkehr nach Wien; Ort der Niederlassung unsicher); Verwandte/BW (LOTTE WALTER, Inhaftierung in Wien ohne Begründung; GRETEL WALTER verheiratet in Berlin) A Projekte/BW (Einladungen aus den USA, Hollywood, NYC, Pittsburgh und aus allen Teilen Europas; Gründung eines Gegen-Festivals zu Salzburger Festspielen in Monte Carlo oder Frankreich) Z Kriegsereignisse ("Anschluss" Österreichs; Denunziationen)

6974 1938-06-07
Bruno Walter (Grandhotel La Pace, Montecatini, Italien) an Harry Harkness Flagler; ALS, 12 S., engl. E Besitzverhältnisse/BW (Verlust von Auto, Möbeln, Büchern und Mss. in Wien, Haus und Bankkonto in München); Finanzen/BW (keine Probleme, ausreichende Dirigierhonorare; Angebot/HHF zur finanziellen Unterstützung); Hilfe/BW (Hilferufe aus Wien, umfangreiche Korrespondenz) A Aufführung/BW (Engagement in Florenz); Projekte/BW (Einladung bei NBC, Reisepläne NYC; Engagement Washington SO; Musikfestival in Frankreich, Plan der frz. Regierung) Z Kriegsereignisse (politische Situation in Österreich)

6975 1938-08-18
Bruno Walter (Villa Pagnamenta, Lugano) an Harry Harkness Flagler; ALS, 6 S., engl. E Verwandte/BW (GRETEL WALTER und Ehemann, Niederlassung in Zürich; LOTTE WALTER) A Anstellung/BW (Engagement bei NBC, Schallplattenaufnahmen, Vertrag; ARTURO TOSCANINI); Aufführung/BW (Tourneen in Europa); Reise/BW (nach NYC, Treffen mit HHF) Z Kriegsereignisse (Europa als "inferno")

6976 1939-03-27
Bruno Walter (The Dorset, NYC) an Harry Harkness Flagler; ALS, 4 S., engl. E Finanzen/BW (Transfer europäischer Bankkonten in die USA, Bitte um Rat/HHF)

6977 1939-10-02
Bruno Walter (Villa Pagnamenta, Lugano) an Harry Harkness Flagler; ALS, 8 S., engl. E Ausreise/BW (Pläne zur Emigration in die USA mit Familie, NYC) A Anstellung/BW (Engagement bei NBC); Empfehlung/HHF (Bitte/BW um Empfehlung auf Lehrstelle "adequate to my 'Prestige' – so it must be a first-class-Institute"; Finanzen); Projekte/BW (europäische Konzerte aufgrund des Krieges teilweise abgesagt) Z Kriegsereignisse (in Europa)

6978 1939-11-26
Bruno Walter (Beverly Hills, CA) an Harry Harkness Flagler; ALS, 3 S., engl. E Integration/BW (Niederlassung in Kalifornien) A Aufführung/BW (erstes Konzert nach der Emigration)

6979 1940-08-28
Bruno Walter (Beverly Hills, CA) an Harry Harkness Flagler; ALS, 8 S., engl. E Hilfsorganisationen (Emergency Committee, Hilfe und Arbeitsvermittlung für emigrierte Musiker; FRANK KINGDON) A Aufführung/BW (Konzerte in LA und SF; Konzert für British War Relief Soc., SF; Recital mit LOTTE LEHMANN); Projekte/BW (Verhandlungen mit MET); Treffen/BW (mit THOMAS MANN) Z Kriegsereignisse (dt. Einmarsch in Frankreich)

6980 1941-03-15
Bruno Walter (The Dorset, NYC) an Harry Harkness Flagler; TLS, 1 S., engl. A Empfehlung/HHF (für BW an amer. Konsul in Montreal); Projekte/BW (Engagement in Montreal)

6981 1941-12-06
Bruno Walter, ohne Adressat; TLS (Kopie), 1 S., engl. A Empfehlung/BW (Empfehlungsschreiben für WOLFGANG ROSÉ als Lehrer, Pianist und Liedbegleiter)

6982 1942-09-16
Bruno Walter (The Malvern, Bar Harbor, ME) an Harry Harkness Flagler; ALS, 4 S., engl. A Anstellung/BW (zähe Verhandlung mit MET, EDWARD JOHNSON); Projekte/BW (Vorbereitung einer Aufführung der «Matthäus-Passion»/JOHANN SEBASTIAN BACH)

6983 1943-09-27
Bruno Walter (Lake Mohonk Mountain House, Mohonk Lake, NY) an Harry Harkness Flagler; ALS, 3 S., engl. A Projekte/BW (Aufführungen mit NY PO, Philadelphia PO, MET, Programmgestaltung) Z Kriegsereignisse (Anzeichen für "defeat of the powers of evil")

6984 1944-07-27
Bruno Walter (The Malvern, Bar Harbor, ME) an Harry Harkness Flagler; ALS, 5 S., engl. A Schriften/BW (Arbeit an Autobiografie); Treffen/BW (mit WALTER DAMROSCH) Z Kriegsereignisse (Genugtuung über Kriegsverlauf)

6985 1945-07-22
Bruno Walter (Hotel Bel-Air, LA) an Harry Harkness Flagler; ALS, 2 S., engl. E Integration/BW (Übersiedelung nach Kalifornien) A Schriften/BW (Fertigstellung seiner Autobiografie)

6986 (1946)-03-25
Bruno Walter (NYC) an Harry Harkness Flagler; ALS, 3 S., engl. E Einbürgerung/BW (Erlangung der amer. Staatsbürgerschaft, Anhörung; Bürgschaft/HHF und ARTHUR JUDSON)

↳ *Brief ähnlichen Inhalts: 1946-03-08*

6987 1947-09-23
Bruno Walter (Park Hotel, Lugano) an Harry Harkness Flagler (NYC); TLS, 1 S., engl. A Aufführung/BW (Konzert mit Wiener PO, bewegende Wiederbegegnung); Öffentlichkeit/BW (großer Erfolg beim Edinburgh Festival, Bericht in ‹NY Times›)

6988 1948-06-07
Bruno Walter (Beverly Hills, CA) an Harry Harkness Flagler (NYC); TLS, 1 S., engl. Z Politik (politische Lage in

Österreich, Artikel/KARL GRUBER in ‹Foreign Relations Magazine›)

WEILL, KURT
6989 1947-02-16
Kurt Weill an Caspar Neher; ALS, 5 S., dt. **A** Aufführung («Street Scene»/KURT WEILL, Besetzung und Probenarbeit); Öffentlichkeit/KW (Premiere in Philadelphia Misserfolg, verständnislose und feindselige Kritiken; Aufführung am Broadway Erfolg, gute Presse in NYC, "grösster Theaterkomponist in Amerika"); Projekte/KW (Reise nach Palästina) **R** Musik/KW («Street Scene»/KW, Charakterisierung als "eine Oper für Broadway"; Suche nach einer Form, "die den Realismus der Handlung in Musik setzt"; «Die Bürgschaft»/KW) **Z** Politik ("Die internationale politische Situation ist so verworren, dass man kaum einen Ausweg sieht", Nachkriegszeit, Leben/CN in der Schweiz)

6990 1949-01-02
Kurt Weill (NYC) an Erika Neher (Zürich); ALS, 2 S., dt. **A** Aufführung («Love Life»/KW in NYC); Kompositionen/KW (Arbeit an «Lost in the Stars»); Projekte/CASPAR NEHER (Bühnenbilder für «Down in the Valley»/KW)

→ *Briefe Kurt Weil in Weill Correspondence (Dok. 5401-5402)*

MATERIAL ZUR BIOGRAFIE
WALTER, BRUNO
6991 (1946)-04-(19)
«Symphony Conductor Applies for Citizenship»; Clipping; PD, 1 S., engl.; Zeitungsartikel über die Einbürgerungs-Zeremonie, mit Foto von Bruno und Lotte Walter (ohne Quellenangabe) **E** Einbürgerung/BRUNO WALTER und LOTTE WALTER

James Fuld Music Collection

- James Jeffrey Fuld, geboren 1916, amer. Jurist
- Sammlung mit Partitur-Erstdrucken und einzelnen Briefen
- Beschreibung der Dokumente im Online-Katalog (http://corsair.morganlibrary.org/)

KORRESPONDENZ
CASTELNUOVO-TEDESCO, MARIO
6992 1946-06-03
Mario Castelnuovo-Tedesco (Beverly Hills, CA) an Johnny Green; ALS, 1 S., engl. **A** Anstellung/JG (bei MGM)

WEILL, KURT
6993 [1935]-?-?
Kurt Weill (NYC) an Paul Bekker; ALS, 1 S., dt. **E** Integration/KW (Umzug, daher verspätete Zustellung eines Briefes/PB) **A** Treffen/KW (mit PAUL BEKKER aus Termingründen nicht möglich)

OFFIZIELLE DOKUMENTE
BRECHT, BERTOLT
6994 1947-07-31
Vertrag; TDS, 1 S., engl. **A** Vertrag/BB (Publikation von «The Private Life of the Master Race», Übersetzung/ERIC BENTLEY; Finanzen)

Dannie and Hettie Heineman Collection

- Dannie Heineman, 1872-1962, amer. Ingenieur, Leiter der Société Financière de Transports et d'Entreprises Industrielles (Belgien), zunächst wohnhaft in Brüssel, 1940 Rückkehr in die USA
- Nachlass des Ehepaars mit Büchern, Mss. und einzelnen Briefen
- Geschenk der Heineman Foundation, 1977
- «The Dannie and Hettie Heineman Collection», hrsg. von der Pierpont Morgan Library, New York 1978; Beschreibung der Dokumente im Online-Katalog (http://corsair.morganlibrary.org/)

KORRESPONDENZ
STRAUSS, RICHARD
6995 1939-01-11
Richard Strauss, ohne Adressat; ALS, 1 S., dt. **A** Biografie/MAX GRAF (Professor an Musikakademie Wien); Empfehlung/RS (für MAX GRAF zur Stellensuche in USA)

→ *Kopie in Max Graf Subject File, Emergency Committee (Dok. 5736)*

SZIGETI, JOSEPH
6996 1943-03-20
Joseph Szigeti (Hotel Fourteen, NYC) an Dannie Heineman; ALS, 1 S., engl. **E** Hilfe/DH (für BÉLA BARTÓK, Danksagung/JS; "Help coming in such an unexpected way will have an almost symbolic value to one whom illness and other circumstances have thrown into a state of great despondency!")

6997 1943-04-20
Joseph Szigeti (Hotel Fourteen, NYC) an Dannie Heineman; ALS, 1 S., engl. **E** Hilfe/DH (für BÉLA BARTÓK, Besserung seines Gesundheitszustands) **A** Reise/BÉLA BARTÓK (nach Colorado)

MATERIAL ZUR BIOGRAFIE

BARTÓK, BÉLA

6998 [1945]
Irving Kolodin, «The Strange Case of Béla Bartók»; Clipping; PD, 1 S., engl.; ohne Datum und Quellenangabe E Integration/BÉLA BARTÓK ("feels himself completely uprooted from the Hungarian soil of which he was so essentially a part, unhappy in an alien enironment to which he cannot achieve orientation"; Krankheit) A Aufführung/BÉLA BARTÓK («Contrasts» für V., Klar, und Kl., mit JOSEPH SZIGETI und BENNY GOODMAN; Auftritt in einem Konzert der Philharmonic Soc., Leitung FRITZ REINER); Öffentlichkeit/BÉLA BARTÓK (Würdigung)

6999 1946-03-18
«The Bartók Revival»; Clipping; PD, 2 S., engl.; in: ‹Time Magazine› XLVII, No. 11, 1946-03-18, S. 49-50 A Aufführung (Werke/BÉLA BARTÓK, NY PO, Philadelphia SO, NYC SO, JOSEPH SZIGETI); Biografie/BÉLA BARTÓK und JOSEPH SZIGETI

BILDDOKUMENTE

HUBERMANN, BRONISLAV

7000 1936-12-26
Fotografie, 12 x 20 cm; von Arturo Toscanini und Bronislav Hubermann signiert A Aufführung/ARTURO TOSCANINI und BRONISLAV HUBERMANN (Eröffnungskonzert des Palestine SO, Tel Aviv)

Morgan Collection

- John Pierpont Morgan jr., 1867-1943, Sohn des Ölmagnaten John Pierpont Morgan
- Nachlass, Abteilung Music Mss. and Letters mit Autographen und Komponistenbriefen, darunter nur wenige relevante Dokumente
- Beschreibung der Dokumente im Online-Katalog (http://corsair.morganlibrary.org/)

MUSIKMANUSKRIPTE

WEILL, KURT

7001 —
Kurt Weill, «Ich sitze da un[d] esse Klops» für Stimme, 2 Piccolofl. und Fg.; Partitur, Autograph, 2 S.

KORRESPONDENZ

HANSON, HOWARD

7002 1933-01-30
Howard Hanson (Hotel Kaiserhof, Berlin) an Gustave Oberlaender (Reading, PA); ALS, 4 S., engl. A Aufführung/HH (Konzerte mit Werken amer. Komponisten, Berliner PO; Rundfunkaufnahme, Stuttgart); Öffentlichkeit/HH (großer Erfolg, positive Pressekritiken in Berlin zur Aufführung); Projekte/HH (Auftritt als Dirigent im Gewandhaus Leipzig, Rundfunkaufnahme Berlin) Z Politik (Machterlangung/ADOLF HITLER)

OFFIZIELLE DOKUMENTE

ROSÉ, ALICA

7003 1940-07-01
Taufschein; PDS, 1 S., dt.

ROSÉ, WOLFGANG

7004 1902-04-26
Geburtsurkunde; PDS, 1 S., dt.

SLEEPY HOLLOW

Rockefeller Archive Center
Pocantico Hills, 15 Dayton Ave., Sleepy Hollow, NY 10591-1598, http://www.rockefeller.edu/
Kontakt: archive@rockvax.rockefeller.edu

Alfred E. Cohn Papers

- Alfred Einstein Cohn, 1879-1957, Kardiologe am Rockefeller Institute of Medical Research, Mitglied im Committee for Emergency Committe in Aid of Displaced Foreign Scholars und im Committee for Displaced Foreign Physicians
- Dokumente zu Aktivitäten in diversen Gesundheits- und Hilfsorganisationen, enthält Administrative Records, Clippings, Privat- und Geschäftskorrespondenz, Mss., Notizen und Fotografien; Bestandteil der Rockefeller Univ. Archives (http://www.rockefeller.edu/archive.ctr/ru.html), abgelegt

in: RG [= Recorded Group] 450, Members and Professors
- Finding aid; Kurzinformationen zur Sammlung im Internet (http://www.rockefeller.edu/archive.ctr/ru_aec.html)
- Vgl. Archives of the Carl Schurz Memorial Foundation, Archives of the National Coordinating Committee und Archives of the National Refugee Service (Center for Jewish History, YIVO Institute, S. 83-104 und 115-130), Emergency Committee in Aid of Displaced Foreign Scholars Records (NYPL, Humanities and Social Sciences Library, Manuscrips and Archives Division, S. 204-283) und Rockefeller Foundation Archives (Rockefeller Archive Center, S. 344-352)
- Katalogdarstellung listet jedes Subject File wie eine Sammlung innerhalb dieser Sammlung auf, kurze biografische Informationen zu den Antragstellern jeweils am Anfang; Dokumente, die in anderen Sammlungen vorkommen, werden ohne Inhaltsangabe aufgelistet

Administrative Dokumente

- Dokumente zurr Bewilligung von Fördermitteln und Darlehen verschiedener Organisationen

SCHRIFTEN
ROCKEFELLER INSTITUTE
7005 —
«Projected Campaign to Resettle Refugee Scholars and Professionals»; Memorandum, TD, engl. E Hilfe (Projekt zur Förderung der Integration von Akademikern und Freiberuflern durch Ansiedlung)

KORRESPONDENZ
EMERGENCY COMMITTEE
7006   1936-06-10
John Whyte (Emergency Committee) an Stephen Duggan (Emergency Committee); TL (Kopie), 2 S., engl.
→ *Identisches Dokument: Emergency Committee in Aid of Displaced Foreign Scholars Records (Dok. 5659)*

7007   1943-12-20
Nelson P. Mead an "Members of the Emergency Committee in Aid of Displaced Foreign Scholars" (Rundschreiben); TL (Kopie), 1 S., engl. E Hilfsorganisationen (Emergency Committee, Überlegungen zur Einstellung der "grants-in-aid" und einer Fortführung der Arbeit mit reduziertem Budget bis zum Ende des Krieges)
→ *Antwortbrief Alfred E. Cohn: 1943-12-22*

MATERIAL ZUR BIOGRAFIE
7008   1936
«List of Displaced Germans Scholars»; Pressemitteilung; PD, engl.; «London, Autumn, 1936» E Hilfe (Broschüre mit biografischen Daten zu emigrierten Wissenschaftlern und Informationen über ihre Anstellungen; Namensregister)

AMERICAN COMMITTEE FOR REFUGEE SCHOLARS, WRITERS AND ARTISTS
7009   1945-05-10
«Amer. Committee for Refugee Scholars, Writers & Artists: Report on Its Activities»; Memorandum; TD, 7 S., engl. E Hilfsorganisationen (Bericht über die gewährten Förderungen für Wissenschaftler, Künstler und Schriftsteller mit Kurzbeschreibung der jeweiligen Projekte, darunter ERNST BLOCH, MARCO FRANK, EGON LUSTGARTEN, LUDWIG MARCUSE, WALTER MEHRING, PAUL NETTL, HANS SAHL, FRITZ STIEDRY, KARL WEIGL, VICTOR ZUCKERKANDL)

7010   1945 bis 1947
Minutes of the Organizing Committee Meetings, Protokolle von insgesamt 31 Sitzungen aus dem Zeitraum 1945-1947, TD (Kopie)

EMERGENCY COMMITTEE
7011   (1933-08-18)
Alfred E. Cohn, «The Emergency Committee in Aid of Displaced German Scholars»; Pressemitteilung; TD, 2 S., engl. E Hilfsorganisationen (Informationstext zum Emergency Committee in Aid of Displaced German Scholars, Aufgaben und Ziele)

7012   1933 bis 1943
Minutes and List of Meetings of Subcommittee, Protokolle aller Sitzungen aus dem Zeitraum 1933-1943, TD (Kopie)

REFUGEE WORK RELIEF ASSOCIATES
7013   (1944)-?-?
«Program for the Professional Rehabilitation of Exiles»; Memorandum; TD, 7 S., engl.; Projektbeschreibung, TD (Kopie), 3 S., mit Bedarfsbegründung der Finanzen («Summary of Coordinated Budget Estimate»), TD (Kopie), 1 S., und ausführlichem Haushaltsentwurf («Estimate of Coordinated Budget of the Refugee Work Relief Associates 1944-1945», TD (Kopie), 3 S.

Erwin Bodky Subject File

- Zur Biografie vgl. S. 84
- Vgl. Erwin Bodky Subject Files in Papers of the Carl Schurz Memorial Foundation (Center for Jewish History, YIVO Institute, S. 84ff.) und Emergency Committee in Aid of Displaced Foreign Scholars Records (NYPL, Humanities and Social Sciences Library, Manuscripts and Archives Division, S. 209f.)

MATERIAL ZUR BIOGRAFIE

7014   1943-05-18
«Application for New Scholar – Scholar: Erwin Bodky, Musicologist»; Aktennotiz; TD, 3 S., engl.
→ *Identisches Dokument: Emergency Committee in Aid of Displaced Foreign Scholars Records (Dok. 5503)*

Marco Frank Subject File

- Zur Biografie vgl. S. 223
- Vgl. Marco Frank Subject File in Emergency Committee in Aid of Displaced Foreign Scholars Records (NYPL, Humanities and Social Sciences Library, Manuscripts and Archives Division, S. 223)

KORRESPONDENZ
MITROPOULOS, DIMITRI

7015   1944-08-17
Dimitri Mitropoulos, ohne Adressat; TLS (Abschrift), 1 S., engl. A Empfehlung/DM (für MARCO FRANK an Kollegen zwecks Aufführung seiner «3. Sinfonie F-Dur»)

7016   1944-08-18
Dimitri Mitropoulos an Marco Frank; TLS (Abschrift), 1 S., engl. A Kompositionen/MF («3. Sinfonie F-Dur», Lob des Werkes/DM)

MATERIAL ZUR BIOGRAFIE

7017   1943-09-22
«Application for Fellwship – Institution: International Study Center for Democratic Reconstruction. Scholar: Marco Frank, Musician»; Aktennotiz; TD, 2 S., engl.
→ *Identisches Dokument: Emergency Committee in Aid of Displaced Foreign Scholars Records (Dok. 5639)*

7018   [1945]
«Curriculum vitae Marco Frank»; Lebenslauf; TD, 1 S., engl. A Biografie/MARCO FRANK (Studium in Rom, Neapel, Paris und Berlin); Öffentlichkeit/MARCO FRANK (Erfolge mit Oper «Madame X»); Projekte/MARCO FRANK (Bühnenwerk nach einer Erzählung/HEINRICH MANN)

7019   [1945]
«Marco Frank»; Aktennotiz; TD, 1 S., engl. E Finanzen/ MARCO FRANK (Lebensunterhalt durch Tätigkeit der Ehefrau, Unterstützung durch Amer. Christian Committee for Refugees) A Anstellung/MARCO FRANK (kein Erfolg bei Suche nach Lehrtätigkeit in den USA); Kompositionen/MARCO FRANK («3. Sinfonie F-Dur»; Opernprojekt nach Buch/HEINRICH MANN); Öffentlichkeit/MARCO FRANK (Erfolge als Komponist in Europa)

7020   1945-03-28
Else Staudinger, «Marco Frank»; Aktennotiz; TD, 1 S., engl. A Empfehlung/MAX GRAF (für MARCO FRANK an ES, Lob seiner Bühnenwerke; Briefe/RICHARD STRAUSS an MARCO FRANK aus dem Besitz/FRIDERIKE ZWEIG mit Ermunterung, sich an MET und [EDWARD] JOHNSON zu wenden); Kompositionen/MARCO FRANK («Madame X», positives Presseecho in Wien, Warschau, Graz, Linz, Innsbruck und Triest)
→ *Aktennotiz 1941-03-12 in Archives of the Carl Schurz Memorial Foundation (Dok. 4044)*

Julius Goldstein Subject File

- Zur Biografie vgl. S. 230
- Vgl. Julius Goldstein Subject File in Emergency Committee in Aid of Displaced Foreign Scholars Records (NYPL, Humanities and Social Sciences Library, Manuscripts and Archives Division, S. 230)

MATERIAL ZUR BIOGRAFIE

7021   1944-06-15
«Reconsideration of Application for Fellowship – Scholar: Julius Goldstein, Pianist»; Aktennotiz; TD, 4 S., engl.
→ *Identisches Dokument: Emergency Committee in Aid of Displaced Foreign Scholars Records (Dok. 5727)*

Ernst Kanitz Subject File

- Zur Biografie vgl. S. 239
- Vgl. Ernst Kanitz Subject File in Emergency Committee in Aid of Displaced Foreign Scholars Records (NYPL, Humanities and Social Sciences Library, Manuscripts and Archives Division, S. 239-242)

MATERIAL ZUR BIOGRAFIE

7022   1944-04-?
«Application for Renewal – Scholar: Ernst Kanitz, Musicologist»; Aktennotiz; TD, 2 S., engl.

↳ *Identisches Dokument: Emergency Committee in Aid of Displaced Foreign Scholars Records (vgl. Dok. 5832)*

↳ *Aktennotiz 1940-11-04 in Archives of the Carl Schurz Memorial Foundation (Dok. 4069)*

Edward Lowinsky Subject File

- Edward Elias Lowinsky, 1908-1985, Musikwissenschaftler, Studium in Stuttgart, 1933 Emigration in die Niederlande, 1940 Immigration in die USA, Lehrtätigkeit u.a. 1942-1947 am Black Mountain College in Black Mountain (NC), 1956-1961 an UCB (CA), 1961 an Univ. of Chicago in Chicago (IL)
- BHE II, 754

MATERIAL ZUR BIOGRAFIE

7023   1943-06-09
«Application for Renewal – Scholar: Edward Lowinsky, Musicologist»; Aktennotiz; TD, 2 S., engl. E Einreise/EDWARD LOWINSKY (aus Kuba in die USA, November 1940); Hilfe (Antrag auf Verlängerung der finanziellen Unterstützung zur Anstellung/EDWARD LOWINSKY am Black Mountain College, Black Mountain, North Carolina; THEODORE DREIER) A Biografie/EDWARD LOWINSKY (Tätigkeit als Musikwissenschaftler am Konservatorium Stuttgart); Empfehlung (für EDWARD LOWINSKY/PAUL HENRY LANG, GEORGE S. DICKINSON, WOLFE WOLFINSOHN, CURT SACHS)

7024   1944-06-15
«Application for Renewal – Institution: Converse College [...], Scholar: Edward Lowinsky, Musicologist»; Aktennotiz; TD, 2 S., engl. E Einreise/EDWARD LOWINSKY (aus Kuba in die USA, November 1940); Finanzen (Antrag auf Unterstützung zur Anstellung/EDWARD LOWINSKY am Converse College, Spartanburg, South Carolina)

↳ *Aktennotiz 1941-12-30 in Archives of the Carl Schurz Memorial Foundation (Dok. 4083)*

Egon Lustgarten Subject File

- Zur Biografie vgl. S. 250
- Vgl. Egon Lustgarten Subject File in Emergency Committee in Aid of Displaced Foreign Scholars Records (NYPL, Humanities and Social Sciences Library, Manuscripts and Archives Division, S. 250)

MATERIAL ZUR BIOGRAFIE

7025   [1942]
«Curriculum vitae Egon Lustgarten»; Lebenslauf; TD, 1 S., engl. E Einreise/EGON LUSTGARTEN (in die USA 1938) A Anstellung/EGON LUSTGARTEN (Lehrtätigkeit bei Sommerkursen, Lehrer an Edgewood School, Greenwich); Biografie/ EGON LUSTGARTEN (Studium in Wien bei RICHARD HEUBERGER, FRANZ SCHALK und GUIDO ADLER; Lehrtätigkeit in Wien; Assistent/MAX REINHARDT; Kompositionen/EGON LUSTGARTEN)

7026   [1942]
«Egon Lustgarten»; Aktennotiz; TD, 1 S., engl. E Einreise/ EGON LUSTGARTEN (in die USA 1939) A Empfehlung/ GEORGE SZELL (für EGON LUSTGARTEN); Finanzen/EGON LUSTGARTEN (Zuwendung des Amer. Christian Committee for Refugees; Empfehlung an Emergency Committee durch Miss ? OYEN); Kompositionen/EGON LUSTGARTEN (Fertigstellung einer Oper "based on Scandinavian folk legends")

↳ *Aktennotiz 1942-11-? in Archives of the Carl Schurz Memorial Foundation (Dok. 4084)*

7027   1943-09-22
«Application for Fellowship. Scholar: Egon Lustgarten, Musicologist»; Aktennotiz; TD, 2 S., engl.

↳ *Identisches Dokument: Emergency Committee in Aid of Displaced Foreign Scholars Records (Dok. 5915)*

Darius Milhaud Subject File

- Zur Biografie vgl. S. 254

- Vgl. Darius Milhaud Subject File in Emergency Committee in Aid of Displaced Foreign Scholars Records (NYPL, Humanities and Social Sciences Library, Manuscripts and Archives Division, S. 254)

MATERIAL ZUR BIOGRAFIE

7028   1943-06-09
«Emergency Committee Fellowship. Scholar: Darius Milhaud, Composer»; Aktennotiz; TD, 1 S., engl.

→ *Identisches Dokument: Emergency Committee in Aid of Displaced Foreign Scholars Records (Dok. 5936)*

Paul Nettl Subject File

- Zur Biografie vgl. S. 256

- Vgl. Paul Nettl Subject File in Emergency Committee in Aid of Displaced Foreign Scholars Records (NYPL, Humanities and Social Sciences Library, Manuscripts and Archives Division, S. 256-259) und W.W. Norton & Co. Records (Columbia Univ., Dok. 4942-4944)

SCHRIFTEN
NETTL, PAUL

7029   [1945]
Paul Nettl, «Plan of a Book on Luther and the Development of Church Music»; Synopsis, TD (Entwurf), 1 S., engl. A Projekte/PN (Buch zu MARTIN LUTHER und Entwicklung der protestantischen Kirchenmusik)

KORRESPONDENZ
WESTMINSTER CHOIR COLLEGE

7030   1945-03-16
John Finley Williamson (Westminster Choir College, Princeton, NJ), ohne Adressat; TL (Kopie), 1 S., engl. A Empfehlung/JW (für PAUL NETTL bezüglich Buchprojekt über MARTIN LUTHER und protestantische Kirchenmusik)

MATERIAL ZUR BIOGRAFIE

7031   1943-06-09
«Application for Renewal – Scholar: Paul Nettl, Musicologist»; Aktennotiz; TD, 3 S., engl.

7032   1944-06-15
«Application for Renewal – Scholar: Paul Nettl, Musicologist»; Aktennotiz; TD, 2 S., engl.

→ *Identisches Dokument: Emergency Committee in Aid of Displaced Foreign Scholars Records (vgl. Dok. 5972)*

7033   [1945]
«Curriculum vitae»; Lebenslauf; TD, 1 S., engl. A Biografie/PAUL NETTL (Tätigkeit als Musikwissenschaftler, Anstellungen in den USA); Schriften/PAUL NETTL (Bücher und Aufsätze)

7034   [1945]
«Dr. Paul Nettl»; Aktennotiz; TD, 1 S., engl. A Anstellung/PAUL NETTL (am Westminster Choir College, Princeton, und an Philadelphia Music School); Projekte/PAUL NETTL (Buch über "the influence of Luther on church music", Bitte um finanzielle Unterstützung)

→ *Aktennotiz 1940-12-16 in Archives of the Carl Schurz Memorial Foundation (Dok. 4098)*

Simon Parmet Subject File

- Simon Parmet, 1897-1969, finnischer Dirigent, Pianist und Komponist, 1941 Emigration in die USA

KORRESPONDENZ
SIBELIUS, JEAN

7035   1941-01-28
Jean Sibelius (Helsinki), ohne Adressat; TLS (Abschrift), 1 S., engl. A Empfehlung/JS (für SIMON PARMET als Dirigent)

SJOBLOM, GEORGE

7036   1945-07-05
George Sjoblom («NY Times», NYC) an Else Staudinger (NYC); TLS (Abschrift), 1 S., engl. A Empfehlung/GS (für SIMON PARMET als Autor eines Buches über JEAN SIBELIUS)

YOUNG WOMEN'S CHRISTIAN ASSOCIATION

7037   [1945]-?-?
Ruth van Graafeiland (YWCA, Elmira, NY) an Else Staudinger; TLS (Abschrift), 1 S., engl. A Empfehlung/RG (für SIMON PARMET als Autorität für JEAN SIBELIUS)

GUENTHER, FELIX

7038   1943-01-06
Felix Guenther (NY Univ., Division of General Education, NYC), ohne Adressat; TLS (Abschrift), 1 S., engl. A Emp-

fehlung/FG (für SIMON PARMET, Lob seiner Fähigkeiten als Dirigent und Komponist)

7039 1945-07-09
Felix Guenther (Edward B. Marks Music Corp., NYC) an Hans Staudinger (Amer. Committee for Refugee Scholars, Writers and Artists, NYC); TLS (Abschrift), 1 S., engl. **A** Empfehlung/FG (für SIMON PARMET zur Gewährung eines Stipendiums)

MATERIAL ZUR BIOGRAFIE
7040 [1945]-?-?
«Dr. Simon Parmet»; Aktennotiz; TD, 1 S., engl. **A** Biografie/SIMON PARMET (finnischer Komponist und Dirigent); Projekte/SIMON PARMET (Buch über JEAN SIBELIUS; Antrag auf finanzielle Unterstützung)

7041 [1945]-?-?
«Simon Parmet»; Lebenslauf; TD, 1 S., engl. **E** Einreise/SIMON PARMET (in die USA 1941) **A** Anstellung/SIMON PARMET (Dirigent des NY Finnish Male Chorus "Laulumiehet"; Gründer der Elmira Civic Chorus Soc.); Biografie/SIMON PARMET (Ausbildung und Tätigkeit als Dirigent; Gastdirigent des Palestine SO); Kompositionen/SIMON PARMET (Werkliste); Öffentlichkeit/SIMON PARMET (Verleihung der Ehrendoktorwürde des Boguslawski College of Music, Chicago); Schriften/SIMON PARMET (Aufsätze in skandinavischen Zeitschriften)

Fritz Stiedry Subject File

- Fritz Stiedry, 1883-1968, österr. Dirigent und Komponist, 1933 Emigration in die UdSSR, 1938 Immigration in die USA, 1946 Mitarbeiter an der MET, lebte ab 1958 in Zürich
- Vgl. Eric Simon Papers (UCLA), QuECA, S. 71-76
- BHE II, 1131

MATERIAL ZUR BIOGRAFIE
7042 [1939]
«Curriculum vitae»; Lebenslauf; TD, 1 S., engl. **A** Biografie/FRITZ STIEDRY (Studium bei EUSEBIUS MANDYCZEWSKI in Wien; Assistent bei ERNST SCHUCH in Dresden; Tätigkeit als Kapellmeister in Berlin, Wien und Leningrad)

7043 [1939]
«Fritz Stiedry»; Aktennotiz; TD, 1 S., engl. **A** Anstellung/ FRITZ STIEDRY (Leiter des New Friends of Music Orchestra bis zur Auflösung; Lehrtätigkeit am NY College of Music); Biografie/FRITZ STIEDRY (Nachfolger von FELIX VON WEINGARTNER und BRUNO WALTER); Projekte/FRITZ STIEDRY (Fertigstellung einer Oper nach «Der gerettete Alcibiades»/ GEORG KAISER, Aufführung in der Schweiz geplant; Bitte um finanzielle Unterstützung für sein Projekt)

Richard Stoehr Subject File

- Zur Biografie vgl. S. 270
- Vgl. Richard Stoehr Subject File in Emergency Committee in Aid of Displaced Foreign Scholars Records (NYPL, Humanities and Social Sciences Library, Manuscripts and Archives Division, S. 270ff.)

MATERIAL ZUR BIOGRAFIE
7044 1944-06-15
«Application for Renewal – Institution: St. Michael's College, Scholar: Richard Stoehr, Musicologist»; Aktennotiz; TD, 2 S., engl.

→ *Identisches Dokument: Emergency Committee in Aid of Displaced Foreign Scholars Records (Dok. 6100)*

7045 [1945]
«Richard Stöhr»; Aktennotiz; TD, 1 S., engl. **E** Finanzen/ Emergency Committee (Antrag auf Unterstützung für RICHARD STOEHR) **A** Anstellung/RICHARD STOEHR (Lehrtätigkeit am Curtis Institute of Music, Philadelphia, und am St. Michael's College, Vermont; neue Lehrstelle aufgrund seines Alters unwahrscheinlich)

7046 [1945]-?-?
«Stöhr, Richard – Musicologist (Composition, Piano, Organ, Harmony)»; Aktennotiz; TD, 1 S., engl. **A** Anstellung/ RICHARD STOEHR (Lehrtätigkeit am Curtis Institute of Music, Philadelphia, und am St. Michael's College, Vermont mit Unterstützung/Emergency Committee); Biografie/RICHARD STOEHR (Musikwissenschaftsstudium in Wien, Lehrtätigkeit an Musikakademie Wien); Empfehlung (für RICHARD STOEHR/ERICH HULA, RANDALL THOMPSON, KATHLEEN HANSTEIN)

→ *Aktennotiz 1941-04-08 in Archives of the Carl Schurz Memorial Foundation (Dok. 4125)*

Alfred Szendrey Subject File

- Zur Biografie vgl. S. 273

- Vgl. Alfred Szendrey Subject File in Emergency Committee for Displaced Foreign Scholars Records (NYPL, Humanities and Social Sciences Library, Manuscripts and Archives Divisions, S. 273f.)

MATERIAL ZUR BIOGRAFIE

7047   1944-06-15
«Application for Renewal of Fellowship. Scholar: Alfred Szendrey, Conductor»; Aktennotiz; TD, 4 S., engl. E Finanzen/ALFRED SZENDREY (Antrag auf Unterstützung zur Arbeit an einer "History of Jewish Music" abgelehnt, Bitte um erneute Diskussion; Geld von Hilfsorganisationen, minimales Gehalt durch Organistentätigkeit an Synagoge) A Biografie/ALFRED SZENDREY (Lehrtätigkeit für Dirigieren und Komposition an Staatsakademie Budapest); Empfehlung (für ALFRED SZENDREY/BRUNO WALTER, RICHARD STRAUSS, ARTHUR NIKISCH, ARNOLD SCHOENBERG, OTTO KLEMPERER, WILLIAM ROTHENBERG, PHILIP JAMES)

→ *Aktennotiz 1942-01-28 in Archives of the Carl Schurz Memorial Foundation (Dok. 4128)*

Karl Weigl Subject File

- Zur Biografie vgl. S. 42

- Vgl. Karl Weigl Subject File (American Composers' Alliance, S. 42f.), Toni and Gustav Stolper Coll. (Center for Jewish History, Leo Baeck Institute, S. 69ff.), Karl Weigl Subject File in Emergency Committee in Aid of Displaced Foreign Scholars Records (NYPL, Humanities and Social Sciences Library, Manuscripts and Archives Division, S. 276-279) und Karl Weigl Scores (NYPL, Performing Arts Library, Music Division, S. 330f.)

KORRESPONDENZ

LIEBERMAN, MAURICE

7048   1945-06-11
Maurice Lieberman (Brooklyn College, Brooklyn, NY), ohne Adressat; TLS, 1 S., engl. A Anstellung/KARL WEIGL (am Music Dept. des Brooklyn College, Ende der Tätigkeit wegen Rückkehr der eigenen Angestellten aus dem Krieg)

SERKIN, RUDOLF

7049   1945-04-20
Rudolf Serkin, ohne Adressat; ALS, 1 S., engl. A Empfehlung/RS (für KARL WEIGL zur Aufführung von dessen «5. Sinfonie (Apocalyptic Symphony)»)

WALTER, BRUNO

7050   1945-06-08
Bruno Walter (NYC), ohne Adressat; TLS, 1 S., engl. A Empfehlung/BW (für KARL WEIGL, positive Beurteilung seiner Kompositionen)

MATERIAL ZUR BIOGRAFIE

7051   1944-06-15
«Application for Renewal of Fellowship – Institution: (Brooklyn College), Scholar: Karl Weigl, Musicologist»; Aktennotiz; TD, 3 S., engl.

→ *Identisches Dokument: Emergency Committee in Aid of Displaced Foreign Scholars Records (Dok. 6171)*

7052   [1945]-?-?
«Dr. Karl Weigl»; Aktennotiz; TD, 1 S., engl. E Einreise/KARL WEIGL (in die USA 1938) A Finanzen/KARL und VALLY WEIGL ("have supported themselves in a very frugal manner by giving individual music lessons"); Projekte/KARL WEIGL («Cantata for Children», "an important and much needed work for young people"; Antrag auf Stipendium, Whitney Foundation)

→ *Aktennotiz 1940-11-04 in Archives of the Carl Schurz Memorial Foundation (Dok. 4139)*

Stefan Wolpe Subject File

- Zur Biografie vgl. S. 281f.

- Vgl. Stefan Wolpe Subject File in Emergency Committee in Aid of Displaced Foreign Scholars Records (NYPL, Humanities and Social Sciences Library, Manuscripts and Archives Division, S. 281f.) und Netty Simons Coll. (NYPL, Performing Arts Library, Music Division, S. 307f.)

MATERIAL ZUR BIOGRAFIE

7053   1943-11-?
«Application for Fellowship. Scholar: Stefan Wolpe, Musician»; Aktennotiz; TD, 4 S., engl.

→ *Identisches Dokument: Emergency Committee in Aid of Displaced Foreign Scholars Records (Dok. 6200)*

Victor Zuckerkandl Subject File

- Zur Biografie vgl. S. 282
- Vgl. Victor Zuckerkandl Subject File in Emergency Committee in Aid of Displaced Foreign Scholars Records (NYPL, Humanities and Social Sciences Library, Manuscripts and Archives Division, S. 282f.)

KORRESPONDENZ
HARVARD UNIVERSITY
7054   1945-03-18
Archibald Th. Davison (Isham Memorial Library, Harvard Univ., Cambridge, MA) an ? Jessup; TLS (Abschrift), 1 S., engl. A Empfehlung/AD (für VICTOR ZUCKERKANDL); Projekte/VICTOR ZUCKERKANDL (Buch "on music education in Amer. colleges")

PRINCETON UNIVERSITY PRESS
7055   1945-11-29
Datus C. Smith, jr. (Princeton Univ. Press, Princeton, NJ) an Henry Allen Moe (Guggenheim Foundation, NYC); TLS (Abschrift), 1 S., engl. A Projekte/VICTOR ZUCKERKANDL (Projekt zu "Music and the modern mind", Bewerbung um Guggenheim Fellowship; großes Interesse der Princeton Univ. Press an einer Publikation der Arbeit)

SAMAROFF STOKOWSKI, OLGA
7056   1938-11-14
Olga Samaroff Stokowski (NYC) an Alvin Johnson; TLS (Abschrift), 1 S., engl. E Hilfe/OSS (Suche nach Anstellungsmöglichkeit für VICTOR ZUCKERKANDL) A Empfehlung/BRUNO WALTER (für VICTOR ZUCKERKANDL an OSS, Weiterempfehlung an AJ und JAMES G. MCDONALD)

ST. GEORGE'S SCHOOL MIDDLETOWN
7057   1944-12-06
Willet L. Eccles (St. George's School, Middletown, RI) an Victor Zuckerkandl (Princeton, NJ); TLS (Abschrift), 1 S., engl. A Schriften/VZ («Music Education in the Liberal Arts College» in ‹Harvard Educational Review›); Treffen/VZ (mit ALLAN HEELY)

WALTER, BRUNO
7058   1939-10-?
Bruno Walter, ohne Adressat; TLS (Abschrift), 1 S., engl.

→ Originaldokument in Emergency Committee in Aid of Displaced Foreign Scholars Records (Dok. 6206), Entwurf in Bruno Walter Papers (Dok. 6872)

MATERIAL ZUR BIOGRAFIE
7059   1944-04-?
«Application for Fellowship. Scholar: Victor Zuckerkandl, Musicologist»; Aktennotiz; TD, 5 S., engl. E Einreise/VICTOR ZUCKERKANDL (in die USA im Dezember 1939) A Anstellung/VICTOR ZUCKERKANDL (am Wellesley College, Wellesley, Massachusetts; außerdem Arbeit "as a machinist in a Cambridge defense plant"); Biografie/VICTOR ZUCKERKANDL (Dozent an Staatlicher Musikakademie Wien; Tätigkeit für ‹Neue Freie Presse› in Wien und bei Verlag Bermann-Fischer); Empfehlung (für VICTOR ZUCKERKANDL/MARION G. CANBY, ROBERT ULICH, THOMAS MANN, MILDRED H. MCAFEE, WILLIAM S. LEARNED); Finanzen/VICTOR ZUKKERKANDL (Antrag auf Stipendium für Buchprojekt zur Musikerziehung; Schriften/VICTOR ZUCKERKANDL (Aufsatz «Music Education» in ‹Harvard Educational Review›) R Pädagogik/VICTOR ZUCKERKANDL (Gedanken zur Musikpädagogik)

7060   [1945]
«Curriculum vitae»; Lebenslauf; TD, 1 S., engl. A Anstellung/VICTOR ZUCKERKANDL (Lehrtätigkeit am Wellesley College); Biografie/VICTOR ZUCKERKANDL (Studium in Wien bei EUSEBIUS MANDYCZEWSKI, HEINRICH SCHENKER, [RICHARD] ROBERT, GUIDO ADLER; Tätigkeit als Dirigent, Lehrtätigkeit, Kritiker in Stockholm; BRUNO WALTER); Empfehlung (für VICTOR ZUCKERKANDL/BRUNO WALTER, THOMAS MANN, ALFRED EINSTEIN, CARLETON SPRAGUE SMITH, FRANCIS C. LATHROP, JOHN WHYTE, OLGA SAMAROFF STOKOWSKI, DOROTHY THOMPSON); Schriften/VICTOR ZUCKERKANDL (Verzeichnis)

→ Aktennotiz 1941-01-07 in Archives of the Carl Schurz Memorial Foundation (Dok. 4147)

Rockefeller Foundation Archives

- Rockefeller Foundation, 1913 von John D. Rockefeller gegründet, Förderung wissenschaftlicher Arbeit von Institutionen und Forschern
- Rockefeller Foundation Archives in 19 Recorded Groups eingeteilt, von denen einige nur begrenzt zugänglich sind; von besonderem Interesse "Recorded Group 1: Projects, 1912-1989" zum Princeton Radio Research Project (Mitarbeiter Theodor W. Adorno) und zum Film Music Project von Hanns Eisler
- Finding aid; grundlegende Information zu den Rockefeller Foundation Archives im Internet (http://www.rockefeller.edu/archive.ctr/rf.html)
- Vgl. Archives of the Carl Schurz Memorial Foundation, Archives of the National Coordinating Committee und Archives of the National Refugee Service (Center for Jewish History, YIVO Insti-

tute, S. 83-104 und 115-130), Archives of the New School University (S. 200-203), Emergency Committee in Aid of Displaced Foreign Scholars Records (NYPL, Humanities and Social Sciences Library, Manuscrips and Archives Division, S. 204-283) und Alfred E. Cohn Papers (Rockefeller Archive Center, S. 337-344); vgl. Hanns Eisler Coll. (UCLA), QuECA, S. 119-138

SCHRIFTEN
ADORNO, THEODOR W.

7061 (1939)-(11)-?
«The Radio Voice vs. the Printed Word»; Synopsis, TD (annotiert), 4 S., engl.

7062 1939-10-26
«On a Social Critique of Radio Music»; Vortrag, TD (annotiert), 20 S., engl.

7063 (1939-12-27)
«Study of Likes and Dislikes in Light Popular Music»; Synopsis, TD, 3 S., engl.

EISLER, HANNS

7064 (1942)-[01]-[06]
Hanns Eisler, «Report Concerning the Project: The Relationship Between Music and the Movies»; Bericht, TDS, 2 S., engl. A Projekte/HE (Bericht zum Stand des Filmmusik-Projekts, Finanzen)
→ Beilage zu: Brief New School for Social Research 1942-01-06 (Dok. 7097)

7065 1942-10-31
Hanns Eisler, «Final Report on the Film-Music Project on a Grant by the Rockefeller Foundation»; Bericht, TD (unvollständig, annotiert), 7 S., engl. A Projekte/HE (Abschlussbericht zum Filmmusik-Projekt)
→ Beilage zu: Brief Hanns Eisler 1942-11-21 (Dok. 7079)

EMERGENCY COMMITTEE

7066 (1940)-(12)-?
Stephen Duggan, «The Refugee Professor in the Amer. Univ.»; Aufsatz, TD (annotiert), 6 S., engl. E Hilfsorganisationen (Arbeit und Aufgaben/Emergency Committee)

7067 1940-06-01
«The Emergency Committee in Aid of Displaced Foreign Scholars. Report as of June 1, 1940»; Bericht, PD, 8 S., engl.; Druckfahnen E Hilfsorganisationen (Emergency Committee, Bericht über Aktivitäten und Finanzen, Liste unterstützter Akademiker)
→ Dokumente ähnlichen Inhalts 1941-06-01 und (1942)-01-24

7068 (1941)
«A Memorandum on Promotional Policy»; Memorandum, TD (Kopie), 3 S., engl. E Hilfsorganisationen (Aktivitäten des Emergency Committee) A Öffentlichkeit/Emergency Committee (Wirkung und Promotion)

OFFICE OF RADIO RESEARCH

7069 (1940)-?-?
«Proposal for Continuation of Radio Research Project for a Final Three Years at Columbia Univ.»; Bericht, TD (annotiert), 12 S., engl. A Projekte (Princeton Radio Research Project, Bericht zu zukünftiger Planung, Finanzen; THEODOR W. ADORNO, GEORGE SIMPSON)

THOMSON, VIRGIL

7070 (1941)-06-15
«How Popular Music Works»; Aufsatz, PD, 2 S., engl.; aus ‹NY Herald Tribune› A Schriften/THEODOR W. ADORNO (kommentierte Auszüge aus "article on popular music")
→ Brief Virgil Thomson 1941-06-04 (Dok. 7120)

KORRESPONDENZ
ADVISORY COMMISSION TO THE COUNCIL OF NATIONAL DEFENSE

7071 1940-07-30
Leo C. Rosten (Advisory Commission to the Council of National Defense, Washington, DC) an John Marshall (Rockefeller Foundation, NYC); TLS (annotiert), 1 S., engl. A Kollegen/LR (KYLE PALMER, TOM PETTEY); Organisationen (Advisory Commission to the Council of National Defense, Veranstaltung "national conference"); Projekte/HANNS EISLER (Filmmusik-Projekt an New School for Social Research, Schwierigkeiten bei Beschaffung der Filme; Kontaktaufnahme mit WALTER WANGER und Büro/[ROBERT] HAYS in Hollywood; MARK MAY, DOROTHY JONES)

CENTRAL YMCA COLLEGE CHICAGO

7072 1942-04-08
Betty Drury an Edward J. Sparling (Central YMCA College, Chicago, IL); TL (Kopie), 1 S., engl. E Finanzen/Emergency Committee (Unterstützung für Anstellung/NICOLAI MALKO am Central YMCA College)

COMMITTEE OF UN-AMERICAN ACTIVITIES

7073 1947-06-04
Raymond B. Fosdick an J. Parnell Thomas (Committee of Un-Amer. Activities, Washington, DC); TLS (Kopie), 4 S., engl. E Verfolgung/HANNS EISLER (Committee of Un-Amer. Activities) A Empfehlung (Stellungnahmen und Befürwortung/Museum of Modern Art Film Library und Radio Research at Columbia Univ. für Filmmusik-Projekt/HANNS EISLER; Finanzen/Rockefeller Foundation (Filmmusik-Projekt/HANNS EISLER an New School for Social Research Details zu Honorar, Reise- und Materialkosten, Antrag/ALVIN JOHNSON; JOHN MARSHALL); Projekte/HANNS EISLER (Filmmusik-Projekt ohne politischen Hintergrund); Schriften/HANNS EISLER («Composing for the Films» bei Oxford Univ. Press)

EISLER, HANNS

7074 1941-09-25
Hanns Eisler (New School for Social Research, NYC) an John Marshall (Rockefeller Foundation, NYC); TLS (annotiert), 1 S., engl. A Finanzen/HE (Probleme mit Aufnahmestudios von RCA und Western Electric Systems wegen hoher "license fees"; Bitte um Unterstützung/Rockefeller Foundation)

7075   1941-11-26
Hanns Eisler an Alvin Johnson; TL (Kopie annotiert), 1 S., engl. A Projekte/HE (Filmmusik-Projekt/HE; schwierige Materialbeschaffung aus Hollywood, aber Abschluss der Arbeiten in naher Zukunft; zusätzliche Zeit zur theoretischen Beschreibung der Ergebnisse in Buchform, Bitte um finanzielle Unterstützung/Rockefeller Foundation)

7076   1941-12-23
John Marshall an Hanns Eisler (New School for Social Research, NYC); TL (annotiert), 1 S., engl. A Finanzen/HE (Unterstützung/Rockefeller Foundation zur Fertigstellung des Buches zum Filmmusik-Projekt, Bitte um Bericht)

7077   1942-11-06
Hanns Eisler (LA) an John Marshall; TLS (annotiert), 1 S., engl. A Aufnahme/HE (Fertigstellung der letzten Schallplatte zum Filmmusik-Projekt); Öffentlichkeit/HE (großes Experteninteresse an Forschungsergebnissen); Reise/HE (nach Hollywood); Vortrag/HE (Päsentation der Ergebnisse zum Filmmusik-Projekt)
→ *Antwortbrief: 1942-11-14*

7078   1942-11-16
Hanns Eisler (LA) an John Marshall; TLS (annotiert), 1 S., engl. A Aufnahme/HE (Fertigstellung der letzten Schallplatte zum Filmmusik-Projekt); Finanzen/Rockefeller Foundation (Terminierung der Förderung Filmmusik-Projekt/HE; Restsumme bei New School for Social Research für laufende Kosten)

7079   1942-11-21
Hanns Eisler (LA) an John Marshall; TLS (annotiert), 1 S., engl. A Projekte/HE (Sendung des Abschlussberichts zum Filmmusik-Projekt)
→ Beilage «*Final Report on the Film-Music Project on a Grant by the Rockefeller Foundation*» 1942-10-31 (Dok. 7065)
→ *Antwortbrief: 1942-12-02*

7080   1946-07-23
John Marshall an Hanns Eisler (Pacific Palisades, CA); TL (Kopie annotiert), 1 S., engl. A Projekte/HE (Anfrage/JM nach Fortgang des Buches über Filmmusik-Projekt; Interesse verschiedener Personen an Forschungsergebnissen)

7081   1946-07-27
Hanns Eisler und Theodor W. Adorno an John Marshall (Rockefeller Foundation, NYC); TLS (annotiert), 1 S., engl. A Schriften/HE und TA (zu Filmmusik unter Berücksichtigung der theoretischen und praktischen Erfahrungen beider Autoren, inklusive analytischer Ausführungen; Abschluss des dt. Manuskripts, engl. Übersetzung; Publikation bei Oxford Univ. Press, PHILIP VAUDRIN)

MUSEUM OF MODERN ART FILM LIBRARY

7082   1939-12-12
Iris Barry (Museum of Modern Art Film Library, NYC) an John Marshall (Rockefeller Foundation, NYC); TLS, 1 S., engl. A Kompositionen/HANNS EISLER (Filmmusik); Schriften («Film Music»/KURT LONDON, Aufsatz über Filmmusik/ HANNS EISLER in ‹World Film News›)

7083   1940-01-04
Iris Barry (Museum of Modern Art Film Library, NYC) an John Marshall (Rockefeller Foundation, NYC); TLS, 1 S., engl. A Projekte (Filmmusik-Projekt/HANNS EISLER an New School for Social Research, Zusage/Museum of Modern Art Film Library zu Kooperation); Treffen/IB (Gespräch mit HANNS EISLER)

7084   1947-09-15
David H. Stevens an Iris Barry (Museum of Modern Art Film Library, NYC); TL (Kopie annotiert), 1 S., engl. A Schriften/HANNS EISLER (Bitte/DS um Stellungnahme zu «Composing for the Films» als Nachweis der erfolgreichen Investition)

7085   1947-10-01
Iris Barry (Museum of Modern Art, NYC) an David H. Stevens (Rockefeller Foundation, NYC); TLS (annotiert), 1 S., engl. A Schriften/HANNS EISLER (Stellungnahme/IB zu «Composing for the Films», Schwierigkeiten bei der Einschätzung des Inhalts, Zielgruppe Komponisten und Musiker, "Eisler's research and conclusions must be of real value to them and to the documentary people")

NATIONAL BROADCASTING COMPANY

7086   1939-12-18
Walter G. Preston, jr. (NBC, Inc., NYC) an John Marshall (Rockefeller Foundation, NYC); TLS (annotiert), 1 S., engl. A Vortrag/THEODOR W. ADORNO («On a Social Critique of Radio Music», Princeton Radio Research Project; Expertenkritik an Referat, da "full of factual errors and colored opinions, and its pretense at scientific procedure is so absurd in view of its numerous arbitrary assertions, that it is hardly worthy of serious consideration, except possibly as propaganda")

NEW SCHOOL FOR SOCIAL RESEARCH

7087   1940-02-26
? an Alvin Johnson (New School for Social Research, NYC); TL (Kopie annotiert), 1 S., engl. A Finanzen/Rockefeller Foundation (Details zur Unterstützung für Filmmusik-Projekt/HANNS EISLER an New School for Social Research)

7088   1940-07-08
Alvin Johnson (New School for Social Research, NYC) an John Marshall (Rockefeller Foundation, NYC); TLS (annotiert), 1 S., engl. A Biografie/HANNS EISLER ("account of Hanns Eisler's career"); Öffentlichkeit/HANNS EISLER ("the immigration authorities and the State Dept. went over Eisler with a fine tooth comb. The fact that his music in part had been taken up by the Left, and that a number of Leftists made his cause their own, led to a scrutiny such as few intending immigrants are subjected to.")

7089   1941-01-23
Mark Brunswick (Placement Committee for German and Austrian Musicians, NYC) an Alvin Johnson (New School for Social Research, NYC); TLS (Abschrift), 1 S., engl. E Hilfe (für Musiker und Musikwissenschaftler, Verträge mit New School for Social Research; keine Hilfe nötig für ALFRED WALLENSTEIN, RUDOLF BING, THEODORE ROCHMIS auf-

grund ihrer Kontakte zu musikalischen Institutionen; Interpreten CHARLES LEIRENS, CARL FLESCH; Musikwissenschaftler HANS GÁL, KNUD JEPPESEN, ERNST HERMANN MEYER, EDUARDO MARTINEZ TORNER) **A** Anstellung/OTTO SCHULHOF (am Bard College, Annandale-on-Hudson, New York; Verwechslung mit ERWIN SCHULHOFF durch Musicians' Placement Committee); Treffen/GUSTAVE REESE und MB (mit CARLETON SPRAGUE SMITH wegen Unterstützung für Musiker)

→ *Beilage: Namensliste (Dok. 7123)*

7090 1941-02-12
Alvin Johnson (New School for Social Research, NYC) an George J. Beal (Rockefeller Foundation, NYC); TLS (annotiert), 1 S., engl. **A** Finanzen (Ausgaben/New School for Social Research für Filmmusik-Projekt/HANNS EISLER; JOHN MARSHALL)

7091 1941-02-14
Thomas B. Appleget an Alvin Johnson (New School for Social Research, NYC); TL (Kopie), 1 S., engl. **E** Hilfe (für HANS GÁL, KNUD JEPPESEN, ERNST HERMANN MEYER, EDUARDO MARTINEZ TORNER; Einschätzung der Fachkräfte mit Unterstützung/OTTO KINKELDEY, HAROLD SPIVACKE, CARLETON SPRAGUE SMITH; Liste zur Einschätzung auch an amer. Musikwissenschaftler)

7092 1941-02-25
Harold Spivacke (Library of Congress, Washington, DC) an Alvin Johnson (New School for Social Research, NYC); TLS (Abschrift), 1 S., engl. **A** Empfehlung/HS (für KNUD JEPPESEN, HANS GÁL, EDUARDO MARTINEZ TORNER, ERNST HERMANN MEYER, Rangfolge für Anstellung verweigert)

7093 1941-03-03
Carleton Sprague Smith (NYPL, NYC) an Alvin Johnson (New School for Social Research, NYC); TLS (Abschrift), 1 S., engl. **A** Empfehlung/CARLETON SPRAGUE SMITH (Rangfolge für Musikwissenschaftler KNUD JEPPESEN, HANS GÁL, EDUARDO MARTINEZ TORNER, ERNST HERMANN MEYER)

7094 1941-03-19
Otto Kinkeldey (Cornell Univ. Library, Ithaca, NY) an Alvin Johnson (New School for Social Research, NYC); TLS (Abschrift annotiert), 1 S., engl. **A** Empfehlung/OK (für KNUD JEPPESEN und ERNST HERMANN MEYER; HANS GÁL und EDUARDO MARTINEZ TORNER sind ihm unbekannt)

7095 1941-04-22
Alvin Johnson (New School for Social Research, NYC) an Thomas B. Appleget (Rockefeller Foundation, NYC); TLS (annotiert), 1 S., engl. **E** Hilfe (Liste mit Refugee Scholars in Großbritannien, Lateinamerika, Schweiz und anderen Ländern; Ausweitung der Unterstützung)

→ *Beilage: Namensliste (Dok. 7124)*

7096 1941-12-11
John Marshall an Alvin Johnson (New School for Social Research, NYC); TL (Kopie annotiert), 1 S., engl. **A** Finanzen/HANNS EISLER (Bitte um Unterstützung/Rockefeller Foundation zur Fertigstellung des Buches über Filmmusik-Projekt, Finanzierungsvorschlag/JM)

7097 1942-01-06
Alvin Johnson (New School for Social Research, NYC) an John Marshall (Rockefeller Foundation, NYC); TL (Kopie annotiert), 1 S., engl. **A** Finanzen (Bitte um Unterstützung/ Rockefeller Foundation zur Fertigstellung des Buches über Filmmusik-Projekt/HANNS EISLER; Sendung des Berichts über Projektverlauf)

→ *Beilage «Report Concerning the Project: The Relationship Between Music and the Movies» (Dok. 7063)*
→ *Antwortbrief: 1942-01-09*
→ *Antwortbrief mit Bewilligung: 1942-01-30*

7098 1942-06-02
Alvin Johnson (New School for Social Research, NYC) an Thomas B. Appleget (Rockefeller Foundation, NYC); TLS (annotiert), 3 S., engl. **E** Hilfsorganisationen (Vorwurf an AJ, alle emigrierten Wissenschaftler an New School for Social Research behalten zu wollen, Gewährung von finanzieller Unterstützung für Stellen durch Rockefeller Foundation; JOE WILLITS) **R** Kulturpolitik/AJ (Bemühung um qualitativ hochwertiges Lehrpersonal für Univ. in Exile)

→ *Antwortbrief: 1942-06-03*

7099 1944-05-23
George J. Beal an Alvin Johnson (New School for Social Research, NYC); TL (Kopie annotiert), 1 S., engl. **A** Finanzen/Rockefeller Foundation (Filmmusik-Projekt/HANNS EISLER, Probleme mit Abrechnung nach Ablauf des Förderungszeitraums, Anforderung eines "financial statement" über die Ausgaben)

7100 1944-06-01
Alvin Johnson (New School for Social Research, NYC) an George J. Beal (Rockefeller Foundation, NYC); TLS (annotiert), 1 S., engl. **A** Finanzen/Rockefeller Foundation (Filmmusik-Projekt/HANNS EISLER, Abrechnung der Ausgaben)

→ *Beilage «Schedule of Receipts & Expenditures of the Rockefeller Music Fund» (Dok. 7154)*
→ *Antwortbrief: 1944-06-26*

7101 1944-07-24
Alvin Johnson (New School for Social Research, NYC) an George J. Beal (Rockefeller Foundation, NYC); TLS (annotiert), 1 S., engl. **A** Finanzen/Rockefeller Foundation (Filmmusik-Projekt/HANNS EISLER, detaillierte Aufstellung der Kosten)

→ *Beilage «Statement of Expenses Hans Eisler – Rockefeller Music Fund» (Dok. 7155)*

7102 1944-08-10
H.M. Gillette an Alvin Johnson (New School for Social Research, NYC); TL (Kopie annotiert), 1 S., engl. **A** Finanzen/Rockefeller Foundation (Filmmusik-Projekt/HANNS EISLER, Überprüfung der Abrechnung; Reisekosten, laufende Kosten der Filmmiete für New School for Social Research)

→ *Antwortbrief: 1944-08-21*

7103 1944-09-12
Issai Hosiosky (New School for Social Research, NYC) an George J. Beal (Rockefeller Foundation, NYC); TLS (annotiert), 1 S., engl. **A** Finanzen/Rockefeller Foundation (Förderung Filmmusik-Projekt/HANNS EISLER, New School for

Social Research, Abrechnung; Sendung eines Schecks über Restbetrag)
↪ Antwortbrief: 1944-09-14

7104   1948-12-06
Alvin Johnson an Joe Willits; TL (Abschrift unvollständig), 1 S., engl. A Empfehlung/AJ (Fürsprache für HANNS EISLER, "did a damn good job on music for the movies, but had the rotten taste to choose the wrong womb to come out of, a womb that produced a brother, who for all I know was a spy, and a total bitch of a sister, Trotzkyite [...]"); Öffentlichkeit/HANNS EISLER (Einschätzung als "non-political but did tunes the revolutionaries sung")

OFFICE OF RADIO RESEARCH

7105   1938-04-08
Paul F. Lazarsfeld (Princeton Univ., School of Public and International Affairs, Princeton, NJ) an John Marshall (General Education Board, NYC); TLS (Kopie annotiert), 1 S., engl. A Projekte (Radio Research Project an Princeton Univ., THEODOR W. ADORNO, [HAROLD] MILLIGAN, ? DENNY)

7106   1938-05-10
Paul F. Lazarsfeld (Princeton Univ., School of Public and International Affairs, NYC) an John Marshall (Rockefeller Foundation, NYC); TLS (Kopie annotiert), 2 S., engl. A Projekte (Radio Research Project an Princeton Univ., Schwerpunkt "the study of radio as a toll of propaganda"; THEODOR W. ADORNO, ? PASEL, [GEOFFREY] GORER, ? LYND, ? LASWELL)

7107   1939-10-21
Paul F. Lazarsfeld (Princeton Univ., School of Public and International Affairs, NYC) an Robert Havighurst (General Education Board, Rockefeller Foundation, NYC); TLS (annotiert), 1 S., engl. A Vortrag/THEODOR W. ADORNO (über die Forschungsprinzipien zum Princeton Radio Research Project mit anschließender Diskussion, Einladung)

7108   1939-12-27
Paul F. Lazarsfeld (Princeton Univ., School of Public and International Affairs, NYC) an John Marshall (Rockefeller Foundation, NYC); TLS (annotiert), 3 S., engl. A Projekte (Details zu Princeton Radio Research Project, generelle Analyse/THEODOR W. ADORNO und Marktuntersuchung/? MACDOUGALD; Beurteilung/DEEMS TAYLOR); Schriften/THEODOR W. ADORNO (Essays «Study of Likes and Dislikes in Light Popular Music» mit Analyse der Damrosch Music Appreciation Hour und «The Radio Voice», beide im Entwurfsstadium; Studie zur Beziehung zwischen "needs of the listener" und "supply offered by radio"); Vortrag/THEODOR W. ADORNO («On a Social Critique of Radio Music»)

7109   1940-01-02
Paul F. Lazarsfeld an John Marshall; TLS, 1 S., engl. A Biografie/HANNS EISLER (Schüler/ARNOLD SCHOENBERG, engagierte Musik); Kollegen/HANNS EISLER (THEODOR W. ADORNO); Öffentlichkeit/HANNS EISLER ("The only negative remarks I have heard about him pertain to a too-great interest in his own advancement, sometimes at the expenses of his associates.")

7110   1940-02-29
Paul F. Lazarsfeld (Princeton Univ., School of Public and International Affairs, NYC) an John Marshall (Rockefeller Foundation, NYC); TLS (annotiert), 3 S., engl. A Projekte (Ende des Princeton Radio Research Project, Zusammenfassung der Ergebnisse)

7111   1940-03-07
John Marshall an Paul F. Lazarsfeld (Radio Research Project); TL (Kopie annotiert), 2 S., engl. A Projekte (Ende des Princeton Radio Research Project, Ergebnisse; «Radio and the Printed Page»/ORSON WELLES)

7112   1941-06-09
Paul F. Lazarsfeld an John Marshall (Rockefeller Foundation, NYC); TLS (annotiert), 2 S., engl. A Projekte (Radio Research Project, Wunsch/Rockefeller Foundation nach Einstellung der Arbeit/THEODOR W. ADORNO aufgrund von Zweifeln an praktischer Verwendbarkeit; Ausführungen/PL zur Arbeit/THEODOR W. ADORNO; Finanzen)

7113   1941-06-09
Paul F. Lazarsfeld (Office of Radio Research, NYC) an Tracy B. Kittredge (Rockefeller Foundation, NYC); TLS (annotiert), 1 S., engl. A Projekte (Radio Research Project, finanzielle Förderung/Rockefeller Foundation für THEODOR W. ADORNO; [FRIEDRICH] POLLOCK, JOHN MARSHALL)

7114   1941-06-17
Paul F. Lazarsfeld (Office of Radio Research, NYC) an John Marshall (Rockefeller Foundation, NYC); TLS (annotiert), 1 S., engl. A Öffentlichkeit/THEODOR W. ADORNO (Bericht/VIRGIL THOMSON über Aufsatz/THEODOR W. ADORNO in ‹NY Herald Tribune›); Projekte (Radio Research Project, finanzielle Förderung/Rockefeller Foundation für THEODOR W. ADORNO)

REIS, IRVING

7115   1940-08-06
John Marshall an Irving Reis (RKO, Hollywood, CA); TL (Kopie), 1 S., engl. A Anstellung/HARRY ROBIN (Assistent/HANNS EISLER bei Filmmusik-Projekt an New School for Social Research; WALTER WANGER); Treffen/HARRY ROBIN (mit IR)

ROBIN, HARRY

7116   1940-08-23
Harry Robin an John Marshall; TLS (annotiert), 1 S., engl. A Empfehlung/HANNS EISLER und [DONALD] SLESINGER (für HR an JM zwecks Neuanpassung des Stipendiums); Reise/HR ("trip West" mit HANNS EISLER)
↪ Antwortbrief 1940-08-27

ROCKEFELLER FOUNDATION

7117   1941-02-10
John Marshall an Thomas B. Appleget; TL (annotiert), 1 S., engl. E Hilfe (für Musikwissenschaftler, Anstellung an New School for Social Research, ALVIN JOHNSON; schwierige Einschätzung der Fachkräfte mit Unterstützung/OTTO KINKELDEY, HAROLD SPIVACKE, CARLETON SPRAGUE SMITH; Versendung der Liste zur Einschätzung an amer. Musikwissenschaftler)

7118   1941-03-28
John Marshall an Thomas B. Appleget; TL (annotiert), 1 S.,

engl. E Hilfe (für Musikwissenschaftler nach Rangliste, Anstellung an New School for Social Research, ALVIN JOHNSON; keine Informationen über Situation/KNUD JEPPESEN)

7119 1942-01-15
John Marshall an ?; TLS (annotiert), 1 S., engl. A Finanzen (Bitte um Unterstützung/Rockefeller Foundation zur Fertigstellung des Filmmusik-Projekts/HANNS EISLER an New School for Social Research; geplante Publikation bei Oxford Univ. Press); Vortrag/HANNS EISLER (Bericht über Projektverlauf mit experimenteller Demonstration) R Musik/JM (Begründung Forschungsprojekt/HANNS EISLER, Skizze Projektziel)

THOMSON, VIRGIL
7120 1941-06-04
Virgil Thomson (‹NY Herald Tribune›, NYC) an Theodor W. Adorno; TLS, 1 S., engl. A Schriften/TA (Dank/VT für Zusendung eines Aufsatzes aus ‹Studies in Philosophy and Social Science›, Besprechung in ‹NY Herald Tribune›)
⇾ *Clipping «How Popular Music Works» (Dok. 7070)*

OFFIZIELLE DOKUMENTE
ROCKEFELLER FOUNDATION
7121 1942-01-29
Bescheinigung; TDS (Kopie annotiert), 1 S., engl. A Finanzen/Rockefeller Foundation (Bescheinigung zur Verlängerung Filmmusik-Projekt/HANNS EISLER an New School for Social Research)

7122 1947-06-02
Bescheinigung; TD (Kopie), 1 S., engl. A Finanzen/Rockefeller Foundation (Auszug aus «Minutes of The Rockefeller Foundation for January 19, 1940» mit Details zur Finanzierung Filmmusikprojekt/HANNS EISLER zur Beglaubigung der Forschungstätigkeit)

MATERIAL ZUR BIOGRAFIE
7123 (1941-01-23)
«Musicians and Musicologists»; Namensliste; TD, 2 S., engl. A Biografie (Notizen zu Karriere und Veröffentlichungen/HANS GÁL, KNUD JEPPESEN, ERNST HERMANN MEYER, EDUARDO MARTINEZ TORNER mit Erwähnung einiger Referenzen/CARLETON SPRAGUE SMITH, ALFRED EINSTEIN, RUDOLF SERKIN, PAUL BREISACH, OTTO KINKELDEY, HAROLD SPIVACKE, ? TREND, FEDERICO DE ONIS)
⇾ *Beilage zu: Brief New School for Social Research 1941-01-23 (Dok. 7089)*

7124 1941-04-22
Namensliste; TD, 3 S., engl. E Hilfe (Liste mit Refugee Scholars in England, britischem Hoheitsgebiet, Schweiz, Skandinavien, Portugal, Türkei, im Orient und in Lateinamerika; Musiker und Musikwissenschaftler RUDOLF BING, A. JACOB-LOEWENSON, E[RNST] KURTH)
⇾ *Beilage zu: Brief New School for Social Research1941-04-22 (Dok. 7095)*

7125 1944-06-14
«Personal Data on Older Scholars»; Namensliste; TD, 13 S., engl. A Biografie (Notizen zur Biografie und Unterstützung diverser Emigranten, darunter PAUL NETTL, NICOLAI MALKO, OSKAR FRANKL, CURT SACHS, ALFRED MANN, RICHARD STOEHR)

ADORNO, THEODOR W.
7126 1941-06-19
John Marshall; Aktennotiz; TDS, 1 S., engl. A Empfehlung/PAUL F. LAZARSFELD (für THEODOR W. ADORNO an Carnegie Corp. zwecks finanzieller Förderung); Finanzen/Rockefeller Foundation (Ablehnung einer Förderung für THEODOR W. ADORNO, Gründe; PAUL F. LAZARSFELD); Öffentlichkeit/THEODOR W. ADORNO (Kritik/VIRGIL THOMSON zu Aufsatz/THEODOR W. ADORNO in ‹NY Herald Tribune›)

BALLING, MARIA
7127 1940-09-26
«Application for New Scholar – Institution: St. Joseph's Hill Academy, Scholar: Maria Balling, Musicologist»; Aktennotiz; TD, 2 S., engl
⇾ *Identisches Dokument: Emergency Committee in Aid of Displaced Foreign Scholars Records (Dok. 5484)*

BUKOFZER, MANFRED
7128 1940-05-23
«Application for New Scholar – Institution: Western Reserve Univ., Scholar: Manfred Bukofzer, Musicologist»; Aktennotiz; TD, 2 S., engl.
⇾ *Identisches Dokument: Emergency Committee in Aid of Displaced Foreign Scholars Records (Dok. 5544)*

EISLER, HANNS
7129 1939-11-20
John Marshall; Aktennotiz; TD, 1 S., engl. A Projekte/HANNS EISLER (Forschungsprojekt "to make concretely evident the inadequacies of the present musical scores for motion pictures" und "a demonstration of better methods of composition"; ALVIN JOHNSON)

7130 (1939-12-12)
Material zur Filmmusik::
– Exzerpte zu Hanns Eislers Filmmusik aus dem Buch «Film Music» von Kurt London; Notiz; TD, 3 S., engl.
– Excerpte zur Filmmusik aus Hanns Eislers Aufsatz in ‹World Film News›; Notiz; TD, 2 S., engl.
– «Films for which Han[n]s Eisler Has Composed Music»; Werkverzeichnis; TD, 1 S., engl.

7131 1939-12-20
John Marshall; Aktennotiz; TD, 1 S., engl. A Finanzen (Unterstützung für Filmmusik-Projekt/HANNS EISLER an New School for Social Research, ALVIN JOHNSON)

7132 1940-01-03
John Marshall; Aktennotiz; TD, 3 S., engl. A Projekte (Planung zum Filmmusik-Projekt/HANNS EISLER an New School for Social Research, Finanzen; Zusammenarbeit mit PAUL F. LAZARSFELD und Museum of Modern Art Film Library; IRIS BARRY, JORIS IVENS, [HAROLD] BURRIS-MEYER); Treffen/JM (Gespräch mit HANNS EISLER, [HARRY] ROBIN und ALVIN JOHNSON)

7133   1940-02-19
John Marshall; Aktennotiz; TD, 1 S., engl. A Projekte/
HANNS EISLER (Filmmusik-Projekt an New School for Social Research; ? MOSKOVITZ, [HAROLD] BURRIS-MEYER)

7134   1940-02-23 bis 1940-07-09
Clippings zum Filmmusik-Projekt:
- 1940-02-23: «Rockefeller Aids Film Music Study»; Clipping; PD, 1 S., engl.; Artikel aus ›NY Times‹
- 1940-02-23: «Rockefeller Fund Grants $ 20,000 for Film Study»; Clipping; PD, 1 S., engl.; Artikel aus ›NY Herald Tribune‹
- 1940-07-09: «£ 5,000 for Film Music Study», Clipping; PD, 1 S., engl.; Artikel aus ›Palestine Post›; Jerusalem

7135   1940-04-29
John Marshall; Aktennotiz; TD, 1 S., engl. A Projekte/
HANNS EISLER (Filmmusik-Projekt an New School for Social Research, Schwierigkeiten bei Beschaffung der Filme; IRIS BARRY, [DONALD] SLESINGER); Reise/HANNS EISLER (Reiseplan Hollywood zum Treffen mit LEO C. ROSTEN, Filmmusik-Projekt, Hilfe bei Beschaffung der Filme)

7136   (1940-07-08)
«Hanns (Johannes) Eisler»; Lebenslauf; TD, 2 S., engl. A Biografie/HANNS EISLER (Ausbildung und Aktivitäten, politisches Engagement); Kompositionen/HANNS EISLER (politische Lieder, Musik zu Film «Kuhle Wampe»)

7137   1941-01-31
«Rockefeller Music Project – Report of Expenses»; Aktennotiz; TD, 2 S., engl. A Finanzen/New School for Social Research (Abrechnung der Ausgaben für Filmmusik-Projekt/HANNS EISLER)

7138   1941-02-01
«Budget 1941-1942»; Aktennotiz; TD, 1 S., engl. A Finanzen/New School for Social Research (Finanzbedarf für Filmmusik-Projekt/HANNS EISLER)

7139   1941-10-16
Aktennotiz; TD, 1 S., engl. A Finanzen/HANNS EISLER (Probleme mit Finanzierung der Aufnahmen wegen Nutzungsgebühr/RCA; RALPH AUSTRIAL)

7140   1941-12-18
John Marshall; Aktennotiz; TD, 1 S., engl. A Finanzen/
HANNS EISLER (Bitte um Unterstützung/Rockefeller Foundation zur Fertigstellung des Buches über Filmmusik-Projekts, Rücknahme des Antrags zugunsten dringenderer Aufgaben in Kriegszeiten)

7141   1942-01-27
John Marshall; Aktennotiz; TDS, 1 S., engl. A Öffentlichkeit/HANNS EISLER (Überzeugung/ALVIN JOHNSON, "has a perfectly clear record in this country. There is no question of his having undesirable connections with Germany nor undesirable political affiliations"; FBI)

7142   (1943-03-07)
Isabel Morse Jones, «Music World to Study Awards by Academy»; Clippings; PD, 1 S., engl. A Kompositionen/
HANNS EISLER (Musik zu «Hangmen Also Die»/FRITZ LANG)

7143   (1946)-?-? bis 1948-10-29
Clippings zu Hanns Eisler und zur Spionageaffäre um Hans Berger [Gerhart Eisler]; PD (Kopie):
- [1946]-?-?: «Hanns Eisler Located Here», ohne Datums- und Quellenangabe
- 1946-?-?: «Stalin's Top Secret Agent in U.S. Identified as Ex-German Red», ohne Quellenangabe
- 1946-?-?: Frederick Woltman, «Kremlin Agent in US Identified», in: ›World-Telegramm‹
- 1946-10-17: Frederick Woltman, «Sister Names 'Hans Burger' [sic] as Russ Agent», in: ›Indianapolis Times‹
- 1946-10-23: «Films Enrich Hanns Eisler, Bard of Reds», in: ›Journal Amer.‹
- 1946-10-18: «Budenz Names the 'Secret Head' of Communists in US», in: ›NY Times‹
- 1946-10-21: C.P. Trussell, «Eisler Subpoena Ordered in House»
- 1947-09-26: «Johnson Explains Actions on Eisler», in: ›NY Times‹
- 1947-09-27: William S. White, «Committee Demands Eisler Be Punished as a Perjurer», in: ›NY Times‹
- 1947-11-16: Virgil Thomson, «From the Left» in: ›NY Herald Tribune‹
- 1948-10-29: «Hanns Eisler Appears at Communist Meeting in Berlin», in: ›NY Times‹ (mit Foto/HANNS EISLER, ARNOLD ZWEIG und MAX PECHSTEIN auf Treffen des kommunistischen Kulturbunds)

7144   1950-08-25
«List of Letters in Han[n]s Eisler's File»; Aktennotiz; TD, 2 S., engl. A Organisationen (Rockefeller Foundation, Verzeichnis der Korrespondenz mit und betreffend HANNS EISLER)

7145   1962-09-07
«Hanns Eisler, 64, Composer, Dead»; Clipping; PD, 2 S., engl. A Biografie/HANNS EISLER (Nachruf aus ›NY Times‹)

EMERGENCY COMMITTEE

7146   1942-02-09 bis 1942-11-10
Aktennotizen zur finanziellen Förderung verschiedener Emigranten, darunter:
- (1940)-(09)-?: TD, 1 S., engl. (Hilfe für Akademiker, Vermittlung an New School for Social Research und andere Einrichtungen)
- 1942-02-09: TD, 1 S., engl. (RICHARD STOEHR)
- 1942-05-18: TD, 2 S., engl. (ERWIN BODKY, JASCHA HORENSTEIN, KARL WEIGL)
- 1942-10-13: TD, 13 S. (EMIL HAUSER, HUGO BURGHAUSER, RUTH FISCHER, HENRY SWOBODA)
- 1942-11-10: TD, 13 S., engl. (GUSTAVE BEER, HUGO BURGHAUSER, RUTH FISCHER, EMIL HAUSER, HENRY SWOBODA, ALFRED SZENDREY)

7147   1940-05-22
«Chart of Applications»; Aktennotiz; TD, 2 S., engl. E Hilfsorganisationen (Emergency Committee, Hilfe für Akademiker, darunter ERNST BLOCH, MANFRED BUKOFZER; Finanzen)

7148   1940-05-23 bis 1941-10-20
«Minutes of the Luncheon Meeting of the Executive Committee of the Emergency Committee in Aid of Displaced Foreign Scholars [...]», Aktennotizen:
- 1940-05-23; TD, 25 S., engl. (Hilfe für Akademiker, darunter MANFRED BUKOFZER, HERBERT MARCUSE)
- 1940-08-01; TDS, 12 S., engl. (Aktivitäten und Finanzen)
- 1940-09-04: TD, 11 S., engl. (Planung National Refugee Research Plan)
- 1940-10-28: TD, 16 S., engl. (Vermittlung wichtiger Emigranten)
- 1941-01-13: TD, 19 S., engl. (Projekt "Univ. Centers for Eminent Displaced Scholars")
- 1941-02-20: TD, 7 S., engl. (Unterstützung verschiedener Emigranten)
- 1941-04-17: TD, 15 S., engl. (Emigranten an New School for Social Research/ALVIN JOHNSON; Förderung/ OTTO ERICH DEUTSCH)
- 1941-05-20: TD, 7 S., engl. (Unterstützung für PAUL NETTL und FRITZ LEHMANN)
- 1941-06-17: TD, 7 S., engl. (Unterstützung für ERNST KANITZ, RICHARD STOEHR und HERBERT MARCUSE)
- 1941-08-05: TD, 8 S., engl. (Unterstützung für KATHI MEYER-BAER)
- 1941-10-20: TD, 6 S., engl. (Unterstützung für NICOLAI MALKO)

7149   1942-04-06
«Minutes of Meeting of the Subcommittee on Applications of the Emergency Committee in Aid of Displaced Foreign Scholars [...]», Aktennotizen:
- 1942-04-06: TD, 7 S., engl. (Unterstützung für OSWALD JONAS, ANTONIE LILIENFELD, NICOLAI MALKO, PAUL STEFAN, RICHARD STOEHR, KARL WEIGL)
- 1942-05-05: TD, 6 S., engl. (Unterstützung für ERNST KANITZ, PAUL NETTL)
- 1942-07-09: TD, 3 S., engl. (Unterstützung für ERNST KANITZ, EDWARD LOWINSKY, RICHARD STOEHR)
- 1943-06-09: TD, 10 S., engl. (Unterstützung für EDWARD LOWINSKY, DARIUS MILHAUD, PAUL NETTL, KURT PINTHUS, ALFRED SZENDREY)
- 1943-07-28: TD, 12 S., engl. (Unterstützung für DARIUS MILHAUD)
- 1943-09-22: TD, 9 S., engl. (Unterstützung für MARCO FRANK, EGON LUSTGARTEN)
- 1943-11-22: TD, 9 S., engl. (Unterstützung für RUTH FISCHER, PAUL NETTL, HENRY SWOBODA, STEFAN WOLPE)
- 1944-05-02: TD, 18 S., engl. (Unterstützung für JULIUS GOLDSTEIN, ERNST KANITZ, ALFRED SZENDREY, VICTOR ZUKKERKANDL)
- 1944-06-15: TD, 14 S., engl. (Unterstützung für EDWARD LOWINSKY, PAUL NETTL, RICHARD STOEHR, ALFRED SZENDREY, KARL WEIGL)

7150   1944-06-30
Memorandum; TD, 8 S., engl. E Hilfsorganisationen (Emergency Committee, Informationen zu Emigranten, darunter GERHARD HERZ, FRITZ JAHODA, OSCAR LASSNER)

7151   1944-09-21
Aktennotiz; TD, 1 S., engl. E Hilfsorganisationen (Emergency Committee, Aktivitäten und Probleme der Arbeit; Refugee Relief Trustees, [BERNARD] FLEXNER)

LASSNER, OSCAR
7152   [1940]
«Application for Renewal – Institution: New Jersey College for Women, Scholar: Oscar Lassner, Musicologist»; Aktennotiz; TD, 1 S., engl. E Hilfe (finanzielle Unterstützung für OSCAR LASSNER zur Anstellung am New Jersey College for Women New Brunswick) A Empfehlung (Referenzen für OSCAR LASSNER/MARGARET T. CORWIN, FRITZ REINER)

NETTL, PAUL
7153   1940-09-26
«Application for Renewal – Institution: Westminster Choir College. Scholar: Paul Nettl, Musicologist»; Aktennotiz; TD, 2 S., engl.
↪ Identisches Dokument: Emergency Committee in Aid of Displaced Foreign Scholars Records (Dok. 5971)

NEW SCHOOL FOR SOCIAL RESEARCH
7154   (1944-06-01)
«Schedule of Receipts & Expenditures of The Rockefeller Music Fund»; Statistik; TD, 1 S., engl. A Finanzen/Rockefeller Foundation (Förderung Filmmusik-Projekt/HANNS EISLER, New School for Social Research, Abrechnung)
↪ Beilage zu: Brief New School for Social Research 1944-06-01 (Dok. 7100)

7155   (1944-07-24)
«Statement of Expenses, Hanns Eisler – Rockefeller Music Fund»; Statisik; TD, 5 S., engl. A Finanzen/Rockefeller Foundation (Förderung Filmmusik-Projekt/HANNS EISLER, New School for Social Research, detaillierte Aufstellung der Ausgaben für den Zeitraum 1940 bis 1943)
↪ Beilage zu: Brief New School for Social Research 1944-07-24 (Dok. 7101)

OFFICE OF RADIO RESEARCH
7156   1937-05-21 bis 1939-01-25
Dokumente zur finanziellen Unterstützung des Princeton Radio Research Project:
- 1937-05-21: Projektbeschreibung und Finanzierung; TD Kopie, 3 S., engl.
- Bewilligungen für zusätzliche finanzielle Förderung inklusive «Details of Information» (1938-02-03, TDS/TD Kopie annotiert, 3 S.; 1938-03-10, TDS Kopie annotiert, 1 S.; 1938-04-12, TDS/TD Kopie annotiert, 2 S.; 1939-01-25, TD Kopie annotiert, 4 S.)

7157   1938-04-21
John Marshall; Aktennotiz; TD, 1 S., engl. A Projekte (Princeton Radio Research Project, Veröffentlichung der Ergebnisse, Probleme; Forschungsstipendium für Mitarbeiter, Finanzen; [HAROLD] MILLIGAN, ? FRANZEN, PAUL F. LAZARSFELD, ? FLEISS; World Wide Broadcasting Foundation, Univ. Broadcasting Council, America's Town Hall of the Air)

7158 [1941]
«Plans for Publication»; Aktennotiz; TD, 3 S., engl. **A** Veröffentlichung (Planung zur Publikation der Ergebnisse des Princeton Radio Research Project)

ROBIN, HARRY

7159 1940-12-11
John Marshall; Aktennotiz; TD, 1 S., engl. **A** Anstellung/ HARRY ROBIN (Entlassung als Assistent/HANNS EISLER, Suche nach neuer Arbeit; [HAROLD] BURRIS-MEYER)

ROCKEFELLER FOUNDATION

7160 1940-01-15
John Marshall, «Discussion of the Coumbia Univ. Request for a Grant toward the Expenses of Lazarsfeld's Research in Radio Listening»; Aktennotiz; TD, 4 S., engl. **A** Anstellung/THEODOR W. ADORNO (Teilzeitanstellung am Institute of Social Research, Columbia Univ., Princeton Radio Research Project); Projekte (Fortsetzung des Radio Research Project, Coumbia Univ.; PAUL F. LAZARSFELD, [FRANK D.] FACKENTHAL, ? LYND, THEODOR W. ADORNO)

7161 1940-01-19
«From Minutes of The R[ockefeller] F[oundation]: New School for Social Research – Music in Film Production»; Aktennotiz; TD, 2 S., engl. **A** Finanzen/Rockefeller Foundation (Unterstützung für Filmmusik-Projekt/HANNS EISLER an New School for Social Research, Details zur Projektgestaltung; ALVIN JOHNSON)

7162 1940-10-02
Geoffrey Gorer, «Paper by Dr. T.W. Adorno and Dr. George Simpson»; TD (annotiert), 1 S., engl. **A** Projekte (kritische Stellungnahme/GG zu Bericht über Radio Research Project/THEODOR W. ADORNO)

7163 [1942]
«Hanns Eisler Music Fund – Schedule of Expenditures since November 1, 1942»; Aktennotiz; TD, 1 S., engl. **A** Finanzen/Rockefeller Foundation (Förderung Filmmusik-Projekt/HANNS EISLER)

AUSGEWÄHLTE DOKUMENTE

SELECTED DOCUMENTS

Nachweis der Dokumente

List of Documents

Arturo Toscanini (New York) an Adolf Hitler, 29. April 1933	Toscanini Legacy Papers, NYPL, Library for the Performing Arts. Music Division
Hans Gál (Großherrischwand bei Säckingen, Baden) an [Margarete Dessoff], 12. Mai [1933]	Office of the President – General Administrative Records, Juilliard School of Music
Bruno Walter (Keltenstraße 48, Zürich) an Harry Harkness Flagler, 28. Mai 1933	Bruno Walter Collection, NYPL, Library for the Performing Arts, Music Division
Jerome H. Bayer, «Memo Re Dr. Ernst Toch» (New York City), 12. Oktober 1933	Horace M. Kallen Collection, Center for Jewish History, YIVO Institute
Hans Nathan (Konstanzerstr. 2, Berlin) an Henry Cowell (New School for Social Research, New York), 21. November 1935	Emergency Committee in Aid of Displaced Foreign Scholars Records, NYPL, Humanities and Social Sciences Library
Willard W. Saperston (Counsellor of Law, Liberty Bank Building, Buffalo, New York City) an Herbert Fromm (Bingen am Rhein), 5. Januar 1937	Herbert Fromm Collection, Jewish Theological Seminary of America, Cantors Library
Josef Wagner (St. Louis, Missouri) an Alwine Pröls [Breslau], 18. November 1937	Josef Wagner Collection, Center for Jewish History, Leo Baeck Institute
Nikolai und Nora Lopatnikoff (32 Wallace Court, Marylebone Road, London) an Nicolai Berezowsky, 25. Dezember 1937	Nicolai Berezowsky Papers, Columbia University Library
Lotte Lehmann (Santa Barbara Biltmore Hotel, Montecitio, California) an Constance Hope [New York City], 22. Februar 1938	Constance Hope Berliner Collection, Columbia University Library
Ernst Krenek (American Hotel, Amsterdam) an George Antheil, 27. März 1938	George Antheil Collection, Columbia University Library
Toni Stolper an Karl und Vally Weigl [Rudolfsplatz 1, Wien], 4. April 1938	Toni & Gustav Stolper Collection, Center for Jewish History, Leo Baeck Institute
Robert Konta (Starhemberggasse 42, Wien) an Nicholas Murray Butler (Columbia University, [New York City]), 23. April 1938	Emergency Committee in Aid of Displaced Foreign Scholars Records, NYPL, Humanities and Social Sciences Library
Terry MacDermot (Upper Canada College, Toronto) an Henry Allen Moe, 24. Juni 1938	Archives of the Carl Schurz Memorial Foundation, Center for Jewish History, YIVO Institut

Ausgewählte Dokumente

Horace M. Kallen Collection, Center for Jewish History, YIVO Institute	Ernst Toch (Pacific Palisades, California) an Horace M. Kallen, 11. März 1939
Emergency Committee in Aid of Displaced Foreign Scholars Records, NYPL, Humanities and Social Sciences Library	Gerth-Wolfgang Baruch (Soborska 8, Prag) an Josephine Harreld (459 Tatuall St., Atlanta, Georgia), 9. Mai 1939
Eric Werner Collection, Center for Jewish History, Leo Baeck Institute	Leo Kestenberg (P.O.B. 4047, Tel Aviv) an Eric Werner, 31. Juli 1939
Bruno Walter Collection, NYPL, Library for the Performing Arts, Music Division	[Arnold Rosé] (7a, Warrington Gardens, Warwick Avenue, London) an Bruno Walter und Familie, 31. Juli 1939
Archives of the National Refugee Service, Center for Jewish History, YIVO Institute	Ernst Bacon (Converse College, School of Music, Spartanburg, South Carolina) an Mark Brunswick (165 West 45th Street, New York City), 4. Januar 1940
Toscanini Legacy Papers, NYPL, Library for the Performing Arts, Music Division	Friedelind Wagner (Tribschen, Luzern) an Arturo Toscanini, 13. Februar 1940
Alexander Smallens Papers, NYPL, Library for the Performing Arts	Eugene Zador (Metro-Goldwyn-Mayer Pictures, Culver City, California) an Alexander Smallens, 18. Juni [1940]
Archives of the National Refugee Service, Center for Jewish History, YIVO Institute	Rolf Jacoby (Goddard College, Plainfield, Vermont) an Mark Brunswick, 16. September [1940]
Karl Adler Collection, Center for Jewish History, Leo Baeck Institute	Grete Adler (3604-31 Avenue, Long Island City, New York City) mit Nachschriften von Karl und Irene Adler an Verwandte [und Jüdische Mittelstelle, Stuttgart], 26. November 1940
Bruno Walter Collection, NYPL, Library for the Performing Arts, Music Division	Bronislaw Huberman (Ambassador Hotel, Park Avenue at 52nd Street, New York City) an Bruno Walter, 8. Dezember 1940
Erich Itor and Frieda Kahn Papers, NYPL, Library for the Performing Arts, Music Division	Erich Itor Kahn (Groupe 5, Camp des Milles, Département Bouches du Rhône) an Varian M. Fry (Centre Américain de Secours, 18, Boulevard Garibaldi, Marseille), 7. März 1941
Bruno Walter Collection, NYPL, Library for the Performing Arts, Music Division	Bruno Walter (Hotel Dorset, New York City) an Erzherzog Otto von Habsburg, 6. Januar 1942
Béla Bartók Papers, Columbia University Library	Béla Bartók (3242 Cambridge Avenue, Bronx, New York) an Lord Halifax (British Embassy, Washington, DC), 26. Februar 1942
League of Composers Letters, NYPL, Library for the Performing Arts, Music Division	Béla Bartók (3242 Cambridge Avenue, Bronx, New York) an Claire R. Reis (The League of Composers, 130 West 57th Street, New York City), 3. Mai 1942
Eric Werner Collection, Center for Jewish History, Leo Baeck Institute	Hannah Arendt (New York City) an Eric Werner, 14. Januar 1945

Wieland Wagner (Nussdorf / Post Überlingen, französische Zone) an Arturo Toscanini, 31. September [sic] 1945	Toscanini Legacy Papers, NYPL, Library for the Performing Arts, Music Division
Bruno Walter (965 Fifth Avenue, New York City) an Rudolf Bing (c/o Glyndebourne Productions, 66, Great Cumberland Place, London), 23. März 1946	Bruno Walter Collection, NYPL, Library for the Performing Arts, Music Division
Karl Adler (3820 Waldo Avenue, New York City) an Theodor Bäuerle, 30. März 1946	Karl Adler Collection, Center for Jewish History, Leo Baeck Institute
George Antheil (2711 Laurel Canyon, Hollywood, California) an Hermann Scherchen (Schweizerische Rundspruchgesellschaft, Studio Zürich, Zürich, Schweiz), 5. August 1946	George Antheil Collection, Columbia University Library
Erich Leinsdorf (25 Larchmont Avenue, Larchmont, New York) an George Antheil, 22. April 1947	George Antheil Collection, Columbia University Library
Bruno Walter (Hyde Park Hotel, Knightsbridge, London) an Dieter Sattler (Staatsministerium für Unterricht und Kultus, Salvatorplatz 2, München), 4. November 1947	Bruno Walter Collection, NYPL, Library for the Performing Arts, Music Division
Arnold Schoenberg (116 North Rockingham Avenue, Los Angeles, California) an Storer B. Lunt (W.W. Norton & Company, Inc., 101 Fifth Avenue, New York), 28. März 1948	W.W. Norton & Company Records, Columbia University Library
Wilhelm Furtwängler (Montreux, Schweiz) an Bruno Walter (608 North Bedford Drive, Beverly Hills, California), 30. Dezember 1948 [mit Entwurf der Rückantwort]	Bruno Walter Collection, NYPL, Library for the Performing Arts, Music Division
Erich Werner an Ernst Roth, 8. April 1952	Eric Werner Collection, Center for Jewish History, Leo Baeck Institute
Abel Ehrlich (Tal Bie, Hoveve-Zion Street, Beth Khadder, Jerusalem) an Solomon Rosowski, 3. August 1952	Solomon Rosowsky Collection, Jewish Theological Seminary of America, Cantors Library

Dank
Acknowledgements

Den folgenden Inhabern der Rechte und Besitzern der Quellen haben wir für die Erteilung der Druckgenehmigung zu danken (alphabetische Reihenfolge)

We would like to thank the owners of the copyright and the libraries holding the manuscripts for their permission to publish these documents (in alphabetical order)

Rechtsinhaber – Bibliothek Copyright Owner – Library	Dokument – Autor (Datum), Sammlung Document – Author (Date), Collection
Peter Antheil, Los Angeles	George Antheil (5. August 1946)
Dr. Erika Baruch, Stuttgart	Gerth-Wolfgang Baruch (9. Mai 1939)
Valerie Borchardt, New York	Hannah Arendt (14. Januar 1945)
Columbia University, Rare Book and Manuscript Collection, New York	George Antheil (5. August 1946), in: George Antheil Papers Béla Bartók (26. Februar 1942), in: Béla Bartók Papers Ernst Krenek (27. März 1938), in: George Antheil Papers Lotte Lehmann (22. Februar 1938), in: Constance Hope Papers Erich Leinsdorf (22. April 1947) in: George Antheil Papers Nikolai und Nora Lopatnikoff (25. Dezember 1937), in: Nicolai Berezowsky Papers Arnold Schoenberg (28. März 1948), in: W.W. Norton Archives
The Jewish Theological Seminary of America, Cantors Library, New York	Abel Ehrlich (3. August 1952), in: Solomon Rosowski Collection, box 1, folder 28 Williard W. Saperston (5. Januar 1937), in: Herbert Fromm Collection, box 19
Juilliard School Archives, Lila Acheson Wallace Library, New York	Hans Gál (12. Mai 1933), in : Office of the President – General Administration Records
Gladys N. Krenek, Palm Springs (CA)	Ernst Krenek (27. März 1938)
Leo Baeck Institute, Center for Jewish History, New York	Grete Adler (26. November 1940), in: Karl Adler Papers Karl Adler (30. März 1946), in: Karl Adler Papers Hannah Arendt (14. Januar 1945), in: Eric Werner Papers Leo Kestenberg (31. Juli 1939), in: Eric Werner Papers Toni Stolper (4. April 1938), in: Toni and Gustav Stolper Collection Josef Wagner (18. November 1937), in: Josef Wagner Papers Eric Werner (8. April 1952), in: Eric Werner Papers Ernst Toch (11. März 1939), in: Horace Kallen Papers

Erich Itor Kahn (7. März 1941)	Montclare & Wachtler, New York
Robert Konta (23. April 1938), in: Papers of the Emergency Committee in Aid of Displaced Foreign Scholars Hans Nathan (21. November 1935), in: Papers of the Emergency Committee in Aid of Displaced Foreign Scholars Gerth-Wolfgang Baruch (9. März 1939), in: Papers of the Emergency Committee in Aid of Displaced Foreign Scholars	New York Public Library, Humanities and Social Sciences Library, Manuscripts and Archives Division, New York
Arturo Toscanini (29. April 1933), in: Toscanini Legacy Papers Bruno Walter (28. Mai 1933, 6. Januar 1942, 31. September 1945, 23. März 1946, 4. November 1947), in: Bruno Walter Collection Béla Bartók (3. Mai 1942), in: League of Composers Letters Wilhelm Furtwängler (30. Dezember 1948), in: Bruno Walter Papers Bronislaw Huberman (8. Dezember 1940), in: Bruno Walter Papers Erich Itor Kahn (7. März 1941), in: Frida Kahn Papers Arnold Rosé (31. Juli 1939), in: Bruno Walter Papers Friedelind Wagner (13. Februar 1940), in: Toscanini Legacy Papers Wieland Wagner (31. September 1945 [sic]), in: Toscanini Legacy Papers Eugene Zador (18. Juni 1940), in: Alexander Smallens Paper	New York Public Library, Performing Arts Library, Music Division, New York
Arnold Schoenberg (28. März 1948)	Nuria Schoenberg Nono, Venedig
Lotte Lehmann (22. Februar 1938)	University of California Santa Barbara, Santa Barbara
Friedelind Wagner (13. Februar 1940) Wieland Wagner (31. September 1945 [sic])	Nike Wagner, Wien
Ernst Toch (11. März 1939)	Lawrence Weschler, New York
Ernst Bacon (4. Januar 1940), in: Archives of the National Refugee Service Jerome H. Bayer (12. Oktober 1933), in: Horace M. Kallen Collection Rolf Jacoby (16. September 1940), in: Archives of the National Refugee Service Terry MacDermot (24. Juni 1938), in: Carl Schurz Memorial Foundation Archives	YIVO Institute – Institue for Jewish Religion, Center of Jewish History, New York

Rechtsinhaber, die hier nicht aufgeführt sind, konnten nicht ausgemacht werden oder ließen unsere Anfrage unbeantwortet.

Copyright owners not mentioned here were not to be found or did not answer our request.

Editorische Notiz

Der Text wird in der Regel so wiedergegeben, wie er in der Quelle vorzufinden ist. Nur vereinzelt wurden ganz offensichtliche Tippfehler emendiert. Streichungen der Autoren stehen in spitzen, Ergänzungen der Herausgeber in eckigen Klammern. Konsonanten mit Strichen wurden in Doppelkonsonanten aufgelöst, unterstrichene Passagen werden kursiv, gesperrte Textstellen dagegen wie im Originaldokument wiedergegeben.

Auf einen Kommentar musste verzichtet werden. Nur für einige wenige historische Personen oder Institutionen, deren Name entweder in der Quelle nicht vollständig genannt ist, deren Biografie sich im Katalogteil findet oder deren Kenntnis – sei es bei englischsprachigen, sei es bei deutschsprachigen Lesern – nicht vorausgesetzt werden kann, wurden kurze Erläuterungen hinzugefügt.

In der Regel handelt es sich um ungedruckte Quellen. Die Dokumente sind chronologisch angeordnet. Durch die Angabe der Kennziffer des Katalogteils ist dem Benutzer ein Vergleich des vollständigen Brieftextes mit dem Einzeleintrag in Stichwörtern möglich.

Editorial Note

The text is usually reproduced exactly as it is in the original document. In only a few cases, the editors found it necessary to correct obvious typing errors. Words deleted by the authors were put in angle brackets, amendments to the text made by the editors were set in square brackets. Consonants with a horizontal line above them were transliterated as double consonants; underlined passages were printed in italics, while spaced paragraphs were rendered as in the original document.

It was not possible to add a commentary. Where the name of a person or institution mentioned in the source was either incomplete or could not be assumed to be familiar to either German or English speakers, a short explanation was added.

Most of the sources included here are hitherto unpublished. Documents were sorted chronologically. Using the identification number given in the main body of the catalogue, the reader may compare the full text of each letter with its corresponding individual entry in order to gain a better understanding of our system of keywords.

Arturo Toscanini (New York) an Adolf Hitler[1]   29. April 1933

Your *Excellency* – for your very friendly writing I want to thank you heartily. Only I greatly regret that I could not answer it sooner.

You know how closely I feel attached to Bayreuth and what deep pleasure it gives me to consecrate my "Something" to a genius like Wagner whom I love so boundlessly.

Therefore it would be a bitter disappointment to me if any circumstances should interfere with my purpose to take part in the coming Festival Plays and I hope that my strength which the last weeks here taxed severely will hold on.

Expressing once more my thanks for your kind expressions of thought I subscribe myself as your Excellency's sincere

A.T.　　　　　　　　　　　　　　　New York *29-4-[1]933*

ALS (Entwurf), 2 S., engl.; vgl. Katalog-Nr. 6648.

1 Dokument ist textidentisch mit ALS (Entwuf), Richard-Wagner-Museum mit Nationalarchiv und Forschungsstätte der Richard-Wagner-Stiftung, Bayreuth, abgedruckt in Toscanini 2002, S. 138.

Hans Gál (Großherrischwand bei Säckingen, Baden) an [Margarete Dessoff[1]]   12. Mai [1933]

Meine Liebe, sehr Verehrte!

Ihr Schreiben kommt so wie eine Art Friedenstaube in einer sehr trüben Situation und ist das erste Herzerfreuliche seit vielen Wochen, das an mich herankommt! Wir leben hier auf dem Land, im Schwarzwald, sind noch recht unschlüssig über die weitere Gestaltung unseres Lebens und müssen indessen abwarten, wie sich meine Angelegenheit in M.[2] liquidiert, denn ich habe natürlich meine Rechte in jeder Weise aufrechterhalten, allerdings ohne viel Hoffnung, daß das viel nutzen wird; Sie wissen ja, wie diese Dinge zugehen. Der Angriff auf die Existenz ist ein doppelter, denn auch Aufführungen sind glatt und restlos abgeschnitten; diese Dinge funktionieren großartig und sind einwandfrei organisiert. Sie können sich denken, wie schwierig es da ist, Entschlüsse zu fassen, wenn so viele Voraussetzungen gleichzeitig aufgehoben sind. Das Bewußtsein, etwas leisten zu können, ist ohne die dazugehörige Betätigungsmöglichkeit wenig tröstlich!

Ich muß Ihnen nun in erster Linie für die Frauenchöre[3] danken, – daß Sie selbst von der Aufführung so befriedigt waren, ist mir, wie ich Sie kenne, die sicherste Bestätigung, daß es außerordentlich gewesen ist! Die angekündigten Besprechungen sind wohl noch unterwegs: aber Sie wissen ja, wie wenig ich sachlich darauf gebe und um wieviel wichtiger mir Ihre eigene Meinung ist. Bitte sagen Sie auch Ihren Damen meinen schönsten Dank, ich habe beim Adesdi-Chor schon ein recht

TLS, 2 S., dt.; vgl. Katalog-Nr. 5365.

1 Margarete Dessoff, Tochter des Dirigenten Otto Dessoff, Leiterin des Adesdi-Chores und Bekannte von Felix Warburg.

2 In Mainz, wo Hans Gál 1929-1933 Leiter des Konservatoriums gewesen ist.

3 Vielleicht «3 Lieder» op. 31 (nach Rainer Maria Rilke, 1928) für Frauenchor und Klavier.

heimisches Gefühl, nach so vielen, vielen Stunden, die Sie mit Ihren Damen nun durch all die Jahre meiner Musik gewidmet haben!

Es wäre natürlich wundervoll, wenn Herr [Carleton Sprague] Smith etwas für mich tun könnte! Daß es höchst schwierig ist, weiß ich natürlich. Allenfalls wärs vielleicht gut, Herrn Smith auf einige Fächer aufmerksam zu machen, die ich, außerhalb der eigentlichen kompositionstechnischen Fächer, in den letzten Jahren gern und, wie ich sagen darf, sehr erfolgreich versehen habe: Partiturspiel, Improvisation, Stilbildungskurse für vorgeschrittene Klavierspieler (Bach und Mozart), Chorschule für musikalische Analphabeten, Orchesterschule, Schulungskurse für Chordirigenten. Ich würde mich, unter den heutigen Umständen, wo immer ansiedeln, wenn ich nur irgendeinen festen Kristallisationspunkt für eine praktische Betätigung dabei hätte. Schließlich hat ja Amerika seine besten Kräfte auf solche Art bekommen: und bei der völligen Abgebranntheit hier würde mir der Entschluß wirklich nicht schwer fallen, wenn sichs um eine noch so bescheidene Existenz oder auch nur um einen Ansatz zu einer solchen handeln würde!

Mein Adresse ist bis auf weiteres die obige; sollte sie sich ändern, so würde ich Ihnen noch nach Frankfurt Nachricht geben. Ich hoffe sehr, Sie irgendwo zu sehen, wenn Sie herüberkommen, auf alle Fälle würde ich Sie sehr bitten, mir dann von Frankfurt aus einen möglichst detaillierten Sommer- und Herbstplan zukommen zu lassen!

Recht gute Fahrt! Und schönste Grüße von uns beiden, mit nochmals allerherzlichstem Dank!

Ihr Hans Gál

28. Mai 1933 Bruno Walter (Keltenstraße 48, Zürich) an Harry Harkness Flagler[1]

TL (Kopie), 4 S., engl.; vgl. Katalog-Nr. 6738.

1 Harry Harkness Flagler, 1870-1952, amer. Industrieller, Vizepräsident des Musicians' Emergency Fund.

My dear Mr. Flagler: –

I thank you of all my heart for your wonderful letter. I understand perfectly that the *uncertainty* of my address must have prevented you to write at once and there is nothing in the world which could make me believe about you anything else than a genuine kindness and friendship.

In fact this friendship has helped you to look very deeply into my soul and you are perfectly right in assuming, that the interference with my professional activity, was only a short and passing shock. The loss of my home country was a real sadness for me, but let me tell you that even this great personal loss is not the most tragic part of those last experiences and of my present feelings. Imagine, that it is not only I and the very many other artists and scientists and so on, who have lost Germany by being compelled to leave her, no, we must think that the whole world lost Germany, because this Germany which was such a Royaume of Spirit and Humanity, a center of artistic and scientific life, does not exist anymore. To witness such a decline and agony is a tragic event beyond expression and it is a task about my mental forces to understand it. May be, that the present rulers who killed this beloved Germany in order to put on her place a new one of their own, cannot keep on too long but, their destructive power has been so strong that we can hardly hope for the reconstruction of the destroyed values.

This is a great mourning for me not in the least connected with my personal experiences and interests, so infinitely small compared to these overwhelming events[,] a mourning over Germany[']s fate and the decline of her culture, but of course this mourning has at least a great and tragic c[h]aracter, but what is nearly unbearable for me, that are the unnumerous cases of ruined existences containing all those people who are considered by the present rulers as undesirable citizens of their new Germany. You can imagine how many cases, particularly from the cercles of musicians, are daily asking me to help, how I try to do my best and how terribly I feel my helplessness to such a huge fire with a glassfull of water. This mourning has not a great style, it is a daily torture and I am not the coward to make my escape and be satisfied that I personally and my family are not damaged, at least not materially.

It is of course no pleasant and no easy task for us to decide where we will be in future. It facilitates in some way our waiting condition that, since years already we are used to a kind of Nomades['] life but, we had of course always a centre which now has to be found anew. We will not precipitate resolutions and wait how things will develope. If Austria would keep clean of the poison of the germs who made Germany so sick, we would perhaps settle in Vienna, where we have already lived from 1901 to 1912 when I was Conductor of the Vienna Opera.

I gave a true picture, my dear friend, of what I feel. It is not a gay one but our relations are such, that I owe you fullest sincerety.

To finish this Andante Lamentoso with a reconciliating Coda, I may tell you that I got similar charming and kind messages like yours from all parts of the world. You heard about the wonderful and uncomparable reception which I had in Vienna. Just the same happened with the same intensity in London and not less in Amsterdam, The Hague and Budapest, and if I would have gone to Paris, I am sure it would have been the same there, but I purposely postponed my Paris engagements Because [sic] I was afraid that the demonstration there would have changed so far to a political c[h]aracter that, at once, I may have been considered more an object of political interest than an artist. I never have been a politician, never was interested in politics, never connected with any political party or opinion. My whole life was devoted to Art and to the great achievements of the Human Spirit, I loved Germany dearly, I suffered terribly by her suffering, but I never felt the least inclination to judge a person after his or her Nationality, race or religion. I was and am a friend of understanding and peace and even now in view of the terrible wrong that has been done to unnumerous innocent and valuable people, I feel most strongly against hatred and revenge on the contrary, what we have to learn from these happenings is, to appreciate more than ever: tolerance and goodwill and if we want to improve this world, the only way is that everybody in his circle behaves as best as possible in goodwill and tolerance. This seems very little and yet it increases the happiness on this earth whereas the desire for revenge increases and continues the evil and anihilates the hope of ever finding an end of figthing.

My letter is of course only for your and Mrs Flagler[']s eyes and I beg you to keep it confidental. I was deeply touched by this new manifestation of your friendship and so I felt I must give you in return a real piece of my heart. I am looking forward of seeing you and Mrs Flagler again and I hope this will be in the best of health and perhaps already in a little improved atmosphere but, be it as it may, I certainly will keep my head and heart upright.

Many thanks once more and best wishes for a good summer to you and your dear family, also from my family.

In sincere friendship

Yours

---

12. Oktober 1933
TLS (annotiert), 5 S., engl.; vgl. Katalog-Nr. 4257.

Jerome H. Bayer (New York City), «Memo Re Dr. Ernst Toch»

Dr. Ernst Toch is one of the most distinguished composers of our time, and he has long been recognized as one of the outstanding figures of the modernistic movement of music in Germany. He is, in addition, a pianist of brilliant attainments and a gifted pedagogue whose illuminating Melodielehre earned for him a doctor's degree from the University of Heidelberg. For many years, and up to the early part of the present year, Dr. Toch had made his home in Germany, the last city of his residence having been Berlin, in the cultural life of which he played a vital part. He had been able to maintain himself and his immediate family (consisting of his wife and small child) by royalties derived from performances of his works (primarily in Germany) and by his pedagogic and pianistic activities. With the advent of the Nazi revolution and the anti-Semitic and anti-modernistic campaign which it set in motion, all performances of his works in Germany were completely discontinued, and it became impossible for him to teach or play in Germany. Accordingly he was obliged to seek refuge abroad, and he is at present with his family in London. All that stands between the Toch family and destitution is a small sum which Dr. Toch has been receiving periodically from the sub-letting of his little home in a modest suburb of Berlin. This sum is not only insufficient to meet the basic needs of the family, but is extremely uncertain of duration. It may be discontinued at any time, either through government order, confiscation of the property or vacating of the premises by the sub-tenants. <I have not had word from Dr. Toch during the last few weeks, and I am not certain whether this sum has already been discontinued.>

In London, which is the only substantial center of music in England, interest in and appreciation of modernistic music is still almost negligible, and Dr. Toch has very little, if any, hope of being able to establish himself there on a living basis. Accordingly he looks to America. It is unnecessary for me to emphasize the human and cultural duty which we must assume in this behalf. We have the opportunity to convert Germany's loss in this regard to an American gain, and by the same token, to safeguard one of the rare personalities of our day.

Fortunately, Dr. Toch is not only a distinguished composer, but a self-reliant, resourceful and energetic personality as well. This fact minimizes the totality of what must be done for him at the present time. If the transportation of Dr. Toch and his immediate family to America can be financed and arrangements made for such lecture courses, pianistic performances of his works and teaching engagements as would satisfy the demands of the Immigration Department and insure the maintenance of the Toch family in America for a few months after their arrival, I am confident that he will be able to create a place for himself in the musical life of America sufficient at least to warrant discontinuance of financial aid after the termination of these first months. I do not believe that a very large sum of money would be necessary to accomplish this mission, but I must emphasize the necessity of immediate action.

I have spoken with the following persons who have expressed a willingness to cooperate in one way or another:

Dr. Horace M. Kallen – New School for Social Research

> Mr. Henry Cowell – a leader in the modernistic movement in music in America, and composer, writer and lecturer at the New School for Social Research
>
> Mr. Roger Sessions – well-known composer, who may be reached at the New School for Social Research or at the Harvard Club, New York
>
> Mr. John Bass – 275 Central Park West, who has indicated his readiness to start a fund on behalf of Dr. Toch
>
> Mrs. David Berman – 95 Christopher Street: Chelsea 2-5019 who is cooperating in a general administrative and secretarial capacity
>
> Rabbi Louis I[.] Newman – 322 Central Park West
>
> Mr. [M.E.] Tompkins – Associated Music Publishers: 25 West 45th St.
>
> Rabbi Jonah [B.] Wise – 40 West 77th Street

Though I am leaving New York for the Pacific Coast within the next few days, I can be reached either through Mrs. David Berman, or at the following San Francisco address:

> c/o Julian D. Cohn, Russ Building, San Francisco

The mail address of Dr. Ernst Toch is:

> 7 Hamilton House
>
> London N.W. 8

In addition to the persons already mentioned, the following might be called upon for an appraisal of Dr. Toch and his work:

> Mr. Olin Downes
>
> Mr. Serge Koussevitzsky
>
> Mr. Leopold Stokowski

Also the musical critics of various New York, Boston and Philadelphia newspapers might be consulted.

Dr. Toch is a Jew. He was born in Vienna in 1887. He won the Mozart Exhibition in 1909, the Mendelssohn Exhibition in 1910 and the Austrian State prize for composition on four different occasions. After his graduation from high school he studied medicine for two years. He spent some time at the Conservatory at Frankfort am Main. He also spent some time as teacher of musical theory in the Mannheim Hochschule fuer Musik. I am enclosing with the memorandum a comprehensive biographical sketch of Dr. Toch.

On pages 16 and 17 of Zeit-Genossische Musik Aus Dem Verlag, B. Schott's Sohne for 1932, one will find a list of Dr. Toch's published works. Copy of this catalogue is enclosed herewith. A circular published by B. Schott's Sohne lists the various works of Dr. Toch under appropriate headings, and contains in addition., extracts from published criticisms of his work.

I have not available any considerable bibliography of Dr. Toch., but the following are a few references easily available.

> In Die Musik for January, 1926 appears a lengthy monograph by Dr. Alfred Rosenzweig. (Copy enclosed herewith)
>
> In the Musical Courier for July 9, 1925 there appears an article entitled "Ernst Toch proves the hero of German Tonkuenstlerfest". (Copy enclosed herewith)
>
> On Page 646 "Das Neue Musiklexicon" appears an item by Dr. [Alfred] Einstein on Dr. Toch from which I quote the following:
>
> "Als Komp. ist er eine der beweglichsten und erfindungsreichsten Begabungen der 'Neue[n] Musik', voll musikantischer Frische u. Temperament ohne negativ parodistische Ader und ist aus einer anfa[e]nglichen Stimmung und Geschmacks[-]Kunst zu immer freierer und sicherer Ausdrucksmusik gelangt."
>
> Musical America, March 10, 1932, contains an article on Dr. Toch by Winthrop Sargent.
>
> In the New York Times for July 6, 1930, Alfred Einstein said:
>
> "Toch is one of the most gifted among the German moderns."
>
> In the New York Times for January 4, 1929 appears an article on Dr. Toch from which I quote the following:
>
> "Toch's Concerto in fact now appears as one of the most mettlesome and arresting scores from any composer of the modern German school........ Mr. Toch, a man who is as modest as he is distinguished in music, would have been happy in this performance."
>
> See also program notes of the Chicago Symphony Orchestra for February 3, 1928.
>
> Also Christian Science Monitor, May 28, 1927[.]
>
> Also New York Times, November 18, 1931, containing criticism by Olin Downes.
>
> See article in Symphony Society Bulletin, New York Vol. 6, 16, No. 12.
>
> See program notes of the Philadelphia Symphony Orchestra, November 5, 1931.
>
> See New York Symphony program notes by Lawrence Gilman, November 17, 1931.
>
> See Dictionary of Modern Music and Musicians, p. 496.

I enclose herewith a typewritten list of typical programs of Dr. Toch's works.

Dr. Toch's works have been played with great success by most of the major symphony orchestras of Europe and by the leading symphony orchestras of America. In the early part of 1932 Dr. Toch visited America, and toured the country under the auspices of Pro Musica. In March 1932 he performed his second piano concerto with great success with the Boston Symphony Orchestra under the direction of Mr. Koussevitsky. In the late spring of 1932 this same organization played the Bunte Suite of Dr. Toch in Carnegie Hall.

This hurried statement is intended more as a lead than as a comprehensive survey.

When I met Dr. Toch recently in London I was agreeably surprised to find that since his visit to America he has achieved a considerable mastery of the English language. Dr. Toch is the possessor of a personality of rare charm, a mind vital, fresh and beautifully poised. In his whole approach to life one feels the eager and courageous searching of a creative spirit.

Jerome H. Bayer

21. November 1935 — Hans Nathan (Konstanzerstraße 2, Berlin) an Henry Cowell (New School for Social Research, New York City)

TLS (annotiert), 2 S., dt.; vgl. Katalog-Nr. 5928.

Sehr geehrter Herr Cowell,

ich würde mich freuen, wenn Sie sich noch an mich erinnern würden. Wir lernten uns vor einigen Jahren in Berlin bei einer Probe meines Lehrers Michael Taube[1] kennen. Wir waren dann später öfter zusammen, mit meinem Freund, und sprachen lange über Probleme elektrischer Musik, für die ich mich damals sehr interessierte. Ich war zu dieser Zeit noch Mitarbeiter der Radiozeitung "Der Funk". Aus ihren Erzählungen gewann ich ein Bild von Ihrem *"Rhytmicon"*[2], das ich in einem Artikel darzustellen versuchte. Der Artikel wurde auch geschrieben, Ihr Bild sollte erscheinen, da kam hier der politische Umsturz und nichts konnte mehr gedruckt werden. Sie werden sich damals vielleicht gewundert und auch geärgert haben, dass ich Ihnen so viel Zeit gestohlen habe. Ich habe nun in meinen alten Mappen herumgesucht und eine schlechte Kopie des Aufsatzes wiedergefunden. Ich lege sie meinem Brief bei (die Zeichnungen sind allerdings verloren) und ich hoffe, dass Sie sich jetzt klarer an mich erinnern werden.

[1] Michael Taube, 1890-1972, Dirigent.

[2] Rhytmicon, ein von Henry Cowell erfundenes elektronisches Musikinstrument.

Wir haben damals interessante Gespräche geführt. Aber nicht das allein wäre es, was mir den Mut gäbe, Ihnen plötzlich zu schreiben, sondern mehr das Gefühl, dass Sie für mich (der ich noch Student war) freundschaftliches Interesse zeigten.

Inzwischen sind Jahre vergangen und vieles hat sich geändert. Ich habe 1933 mein Doktorexamen gemacht und bin seitdem sehr schnell in der jüdischen Sphäre, die, wie Sie wissen, mein Arbeitsfeld sein muss, weitergekommen. Als erster Musikkritiker der JÜDISCHEN RUNDSCHAU, der grössten jüdischen Zeitung in Deutschland, als Mitarbeiter anderer Blätter, darunter der Zeitschrift DER MORGEN[,] habe ich mir unter den deutschen Juden Namen und Einfluss verschafft. Ich bin außerdem Dozent an den drei mir zugänglichen Instituten: JÜDISCHES LEHRHAUS, LEHRSTÄTTE BIALIK, JÜDISCHER KULTURBUND (zuweilen). Damit Sie einen Begriff von meiner Tätigkeit bekommen, lasse ich einige Themen folgen: Grundprinzipien des Schönbergschen Schaffens (zum 60. Geburtstag), Igor Stravinsky, Claude Debussy, Ernest Bloch, Die Revolutionen in der Musikgeschichte, Die nationalen jüdischen Strömungen in der Musik des 20. Jahrhunderts, das Lied der Chassidim, Gustav Mahler, Das Lied der jemenitischen Juden, u.v.a[.]; ich habe jetzt einen Arbeitskreis für neue Musik gegründet.

Neben meiner kritischen und wissenschaftlichen Tätigkeit bin ich rein künstlerisch tätig als Pianist (in Begleitung und Kammermusik, solistisch demnächst in einem Konzert am 14. Dezember). Kritiken über mein Spiel stehen zur Verfügung.

Sie kennen meine Lage: ich bin Jude. Trotzdem ich fast alle Möglichkeiten meines Berufes erschöpft habe, wird die finanzielle Frage für mich immer schwieriger zu lösen. Es steht jetzt so, dass ich bald meine Brücken abbrechen muss, weil ich auch auf die Hilfe meiner Eltern nicht mehr rechnen kann. Ich habe nun die Absicht nach USA zu gehen; vielleicht könnte ich dort Arbeit finden. Meine Sprachkenntnisse könnte ich schnell vervollständigen.

Ich trete nun an Sie mit einer sehr ernsten Bitte heran und ich wäre überglücklich, wenn Sie sie mir erfüllen könnten. Könnten Sie mir in irgend einer Art durch Ratschläge, Empfehlungen behilflich sein, in New York (oder einer anderen Stadt) festen Fuss zu fassen? Ich frage Sie geradehin und ich bitte Si, mir ebenso zu antworten, ob Sie dazu in der Lage sind. Und ich wäre Ihnen ausserordentlich dankbar, wenn Sie mir einige über Arbeitsmöglichkeiten in meinem Beruf mitteilen würden. Ich bin erst 25 Jahre alt und kann mich auf alle Gegebenheiten, auch auf die primitivsten, einstellen. In folgender Eigenschaft könnte ich arbeiten: als *Lehrer für Musikwissenschaft* (Formenlehre, Stilistik, Musikgeschichte in Colleges etc.); auch als wissenschaftlicher Assistent an einer Universität, als musikalisch-künstlerischer Berater und Organisator in Grammophon- und Rundfunkgesellschaften, als Lektor in einem Musikverlag; auf der anderen Seite als *Korrepetitor* (Oper und Konzert) und konzertierender Begleiter (auch in Film-, Grammophongesellschaften etc.) als reiner *Musiklehrer*, als Klavierlehrer. Das Kritisieren kommt wohl wegen der Sprache zunächst nicht in Betracht.

Ich würde mich, sehr geehrter Herr Cowell, freuen, wenn meine Andeutungen genügt hätten, ein kleines Bild von meinen Fähigkeiten entstehen zu lassen. Bitte entschuldigen Sie, dass ich so ohne weiters um Ihre Hilfe bitte. In Erwartung Ihrer baldigen Antwort grüsse ich Sie mit vielem Dank im voraus und vorzüglicher Hochachtung

ergebenst Dr. Nathan

P.S. Als Ergänzung füge ich mein Bild, eine Anzahl Zeugnisse und einen Aufsatz über das Fest der IGNM, zu dem ich von meiner Zeitung geschickt wurde, bei. Andere Arbeiten schicke ich Ihnen auf Wunsch gern zu.

---

5. Januar 1937

TLS, 1 S., engl.; vgl. Katalog-Nr. 5221.

Willard W. Saperston (Counsellor of Law, Liberty Bank Building, Buffalo, New York) an Herbert Fromm (Bingen am Rhein)

Dear Mr. Fromm:

I am pleased to report to you that at a meeting of our Board of Directors held yesterday a resolution was adopted authorizing our music committee to engage you as organist for Temple Beth Zion[1] at a salary of $ 1000.00 a year, your term of service to begin July 1st, 1937, for a period of one year.

Our congregation feels morally obligated to give our present organist a few months in which to obtain another position.

Kindly let me know at once whether you are in a position to come to America to take up your duties with us on that date, giving us the name of the ship upon which you will sail and the date that you expect to arrive in the Port of New York.

We regret very much the delay in writing you as the President of our congregation, Mr. Herman Wile, was absent from the city so that we could not get the proper resolution of authority passed.

I am sending a copy of this letter to Mr. [Hugo Chayim] Adler, as well as to Miss Cecilia Razovsky, Secretary of the National Coordinating Committee for Aid to Refugees, as this young lady has been very ac-

1 In Aurora, New York.

tive in getting the United States Department of Labor to rescind its decision wherein you were denied permission to come to America.

With kind personal greetings, I remain

Very truly yours

Willard W. Saperston

Josef Wagner (St. Louis, Missouri) an Alwine Pröls [Breslau] 18. November 1937

TLS (annotiert), 2 S., dt.; vgl. Katalog-Nr. 3809.

Meine liebe Alwine!

Vielen Dank für Deinen Brief mit Bild. Er liegt schon lange da, und es liegt mir auf der Seele, ihn zu beantworten.

Aber in der ersten Zeit waren die Eindrücke, die man aufzunehmen und zu verarbeiten hatte, natürlich so stark, vielfältig und <am> anstrengend, dass vieles anderes vernachlässigt werden musste.

Was Du vom Meere wissen willst? Ja, da kann ich Dir nichts schreiben. Man fährt eben 7 Tage auf dem Meere und sieht nichts, als eine unendliche Wasserfläche um sich herum, unendlich weit, unermesslich --- und dann ist man in Amerika. Es ist ein gewaltiger Trennungsstrich, den man <mit> von der "Alten Welt" zieht. Hier kommt man nun an, in ein Land, wo niemand einen kennt, wo man noch gar keinen künstlerischen Ruf hat, wo man eben einfach von vorn anfangen muss, und zeigen, was man kann. Aber wenn man dazu die richtige Gelegenheit hat, d.h. wenn man seine Fähigkeiten den richtigen Leuten zeigen kann, – dann kommt man vorwärts, wird warm empfangen, und alle Leute sind ehrlich bemüht, einen einzuordnen, mit Gastfreundschaft einen aufzunehmen, und dem Einwanderer eine neue Heimat zu geben. Es ist ein junges, in manchem noch kindliches, aber dafür zukunftsfrohes Land. Wer hier die Kraft und den Mut hat, zäh zu arbeiten, der findet auch die Anerkennung. Nicht überall ist das Verständnis für tiefe Kunst vorhanden, aber man kann es wecken, da alle Menschen dafür aufnahmebereit sind, da für Bildung, Erziehung auf jedem Gebiete ungeheuer viel getan wird.

Also: ich kann schon nach 6 Wochen meines Hierseins sagen: Ich habe das Gefühl, in diesem Lande wirklich eine neue Heimat gefunden zu haben, oder besser gesagt, zu finden.

Es geht aufwärts. Ein Konzert wird mir arrangiert, am 21. November. Geld ist dafür gesammelt worden, von Musikfreunden, in einer Art und Weise, wie das in Europa kaum möglich wäre. Ueberall hat man Hilfe und Verständnis für uns. Man nimmt sich des Kindes an, man hilft, meiner Frau[1] die hauswirtschaftlichen Sorgen zu erleichtern.

Es gibt Möglichkeiten für mich, eine Lehrstelle an einer Musikschule zu bekommen, es gibt Möglichkeiten, einen Verleger für einige Kompositionen zu finden --- natürlich kann das erst nach einiger Zeit perfekt werden; aber überall Aussichten!

Das ist doch höchst erfreulich. Es ist ein Aufleben nach den letzten Jahren! Frei, gleichberechtigt, ist man, nach Charakter und nach Können wird man beurteilt, nach sonst nichts.

Natürlich ist manches noch schwer, z.B. das Umgewöhnen an gänzlich neue Verhältnisse, andere Lebensweise, Nahrung, Klima, Zeiteinteilung, gesellschaftliche Sitten, – und vor allem die Sprache. Aber alles wird mit der Zeit werden. Man hat das Gefühl, dass man das alles nach einiger Zeit lernen wird.

Voraussichtlich werden wir nicht in St. Louis bleiben, sondern nach New York gehen. Jedoch meine Adresse ist vorläufig noch dieselbe. Die Tante meiner Frau (Frau Kantorowitz), deren Bemühungen wir das amerikanische Immigrations-Visum verdanken, starb merkwürdigerweise gerade an dem Tage, an dem wir in St. Louis ankamen, d.h. sie starb vormittags, und wir kamen nachmittags an. Ein tragischer Anfang. Die bevorstehende Wiedersehensfreude hatte ihr wahrscheinlich das Herz gebrochen. Ihr Sohn Harry kümmert sich sehr um uns. Er nimmt die Verpflichtung, uns zu helfen, wirklich ernst. Aber es sieht so aus, dass wir bald vollkommen auf eigenen Füssen stehen werden. Dafür kann man unglaublich dankbar sein.

Wenn Du Englisch beherrschst, kannst Du hier als "Hausdame" bestimmt Stellung finden, so etwas wird hier gesucht und sehr gut bezahlt. In Stuttgart (Reichsstelle für Auslandsdeutschtum) kannst Du bestimmt darüber Auskunft bekommen; ich glaube sogar, dass von Deutschland aus solche Stellen vermittelt werden können.

Soweit für heute! Ich freue mich über jedes Lebenszeichen von Dir. Entfernungen spielen keine Rolle, wenn man sich versteht!

Grüss mir schön Deine Mutti! – Auch sonst alles, was sich in Vohenstrauss an mich erinnert! Söllmann, Tröger, Schwester Dolorosa[2] etc.!

(1 Programm füge ich bei). Ob aus Breslau – oder aus St. Louis, immer Dein Dich herzlich grüssender

Josef

---

1 Lessie Sachs, 1896-1942, dt. Schriftstellerin.

2 Bekannte, nicht identifizierbar.

Nikolai und Nora Lopatnikoff (32 Wallace Court, Marylebone Road, London) an Nicolai Berezowsky

25. Dezember 1937

ALS, 4 S., russ.; vgl. Katalog-Nr. 4653.

Lieber Kolja,

Heute ist Weihnachten und ich möchte Ihnen beiden frohe Weihnachten und einen guten Rutsch ins neue Jahr wünschen. Ich hoffe, dass es für Sie in allen Beziehungen sorgenfrei wird und Ihnen weitere Erfolge und so viel Glück wie Sie wollen bringt. – Wir denken oft an Sie und sprechen viel von Ihnen und manchmal erreichen uns über gemeinsame Freunde aus New York ein paar Neuigkeiten über Sie. So haben wir im Sommer S. Frenkel[1] in Paris getroffen, von dem wir übrigens von dem Ihnen bevorstehenden familiären Ereignis erfahren haben (oder ist es schon so weit?). Wir warten ungeduldig auf Neuigkeiten über dieses neue "Opus", schreiben Sie uns mal im Allgemeinen über sich und im Besonderen über dieses Ereignis. Wir sind – in dieser Beziehung – schon lange hoffnungslos hinterher, denn wir leben schon seit drei Jahren ohne eine sichere Unterkunft, zur Zeit wieder in London. Den Sommer haben wir in Finnland verbracht, danach reisten wir noch ein wenig umher (ich spielte hin und wieder), und seit Oktober sind wir wieder hier. Bis zum nächsten Sommer werden wir auf jeden Fall hier bleiben, und danach müssen wir sehen. Es wird davon abhängen, ob es weitere Möglichkeiten gibt, hier zu arbeiten. Ich denke ab und zu über Amerika nach, das ja zumindest noch nicht den Unterschied zwischen "den eigenen" und den Ausländern macht wie hier. Was würden Sie mir raten? Schreiben Sie mir Ihre Meinung darüber. Wenn ich über einen Umzug nach Amerika nachdenken würde, dann nicht früher als im nächsten Herbst – wenn ich ein Visum bekomme usw. Das alles ist noch sehr ungewiss, aber ich will diesen Gedanken nicht ganz beiseite räumen, viele raten mir dazu. Sagen Sie, könnte ich mit einem Affidavit von Ihnen rechnen, um das Visum zu bekommen?

– Gestern hat uns die amerikanische Geigerin Helen Teschner Tas besucht, die auch Sie kennt und Ihnen Grüße von uns übermitteln wird. Auch andere Freunde von uns, die Pianisten Victor Babin und Varja Vronskaja[2] kamen vorbei – sie werden im Januar in New York spielen und Ihnen von uns ebenfalls einen frischen Gruß ausrichten. Gehen Sie, Kolja, zu ihrem Konzert auf zwei Flügeln (Ende Januar in der Carnegie Hall), sie spielen ausgezeichnet und sind zudem sehr liebenswerte Menschen (Mann und Frau), die Sie mögen werden. – Warum schreiben Sie uns schon so lange nicht mehr?? Danke für das Buch von Ewen[3], das ich zu seiner Zeit unmittelbar [zwei Wörter unleserlich] bekommen habe.

Haben Sie irgendwo hierhin in Bezug auf Ihre Musik geschrieben? Ich kann Ihnen empfehlen, etwas im Laufe des Februars an die British

[1] Stefan Frenkel, geboren 1902, Geiger, Schüler von Carl Flesch.

[2] Victor Babin, 1909-1992, und Varja Vronskaja, 1908-1972, Klavierduo.

[3] David Ewen, «Composers of Today», New York 1934.

Broadcasting Corporation, Broadcasting House, London W.I. zu schikken. Diese Dienstleistung ist dafür da, neue Werke für die Programme der kommenden Saison auszuwählen. Die hiesigen Möglichkeiten für die Neue Musik sind im Allgemeinen auf (sehr gute) Radio-Konzerte und Konzerte des Contemporary Music Circle beschränkt; alles übrige trägt eher einen Zufallscharakter. Das Interesse für Neue Musik ist vorhanden, obwohl die Presse offensichtlich nicht wohlwollend ist. Auch ich wurde neulich gescholten für meine alte Violinsonate, in der angeblich Spuren von Šostakovič-Sinfonien zu finden sind, obwohl sie ja vor Šostakovič geschrieben ist. Ich beschäftige mich seit langem mit einer neuen Sinfonie, die aber noch weit entfernt von der Fertigstellung ist. – Haben Sie zufällig Fitelberg[4] gesehen? Er muß im November wieder in New York sein, wo er bei einer von Ihren Radiogesellschaften eine Stelle bekommen hat. Wie haben ihn in Paris gesehen, – er wartete damals auf die Zusendung des Vertrags. In Bezug auf meine Amerika-Pläne hatte ich brieflich mit Leichtentritt korrespondiert, kennen Sie ihn? Generell rät er mir zu fahren, wenn ich die ersten 6 Monate ohne eine Verdienstmöglichkeit aushalten könnte. Diese Möglichkeit habe ich, leider erscheinen mir jedoch die weiteren Möglichkeiten sehr nebulös. Am liebsten würde ich irgendwo an einer Institution unterrichten. – Hier sind sehr viele Menschen aus Deutschland, aber man sagt, bei Ihnen noch mehr. Neulich spielten wir Bridge mit [Carl] Flesch und dachten an Sie und an das Konzert in Dresden.[5] Erinnern Sie sich? – Schreiben Sie und, bleiben Sie gesund, glücklich – die ganze Familie. Küsse Sie beide.

Ihr Kolja.

[4] Grzegorz Fitelberg, 1879-1953, poln. Komponist.

[5] Gemeint ist eine Aufführung von Nicolai Berezowskys «Konzert» für Violine und Orchester op. 14 mit Carl Flesch als Solist; vgl. Dok. 4641.

Meine lieben Alisa und Kolja,

warum haben Sie uns so lange nicht mehr geschrieben? Wir haben Ihnen jetzt einen ganzen Haufen Grüße und Küsse über unsere gemeinsamen Bekannten geschickt. Alle, die aus Amerika kommen, fragen wir zuallererst, ob sie Sie kennen. Sie können sich nicht vorstellen, wie oft wir über Sie reden, Sie Lieben!... Ist es wirklich wahr, daß Šuročka demnächst nicht mehr Einzelkind sein wird? Wir sind sehr gespannt auf Neuigkeiten, bitte, schreiben Sie uns bald! Das Wichtigste ist, wie Alisa sich fühlt. Wir wünschen Ihnen im neuen Jahr grenzenloses Glück, Gesundheit, Erfolge und küssen Sie sehr fest.

Ihre Nora

Lotte Lehmann (Santa Barbara Biltmore Hotel, Montecito, California) an Constance Hope [New York City]

22. Februar 1938

TLS (annotiert), 2 S., dt./engl.; vgl. Katalog-Nr. 4676.

Meine geliebte Constance –

da bin ich nun unter Blumen und Sonnenschein – die Natur ist wie ein Paradies um mich herum – und wir können es nicht so richtig geniessen. Was für eine Welt -- wie entsetzlich ruiniert durch Politik... Und was wird noch sein? Sogar der Optimist Otto[1] sieht alles grau in grau. Er ist viel unglücklicher als ich über Österreich – Du weisst, wie absolut "Wienerisch" er ist. Aber auch für mich ist es sehr schmerzlich, dass ich voraussichtlich nun auch die zweite Heimat verlieren muss...

1 Otto Krause, Ehemann von Lotte Lehmann.

Ich bekam ein Telegramm folgenden Inhalts "Austrian Authorities are deeply disturbed by decision Toscanini Emanuel List other artists not to appear Salzburg as result recent political events my paper would appreciate it very much if you would be gracious enough to telegraph your view situation Alex Faulkner London Daily Telegraph."

Ich antwortete: "My decision to go to Salzburg or not can only be influenced by artistic reasons[.] I am not a political either in mind or deed and hope to devote my art as always to Salzburg."

Ich finde, dass ich damit ganz korrekt gehandelt habe. *Alles war noch so furchtbar unentschieden* – und meine Situation ist eine ganz andere als die anderer Künstler: ich habe an meine Pension zu denken... Du weisst das, und ich musste vorläufig vorsichtig sein. Ich bekam ein wütendes Telegramm von Toscanini!: "And why dont you devote your art to Germany that is your fatherland – Toscanini." Ich habe ihm dann wieder telegraphiert. Ach, wie kann er sich mit meiner Situation vergleichen! Es ist ja ein Blödsinn.

Ich bin so unglücklich, dass ich gerade jetzt so weit weg bin von New York. Und ich höre nichts von Dir, als ob ich auf einer einsamen Insel lebe...

Nun müssen wir abwarten. Sollte Österreich *absolut Nazi* werden, ist es für mich ein verlorenes Land. (Auch die Pension verloren...) Otto fährt mit Manon[2] am 19. März nach Wien und wird mir dann cabeln, was ich tun soll. Angenommen es ist alles "richtig Nazi", so singe ich keinesfalls in Salzburg und fahre überhaupt gar nicht nach Europa. Wenn man ausrechnet, was die Reisen kosten mit Koffern, Auto etc[.] so lohnt es sich nicht, nur wegen London herüberzureisen, finde ich, denn der franz. Franc ist so herunter – ob ich wirklich ein Konzert in Paris habe oder nicht, spielt keine Rolle. Dagegen kann ich vielleicht in Amerika etwas Geld machen, glaubst Du nicht ?

2 Manon Krause, Tochter von Otto Krause und Stieftochter von Lotte Lehmann.

Bitte mache gar kein Advertisement, ob ich gehe oder bleibe. Ich habe an meine Angehörigen zu denken... Ich würde der Form wegen mit einem Attest absagen, es ist egal ob man es mir glaubt oder nicht. Aber ich will nicht officiell mich feindlich stellen. Ich will nicht, dass Fritz[3] Pension und Haus und Heim verliert durch mich, denn ich bin keine Millionärin wie es Toscanini ist, der leicht ganz frei in seinen Entschlüssen sein kann...

An Ernö[4] schreibe ich heute – wie lieb und gut er ist! Ich danke Deiner Mutter und Dir für alle Hilfe!

Anbei die zwei Checks und das Repertoir[e].

Innigste Grüsse und küsse [sic] Euch allen. Stets Deine Lotte

Ich würde, wenn ich bleibe, übrigens sofort um das "erste Papier" einreichen und versuchen, Amerikanerin zu werden.

Soeben kam Dein Brief. Danke.

3 Fritz Lehmann, 1882-1963, Bruder von Lotte Lehmann.

4 Ernö Balogh, 1897-1989, ung. Pianist und Komponist.

---

27. März 1938 **Ernst Krenek (American Hotel, Amsterdam) an George Antheil**

ALS, 1 S., dt.; vgl. Katalog-Nr. 4595.

Lieber Freund,

seit wir uns gesehen haben, hat sich meine Situation durch die Ereignisse in Österreich sehr verschlechtert. Ich kann jetzt nicht nach Wien zurückgehen und auch kein Geld von dort bekommen.

Ihr Plan für den Salzburg-Film ist jetzt natürlich auch nicht mehr möglich. Es wäre eine schöne Sache gewesen! Nun denn, so müssen wir eben etwas anderes machen. Bitte seien Sie so gut und denken Sie recht intensiv an mich, es ist heute noch notwendiger als es war. Es geht nicht gut.

Wir denken gern an die schöne Zeit in Hollywood, die wir mit Ihnen gehabt haben. Hoffentlich kann ich bald wieder hinkommen! Bitte versuchen Sie etwas für mich zu bekommen, wenn es irgendwie geht!

Alles Gute, viele schöne Grüße – ich kann jetzt nicht mehr schreiben.

Ihr alter

Ernst Krenek

Amsterdam, 27.3. 38

Meine Adresse ist am besten: *London W.1.* c/o Universal Edition, 65, Conduit Street

Toni Stolper an Karl Weigl [Rudolfsplatz 1, Wien] 4. April 1938

TL (Kopie), 3 S., dt.; vgl. Katalog-Nr. 3789.

Lieber Freund Weigl!

Ich bin nach Empfang Ihres Briefes vom 11. Maerz nicht gleichgültig und untätig in Ihrer Sache gewesen. Aber die Ereignisse der naechsten Wochen sind auch über uns mit solcher Wucht gekommen, dass ich trotz bestem Willen zwei Postschiffe vorbeigehen lassen musste, ohne Ihnen antworten zu koennen. Die Antwort ist auch nicht leicht zu geben. Ich will versuchen, die Dinge so darzustellen, wie ich sie sehe, und habe dazu auch noch einige wichtige Fragen an Sie zu stellen.

Ich fürchte, Ihre Hoffnung schon auf eine sichere Stellung irgendwelcher Art hierherzukommen, lässt sich nicht verwirklichen. Es ist so gut wie niemandem gelungen eine Stelle zu finden, der nicht anwesend war und sich an Ort und Stelle den Leuten zeigen und mit ihnen verhandeln konnte. Insbesondere feste Lehrstellungen sind fuer Abwesende kaum zu beschaffen. Der "normale" Weg für Emigranten ist, dass sie herkommen und sich dann von hier aus solange umtun, bis sich etwas für sie findet. Das dauert natürlich bei den einzelnen verschieden lang, kaum je unter einem halben Jahr, manchmal bis zu zwei Jahren. Dann hat eigentlich noch jeder was gefunden, der etwas kann. Diese erste Suchzeit ist in jeder Beziehung hart, materiell und psychologisch. Es kommt dabei sehr stark auf einige Umstaende an: ob man irgendwelche Mittel für diese Übergangszeit mitbringt; ob die Frau dem Mann in der ersten Zeit mit Gelderwerb zur Seite stehen kann und überhaupt tüchtig ist; dann natürlich fast in erster Linie auf den Stand der englischen Sprachkenntnisse. Von diesen Fragen weiss ich nur die zweite bejahend zu beantworten, und ich glaube dass Ihrer Frau die Hauptaufgabe zufallen würde. Ob Sie hier mit irgendwelchen Mitteln ankämen, weiss ich nicht. Sie könnten zu dritt wahrscheinlich zur Not zuerst mit $ 180-200 pro Monat durchkommen. Wenn Sie nicht im Osten blieben, was wegen der zu grossen Konkurrenz sicher wünschenswert wäre, so stellen sich die Lebenskosten viel geringer. Von hier aus müsste dann die Suche nach einer Lehrstelle energisch betrieben werden (ich glaube, dass es sich nur um eine solche handeln kann), und dabei würden Ihnen gewiss Organisationen und Individuen hilfreich zur Seite stehen.

Nun kommt die schwierige Frage des Visums: Wenn Sie entschlossen sind, die schwierige Unternehmung einer amerikanischen Existenzgründung anzugehen, so kommt erst die Visumbeschaffung. Dazu die erste Frage: Haben Sie irgendwelche Verwandte in U.S.? In den letzten Jahren haben die amerikanischen Konsuln in der Regel Emmigrationsvisa [sic] nur auf Affidavits von Verwandten erteilt. Es ist jetzt anlässlich der österreichischen Ereignisse eine Milderung dieser Praxis angeregt worden, aber wie weit sie erfolgrei[c]h ist, ist noch nicht zu sehen. Das Affidavit auch wenig wohlhabender Verwandten [sic] (wenn sie amer. Buerger oder Residents sind) ist jedenfalls mehr wert als das wohlhabenderer Nichtverwandter. Lassen Sie mich jedenfalls auch wissen, wie es mit dieser Frage steht. Wenn die Beschaffung eines Immigrationsvisums unüberwindliche Schwierigkeiten machen sollte, so gibt es noch den Ausweg, mit einem Besuchsvisum einzureisen, das man auf Einladung von Freunden leichter beschaffen kann. Dieses gibt nicht die B[e]rechtigung, hier eine Stelle anzutr[e]ten, aber man kann von hier aus eher durch neuerliche Ausreise nach Cuba oder Bermuda ein Immigrationsvisum erhalten (Kostenpunkt etwa $ 150). Dieser Weg wäre wohl leichter für Sie allein als für die ganze Familie gangbar, die leicht nachkommen kann, wenn Sie einmal das richtige Visum haben. Über die Visumfragen müssen Sie sich doch auf alle Fälle auf dem Wiener Konsulat erkundigen, da von hier aus nicht abzusehen ist, wie die Aussichten heute stehen. Die Quote ist hoffentlich, wie geplant, schon mit der deutschen vereinigt, so dass das keine Schwierigkeit ergibt. Die übrige Praxis wird in Wien bekannter sein als hier.

Ich habe Ihnen, wie Sie sehen, in Unkenntnis so vieler Umstände zu antworten, dass ich fürchte, dieser Brief werde Ihnen noch sehr wenig nützen. Eine konkrete Aussicht glaube ich Ihnen aber eröffnen zu können: Bruder Karl[1] reist am 27. April von hier ab und wird etwa Mitte Mai seine Mutter besuchen. Es wird sicher von Nutzen sein, wenn Sie sich persönlich mit ihm besprechen. Inzwischen wendet er sich auch auf meine Bitten an den Onkel seiner Frau, den Chicagoer Mus[i]ker, President of the Chicago College of Music, Rudolph Ganz[2], der Ihr Curriculum einsendet, um einen Rat. Ferner habe ich hier mit Fritz Stiedri[3] (Hotel Barbizon Plaza, New York) intensiv ueber Sie geredet. Diesem Gluecksspilz ist es gelungen, nach vier Wochen ein eigens gegruendetes Kammerorchester der neuen New Friends Of Music in N.Y. zu erhalten, mit dem er sich in der naechsten Saison der Oeffentlichkeit vorstellen wird. Das ist ein absoluter Ausnahmsfall, der Mann hat ungewoehnliches Glueck gehabt. Dennoch waere auch das nie zu machen gewesen, wenn er nicht zufaellig gerade im richtigen Augenblick praesent gewesen waere. Vielleicht ist es von Wert, wenn Sie noch mit ihm direkt korrespondieren. Ich weiss nicht, ob er etwas machen kann, aber doch in Musikdingen besser raten als ich. Dass ich oder mein Mann etwas fuer Ihre Publicity hier tun oder raten koennten, ist leider beim besten Willen voellig ausgeschlossen. Wir sind zu sehr bis aufs aeusserste anderweitig angespannte outsider.

Lassen Sie mich also bald wieder von sich hoeren. Geben Sie auch Einzelheiten ueber Ihr Kind. Sagen Sie auch, wie lang Sie etwas dort

---

1 Karl Kassowitz, 1886-1972, Komponist, Schüler von Alban Berg.

2 Rudolph Ganz, 1877-1972, amer. Pianist schweizerischer Herkunft.

3 Fritz Stiedry, 1883-1968, amer. Dirigent österr. Herkunft.

noch durchkommen koennten. Es ist ja jetzt leider hier so eine arge Ple[i]tezeit, die aber nach dem Charakter der hiesigen Entwicklung in einigen Monaten sehr stark gebessert sein koennte, was gleich auf die Arbeitsmoeglichkeiten auf jedem Gebiet zurueckwirkt.

Gruessen Sie Ihre Frau herzlich und macht es alle gut.

Herzlich in aller Freundschaft

Robert Konta (Starhemberggasse 42, Wien) an Nicolas Murray Butler (Columbia University, [New York City]) 23. April 1938

ALS (annotiert), 3 S., engl.; vgl. Katalog-Nr. 5841.

Dear Sir!

On this holiday trip through U.S.A. in 1936 His Excellency van Hoorn[1] introduced you to the foundation of the "Apollinic Festivals". I founded that society in Vienna which got its name and its construction from me. I was the General Secretary of the "Apollinic Festivals". The altered situation in Austria has disturbed this movement; it has also disturbed for me the possibility to win a personal contact with you – a great distinction being for a long time the aim of my ambition. You have became [sic] acquainted with the "Apollinic Festivals" but not with my person.

[1] L.S. van Hoorn, Diplomat.

In the uttermost despair I am forced to dare a bold step: to beg of you for an enormous boon though I am for you almost a perfect stranger.... In other words – kindly have the generosity of saving my wife Marion and myself by our own or your corporation's power or by a society of philanthropists which to construct you are well disposed – being one of the most celebrated men in U.S.A. send me an Affidavit for me as well as for my wife.

I was born in Vienna on the 12. octobre 1880 as the son of a high public official, got the doctor's degree of law at the Vienna University. I am the author of several operas which were also performed. For 30 years I have been critic of music at our great Vienna papers. Besides this, I was teacher of history of music. My continuous lectures on different topics of art were always visited by the best society of Vienna. As references for my work as a critic of music I mention: Richard Strauss from whose hand I possess the most precious manuscripts, Bruno Walter, Otto Klemperer, Eugene Ormandy, Lotte Lehmann, Elisabeth Schumann, Friedrich Schorr[2], Bronislav Huberman, Moritz Rosenthal[3] – to enumerate only some leading personalities.

[2] Friedrich Schorr, 1888-1953, amer. Sänger ung. Herkunft.

[3] Moritz Rosenthal, 1862-1946, österr. Pianist.

I was in the middle of working for my book "Women in Music", for which Richard Strauss has sent me a splendid contribution; those parts that are finished already filled my publisher with enthusiasm. This publisher's firm does not exist any more. Save my life's work! I know that I ask for something enormous – but – I also know that you able to perform enormous thing --.

The altered situation in Austria has eliminated me and my work from life quite suddenly and irrevocably. I have never cared much for money and property and have never managed to lay by money reserves. I am not entitled to a pension either, therefore I am absolutely devoid of every resource.

Only a miracle can save my life and that of my wife. And if I direct this letter to you I believe in this miracle.

I write this letter in the greatest need!

Do save us!

Yours faithfully

Professor Dr. Robert Konta

24. Juni 1938 Terry MacDermot (Upper Canada College, Toronto) an Henry Allen Moe

TLS (Abschrift), 1 S., engl.; vgl. Katalog-Nr. 3979.

Dear Henry,

I am afraid I really have nothing in mind for [Erwin] Bodky. We all become frightfully nationalistic when anyone outside the country is mentioned, though otherwise our national sentiments seem to be pretty fugitive.

Bodky looks a good man, but there is no doubt his Jewish race will be to some extent against him except in very enlightened circles, and these circles diminish in size and number every day. Nevertheless, I shall keep my ears open for him.

If I get to New York this summer do you think we could try once more to meet, or are you building a new house?

With kind regards,

Yours sincerely,

Terry MacDermot

Ernst Toch (Pacific Palisades, California) an Horace M. Kallen

11. März 1939

TLS (annotiert), 3 S., engl.; vgl. Katalog-Nr. 4240.

Dear Horace:

I am very anxious to answer your questions for your "remarks" on occasion of the prospective luncheon on honor of Mrs. Coolidge[1] and I am the more glad to do this as it concerns two dear and highly esteemed friends of mine. Yet, I can not deny that question 1) and 2) puts me in kind of an embarrassing situation.

1). The nature and qualities of Jewish music, if any. I F A N Y !! I believe to be a good and knowing Jew, and I believe that I am a good and knowing musician; I also tried often, with honest effort and endeavormand with sincere interest to find out if there is something like a Jewish Music; and from some discussions on this subject with others (whom, to be sure, I always thought to be more Zionists than musicians) I know that I put myself very much in dissent by uttering my doubts as to wether [sic] there is anything like Jewish music.

Where could we come across with Jewish music, I F A N Y ? This question, I think, has a threefold answer. First: Let us have a look at the top representatives among Jewish composers. As such I would consider the following three: Felix Mendelssohn-Bartholdy, Gustav Mahler and Arnold Schoenberg. If I should state whether there are any Jewish features in their music, I would decline not only such a statement, but even the question. All three of them, as creative musicians, as I merely can see it, were products of their epochs (which already includes their musical inheritance, education and surroundings). Mendelssohn is looked upon as the one of the two <main> chief representatives of the so called Romantic period (the other being Robert Schumann). Apart from this strong personal note (which again I only conceive m u s i c a l l y but not nationally or racially) you can trace in his music the inheritance of Mozart as well as of Bach and Haendel; but J e w i s features? I could not find any, e v e n i f I w o u l d k n o w w h a t J e w i s h f e a t u r e s i n m u s i c s h o u l d l o o k l i k e .

The same general statement applies to the two *others* [.] They are strong musical minds, rooted in their epochs. Only blind hatred or stupid pride can label their music Jewish or racial in any way.

Second: Jewish in the sense of religion. As sure as there is a religious music – as an emotional term; music the emotional sources of which are faith, charity, resting in God, confidence, in short real religion – as sure there is nothing like a sectarian music. Even the primitive chanting or improvising of prayers is confessionally flavored only inasmuch

[1] Elizabeth Sprague Coolidge, 1864-1953, amer. Mäzenin.

as you are accustomed to it and associate it with the memories of your youth.

Third: Folk music. This is, generally speaking, really the only source of some thing like a musical bond. But does not the development of any folk music presuppose the close living together of such people, and is not this fact in contradiction with the diaspora of the Jews, their being scattered all over the world, imbedded among the most different types of peoples? True, the local point of view might not be the only one; there is also something like "blood", tradition, perhaps still from the ancient times of a real community of the Jewish people, and, above all, the common f a t e of this people; and yet, if you want to assume that Jewish "folk-music" has a certain tinge of sadness or pensivness (preferring, let us say, minor keys) does not the same apply to Russian, yes, to Slavic music altogether, and, on the other hand, are there not many Jewish folk tunes very happy (and in major keys?) Think for instance of the tune "Moaus zur j'schuosi", which, although connected with religious service and a certain feast, may be looked upon as a typical folksong. Typical – yes; but typical for what? Supposing you never have heard it in your life before; are you sure you would say "this can never be Russian or Polish or Bohemian, it m u s t be J e w i s h "? I am not. – Should, in any future the Jewish people live together again, in one terrotiry, Palestine or any other place, they most likely will develop a vernacular folk music. But even then it will take centuries, and by no means it can be furthered by conservatories, competitions and scholarships, it will have unknown authors, non-musician authors, just as any other folk music. – This brings me nearer to your

Question 2): What can the Mailamm Society[2] do in Palestine to enrich general musical culture. May I start this point with a confession that does not in the least concern you, with the confession of a very bad conscience I have to Mrs. Israel Goldstein, the secretary of the New York Mailamm-Committee. She wrote me a letter as far back as September, 1938, which I still did not answer, for the only reason that I always was afraid to be misunderstood. Mrs. Goldstein for instance wrote: "Who knows but this opportunity" (– to study at the Jerusalem Conservatory of Music –) "may be given to another Mendelssohn." Assuming as it might sound – and therefore intimated only to you personally: *I know.* And I know it in the negative. For the simple reason that the Mendelssohns never were grown in the conservatories. They were born, and that is all there was to it. And they became the Mendelssohns never on account of the conservatories and teachers, but either without them or in spite of them. They could not help it and the teachers could not stop them. Their relationship to the conservatories was a double one: First, thy were thrown out of them, as hopelessly un-

---

[2] Organisation zur Unterstützung des jüdischen Kulturlebens in Palästina.

talented, unmanageable and stubborn then, they set the path for the teachers to come in another hundred years. Beethovens teacher, Albrechtsberger[3], was, at length, mighty proud of his "pupil"; I bed he thought he "made" him. The Mailamm, as the letter stated, has undertaken the project of enlarging the Conservatory of Music in Jerusalem. I could not help feeling that the enlarging of any school for agriculture, joinery, carpentry, would have had my enthusiastic sympathy; I could not help feeling that the Jews, to-day [sic] more than at any other time, should (– having among other schools also a conservatory, by all means –) seek, rather than to enlarge the number of their students, to reduce it along the lines of a voluntary numerus clausus of selected pupils. When asked for advice by young refugee students of music or young musicians, I can not tell them anything else, in full conviction, then to learn, if under 25, any practical trade, no matter how gifted they are musically, no matter how they use their musical knowledge for plodding along while studying the new trade. (It always was – and still is – an ardent secret desire of mine to be a joiner, imagining how refreshing it must be to alternate in two so distant professions. Was [Baruch de] Spinoza done by any harm, was he impeded to be Spinoza, by making his living on grinding lenses? I am deeply convinced of the opposite.) However: Mailamm in Palestine can do the same, no less, no more, for the cause of music than any institution of this kind in any civilised country, and should be wise and not overambitious; but should, of course, get ev[e]ry possible support. therefore, would I have been in the position, I would have done, what Mrs. Coolidge did. This I could not afford, on any scale, so I rather refrained from giving "Ezes"[4] and only spoke my heart intimately to you, challenged by your question, and being very much afraid not having helped you by this at all. And this, in turn, brings me to your third question, which, thank God, at last I can answer fulheartedly, without any scepticism, restriction or limitation:

3). Mrs. Coolidge's service to music in general.

Still, there is one restriction: I will restrict any praise, for no praise can reach the mere statement of facts. First she was musician enough to discern where the purest, if I may say, the chastest sources of music lay: in chamber music. And then she made it the task of her life to give chamber-music to this country, to pour it over the Nation out of a horn of plenty, to bring it to the remotest places, to all the people that could not afford to go to concerts or would perhaps not had the inspiration, thus not only giving them highest pleasure and edification, but also encouraging thousands and thousands to cultivate chamber music themselves. Although herself rooted in classical music, although of advanced age, she is broadminded enough to encourage also living com-

[3] Johann Georg Albrechtsberger, 1736-1809, österr. Komponist.

[4] Ejzess oder Ezes (jiddisch): Ratschläge (von hebr. Ejtza = Rat).

posers, to whose music her heart might not belong or agree any more, by commissioning them to write chamber [music], trusting that art can not stop but must go on. Endowed with a keen sense of humor all-embracing comprehension of life, but lacking the slightest vestige of vanity, she st[a]nds back, behind her work, in modesty; and yet, whoever is lucky enough to come in personal contact with her, can not help feeling and enjoying the charm of her personality. (Facts, facts, nothing but statement of facts.)

(Here I can not help mentioning that her personality often reminded me of another one, who in many respects, although by other means, in other fields, acts similarly, fulfills a similar mission – Alvin Johnson.)

The letter grew longer than meant, and I am afraid it won't help you as much as I would have liked it to.

I esteem very highly Mailamm's efforts to collect Jewish Music (music connected in any way with Judaism) by which it renders invaluable services to science and research, perhaps indirectly also to art.

Love

Ernest

9. Mai 1939

TLS, 1 S., engl.; vgl. Katalog-Nr. 5470.

Gerth-Wolfgang Baruch (Soborska 8, Prag) an Josephine Harreld (459 Tatuall Street, Atlanta, Georgia)

Dear Madam,

I am very sorry you have not been heard of since my latest letter written to you last January. I hope you are well, and should be pleased to hear so.

As for me, the latest events in Czecho-Slovakia have put quite a new face on things, all my predictions being fulfilled to a nicety. I am therefore very hard up, as you may imagine. I have lost all my local sources of revenue, and do not know how to make both ends meet. For the time being it puzzles me how I am going to live during the next months, all Prague aid committees being closed down by order of the police.

In view of the anti-Semitic movements growing in the new Protectorate, all people agree with me that there is only one way out, I have to leave for abroad as soon as possible. Since the death of Czecho-Slovakia I have therefore done my utmost to be allowed to enter another country, writing to foreign committees, friends, and colleagues. I am sorry to say that all my troubles have not as yet been successful, the English organisations and well-to-do people in particular being silent.

I have therefore been very glad to read that you are taking great pains to help me in some way at the best of your abilities. I hope your steps will be crowned with success in the near future, my case being serious enough, you may be sure. If you, your relatives or friends should be able and kind enough to give me an Affidavit, I ask you not to mail the document to the American Consulate in Prague. Having the papers in my hands, I am allowed to enter a European country as a transit stay until my visa shall mature.

I am anxious to hear from you as to the prospects you mentioned in your latest letter. Please write to my Prague address whatever may happen here in future. Hoping to hear from you at your earliest convenience, I am,

Cordially yours,

Gerth Baruch

Leo Kestenberg (P.O.B. 4047, Tel Aviv) an Eric Werner (Hebrew Union College, Cincinnatti, Ohio)

31. Juli 1939

TLS, 3 S., dt.; vgl. Katalog-Nr. 3873.

Sehr geehrter Herr Dr. Werner!

Für Ihr ausführliches Schreiben, das am 21. Juli hier eingetroffen ist, danke ich Ihnen sehr herzlich. Trotz der zwischen uns liegenden weiten Entfernung hoffe ich, zu einem regelmässigen Meinungsaustausch mit Ihnen kommen zu können. Ich verspreche mir von Ihrer Beratung viel für die Durchführung unserer praktisch-organisatorischen Aufgaben, und auch ich wäre froh, wenn ich Ihnen durch den einen oder anderen Hinweis behilflich sein könnte, so wie Sie es wünschen.

Alles, was Sie mir schreiben, bestärkt mich in der Ueberzeugung, dass Sie in wissenschaftlich einwandfreier und völlig objektiver Form die Probleme, die uns hier auf Schritt und Tritt begegnen, beurteilen und zu ihrer Lösung beitragen können. Ihre Andeutung, dass Sie Ihren ganzen Arbeitskomplex auf die Basis einer Geschichte der jüdischen Volksmusik gestellt haben, ist mir dabei besonders wertvoll. Ich bin selbstverständlich sehr gern bereit, Ihnen, soweit ich es kann, bei Ihrem Plan über die Verbindung Ihrer Arbeit mit dem Konservatorium Ratschläge zu geben. Wenn ich auch für die wissenschaftliche Seite Ihres Gebietes keine Vorkenntnisse mitbringe, so bin ich doch als "Kantorensohn" gefühlsmässig seit meiner frühesten Jugend mit Ihrer Materie eng vertraut und für Ihre Projekt lebhaft interessiert.

Ausserordentlich gespannt bin ich auf die von Ihnen angekündigte Synopsis. Diese weitausgreifende prachtvolle Idee kann für den, der zu lesen versteht, eine ähnliche Bedeutung erlangen wie ein spannender Roman. Sowohl historisch als auch philologisch und musikalisch können ganz neue Erkenntnisse aus dieser Arbeit herauswachsen.

Bei meinen Versuchen, mich in die musikerzieherischen Voraussetzungen des Landes einzuarbeiten, habe ich zunächst in den Kindergärten frappante Beobachtungen über die schnelle Akkomodationsfähigkeit des jüdischen Kleinkindes an die musikalische Umwelt machen können. Während im allgemeinen hier noch die europäische Tradition und Tonvorstellung fast unumschränkt massgebend ist, wird der orientalische Einfluss, die Neigung zur Einstimmigkeit und zur Ablehnung des Dur-moll-Systems im Kindergarten deutlich. In den Schulen dagegen scheint auch das Galuth-Lied[1] eine Rolle zu spielen. Es wird allerdings schon stark von den hier gewachsenen Liedern bekämpft. Ich kann aus diesen vorläufig noch recht oberflächlichen Beobachtungen noch wenig Positives herausholen, aber es scheint mir immer deutlicher zu werden, dass wir im Gegensatz zu den anderen musikpädagogischen Bemühungen im vorderen Orient uns hüten müssen, die alteuropäischen Wege zu gehen und die Musikerziehung ganz auf die jetzt doch schon absterbenden Traditionsformeln der Kadenz und überhaupt des ganzen harmonischen Systems aufzubauen.

Aber auch die völlige Preisgabe der Grundlagen, auf denen das Musikgut der letzten fünfhundert Jahre aufgebaut ist, scheint mir bedenklich, da sonst die Gefahr auftaucht, dass die jüdische Jugend in einigen Jahren die künstlerischen Werte, die in der bisherigen europäischen Musik enthalten sind, nicht mehr apperzipieren kann. Die Aeusserung eines palästinensischen Kindes beim Anhören eines Schubert-Liedes: "Warum spielt der Mann Klavier, wenn die Frau singt?" scheint mir für diese Gefahr schon sehr charakteristisch. Die Vision, dass Juden den Anstoss zu einer Synthese von orientaler und okzidentaler Musik geben könnten, verfolgt mich dauernd, und die vielen Versuche und Experimente, die wir mit jüdischer Musik machen, unternehme ich alle unter diesem Gesichtspunkt. Aber bis jetzt ist die Ausbeute noch sehr mager. Wenn Sie mir in dieser Richtung gelegentlich Anregungen oder Ratschläge geben könnten, wäre ich Ihnen sehr verbunden.

Ihre Bemerkung über die Tätigkeit von Mailamm[2] sind mir wertvoll. Der Redakteur von Musica Hebraica, Herr Swet[3], ist gerade im Begriff, nach Amerika zu fahren; ich nehme an, dass Sie ihn kennenlernen werden. Er ist ein sehr rühriger Journalist, der mit grossem Eifer allen Fragen der jüdischen Musik nachgeht.

Mit Alfred Einstein und [Curt] Sachs bin ich in Verbindung. – Die Kompositionen von Binder[4] sind mir von [Artur] Holde empfohlen worden, und ich will versuchen, etwas von ihnen zur Aufführung zu bringen.

---

1 Gemeint ist das in der Galuth, also im Exil entstandene Liedgut.

2 Organisation zur Unterstützung des jüdischen Kulturlebens in Palästina.

3 Hermann Swet, Hrsg. der Zeitschrift ‹Musica Hebraica› und Leiter des World Center for Jewish Music in Palestine.

4 Abraham W. Binder, 1895-1966, Komponist.

Ueber unsere früheren gemeinsamen deutschen Bekannten lohnt es kaum, ein Wort zu verlieren. Ich habe den Eindruck, dass sie sich alle durch Hitler beschmutzt und korrupt vorkommen müssen und dass auch ihre sachliche Arbeit durch diesen irreparablen Sündenfall sinnlos werden muss. Sie müssten die Arbeit negieren, die sie zu unserer Zeit geleistet haben, was meines Wissens niemand getan hat, da besonders [Georg] Schünemann und [Fritz] Jöde ihre republikanische Gesinnung bei jeder Gelegenheit betont haben. Aber es ist am besten, wenn man einen eisernen Vorhang über die Vergangenheit fallen lässt und jede Erinnerung an diese Zeit möglichst unterdrückt.

Zum Schluss möchte ich Sie noch herzlich beglückwünschen, dass es Ihnen gelungen ist, eine so wichtige und für die Entwicklung aller unserer Fragen so entscheidende Stelle[5] zu erlangen. Ich hoffe zuversichtlich, dass es Ihnen glücken wird, Ihr reiches Wissen und Ihre lebendigen Kenntnisse allen den Problemen zuzuwenden, die für uns im Mittelpunkt stehen.

[5] Am Hebrew Union College in Cincinnati, Ohio.

Uebrigens wird es Ihnen vielleicht Freude machen, einen Brief von Thomas Mann kennenzulernen, den ich gerade jetzt erhalten habe.

Mit den besten Grüssen

Ihr Leo Kestenberg

[Arnold Rosé] (7a, Warrington Gardens, Warwick Avenue, London) an [Bruno Walter und Familie]

31. Juli 1939

TLS, 2 S., dt.; vgl. Katalog-Nr. 6814.

Liebe Freunde,

herzlichen Dank für die warmen Worte, die mir gut getan haben, besonders in einem Land wo die Menschen mit ihrem Phlegma Sport treiben. Die Aussichten für mich sind sehr gering, da Ausländern Schwierigkeiten bereitet werden. Das permit zum quartettieren habe ich; für Unterricht wurde es abgelehnt und mußte ich nochmals einreichen. Mit dem engl. Bratschisten habe ich es gut getroffen. In so kurzer Probezeit hat er [sich] schon ganz eingefügt. Es ist vorderhand kei-ne Möglichkeit etwas zu verdienen. Mit dem Verkauf der Strad[1] ist auch gar keine Aussicht. Deinen Rat, verehrter Freund, ein Inserat zu geben, kann ich erst befolgen bis ich ein permit habe, auch [Carl] Flesch hat mir diesbezüglich schon geraten. Er ist momentan an der See[;] wir schreiben uns öfters. Mit [Friedrich] Buxbaum bin ich auch außer den Proben zusammen und auch er steht vis-à-vis de rien; sobald sein bi[s]schen Geld aufgebracht ist. Wohl hat er hier seinen ältesten Sohn in guter Position, doch ist der nicht sehr freigiebig – na, s'ist schon so im Leben. Meine Alma[2] opfert sich auf um mir nur Alles fern zu hal-

[1] Gemeint ist eine Violine von Antonio Stradivari aus dem Besitz Arnold Rosés.

[2] Alma Rosé, 1906-1944, Geigerin, Tochter von Arnold Rosé.

ten. Sie ist ein ungewöhnlicher Mensch. Hier hört man Gräuelgeschichten über Deutschland und man muß sich beruhigen mit einem blauen Aug entronnen zu sein. Hilferufe treffen noch immer ein, doch wird es auch hier immer schwieriger her[e]inzukommen. Auf Schritt und Tritt trifft man auf Bekannte, die sich aber leider nicht bescheiden benehmen, wie sie sollten, da sie ja doch nur geduldet sind. Gerne gesehen sind wir Alle nicht. – Von Alfi[3] habe ich gute, beruhigende Nachrichten. Er hat 16 Vorträge an der Universität gehalten und auf Einladung der Universität noch in der "Cincinnati summer session" einen Extravortrag gehalten. Thema "Folk Song and Symh[o]ny." Von [Adolf] Rebner, dem Geiger, erhielt ich vor [ein] paar Tagen aus Cincinnati ein Schreiben, in welchem er mir den ehrlichen Erfolg Alfi's am Vortragstisch bewundernd bestätigt. Von einigen Philharmonikern hörte ich, dass sie im Kulturbundorchester in Berlin tätig sind und der Vertrag sogar verlängert wurde.

Am 13. Oktober wird Hermann SCHERCHEN hier ein Orchesterkonzert abhalten. Im großen Konzertsaal des Royal College of Music. Das Reinerträgnis wird einem Fond für *arbeitslose englische Musiker* gewidmet. Er hat mich schriftlich gebeten mitzuhelfen. Wäre für mich in Luzern kein Platz gewesen? Sag doch Toscanini, dass es nicht wahr ist, dass ich eine "glänzende Pension" beziehe, sonde[r]n dass ich für 57 Jahre künstlerischer Tätigkeit, mit einem Jahresgehalt, ein für allemal, abgefertigt wurde.

Alma's Freund mußte nach Wien zurück, da er hier trotz größter Bemühungen keine Aussicht auf Arbeit hatte. Es hat uns arg getroffen. Euch Beiden herzlichste Grüße von Alma und

Eurem treu ergebenen

A

[3] Alfred Rosé, 1902-1975, Geiger, Sohn von Arnold Rosé.

---

4. Januar 1940

TLS, 2 S., engl.; vgl. Katalog-Nr. 4347.

Ernst Bacon (Converse College, School of Music, Spartanburg, South Carolina) an Mark Brunswick (165 West 46th Street, New York City)

Dear Mark:

I have never met Miss Perry nor known of her, so can be of no opinion about her character or way of doing things.

I think Schwieger's[1] scheme this year is going to make even more havoc than last year. I have been told that they are giving free instruction in instruments, and this is going to be bitterly attacked by the music teachers as an encroachment upon an otherwise settled relationship

[1] Hans Schwieger, 1907[?]-2000, dt. Dirigent, Leiter des Columbia SO in South Carolina.

between students and teachers. Moreover, they have advertised themselves as being the only orchestral school in South Carolina, which is untrue, because orchestral instruments, with a few exceptions, are taught at Converse College, Furman University and Einthrop College. Both Jalowetz[2] and Jahoda[3] have told me that Schwieger's name is unknown abroad, and Jahoda's report of Schwieger's concert in Columbia, added to his failure in New York as orchestral accompanist to Miss Somer[4], convinces me that he is pretty much of a fraud.

I attended the Kansas City Convention of the NASM and the subject of emigre musicians was brought up. A very heated discussion followed and there were moments when it seemed a resolution could have been passed condemning all employment of emigres. I believe my intervention tempered the meeting, for I argued strongly in favor of equal opportunity for all in America. However, this equal opportunity argument, while it was accepted, was then turned against the idea of foundational help for emigres, which was described as bait to assist the European into positions that the Americans was then unable to attain. There is, of course, some justice in this argument. I am quite sure, for instance, that Jahoda was not engaged because of the foundational help, but because of his merits, but I can readily see how college deans who are not so well able to judge a man's abilities might be tempted by the easing of the school's budget to choose a European rather than an American. I tell you these things in confidence so that you know the temper of the schools. Unfortunately for the emigre, a few of them have behaved so arrogantly that they have hurt the cause of the remainder and it is hard to convince people that we must judge individually and not as a group just as we would in looking over our own candidates.

I really think Jahoda is happy here now and he takes a very lively part in our chamber music. His record as a teacher continues to be excellent and we have given him the Associate Professor ranking, which gives some indication of what the college intends to pay him next year. Our new catalogue, which I am sending you under seperate cover, will show you how we have established him here and also give you some idea of our set-up.

With warmest regards to you both, and believe me always

Your friend

Ernst Bacon

2 Heinrich Jalowetz, 1882-1946, österr. Dirigent.

3 Fritz Jahoda, geboren 1909, österr. Dirigent.

4 Wahrscheinlich Ruth Hilde Somer, vgl. André Singer Coll, Dok. 3119.

13. Februar 1940

TLS (annotiert), 2 S., engl.; vgl. Katalog-Nr. 6677.

Friedelind Wagner[1] (Tribschen, Luzern) an Arturo Toscanini

1 Friedelind Wagner, 1918-1991.

My dearest Maestro,

I hope you received my last letter, because I have tried to explain a few things in it. And I must beg you to forgive me if I should have offended you – which, of course – I did not want to do!!

2 Nicht identifiziert.

3 Sonia Horowitz, Enkelin von Arturo Toscanini.

I have heard via Ducloux-Zimmerli[2] about you, and was very pleased to see some much charming pictures of you and Sonja[3] in one of the illustrated papers. They were so very sweet of you two. But I did not dare send them to the aunts as much as I wanted to – because the letters are so controlled – and neither you nor I have got a very good-sounding name in Germany at present!!!!!

4 Winifred Wagner, 1897-1980.

To-day I want to write to you about the visit which I receiced from my mother[4] from Friday to Sunday. I begged her to come and see me before I left – because I thought it was my duty towards her in a way – and our meeting turned out to be much nicer than I thought it might. It was dramatic and pathetic in a way – but except one big discussion we were peaceful and charming!! She got the permission to see me from [Heinrich] Himmler (of all people!! but otherwise it would have been impossoble to get away) – and *this* charming *gentlemen* knew all my letters of the past year by heart and recited them to her. And from him – and it seems from [Adolf] Hitler too – I learnt the four ways I can chose between now:

1. to come back to Germany at once

2. to remain in neutral country and shut up and be a good Nazi

3. to not shut up – then they would attempt to kidnap or kill me and keep me shut-up during the war

4. to go to enemy country, which means that I have to declare that I am no more a German citizen – and that I have no more contact with my family throughout my life etc.

No. 1 – of course – would be the most peaceful solution for any coward. My mother offered me to live where I liked to and to do what I liked to if I only came back.

But I *cannot*! And I do not need to explain to you w h y !

No. 2 is *impossible*.

No. 3 does not scare me.

No. 4 – which gives me full freedom – but at the same time stamps me to a traitor – and which would make me loose my family and everything inside Germany. Still – *it is the only way I can go just now*! I may be a traitor them – but I won't be a traitor to me – nor the entire world.

And I will never sign such a lousy paper and declare that I am no more a German nor have anything to do with my family. I won't do that – because *I am a German*. Because I am a German I am not in Germany now – because this isn't Germany any more. And I am a Wagner – and I love my family – even if it was little love I received. I owe it to my father – and the entire family – not only the one that lives now. And – I believe – once the war is over – my family will see clearer too – and will understand me – and the whole silly business would be at an end with the Hitler-rule. That is why I do go my way straight ahead now – and do not give in out of fear that I might be the black sheep throughout my life!! Or that dear Himmler will just try to sweep me from the earth. He has done it with so many people that my life would matter very little – but if I can prevent him from getting me – I will be glad, because I feel that I have still quite a lot of things to do on this unpleasant earth – and it would be very cheap to give it!

Now – my dearest Maestro – tell me that I am a fool – if you think so – or <but> tell me that you think I am all right – if you really do believe it. I don't mind hearing the truth from anybody – and from you, above all, it will be different – because I believe in your just judgment – but seldom in other people's!!

You can imagine how Germany is buzzing with gossip because I am not there. I have already climbed to an "agent of the Secret Service" in their imaginations – but I do not quite know how any agent can be successful when living at Tribschen!!! Let them all talk – I don't care for it.

Unfortunately the aunts have behaved a little foolishly – and they tell everybody about my opinions and plans – and I receive whole showeres of letters every day, where they asked me to come back and <where they> warn me about "the nasty and awful English"!!!!!

I hope to be able to go to England very soon now. The long delay is due to the French Visa – which is an awful bother to get – but now at last it looks as if the Foreign Office has managed it. But I am still counting with two or three weeks at Tribschen. Later on in spring I hope to be able to go on to New York – only for a short time because I will go on to South-America in the early summer. I won't be bothering you when at New York – I will be only too happy when I may see you now and then – but I won't annoy you more than necessary! It is unnecessary to say that I am longing to see you again – but I hate to be troublesome too! If all goes as it should I would be travelling with Dr. Geissmar[5], who will be meeting [Thomas] Beecham somewhere over there. The trip would be much nicer with her, of course – and she will be very helpful to me in New York too.

[5] Berta Geissmar, 1892-1949, Musikwissenschaftlerin.

My younger brother[6] is much better now – but still in hospital – where they started a special treatment for his crippled hand after Xmas. It is very painful – and he has gone through almost unbelievable strains these five months. But he is very brave – and has been marvellous all the time. Of course it works in him to know to be a cripple all his life – and to be unable to do what he always longed to do – for he will be unable to do any manual work. My eldest brother[7] is still at Munich – and, as it seems, if such great talent as a painter! His health isn't very good – and he wasn't called up until now – and they believe that he will be unable to – which would be very lucky. My sister[8] is doing hospital work in Berlin – but still has plenty of time for dancing and amusing herself – and she is doing it with great skill! There are always so many admirers – for whom she feels rather sorry and whom she treats very charmingly but always a little mockingly – and never seriously. But it looks as if she had really lost her heart to an aid-de-camp of Hitler's – and I dread that something serious will come out of it. But – she must know whom she marries – and I cannot influence her – it wouldn't be fair. It would be a joke in a way – she in the surrounding of Hitler – and myself the rebel against him!!!! But I never believed a marriage to be a joke...!!

Both the Zimmerlis were very ill – both had pneumoniaa and influenza – and Madame has not recovered. He got over it with his marvellous energy – but it was rather bad for him too and he is still weak. They are so very sweet to me – and I feel that I must thank you for it – be-cause you have been so very kind about everything – and a word from you comes next to God's for Zimmerli – and I am being treated accordingly to it! Tribschen is in snow again – but very beautiful. I know a few more Lucernians by now – they are very nice and very hospitabel – but resemble to the Bayreuthians in they love for gossip – there is no scandal in the past five years, of which I haven't heard now – it is no use to confess that one isn't interested in it – because inhabitants of little towns cannot live without it!!....

I am very well – but a little sad because of the meeting with my mother – it is so strange that people should always discover their feelings toward somebody when it is too late! I have watched this all over again – and really do not understand why this should be. –

Will you please give my best love of all the family – I am thinking of all of you so much – full of affection and gratefulness.

I would be so happy, to have – a word only – from you!

All my best wishes, carissimo Maestro, and my affectionate love!
Yours Mausi

---

6 Wolfgang Wagner, geboren 1919.

7 Wieland Wagner, 1917-1966.

8 Verena Wagner, geboren 1920.

Eugene Zador[1] (Metro-Goldwyn-Mayer Pictures, Culver City, California) an Alexander Smallens

18. Juni [1940]

ALS (annotiert), 2 S., dt.; vgl. Katalog-Nr. 6619.

1 Eugene Zador, 1894-1977, amer. Dirigent ung. Herkunft.

Lieber Maestro Smallens,

obwohl ich beim Metro bin, wo ich viel ernste Filmmusik schreibe (und nicht ohne Erfolg) ist u. bleibt meine Sehnsucht doch die schöne u. gute Aufführung meiner sinfonischen Werke. So erlaube ich mir mich und meine "geistigen Kinder" in Ihre Erinnerung zu bringen. Ich las, dass Sie, nebst anderen Plätzen, im Sommer in Philadelphia dirigieren. Haben Sie keine Möglichkeit da das kleine "Ungarische Cappriccio"[2] dessen Partitur Sie besitzen, aufzuführen, oder im Stadium?

2 «Ungarisches Cappricio» für Orchester (1935).

Ich habe die ganze Zeit von einer Aufführung des "Columbus"[3] geträumt. Wenn schon nicht im Sommer, vielleicht lässt sich eine Aufführung am Columbus-day im Oktober durchsetzen? Allerdings wäre auch eine Aufführung im Robbin [sic] Hood[4] sehr schön gewesen. Ich bin überzeugt, dass dieses Thema, gerade in der heutigen Zeit, immer interessieren wird, u. die Musik ist wirklich nicht schlecht, Sie haben es ja gehört.

3 Oper «Christoph Columbus», UA New York 1939.

4 Robin Hood Dell, Konzert-Pavillion in Philadelphia.

Lassen Sie mir bitte einige Zeilen zukommen, ich freue mich immer, von und über Sie lesen zu können.

Ich bin *sehr* glücklich in diesem Lande, u. will nie fort....

Herzlichste Grüsse, von Ihrem

alten

Zador

Handkuss an Ihre gn.[ädige] Frau, u. Grüsse an op l.

Rolf Jacoby (Goddard College, Plainfield, Vermont) an Mark Brunswick

16. September [1940]

ALS, 2 S., engl.; vgl. Katalog-Nr. 4376.

Dear Mr Brunswick

Afraid that this will become a rather long letter any way I shall confine it to mere statements.

To begin with: I am rather disappointed of Goddard College and my work here.

Reasons: 1) Plainfield is the most "villagey" [sic] village you can imagine. The nearest shoe repairer and suit presser is 15 miles away. You may imagine the rest.

2) The college is very small (only some odd 30 pupils). It may become something in several years but it is not much yet. Life is not to[o] com-

fortable (breakfast at 7^{30} in the morning etc.). All this would not be of much importance but my musical work consists of piano lessons and voice trainig *exclusively*. Most of the piano pupils are beginners (voice too). There is not one pupil who <would be> wants lo learn theory. There is not one who plays any instrument – except piano. I hoped to do a little bit more advanced work when I went here. But this is what it amounts to. (I shall have a glee club of course, but that won't change the picture).

The people are very nice but I did not go to G.C. to meet nice people. And I feel very much like on the edge of the world.

Now I think this way: If I get my 50 $ the month – Dr. Pitkin[1] wrote to the Oberlaender Foundation,[2] but there is no reply yet – I *may* stay here. But this is really the *minimum* I need it [sic], because I want to save *some* money that I can look and perhaps even travel around to look [sic] for a position next year. But if not, I really do not see any reason why I should stay here. Although I do not want to go back to the Settlement.

Therefore: *If you see any possibility, please follow it up for me.* When Director Grolle[3] will come to New York, ask him about the position of a theory teacher. I of course could only leave here when I have something secure, but I think I have the good right to leave at any time. I do not think that room and board obliges to any special loyalty.

I need not telling you that I did not express any feelings of discontent or intentions for leaving <here> to anybody here.

So please consider this letter as strictly confidential and do not file it.

If you know anything of importance for me please write me. If necessary I can manage to come to New York for one or two days.

With many thanks in advance and cordial regards

Yours

Rolf Jacoby

---

[1] Royce S. Pitkin, Leiter des Goddard College.

[2] Oberlaender Trust, Philadelphia (Pennsylvania).

[3] Johan Grolle, Leiter der Settlement Music School, Philadelphia (Pennsylvania).

Grete Adler (3604-31 Avenue, Long Island City, New York) mit Nachschriften von Karl und Irene Adler an Verwandte [und jüdische Mittelstelle, Stuttgart]

26. November 1940

TL (Kopie), 4 S., dt.; Katalog-Nr. 3488.

Mein liebes Mamale![1]

So viel muss ich Dir erzählen! Aber wenn ich mit meinem Bericht anfangen will, denke ich immer, wie es *Euch* jetzt im Augenblick gehen mag, u. wie es sein wird, wenn dieser Brief zu Dir kommt. Nun bin ich schon 4 Wochen von Dir fort, wer weiss, wie lange dieses Blatt Papier braucht, um zu Dir zu kommen, wer weiss, was sich inzwischen zu Hause zugetragen oder verändert hat? Ich hoffe u. bete, es möge Euch ordentlich gehen, u. wenn ich Dir nun von hier erzähle, so bitte ich Dich, den Alltag ein wenig zu vergessen u. in Gedanken zu mir zu kommen. Du kannst ganz getrost über's grosse Meer kommen, Mamale, denn, das habe ich nun schon gemerkt, man hätte keine so grosse Angst vor Amerika haben müssen (wie ich). Nun hatten wir ja in verschiedener Hinsicht besonderes Glück bei der Ankunft. Wie auch fast auf der ganzen Seereise hatten wir bei der Einfahrt schönes Wetter. Daher mag es kommen, dass die von der Herbstsonne beschienenen Wolkenkratzer in keiner Weise erdrückend, sondern einfach grossartig wirkten. U. ausserdem sind die Berge höher u. die Bäume grüner u. zahlreicher, als ich erwartet hatte. Aber nicht die Sonne allein machte den Tag so festlich, es war tatsächlich "thanksgivingday", d.i. ein hoher Festtag hier – eine Art Erntedankfest, an dem die Geschäfte geschlossen haben. Als wir bei der Einfahrt in den Hafen zwar viele Menschen stehen sahen, aber noch niemand erkennen konnte, hörten wir eine Männerstimme aus Leibeskräften "Kaaarl!" rufen. Natürlich war das ein Buttenhäuser Landsmann (Salomon Rothschild) u. bald erkannten wir auch einzelne Gesichter.[2] Zuerst sah ich Julius Fiegenh. u. dann der Reihe nach unsere Angehörigen. Irene hat einen Freudenschrei getan, als sie uns gesehen hat, dann tauchten noch mehr Buttenhäuser und Haigerlocher auf, u. viele Getreue von unsern Stuttgartern: Marianne, Marta, Sepp Winter u. Werner Friedmann, Walter Strauss (Alfred wohnt im Haus seines Vaters), Dr. Einsteins, Frau Weiss, Ruth Robert, Herr Ziegler u. Broda, Leo Adler, Sepp Rosental. Wir unterhielten uns zunächst eine Weile vom Schiff herunter hauptsächlich nur durch Zeichen, weil man sich bei dem grossen Trubel natürlich schlecht verstehen konnte[,] dann dauerte es noch eine Weile, bis wir die Einwanderungskommission, die auf's Schiff gekommen war, passiert hatten. Es ging aber alles ganz glatt, wir wurden nicht einmal mehr ärztlich untersucht, u. als wir herunterkamen, u. unseren Fuss auf amerikanische Erde setzten, wurden wir von unseren hiesigen Freunden mit dem gleichen Friedensgruss u. -Wunsch begrüsst, mit dem uns

---

1 Als sprachliche Eigentümlichkeiten enthält das Dokument zahlreiche Redewendungen aus dem Schwäbischen.

2 Hier und im Folgenden zahlreiche Namen von privaten Freunden und Bekannten.

die Zurückbleibenden in Stuttgart entliessen. Wie ganz anders hat das Lied hier geklungen in der grossen Halle, die voll von Menschen u. Kisten u. Koffern war. Die Begrüssung war grossenteils schwäbisch, von Karls Verwandten (die einen waren extra von Washington hergefahren) teilweise auch amerikanisch, aber auf jeden Fall bei Allen von so grosser Wärme und Herzlichkeit, dass man sich eigentlich gar nicht bewusst wurde, nun in einem anderen Erdteil zu sein. Ausser den vielen Bekannten waren aber auch unsere Koffer (wenigstens grösstenteils) in der Halle, u. nun kam zunächst der Zollbeamte, u. ich traute meinen Ohren nicht, als ich ihn sagen hörte: "alles aufmache!" Ich zupfte mich am Ohr, um herauszubringen, ob ich träume oder wache, aber wirklich – der New-Yorker Zollmensch sprach schwäbisch, genauer gesagt pforzheimerisch. Ihre beiden, Liddy u. Julius, habt mir ja die Zettel geschrieben u. wisst, dass es so ungefähr ein Pfund kofferschlüssel waren, natürlich haben sich die Fäden der Anhängerzettel verwickelt, u. es dauerte eine gute Weile, bis alles entwirrt war. Es war sehr gut, dass wir die Packliste u. die Aufstellungen, was ungefähr in den einzelnen Koffern drin war, bei uns hatten. Es wurden schliesslich nur einige sehr obenhinige Stichproben gemacht u. Glücklicherweise konnten wir erreichen, dass einige der Kisten zubleiben durften, die, wenn man die Eisenbänder hätte aufmachen müssen, glatt auseinandergefallen wären. Aus einer dieser Kisten quoll sowieso schon der Inhalt heraus, u. als erstaunliches Symbol kam zu erst Karls Taktstock zum Vorschein. Schliesslich u. endlich wurden wir entlassen[,] mussten keinen Zoll zahlen. Dann wurden wir in 2 Autos verstaut u. nahmen an Gepäck mit, was möglich war. Alles übrige Gepäck kam in einen Lagerraum, nachdem die schlimm aussehenden Kisten zuerst mit vieler Mühe einigermassen zugenagelt worden waren. Die Eltern fuhren voraus im Wagen von Selma<s> Dinkelmanns Bruder Heinrich (gebt ihr bitte den Brief auch zum lesen). Karl, ich u. Marta [Levi] – die besonders gut u. nett aussieht – fuhren mit Arthur Fields[3] u. seiner Frau (er singt im Radio) nach Long Island. Auf den grossen Verkehr war ich ja gefasst. Was zunächst auffällt, sind die nicht besonders schönen, einförmig gebauten Backsteinhäuser mit den Feuerleitern in jedem Stockwerk u. dann vor allem diese Unmenge von Plakaten, wovon bei dieser Masse eins das andere totschlägt. Es dauert eine Weile, bis man in der Innenstadt an die Wolkenkratzer kommt. Da muss man richtig den Hals verdrehen, dass man bis zum obersten Stockwerk hinaufgucken kann. Viele dieser Hochhäuser sind aber erstaunlich schön in der Proportion. Du siehst Läden mit geschmackvoller Auslage, aber ebensoviele oder noch mehr solche, bei denen die Auslage für 20 Fenster ausreichend wäre. Ueberhaupt ist der Haupteindruck: Masse u. Menge. U. vor lauter Menge kann man zunächst kaum etwas Einzelnes erkennen. Du bekommst die Strassennamen erklärt, lauter Zahlen, die vorläufig gar

---

3 Arthur Fields, 1888-1953, amer. Sänger.

nichts bedeuten. Arthur F.[ields] erklärt unermüdlich mit seiner schönen klangvollen Stimme – u. wir verstehen sogar, was er sagt. Er ist höchst erstaunt u. erfreut über Karls fliessendes Sprechen u. seine gute Aussprache. Ich andererseits bin überrascht, wie ordentlich Marta L.[evi] sich schon ausdrücken kann, die doch in Stuttgart sich kaum ein engl. Wort zu sagen <ge>traute. – Allmählich werden die Strassen wieder etwas ruhiger, die Häuser stehen teilweise hinter einem sog. Vorgarten (ein winziges Rasenstück mit Ligusterhecke eingefasst), man sieht einige einzelne Bäume, sogar Strassen mit ganzen Baumreihen. In einer ziemlich ruhigen Strasse an einem Eckhaus hält das Auto, wir sind da. Im 2. Stock haben Neumann u. Irene zus. eine 5Zimmerwohnung (erst seit 14 Tagen). Es sind helle, freundliche u.z.T. sehr geräumige Zimmer, Bad, Küche mit Speisekammer u. Eisschrank. In dem grossen Wohnzimmer sind ausser Deiner Couch lauter neue, d.h. mir fremde Möberl, auf dem Boden ein schöner Teppich. Allmählich erfahren wir, dass sie die ganze Zimmereinrichtung durch einen Zufall gebraucht u. unglaublich billig bekommen haben. Schränke sind überall eingebaut, dadurch wirken die Zimmer natürlich viel geräumiger. Die Eltern sassen schon beim Kaffee u. Zuckerkuchen u. fühlten sich schon wie zu Hause. Ueberhaupt haben sie die ganze Reise ertaunlich gut überstanden u. die Umstellung in die veränderte Umgebung macht ihnen keinerlei Schwierigkeiten. U. ich hoffe, dass es bei Euch u. bald ebenso sein wird. Gewiss, wir müssen uns an vieles Neues u. Anderes gewöhnen, aber in vieler Hinsicht machen wir uns zu Hause ganz falsche Vorstellungen. Soviel ich bis jetzt gemerkt habe, ist das Leben hier, soweit es sich im eigenen Heim abspielt, viel, viel einfacher u. natürlicher als bei uns. So isst z.B. die ganze Familie in der Küche (auch wenn Besuch da ist u. der Platz ausreicht). Ueber das Aussehen der Amerikaner u. -innen möchte ich heute noch nichts sagen, dazu sind wir noch zu kurz hier. Hinsichtlich der Schminkerei sind wir ja durch den Aufenthalt in Lissabon schon recht abgehärtet, nur kommt hier noch der peinliche Umstand hinzu, dass man bei Begrüssung u. Abschied eher einen Kuss als einen Handschlag bekommt, das gibt dann unter Umständen komische Farbeffekte. Unsere Angehörigen u. Bekannten sahen aber alle noch ganz menschlich aus u. haben ihr Gesicht noch nicht gegen die lächelnde Maske der Amerikanerin eingetauscht. Diese Verallgemeinerung ist aber doch nicht ganz zutreffend, denn nur die übermässig geschminkten amerik. Frauen sehen sich alle so unheimlich ähnlich. Es gibt aber genug andere, deren Gesichtsausdruck durchaus lebendig u. erfreulich ist.

Ein Kapitel für sich sind die Subways. Wenn man auch Stadtpläne bei sich hat, die Richtung genau weiss u. auch weiss, wo man umsteigen muss, so ist deswegen noch lange nicht gesagt, dass man auch wirklich dahin kommt, wo man hinkommen will. Sogar Karl hat sich einmal schon etwas verfahren, kam aber doch, ohne zu fragen, u. zeitig an's Ziel.

Gleich am 2. Abend nach unserer Ankunft waren wir zu einem Gottesdienst mit anschliessendem Vortrag in einer deutsch-jüdischen Gemeinde eingeladen. Der Gottesdienst war 3sprachig: englisch, deutsch u. hebräisch. Bei dem anschliessendem Vortrag wurde Karl von Dr. Strauss[4] (Fr[an]kf[ur]t), früherer Mitarbeiter von [Martin] Buber, öffentlich u. mit grosser Wärme begrüsst. Die Post bringt uns jeden Tag Empfangsgrüsse aus allen Teilen Amerikas u. nicht nur Grüsse, sondern auch viele Einladungen von alten Stuttgarter oder schwäb. Bekannten. Durch diese täglichen Beweise der Anhänglichkeit u. Dankbarkeit fühlen wir uns hier wirklich in keiner Weise verlassen, u. die Befürchtung[,] dass man hier vor Heimweh vergehen müsse, ist nicht eingetroffen. Denkt, ich habe bis jetzt noch keine Sekunde Heimweh gehabt. Es ist nur etwas anderes, was mich unausgesetzt erfüllt: der Gedanke an Euch alle u. bes. an Dich mein gutes Mamale u. der Wunsch, Euch so schnell wie möglich hier haben zu können. Mutter, vor allem musst Du Dir ganz aus dem Kopf schlagen, dass Du zu alt seist, um hierher überzusiedeln. Es ist gar kein Grund vorhanden, warum Du nicht hier ebenso wie die Eltern Adler den Frieden der 4 Wände geniessen könntest. Damit Du aber nicht immer nur in diesen 4 Wänden sein musst, so bitte ich Dich dringend, mach Dich wieder ein wenig hinter die engl. Sprache. Siehst Du, ich habe auch immer gedacht, wir selbst kämen nicht fort, u. nun ist es doch wahr geworden, u. so wird es eines Tages bei Dir auch wahr werden.

Ach so, ich habe Dir ja noch gar nicht gesagt, wie Karl u. ich untergebracht sind. Irene hat uns 2 Minuten von ihrer Wohnung vorerst ein möbliertes Zimmer im Hause eines jüdischen Schutzmanns gemietet. Es ist ein Reihenhaus, wie man sie hier viel sieht, d.h. vielleicht 50 Häuser aneinandergebaut, aber jedes hat seinen eigenen Eingang. Das Haus ist etwas grösser als unseres in der Gustav-Sieglestr., geschmackvoll eingerichtet, sehr sauber, wohnlich u. praktisch, Dampfheizung, Bad u. zum Zimmer gehörigen kleinen Waschraum. Die Hausleute, ein jüngeres Ehepaar, sind sehr nett, Amerikaner. Du solltest sehen, wie die junge Frau säuberlich in ihrer grossen Wohnküche wirtschaftet, sie hat noch mehr Zimmer vermietet, macht alles selbst, ist aber nachmittags meistens weg, vielleicht arbeitet sie noch sonstwo. Sie sieht immer vergnügt u. zufrieden aus. Gerade während ich dies schreibe, kommt sie herein mit einem Teller voll knuspriger Keks u. sagt, wenn ich irgendetwas brauche oder wissen wolle, solle ich doch jederzeit zu ihr kommen. Ausserdem behauptet sie, ich hätte so eine gute engl. Aussprache, die sei viel vornehmer, als ihre eigene amerikanische. Nun, ich habe ihr noch nicht allzu viel Gelegenheit gegeben, diese

4 Ludwig Strauß, 1892-1953, Essayist und Schriftsteller.

Aussprache zu bewundern. Wenn's nicht gerade unbedingt nötig ist, schwätze ich lieber noch nichts, während Karl keine Gelegenheit, zu sprechen, versäumt. Mit dem Verstehen ist das so eine Sache, sobald die Leute langsam u. einigermassen anständig sprechen, kommt man einigermassen mit. Aber wenn der Milchmann an die Glastür kommt, der Briefträger oder ein Verkäufer, so muss ich etlichmal fragen, bis ich die einfachsten Dinge kapiere. Soweit ich hier aussen bei uns Einkäufe gemacht habe, konnte ich mich immer verständige [sic], u. in der City war ich noch nie allein.

Von dem Radio-Vetter waren wir einmal zu einer Sendung in Radio-City d.i. [zwei Wörter unleserlich] eingeladen. Wie kostbar u. geschmackvoll dort alles eingerichtet ist, davon macht Ihr Euch keinen Begriff. Es ist ein Hochhaus, in dem die Sendung war, mit mehreren Ein- uns Ausgängen. An dem Eingang, zu dem wir hineingingen, waren vielleicht 12 Aufzüge nebeneinander. Jeder Gang, jeder Raum sind wieder anders ausgestattet, einer schöner als der andere. Nach der Sendung wurden wir im Auto herumgeführt, quer durch den Centralpark u. aussen herum, er ist sehr gross, hügelig mit richtigen Felsen drin u. einigen Seen u. einem kleinen Tiergarten. Wir hatten gerade etwas trübes Wetter, aber im Sommer ist es dort sicher sehr schön. Wenn man im Auto so geschwind durchrast, hat man ja nicht den richtigen Eindruck. Bei der Weiterfahrt fiel es uns auf, dass wir immer mehr Schwarze sahen. Das war das Negerviertel Harlem. Bei den Schwarzen hat es sicher schöne Menschen, aber mir tut es fast weh, wenn ich sie in unseren modernen Kleidern herumlaufen sehe. Besonders die Frauen passen, für meinen Begriff wenigstens, nicht in diese enganliegenden u. so wenig malerischen Umhüllungen. Es ist schade, dass sie nicht die Gewänder ihrer Heimat tragen, darin würde ihre eigenartige Schönheit sicher ganz anders zur Geltung kommen. – Dann fuhren wir am Hudson entlang – bei Nebel – unter dem Hudson durch in einem Riesentunnel, über den Hudson weg auf einer Schwebebrücke.

Abends waren wir zu einem Konzert der Young Hebrew mens association [sic] eingeladen. Die Vereinigung hat ein eigenes grosses Haus, in dem die jungen Leute wohnen u. teilweise essen können, mit eigenem Schwimmbad, Sportplatz auf dem Dach u. ich weiss nicht was noch alles. Die Aufführung machte auf uns einen recht eigenartigen Eindruck, bes. da wir doch so lange <kein> in keiner Veranstaltung gewesen sind. Die Chorfräulein u. -Frauen, wie das hier eben so üblich zu sein scheint, in grosser Aufmachung. Karl schüttelte bloss den Kopf u. sagte: des weiss i noch lang net, ob ich emal mit solche angeschmierte Weiber singe<n> kann. Nun, wir wollen's abwarten, d.h. wir können's glücklicherweise abwarten, da Karl, wie es ja auch in dem Vertrag stand, erst in einem Monat mit seiner Arbeit beginnen muss. Diese

Wartezeit ist sehr notwendig, um sich vorläufig ein allgemeines Bild über das hiesige Musikleben machen zu können. Karl hat sich natürlich gleich in dem College[5] vorgestellt u. wird im nächsten Brief selbst darüber berichten. Er geht jetzt täglich dorthin, um in einigen Unterrichtsstunden zuzuhören, u. hat im Zusammenhang mit dem College verschiedene Besuche zu machen. Da wir ziemlich weit draussen wohnen, bleibt natürlich viel Zeit auf dem Weg liegen, u. wenn er abends herauskommt, sind oft noch Besuche da, so dass Ihr Ihn heute entschuldigen müsst, wenn er nur einen kurzen Gruss anfügen kann. Für heute Abend hat sich Fritz Rothschild ange<meldet>sagt. Marianne, Sepp Winter, der sehr guter Dinge ist u. glänzend aussieht, waren schon bei uns, nicht zu vergessen unser getreuer Ludwig I., der uns vor Freude umarmt hat, natürlich Marta Levi, die alle ein so reges Interesse für die Auswandererstelle haben, als wären sie noch in Stuttgart.

Der Grosspapa Adler ist in einer Hinsicht von Amerika enttäuscht. Wenn Karl u. ich uns früher oft bei Tisch engl. unterhielten, um uns zu üben, sagte er einmal: ich bin bloss froh, bis ich nach Amerika komm, da hör ich doch wenigstens wieder deutsch. Aber er hat schon gemerkt, dass alle jungen Leute sich die Sprache hier verhältnismässig rasch aneignen u. so vernünftig sind, (auch wenn sie untereinander sind) sie auch zu sprechen. Wer im Beruf steht u. vorwärts kommen will, hat ja gar keine andere Wahl, er muss sich in der Sprache üben, wo er nur kann.

Jetzt ist der Bogen zu Ende, u. ich hätte noch so viel zu erzählen. Aber der Brief muss morgen fort, morgen fährt der Clipper. Nehmt alle die herzlichsten Grüsse, Dir, liebe Mutter, schreibe ich morgen nochmals extra.

Grete

Eiligst Euer Karl

Von uns beiden Alten herzl. Grüsse u. Küsse Euch Allen

Vater Adler

Wir freuen uns natürlich sehr mit unseren Lieben allen. Herzliche Grüsse

Irene Adler

---

5 Am Brooklyn College, New York.

Bronislaw Huberman (Ambassador Hotel, Park Avenue at 52nd Street, New York City) an Bruno Walter

8. Dezember 1940

TLS (annotiert), 2 S., dt.; vgl. Katalog-Nr. 6598.

Lieber, verehrter Freund,

Ich habe mit innigster Befriedigung die Nachrichten über Ihr tapferes siegreiches Duchhalten und Ihr Leid verfolgt. Das Einstürzen unserer Welt hat es Ihnen sicherlich nicht leichter gemacht. – Das menschliche Elend ist so grenzenlos, dass man zuweilen in seinem Drang, irgendwie helfen zu wollen, wie gelähmt innehält. Es ist doch weniger als ein Tropfen Wasser im Ozean, sagt man sich in der Verzweiflung, bis wieder ein besonderer Appell einen aufrüttelt, und der Wille zum Helfen die Oberhand bekommt. In dieser Lage bin ich jetzt gerade.

Refugees aus ganz Europa befinden sich in England, Soldaten und Civilisten, die ganzen etwa 30.000 polnischen Soldaten, die dem Debacle in Frankreich entfliehen konnten, die De Gaulle-Franzosen, mehrere tausend polnische Civil-Flüchtlinge, Holländer, Belgier, Norweger usw. Die Hilfsaktionen für alle diese kontinentalen Flüchtlinge in England wurden hier in einer gemeinsamen Organisation unter dem Namen "Refugees of England, Inc." zusammengefasst. An der Spitze dieser Organisation entdeckte ich neulich zu meiner Freude eine alte gute Bekannte, Countess Abingdon, die Schwester der letzten englischen Botschafterin in Rom, Lady Percy Loraine. Sie ist mit allen Vollmachten der englischen Regierung ausgestattet und zugleich auch mit den Leitern der verschiedenen Flüchtlingsgruppen in England für deren dringendsten Bedürfnisse in ständigem Kontakt. Sie appellierte an mich, ihr zu helfen. – In Canada gebe ich im February vier Konzerte in den wichtigeren Städten für diesen Zweck. – In New York wäre es natürlich auch von grösster Wichtigkeit, dass etwas getan wird, – ausser dem sehr erfolgreichen Monster-Dinner, welches vor 3 Wochen für diesen Zweck veranstaltet wurde.

Warum ich Ihnen das alles schreibe? Weil ich irgendwie das Gefühl habe, dass diese Art von "Hilfeleistung an England" Ihrer seelischen Einstellung als Europäer besonders entsprechen müsste. Von dieser Vision ist nur ein Sprung zu der Frage: wären Sie bereit, mit mir in New York für diesen Zweck ein Konzert zu veranstalten? Mir würde vorschweben ein Programm[,] dessen Violinteil – vorausgesetzt, dass er in Ihre eigenen Programmwünsche hineinpassen würde – bestehn würde aus dem Beethovenkonzert und dem einsätzigen, 21 Minuten dauernden ersten Violinkonzert von [Karol] Szymanowski (wegen des beträchtlichen polnischen Anteils an der Verteidigung Englands). – Wenn Sie zusagen, wird es mir aller Voraussicht nach gelingen, von einigen Freunden das Honorar des Orchesters ganz oder teilweise zu erhalten, damit von der Einnahme nicht zu viel an Kosten abgeht. – Als

Zeitpunkt schwebt mir der März vor, aber wir würden uns im übrigen nach ihren Dispositionen richten. Wie weit Ihnen aber diese Dispositionen überhaupt eine Möglichkeit im Prinzip zu einem solchen Konzert bieten, kann ich selbstverständlich nicht beurteilen und schreibe eben diesen Brief auf gut Glück. Wenn Sie Nein sagen, verstehe ich es auch ohne Angabe Ihrer Gründe; Wenn Sie Ja sagen, kennte meine Freude keine Grenzen. – Vor Ihrer prinzipiellen Stellungnahme möchte ich Sie mit weiteren Details wie Wahl des Orchesters, Zusammensetzung des aktiven Komitees etc. verschonen.

Für eine möglichst umgehende Antwort wäre ich Ihnen sehr dankbar.

Von Herzen Ihr getreuer

Bronislaw Huberman

Alles Liebe an Ihre Frau und Tochter

7. März 1941

Erich-Itor Kahn (Groupe 5, Camp des Milles, Département Bouches du Rhône) an Varian M. Fry[1] (Centre Américain de Secours, 18, Boulevard Garibaldi, Marseille)

AD (Entwuf), 4 S., frz.; vgl. Katalog-Nr. 6348.

[1] Varian M. Fry, 1908-1967, amer. Journalist, arbeitete in Südfrankreich für das Emergency Rescue Committee; vgl. Einleitung, S. XIII, Introduction, S. XIX.

Cher Monsieur –

Ce n'est pas un bombardement de lettres. C'est seulement *l'inquietude*, qui me pousse de vous réécrire immédiatement après avoir reçu aujourd'hui votre lettre du 6 - III. (Je m'en excuse à maintes reprises.) Le contenu de votre lettre m'est malheureusement incompréhensible. Il *doit* y avoir un *malentendu*, qui peut porter pour moi des conséquencs graves. C'est par *votre* lettre du 11 Février que j'ai appris le paiement du passage pour moi et ma femme. Cette nouvelle vous était parvenue par 2 cables, de l'Emergency-Committee à New-York et de l'Unitarion-Committee à Lisbonne. Puisque la confirmation officielle de ce paiement (de la Compagnie de Navigation?) tardait trop à venir, c'était M.[onsieur] Sahl,[2] qui – au cours d'un entretien personnel avec moi – me promettait à faire faire[3] des recherches par télégramme à Lisbonne. J'ignore si cela a été réalisé. La Hicem, auprès de laquelle je me renseignais également sur conseil de M. Sahl, me déclarait qu'elle pourrait s'occuper de mon cas uniquement si le paiement a été effectué par l'intermédiaire de la Hicem même. Mais cette question est aussi peu éclaircie que toutes les autres à ce sujet. Je ne possède aucun détail sur cette action – c'est ce qui me fait justement obstacle et c'est pourquoi tout ce qu je me suis permis de vous demander dans mes trois dernières lettres reste donc ouvert et en suspens. Puisque votre Comité à New-

[2] Wahrscheinlich Hans Sahl, 1902-1993, dt. Schriftsteller, mit den Kahns befreundet, 1941 von Frankreich nach New York emigiert; vgl. Dok. 6434-6437.

[3] Versehentlich doppelt.

York a bien volu accepter l'arrangement de ce paiement avec mes amis là-bas, à qui pourrais-je m'adresser pour dénouer des complications, qui se sont produites à la suite et annormalement, si non à vous, cher Monsieur?? M.[onsieur] Sahl, qui connaissait mon cas, est parti. Donc – que puis-je faire? Pour votre organisation, qui a fait les premières démarches, il y a sûrement pas des difficultés de m'aider à <ce sujet> avoir les renseignements nécessaires et le papier indispensable pour activer mon départ. Pour moi seul c'est insurmontable. Vous avez été si bon pour moi, vous avez éveillé tant de confiance en moi: Je vous prie instamment de ne pas m'abondonner en m'envoyant à une autre organisation, qui n'est peut-être pour rien dans la marche de mes choses. Je vous adresse cet appel: revenez sur les questions de mes 3 dernières lettres! dans lesquelles vous trouvez décrit exactement de quoi il s'agit pour moi en ce moment. Veuillez examiner encore une fois ma situation – je suis convaincu que c'est probablement peu de chose à faire pour arranger tout. Je rouille ici au camp pendant que les possibilités qu'on a heureusement bien voulu m'ouvrir s'immobilisent lourdement par une raison inconnue.

Je vous ai exposé dernièrement aussi que je ne puis pas venir à Marseille sans convocation datée, et avec une telle, seulement pour une journée. Voudriez-vous me rendre possible cette permission par une convocation efficace? Mais entretemps – faites l'impossible pour m'aider, je vous prie!

Cher Monsieur, croyez toujours à votre dévoué

Bruno Walter (Hotel Dorset, 30 West 54th Street, New York City) an Erzherzog Otto von Habsburg

6. Januar 1942

TL (Kopie), 1 S., dt.; vgl. Katalog-Nr. 6754.

Eure Majestaet!

Mit Freude stellte ich Ihnen am 2. Januar dieses Jahres meinen Namen fuer ein Komitee zur Verfuegung, das sich bei der amerikanischen Regierung fuer die Wiederherstellung Oesterreichs einsetzen sollte.

Aus meinem gestrigen Telefongespraech mit Graf Czernin[1] entnahm ich, dass dies Komitee sich inzwischen zu einem Oesterreichischen Nationalrat (National Council) umgewandelt habe, und somit waere ich durch meine Beteiligung vor der amerikanischen Regierung und eventuell in der Oeffentlichkeit als oesterreichisches Nationalratsmitglied erschienen. Ein solches Auftreten aber liegt gaenzlich ausserhalb meiner Sphaere, und ich musste den Grafen Czernin bitten, unter diesen Umstaenden auf meinen Namen zu verzichten. Das politische Her-

1 Ferdinand Czernin, österr. Exilpolitiker.

vortreten eines ihrer Kuenstler waere uebrigens von der Leitung der Metropolitan Opera als untragbar empfunden worden.

Ich hoffe, Eure Majestaet werden meine Einstellung verstehen und billigen, und ich bitte, mir zu glauben, dass ich wie bisher auch weiterhin immer mit Begeisterung fuer die oesterreichische Sache zu wirken entschlossen bin, so wie eben ein Kuenstler wirken kann, d.h. auf dem Grenzgebiet zwischen Kultur und Politik, nicht aber in rein politischer Funktion.

In treuer Verehrung verbleibe ich

Eurer Majestaet wahrhaft ergebener

Bruno Walter

---

26. Februar 1942

TL (Kopie), 2 S., engl.; vgl. Katalog-Nr. 4625.

1 Edward Frederick Lindley Wood, Lord Halifax, 1881-1959, britischer Botschafter in den USA.

Béla Bartók (3242 Cambridge Avenue, Bronx, New York) an Lord Halifax (British Embassy, Washington, DC)

Dear Lord Halifax,[1]

I am taking the liberty of writing to Your Excellency in the hope that you may be able to advise me in the following matter.

I arrived in the United States in 1940 with my wife. I was Professor at the Academy of Music in Budapest and at the present time I am in the Department of Music at Columbia University. My son, Peter Bartók, who is seventeen years old, could not leave Europe with my wife and me because of passport difficulties. Ever since our arrival here, we have been trying to arrange for his journey into the United States. Finally, on November 6, 1941, the State Department instructed the American Consulate in Budapest to grant my son a visa. He could not leave before the entry of the United States into the war on December 7 because the German government refused to grant him a transit visa. According to information which has reached me, I was put on the "black list" by the German government and that is why, I have been told, the visa was refused [to] my son. With the help of friends in this country, I finally succeeded in getting my son through Italy to Lisbon and he arrived there two weeks ago. The State Department re-affirmed his visa and the Department of Justice in Washington cabled to the American Consulate in Lisbon that my son would be permitted to land in the United States.

Yesterday, I received a cable from Lisbon that my son, just as he was going to embark on a Portuguese steamer, was refused permission to do so because the British Passport Office in Lisbon refused to grant a permit of *embarkation* unless instructions to this effect were received from London.

My personal record is known to the State Department and to the Department of Justice in Washington and I believe that the fact that my son received a visa and a landing permit after the war broke out is sufficient evidence to establish that there is no political objection against me in this country.

May I respectfully request Your Excellency to cable at my expense to the Foreign Office in London to the effect that they should instruct the British Passport Office in Lisbon to grant my son a permit of embarkation. Or, if this is not possible, would Your Excellency be kind enough to *advise* me what steps I should take in this matter. Please believe me that both my wife and I shall be very grateful to you for any help you may be able to render us or any suggestions that you may be able to offer.

Respectfully yours,

Béla Bartók

Béla Bartók (3242 Cambridge Avenue, Bronx, New York) an Claire R. Reis (The League of Composers, New York City)

3. Mai 1942

ALS, 2 S., engl.; vgl. Katalog-Nr. 6467.

Dear Mrs. Reis,

would you be so kind as to excuse me for being so very late in answering your letter of Febr. 2. One reason for this was that I wanted to be in a position to give you a clear picture of the prospects of becoming a citizen or not. As I came over as a visitor, I had to apply for non-quota-immigration, pre-examination etc. I got the latter last July, just a few days too late: on July 1. new regulations were issued and I had to find two American sponsors. This took a couple of months, then came negotiations with the American consul in Montreal. In middle of Nov. this was succesfully settled, but as I had in the second half of Nov. a West Coast tournee, I had to postpone my trip to Montreal. Then came the various war declarations: it appeared that there are some difficulties for me as a Hungarian citizen in going to Canada (because of Canada's war declaration on Hungary). Again a postponement. Early in January I got news from the Montreal consul that for the time being no Hungarian citizens can obtain American visa. I applied for re-examination of my case in Washington, and got a letter from there end of February that it will be reexamined. Since that time no news, apparently they are still examining the case ---.

As you see, I am still very far even from the "first paper"! This probably constitutes an obstacle to becoming a member of your Nat. Comp. Board.

About the new work you asked me, I explained it in a letter end of Jan. to Mrs. Lederman[1] (who apparently forgot to tell you about it), that I can not promise to write any new work, as I don't know if and when I will be able to do any composing work.

Yours, very sincerely

Béla Bartók

1 Minna Lederman, 1890-1973, Musikwissenschaftlerin und -publizistin.

---

14. Januar 1945 **Hannah Arendt (317 West 95th Street, New York City) an Eric Werner**

TLS (annotiert), 3 S., dt.; vgl. Katalog-Nr. 3831.

Lieber Erich Werner –

ich habe mich sehr gefreut, dass Sie dem [Franz] Werfel eins ausgewischt haben. Er hat wirklich, wie Sie gut sagen, das juedische Volk beleidigt. Das Traurige an der Sache ist weniger diese Tatsache, als der Erfolg des Stueckes.[1] Er beweist leider, wie viele individuellen Juden "Jakobowskis" sind und dies fuer etwas ganz Ausgezeichnetes halten.

Nun zu Ihrer Frage: Mr. Bensions Brief habe ich erhalten und ihn <teils> aus Mangel an Zeit nicht beantwortet; ich war auch nicht sicher, ob Herr Bension wirklich nur in seinem Namen anfragte; die Methoden und Wege besagten Committees sind oft recht merkwuerdige. – Ich brauche Ihnen nicht zu sagen, dass ich Ihre Haltung sehr gut verstehe. Ich selber habe mit der zionistischen Organisation gebrochen, als mir klar wurde, dass sie gar nicht ernsthaft eine juedische Armee gewollt hat. Ich persoenlich hielt dies fuer die absolut entscheidende Angelegenheit des Krieges. Damals also <lernte> kam ich auch mit den Leuten der Bergson-Gruppe[2] zusammen, welche damals noch das Comm. for a Jewish Army bildeten. Diese Gruppe besteht eigentlich nur aus vier Mann, die alle aus dem palaestinensischen Irgun[3] stammen und aus diesen oder jenen Gruenden zu Beginn des Krieges Palaestina verliessen. Von diesen vier Mann ist Bergson heute allein uebrig, weil anscheinend die anderen in die amerikanische Armee eingezogen wurden. Ich persoenlich kenne nur gut Hadani,[4] mit dem ich einige lange politischen Diskussionen hatte. Diesen vier Leuten ist es gelungen, alle die Organisationen successive auf die Beine zu stellen, die Sie ja kennen werden (Jewish Committee, Emergency Comm. to save the Jews from Europe, League for a Free Palestine, Hebrew Liberation etc.). Sie wurden von vornherein von revisionistischen Kreisen unterstuetzt und haben wohl erst Geld nur von russischen Juden bekommen.

1 Franz Werfel, «Jacobowski und der Oberst. Komödie einer Tragödie» (1942).

2 Von dem Zionisten Hillel Kook (Pseudonym: Peter H. Bergson, 1915-2001), in den USA organisierte Gruppierung, die sich gezielt für eine Förderung der Irgun und für die Gründung eines jüdischen Staates einsetzte.

3 Irgun Zewa-i Le-umi (bekannt unter der Abkürzung Etzel), jüdische Untergrundbewegung im britischen Mandatsgebiet (1937-1948).

4 "Nom de guerre" des Zionisten Alex Rafaeli.

Ihre Annoncen, die immer recht geschickt waren, und – was wichtiger ist – immer das Vacuum, das die ZOA[5] liess, fuellten, haben ihnen dann viel Anhaenger aus dem Volke gebracht. Auf der anderen Seite scheint mir erwiesen, dass die Gruppe nicht nur viel Symphatien unter nicht-Juden im ganzen Lande hatte, sondern auch sehr gute Beziehungen zu manchen Regierungskreisen. Dies wurde klar, als die ZOA versuchte, Bergson nach der Embassy-Angelegenheit als "foreign agent" zu diskreditieren (to put it mildly) und <er> Herr Bergson daraufhin einfach sich als foreign agent beim Justice-Department registrieren konnte, ohne dass ein Hahn danach gekraeht haette. Dies war eine richtige Niederlage fuer die ZOA.

Was die Aktivitaeten der Committees angeht, so haben sie ausser Propaganda nichts getan. Sie haben ebenso wie die anderen die Jewish Army Angelegenheit unter den Tisch fallen lassen und haben niemals ernsthaft daran gedacht, zu rekrutieren (was man damals in der Form freiwilliger Listen in vielen Laendern, vor allem Suedamerikas, haette tun koennen). Sie haben trotz der Erfolgs des Committees to save the Jews from Europe nicht einen einzigen europaeischen Juden gerettet, und niemand weiss, welche Anstrengungen die dazu ueberhaupt gemacht haben. Mit anderen Worten, sie haben sehr richtig die wirklich brennenden politischen Frage[n] zeitig erkannt, <zur> – und sie fuer Propaganda-Zwecke fuer sich selbst aufgebraucht. Dies hat natuerlich eine hoechst praktische Seite: naemlich, wozu ist eigentlich das gesammelte Geld verwendet worden.

Um Missverstaendnissen vorzubeugen, moechte ich gleich sagen, dass ich es fuer so gut wie ausgeschlossen halte, dass irgendeiner der Leute, die ich von der Gruppe kenne, irgendwelche persoenlichen Interessen hat.

Sie handeln, wie mir Hadani ausfuehrlich explizierte, alle als Glieder der Irgun und sind abhaengig von Befehlen. Der Irgun ist eine ordensmaessige Organisation, in welcher nur kleine Gruppen einander kennen, die streng hierarchisch und konspirativ aufgebaut ist und in welcher es zum Beispiel einem Mitglied nicht moeglich ist, zu heiraten ohne vorherige Erlaubnis seines Vorgesetzten. Waehrend der Unruhen in Palaestina war der Irgun die einzige Gruppe, die blinden Terror gegen die Araber empfahl und Sie werden sich vielleicht noch des juedischen Bombenattentats auf dem Haifaer Markt gegen die Araber, die dort ihre Produkte verkauften, entsinnen. Hadani war sehr stolz auf diese Heldentat und verteidigte sie gegen mich ausdruecklichst und ausfuehrlichst. Welche Beziehungen der Irgun zur Stern-Gruppe[6] hat, ist nicht bekannt; dass er gar keine hat, ist natuerlich ausgeschlossen.

Wesentlich fuer die Beurteilung beider Gruppen, die sich sehr aehneln und entweder voneinander abhaengig, miteinander verbunden oder Ri-

---

[5] Zionist Organization of America, amer. Sektion der im Anschluss an den ersten Zionistenkongress in Basel 1897 gegründeten zionistischen Weltorganisation.

[6] Nach ihrem Führer Abraham Stern benannte jüdische Untergrundorganisation im britischen Mandatsgebiet (auch Lochamej cherut jissrael oder abgekürzt Lechi), 1940 als Abspaltung von Irgun Zewa-i Le-umi (vgl. Anmerkung 3) gegründet.

valen sind, ist ihre Politische Haltung. Es ist leider keine Frage, dass sie Faschisten sind, dass sie so lange wie moeglich versucht haben, die Unterstuetzung der Faschisten im Vorderen Orient zu gewinnen, dass sie moeglicherweise noch w[a]ehrend dieses Krieges Verbindungen mit Italien hatten und dass sie den Terror nicht als zeitweiliges Mittel, sondern als eine eigenstaendige Form politischer Organisation betrachten. Sie <haben> sind im Grunde der Meinung, dass dieser Krieg als ein englischer Krieg gegen Hitler uns nichts angeht (sehr interessant in dieser Hinsicht die Aussagen im Moyne-Prozess[7]) und sie verbinden mit ihrem anti-englischen Kampf eine fundamentale Verachtung und prinzipielle Feindschaft gegen die Araber in Palaestina. Abgesehen von der ungeheuerlichen politischen Torheit, den Englaendern einen Kampf auf Tod und Leben anzusagen <ohne> und gleichzeitig den Arabern zu erklaeren, dass man die Absicht habe, sie aus dem Lande herauszuwerfen – ist dies Program[m] in einem Masse chauvinistisch, dass es einer *Rassen-theorie* bereits sehr nahe kommt.

Die Erfolge dieser Gruppe sind heute sehr gross. Ihr groesster Erfolg in meinen Augen ist ihre Anziehungskraft auf idealistische Jungens in Palaestina selbst. Der Prozess in Palaestina und jetzt wieder der Moyne-Prozess beweisen jedem, der sehen will, dass sie allerbestes Menschenmaterial mobilisiert haben. Diese Tatsache wieder muss ebenso beurteilt werden, wie die Anfangserfolge des Faschismus in europaeischen Laendern; Sie wissen ja ebenso gut wie ich[,] wie viele gute Jungens getaeuscht wurden wegen der Korruptheit der bestehenden Regime und wegen ihres berechtigten Wunsches, sich *in* irgendeiner anstaendigen Form zu schlagen. Das heisst, die Erfolge aller dieser Gruppen sind direkte Konsequenz des Versagens des Zionismus in politischer wie moralischer Hinsicht; sie fuellen das Vacuum und sie haben zweifellos viele heimliche Symphatisierenden in Palaestina. Die Erfolge der Gruppe auf nicht-juedische Politiker <und> beruhen darauf, dass sie jung sind und nicht schwachsinnig, dass sie nicht servil sind und wissen, was sie wollen. Ausserdem macht in unserer Welt Terror immer einen guten Eindruck. Der moderne Spiesser liest so was sehr gerne.

Was aber soll ich Ihnen raten? Zu diesen Leuten koennen Sie, wie mir scheint, nicht gehen. Sie waeren da nicht nur nicht am Platze; Sie wuerden sich in der Organisation wie in allen faschistischen oder totalitaeren Parteien mitschuldig machen, ohne auch nur die *geringste* Chance fuer die Verantwortlichkeit eines Patrioten zu haben, die Sie ja im Grunde suchen. In der von uns selbst produzierten Aussichtslosigkeit juedischer Politik spielen die "Aktivisten" nur die Rolle, das Verhaengnis ein bisschen zu beschleunigen; das ist alles, worauf ihre Aktivitaet letzten Endes hinauslaeuft. Sie sind selber noch die Konse-

[7] Prozess gegen die der Organisation Lochamej cherut jissrael (vgl. Anmerkung 6) angehörenden Attentäter, die im November 1944 Lord Moyne, den brit. Staatsekretär für den Nahen Osten, ermordeten.

quenz der zionistischen Politik und keineswegs ein neuer Anfang – den wir bitter *brauchten*. Ob es wirklich bereits 10 Minuten vor 12 Uhr ist, wie Sie und wie auch ich manchmal meine, ist schwer auszumachen. Ein Volk geht schliesslich immer nur an sich selbst oder an seiner politischen Fuehrung zu Grunde und nicht an verpassten historischen Gelegenheiten. Die Geschichte ist lang und der Gelegenheiten viele. Lassen Sie sich nicht bluffen von den "entscheidenden Stunden". Einen Staat – oder eine Jewish Commonwealth – kann uns keine Regierung der Welt zu Weihnachten bescheren; und wenn sie es taete, so wuerde sie daran Bedingungen knuepfen muessen, die fuer uns ohnehin à la longue untragbar waeren – wie die Hueter fremden Oels oder fremder imperialer Interessen zu sein. Alijah[8] wird letztlich nur davon abhaengen, ob Juden nach Palaestina gehen wollen oder nicht. Die politischen Bedingungen dazu muessen wir uns selber schaffen. Entscheidend dafuer ist weniger das White Paper,[9] mit dem man fertig werden kann, als ein[e] Verstaendigung mit den Arabern und mit anderen Mittelmeervoelkern, die ueber englische Herrschaft auch nicht allzu begeistert sein werden. Solch eine Verstaendigung ist bisher zu grossen Teilen <an> daran gescheitert, dass wir fest glaubten, dass wir von England bessere Bedingungen kriegen koennten als von eigener Politik. Diese Illusion ist im Beginn zu zerplatzen. Das waere schon ein rechter Gewinn, vielleicht wirklich ein Anfang. Auch die vollkommen *wahnsinniger* Hoffnung auf eine aktiver Unterstuetzung Amerikas schwindet jetzt dahin. (Amerika koennte und wuerde uns helfen im Kampf gegen White Paper; aber von den Vereinigten Staaten zu verlangen, dass sie uns den juedischen Staat bescheren sollten, ist unsinnig und hat erst einmal damit geendet, dass sie uns nicht einmal im Kampf gegen White Paper helfen.) Bleibt Russland – die neueste der Hoffnungen. Aber darueber ein ander Mal.

Wenn ich die ZOA nicht so gut kennen wuerde, wuerde ich Ihnen eine innerzionistische Opposition vorschlagen; aber ich weiss, dass die Maschine mit allen Einzelnen muehelos fertig wird und dass sie erheblich skrupelloser im Kampf gegen Fremde, die kritisieren, ist als im Kampf gegen <die> Feinde. Wenn es ein paar mehr Leute gaebe wie Sie und mich, wuerde ich sagen, wir machen eine neue juedische Partei auf. Aber wir sind leider hoffnungslos allein in dem Sinne, dass niemand Lust hat, sich wirklich fuer etwas einzusetzen – obwohl natuerlich sehr viele durchaus bereit sind, zu applaudieren. Ich moechte Ihnen daher vorschlagen, mehr Artikel zu schreiben in der Art des anti-Jakobowski. Sie noch heftiger, noch kompromissloser, gleichsam noch wuetender zu schreiben. Das ist besser als nichts und kann u.U. die Atmosphaere vorbereiten helfen.

8 Hebr.: Hinaufstieg, Bezeichnung für die Rückkehr nach Zion (Jerusalem), aber auch für die Immigrationswellen nach Palästina, ab dem 19. Jahrhundert.

9 Das von Malcom MacDonald veröffentlichte britische White Paper von 1939 zur Regelung der jüdischen Immigration in Relation zur "wirtschaftlichen Aufnahmekapazität" Palästinas. Basierend auf dem White Paper von Winston Churchill (1922) enthält es u.a. folgende Punkte: Aufnahme von 15.000 jüdischen Immigranten jährlich für fünf Jahre, danach nur mit arabischer Einwilligung; bedingte Unabhängigkeit eines vereinigten palästinensischen Staates in zehn Jahren; Schutz des palästinensischen Landrechts.

So, das ist mehr Antwort vermutlich als Sie haben wollten. Kommen Sie her im April und lassen Sie uns dann weiter sehen.

Bis dahin mit herzlichen Gruessen

Ihre

Hannah Arendt

31. September 1945 Wieland Wagner (Nussdorf / Post Überlingen, französische Zone) an Arturo Toscanini[1]

ALS, 3 S., dt.; vgl. Katalog-Nr. 6686.

[1] Der Brief ist mit der offensichtlich fehlerhaften Datierung "31. September 1945" versehen.

[2] Friedelind Wagner, 1918-1991, vgl. Dok. 6676-6685.

[3] Wohnhaus Richard Wagners und der Wagner-Familie in Bayreuth.

Verehrter Maestro.

Ihre tiefinnere Verbundenheit mit dem Werk und der Persönlichkeit meines Grossvaters, mit seiner Festspielidee und dem Bayreuther Kulturgedanken wie die Liebe und Fürsorge, die Sie uns unmündigen Kindern im Todesjahre unseres Vaters entgegenbrachten und die Sie bis heute meiner Schwester Friedelind[2] bewahrt haben, geben mir den Mut, mich heute, da Kummer und Not über uns gekommen sind, an Sie zu wenden.

Sie, verehrter Maestro, sind der einzige Mensch, der es durch seine unantastbare künstlerische und menschliche Autorität auf internationalem kulturellen Gebiet vermag, den Bestand des Vermächtnisses und des Erbes Richard Wagners zu retten: Das Festspielhaus ist von den amerikanischen Truppen beschlagnahmt [und] wird seit der Besetzung der Stadt Bayreuth als Fronttheater benützt. Von den Mitgliedern der Familie Wagner darf es nicht mehr betreten werden. Ebenso beschlagnahmt sind die Trümmer von "Wahnfried",[3] das durch einen Bombenangriff auf das arme Bayreuth während der letzten Tage des Krieges völlig zerstört wurde.

Nur durch Ihre Hilfe kann das Festspielhaus der Aufgabe, die ihm sein Schöpfer für die nächsten Jahrhunderte bestimmt hat, wieder zugeführt werden, nur durch Ihr persönliches Eingreifen wird seinen Werken auch in Zukunft die Heimstätte erhalten bleiben, an der nun seit den ersten Festspielen im Jahre 1876 die ersten Künstler der Welt unter der Leitung meiner Grosseltern und Eltern Jahr für Jahr in selbstloser Hingabe um eine ideale Wiedergabe der Werke im Geiste und nach dem Willen ihres Schöpfers rangen. Ohne jede fremde Hilfe, einzig durch die Opferbereitschaft der jeweiligen Hüter des Erbes, konnten die Festspiele bis heute erhalten werden. Und heute wäre die dritte Generation bereit nach bestem Wissen und Gewissen die Mission unserer Familie, die Tradition zu wahren und einem neuen Geschlechte wahrhaft lebendig zu erhalten, zu übernehmen.

Ich kann nicht glauben, dass der "Parzifal", in dem Richard Wagner der Welt die Religion des Mitleidens verkündet, dass der "Ring", in dem er prophetisch und mit furchtbarer Deutlichkeit vor den Folgen egoistischen Strebens nach Macht warnt, dass der "Tannhäuser" und der "Tristan" nun nicht mehr an ihrer ureigensten Stätte für all diejenigen, die nach den Jahren chaotischen Grauens und Kulturlosigkeit höchstes Erleben und innerste Einkehr auf dem "Hügel" suchten, nun nicht mehr erklingen sollten. Soll Bayreuth, nachdem es nun schon seit 1939 unter die harten Gesetze eines wahnsinnigen Krieges gezwungen, befehlsgemäss nur Verwundeten und Arbeitern zur Verfügung stand und – insbesondere durch das Verbot des "Parzifal" – seiner jahrzehnte [sic] hindurch treu bewahrten Mission entfremdet worden war, nach dem Siege der vereinten Nationen nun Fronttheater bleiben und so endgültig zum Schweigen verurteilt sein? Darf das "Geheimnis"[,] das der Meister bei der Grundsteinlegung des Hauses dort verschlossen hat, sich der Welt nicht mehr offenbar machen?

Ich weiss, dass Sie, verehrter Maestro, trotzdem tragische Umstände Sie zwangen seit 1933 den Hügel zu meiden, mit Ihrem Herzen der Idee Bayreuths treu geblieben sind. Ich wage es deshalb, heute mit der inständigen Bitte um Hilfe für den Fortbestand der Bayreuther Festspiele zu kommen. Wäre es Ihnen nicht möglich, nach Europa zu kommen, um sich des verwaisten Heiligtums anzunehmen und ein neues Bayreuth im Geiste des Meisters und im Sinne seiner Kulturidee zu errichten? Könnte Friedelind Sie nicht begleiten?

Mit diesen meinen Zeilen, die aus dem Gefühl der Verpflichtung dem gefährdeten Werk Richard Wagners gegenüber wie aus tiefer Verehrung für Sie geschrieben sind, lege ich die Zukunft "Bayreuths" voll gläubigen Vertrauens in Ihre Hände

und verbleibe in Ehrfurcht

Ihr

sehr ergebener

Wieland Wagner

23. März 1946

TL (Kopie), 1 S., engl.; vgl. Katalog-Nr. 6712.

Bruno Walter (965 Fifth Avenue, New York City) an Rudolf Bing (c/o Glyndebourne Productions, 66, Great Cumberland Place, London)

1 Rudolf Bing, 1902-1997, engl. Operndirektor österr. Herkunft, ab 1950 Leiter der MET.

Dear Mr. Bing:[1]

The Lord Provost of Edinburgh has invited me to conduct two or three concerts with the Vienna Philharmonic Orchestra in September 1947 at the Edinburgh Music Festivals, and has asked me to cable my answer to you. I sent you a cable saying that I agree in principle to accept this invitation provided certain conditions would be fulfilled, and of these conditions I must speak now:

They are of a little delicate nature: I do not want to come into any contact with Nazis or find myself "in the same boat" with them. So I must know who, besides me, will conduct concerts of the Vienna Philharmonics, either in Edinburgh or in London. There was a rumor that [Wilhelm] Furtwaengler would be invited. In no way do I want to protest against any colleague's activity. So, if Furtwaengler should come, I have nothing to say to that. But I want you to know and you can keep this confidential, that in this case I would not conduct at this Festival. And, of course, my position would be the same if another conductor with Nazi taint [sic] would conduct or a soloist with Nazi affiliations would appear with the orchestra in England. Can you give me any information about this point?

As regards terms, it will be very difficult to find a solution, because in this case I would have to ask to be reimbursed for my traveling expenses. However, the cable from Edinburgh said that my terms would be met.

With my best greetings,

Very sincerely yours,

30. März 1946

TL (Kopie), 2 S., engl.; vgl. Katalog-Nr. 3470.

Karl Adler (3820 Waldo Avenue, New York City) an Theodor Bäuerle [Stuttgart]

Dear Mr. Bäuerle,

We were deeply moved to receive your letter delivered by Captain Waldron. Let us, first of all express our deepest sympathy to you and your family on the loss of your son. Nobody knows better than we do what this tragedy means.

Captain Waldron spent a whole evening with us, supplementing your letter with many more details. We were agreed that I write my answer in English to the address given me by him. You will excuse me for doing so, it does not mean the slightest change of my feelings and thoughts. It has been known to us for several months that you had been appointed Deputy Kultminister which made us very happy. May I tell you, that I gave your name to the proper authorities when the war was still on. I pointed out that you were the right man to "run the show" which means in this case: den Karren aus dem Dreck ziehen. Gottfried Weimer's[1] name was given by me, too, so was Mr. Walz's and several others.

1 Hier und im Folgenden Recherche ergebnislos.

We have thought of you and your dear ones all these years. You wandered [sic] why we had not written to you long ago. This is easily explained. We did not want to get you into trouble, knowing that the Nazis censored every line coming from this country. Your task is really gigantic and I can easily imagine what it means to carry on inspite of all the difficulties you discribed. I am convinced that you will master this tremendous work which is of primary importance for German reconstruction. What the Nazis left is the greatest heap of ruins in world history, both physically and mentally. These ruins are not confined to Germany, they are evident in millions of minds all over the world. It will take a long, long time to find solid grounds to build on, and you and your fellow workers are the advance guard for German rehabilitation. That you are on the best way toward this goal is proven by Captain Waldron's statements. He speaks of you and your work in terms of high esteem. – You reminded me of our common work in the old adult education. Let me emphasize that the thought of it has always been alive inside me all these years. Not only do I carry on my work on the basis of those – *your* ideas but I stress the fact, where – ever I can, that Nazism is not identical with Germany. I need not tell you how hard it has been to point out this fact since the decent, suffering Germans were doomed to silence all these years.

I was very sad to hear about Mr. Walz and I hope that upon arrival of this letter his plight has changed for the better. I wrote to my wife's brother that I would do everything possible to help him. Nobody knows better than I do what he did to help anti Nazis, particularly Jews. If his case is not yet sattled, my name should be given to the proper authorities there. They should report my name and address to the proper authorities here in order to give me a hearing. Maybe I can contribute facts which Mr. Walz hasn't possibly mentioned.

A few days ago I got a letter from Mr. Pfohl.[2] Would you, please, tell him that I was very glad to hear from him and his family, and that I would write to him as soon as postal service is resumed.

2 Ferdinand Pfohl, 1875-1949, Musikschriftsteller und Komponist.

There are, of course, many questions on my mind referring to persons, institutions, houses etc. Let me ask some of them unsystematically:

How are Alexander Eisenmann, Dr. Pfeiffer, (Piano) Kärcher, Schärm, Lotze (who bade me the last farewell)[,] Robert Bosch, Luise Bosch-Brüllman, Hertha Neumeister, (und Mögles) Pfleiderer, Schieker, Griesinger, Karl Aichele, Miss Uhland (Rothert)[,] Jenneweins, Julius Taigel (the most faithful of the Konse pupils, worked in Kornwestheim, studied with Pfohl)[,] Paul Wanner, Bäuchles, Reyhing, Wirsching, Ernst Lengerer (Gewerbeschulrat)[?]

At this writing I begin to feel that it may be hard for you to find out about all these cases. If you can not answer some of my questions offhand, don't bother, just forget about them. Where exactly is the Kultministerium located, near Hölderlinsplatz or near Herdweg? Is the Konservatorium or something like that in existence or in the stage of revival, are there any of our old teachers on the faculty, who is the director, where is it located? Cpt. Waldron didn't know anything about these questions, whereas he mentioned the Musik Hochschule without remembering the name of the director and the names of any teachers. Is Sigel still president and Scheuffele still secretary? Cpt. Waldron mentioned some bombing damage, what exactly was it?

Let me tell you in short about my professional work. I have been on the faculty of the oldest New York Music College for 5 years, besides, I have been on the faculty of a girls College for 4 1/2 years. The latter is located outside New York City, the beautiful countryside out there reminds of Schurwald or Schönbuch. Whenever I have a chance of walking, I gladly do so, laughed at by the teachers who have their cars and don't know what hiking is. These 2 colleges constitute my main job. Besides, I am on the faculty (adult education department) of Hunter College. Maybe you have read that the UNO is just meeting at our college campus which is quite a distance from our main building.

About 2 years ago I founded the "American Community Chorus", comprising all creeds, races and nationalities. I started with a few friends. Today it is a group of considerable size. We have taken part in many performances, e.g. "Brotherhood Week", "Share the Food Drive" (admission was at least 3 cans of food for the war-stricken countries), next week we are going to sing at a Friends meeting (Quakers). You can see by these few examples that our work is done on a real community basis (there is no good English word for "Gemeinschaft"). What you said about good will is so true. You can easily see that we try to do our best along these lines for international understanding and co-operation.

In all my artistic and pedagogical activities our Volksbildung ideas are underlying. When I was conferred the degrees of Doctor of Music "for outstanding achievements in music education" I was fully aware that this, to a great extent, was your merit. I shall never forget what you taught us by living up to your principles.

All my teaching, of course, has to be done in English (this is one thing you didn't teach me, I am sure). As long as I could prepare for my classes, things were relatively easy. But by and by I had to take part in discussions, faculty meetings etc. and as all my friends told me that this would be impossible for a refugee, I tried it in defiance of their warnings. It was a sports-like undertaking in which I indulged unblushingly. Once I had good reason to blush at language trouble. Der "Deutsche Literarische Verein" cultivating German language and culture, invited me to give a talk on "Das Volkslied". It was not until I had finished my preparations that I realised I had written my notes in English. Using those notes I had to re-translate my whole talk into German which was no pleasant job, for I got stuck time and again, struggling for the proper word. Some merciful listeners get me on the track again. As a whole, it was a success, and I asked for some more talks on that subject. I would never have thought in possible how fast tongue and mind adapt themselves to the new surroundings, so fast that simple expressions of the mother tongue just fade away. I don't like this process at all, but it is inescapably due to my being compelled to think, to speak, to read, to write and to sing in English. Sometimes, on using awkward German constructions, I am reproached by Grete thus: "Nur gut, dass des d[e]r Herr Bäuerle net hört!" – But she does not only reproach me, she helps me a great deal as my secretary and as the chorus manager, (but her speeches there are not unblushingly made).

This letter will be continued as soon as possible. In the meantime give my regards to your wife, your children, your fellow workers, particularly Weimer, Hassinger and Schneckenburger (is he the veteran with the crippled hand?) and all friends who remember [me.]

Cordially as ever

K A

George Antheil (2711 Laurel Canyon, Hollywood, California) an Hermann Scherchen (Schweizerische Rundspruchgesellschaft, Studio Zürich, Zürich, Schweiz)

5. August 1946

TL (Kopie), 4 S., engl; vgl. Katalog-Nr. 4615.

Dear Dr. Scherchen,

It really would be impossible for me to tell you how much pleasure your letter of July 23rd gave me. I would only hope that I could write you about it in German --- write it --- and I hope very much that you will forgive my writing you in English instead. (I should be able to speak and write German for, curiously enough, it was my first language until I was five years old, despite my having been born in America.)

The fact that you, in particular, accepted my Fourth Symphony, and performed it, has meant a good deal to me. I remember, clearly, our meeting in midsummer, 1922, in Donaueschingen;[1] I remember many many performances of yours in the years succeeding, during which time I became more and more your devoted admirer: more recently, in *1945*, I bought your "Handbook of Conducting"[2] which became one of my several binles (every composer should know it by heart, not especially to conduct, but to know how conducting should be accomplished, and how to help that end.) In short, the name of Herman Scherchen has long been an important name in this household and, now that you have performed my Fourth Symphony, I hope that it will become the name of a friend.

I have, today, sent you the following cable:

"Tremendously happy with your letter and impression of Fourth Symphony also that if possible you would like to perform it Venice. If this performance should become *definite* would deeply appreciate your cabling me at my expense 2711 Laurel Canyon Boulevard, Hollywood, California. My last letter returned by error but am writing mailing new letter today. With *sincerest* regard. George Antheil."

It is difficult to condense a good deal of message into a few words, but in essence I meant, in this cable, that I am grateful for your letter and the fact that you have seen fit to tell me that my symphony made a good impression; also, that you have hopes that you may be able to perform it once more at the festival in Venice,[3] although this is not yet sure, and that I know the final decision may not rest with you.

* * *

From the musical point of view life, in America, has become quite interesting; and I am sure that you would enjoy making a trip over here someday in the near future. The orchestras are really excellent, and new ones spring up every day. A few months ago I went to hear a premiere of a new work by the Dallas, Texas orchestra (Antal Dorati)[4] and was amazed to hear an orchestra very nearly as good as the Philadelphia Orchestra, or the Boston. Yet, and in order to get to Dallas, one had to cross endless expanse of plain ---- it seemed like getting to the walled city of Kairouan. San Antonio, Texas, also had a fine orchestra, just a shade less good, but better, for instance, that any orchestra I've heard in Paris (which is not saying too much.) The San Francisco Orchestra under [Pierre] Monteux is simply superlative. Also, there is a

---

1 Anässlich des Donaueschinger Musikfestes.

2 Hermann Scherchen, «Lehrbuch des Dirigierens», Leipzig 1929; engl. Ausgabe als «Handbook of Conducting».

3 Anlässlich der Biennale di Musica contemporanea.

4 Vgl. Dok. 4578-4584.

great deal of music making. The composers have not yet found themselves, but are (I hope) on the way and, at least, all of them are working like beavers; it is only through much much work and infinite musicmaking that progress is made. The music of a country ist serious music --- is not all made at once. We are slowly emerging from the state of musica[l] primitivism, the writing of music works which are talented but inadequately conceived, either technically or culturally. It is a slow process but suddenly, one day, I feel it will be apparent.

I am not interested in a national music school, which seems to me utterly ridiculous, especially when one approaches nationalism by intention. Yet, perhaps, my music is in some way American. I have just completed a new symphony, a Fifth, which I showed to my friend Ernst Krenek the other day, and he seems to be genuinely enthusiastic about it. Which reminds me that there are quite a number of musicians in the vicinity. [Igor] Strawinsky lives ten blocks from here, and [Arnold] Schoenberg in the suburbs, nearby. [Paul] Hindemith has visited me here, and tonight his E Flat Symphony will be played at the Hollywood Bowl, under the night sky. Last night a short work of mine was played there, and the night before we attended the final night of the Ballets [sic] Russe de Monte Carlo.[5]

5 Zum Ballet Russe de Monte Carlo vgl. Sergei Denham Records of the Ballet Russe du Monte Carlo, Dok. 6212-6245.

Several months ago I visited San Francisco where we saw a good deal of the Darius Milhauds; we visited old (and very excellent) French rest[a]urants which they had discovered in that rather extraordinary city. Milhaud has built up a wonderful music department in a small college (Mills College) which now deservedly has the reputation of being the best music department of any university in the country. Milhaud says that he wants to go back to France, but only in a year; but he does want to return here, often. Krenek wants to stay here; I have not talked to Hindemith, but he, like Strawinsky, has become an American citizen, so I rather suppose he intends to stay. It is wonderful to have such great musicians help us start this great musical ball rolling.

Last night we went to the Bowl with Dr. Herbert Graf and his wife; he was the former stage manager of the Frankfurt a/M opera, and is a son of the music critic, Max Graf. He tells me that, now, he expects a great new opera movement to blossom amongst the younger musical-theater people of America. He seems very enthusiastic. He wants me to write an American "Volksoper" but I, alas, am momentarily only interested in the problems of the modern symphony --- which absorbs me.

[Leopold] Stokowski conducted my little work (it is an overture) and behind the scenes backstage I met Dr. Lert[6] who asked me for the score as he wants to play it with his Pasadena orchestra. Pasadena is a suburb of Los Angeles. It is only one of our lesser orchestras. There is another "suburb" orchestra, Santa Monica, which often gives premieres (Amer-

6 Richard Lert, 1885-1980, Direktor an der Staatsoper Berlin..

ican premieres) of the newest and youngest Russian composers, those at present under thirty. We have two major orchestras in Los Angeles, the Bowl and the regular Philharmonic under [Alfred] Wallenstein. Both have come up very much during the last two years but both, in my estimation, are less good than, for instance, the Dallas. Yet they both play a good deal of modern music, each year a good deal more.

I am trying to give you a bird's eye view. The situation, here, is changing rapidly. Radio has made even the postman a music lover; he often stops to discuss new works he's heard with me. (He knows I'm a "modern" musician.) Heinsheimer[7], whom you've seen recently, is utterly convinced that we are at last on our way. He has spent several weeks here, and is writing a book which is more or less a expose of his conviction that music has a tremendous immediate future here.[8] It is only in the field of opera that we lag --- can it be that we are not yet opera-minded? Or, perhaps, we have been introduced to it wrongly. Five big ballet companies, however, tour American constantly, and are growing fat on the profits. Americans love ballet, love fine symphony above all. It doesn't seem to understand opera.

* * *

I have written you at length because I thought you might like a little picture of the situation over here. Musically the situation is wonderful, politically less good. Our people are setting into a gaity that seems to me, personally, *frenetic*. Yet it is not like after the last war, either; this time the gaity does into more cultured channels, there is much good and exciting theater, and even Hollywood has suddenly started making better pictures because there is more demand for them. I cannot make it all out, and sit home writing my symphonies, overtures, and trying to make money to keep my little family. Yet I feel that I must take part in all this, that without touching the world as it REALLY is today, my music will be worthless.....

A final note: should, by luckiest chance, the Venice festival come into actuality insofar as my symphony is concerned, the Brussels radio is also performing my Fourth Symphony on the 27th of September, and should you need the parts before then, it would be well to telegraph Heinsheimer at Boosey-Hawkes in New York, to prevent him from sending the parts to them before you are finished with them. I imagine the Brussels radio will only need the parts a few days before the performance. I learn from Heinsheimer that the parts are expected back from Zurich presently, after which he plans to send them directly to Brussels. Another set of parts are being copied in London so, even if there is a demand for both sets of parts on almost identical dates, I believed both demands could be filled. The score is being engraved in London. I will immediately acquaint Heinsheimer with your idea, the possibility

---

[7] Hans Wilhelm Heinsheimer, 1900-1993, Verleger; vgl. Dok. 4588-4592.

[8] Wahrscheinlich «Menagerie in F sharp», Garden City (NY) 1947.

of the Venice performance. If you should be able to play the work early in September (for which performance, then, I could not come) it would be better for him to send you the part first, and then have them forwarded to Brussels.

Once again I must tell you that I so deeply appreciate your having played my Fourth Symphony, your letter, your wish to perform it once again, if possible. This has given more pleasure than anything I have experienced lately.

Devotedly,

George Antheil

Erich Leinsdorf (25 Larchmont Avenue, Larchmont, New York) an George Antheil

22. April 1947

TLS, 1 S., engl; vgl. Katalog-Nr. 4610.

Dear George:

It was nice to get your letter and I am grateful for your good wishes. About your recent doings I am well informed by Hans W. H.[1] whom I see regularly.

I spent three fascinating months in Europe, and in spite of great and gratifying successes I am almost certain that the Old World is gone, at least as far as our lifetime is concerned.

Having traveled a great deal during the past two years I am enjoying at present a bit of quiet and very restful life here. I am looking forward to my work in Rochester for a variety of reasons, but I realize at the same time that the freelancing life has its points too. But I guess one cannot have ev[e]rything at once, and there are great musical advantages to having one's own orchestra on a "permanent" basis.

Please do make sure that I get to see and to know any score that comes out of your inventive mind, and while I never promise anything I can assure you that all your compositions will find an interested eye-ear and a merciless critic and friend.

Yours as ever

Erich

[1] Hans Wilhelm Heinsheimer, 1900-1993, amer. Musikverleger dt. Herkunft; vgl. Dok. 4588-4592.

4. November 1947 — Bruno Walter (Hyde Park Hotel, Knightsbridge, London) an Dieter Sattler (Staatsministerium für Unterricht und Kultus, Salvatorplatz 2, München)

TL (Kopie), 2 S., dt.; vgl. Katalog-Nr. 6662.

Sehr geehrter Herr Doktor Sattler,

Ihr Brief vom 18. September hat mich gestern hier in London erreicht.

Lassen Sie mich Ihnen zunaechst sagen, dass er mir Freude gemacht hat und dass ich die Gesinnung, aus der er geschrieben wurde, tief zu schaetzen weiss. Fuer die freundliche Einladung, die er enthaelt, danke ich Ihnen vielmals. Ich habe bereits vor betraechtlicher Zeit den Wunsch in Muenchen zu dirigieren an offizieller Stelle zum Ausdruck gebracht, wo er zuerst mit Genugtuung begruesst wurde. Spaeter wurde mir aber mitgeteilt, dass so willkommen der Plan waere, seine Ausfuehrung als verfrueht angesehen werden muesse.[1]

So stehen die Dinge und augenblicklich kann ich nichts Bestimmtes sagen, weil meine vermehrte Taetigkeit in Amerika sowie die Ruecksicht auf mein hohes Alter mir eine Europareise im Jahre 1948 nicht gestatten. Ich empfinde das besonders schmerzlich weil ich mit einer Rueckkehr an die ehemalige Staette meiner Wirksamkeit den Deutschen humaner Gesinnung, d.h. solchen, die gegen die Verbrecher in Deutschland gefuehlt oder gehandelt haben, einen Beweis meines Gedenkens und meiner Sympathie geben wollte.

Die Nachricht, dass ich im Sommer 1948 nach Salzburg gehen wuerde, war eine irrige, seien Sie aber versichert, dass ich den Plan wieder in Deutschland zu dirigieren weiter im Herzen tragen werde.

Mit den besten Gruessen bin ich Ihr hochachtungsvoll ergebener

Dr. Bruno Walter

[1] Vgl. Dok. 6851-6853.

28. März 1948 — Arnold Schoenberg (116 North Rockingham Avenue, Los Angeles, California) an Storer B. Lunt (W.W. Norton & Company, Inc., 101 Fifth Avenue, New York City)

TLS, 2 S., engl; vgl. Katalog-Nr. 4968.

Dear Mr. Lunt:

I am glad my good fortune overcame my hesitation to address myself to your firm. Nothing could prove better that this was a lucky turn than the word I would have liked to use myself – the word, perspicacity, – if I would have desired to influence a publisher in my favor. It is the one ability a publisher must possess if his store is not to become a warehouse of wastepaper such as many music publishers use as wrapping paper for other music. Nobody would buy any longer what is printed on it. Thus I am very happy to be acknowledged under the concept of perspicacity which fits *agreeably* to my desire not to write something which will not last.

I am in perfect agreement with you that the book's qualities should enable it to become a financial success and I am ready to do everything which can be done without, as you say, "changing my original train of thought". This assurance coming from you is encouraging enough to let me promise the utmost cooperation.

But of course I cannot give carte blanche to an editor, even if it [is] Dr. Newlin,[1] of whom I think highly. I mean I have to know exactly the compass and nature of the prospective changes in the most detailed manner. There is no doubt that I have to agree with all corrections with respect to grammar and idiom. Perhaps I would be a little hesitant about improvements because of German constructions: one must not forget that not only this construction but the way of thinking is German and it is possible that only this construction is adequate to that way of thinking.

Enclosed you will find a sketch of an acknowledgement to be included in the book which explains some of the points to which your criticisms refer. Mr. Stein,[2] who is now a professor of theory at Los Angeles City College and who is an American acquainted with American teaching methods, has already made a list of changes and suggestions. He is glad that his former classmate, Miss Newlin, whom he holds in high esteem, will now finish the editing of the book.

The book has been read by a number of teachers and musicians and the general impression, despite a few criticisms, was that of easy understandibility.

I realize that the title, STRUCTURAL FUNCTIONS OF *THE* HARMONY, is awkward and I see no better way out of this problem than the following possibilities:

    STRUCTURAL FUNCTIONS OF HARMONY

    HARMONY AND ITS STRUCTURAL FUNCTIONS

    STRUCTURAL FUNCTIONS OF CHORD PROGRESSIONS

The title, HARMONIC ANALYSIS, would not convey my idea. It is the consequence only of the structural functions established herein, whereas my subject is the appraisal of harmony progressions in their functions of building musical structures.

As to the accomodation with present day teaching of harmony, that is what this book intends to improve. There is so much wrong, or at least indirect, in musical terminology that much of the aesthetic and even

---

1 Dika Newlin, geboren 1923, Schülerin von Arnold Schoenberg.

2 Leonard Stein, 1916-2004, amer. Musikwissenschaftler.

technical shortcomings are caused by it. My terminology tries to avoid concepts derived from poetry, architecture, philosophy and similar fields. I desire to be as close to music as possible and prefer to derive my terms from language. Perhaps a glossary might be added explaining the relationship between new and old terms.

I expect now to hear from you and from Dr. Newlin in order to enter into negotiations, and may I say that I am hopeful of a satisfactory progress in the solution of intriguing problems.

Most sincerely yours,

Arnold Schoenberg

30. Dezember 1948 Wilhelm Furtwängler (Montreux, Schweiz) an Bruno Walter (608 North Bedford Drive, Beverly Hills, California)

Telegramm (annotiert), 1 S., dt.; vgl. Katalog-Nr. 6739.

OA43

O.NA395 21 COLLECT NL 3 EXTRA=MONTREUX 29 (VIA RCA) VIA EB NEWYORK NY 30=

RP$.31 BRUNO WALTER=

608 NORTH BEDFORD DR BEVERLY HILLS CALIF=

WAERE IHNEN DANKBAR FUER OFFENE ANTWORT OB SIE WIRKLICH GEM[E]INSAME GAST TAETIGKEIT MIT MIR IN CHICAGO[1] VERWEIGERN=

WILHELM FURTWAENGLER

<Volta l'Impresso Montreux Switzerland

Ich habe weder öffentlich noch privatim jemals eine Äusserung getan, die zu Ihrem Telegramm Veranlassung geben konnte B.W.>[2]

[1] Vgl. Dok. 6740-6741, 6791-6792 und 6859-6860.

[2] Von Bruno Walter auf das Telegramm notierte Rückantwort.

8. April 1952 Eric Werner [Cincinnatti, Ohio] an Ernst Roth

TL (Kopie), 3 S., dt.; vgl. Katalog-Nr. 3901.

[1] Ernst Roth, 1896-1971, Musikwissenschaftler.

Mein lieber Ernst,[1]

ganz beschaemt, aber auch geruehrt war ich, als ich Deinen lieben Brief v. 25. März in Haenden hielt. Ich weiss, ich bin sehr in Deiner Briefschuld; nicht weniger als drei Deiner Briefe sind unbeantwortet geblieben. Deine Befürchtungen waren nicht ganz grundlos, aber stark uebertrieben. Voriges Jahr hatte ich einen boesen Unfall mit Ausrenkung des rechten Arms, Gelenk- und Sehnenentzuendung und Knorpelbruch, der mir den rechten Arm fuer Monate lahmlegte und erst nach radikalen Kuren mit Spanischen Inquisitionsmaschinen in New York zusammengeflickt wurde. Ganz in Ordnung ist der Arm bis heute nicht, aber doch zu 90[%] perfekt, so dass ich z.B. auf grossen Orgeln spielen kann, ohne durch die weiten Armstreckungen Schmerzen zu verspueren. Schreiben war ausser offizieller Korrespondenz unmoeglich; was ich amtlich zu erledigen hatte, diktierte ich meiner Sekretaerin. Nun tipp ich wieder fleissig darauf los und haette, vom gesundheitlichen Standpunkt aus schon Deinen vorletzten Brief beantworten koennen. Du weißt ja, dass ich in den letzten 4 Jahren das Wintersemester immer in New York und nur das Sommersemester hier[2] gelesen hatte. Nun, in New York habe ich leider auch eine Menge administrativer Arbeit, die mir keine oder doch nur wenig Zeit fuer Privatkorrespondenz laesst. Das alles sind aber nur faule Ausreden, oder bestenfalls leicht mildernde Umstaende. Nun, bevor hier die Katastrophe hereinbricht, will ich Dir einen richtigen langen Brief schreiben. Die Katastrophe ist die diesen Monat bevorstehende Uebersiedlung – nicht nach New York – sondern innerhalb Cincinnatis.

[2] Am Hebrew Union College in Cincinnati, Ohio.

Ich beginne also systematisch, d.h. mit den Inhalten Deiner 3 Briefe. Der erste hat sich nahezu ausschliesslich um Ungers[3] bewegt, und Du brauchst nicht zu denken, dass ich in dieser Sache nichts unternommen oder wenigstens versucht haette! Aber ich muss Dir ein paar "facts of Life" erklaeren. Die B.B. Logen[4] hier sind ganz und gar nicht das, was sie in Oesterreich, und noch viel weniger, was sie einst, im Glanz, in Deutschland waren. Mir selbst fehlt meine alte Zacharja Frankel Loge aus Breslau immer noch sehr. Hier ist das eine Art philanthropischer Massengeselligkeitsklub mit leicht politischer Faerbung ohne jede Discrimination ohne Wuerde, wenn auch nicht ohne Verdienst. Jedes Jahr machen die Leutchen eine "membership-campaign", um moeglichst viele Mitglieder zu keilen. Ich war in zwei der hiesigen Logen ein paarmal als Gast der sich mit Grauen wand und wandte. Nur in New York gibt es drei sogen. "Kontine[n]tallogen" (Wiener, Deutsche, Tschechische), die die europaeische Tradition bewahren. Wenn [Leo] Baeck herkommt, (jedes Jahr nach Cincinnati fuer 4 Monate) nimmt er mich in eine dieser Logen in New York mit. Ich persoenlich gehoere keiner Loge an, obwohl ich hundertmal eingeladen worden bin. Nichtsdestoweniger habe ich durch drei meiner Kollegen, die grosse und einflussreiche Macher sind, die Sache an die Grossloge in Washington bringen lassen. Die Antwort war: Man wuerde versuchen, entweder the Secretary of State (Aussenminister) oder durch eine Mittelsorganisation die Polnische Botschaft hier in dieser Angelegenheit zu beeinflussen. Weiter habe ich darueber nichts gehoert. Was ist geschehen?

[3] Max Unger, 1883-1959, dt. Musikwissenschaftler und Dirigent.

[4] B'nai B'rith (hebr.: Söhne des Bundes), 1843 in New York gegründete und weltweit existierende Loge mit humanitären Aufgaben.

Weit substanzieller war ein zweiter Brief v. Ende Dezember 31. Hier sehe ich mich, mein Lieber, vor mir denken, fuehlen, raesonnieren, argumentieren, vorsichtig und ehrlich Schluesse ziehen – und mein Herz und mein Hirn "went out to you". Zunaechst beleuchtest Du in diesem Brief die Einwanderungspolitik der Regierung und kommst zu genau denselben Schluessen, die wir hier schon vor einem Jahr erreicht hatten. In Deinem letzten Brief kommst Du nochmals auf dieselbe Sache zu sprechen und erwaehnst die immer anwachsenden Schwierigkeiten der [O]ekonomie des jungen Staates[5] – wie sagt Nestroy[6]: "da schauts den Kerl an; erst 24 Jahre alt und schon drei Bankrotte", aber ich will ueber eine so blutig ernste Sache nicht spotten. Wie die meisten Eingeweihten hier die Sache ansehen, gibt es hier zwei Standpunkte – und demgemaess zwei Argumentationen. (1) Wenn der Regierung mehr an der Wohlfahrt der Bevoelkerung gelegen waere als an ihrer Machtposition, dann haette Ben Curion[7] durch eine Liaison mit den Progressiven alle moeglichen amer. Kredite haben koennen. Das wollte er nicht, entweder aus ideologischen oder aber aus machtpolitischen Gruenden. Dadurch wird die Orthodoxie in eine Position gebracht, die durchaus inkompatibel mit den Wuenschen und Beduerfnissen der Majoritaet der Bevoelkerung ist. Sie fuehrt in besonders krassen Faellen dazu, dass ich mich an den Kopf greife und mich frage: habe ich nicht einen ganz aehnlichen Fall letzte Woche in meinem Seminar ueber das Matthaeus Evangelium diskutiert mit allen rabbinischen Argumenten und Gegenargumenten? Hab ich das nicht eben im Josephus gelesen? (2) Die Verteidiger sagen: Lasst Israel nur seine Wege gehen, sie werden schon richtig sein, wir koennen das von hier nicht gut beurteilen; gebt ihnen nur Zeit und Chancen! Mit den Progressiven konnte kein Kabinett gebildet werden, weil das die ganze Histadruth[8] kompromittiert und gefaehrdet haette, etc. etc. Auf keinen Fall duerfen wir jetzt Israel Schwierigkeiten finanzieller Natur bereiten.

Nur diesem letzten Satz schliesse ich mich an; aber ich sage, dass wenn sie auf unsere Hilfe rechnen, sie einige unserer Bedingungen akzeptieren muessen, vor allem die Trennung von Kirche und Staat. Lasst jeden nach seiner Facon selig werden, ihr Heuchler und lest Jesaia 58, Amos 9, und noch einige andere Kernparagraphen, die von Kaschrut[9] nichts wissen. Ich dachte, ein wunderbares Motto des neuen Israel wuerde Jesaia 65,17 plus 61,8-10. Schau Dir diese Herrlichen Worte an! (aber hebraeisch!.) Aber wie wenig davon ist zu spueren! Sapienti sat.[10]

Ueber Schneid wuensche ich keine Worte mehr zu verlieren. Dafuer aber lass mich fragen, inwieweit wir Deiner Anni den Haushalt mit Packeln erleichtern koennen. Bitte genier Dich nicht und schreib, was Ihr vor allem wollt und braucht.

---

5 Der 1948 gegründete Staat Israel.

6 Johann Nestroy, 1801-1862, österr. Satiriker und Dramatiker.

7 David Ben-Gurion, 1886-1973, erster Ministerpräsident Israels.

8 Größte Organisation der Arbeiter in Israel, gegründet 1920, seit der Staatsgründung 1948 Gewerkschaft Israels.

9 Die Speisegesetze der Thora.

10 Lat.: Dem Wissenden genügt es.

Gegen das Radio solltest Du Dich nicht sosehr wehren; Du hast zwei Dinge davon, die Du Dir anderweitig nicht verschaffen kannst: Ivrith[11] und Musik. Man erzaehlt mir, dass "Kol Yisrael"[12] jeden Tag eine Stunde Gemara[13] hat: das wuerde Dir wegen der massenhaft eindringenden Aramaismen sehr helfen.

Th. Manns "Faustus"[14] hat mich, wie Du denken kannst, ebenfalls maechtig interessiert. Aber ich halte das Werk trotz seiner Meriten fuer missglueckt, vor allem wegen der Parallelbahn von Faustus und dem politischen Wahn des deutschen Volkes, dann aber auch, weil auf Umwegen und in verkleideter Form die neokalvinistische Erbsuenden- und Gnadenlehre hineingeschmuggelt wurde. Im uebrigen vermisse ich die Integration der verschiedenen konstitutiven Elemente der Geschichte, d.h., mit andern Worten, die kuenstlerische Einheit. Der Stoff ist nicht gebaendigt.

Und nun zu Deinem dritten Brief v. 25. Maerz. Den werde ich nicht direkt, sondern indirekt beantworten. Juengst, beim Durchsehen und Ausmisten alter Papiere, von denen ich einen fuerchterlichen Ballast mit herumschleppe, kamen mir viele Briefe von Toten, sei es Freunden, sei es Verwandten, in die Haende – und wollten mir fuer viele Tage nicht mehr aus dem Sinn. Die Gnostik spricht von einem "Pleroma" der menschlichen Seelen, das erst erfuellt sein muesse, bevor Adam, der alle Seelen in sich beherbergte, die vor dem Kommen des Messias noch kommen wuerden, sich reinkarnieren und uns durch den Messiaskoenig zur beruehmten [Textlücke[15]] fuehren koennte. Das heisst, dass wir uns nach unserem Tod einem riesigen Staat lebendiger Seelen zugesellen, in dem weder Heute noch Gestern gilt. Du haeltst mich wohl fuer halbverrueckt, wenn ich Dir gestehe, dass ich beginne, an den Tod in diesem Sinne zu denken. Das hat mit der Jenseitsidee wenig zu tun, wohl aber mit der Phrase, dass "man zu seinen Vaetern versammelt" wird.

Aber auch einiges ueber das herrliche, graessliche, kleine, grosse, etc. in infinitum, Leben! Im Juni kommt mein grosser Rosch haschono[16] Service heraus, und ich hoffe Dir im naechsten Brief berichten zu koennen, wann mein magnum opus "The Sacred Bridge"[17] erscheinen wird, das mein Hauptwerk in liturgischer, historischer, und musikwissenschaftlicher Hinsicht darstellt. Diesen Sommer fahre ich mit Elisabeth nach Utrecht zur Tagung der internationalen musikwissenschaftlichen Vereinigung, wo ich auch etliche Weisheit verzapfen soll. Von dort wollen wir in die Dolomiten, dann nach Venedig zu meiner Schwaegerin, dann nach Rom, dann wieder heim. Im Jahr 53 hoffe ich Dich in Israel zu sehen, da ich, im Besitze einer stehenden Einladung von der Universitaet, dann beabsichtige, davon Gebrauch zu machen. Du hast recht, wenn Du direkt zum unvokalisierten "Haaretz"[18] uebergegangen

---

11 Bezeichnung für die hebr. Sprache.

12 Israelische Rundfunkstation.

13 Die Gemara (aramäisch: Lernen) enthält die Auslegung der verfassungsähnlichen Vorgaben der jüdischen Bibel und bildet zusammen mit der Mischnah den Talmud.

14 Thomas Mann, «Doktor Faustus. Das Leben des deutschen Tonsetzers Adrian Leverkühn, erzählt von einem Freunde» (1947).

15 Im Original offenbar eine handschriftliche Eintragung, die im Durchschlag nicht enthalten ist.

16 Rosch ha-Schannah, das jüdische Neujahrsfest.

17 Eric Werner, «The Sacred Bridge», London und New York 1959-1984.

18 Israelische Zeitung, gegründet 1919.

bist. Uebrigens ist das Zeitungshebraeisch fuer mich sehr schwer, da jedes vierte oder fuenfte Wort eine moderne Neubildung in einem gewissen Jargon ist. Moderne Literatur lese ich viel leichter, da dort technische Ausdruecke soweit wie moeglich vermieden werden. Wann immer ich mit einem Israeli zusammenkomme, spreche ich Hebraeisch, aber von Jahr zu Jahr wird mein Ivrith altmodischer, altfraenkischer; manchmal nehmen sich die Israelis zusammen um nicht ueber meinen Meliza-stil[19] zu laecheln. Sie nennen es immer "Gelehrten-Ivrith", aber nicht lebendiges, was ich ihnen gerne glaube.

Du brauchst nicht immer Deine eigenen Erfahrungen, hier und drueben, bitter, wie sie sind und waren, selbst zu bezweifeln, wenn Du ueber das gegenwaertige Israel nachdenkst. Natuerlich hast Du absolut recht mit allem, was Du darueber bemerkst. Demokrates sagt: [Textlücke[20]]

Nun hoffe ich, dass ich meiner langen Megilla[21] einige Expiation fuer mein allzulanges Schweigen geleistet habe. Aber ich verspreche, Euch bald wieder zu schreiben. Erfreulich ist der Ausgang des Prozesses Deines Neffen, es scheint doch noch ahabath mishpat[22] zu geben, *selbst* in Israel!

Nun sei, wie auch Deine liebe Anni, herzlichst begruesst von Deinem alten, stets getreuen

19 Melitzah (hebr.): würdige Ausdrucksweise, poetischer Ausdruck.

20 Im Original offenbar eine handschriftliche Eintragung, die im Durchschlag nicht enthalten ist.

21 Megillah (hebr.: Rolle), auf Pergament oder Papier handgeschriebener Text.

22 Ahawat mischpat (hebr.): Primat von Recht und Gerechtigkeit.

3. August 1952 Abel Ehrlich[1] (Tal Bie, Hoveve-Zion Street, Beth Khadder, Jerusalem) an Solomon Rosowski

ALS, 4 S., dt.; vgl. Katalog-Nr. 5270.

Lieber Professor Rosowski,

ich danke Ihnen sehr für Ihren Brief vom 20. Juli; er hat mich außerordentlich gefreut. Die Grüße habe ich schon teilweise ausgerichtet. Vor allem möchte ich auf Ihren Brief eingehen und zwar wieder mit möglichst leserlicher Handschrift: Ja, meine Schüler wissen sehr gut, daß ich bei Ihnen studiert habe. Übrigens hatte in diesem Jahr auch ein Ex-Schüler von Ihnen bei mir gelernt, Fritz Levisohn (= [Jaakow Benari][2]), der in Ihrem Kontrapunktkurs (zusammen mit Robert Israel, Kurt Schlesinger und [Robert] Starer) mitlernte. Er ist jetzt Kibbutznik und schon ein Isch chaschuw[3] als Musiker im Kibbutz. Er beginnt schon, gute Sachen zu schreiben, z.B. einen Sonatensatz für Flöte u. Streicher auf 2 Themen hiesiger Volkslieder. Was hören Sie von Robert Starer? Kommt er vorwärts? Ich will Ihnen ein bischen [sic] über den Stand der Dinge hier berichten. *Komposition*: Vor einem Jahr organisierte unser Mador Ha-Mussika[4] (Pelleg[5] = Frank Pollak) eine Zusammenkunft von [Aaron] Copland und isr.[aelische] Komponisten. Es war

1 Abel Ehrlich, 1915-2003, israelischer Komponist dt. Herkunft.

2 Im Original hebr.

3 Im Original hebr.: wichtige Person.

4 Im Original hebr.: Musikabteilung.

5 Im Original hebr., hebraisierter Name von Frank Pollak, 1910-1968, israelischer Pianist tsch. Herkunft, 1945-1952 Leiter der Musikabteilung des Kultusministeriums.

nicht nur interessant durch den Gast, sondern auch dadurch, daß es die erste Zusammenkunft fast aller hiesiger Komponisten war. Dort wurde es noch mehr klar, was uns allen schon vorher bewußt war: 1.) die große Kluft zwischen den bewußt-nationalen Schaffenden und den anderen. 2.) die Uneinheitlichkeit zwischen den nationalen: Es gibt jüdisch-osteuropäische; israelische, die auf persische Melodik bauen; auf jemenitische; die Volksliedkomponisten; die LAVRI-ösen[6] Businessmen; die semitischen <what-ever that may be>[7]; Copland sagt immer: Es erinnere ihn so an den ungarisch-rumänischen Kultur-kreis [sic], z.B. Bauerntänze von [Béla] Bartók. – Mit der israeli-nationalen Musik ist es so wie ein polnischer Schloimele[8], der in England Lord wird und sich rasch einen Stammbaum anschafft. Wieso müssen wir über Nacht nationale Musik haben? Es wird schon von alleine kommen. – *Allgemeines Musikleben*: Oper noch nicht besser, Novum: Haifa-orchester [sic], vom Geiger [Tot] Rothenberg ins Leben gerufen. Schon sehr gut. Orchester des Kibbutz meuchad.[9] Radioorchester gut, wenn [Otto] Klemperer mit ihnen arbeitet. Philharm. Orchester überarbeitet. *Chöre* noch kein erwünschter Aufstieg. Oberster Beamter für Unterrichtswesen (Musik) [Amiran[10] = PUGATSHOF[11]], untersteht dem Erziehungsminister. Ausserdem ist der "MADOR LEMUSIKA"[12] (Pelleg) aufgelöst, es gibt einen Mador haomanut[13] unter dem Maler BRONSTEIN[14] (gemeinsam für Musik und Malerei). Aber alle Schulen, Akademien incl., unterstehen AMIRAN. *Musikschulen*: Seit einer Woche besteht wieder Einigkeit zwischen dem Jer.[usalmer] ISRAEL-CONS.[ervatorium] und dem Tel-Aviv ISR.[ael] CONS.[ervatorium]; [Oedoen] PARTOS[15] ist von beiden Akademien Direktor geworden. Es wäre fast in unserer Anstalt zu einer Wiederholung des EXODUS von 1947 gekommen – aus verschiedenen Gründen, schließlich haben wir uns doch entschlossen, im "ISRAEL"-KONS.[ervatorium] zu bleiben und selbst mitzuhelfen, die Anstalt neu zu organisieren, um vor allem Unterrichtsideale durchzusetzen. Das NEUE JER.[usalemer] Kons.[ervatorium] ist quantitativ schon sehr stark, hat auch schon seine Fühler nach Tel-Aviv ausgestreckt und plant sogar, uns in Haifa eine Konkurrenz zu machen. Die hiesigen guten Musiker sind aber nicht der Meinung, daß das isr. Musikleben unbedingt von J. Dostrowski[16] und ihrem hörigen Stab und ihrem Massengeist oder -UNgeist dirigiert werden muß. Unser Erziehungsminister plant eine Akademja memschaltit[17] oder vorläufig Ziburit[18], die von oben organisiert werden würde und sowohl Direktor als der gesamte Lehrerstab ernannt werden würde [sic]. Wer da hereinkommen wird, kann man noch nicht wissen. – Alles was Sie mir von Ihrer Tätigkeit geschrieben hatten, interessierte mich sehr. Sie haben ein großes und vielseitiges Arbeitsgebiet, und ich freue mich über Ihren Erfolg. Ganz besonders über den Bericht über Ihr Buch[19], das ja schon biblische Ausmaße annimmt.

6 Anspielung auf Marc Lavry, 1903-1967, israelischer Komponist.

7 Spitze Klammern im Original.

8 Koseform von Salomon, hier vielleicht im Sinne von "Schlemiel" verwendet.

9 Ashdot Jaakow Me-uchad, Kibbutz im Jordantal.

10 Im Original hebr., vgl. Anmerkung 11.

11 Emanuel Amiran-Pougatchov, 1909-1993, israel. Komponist.

12 Hebr.: Musikabteilung.

13 Im Original Hebr.: Kunstabteilung.

14 Mordechai Ardon (eigentlich Mordechai Eliezer Bronstein), auch Max Bronstein, 1896-1992, israelischer Maler poln. Herkunft.

15 Oedoen [Ödön] Partos, 1907-1977, israelischer Komponist ung. Herkunft.

16 Jochewed Dostrowski, Klavierlehrerin am Konservatorium und später dessen Geschäftsführerin.

17 Im Original hebr: Staatliche Akademie (mit Vorbild Wien).

18 Im Original hebr.: Öffentliche.

19 Solomon Rosowski «The Cantillation of the Bible: the Five Books of Moses», New York 1957.

Ich habe eine große Bitte an Sie, wenn es erschienen ist, mir ein Exemplar zu schicken; ich bin stolz auf Sie und brenne schon darauf, das Buch kennen zu lernen. Ich wünsche Ihnen einen erfolgreichen baldigen Abschluß Ihrer – ja nicht einfachen Finanzbemühungen in puncto PUBLIKATIONSrealisierung. – Als Lehrer habe ich hier ein erfreuliches Ergebnis, 1.) die Schüler können, was sie gelernt haben (z.B. haben die Akademisten des 2. u 3. Jahres als Abschluß in Kontrapunkt Motetten geschrieben, im Gehörsausbildung Schönbergsche 12-tonreihen [sic] improvisiert und im Original, in Umkehrung, im "Krebs" und dessen Umkehrung be-al peh[20] gesungen und Kanons darauf gesungen, polyphone Bachwerke vom Blatt etc[.] abgesungen) 2. Beweis: bin nun auch in T.[el] A.[viv] engagiert unter anderem auch für einen Kurs für Lehrer, wie EARTRAINING zu unterrichten. (Das ist in ISR.[ael] Cons.[ervatorium]) Das neue Kons.[ervatorium] hier u. in T.[el] A.[viv] (sie haben dort schon einen Snif[21]) wollten mich auch haben. Ich habe sehr viel Arbeit, aber wir leben trotzdem fast in Armut, so habe ich noch immer nicht ein eigenes Klavier, und auch keinerlei Aussichten darauf, wir können uns keinen Sommerurlaub leisten, um Ihnen einen Begriff von der Preissteigerung zu geben, man läßt im Gemüsegeschäft für eine Tagesration von Obst und Gemüse ca. 1.500 Lirot[22], für ein gutes Heft Notenpapier 1.–.

Natürlich sind auch die Preise für Einzelstunden gestiegen, ab Herbst bei einem Lehrer mit Namen 4.– It pro Stunde. (Kurse die Hälfte nur!) Doch es bleibt einem nie etwas übrig! – So kann ich nur sagen, ich verstehe, wenn man Ihnen rät, Ihre dortige produktive Tätigkeit *nicht* aufzugeben. Es ist jetzt materiell sehr schwer bei uns. Doch kann ich auch sehr gut begreifen, daß Sie sich nach Israel sehnen; meines Erachtens wäre die beste Lösung, wenn Sie – sagen wir, nach Beendigung des Drucks (des Buches) einen Besuch hierher planen würden. Ich will nicht einen egoistischen Mitgrund zu diesem Vorschlag verleugnen, daß ein Wiedersehen und Wiedersprechen mit Ihnen mir eine ganz besondere Freude bereiten würde. Doch würde ich Ihnen raten, nicht Ihre Arbeit damit dort abzubrechen; dort kann man sich garnicht vorstellen, wie hart hier der Kampf ums Dasein geworden ist. Ich möchte Ihnen übrigens gestehen, wie glücklich ich bin, daß Sie mir nicht mehr böse sind über unseren dramatischen Unterrichtsabschluß – nun ca[.] vor einem Jahrzehnt. Ich war ganz gewiß damals der schuldige Teil, der Drang zur "Unabhängigkeit" war leider stärker als meine menschliche Reife; so war ich jetzt beglückt über die Aufnahme unserer Korrespondenz und über die Freundschaftlichkeit Ihres Schreibens. Ich hoffe, daß Ihr Gesundheitszustand zufriedenstellend ist und daß Sie nach dem Erscheinen des Buches und einem darauffolgenden Chofäsch[23] der gewiss wohlverdient wäre – wieder auch zum musikalischen Schaffen zurückkehren werden. Ich danke Ihnen, daß Sie sich für mein 2.

---

20 Im Original hebr.: vom Blatt, auswendig.

21 Im Original hebr.: Zweigstelle, Filiale.

22 Im Original hebr. Währungszeichen.

23 Im Original hebr.: Ferien, Urlaub.

Streichquartett einsetzen wollen; ich sandte meinem Verwandten (einem Cousin meiner Mutter) Erwin Bodky, der Professor für Musik an der Brandeisuniversity [sic] ist (und ein Spezialist für alte Musik, Cembalist und Autor von Büchern über Bach) einen Chor auf biblischen Text (AVSHALOM), der ihm sehr gut gefiel. Dort befindet sich auch ein hochbegabter Exschüler von mir, Elijahu Ahilea. In Haifa unterrichtete ich im vorigen Jahr ein 11-jähriges Genie, der nach 5 Elementartheoriestunden und 3 Harmoniestunden für ein Monsterorchester [sic] auf ein dorisches hübsches eigenes Thema Variationen schrieb. Sein Name: ELISHA KAHN; ich hoffe sehr, daß aus ihm mal etwas Achtbares werden wird. Ja, als Komponist habe ich es schwer, mich durchzusetzen: Ich kann nicht (nicht nur, daß ich nicht will) für den Markt schreiben, ich kann nicht die israelischen vorgeschriebenen Fahrbahnen als bequemen Weg einschlagen, ich bin nicht geeignet dafür, populär liebenswürdig zu sein, mit bekannten, allzu bekannten melodischen Floskeln zu schmeicheln – und ich bin nicht der Mensch, der "Protekcije"[24] sucht oder ohne zu suchen: findet. –

[24] Wohl poln. Protekcje = Protektion.

Ich möchte Ihnen auch in Bezug auf Ingster berichten. Ich habe *garkeinen* persönlichen Kontakt mit ihm, könnte auch kaum einen mit ihm haben, wir sind zu verschieden. Um ihn zur Arbeit anzuregen, müßte ich doch wohl intimer mit ihm sein. Vor Jahren wollte er übrigens beginnen, bei mir zu lernen, aber es kam nie dazu. – Im Moment kann ich mich nicht mit Brener in Verbindung setzen, werde es aber im Herbst tun. – Bitte schreiben Sie mir, ob Sie es für möglich halten, daß ich für ein, zwei Jahre nach den U.S.A. kommen könnte, nicht nur um mich von dem schweren Leben der Heimat auszuruhen, nicht nur, um neue Kräfte und Ansporn für weitere Arbeit hier zu finden, sondern auch, um die Welt von einem weniger begrenzten Blickpunkt wieder betrachten zu können, um nicht zu sehr zu provinzialisieren, was gewiß auch nicht für unser Land gut sein kann, wenn die Lehrer der Kunst an geistigen Vitaminen Mangel zu leiden beginnen, den Horizont an der Nasenspitze fühlen, kurz: verbauern. Glauben Sie, daß ich vielleicht dort in irgendeiner Form unterrichten könnte? Seien Sie so lieb und teilen Sie mir Ihre Gedanken, bzw. Erkundigungen mit! – Meiner Familie geht es gut, meine Frau u. ich sind glücklich mit unserer sehr netten dreijährigen Tochter, die so gesund wie alle Sabre-Kinder[25] aufwächst.

[25] Bezeichnung für die in Israel geborenen Kinder.

Lieber Herr Professor, ich hoffe auf einen baldigen Brief von Ihnen, grüßen Sie bitte herzlichst Ihre Frau und empfangen Sie meine herzlichsten Grüße auch im Namen meiner Frau, die sich meiner Hoffnung auf einen Besuch Ihrerseits – unbekannterweise anschließt.

Ihr Abel Ehrlich

REGISTER

INDEX

Die unterschiedlichen Schreibweisen von Eigennamen, die in den Quellen begegnen, sind im Register der Form angeglichen, die in den USA am häufigsten war.

The different writings of proper names in the sources are unified in this index to the spelling most popular in the United States.

A

Aaronsohn, Michael 73
Abendroth, Hermann 194, 196, 224, 238, 248, 275
Abert, Hermann 196, 234
Abingdon, ? Countess 320, 401
Abolin, Elizabeth 97
Abraham, Erich Max A. 89
Abraham, Otto 230
Abramowitsch, Jacques 129
Abrams, Joseph M. 115
Abravanel, Maurice 138, 154, 316
Abt, Harry 73, 81, 83
Achron, Joseph 185f., 288
Adamic, Louis 311
Adams, Mildred 247
Adams, Walter 237, 263, 276
Adelberg, Peter 125, 129
Adenauer, Konrad 59
Adler, ? 334
Adler, A. Mrs. 117
Adler, Alfred 215f.
Adler, F. C. 234
Adler, Ferdinand 130ff.
Adler, Frederick 53
Adler, Grete 44ff., 356, 358, 395-400, 415
Adler, Guido 91, 95, 97ff., 164, 211, 216f., 221, 278f., 340, 344
Adler, Herbert 115, 126
Adler, Herman 117, 124
Adler, Hugo 128
Adler, Hugo Chayim XVII, XXXIII, 73, 82, 114, 170ff., 183f., 200, 332, 370
Adler, Irene 45, 356, 395, 397f., 400
Adler, J. O. 195
Adler, Karl XX, XXXV, 44-48, 56, 125, 170, 356ff., 395-400, 412-415
Adler, Kurt 115, 123, 125f., 129, 198, 278
Adler, Leo 395
Adler, Peter XVII, XXXIII
Adler, Samuel 172, 191, 200
Adorno, Theodor Wiesengrund XXf., XXXVI, XLIII, 201, 206, 244, 293, 344ff., 348f., 352
Aelberts, Pierre 334
Afron, Matthew XV, XXXI
Agadstein, ? 151
Agay, Dennis 128
Agnini, Armando 153
Ahilea, Eliahu 187, 429
Aichele, Karl 45, 414
Aizenstadt, ? 172
Aks, Harold 18
Albach-Gerstl, Rosl 130f.
Albers, Anni 205
Albers, Hilde 129
Albers, Josef 205
Albers-Frank, Hilda 63
Albersheim, Gerhard 316
Albertini, Alberto 311
Albrecht, Otto E. 87, 90, 211
Albrechtsberger, Johann Georg 383
Alcalay, Leon 123
Alcott, Bronson 309
Alden, J. H. 278
Aldrich, Winthrop 316
Aleksandrov, Aleksander V. 180
Alevyn, ? 37
Alexander, Constance 150
Alexander, Frederic 311
Alexander, Haim 186
Alexander, Leopold 89
Alexander, Max 125, 129
Alexandrowicz, Hermine 79
Alexanian, Dinu 293
Allen, Warren D. 136, 163, 166, 229, 273
Allende-Blin, Juan XXIV, XXXIX, XLIII, 263, 292
Allers, Franz 285
Allmeyer, P. Mrs. 128
Altenberg, Peter 48
Alter, Benjamin Wolf 172
Alter, Israel XXII, XXXVIII, 172, 174
Alter, Kimmer 172
Altmann, Ludwig 170
Altmann, Siegfried 48f.
Altschuler, Modest 158
Alvers, Sonya 127
Alvers, Zina 21, 128f.
Alwin, Karl 147, 214
Amar, Licco 293
Ameche, Don 150
Amiran-Pougatchov, Emanuel 427
Amsterdamm, ? 130
Anczis, M. 207
Anderson, Charles B. 167
Anderson, Jack 284
Anderson, Judith 149
Anderson, Maxwell 197, 287
Andreae, Volkmar 113
Andreas, Otto siehe Singer, André
Andrus, John R. 30, 197
Andy, Katja 118
Angell, Richard S. 253
Anglès, Higino 78
Ansermet, Ernest 106, 143
Ansorge, Konrad 109, 248
Antheil, Böski 138ff.
Antheil, George 138-141, 194f., 288, 355, 357f., 376, 415-419
Antheil, Peter 138, 358
Anthony, Beatrice 114
Antokoletz, Elliot 40
Apel, Willi XIX, XXXV, 84, 89, 104, 194, 207, 306
Apfel, Ludwig 128f.
Apfelbaum, Toni 67

Index

Appleget, Thomas B. 347f.
Ardon, Mordechai *siehe* Bronstein, Max
Arendt, Hannah 73f., 356, 358, 406-410
Armbruster, Georg 130
Armes, Irene Headley 251
Arminsky, Herman 262
Armitage, Merle 102, 274, 301
Aron, Paul 54f.
Aronsohn, J. 130f.
Arrau, Claudio 256
Arteau, Louis P. 326f.
Ascher-Nash, Franzi 201f.
Ascoli, Max 94, 219, 234, 249
Asherman, Otto 167
Asmann, ? 190
Assenheim, ? 181
Astrofsky, Ralph 104f.
Auber, Stefan 279
Auden, Wystan Hugh 308
Aue, Margaret 279
Auerbach, Elias 49
Auerbach, Luise 120
Auerbach, Toni 106
Aufhäuser, Siegfried 190
Auster, Paul XVI, XXXII
Austrial, Ralph 350
Avinoff, Andrew 243
Avshalomoff, A. 133
Avshalomoff, Jacob 185

B

Babin, Victor 144, 373
Baccaloni, Salvatore 327
Bach, David Josef 247, 334
Bach, Johann Sebastian 72, 90f., 94, 162, 164, 202, 210, 230, 234, 290, 296, 335, 362, 381
Bach-Cohn, Gisela 334
Bachrich, Ernst 100
Bacon, Ernst 121, 278, 356, 359, 388f.
Badoglio, Pietro 312f.
Baeck, Leo 74, 79, 171, 177, 188, 190, 423
Bälz, Karl von 47
Baer, Hans 131
Baertich, Paul 123

Baerwald, Leo 189, 191f.
Bäuchle, ? 414
Bäuerle, Klara 44
Bäuerle, Theodor 44f., 47, 357, 412-415
Bagster-Collins, E. W. 223
Baier, Christian 69
Bain, Wilfried 251
Baird, Cameron 181
Bak, Adolf 207
Bak, Mary 101
Bakalejnikov, Jurij 145
Baker, Norwood 277
Baker, Thomas S. 224, 226f.
Balaban, ? 188
Balabanoff, Angelica 312
Balan, Benno 31
Balanchine, George 285
Balazs, Frederic 120
Baldwin, Roger S. 17
Balinger, Fabian 117
Ballantine, Edward 209f., 229
Baller, Adolf 129
Baller, Stephan 129
Balling, Maria L. 121, 207, 349
Ballon, Hedda 84, 123, 208
Balnemones, Michael 124
Balogh, Ernö 142, 146, 376
Balzac, Honoré de XVI, XXXII
Bamberger, Bernard J. 73f.
Bamberger, Carl 32, 59, 122, 158
Bamberger, Fritz 177, 256
Bamberger, Gertrude 118
Bampton, Rose 150
Banks, M. 127
Barbacci, Rodolfo 305
Barber, Samuel 155, 326
Barbirolli, John 319
Barclay, Barbara 53
Bardach, Emil 128
Bardas, Stefan 128, 129
Barera, Orlando 21
Barlow, Sam 40, 317
Barnekow, ? von 147
Barnett, L. 302
Baron, Joseph 74
Baron, Salo W. 81, 274
Barraclough, C. E. 316
Barrett, Clark 110
Barrett, Herbert 136
Barrios, Armando 303

Barry, Iris 346, 349f.
Bartlett, ? 237
Bartók, Béla XIX, XXXV, 18, 37, 138, 141ff., 158, 191, 299, 336f., 356, 358f., 404ff., 427
Bartók, Ditta 142, 404f.
Bartók, Peter 142, 404
Bartosch, Karl 123
Baruch, Erika 358
Baruch, Gerth-Wolfgang 208, 358f., 384f.
Baruch, Margarethe 129
Basch, Hugo Frank 89
Bass, John 113, 366
Bass, Werner S. 125, 128f.
Bator, Victor 141
Baudelaire, Charles XVI, XXXII
Bauer, Felix 63
Bauer, John 155, 323
Bauer, Karl F. 30f.
Bauer, Kostka 207
Bauer, Marion 31, 282, 295
Bauer, Yehuda XIII, XXIX, XLIII, 49
Bauer-Schwind, Greta 147, 150
Baum, Kurt 198
Baum, Max 21
Baum, Morton 140
Bauman, Mordecai 158, 332
Baumann, Kurt 63
Baumgardt, David 253
Bax, Arnold 144, 293
Bay, Charles U. 318
Bay, Paul 311
Bayer, Jerome H. 110, 113, 355, 359, 364-368
Bayer, Raymond 224
Beach, H. H. A. Mrs. 161
Beal, George J. 262, 347
Baer, Kathi Meyer *siehe* Meyer-Baer, Kathi
Beard, Charles 111, 160
Beck, Conrad 144
Beck, ? Mr. 105
Becker, Ernst 299
Becking, Gustav 275f.
Beecham, Thomas 139, 146, 155f., 314, 328, 391
Beer, Aron 176
Beer, Gustave 30, 32, 42f., 350
Beer-Hofmann, Richard 48

Beermann, Wilhelm 147
Beethoven, Ludwig van 65, 71, 141, 148, 150, 153, 156f., 164, 211, 217, 312, 318, 326, 328, 383, 401
Behrens, Edith 151
Behymer, Lynden E. 149f.
Behymer, Lynden E. Mrs. 150
Beier, Ernst 75
Beique, ? 152
Bekker, Paul XIX, XXXV, 162f., 169, 336
Belkin, Samuel 47
Bellini, Vincenzo 284, 286
Bellison, ? Mr. 126
Bellison, Simeon 161
Belmoni, ? Mrs. 154
Benatzky, Ralph 148
Ben-Curion, David 424
Bender, Gertrud 89
Bendheim, Irma 129
Benesch, Otto 134, 206
Ben-Haim, Paul 52, 172, 185f.
Benjamin, Arthur 57
Benjamin, Walter XII, XV, XXVIII, XXXI, XLIII
Bennett, ? 145
Bension, ? Mr. 406
Benson, Sally 159
Bentley, Eric 336
Benton, Elbert J. 213
Benya, Mascha 115, 129
Berens, Fritz 128
Berent, Guenther 128f.
Beresoff, Victor 115, 126f.
Berezowsky, Alisa 374
Berezowsky, Judith 143
Berezowsky, Nicolai 143ff., 218, 355, 373f.
Berg, Alban 18, 39, 144, 186, 288, 290, 294, 300, 373f., 378
Berg, George 89
Berg, Gunnar M. 106
Berg, Irving 127
Berg, Jimmy 116
Berger, ? 149
Berger, Arthur 140, 332
Berger, Elmer 74
Berger, Hans siehe Eisler, Gerhart
Berghof, Herbert 22, 311

Bergman, Gisela 127
Bergman, Leo 181
Bergman, Ruth L. 118
Bergmann, Hans 130f.
Bergmann, Walter 205
Bergmeier, ? 321
Bergruenn, Heinrich 172
Bergson, Henri 226
Bergson, Peter H. 74, 406f.
Bergstraesser, Arnold 101
Berkowitz, Sol 30
Berla, Karl 207
Berle, Adolph A. 111
Berlin, Irving 32
Berliner, Milton Lionel 145
Berlinski, Herman XXIII, XXXIX, 31, 39, 181, 200
Berman, David 113, 366
Berman, David Mrs. 366
Berman, J. R. 172
Berman, Naomi 183
Bermann-Fischer, Gottfried 328
Bern, Kurth 92
Bernac, Pierre 293f., 294
Bernard, John T. 161
Berner, Alfred 135
Berneyan, Aroos 105
Bernheim, Roger 59
Bernier, René 311
Berniker, Sim 106, 109
Bernstein, ? 127, 186
Bernstein, Abraham 172
Bernstein, Hans 74
Bernstein, Leonard 172, 185, 204
Bernstein, Maurice 293
Bernstein, Morton Mrs. 117
Bernstein, Philip S. 52, 188f., 191
Bernstein, Yascha 21
Berreiter, Karl 246
Bershadsky, Raya 132
Bert, Lys 278
Bertollo, Arturo 62
Bertram, Georg 98, 99
Bertram-Briess, Fritz 123
Besseler, Heinrich 253
Beutner, Auguste 89f.
Beveridge, Lowell P. 212
Beyer, Emil 90, 205
Beyer, Ruth 90, 205
Biddle, Francis D. 319
Bieber, Kurt 208f.

Bier, Justus 276
Bigham, Bob 136
Billikopf, Jacob 110, 234, 277
Billinger, Richard 178f.
Binder, Abraham W. 59, 74, 76, 170f., 188, 274, 386
Binder, Erich 74, 77
Bing, Edward 116, 127, 129
Bing, Rudolf 127, 199, 317f., 346, 349, 357, 412
Binnendijk, Ria 111
Binz, Gisela 89
Birkenfeld, Leo 123
Birnbaum, Eduard 74, 78, 175
Bischof, Hans 230
Bitter, John 125
Bitter, John Mrs. 125
Bittner, Julius 278
Bizet, Georges 154
Blackburn, Aubrey 159
Blackwell, George H. 116
Blankenship, John E. 21
Blant, Josef 126f.
Blatt, Jack 125, 127, 129
Blatt, Josef 129
Blazekovic, Zdravko 133
Blessinger, Karl 65
Bleustein, Jacques 109
Bliss, Arthur 144
Bliss, ? Mrs. 149
Blissinger, Paul 50
Blitzstein, Marc XVIII, XXXIV, 140, 160
Bloch, Ernest 54, 114, 185, 191, 256, 312, 332, 369
Bloch, Ernst 35, 206, 338, 350
Bloch, Henry 117, 124, 127
Block, Else 150
Block, Frederick 90
Block, Walter 151
Blokland, Arthur 89
Blom, Erich 57, 239, 246
Blume, Friedrich 78, 137, 234, 253, 276
Blumenthal, Sol 123f.
Blunt, Katharine 218
Boas, Franz 99, 237, 243, 311
Bober, Wolfgang 73
Bock Walters, Anni 128
Bock, Gerhart 188f.
Bockstein, Edna 279

Bodansky, Artur 99, 103, 152, 155, 207, 231, 277ff., 328
Bodky, Erwin 84ff., 127, 187, 209f., 339, 350, 380, 429
Böhm, Karl 317, 327
Boelke, Walter R. 38
Boepple, Paul 167
Boetticher, Wolfgang 78
Boger, ? 120
Bohm, Ella 106
Bohm, Gustave 106
Boie, Helga 84, 89
Boie, Mildred 134
Bok, Mary 272
Bokser, Gregorie 120
Bonaparte, Helen 34
Bonaparte, Napoleon 290, 296, 301f.
Bondi, Hilda 125, 129
Bongard, Hans 79, 83
Bonner, John J. 224
Borchard, ? 36
Borchardt, Friedrich 51, 76
Borchardt, Valerie 358
Borgese, G. A. 313
Bormann, Wilhelm 61
Bornstein, Julia 275
Borren, Charles van den 96, 265
Bosch, Robert 414
Bosch-Brüllman, Luise 414
Bosquet, Émile 311
Bosworth, Francis 110
Botton, Jean de 285
Boulanger, Nadia 127, 301
Boult, Adrian 214, 218, 317
Bourguignon, Francis de 311
Bouryanine, Igor 117, 205
Bradford Kelleher, ? Mrs. 158
Brahm, John 29, 32f.
Brahms, Johannes 93, 140, 164, 228f., 295, 311
Brand, Guido 118, 129
Brand, Max [Maximilian] 86f., 185, 210f.
Brandeisky, ? Mr. 117
Brandes, George 59
Brandes, Hildegard 59
Brandes, Wilhelm Eugen Erhard 60
Brandler, N. W. 294

Brand-Sandelowsky, Herbert 116f., 127
Brandt, Shirley 43
Brant, Henry 145
Braslawsky, ? 171
Brauchbar, Margarethe 60f.
Brauchbar, Oskar 60
Braude, William 183
Braun, Charlotte 28
Braun, Leopold 294
Braun, Lucie 177, 181
Braunfels, Walter 84, 211
Braunschweig, Ludwig 129
Braunstein, ? 145
Braunstein, Joseph 90, 206, 211
Brecht, Bertolt XVIII, XXXIV, 197, 292, 302, 311, 336
Breidert, Friedrich *siehe* Breydert, Friedrich Matthias
Breisach, Paul 90, 154, 198, 349
Breitner, Markus 67
Brendel, Julius 109
Brener, ? 187, 429
Brennecke, Wilfried 78
Brentano, Felix W. 200, 205
Breuer, Karla 133
Breuer, Robert 31
Breydert, Friedrich Matthias 127, 212, 240
Brezinka, Thomas 86
Bricht, Walter 21, 55, 129
Bricken, Carl 158
Briggs, ? 116
Brinkmann, Reinhold XLIII
Britten, Benjamin 142
Broch, Hermann 48, 268f.
Brod, Max 185
Broder, Nathan 164
Brodnitz, ? 36
Brodsky, Herbert 165
Broen, ? 28
Bromfield, Louis 311f.
Bromley, Harald 20
Bronstein, ? 121
Bronstein, Jacques 316
Bronstein, Max 427
Bronstein, Mordechai Eliezer *siehe* Bronstein, Max
Brook, Barry S. 133
Brook, Charlie 116
Brooks, Charles 127

Brooks, Van Wyk 311
Brounhoff, Platon 172
Brown, Alan W. 21
Brown, Ann 150
Brown, John N. 88
Brown, Kenneth, I. 90
Brown, Thelma 126
Browne, Gaylord H. 121-124
Bruch, Max 237
Bruchsaler, Karl 106f.
Bruchsaler, Minna 106
Bruck, Hans 107
Bruckner, Anton 68, 226, 228, 231, 326
Bruckner, Ferdinand 205, 311
Bruere, Henry 105
Brun, Herbert 186
Brunswick, Mark XIX, XXXV, 34, 55f., 89f., 94, 102, 115-128, 205, 207, 221, 230, 237, 244, 250, 274-277, 282, 290f., 300, 306, 346, 356, 388f., 393f.
Bry, ? Mrs. 53
Bryan, ? 127
Bryks, Rabb. 131
Buber, Martin 74, 83, 398
Bublitz, Rudolf 107
Buch, Friedrich 128
Buchwald, Julius 55f., 64
Buckminster Fuller, Richard 137
Bühler, Karl 221
Buelinckx, Marleen 200, 203
Buelow, George J. 141
Bürgin, Hans 316
Büttner, Paul 98
Bugatch, S. 172
Bukofzer, Manfred XIV, XIX, XXX, XXXV, 66, 84, 162ff., 168, 212f., 262, 306, 349ff.
Bundschuh, ? Dr. 45
Burchard, Gustave 268
Burckhardt, Jacob 135
Burdick, ? Mr. 43
Burger, Hans 32
Burger, Julius 128
Burgess, Meredith 162
Burghauser, Hugo 90, 213f., 350
Burnham, Addison 168f.
Burnstein, A. Rabbi 129
Burris-Meyer, Harold 349f., 352

Burrows, William 207
Busch, Adolf 69, 120, 143, 232, 234, 236, 273, 277f., 311
Busch, Frieda 312
Busch, Fritz 54, 66, 199, 224
Busch, Hermann 120
Busch, Margarete 258
Busoni, Ferruccio 83, 85, 97, 196, 230
Butler, Nicholas Murray 141f., 243, 355, 379f.
Buxbaum, Edith 125, 129
Buxbaum, Friedrich 324, 387
Byk, Edgar 28
Byk, Richard 278
Byron, George Gordon Noel 301

C

Cadbury, E. 91f.
Cadbury, ? Miss 128
Cage, John 305
Cagli, Corrado 285
Cahn, Alfred 109
Cain, Julien 253
Caldwell, Sarah 204
Calkin, ? Mr. 124
Callahan, Jeremiah Joseph 224ff.
Calusio, Ferrucio 315
Calvetti-Adorno, Franz 293
Campbell, Loraine 18
Campbell, ? Mr. 228
Campbell, Nancy 241f.
Canby, Henry S. 243
Canby, Marion G. 344
Canfield Fisher, Dorothy 95, 105, 239-242
Cannon, Walter B. 319
Cantor, David 126
Capary, Hans Peter 109
Capra, Frank 313
Cara, Vally 121
Cardozo, D. A. Jessurun 45
Caretta, Herta 18
Carlyle, Kitty 151
Carnap, Rudolf 91
Carner, Mosco 37, 57, 278
Caro, Robert A. XVI, XXXII, XLIII
Carodini, Giorgio 122

Carpenter, John Alden 161
Carroll, Joseph 250
Cartwright, Morse A. 194
Cary, William H. 100
Casadesus, Robert 265f.
Casals, Pablo 59, 160f., 202f., 224, 294
Casella, Alfredo 101, 144
Cassirer, Ernst 135, 206
Castelnuovo-Tedesco, Mario 185, 191, 309, 332, 336
Caulir, David 127
Ceh, Frances 127
Celfius, Justus 121
Čerepnin, Nikolaj 144
Chajes, Julius 80, 182f., 185f., 191, 200, 333
Chalk, A. 122
Chalon, Otto T. 80
Chamberlain, Joseph P. XIII, XIX, XXIX, XXXV, 105, 114, 280
Chamberlain-Wagner, Eva 312, 314
Chandome, Luis J. 74
Chaplin, Charlie XVI, XXXII
Chapple, Stanley 27, 142
Charloff, Boris 172
Charniavsky, Leo 122
Charny, ? 58
Chase, Frances W. 239, 241
Chavez, Carlos 34
Chekhov, Michael 18, 20
Chen, Mary 133
Cherner, Jack 129
Cherniavsky, Alex 303
Cherniavsky, Josef 117
Choate, Edward 20
Chotzinoff, Samuel 118, 124f., 147, 152, 154, 160, 291, 309
Churgin, Bathia 47
Cicogna, Gian Luca 312
Cività, David 78
Clarke, Eric T. 101, 138, 210f., 236, 272f., 323
Clarke, George 78
Clarke, ? Mrs. 147
Clémenceau, ? 289
Clemens, Clara 318
Cliven, Bruce 311
Closson, Hermann 311

Cohen, Bella 161
Cohen, Frederic XVII, XXXIII, 90, 196
Cohen, Fritz siehe Cohen, Frederic
Cohen, ? Mrs. 185
Cohen, Zion 187
Cohn, Alfred E. 84, 219, 338
Cohn, Joachim 130f.
Cohn, Julian D. 366
Cohn, Sarah 105
Cohn, Siegfried 123
Cole, Malcolm 53
Coleman, ? 153
Coleman, Joseph 161
Collaer, Paul 140, 311
Colles, Henry Cope 228f., 253, 262, 327
Collins, Agnes 226
Colove, Samuel 128f.
Colum, Padraic 226
Comins, Sara 134
Commanday, Irma 332
Compton, ? 105
Comstock, Ada L. 136
Condell, H. E. 260
Cone, Arthur Lambert 214
Conrardy [sic], Charles 311
Constable, William George 134
Cook, Walter W. S. 135
Cooke, James Francis 101, 272
Coolidge, Calvin 88
Coolidge, Elizabeth Sprague 36, 112, 142, 161, 381, 383f.
Cooper, Martin 80
Coopersmith, Jacob Maurice 234
Copland, Aaron 28, 32, 141f., 144f., 161, 187, 195, 282, 426f.
Coppicus, Francis 146ff., 150f.
Cordoba, Pedro de 161
Cornelis, Evert 318
Cornell, Katherine 33
Cortot, Alfred 127
Corwin, Margaret T. 96, 219, 351
Counts, George S. 113
Courlander, ? 220
Courtois, M. F. 19
Coutinho, ? Mr. 219
Cowell, Henry XXIII, XXXVIII, 39-43, 55, 111ff., 145, 255,

437

Index

282, 287ff., 304, 305, 355, 366, 368ff.
Cowley, William H. 229
Cowling, Donald C. 240
Cox, Trenchard 137
Crawford, Cheryl XVIII, XXXIV, 37, 159
Creston, Paul 139, 288
Cripps, Stafford 239
Croger, Theodor 218
Croner, Helene 123
Croner, Lola 123
Cronheim, Kurt P. 318
Crooks, Richard 148
Crosfield, Domini 312, 314
Crystal, Bernhard A. 138
Culp, Julia Bertha 55
Curt, Bart 121
Curt, Hans 90, 119f., 124, 128, 214
Cutner, Solomon 57
Cuvelier, Marcel 311
Cykowsky, Joseph Roman 200
Czernin, Ferdinand 214, 258, 266, 320, 403

D

Daetsch, Evelyn 103
Dahl, Ingolf 304f.
Dahlerbruch, Morris 121
Daiwientnik, Adolf 122
Dalberg, Erich 129
Dallapiccola, Luigi 290
Damm, ? von 189
Dammann, G. C. 226
Damrosch, Walter 101, 103f., 207, 264, 273, 278f., 309, 335
Dana, Richard H. 35
Daniel, ? 84
Daniel, Oliver 42
Danielson, Richard 134
Danton, George H. 311
Danuser, Hermann 197
Danziger, Harris 138, 307
Dargwzanski, M. 172
Darmstadt, Georg 90, 123, 214
Datlowe, Samuel A. 37
David, Hanns 49

David, Hans Theodore 90f., 100, 162ff., 166, 205f., 214f., 266, 275, 280, 306
Davids, ? Oberrabiner 78
Davie, Maurice R. 105
Davies, Thurston 210
Davis, ? 151
Davison, Archibald Th. 93, 207, 213, 229, 280, 282f., 344
Davissohn, Walther 215
Day, Helen 251, 281
Day, Myrtle 160f.
De Conne, Paul 19
de Heous, ? Mrs. 115
de Madariaga, Salvador 55
Debussy, Claude 92, 152, 223, 295, 301, 369
Defauw, Désiré 311
Degenfeld, Heinrich Graf 318
Dehmel, Richard 57, 179
Deinhard, Fritz 123
DeLima, Agnes 203
Delmar, Francis 116
Delmar, Rose 215
Demuth, Fritz 219, 222, 234f.
Demuth, Marion 178
Denbey, Edwin 262
Dengler, Paul L. 231
Denham, Sergei 284ff.
Denny, ? 348
Dent, Edward J. 34, 216f., 237, 245, 253
Deri, Otto 120
Desfosses, Beatrice 332
Desormière, Roger 141, 284f.
Dessau, Paul XVII, XXXIII, 114, 125, 184, 292, 294, 296, 333f.
Desser, Annie 22
Dessoff, Margarete 194f., 355, 361f.
Dessoff, Otto 361
Dessoir, Max 215, 227, 262
Deutsch, Edith 109
Deutsch, Friedrich siehe Dorian, Frederick
Deutsch, Fritz 31f.
Deutsch, Georg 109
Deutsch, Leonhard 215f., 280
Deutsch, Max 289f.
Deutsch, Monroe 212
Deutsch, Moritz 175

Deutsch, Otto Erich 65, 84, 87, 216f., 351
DeVale, Sue Carol 276
Devi, Otto 124
Devic, Dragoslaw 141
Devoto, Daniel 304f.
Dewerne, ? 72
Dewever, Franz 311
Dewey, John 160, 200, 224
Diamond, David 185
Diamond, Peter 291
Dick, Alfred 34
Dicker, Charles 129
Dickinson, George S. 85, 100, 127, 219, 229, 252, 263-266, 278, 340
Dickson, G. 303
Dickstein, Samuel 188
Didisheim, Henri M. 80
Didjah, Belle 21f.
Dietrich, Marlene 197
Dietz, Howard 287
Dinkelmann, Heinrich 396
Dinkelmann, Selma 396
Disney, Walt 139
Dixon, Dean 105, 182
Doblin, Helene 84
Doda, ? 75
Dodd, William E. 160, 226
Doderer, Gusti von 91
Döblin, Alfred XVI, XXXII
Doerschuk, Beatrice 19
Dohnányi, Ernst von 85
Dolins, ? Mr. 117
Dolivet, Beatrice Straight 18
Dollard, ? 167
Dombrowski, Erich 236
Donahue, Philip A. 43
Donjach, Shula 37
Door, Anton 103
Dorati, Antal 138, 141, 416
Dorian, Frederick 31, 99, 162, 164, 167, 217
Dos Passos, John XVI, XXXII
Dostrowski, Jochewed 427
Douglass, Paul F. 277
Downes, Olin 38, 55, 90, 94, 110, 113, 152, 156, 161, 165, 211, 234, 289, 291, 309, 366f.
Doyle, Hugh A. 316
Dreier, Theodore 340

Dreifuss, Alfred 131
Dresden, Arnold 111, 113
Dresden, Daniel 111
Dresden, Sem 111
Dreucker, Sandra 239
Dreyfus, Louis 159
Dreyfuss, Werner 129
Drincker, Henry S. 93
Drinker, Harry 92, 100
Drucker, Ernst 128f.
Drury, Betty 90, 105, 114, 135, 204-213, 215-219, 221ff., 225f., 228-231, 233-237, 239ff., 244ff., 248-253, 255ff., 261ff., 265, 267-273, 275-283, 345
Dryden, John 26
Dubensky, Arcady G. 125
Dubislav, Walter 206
Duchkowitsch, Wolfgang 243
Ducloux-Zimmerli, ? 390
Ducreux, Louis 23f.
Dudley, Jane 332
Duehren, Lisbeth S. 125, 127, 129
Dünnmann-Dahner, Arthur 109
Dünnmann-Dahner, Liliane 109
Dürer, Albrecht 136
Duff, Ramsey 266
Duggan, Stephen XIX, XXXV, 105, 160, 204f., 208f., 212ff., 216f., 219f., 222-229, 232, 236f., 239ff., 243ff., 247, 249ff., 253f., 257, 260, 262, 264, 267ff., 271-274, 277f., 282, 338, 345
Duke, Vernon 287
Dunn, Leslie Clarence 194
Durra, Alfred 127
Dusedau, Helmuth 125f., 128f.
Dushkin, Louise 50f., 294
Dushkin, Samuel 51, 294f.
Dutsch, Fritz 217
Dvonch, Frederick 258
Dvořák, Antonín 169, 260
Dworak, Max 135
Dykstein, Alexander Sascha 107
Dykstein, Arsenia 107
Dykstein, Betty 108
Dykstein, Elvira 108
Dykstein, Salomon 108
Dykstra, Clarence A. 105

Dymow, Osip 18, 20
Dyson, George 229
Dzimitrowsky, Abraham 82, 191
Dziwientnik, Adolph 121, 128

E

Earhart, Will 224-227, 246
Eastburn, Warrine E. 21
Eaton, Florence 291
Ebel, Arnold 236
Ebenstein, Viktor 18
Eberlein, Roxane 85
Eccles, Willet L. 344
Eckstein, Ernst 109
Eckstein, Walter 92
Eddy, Nelson 154
Ederer, Paul 128
Edward, Johnson 147
Egelson, Sara N. 126
Ehlers, Alice 70, 277, 278
Ehrenberg, Gerda 129
Ehrenberg, Max 130f.
Ehrenreich, Nathan 181
Ehrenstein, Albert 205
Ehrhard, Wilhelm 224
Ehrlich, Abel 186f., 357, 359, 426-429
Ehrlich, H. 172
Ehrlich, Julius 126
Ehrlich, Siegwart 123
Einaudi, Mario 219
Einstein, Albert 91, 98f., 113, 135, 232, 250, 257f., 275, 310f., 320
Einstein, Alfred 28, 32, 56, 66, 74, 77, 84, 91, 96, 98f., 101, 110, 126, 130, 135, 162ff., 209, 212, 216ff., 233f., 256f., 261, 267, 278ff., 283, 306, 322, 337, 344, 349, 367, 386
Einstein, Johanna 45, 47
Einzig, Albert 50
Eisenmann, Alexander 414
Eisenstadt, David 172
Eisler, Gerhart 350
Eisler, Hanns XVIII, XXf., XXXIV, XXXVI, XLIII, 37, 160f., 201, 203, 205f., 231, 236, 246, 299, 331f., 344-352

Eislitzer, Anny 128
Eisner, Bruno 36, 64, 91, 205f., 215f., 218ff., 224, 239, 280
Eisner, Olga 218f.
Eisner, Stella siehe Eyn, Stella
Eitler, Esteban 304f.
Elbaum, M. 130ff.
Elbogen, Franz 220
Elbogen, Ismar 83
Elbogen, Julia 220
Eldering, Bram 194, 196
Eliot, Thomas D. 113
Elkan, Henry 251
Elkus, Albert I. 18, 101, 228f., 263, 273
Elliott, William Yandell 135
Ellstein, Abraham 172
Ellstein, Joel 172
Elman, Mischa 207, 247
Elmhirst, Ruth 19
Eloesser, Arthur 256
Eltbogen, Aranka 107
Eltbogen, Heinrich 107
Emanuel, A. R. 53, 195
Emerich, Paul 100, 262
Endicott Barnett, Vivian XV, XXXI
Enescu, George 84
Engel, Carl 78, 93, 98f., 104, 110, 126, 142, 164, 195, 207, 216f., 228, 234, 253, 267, 300
Engel, Joel 172
Engel, Kurt 18, 21, 91, 128f., 220
Engel, ? Mrs. 122
Engels, David 124
Engel-Weschler, Angela 84, 129, 220f.
Englander, Elsa 256, 258
Englander, S. H. 172
Engles, ? 153
Engles, George 69
Eniti, Ernest 123
Enthoven, Henri Emile 229
Enyedi, George 84, 221
Eppstein, Paul 177, 256
Epstein, Adolf 129
Epstein, Helen 214
Epstein, Julius 98
Epstein, M. 131
Erdberg, Frau von 194

Index

Erdös, Ladislas *siehe Erdos, Leslie*
Erdos, Leslie 91, 221
Erdstein, Leon 84, 91, 280
Erdy, Paul 128
Erede, Alberto 312
Ernest, Jean 91
Erpf, Hermann 45f.
Erskine, John 95, 152, 194f., 218, 220, 240ff., 278
Eschwé, Susanne 316
Eschwege, Nathan 109
Eskin, Herbert F. 46
Esrachi, J. 175
Essinger, Anna 45
Essinger, Paula 45
Essler, Fritz 128
Estrine, Robert 133
Ettelson, Harry 73, 75
Ettinger, Max 114, 158
Evans, Edwin 34, 238
Evarts, John 323
Ewen, David 144, 181, 195f., 257, 373
Exner, ? 62
Eyle, Felix 95
Eyn, Stella 91

F

Fabian, Gisch 108
Fabian, Hans Erich 65, 108
Fackenheim, Alfred Israel 46
Fackenthal, Frank D. 141ff., 352
Fadiman, Edwin 118
Fagundes, Any Raquel 40
Fainberg, Moses 115, 126, 128
Fairchild, Henry Pratt 160
Falk, Daniel 124
Falk, Ricardo 116, 123
Falkenberg, Paul 25, 28f., 32f., 236
Fall, Fritz 117
Farber, Maxwell M. 58
Farlow, ? 165, 167
Farneth, David 197
Farrell, Aileen M. 263
Fassbind, Alfred A. 67
Fassett, James 301
Faulkner, Alex 146, 375

Faulkner, Leon 94
Faulstich, Werner XVI, XXXII, XLIII
Feder, Kurt 62
Feder, Mollie 121
Feger, Annie 84
Feiereisen, Adolf 133
Feinberg, William 29
Feist, Paul 117
Feith, Gretel 127
Fejos, Paul 29
Fekete, Zoltan 87f., 206
Fellerer, Karl Gustav 276
Fels, Hermann 128f.
Fels, Samuel S. 248
Fendt, Michael 223
Ferand, Ernst Thomas 91f., 135, 201, 205, 221f., 232, 262
Ferlazzo, ? 152
Fernandez, Pedro Villa 161
Fernwald, Jella von 222, 259
Ferrier, Kathleen 317
Fesie, Ernst 311
Fesler, Caroline M. 123ff.
Feuchtwanger, Lion 203
Feuchtwanger, Marta 203
Feuermann, Emanuel 84, 150, 234, 290f.
Feuermann, Sophie 117f., 129
Feuerstein-Finder, Emmy 80
Ficher, Jacobo 305
Fichtenholz, Eugenie 107
Ficker, Rudolf von 221
Fiedler, Arthur 31, 184, 210
Fiedler, H. G. 222
Fiedler, Max 222
Fiedler, Wilhelm [Bill] 84, 92, 206, 222
Fiegenh., Julius 395
Fields, Arthur 396
Finder, ? 81
Fine, Isidore 122, 124
Finkel, L. 172
Finkelstein, Louis 135, 171
Finkler, Greta 260
Finzi, Aldo 128
Fiorato, Hugo 19, 21
Firkusny, Rudolf 334
Fischer, Carl 41, 183
Fischer, Edwin 89, 194, 207, 238f., 248

Fischer, Egon 131
Fischer, Louis 93, 161
Fischer, Ruth 350f.
Fischer, Wolfgang 130
Fish, Morris 167
Fisher, ? 240
Fisher, Edgar 208, 256, 275
Fisher, Sara Carolyn 93
Fisher, Thomas H. 286
Fisher, Thomas Hart 286f.
Fitelberg, Grzegorz 105, 144, 374
Fitelberg, Jerzy 55, 299
Fitzgerald, Robert 21
Fitzthum, Elena 279
Flaccus, Louis W. 226
Flagler Cary, Mary 333
Flagler, Anne Lamont 333, 364
Flagler, Harry Harkness 319, 333ff., 355, 362ff.
Flagler, Henry Morrison 333
Flagstad, Kirsten 146ff., 150-154, 318, 326, 329
Flamm-Geldern, Viktor 131
Flanagan, Hallie XIX, XXXIV, XLIII, 110
Fleischer, Arthur 118
Fleischer, Leopold 130f.
Fleischer, Robert 119f., 127f.
Fleischl, Julius 92
Fleischmann, Hugo 84
Fleischmann, Naumow 181
Fleischmann, Paula 92
Fleisher, Edwin A. 228, 277
Fleiss, ? 351
Flemming, Victor 123
Fles, Barthold 163, 166
Flesch, Carl 57, 97, 143f., 194, 196, 235, 247, 273, 347, 373f., 387
Flexner, Bernard 225, 234, 244f., 280, 351
Floersheimer, Gustav 131
Flohr, Lily 130ff.
Flynn, Thomas F. 227
Foa, Arrigo 132f.
Focillon, Henri 135, 253, 297
Focillon, Marguerite H. 135, 297
Foederl, Leopold 92
Förster, Josef Bohuslav 90, 97, 207, 276
Foerster, Friedrich Wilhelm 320

Forcht, Carl 323
Ford, Guy Stanton 134, 136
Forest Payne, May de 100
Forrai, Olga 142
Forster, Joanna 64
Fortina, A. 133
Fosdick, Raymond B. 345
Foss, Hubert 36
Foss, Lukas 43, 182, 185, 333
Fox Strangways, A. H. 245, 253
Fraenkel, ? 73
Fraenkel, Wolfgang 69
Fränkl, Marcus siehe Frank, Marco
Franca, Ida 222f.
Franceschi, S. 30
Franck, Nelly 22
Francke, Katherine 210
Frank Pisk, Martha 42
Frank, Benno 260, 323
Frank, Bruno 311
Frank, Lawrence K. 113
Frank, Marcel 92, 126
Frank, Marco 31, 92, 223, 338f., 351
Frank, Philipp 256
Frankfurt, Lydia 118
Frankl, Oskar 349
Frankl, Paul 278
Franklin, Calvin 152
Franzen, ? 351
Franzen, Paul 298
Fraser, Mowat 241
Frederick, Kirk 142
Frederick, Kurt 129
Freed, Isadore 76, 184
Freehof, Sol 74
Freeman, ? 153
Freeman, Samuel 111
Freiberg, ? 82
Freimann, Aron 253
Freitas Branco, Pedro de 326
Frenkel, Stefan 29, 76, 373
Freud, Anna 48
Freudenthal, Josef 63, 80, 191
Freudenthal, Otto 56
Freund, Hertha siehe Schweiger, Hertha
Freund, Marya 289f.
Freundenthal, Heinz 64
Frey, Emil 266

Freyhan, Kate 64
Fried, Minita 304f.
Friedberg, Carl 87, 230
Friedberg, Kurt 130
Friedberg, Leavia 86
Friedberg, Martin 92
Friedenthal, Herbert 63
Friedlaender, ? 146, 218
Friedlaender, Max 68, 269
Friedlaender, Walter 85, 205f.
Friedlander, Ernst 124
Friedman, Ada F. 25, 28, 32
Friedman, Ignaz 277f.
Friedmann, Hersch 131f.
Friedmann, Walter 131
Friedmann, Werner 395
Fries, Rüdiger 181
Friess, Horace L. 134
Froehlich, Gisela 92
Froehlich, Walter 92
Frohlich, Hans 89
Fromm, Herbert XVII, XXXIII, 73, 114, 171f., 177f., 181-185, 190ff., 200, 333, 370f.
Fromm, Leni 181, 183
Fromme, Alan 21
Frommermann, Harry 117f., 127
Front, Viktoria 126, 128
Frost, Felix 123f., 214
Fruchter, Josef 130f.
Fruchter, Paula 130
Fry, Stephen M. 228, 239
Fry, Varian M. XIII, XXIX, 293, 356, 402f.
Fuchs, Dora 64
Fuchs, Israel 172
Fuchs, Johann Nepomuk 228
Fuchs, Leo 131f.
Fuchs, Lilian 161
Fuchs, Marie 109
Fuchs, Peter Paul 125, 128f., 278
Fuchs, Richard 64
Fuchs, Robert 103, 233, 261
Fuchs, Victor 63, 200
Führ, Ernst 317
Fuld, James Jeffrey 336
Fulda, Gerta 118
Fulda, Ruth 118
Fullam, Ruth 132
Funk, Walther 105

Furtwängler, Wilhelm XXIV, XXXIX, XLIII, 34, 63ff., 68, 72, 93, 143f., 146, 195, 218ff., 222, 224, 238f., 273, 278f., 313, 316f., 319ff., 323, 326ff., 357, 359, 412, 422

G

Gabel, ? 225
Gabor, Arnold 34
Gabor, Nicholas 80
Gabor, Rejto 120
Gabrilowitsch, Clara 157
Gabrilowitsch, Ossip 157f., 216f.
Gaertner, Eduard 92
Gaertner, Hans B. 92
Gaertner, Johann 128, 205
Gaget, ? 295
Gál, Hans 84, 90, 93, 123, 127, 194f., 223f., 232, 261, 347, 349, 355, 358, 361f.
Galimir, Felix 21, 93, 129, 203, 258
Galinski, Heinz 59
Galpin, Francis W. 262
Gamsjäger, Bernhard 327
Gang, Ernest 49
Gannon, Theo 218
Gans, Isaac 123f.
Ganssmüller, ? Dr. 45
Ganther, Heinz 131
Ganz, Rudolf 69f., 158, 278, 378
Gara, Emmerich 115, 129, 266
Gara, Vally 129
García Lorca, Federico 54
Gard, Hilda 60
Gareis, Hans 89
Garfunkel, Benjamin 19
Garmo, Tilly de 326f.
Gassenheimer, Gunther 130
Gatti-Casazza, Giulio 199
Gatz, Felix M. 84, 205, 220, 224-227, 246, 273, 280
Gebauer, Werner 93, 138
Gebirtig, Mordechaj 172, 174
Geer, E. Harold 230
Gehle, Frederick W. 316
Geiblinger, Franz 228
Geiger, Ruth 228

Geiger-Kullmann, Rosi 64
Geiringer, Irene 228
Geiringer, Karl XIV, XXX, 33, 93, 156f., 162-165, 228f., 253
Geißler, Frank 178
Geissmar, Lotte 314, 391
Gelbert, Michael 172
Gelfius, Justus 129
Gelinsky, ? 328
Geller, Isidor 186
Gellhorn, Martha 161
George, Manfred 58
Gerhardt, Elena 239
Geringer, Josef 115, 120
Gerlach, Helmuth von 320
Gernsheim-Laudon, Willi 123
Gershwin, George 264
Gershwin, Ira 154, 198, 287
Gerson-Kiwi, Edith 245
Gerstenmaier, Eugen 44
Gersuny, Otto 92
Geyer, Emil 218f.
Giannini, Dusolina 146, 151
Gibbs, Douglas S. 142
Gideonse, Harry 277
Gielen, Joseph 55
Gieseking, Walter 275f.
Gifford, Philip C. 88
Gilbert, Felix 219
Gilbert, K. E. Mrs. 253
Gillette, H. M. 347
Gilliams, L.-Col. 311
Gilman, ? 155
Gilman, Lawrence 157, 367
Gilson, Paul 311
Gimpel, Bronislaw 290
Gimpel, Jacob 129
Ginzberg, Eli 115
Girardello, E. 133
Girardello, G. 133
Glahs, Rudolf 130f.
Glaris, Edgar 22
Glas, Richard 127
Glaser, Rudolf 131
Glass, ? 130f.
Glaz, Herta 199, 204, 294
Glazunov, Aleksandr 129
Glogau, Gritta 131
Gluck, Christoph Willibald 154, 320
Gluck, Elisabeth 107

Gluck, Isidor 107
Gluck, Siegfried 107
Gluck, Siegmund 107
Godowsky, Dagmar 154
Godowsky, Leopold 160, 309
Godwin, Blake-More 217
Goeb, Roger 40
Goebbels, Joseph 72, 326
Goehr, Rudolf 118, 289
Göring, Hermann 146, 317
Goethe, Johann Wolfgang von 56, 179f., 311
Goetz, Fritz 49
Goetz, Richard 244
Goisse, G. 311
Gold, Ernest 139
Goldberg, ? 121
Goldberg, Geoffrey 170, 175
Goldberg, Joshua L. 112
Goldenstein, Nicolas 107
Goldenstein, Olga 107
Goldfarb, Samuel 176
Goldman, Franko 288
Goldmark, Rubin 195
Goldner-Ormandy, Steffi 126
Goldovsky, Boris 116, 196, 204
Goldsand, Robert 125, 127
Goldschlag, Gerhard 58
Goldschmidt, ? 151
Goldschmidt, Adolph 234
Goldschmidt, Alfons 113
Goldschmidt, Berthold 37, 57, 75
Goldschmidt, Erich Ludwig Philipp 75
Goldschmidt, Hedwig siehe Hermanns-Holde, Heida
Goldschmidt, Lilli 75
Goldsmith, George 117, 121, 127
Goldsmith, Jean 202
Goldsmith, Rose Marie 117, 121
Goldsobel, Boris 121, 128
Goldstein, ? 125
Goldstein, Hilda 107
Goldstein, Israel 112
Goldstein, Israel Mrs. 382
Goldstein, Josef 176
Goldstein, Julius 230, 262, 339, 351
Goldstein, Kurt 110
Goldstein, Leah 158
Goldstein, Lowit 172

Goldstein, Max 107
Goldstein, Moritz 172
Golschmann, Vladimir 31, 33, 36, 51
Gomberg, Ephraim R. 105
Gombosi, Annie 84
Gombosi, Otto Johannes 84, 93, 206
Gombrich, Leonie 279
Gombrich, Otto 312
Gomperz, Heinrich 91, 221
Gondor, Emery 22
Gontard, Paula 129
Gonzales-Fleischman, Ernestina 161
Goodchild, Donald 224
Goodman, Benny 161, 294, 337
Goodrich, Wallace 219
Gool, Peter van 116, 127
Goossens, Eugene 33, 36, 57, 75, 105, 158
Gorby, Sarah 21
Gordon, Abraham 97
Gordon, Anne 146
Gordon, Julius 74
Gordon, Samuel 116
Gorer, Geoffrey 348, 352
Gor'kij, Maksim 292
Goruchon, ? 106
Goslar, Lotte 22
Gottlieb, Jane 194
Gottlieb, Musja 118, 121, 128
Gottschalk, Gerhard 130
Gottschall, Morton 283, 318
Gottschweski, Hermann 197
Gould, Morton 139, 155f., 185
Goutard, Paula 128f.
Graafeiland, Ruth van 341
Gradenwitz, Peter 57, 185f., 299
Grady, ? 142
Grädener, Hermann 93, 250, 261
Graener, Paul 196
Graf, Herbert XVIII, XXXIII, 138f., 141, 148, 152ff., 162, 165, 169, 194ff., 199, 222, 309, 320, 417
Graf, Max 19, 84, 95, 111, 141, 162, 165, 201, 205, 214, 231, 280, 336, 339, 417
Graf, Walter 123, 129
Graff, Paul 247

Graham, Martha 110, 226
Gramm, Hanns 92
Granger, David 288
Gray, Colman 154
Gray, H. W. 305
Greef, Arthur de 311
Green, Johnny 336
Green, Paul 286
Greenberg, Simon 58
Greene, Jerome D. 255
Greene, John W. Mrs. 116
Greenleigh, Arthur 117, 126
Greenstein, Harry XIV, XXX
Greenstein, Ilia 232, 240
Greenwald, Milton 121ff.
Grefe, ? 190
Gregor, Heinz 61
Gregory, Horace 309
Greiner, Oscar W. 59
Greissle, Felix 93, 126, 310
Gretz, Charles 93
Grier, Robert C. 239-242
Griesinger, ? 414
Griffith, Charles 91
Groak, Lise 115
Grolle, Johan 96, 101, 123, 126f., 257, 282, 394
Gronich, Frieda 108
Gronich, Martin 108
Gronich, Miguel 108
Grosbayne, Benjamin 84ff., 86, 209, 224, 234
Grosch, Nils 53
Grossberg, Mimi 55, 56
Grossmann, ? 243
Grossmann, Gedaliah 172
Grosz, Georg XVI, XXXII
Grove, Roxy 86
Gruber, Karl 336
Gruber, Primavera 279
Gruemmer, Paul 117, 222
Grün, ? 273
Gruen, J. M. 102
Gruenbaum, Otto 266
Gruenberg, Louis 55, 288
Gruenewald, Max 56, 171
Gruenfeld, Alexander 128
Gruenthal, Josef 186
Grumacher, Ernst 66
Grunes, ? 314
Gudger, William D. 84

Güldenstein, Gustav 232
Guenther, Felix 37, 99, 205, 341f.
Guenther, Max 131
Gürster, Eugen 215
Guéry, André 311
Gui, Vittorio 319
Gumbel, ? 45
Gumprecht, A. 232
Gumprecht, Gotthold 232
Gunn, Glenn Dillard 84
Gunther 269
Gunther, Felix 118
Gunther, John 268f.
Gurevich, Marinka 258
Gurlitt, Wilibald 242, 259
Gutfreund, S. 131
Gutheil-Schröder, Marie 215
Gutherz, Harald Peter 23
Gutkind, Erich 100
Gutman, Ida 125, 129
Gutman, John 101
Gutman-Marinel, Elisabeth 118
Gutman-Marinel, Marie 118
Guttman, Nahum 35
Guttman, Oscar 79f.
Guttman, Oskar 171
Guttmann, Bella 172
Guttmann, Emil 320
Guttmann, Oscar 117
Guttmann, Oskar 171
Guttmann, Wilhelm 57f.
Gwathmey, Edward L. 94

H

Haas, Alexander 150
Hába, Alois 210
Haber, ? Dr. 128
Haberler, Gottfried 104, 136
Habringer, Rudolf 276
Habsburg, Otto von 318, 320, 356, 403f.
Hackett, Frank S. 235
Hadani *siehe Rafaeli, Alex*
Händel, Georg Friedrich 68, 87, 90, 172
Haering, ? 126
Haessler, ? Miss 218f.
Hahn, Lola 195
Hahn, Peter XV, XXXI

Haieff, ? 19
Hajos, Magda 126ff.
Halasz, Laszlo 142
Hale, Philip 165
Halevy, Jehuda 72, 170, 180, 188, 193
Hall, David 304
Halle, Kay 155
Halm, August 92
Halpern, S. H. 127
Halprin, Jizchak Zwi 172
Halusa, Karl 18
Hambro, Elisabeth 258
Hamburger, Paul 57, 169
Hamilton, Walton H. 113
Hamlin, Isaac 35
Hamlisch, Max 129
Hammerschlag, Lotte 129
Hammerschlag, Peter 23
Hammerstein, Oscar 287
Hammond, William A. 226
Hampden, Walter 161
Hanč, Josef 258, 269
Hanslick, Eduard 231
Hanson, ? Dr. 188
Hanson, Howard 94, 110, 158, 337
Hanstein, Kathleen 105, 271, 342
Hanzl, Rudolf 327
Harburg, Yip 162
Harden, Samuel 243
Harich-Schneider, Eta 201f.
Harkness, Alan 18
Harreld, Josephine 208, 356, 384f.
Harris, Jed 287
Harris, Roy 35, 101, 141, 156, 163, 185
Harrison, Lou 308
Hart, Frederic 18, 23
Hart, Moss 159, 198, 287
Harteg, ? 127
Hartford, ? 147
Hartman, Imre 302f.
Hartstein, Sam 47
Hartung, Gustav 322
Haselbacher, ? 68
Hashono, Rosh 183
Hassinger, ? 415
Haufrecht, Herbert 39
Hausdorff, Martin 131

Hausegger, Sigmund von 273, 278
Hauser, Emil 201f., 232f., 350
Hauser, Kurt 109
Hauser, Richard 18
Hausjell, Fritz 243
Hautzig, Walter 116, 127
Hawkes, [Richard?] 166
Hawrylchak, Sandra H. XLIV
Hayden, Glenn 99
Hayden, Philip M. 142, 249
Haydn, Joseph 163ff., 229, 290, 321
Hayes, Gerald R. 253
Hayes, Roland 294
Hays, Robert 345
Hayward, Leland 159
H'Doubler, Margaret N. 210
Healy, Daniel L. 225ff.
Hearst, Siegfried 145, 150, 152f., 326
Hebbel, Friedrich 178
Hecht, Ben 139
Hecht, Manfred 123, 129
Heely, Allan 344
Heger, Robert 320
Heid, ? 148
Heifetz, Jascha 57, 118, 143, 149f., 156, 316f.
Heil, Walter 101
Heilig, ? 127
Heim, Emmy 327
Heimann, Eduard 94, 234
Heimann, Theodor 84
Hein, Carl 46f., 214, 221
Heinau, ? 78
Heine, Heinrich 56
Heinecker, James 165
Heineman, Dannie 336
Heineman, Hettie 336
Heinemann, Isaac 75f., 83
Heinicke, Paul 334
Heinitz, Eva 93
Heinroth, ? 226
Heinsheimer, Hans Wilhelm 31, 33, 55, 86, 138-142, 197, 294, 418f.
Heinz, Hans Joachim 21, 127ff.
Heinz, Theresia 147ff.
Heiss, Arthur 91
Heister, Hanns-Werner XLIII

Held, Paul 129
Helfman, Max 185f., 250f.
Heller, Elsa 318f., 321
Heller, Hans Ewald 75, 82, 116, 123, 127f., 269
Hellman, Lillian 110
Hellmesberger, Josef 228
Hellwig, Judith 115
Hemingway, Ernest 110
Henderson, A. D. 222, 248
Hendley, Charles J. 160
Hennenberg, Beate 231
Herlinger, Felix 93
Herman, Wile 183
Hermann, Bernard 36
Hermann, Theodor 93
Hermanns Holde, Heida 64
Hermanns, Hans 98
Hermanns-Holde, Heida 57, 64, 118, 233, 235
Hernried, Robert Franz Richard 93, 224, 233
Herold, Ewald 325
Herriot, Édouard 245
Herrmann, Leo 27f., 34
Herrmann, Ulrich 95
Herskovits, Melville J. 243
Hertz, Alfred 57
Hertzmann, Erich 93f., 233f., 249
Herz, Gerhard 94, 96, 234f., 351
Herz, Otto 142
Herzog, George 142, 243, 274
Herzog, Jacob 122
Herzog, Jascha 120, 235
Hes, David 130
Hess, ? 150, 196
Hess, Myra 126, 290
Hesse, Hermann 54, 57
Hesse-Sinzheimer, Helen 119f., 122, 127f.
Heuberger, Richard 96, 233, 263, 340
Heumann, Kurt 123
Heuser, ? 219
Heuss, Theodor 47
Heymann, Lida Gustava 320
Heymann, Werner 30
Heyworth, Peter 56
Higgins, ? 156
Hijman, Julius 84
Hilbert, Egon 317f.

Hildebrand, Dietrich von 105
Hill, Richard S. 87, 216f.
Hilldring, John H. 327
Hillmann, Alfred 94, 120, 128
Himmler, Heinrich 314, 390f.
Hindemith, Paul 18, 27f., 38, 55, 73, 77, 94, 138ff., 144f., 163, 182, 212, 263, 274, 282, 284, 300, 322, 326, 417
Hinkel, Hans 63
Hinrichsen, Walter 65f.
Hinterhofer, Grete 18
Hirsch, Foster 197
Hirsch, Israel Otto 45f., 51, 53
Hirsch, Max 109
Hirsch, Paul 253, 294, 320
Hirsch, Richard 117, 120
Hirsch, Theodor 45
Hirsch, Walter 129
Hirschberg, Jehoash 232
Hirschfeld, Robert 81, 228
Hirschin, A. 172
Hirschkorn, Kurth 109
Hirschmann, B. 172
Hirschmann, Ira A. 123, 153f., 290f., 309
Hirt-Brill, Nell 127
Hitchcock, Russell 137
Hitler, Adolf XII, XXIII, XXVIII, XXXVIII, 38, 43, 52, 69, 77, 97, 101f., 105, 114, 146ff., 150, 161, 164, 166, 181, 184, 188, 194, 203, 212, 234, 243, 312, 314, 319, 323, 325f., 331, 337, 355, 361, 390, 392
Hochweiss, Herbert 118
Hochzeld, Robert 122
Hockmeyer, Victor 100
Hodges, Charles 100
Höffer, Paul 233
Hölderlin, Friedrich 77
Höngen, Elisabeth 318
Hörth, Franz Ludwig 84, 237
Hoffenreich, Katharina 127
Hoffman, John 101, 272
Hoffman, Josef 104, 110, 157, 218
Hoffmann, Ernst 60, 117, 124
Hoffmann, Paul 70
Hoffmann, Paula 70
Hoffmann, Pauli 70

Hoffmann-Berendt, Lydia 200f.
Holde, Artur 57, 77, 84, 87, 94, 205, 210f., 216, 220, 234ff., 386
Holden, David 155
Holden, Frances 145, 148-151
Holenia, Alexander 23
Holger, Hans 76
Holger, Oscar 94
Holl, Karl 234
Holl, Minna Franziska 85f.
Hollaender, Erich 123
Hollaender, Friedrich 331
Hollaender-Trau, Josefine 123
Hollo, Julius 142
Holmes, John 39
Holsaert, Jim 167
Holt, Hamilton 240f.
Holzmann, Rudolph 33f.
Honegger, Arthur 326
Honig, Max 125, 129
Honigbaum, ? 81
Honneisser, Gertrud 89
Hoopes, Burt Mrs. 181f.
Hoorn, L. S. van 243, 379
Hoover, Herbert 166
Hoover, J. Edgar XII, XXVIII
Hope, Constance XVIII, XXXIV, 145-156, 355, 375f.
Hope, Tio 151
Hopjanova, Inka 208
Hopper, Franklin F. 216
Horch, Franz 33
Horch, Netty 251
Horenstein, Jascha XX, XXXVI, 28, 33f., 97, 125, 201, 205, 231, 236, 252, 289, 294, 350
Horkheimer, Max 100, 206
Horn, Deborah 115
Horn, Otto 109
Hornbostel, Erich Moritz von 201, 215, 234, 237, 243, 248, 259, 262
Horne, Herman H. 226f.
Horowitz, Dorothy 203f.
Horowitz, Vladimir 156, 314
Horowitz, Sonia 390
Horth, ? 84, 237
Hosiosky, Issai 115ff., 120, 125, 347
Hosmer, Helen 210

Houghton, Archibald E. 313
Houtersmans, Charlotte 21
Hovde, Bryn J. 111
Howard, Paul 208
Howe, George 137
Howland, Alice 278
Hrastnik, Franz 93, 95, 97
Hrastnik, ? Mrs. 99
Hryntschak, Alexander 319f.
Hubay, Jenö 102, 273
Hubbard, R. 223
Huber, John 144
Huber, Kurt 65
Huberman, Bronislav 143, 191, 243, 291, 294, 312, 318, 320, 324, 337, 356, 359, 379, 401f.
Hudson, William Henry 140
Hug, Fritz 246
Hughes, ? Mrs. 156
Hugo, Victor 23
Huisman, Georges 324
Huizinga, Johan 205
Hula, Erich 271f., 342
Huldschinsky, Conrad 237f.
Hume, Edward H. 325
Humperdinck, Engelbert 92, 129
Hundhausen, Borries von 23
Hunt, Denmore 103
Hunt, William Morris 20
Hunter, G. Mrs. 73, 75, 82
Huntington, Ellsworth 311
Hurok, Sol 67, 89
Hurst, Fanny 149
Hurt, Harriet 117
Husch, Richard 127
Husserl, Edmund 232
Hutcheson, Ernest 33, 43, 99, 273, 281
Hutchins, Robert M. 120
Hutchinson, Ernst 195
Hutton, Charles 305
Hyde, Ora 89
Hyll, Charles 94
Hyman, Joseph C. 52f., 195
Hynais, Cyrill 250
Hyrt, Nell 22

I

Idel, Yitzhak 172

Idelsohn, Abraham Zwi 74ff., 82f., 171, 176, 184, 186f., 191, 193
Idelsohn, Jerry 172
Igenioros, Cecilia 21
Imbert, Maurice 241f.
Imwald, Charly 129
Indig, Alfred 108
Ingalls, Rosco C. 235
Inglis, Agnes King 105
Ingster, ? 429
Insull, ? 45
Iohim, V. 132
Irwin, Mrs. ? 118
Isaacs, Moses L. 47
Isaacs, Stanley M. 160
Israel, Robert 187, 426
Iturbi, José 328
Ivens, ? 136
Ivens, Joris 160f., 349
Ivo, Alexander 128
Izsak, Andor 172

J

Jablonski, Gerhard 124
Jacob, Heinrich Eduard 321
Jacobi, Frederick 32f., 80, 144, 185, 222, 238, 268f., 278, 288
Jacob-Loewenson, A. 349
Jacobs, Lore 192
Jacobsen, Maxim 108
Jacobsohn, Johannes Israel *siehe* John, Hanns
Jacobson, Karen XLIII
Jacobson, Roman XIII, XXIX
Jacobstein, ? Dr. 188
Jacoby, Rolf 94, 118, 123, 127ff., 356, 359, 393f.
Jacques-Dalcroze, Émile 221f., 224, 232
Jaffé, Lieselotte 61
Jaffe, Sam 112, 161
Jahoda, Fritz XVII, XXXIII, 18, 94, 121, 123, 351, 389
Jakob, ? 73
Jakubowitz, Alfred 118
Jalowetz, Heinrich 76, 94f., 115, 118, 121, 123, 125, 127, 205, 238, 389

Jalowitz, Roger Elie 107
James, Philip 37, 210, 217, 261, 274, 343
Jameson, R. D. 253
Janowitz, Otto 84, 95, 321, 324
Janowitz, Walter 125, 128
Janowski, Max 200
Janssen, Werner 76, 144, 152, 154
Jaqua, Ernest J. 229
Jardine, W. M. 241
Jarnach, Philipp 196
Jarrell, Hampton R. 95
Jarrell, Randall 21
Jaspersen, Eni R. 60, 100, 115-127, 262
Jassinowski, Pinchos 172
Jefferson, Joseph 23
Jellinek, Alice 238
Jelltrup, Henry 100
Jennewein, ? 414
Jeppesen, Knud XIV, XXX, 127, 347, 349
Jerger, Alfred 106
Jeritza, Maria 246
Jerusalem, Anna 112
Jerusalem, Edmund 112
Jessup, ? 282
Jezek, Heinrich 128
Jirák, Karel Boleslav 288
Joachim, Otto 133
Joachim, Walter 131
Jöde, Fritz 45ff., 77, 83, 387
John, Hanns XXII, XXXVIII, 175ff.
John, J. 287
John-Jacobsohn, Gertrude 177
Johnson, Alvin XIII, XIXf., XXIX, XXXVf., 52f., 105, 109-113, 195, 201f., 205, 236, 275, 280, 294, 323, 344-352, 384
Johnson, Bill 18
Johnson, Edward 138, 146, 148, 150, 152, 154, 156, 198f., 316, 317, 335, 339
Johnson, Emilly Cooper 89
Johnson, Thor 323
Johnston, Eric 105
Jokl, Fritzi 63, 127, 129
Jokl, Georg 128f.

Jolles, Heinz [Henry] 84, 238
Jolles, Margarete 116, 127
Jonas, Malvine 115
Jonas, Oswald 118, 206, 238f., 351
Jonas, Rufus M. 105
Jones, Dorothy 345
Jones, Rufus 105
Jonge, Herbert de 127
Jongen, Joseph 311
Jordan, Henry 159
Jordan, Max 105
Joseph, Emmy 115, 127, 129
Jourdan, ? 238
Juchem, Elmar 197
Judson, Arthur 154, 157, 291, 309, 326, 335
Juhn, Eric 258
Jung, Franz 116, 127
Jung, Leo 76
Justus, Lily 125, 129
Juttemann, Oskar 77

K

Kabasta, Oswald 101
Kärcher, ? 414
Kästner, Erich 48
Kafka, Franz 19, 309
Kagen, Sergius 98
Kahle, Paul 264
Kahn, Bernhard 53
Kahn, Eliott 177f., 184, 186
Kahn, Elisha 429
Kahn, Emil 125, 129, 206
Kahn, Erich Itor XX, XXII, XXIV, XXXV, XXXVII, XXXIX, 50f., 292-299, 356, 358f., 402f.
Kahn, Frida 50f., 292-295, 297, 299
Kahn, Leopold 293
Kahn, Mildred L. 94
Kahn, Otto 195, 216
Kahn, Selma 293
Kaiser, Georg 342
Kaiser, Ludwig 95
Kallen, Deborah 112
Kallen, Horace M. XIX, XXXV, 109-113, 356, 365, 381-384

Kallir, Rudolf 334
Kalmus, Alfred 31, 57
Kalmus, Edwin F. 234
Kalmus, Ernst 95, 206
Kaminsky, ? 185
Kandel, Aben 22
Kanitz, Elizabeth 241
Kanitz, Ernst 95, 206, 208, 220, 239, 240ff., 251f., 288, 340, 351
Kanitz, Gertrud 239f.
Kanitz, Mary Bridget 239, 241
Kanitz, Tom 241
Kanouse, George Mrs. 295
Kant, Maria 258
Kantorowicz, Hermann 74
Kantorowitz, ? Mrs. 372
Kantorowsky, Hugo 131
Kantorwitz, ? 71
Kaplan, Boris 29
Kaplan, Hermann 118, 126, 128
Karajan, Herbert von 328
Steiner, Carl 68f.
Karlstroem, Nils 247
Kaskeline, Egon 295
Kaskeline, Margaret 295
Kassern, Tadeusz 321
Kassowitz, Antonie *siehe Stolper, Toni*
Kassowitz, Karl 70, 112, 378
Kastner, Rudolf 195f.
Katay, Julius 128
Katchko, Adolph 172
Kats, Lucy 129
Katz, Erich 109, 202f., 242
Katz, Eugenie 127
Katz, Hanoch 172
Katz, Israel 72
Katz, Marion 126
Katz, Max 131
Katz, Paul 122
Katznol-Cardo, Siegfried 131
Kauder, Hugo 100, 185, 251
Kaufmann, Charly 115
Kaufmann, Edgar 291
Kaufmann, Fritz 242
Kaufmann, Hugo 131
Kaufmann, Jakob 130f.
Kaufmann, Julius 131
Kaufmann, Theresa L. 22
Kay, Ulysses 182

Kaye, M. 160
Kayser, R. Dr. 84f.
Keil, Guenther 311
Keller, Adolf 247, 321
Kempe, ? 177
Kempner, Paul 219
Kennedy, Albert 92
Kent, Raymond A. 220, 234f.
Kenyon, Dorothy 92
Kepler, Benjamin 172
Keppel, Frederick 205
Kerber, Erwin 152, 312f., 327
Kerber, Joseph 326
Kerby, Paul 18, 20
Kerker, Joachim 117
Kerr, Harrison 39-43, 327
Kerschbaum, ? 48
Kerschbaumer, Richard 18
Kertler, Joachim 127
Kessler, Kurt 125, 129
Kesten, Hermann 34, 295
Kestenberg, Leo 77, 85, 209, 246, 275, 356, 358, 385ff.
Key, Pierre 195
Keynes, John Maynard 111
Kiely, Margareth 29, 36
Kienzl, Wilhelm 276, 278
Kiepura, Jan 152, 199
Kiesler, ? 195
Kihnemann, Egon 78
Kimmel, Riva 34
Kimmey, John A. 88
Kindler, Hans 35, 141, 158
Kingdon, Frank 319, 325, 335
Kingsley, Gershon 200
Kinkeldey, Otto 63, 78, 98, 253, 347ff.
Kinstlinger, ? 130
Kipnis, Alexander XVII, XXXIII, 58, 99, 101, 106, 149, 199, 204
Kipura, Jan 148, 243
Kirchberger, Fred 95
Kirchstein, Harold 95
Kirk, Mary van 150
Kirstein, Lincoln 167
Kitain, Robert 115, 118
Kittel, Bruno 222
Klahr, Alexander 95
Klamberg, A. 58
Klapper, Paul 29, 36, 88, 219
Klatte, Wilhelm 230
Kleemann, Siegbert 66
Kleiber, Erich XVII, XXXIII, 34, 119
Klein, Franz 165
Klein, Joseph 171
Klein, Walter Wilhelm 95, 112, 118, 128, 242f., 321
Kleiner, Arthur 128f., 262
Kleiner, Fritz 266
Kleiner, Greta 132
KleinSmid, Rufus Bernhard von 224, 227f., 252, 254, 259
Klemperer, Otto XVII, XXXIII, 35, 56, 84, 146, 156ff., 185, 201, 243, 269, 274, 284, 290f., 300, 311, 343, 379
Klemperer, Paul 321
Klenze, ? von 264
Kline, Frantz 308
Klösch, Christian 17
Klose, Friedrich 232
Kly, Gertrude 96
Knab, Armin 177, 181ff.
Knappertsbusch, Friedrich 327
Knappertsbusch, Hans 327f.
Kneppler, ? 148
Knierim, ? 58
Knipper, Lev Konstantinovič 180
Knöchmacher, Hugo 82
Knoller, Alfred 107
Knoller, Jakob 129
Koch, Friedrich E. 237
Koch, Peter 22
Kochansky-Kaganoff, Leonide 108
Kochno, Boris 197
Kodály, Zoltán 191, 241f.
Koechig, Ruth Terry 149, 150
Koehler, Wolfgang 237, 248
Koehn, Rudolf 127
Koellreutter, Hans Joachim 304
Koenig, Samuel 105
Koessler, Hans 222
Kohler, Otto 89
Kohlstruck, Michael 130
Kohn, Hans 80
Kohner, Robert 132f.
Kohs, S. C. 122
Kolar, Bohumir 251
Kolb, Annette 295
Koléko, Hascha 23
Kolinski, Mieczyslaw 243
Kolisch, Rudolf XX, XXXVI, 34, 160, 201, 296
Kolitsch, Louise 114
Kolitsch, Vlado 114
Kollberg, Hugo 278
Kolleg, Teddy 59
Kolodin, Irving 313, 337
Kolper, ? 115
Konowitz, Mordecai 291
Konse, ? 414
Konta, Marion 379
Konta, Robert 123, 224, 243, 355, 359, 379f.
Konta-Wanierka, Maria 243
Konvitz, Milton R. 109
Kook, Hillel siehe Bergson, Peter H.
Kopf, Leo 172
Kopisch, August 179
Korall, Hirsch 109
Korn, Richard 153f.
Kornauth, Egon 77
Korner, Hermine 107
Korner, Ignatz 107
Korngold, Erich Wolfgang 274, 278, 321
Korngold, Julius 319, 321
Korngold, Lucy 325
Kornitzer, Leon 172
Kornreich, ? 82
Kornsand, Emil 99, 129
Kortner, Fritz 25, 36, 37
Kortzka, Georg 89
Kosch, Franz 278
Kossmann, ? 323
Kostelanetz, André 118, 156
Kotschnig, Walter M. 205, 224, 227f., 252, 254, 259, 263
Kountz, ? Mr. 33
Koussevitzky, Serge 31, 36, 57, 87f., 110f., 113, 138, 143f., 155, 157f., 165, 182, 204, 210, 268f., 294f., 300, 312, 334, 366, 368
Kovarsky, Marcel 104, 117, 223
Kowalow, Paul 127
Kowalski, Max 57f.
Kracauer, Elisabeth 107
Kracauer, Siegfried 107, 206, 244, 295

Kraemer, Fritz 201
Krains, Hubert 311
Kramer, A. Walter 34
Kramer, Friedrich 203
Krasner, Louis 243
Kratina, Rudolf Joseph 95
Kraus, Ellen Marion 89
Kraus, Hertha 85, 123, 281
Kraus, John 131
Kraus, Karl 48
Kraus, Milton K. 159
Kraus, Oskar 256
Krause, Fritz 237
Krause, Hans 147f., 150
Krause, Manon 147f., 375
Krause, Otto 147f., 375
Krauss, Charlotte 22
Krauss, Clemens 247, 321, 327, 329
Krautheimer, Richard 94, 234
Kravitz, Jacob H. 122, 124
Kraxner, ? 42
Krehl, Stefan 196
Kreisler, Fritz 143, 148, 316, 321, 328
Krenek, Ernst 28, 32, 55, 95, 118, 125, 129, 139, 141, 144, 162f., 166, 169, 226, 244, 245, 282, 287, 300, 304, 307, 321, 323, 334, 355, 358, 376, 417
Krenek, Gladys N. 358
Krener, Hannah 117
Krenn, Franz 228
Kretzschmar, Hermann 85, 259, 269
Kreutzer, Leonid 84, 245, 261, 264
Krimmel, Harry 257
Krohn, Claus-Dieter XIII, XXIX, XLIII, 201
Kroll, ? Mrs. 260
Krome, Ferdinand 77, 79, 83
Krould, Margaret Gladys 84
Krüger, ? 62
Krueger, Karl 99, 100, 158, 214
Krueger, Rudolf 119ff., 128
Krumgold, Joseph 27, 34, 313
Kudermann, Jacob 107
Kuerer, Vilma 22
Kugel, Georg 318
Kuhmärker, Léonhard 108

Kuhn, Paul 128
Kunstler, Baruch 172
Kunz, Erich 327
Kuranda, Marianne 258
Kurnikowski, Zdzislaw 303
Kurt, Hans 119f.
Kurtegh, Emmerich 99
Kurth, Ernst 99, 230, 259, 267, 349
Kurthy, Zoltan 142
Kurtz, Efrem 284, 286, 334
Kurzveil, Sabine 127
Kurzweil, Fritz 96, 115
Kusell, Harold 18
Kutta, ? 259
Kuttner, Manfred 122, 129, 132
Kwast, James 230
Kykema, Peter 230

L

La Farge, ? Mrs. 70
La Guardia, Fiorello H. 154, 327
Labunski, Wiktor 334
Lach, Robert 97, 221, 270
Lachman, Charles S. 200
Lachmann, Robert 79, 82, 84, 191, 245, 276
Lackenbach-Robinson, Regine 89
Lafite, Carl 251
Lagrange, Léo 326
Laing, R. D. 17
Lake, Julian 95
Lalauni, Lila 278
Lamb, Carl 177, 181
Lambrino, Elaine 90
Lambrino, Télémaque 90
Lamkoff, Paul 172
Lamm, Edward J. 36
Lamm, Max 121, 128
Lampl, Felix 122
Lampl, Henry 118, 129
Landau, ? 80
Landau, Anneliese 35, 57, 116, 127, 129
Landau, Fritz 122, 127
Landé, Walter 219
Landesmann, ? 155f.
Landsberger, Franz 78, 80, 248f.
Landshoff, Werner 128f.

Lang, Fritz XVI, XXXII, 162, 350
Lang, Paul Henry 94, 96, 99, 141, 143, 163-168, 213, 236, 340
Lange, Francisco Curt 300, 304f.
Lange, Hans 143, 215
Langer, L. 172
Langer-Kleemann, Margit 131f.
Langfeld, Herbert Sidney 250
Langley, Euphrosyne 251
Lansbury, George 189
Laqueur, ? 80
Laserson, Max 186
Laski, Harold J. 262
Lass, Boris 128
Lass, Mark 128
Lassner, Oscar 96, 218ff., 245f., 280, 351
Lasso, Orlando di 296
Laswell, ? 348
Lathrop, Francis C. 94, 104, 234, 344
Latouche, John 286, 287
Laufer, Beatrice 40
Lavedan, Pierre 137
Lavry, Marc 186, 427
Lawrence, Gertrude 197
Lawton, Dorothy 34, 101, 268ff.
Lawton, Edward 164
Lazare, Bernard 73
Lazarsfeld, Paul F. XX, XXXVI, 348f., 351f.
Lazarus, Mathilde Léonie 109
Leach, ? 288, 305
Lead, ? Mr. 41
Learned, William S. 344
Leavitt, Moses A. 50f., 293
Lecache, Bernard 324
Lechner, Fritz 127
Lechner, Manfred 121, 128
Lederer, Julius 61, 94, 219, 234
Lederman, Minna 28f., 32, 299, 301, 406
Leduc, Thomas H. 21
Lefferts, Gillet 17
Lefkowitsch, Henry 172
Lefkowitz, David 332
Léger, Fernand 285, 301
Leger, Frank St. 153f.
Legros, Nathalie 127
Léhar, Franz 133

Lehman, Herbert Henry 110
Lehmann, Fritz 92, 96, 146-151, 201, 206, 246, 351, 376
Lehmann, Hans 147
Lehmann, Herbert H. 110, 147f., 150
Lehmann, Lilli 91
Lehmann, Lotte XVIIf., XXXIIIf., 48, 90, 115, 120, 145-154, 156, 199, 214, 243, 246, 290, 311, 316-319, 326, 331, 335, 355, 358f., 375f., 379
Lehmann, Otto 246
Lehmann-Hartleben, Karl 94, 234
Lehmann-Haupt, Hellmut 225, 280
Lehmberg, Ruth 129
Leibowitz, Joseph 292
Leibowitz, René 290, 295f., 334
Leichtentritt, Hugo XIX, XXXV, 35, 85f., 98f., 144, 160, 226, 233, 236, 245, 255, 260, 267, 306
Leider, Ben 161
Leider, William 161
Leinsdorf, Erich XVIIf., XXXIIIf., 92, 104, 139f., 145, 148, 150-156, 160, 199, 201, 214, 222, 312, 320, 357f., 419
Leirens, Charles 127, 200, 347
Leites, Nathan 21
Leitner, Karel 258
Lenart, Ernst 129
Lendvai, Erwin 77, 123
Léner, Jenö 302f.
Lengerer, Ernst 414
Lenth, Bert 246
Lenya, Lotte 138, 140, 161, 197f., 287
Leonard, Henry 126
Leonard, Lotte 117, 126f.
Lerner, ? 131
Lerner, Abba 111
Lert, Richard 417
Leschetitzky, Theodor 92, 99, 207
Leschnitzer, Adolf F. 45
Lesser, Allen 182
Lessynski, ? 126
Leston, Dorothy 97

Lettunich, Matteo 323
Letz, Hans 118
Leuchter, Erwin 246f.
Leufeld, Beate 127
Leupold, Ulrich 247
Leuthmetzer, Karl 73
Leuthmetzer, Steffi 73
Leutner, W. G. 213, 245
Lev, Ray 186
Levant, Oscar 73, 154, 156
Levi, Leopold 45
Levi, Marta 396f., 400
Levi, Salli 114, 191
Levi, Sylvain 262
Levie, Werner 63, 79
Levin, Henri 326
Levin, Walter 302
Levine, Esther 200
Levine, Louis 131f.
Levine, Max 150, 153
Levisohn, Fritz 187, 426
Lévi-Strauss, Claude XIII, XXIX
Levita, Gerhard Gotthelf 78
Levitzki, Mischa 291
Levy, Ernst 184, 266, 333
Levy, Gustav 78
Levy, Lazare 127
Lewandowski, Louis 171f., 175, 190
Lewandowski, Manfred 58f., 131, 172
Lewens, Walter 131f.
Lewin, George 60f.
Lewin, Greta 60
Lewin, Hildegard 59ff.
Lewinter, ? 18
Lewis, Bobby 332
Lewitua, Robert 128
Lewkowitz, Albert 76, 78, 80ff.
Lewkowitz, Hansel 78
Lewkowitz, Hildegard 78, 80
Lewkowitz, M. 130f.
Leyda, Jay 27, 29, 35
Leyser, Marion 117
Lhévinne, Josef 228
Lhévinne, Rosina 228
Lhevinoff, Etta 114
Libel, Max 208
Liber, M. 58
Libermann, Alexander 247
Libidins, David 284

Licht, Baruch 128
Lichtenstein, Alfred 57, 61ff., 128
Lichtenstein, Friederike 61f.
Lichtenstein, Gerda 63
Lichtmann, Sina 261, 264f.
Lieberman, Maurice 277, 343
Lieberson, Godard 140, 142, 153, 155, 318
Liebling, Estelle 246
Liebling, Leonard 208
Liebman, Joshua Loth 182
Liepmann, Klaus 84, 96, 194, 196, 247f.
Liffmann, Alice 96
Lifschey, Eli 160
Lightman, J. B. 51f.
Lilienfeld, Antonie 205, 248f., 351
Lincoln Filene, A. 264
Linde, Anna 96
Lindenberg, Paul 22
Lindenmeyr, ? Mrs. 219
Lindey, Alexander 291
Lindheim, ? Mrs. 188
Lindley Wood, Edward Frederick 142, 356, 404f.
Lindner, ? 71
Lindorff, Joyce 308
Lindt, Peter M. 104f.
Linzvoth, George 142
Lion, Max 89
Lipp, Gerhard 282
Lippmann, Walter 165
Lisowski, Eunice 249
Lissauer, Fritz 63
List, Emanuel 146, 149, 214, 375
List, Kurt 39f., 115, 118, 123, 127ff., 146, 249, 287, 293, 296, 305
Liszt, Franz 169, 172
Littauer, Alfred 109
Litteim, ? 46
Littlefield, Oscar 125f.
Litz, Katharine 308
Liuzzi, Fernando 249
Lloyd, Margaret 251
Loeb, Julius 250
Loeser, Albert 131
Loesser, Arthur 155, 288
Löwe, Ferdinand 228, 263

Index

Loewenson, Marix 127
Loewenstein, Herbert 185
Loewenstein, Susanne 63
Löwenthal, E. G. 45, 74, 189
Löwenthal, Leo 107
Loewenthal, Siegbert *siehe* Lenth, Bert
Loewit, Wilhelm 132f.
Loewy, Max 113
Loewy, Paul 34
Loewy, Theodor Hans 249f.
Loewy-Loening, Rosa 205
Lohman, Larry 309
Lohse, Otto 196
London, Kurt 96, 166, 206, 346, 349
Londynski, Stanislaus 114
Longman, Lester D. 136
Loon, Hendrik Willem van 319, 324
Lootz Erving, Emma 267
Lopatnikoff, Nikolai 55, 97, 143ff., 155, 289, 355, 358, 373f.
Lopatnikoff, Nora 144, 355, 358, 373f.
Loraine, Percy Lady 401
Lord, Betty 288
Lorentz, Pare XVIII, XXXIV
Lorenz, Fred 22
Lorenz, Karl 201, 250
Loridan, Walter 303
Losey, Joseph XVIII, XXXIV
Lothar, Ernst 269
Lottorf, Ernst 123
Lotze, ? 414
Lovejoy Elliot, John 87
Lovy, Israel 78
Low, Leo 114, 172
Lowenfeld, Berthold 262
Lowinsky, Edward Elias XIV, XIX, XXX, XXXV, 78, 96, 205, 218, 229, 240, 244f., 281, 340, 351
Lowinsky, Erich 59, 61
Lowy, Robert 122
Lubar, ? Miss 156
Lubitsch, Ernst 146, 331
Lubotsky, Marcelle 223
Lucas, Alice 188
Lucchesi, Joachim 53

Ludwig, Emil 328
Luening, Ethel 279
Luening, Otto 41ff., 94, 272, 304
Lunt, Storer B. 167ff., 357, 420ff.
Lurje, Leopoldine 46
Lustgarten, Egon 89, 96, 118, 128, 240, 250f., 260, 338, 340, 351
Lustgarten, Lisbeth Sonja 96
Lustig, Moshe 186
Luther, Martin 341
Lutton, C. E. 118
Lydenberg, Harry M. 216f., 261, 267
Lynd, ? 348, 352
Lyov, Moshe-Leyb *siehe* Low, Leo
Lyon, E. Wilson 318, 324
Lyons, ? Mr. 151

M

Maag, Otto 246
Maas, Marcel 311
Mabas, D. 130
McAfee, Mildred H. 344
McArthur, Edwin 152, 323, 327
Macauley, Angus 95, 241
McBride, Jerry L. 228, 239
McClintic, Gunthrie 33
McClure, John 169
McConathy, Osbourne 27
McCreary, John K. 21
MacDermot, Terry 85, 355, 359, 380
McDonald, James G. 94, 234, 344
MacDougald, ? 348
MacDowell, William 57
McGuire, Constance E. 224
Machlup, Fritz 104
McKay, Fay Elizabeth 97f.
McKay, George 27
Mackenzie, David 161
Macleish, Archibald 277, 287
McMaster, Helen 19
McMillan, Ernest 273, 327
MacNaughten, Stella 103
McPhee, Colin 142
Macy, Gertrude 33
Madesin Phillips, Lena 267

Magg, Fritz 266
Magner, Martin 126
Magnus, ? 196
Magnus, Erna G. 128f.
Mahler, Alma 318, 322
Mahler, Fritz 145, 158, 196, 284, 307
Mahler, Gustav XVII, XXIV, XXXIII, XL, 112, 145, 157, 196, 256, 269, 318-322, 324, 326, 329, 369, 381
Mahler, Hans 97
Mahler-Kalkstein, Menahem 185
Mahnkopf, Fritz 97
Maitland, ? 239
Makower, A. J. 218
Malengreau de, Paul 311
Malipiero, Gian Francesco 144
Malko, Nicolai 345, 349, 351
Mamlok, Ursula 200
Manczek, O. 131
Mandelbrod, John 172
Mander, Linden A. 260
Mandyczewski, Eusebius 207, 224, 233, 342, 344
Mangold, Frederic R. 95, 115
Manheim, Harold 164
Mankovitz, David 161
Mann, Alfred 84, 97, 141, 206, 251, 279, 349
Mann, Erika 150, 317
Mann, Erna 97, 120
Mann, Heinrich 72, 311, 339
Mann, Katja 296, 322
Mann, Michael 296
Mann, Michael Thomas 84, 97
Mann, Nell 118
Mann, Thomas 77, 79, 97f., 104, 147, 150, 215, 252, 257f., 269, 283, 311, 316f., 319, 321f., 329, 335, 344, 425
Mann, Victor 296
Manna, Mantia Simone 117
Manne, S. 172
Mannes, David 118, 218
Mannes, Leopold 100, 122
Mannheim, Charles 206
Mannings, Mary 142
Manschinger, Kurt 97
Manschinger, Margarete 97
Mansfeld, Max 128

Manussewitsch, Victor 122, 127ff.
Marçais, William 245
Marcello, Benedetto 74, 76, 79, 82
Marchant, Luther M. 101
Marciano, Rosario 279
Marcus, Adele 118
Marcus, Walter 117, 124
Marcuse, Erich 132
Marcuse, Herbert 206, 351
Marcuse, Ilse 131
Marcuse, Ludwig 338
Marcuse, Walter 127
Marek, Czeslaw 278
Margalith, Aaron 47
Margaret, M. 207
Margolinksi, Henry 69, 130f.
Margolinksi, Irene 131
Maril, Konrad 84, 97, 252
Marix, Thérèse 200
Markel, Louis 264
Markl, Alice 18
Markova, Alicia 284
Marks, Herbert 118
Markt, Heinrich 80, 130f.
Marlow, Georges 311
Marrow, Macklin 313
Marshall, ? 231
Marshall, John XIX, XXXV, 29, 231, 262, 345-352
Marsters, ? Mrs. 219
Marteau, Henri 273
Martin, ? 70, 169
Martin, John 166
Martin, John Joseph 286
Martin, Mary 159, 197
Martin, ? Mrs. 165
Martin, Thomas 128f.
Martin, Walter 22
Martinů, Bohuslav 155f., 300, 326
Martucci, Giuseppe 313
Marx, Alexander 76
Marx, Alfred 46, 48
Marx, Fritz Morstein 135f.
Marx, Joseph 19, 186, 217, 236, 263
Marx, Wilhelm 225f.
Masaryk, Jan 256, 272f.
Mason, ? 30

Mason, Daniel Gregory XXIII, XXXIX, 99, 156ff., 161, 228f.
Mason, Daniel Gregory Mrs. 156
Mason, William 157
Massenet, Jules 92, 223
Massine, Leonide 284, 286
Masson, André 285
Masson, Pierre 253
Mattern, Katherine 22
Mattern, Kitty 129
Maurer Zenck, Claudia XLIII, 244
Maurer, Irving 278
Mauss, Marcel 262
Maxfield, Joseph 116
Maximovitch, Maria 258
May, ? 322
May, Mark 345
Mayer, Albert 195
Mayer, Clara W. 111f., 202f.
Mayer, Eugen 129
Mayer, Otto 316
Mayer, Robert 195
Mayer-Reinach, Albert 252
Mayers, Charles 122
Mazirel, Laura C. 323
Mead, Nelson P. 244, 307, 338
Mead, Rita Hursh 287, 304
Meckna, Michael 42
Medgyesy, Laszlo 142
Medvedieff, Jakov 172
Mehrgut, Felicitas *siehe McKay, Fay Elizabeth*
Mehring, Walter 198, 338
Meier, Edgar 148
Meikle, W. L. 263
Meiklejohn, Alexander 113
Meine, Sabine 292
Melchior, Fritz 131, 132
Melchior, Lauritz XVII, XXXIII, 146ff., 150-154, 328
Meller, Norbert 127
Melville, Herman 140
Menasce, Jacques de 185f., 300, 307, 333
Mendel, Arthur 163f., 166
Mendel, Erich 171
Mendel, S. 172
Mendelssohn, Arnold 212
Mendelssohn, Eleonore von 311
Mendelssohn, Felix Robert 98

Mendelssohn, Francesco von 161
Mendelssohn, Rosa 129
Mendelssohn Bartholdy, Felix 78, 112, 311, 381f.
Mengelberg, Rudolf 323, 327
Mengelberg, Willem 30f., 105
Menuhin, Yehudi 65, 158, 320, 323
Merivale, Philip 161
Merlo, Marisa 315
Mero-Irion, Yolanda 53, 128
Merola, Gaetano 149, 152-155, 320
Merrill, Howard 30
Merriman, Daniel 137
Mersmann, Hans XIV, XXX, 252
Merz Tunner, Amalie 222
Meth, Carl 98
Metis, Berthold 131
Meurrent, J. 311
Meyer Hermann, ? 148
Meyer Jacobstein, ? 188
Meyer Kerstenbaum, ? 89
Meyer, Carl 127
Meyer, Conrad Ferdinand 179
Meyer, Edwin Justus 287
Meyer, Ernst Hermann 84, 205, 224, 252f., 306, 347, 349
Meyer, Helene 109
Meyer, Ilse 306
Meyer, J. H. 36
Meyer-Baer, Kathi 98, 205, 216, 253, 351
Meyer-Frank, Ilse 131
Meyerowitz, Jan 200
Mezger, E. 321
Michel, Werner 22
Michelsohn, Henriette 278
Michelson, Abram 108
Michelson, Irène 108
Middeldorf, Ulrich 136f.
Middleman, ? 291
Mieses, ? 18
Mignone, Francesco 155
Milder, Della 122
Milhaud, Darius 18, 28, 31, 35, 114, 138ff., 184f., 191, 200, 254, 273, 284ff., 290, 301, 309, 333f., 341, 351, 417
Milhaud, Madeleine 254, 301
Miller McClintock, ? 155f.

Index

Miller, Celia H. 127
Miller, Julie 186
Miller, Margarete 96
Miller, Maria 119
Miller, Philip E. 170
Millet, J. 172
Milligan, Harold V. 218f., 348, 351
Millis, Walter 319
Milner, Moses 171
Milstein, Nathan 117, 328
Milton, John 26
Mindlin, A. 172
Miner, Franklin 123, 125
Misch, ? 105
Misch, Anna 66
Misch, Anni-Ruth 66
Misch, Ludwig XXII, XXXVIII, 64ff.
Mitchell, Margaret 140
Mitchell, Wesley C. 113
Mitropoulos, Dimitri 34, 139, 146, 154, 157, 204, 282, 289, 291, 296f., 301, 308, 323, 339
Mittenzwei, Werner XLIII
Mittler, Franz 129
Mix, Ted 120
Mizwa, Stephen P. 267
Moe, Henry Allen 85ff., 89, 111, 123, 167, 211, 236, 272, 277, 320, 344, 355, 380
Möbes, Werner 61
Mögle, ? 414
Moffet, Harold 161
Mohaupt, Richard 105
Molnár, ? 18
Molyneaux, Anna C. 230
Monachino, Filip 258
Monath, Hortense 290f.
Moncada, Eduardo 34
Monteux, Pierre 105, 138f., 141, 154, 156ff., 307, 417
Monteverdi, Claudio 135ff., 162, 300
Montgomery, James A. 264
Montgomery, Patricia 21
Moore, A. H. 238
Moore, Douglas 28, 32, 99, 142, 145, 158, 185, 213, 273
Moore, Douglas Mrs. 158
Moore, Sarah 158

Morck, W. C. 198
Moreau, Jacques 315
Morel, Jean 304
Moreno, Segundo Louis 268
Morette, ? 50
Morette, Consuelo 297
Morgan, Helen 149
Morgan, Paula 51, 276
Morgens, Adolf 98
Morgenstern, Christian 54
Morgenstern, Julian 75f., 78, 81f.
Morgenstern, Oskar 104, 136
Morgenstern, Soma 34f., 37
Morgenthau Wiener, Alma 240, 242
Morgenthau, Hans 151
Morini, Albert 301
Moritz, Edvard 58
Moross, Jerome 332
Morris, Newbold 140
Morris, William 117
Morrison, Paul 332
Morse Jones, Isabel 330, 350
Mortimer Clapp, Frederick 243
Morton, O. E. 226f.
Moser, Hans Joachim 65, 85, 209f., 247, 325
Moses, ? 148
Moses, Robert XVI, XXXII
Moskovitz, ? 350
Mottl, Felix 196
Mozart, Wolfgang Amadeus 48, 59, 71, 91, 135, 146, 153, 163, 166, 216, 219, 227, 229, 296, 318, 326, 335, 362, 381
Muck, Karl 207
Mühlberger, Sonja 130
Müller, F. 46
Müller, Fritz 81
Mueller, Rudolf 128
Müller-Hartmann, Robert 224, 254
Münch, Hans 232
Muller, Charles P. 113
Mumford, Lewis 160
Munch, Charles 34, 182f., 274
Munk, Marianne 254
Munk, Trude 129
Munsell, Warren P. 33
Münz, Stefan 76
Murdoch, ? Mrs. 297

Murphy, Howard A. 32, 230
Murrow, Edward R. 194, 204, 223-226, 245f., 248, 255, 261, 264f., 275
Musorgskij, Modest 154
Musser, John 227, 261
Mussolini, Benito 52, 145, 161, 312f.
Myers, S. M. 237
Mykyscha, ? 18
Myns, C. S. 237
Myrdal, Gunnar 112

N

Nachod, Hans 88
Nadel, Arno 57, 171, 184, 256, 288
Nadel, Siegfried 278
Nansen, Alfred Sigurd 255
Naoumoff, Olga 295
Nardi, Nahum 172, 186
Nash, Ernest 142
Nash, Michael 332
Nathan, Hans 51f., 84, 255f., 287, 355, 359, 368ff.
Nathan, Isaak 78
Naumbourg, Samuel 131, 172
Naumburg, Elsie M. B. 236
Naumburg, Walter W. 230
Navarro, Julio Cesar 62
Neeman, ? 187
Nef, Carl 253
Neher, Caspar 197, 336
Neher, Erika 197, 336
Nejedlý, Zdeněk 256
Nelson, Mervyn 18, 20, 22
Nestroy, Johann 424
Nettl, Bruno XIX, XXXV
Nettl, Gertrude 98, 256ff.
Nettl, Paul XIV, XXX, 98f., 162f., 166, 206, 240, 256-259, 280, 338, 341, 349, 351
Neubauer, Ernst 78, 129
Neubeck, Sonja 171
Neuberger, Otto 51
Neufeld, Hans 200
Neufeld, Margit 117, 125, 128
Neuhaus, Toni 125, 127, 129
Neuhs, William 264

Neuman, Richard 129
Neumann, Alfred M. 192
Neumann, Elizabeth 22
Neumann, J. 172
Neumann, Max 67
Neumann, Wolfgang 109
Neumark, ? 29
Neumark, Ignace 108
Neumeister, Hertha 414
Neumeyer, Hans 182
Neurath, Herbert 117, 119f., 127f.
Neurath, ? Mrs. 128
Newald, Richard 276
Newlin, Dika 168f., 421f.
Newman, Ernest 57, 211, 239
Newman, Louis I. 366
Newman, Richard 129
Newton, Caroline 104
Newton, J. Earle 218, 245f.
Ney, Elly 222
Nicholls, David 287
Nieder, Stefan 89
Niemo-Niemojowski, Lech T. 34
Nikisch, Arthur 220, 274, 321, 343
Niles, Marion H. 326
Nilius, Rudolf 19, 320
Nilman, Macy 44
Ninawer, Nechemja 114
Nin-Culmell, Joaquin 297
Nira, ? 187
Nitke, Sigmund 52, 267
Noehren, Eloise 182
Noehren, Robert 182
Nordmeyer, Henry 311
North Rice, Paul 253
Northrup, Belle 97
Norton, Herter 163, 165
Norton, William Warder 162-167, 169
Nouneberg, Louta 108
Novak, Stephen E. 194
Novakovic, Olga 69
Novikova, Sofula 320
Novotna, Jarmila XVII, XXXIII, 90, 106, 199, 214
Nussbaum, Max 52

O

Oberlaender, Gustave 337
Ochs, Siegfried 68, 99
Ochsner, ? 83
O'Connell, Charles 154
O'Connor, J. F. T. 34
Odets, Clifford XVIII, XXXIV, 154, 331
O'Donnell, Ruth 135, 250, 254, 281
Odnoposoff, Ricardo 243
Oechsler, Anja 53
Oehlgiesser, Siegfried 128
Oestreich, Carl 189
Offenbach, Jacques 138
O'Hara, Frank J. 227
O'Hare McCormick, Anne 165
Ohlen, Eva 52
Okov, Juri 258
Olan, Levi A. 172
Olan, ? Rabbi 184
Oldman, Cecil B. 216f.
Olitzki, Walter 63
Oliver jr., Alfred C. 111
Olson, Charles 308
Olson, Culbert L. 212
Onis, Federico de 349
Oppens, Edith 98
O'Reilly, Kenneth XII, XXVIII, XLIV
Ormandy, Eugene 36, 117, 138, 141, 160, 217, 220, 231, 243, 303, 310, 319, 326, 328, 379
Ornstein, Leo 288
Orogo, Michael 330
Ortenberg, Eleazare 108
Ortenberg, Tamara 108
Ortez, John A. 142
Ortmann, Eva 125, 129
Ortmann, Otto 226
Osborn, Franz 57, 209
Osten, William 129
Oster, Ernst XX, XXXV, 84, 98
Ostermann, Joseph D. 226, 264, 265
Ott, E. Mrs. 28
Otto, Walter 206
Otto-Karmin, Jeanne 234
Overstreet, H. A. 100, 165, 226

Owen, Patricia F. 17
Oyen, ? Miss 340

P

Pacciardi, Randolfo 313
Pach, Walter 266
Pacher, Zdenka 18
Paci, Mario 132f.
Pätzold, Ernst 84
Page, Ruth 285ff.
Pahlen, Kurt 278
Painlevé, ? 289
Palfi, Hedwig Sophie 89
Palmer, Kyle 345
Palmer, ? Mrs. 309
Panizza, Ettore 152
Panofsky, Erwin 136
Panofsky, Hans 129
Papanek, Ján 55
Paranov, Moshe 277, 279
Paray, Paul 319
Pares, Bernard 21
Parmet, Simon 341f.
Parnell Thomas, J. 345
Parner, Paul 130
Parnes, Estelle 332
Parnes, Paul 130
Parrish, ? Mrs. 148
Parrish-Domonkos, Dorothy 142
Partos, Oedoen 187, 427
Pasel, ? 348
Pass, Walter XLIV
Pastré, Comtesse de 297
Patin, ? 186
Patzak, Julius 318
Paul, Andrew B. 142
Paul, Elliot 309
Paul, Erwin 128f.
Paul, Liesl 22
Paulsen, Ernst 317
Paulsen, Irene 127
Pavlovsky, Taras 194
Paz, Juan Carlos 304f.
Pearson, Charles A. H. 31f.
Peat, Harold R. 329
Pechefsky, Rebecca 316
Pechstein, Max 350
Peerce, Jan 155
Peever, Henry 22

Peffer, Nathaniel 91
Pegram, George B. 143
Pelenyi, John 142
Pelletier, Wilfried 246
Pennino, John 198
Penrose Hallowell, Norman 88
Pepper, Alman R. 105
Perelmann, Dora 128
Perlhoefter, Ursula 131f.
Perls, Friedrich 128
Perntner, Hans 151, 313
Perry, James Y. 117-121, 128
Perry, ? Miss 121, 388
Peschl, Verena 258
Pessl, Yella 69, 100, 115
Peterkin, Norman 36
Petersen, Peter XLIII
Petersen, P. Victor 316
Petri, Egon 99, 232f., 235, 247
Petrillo, James C. 311
Petschnikoff, Lily 148
Petschull, Hans 297
Pettey, Tom 345
Pettis, Ashley 332
Petty, James H. 271
Peyser, Herbert 165
Pezzini, Leyda 133
Pfannkuch, Wilhelm 135
Pfatteicher, Carl F. 100, 266
Pfeiffer, ? 414
Pfisterer, Dorothea 75
Pfitzner, Hans 317, 321, 323f.
Pfleiderer, ? 414
Pfohl, Ferdinand 414
Phelps, Shelton 240ff.
Philipp, Isidor 259
Piatigorsky, Gregor 144, 279, 309, 328
Piccaver, Alfred 243
Pichler, Maria 22
Pick, Adolfo 70
Pick, Valerie siehe Weigl, Vally
Pickett, Clarence E. 103, 105
Pierotic, Edith 98
Pierotic, Piero 98
Pierpont Morgan jr. , John 337
Pierpont Morgan, John 337
Pijoan, ? 265
Piket, Frederic 200
Pillersdsorf, ? 79
Pinchart, ? 311

Pinchik, Pierre 172
Pinette-Glass, Senta 131
Pinter, Margot 320
Pinthus, Kurt 205f., 277, 351
Pinza, Ezio 48, 146, 148, 152, 319, 327
Pirro, André 234
Piscator, Erwin XVIII, XXXIV, 33, 63, 112, 201, 205, 288
Pisk, Maria 103
Pisk, Paul A. 40ff., 98ff., 186, 262, 288, 304f., 333
Piston, Walter 27f., 89, 141, 219, 302
Pitkin, Royce S. 94, 123, 394
Pittaluga, Gustavo 161
Pitts, Lilla Belle 32
Plamenac, Dragan 306
Planck, Max 237
Plummer, Herma 51
Podorowski, Max 121
Poelman, ? Mr. 334
Pöllmann, ? 71
Pogany, Imre 202
Polaczek, Karol 73
Polak, Leo J. 112
Polakiewicz, ? 192
Polikoff, Benet 119
Polk, Frank Lyon 261
Polke, Marie 147
Pollak, Frank 187, 426
Pollak, Martha 128f.
Pollock, Ann L. 324
Pollock, Friedrich 348
Pollon, Michael 125, 129
Polnauer, Frederick [Friedrich] 119f., 121, 126, 128f.
Polnauer, Josef 94
Ponc, Lily 301
Ponte, Joseph 24
Poole, Walter 153
Poot, Marcel 311
Pope, Arthur Upham 228
Porges, Walter 109
Porter, Quincy 230
Posman, Louis 124
Posz, ? Mr. 150
Potter, Pamela 261
Pottlitzer, Margot 64
Powell, John 157
Powell, Mel 30

Pozniak, ? 71
Praag, ? van 154
Pratt, Carrol C. 226
Pratt, Trude W. 272
Preminger, Otto Ludwig 97, 252
Press, Vera M. 118
Pressman, A. 258
Preston jr., Walter G. 346
Pretzell, ? Miss 286
Price, F. H. 277f.
Prichard, Edward F. 318f.
Priest, George H. 311
Prince, Leonard siehe Prinz, Leonhard
Pringsheim, Klaus 318, 324
Prinz, Leonhard 123, 259
Probst, ? 45, 47
Pröls, Alwine 70ff., 355, 371f.
Prokof'ev, Sergej 144, 301
Prüwer, Julius 60f., 99, 117, 126, 209
Prunières, Henri 289
Puccini, Giacomo 223, 321
Pullmann, ? 124
Purcell, Henry 90
Puritz, Gerd 266
Purnell, Winifred 278
Putlitz, Wolfgang zu 150f.
Putterman, David J. XVII, XXII, XXXIII, XXXVIII, 171, 184ff., 191, 198, 332
Pyser, S. 258

Q

Quesada, Enrique de 303
Quinn, John F. 227
Quinn, T. D. 84

R

Rabinowitsch, Frieda siehe Kahn, Frida 299
Rabinowitz, A. M. 172
Rachmaninoff, Serge 184
Rackier, ? 76
Rade, Emanuel 113
Radl, ? 117
Rado, Deszo 89

Rado, Emmy C. 47
Rado, Franz 109
Rado, Harry 129
Rado, Karl 109
Radonjic, Jasna 38
Radt, Kurt 130
Rafaeli, Alex 74, 406f.
Raiken, Bruno 172
Raliber, ? 152
Ramin, Günther 222
Rangel, Felix 238
Rankl, Karl 125
Rapee, Ernö 118, 142, 269, 310
Rap-Janovska, Miriam 132
Rapp, Franz 216, 253
Rapp, Sabine 130, 131
Rappaport, Jacob 172
Rasch, Hugo 145
Rathaus, Gerta 24, 30
Rathaus, Helene 29
Rathaus, Karol XX, XXXV, 24-38, 97, 114, 236, 252, 324
Rathaus, Lazar 29
Rathaus, Rudolf 29
Rathbone, ? 317
Ratner, Theo 124, 129
Rauch, Gretel 147f., 150, 153f.
Rautenstrauch, Martha 108
Rautenstrauch, Walter 108
Ravel, Maurice 143, 296
Ravina, Menasha 82, 191
Ray, Norman 20
Raybould, Clarence 31
Rayersberch, Lotte 128
Razovsky, Cecilia 51f., 85, 114, 183, 247, 255, 272, 370
Read, Florence 208
Reade, Albert R. 31
Rebay, Ferdinand 263
Rebner, Adolf 324, 388
Rebner, Wolfgang 125, 129
Redl, Fritz 276
Redlich, Fritz 78, 204, 219
Redlich, Herta Glaz siehe Glaz, Herta
Reese, Gustave XXIII, XXXVIII, 78, 96, 99, 136, 164, 167, 270, 306, 347
Refice, Licinio 152
Regener, ? 259
Reger, Max 196

Rehberg, Willy 232, 275
Rehrl, Franz 146, 310
Reich, Hans 126f.
Reichenbach, Hermann Rudolf 79, 84, 98f., 259
Reichert, Kurt 129
Reichler, ? Rabbi 73
Reif, Paul 239
Reimer, Dietrich 166
Reiner, Fritz 95, 105, 139, 142, 153, 155, 158, 243, 328, 337, 351
Reiner, Otto 291
Reinhardt, Aurelia W. 210
Reinhardt, Delia 323, 324
Reinhardt, Max 33, 63, 197, 311, 318, 324, 340
Reinhold, Walter 126
Reiniger, Robert 221
Reis, Bernard J. 111
Reis, Claire R. 142, 214, 230, 254, 288, 299-302, 356, 405f.
Reis, Irving 348
Reisemann, D. 172
Reisenmann, Robert 129
Reissig, Herman 159f.
Reissmüller, Kurt 45
Reiter, Max 86
Reitler, Josef 207, 214, 241f., 251, 318
Reitz, Karl 196
Reizenstein, Franz 57
Rejto, John 124
Remick, Mary C. 227
René, Henri siehe Kirchstein, Harold
Resek, Bella 131
Respighi, Ottorino 313
Rethberg, Elizabeth 146ff., 152, 328
Réti, Rudolf 99, 260
Retzker, Marie 123
Reu, G. A. 91
Reuter, Ernst 322
Revel, ? 76
Rewalt, Lothar 22
Reyhing, ? 414
Reynold, Gonzague de 276
Rezler, Max 130ff.
Ribker, Franz 127
Ricard, Prosper 245

Rich, Martin 99
Richards, George H. 240f.
Richheimer, Horst-Otto 118
Richter, ? 48, 153
Riegelman, ? 277
Riegger, Wallingford XXIII, XXXVIII, 160f., 306f.
Riegner, ? Miss 219
Riemann, Hugo 230
Rieti, Vittorio 284ff., 301, 309
Rietsch, Heinrich 256, 269
Rikke, Fritz 116
Rilke, Rainer Maria 163, 361
Ringer, Alexander L. XIX, XXXV, 111
Ringwall, Rudolph 156
Rischbieter, Henning XLIII
Riskin, M. 131f.
Riskin, Robert 313
Ritter, ? 156
Ritter-Rosenfelder, Karl 128
Rivet, Paul 261f.
Robbins, Jeanette 49
Robert, George 128
Robert, Richard 101, 104, 117, 207f., 220, 224, 238, 279, 344
Robert, Ruth 395
Robert, Siegfried 131
Robert, Walter 115, 128f.
Robin, Harry 348f., 352
Robinson, Frederick B. 226
Robinson, James Harvey 111, 200
Robinson, Leland Rex 105
Robitchek, Lisa 131
Robitschek, Robert 99, 260, 281
Robson, C. L. 98
Rochmis, Theodore 127, 346
Rockefeller, John D. 344
Roddey, W. J. 241
Rodeck, Richard 129
Rodrigue, ? 311
Rodzinski, Artur 31, 36, 57, 70, 95, 138f., 152, 154, 204, 214, 300, 334
Röder, Werner XLIII
Roesler, Anne 117, 120
Roesler, Esti 107
Roesley, Ann 127
Roessler, Richard 237
Rogatchewsky, Joseph 254

Index

Roger, Kurt 99, 205, 278
Roger, Martha 99
Rogers, Bernard 185
Rogers, Edgar F. 267
Rogers, Ginger 197
Rogers, Leslie 334
Rohrbach, Maurice J. 92
Rojosinski, Kurt 260
Rolland, Romain 211, 232
Rollander, Sidney 105
Rollnick, Blanche 124, 126
Roma, Lilly 330
Ronis, Hannsjürgen 119, 124f., 128f.
Roosevelt, Eleanor 19, 22, 203
Roosevelt, Franklin Delane XII, XVIII, XXVIII, XXXIV, 110, 160f., 313, 318
Rosbaud, Hans 31, 293, 299
Rosé, Alfred 99, 324, 388
Rosé, Alica 337
Rosé, Alma 324, 387
Rosé, Arnold 90, 99, 124, 321, 324, 356, 359, 387f.
Rose, Milton C. 18f.
Rosé, Wolfgang 117, 128, 334f., 337
Rosen, ? 80
Rosen, Charlotte 122, 127
Rosen, Kurt 127
Rosenbaum, Gertrude 128
Rosenberg, ? 328
Rosenblatt, Joseph 172
Rosenbloom, Charles 291
Rosenbloom, Delia 89
Rosenek, Josephine 46
Rosenek, Leo 266
Rosenfeld, Alfred 119, 126, 163
Rosenfeld, Paul 282
Rosenfield, John 138
Rosenheim, Richard 260
Rosenstock, Joseph 288
Rosental, Sepp 395
Rosenthal, Carl August 99
Rosenthal, Ernst A. 49
Rosenthal, Manuel 140, 301
Rosenthal, Moritz 90, 214, 220, 243, 379
Rosenthal, Nora 64
Rosentool, Fanny 127
Rosenwald, Hanns Herrmann 31f.

Rosenwald, William 105, 126, 128
Rosenzweig, Alfred 275, 367
Rosenzweig, Franz 180
Rosety, Henry 131
Roskin, Janot 172
Rosolio, David 191
Rosowsky, Solomon XVII, XXXIII, 82, 167, 185ff., 191, 357, 426-429
Ross, ? 32
Rossi, Salamone 79
Rossini, Gioachino 104, 153
Rostal, Leo 120, 129, 214
Rosten, Leo C. 345, 350
Rostenstock, Joseph 36, 63, 193
Rosy, Léopold 311
Roth, Carlheinz 21
Roth, Anni 424, 426
Roth, Ernst 79, 357, 422
Róth, Sándor 303
Rothe, R. 209
Rothenberg, Tot 427
Rothenberg, William 274, 343
Rothenberg, Zvi 187
Rothmüller, Marko 183
Rothschild, Frank 66
Rothschild, Fritz 99, 129, 400
Rothschild, Robert de 58, 328
Rothschild, Salomon 395
Rott, Hans 317f.
Rottenstein, Paula 109
Rouché, Jacques 324
Rovner, Zaydel 172
Royal, ? Mr. 152
Rubenstein, Ben 328
Rubin, D. 172
Rubin, David W. 39, 41
Rubin, Henry 109
Rubinstein, Anton 172
Rubinstein, Arthur 150, 317, 326
Rubinstein, Ben 323
Rubinstein, Beryl 228f.
Rubinstein, Rudolf 127
Rubinstein, Yakov 284
Rudnitsky, Antim 99f.
Rückert, Friedrich 178ff.
Rufer, Josef 290
Rufer, Philip [= Josef?] 129
Ruggles, Carl 288
Rummel, Joseph Francis 212

Runes, ? 168
Russak, Ben 110f.
Rust, ? 65
Ruthenberg, Louis 123
Rutkoff, Peter M. XIII, XXIX, XLIV, 200
Ruttmann, Walter XVI, XXXII
Rutzik, ? 118
Ryding, Erik 316
Rypinski, Elsa 120, 125, 128f.
Rypinski, Philipp 128

S

Sabata, Vittorio de 319, 321, 324
Sachs, Benno 261
Sachs, Curt XIX, XXI, XXXV, XXXVII, 36, 51, 65, 74, 77f., 83-86, 100, 162ff., 166f., 169, 185, 190f., 205f., 209, 212f., 216f., 230, 234, 244, 248f., 259, 261ff., 288, 340, 349, 386
Sachs, Harvey XLIV, 311
Sachs, Lessie 53, 71f., 372
Sachs, Paul J. 136
Sacks, ? 325
Saerchinger, César 218
Sahl, Hans 205, 293, 338
Saidenberg, Daniel 142
Saint-Quentin, ? 316
Salander, Berthold 214
Salander, William 214
Salgo, Sandor 41, 258
Salisbury, Jane 158
Salisbury, Leah XVIII, XXXIV, 159
Sallinger, Kurt 123
Sallon, ? Rabbi 120
Salno, Bernhard 123
Salomon, Carl 82, 186, 190f.
Salomonksi, Hermann 125, 129
Salomonksi, Hilde 125, 129
Salzedo, Carlos 111
Salzer, Felix XX, XXII, XXXV, XXXVII, 101, 266
Samaroff Stokowski, Olga 217, 230, 283, 322, 325, 344
Saminsky, Lazare XVII, XXXIII, 74, 78, 186, 222
Samter, Gottfried 58

Sanborn, Pitts 32
Sandberger, Alfred 218
Sandburg, Carl 17, 54
Sander, Berthold 76f.
Sander, Werner 80, 128
Sanderling, Kurt 58
Sanderson, Eva 96
Sansecondo, Jacopo 78
Saperston, Willard W. 183, 355, 358, 370f.
Sapiro, Boris 131
Sargent, Malcolm 291
Sargent, Winthrop 367
Sarkissoff, Sergius 127
Sarner, Helene 109
Sarnoff, David 148f., 151, 154
Sarnoff, Lew 102
Saroyan, William 18, 22f.
Satch, Rosa 118
Sattler, Dieter 325, 357, 420
Sauer, Emil von 57, 186
Saujuau, ? 55
Saul, Zena 227
Saunders, Richard D. 149
Sautoy, ? du 169
Sauvage, Armand 311
Sawyer, Charles H. 137
Saxl, Fritz 216
Sayn-Wittgenstein, Marie zu 169
Schaar, Hermann 115
Schaar, Rudolf 100, 129, 262
Schacher-Schack, Isabel 262
Schachtel, Hyman Judah 116
Schachtel, ? Rabbi 127
Schärm, ? 414
Schalit, Heinrich 52, 58, 114, 172, 176, 183, 185, 187-192, 200, 333
Schalit, Hilda 188, 190, 192
Schalit, Leon 188f.
Schalk, Franz 96, 263, 321, 324, 340
Schallamach, Josef 130f.
Schalscha, Erich 106, 108f.
Schalscha, Ilse 106, 108f.
Schan, L. 122
Scharf, Erwin 26, 29, 32f.
Scharwenka, Philip 129
Schatz, M. 106
Schatz, Maurice H. 37
Schear, William 124

Schebera, Jürgen 53
Schehl, Franz 84
Scheid, Otto 79
Scheidler, Anton 182
Schein, Regina 37
Scheit, Gerhart XLIV
Scheminsky, ? 250
Schenk, Erich 135
Schenker, Heinrich XX, XXXV, 104, 230, 238f., 316, 344
Schenker, Kurt 246
Scherchen, Hermann 140f., 289f., 301, 304, 307, 324, 357, 388, 415-419
Schering, Arnold 221, 234, 247, 265, 276
Schettler, A. 178
Schidlof, Hans 126
Schiedermair, Ludwig 265
Schieffelin, William Jay 316
Schieker, ? 414
Schiff, Otto M. 46, 195
Schiff, Paul 303
Schiffmann, Edgar 263
Schiffmann, Rosa 133
Schillinger, Joseph 113
Schillings, Max von 196
Schimmerling, Hans 100, 128, 325
Schindler, Agata 54, 259
Schindler, Ewald 325
Schindler, Marianne 136
Schindler-Nikisch, Nora 325
Schlesinger, Charlotte 263
Schlesinger, Hans 123, 190
Schlesinger, Josef 131
Schlesinger, Kurt 187, 426
Schlichter, Samuel 106, 108
Schloss, Johann 69
Schloss, Julius 69
Schmeidel, Hermann von 38
Schmidt, Franz 99, 263
Schmidt, Joseph XXII, XXXVIII, 67
Schmidt, Leopold 230
Schmidt, Otto 45
Schmidt, P. Wilhelm 237
Schmitz, Arnold 265
Schmitz, Robert 35f.
Schmuderer, D. 188

Schnabel, Artur 48, 57, 99, 101, 160, 166, 204, 233, 235, 263, 277f., 290f., 318, 321, 325
Schneckenburger, ? 415
Schneider, Albrecht 87, 256, 261
Schneider, David 293
Schneider, Hansjörg XLIII
Schneiderman, Harry 37
Schneir, ? 172
Schnell, Lucian 61
Schneller, Hans 117
Schnitzler, Arthur 100
Schnitzler, Heinrich 100, 206
Schnorr, Baruch 172
Schobert, Johann 91
Schön, Ernst 263f.
Schoen, Max 226
Schoenbach, Leo 132
Schoenbacher, Oskar 116
Schoenbauer, Oskar 127
Schoenberg, Arnold XIXf., XXIV, XXXVf., XL, 18, 27f., 31, 36, 40, 57f., 69, 88, 93, 95, 99, 102, 109, 110-113, 118, 126, 158, 161ff., 166-169, 185, 195f., 203, 231, 238, 261, 264, 274, 278f., 285, 288ff., 296, 300ff., 305, 323, 334, 343, 348, 357ff., 369, 381, 417, 420ff.
Schoenberg, Bessie 167
Schoenberg, Georg 289f.
Schoenberg, Gertrude 289f.
Schönberg, Jakob 64f., 184, 186, 192f., 333
Schoenberg Nono, Nuria 359
Schoene, Lotte 63
Schoeps-Rogosinksy, Lotte 123
Schofield, A. F. 253
Scholes, Percy 57
Scholm, Andor 128
Schonthal, Ruth 200
Schork, Hilda 192
Schorr, Friedrich 151, 243, 379
Schoschano, R. 132
Schott, Max Mrs. 149
Schrade, Leo 84, 100, 102, 264f., 274, 306
Schreiber, Fritz 100, 126, 128
Schreker, Franz XIV, XXIV, XXX, XL, 83f., 86, 95, 99,

Index

210, 236, 239, 249f., 261, 263ff., 325
Schröder, Fritz 195
Schrödinger, Erwin 259
Schubert, Franz 81, 87, 148, 154, 175, 216
Schuch, Ernst 342
Schuchardt, ? 189
Schueler, H. 130f.
Schünemann, Georg XIV, XXX, 65, 74, 77, 83f., 209, 218, 259, 265, 387
Schüssler, Martin 24, 27
Schuh, Willi 247
Schuler, Georg 326
Schulhof, Andrew 141f.
Schulhof, Otto 127f., 347
Schulhoff, Andrew 86
Schulhoff, Erwin 347
Schulkind, ? Mrs. 110
Schumacher, Joachim K. 84, 100, 265
Schumacher-Zangger, Sylvia 100, 265f.
Schuman, William XXIII, XXXVIII, 142, 145, 307
Schumann, Elisabeth XVII, XXXIII, 48, 92, 149, 155, 214, 243, 266, 277f., 291, 320, 379
Schumann, Robert 151, 311, 381
Schumman, ? Prof. 222
Schuricht, Karl 106
Schurz, Carl 83, 257, 265, 338f., 344
Schuschnigg, Kurt von 146, 148, 312f.
Schuschnigg, ? von Mrs. 219
Schuster, George N. 46
Schuster, Jospeh 323
Schuster, Peter-Klaus XVI, XXXII, XLIV
Schwab, Charles M. 234
Schwab, F. 127
Schwabscher, Wolfgang S. 105
Schwartz, ? 50, 73, 285
Schwartz, Benjamin F. 229
Schwartz, Erwin Paul 128f.
Schwartz, Manuela XLIV
Schwartz, Maurice 18, 20
Schwartz, Rudolf 63
Schwarz, Arthur 79

Schwarz, Boris 28f., 35, 279
Schwarz, Egon Guido 123
Schwarz, Hermann 129
Schwarz, Jenny 79
Schwarz, Leopold 125, 127, 129
Schwarz, Rose 79, 82
Schwarz-Werner, Rose 74
Schweiger, Hertha 84, 100f., 266
Schweitzer, Albert 94, 230, 232, 234, 325, 330
Schweitzer, David J. 51f.
Schwerké, Irving 208
Schwieger, Hans 117, 119ff., 123, 128, 388
Scott, Anthony 22, 116, 127
Scott, Tom 40
Scott, Walter Dill 237
Scott, William B. XIII, XXIX, XLIV, 200
Sears, Jerry 19
Sebastian, ? 154
Sebastian, George 142
Secunda, Sholom 172
Seelye, Laurens H. 208, 210, 215, 218f., 225, 228f., 231, 239, 241, 244f., 271f., 277-281, 283
Segal, Morris 174
Seiber, Mátyás 292
Seibert, Henry F. 101
Seidlhofer, Bruno 18
Seiffert, Max 83
Seiler, Trude 71
Seip, Achim 39
Sekles, Bernhard 215, 234
Selby, John 155
Selden-Goth, Gisella 169, 258
Selib, Mitchell 190
Selig, Anna 214, 223, 232, 272f.
Seligman, C. H. S. 237
Serebrenik, Bertold 121f., 128, 130
Serebrenik, Ella 122
Sereni, Angelo Piero 253
Serkin, Rudolf 48, 69, 99, 103, 203, 232, 238, 277, 312, 318, 328, 343, 349
Serly, Tibor 142
Serog, Ignacy 80
Sessions, Roger 31f., 34, 112f., 144, 218, 283, 301, 366

Severud, Fred N. 137
Sevitzky, Fabian 123ff., 139, 158, 326
Seyfert, Leopold 126
Seyfert, Otto 129
Seyss-Inquart, Arthur 106
Sforza, Carlo 311, 313
Sgaller, Erich 80f.
Sgaller, Herta 80
Shakespeare, William 20, 22f., 25, 31, 178
Shang, ? 147, 151
Shapira, J. 33
Shapiro, Lionel 111
Sharton, Felix Edward 101, 205, 266
Shatara, F. I. 233
Shatzky, J. 274
Shaw Duncan, David 96
Shaw, Abraham D. 73, 80
Shaw, Frank 101
Shdanoff, George 18
Shea, Francis M. 160
Shebar, Benjamin 249
Sheinberg, V. F. 125
Shelkan, Gergor 200
Shelkan, Gregor 193, 204
Shelton, Betty 241
Shelton, Hall 20
Shepherd, Arthur 213, 229
Sherkoff, Alexey 127f.
Sherkoff, Hilde 127f.
Sherwood, Robert E. 313
Shestapol, Wolf 172
Shillmann, Samuel R. 117, 119ff.
Shitomirski, A. 172
Shofstall, Dean 224, 228, 252, 259
Short, Bobby 287
Shulman, Alan 161
Shultz, Bertha 279
Shure, Leonard 156
Shushlin, V. 132
Shuster, George N. 105
Shute, Berrian 165, 228f.
Sibelius, Jean 143f., 341f.
Sidlo, ? 155f.
Siebold, Janet 223, 271
Siegmund-Schultze, D. Fr. 247
Siemsen, Anna 320
Sieradz, Edwin 122, 130

Sikora, ? 73
Silberstein, Erich 119f., 124, 128
Silberstein, Ernst 161
Silberstein, H. B. 172
Silton, Thea 128, 129
Silver, ? 126
Silverman, Sinaida 260
Silving, Bert 22
Simek, Viliam 122
Simetti, Otto 127
Simmons, Hezzleton E. 86
Simon, Alicia 267
Simon, Eric 101, 121, 152, 201, 238, 342
Simon, Heinrich 84
Simon, James XXII, XXXVIII, 67f.
Simon, Robert 119, 121, 124, 128f.
Simon, Sebastian 124-127
Simonds, Bruce 257
Simons, Netty 307f.
Simpson, Esther 233
Simpson, George 235, 345, 352
Sinclair, Upton 160
Singer, André [Andreas, Andrija, Endre] XXf., XXII, XXXV, XXXVIIf., 17-24, 109, 111f., 201, 308
Singer, Gerhard 118-121, 128
Singer, Gregory 133
Singer, Jacques 121, 128
Singer, Kurt XII, XXII, XXVIII, XXXVIII, 52f., 63, 68, 76f., 79, 83, 209, 267
Singer, Lucy 21f.
Singer, Moritz 68
Singer, Simon 19
Singermann, Benno 129
Singher, Martial 323
Sinsheimer, ? Mrs. 94
Sinzheimer, Max 125, 171
Sissermann, Mischa 123
Sitte, Kurt 256
Sjoblom, George 341
Slavenska, Mia 284f.
Slesinger, Donald 348, 350
Slezak, Leo 331
Slezak, Walter 331
Sloan, George 154
Slobodskoy, A. 132

Slonimsky, Nicolas 57, 144, 301
Slutkin, ? 188
Slutzky, A. 132
Sly, Allen 127
Smallens, Alexander 99, 309f., 356, 393
Smetana, Bedrich 256
Smijers, Albert 209, 265
Smilovits, Josef 303
Smit, Leo 21, 184, 333
Smith 213
Smith, Carleton Sprague 43, 90, 96, 98f., 101, 104, 149, 151, 167, 194f., 205, 207, 211, 213-217, 228, 230, 234, 249, 253, 258, 261, 267ff., 272, 275, 278f., 344, 347ff., 362
Smith, Datus C. jr. 344
Smith, Dean 94
Smith, Florence 207
Smith, George H. L. 155f.
Smith, Hugo L. 165
Smith, Leonard 302
Smith, Melville 209
Smith, Moses 32, 142, 150f., 153f.
Smith, T. V. 113
Smith, Vivian T. 215
Snow, Leta G. 125
Sober, Kurt 123, 268
Soehngen, Oscar 247
Söllmann, ? 372
Sokol, Max 90
Sokoloff, Nikolai 146, 207
Solomon, Izler 154
Solowinchik, Harry 200
Somer, Ruth Hilde 21, 389
Sommer, Elisabeth 103
Sommer, Lotte 131
Somoff, Eugene 18
Sondergaard, Hester 161
Sonderling, Egmont 266
Sondheimer, Hans 63
Sonnenschein, Siegfried 130, 132
Šostakovič, Dmitrij 141, 143f., 154, 311, 313ff., 374
Sowerby, Leo 185
Soyfer, Jura 23
Spadoni, Giacomo 153
Spaeth, Sigmund 126
Spalding, Albert 290

Spalding, Walter 219
Spalek, John M. XLIV, 200
Sparling, Edward J. 210, 239, 345
Spector, F. 172
Spector, Maurice 104f.
Speer, Klaus 101
Speier, Hans 94, 234
Spence, Wilma 155
Sperling, Poldi 127f.
Spewack, Bella 162
Spewack, Samuel 161f.
Spielberg, Dorothy 122, 124
Spielmann, Diane 44
Spiering, ? Mrs. 218
Spies, Claudio 288
Spindel, Nathan 122
Spinner, Leopold 296
Spinoza, Baruch de 383
Spitzer, Dorotea 108f.
Spitzer, Moritz 79
Spivacke, Harold 78, 93, 98, 142, 167, 216, 229, 347ff.
Spivak, James 125, 127, 129
Spivakowsky, Tossy 194
Spofford, Grace 125
Spranger, Eduard 234, 249
Sprecher, ? 76
Sproul, Robert G. 112, 212
Stadlen, Peter 18
Staeren, Otto 129
Stahl, Margot 84
Stanton, W. K. 278
Starer, Robert 185ff., 200, 333, 426
Stauber, ? 148
Staudinger, Else 200, 268f., 323, 339, 341
Staudinger, Hans 342
Staudinger, Michael 316
Stauffer, Ruth M. 21
Stavis, Barrie 20, 22f.
Steber, ? 150
Stefan, Paul 162, 169, 205, 268f., 288, 312, 325, 328, 351
Stein, ? 77, 267
Stein, Dave 197
Stein, Elsy 115, 126, 128f.
Stein, Erwin 31, 57, 210, 294
Stein, Fred M. 214, 230, 240, 242, 244
Stein, Leonard 168, 334, 421

Stein, Susanne 129
Steinberg, ? 295
Steinberg, David 184
Steinberg, Hans Wilhelm siehe Steinberg, William
Steinberg, Milton 141, 171
Steinberg, William 31, 34, 36, 43, 58, 63, 155, 181, 183, 282
Steiner, Zenka 320
Steinhard, Erich 269
Steinhardt, Laurence 126
Steininger, ? 71
Steinitzer, Max 232
Stenzel, Anne K. 84, 89
Stern, Boris 172
Stern, Helga 131
Stern, Jack 147
Stern, Kurt 122-125, 129f.
Stern, Robert A. M. XVI, XXXII, XLIV
Stern, Sigmund 325
Stern, Thea 147
Sternberg, Daniel Arle 84, 101, 125, 127, 269, 278
Sternberg, Erich-Walter 185, 256
Sterne, Maurice 113
Sternfeld, Frederick [Friedrich] 101, 206, 270
Steuermann, Eduard XX, XXXVI, 94, 161, 196, 201, 217
Steuermann, Emanuel 296, 301
Stevens, David H. 136, 261, 265, 346
Stevens, Halsey 288
Stevens, Risë 148-151, 153f., 223
Stewart, Ida 260
Stewart, Mary 132f.
Stewart, ? Mrs. 47
Stiedry, Fritz XVII, XX, XXXIII, XXXVI, 32, 48, 69f., 92, 101, 144, 161, 199, 291, 296, 338, 342, 378
Still, Grant 185
Stiller, ? Miss 165
Stimson, Henry L. 160
Stinnes, Edmund 314
Stock, Frederick A. 102, 158, 274
Stoeber, Else 183
Stoehr, Hedwig 101, 271
Stoehr, Marie 101, 271

Stoehr, Richard 19, 77, 84, 91, 93, 101, 205ff., 263, 270ff., 342, 349ff.
Stöhr, Richard Franz siehe Stoehr, Richard
Stoessel, Alfred 152, 156, 158, 195
Stokowski, Leopold 99, 105, 110, 113, 139ff., 154, 157, 217, 301, 314, 319, 325, 327, 366, 417
Stoloff, Morris 32
Stolper, Gustav 42, 69f., 206, 279, 343
Stolper, Johanna 112
Stolper, Toni 42, 69f., 112, 279, 343, 355, 358, 377ff.
Stolzenberg, Erich 127
Stone, Flora 306
Stone, Kurt 129
Storm, Charlotte 330
Story, ? 228f.
Straight Dolivet, Beatrice 18f.
Strang, Gerald 158, 288, 304f.
Strasfogel, Ignace 53, 199
Straube, Karl 224, 246
Straus, Erwin 108
Straus, Oscar 108
Straus, Percy 261
Strauss, Ernst 101, 210
Strauss, Herbert A. XIV, XXX, XLIII, XLIV
Strauß, Johann 133, 153
Strauss, Leonard 123ff.
Strauß, Ludwig 398
Strauss, Otto 304
Strauss, Richard 85, 105, 117, 148ff., 152f., 172, 223f., 231, 243, 274, 278f., 314, 321, 323f., 326, 329, 336, 339, 343, 379
Strauss, Walter 395
Stravinsky, Igor 37, 113, 139ff., 143, 185, 256, 294, 296, 301f., 369, 417
Strecker, Willy 30
Strelitzer, Hugo 272
Stresemann, Wolfgang 326
Strimer, Joseph 108
Strimer, Marie 108
Stringham, Edwin J. 36, 136

Strobel, Heinrich 297
Strobel, Otto 136
Strunk, Oliver 93, 163, 167, 253
Stucken, Eduard 63
Stuckenschmidt, Hans Heinz 208, 272
Stumpf, Carl 215, 237, 245, 262
Stutschewsky, Joachim 37, 82, 114, 172, 191
Sugarmann, ? Mr. 156
Sullivan, ? 149, 150
Sulzberger, David H. 115, 126
Sulzer, Salomon 171f., 175
Sunday, Billy 286
Sundgaard, Arnold 17, 20, 23, 308
Sunyer, Pi Dr. 160
Supreville, Jules 254
Surovy, Walter 151, 154
Susmann, ? 190
Süsskind, Georg 62
Svannascini, Osvaldo 305
Svoboda, Wilhelm XLIV
Swarzenski, Hanns 98
Swenson, Eric P. 169
Swet, Hermann 34, 37, 77, 81f., 114, 171, 191, 386
Swoboda, Henry 272f., 350f.
Szántó, Jani 84, 101f., 273
Szell, George XVII, XXXIII, 138, 141, 156, 199, 204, 209, 224, 257f., 278, 319, 328, 340
Szendrey, Albert H. 102, 274
Szendrey, Alfred 84, 102, 118, 127, 206, 273f., 343, 350f.
Szigeti, Joseph 37, 123, 142f., 247, 329, 336f.
Szymanowski, Karol 37, 401

T

Taigel, ? 414
Takács, Jenö 69
Talich, Václav 319
Tamarin, Ilja 258
Tandler, ? 250
Taneev, Sergej 184
Tannhauser, Herbert 116, 127
Tansman, Alexander 33, 55, 155, 185, 187, 290, 333

Tarangoto, ? 315
Tarrasch, William 125, 129
Taub, ? Dr. 149
Taub, Leo 67
Taube, Michael 255f., 368
Tauber, Annie 102
Tauber, Max 102
Tauber, Richard 102, 148, 327
Taubmann, Howard 145, 155, 290
Taussig, ? Miss 53
Taussig, Walter 125, 129
Tavenner, Eugene 37
Taylor, Deems 275, 286, 348
Taylor, Francis Henry 135f.
Taylor, Harold 18ff.
Tchelitchev, ? 285
Tead, Clara M. 45ff.
Tedesco, G. A. 324
Teichmüller, Robert 98, 196
Telkes, Laszlo 142
Teller, ? 188
Tellier, René 311
Temple, Maria 22
Teresa, M. Sister 207
Teschner Tas, Helen 373
Teusky, Marie 100, 262
Teutsch, Walter 116, 127, 129
Thalheimer, William B. 121
Theis, Ludwig 84
Theobald, ? 29
Thibaud, Jacques 320
Thiess, Frank XLIII
Thode-von Bülow, Daniela 314, 315
Tholfsen, Erling 97
Thomas, Bruno 135
Thomas, L. Relston 88
Thomas, Wilbur K. 84-99, 101, 103f., 123, 127, 205f., 211, 213, 217, 221, 229, 240-244, 248, 251, 257, 277, 306
Thompson, C. W. 241
Thompson, Dorothy 25, 36, 160, 242, 269, 319, 344
Thompson, Malvina C. 19, 103
Thompson, Oscar 222, 228, 268f.
Thompson, Randall 28, 94, 97, 101, 155, 271f., 342
Thomson, Virgil 282, 289, 345, 348ff.

Thorbogen, Kerstin 153f., 325
Thumser, Regina 17, 63, 214
Tibbett, Lawrence 148
Tiegerman, Ignace 62
Tietz, Margot J. 38
Tillich, Paul 206, 215, 311
Timan, Rosl 128
Timbers, Rebecca J. 269, 274
Tirring, ? 250
Tischler, Hans Erwin XIX, XXXV, 84, 102, 109, 118, 274f.
Toch, Alice Babette 113
Toch, Ernst XXIV, XL, 31f., 53, 69, 109-113, 143f., 172, 185, 194ff., 200, 233, 275, 288f., 302, 305, 310, 355f., 358f., 364-368, 381-384
Toch, Lilly 69, 112
Todd, Hiram C. 17
Tompkins, M. E. 31, 41, 366
Torberg, Friedrich 48
Torner, Eduardo Martinez 127, 347, 349
Toscanini Horowitz, Wanda 310
Toscanini, Arturo XVIIf., XXIIIf., XXXIII, XXXVIIIf., XLIV, 46, 57, 90, 93, 139, 146ff., 151ff., 155, 203, 213f., 221, 231, 243, 268f., 291, 309-315, 324, 326, 335, 337, 355ff., 359, 375, 390ff., 410f.
Toscanini, Walter 269, 313f.
Totenberg, Roman 278
Tovey, Donald F. 273
Trapp, Frithjof XLIII
Trapp, Max 209
Traubel, Helen 154, 156
Traugott, Susanne 123
Trebitsch, Siegfried 48
Treidel, Lydia 64
Tremblay, George A. 288
Trend, ? 349
Treuer, Fritz 102
Treuer, Maria 102
Trevylian, ? 239
Tröger, ? 71, 372
Troper, Morris C. 52, 267
Truax, Carol 43
Trum, Albert 130f.
Truman, Harry 59

Tschertok, ? 255
Tudor, David 293
Tugendhat, Erna 82
Tumerelle, ? 311
Turner, Godfrey 40f.
Turner, Nancy Byrd 331
Turner, Rigbie 333
Twain, Mark 140

U

Uhl, Byron H. 37, 80, 152, 156
Uhland, ? 414
Uhland, Ludwig 179
Ulanowsky, Paul 148, 150f.
Ulich, Robert 104, 134, 136, 344
Ullmann, Hans 102
Ullmann, Stefanie 102
Ullmann, Viktor 258
Ullsperger, Franz 102, 115, 125, 129
Ullsperger, Hilde 102
Ulmer, ? Dr. 45
Ulmer, Max 109
Unger, Heinz 326
Unger, Hermann 196
Unger, Marie 65
Unger, Max 64ff., 423
Unruh, Fritz von 311
Unterholzner, Katharina 102f.
Unterholzner, Ludwig 102f., 275, 276
Urbantschitsch, Viktor 224, 276
Ussher, Bruno David 158

V

Valentini, Girolamo 161
Valiant, Margaret 125
Vallenti, ? 195
Vandenburg, Willem 145
Varèse, Edgard 17, 39f., 144, 288
Vas, Gertrude 122
Vaska, Bedrich 258
Vaudrin, Philip 346
Vaughan, G. 302
Veblen, Oswald 113
Veblen, Thorsten 200
Vengerova, Isabella 116

Venturi, Lionello 226
Verdi, Giuseppe 90, 146, 152, 211, 312f., 315
Veritch, Victor F. de 127
Vernick, A. 133
Vernon, Ashley *siehe Manschinger, Kurt*
Vicas, George 320
Viertel, Berthold 49, 311
Villa-Lobos, Heitor 210f.
Villon, François 179
Violin, Moritz XX, XXXV
Vizsolyi, George 127
Vocht, Louis de 311
Voegelin, Eric 104, 133, 266
Vogel, ? Dr. 44
Vogel, Edith 103
Vogel, Oscar 118f., 121-125, 128, 130
Vogel, Wladimir 302
Vogelhut, Gustav 126
Vogelmann, Harry 103
Vogelmann, Kate 103
Vogelstein, ? 80
Vogelweide, Walter von der 23
Voigt, Ernest R. 76, 163, 302
Vosburgh, Carl J. 155f.
Voss, Margot 89, 129
Vronskaja, Varja 144, 373

W

Wachsmann, Klaus Philipp 276
Wacker, Carl 326
Wade, George D. 241
Wadsworth, Homer C. 111
Wagner, ? 267
Wagner, Eva 392
Wagner, Friedelind 312, 314f., 356, 359, 390ff., 410f.
Wagner, J. H. 80
Wagner, Josef 53f., 70ff., 81, 128, 205, 355, 358, 371f.
Wagner, Nike 359
Wagner, Oscar 102, 274
Wagner, Richard 96, 105, 136, 152ff., 156, 312, 314f., 361, 410f.
Wagner, Wieland 136, 315, 357, 359, 392, 410f.
Wagner, Willis 164
Wagner, Winifred 314f., 326, 390
Wagner, Wolfgang 392
Wald, L. de Mrs. 127
Waldman, Louis 110
Waldmann, Fritz 278
Waldo, Alice 250, 255, 273, 281
Waldron, ? 412ff.
Wallace, George 229
Wallace, Paula 103
Wallenberg, Fritz 124
Wallenstein, Alfred XVIII, XXXIII, 141, 154, 272, 346, 418
Wallerstein, Lothar 105f., 127, 198f., 243, 289, 309
Wallisch, Erica 118
Walsh, Jerry J. 88
Walter, A. 85
Walter, Bruno XVIIf., XXIV, XXXIIIf., XXXIXf., XLIV, 42, 46, 48, 64, 66, 84f., 93, 96, 103f., 113, 115, 143, 145f., 148-158, 162, 169, 195, 199, 204, 209f., 217, 220, 222, 232, 243, 246, 250, 268f., 273f., 278ff., 283, 291, 302, 311, 313, 315-330, 333-336, 342ff., 355ff., 359, 362ff., 379, 387f., 401-404, 412, 420, 422
Walter, Elsa 150, 324, 326
Walter, Gretel 322, 334f.
Walter, Herman 22
Walter-Lindt, Lotte XLIV, 316ff., 335f.
Walter, Marcus 117
Walter, Rose 103, 258
Walters, ? 75
Waltershausen, Hermann Wolfgang von 276
Walton, William 36, 79, 301
Walz, Hans 44f., 413
Walz, John A. 100
Wandel, Louise 278
Wang, Stella 18
Wanger, Walter 345, 348
Wannamaker, Olin D. 96, 250
Wannart, Gabrielle Rosy 311
Wanner, Paul 414
Warburg, Aby 216
Warburg, Felix M. 53, 195, 225, 301, 361
Warburg, Gerald F. 60f., 124, 128, 239
Warburg, Ingrid 56
Wardle, Constance 95, 240ff.
Warren, ? 319
Warren, Constance 218ff.
Warschauer, Max 130f.
Wartenberger, ? 131
Washburn, Arthur 262
Washburne, Carleton 266
Wassermann, Georg Maximilian 123
Waterman Wise, James 161
Watkins, J. B. C. 167
Watkins, Mary 167
Waxman, Franz 200, 331
Weaver, Paul J. 247
Weber, Carl Maria von 334
Weber, Eddy 131
Weber, Horst XLIV
Webern, Anton 18, 39, 97, 144, 217, 247, 288, 296
Webster, Margaret 226
Wechselman, Erhard 172
Wechsler, Angela 127
Weed, Dorothy 18
Weede, Robert 87
Wegner, Gerd 325
Wehberg, ? Dr. 320
Weidner, Gertrud 72
Weigert, Herman 119, 152
Weigl, Karl 42f., 69f., 80, 84, 101, 103, 115, 117f., 127f., 205, 251, 258, 276-280, 330, 338, 343, 350f., 355, 377ff.
Weigl, Vally 42f., 69f., 80, 103, 277ff., 343, 355
Weiler, ? Rabbi 73
Weill, Kurt XVIIf., XXI, XXXIIIf., XXXVII, 31, 34, 55, 97, 114, 140f., 158f., 161f., 185f., 197f., 200, 252, 286f., 301f., 333f., 336f.
Weimer, Gottfried 44, 413, 415
Weinbaum, Alexander 190
Weinberg, Bert 99
Weinberg, Jacob 114, 183, 191, 286
Weinberger, Jaromir 284ff.

Weinberger, Julius 131
Weinberger, Walter 89
Weiner, Paul 91, 125, 129
Weingarten, Julius 18
Weingarten, Paul 19, 186
Weingartner, Felix von 117, 144, 232, 342
Weinrich, Carl 101
Weintraub, Eugene 285, 315, 334
Weintraub, Zevi Hirsch Alter 175
Weiscof, Rudolf 102
Weismann, Diez 128
Weiss, Adolph 288
Weiss, Herbert 71
Weiss, Lucy B. 121, 128f.
Weiss, Paul 137
Weisse, Albert 99, 320
Weisse, Hans 101, 230, 266
Weisser, S. 172
Weissleder, Franz 280
Weissleder, Paul 84, 103, 225, 280, 330
Weissleder, Wolfgang 127
Weissler, Ernst 131
Weiss-Mann, Edith 103, 125, 251, 279f.
Weissmann, Frieder 195f.
Weissmann, Siegmund 126
Weith, Leo 22, 129
Weizmann, Hedda *siehe* Ballon, Hedda
Weizner, Oscar 118, 129
Welch, Roy D. 244, 278f.
Weliczker, Leon 79
Welles, Orson XVI, XXXII, 348
Wellesz, Egon 80, 83, 205, 217, 234, 253, 270, 280, 283, 288, 301, 306, 323, 327
Wells, Herbert George 329
Welsch, Robert 288
Welsky, Max 127
Weltsch, ? 255
Wendland, W. 247
Wenneker, ? 311
Werber, Edith 84, 115, 119, 122, 126
Werfel, Franz 74, 105, 268f., 322, 406
Wernd, Martha 118
Werner, Andrjia 82
Werner, Elisabeth 74-83

Werner, Eric XVII, XXIV, XXXIII, XL, 72-83, 184, 356ff., 385ff., 406-410, 422-426
Werner, Erich (Vater) 81f.
Werner, Julius 82
Werner, Ludwig 82
Werner, R. L. 82
Werner, Stella 82
Wernisch, Friedl 151
Wertheim, Gertrud 123
Wertheim, Rosy 278
Wertheimer, Max 110, 113, 249, 283
Wertheimer, Pia 118
Wertheimer, Walter 125, 128
Wechler, Lawrence 359
Wesel, Albert 130
Wessely, Othmar 135
Westermann, Diedrich 237
Wharton, Edith 18, 22f.
White MacCracken, Henry 239, 245, 268, 278
White, Ernest 101
White, William S. 350
Whiting, Arthur 157
Whitman, Walt XVI, XXXII, XLIV, 309
Whittier, John G. 331
Whyte, John 91, 100f., 217-220, 224-227, 233-236, 252, 255, 261f., 264, 270, 272, 275, 281, 338, 344
Wiedermann, ? 73
Wieluner, D. 131
Wiener, ? 117
Wiener, Hans 60
Wiener, Karl 251
Wiener, Max 78, 80
Wiener, Rosa 147f.
Wiener, William E. 193, 203
Wigglesworth, Frank 304f.
Wigman, Mary 167
Wildberg, John J. 159
Wilde, Johannes 135
Wilder, ? 154
Wilder, Thornton 100, 266
Wildman, Lotte 118
Wildman, Regina 118
Wile, Herman 370
Wiley, ? 69f.

Wiley, ? Mrs. 92
Wilkomirsky, Avraham 200
Wille, ? 189
Willenz, Max 127
Willey, Malcolm M. 104, 134, 137
Willfong, ? Miss 251
Williams, Russel H. 90
Williamson, John Finley 95, 101, 241, 257f., 341
Willison, Barbara 260
Willits, Joe 347f.
Willner, Arthur 99, 230, 259
Wilson, Howard P. 167f.
Wind, Edgar 136
Winesanker, Michael 41
Winkler, George 90
Winkler, Herbert 125, 129
Winkler, Max 31, 33, 142
Winlock, Herbert E. 261
Winter, Egon W. 327
Winter, Hugo 30
Winter, Robert 55
Winter, Sepp 395, 400
Winternitz, C. M. 130, 133
Winternitz, Emanuel XIX, XXXV, 84, 104, 109, 113, 129, 133-137
Wirsching, ? 45, 414
Wise, ? 275
Wise, Jonah B. 75, 80, 82, 366
Wise, Stephen S. 94, 234
Wisten, Fritz 63
Withers, John W. 225, 227
Witherspoon, Herbert 194
Witkind, Nathan 89
Witrofsky, Egon 321
Witt, Gustav 84, 104, 123
Wittels, Lilly 115, 120, 122
Wittels, Ludwig 214
Wittenberg, Max 127
Wittgenstein, Paul 214
Wittmann, Helene 211
Wohl, Yehuda H. 186
Wolf, ? 219
Wolf, ? Mrs. 118
Wolf, Beth XXII, XXXVIII, 17, 22
Wolf, George XXII, XXXVIII, 17, 22f.
Wolf, Gertrud 129

463

Index

Wolf, Johannes 207, 215-218, 234, 245, 247ff., 253, 256, 259, 262, 269, 288
Wolf, Margarethe 280
Wolfe, Fritz 291
Wolfe, Lucille 85, 209
Wolfers, Arnold 184, 265
Wolfes, Felix 104, 153, 205, 324
Wolfes, Helmuth 104, 126, 153, 280f.
Wolff, Arthur 131
Wolff, Christoph XLIII
Wolff, Ernst 57f., 289
Wolff, Fritz 120, 127f.
Wolff, Kate 281
Wolff, Kurt 127
Wolff, Louise 325
Wolff, Mary G, 128
Wolff, Richard 317
Wolff, S. 127
Wolff, Werner 84, 98, 104, 206, 240, 281
Wolffers, Jules 183f.1
Wolfinsohn, Wolfe 209f., 340
Wollheim, Heinrich 56
Wolpe, Stefan XX, XXII, XXXV, XXXVIII, 114, 186, 200, 281f., 301, 306ff., 333, 343, 351
Wolpe-Schönberg, Irma 282, 307
Woltman, Frederick 350
Wood, Roger C. 327
Woodbridge, ? 226
Woodburn Chase, Harry 225, 227, 261f.
Woods, ? Dr. 139f.
Wooton, Flaud 113
Worath, ? 29
Wührer, Friedrich 18
Wulff, Oskar 215

Wunderlich, ? 267
Wunderlich, Frieda 249
Wyck, ? van 146
Wyman, David XII, XXVIII, XLIV

Y

Yakobson, Sergius 253
Yalden-Thomson, Edith. E. 21
Yanover, Jules 160
Yanowsky, Barney 111
Yans, Isaac 127
Yarnall, Robert 89, 103
Yarnall, Sarah L. 84
Yasser, Joseph 182, 184f.
Yeats, William Butler 54
Yeiser, Frederick 75
Yokel, Fritzi 21
Yon, Pietro A. 212
Ysrael, D. Robert 105

Z

Zador, Eugene 138, 310, 356, 359, 393
Zaek, ? 127
Zaleski, Gdal 258
Zats, S. 130
Zederbaum, Benjamin 122
Zeisl, Eric 278, 310, 328
Zeleny, Carolyn 105
Zelwer, Lazaro 106
Zemlinsky, Alexander XXIV, XL, 103, 200, 209, 238, 261, 321
Zepin, George 127
Zerb, Carl L. 311

Zerner, Paul 104
Zerner, Risa 104
Zernik, Herbert 130, 132
Ziegler, Edward 147, 150, 152, 154, 156
Ziegler, ? Mr. 395
Ziegler, H. Mrs. 219
Ziffer, Margarethe 123
Ziguelnick, Leon 122
Zilberts, Zavel 172
Zimbalist, Alma 309
Zimbalist, Efrem 161, 318
Zimbler, Josef 124
Zimmerli, ? Mr. 392
Zimmerli, ? Mrs. 392
Zimmermann, Harry 127
Zipper, Herbert 202f.
Zirato, Bruno 154, 315, 328
Ziske, ? 63
Zomina, Raya 130, 132
Zorich, S. 130
Zorokhovich, Theodore 293
Zorokhovich, Zinaida 293
Zucker, Paul 205
Zuckerkandl, Bertha 326
Zuckerkandl, Emil 326
Zuckerkandl, Victor 104, 127, 201, 206, 218, 241, 245, 282f., 318, 322f., 325, 328f., 338, 344, 351
Zuckerman, Hugo 56
Zuckmayer, Carl 37, 205f.
Zunser, Myriam 128f.
Zweig, Arnold 33, 350
Zweig, Friderike 339
Zweig, Fritz 326f.
Zweig, Stefan 33, 269, 310, 329
Zwilling, Rosa 126

Verzeichnis der Sammlungen / Index of Collections

Nachlässe aus privater Hand / Private estates

Adler, Hugo Chayim	170ff.	Kahn, Erich Itor & Frida	291-299	Schalit, Heinrich	187-192
Adler, Karl	43-48	Kallen, Horace M.	109-113	Schmidt, Joseph	67
Alter, Israel	172ff.	Klemperer, Otto	56	Schönberg, Jakob	192f.
Altmann, Siegfried	48f.	Kowalski, Max	57f.	Schuman, William	307
Antheil, George	138-141	Lewandowski, Manfred	58f.	Shelkan, Gregor	193
Aron, Paul	54f.	Lewin, George & Hildegard	59ff.	Simon, James	67f.
Bartók, Béla	141ff.	Lichtenstein, Alfred	61ff.	Simons, Netty	307f.
Bauman, Mordecai	332	Lissauer, Fritz	63	Singer, André	17-22, 308f.
Berezowsky, Nicolai	143ff.	Low, Leo	114	Singer, Kurt	68
Buchwald, Julius	55f.	Luening, Otto	304	Slezak, Walter	331
Cohn, Alfred E.	337-344	Mason, Daniel Gregory	156ff.	Smallens, Alexander	309f.
Cowell, Henry	287ff.	Misch, Ludwig	64ff.	Spewack, Samuel & Bella	61f.
Denham, Sergei, *siehe Ballet Russe de Monte Carlo*		Moore, Douglas	158	Steiner, Karl	68f.
		Morel, Jean	304	Stolper, Toni & Gustav	69f.
Flagler Cary, Mary	333-336	Odets, Clifford	331	Toscanini, Arturo	310-315
Freund, Marya	289f.	Page, Ruth	286f.	Wagner, Josef	70ff.
Fromm, Herbert	177-184	Pierpont Morgan, John	337	Walter, Bruno	315-330
Fuld, James	336	Putterman, David	184ff.	Weigl, Karl	330f.
Gruenewald, Max	56	Rathaus, Gerta	30-38	Weill, Kurt	197f.
Heineman, Dannie	336f.	Rathaus, Karol	24-30	Werner, Eric	72-83
Hirschman, Ira Arthur	290f.	Reese, Gustave	306	Wertheimer, Max	283
Hope Berliner, Constance	145-156	Riegger, Wallingford	306f.	Winternitz, Emanuel	133-137
Hornbostel, Erich Moritz von, *siehe Wertheimer, Max*		Rosowsky, Solomon	186f.	Wolf, Beth & George	22ff.
		Rothschild, Frank	66f.		
John Jacobssohn, Hans	175ff.	Salisbury, Leah	158f.		

Archive von Organisationen / Archives of organizations

American Composers' Alliance	38-43	Emergency Committee in Aid of Displaced Foreign Scholars	204-283	National Refugee Service	115-130
American Jewish Committee: William E. Wiener Oral History Library	203f.	HIAS-HICEM	106-109	New Music Papers	304ff.
		Juilliard School of Music	193-196	New School for Social Research	200-203
American Jewish Joint Distribution Committee	49-54	League of Composers	299-302	Park Avenue Synagogue	332f.
		Léner Quartet	302ff.	Rockefeller Foundation	344-352
Ballet Russe de Monte Carlo	284ff.	Memoir Collection	63f.	Spanish Refugee Musicians' Committee	159ff.
Carl Schurz Memorial Foundation	83-104	Metropolitan Opera Association	198f.		
		Milken Archive of American Music	200	Shanghai Refugee Committee	130-133
Committee for the Study of Recent Immigration from Europe	104ff.	National Coordinating Committee	114	W. W. Norton Publishers	162-169